财经系列经典教材

计量经济学原理 第5版

Principles of Econometrics
Fifth Edition

[美] R. 卡特·希尔 (R.Carter Hill)

[澳] 威廉·E. 格里菲思 (William E.Griffiths) ◉ 著

[澳] 瓜伊·C. 利姆 (Guay C.Lim)

邹洋 ◉ 主译

WILEY

东北财经大学出版社
Dongbei University of Finance & Economics Press
大连

辽宁省版权局著作权合同登记号：图字06-2019-162号

Principles of Econometrics by R. Carter Hill，William E. Griffiths and Guay C. Lim，ISBN: 978-1-1184-5227-1

Copyright 2018, 2011 and 2007 John Wiley & Sons, Inc.

图书在版编目（CIP）数据

计量经济学原理：第5版 /（美）R. 卡特·希尔，（澳）威廉·E. 格里菲思，（澳）瓜伊·C. 利姆著；邹洋主译. 一大连：东北财经大学出版社，2022.1（2023.7重印）
（财经系列经典教材）
ISBN 978-7-5654-4230-8

Ⅰ．计… Ⅱ．①R…②威…③瓜…④邹… Ⅲ．计量经济学-高等学校-教材 Ⅳ．F224.0

中国版本图书馆CIP数据核字〔2021〕第156701号

东北财经大学出版社出版发行
　　大连市黑石礁尖山街217号　邮政编码　116025
　　网　　址：http://www.dufep.cn
　　读者信箱：dufep @ dufe.edu.cn
大连图腾彩色印刷有限公司印刷

幅面尺寸：200mm×270mm　字数：1174千字　印张：50.5
2022年1月第1版　　　　2023年7月第2次印刷
责任编辑：刘东威　　　　责任校对：王　娟　刘慧美
封面设计：张智波　　　　版式设计：原　皓
定价：139.00元

教学支持　售后服务　联系电话：（0411）84710309
版权所有　侵权必究　举报电话：（0411）84710523
如有印装质量问题，请联系营销部：（0411）84710711

译者前言

党的二十大报告提出要"深化教育领域综合改革，加强教材建设和管理"。本书原著者在前言中特别解释了将本书命名为"计量经济学原理"，是要强调其信念，即计量经济学应该像微观经济学原理和宏观经济学原理那样成为经济学课程的一部分；同时强调本书不仅适合财经专业本科生使用，也适合财经专业和其他社会科学领域一年级研究生使用。作者提出了学习本书的4个目标：运用计量工具来建模、估计、推断和预测现实问题；能批判性地评价其他人使用计量工具所做的研究；具备进一步研究计量经济学的基础和一定的理解能力；知道现有的并可能包含在以后计量经济学课程中的更高级的分析方法。本书强调动机、理解和运用。期望原著者的理想、目标和实践能在更多的研究领域得到推广和发展。党的二十大报告强调，在我国全面建设社会主义现代化国家新征程中，要"加强基础研究，突出原创，鼓励自由探索"，期望更多的专业人才能掌握计量经济分析工具，分析新现象、新问题，发现新规律，为全面建设社会主义现代化国家、全面推进中华民族伟大复兴做出贡献。

译者从接到翻译任务到完成翻译初稿，历时一年多。本书出版后受到高校师生的欢迎并被多所学校选用，本次重印我们根据读者的反馈，对书中个别地方进行了修正。各章翻译工作分工为：邹洋翻译前言、目录及附录A、B、C、D；刘浩文、刘畅、李晨瑶、王丽翻译第1章；邹洋翻译概率入门；张翾、周璟琳、蔡梦圆翻译第2章；王碧波、刘桂超、张晓园、邹洋翻译第3章；郭俊汝、贾泽明、卢奥、李雪、邹洋翻译第4章；邹洋、刘清扬、刘馨遥、卢雪松、马春晓、李田园翻译第5章；邹洋、王苏娴、王钰琦、王玲莉、李田园翻译第6章；邹洋、胡姗、程翔、黄三徐、程庆玲翻译第7章；邹洋、姜沐汐、程庆玲、杨菁菁、顾思勉翻译第8章；邹洋、曹青悦、王碧波、王鸿蕾、汪洋翻译第9章；梁琦、张旭、张文晗、牟自媛翻译第10章；张旭、刘琪、季荣妹翻译第11章；周春云、梁琦、季荣妹翻译第12章；丁星月、范子昂、王晶晶翻译第13章；赵书莺、范子昂、王笑辰翻译第14章；李源源、杨琪、张淑妮、邹洋翻译第15章；孟嘉玮、孙旭、孙新娜、邹洋翻译第16章。各章审读工作分工为：张晓园、王丽审读第1章，蒋欣雨、王丽审读概率入门，李雪、高雅审读第2章，王丽、张晓园审读第3章，牟自媛、李雪审读第4章，陈恩霖、郭俊雅审读第5章，宋齐韦、刘亚萍审读第6章，王东一、宋宇坤审读第7章，李金雨、廖聪欢审读第8章，顾涵菁、丁佳琪审读第9章，高文文、牟自媛审读第10章，林霏、刘思成审读第 11 章，董乐彬、刘思成审读第 12 章，庞淑雅、刘思成审读第 13 章，庞淑雅、崔桂青审读第 14 章，陈明义、崔桂青审读第 15 章，朱雯瑛、宋蕊、崔桂青审读第 16 章。他们认真审读，发现很多翻译错误之处，并提出大量修改意见，在此表示感谢。邹洋对全部翻译初稿进行了校对和修改。

上述各位积极参与翻译工作，非常感谢他们的辛勤付出。在翻译中，我们参考了由南开大学经济学院教授、数量经济学专业博士生导师张晓峒主编的《英汉数量经济学词汇》（机械工业出版社，2006），在此特别表示感谢。同时，感谢东北财经大学出版社国际合作部的编辑所提供的大力支持和帮助。

翻译中肯定存在很多错误和不妥之处，敬请读者批评指正。

邹 洋

南开大学经济学院

南开大学经济行为与政策模拟实验室

2023 年 7 月 21 日

前　言

《计量经济学原理》（第5版）是一本财经专业本科生和经济学、金融学、会计学、农业经济学、市场营销、公共政策、社会学、法学、林学和政治学专业一年级研究生的入门级教科书。学习本门课程的前提是学生已修完经济学原理和基础统计学课程。本书没有使用矩阵代数，而是在附录中介绍和展开微积分概念。书名为"计量经济学原理"，是要强调我们的信念，即计量经济学应该是经济学课程的一部分，就如微观经济学原理和宏观经济学原理一样。那些一直在讲授和学习计量经济学的人与我们一样会记得"计量经济学原理"是亨利·泰尔1971年在其经典著作中使用的书名，该书也是由约翰·威立父子有限公司出版的。我们选择相同的书名，并不表明我们的书在水平和内容上相似。泰尔的著作无论在过去还是现在都是一本少见的高年级研究生水平的计量经济学著作。我们的书是一本入门级的计量经济学教科书。

本书目标

《计量经济学原理》旨在让学生了解计量经济学为什么是必要的，并为他们提供基本计量工具的知识，以便于：

i. 他们可以运用这些工具来建模、估计、推断和预测基于现实世界的经济问题。

ii. 他们能批判地评价其他人使用基本的计量经济学工具所得出的结果和结论。

iii. 他们具备进一步研究计量经济学的基础和一定的理解能力。

iv. 他们知道现有的并可能包含在以后计量经济学课程中的更高级的分析方法。

本书并不是一本计量经济学的"食谱"，也不以定理证明的形式出现。它强调动机、理解和运用。动机是通过介绍非常简单的经济模型和学生能回答的经济问题来实现的。理解是通过清晰的方法描述、清晰的解释和适当的应用获得的。读者可通过文中已有的实例和每章末尾的练习来巩固学习成果。

内容概述

第5版《计量经济学原理》对格式和内容做了大量的修订。各章包含核心内容和练习，而附录包含更高级的材料。各章的实例现在被明确地从其他内容中分离出来，这样它们就可以很容易地被引用。从一开始，我们就认识到大多数经济数据的观测性质，并相应地修改建模假设。第1章介绍计量经济学，为撰写实证研究论文和寻找经济数据资源提供了总的指导原则。第2章在前面总结了随机变量及其概率分布的主要特征，并回顾求和符号。第2~4章介绍简单线性回归模型，而多元回归模型则在第5~7章介绍。第8章和第9章分别介绍了截面数据（异方差）和时间序列数据（动态模型）特有的计量经济学问题。第10章和第11章侧重介绍内生回归解释变量（当回归解释变量是内生的时候，不能应用最小二乘法）和工具变量估计（首先是在一般情况下，其次是在联立方程组模型中）。第12章时间序列数据分析扩展到非平稳性和协整的讨论。第13章介绍计量经济学的两个特殊的时间序列模型问题，即向量误差修正和向量自回归模型，而第14章则考虑数据波动分析和ARCH模型。在第15章和第16章，我们介绍面板数据微观计量模型、定性和受限因变量。

变化和新内容概要

第5版包括很多新内容，包括使用真实数据的新例子和练习以及一些重大的结构调整。在这一版中，我们给出了一些实例，以便于读者参考，并在每一章中提供了25~30个新的练习。重要的新特征包括：

● 第1章包含数据类型和互联网上经济数据来源的讨论，提供研究论文的写作技巧，使学生能随着课程的进展形成论文的架构。

● 在第2章前专设一节介绍概率入门知识：介绍随机变量的概念，以及如何根据概率密度函数计算概率；总结离散型随机变量的数学期望和期望值规则，这些规则被用来发展方差和协方差的概念；说明用正态分布计算概率的方法。新内容包括条件期望、条件方差、迭代期望和二元正态分布。

● 第2章从讨论因果关系开始。我们定义了总体回归函数，并对外生性进行了相当详细的讨论。在新假设的框架内研究普通最小二乘（OLS）估计量的特性。在自变量的内容中增加了新的附录，包括可能对抽样过程做出的各种假设、OLS估计量特性的推导和以数值说明估计量特性的蒙特卡罗实验。

● 在第3章中，我们注意到假设检验机制在修正假设条件下保持不变，因为检验统计值是"关键"的，这意味着在原假设下它们的分布不依赖于数据。在附录中，我们扩展了对备择假设下检验行为的讨论，介绍非中心 t 分布，并说明检验功效。这一章还包括新的蒙特卡罗实验，说明当解释变量是随机的时候检验的特性。

● 第4章详细讨论非线性关系，如双对数、对数–线性、线性–对数和多项式模型。我们扩大了对诊断残差图的讨论，并新增了几个小节，关于识别有影响的观测值。熟悉的复利概念被用来构建几个对数–线性模型。我们增加了一节附录，介绍均方误差的概念和最小均方误差的预测量。

● 第5章介绍在随机 x 框架中的多元回归，介绍 Frisch-Waugh-Lovell（FWL）定理，以帮助理解对多元回归模型的解释，并在本书的其余部分使用。对 OLS 估计量的特性、区间估计值和 t 检验的讨论进行了更新。OLS 估计量的大样本性质和增量法，现在是在这一章正文而不是附录中介绍。附录提供进一步的讨论并以蒙特卡罗实验特性来说明增量法。我们新增了一个关于自助法及其使用的附录。

● 第6章新增加的一节是关于大样本检验的。我们解释了控制变量的使用以及因果模型和预测模型之间的区别。我们修改了共线性的讨论，包括有影响观测值的讨论。我们介绍非线性回归模型，并讨论非线性最小二乘算法。新增附录讨论 F 检验的统计功效以及 Frisch-Waugh-Lovell 定理的进一步使用。

● 第7章新扩展了一节，包括 Rubin 潜在结果框架中的处理效应和因果建模。我们解释并说明有趣的回归断点设计。附录包括对重要的"重叠"假设的讨论。

● 第8章进行了重组，使 OLS 估计量的异方差稳健方差出现在检验之前。我们新增了一节，说明模型设定如何在一些应用中修正异方差。我们新添加了附录来解释 OLS 残差的特性，并解释替代的稳健"三明治"方差估计量。我们用蒙特卡罗实验来说明这些差异。

• 第9章进行了重组和精简。最前面一节介绍可以在回归模型中添加动态元素的不同方法。其中包括使用有限滞后模型、无限滞后模型和自回归误差。之后我们具体讨论自相关，包括检验自相关和使用相关图表示自相关。在介绍平稳性和弱依赖性的概念后，我们讨论自回归分布滞后模型（ARDL）中预测和预测区间的一般概念。在介绍了这些概念之后，介绍估计和使用替代模型的详细内容，包括选择滞后期、格兰杰因果关系检验、序列相关的拉格朗日乘数检验、使用模型进行政策分析。我们为时间序列回归模型提供非常具体的系列假设，并概述如何使用异方差和自相关一致稳健标准误。我们讨论时间序列回归模型的广义最小二乘估计及其与非线性最小二乘回归的关系。详细讨论无穷滞后模型以及如何使用乘数分析。附录包含 Durbin-Watson 检验的详细内容。

• 关于内生性问题的第10章已经简化了，因为随机解释变量的概念在本书前面已介绍过了。我们进一步分析弱工具变量以及弱工具变量如何对 IV 估计的精度产生不利影响。Hausman（豪斯曼）检验的详细内容现在包括在这一章中。

• 第11章新增一个实例，介绍 Klein 的模型 I。

• 第12章包括确定性趋势和单位根的更多详细内容。单位根检验这一节已经被重组，以便每个 Dickey-Fuller 检验都得到更充分的解释并以实例说明。添加了 ARDL 模型的数值实例，模型中包含具有（没有）协整关系的非平稳变量。

• 第13章的数据已经更新，并增加了新的练习。

• 第14章提到 ARCH 波动模型的进一步扩展。

• 第15章进行了重新整合，以优先考虑如何使用面板数据来处理由未观测到的异质性引起的内生性。我们首先介绍一次差分估计量，其拥有面板数据的优点，然后讨论组内/固定效应估计量。接下来，我们对 OLS 和固定效应模型中的聚类稳健标准误进行了扩展讨论，并讨论 Mundlak 版本的豪斯曼内生性检验。我们简要地提到如何以几种方式扩展面板数据的使用。

• 第16章对二值选择模型的讨论进行了重组和扩展。现在，它包括对高级主题的简要讨论，如含有内生解释变量的二值选择模型以及面板数据二值选择模型。我们新增了关于随机效用模型和潜在变量模型的附录。

• 附录 A 包括新的几节内容，介绍二阶导数以及单变量和双变量函数的最大值和最小值求解。

• 附录 B 包括关于条件期望和条件方差的新材料，包括几个有用的分解。我们收录了关于截断随机变量的几节新的内容，包括截尾正态分布和泊松分布。为了便于讨论检验功效，我们新增了关于非中心 t 分布、非中心卡方分布和非中心 F 分布的几节内容并增加了一节关于对数正态分布的内容。

• 附录 C 的内容变化不大，但增加20个新的练习。

• 标准正态累积分布函数、选定百分位数的 t 分布和卡方分布临界值、第95和第99百分位数-分布临界值、标准正态密度函数值的统计表见附录 D。

• 作者的网站 www.principlesofeconometrics.com 提供了一份有用的基本公式"简表"，而不是像上一版那样在封面上提供。

为教师建议的课程计划

《计量经济学原理》（第5版）适用于一至两个学期的本科生课程或一年级研究生课程。一些合适的替代课程计划如下：

- 一个学期概述课程：第P.1~P.6.2节和第P.7节；第2.1~2.9节；第3章和第4章；第5.1~5.6节；第6.1~6.5节；第7.1节~7.3节；第8.1~8.4节和第8.6节；第9.1~9.4.2节和第9.5~9.5.1节。

- 一个学期硕士或博士的概述课程：包括第2~9章的附录。

- 两个学期概述类第二门课程，截面为重点：第P.6节；第2.10节；第5.7节；第6.6节；第7.4~7.6节；第8.5节和第8.6.3~8.6.5节；第10.1~10.4节；第15.1~15.4节；第16.1~16.2节和第16.6节。

- 两个学期概述类第二门课程，时间序列为重点：第P.6节；第2.10节；第5.7节；第6.6节；第7.4~7.6节；第8.5节和第8.6.3~8.6.5节；第9.5节；第10.1~10.4节；第12.1~12.5节；第13.1~13.5节；第14.1~14.4节；

- 两个学期硕士或博士的概述课程：包括第10章、第11章附录，附录15A~15B，第16.3~第16.5节和第16.7节，附录16A~16D，附录B和附录C。

计算机类补充书籍

有几本关于《计量经济学原理》（第5版）的计算机类补充书籍。这些补充书籍不是教科书，不能取代教科书，而是作为学习文中的实例的工具软件。我们展示如何使用软件来获得文中每个实例的答案。

- 格里菲思、希尔和利所姆所著的《计量经济学原理：EViews的运用》（第5版，ISBN 9781118469842）。这本补充书籍以清晰和简洁的方式提供《计量经济学原理》这本书中例子所需的EViews 10（www.eviews.com）软件命令。这本书包括许多对学生友好的说明。它不仅对那些将使用这个软件作为计量经济学课程一部分的学生和教师有用，而且对那些希望学习如何使用EViews的人有用。

- 阿德金斯和希尔所著的《计量经济学原理：Stata的运用》（第5版，ISBN 9781118469873）。这本补充书籍提供《计量经济学原理》这本书中例子所需的Stata 15.0（www.stata.com）软件命令。这本书介绍了Stata 15.0（www.stata.com）软件的命令，用于学习《计量经济学原理》这本书中的实例。它不仅对那些将这个软件作为计量经济学课程一部分的学生和教师有用，同时对那些想学习如何使用Stata的人也有用。屏幕截图说明了Stata下拉菜单的使用。这本书还解释了Stata命令并说明"执行文件"的使用。

- 希尔和坎贝尔所著的《计量经济学原理：SAS的运用》（第5版，ISBN 9781118469880）。这本补充书籍提供基于《计量经济学原理》（第5版）基本框架的用于计量分析的SAS 9.4（www.sas.com）软件命令。它包括很多计量经济学的背景材料，以便于使用任何教科书的老师可以很容易地把这本书作为补充。该书包含不同层次的计量经济学。它适合使用"已做好的"SAS统计程序的本科生，以及采用高级程序和SAS矩阵语言直接编程的研究生，后者在章后附录中讨论。

- 布瑞兰德和希尔所著的《计量经济学原理：Excel的运用》（第5版，ISBN 9781118469835）。这本补充书籍说明如何使用Excel去重现《计量经济学原理》这本书中的大多数实例，提供详细的说明和屏幕截图，解释计算方法并阐明Excel的操作，为共同的任务提供模板。

● 阿德金斯所著的《计量经济学原理：GRETL的运用》（第5版）。这本免费的补充书籍可使用Adobe Acrobat软件阅读，说明如何使用免费提供的统计软件GRETL（从网址http：//gretl.sourceforge.net下载）。阿德金斯教授利用屏幕截图详细解释了如何使用GRETL重现《计量经济学原理》这本书中的例子。该手册免费提供，见www.learneconometrics.com/gretl.html。

● 科洛内斯库和希尔所著的使用R软件的《计量经济学原理：R软件的运用》（第5版）。这本免费补充书籍，可使用Adobe Acrobat软件阅读，解释如何使用免费的统计软件R（从网址https：//www.r-project.org/下载）。这本书使用屏幕截图，详细介绍如何重现《计量经济学原理》（第5版）中的实例。手册在网址https：//bookdown.org/ccolonescu/RPOE5/免费提供。

数据文件

这本书的数据文件以各种形式在网站www.wiley.com/college/hill提供。其中包括：

● ASCII格式（*.dat）。这些是只包含数据的文本文件。

● 定义文件（*.def）。这些是文本文件，说明数据文件的内容，包括变量名、变量定义和汇总统计值的列表。

● 每个数据文件的工作文件EViews（*.wfl）。

● 每个数据文件的工作簿Excel（*.xlsx），包括第一行中的变量名。

● 逗号分隔数值（*.csv）文件，可以读取到几乎所有的软件。

● Stata（*.dta）数据文件。

● SAS（*.sas7bdat）数据文件。

● GRETL（*.gdt）数据文件。

● R（*.rdata）数据文件。

其他资源

这本书的网址为www.principlesofeconomics.com，提供：

● 每种格式的单独数据文件以及包含压缩格式数据的ZIP文件。

● 本书勘误。

● 奇数问题的简答。这些答案也由本书的网站www.wiley.com/college/hill提供。

● 附加示例，附带答案。一些额外的实例有完整的答案，这样学生们就会知道正确的答案是什么样的。

● 关于撰写研究论文的技巧提示。

教师可利用的资源

为教师提供的资源也可以在网站www.wiley.com/college/hill找到，包括：

● DOC和PDF格式的书中所有练习的完整答案。

● PowerPoint演示幻灯片。

致谢

最后，作者希尔和格里菲思要感谢在过去的40年里导师、朋友和同事乔治·贾奇（George Judge）所给予的帮助。没有他们的远见和灵感，无论是这本书还是其他我们共同写作的书都将不可能问世。

我们也要感谢许多学生和同事针对《计量经济学原理》第4版提出的评论，以及为第5版做出的贡献。他们是 Alejandra Breve Ferrari， Alex James， Alyssa Wans， August Saibeni， Barry Rafferty， Bill Rising， Bob Martin， Brad Lewis， Bronson Fong， David Harris， David Iseral， Deborah Williams， Deokrye Baek， Diana Whistler， Emma Powers， Ercan Saridogan， Erdogan Cevher， Erika Haguette， Ethan Luedecke， Gareth Thomas， Gawon Yoon， Genevieve Briand， German Altgelt， Glenn Sueyoshi， Henry McCool， James Railton， Jana Ruimerman， Jeffery Parker， Joe Goss， John Jackson， Julie Leiby， Katharina Hauck， Katherine Ramirez， Kelley Pace， Lee Adkins， Matias Cattaneo， Max O'Krepki， Meagan McCollum， Micah West， Michelle Savolainen， Oystein Myrland， Patrick Scholten， Randy Campbell， Regina Riphahn， Sandamali Kankanamge， Sergio Pastorello， Shahrokh Towfighi， Tom Fomby， Tong Zeng， Victoria Pryor， Yann Nicolas 以及 Yuanbo Zhang。在本书勘误中，我们感谢所有给我们指出错误的人。

R.卡特·希尔

威廉·E.格里菲思

瓜伊·C.利姆

目录 CONTENTS

第 1 章

计量经济学导论

1.1 为什么要学习计量经济学？

计量经济学是经济计量的基础。但是，其重要性远超过经济学的学科范围。计量经济学也是一套运用于会计、金融、营销及管理等商科领域的研究工具，社会科学家特别是历史学、政治学和社会学的研究者也在使用。计量经济学在林业和农业经济学等不同领域发挥着重要作用。之所以出现这种对计量经济学的广泛兴趣，原因之一是经济学是商业分析的基础，也是社会科学的核心。因此，经济学家运用的研究方法，包括计量经济学，对许多人来说是有用的。

计量经济学在培养经济学家方面发挥着特殊作用。作为经济学专业的学生，你要学会"像一位经济学家一样思考"。你正在学习诸如机会成本、稀缺性和比较优势等经济学概念。你正在研究供求、宏观经济行为和国际贸易的经济模型。通过这种训练，你将成为一个更深入地了解我们生活的世界的人；你将成为一个了解市场如何运作，以及政府政策如何影响市场的人。

如果经济学是你的主修或辅修专业，当你毕业时会有很多机会。如果你想进入商界，你的雇主会想知道这个问题的答案："你能为我做什么？"学习了传统经济学课程的学生会回答："我能像一位经济学家一样思考。"虽然我们可能认为这样的回答很有分量，但它并不是很明确，不懂经济学的雇主可能不会很满意。

问题在于，你作为一名经济学专业的学生所学到的和经济学家实际做的之间存在差距。只有极少数的经济学家以研究经济理论为生，这些人通常都受雇于大学。大多数经济学家，不管他们是在商界或政府部门工作，还是在大学里教书，都从事部分"实证"经济分析。从这点来看，我们说他们使用经济数据来估计经济关系、检验经济假说和预测经济结果。

研究计量经济学能缩小"经济学专业学生"和"实际经济学家"之间的差距。借助从本书中学到的计量经济学技能，你就能对上述雇主提出的问题做出详细的回答"我能预测你的产品销售量""我可以估计当你的竞争对手单价下降1美元时你的销售量所受到的影响""我可以检验你的新广告活动是不是真能增加销售量"。这样的回答会令雇主满意，因为它们反映出你如经济学家一样思考和分析经济数据的能力。这些信息是做出良好商业决策的关键。如果你能为雇主提供有用的信息，你将成为一个有价值的员工，这会增加你找到理想工作的机会。

如果你打算进入研究生院或法学院继续深造，你会发现计量经济学的入门课程非常有价值。如果你的目标是拿到经济学、金融学、数据分析、数据科学、会计学、营销学、农业经济学、社会学、政治学或林业学的硕士或博士学位，你将来会遇到更多的计量经济学问题。研究生课程倾向讲授更多技术和数学方面的内容，学生在学习中常常会感到"只见树木，不见森林"。通过学习这门计量经济学入门课程，你会对计量经济学有大致的了解，从而在选修技术导向型课程之前，培养对事物的作用原理的一些"直觉"。

1.2　计量经济学研究什么？

现在，我们需要说明计量经济学的性质。这要从你的研究领域（无论是会计学、社会学还是经济学）中某些重要变量是如何相关的理论开始。在经济学中，我们用函数的数学概念来表示经济变量之间的关系。例如，要表示收入和消费之间的关系，我们可以写成：

$$CONSUMPTION = f(INCOME)$$

这就是说，消费水平是收入的某种函数 $f(\cdot)$。

对某个商品如本田雅阁汽车的需求，可以表示为：

$$Q^d = f(P, P^s, P^c, INC)$$

这意味着，本田雅阁汽车的需求数量 Q^d 是本田雅阁汽车的价格 P、替代品（如其他品牌汽车）的价格 P^s、互补物品（如汽油）的价格 P^c 以及收入水平 INC 的一个函数：$f(P, P^s, P^c, INC)$。

农产品（如牛肉）的供给函数可以写成：

$$Q^s = f(P, P^c, P^f)$$

其中，Q^s 表示供给数量，P 表示牛肉价格，P^c 表示竞争性产品（如猪肉）的价格，P^f 表示要素或生产过程中投入（如谷物）的价格。

上述每个等式都是一个一般的经济模型，描述了我们如何将相互关联的经济变量可视化，这种类型的经济模型指导了我们的经济分析。

通过计量经济学，我们能够在了解经济变量是否相互关联及其关联方向上更进一步，实现对变量之间相互关系的量化。计量经济学的一个作用就是预言或预测。如果我们知道收入，可以推测出消费总量的大小。如果我们知道本田雅阁汽车的价格以及替代品与互补品的价格，可以推测出雅阁汽车的销售量有多少。同样，给定牛肉供应量所依赖的变量值，我们可以计算出牛肉供应量是多少。

计量经济学的第二个贡献是使我们能够说出一个变量的变化对另一个变量的影响有多大。例如，如果本田雅阁的价格上涨，它的需求量会**下降**多少？如果牛肉价格上涨，它的供应量会增加多少？另外，用计量经济学的方法可以**检验**假设关系的有效性，这有助于我们理解变量之间的相互关系。

计量经济学是关于我们如何利用来自经济学、商学和社会科学的理论和数据，以及来自统计学的工具来预测结果，回答"多少"之类的问题，并验证假设的学科。

一些范例

考虑一下中央银行决策者所面临的问题。在美国，联邦储备系统，特别是联邦储备银行的理事会主席必须对利率做出决定。当观测到物价上涨，暗示通货膨胀率将上升时，美联储必须就是否抑制经济增长率做出决定。它可以通过提高成员银行的贷款利率（贴现率）或银行之间的隔夜拆借利率（联邦资金利率）来实现。提高这些利率会对经济产生连锁反应，导致其他利率的上升。这样具有了加大成本的经济效果，消费者会做出减少耐用消费品需求数量的反应。总的来说，总需求下降会使通胀率下降。这些关系是由经济理论得出的。

美联储主席面临的现实问题是："我们应该将贴现率提高多少，来减缓通货膨胀，同时维持经济稳定和增长？"答案将取决于企业和个人对利率上升和投资减少对国民生产总值（GNP）的影响的反应。关键的弹性和乘数被称为**参数**。经济参数的值是未知的，在制定经济政策时必须使用经济数据样本进行估计。

计量经济学是一门在拥有数据的情况下，如何对经济参数进行最佳估计的学问。"好的"计量经济学是很重要的，因为美联储等政策制定者所使用的估计数中的错误可能会导致利率调整过大或过小，这对我们所有人都会有重要影响。

每天，决策者面临着类似美联储主席所面临的"多少"的问题：

• 一个市议会正在考虑这样一个问题：如果再花100万美元在大街上部署穿制服的警察，暴力犯罪会减少多少。

• 当地必胜客的老板需要决定在当地报纸上购买多大的广告版面，因此必须估计广告和销售之间的关系。

• 路易斯安那州立大学必须估计，如果每学期学费提高300美元，入学人数会下降多少，因此学费收入会上升还是下降。

• 宝洁公司的首席执行官必须预测，10年后汰渍洗涤剂的需求会有多大，需要在新工厂和设备上投资多少。

• 房地产开发商必须预测，在未来的几年中，路易斯安那州巴吞鲁日南部的人口和收入会增加多少，建设一个赌场和高尔夫球场是否有利可图。

• 你必须决定，你的储蓄有多少投入股票基金，有多少投入货币市场。这需要你对计划期内的经济活动水平、通货膨胀率和利率做出预测。

• 澳大利亚墨尔本的一个公共交通委员会必须决定，公共交通（有轨电车、火车和公共汽车）票价的上涨将给改乘汽车或骑自行车出行的人数带来多少改变，以及这种改变对公共交通收入的影响。

为了回答这些"多少"的问题，决策制定者依赖于实证经济研究提供的信息。在实证经济研究中，经济学家使用经济理论和推理来建立所考查问题中涉及的变量间的关系。他们收集与这些变量相关的数据，并使用计量经济学方法估计关键的基本参数从而做出预测。上面的例子中提到的决策制定者以不同方法获得他们的"估计"与"预测"。美联储有大量的经济学家进行计量经济分析。宝洁公司的首席执行官可能雇用计量经济学家顾问为公司提供销售额预测。你可能从一个股票经纪人那里得到投资建议，而他的信息来自为母公司工作的计量经济学家做出的计量经济预测。不管你关于"多少"的问题的信息来源是什么，总会有一位经济学家参与其中，他使用计量经济学的方法来分析数据，从而得出答案。

在下一节中，我们要介绍如何将参数引入经济模型，以及如何将经济模型转化为计量经济模型。

1.3 计量经济模型

何谓计量经济模型？它来自哪里？我们将提供一个一般概述，还会用到你可能并不熟悉的专业术语。可以确信，随着你深入学习本书，所有的专业术语将被明确地定义。在一个计量经济模型中，首先我们必须认识到经济关系不是精确的。经济理论并不声称能够预测任何个人或企业的具体行为，而是描述许多个人或企业的平均或系统行为。在研究汽车销售量时，我们认识到本田汽车的实际销量是这个系统部分和一个随机且不可预测的组成成分e（我们称之为随机误差项）的总和。因此，表示本田雅阁销量的计量经济模型是：

$$Q^d = f(P, P^s, P^c, INC) + e$$

随机误差项e解释许多会影响销量但在此简单模型中被忽略的因素，同时它也反映经济活动中内在的不确定性。

为了完成计量经济模型的设定，我们还须说明经济变量之间的代数关系式。例如，在你的第一门经济学课程中，需求量被描述为价格的线性函数。我们也将这个假设扩展到其他变量，使之成为需求关系的系统部分：

$$f(P, P^s, P^c, INC) = \beta_1 + \beta_2 P + \beta_3 P^s + \beta_4 P^c + \beta_5 INC$$

对应的计量经济模型为：

$$Q^d = \beta_1 + \beta_2 P + \beta_3 P^s + \beta_4 P^c + \beta_5 INC + e$$

系数β_1，β_2，$\cdots$，β_5是模型中的未知**参数**，我们利用经济数据和计量经济方法对其进行估计。函数形式代表变量间关系的一个假设。在任何特定的问题中，一个挑战是确定一种与经济理论和数据兼容的函数形式。

在每一个计量经济模型中，不论是需求方程、供给方程，还是生产函数，都有一个系统的部分和一个不可观测的随机部分。系统部分是我们根据经济理论得到的部分，包括关于函数形式的假设。随机部分代表一个"噪声"部分，它模糊了我们对变量之间关系的理解，我们用随机变量e来表示。

我们使用计量经济模型作为**统计推断**的基础。使用计量模型与样本数据，我们可以推断现实世界，并在这个过程中学到一些东西。进行统计推断的方式包括以下几种：

- 使用计量经济方法估计经济参数，如弹性。
- **预测**经济成果，如未来十年美国两年制大学的入学人数。
- **检验**经济假说，如报纸广告是否比商店展示更好地促进销量。

计量经济学包括统计推断的所有方面。当我们继续学习这本书时，给定所掌握数据的特征，你将知道如何正确地估计、预测和检验。

因果关系和预测

在设定计量经济学模型时经常出现的一个问题是，一种关系是否可以被视为既是因果关系又是可预测的，还是只能被视为可预测的。为了理解这种差异，需要考虑一个和学生在计量经济学上的成绩与逃课的关系有关的方程。

$$GRADE = \beta_1 + \beta_2 SKIP + e$$

我们预估 β_2 是个负数：逃课越多，分数越低。但是，我们是否可以说逃课会**导致**成绩下降呢？如果课程是用视频拍摄的，他们可以在其他时间观看。也许一个学生逃课是因为他或她有一份要求很高的工作，而这份工作导致其没有足够的时间学习，这是成绩差的根本原因。或者，因为逃课的学生可能普遍缺乏承诺或动力，而这是成绩差的原因。在这种情况下，关于分数和逃课的关系，我们能说些什么呢？我们仍然可以称之为预测方程。成绩和逃课是（负）相关的，因此有关逃课的信息可以用来帮助预测成绩。然而，我们不能称之为因果关系。逃课不会导致低分。参数 β_2 不能表达逃课对成绩的直接因果影响。因为它还包括其他被忽略但是和逃课有关的变量的影响，如学习时长或学习动机。

经济学家经常对可以解释为因果关系的参数感兴趣。本田公司想知道价格变动对其雅阁汽车销售的直接影响。当牛肉产业技术进步时，需求和供给的价格弹性对消费者和生产者福利的变化有重要的影响。我们的任务之一是找出计量经济学模型被解释为因果关系所必需的假设，并评估这些假设是否成立。

预测关系很重要的一个领域是"大数据"的使用。计算机技术的进步导致了海量信息的存储。旅游网站会记录你一直在寻找的目的地。谷歌会根据你浏览过的网站向你推荐广告。通过会员卡，超市会保留你购物的数据并确定与你相关的销售项目。数据分析师使用大数据来确定有助于预测我们行为的预测关系。

一般而言，我们拥有的数据类型会影响计量经济模型的设定和我们对此做出的假设。现在我们来讨论不同类型的数据以及在哪里可以找到它们。

1.4　数据是如何生成的？

为了进行统计推断，我们必须掌握数据。而数据来自哪里？在实际过程中会生成什么类型的数据？经济学家和其他社会学家在一个复杂的世界中工作，所运用的变量数据是"可观测的"，而很少由控制实验获得。这使得学习经济参数的任务更加困难。如何使用这些数据回答具有重要经济学意义的问题是本书的主题。

1.4.1　实验数据

获得经济关系中未知参数相关信息的方法之一是进行或观测实验的结果。在自然科学与农学中，很容易误以为实验是可控的。科学家们为关键控制变量赋值，然后观测实验结果。我们可以在相似的地块上种植某种特殊品种的小麦，然后改变在每一块土地上施用的化肥和杀虫剂的数量，最后在收获季节观测每块地的小麦产量。在 N 块土地上重复这个实验就得到 N 个观测值。这样的可控实验在商务与社会科学领域很罕见。实验数据的一个关键方面是解释变量的值可以在实验的重复试验中固定在特定的值上。

举一个来自市场研究的商业案例。假设我们对超市内一个特定商品的周销售量感兴趣。当超市出售一件商品时，会通过一个扫描仪来记录商品价格和数量，这些信息最终会出现在你的超市购物小票上。同时生成的是一个数据记录，并且在每个时点，某商品的价格与所有它的竞争对手的价格都是已知的，当前的商店展示与优惠券用法也是已知的。价格与购买环境可以由商店加以管理控制，所以可以使用相同的"控制"变量对这个"实验"重复数日或数周。

在社会科学中有一些计划实验的案例，但是由于组织和资金方面的困难，这样的实验很少。一个著名的计划实验是田纳西州的明星项目。[1]这项实验从1985年开始，到1989年结束，对一组儿童进行了从幼儿园到小学三年级的跟踪调查。在实验中，学生和教师在学校内被随机分到三种班型：小班13～17人，常规班22～25人，常规班但有专职教师助理协助教师。实验的目标是确定小班对学生学习的影响，利用学生的考试成绩来衡量。我们将在第7章分析这个实验的数据，并且说明小班能显著提高学生成绩。这个发现将会影响未来几年的公共教育政策。

1.4.2　准实验数据

区分"纯"实验数据和"准"实验数据是很有用处的。纯实验数据的特点是随机分配。在这个例子中，不同数量的化肥和农药被用于种植小麦的地块。在田纳西州的明星项目中，学生和老师被随机分配到人数不同的班级，即有专职教师助理的班级以及没有专职教师助理的班级。通常，如果我们有一个对照组和一个实验组，并且我们想检查政策干预或处理的效果，那么纯实验数据可以将个体随机分配到对照组和实验组中。

然而，随机分配并不总是能实现的，尤其是在与人打交道时。对于准实验数据，分配给对照组和处理组不是随机的，而是基于另一个标准。一个例子是Card和Krueger的研究，第7章对此进行了更详细的研究。Card和Krueger研究了1992年新泽西州最低工资水平的提高对快餐店员工数量的影响。实验组是新泽西州的快餐店，而对照组是宾夕法尼亚州东部的快餐店，因为那里的最低工资没有变化。另一个例子是收入起征点以上的个人所得税税率的改变对消费习惯的影响。实验组是收入高于起征点的群体，对照组就是收入低于起征点的群体。在处理准实验数据时，应注意处理的效果可能与赋值标准的效果相混淆。

1.4.3　非实验数据

非实验数据的一个例子是调查数据。路易斯安那州立大学的公共政策研究实验室（www.survey.lsu.edu）对顾客进行了电话与邮件调查。在电话调查中，随机选择并拨打电话号码，顾客对问题的回答被记录和加以分析。在这样的环境里，所有变量的数据同时被收集，并且变量的值既不是固定的也不是重复的。这些数据就是非实验数据。

这些调查是由各国政府大规模进行的。例如，当代人口调查（CPS）[2]是由美国统计局针对约50 000个家庭进行的一个月度调查。这份调查进行了50多年。CPS网站称："CPS数据被政府决策者和立法者作为分析国民经济形势的重要指标，并用于规划和评估许多政府项目。它们也被媒体、学生、学者和一般公众所使用。"在第1.8节中，我们描述了一些类似的数据来源。

1.5　经济数据类型

经济数据具有各种各样的"特点"。在本节中，我们将介绍并给出对应的例子。在每

---

[1]　程序说明、公开使用数据和广泛的文献，见 http://dataverse.harvard.edu/dataset.xhtml? persistentId=hdl: 1902.1/10766.

[2]　www.census.gov/cps.

个例子中，要注意不同数据类型的特征，如：

1.数据可能来源于不同水平的集合

• 微观数据——数据源自个体经济决策单位，如个人、家庭和企业。

• 宏观数据——数据源自一个区域/州/国家的个人、家庭和企业数据的合并或加总。

2.数据也可能代表流量或存量

• 流量数据——衡量一段时间内的数据，如 2018 年最后一个季度的汽油消费情况。

• 存量数据——衡量某一特定时点的数据，如 2018 年 11 月 1 日埃克森-美孚国际公司的原油存储量，或者 2018 年 7 月 1 日美国富国银行的资产价值。

3.数据也可能是定量的或定性的

• 定量数据——如用数字或其转化形式表现的价格或收入，如实际价格或人均收入。

• 定性数据——数据代表"非此即彼"的结果。例如，一个消费者是否购买了某种商品，或者一个人是否结婚。

1.5.1 时间序列数据

时间序列数据是在离散的时间间隔上收集的数据。例如，美国小麦的年价格和通用电气公司股票的日价格。宏观经济数据通常按月、季度或年度报告。财务数据，如股票价格，可以每天或以更高的频率记录下来。时间序列数据的关键特征是，同样的经济量以固定的时间间隔记录下来。

例如，美国的年度实际国内生产总值（GDP）如图 1-1 所示。一些数值可以在表 1-1 中看到。每一年，我们都记录这些数值。这些数值是年度数据，由经济分析局以 2009 年实际美元的数值为基准进行了"平减"。

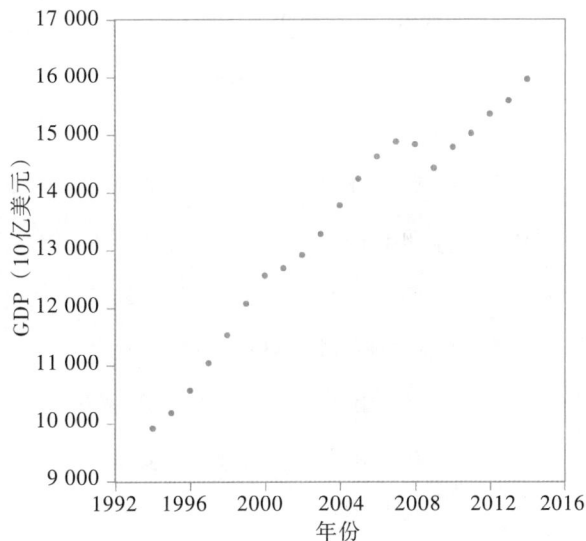

图 1-1　1994—2014 年美国年度实际国内生产总值[1]

---

① 来源：www.bea.gov/national/index.htm.

表 1-1　　　　美国年度国内生产总值（以 2009 年实际值为基准，单位：10 亿美元）

年份	GDP
2006	14 613.8
2007	14 873.7
2008	14 830.4
2009	14 418.7
2010	14 783.8
2011	15 020.6
2012	15 354.6
2013	15 583.3
2014	15 961.7

1.5.2　截面数据

　　截面数据是在特定时间段内跨样本单位收集的。如 2016 年加利福尼亚州各县的收入或 2015 年各州高中毕业率。"样本单位"是个体实体，可能是企业、个人、家庭、州或国家。例如，当代人口调查报告每月的个人访谈结果，内容涵盖了就业、失业、工资、文化程度以及收入。在表 1-2 中，我们报告了 2013 年 3 月调查得到的一些观测值，变量包括种族、文化、性别、工资水平（小时工资率）。[①]该调查对调查对象询问很多具体的问题。

表 1-2　　　　　　　　　　　截面数据：2013 年 3 月人口调查　　　　　　　　　　　单位：元

个体实体	变量			
	种族	文化程度	性别	工资水平
1	白人	副学士学位	男性	10.00
2	白人	硕士学位	男性	60.83
3	黑人	学士学位	男性	17.8
4	白人	高中毕业或高中同等学历	女性	30.38
5	白人	硕士学位	男性	12.50
6	白人	硕士学位	女性	49.5
7	白人	硕士学位	女性	23.08
8	黑人	副学士学位	女性	28.95
9	白人	大专无学位	女性	9.20

　　①　在实际的原始数据中，变量描述的编码与表 1-2 中的名称不同。为了方便起见，我们使用了简要版本。

1.5.3　面板或纵向数据

一个"面板"数据也被称为"纵向数据",指的是追踪微观个体单位不同时间的观测值。例如,收入动态面板数据研究(the Panel Study of Income Dynamics,PSID)[1]称其"对美国近 9 000 个家庭开展了调查,它是一个具有国家代表性的纵向研究。从 1969 年开始,跟踪同样的家庭与个人,PSID 收集了关于经济状况、健康状况与社会行为方面的数据"。该研究也有其他国家的面板数据,其中许多在 www.rfe.org 的"经济学家资源"中有描述。

为了说明,我们来看种植水稻的两个农场的数据,[2]如表 1-3 所示。数据是 1990—1997 年水稻农场(或企业)的年度观测值。

表 1-3　　　　　　　　　　　　　　两个水稻农场的面板数据

FARM	YEAR	PROD	AREA	LABOR	FERT
1	1990	7.87	2.50	160	207.5
1	1991	7.18	2.50	138	295.5
1	1992	8.92	2.50	140	362.5
1	1993	7.31	2.50	127	338.0
1	1994	7.54	2.50	145	337.5
1	1995	4.51	2.50	123	207.2
1	1996	4.37	2.25	123	345.0
1	1997	7.27	2.15	87	222.8
2	1990	10.35	3.80	184	303.5
2	1991	10.21	3.80	151	206.0
2	1992	13.29	3.80	185	374.5
2	1993	18.58	3.80	262	421.0
2	1994	17.07	3.80	174	595.7
2	1995	16.61	4.25	244	234.8
2	1996	12.28	4.25	159	479.0
2	1997	14.20	3.75	133	170.0

面板数据的关键是,我们在一段时期内观测每个微观单位,在这里是一个农场。本例中我们有大米的产出量、种植面积、劳动力投入和化肥使用量。如果我们对每个微观单元以相同数量的时间周期观测,就像本例的情况,我们就有一个平衡的面板数据。通常与微观单位的数量相比,时间序列观测值的数量很少,但不总是这样。宾夕法尼亚大学世界数据库[3]提供了 182 个国家 1950—2014 年的部分或全部年份购买力平价和折合成国际价格的国民收入账户数据。

---

① http://psidonline.isr.umich.edu.
② 这些数据来源于 O'Donnell C.J.and W.E.Griffiths (2006),"Estimating State-Contingent Production Frontiers",*American Journal of Agricultural Economics*,88(1),pp.249-266.
③ www.rug.nl/ggdc/productivity/pwt.

1.6 研究过程

计量经济学说到底是一个研究工具。学习计量经济学的学生意在做研究或者阅读、评价他人的研究，或者两者兼而有之。本节为今后的工作提供了参考框架和指南。我们着力向读者展示计量经济学在研究中的作用。

像许多活动一样，研究是一个过程，它的开展遵循一定的模式。研究是探险，而且会很有趣！寻找你的问题的答案和探索新的知识会让你着迷，因为探索越深入，你发现的新问题越多。

研究项目是一个对你来说很重要的研究某个主题的机会。如果你想成功地完成一个项目，那么选取一个好的研究主题是非常重要的。第一个问题是："我的兴趣在哪儿？"对某个特定主题感兴趣将会增添研究的乐趣。同时，如果你开始研究某个主题，其他的问题也会经常出现在你的脑海中。这些新的问题可能会给原有主题以新的指引，或者可能代表让你更感兴趣的要探索的新路径。这种想法可能是在花费许多时间研究某个特定主题后才发现的。你会发现"99%的灵感来自汗水"。也就是说，在对一个主题研究相当长的时间后，你会发现一个新的有趣的问题。或者，你也可能因为天生的好奇心被引导向一个有趣的问题。哈尔·瓦里安教授[1]建议我们在学术期刊之外的报纸和杂志中寻找想法。他讲述了一个关于他购买一台新电视机后进行的一个研究项目的故事。

当你完成几个学期的经济学课程后，你会发现你自己对某些领域更感兴趣。卫生经济学、经济发展、产业组织、公共财政、资源经济学、货币经济学、环境经济学、国际贸易等专业领域对我们每个人都有不同的吸引力。如果你发现了一个你感兴趣的领域或主题，你可以查阅《经济文献杂志》（*JEL*）上的相关文章。*JEL* 有一个分类体系，使得分离研究的特定领域成为一个简单的任务。或者，在你喜爱的搜索引擎里输入一些描述性的词语，看看会弹出什么。

一旦你集中于一个特定的想法，开始研究过程，通常遵循以下步骤：

1.经济理论为我们提供了思考问题的一种方法。相关的经济变量有哪些？变量之间关系的方向可能是什么？给定最初的问题，每个研究项目都是从建立经济模型并列出感兴趣的问题（假设）开始的。在研究项目期间会出现更多的问题，但最好在项目开始时就列出激发你兴趣的那些问题。

2.有效的经济模型会产生一个计量经济模型。我们必须选择一种函数形式，并对误差项的特征做一些假设。

3.根据最初的假设及对如何收集数据的了解，取得样本数据，并选择一个理想的统计分析方法。

4.利用统计软件包得到未知参数的估计值，并进行预测和假设检验。

5.进行模型诊断以检验假设的有效性。例如，右边所有的解释变量都具有相关性吗？使用的函数形式适当吗？

6.分析并评价实证分析结果的经济结论及含义。其中隐含了哪些经济资源配置及分配

① Varian, H. How to Build an Economic Model in Your Spare Time, *The American Economist*, 41(2), Fall 1997, pp.3-10.

的结果？政策选择意味着什么？还有哪些问题可以通过进一步研究或更好的新数据来回答？

这些步骤为必须做什么提供了一些方向。然而，研究总是带来一些惊喜，它可能把你送回研究计划中较早的某个点，也可能导致你推翻原来的研究计划。研究需要一种能使项目保持向前推进的紧迫感和不慌张、重于细致分析的耐心以及开拓新想法的意愿。

1.7 实证研究论文的写作

研究会用新知识奖励你，但在写完研究论文或报告之前，它是不完整的。写作的过程可以使想法得到升华。除了写作，没有别的方法可以使你的理解深度能如此清晰地显示出来。如果你对解释某个概念或想法感觉有困难，可能意味着你的理解是不全面的。因此，写作是研究的一个必不可少的部分。我们提供本节内容作为未来写作任务的基础。在本书网站上还有其他关于经济论文写作的技巧，读者可以参阅 http：//principlesofeconometrics.com。

1.7.1 研究计划的写作

当你选择了一个特定的主题后，写一个简明的课题大纲或课题计划是一个很好的主意。写出大纲或计划能够帮助你把想法集中于你确实想写的内容上。给你的同事或者导师看，以得到初步的建议。摘要应该短小精悍，一般不超过500字，并应该包括以下内容：

1.对于问题的一个简要陈述。

2.根据一篇或两篇主要文献，对获得的信息做出评论。

3.研究计划的描述，包括：

（1）经济模型；

（2）计量经济估计和推理方法；

（3）数据来源；

（4）估计、假设检验与预测程序，包括计量经济学软件的版本。

4.研究的潜在贡献。

1.7.2 研究报告的写作格式

经济研究报告有一个标准的写作格式，其中要讨论研究项目的各个步骤并对结果进行解释。下面的大纲是经济研究报告典型的模式。

1.问题陈述。报告的开头对想要研究的问题进行一个概括，同时要说明为什么这些问题是重要的，以及谁会对结果感兴趣。这个导论的部分应该是非技术性的，并且要能激励读者继续阅读这篇文章。勾勒出报告后面各节的内容也很有用。这是第一个也是最后一个要做的部分。在当今这个忙碌的世界中，要想很快地抓住读者的注意力，一个清晰、简明、写得很好的导论是必不可少的，同时其也被证明是论文的最重要部分。

2.文献综述。简要总结你选择的研究领域的相关文献，并说明你的研究如何扩展我们的知识。总而言之，引用那些激励你研究的其他人的研究成果，但是一定要简明扼要。你不需要调查关于这个主题的所有文章。

3.经济模型。详细说明你使用的经济模型并定义经济变量。说明模型的假设条件，并确定你要进行的假设检验。经济模型可能是复杂的。你的任务是清楚地解释该模型，但是应尽可能清晰和简单些。不要使用不必要的技术性术语。如果可能，用简单的术语替代复杂的术语。你的目标是展示你的思维质量，而不是你的词汇量。

4.计量经济学模型。讨论与经济模型相对应的计量经济学模型。确保你对模型中的变量、函数形式、误差项假设以及其他你所做出的假设进行了讨论。尽量使用简单的符号，不要有冗长的证明或推导过程，使得论文的主体看起来混乱不堪。证明或推导过程可以放在技术性附录中。

5.数据。描述你使用的数据、数据的来源以及你掌握的关于数据适当性方面的任何保留意见。

6.估计与推理程序。描述你使用的估计方法与你选择这些估计方法的原因。解释假设检验程序及其使用方法。写明使用的软件与版本，如 Stata 15 或 EViews 10。

7.实证结果与结论。报告参数估计值及其解释，以及检验统计值。解释它们的统计显著性、与先前估计的相关性以及它们的经济影响。

8.研究的可能延伸方向与局限性。你的研究将提出关于经济模型、数据以及估计技术方面的问题。你的发现对未来的研究有什么建议，你将如何进行？

9.致谢。适当地向那些对你的研究提出过评论、做出过贡献的人表示感谢。可能有你的导师、帮助你找数据的图书馆管理员或者是阅读和评论过你论文的同学。

10.参考文献。依字母顺序列出你的论文中引用的文献和参考数据来源。

你写好了初稿以后，可使用电脑中的拼写检查软件查找错误。让一位朋友阅读你的文章并提供一些使论文清晰的建议，检查你的逻辑与结论。在你提交论文前，你应该尽可能地消除错误，使你的工作看起来完美无缺。使用文字处理器，使得字体大小、章节标题、脚注形式以及参考文献等前后统一。软件开发人员通常为学期论文和研究论文提供模板。在写作开始前找到一个好的论文模板是一个不错的选择。再出色的文章也会由于拼写错误、参考文献的缺失和不正确的公式而毁于一旦。一些著作对于该做什么和不该做什么已有了很好的总结，并且极富幽默感，见 Deidre N.McClosky 所著的《经济学写作》（第2版）（Prospect Heights，IL：Waveland Press，Inc.，1999）。

虽然这不是一个令人愉快的话题，但你应该了解**抄袭**的规定。你千万不要把别人的话当作自己的来使用。如果你不清楚什么是可以使用的，什么是不可以使用的，请看下一段的格式规范指南，或者询问你的导师。你的大学可能会提供一个检查抄袭的软件，比如Turnitin 或 iThenticate，它可以将你的论文与数以百万计的在线资源进行比较，并找出存在的问题，也有一些免费的在线版本。论文应该有明确定义的章节和子章节。页码、公式、表格与图形应该编号。参考文献与脚注应该表示成大家认同的形式。购买一本格式规范指南是一项很好的投资。两篇经典的文献为：

● 《芝加哥格式手册》（第16版）在网上和从其他途径都可以找到。

● 《研究论文、硕士论文和博士论文作者手册：学生和研究人员芝加哥格式规范》，第8版，由 Kate L.Turabian 撰写，由 Wayne C.Booth、Gregory G.Colomb 和 Joseph M.Williams（2013，芝加哥大学出版社）修订。

1.8　经济数据的来源

随着互联网的发展，经济数据越来越容易收集。在本节中，我们将指导你在互联网上寻找可获得的经济数据。在你学习计量经济学期间，浏览列出的一些数据资源，以熟悉数据的可用性。

1.8.1　互联网经济数据链接

在万维网有很多不错的网站可以得到经济数据。

为经济学家提供的资源（RFE） www.rfe.org 是为经济学家提供互联网资源的一个主要的网站。这个出色的网站是 Bill Goffe 的作品。在这里你将发现一些经济数据的链接，以及令计量经济学家感兴趣的一些网站。数据链接有以下广泛的数据类型：

- 美国宏观数据与区域数据。在这里你将发现各类数据来源的链接，如经济分析局、劳动统计局、总统经济报告以及联邦储备银行。

- 美国其他数据。在这里你将找到美国人口普查局的链接，以及许多面板数据和调查数据的链接。美国政府机关的链接是 FedStats（www.fedstats.sites.usa.gov）。在那里，点击机构可见美国政府机关的一个完整的名单以及它们主页的链接。

- 世界与美国以外的数据。这里有世界数据的链接，如中央情报局的世界概况以及宾夕法尼亚大学世界数据库，还有如亚洲开发银行、国际货币基金组织、世界银行等国际组织的数据。这里还有某些国家和世界各部门的数据链接。

- 金融与金融市场。这里有美国与世界金融数据的来源链接，提供汇率、利率和股票价格数据。

- 期刊数据与项目成果。一些经济期刊发表的文章使用的数据，通过这些期刊的链接提供。（这些期刊中的许多文章将超出经济学专业本科生的知识范围）

国家经济研究局（NBER） www.nber.org/data 提供许多数据的链接。这里有一些标题供读者寻找：

- 宏观数据
- 产业数据
- 国际贸易数据
- 个体数据
- 医疗保健数据——医院、提供者、药品和设备
- 人口与寿命统计数据
- 专利和科技论文数据
- 其他数据

Economagic　一些网站使提取数据相对容易了。例如，Economagic 网站（www.economagic.com）是一个极好的、易使用的宏观时间序列数据来源（大约 100 000 个可用序列）。数据序列可以很容易地被复制粘贴，或者制成图表。

1.8.2 经济数据的解释

在许多情况下，获取经济数据比理解数据的含义更容易。当使用宏观经济数据或者金融数据时，理解变量的定义是至关重要的。主要的经济指标是什么？个人消费支出包括什么？你可能会在你的教科书中找到这些问题的答案。另一个你可能会发现有用的资源是《每日经济统计指南》（第七版），由 Gary E. Clayton 和 Martin Gerhard Giesbrecht 撰写（Boston：Irwin/McGraw-Hill，2009）。这本薄薄的书探讨了经济统计数据是如何构建以及如何使用的。

1.8.3 数据的获得

寻找数据来源与获得数据并不同。虽然有许多易于使用的网站，但是"易于使用"是一个相对的术语。数据将以各种格式打包。在每一个网站里也确实有许多变量。最主要的挑战是识别你想要的特定变量，以及它们究竟衡量的是什么。下面的例子具有说明性。

圣路易斯联邦储备银行[①]有一个名为 FRED（联邦储备经济数据）的系统。在"类别"下，有财务变量、人口和劳动力变量、国民账户及许多其他变量的链接。关于这些变量的数据可以以多种格式下载。要阅读分析这些数据，你需要掌握你所用统计软件的专门知识。与《计量经济学原理》（第五版）配套的 Excel、EViews、Stata、SAS、R 和 Gretl 的计算机手册，可以辅助这一过程。这些帮助的详细说明见出版商网站 www.wiley.com/college/hill，或这本书的网站 http://principlesofeconometrics.com。

当代人口调查网站（www.census.gov/cps）有一个工具叫作 **DataFerrett**。该工具将帮助你查找和下载你特别感兴趣的数据序列。整个过程有指导教程帮助你。它提供变量的描述和具体的调查问题，有助于选择。它有点像一个购物网站。所需的数据序列被"打钩"并添加到"购物篮"。一旦填满了你的篮子，你就可用特定的软件下载数据库。其他基于网络的数据资源以同样的方式操作。一个例子是收入动态面板研究（Panel Study of Income Dynamics，PSID）。[②]宾夕法尼亚大学世界数据库[③]提供 Excel 和 Stata 格式的数据下载。

你可以指望在我们所提到的各种网站上找到大量的现成数据，但这需要一个学习过程。你不应该奢求不付出一定的努力就能找到、下载并处理数据。如果你打算经常使用这些数据资源，熟练使用 Excel 和统计软件是必要的。

---

① https://fred.stlouisfed.org.
② http://psidonline.isr.umich.edu.
③ www.rug.nl/ggdc/productivity/pwt.

学习目标

评论

*学习目标*和*关键词*部分将出现在之后每章的开头。我们鼓励你去思考，尽可能写出问题的答案，确保你能辨别并定义关键词。如果你不确定问题或答案，请教你的老师。当学习目标部分要求举例时，你应该想一想本书中没有的例子。

基于概率入门中的内容，你应该能够：

1. 解释随机变量及其数值之间的差别，并举一个例子。

2. 解释离散型和连续型随机变量之间的差别，并分别举一个例子。

3. 说明离散型随机变量的概率密度函数（*pdf*）的特点，并举一个例子。

4. 给定离散型概率函数，计算事件发生的概率。

5. 解释"离散型随机变量取值2的概率是0.3"这一叙述的含义。

6. 解释连续型与离散型随机变量的概率密度函数有何不同。

7. 用几何形式说明给定连续型随机变量的概率密度函数，以及如何计算概率。

8. 直观地说明随机变量均值或期望值的概念。

9. 给定X的概率密度函数$f(x)$和函数$g(X)$，使用离散型随机变量期望值的定义计算期望值。

10. 定义离散型随机变量的方差，并说明如果方差较大在何种意义上随机变量的值更分散。

11. 使用两个离散型随机变量的联合概率密度函数（表）来计算联合事件发生的概率，求出单个随机变量的（边际）概率密度函数。

12. 给定一个离散型随机变量的*pdf*及其与另一个离散型随机变量的联合*pdf*，计算另一个离散型随机变量的条件*pdf*。

13. 使用单个和双重求和记号。

14. 对两个随机变量的统计独立性给出一个直观的解释，并说明必须符合的条件以证明统计独立性。给出两个独立的随机变量和两个相互依存的随机变量的例子。

15. 定义两个随机变量之间的协方差和相关系数，并在给定两个离散型随机变量的联合概率函数的条件下，计算这些值。

16. 求随机变量之和的均值和方差。

17. 使用统计表1"标准正态分布的累积概率"和计算机软件来计算包含正态随机变

量的概率。

18.使用迭代期望定律来求出随机变量的期望值。

关键词

条件期望	条件概率密度函数	实验
概率密度函数	指示变量	随机变量
条件概率	迭代期望	标准差
连续型随机变量	联合概率密度函数	标准正态分布
相关性	边际分布	统计独立性
均值	求和运算	累积分布函数
正态分布	方差	离散型随机变量
总体	概率	协方差

我们假设你已学过基本的概率和统计课程。在概率入门这部分，我们将回顾一些基本的概率概念。第 P.1 节定义离散型和连续型随机变量。概率分布在第 P.2 节中讨论。第 P.3 节介绍联合概率分布，定义条件概率和统计独立性。在第 P.4 节中，我们岔开话题讨论求和运算。在第 P.5 节中，我们回顾概率分布的性质，特别注意期望值和方差。在第 P.6 节中，我们讨论条件这一重要概念，并了解一个变量的值如何提供另一个变量的信息或者帮助我们预测另一个变量。第 P.7 节总结关于正态概率分布的重要性质。在本书附录 B 中，"概率的概念"是对本材料的扩充。

P.1　随机变量

本杰明·富兰克林曾说过："一生中唯一能确定的事件是死亡和税收。"虽然不是原意，这个常识指出，我们在生活中遇到的大部分事件是不确定的。我们不知道我们的足球队将赢得下一个赛季的多少场比赛。你不知道你下次考试会得多少分。我们不知道股指在明天会达到多高。这些事件或结果是不确定的或随机的。**概率**为我们提供了一个方法来讨论可能的结果。

随机变量是一个变量，它的值在被观测到之前是未知的。换句话说，它不是一个完全可预测的变量。每个随机变量可取一系列可能的值。如果 W 是明年我们的足球队获胜的场次，最多有 13 场比赛，则 W 可以取值 0，1，2，…，13。这是一个离散型随机变量，因为它可以取有限或可数的数值。离散型随机变量的另一个例子是一个随机选定的家庭拥有几台电脑，以及你明年看医生的次数。一个特殊情况是，一个随机变量只能取两个可能值中的一个——例如，在电话调查中，如果你被问及你是否为大学毕业生，那么你的答案只能是"是"或"否"。这样的结果可以通过一个指示变量来表示，如果是则选数值 1，如果不是则选 0。指示变量是离散型的，用来表示质量特征，如性别（男或女）、种族（白种人或非白种人）。

美国国内生产总值（GDP）是随机变量的又一个例子，因为其数值在被观测到之前是未知的。2014 年第三季度其计算值为 16.1641 万亿美元。2025 年第二季度的数值是未知的，无法预测。国内生产总值以美元来衡量，可以全部用美元来计数，但其数值是如此之大，单独计算美元金额毫无用处。实际上国内生产总值可以在零到无穷大之间取任何一个值，它被视为一个连续型随机变量。其他常见的宏观经济变量，如利率、投资额和消费额也被视为连续型随机变量。在金融市场，股市指数如道琼斯工业指数也被视为连续型随机变量。这些变量的关键属性是它们可以在一个区间内取任意数值，使得它们是连续型的。

P.2   概率分布

概率通常根据实验来定义。让我们在一个简单的实验中说明这一点。考虑表P-1的值是一个我们感兴趣的总体。在统计学和计量经济学中，总体是一个重要的术语。总体是一组对象，如人、农场或商业企业，有共同之处。总体是完整的集合，是分析的重点。在表P-1中，总体是10个对象的集合。利用这个总体，我们将讨论一些概率的概念。在实证分析中，我们从感兴趣的总体中收集样本观测值，并利用样本观测值对总体进行推断。

表 P-1   苏珊的纸片：一个总体

1	2	3	4	4
2	3	3	4	4

如果我们要随机选择表中的一个单元格（想象把这张表平均切成10个同样大小的纸片，打乱这些纸片，眼睛不看它们，随意从中抽取一张），这将构成一个随机实验。在这个随机实验的基础上，我们可以定义几个随机变量。例如，用随机变量 X 表示我们抽取的纸片上显示的数值（在概率入门这部分，我们使用像 X 这样的大写字母代表随机变量）。随机变量这个术语有点奇怪，因为实际上它是分配实验结果数值的规则。在表P-1中，规则是"进行实验（打乱纸片，并抽取其中一个），对你获得的纸片分配 X，X 为纸片上显示的数值"。X 可以取的数值记为相应的小写字母 x，在这种情况下 X 的值是 $x=1$，2，3或4。

对于使用表P-1中的总体进行的实验，[1]我们可以创建一些随机变量。让 Y 是一个离散型随机变量，代表纸片的颜色，$Y=1$ 表示画有阴影的纸片，$Y=0$ 表示无阴影的纸片。Y 可以取的数值是 $y=0$，1。

考虑 X 为纸片上显示的数值。如果纸片在打乱后被抽出的可能性相同，则在大量实验

---

① 适合课堂实验的表可以在如下网址获得：www.principlesofeconometrics.com/poe5/extras/ table_p1。我们感谢 Veronica Deschner McGregor 为这个实验提出的建议——"一个纸片，两个纸片，白纸片，蓝纸片"，灵感来自苏珊博士的"一条鱼，两条鱼，红鱼，蓝鱼（《我可以自己读》）"，Random House Books for Young Readers（1960）。

中（打乱和抽出 10 张纸片中的 1 张），我们会有 10% 的机会观测到 $X=1$，有 20% 的机会观测到 $X=2$，有 30% 的机会观测到 $X=3$，有 40% 的机会观测到 $X=4$。这些是具体数值将出现的概率。我们会说，例如，$P(X=3)=0.3$。在**大量**的随机实验中，这种解释是与特定结果发生的**相对频率**相联系的。

我们使用**概率密度函数**（*pdf*）来总结结果可能出现的概率。离散型随机变量的 *pdf* 表示每个可能的数值发生的概率。对于离散型随机变量 X，*pdf* $f(x)$ 的值是随机变量 X 取 x 值的概率，$f(x)=P(X=x)$。因为 $f(x)$ 是一个概率，它必须满足 $0 \leq f(x) \leq 1$，如果 X 取 n 个可能值 $x_1, \cdots, x_n$，那么其概率的总和必须等于 1：

$$f(x_1)+f(x_2)+\cdots+f(x_n)=1 \tag{P.1}$$

对于离散型随机变量，*pdf* 可能被表示为一个表，如表 P-2 所示。

表 P-2 X 的 *pdf*

X	$f(x)$
1	0.1
2	0.2
3	0.3
4	0.4

如图 P-1 所示，*pdf* 也可表示为条形图，条形的高度代表相应的值发生的概率。

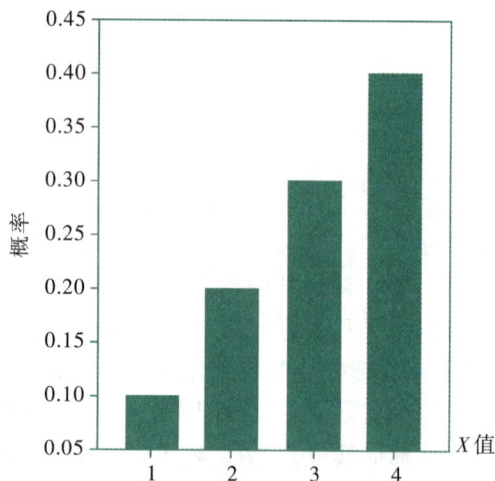

图 P-1 X 的概率密度函数

累积分布函数（*cdf*）是表示概率的另一种方法。随机变量 X 的 *cdf* 记为 $F(x)$，给出 X 小于或等于一个特定值 x 的概率。也就是说，

$$F(x)=P(X \leq x) \tag{P.2}$$

实例 P.1   使用 *cdf*

使用表 P-2 中的概率，我们求出，$F(1)=P(X \leq 1)=0.1$，$F(2)=P(X \leq 2)=0.3$，

$F(3) = P(X \leqslant 3) = 0.6$ 和 $F(4) = P(X \leqslant 4) = 1$。例如，使用概率密度函数 $f(x)$，我们计算 X 小于或等于 2 的概率：

$$F(2) = P(X \leqslant 2) = P(X = 1) + P(X = 2) = 0.1 + 0.2 = 0.3$$

由于概率的总和 $P(X = 1) + P(X = 2) + P(X = 3) + P(X = 4) = 1$，我们可以计算 X 大于 2 的概率：

$$P(X > 2) = 1 - P(X \leqslant 2) = 1 - F(2) = 1 - 0.3 = 0.7$$

X 的 pdf 和 cdf 之间的重要区别通过如下问题可以看出："使用表 P-2 中的概率分布，$X = 2.5$ 的概率是多少？"这个概率是零，因为 X 不能取这个值。问题"X 小于或等于 2.5 的概率是多少？"确实有一个答案：

$$F(2.5) = P(X \leqslant 2.5) = P(X = 1) + P(X = 2) = 0.1 + 0.2 = 0.3$$

对于 $-\infty$ 和 $+\infty$ 之间的任意 x，累积概率可以被计算出来。

连续型随机变量可以取一个区间内的任意值，有不计其数的数值。因此，任意特定值的概率是零。对于连续型随机变量，我们讨论在一定范围内的结果。图 P-2 说明 x 取值范围为从 0 到无穷大的一个连续型随机变量 X 的 pdf $f(x)$。这个形状代表一个经济变量（例如个人收入或工资）的分布。曲线下方的面积代表 X 落在一个区间内的概率。cdf $F(x)$ 的定义如公式（P.2）所示。对于该分布，

$$P(10 < X < 20) = F(20) - F(10) = 0.52236 - 0.17512 = 0.34724 \tag{P.3}$$

这些面积是如何获得的？微积分中的积分给出曲线下方的阴影面积。我们在本书中不会计算很多积分。[①]相反，我们将使用计算机和软件命令来计算 cdf 值和概率。

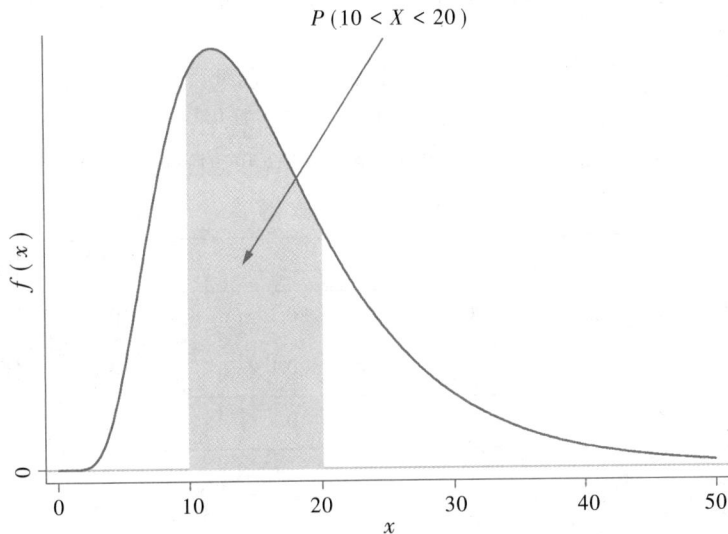

图 P-2　连续型随机变量的 pdf

P.3　联合、边际和条件概率

使用多个随机变量需要**联合** pdf。对于表 P-1 中的总体，我们定义两个随机变量，X 为

---

① 积分的简要说明见附录 A.4，使用积分计算概率的说明见附录 B.2.1。附录 B.3.9 解释公式（P.3）中的计算。

随机抽取纸片上的数值；指示变量 Y，如果选带阴影的，其值等于 1，如果选不带阴影的，其值等于 0。

使用 X 和 Y 的联合 pdf，我们可以说："选择一个带阴影的数值为 2 的纸片的概率是 0.10。"这是一个联合概率，因为我们讨论的是两个事件同时发生的概率。选择取值 $X=2$ 和带阴影的 $Y=1$。我们可以这样写：

$$P(X=2 \text{ 且 } Y=1) = P(X=2, Y=1) = f(x=2, y=1) = 0.1$$

表 P-3 中的各项是联合结果的概率 $f(x,y) = P(X=x, Y=y)$。如单一随机变量的 pdf 那样，联合概率的总和为 1。

表 P-3 X 和 Y 的联合 pdf

y	x			
	1	2	3	4
0	0	0.1	0.2	0.3
1	0.1	0.1	0.1	0.1

P.3.1 边际分布

给定一个联合 pdf，我们可以得到单个随机变量的概率分布，也被称为边际分布。在表 P-3 中，我们可以得到数值为 x=1、2、3 和 4 的带阴影 Y=1 的纸片的概率。我们选择带阴影纸片的概率是得到带阴影数值为 1、2、3 和 4 的纸片的概率之和。Y=1 的概率是：

$$P(Y=1) = f_Y(1) = 0.1 + 0.1 + 0.1 + 0.1 = 0.4$$

这是表 P-3 中第二行的概率之和。同样选择不带阴影白色纸片的概率是表 P-3 中第一行的概率之和，$P(Y=0) = f_Y(0) = 0 + 0.1 + 0.2 + 0.3 = 0.6$。其中，$f_Y(y)$ 表示随机变量 Y 的 pdf。同样，概率 $P(X=x)$ 是通过计算 Y 值之和得到的。联合和边际分布通常如表 P-4 所示。[①]

表 P-4   联合概率和边际概率

y/x	1	2	3	4	$f(y)$
0	0	0.1	0.2	0.3	0.6
1	0.1	0.1	0.1	0.1	0.4
$f(x)$	0.1	0.2	0.3	0.4	1.0

P.3.2 条件概率

给定纸片是带阴影的，随机选择的纸片取数值 2 的概率是多少？这个问题是关于在结果 Y=1 已发生的情况下，结果 X=2 发生的条件概率。附加条件的作用是减少可能出现的结果集。在 Y=1 的条件下，我们只考虑带阴影的 4 个可能的纸片。其中之一是 2，因此给定 Y=1，结果 X=2 发生的条件概率为 0.25。给定带阴影的纸片，在四个可能中选择 2 的

---

① 连续型随机变量的类似计算利用积分。例子见附录 B.2.3。

机会有一个。附加条件减少了所考虑总体的规模，条件概率说明减少后的总体的特点。对于离散型随机变量，给定 $Y = y$，随机变量 X 取值 x 的概率表示为 $P(X = x|Y = y)$。条件概率表示为条件 $pdf\ f(x|y)$：

$$f(x|y) = P(X = x|Y = y) = \frac{P(X = x, Y = y)}{P(Y = y)} = \frac{f(x, y)}{f_Y(y)} \tag{P.4}$$

其中，$f_Y(y)$ 是 Y 的边际 pdf。

实例 P.2　条件概率的计算

使用边际概率 $P(Y = 1) = 0.4$，对于 X 的每个数值，利用公式（P.4），给定 $Y=1$，得到 X 的条件 pdf。例如，

$$\begin{aligned} f(x = 2|y = 1) &= P(X = 2|Y = 1) \\ &= \frac{P(X = 2, Y = 1)}{P(Y = 1)} = \frac{f(x = 2, y = 1)}{f_Y(1)} \\ &= \frac{0.1}{0.4} = 0.25 \end{aligned}$$

要记住的一个关键点是，通过附加条件，我们只考虑满足条件的总体子集。概率计算则根据"新的"总体。我们可以对每个 X 值重复这个过程，以获得完整的条件 pdf，如表 P-5 所示。

表 P-5　　　　　　　　　　　　　　给定 $Y=1$ 的条件下 X 的条件概率

x	1	2	3	4
$f(x|y = 1)$	0.25	0.25	0.25	0.25

P.3.3　统计独立性

当从表 P-1 中选择一个带阴影的纸片，选择每一个可能结果 $x=1$、2、3 和 4 的概率为 0.25。在带阴影纸片的总体中，每个数值出现的可能性是相同的。根据边际 pdf，从整个总体中随机选择 $X=2$ 的概率是 $P(X = 2) = f_X(2) = 0.2$。这不同于条件概率。知道纸片是带阴影的告诉我们关于获得 $X=2$ 的概率的一些信息。这样的随机变量在统计意义上是独立的。如果给定 $Y = y$ 的条件下 $X = x$ 的条件概率与 $X = x$ 的无条件概率相同，则两个随机变量在统计上是独立的。这意味着，如果 X 和 Y 是独立的随机变量，则：

$$P(X = x|Y = y) = P(X = x) \tag{P.5}$$

等价地，如果 X 和 Y 是独立的，给定 $Y = y$，X 的条件 pdf 与仅有 X 的无条件或边际 pdf 相同：

$$f(x|y) = \frac{f(x, y)}{f_Y(y)} = f_X(x) \tag{P.6}$$

求解公式（P.6），得到联合 pdf，我们也可以说，如果 X 和 Y 的联合 pdf 可以被分解成它们的边际 pdf 之积，则 X 和 Y 在统计上是独立的：

$$P(X = x, Y = y) = f(x, y) = f_X(x)f_Y(y) = P(X = x) \times P(Y = y) \tag{P.7}$$

如果公式（P.5）或公式（P.7）对于 x、y 的每个和每组值都成立，则 X 和 Y 在统计上是独立的。 这一结果可以扩展到两个以上的随机变量。规则允许我们检查表 P-4 中的随机变量

X 和 Y 的独立性。如果对于任意一组值，公式（P.7）不成立，则 X 和 Y 在统计上不是独立的。考虑 $X=1$ 和 $Y=1$ 这一组值：

$$P(X=1, Y=1) = f(1,1) = 0.1 \neq f_X(1)f_Y(1) = P(X=1) \times P(Y=1) = 0.1 \times 0.4 = 0.04$$

联合概率是 0.1，单个边际概率的乘积是 0.04。因为它们不相等，所以我们得出，X 和 Y 在统计上不是独立的。

P.4　求和符号

在本书中，我们将使用希腊字母 $\sum$ 表示求和符号，以缩短代数表达式。假设随机变量 X 取值 $x_1, x_2, \cdots, x_{15}$。这些值的总和是 $x_1 + x_2 + \cdots + x_{15}$。我们并不是每次都把求和写成这样，我们将用 $\sum_{i=1}^{15} x_i$ 来表示，即 $\sum_{i=1}^{15} x_i = x_1 + x_2 + \cdots + x_{15}$。如果我们加总 n（一般数字）项，则加总表示为 $\sum_{i=1}^{n} x_i = x_1 + x_2 + \cdots + x_n$。在这样的符号中，

- 符号 $\sum$ 是大写的希腊字母西格玛，表示"求和"。
- 字母 i 被称为求和的索引。这个字母是任意的，也可表示为 t、j 或 k。
- 表达式 $\sum_{i=1}^{n} x_i$ 被读成 "x_i 项的加总，i 等于从 1 到 n"。
- 数字 1 和 n 是求和的下限和上限。

以下规则适用于**求和运算**：

求和规则 1. n 个值 $x_1, \cdots, x_n$ 的和为：

$$\sum_{i=1}^{n} x_i = x_1 + x_2 + \cdots + x_n$$

求和规则 2. 如果 a 是一个常数，则：

$$\sum_{i=1}^{n} a x_i = a \sum_{i=1}^{n} x_i$$

求和规则 3. 如果 a 是一个常数，则：

$$\sum_{i=1}^{n} a = a + a + \cdots a = na$$

求和规则 4. 如果 X 和 Y 是两个变量，则：

$$\sum_{i=1}^{n} (x_i + y_i) = \sum_{i=1}^{n} x_i + \sum_{i=1}^{n} y_i$$

求和规则 5. 如果 X 和 Y 是两个变量，则：

$$\sum_{i=1}^{n} (a x_i + b y_i) = a \sum_{i=1}^{n} x_i + b \sum_{i=1}^{n} y_i$$

求和规则 6. X 的 n 个值的算术均值（平均值）为：

$$\bar{x} = \frac{\sum_{i=1}^{n} x_i}{n} = \frac{x_1 + x_2 + \cdots + x_n}{n}$$

求和规则 7. 平均值的特点是：

$$\sum_{i=1}^{n}(x_i - \bar{x}) = \sum_{i=1}^{n}x_i - \sum_{i=1}^{n}\bar{x} = \sum_{i=1}^{n}x_i - n\bar{x} = \sum_{i=1}^{n}x_i - \sum_{i=1}^{n}x_i = 0$$

求和规则 8. 我们经常使用缩写形式的求和符号。例如，如果 $f(x)$ 是 X 值的一个函数：

$$\sum_{i=1}^{n}f(x_i) = f(x_1) + f(x_2) + \cdots + f(x_n)$$
$$= \sum_{i}f(x_i)\,(\text{"对索引}i\text{的所有数值求和"})$$
$$= \sum_{x}f(x)\,(\text{"对}X\text{的所有可能值求和"})$$

求和规则 9. 在一个表达式中可以使用几个求和符号。假设变量 Y 取 n 个值，X 取 m 个值，并设定 $f(x,y) = x + y$，则该函数的**双重求和**表示为：

$$\sum_{i=1}^{m}\sum_{j=1}^{n}f(x_i, y_j) = \sum_{i=1}^{m}\sum_{j=1}^{n}(x_i + y_i)$$

为了求这个表达式的值，从最内层的求和开始，然后向外进行。首先设定 $i=1$，加总所有 j 的值，并以此类推。也就是说，

$$\sum_{i=1}^{m}\sum_{j=1}^{n}f(x_i, y_j) = \sum_{i=1}^{m}[f(x_i, y_1) + f(x_i, y_2) + \cdots + f(x_i, y_n)]$$

求和的顺序并不重要，因此：

$$\sum_{i=1}^{m}\sum_{j=1}^{n}f(x_i, y_j) = \sum_{j=1}^{n}\sum_{i=1}^{m}f(x_i, y_j)$$

P.5　概率分布的性质

图 P-1 和图 P-2 描绘了随机变量的值会发生的频率。概率分布的两个主要特征是它的中心（位置）和宽度（分散）。中心的一个关键度量值是均值或期望值。分散的度量值是方差及其平方根标准差。

P.5.1　随机变量的期望值

随机变量的均值表示为其数学期望值。如果 X 是一个取值 $x_1, \cdots, x_n$ 的离散型随机变量，则 X 的数学期望或期望值为：

$$E(X) = x_1 P(X = x_1) + x_2 P(X = x_2) + \cdots + x_n P(X = x_n) \tag{P.8}$$

X 的期望值或均值是其加权平均值，权重是数值出现的概率。大写字母"E"表示期望值运算。将 $E(X)$ 读为"X 的期望值"，X 的期望值也称为 X 的均值。均值通常用符号 μ 或 μ_x 来表示。它是无限重复实验中随机变量的平均值。一个随机变量的均值是总体均值。我们用希腊字母表示总体参数，因为后面我们将利用数据来估计这些现实世界中的未知数，特别地，将总体均值 μ 和算术（或样本）均值 $\bar{x}$ 分开，在第 P.4 节我们作为求和规则 6 对后者进行介绍。当说到均值但没有限定术语"总体"或"算术"时，可能会引起混乱。请注意使用的环境。

实例 P.3　计算期望值

对于表 P-1 中的总体，X 的期望值是：

$$E(X) = 1 \times P(X=1) + 2 \times P(X=2) + 3 \times P(X=3) + 4 \times P(X=4)$$
$$= (1 \times 0.1) + (2 \times 0.2) + (3 \times 0.3) + (4 \times 0.4) = 3$$

对于一个离散型随机变量，X 取 x 值的概率表示为 pdf $f(x)$，$P(X=x) = f(x)$。公式 （P.8）中的期望值可以等价写成：

$$\mu_X = E(X) = x_1 f(x_1) + x_2 f(x_2) + \cdots + x_n f(x_n)$$
$$= \sum_{i=1}^{n} x_i f(x_i) = \sum_x x f(x) \tag{P.9}$$

利用公式（P.9），X 的期望值，即从表 P-1 中随机抽取的纸片上的数值的期望值为：

$$\mu_X = E(X) = \sum_{x=1}^{4} x f(x) = (1 \times 0.1) + (2 \times 0.2) + (3 \times 0.3) + (4 \times 0.4) = 3$$

这是什么意思？从表 P-1 中随机抽取一个纸片，并观测其数值 X，这构成了一个实验。如果我们多次重复这个实验，数值 $x=1$、2、3 和 4 出现的概率分别为 10%、20%、30% 和 40%。随着实验次数增加，所有数值的算术平均值将趋于 $\mu_X = 3$。关键的一点是，**随机变量的期望值是在多次重复实验中出现的平均值。**

对于连续型随机变量，对 X 的期望值的解释保持不变，即如果通过反复执行随机实验获得许多值，则它的期望值是 X 的平均值。

P.5.2 条件期望

许多经济问题根据条件期望或条件均值而形成。其中一个例子是，"一个受过 16 年教育的人的平均（期望）工资是多少？"以期望值的符号表示的 $E(WAGE|EDUCATION = 16)$ 是多少？对于一个离散型随机变量，条件期望值的计算利用公式（P.9），以条件概率密度函数 $f(x|y)$ 替代 $f(x)$，得到：

$$\mu_{X|Y} = E(X|Y=y) = \sum_x x f(x|y)$$

实例 P.4　计算条件期望

利用表 P-1 中的总体，给定 $Y=1$，即卡片是带阴影的，X 的期望值是多少？条件概率 $f(x|y=1)$ 如表 P-5 所示。X 的条件期望为：

$$E(X|Y=1) = \sum_{x=1}^{4} x f(x|1) = 1 \times f(1|1) + 2 \times f(2|1) + 3 \times f(3|1) + 4 \times f(4|1)$$
$$= 1(0.25) + 2(0.25) + 3(0.25) + 4(0.25) = 2.5$$

在多次重复抽取带阴影纸片的实验中，X 的平均值为 2.5。这个例子特别重视期望值这一点，即 X 的期望值并不一定是 X 可以取的一个数值。X 的期望值不是你期望在单个实验中出现的值。

如果随机变量在统计上独立，给定 $Y=y$，X 的条件期望值是多少？如果 X 和 Y 在统计上独立，则条件概率密度函数 $f(x|y)$ 等于 x 的单独概率密度函数，如公式（p.6）所示。那么条件期望是：

$$E(X|Y=y) = \sum_x x f(x) = E(X)$$

如果 X 和 Y 在统计上独立，则附加条件不会影响预期值。

P.5.3　期望值的规则

随机变量的函数也是随机的。如果 $g(X)$ 是随机变量 X 的一个函数，如 $g(X)=X^2$，则 $g(X)$ 也是随机的。如果 X 是一个离散型随机变量，则通过类似公式（P.9）中的计算可以得到 $g(X)$ 的期望值：

$$E[g(X)] = \sum_x g(x)f(x) \tag{P.10}$$

例如，如果 a 是一个常数，则 $g(X)=aX$ 是 X 的函数，并且，

$$\begin{aligned} E(aX) = E[g(X)] &= \sum_x g(x)f(x) \\ &= \sum_x axf(x) = a\sum_x xf(x) \\ &= aE(X) \end{aligned}$$

同样，如果 a 和 b 是常数，则我们可以证明：

$$E(aX+b) = aE(X)+b \tag{P.11}$$

如果 $g_1(X)$ 和 $g_2(X)$ 是 X 的函数，则：

$$E[g_1(X)+g_2(X)] = E[g_1(X)]+E[g_2(X)] \tag{P.12}$$

此规则可延伸到任意数量的函数。记住：**"总和的期望值等于期望值的总和。"**

P.5.4　随机变量的方差

离散型或连续型随机变量 X 的方差是下式的期望值：

$$g(X) = [X-E(X)]^2$$

随机变量的方差在描述度量尺度和概率分布分散的特征方面是很重要的。我们赋予它一个符号 σ^2 或 σ_X^2，读为"西格玛的平方"。方差 σ^2 有一个希腊符号，因为它是一个总体参数。利用代数形式，令 $E(X)=\mu$，利用期望值的规则和 $E(X)=\mu$ 不是随机的事实，我们得到：

$$\begin{aligned} \mathrm{var}(X) = \sigma_X^2 &= E(X-\mu)^2 \\ &= E(X^2-2\mu X+\mu^2) = E(X^2)-2\mu E(X)+\mu^2 \\ &= E(X^2)-\mu^2 \end{aligned} \tag{P.13}$$

我们使用字母"var"表示方差，$\mathrm{var}(X)$ 可读作"X 的方差"。其中，X 是一个随机变量。计算 $\mathrm{var}(X)=E(X^2)-\mu^2$ 通常比计算 $\mathrm{var}(X)=E(X-\mu)^2$ 更简单，但解是一样的。

实例 P.5　计算方差

对于表 P-1 中的总体，我们已经证明 $E(X)=\mu=3$。利用公式（P.10），随机变量 $g(X)=X^2$ 的期望为：

$$\begin{aligned} E(X^2) = \sum_{x=1}^{4} g(x)f(x) &= \sum_{x=1}^{4} x^2 f(x) \\ &= [1^2 \times 0.1]+[2^2 \times 0.2]+[3^2 \times 0.3]+[4^2 \times 0.4] = 10 \end{aligned}$$

则随机变量 X 的方差为：

$$\mathrm{var}(X) = \sigma_X^2 = E(X^2)-\mu^2 = 10-3^2 = 1$$

方差的平方根称为**标准差**，记为 σ。如果讨论的随机变量多于 1 个时，记为 σ_X。它还度量概率分布的扩散或分散程度，具有与随机变量相同的度量单位的优势。

方差的一个有用性质如下。假设 a 和 b 是常数，则：

$$\mathrm{var}(aX + b) = a^2\,\mathrm{var}(X) \tag{P.14}$$

添加像 b 这样的常数，改变随机变量的均值（期望值），但它不会影响其分散（方差）。像 a 这样的乘积常数影响均值，并且通过常数的平方影响方差。

为理解这一性质，设 $Y = aX + b$。利用公式（P.11）：

$$E(Y) = \mu_Y = aE(X) + b = a\mu_X + b$$

则：

$$\begin{aligned}\mathrm{var}(aX + b) = \mathrm{var}(Y) &= E[(Y - \mu_Y)^2] = E[(aX + b -(a\mu_X + b))^2]\\ &= E[(aX - a\mu_X)^2] = E[a^2(X - \mu_X)^2]\\ &= a^2 E[(X - \mu_X)^2] = a^2\,\mathrm{var}(X)\end{aligned}$$

随机变量的方差是随机变量 X 和其均值 μ_X 之间的平均平方差。随机变量的方差越大，随机变量的值越"分散"。图 P-3 表示两个均值都为 $\mu = 3$ 的连续型随机变量的概率密度函数。具有较小方差的分布（实线）更接近均值。

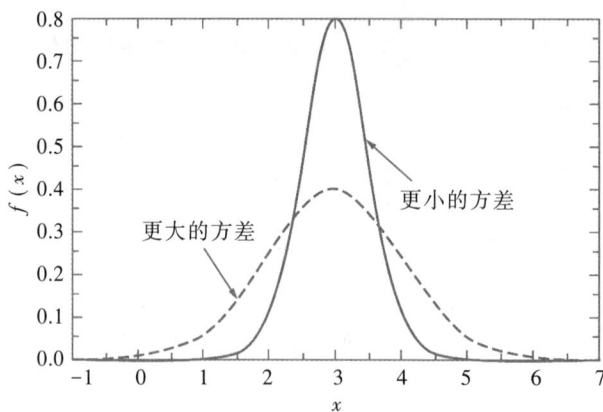

图 P-3　具有不同方差的分布

P.5.5　几个随机变量的期望值

设 X 和 Y 是随机变量。适用规则"总和的期望值等于期望值的总和"，则得到：[1]

$$E(X + Y) = E(X) + E(Y) \tag{P.15}$$

同样，

$$E(aX + bY + c) = aE(X) + bE(Y) + c \tag{P.16}$$

随机变量的乘积并不那么简单。如果 X 和 Y 是独立的，则 $E(XY) = E(X)E(Y)$。这些规则可以扩展到更多的随机变量。

---

[1]　这些结果的证明见附录 B.1.4。

P.5.6　两个随机变量之间的协方差

X和Y之间的协方差衡量它们之间的线性关系。考虑两个连续型变量，如儿童的身高和体重。我们期望身高和体重之间存在关联，身高高于平均水平的儿童往往体重也会超过平均水平。X减去其均值与Y减去其均值的乘积是：

$$(X - \mu_X)(Y - \mu_Y) \tag{P.17}$$

在图P-4中，我们绘制已设立的X和Y的值（x和y），以令$E(X) = E(Y) = 0$。

X和Y的值x和y主要集中在第Ⅰ和第Ⅲ象限，结果$(x - \mu_X)(y - \mu_Y)$的算术平均值是正的。我们定义两个随机变量之间的协方差为公式（P.17）中乘积的期望（总体平均）值：

$$\text{cov}(X, Y) = \sigma_{XY} = E[(X - \mu_X)(Y - \mu_Y)] = E(XY) - \mu_X\mu_Y \tag{P.18}$$

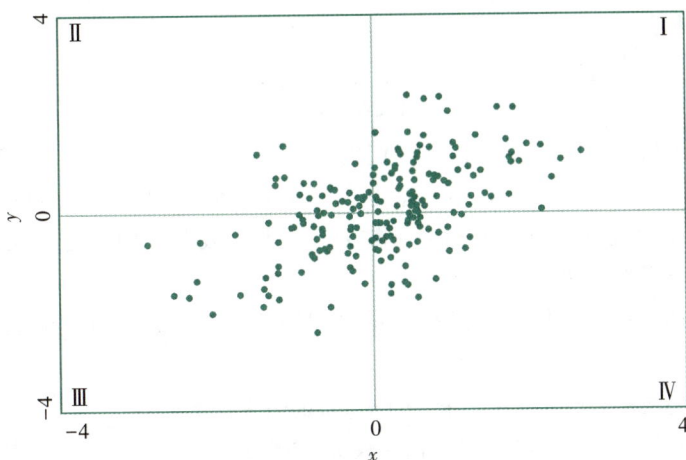

图 P-4　相关的数据

我们使用字母"cov"表示协方差，$\text{cov}(X, Y)$读作"X和Y之间的协方差"。其中，X和Y是随机变量。隐含在图P-4中的随机变量的协方差σ_{XY}是正的，这告诉我们，当x值比μ_X大时，y值也往往大于μ_Y；当x值比μ_X小时，y值也往往小于μ_Y。如果随机变量的数值主要倾向落在第Ⅱ和第Ⅳ象限，$(x - \mu_X)(y - \mu_Y)$将趋于负的，σ_{XY}也将是负的。如果随机变量的值是均匀地分布在四个象限，并表现为既不存在正的关联性，也不存在负的关联性，那么协方差为零。σ_{XY}的符号告诉我们，两个随机变量X和Y是正相关还是负相关。

解释σ_{XY}的实际值很困难，因为X和Y可能有不同的计量单位。通过变量的标准差按比例标度协方差，可以消除计量单位，定义X和Y之间的相关系数：

$$\rho = \frac{\text{cov}(X, Y)}{\sqrt{\text{var}(X)}\sqrt{\text{var}(Y)}} = \frac{\sigma_{XY}}{\sigma_X\sigma_Y} \tag{P.19}$$

对于协方差，两个随机变量之间的相关系数ρ度量它们之间的线性相关程度。然而，不同于协方差，相关系数必须位于-1和1之间。因此，如果X是Y的完全正相关或负相关的线性函数，则X和Y之间的相关系数是1或-1。如果X和Y之间没有线性关系，则$\text{cov}(X, Y) = 0$，$\rho = 0$。对于其他相关系数值，绝对值$|\rho|$的大小表示随机变量的值之间的线

性关系的"强度"。在图P-4中，X和Y之间的相关系数是$\rho = 0.5$。

实例P.6　计算相关系数

为了说明该计算，重新考虑表P-1中的总体，联合概率密度函数如表P-4所示。XY的期望值是：

$$E(XY) = \sum_{y=0}^{1}\sum_{x=1}^{4} xyf(x, y) = (1 \times 0 \times 0) + (2 \times 0 \times 0.1) + (3 \times 0 \times 0.2) + (4 \times 0 \times 0.3) +$$
$$(1 \times 1 \times 0.1) + (2 \times 1 \times 0.1) + (3 \times 1 \times 0.1) + (4 \times 1 \times 0.1)$$
$$= 0.1 + 0.2 + 0.3 + 0.4$$
$$= 1$$

随机变量X的期望值是$E(X) = \mu_X = 3$，随机变量Y的期望值是$E(Y) = \mu_Y = 0.4$。那么X和Y之间的协方差是：

$$\text{cov}(X, Y) = \sigma_{XY} = E(XY) - \mu_X\mu_Y = 1 - 3 \times (0.4) = -0.2$$

X和Y之间的相关系数是：

$$\rho = \frac{\text{cov}(X, Y)}{\sqrt{\text{var}(X)}\sqrt{\text{var}(Y)}} = \frac{-0.2}{\sqrt{1} \times \sqrt{0.24}} = -0.4082$$

如果X和Y是独立的随机变量，则它们的协方差和相关系数是零。这种关系反之则不成立。独立随机变量X和Y之间的协方差为零，表明它们之间没有线性联系。然而，仅仅因为两个随机变量之间的协方差或相关系数为零，并不表明它们一定是独立的。它们之间可能有更复杂的非线性联系，如$X^2 + Y^2 = 1$。

在公式（P.15）中，我们得到随机变量总和的期望值。方差有类似的规则。如果a和b是常数，则：

$$\text{var}(aX + bY) = a^2\text{var}(X) + b^2\text{var}(Y) + 2ab\,\text{cov}(X, Y) \tag{P.20}$$

要注意的一个重点是，总和的方差不仅仅是方差的总和，还有一个协方差项。公式（P.20）的两个特例是：

$$\text{var}(X + Y) = \text{var}(X) + \text{var}(Y) + 2\text{cov}(X, Y) \tag{P.21}$$

$$\text{var}(X - Y) = \text{var}(X) + \text{var}(Y) - 2\text{cov}(X, Y) \tag{P.22}$$

要证明公式（P.22）为真，设$Z = X - Y$。利用期望值的规则：

$$E(Z) = \mu_Z = E(X) - E(Y) = \mu_X - \mu_Y$$

利用方差的基本定义，通过一些替换，得到$Z = X - Y$的方差：

$$\text{var}(X - Y) = \text{var}(Z) = E[(Z - \mu_Z)^2] = E[(X - Y - (\mu_X - \mu_Y))^2]$$
$$= E\{[(X - \mu_X) - (Y - \mu_Y)]^2\}$$
$$= E\{(X - \mu_X)^2 + (Y - \mu_Y)^2 - 2(X - \mu_X)(Y - \mu_Y)\}$$
$$= E[(X - \mu_X)^2] + E[(Y - \mu_Y)^2] - 2E[(X - \mu_X)(Y - \mu_Y)]$$
$$= \text{var}(X) + \text{var}(Y) - 2\text{cov}(X, Y)$$

如果X和Y是独立的，或者如果$\text{cov}(X, Y) = 0$，则：

$$\text{var}(aX + bY) = a^2\text{var}(X) + b^2\text{var}(Y) \tag{P.23}$$

$$\text{var}(X \pm Y) = \text{var}(X) + \text{var}(Y) \tag{P.24}$$

这些规则可以扩展到更多的随机变量。

P.6 条件依存

在表P-4中，我们总结了表P-1中定义总体的随机变量 X 和 Y 的联合概率函数和边际概率函数。在表P-6中，我们做了两个修正。首先，概率用分数表示。使用有分数的运算，下面的许多计算更简单。其次，我们给定 X 的每一个值，为 Y 添加条件概率函数（P.4），以及给定 Y 的每一个值，为 X 添加条件概率函数。现在是你回顾关于条件概率的第P.3.2节的好时机。例如，给定 $X=2$，$Y=0$ 的概率是多少？也就是说，如果我们只考虑 $X=2$ 的总体成员，则 $Y=0$ 的概率是多少？在 $X=2$ 的情况下只有2个总体元素，一个是 $Y=0$，一个是 $Y=1$。随机选择 $Y=0$ 的概率为 $1/2$。对于离散型随机变量，条件概率计算为联合概率除以条件事件概率。

表 P-6 　　　　　　　　联合概率、边际概率和条件概率

y/x	1	2	3	4	$f(y)$	$f(y\|x=1)$	$f(y\|x=2)$	$f(y\|x=3)$	$f(y\|x=4)$
0	0	1/10	2/10	3/10	6/10	0	1/2	2/3	3/4
1	1/10	1/10	1/10	1/10	4/10	1	1/2	1/3	1/4
$f(x)$	1/10	2/10	3/10	4/10					
$f(x\|y=0)$	0	1/6	2/6	3/6					
$f(x\|y=1)$	1/4	1/4	1/4	1/4					

$$f(y=0|x=2)=P(Y=0|X=2)=\frac{P(X=2,Y=0)}{P(X=2)}=\frac{1/10}{2/10}=\frac{1}{2}$$

在下面的章节中，我们讨论条件期望和条件方差的概念。

P.6.1 条件期望

许多经济问题都是用条件期望或条件均值来表述的。一个例子是："一个受过16年教育的人的平均工资是多少？"在期望值表示法中，这一问题表示为 $E(WAGE|EDUC=16)$ 是多少？条件依存于EDUC的影响，即要把感兴趣的总体范围缩小到受过16年教育的个体。这些个体的工资平均值或期望值可能与不考虑受教育年限的所有个人的平均工资 $E(WAGE)$ 有很大的不同，后者是无条件期望或无条件均值。

对于离散型随机变量，[1]条件期望值的计算使用方程（P.9），条件 pdf 取代通常的 pdf，因此，

$$E(X|Y=y)=\sum_x xf(x|y)=\sum_x xP(X=x|Y=y)$$
$$E(Y|X=x)=\sum_y yf(y|x)=\sum_y yP(Y=y|X=x)$$
(P.25)

实例P.7 条件期望

使用表P-1中的总体，当 $Y=1$ 时，X 的期望值是多少？条件概率 $P(X=x|Y=1)=f(x|y=1)=f(x|1)$ 如表P-6所示。X 的条件期望为：

---

[1] 对于连续型随机变量，和被积分所取代。见附录B.2。

$$E(X|Y=1) = \sum_{x=1}^{4} xf(x|1)$$
$$= [1 \times f(1|1)] + [2 \times f(2|1)] + [3 \times f(3|1)] + [4 \times f(4|1)]$$
$$= 1(1/4) + 2(1/4) + 3(1/4) + 4(1/4) = 10/4$$
$$= 5/2$$

在抽取带阴影的纸片（$Y=1$）的许多重复实验中，X 的平均值为 2.5。这个例子针对一般的期望值提出了一个很好的观点，即 X 的期望值不必是 X 可以取的值。期望值 X 不是你期望在任何单个实验中发生的值。它是多次重复实验后 X 的平均值。当我们只考虑 $Y=0$ 时，X 的期望值是多少？确认 $E(X|Y=0)=10/3$。为了便于比较，回顾第 P.5.1 节，X 的非条件期望是 $E(X)=3$。

同样，如果条件依存于 X 值，则 Y 的条件期望为：

$$E(Y|X=1) = \sum_y yf(y|1) = 0(0) + 1(1) = 1$$
$$E(Y|X=2) = \sum_y yf(y|2) = 0(1/2) + 1(1/2) = 1/2$$
$$E(Y|X=3) = \sum_y yf(y|3) = 0(2/3) + 1(1/3) = 1/3$$
$$E(Y|X=4) = \sum_y yf(y|4) = 0(3/4) + 1(1/4) = 1/4$$

注意，$E(Y|X)$ 随 X 的变化而变化，它是 X 的函数。相比较而言，Y 的无条件期望 $E(Y)$ 为：

$$E(Y) = \sum_y yf(y) = 0(6/10) + 1(4/10) = 2/5$$

P.6.2　条件方差

离散型随机变量 X 的**无条件方差**为：

$$\mathrm{var}(X) = \sigma_X^2 = E[(X-\mu_X)^2] = \sum_x (x-\mu_X)^2 f(x) \tag{P.26}$$

它度量 X 围绕 X 的无条件均值 μ_X 有多大变化。例如，无条件方差 $\mathrm{var}(WAGE)$ 度量 $WAGE$ 围绕无条件均值 $E(WAGE)$ 的变化。在公式（P.13）中，我们证明了这一点，

$$\mathrm{var}(X) = \sigma_X^2 = E(X^2) - \mu_X^2 = \sum_x x^2 f(x) - \mu_X^2 \tag{P.27}$$

在第 P.6.1 节中，我们讨论了如何回答问题："一个受过 16 年教育的人的平均工资是多少？"现在我们问："一个受过 16 年教育的人的工资有多少变化？"这个问题的答案由条件方差 $\mathrm{var}(WAGE|EDUC=16)$ 给出。条件方差用于衡量受教育 16 年的个体在条件均值 $E(WAGE|EDUC=16)$ 附近的 $WAGE$ 变化。受过 16 年教育的个体的 $WAGE$ 的条件方差是 $WAGE$ 与 $WAGE$ 条件均值的总体平均平方差。

$$\underbrace{\mathrm{var}(WAGE|EDUC=16)}_{\text{条件方差}} = E\left\{\left[WAGE - \underbrace{E(WAGE|EDUC=16)}_{\text{条件均值}}\right]^2 \Big| EDUC=16\right\}$$

为了获得条件方差，我们修正方程（P.26）和方程（P.27）中方差的定义；将无条件均值 $E(X) = \mu_X$ 替换为条件均值 $E(X|Y=y)$，将无条件 $pdf\ f(x)$ 替换为条件 $pdf\ f(x|y)$。则：

$$\mathrm{var}(X|Y=y) = E\{[X - E(X|Y=y)]^2 | Y=y\} = \sum_x (x - E(X|Y=y))^2 f(x|y) \tag{P.28}$$

或

$$\mathrm{var}\,(X|Y=y)=E\,(X^2|Y=y)-[E\,(X|Y=y)]^2=\sum_x x^2 f\,(x|y)-[E\,(X|Y=y)]^2 \qquad (\mathrm{P.29})$$

实例P.8　条件方差

对于表P–1中的总体，X的无条件方差为$\mathrm{var}\,(X)=1$。当$Y=1$时，X的方差是多少？首先使用公式（P.29）计算：

$$E\,(X^2|Y=1)$$
$$=\sum_x x^2 f\,(x|Y=1)$$
$$=1^2(1/4)+2^2(1/4)+3^2(1/4)+4^2(1/4)=15/2$$

则：

$$\mathrm{var}\,(X|Y=1)=E\,(X^2|Y=1)-[E\,(X|Y=1)]^2$$
$$=15/2-(5/2)^2=5/4$$

在这种情况下，给定$Y=1$，X的条件方差大于X的无条件方差$\mathrm{var}\,(X)=1$。

为了计算给定$Y=0$的X的条件方差，我们首先得到：

$$E\,(X^2|Y=0)=\sum_x x^2 f\,(x|Y=0)$$
$$=1^2(0)+2^2(1/6)+3^2(2/6)+4^2(3/6)$$
$$=35/3$$

则：

$$\mathrm{var}\,(X|Y=0)=E\,(X^2|Y=0)-[E\,(X|Y=0)]^2$$
$$=35/3-(10/3)^2=5/9$$

在这种情况下，给定$Y=0$，X的条件方差小于X的无条件方差$\mathrm{var}\,(X)=1$。这些例子已经说明，在一般情况下，条件方差可以大于或小于非条件方差。试着求出$\mathrm{var}\,(Y|X=1)$，$\mathrm{var}\,(Y|X=2)$，$\mathrm{var}\,(Y|X=3)$和$\mathrm{var}\,(Y|X=4)$。

P.6.3　迭代期望

根据迭代期望定律，我们可以分两步求出Y的期望值。第一步，求条件期望$E\,(Y|X)$。第二步，将X视为随机的，求出期望值$E\,(Y|X)$。

迭代期望定律：

$$E\,(Y)=E_X[E\,(Y|X)]=\sum_x E\,(Y|X=x)f_X(x) \qquad (\mathrm{P.30})$$

在这个表达式中，我们在期望$E_X[E\,(Y|X)]$和概率函数$f_X(x)$中放置了一个"X"下标，以强调我们把X看作是随机的。迭代期望定律对离散型随机变量和连续型随机变量都适用。

实例P.9　迭代期望

考虑条件期望$E\,(X|Y=y)=\sum_x xf\,(x|y)$。正如我们在第P.6.1节中计算的那样，$E\,(X|Y=0)=10/3$和$E\,(X|Y=1)=5/2$。同样，条件期望$E\,(Y|X=x)=\sum_y yf\,(y|x)$。对于表P–1中的总体，这些条件期望在第P.6.1节中计算为$E\,(Y|X=1)=1$，$E\,(Y|X=2)=1/2$，$E\,(Y|X=3)=1/3$，$E\,(Y|X=4)=1/4$。注意，当x发生变化时，$E\,(Y|X=x)$发生变化。如

果允许 X 随机变化，[1]则条件期望随机变化。条件期望是 X 的函数，或 $E(Y|X) = g(X)$，当这样看时它是随机的。利用公式（P.10），我们可以求出 $g(X)$ 的期望值。

$$
\begin{aligned}
E_X[E(Y|X)] = E_X[g(X)] &= \sum_x g(x) f_X(x) = \sum_x E(Y|X = x) f_X(x) \\
&= [E(Y|X = 1) f_X(1)] + [E(Y|X = 2) f_X(2)] + [E(Y|X = 3)] + \\
&\quad E(Y|X = 4) f_X(4)] \\
&= 1(1/10) + (1/2)(2/10) + (1/3)(3/10) + (1/4)(4/10) = 2/5
\end{aligned}
$$

如果我们从表 P-1 的总体中抽取许多 x 值，则 $E(Y|X)$ 的平均值为 2/5。作为比较，Y 的"无条件"期望是 $E(Y) = 2/5$。$E_X[E(Y|X)]$ 和 $E(Y)$ 相同。

迭代期望定律的证明

为了证明迭代期望定律，我们利用我们在第 P.3 节中介绍的联合、边际和条件 pdfs 之间的关系。在第 P.3.1 节中，我们讨论了边际分布。给定联合 $pdf\ f(x,y)$，对每个 y 来说，通过对我们希望消除的变量（这里为 x）的所有值的联合 $pdf\ f(x,y)$ 进行求和，我们可以获得仅关于 y 的边际 $pdf\ f_Y(y)$。对于 Y 和 X 来说，

$$
\begin{aligned}
f(y) = f_Y(y) &= \sum_x f(x,y) \\
f(x) = f_X(x) &= \sum_y f(x,y)
\end{aligned}
\tag{P.31}
$$

因为 $f()$ 通常用来表示 pdfs，所以有时我们会放一个下标 X 或 Y，以明确哪个变量是随机的。利用方程（P.4），给定 $X = x$，我们可以定义 y 的条件 pdf 为：

$$
f(y|x) = \frac{f(x,y)}{f_X(x)}
$$

整理这个表达式，得到：

$$
f(x,y) = f(y|x) f_X(x)
\tag{P.32}
$$

联合 pdf 是条件 pdf 和条件依存变量 pdf 的乘积。

为了证明迭代期望定律是正确的，[2]我们从 Y 的期望值的定义开始，并以求和来运算。

$$
\begin{aligned}
E(Y) &= \sum_y y f(y) = \sum_y y \left[\sum_x f(x,y) \right] \\
&= \sum_y y \left[\sum_x f(y|x) f_X(x) \right] && [\text{替代} f(y)] \\
& && [\text{替代} f(x,y)] \\
&= \sum_x \left[\sum_y y f(y|x) \right] f_X(x) && [\text{变化求和的顺序}] \\
& && [\text{识别条件期望}] \\
&= \sum_x E(Y|x) f_X(x) \\
&= E_X[E(Y|X)]
\end{aligned}
$$

虽然这一结果似乎有点儿深奥奇怪，但它在现代计量经济学中非常重要，得到了广泛应用。

P.6.4　方差分解

正如我们可以利用迭代期望定律分解期望值一样，我们可以将随机变量的方差分解为

---

[1]　想象一下打乱总体要素，随机选择一个。这是一个实验，结果显示的数字是 X 的值。重复这样做，X 随机变化。

[2]　对于连续型变量的证明见附录 B.2.4。

两部分。

方差分解：$\text{var}(Y) = \text{var}_X[E(Y|X)] + E_X[\text{var}(Y|X)]$ (P.33)

这个"漂亮"的结果[1]表明，随机变量 Y 的方差等于给定 X 的情况下 Y 的条件期望的方差与给定 X 的情况下 Y 的条件方差的期望之和。在本节中，我们将讨论这个结果。[2]

假设我们对由成人组成的总体的工资感兴趣。工资在总体中表现出多少变异？如果 $WAGE$ 是随机抽取的总体成员的工资，则我们询问 $WAGE$ 的方差，即 $\text{var}(WAGE)$。方差分解为：

$$\text{var}(WAGE) = \text{var}_{EDUC}[E(WAGE|EDUC)] + E_{EDUC}[\text{var}(WAGE|EDUC)]$$

$E(WAGE|EDUC)$ 是给定的特定教育值（例如，$EDUC = 12$ 或 $EDUC = 16$），$WAGE$ 的期望值。假如我们只考虑受过12年教育的工人，$E(WAGE|EDUC = 12)$ 是总体中的平均 $WAGE$。如果 $EDUC$ 变化，则条件平均 $E(WAGE|EDUC)$ 变化，使 $E(WAGE|EDUC = 16)$ 与 $E(WAGE|EDUC = 12)$ 不相同，事实上我们期望 $E(WAGE|EDUC = 16) > E(WAGE|EDUC = 12)$；更多的教育意味着更多的"人力资本"，因此平均工资应该更高。方差分解 $\text{var}_{EDUC}[E(WAGE|EDUC)]$ 中的第一个组成部分度量 $E(WAGE|EDUC)$ 中由于受教育年限的变化而发生的变异。

方差分解的第二部分是 $E_{EDUC}[\text{var}(WAGE|EDUC)]$。如果我们把注意力限制在受过12年教育的总体成员身上，平均工资是 $E(WAGE|EDUC = 12)$。在受过12年教育的劳动者群体中，我们将观测更宽范围的工资。例如，根据2013年CPS数据的一个样本，[3]受过12年教育的人的工资从每小时3.11美元到每小时100.00美元不等；受过16年教育的人的工资从每小时2.75美元到每小时221.10美元不等。对于受过12年和16年教育的劳动者，变异是由 $\text{var}(WAGE|EDUC = 12)$ 和 $\text{var}(WAGE|EDUC = 16)$ 来衡量的。$E_{EDUC}[\text{var}(WAGE|EDUC)]$ 项衡量随着受教育年限的变化而变化的 $\text{var}(WAGE|EDUC)$ 的平均值。

总之，$WAGE$ 在总体中的变异可归因于两个因素：条件均值 $E(WAGE|EDUC)$ 的变异和在给定受教育年限条件下 $WAGE$ 条件方差中因受教育年限变化而引起的变异。

P.6.5 协方差分解

回顾两个随机变量 Y 和 X 的协方差 $\text{cov}(X,Y) = E[(X-\mu_X)(Y-\mu_Y)]$。对于离散型随机变量协方差则是：

$$\text{cov}(X,Y) = \sum_x \sum_y (x-\mu_X)(y-\mu_Y)f(x,y)$$

通过使用边际、条件和联合 pdfs 之间的关系，我们可以证明：

$$\text{cov}(X,Y) = \sum_x (x-\mu_X)E(Y|X=x)f(x)$$ (P.34)

回想一下，$E(Y|X) = g(X)$，所以这个结果表明，X 和 Y 之间的协方差的计算方法为：X 的期望值减去其平均值，乘以 X 的一个函数，即 $\text{cov}(X,Y) = E_X[(X-\mu_X)E(Y|X)]$。

一个重要的特例在后面的章节中很重要。当给定 X、Y 的条件期望为常数时，

---

[1] Tony O'Hagan, "A Thing of Beauty," *Significance Magazine*, Volume 9 Issue 3（June 2012），26-28.
[2] 方差分解的证明在附录 B.1.8 和实例 B.1 中给出。
[3] 数据文件 cps5。

$E(Y|X = x) = c$，则：

$$\text{cov}(X, Y) = \sum_x (x - \mu_x) E(Y|X = x) f(x) = c \sum_x (x - \mu_x) f(x) = 0$$

一个特例是 $E(Y|X = x) = 0$，通过直接替换得到 $\text{cov}(X, Y) = 0$。

实例 P.10 协方差分解

为了说明问题，我们使用协方差分解计算表 P-1 中总体的 $\text{cov}(X, Y)$。我们在第 P.5.6 节中计算了 $\text{cov}(X, Y) = -0.2$。由随机变量 X 的值及其均值 $\mu_x = 3$、概率 $P(X = x) = f(x)$ 和下列的条件期望组成：

$E(Y|X = 1) = 1, E(Y|X = 2) = 1/2,$
$E(Y|X = 3) = 1/3$ 及 $E(Y|X = 4) = 1/4$

利用协方差分解，我们得到：

$$\begin{aligned}
\text{cov}(X, Y) &= \sum_x (x - \mu_x) E(Y|X = x) f(x) \\
&= (1-3)(1)(1/10) + (2-3)(1/2)(2/10) + (3-3)(1/3)(3/10) + \\
&\quad (4-3)(1/4)(4/10) \\
&= -2/10 - 1/10 + 1/10 = -2/10 = -0.2
\end{aligned}$$

我们看到协方差分解得到了正确的结果，在本例中使用协方差分解是很方便的。

P.7 正态分布

在前面的几节中，我们以一般方式讨论了随机变量及其 *pdf*。在现实的经济环境中，已发现一些特殊的 *pdf* 是非常有用的。最重要的是正态分布。如果 X 是一个服从正态分布的随机变量，具有均值 μ 和方差 σ^2，它可以记为 $X \sim N(\mu, \sigma^2)$。X 的 *pdf* 是令人印象深刻的公式：

$$f(x) = \frac{1}{\sqrt{2\pi\sigma^2}} \exp\left[\frac{-(x - \mu)^2}{2\sigma^2}\right], -\infty < x < \infty \tag{P.35}$$

其中，$\exp(a)$ 表示指数[①]函数 e^a。均值 μ 和方差 σ^2 是该分布的参数，决定其中心和分散程度。连续型正态随机变量的范围是从负无穷大到正无穷大。图 P-5 表示的是几个均值和方差的正态概率密度函数。请注意，分布是对称的，并以 μ 为中心。

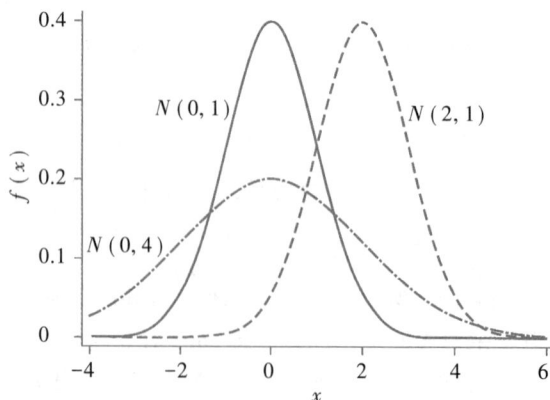

图 P-5 正态概率密度函数 $N(\mu, \sigma^2)$

---

① 参见附录 A.1.2 有关指数的内容。

　　像所有的连续型随机变量一样，可以看到有关正态随机变量的概率正是概率密度函数下方的面积。为了计算概率，计算机软件和统计表值都利用了正态随机变量与其"标准化"当量之间的关系。标准正态随机变量是一个均值为0、方差为1的正态概率密度函数。如果 $X \sim N(\mu, \sigma^2)$，则：

$$Z = \frac{X - \mu}{\sigma} \sim N(0, 1) \tag{P.36}$$

标准正态随机变量 Z 被非常广泛地使用，其 *pdf* 和 *cdf* 都有特殊符号。*cdf* 表示为 $\Phi(z) = P(Z \leq z)$。计算机程序和本书附录 D 的表 1 给出 $\Phi(z)$ 的值。标准正态随机变量的 *pdf* 为：

$$\phi(z) = \frac{1}{\sqrt{2\pi}} \exp(-z^2 / 2), \quad -\infty < z < \infty$$

密度函数的值见附录 D 的统计表 6。为了计算正态概率，记住分布是对称的，因此 $P(Z > a) = P(Z < -a)$ 和 $P(Z > a) = P(Z \geq a)$。对于连续型随机变量，任何一点的概率为零。如果 $X \sim N(\mu, \sigma^2)$，并且 a 和 b 是常数，则：

$$P(X \leq a) = P\left(\frac{X - \mu}{\sigma} \leq \frac{a - \mu}{\sigma}\right) = P\left(Z \leq \frac{a - \mu}{\sigma}\right) = \Phi\left(\frac{a - \mu}{\sigma}\right) \tag{P.37}$$

$$P(X > a) = P\left(\frac{X - \mu}{\sigma} > \frac{a - \mu}{\sigma}\right) = P\left(Z > \frac{a - \mu}{\sigma}\right) = 1 - \Phi\left(\frac{a - \mu}{\sigma}\right) \tag{P.38}$$

$$P(a \leq X \leq b) = P\left(\frac{a - \mu}{\sigma} \leq Z \leq \frac{b - \mu}{\sigma}\right) = \Phi\left(\frac{b - \mu}{\sigma}\right) - \Phi\left(\frac{a - \mu}{\sigma}\right) \tag{P.39}$$

实例 P.11　正态分布概率计算

　　例如，如果 $X \sim N(3, 9)$，则：

$$P(4 \leq X \leq 6) = P(0.33 \leq Z \leq 1) = \Phi(1) - \Phi(0.33) = 0.8413 - 0.6293 = 0.2120$$

　　除了求出正态概率外，我们有时还必须求出标准正态随机变量的值 z_α，使 $P(Z \leq z_\alpha) = \alpha$。$z_\alpha$ 值被称为 100α 百分位数。例如，$z_{0.975}$ 是 Z 的值，使得 $P(Z \leq z_{0.975}) = 0.975$。这个特定的百分位数可以从附录 D 统计表 1（标准正态分布的累积概率）中找到。与值 $z = 1.96$ 相关的累积概率为 $P(Z \leq 1.96) = 0.975$，因此第 97.5 百分位数为 $z_{0.975} = 1.96$。使用统计表 1，我们只能粗略地获得其他百分位数。利用累积概率 $P(Z \leq 1.64) = 0.9495$ 和 $P(Z \leq 1.65) = 0.9505$，我们可以说标准正态分布的第 95 百分位数在 1.64 和 1.65 之间，约为 1.645。

　　好在计算机软件使这些近似变得不必要。给定 α，正态反函数可求出 z_α 百分位数。在形式上，如果 $P(Z \leq z_\alpha) = \Phi(z_\alpha) = \alpha$，则 $z_\alpha = \Phi^{-1}(\alpha)$。计量经济学软件，甚至是电子表格，都有内置的正态反函数。一些常用的百分位数如表 P-7 所示。最后一列是百分位数保留更少的小数位数。记住数字 2.58、1.96 和 1.645 会很有用。

　　有关正态分布的一个有趣且有用的事实是，正态随机变量的加权总和服从正态分布。也就是说，如果 $X_1 \sim N(\mu_1, \sigma_1^2)$，$X_2 \sim N(\mu_2, \sigma_2^2)$，则：

$$Y = a_1 X_1 + a_2 X_2 \sim N(\mu_Y = a_1 \mu_1 + a_2 \mu_2, \sigma_Y^2 = a_1^2 \sigma_1^2 + a_2^2 \sigma_2^2 + 2 a_1 a_2 \sigma_{12}) \tag{P.40}$$

其中，$\sigma_{12} = \text{cov}(X_1, X_2)$。一些重要的概率分布与正态分布有关。附录 B 讨论了 t 分布、卡方分布和 F 分布。

表 P-7	标准正态百分位数	
α	$z_\alpha = \Phi^{-1}(\alpha)$	保留位数
0.995	2.57583	2.58
0.990	2.32635	2.33
0.975	1.95996	1.96
0.950	1.64485	1.645
0.900	1.28155	1.28
0.100	−1.28155	−1.28
0.050	−1.64485	−1.645
0.025	−1.95996	−1.96
0.010	−2.32635	−2.33
0.005	−2.57583	−2.58

P.7.1 双变量正态分布

两个连续型随机变量 X 和 Y 服从联合正态或双变量正态分布，如果它们的联合 *pdf* 的形式为：

$$f(x,y) = \frac{1}{2\pi\sigma_X\sigma_Y\sqrt{1-\rho^2}} \exp\left\{ -\left[\left(\frac{x-\mu_X}{\sigma_X}\right)^2 - 2\rho\left(\frac{x-\mu_X}{\sigma_X}\right)\left(\frac{y-\mu_Y}{\sigma_Y}\right) + \left(\frac{y-\mu_Y}{\sigma_Y}\right)^2 \right] \Big/ 2(1-\rho^2) \right\}$$

其中，$-\infty < x < \infty$，$-\infty < y < \infty$。参数 μ_X 和 μ_Y 是 X 和 Y 的均值，σ_X^2 和 σ_Y^2 是 X 和 Y 的方差，所以 σ_X 和 σ_Y 是标准差。参数 ρ 是 X 和 Y 的相关系数。如果 $\text{cov}(X,Y) = \sigma_{XY}$，则：

$$\rho = \frac{\text{cov}(X,Y)}{\sqrt{\text{var}(X)}\sqrt{\text{var}(Y)}} = \frac{\sigma_{XY}}{\sigma_X\sigma_Y}$$

关于 $f(x,y)$ 的复杂方程定义了三维空间中的一个曲面。在图 P-6（a）中，[1]我们描述了 $\mu_X = \mu_Y = 0$，$\sigma_X = \sigma_Y = 1$ 且 $\rho = 0.7$ 的曲面。正相关意味着 X 和 Y 值之间存在正的线性关联，如图 P-4 所示。图 P-6（b）描述了密度的轮廓，这是给定高度的水平相切密度的结果。轮廓越是像"雪茄形"，相关系数 ρ 的绝对值越大。在图 P-7（a）中，相关系数 $\rho = 0$。在这种情况下，联合密度是对称的，在图 P-7（b）中的轮廓是圆的。如果 X 和 Y 服从联合正态分布，则当且仅当 $\rho = 0$ 时，它们在统计上是独立的。

在统计学和计量经济学中，正态分布、双变量正态分布和条件分布之间有几种关系。第一，如果 X 和 Y 服从双变量正态分布，则 X 和 Y 的边际分布也服从正态分布，$X \sim N(\mu_X, \sigma_X^2)$，$Y \sim N(\mu_Y, \sigma_Y^2)$。

---

[1] 双变量正态分布见 Wolfram 演示项目 http://demonstrations.wolfram.com。作为入门教材，网站上图 P-6、图 P-7 和图 P-8 将交互式图形表示为静态图形。该网站允许进行分布参数的简单操作。联合密度函数图形可以从不同角度旋转和观看。

　　第二，给定 X，Y 的条件分布服从正态分布，条件均值为 $E(Y|X) = \alpha + \beta X$，其中，$\alpha = \mu_Y - \beta\mu_X$、$\beta = \sigma_{XY}/\sigma_X^2$，条件方差为 $\mathrm{var}(Y|X) = \sigma_Y^2(1-\rho^2)$。或者，$Y|X \sim N[\alpha + \beta X, \sigma_Y^2(1-\rho^2)]$。关于这些结果有三个值得注意的点：（i）条件均值是 X 的线性函数，被称为**线性回归函数**；（ii）条件方差是常数，不随 X 而变化；（iii）如果 $\rho \neq 0$，条件方差小于无条件方差。在图 P-8 中，[①]我们展示一个联合正态密度，$\mu_X = \mu_Y = 5$，$\sigma_X = \sigma_Y = 3$ 和 $\rho = 0.7$。X 和 Y 之间的协方差为 $\sigma_{XY} = \rho\sigma_X\sigma_Y = 0.7 \times 3 \times 3 = 6.3$，从而使 $\beta = \sigma_{XY}/\sigma_X^2 = 6.3/9 = 0.7$，$\alpha = \mu_Y - \beta\mu_X = 5 - 0.7 \times 5 = 1.5$。给定 $X = 10$，Y 的条件均值为 $E(Y|X=10) = \alpha + \beta X = 1.5 + 0.7X = 1.5 + 0.7 \times 10 = 8.5$。条件方差为 $\mathrm{var}(Y|X=10) = \sigma_Y^2(1-\rho^2) = 3^2(1-0.7^2) = 9(0.51) = 4.59$，即条件分布为 $(Y|X=10) \sim N(8.5, 4.59)$。

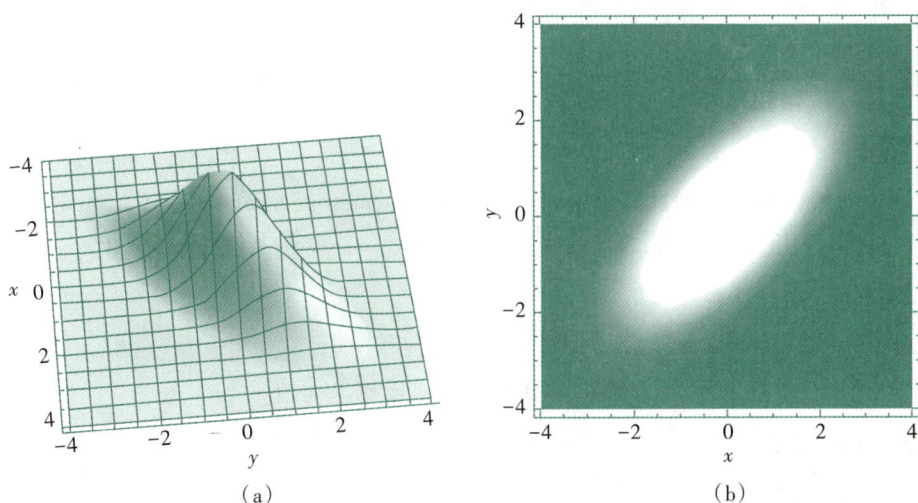

(a)　　　　　　　　　　　(b)

图 P-6　双变量正态分布：$\mu_X = \mu_Y = 0$，$\sigma_X = \sigma_Y = 1$，$\rho = 0.7$

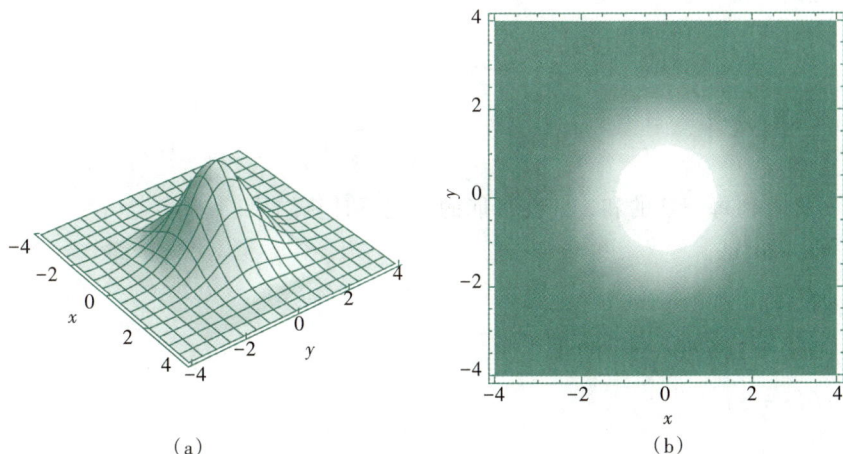

(a)　　　　　　　　　　　(b)

图 P-7　双变量正态分布：$\mu_X = \mu_Y = 0$，$\sigma_X = \sigma_Y = 1$ 和 $\rho = 0$

---

　　① "双变量正态分布和条件分布"来自 Wolfram 演示项目 http://demonstrations.wolfram.com/TheBivariateNormalAndConditionalDistributions。双变量分布和条件分布都可以从不同的角度旋转和观看。

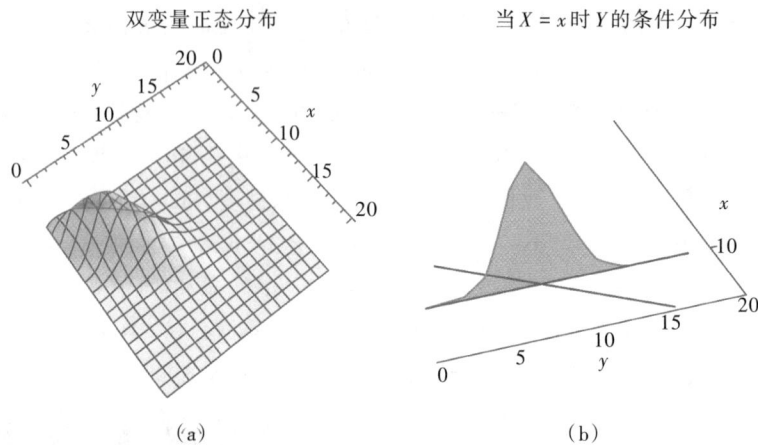

双变量正态分布　　　　　　　　　当 $X = x$ 时 Y 的条件分布

（a）　　　　　　　　　　　　　　（b）

图 P-8　（a）双变量正态分布，$\mu_X = \mu_Y = 5$，$\sigma_X = \sigma_Y = 3$，$\rho = 0.7$；（b）给定 $X = 10$，Y 的条件分布

P.8　练习

奇数练习的答案参见网址：www.principlesofeconometrics.com/poe5。

P.1　设 $x_1 = 17, x_2 = 1, x_3 = 0$；$y_1 = 5, y_2 = 2, y_3 = 8$。计算下列各题：

a. $\sum_{i=1}^{2} x_i$

b. $\sum_{t=1}^{3} x_t y_t$

c. $\bar{x} = \left(\sum_{i=1}^{3} x_i \right) / 3$（注意：$\bar{x}$ 被称为算术平均值或算术均值）

d. $\sum_{i=1}^{3} (x_i - \bar{x})$

e. $\sum_{i=1}^{3} (x_i - \bar{x})^2$

f. $\left(\sum_{i=1}^{3} x_i^2 \right) - 3\bar{x}^2$

g. $\sum_{i=1}^{3} (x_i - \bar{x})(y_i - \bar{y})$，其中 $\bar{y} = \left(\sum_{i=1}^{3} y_i \right) / 3$

h. $\left(\sum_{j=1}^{3} x_j y_j \right) - 3\bar{x}\bar{y}$

P.2　省略。

P.3　写出下列每一项的和，并在可能的情况下计算结果。

a. $\sum_{i=1}^{3} (a - b x_i)$

b. $\sum_{t=1}^{4} t^2$

c. $\sum_{x=0}^{2} (2x^2 + 3x + 1)$

d. $\sum_{x=2}^{4} f (x + 3)$

e. $\sum_{x=1}^{3} f (x, y)$

f. $\sum_{x=3}^{4} \sum_{y=1}^{2} (x + 2y)$

P.4　省略。

P.5　设 SALES 表示书店的月销售额。假设 SALES 服从正态分布，均值为 50 000 美元，标准差为 6 000 美元。

  a.计算公司一个月 SALES（销售额）超过 60 000 美元的概率。请绘制图。

  b.计算公司一个月 SALES 在 40 000 美元至 55 000 美元之间的概率。请绘制图。

  c.求出代表分布第 97 百分位数的 SALES 值，即求出 $SALES_{0.97}$ 的值，使 $P(SALES > SALES_{0.97}) = 0.03$。

  d.书店知道其 PROFITS（利润）是 SALES 的 30% 减去固定成本 12 000 美元。求出一个月的 PROFITS 为零或为负的概率。请绘制图。（提示：PROFITS 的分布是什么？）

  P.6 省略。

  P.7 在超市，"美人鱼"牌金枪鱼罐头的销售情况因周而异。市场研究人员已经确定，金枪鱼罐头的销售与金枪鱼罐头的价格之间存在关系。具体来说，$SALES = 50\,000 - 100\,PRICE$。SALES 是每周销售罐头数，PRICE（价格）是每罐价格（美分）。假设一年来的 PRICE 可以被认为是服从近似正态分布的随机变量，均值 $\mu = 248$ 美分，标准差 $\sigma = 10$ 美分。

  a.求 SALES 的期望值。

  b.求 SALES 的方差。

  c.求出一周内销售超过 24 000 罐的概率。画出图说明计算。

  d.求出 PRICE，使 SALES 位于其第 95 百分位数值，即设 $SALES_{0.95}$ 为 SALES 的第 95 百分位数。求出 $PRICE_{0.95}$ 的值，使 $P(SALES > SALES_{0.95}) = 0.05$。

  P.8 省略。

  P.9 考虑美国登记选民的总体，他们可能是民主党人、共和党人或中立选民。当调查有关 ISIS 的战争时，他们被问到是否支持战争、反对战争或中立。假设每个类别的选民比例见表 P-8。

表 P-8   练习 P.9 用表

		对战争的态度		
		反对	中立	赞成
政党	共和党人	0.05	0.15	0.25
	独立派	0.05	0.05	0.05
	民主党人	0.35	0.05	0

  a.求出对战争态度和政党归属的"边际"概率分布。

  b.假定他们赞成战争，一个随机选择的人是政治独立派的概率是多少？

  c.对 ISIS 战争的态度和政党归属在统计上是否独立？为什么？

  d.对于战争的态度，将数值分配给 AGAINST = 1，NEUTRAL = 2，INFAVOR = 3。称此变量为 WAR。求 WAR 的期望值和方差。

  e.共和党已经确定，每月的筹资取决于每月战争的价值。特别地，每月对该政党的捐款表示为 $CONTRIBUTIONS = 10 + 2 \times WAR$（以百万美元计）。利用期望和方差规则求出捐款 CONTRIBUTIONS 的均值和标准差。

P.10 省略。

P.11 在总统选举之前，对投票公民的年龄进行调查。在总体中，选民的两个特征是他们的登记党派（共和党、民主党或独立）以及他们在上一次总统选举中投票的政党（共和党或民主党）。让我们随机抽取一个公民，定义这两个变量：

$$政党 = \begin{cases} -1 & 注册为共和党人 \\ 0 & 独立的或未注册的 \\ 1 & 注册为民主党人 \end{cases}$$

$$投票 = \begin{cases} -1 & 在前一次选举中投票给共和党 \\ 1 & 在前一次选举中投票给民主党 \end{cases}$$

a.假设抽取上一次选举中投票给共和党人的概率为0.466，而抽取注册为共和党人的概率为0.32，给定他们是已注册的共和党人、随机抽取投票给共和党人的概率为0.97。计算联合概率$\text{Prob}[PARTY = -1, VOTE = -1]$。写出计算过程。

b.这些随机变量在统计上是否独立？解释一下。

P.12 省略。

P.13 LSU 老虎棒球队将在周末的两场比赛中对垒阿拉巴马棒球队。设 $W = 0$，1或2，代表LSU获胜的比赛次数。周末的天气被指定为冷或不冷。如果天气冷，设 $C = 1$；如果天气不冷，设 $C = 0$。表P-9给出了这两个随机变量的联合概率函数，边际分布留有空白。

表 P-9　　　　　　　　　　　练习 P.13 用表

	$W = 0$	$W = 1$	$W = 2$	$f(c)$
$C = 1$	（ i ）	0.12	0.12	（ ii ）
$C = 0$	0.07	0.14	（ iii ）	（ iv ）
$f(w)$	（ v ）	（ vi ）	0.61	

a.填空（i）~（vi）。

b.给定条件天气暖和，即 $C = 0$，利用（a）部分的结果，求出获胜数量 W 的条件概率分布。根据条件概率分布 $f(w|C = 0)$ 和边际分布 $f(w)$ 的比较，你能得出LSU赢得比赛的次数 W 在统计上与天气条件 C 独立还是不独立？解释一下。

c.求出LSU赢得比赛的次数 W 的期望值，并求出条件期望 $E(W|C = 0)$。写出计算过程。什么样的天气对LSU更有利？

d.LSU Alex 棒球场商贩的收入取决于观众数量，而这又取决于天气。假设食品销售 $FOOD = \$10\,000 - 3\,000C$。利用期望值和方差的规则，求出食品销售的期望值和标准差。

P.14 省略。

P.15 当你要参加计量经济学考试时，一个朋友以20美元打赌说她会在考试中超过你。设 X 是一个随机变量，表示你赢得的赌金。X 可以取值20、0（如果平局）或-20。你知道，X 的概率分布 $f(x)$ 取决于她是否为考试而学习。如果她学习，$Y = 0$；如果她没有学习，$Y = 1$。考虑以下联合分布，如表P-10所示。

表 P-10		练习 P.15 使用的联合 pdf		
		Y		
		0	1	*f*(*x*)
	−20	（i）	0	（ii）
	0	（iii）	0.15	0.25
X	20	0.10	（iv）	（v）
	f(*y*)	（vi）	0.60	

a.填写表中缺少的元素（i）~（vi）。

b.计算 $E(X)$。你应该打这个赌吗？

c.如果你知道她没有学习，你获胜的概率分布是什么？

d.假定她没有学习，求出你预期赢得的赌金。

e.使用迭代期望定律求出 $E(X)$。

P.16　省略。

P.17　连续型随机变量 *Y* 服从 *pdf*，

$$f(y) = \begin{cases} 2y & 0 < y < 1 \\ 0 & \text{其他情况} \end{cases}$$

a.绘制 *pdf* 图。

b.求出 *cdf* $F(y) = P(Y \leq y)$，并绘制图。（提示：需要使用微积分）

c.使用 *pdf* 和几何参数，求出概率 $P(Y \leq 1/2)$。

d.使用（b）部分的 *cdf*，计算 $P(Y \leq 1/2)$。

e.使用 *pdf* 和几何参数，求出概率 $P(1/4 \leq Y \leq 3/4)$。

f.使用（b）部分的 *cdf*，计算 $P(1/4 \leq Y \leq 3/4)$。

P.18　省略。

P.19　设 *X* 和 *Y* 是随机变量，具有期望值 $\mu = \mu_X = \mu_Y$ 和方差 $\sigma^2 = \sigma_X^2 = \sigma_Y^2$。设 $Z = (2X + Y)/2$。

a.求出 *Z* 的期望值。

b.假设 *X* 和 *Y* 是统计独立的，求 *Z* 的方差。

c.假设 *X* 与 *Y* 之间的相关系数为−0.5，求出 *Z* 的方差。

d.设 *X* 与 *Y* 的相关系数为−0.5。求出 *aX* 和 *bY* 之间的相关系数。其中，*a* 和 *b* 是任意非零常数。

P.20　省略。

P.21　投掷骰子，设 *Y* 代表掷出骰子的点数，*Y* 的取值为 1、2、3、4、5 或 6，每个面值的发生概率为 1/6。设 *X* 是另一个随机变量，表示如下：

$$X = \begin{cases} Y & \text{如果 } Y \text{ 是偶数} \\ 0 & \text{如果 } Y \text{ 是奇数} \end{cases}$$

a.求出 $E(Y)$，$E(Y^2)$ 和 var(Y)。

b.X 的概率分布是什么？求出 $E(X)$，$E(X^2)$ 和 var(X)。

c.给定每个 X，求出 Y 的条件概率分布。

d.给定每个 X 的值，求出 Y 的条件期望值 $E(Y|X)$。

e.求出 $Z = XY$ 的概率分布。证明 $E(Z) = E(XY) = E(X^2)$。

f.求出 cov(X, Y)。

P.22　省略。

P.23　设 NKIDS 代表一个妇女所生子女的数量。NKIDS 的可能值 nkids = 0、1、2、3、4…假设 pdf 为 $f(nkids) = 2^{nkids}/(7.389nkids!)$。其中，! 表示阶乘算子。

a.NKIDS 是离散型还是连续型的随机变量？

b.计算 nkids = 0、1、2、3、4 的 pdf 并绘制图。（注意：使用电子表格或其他软件进行烦琐的计算可能很方便）

c.计算 nkids = 0、1、2、3、4 的概率 $P[NKIDS \leq nkids]$。绘制累积分布函数。

d.一个妇女生一个以上孩子的概率是多少？

e.一个妇女生两个或更少孩子的概率是多少？

P.24　省略。

P.25　一个作者知道，每本书的每一页都有一定数量的排版错误（0，1，2，3…）存在。定义随机变量 T 等于每页的错误数。假设 T 服从泊松分布（见附录 B.3.3），其中 pdf：$f(t) = \mu^t \exp(-\mu)/t!$。其中，! 表示阶乘算子，$\mu = E(T)$ 是每页排版错误的平均数量。

a.如果 $\mu = 3$，一个页面出现 1 个错误的概率是多少？一个页面有 4 个错误的概率是多少？

b.编辑独立地检查每一页的每个单词，找出 90% 的错误，但忽略了 10%。让 Y 表示页面上找出的错误数。y 的值必须小于或等于页面上的实际错误数 t。假设在有 t 个错误的一个页面上找出的错误数服从二项分布（见附录 B.3.2）。

$$g(y|t, p = 0.9) = \frac{t!}{y!(t-y)!}\ 0.9^y 0.1^{t-y}, y = 0, 1, \cdots, t$$

计算编辑在一个页面上找出 1 个错误而实际上有 4 个错误的概率。

c.求联合概率 $P[Y = 3, T = 4]$。

d.可以证明，编辑在一个页面上找出 Y 个错误的概率服从均值 $E(Y) = 0.9\mu$ 的泊松分布。使用此信息，求出给定 $Y = 3$，在一个页面上存在 4（$T = 4$）个错误的条件概率。

第 2 章

简单线性回归模型

学习目标

评论

学习目标与关键词将会出现在每章的开头。我们鼓励读者思考，并尽可能写出问题的答案，目的是确保读者掌握并能定义这些关键词。如果你不能确定这些问题或者答案，请教你的老师。当在"学习目标"部分要求举例时，你应该不限于在本书中寻找例子。

基于本章的内容，你应该能够：

1.解释估计量与估计值的不同，并说明为什么最小二乘估计量是随机变量，而最小二乘估计值不是随机变量。

2.讨论简单线性回归模型斜率及截距参数的含义，并画出估计方程的图形。

3.将一个观测变量 y 分解成有规律的部分和随机的部分，从理论上对此加以解释，并以图形说明。

4.讨论并解释简单线性回归模型的每一个假设。

5.解释如何运用最小二乘估计原理通过数据散点图拟合一条直线。能定义最小二乘残差、被解释变量的最小二乘拟合值，并用图形说明它们。

6.y 和 x 未经任何转换，在简单线性回归模型中定义 y 对于 x 的弹性，并说明其计算。当 y 和（或）x 被转换、用来对非线性关系建模时，解释如何计算 y 对于 x 的弹性。

7.解释"如果回归模型假设 SR1-SR5 成立，则最小二乘估计量 b_2 是无偏的"这句话的含义。特别是"无偏"究竟表示什么含义？为什么在模型中缺少了重要变量后，b_2 就有偏了？

8.解释"抽样变异性"的含义。

9.解释 σ^2、$\sum (x_i - \bar{x})^2$ 和 N 如何影响我们估计未知参数 β_2 的精确度。

10.陈述并解释高斯－马尔可夫（Gauss-Markov）定理。

11.使用最小二乘估计量估计非线性关系并解释结果。

12.解释在重复样本中固定的解释变量和随机的解释变量之间的区别。

13.解释术语"随机抽样"。

关键词

假设	同方差	回归模型
渐进的	解释变量	回归参数

有偏估计量	指示变量	重复抽样
最优线性无偏估计量	最小二乘估计值	抽样精度
自由度	最小二乘估计量	抽样性质
被解释变量	最小二乘原理	散点图
离均值差形式	线性估计量	简单线性回归分析
计量经济模型	对数 – 线性模型	简单线性回归函数
经济模型	非线性关系	设定误差
弹性	预测	严格外生
外生变量	二次模型	无偏估计量
高斯 – 马尔可夫定理	随机误差项	异方差

随机项 x

经济理论指出许多经济变量之间存在关系。在微观经济学里，考虑需求和供给模型：某种商品的需求量和供给量取决于其价格。再来看"生产函数"和"总产品曲线"，它们解释了一种商品的产量与投入量（如所使用的劳动力）的函数关系。在宏观经济学里，设定了用来解释依存于利率的经济中投资总额的"投资函数"以及表示总消费与可支配收入水平之间关系的"消费函数"。

这些设定中都包含了经济变量之间的关系。在本章中，我们要说明如何利用经济数据样本来量化这样的关系。作为经济学家，我们关心的问题是：如果某个变量（如商品的价格）出现某种程度的变化，另一个变量（如需求量或供给量）会变化多少？同时，在我们已知某个变量值的条件下，我们能否预测另一个变量的相应值？我们将通过**回归模型**来回答这些问题。如所有的模型一样，回归模型也基于假设。在本章中，我们希望能非常清楚地了解这些假设，因为它们还适用于后面几章的分析。

2.1 经济模型

为了说明回归模型的思想，我们使用一个简单却重要的经济例子。假设我们想研究家庭收入与食品支出之间的关系，现在考虑从某一特定总体中随机选取家庭进行"实验"。这个总体可能由某个城市、州、省或国家内的家庭组成。现在，假设我们只关心每周收入为 1 000 美元的家庭。在这个实验里，我们从总体中随机选出几个家庭进行访问。我们感兴趣的是家庭每周的食品支出，所以我们的问题是："上周你家在食品上花了多少钱?"每周的食品支出记为 y，它是一个随机变量，因为这个值对我们来说是未知的，只有我们选择了一个家庭，问他们这个问题，他们给予回答后，我们才能得到答案。

评论

在概率入门、附录 B 和附录 C 中，我们用大写字母 Y 代表随机变量，小写字母 y 代表其取值，以对随机变量与其取值加以区别。接下来，我们不再这么处理，因为这样会产生复杂到令人无法接受的符号。我们将用 y 来代表随机变量和它们的取值，而且我们会在上下文中做出清楚的解释。

连续型随机变量 y 具有一个概率密度函数（pdf），说明得到不同食品支出数值的概率。

如果你对概率的概念生疏或不确定，可以参考前面的章节"概率入门"和本书的附录B。由于各种原因，每个家庭在食品上的花费都有所不同。有些家庭热衷于精致食品，有些家庭包括青少年，有些家庭包括老人，有些家庭有素食者，有些家庭经常在餐馆就餐。这些因素以及许多其他因素，包括随机和冲动购买，都将使得收入相同的各个家庭每周的食品支出不同。在这个例子里，pdf $f(y)$ 描述了支出如何"分布"在整个总体内，可能看起来如图2-1所示。

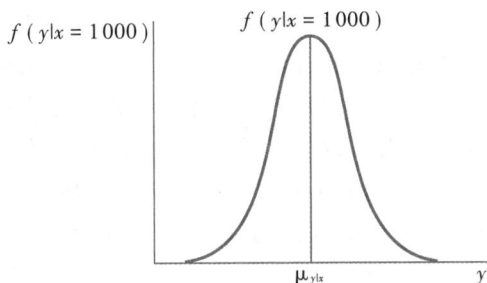

$f(y|x=1000)$ $f(y|x=1000)$

$\mu_{y|x}$ y

图2-1（a）　给定收入 $x=1000$ 美元，食品支出 y 的概率分布

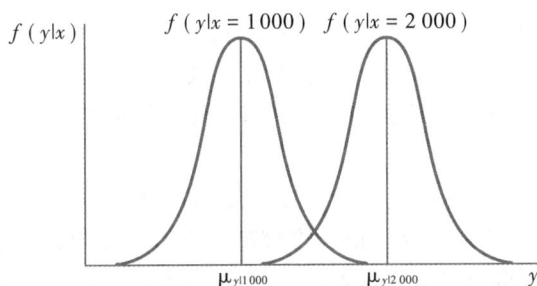

$f(y|x)$ $f(y|x=1000)$ $f(y|x=2000)$

$\mu_{y|1000}$ $\mu_{y|2000}$ y

图2-1（b）　分别给定收入 $x=1000$ 美元和 $x=2000$ 美元，食品支出 y 的概率分布

图2-1（a）的 pdf 实际上是一个条件 pdf，因为它是基于家庭收入这个"条件"的。设 $x=$ 每周的家庭收入 $=1000$ 美元，则条件 pdf 为 $f(y|x=1000$美元$)$，y 的条件均值或期望值为 $E(y|x=1000$美元$)=\mu_{y|x}$，是总体平均每人每周的食品支出。

评论

随机变量的期望值被称为"均值"，实际上是总体均值的缩写，是随机变量概率分布的中心。随机变量的期望值与样本均值不同，样本均值指的是算术平均值。要时刻谨记这两个不同"均值"的用法。

y 的条件方差为 $\text{var}(y|x=1000$美元$)=\sigma^2$，它衡量家庭食品支出 y 对均值 $\mu_{y|x}$ 的离散程度。若参数 $\mu_{y|x}$ 和 σ^2 为已知，则它们会提供关于总体的一些重要信息。如果我们知道这些参数，同时知道条件分布 $f(y|x=1000$美元$)$ 服从正态分布，即 $N(\mu_{y|x},\sigma^2)$，我们就可以利用正态分布的性质来计算 y 落在某个特定区间内的概率，即如果每周收入为1000美元，我们可以计算出在食品上人均花费50到70美元之间的家庭人口所占的比例。

作为经济学家，我们通常对研究变量之间的关系更感兴趣。在这个例子里，我们研究每周的食品支出 y 与家庭每周的收入 x 之间的关系。经济理论告诉我们，在经济物品上的支出取决于收入。因此，我们称 y 为"**被解释变量**"，x 为"**自变量**"或"**解释变量**"。在计量经济学中，我们认识到真实世界的支出是随机变量，我们想利用数据来探寻这种关系。

通过对支出关系进行计量经济分析，可以回答某些重要的问题。例如，如果每周的收入增加100美元，平均每周的食品支出会上升**多少**？或者，当收入上升时，每周的食品支出是否会下降？对于每周收入为2 000美元的家庭，我们预测其每周在食品上的支出为多少？这些问题的答案为决策者提供了很有价值的信息。

使用个人食品支出的信息可以分析出不同家庭在家庭规模、种族、收入、地域、社会经济与人口统计特征上的异同。这些信息对于评价外部市场环境、产品分布模式、消费者购买习惯与消费者居住环境具有很大的价值。这些信息同人口统计、收入预测一起，可以用来预测消费趋势。这些信息还可以用来开发特殊消费群体的典型食品市场，如老年人的食品市场。反过来，这些市场也可以被用来开发适合这类群体消费模式的价格指标。(Blisard, Noel, Food Spending in American Households, 1997—1998, Electronic Report from the Economic Research Service, U. S. Department of Agriculture, Statistical Bulletin Number 972, June 2001)

从商业角度看，假设我们是一家连锁超市（或是餐厅，或是健康食品店，等等）的经理，我们必须考虑长期计划。如果经济预测者预测当地的收入在未来几年内会增加，我们就必须决定是否以及如何增加设施来为顾客服务。或者，如果我们计划在高收入和低收入社区开设特许店，就要预测每人的食品支出，结合邻近地区的人口统计信息，就可以知道该地区特许店的规模应该有多大。

为了考察支出与收入之间的关系，我们必须建立一个**经济模型**，之后再建立一个相应的形成数量或实证经济分析基础的**计量经济模型**。在食品支出的例子里，经济理论指出：家庭平均每周的食品支出取决于家庭收入 x（用条件均值 $E(y|x) = \mu_{y|x}$ 表示）。如果我们考虑各种不同收入水平的家庭，我们预期平均食品支出会发生变化。图2-1（b）表示在两个不同的周收入水平（1 000美元与2 000美元）下，食品支出的 *pdf*。每个条件 *pdf* $f(y|x)$ 表明，支出会分布在均值 $\mu_{y|x}$ 附近，但高收入家庭的平均支出高于低收入家庭的平均支出。

为了使用数据，我们现在必须定义一个计量经济模型，该模型描述如何获得家庭收入和食品支出的数据，并指导计量经济分析。

2.2 计量经济模型

根据前一节中的经济推理，为了量化食品支出和收入之间的关系，我们必须从图2-1中的想法出发建立计量经济模型。首先，假设一个三口之家有一个不变的规则，即每周花80美元，此外还把每1美元收入中的10美分花在食品上。假设 $y=$每周家庭食品支出（美元），$x=$每周家庭收入（美元）。用代数表示，其规则是 $y = 80 + 0.10x$。知道了这种关系，我们计算得出，这个家庭一周的收入是1 000美元，将在食品上花费180美元。如果每周收入增加100美元至1 100美元，则食品支出将增加到190美元。这些是根据收入对食品支出做出的预测。根据另一个或多个变量的值**预测**某个变量的值是回归分析的主要用途之一。

回归分析的第二个主要用途是将一个变量中的变化与另一个变量中的变化进行归属化

或关联。为此，利用通常的代数方法，假设"Δ"表示"变化"。收入变化100美元意味着 $\Delta x = 100$。由于支出规则 $y = 80 + 0.10x$，食品支出的变化是 $\Delta y = 0.10\Delta x = 0.10 \times 100 = 10$。收入增加100美元引起食品支出增加10美元。从几何角度看，规则是一条"y截距"为80和斜率为 $\Delta y/\Delta x = 0.10$ 的直线。一位经济学家可能会说，家庭"在食品上的边际消费倾向是0.10"，这意味着每增加1美元收入，就有10美分用于食品支出。或者，用经济学家的一种简略表达方式来说："收入对食品支出的边际效应是0.10。"许多经济和计量分析都试图衡量两个经济变量之间的**因果关系**。根据家庭的支出规则，在这里表明的因果关系是相当清楚的，即收入的变化导致食品支出的变化。但是，这并非总是那么简单。

事实上，许多其他因素可能会影响家庭食品支出：家庭成员的年龄和性别，他们的体重，他们是否从事体力劳动或文案工作，大型活动后是否举办聚会，是城市家庭还是农村家庭，家庭成员是不是素食主义者，或是否有一种古老的饮食习惯，以及其他口味、偏好因素（"我真的很喜欢松露"）和冲动购物（"哇！那些桃子看起来不错！"）。有很多因素。令 e = 除了收入以外影响食品支出的所有其他因素。此外，即使一个家庭有一个严格的或其他的规则，我们也不知道。为了考虑这些现实情况，我们假设家庭的食品支出决定基于以下等式：

$$y = \beta_1 + \beta_2 x + e \tag{2.1}$$

除了 y 和 x 之外，等式（2.1）包含两个未知**参数** β_1 和 β_2（而不是"80"和"0.10"）以及一个**误差项** e（它代表影响每周家庭食品支出的所有其他因素）。

想象一下，我们可以在家里做一个实验。假设每周增加100美元的家庭收入，并保持其他不变。保持其他不变，或保持其他一切相同，是经济学原理课程中广泛讨论的**其他条件均同**假设。假设 $\Delta x = 100$ 表示家庭收入的变化，影响食品支出的其他一切 e 的均值不变，即 $\Delta e = 0$。收入变化的影响是 $\Delta y = \beta_2 \Delta x + \Delta e = \beta_2 \Delta x = \beta_2 \times 100$。每周食品支出的变化 $\Delta y = \beta_2 \times 100$ 是由收入变化来解释或由收入变化引起的。未知参数 β_2 是收入花费在食品支出上的边际倾向，它告诉我们增加的收入会用于购买食品的比例；它回答了"多少"的问题——"给定收入发生变化、所有其他保持不变的情况下，食品支出会变化多少？"

上一段的实验是不可行的。我们可以额外给一个家庭100美元的收入，但我们不能保持其他所有不变。简单计算收入增加对食品支出的边际效应 $\Delta y = \beta_2 \times 100$ 是不可能的。然而，我们可以用**回归分析**估计 β_2，用来解释这个"多少"的问题。回归分析是一种利用数据探讨变量间关系的统计方法。一个**简单线性回归分析**检查变量和一个 x 变量之间的关系。说它是"简单的"，不是因为它简单，而是因为只有一个 x 变量。y 变量称为因变量、结果变量、被解释变量、左边变量或回归因变量。在我们的例子中，因变量是 y = 每周家庭食品支出。变量 x = 每周家庭收入，称为自变量、解释变量、右边变量或回归自变量。方程（2.1）是**简单线性回归模型**。

所有的模型都是从现实中抽象出来的，处理模型需要假设。回归模型也是如此。简单线性回归模型的第一个假设是：关系（2.1）适用于所考虑的总体成员。例如，将总体定义为特定地理区域内如澳大利亚南部的三人家庭。β_1 和 β_2 被称为**总体参数**。我们断言，行为规则 $y = \beta_1 + \beta_2 x + e$ 适用于总体中的所有家庭。每周食品支出等于 β_1，加上收入的

一定比例 β_2，再加上其他因素 e。

统计学科之所以发展，是因为一般而言总体规模较大，不可能（或费用高不可能）检查每一个总体成员。在一个特定的地理区域内，即使只是一个中等规模的城市，三人家庭的总体规模也十分巨大，无法对每个家庭进行调查。统计和计量经济方法用于检查与分析来自总体的**样本数据**。在对数据进行分析后，我们进行**统计推断**。基于数据分析，得到关于总体的结论或判断。做出推断时必须非常小心。这些推断是基于收集的数据得出关于特定总体的结论。澳大利亚南部家庭的数据对于推断来自美国南部的家庭，可能是有用的，也可能是没用的。澳大利亚墨尔本的家庭与路易斯安那州新奥尔良的家庭拥有相同的食品消费模式吗？这可能是个有趣的研究课题。如果回答不是，则我们可能无法从澳大利亚的样本数据中得出关于新奥尔良家庭行为的有效结论。

2.2.1 数据生成过程

样本数据，以及数据的实际获取方式，对于随后的推断至关重要。收集样本数据的确切机制非常严格（例如，农学不同于经济学），这超出了本书的范围。[①]关于家庭食品支出的例子，让我们假设我们可以在某个时间点获得一个样本（这些是截面数据），由随机选择的 N 个数据组合构成。假设 (y_i, x_i) 表示第 i 个数据组合，$i = 1, \cdots, N$。变量 y_i 和 x_i 是随机变量，因为它们的值只有在被观测时才知道。随机选择的家庭使第一个观测值组合 (y_1, x_1) 在统计上独立于所有其他数据组合，每个观测值组合 (y_i, x_i) 在统计上独立于其他数据组合 (y_j, x_j)，其中 $i \neq j$。我们进一步假设随机变量 y_i 和 x_i 服从联合 $pdf\ f(y_i, x_i)$，描述它们的取值分布。我们通常不知道联合分布的确切性质（如双变量正态分布，参考"概率入门"第 P.7.1 节），但从同一总体中抽取的所有组合都假定服从相同的联合 pdf，因此数据组合不仅在统计上是独立的，也服从**独立同分布**（缩写为 **i.i.d.**，或 iid）。服从 iid 的数据组合被称为**随机样本**。

如果我们的第一个假设是正确的，则行为规则 $y = \beta_1 + \beta_2 x + e$ 适用于总体中的所有家庭，然后针对每个 (y_i, x_i) 数据组合，重新表述方程（2.1），

$$y_i = \beta_1 + \beta_2 x_i + e_i, \quad i = 1, \cdots, N \tag{2.1}$$

这有时被称为**数据生成过程**（DGP），因为我们假设可观测数据遵循这种关系。

2.2.2 随机误差与严格外生性

简单回归模型（2.1）的第二个假设涉及所有其他项 e。变量 (y_i, x_i) 是随机变量，因为我们直到选择特定家庭并观测它们，才知道它们取什么值。误差项 e_i 也是随机变量。除收入以外的所有其他因素对于每个总体样本家庭来说都是不同的，如果没有其他原因，每个人的口味和偏好都是不同的。与食品支出和收入不同，随机误差项 e_i 是不可观测的。我们不能用任何直接的方法来衡量口味和偏好，就像我们不能直接衡量吃一块蛋糕所产生的经济"效用"一样。第二个回归假设是，x 变量（即收入）不能用来预测 e_i 的值（即影响第 i

---

个家庭食品支出所有其他因素的综合影响）。给定第 i 个家庭的收入值 x_i，随机误差 e_i 的最佳（最优）预测因子①是条件期望或条件均值 $E(e_i|x_i)$。x_i 不能用于预测 e_i 的假设，等于说 $E(e_i|x_i)=0$。也就是说，给定一个家庭的收入，我们不能比预测随机误差为零做得更好。所有其他因素对食品支出的影响，以非常具体的方式说，平均为零。我们将在第2.10节中讨论其他情况，这些情况可能是真的，也可能不是真的。现在，回顾"概率入门"第 P.6.5 节，$E(e_i|x_i)=0$ 有两个含义。第一个含义是，$E(e_i|x_i)=0 \Rightarrow E(e_i)=0$，如果随机误差的条件期望值为零，则随机误差的无条件期望也为零。在总体中，包括在随机误差项中的所有遗漏因素的平均影响为零。

第二个含义是 $E(e_i|x_i)=0 \Rightarrow \mathrm{cov}(e_i,x_i)=0$，如果随机误差的条件期望值为零，则第 i 个观测值的随机误差 e_i 与对应的观测值 x_i 的协方差为零、相关系数为零。在我们的例子中，随机组成部分 e_i 代表除第 i 个家庭收入之外的所有影响食品支出的因素，与收入是不相关的。你可能会想，这怎么可能被证明是真的，毕竟 e_i 是不可观测的。这是非常艰苦的工作。你必须让你自己和你的听众相信模型中遗漏的任何变量与 x_i 不相关。主要工具是经济推理，即用你自己的智力实验（即思考），阅读关于这个主题的文献，并与同事或同学讨论。在大多数经济模型中，我们不能绝对确信可以证明 $E(e_i|x_i)=0$ 是真的。

我们注意到 $E(e_i|x_i)=0$ 有两个含义。如果其中任何一个含义都不为真，则 $E(e_i|x_i)=0$ 不为真，即如果：

（i）$E(e_i)\neq 0$ 或（ii）$\mathrm{cov}(e_i,x_i)\neq 0$，则 $E(e_i|x_i)\neq 0$

在第一种情况下，如果随机误差 e_i 的总体平均值不为零，则 $E(e_i|x_i)\neq 0$。在某种意义上，当 $E(e_i)\neq 0$，如 $E(e_i)=3$ 时，我们将能够处理这种情况，就像你将在下面看到的那样。$E(e_i|x_i)=0$ 的第二层含义是 $\mathrm{cov}(e_i,x_i)=0$，即第 i 个观测值的随机误差与解释变量第 i 个观测值的协方差和相关系数都为零。假设我们的第一个假设（即 (y_i,x_i) 服从 iid 分布）成立，如果 $\mathrm{cov}(e_i,x_i)=0$，则解释变量 x 被称为外生的。当 x 是外生的时，回归分析可以成功地用于估计 β_1 和 β_2。为了区分更强条件 $E(e_i|x_i)=0$ 和更弱条件 $\mathrm{cov}(e_i,x_i)=0$，即**简单外生性**，我们说，如果 $E(e_i|x_i)=0$，则 x 是**严格外生**的。如果 $\mathrm{cov}(e_i,x_i)\neq 0$，则 x 被认为是**内生**的。当 x 是内生的时候，要进行统计推断就很困难，有时难上加难。在本书的其余部分，我们将对外生性和严格外生性进行大量的讨论。

实例2.1　外生性假设的不成立

考虑一个回归模型，利用随机样本数据，研究一个工人的工资与其受教育年限之间的关系。简单回归模型为 $WAGE_i=\beta_1+\beta_2 EDUC_i+e_i$，其中 $WAGE_i$ 是随机选择的第 i 个工人的小时工资率，$EDUC_i$ 是其受教育年限。随机样本中的组合 $(WAGE_i, EDUC_i)$ 在模型中被假定服从 iid 分布。在该模型中，随机误差 e_i 包括除 $EDUC_i$ 之外所有影响个人工资率的因素。其中一些因素可能是什么？能力、智力、毅力和勤奋都是员工的重要特征，并可能影响其工资率。这些被归到 e_i 中的因素是否可能与 $EDUC_i$ 相关？片刻的思考会让你说"是的"。那些受过高等教育的人拥有更出色的能力、智力，更有毅力并更勤奋，这是很有道理的。因此，有一个强有力的论点认为，$EDUC_i$ 是回归中的内生回归自变量，严格的外生

---

① 你将在附录4C中学习最优预测。

性假设不成立。

2.2.3　回归函数

严格外生性假设的重要性如下。如果严格外生性假设 $E(e_i|x_i)=0$ 为真，则给定 x_i、y_i 的条件期望为：

$$E(y_i|x_i)=\beta_1+\beta_2 x_i+E(e_i|x_i)=\beta_1+\beta_2 x_i,\quad i=1,\cdots,N \tag{2.2}$$

公式（2.2）中的条件期望 $E(y_i|x_i)=\beta_1+\beta_2 x_i$ 称为**回归函数**或**总体回归函数**。可以看出，在总体中，对于第 i 个观测值，因变量的平均值条件依存于 x_i，由 $\beta_1+\beta_2 x_i$ 给出。此外，给定 x 的变化 Δx，**保持所有其他不变**，导致 $E(y_i|x_i)$ 的变化就是 $\beta_2\Delta x$，在这个意义上，给定 x_i，随机误差的平均值为零，x 的任何变化与随机误差 e 的任何变化不相关。在这种情况下，我们可以说给定 x_i，x 的变化导致或引起 y 的期望（总体平均）值 $E(y_i|x_i)$ 的变化。

公式（2.2）中的回归函数如图2-2所示，y 截距为 $\beta_1=E(y_i|x_i=0)$，斜率为：

$$\beta_2=\Delta E(y_i|x_i)/\Delta x_i=dE(y_i|x_i)/dx_i \tag{2.3}$$

其中，Δ 表示"变化"，$dE(y|x)/dx$ 表示 $E(y|x)$ 对 x 的"导数"。在本书中，我们不会过多使用导数，如果你不太熟悉这个概念，可以将"d"看作 Δ 的一个形式化版本，然后继续下去。关于求导的讨论，见附录A.3。

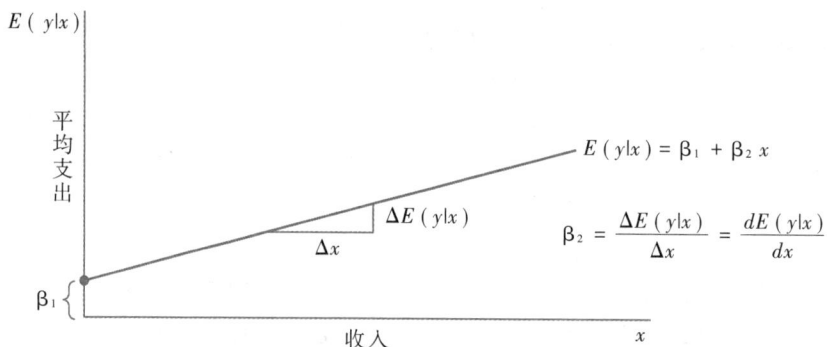

图2-2　经济模型：人均食品支出与收入之间的线性关系

实例2.2　家庭食品支出模型中的严格外生性

严格外生性假设是，给定第 i 个家庭的收入，影响第 i 个家庭食品支出的所有其他因素的均值为零。这会是真的吗？对这种可能性的检验之一是："利用第 i 个家庭的收入，我们能预测 e_i 的值吗，即除收入外其他所有影响食品支出的因素的综合影响？"如果答案是肯定的，则严格外生性就不成立；如果答案是否定的，则 $E(e_i|x_i)=0$ 可能是一个合理的假设。如果答案是肯定的，则公式（2.1）可以解释为一个因果模型，给定所有其他因素不变，β_2 可以被认为是收入对预期（平均）家庭食品支出的边际效应，如公式（2.3）所示。如果 $E(e_i|x_i)\neq 0$，则 x_i 可以用来预测 e_i 的非零值，它反过来又会影响 y_i 的值。在这种情况下，β_2 不能捕捉收入变化的所有影响，模型不能被解释为因果关系。

严格外生性假设的另一个重要结果是，它允许我们把计量经济模型看作将因变量分解为两个组成部分：一个是作为自变量值的系统变化部分，另一个是随机"噪声"部分，即

计量经济模型 $y_i = \beta_1 + \beta_2 x_i + e_i$ 可分为两个组成部分：$E(y_i|x_i) = \beta_1 + \beta_2 x_i$ 和随机误差 e_i。因此：

$$y_i = \beta_1 + \beta_2 x_i + e_i = E(y_i|x_i) + e_i$$

由于解释变量的值发生变化，条件均值 $E(y_i|x_i) = \beta_1 + \beta_2 x_i$ 的变化导致因变量 y_i 的系统变化，而 e_i 导致因变量 y_i 的随机变化。除其位置外，e 和 y 的条件 *pdf* 是相同的，如图 2-3 所示。对于每周收入 $x=1\,000$ 美元的家庭来说，相对于条件均值，食品支出的两个值 y_1 和 y_2 的随机误差如图 2-4 所示。由于口味和偏好以及其他所有因素的变化，家庭食品支出会因家庭而异。对于收入相同的家庭，有些家庭的支出将超过平均值，有些家庭的支出将更少。如果我们知道 β_1 和 β_2，则可以计算条件平均支出 $E(y_i|x=1\,000) = \beta_1 + \beta_2(1\,000)$，以及随机误差 e_1 和 e_2 的值。由于我们永远不知道 β_1 和 β_2，因此永远无法计算 e_1 和 e_2。然而，我们假设在每个收入水平 x 上，所有随机误差所代表的均值为零。

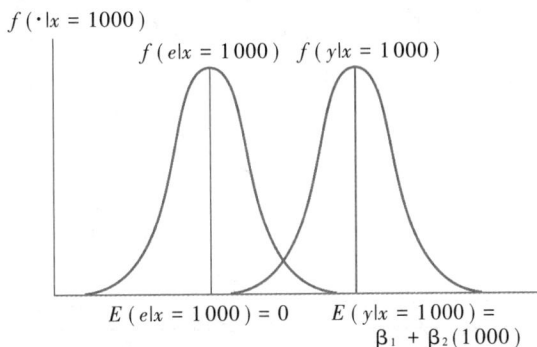

图 2-3　e 和 y 的条件概率密度

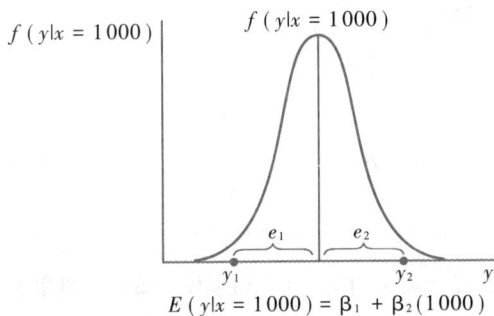

图 2-4　随机误差

2.2.4　随机误差变异

我们假设随机误差项的条件期望为零，$E(e_i|x_i) = 0$。对于随机误差项，我们感兴趣的是它的条件均值或期望值及其方差。在理想情况下，随机误差的**条件方差**是不变的。

$$\mathrm{var}(e_i|x_i) = \sigma^2 \tag{2.4}$$

这是**同方差**（homoskedasticity，也拼写为 homoscedasticity）假设，即在每个 x_i 处，随机误差这一组成部分的变异是相同的。假设总体关系 $y_i = \beta_1 + \beta_2 x_i + e_i$，因变量的条件方差为：

$$\mathrm{var}\,(\,y_i|x_i) = \mathrm{var}\,(\beta_1 + \beta_2 x_i + e_i|x_i) = \mathrm{var}\,(\,e_i|x_i) = \sigma^2$$

简化之所以有效，是因为通过对 x_i 给定条件，我们把它当作已知的，因此不是随机的。给定 x_i，$\beta_1 + \beta_2 x_i$ 这个组成部分不是随机的，因此适用方差规则（P.14）。

这是图 2-1（b）中的明确假设，其中，$pdf\,f\,(y|x{=}1\,000)$ 和 $pdf\,f\,(y|x{=}2\,000)$ 具有相同的方差 σ^2。如果严格的外生性成立，则回归函数为 $E\,(y_i|x_i) = \beta_1 + \beta_2 x_i$，如图 2-2 所示。条件分布 $f\,(y|x = 1\,000)$ 和 $f\,(y|x = 2\,000)$ 沿图 2-5 中的条件均值函数分布。在家庭支出的例子中，其逻辑是，对于某一特定水平的家庭收入 x，由于假设在每个 x 处随机误差 e 的平均值为零，因此家庭食品支出的值会围绕条件均值随机地变化。而在各个收入水平上，家庭食品支出以回归函数为中心。条件同方差假设意味着，在每个收入水平上，食品支出围绕均值的变化是相同的。这意味着，在每一个和所有收入水平上，我们都同样不确定食品支出可能比其平均值 $E\,(y_i|x_i) = \beta_1 + \beta_2 x_i$ 下降多少。此外，这种不确定性不取决于收入或其他任何因素。如果违背了这个假设，并且 $\mathrm{var}\,(e_i|x_i) \neq \sigma^2$，则随机误差被称为有**异方差**。

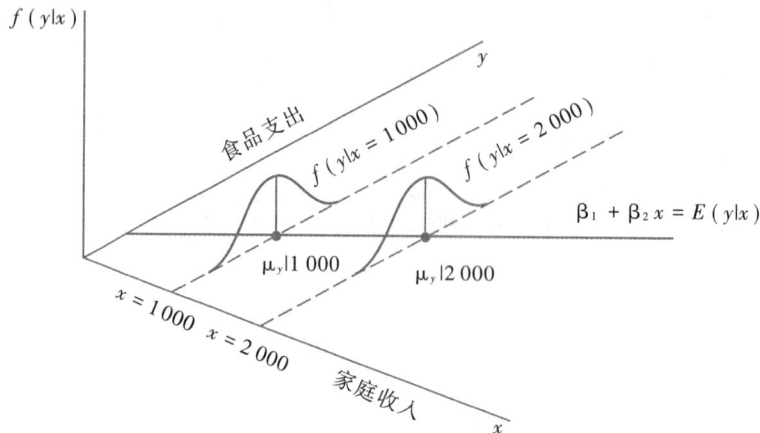

图 2-5 在两个收入水平下，食品支出 y 的条件概率密度函数

2.2.5 X 的变化

在回归分析中，目标之一是估计 $\beta_2 = \Delta E\,(y_i|x_i) / \Delta x_i$。如果我们希望一个样本数据可以用来估计 x 变化的影响，则我们必须观测样本中解释变量 x 的一些不同的值。从直觉上看，如果我们仅仅收集家庭收入为 1 000 美元的数据，则我们将无法衡量收入变动对食品支出平均值的影响。回顾初等几何，在样本数据中，"需要两点才能确定一条线"。样本数据中允许我们继续操作的 x 值的最小数量是两个。你会在第 2.4.4 节中发现，事实上，x 的不同值越多，它们表现出的变化越多，我们的回归分析就越好。

2.2.6 误差正态性

在围绕图 2-1 的讨论中，我们明确地假设，给定收入，食品支出是服从正态分布的。在图 2-3 至图 2-5 中，我们通过绘制经典的钟形曲线，隐含假设误差和因变量服从条件正态分布。随机误差完全不需要服从条件正态分布，以便进行回归分析。然而，正如你会在

第 3 章中发现的那样，当样本容量很小时，给定每个 x 值，随机误差和因变量 y 服从正态分布有利于统计推断。在互联网搜索你会发现，正态分布有着悠久而有趣的历史，[①]假设回归误差服从正态分布的一个论点是，它们代表了许多不同因素的集合。中心极限定理（见附录 C.3.4）大致说，许多随机因素的集合倾向服从正态分布。在食品支出模型中，如果我们认为随机误差反映口味和偏好，则在每个收入水平上的随机误差都服从正态分布，这是完全合理的。当假定误差服从条件正态分布时，我们有 $e_i|x_i \sim N(0, \sigma^2)$，并进一步有 $y_i|x_i \sim N(\beta_1 + \beta_2 x_i, \sigma^2)$。当它被提出时，这是一个非常强的假设，如前所述，严格地说，这不是必要的，所以我们称之为可选假设。

2.2.7 一般化外生性假设

到目前为止，我们假设数据组合 (y_i, x_i) 是从随机样本中抽取的，并且服从 iid 分布。如果解释变量的样本值是相关的，会发生什么？怎么发生的呢？

当使用金融或宏观经济时间序列数据时，自然会出现缺乏独立性的情况。假设我们观测新住房开工情况的月度报告 y_t 以及目前 30 年的固定抵押贷款利率 x_t，我们假设模型 $y_t = \beta_1 + \beta_2 x_t + e_t$。可以将数据 (y_t, x_t) 描述为宏观经济时间序列数据。与我们所拥有的若干主体（如家庭或公司，或个人或国家）在某一特定时间点的截面数据不同，对于时间序列数据，我们有一些变量随时间推移的观测值。习惯上使用 "t" 下标表示时间序列数据，并使用 T 来表示样本容量。在数据组合 (y_t, x_t) 中，$t=1, \cdots, T$，y_t 和 x_t 都是随机的，因为只有观测到它们，我们才知道这些值是多少。此外，每个数据序列都可能随着时间的推移而相关。例如，每月固定抵押贷款利率很可能随着时间的推移而缓慢地变化，使得在时间 t 的利率与在时间 $t-1$ 的利率相关。(y_t, x_t) 是代表从概率分布中抽取的随机 iid 这一假设是不现实的。当考虑这种情况下的外生性假设时，我们不仅需要考虑 x_t 和 e_t 之间的可能相关性，还需要考虑 e_t 与其他各解释变量（即 x_s，$s=1, 2, \cdots, T$）之间的可能相关性。如果 x_s 与 x_t 相关，则 x_s（例如，某个月的抵押贷款利率）可能会对 y_t（例如，下个月的住房开工）产生影响。由于在方程 $y_t = \beta_1 + \beta_2 x_t + e_t$ 中出现的是 x_t，而不是 x_s，所以 x_s 的影响会包含在 e_t 中，这意味着 $E(e_t|x_s) \neq 0$。我们可以用 x_s 来帮助预测 e_t 的值。当假设组合 (y_t, x_t) 独立时，排除这种可能性，即组合 (y_t, x_t) 的独立性和假设 $E(e_t|x_t) = 0$ 意味着，对于所有 $s=1, 2, \cdots, T$，$E(e_t|x_s) = 0$。

为了将严格外生性假设扩展到 x 值相关的模型，我们需要假设，对于所有 $(t, s) = 1, 2, \cdots, T$，$E(e_t|x_s) = 0$。这意味着，我们不能使用解释变量的任何值来预测在时间 t 的随机误差 e_t，或者使用我们以前使用的符号，对于所有 $(i, j) = 1, 2, \cdots, N$，$E(e_i|x_j) = 0$。为了以更简便的形式写出这个假设，我们引入符号 $\mathbf{x} = (x_1, x_2, \cdots, x_N)$，即我们使用 $\mathbf{x}$ 表示解释变量的所有样本观测值。然后，严格外生性假设的更一般写法为，对于 $i = 1, 2, \cdots, N$，$E(e_i|\mathbf{x}) = 0$。根据这个假设，我们也可以写出：对于 $i = 1, 2, \cdots, N$，$E(y_i|\mathbf{x}) = \beta_1 + \beta_2 x_i$。我们在第 2.10 节和第 9 章中的替代类型数据的内容中，进一步讨论此假设。与假设

[①] 例如，Stephen M. Stigler（1990）*The History of Statistics：The Measurement of Uncertainty*，Reprint Edition，Belknap Press，73–76.

$E(e_i|x_i)=0$、组合(y_i, x_i)是独立的相比，假设$E(e_i|\mathbf{x})=0$（$i=1, 2, \cdots, N$）是更弱的假设，它使我们能够在x的不同观测结果可能相关的情况下以及它们是独立的情况下推导出大量的结果。

2.2.8　误差相关性

除了一个家庭随机误差(e_i)与另一个家庭的解释性变量的值(x_j)或一个时期的随机误差(e_t)与另一个时期的解释性变量的值(x_s)之间可能相关之外，随机误差项之间也可能存在相关性。

在某一时间点收集家庭、个人或企业的截面数据，对于在空间上相连的个体来说，随机误差之间可能缺乏统计独立性。也就是说假设我们收集两个（或更多）居住在同一社区的个体的观测值，生活在一个特定社区的人之间有相似之处，这是很有道理的。如果社区的房子是同质的，可以预期邻居有相似的收入。一些城郊社区之所以受欢迎，是因为绿地和学区，这意味着家庭成员在年龄和兴趣上可能相似。我们可以在误差中添加一个空间分量s，并说第i个和第j个家庭的随机误差$e_i(s)$和$e_j(s)$可能由于它们有共同的位置而相关。由于空间分量的存在，可能存在具有相关误差的**聚类**观测值。

在时间序列的背景下，作者是在卡特里娜飓风十周年（2005年8月）的时候写下这些内容，卡特里娜飓风摧毁了美国海湾沿岸，特别是路易斯安那州的新奥尔良市。那次冲击的影响并没有马上消失。这一巨大随机事件在2005年8月对住房和金融市场产生了影响，直到今天。因此，总体关系$y_t = \beta_1 + \beta_2 x_t + e_t$中的随机误差随时间变化具有相关性，从而$\text{cov}(e_t, e_{t+1}) \neq 0$，$\text{cov}(e_t, e_{t+2}) \neq 0 \cdots$。这在计量经济学中称为**序列相关**或**自相关**。

回归分析的起点是假设没有误差相关性。在时间序列模型中，我们从假设$\text{cov}(e_t, e_s|\mathbf{x})=0$（$t \neq s$）开始，对于截面数据我们从假设$\text{cov}(e_i, e_j|\mathbf{x})=$（$i \neq j$）开始。我们将在第9章中处理这些假设不成立的情况。

2.2.9　总结假设

我们使用一种非常一般的方式总结简单回归模型的初始假设。在我们的总结中，我们使用下标i和j，但假设是一般性的，并且同样适用于时间序列。如果这些假设成立，则回归分析可以成功地估计未知的总体参数β_1和β_2，并且我们可以认为，$\beta_2 = \Delta E(y_i|x_i)/\Delta x_i = dE(y_i|x_i)/dx_i$衡量因果效应。我们从对DGP做出这些强的假设开始，研究回归分析和计量经济学。作为将来的参考，这些假设被命名为SR1-SR6，"SR"表示"简单回归"。

计量经济学在很大程度上致力于处理这些假设**可能**不成立的数据和模型，从而修正估计β_1和β_2、检验假设和预测结果的通常方法。在第2章和第3章中，我们研究在这些或类似的强假设下的简单回归模型。在第4章中，我们介绍建模问题和诊断检验。在第5章，我们将模型扩展到有多个解释变量的多元回归分析。在第6章中，我们讨论与多元回归模型有关的建模问题，并从第8章开始处理SR1-SR6以某种方式被违背的情况。

简单线性回归模型的假设

SR1：**经济计量模型**　从一个总体收集的所有数据组合 (y_i, x_i) 满足关系

$$y_i = \beta_1 + \beta_2 x_i + e_i, i = 1, \cdots, N$$

SR2：**严格外生性**　随机误差 e_i 的条件期望值为零。如果 $\mathbf{x} = (x_1, x_2, \cdots, x_N)$，则：

$$E(e_i | \mathbf{x}) = 0$$

如果严格外生性成立，则总体回归函数为

$$E(y_i | \mathbf{x}) = \beta_1 + \beta_2 x_i, i = 1, \cdots, N$$

而且

$$y_i = E(y_i | \mathbf{x}) + e_i, i = 1, \cdots, N$$

SR3：**条件同方差**　随机误差的条件方差为常数。

$$\mathrm{var}(e_i | \mathbf{x}) = \sigma^2$$

SR4：**随机误差条件不相关**　e_i 和 e_j 的条件协方差为零。

$$\mathrm{cov}(e_i, e_j | \mathbf{x}) = 0 \quad i \neq j$$

SR5：**解释变量必须变化**　在样本数据中，x_i 必须取至少两个不同的值。

SR6：**误差正态性（可选）**　随机误差的条件分布服从正态分布。

$$e_i | \mathbf{x} \sim N(0, \sigma^2)$$

随机误差 e 和因变量 y 都是随机变量，正如我们已经指出的，一个变量的性质可以根据另一个变量的性质来确定。然而，它们之间有一个有趣的区别：y 是"可观测的"，e 是"不可观测的"。如果已知回归参数 β_1 和 β_2，则对于任意 y_i 和 x_i 的值，我们都可以计算 $e_i = y_i - (\beta_1 + \beta_2 x_i)$，如图 2-4 所示。已知回归函数 $E(y_i | \mathbf{x}) = \beta_1 + \beta_2 x_i$，我们可以将 y_i 分为系统和随机两个部分。然而 β_1 和 β_2 都是未知的，计算 e_i 是不可能的。

什么组成了误差项 e？随机误差 e 表示除 x 以外的所有影响 y 的因素，或我们所称的其他所有因素。这些因素导致个体观测值 y_i 与条件均值 $E(y_i | \mathbf{x}) = \beta_1 + \beta_2 x_i$ 不同。在食品支出的例子中，有哪些因素会导致人均家庭支出 y_i 与其条件均值 $E(y_i | \mathbf{x}) = \beta_1 + \beta_2 x_i$ 之间的差异？

1. 我们在这个模型中把收入作为唯一的解释变量。影响食品支出的任何其他经济因素都被"归集"在误差项中。自然，在任何经济模型中，我们希望在模型中包含所有重要和相关的解释变量，因此误差项 e 是影响家庭消费的不可观测和/或不重要因素的"存储箱"。它增加了掩盖 x 和 y 之间关系的噪声。

2. 误差项 e 捕获任何近似误差，因为我们假设的线性函数形式可能只是对现实的近似。

3. 误差项捕获每个个体中可能存在的随机行为的任何元素。我们知道所有影响家庭食品支出的变量可能不足以完美地预测支出。不可预测的人类行为也包含在 e 中。

如果我们遗漏了一些重要的因素，或者产生任何其他严重的设定误差，则假设 $E(e_i | \mathbf{x}) = 0$ 将被违背，这将产生严重的后果。

2.3　估计回归参数

实例2.3　食品支出模型数据

前一节我们介绍的经济和计量经济模型是利用样本数据来估计截距和斜率参数 β_1 和 β_2 的基础。为了说明这一点，我们检查了来自40个随机抽样家庭的食品支出和每周收入的典型数据。表2-1列示了代表性观测值与汇总统计值。我们只考虑三人家庭，以控制家庭规模。y 值是三口之家每周的食品支出，以100美元为衡量单位，因为1美元收入的增加对食品支出的影响在数字上很小。因此，对于第一个家庭，报告的收入为每周369美元，每周的食品支出为115.22美元；对于第40个家庭，每周的收入为3 340美元，每周的食品支出为375.73美元。观测值的完整数据存放在数据文件 *food* 中。

表2-1　　　　　　　　　　　　　食品支出与收入数据

观测值（家庭）	食品支出（美元）	周收入（100美元）
i	y_i	x_i
1	115.22	3.69
2	135.98	4.39
⋮	⋮	⋮
39	257.95	29.40
40	375.73	33.40
汇总统计值		
样本均值	283.5735	19.6048
中值	264.4800	20.0300
最大值	587.6600	33.4000
最小值	109.7100	3.6900
标准差	112.6752	6.8478

评论

在本书中，参考数据文件表示为斜体形式的描述性名称，如 *food*。实际文件存放在本书网站 www.wiley.com/college/hill 和 www.principlesofeconometrics.com，有不同格式，扩展名表示格式，如 *food.dat*、*food.wf1* 和 *food.dta* 等。相对应的数据定义文件为 *food.def*。

我们假设表2-1中的支出数据满足假设 SR1-SR5，即我们假设回归模型 $y_i = \beta_1 + \beta_2 x_i + e_i$ 描述总体关系，随机误差条件期望值为零。这意味着家庭食品支出的条件期望值是收入的线性函数。与随机误差 e 相同的 y 的条件方差被假定为常数，这意味着，对于所有观测值，我们对 y 和 x 之间的关系也同样不确定。给定 **x**，假设不同家庭的 y 值彼此不相关。

给定解释家庭食品支出样本观测值的理论模型，现在的问题是如何使用表2-1中的样本信息，即 y_i 和 x_i 的具体值，来估计未知回归参数 β_1 与 β_2。这些参数表示食品支出和收入关系中未知的截距与斜率系数。如果我们把这40个数据点表示为(y_i, x_i)，$i = 1, \cdots, N = 40$，并把它们画在图上，则得到散点图，如图2-6所示。

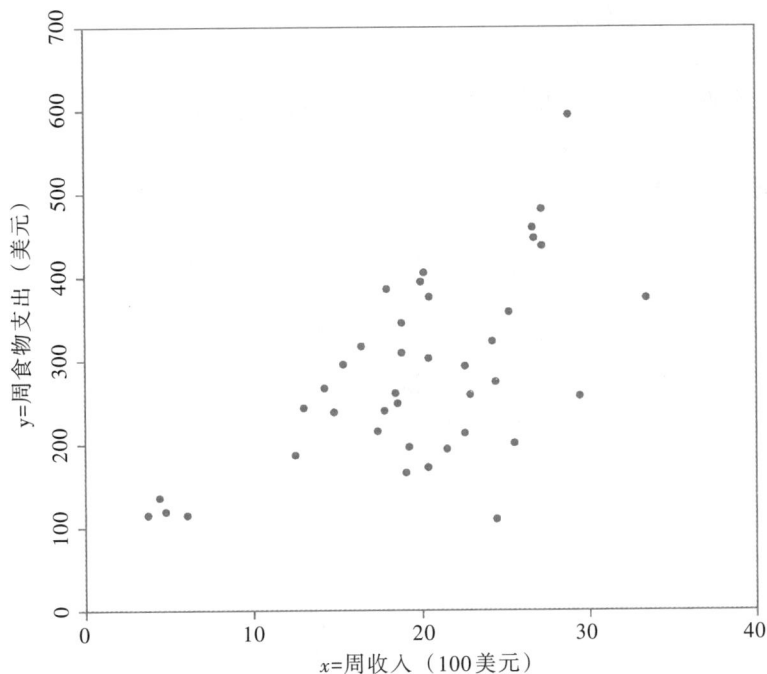

图2-6　食品支出实例的样本散点图

评论

按照标记法惯例，我们使用i作为截面数据观测值的下标，使用N表示样本观测值的总数。对于时间序列数据观测值来说，我们使用t作为观测值的下标，并用T表示观测值的总数。在纯代数或几何学中，我们可以使用任何一个。

我们的问题是要估计平均支出线$E(y_i | x) = \beta_1 + \beta_2 x_i$的位置。我们预计这条线位于所有数据点的中心，因为它代表总体均值或平均值。要估计β_1和β_2，我们可以用尺子画出一条通过数据中心的直线，然后度量其斜率和截距。这个方法的问题在于，不同的人会画出不同的线，由于缺乏正式的标准，很难评价该方法的准确性。另一个方法是在最小收入水平（观测值$i=1$）和最大收入水平（$i=40$）之间画一条直线。这个方法确实提供了一个正式的规则。然而，它可能不是一个非常好的规则，因为它忽略了其余38个观测值确切位置的有关信息。如果我们能设计一个规则，使用来自所有数据点的所有信息，那就更好了。

2.3.1　最小二乘估计原理

为了估计β_1和β_2，我们需要一个可以告诉我们如何利用样本观测值的规则或公式。可能会有很多规则满足我们的需要，但我们要使用一个基于**最小二乘估计原理**的规则。这个原理认为，为了求出一条拟合数据值的直线，我们应该使各点到直线的垂直距离的平方和尽可能小。对距离取平方，这样可以防止大的正的距离与大的负的距离相互抵消。这个规则是很随意的，但很有效，仅是描述直线通过数据中心的一个方法。利用最小二乘原理得到最佳拟合数据的直线，直线的截距和斜率分别为 b_1 和 b_2，两者分别为 β_1 和 β_2 的**最小二乘估计值**。因此，拟合直线为：

$$\hat{y}_i = b_1 + b_2 x_i \tag{2.5}$$

从每个点到拟合直线之间的垂直距离为**最小二乘残差**。它们是：

$$\hat{e}_i = y_i - \hat{y}_i = y_i - b_1 - b_2 x_i \tag{2.6}$$

这些残差如图 2-7（a）所示。

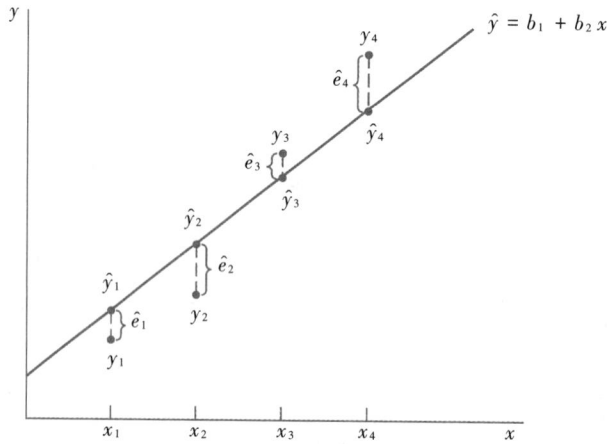

图 2-7（a）　　y、$\hat{e}$ 和拟合回归直线之间的关系

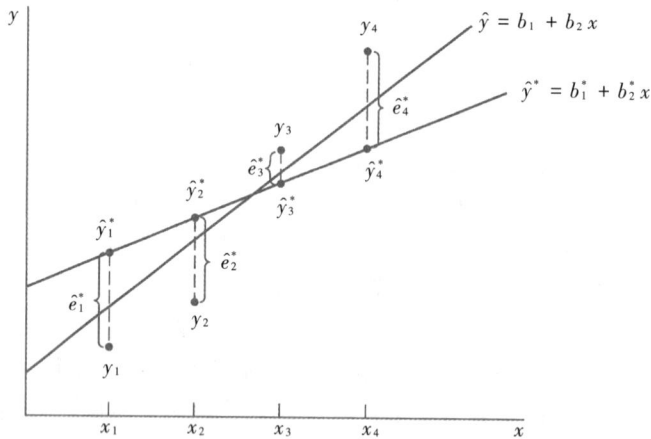

图 2-7（b）　　从另一拟合回归直线得到的残差

现在假设我们利用另一条直线（任何一条其他的直线）来拟合数据。新的直线表示为：

$$\hat{y}_i^* = b_1^* + b_2^* x_i$$

其中，b_1^* 和 b_2^* 是任何其他直线的截距和斜率值。这条直线的残差为 $\hat{e}_i^* = y_i - \hat{y}_i^*$，如图 2-7（b）所示。最小二乘估计值 b_1 和 b_2 具有如下性质：直线的残差平方和小于任何其他直线的残差平方和，即如果：

$$SSE = \sum_{i=1}^{N} \hat{e}_i^2$$

是由公式（2.6）得到的残差平方和，而

$$SSE^* = \sum_{i=1}^{N} \hat{e}_i^{*2} = \sum_{i=1}^{N} (y_i - \hat{y}_i^*)^2$$

是由其他估计值得到的残差平方和，则不管其他直线如何通过数据，

$$SSE < SSE^*$$

最小二乘原理告诉我们，β_1 和 β_2 的估计值 b_1 和 b_2 是我们要用的，因为分别以它们为截距和斜率的直线与数据拟合得最好。

问题是如何用一个简便的方法求出 b_1 和 b_2。给定 y 和 x 的样本观测值，我们想求出使下列"平方和"函数最小的未知参数 β_1 和 β_2 的值：

$$S(\beta_1, \beta_2) = \sum_{i=1}^{N} (y_i - \beta_1 - \beta_2 x_i)^2$$

这是一个简单的微积分问题，其细节见附录 2A。最小化误差平方和的 β_1 和 β_2 的最小二乘估计值的计算公式分别为：

最小二乘（OLS）估计量

$$b_2 = \frac{\sum (x_i - \bar{x})(y_i - \bar{y})}{\sum (x_i - \bar{x})^2} \tag{2.7}$$

$$b_1 = \bar{y} - b_2 \bar{x} \tag{2.8}$$

其中，$\bar{y} = \sum y_i / N$ 和 $\bar{x} = \sum x_i / N$ 分别为 y 和 x 观测值的样本均值。

我们将公式（2.7）和公式（2.8）中给出的估计量 b_1 和 b_2 称为**普通最小二乘估计量**。"普通最小二乘"缩写为 OLS。尽管它们是不寻常的，但因为这些估计量在许多研究领域以常规的方式日复一日地被使用，这些最小二乘估计量被称为"普通"估计量，并与其他称为**广义最小二乘法**、**加权最小二乘法**和**两阶段最小二乘法**相区别，所有这些都将在本书后面介绍。

b_2 的计算公式说明了为什么我们必须假设在样本中 x_i 取两个不同的值（假设 SR5）。例如，如果对于所有的观测值 $x_i = 5$，则公式（2.7）中的 b_2 在数学上没有定义，并且不会存在，因为其分母与分子都为零！

如果我们把样本值 y_i 和 x_i 代入公式（2.7）和公式（2.8）中，则我们得到截距与斜率参数 β_1 和 β_2 的最小二乘估计值。有趣并且非常重要的是，b_1 和 b_2 的公式是完全通用的，无论样本值是什么，都可以使用。这听起来应该很熟悉。不论样本数据是什么，当 b_1 和 b_2 的计算公式被当成规则使用时，那么 b_1 和 b_2 是随机变量。当把实际样本值代入公式中，我们得到随机变量的观测值。为了区别这两种情况，我们把这个规则或计算 b_1 和 b_2 的一般公式称为**最小二乘估计量**。当利用公式对一个特定样本进行计算时，我们所得到的数值被称为**最小二乘估计值**。

- 最小二乘估计量是一般的公式且为随机变量。
- 最小二乘估计值是我们通过将一般公式应用于观测数据而得到的数值。

估计量和估计值之间的区别是一个基本概念，它对于理解本书其余部分的内容是必不可少的。

实例2.4　食品支出函数的估计值

利用最小二乘估计量计算公式（2.7）、公式（2.8）和表2-1中的数据，我们可以得到食品支出例子中截距及斜率参数 β_1 和 β_2 的最小二乘估计值。根据公式（2.7），我们可以得到：

$$b_2 = \frac{\sum (x_i - \bar{x})(y_i - \bar{y})}{\sum (x_i - \bar{x})^2} = \frac{18\,671.2684}{1\,828.7876} = 10.2096$$

根据公式（2.8），可以得到：

$$b_1 = \bar{y} - b_2 \bar{x} = 283.5735 - (10.2096)(19.6048) = 83.4160$$

报告 b_1 和 b_2 的值的一个简便方法是，适当把估计值四舍五入，写出估计出的或拟合的回归直线：

$$\hat{y}_i = 83.42 + 10.21 x_i$$

这条拟合直线如图2-8所示。这条直线的斜率是10.21，其截距（与纵轴相交处）为83.42。最小二乘拟合直线以一种很精确的方式通过数据的中心，因为基于最小二乘参数估计值的拟合直线的特性之一就是它通过由样本均值所定义的点 $(\bar{x}, \bar{y}) = (19.6048, 283.5735)$。这直接来自将公式（2.8）改写为 $\bar{y} = b_1 + b_2 \bar{x}$。因此，在回归分析中，"均值点"是一个有用的参考值。

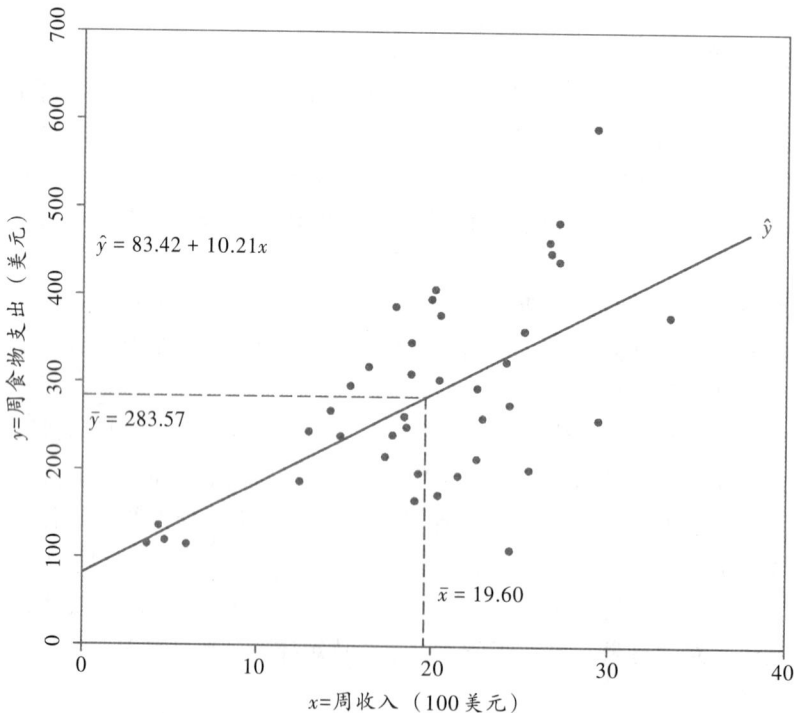

图2-8　拟合回归

解释估计值

一旦获得，最小二乘估计值将在考虑使用的经济模型的背景下解释。$b_2 = 10.21$ 是 β_2 的估计值。回忆 x 为家庭的每周收入，以 100 美元为度量单位。回归斜率 β_2 度量的是，当家庭每周的收入增加 100 美元时，每周的食品支出的预期增加额。因此，我们估计，如果家庭每周的收入上升 100 美元，保持所有其他不变，预期每周的食品支出约增加 10.21 美元。一家超市经理利用某地区的收入及家庭数量的变化信息，可以估计出收入每增加 100 美元，每周会多销售 10.21 美元的食品给每个家庭。对制定长期规划来说，这是很有价值的信息。

严格来说，截距的估计值 $b_1 = 83.42$ 是对收入为零的家庭每周的食品支出的估计值。在大多数经济模型中，我们在解释估计的截距时必须非常小心。问题是，我们通常没有 $x = 0$ 附近的任何数据点，这对于如图 2-8 所示的食品支出数据是正确的。如果我们在收入为零的地区没有观测值，那么我们估计的关系可能不能很好地接近该地区的现实。所以，虽然我们估计出的模型表示，零收入的家庭每周在食品上会花费 83.42 美元，但是从字面上理解这个估计可能是有风险的。在估计每个经济模型时，应该考虑到这一点。

弹性　收入弹性是描述消费者支出对收入变化的反应的一种有用的方法。线性关系中弹性计算的讨论，见附录 A.2.2。一个变量 y 关于另一个变量 x 的弹性为：

$$\varepsilon = \frac{y\text{的变化百分比}}{x\text{的变化百分比}} = \frac{100\,(\Delta y/y)}{100\,(\Delta x/x)} = \frac{\Delta y}{\Delta x} \cdot \frac{x}{y}$$

在由公式（2.1）给出的线性经济模型中，我们已经证明：

$$\beta_2 = \frac{\Delta E\,(y|\mathbf{x})}{\Delta x}$$

因此，平均支出关于收入的弹性为：

$$\varepsilon = \frac{\Delta E\,(y|\mathbf{x})}{\Delta x} \cdot \frac{x}{E\,(y|\mathbf{x})} = \beta_2 \cdot \frac{x}{E\,(y|\mathbf{x})} \tag{2.9}$$

实例 2.4.2　使用估计值

为了估计这个弹性，我们把 β_2 替换为 $b_2 = 10.21$。我们也必须用某个值来替换"x"和"$E\,(y|\mathbf{x})$"，因为在线性模型中，回归直线上每个点的弹性不同。最通常的做法是，计算在"均值点"$(\bar{x}, \bar{y}) = (19.60, 283.57)$ 处的弹性，因为在回归直线上，它是一个具有代表性的点。如果我们计算在均值点处的收入弹性，可以得到：

$$\hat{\varepsilon} = b_2\,\frac{\bar{x}}{\bar{y}} = 10.21 \times \frac{19.60}{283.57} = 0.71$$

估计出的收入弹性取其一般的解释。我们估计，当 x 和 y 取其样本均值 $(\bar{x}, \bar{y}) = (19.60, 283.57)$ 时，每周的家庭收入增加 1% 会导致预期每周的家庭食品支出增加 0.71%。由于估计出的收入弹性小于 1，因此我们把食品归类为"必需品"而非"奢侈品"，这与我们对一个普通家庭的预期是一致的。

预测

估计出的方程也可以被用于预测。假设我们想预测每周收入为 2 000 美元的家庭的每周食品支出。要完成预测，只要把 $x=20$ 代入估计出的方程，得到：

$$\hat{y}_i = 83.42 + 10.21x_i = 83.42 + 10.21(20) = 287.61$$

我们预测每周收入为 2 000 美元的家庭，每周在食品上会花费 287.61 美元。

计算机输出结果

许多不同的软件包可以计算最小二乘估计值。每个软件包的回归输出结果看起来不同，使用不同的术语来描述输出结果。虽然有这些差异，但它们都提供了相同的基本信息，你应该能找出并解释它们。有时软件包也会报告一些你可能不知道含义的数字，因而使情况变得有点复杂。例如，利用食品支出的数据，EViews软件包的输出结果如图 2-9 所示。

Dependent Variable：*FOOD_EXP*

Method：Least Squares

Sample：1 40

Included observations：40

	Coefficient	Std. Error	t-Statistic	Prob.
C	83.41600	43.41016	1.921578	0.0622
INCOME	10.20964	2.093264	4.877381	0.0000
R-squared	0.385002	Mean dependent var		283.5735
Adjusted R-squared	0.368818	S.D. dependent var		112.6752
S.E. of regression	89.51700	Akaike info criterion		11.87544
Sum squared resid	304505.2	Schwarz criterion		11.95988
Log likelihood	−235.5088	Hannan-Quinn criter		11.90597
F-statistic	23.78884	Durbin-Watson stat		1.893880
Prob（F-statistic）	0.000019			

图 2-9　EViews 回归输出结果

在 EViews 的输出结果中，参数估计值列于"系数"列中，包括"*C*"，表示常数项（估计值 b_1），还有"*INCOME*"（估计值 b_2）。软件程序一般用电脑程序中指定的变量名称（如命名变量 *INCOME*）来命名估计值，常数以 *C* 表示。文中我们报告的估计值取小数点后两位数字。其他输出结果如 $SSE = \sum \hat{e}_i^2 = 304505.2$，被称为"残差平方和"；$y$ 的样本均值为 $\bar{y} = \sum y_i / N = 283.5735$，被称为"均值被解释变量"。

我们在后面将讨论其他的输出结果。

2.3.2　其他经济模型

我们以家庭食品支出与收入之间的关系为例介绍了简单回归的思想。简单回归模型可以用来估计经济学、商学和社会科学中许多关系的参数。回归分析的应用既有吸引力又有用。例如：

- 如果电工的小时工资增长 5%，新房价格会增长多少？
- 如果香烟税提高 1 美元，会给路易斯安那州带来多少额外的税收收入？
- 如果中央银行把利率提高 0.5 个百分点，在未来 6 个月内消费者借贷会降低多少？在未来 1 年内呢？提高利率后对失业率会有怎样的影响呢？
- 如果我们在 2018 年增加学前教育的投入，对 2033 年的高中毕业率有什么影响？在 2028 年以及以后年份对青少年犯罪率有什么影响？

回归分析的应用范围跨越经济学、金融学、社会科学和物理科学等大多数学科。不论何时你探寻一个变量的变化会如何影响另一个变量，回归分析都是一个可以选择的工具。

类似地，在任何时候，你希望预测一个变量的值（给定另一个变量的值），那么最小二乘回归都是一个要考虑的工具。

2.4　评估最小二乘估计量

利用食品支出的数据，我们通过公式（2.7）和公式（2.8）中的最小二乘计算公式估计出回归模型 $y_i = \beta_1 + \beta_2 x_i + e_i$ 的参数。我们得到最小二乘估计值 $b_1 = 83.42$，$b_2 = 10.21$。但是，我们自然要问（如我们将要讨论的那样，这是被误导的）："这些估计值有多好？"这个问题是无法回答的。因为我们永远不知道总体参数 β_1 或 β_2 的真实值，所以我们不能说 $b_1 = 83.42$ 和 $b_2 = 10.21$ 有多接近真实值。最小二乘估计值可能接近也可能不接近真实的参数值，而且我们将永远都不知道。

与其问估计值的质量好坏，不如我们先退一步检查一下最小二乘估计方法的质量。这个方法的动机如下：如果我们收集了其他的样本数据，通过调查其他 40 个家庭，即使我们非常小心地选择收入与最初样本相同的家庭，仍会得到不同的估计值 b_1 和 b_2。**抽样变异**是不可避免的。因为家庭食品支出 y_i（$i=1, \cdots, 40$）是随机变量，所以不同的样本会产生不同的估计值。直到收集样本后我们才知道它们的数值。因此，当被看作一个估计方法时，b_1 和 b_2 也是随机变量，因为它们的值取决于随机变量 y。在这种情况下，我们称 b_1 和 b_2 为**最小二乘估计量**。

我们可以分析估计量 b_1 和 b_2 的性质（被称为其**抽样特征**），并处理以下重要问题：

1. 若最小二乘估计量 b_1 和 b_2 为随机变量，则其期望值、方差、协方差以及概率分布是多少？

2. 最小二乘原理只是利用数据得出 β_1 和 β_2 估计值的一种方法。最小二乘估计量这个方法与其他可能被使用的方法相比如何？我们如何与其他的估计量比较？例如，是否存在另一个估计量更有可能得到接近 β_2 的估计值？

我们分两步来研究这些问题，以使事情更容易。第一步，我们研究样本中最小二乘估计量的性质，条件依存于解释变量的值，即条件依存于 x。进行条件依存于 x 的分析相当于说，当我们考虑所有可能的样本时，样本中的家庭收入值从一个样本到另一个样本保持不变，只有随机误差和食品支出值发生变化。这一假设显然并不现实，但它简化了分析。通过条件依存于 x，我们令它保持不变或固定，这意味着我们可以把 x 值看作"非随机的"。

第二步，正如在第2.10节中所考虑的，我们返回到随机抽样假设，并认识到(y_i, x_i)数据组合是随机的，随机从总体中选择家庭，导致食品支出和收入是随机的。然而，即使在这种情况下，把x当作随机的，我们也会发现，我们将x视为非随机的大多数结论保持不变。

在这两种情况下，无论是条件依存于x进行分析，还是将x作为随机变量进行一般分析，上述问题的答案关键取决于假设SR1–SR5是否得到满足。在后面的章节中我们将探讨在具体应用中如何检验我们做出的假设是否得到满足，以及如果一个或多个假设不能满足，我们可能会如何做。

评论

我们将在下面几节中总结最小二乘估计量的性质。重要结果的"证明"在本章的附录中给出。在许多方面，在回归模型中处理这些概念之前，最好在一个更简单的问题中理解这些概念。附录C涵盖了本章和下一章的主题，我们所熟悉的且代数上更简单的估计总体均值的问题。

2.4.1 估计量b_2

公式（2.7）与公式（2.8）被用来计算最小二乘估计值b_1和b_2。然而，它们并不适合于研究估计量的理论性质。在本节中，我们重写b_2的计算公式，以方便我们对它进行分析。在公式（2.7）中，b_2表示为：

$$b_2 = \frac{\sum(x_i - \bar{x})(y_i - \bar{y})}{\sum(x_i - \bar{x})^2}$$

这被称为**偏离均值离差形式**的估计量，因为数据的样本均值被减去了。使用假设SR1和一些代数运算（见附录2C），我们可以将b_2写成一个**线性估计量**：

$$b_2 = \sum_{i=1}^{N} w_i y_i \qquad (2.10)$$

其中，

$$w_i = \frac{x_i - \bar{x}}{\sum(x_i - \bar{x})^2} \qquad (2.11)$$

w_i项只取决于x。因为我们进行条件依存于x的分析，所以w_i项被看作一个常数。我们提醒你，条件依存于x相当于将x视为给定的，就像在一个受控的、可重复的实验中一样。

如在公式（2.10）中，y_i的加权平均估计量被称为线性估计量。这是一个非常重要的分类，我们在后面还会经常提及。运用更多的代数（见附录2D），我们可以将b_2用一个理论上简便的方法表示出来：

$$b_2 = \beta_2 + \sum w_i e_i \qquad (2.12)$$

其中，e_i是线性回归模型$y_i = \beta_1 + \beta_2 x_i + e_i$中的随机误差项。这个公式对计算没有用，因为它依存于我们不知道的β_2和不可观测的e_i。然而，对于理解最小二乘估计量的抽样性质，公式（2.12）还是十分有用的。

2.4.2　b_1 和 b_2 的期望值

OLS估计量 b_2 是一个随机变量，因为它的值在收集样本之前是未知的。我们将要证明的是，如果我们的模型假设成立，则 $E(b_2|\mathbf{x}) = \beta_2$，即给定 $\mathbf{x}$，b_2 的期望值等于真实参数 β_2。当参数的任何估计量的期望值等于真实参数值时，该估计量是**无偏的**。因为 $E(b_2|\mathbf{x}) = \beta_2$，所以给定 $\mathbf{x}$，最小二乘估计量 b_2 是 β_2 的无偏估计量。在第 2.10 节中，我们将证明最小二乘估计量 b_2 也是**无条件无偏的**，$E(b_2) = \beta_2$。无偏性的直观含义来自数学期望的抽样解释。要知道，一个容量为 N 的样本只是我们可以选择的许多样本之一。如果在每个可能的样本中，b_2 的计算公式被用来估计 β_2，那么如果我们的假设成立，从所有可能的样本中得到的估计值 b_2 的平均值将等于 β_2。

我们将证明这个结果是正确的，这样我们就可以说明线性回归模型假设所起的作用。在公式（2.12）中，哪个部分是随机的呢？参数 β_2 不是随机的。这是我们试图估计的一个总体参数。条件依存于 $\mathbf{x}$，我们可以把 x_i 当作不是随机的。然后，条件依存于 $\mathbf{x}$，w_i 也是非随机的，因为 w_i 只取决于 x_i 的值。公式（2.12）中唯一的随机因素是随机误差项 e_i。利用事实"和的期望值是期望值的和"，我们可以求出 b_2 的期望值：

$$
\begin{aligned}
E(b_2|\mathbf{x}) = E\left(\beta_2 + \sum w_i e_i|\mathbf{x}\right) &= E(\beta_2 + w_1 e_1 + w_2 e_2 + \cdots + w_N e_N|\mathbf{x}) \\
&= E(\beta_2) + E(w_1 e_1|\mathbf{x}) + E(w_2 e_2|\mathbf{x}) + \cdots + E(w_N e_N|\mathbf{x}) \\
&= \beta_2 + \sum E(w_i e_i|\mathbf{x}) \\
&= \beta_2 + \sum w_i E(e_i|\mathbf{x}) = \beta_2
\end{aligned}
\tag{2.13}
$$

*期望值规则*在"概率入门"第 *P.5* 节和附录 *B.1.1* 中得到充分的讨论。在公式（2.13）的最后一行中，我们使用了两个假设。第一，$E(w_i e_i|\mathbf{x}) = w_i E(e_i|\mathbf{x})$，因为条件依存于 $\mathbf{x}$，w_i 项不是随机的，常数项可以从期望值中提取出来。第二，我们依赖于假设 $E(e_i|\mathbf{x}) = 0$。实际上，如果 $E(e_i|\mathbf{x}) = c$，其中 c 是任意常数，如 3，则 $E(b_2|\mathbf{x}) = \beta_2$。给定 $\mathbf{x}$，OLS估计量 b_2 是回归参数 β_2 的无偏估计量。另一方面，如果 $E(e_i|\mathbf{x}) \neq 0$，它在某种程度上依赖于 $\mathbf{x}$，则 b_2 是 β_2 的有偏估计量。假设 $E(e_i|\mathbf{x}) = 0$ 不成立的一个主要情况是由于遗漏了变量。回想一下，e_i 包含除了 x_i 外其他影响 y_i 的所有因素。如果我们遗漏了重要的且与 $\mathbf{x}$ 相关的任何变量，则我们会预期 $E(e_i|\mathbf{x}) \neq 0$ 以及 $E(b_2|\mathbf{x}) \neq \beta_2$。在第 6 章中，我们讨论遗漏变量偏差。在这里，我们已证明条件依存于 $\mathbf{x}$，并且在假设 SR1—SR5 下，最小二乘估计量是线性和无偏的。在第 2.10 节，我们证明 $E(b_2) = \beta_2$，没有条件依存于 $\mathbf{x}$。

估计量 b_2 的无偏性是一个重要的抽样性质。平均而言，在所有可能的总体样本中，最小二乘估计量是"正确的"，这是估计量的一个理想性质。这一统计性质本身并不意味着 b_2 是 β_2 的良好估计量，但它是其中的一部分。无偏的性质与来自同一总体的所有可能的样本数据中发生的情况有关。b_2 是无偏的这个事实并不意味着仅在一个样本中可能发生的事情。个体估计值（数值）b_2 可能会接近或远离 β_2。因为 β_2 是未知的，所以我们永远不会知道给定一个样本，我们的估计值是否"接近" β_2。因此，估计值 $b_2 = 10.21$ 可能接近也可能不接近 β_2。

β_1 的最小二乘估计量 b_1 也是一个无偏估计量，如果模型假设成立，则 $E(b_1|\mathbf{x}) = \beta_1$。

2.4.3 抽样变异

为了说明无偏估计的概念如何与抽样变异有关，我们根据与表 2-1 中的家庭有相同收入的相同总体的容量为 $N=40$ 的 10 个假设随机样本（数据文件 *table2_2*），得出食品支出模型的最小二乘估计值，如表 2-2 所示。注意随样本变化的最小二乘参数估计值的变异性。这种**抽样变异**是源于我们获得的 40 个不同的家庭样本，他们每周的食品支出是随机变化的。

表 2-2　　　　　　　　　　　　10 个假设样本的估计值

样本	b_1	b_2
1	93.64	8.24
2	91.62	8.90
3	126.76	6.59
4	55.98	11.23
5	87.26	9.14
6	122.55	6.80
7	91.95	9.84
8	72.48	10.50
9	90.34	8.75
10	128.55	6.99

如果使用从同一个总体中抽取的所有容量相同的可能样本，则无偏的性质是关于 b_1 和 b_2 的均值。在这 10 个样本中，b_1 的均值为 $\bar{b}_1 = 96.11$，b_2 的均值为 $\bar{b}_2 = 8.70$。如果我们取多个样本估计值的均值，这些均值会接近真实的参数值 β_1 和 β_2。无偏性并非表示由任何一个样本所得到的估计值都接近真实的参数值，因此我们并不能说某个估计值是无偏的。我们可以说，最小二乘估计方法（或最小二乘估计量）是无偏的。

2.4.4 b_1 和 b_2 的方差和协方差

表 2-2 显示，β_1 和 β_2 的最小二乘估计值因样本而异。理解这种变异性是评价估计量可靠性和抽样精度的关键。我们现在得到最小二乘估计量 b_1 和 b_2 的方差与协方差。在给出方差和协方差的表达式之前，让我们考虑为什么它们是重要的。随机变量 b_2 的方差是随机变量的可能值与其均值（我们已知 $E(b_2) = \beta_2$）间距离平方的均值。b_2 的条件方差被定义为：

$$\text{var}(b_2|\mathbf{x}) = E\{[b_2 - E(b_2|\mathbf{x})]^2|\mathbf{x}\}$$

它衡量 b_2 的概率分布的离散程度。图 2-10 是 b_2 的两个可能的概率分布 $f_1(b_2|\mathbf{x})$ 和 $f_2(b_2|\mathbf{x})$ 的图形，它们有相同的均值，但方差不同。

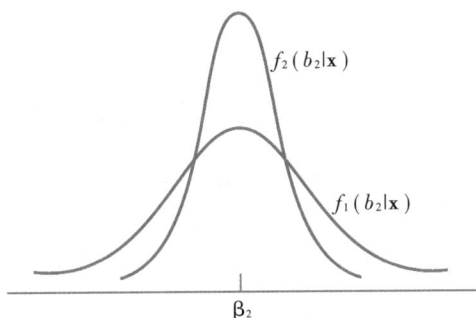

图 2-10 b_2 的两个可能的概率密度函数

$pdf\, f_2$ （$b_2|\mathbf{x}$）比 f_1 （$b_2|\mathbf{x}$）有更小的方差。给定一个选择，我们对估计量精度感兴趣，我们希望 b_2 服从概率分布 f_2 （$b_2|\mathbf{x}$），而不是 f_1 （$b_2|\mathbf{x}$）。f_2 （$b_2|\mathbf{x}$）分布的概率更集中于真实的参数值 β_2 周围，相对于 f_1 （$b_2|\mathbf{x}$），其获得接近 β_2 的估计值的概率更高。记住，获得接近 β_2 的估计值是我们的主要目标。

估计量的方差衡量估计量的精度，因为它告诉我们估计值在不同样本之间可以有多大的差异。因此，我们通常提到估计量的**样本方差**或**样本精度**。估计量的方差越小，该估计量的样本精度越高。如果一个估计量的样本方差小于另一个估计量的样本方差，那么该估计量比另一个估计量更精确。

我们现在介绍并讨论 b_1 和 b_2 的方差及协方差。附录 2E 包括最小二乘估计量 b_2 的方差的推导过程。如果回归模型的假设 SR1~SR5 是正确的（不需要假设 SR6），那么 b_1 和 b_2 的方差与协方差为：

$$\operatorname{var}\,(b_1|\mathbf{x})=\sigma^2\left[\frac{\sum x_i^2}{N\sum(x_i-\bar{x})^2}\right] \tag{2.14}$$

$$\operatorname{var}\,(b_2|\mathbf{x})=\frac{\sigma^2}{\sum(x_i-\bar{x})^2} \tag{2.15}$$

$$\operatorname{cov}\,(b_1,\ b_2|\mathbf{x})=\sigma^2\left[\frac{-\bar{x}}{\sum(x_i-\bar{x})^2}\right] \tag{2.16}$$

在本节的开始我们曾经说过，对于无偏估计量，较小的方差比较大的方差好。让我们考虑影响公式（2.14）至公式（2.16）中的方差及协方差的因素。

1. 随机误差项的方差 σ^2 出现在每个公式里。它反映了 y 值与其均值 E （$y|\mathbf{x}$）的离散程度。方差 σ^2 越大，离散程度越大，y 值相对于其均值 E （$y|\mathbf{x}$）落在何处的不确定性也越大。当 σ^2 很大时，我们拥有的关于 β_1 和 β_2 的信息更不精确。在图 2-5 中，方差在概率分布 f （$y|\mathbf{x}$）的分散程度中得到反映。方差项 σ^2 越大，统计模型中的不确定性越大，最小二乘估计量的方差及协方差也越大。

2. $\mathbf{x}$ 值与其样本均值离差的平方和 $\sum(x_i-\bar{x})^2$ 出现在各个方差及协方差中。这个表达式衡量自变量或解释变量 x 的样本值相对于其均值的分散程度。它们越分散，平方和越大。它们越不分散，平方和越小。你可以识别这个平方和是 x 值样本方差的分子（见附录

C.4）。平方和 $\sum(x_i-\bar{x})^2$ 越大，最小二乘估计量的方差越小，我们可以越精确地估计未知的参数。其背后的直观解释如图 2-11 所示。图 2-11（b）是一个数据散点图，其中 x 的值沿着 x 轴分散得很广。而在图 2-11（a）中，数据是"聚集"的。假定要你拟合一条直线，你会选哪一个数据散点图呢？非常清楚，图 2-11（b）中的数据在决定最小二乘直线必须落在何处时表现得更好，因为它们沿着 x 轴分散得更广。

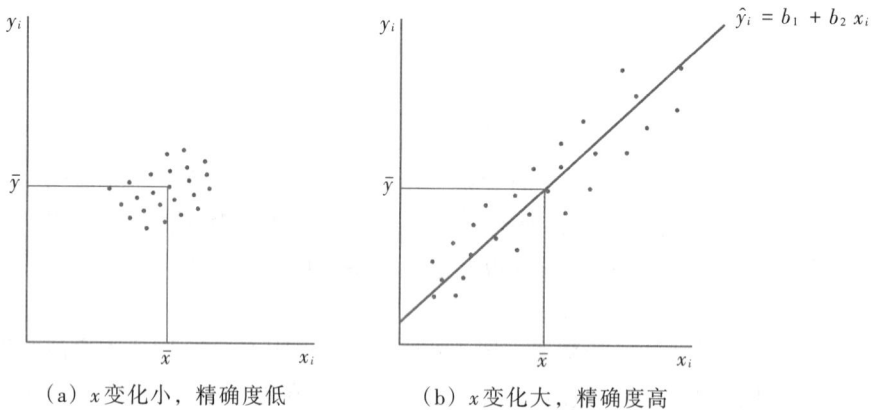

(a) x 变化小，精确度低　　　(b) x 变化大，精确度高

图 2-11　解释变量 x 的变化对估计精确度的影响

3. 样本容量 N 越大，最小二乘估计量的方差及协方差越小；样本数据多比数据少要更好。样本容量 N 出现在每个方差和协方差当中，因为每一个总和都由 N 项组成。N 也明确地出现在 var $(b_1|\mathbf{x})$ 中。当 N 增大时，平方和项 $\sum(\mathbf{x}_i-\bar{x})^2$ 会变大，因为总和中的各项是正数或零（若某个观测值正好等于其样本均值时，这一项会等于零）。因此，当 N 变大时，var $(b_2|\mathbf{x})$ 和 cov $(b_1, b_2|\mathbf{x})$ 都会变小，因为平方和出现在其分母中。当 N 变大时，var $(b_1|\mathbf{x})$ 中的分子和分母的总和都变大，并且相互抵消，剩下分母中的 N 成为主项，从而确保当 N 变大时，var $(b_1|\mathbf{x})$ 也变小。

4. $\sum x_i^2$ 项出现在 var $(b_1|\mathbf{x})$ 中。这一项越大，最小二乘估计量 b_1 的方差就越大。为什么会这样呢？回想一下，这是因为截距参数 β_1 是在给定 $x=0$ 时 y 的期望值。数据越远离 $x=0$，解释 β_1 就越困难，如食品支出例子的情况一样，要正确地估计 β_1 也越困难。$\sum x_i^2$ 项度量的是数据与原点 $x=0$ 之间的距离。如果 x 的值接近零，则 $\sum x_i^2$ 会很小，进而 var $(b_1|\mathbf{x})$ 减小。但是，如果 x 的数值很大，不论是正或负，$\sum x_i^2$ 项将会很大，var (b_1) 也会很大，但其他条件相同。

5. x 值的样本均值出现在 cov $(b_1, b_2|\mathbf{x})$ 中。随着样本均值 $\bar{x}$ 增大，协方差的绝对值会增大，而且协方差的符号和 $\bar{x}$ 的符号相反。原因可以从图 2-11 中得知。在图 2-11（b）中，最小二乘拟合直线必须通过均值点。给定一条通过数据的拟合线，想象一下估计出的斜率 b_2 变大的影响。由于该线必须通过均值点，因而这么做必定会使该线与纵轴的交点降低，这意味着会使截距的估计值 b_1 减小。因此，当样本均值为正数时，如图 2-11 所示，斜率和截距的最小二乘估计量之间具有负的协方差。

2.5　高斯–马尔可夫定理

到目前为止，我们能说出关于最小二乘估计量 b_1 和 b_2 的什么呢？

• 最小二乘估计量是完全通用的。不管数据原来是什么，公式（2.7）与公式（2.8）都可以被用来估计简单线性回归模型中的未知参数 β_1 和 β_2。因此，从这个角度来看，最小二乘估计量 b_1 和 b_2 是随机变量。

• 如公式（2.10）所设定的，最小二乘估计量是线性估计量。b_1 和 b_2 都可以被写成 y_i 值的加权平均形式。

• 如果假设 SR1–SR5 成立，那么最小二乘估计量是条件无偏的。这意味着 $E\left(b_1|\mathbf{x}\right)=\beta_1$ 和 $E\left(b_2|\mathbf{x}\right)=\beta_2$。

• 我们介绍了 b_1 和 b_2 的方差及协方差的表达式。此外，我们讨论了对于任何无偏估计量，方差越小越好，因为这意味着我们有更多的机会得到接近真实参数值的估计值。

现在我们来阐述和讨论著名的高斯–马尔可夫定理，在附录 2F 中给出证明。

高斯–马尔可夫定理（Gauss-Markov theorem）：

在线性回归模型的假设 SR1–SR5 之下，估计量 b_1 和 b_2 具有所有 β_1 和 β_2 的线性无偏估计量的最小方差。它们是 β_1 和 β_2 的最优线性无偏估计量（best linear unbiased estimators，BLUE）。

我们现在来说明哪些是高斯–马尔可夫定理所提到的，哪些是未提到的。

1.当与类似的线性无偏估计量比较时，估计量 b_1 和 b_2 是"最优的"。此定理并未提到 b_1 和 b_2 是所有可能的估计量中最优的。

2.估计量 b_1 和 b_2 是同类估计量中最优的，因为它们具有最小的方差。在比较两个线性无偏估计量时，我们总是想要采用方差较小者，因为根据估计的规则，这样我们有较高的概率得到一个接近真实参数值的估计值。

3.要使高斯–马尔可夫定理成立，假设 SR1–SR5 必为真。如果其中任何一个假设不为真，则 b_1 和 b_2 就不是 β_1 和 β_2 的最优线性无偏估计量。

4.高斯–马尔可夫定理并不取决于正态性假设（假设 SR6）。

5.在简单线性回归模型里，如果我们想使用线性无偏估计量，就不需要做更多的摸索，因为估计量 b_1 和 b_2 就是我们要用的。这解释了为什么我们一直在学习这些估计量（我们不会让你学习不好的估计法则，不是吗？）以及为什么它们如此广泛地被应用在研究当中（不只是在经济学领域，还用于其他的社会和自然科学）。

6.高斯–马尔可夫定理应用在最小二乘估计法中，但它不适用于来自单一样本的最小二乘估计值。

到目前为止，我们给出的结果将 $\mathbf{x}$ 视为给定的。在第 2.10 节中，我们证明高斯–马尔可夫定理在一般情况下也成立，并且它不依赖于特定的 $\mathbf{x}$。

2.6　最小二乘估计量的概率分布

到目前为止，我们所说明的最小二乘估计量的性质，不是由假设 SR6 的正态性决定的。如果我们增加这项假设，即随机误差项 e_i 服从正态分布，其均值为 0，方差为 σ^2，则最小二乘估计量的概率分布也是正态的。这个结论可通过两个步骤得到。首先，根据假设 SR1，若 e_i 为正态随机变量，则 y_i 也为正态随机变量。其次，最小二乘估计量为线性估计量，且为正态随机变量的加权总和，其形式为 $b_2 = \sum w_i y_i$，正态随机变量的加权总和服从正态分布。因此，如果我们做出正态性假设（与误差项有关的假设 SR6），并将 $\mathbf{x}$ 视为给定的，则最小二乘估计量服从正态分布。

$$b_1|\mathbf{x} \sim N\left(\beta_1, \frac{\sigma^2 \sum x_i^2}{N \sum (x_i - \bar{x})^2}\right) \tag{2.17}$$

$$b_2|\mathbf{x} \sim N\left(\beta_2, \frac{\sigma^2}{\sum (x_i - \bar{x})^2}\right) \tag{2.18}$$

正如你将在第 3 章看到的，最小二乘估计量的正态性在统计推断的许多方面非常重要。

如果随机误差项不服从正态分布怎么办？我们是否能描述最小二乘估计量的概率分布？答案是：有时候可以。

中心极限定理：

若假设 SR1~SR5 成立，且样本容量 N 足够大，则最小二乘估计量的分布趋于正态分布，如公式（2.17）与公式（2.18）所示。

关键的问题是："多大才叫作足够大？"答案是：没有一个明确的数字。这个回答之所以模糊且令人不满意的原因在于，"多大"取决于许多因素，如随机误差项的分布看起来如何（它们是平滑的？对称的？还是偏斜的？）以及 x_i 的值。在简单回归模型中，有人说 $N=30$ 就足够大了，还有人说 $N=50$ 是一个合理的数字。然而，底线是根据经验法则定的，而且"足够大"的含义会随着问题的不同而改变。然而，不管是好是坏，这个大样本或渐进性的结果在回归分析中被频繁提及。这个重要结果是中心极限定理的一个应用，如在附录 C.3.4 中讨论的那样。如果你对这一重要定理不太熟悉，那么你也许现在需要复习一下。

2.7 估计随机误差项的方差

随机误差项的方差 σ^2 是简单线性回归模型中一个需要估计的未知参数。

假设 $E(e_i|\mathbf{x}) = 0$ 是正确的，则随机变量 e_i 的条件方差是：

$$\text{var}(e_i|\mathbf{x}) = \sigma^2 = E\{[e_i - E(e_i|\mathbf{x})]^2|\mathbf{x}\} = E(e_i^2|\mathbf{x})$$

由于"期望值"是一个均值，因此我们可以考虑把估计 σ^2 看作误差平方的平均值：

$$\hat{\sigma}^2 = \frac{\sum e_i^2}{N}$$

令人遗憾的是，上式并没什么用处，因为随机误差项 e_i 是不可观测的！然而，虽然随机误差项本身是未知的，我们有一个与它们类似的概念，即最小二乘估计残差。回想我们以前所说的随机误差项为：

$$e_i = y_i - \beta_1 - \beta_2 x_i$$

根据公式（2.6），最小二乘估计残差可以由它们的最小二乘估计值来替代未知参数而得到：

$$\hat{e}_i = y_i - \hat{y}_i = y_i - b_1 - b_2 x_i$$

用随机误差项 e_i 的类似概念——最小二乘估计残差来替换 e_i 似乎是合理的，结果有：

$$\hat{\sigma}^2 = \frac{\sum \hat{e}_i^2}{N}$$

虽然这个估计量在大样本中是令人满意的，但它是 σ^2 的一个有偏估计量。有一个简单的修正方法可以获得无偏估计量：

$$\hat{\sigma}^2 = \frac{\sum \hat{e}_i^2}{N - 2}$$

上式分母中减去的 "2" 是模型中回归参数（β_1，β_2）的个数，而这一减项使估计量 $\hat{\sigma}^2$ 成为无偏估计量，结果 $E(\hat{\sigma}^2 | \mathbf{x}) = \sigma^2$。

2.7.1　估计最小二乘估计量的方差及协方差

有了误差项方差的无偏估计量意味着，我们可以估计最小二乘估计量 b_1 和 b_2 的方差以及两者之间的协方差。以 $\hat{\sigma}^2$ 替代公式（2.14）至公式（2.16）中未知的误差方差 σ^2，可以得到：

$$\widehat{\mathrm{var}}(b_1 | \mathbf{x}) = \hat{\sigma}^2 \left[\frac{\sum x_i^2}{N \sum (x_i - \bar{x})^2} \right] \tag{2.20}$$

$$\widehat{\mathrm{var}}(b_2 | \mathbf{x}) = \frac{\hat{\sigma}^2}{\sum (x_i - \bar{x})^2} \tag{2.21}$$

$$\widehat{\mathrm{cov}}(b_1, b_2 | \mathbf{x}) = \hat{\sigma}^2 \left[\frac{-\bar{x}}{\sum (x_i - \bar{x})^2} \right] \tag{2.22}$$

估计出的方差的平方根是 b_1 和 b_2 的 "标准差"。这些统计量被用于假设检验与置信区间分析。它们被表示为 se（b_1）和 se（b_2）：

$$\mathrm{se}(b_1) = \sqrt{\widehat{\mathrm{var}}(b_1 | \mathbf{x})} \tag{2.23}$$

$$\mathrm{se}(b_2) = \sqrt{\widehat{\mathrm{var}}(b_2 | \mathbf{x})} \tag{2.24}$$

实例 2.5　食品支出数据的估计

我们利用食品支出的数据进行一些估计。食品支出模型中参数的最小二乘估计值如图 2-9 所示。首先我们要根据公式（2.6）计算最小二乘残差，并利用它们计算公式（2.19）中误差方差的估计值。表 2-3 列出了表 2-1 中前 5 个家庭的最小二乘残差。

表 2-3　　　　　　　　　　　　　　　　最小二乘残差

x	y	$\hat{y}$	$\hat{e} = y - \hat{y}$
3.69	115.22	121.09	−5.87
4.39	135.98	128.24	7.74
4.75	119.34	131.91	−12.57
6.03	114.96	144.98	−30.02
12.47	187.05	210.73	−23.68

回想之前我们已估计出拟合食品支出数据的最小二乘回归线是 $\hat{y} = 83.42 + 10.21x$。对于每个观测值，我们计算出最小二乘残差 $\hat{e}_i = y_i - \hat{y}_i$。利用全部 $N=40$ 个观测值的残差，我们估计误差方差为：

$$\hat{\sigma}^2 = \frac{\sum \hat{e}_i^2}{N-2} = \frac{304\,505.2}{38} = 8\,013.29$$

分子 304 505.2 是最小二乘残差平方和，在图2-9中被称为"残差平方和"。分母是样本观测值的个数 $N=40$ 减去估计出的回归参数的个数2。$N-2=38$ 一般被称为"自由度"，原因将在第3章中解释。在图2-9中，$\hat{\sigma}^2$ 的值没有给出。而EViews软件给出的计量结果是：$\hat{\sigma} = \sqrt{\hat{\sigma}^2} = \sqrt{8\,013.29} = 89.517$，称为"回归标准误"，是"回归标准误差"的简称。

在一般情况下，除非要求，计量软件不报告估计出的方差与协方差。然而，所有的软件包都自动给出标准误。例如，在图2-9给出的EViews的输出结果中，列示"标准误差"的一行里包含 se $(b_1) = 43.410$ 和 se $(b_2) = 2.093$。"被解释变量标准差"是 y 的样本标准差，即 $\left[\sum(y_i - \bar{y})^2 / (N-1)\right]^{1/2} = 112.6752$。

回归估计出的方差和协方差的完整结果一般通过一个简单的计算机命令或者选择就可以得到，这也依赖所使用的软件。结果通常被排列在一个矩阵里，方差在对角线上，而协方差在非对角线的位置。

$$\begin{bmatrix} \widehat{\text{var}}\,(b_1|\mathbf{x}) & \widehat{\text{cov}}\,(b_1, b_2)|\mathbf{x}) \\ \widehat{\text{cov}}\,(b_1, b_2)|\mathbf{x}) & \widehat{\text{var}}\,(b_2|\mathbf{x}) \end{bmatrix}$$

对于食品支出的数据，估计出的最小二乘估计值的协方差矩阵是：

	C	$INCOME$
C	1 884.442	−85.90316
$INCOME$	−85.90316	4.381752

其中，C 表示"常数"，是回归模型中估计出的截距参数 b_1，同样对于与估计出的斜率 b_2 相关的列，软件报告变量名 $INCOME$。因此，

$$\widehat{\text{var}}\,(b_1|\mathbf{x}) = 1884.442,\ \widehat{\text{var}}\,(b_2|\mathbf{x}) = 4.381752,\ \widehat{\text{cov}}\,(b_1, b_2|\mathbf{x}) = -85.90316$$

标准误差为：

$$\text{se}\,(b_1) = \sqrt{\widehat{\text{var}}\,(b_1|\mathbf{x})} = \sqrt{1884.442} = 43.410$$

$$\text{se}\,(b_2) = \sqrt{\widehat{\text{var}}\,(b_2|\mathbf{x})} = \sqrt{4.381752} = 2.093$$

在第3章，这些值将会被广泛使用。

2.7.2 解释标准误

b_1 和 b_2 的标准误衡量最小二乘估计值 b_1 和 b_2 在**重复抽样**中的**抽样变异性**。正如在表2-2中所说明的那样，当我们收集了不同的数据样本，参数估计值由于样本的不同而不同。估计量 b_1 和 b_2 是一个通用公式，可以被用在任何一种数据样本中。也就是说，估计量是随机变量。诸如，它们有概率分布、均值和方差。特别地，如果假设SR6成立，随机误差项 e_i

符合正态分布，则 $b_2|\mathbf{x} \sim N\left(\beta_2, \operatorname{var}(b_2|\mathbf{x}) = \sigma^2 / \sum (x_i - \bar{x})^2\right)$。pdf $f(b_2|\mathbf{x})$ 如图 2-12 所示。

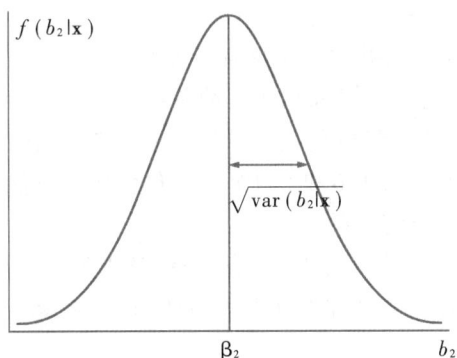

图 2-12 最小二乘估计量 b_2 的概率密度函数

估计量的方差 $\operatorname{var}(b_2|\mathbf{x})$，或其平方根 $\sigma_{b_2} = \sqrt{\operatorname{var}(b_2|\mathbf{x})}$，我们可能称其为 b_2 的真实标准差，度量估计值 b_2 的抽样变化，并决定图 2-12 中 pdf 的宽度。σ_{b_2} 越大，最小二乘估计值 b_2 随样本不同发生的变化越大。参数 σ_{b_2} 是很有价值的一个数值，因为如果相对于参数 β_2，它非常大，我们会知道最小二乘估计量并不精确，我们得到的估计值与我们想要估计的真实值 β_2 可能离得很远。另外，如果相对于参数 β_2，σ_{b_2} 很小，我们知道最小二乘估计值将有很大概率落在 β_2 的附近。回忆正态分布，在 99.9% 的概率下，估计值落在距离均值正负三个标准差之内，所以最小二乘估计值 99.9% 会落在从 $\beta_2 - 3\sigma_{b_2}$ 到 $\beta_2 + 3\sigma_{b_2}$ 的范围内。

另外，在表 2-2 中我们给出从 10 个样本数据中得到的估计值。在第 2.4.3 节中，我们注意到那些估计值的均值为：$\bar{b}_1 = 96.11$，$\bar{b}_2 = 8.70$。我们要处理的标准差问题是："随样本的不同，估计值显示标准差的均值有多大的变化？" 对于这 10 个样本数据，样本标准差是（b_1）$=23.61$ 和（b_2）$=1.58$。而我们真正想要的是一个非常大的样本下的标准差的值。我们会知道随着样本的变化，最小二乘估计值将发生多大的变化。遗憾的是，我们没有这样一个大样本，并且因为我们不知道误差项的真实方差 σ^2，所以我们无法知道 σ_{b_2} 的真实值。

那么我们怎么办？我们估计 σ^2，然后使用下式来估计 σ_{b_2}：

$$\operatorname{se}(b_2) = \sqrt{\widehat{\operatorname{var}(b_2|\mathbf{x})}} = \sqrt{\frac{\hat{\sigma}^2}{\sum (x_i - \bar{x})^2}}$$

因此，b_2 的标准误是一个非常大的样本中许多估计值 b_2 的标准差的一个估计值，是表示 b_2 的 pdf 宽度的一个指标，如图 2-12 所示。使用一个样本数据 food，b_2 的标准误差是 2.093，计算机输出结果如图 2-9 所示。这个值与从表 2-2 中所示的 10 个样本中得到的标准差（b_2）$=1.58$ 相当接近。为了进一步检验，在附录 2H 中，我们进行一个模拟实验，称作**蒙特卡罗实验**，在实验中我们将创造许多人工样本来说明最小二乘估计量的性质以及 se（b_2）如何较好地反映估计值中的真实抽样变异。

2.8 估计非线性关系

世界不是线性的。经济变量并非总是呈直线关系，实际上，许多经济关系表现为弯曲的线，称作"曲线"。好在与乍看起来相比，简单线性回归模型 $y=\beta_1+\beta_2x+e$ 更加灵活，因为变量 y 与 x 可以是基本经济变量的转化形式，包括对数、平方、三次方或者倒数形式，或者它们可以作为**指示变量**，仅取 0 和 1 两个值。包含这些可能性意味着简单线性回归模型可以用来说明变量间的**非线性关系**。[①]

有时非线性关系可以被预期。考虑房地产经济学中的一个模型：房屋价格（*PRICE*）与房屋面积大小有关，房屋面积用平方英尺（*SQFT*）来衡量。首先，我们可以考虑线性关系：

$$PRICE = \beta_1 + \beta_2 SQFT + e \tag{2.25}$$

在这个模型中，β_2 衡量的是当房屋面积额外增加 1 平方英尺时，房屋价格预期会上涨多少。在线性设定中，每平方英尺的预期价格是常数。然而，可能合理的假设是：越大、越贵的房子与越小、越便宜的房子相比，额外增加 1 平方英尺的价值更高。我们如何将这个想法加入我们的模型呢？我们将提出两种方法：第一，建立解释变量为 $SQFT^2$ 的**二次**方程；第二，建立被解释变量为 ln（*PRICE*）的**对数–线性**方程。在每种情况下，我们会发现，*PRICE* 和 *SQFT* 之间关系的斜率不是常数，而是会在点与点之间发生变化的。

2.8.1 二次函数

二次函数 $y=a+bx^2$ 是一条抛物线。[②]y 轴的截距是 a。曲线的形状由 b 决定：如果 $b>0$，则曲线是 U 形的；如果 $b<0$，则曲线呈倒 U 形。这个函数的斜率是导数[③] $dy/dx=2bx$，当 x 变化时斜率发生改变。二次函数的弹性（或者说给定 x 变化 1%，y 的变化百分比）是 $\varepsilon=slope$（斜率）$\times x/y=2bx^2/y$。如果 a 和 b 都大于 0，那么该曲线如图 2–13 所示。

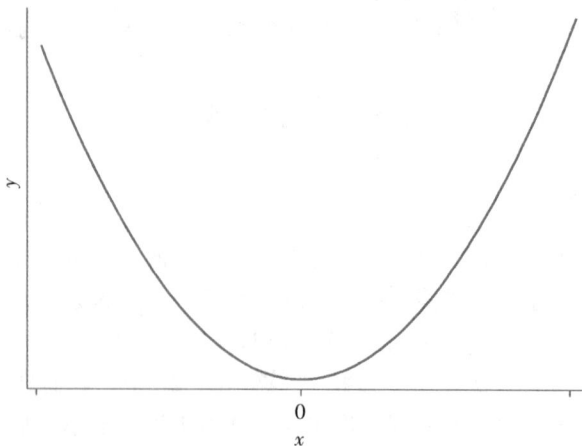

图 2–13 二次函数 $y=a+bx^2$

---

① "线性回归"中的术语线性是指参数不以任何方式转换。在线性回归模型中，参数不能提高到幂或被转换，因此不允许有 $\beta_1\beta_2$ 或 $\beta_2^{\beta_1}$ 这样的表达式。
② 这是一个更一般的二次函数 $y = a + bx + cx^2$ 的特例。
③ 参见附录 A.3.1，导数规则 1~5。

2.8.2 使用二次函数模型

房屋价格的二次函数模型包含$SQFT$的**平方项**，表示为：

$$PRICE = \alpha_1 + \alpha_2 SQFT^2 + e \tag{2.26}$$

这是一个简单回归模型，$y=\alpha_1+\alpha_2 x+e$，其中$y=PRICE$，$x=SQRT^2$。这里我们从使用β转为使用α来表示参数，因为公式（2.26）的参数与公式（2.25）的参数是不可比的。在公式（2.25）中，β_2是斜率，但是α_2不是斜率。因为$SQFT>0$，房屋价格模型将像图2-13中曲线的右半部分。使用^符号来表示估计值，α_1和α_2的最小二乘估计值α_1和α_2是利用公式（2.7）与公式（2.8）中估计量的计算公式计算得出的。拟合方程是$\widehat{PRICE} = \hat{\alpha}_1 + \hat{\alpha}_2 SQFT^2$，它具有斜率：

$$\frac{d(\widehat{PRICE})}{dSQFT} = 2\hat{\alpha}_2 SQFT \tag{2.27}$$

如果$\hat{\alpha}_2>0$，那么越大的房屋将有越大的斜率，每额外增加1平方英尺面积，估计价格越高。

实例2.6 巴吞鲁日市数据

文件br包含了路易斯安那州巴吞鲁日市2005年中期出售的1 080个房屋的数据。使用这些数据，估计出的二次方程为$\widehat{PRICE}=55\,776.56+0.0154SQFT^2$。数据散点图和拟合的二次关系如图2-14所示。

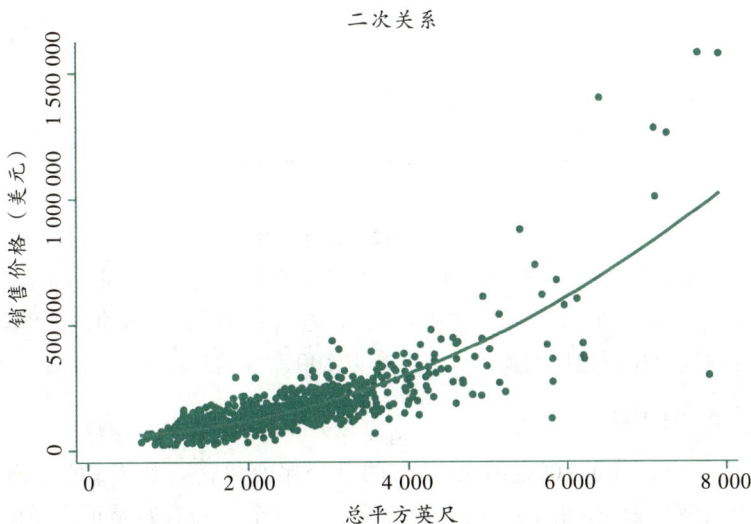

图2-14 拟合的二次关系

估计出的斜率是$\widehat{slope} = 2(0.0154)SQFT$，即每额外增加1平方英尺面积的估计价格，其对于一个2 000平方英尺的房屋是61.69美元，对于一个4 000平方英尺的房屋是123.37美元，而对于一个6 000平方英尺的房屋是185.05美元。相对于房屋面积的房屋价格弹性是给定房屋面积增加1%，估计出的房屋价格增加的百分比。与斜率一样，弹性在每一点发生变化。在我们的例子中：

$$\hat{\varepsilon} = slope \times \frac{SQFT}{PRICE} = (2\hat{\alpha}_2 SQFT) \times \frac{SQFT}{PRICE}$$

为了计算估计值，我们必须选择 $SQFT$ 和 $PRICE$ 的值。一个常见的做法是在拟合关系上选择一个点，即我们选择 $SQFT$ 的一个值，选择价格对应的拟合值 $\widehat{PRICE}$。例如，对于 2 000、4 000 和 6 000 平方英尺的房屋，估计出的弹性是 1.05（使用 $PRICE$=117 461.77）、1.63（使用 $PRICE$=302 517.39）和 1.82（使用 $PRICE$=610 943.42）。对于一个 2 000 平方英尺的房屋，我们估计房屋面积每增加 1%，其价格将增加 1.05%。

2.8.3　对数–线性函数

对数–线性函数 $\ln(y) = a + bx$ 在等式的左边有一个对数项，在等式的右边有一个未转换（线性）项。它的截距与斜率在每一点都发生变化，均有与 b 相同的符号。使用逆对数，我们得到 $\exp[\ln(y)] = y = \exp(a+bx)$，结果对数–线性函数是一个指数函数。这个函数要求 $y>0$。任意一点的斜率[①]都是 $dy/dx = \exp(a+bx) \times b = by$，当 $b>0$ 时意味着 y 值增大，其边际效应增加。经济学家可能会说，这个函数以一个递增的速率增长，如图 2-15 所示。

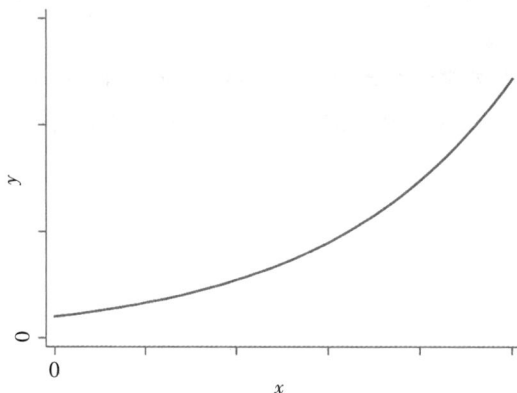

图 2-15　对数–线性函数

在曲线上某点的弹性，即 x 每增加 1%，y 的变化百分比是 $\varepsilon = slope \times (x/y) = bx$。

使用斜率表达式，我们可以解出"半弹性"，这告诉我们当 x 增加一个单位时，y 的变化百分比。对斜率 dy/dx 两边同时除以 y，再乘以 100，得到：

$$\eta = \frac{100(dy/y)}{dx} = 100b \tag{2.28}$$

在这个表达式中，分子 $100(dy/y)$ 是 y 的百分比变化，dx 代表 x 的变化。如果 $dx=1$，那么 x 一个单位的变化带来 y 的 $100b$ 的百分比变化。这个解释有时是很方便的。

2.8.4　使用对数–线性模型

在经济学建模中，对数模型的使用是很常见的。对数–线性模型使用一个变量的对数形式作为被解释变量，而解释变量通常没有被转换，例如：[②]

---

　①　见附录 A.3.1，导数法则 7。
　②　我们在模型中再一次使用了不同的参数符号 γ_1 和 γ_2，作为一个提示，这些参数与公式（2.25）中的 β 和公式（2.26）中的 α 不具有直接可比性。

$$\ln(PRICE) = \gamma_1 + \gamma_2 SQFT + e \tag{2.29}$$

这具有什么效应呢？

首先，对数转换能够调整有很长右拖尾偏斜的数据。在图2-16（a）中，我们显示 *PRICE* 的柱状图；在图2-16（b）中，我们显示 $\ln(PRICE)$ 的柱状图。在这个样本中，中位数的房屋价格是130 000美元，95%的房屋价格低于315 000美元。但是在这1 080栋房屋中，有24栋房屋的价格高于500 000美元，有一个极端价格1 580 000美元。在取了对数之后，*PRICE* 这个极端偏斜的分布即使不是钟形的，也会变得更加对称。许多经济变量，包括价格、收入、工资都有偏斜的分布，在这些模型中对变量使用对数形式是很常见的。

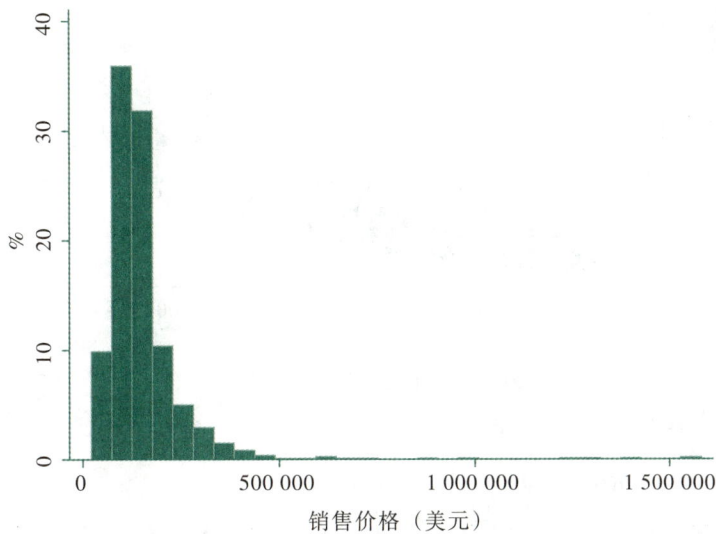

图2-16（a） *PRICE* 的柱状图

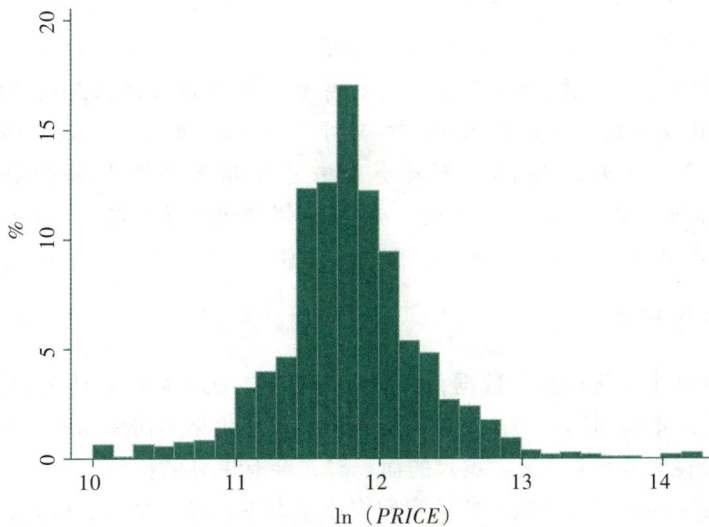

图2-16（b） $\ln(PRICE)$ 的柱状图

其次，使用一个对数-线性模型，允许我们去拟合回归曲线，如图2-15所示。

实例2.7 巴吞鲁日市数据，对数-线性模型

使用巴吞鲁日市的数据，拟合的对数-线性模型是：

$$\widehat{\ln(PRICE)} = 10.8386 + 0.0004113\, SQFT$$

为了获得预测价格，我们取递对数，[1]即指数函数：

$$\widehat{PRICE} = \exp\left[\widehat{\ln(PRICE)}\right] = \exp(10.8386 + 0.0004113\, SQFT)$$

$PRICE$ 的拟合值如图 2-17 所示。

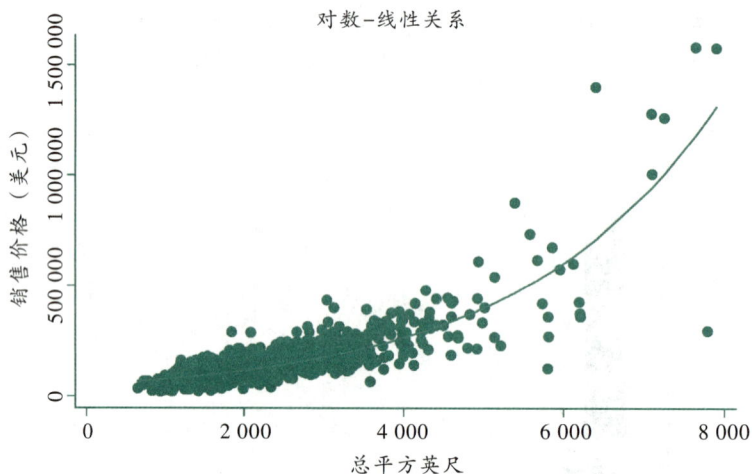

图 2-17 拟合的对数-线性模型

对数-线性模型的斜率是：

$$\frac{d(\widehat{PRICE})}{dSQFT} = \hat{\gamma}_2 \widehat{PRICE} = 0.0004113\, \widehat{PRICE}$$

对于一栋预计价格为 100 000 美元的房屋来说，房屋面积每增加 1 平方英尺，预计房屋价格增加 41.13 美元；而对于一个预计价格为 500 000 美元的房屋来说，房屋面积每增加 1 平方英尺，预计房屋价格增加 205.63 美元。估计出的弹性为 $\hat{\varepsilon} = \hat{\gamma}_2 SQFT$ $=0.0004113SQFT$。对于一栋 2 000 平方英尺的房屋，估计出的弹性是 0.823，即房屋面积每增加 1%，预计房屋销售价格上涨 0.823%。对于一栋 4 000 平方英尺的房屋，估计的弹性是 1.645，即房屋面积增加 1%，预计会带来房屋销售价格上涨 1.645%。使用公式（2.28）的"半弹性"定义，我们可以说：房屋面积每增加 1 平方英尺，我们预计价格上涨 0.04%。也许更有用的是，我们估计，面积每增加 100 平方英尺将引起价格上涨大约 4%。

2.8.5 选择函数形式

对于巴吞鲁日市的房屋价格数据，我们应该使用二次函数形式还是对数-线性函数形式？这并非一个简单的问题。经济理论告诉我们：房屋价格与房屋面积是相关的，也许越大、越贵的房屋在额外增加 1 平方英尺的面积时，会有更高的价格。但是，经济理论并未告诉我们这些关系的确切的代数形式。我们应该尽力去选择一个函数形式，既与经济理论相一致，又很好地拟合数据，而这也就满足了回归模型的经典假设。面对真实世界的问

---

[1] 在第 4 章我们介绍该模型的一个改进的预测量。

题，有时达到所有的目标是很困难的。而且，无论我们学习多少年的计量经济学，我们都无法真正地知道正确的函数关系。真相就在那里，但是我们却永远无法知晓。在计量经济学的应用中，我们只能尽力来选择一个满意的函数形式。在这一点上我们提到了问题的一个方面：使用相同的被解释变量来估计模型。通过比较可选模型的残差平方和（SSE），即 $\hat{\sigma}^2$ 或 $\hat{\sigma}$，我们能够选择一个更好的拟合数据的模型。这些值越小，意味着残差平方和越小，与数据拟合得越好。但是这个比较对于被解释变量为 y 和 ln（y）的模型是无效的，或者当模型的其他方面不相同时，这个比较也是无效的。我们将在第4章继续学习模型的选择问题。

2.9 指示变量回归模型

指示变量是一个取值0或1的二元变量，它代表一种非数量特性，如性别、种族或地域。例如，在 *utown.dat* 数据文件中，我们有两个社区的1 000栋房屋价格（PRICE）（以1 000美元为单位）观测值的样本。一个社区靠近一所较大的大学，被称为大学城；另一个类似社区被称为金橡树社区，距离大学有几公里远。指示变量为：

$$UTOWN = \begin{cases} 1 & \text{房屋在大学城} \\ 0 & \text{房屋在金橡树社区} \end{cases}$$

图2-18是两个社区的房屋价格的柱状图。大学城的房屋价格分布的均值看起来要大于金橡树社区的房屋价格分布的均值。大学城的519栋房屋价格的样本均值是277.2416，而金橡树社区的481栋房屋的样本均值是215.7325。

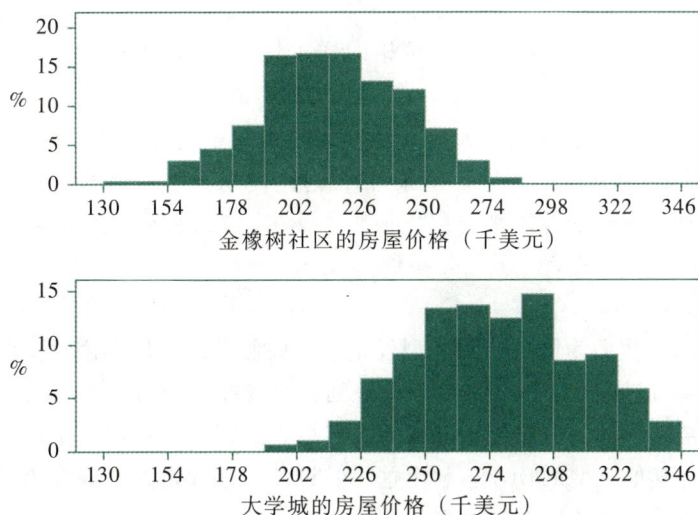

图2-18 房屋价格的分布

如果我们将 UTOWN 作为解释变量构建一个回归模型，我们能得到什么呢？简单回归模型是：

$$PRICE = \beta_1 + \beta_2 UTOWN + e$$

如果回归假设 SR1-SR5 成立，那么在公式（2.7）和公式（2.8）中的最小二乘估计量可以被用来估计未知参数 β_1 和 β_2。

当一个指示变量被用在一个回归模型中时，重要的是要写出指示变量不同值的回归函数。

$$E(PRICE|UTOWN) = \beta_1 + \beta_2 UTOWN = \begin{cases} \beta_1 + \beta_2 & \text{如果} UTOWN = 1 \\ \beta_1 & \text{如果} UTOWN = 0 \end{cases}$$

在这个例子中，我们发现"回归函数"简化为一个模型，暗示着在两个部分中总体平均房屋价格不相同。在这个模型中，参数 β_2 不是斜率。这里 β_2 是两个社区房屋价格的总体均值的差异。大学城的房屋期望价格是 $\beta_1+\beta_2$，而金橡树社区的房屋期望价格是 β_1。在我们的模型中，除了位置影响价格外，没有其他因素影响价格，指示变量将观测值分成两个总体。

估计出的回归模型是：

$$\widehat{PRICE} = b_1 + b_2 UTOWN = 215.7325 + 61.5091 UTOWN = \begin{cases} 277.2416 & \text{如果} UTOWN = 1 \\ 215.7325 & \text{如果} UTOWN = 0 \end{cases}$$

我们发现，大学城房屋的估计价格是 277 241.60 美元，这也是大学城房屋价格的样本均值。大学城外房屋的估计价格是 215 732.50 美元，这是金橡树社区房屋价格的样本均值。

在这个回归模型方法中，我们估计回归截距为 β_1，这是金橡树社区房屋的期望价格，其中 $UTOWN=0$，而参数 β_2 表示两个社区房屋价格总体均值的差异。在这个指示变量回归模型中，最小二乘估计量 b_1 和 b_2 如下所示：

$b_1 = \overline{PRICE}_{\text{Golden Oaks}}$

$b_2 = \overline{PRICE}_{\text{University Town}} - \overline{PRICE}_{\text{Golden Oaks}}$

其中，$\overline{PRICE}_{\text{Golden Oaks}}$ 是金橡树社区房屋价格的样本均值，而 $\overline{PRICE}_{\text{University Town}}$ 是大学城房屋价格的样本均值。

在简单回归模型中，右边的指示变量为我们提供一个估计总体均值之间差异的方法。在统计学中，这是一个常见的问题。附录 C.7.2 讨论使用样本均值的直接方法。在回归分析中，经常以多种创造性的方法来使用指示变量。在第 7 章有充分的讨论。

2.10 自变量[①]

在本章的前面，我们为简单回归模型设定了一些假设，然后利用这些假设导出了模型中系数的最小二乘估计量的一些性质。在家庭食品支出的例子中，我们假设一个 DGP，其中组合 (y_i, x_i) 是随机从一些总体中抽取的。然后，我们继续做出一个严格的外生性假设 $E(e_i|\mathbf{x}) = 0$ 以适合其他类型的 DGP。利用这一假设和其他假设，我们导出了条件依存于样本值 $\mathbf{x}$ 的最小二乘估计量的性质。在本节中，我们将更多地介绍不同可能的 DGP，探讨它们对简单回归模型假设的影响，并研究当我们不再条件依存于 $\mathbf{x}$ 时，最小二乘估计的性质是如何变化的。

我们的回归模型 $y = \beta_1 + \beta_2 x + e$ 有五个组成部分，其中三个组成部分是不可观测的：β_1、β_2 和 e。两个可观测的组成部分是 y（随机结果或因变量）和 x（解释变量或自变量）。

---

① 本节对简单回归模型的假设进行了更深入的讨论。

这个解释变量是随机的还是非随机的？为什么它很重要？我们将在本节中讨论这些问题。

如何获得一组可观测变量 (y, x) 的值？在实验 DGP 中，科学家在精心控制的条件下设定 x 的值，执行实验，并观测结果 y。例如，一位农学家可能会改变每英亩农田喷洒的农药量，并观测由此导致的产量变化。在这种情况下，自变量农药量，实际上是一个独立的因素，而不是随机的。它是固定的，不受随机因素的影响，可以重复一次又一次。实验室和其他受控实验可以声称自变量的值是固定的。在经济和商业领域，实验室和受控实验的例子很少。[①]一个例外是零售额。商家展示商品和服务的价格，并观测消费者的购买情况。商家控制价格、商店陈列、广告和购物环境。在这种情况下，我们可以认为，x，一个产品在零售商店的价格，是固定的，而不是随机的，它是给定的。当 x 是固定的而不是随机的，重复实验的想法是直观的。最小二乘估计量的抽样特性是对在有一系列自变量固定值的受控实验下估计量是如何估计的进行总结。我们已证明，给定 $\mathbf{x}$，最小二乘估计量是最佳线性无偏估计量，而且我们有方差方程（2.14）和（2.15），它们描述估计值在样本间的变化程度。

在接下来的三节中，我们将讨论 x 值是随机的情况。每一种情况都代表着不同类型的 DGP。我们从关于随机 $\mathbf{x}$ 的最强假设开始，然后看看较弱的情况。

2.10.1　随机独立 X

假设我们的农艺师采取另一种策略，使用介于 0 和 100 之间的随机数来确定施用到一定面积的土地上的杀虫药剂量。在这种情况下，x 是随机的，因为它的值是未知的，直到它被随机选择。为什么科学家会使用这种方法？是的，没有人暗自操作这样的实验以产生特定的结果。这是一个"公平"的实验，因为科学家没有控制。在这种设定下，最小二乘估计量的抽样特性是什么？在这种情况下，最小二乘估计量是最佳线性无偏估计量吗？

为了回答这些问题，我们明确 x 在统计上独立于误差项 e。**独立随机 x 模型**（IRX）的假设如下：

独立随机 x 线性回归模型的假设

IRX1：可观测变量 y 和 x 是相关的，$y_i = \beta_1 + \beta_2 x_i + e_i$，$i = 1, \cdots, N$，其中 β_1 和 β_2 是未知的总体参数，e_i 是一个随机误差项。

IRX2：随机误差的均值为零，$E(e_i) = 0$。

IRX3：随机误差具有常数方差，$\text{var}(e_i) = \sigma^2$。

IRX4：任意两个观测值的随机误差 e_i 和 e_j 是不相关的，$\text{cov}(e_i, e_j) = 0$。

IRX5：随机误差 $e_1, e_2, \cdots, e_N$ 在统计上独立于 $x_1, \cdots, x_N$，并且 x_i 至少取两个不同的值。

IRX6：$e_i \sim N(0, \sigma^2)$。

将假设 IRX2、IRX3 和 IRX4 与简单回归模型的初始假设 SR2、SR3 和 SR4 进行比较。你会注意到，条件所依存的 $\mathbf{x}$ 已经消失了。原因是当 x 值和随机误差 e 在统计上是独立的时候，$E(e_i|x_j) = E(e_i) = 0$，$\text{var}(e_i|x_j) = \text{var}(e_i) = \sigma^2$，$\text{cov}(e_i, e_j|\mathbf{x}) = \text{cov}(e_i, e_j) = 0$。请参阅

[①]　经济学家了解控制实验的好处。在过去的 20 年里，实验经济学领域有了巨大的发展。此外，还进行了一些社会实验。一个例子是田纳西州的 STAR 项目，研究了学校小班而不是常规班对孩子的影响。我们在第 7.5 章中进一步探讨了这个例子。

"概率入门"第 P.6.1 节和第 P.6.2 节，以讨论为什么条件对统计上独立的随机变量的期望值和方差没有影响。此外，很重要的是要认识到，"i"和"j"只是代表不同的数据观测结果，可以是截面数据或时间序列数据。我们所讨论的是适用于这两种类型的数据。

如果假设 IRX1–IRX5 成立，最小二乘估计量 b_1 和 b_2 是 β_1 和 β_2 的最佳线性无偏估计量。这些结果的推导见附录 2G.2。一个明显的变化是"期望值"出现在估计量方差的公式中。例如，

$$\mathrm{var}(b_2) = \sigma^2 E\left[\frac{1}{\sum(x_i - \bar{x})^2}\right]$$

我们必须取涉及 x 项的期望值。在实践中，这实际上没有改变什么，因为我们用通常的方法估计方差。

$$\widehat{\mathrm{var}}(b_2) = \frac{\hat{\sigma}^2}{\sum(x_i - \bar{x})^2}$$

误差方差的估计量仍为 $\hat{\sigma}^2 = \sum \hat{e}_i^2 / (N - 2)$，所有通常的解释仍是一样的。因此，最小二乘回归在计算上不会改变。改变的是我们对 DGP 的理解。此外，如果 IRX6 成立，则条件依存于 $\mathbf{x}$，最小二乘估计量服从正态分布。[1]

正如我们将在第 3 章中看到的，在独立随机 x 模型中，推理过程，即区间估计量和假设检验，与在固定 x 模型中的相同。而且，根据在第 2.6 节中引用的中心极限定理，在大样本中，不管 x 是固定的还是随机的，最小二乘估计量仍然服从近似正态分布。这将在第 5 章中进一步探讨。

2.10.2 随机和严格外生的 X

对于 i 和 j 的所有值（可能表示时间序列或截面观测值），x_i 和 e_j 之间的统计独立性是非常强的假设，最有可能仅适用于实验的情况。一个较弱的假设是，解释变量 x 是**严格外生**的。"严格外生"和"严格外生性"是指特定的技术和统计假设。在经济学原理课上你无疑会听到**外生性**的术语。例如，在供应和需求模型中，我们知道在竞争市场中均衡价格和数量由供求力量共同决定。价格和数量是在均衡系统内被决定的内生变量。然而，我们知道，消费者收入影响需求方程。如果收入增加，对正常商品的需求就会增加。收入不是在决定均衡价格和数量的均衡系统内决定的；它是在这个市场之外确定的，被称为**外生**的。外生变量收入影响市场需求，但市场需求不影响消费者收入。在回归分析模型中，独立的解释变量 x 也被称为**外生变量**，因为它的变化影响结果变量 y，但没有反向因果关系，即 y 的变化对 x 没有影响。

因为经济变量和经济力量之间的相互关系可能很复杂，所以我们希望外生解释变量非常精确。如果对于所有 i 和 j 的取值，$E(e_i|x_j) = 0$，或等价地，$E(e_i|x_1, x_2, \cdots, x_N) = E(e_i|\mathbf{x}) = 0$，则自变量 x 是严格外生的。这正是 SR2 的假设。例如，如果 $i=3$，则 $E(e_3|x_1) = 0$，

---

[1]　如果我们不再将条件依存于 $\mathbf{x}$，不再把它当作固定的和给定的，则最小二乘估计量的精确分布不是正态的，实际上是未知的。方程（2.12）表明，b_2 是 x 和随机误差 e 的复杂组合。即使我们知道 x 和 e 的分布，随机变量 w_i 和 e_i 的乘积的分布也是未知的。

$E(e_3|x_3) = 0$，$E(e_3|x_7) = 0$。给定任意和所有的 x_j，第 i 个误差项 e_i 的条件期望为零。如果它能帮助你记住它们，重新命名 SR1-SR6 为 SEX1-SEX6，其中 SEX 代表"严格的外生变量 x"。让"简单回归是性感的"这句话提醒你，严格外生变量 X 是基准回归假设。

在严格外生性假设下，最小二乘估计量的性质是什么？它们与所有 x_j 和 e_i 之间统计独立性的情况相同。最小二乘估计量是回归参数的最佳线性无偏估计量。这些结果的证明见附录 2G.3。这是一个很好的发现，因为虽然严格的外生性仍然很强，但比假设 x 和 e 在统计上是独立的要弱。此外，如果误差服从正态分布，则最小二乘估计量 $b_2|x$ 服从正态分布。

严格外生性的含义

严格的外生性意味着很多。如果 x 是严格外生的，则最小二乘估计量的估计方法是我们想要的，而不需要更多的或更困难的估计量。一切很简单。同时，如果严格外生性不成立，则计量经济分析就变得更加复杂，然而，情况往往如此。我们如何判断所谓"严格外生性"的技术统计假设是否成立？唯一确定的方法是，如第 2.10.1 节所描述的，进行一个控制实验，其中在重复抽样中 x 是固定的或被随机选择的。对大多数经济分析来说，这样的实验是不可能的，或者成本过高。

是否有一些统计检验可以用来检查严格的外生性？答案是肯定的，但是使用统计数据来判断事物是否可能是假的，比判断它是不是真的要容易得多。通常的做法是检查严格外生性的含义是否属实。如果无论是基于经济逻辑还是统计检验，这些含义似乎不是真实的，则我们会得出结论，即严格的外生性不能控制和处理结果，从而使这项工作更加困难。严格外生性 $E(e_i|x_1, x_2, \cdots, x_N) = E(e_i|\mathbf{x}) = 0$，见附录 2G.1，两个直接含义如下所述：

含义 1：$E(e_i) = 0$。回归模型中遗漏的所有因素的"均值"为零。

含义 2：$\mathrm{cov}(x_i, e_j) = 0$。与观测值 j 相关的遗漏因素与观测值 i 的解释变量值之间没有相关性。

如果 x 满足严格的外生性条件，则 $E(e_i) = 0$，$\mathrm{cov}(x_i, e_j) = 0$。如果这两种含义中的任何一个不是真的，则 x 不是严格外生的。

我们能验证含义 1：$E(e_i) = 0$ 吗？所有遗漏因素的平均值等于零吗？在实践中，这通常简化为："我在模型中遗漏了什么重要的东西吗？"如果有，很可能是因为你不知道它是重要的（薄弱的经济理论），或者因为尽管你知道它是一个重要的因素（例如个人一生的平均收入或个人在逆境中的毅力），它不能很容易或很好地衡量。在任何情况下，只有当含义 2 被违背时，遗漏变量才会损害最小二乘估计量。因此，含义 2 最应该引起注意。

我们可以验证含义 2：$\mathrm{cov}(x_i, e_j) = 0$ 吗？是的，我们可以，我们在第 10 章展示了一些统计检验。然而，逻辑论证和思维实验应该总是放在任何统计检验之前。在某些情况下，我们可以预见严格外生性不成立，如下面使用时间序列数据模型中的例子所说明的。在这些情况下，我们通常使用下标 t 对观测值进行标注，x_t 是在时间 t 解释变量的值，e_s 是在时间 s 随机误差的值。在这种情况下，对于所有的 s 和 t，严格外生性会表示为 $E(e_s|x_t) = 0$。严格外生性的零协方差含义是 $\mathrm{cov}(x_t, e_s) = 0$。

例 1. 假设 x_t 代表一个政策变量，也许是在 t 月或 t 季度花费在道路和桥梁上的公共支出。如果在时间 s 该地区受飓风、龙卷风或其他自然灾害的"袭击"，则一段时间后（$t>s$），我

们很可能期望增加对道路和桥梁的公共支出，不仅仅在一个时期，而且可能在多个时期。如此，$\text{cov}(x_{t=s+1}, e_s) \neq 0$，$\text{cov}(x_{t=s+2}, e_s) \neq 0$，等等。严格外生性在这种情况下不成立，因为对误差项的冲击（自然灾害）与解释变量公共支出的随后变化相关，这意味着 $E(e_s|x_t) \neq 0$。

例2. 假设一家公司的季度销售额与其广告支出有关。我们会写出公式 $SALES_t = \beta_1 + \beta_2 ADVERT_t + e_t$。但是，在时间 t 的广告支出可能依存于上一年度相同季度 $t-4$ 的销售额，即 $ADVERT_t = f(SALES_{t-4})$。因为 $SALES_{t-4} = \beta_1 + \beta_2 ADVERT_{t-4} + e_{t-4}$，$ADVERT_t$ 和 e_{t-4} 之间就会有一个相关关系以及协方差。因此，严格的外生性条件不满足，$E(e_{t-4}|ADVERT_t) \neq 0$。注意这个例子和第一个例子的相似之处。以前的误差 e_s 的影响会转而影响解释变量 x_t（$t>s$）的未来值。

例3. 假设 U_t 代表第 t 季度的失业率，我们假设失业率受政府支出 G_t 的影响。回归可设定为 $U_t = \beta_1 + \beta_2 G_t + e_t$。然而，我们可以想象，本季度的失业率受到前几个季度政府支出（如 G_{t-1}）的影响。因为 G_{t-1} 不包括在模型设定中，而是构成误差项的一部分，$e_t = f(G_{t-1})$。此外，我们预计本季度政府支出与前几个季度的政府支出之间存在很强的正相关和协方差，因此 $\text{cov}(G_t, G_{t-1}) > 0$。这意味着我们可以预测在时间 t 的误差项和以前的政府支出水平之间的相关性，从而 $\text{cov}(e_t, G_{t-1}) \neq 0$。因此，$\text{cov}(e_t|G_t) \neq 0$，严格的外生性假设不成立。

在第5章、第9章和第10章考虑最小二乘估计严格外生性假设不成立的含义，引入较弱的假设来适应例1至例3的情况。

2.10.3 随机抽样

本章食品支出的例子是另一种情况，其中 DGP 导致一个随机的 x。我们随机抽取了一个总体，选择了40户家庭。这些是截面数据观测值。对于每个家庭，我们记录了他们的食品支出（y_i）和收入（x_i）。因为这两个变量的值在被观测之前都是未知的，结果变量 y 和解释性变量 x 都是随机的。同样的问题是相关的。在这种情况下，最小二乘估计量的抽样特性是什么？最小二乘估计量是最佳线性无偏估计量吗？

这样的调查数据是通过从总体中**随机抽样**收集的。调查方法是统计学中的一个重要领域。公众舆论调查、市场研究调查、政府调查和普查都是收集调查数据的例子。美国劳工部（BLS）开展了几项重要的调查工作。[①] 这个想法是收集数据组合（y_i, x_i），使第 i 个组合 ["Smith" 家庭] 在统计上独立于第 j 个组合 ["Jones" 家庭]。这确保如果 $i \neq j$，x_j 在统计上独立于 e_i。这样，严格外生性假设简化为关注 x_i 与 e_i 之间可能的关系。如果条件期望 $E(e_i|x_i) = 0$，则 x 是严格外生的，其含义为 $E(e_i) = 0$ 且 $\text{cov}(x_i, e_i) = 0$。还要注意，如果我们假设数据组合是独立的，则我们不再需要做出误差不相关的单独假设。

在这些假设下，最小二乘估计量的性质是什么？它们与所有 x_j 和 e_i 在统计上独立（第2.10.1节）和一般意义上的严格外生性（第2.10.2节）的情况相同。如果 SR6（或 IRX6）

---

① http://www.bls.gov/nls/home.htm.

成立，最小二乘估计量是回归参数的最佳线性无偏估计量，条件依存于 x 的最小二乘估计量服从正态分布。

与随机抽样相关的最后一个想法是，数据组合 (y_i, x_i)，$i = 1, \cdots, N$，具有相同的联合 pdf，即 $f(y, x)$。在这种情况下，数据组合服从独立同分布。在统计学中，短语**随机样本**意味着数据服从**独立同分布**。如果所有数据组合都是从同一个总体中收集的，则这是一个合理的假设。

当讨论严格外生性含义的例子时，我们展示了在使用时间序列数据时，如果 e_s 与 x_t $(t \neq s)$ 未来或过去的值之间存在相关性，严格外生性假设是如何被违背的。为了解释严格外生性在随机抽样截面数据中是如何被违背的情况，我们需要一个例子，其中 e_i 与对应于同一个观测值的 x_i 值相关。

随机抽样下简单线性回归模型的假设

RS1：可观测变量 y 和 x 的关系为 $y_i = \beta_1 + \beta_2 x_i + e_i$，$i = 1, \cdots, N$，其中 β_1 和 β_2 是未知的总体参数，e_i 是一个随机误差项。

RS2：数据组合 (y_i, x_i) 在统计上独立于所有其他数据组合，并且具有相同的联合分布 $f(y_i, x_i)$。它们服从独立同分布。

RS3：对于 $i = 1, \cdots, N$，$E(e_i|x_i) = 0$，x 是严格外生的。

RS4：随机误差具有不变的条件方差，$\text{var}(e_i|x_i) = \sigma^2$。

RS5：x_i 至少取两个不同的值。

RS6：$e_i \sim N(0, \sigma^2)$。

例 4. 在一个旨在解释公司生产成本的方程中，假设 x_i 是随机选择的，用于度量公司在生产过程中的投入。误差项 e_i 可能包含与公司经理能力相关的未测量的特征。更有能力的经理有可能在生产过程中使用更少的投入，因此我们可以预期 $\text{cov}(x_i, e_i) < 0$。在这种情况下，严格外生性假设不成立。第 i 家公司的投入使用与企业经理的未测量特征有关，该特征包含在第 i 项误差 e_i 中。第 i 家公司的投入使用并不是严格外生的，用计量经济学的术语来说，它是内生的。如果解释变量与误差项相关，则这些解释变量是内生变量。

2.11　练习

2.11.1　问题

2.1　考虑下列 5 个观测值。仅使用计算器解答这个练习的所有问题。

x	y	$x - \bar{x}$	$(x - \bar{x})^2$	$y - \bar{y}$	$(x - \bar{x})(y - \bar{y})$
3	4				
2	2				
1	3				
−1	1				
0	0				
$\sum x_i =$	$\sum y_i =$	$\sum(x_i - \bar{x}) =$	$\sum(x_i - \bar{x})^2 =$	$\sum(y_i - \bar{y}) =$	$\sum(x_i - \bar{x})(y_i - \bar{y}) =$

a.完成表中项目。将总和列入最后一行。样本均值 $\bar{x}$ 和 $\bar{y}$ 是多少？

b.利用公式（2.7）和公式（2.8）计算 b_1 和 b_2，并说明其代表了什么。

c. 计算 $\sum_{i=1}^{5} x_i^2$ 和 $\sum_{i=1}^{5} x_i y_i$，使用这些数值证明：$\sum(x_i - \bar{x})^2 = \sum x_i^2 - N\bar{x}^2$ 和 $\sum(x_i - \bar{x})(y_i - \bar{y}) = \sum x_i y_i - N\bar{x}\bar{y}$。

d.使用（b）部分的最小二乘估计值，计算 y 的拟合值，完成下表的其余部分。将总和列在最后一行。

计算：① y 的样本方差 $s_y^2 = \sum_{i=1}^{N}(y_i - \bar{y})^2/(N-1)$

② x 的样本方差 $s_x^2 = \sum_{i=1}^{N}(x_i - \bar{x})^2/(N-1)$

③ x 和 y 的样本协方差 $s_{xy} = \sum_{i=1}^{N}(y_i - \bar{y})(x_i - \bar{x})/(N-1)$

④ x 和 y 的样本相关系数 $r_{xy} = s_{xy}/(s_x s_y)$

⑤ x 的变异系数 $CV_x = 100(s_x/\bar{x})$

⑥ x 的中位数和第 50 百分位数

x_i	y_i	$\hat{y}_i$	$\hat{e}_i$	$\hat{e}_i^2$	$x_i\hat{e}_i$
3	4				
2	2				
1	3				
-1	1				
0	0				
$\sum x_i =$	$\sum y_i =$	$\sum \hat{y}_i =$	$\sum \hat{e}_i =$	$\sum \hat{e}_i^2 =$	$\sum x_i\hat{e}_i =$

e.在纸上画出数据点和拟合回归线 $\hat{y}_i = b_1 + b_2 x_i$。

f.在（e）部分的图里，指出均值点 $(\bar{x}, \bar{y})$ 的位置。你的拟合线通过这个点吗？如果没有，请再认真画一下拟合线。

g.证明对于这些数值 $\bar{y} = b_1 + b_2\bar{x}$。

h.证明对于这些数值 $\bar{\hat{y}} = \bar{y}$，其中 $\bar{\hat{y}} = \sum \hat{y}_i/N$。

i.计算 $\hat{\sigma}^2$。

j.计算 $\widehat{\text{var}}(b_2|\mathbf{x})$ 和 $\text{se}(b_2)$。

2.2　省略。

2.3*　在草纸上画出下列 x 和 y 观测值的图。

表 2-4　　　　　　　　　　　　　练习 2.3 数据

x	1	2	3	4	5	6
y	6	4	11	9	13	17

a.用一把尺子，画出一条拟合数据的线。测量你绘制的线的斜率和截距。

b.只使用手工计算器，运用公式（2.7）和公式（2.8），计算斜率和截距的最小二乘估计值。在图中画出这条线。

c.获得样本均值 $\bar{y} = \sum y_i / N$ 和 $\bar{x} = \sum x_i / N$。计算对于 $x = \bar{x}$，y 的预测值，并将其画在图上。你能从这个预测值中看出什么？

d.利用（b）部分的最小二乘估计值，计算最小二乘残差 $\hat{e}_i$，求出它们的和。

e.求出最小二乘残差之和 $\sum \hat{e}_i$ 及其平方和 $\sum \hat{e}_i^2$。

f.计算 $\sum x_i \hat{e}_i$。

2.4　省略。

2.5　一家小公司雇用了一个经济顾问，以预测如果每周的广告支出上升到 2 000 美元，其每周产品销售额是多少。该顾问记录了该公司在过去 6 个月中每周广告支出和相应的每周销售额。得出结论："在过去的 6 个月，平均每周广告支出为 1 500 美元，平均每周销售额为 10 000 美元。基于一个简单线性回归模型的结果，我预测，如果每周花 2 000 美元在广告上，销售额将达到 12 000 美元。"

a.这位顾问用来做预测所估计出的简单回归是什么？

b.绘制估计回归线的图形，并在图上标出每周平均值的位置。

2.6　省略。

2.7　我们有美国 50 个州和一个哥伦比亚特区 2008 年人均收入（y，千美元）和拥有学士或以上学位的人口百分比的数据（x），共计 51 个观测值（N）。我们得到了 y 对 x 的简单线性回归结果。

a.估计误差方差为 $\hat{\sigma}^2 = 14.24134$。最小二乘残差平方和是多少？

b.b_2 的估计方差为 0.009165。b_2 的标准误差是多少？$\sum (x_i - \bar{x})^2$ 的值是多少？

c.估计斜率为 $b_2 = 1.02896$，解释这个结果。

d.使用 $\bar{x} = 27.35686$ 和 $\bar{y} = 39.66886$，计算出截距的估计值。

e.给定（b）和（d）部分中的结果，$\sum x_i^2$ 是多少？

f.对于佐治亚州，$y = 34.893$ 和 $x = 27.5$。使用（c）和（d）部分中的信息，计算最小二乘残差。

2.8　省略。

2.9　I.M.Mean 教授喜欢使用平均数，当使用练习 2.3 的表 2-4 中的 6 个观测值（y_i, x_i）来拟合回归模型 $y_i = \beta_1 + \beta_2 x_i + e_i$ 时，Mean 教授计算数据中前三个和后三个观测值（y_i, x_i）的样本均值（平均值）为 $\bar{y}_1 = \sum_{i=1}^{3} y_i / 3$，$\bar{x}_1 = \sum_{i=1}^{3} x_i / 3$ 和 $\bar{y}_2 = \sum_{i=4}^{6} y_i / 3$，$\bar{x}_2 = \sum_{i=4}^{6} x_i / 3$。然后，Mean 教授得出斜率的估计量为 $\hat{\beta}_{2,mean} = (\bar{y}_2 - \bar{y}_1) / (\bar{x}_2 - \bar{x}_1)$。

a.假设 SR1-SR6 成立，证明条件依存于 $\mathbf{x} = (x_1, \cdots, x_6)$，Mean 教授的估计量是无偏的，$E(\hat{\beta}_{2,mean} | \mathbf{x}) = \beta_2$。

b.假设 SR1-SR6 成立，证明 $E(\hat{\beta}_{2,mean}) = \beta_2$。

c.假设 SR1-SR6 成立，求出 $var(\hat{\beta}_{2,mean} | \mathbf{x})$ 的理论表达式。这个方差是大于还是小于最小二乘估计量的方差 $var(b_2 | \mathbf{x})$？请解释。

2.10 省略。

2.11 令 $y=$ 上一季度每个家庭成员每月外出就餐的支出（\$），$x=$ 过去一年每月家庭收入（以百美元计）。

a.利用来自三个人家庭的 2013 年数据（$N=2\ 334$），我们得到最小二乘估计 $\hat{y}=13.77+0.52x$。以这个关系解释估计的斜率和截距。

b.预测一个年收入为 2 000 美元的家庭在食品上的支出。

c.当家庭收入为每月 2 000 美元时，计算家庭的食品支出弹性（提示：必须针对拟合回归上的一点计算弹性）。

d.我们估计对数线性模型为 $\widehat{\ln(y)} = 3.14 + 0.007x$。如果家庭收入为 2 000 美元/月，家庭的食品支出弹性是多少？

e.对于（d）部分中的对数线性模型，当 $x=20$ 和 $x=30$ 时，计算 $\hat{y} = \exp(3.14 + 0.007x)$。在这两种情况下，对于每个 $\hat{y}$ 值，评估 y 和 x，dy/dx 之间的斜率关系。基于这些对线性模型的计算，外出就餐支出相对于收入是增加了还是减少了？

f.在估计（d）部分中的对数线性模型时，回归中使用的观测数降至 $N=2\ 005$。在过去的一个季度中，样本中有多少家庭没有外出就餐的支出？

2.12 省略。

2.13 利用 2011 年美国 141 所公立研究型大学的数据，我们研究了每个学生的学术成本、ACA（以千美元计每个学生的实际总学术成本）与 $FTESTU$ 全日制招生数量（以千人为单位）之间的关系。

a.最小二乘法回归结果为 $\widehat{ACA} = 14.656 + 0.266FTESTU$。估计参数的经济解释是什么？为什么截距项不为零？

b.2011 年，路易斯安那州立大学（LSU）全日制学生入学人数为 27 950 人。使用（a）部分中的拟合结果，计算 ACA 的预测值。

c.该年度的 ACA 为 21.403 美元。计算最小二乘残差。该模型是否高估或低估了路易斯安那州立大学（LSU）的 ACA？

d.2011 年美国公立研究型大学的平均全日制入学人数为 22 845.77，每个学生学术成本的样本平均值是多少？

2.14 省略。

2.15 E.Z.Stuff 教授认为最小二乘估计法太麻烦了。他注意到两点决定了一条线，所以从 N 个样本中选择了两个点，并画了一条直线，将这条直线的斜率称为简单回归模型中 β_2 的 EZ 估计量。代数上，如果有两点分别是 (x_1, y_1) 和 (x_2, y_2)，则 EZ 估计规则为：

$$b_{EZ} = \frac{y_2 - y_1}{x_2 - x_1}$$

假定简单回归模型的所有假设都成立：

a.证明 b_{EZ} 是"线性"估计量。

b.证明 b_{EZ} 是无偏估计量。

c.求出 b_{EZ} 的条件方差。

d.求出 b_{EZ} 的条件概率分布。

e.说服 Stuff 教授相信 EZ 估计量不如最小二乘估计量好。这里不需要任何证明。

2.11.2 计算机练习

2.16　省略。

2.17　数据文件"*collegetown*"载有 2009—2013 年间在路易斯安那州巴吞鲁日出售的 500 套独栋住宅的观测结果。数据包括销售价格（*PRICE*，千美元）和房屋的套内总面积（*SQFT*，百平方英尺）。

a.画出房屋价格和房子面积的散点图。

b.估计线性回归模型 $PRICE = \beta_1 + \beta_2 SQFT + e$，解释估计量，画一个拟合线的草图。

c.估计二次回归模型 $PRICE = \alpha_1 + \alpha_2 SQFT^2 + e$，计算在 2 000 平方英尺面积的房屋中，额外增加 100 平方英尺面积的边际效应。

d.画出 c 部分模型的拟合线。在图中，画出当房屋面积为 2 000 平方英尺时拟合线的切线。

e.对于（c）部分的模型，计算当房屋面积为 2 000 平方英尺时，*PRICE* 相对于 *SQFT* 的弹性。

f.对于（b）和（c）中的回归，计算最小二乘残差，并画出残差与 *SQFT* 的图。判断是否违背了相关假设。

g.在以上两种模型之间进行选择的一个依据是模型对数据的拟合程度。比较（b）和（c）中模型的残差平方和（*SSE*）。哪种模型有更低的残差平方和？较低的残差平方和为什么意味着模型拟合得更好？

2.18　省略。

2.19　数据文件 *Stockton5_Small* 包含 1996—1998 年间在加利福尼亚斯托克顿出售的 1 200 套房屋的观测值（注：数据 *stockton5* 包括 2 610 个观测值）。通过将变量 *SPRICE* 除以 1 000，使之计算单位变为千美元。

a.为样本中的所有房屋画出销售价格（*SPRICE*）与住宅居住面积的图。

b.以估计样本中所有房屋的回归模型 $SPRICE = \beta_1 + \beta_2 LIVAREA + e$ 解释估计结果。画一幅拟合线的草图。

c.估计样本中所有房屋的二次模型 $SPRICE = \alpha_1 + \alpha_2 LIVAREA^2$。对于 1 500 平方英尺的住宅来说，增加 100 平方英尺居住面积的边际效应是多少？

d.在同一个图中，根据线性模型和二次模型绘制拟合线。哪个看起来更适合这些数据？比较两种模型的残差平方和（*SSE*），哪个更小？

e.如果二次模型实际上是"真的"，我们可以对（b）部分中的线性关系获得的结果和解释作何评价？

2.20　省略。

2.21　数据文件 *Stockton5_Small* 包含 1996—1998 年间在加利福尼亚斯托克顿出售的 1 200 套房屋的观测值（注：数据 *stockton5* 包括 2610 个观测值）。通过把变量 *SPRICE* 除以

1 000，使之计算单位变为千美元。

　　a.估算线性模型 $SPRICE = \delta_1 + \delta_2 AGE + e$。解释估算系数。预测30年房龄的房子售价。

　　b.利用（a）部分的结果，画出房屋销售价格与房龄 AGE 的图，并画出回归拟合线。根据图像，模型是否与数据很好地拟合？解释一下。

　　c.估计对数线性模型 $\ln(SPRICE) = \theta_1 + \theta_2 AGE + e$。解释估计出的斜率系数。

　　d.使用（c）部分的结果，计算 $\widehat{SPRICE} = \exp(\hat{\theta}_1 + \hat{\theta}_2 AGE)$，其中 $\hat{\theta}_1$ 和 $\hat{\theta}_2$ 是线性估计值。在同一张图中，画出 $\widehat{SPRICE}$ 对 AGE（把点连起来）的图和 $SPRICE$ 对 AGE 的图。

　　e.用 $\widehat{SPRICE} = \exp(\hat{\theta}_1 + \hat{\theta}_2 AGE)$ 预测30年楼龄的房屋售价。

　　f.基于估计回归线的点和视觉拟合性，你更喜欢（a）或（c）中的两个模型中的哪个模型？请加以解释。对于每个模型计算 $\sum_{i=1}^{1200}(SPRICE - \widehat{SPRICE})^2$，对比较这两个模型是否有帮助？如果是，怎么做？

　　2.22　省略。

　　2.23　雷·C.费尔教授多年来建立并更新了解释和预测美国总统选举的模型。访问他的网站：https://fairmodel.econ.yale.edu/vote2016/index2.htm。特别参考他的题为"总统和国会投票分享方程：2010年11月最新情况"的论文。这一模型的基本前提是民主党在两党（民主党和共和党）民意投票的份额受到许多与经济有关的因素以及与政治有关的变量的影响，如现任政党执政时间，还有总统是否竞选连任。费尔教授的数据包含从1916年至2016年选举年的26个观测值，放在数据文件 fair5 中。因变量是 $VOTE$ =民主党赢得选票的占比。考虑经济增长对投票的影响。如果民主党是执政党（$INCUMB = 1$），则选举年前三个季度的经济增长，即实际人均GDP增长率（年率）会使他们获胜的机会增加。另一方面，如果共和党是执政党（$INCUMB = -1$），经济增长会使民主党获胜的机会减少。因此，我们确定了解释变量 $GROWTH = INCUMB \times$ 增长率。

　　a.使用1916—2012年的数据，绘制 $VOTE$（投票）对 $GROWTH$（增长）的散点图。它们之间有正向关联吗？

　　b.使用1916—2012年的数据，应用最小二乘法估计回归方程 $VOTE = \beta_1 + \beta_2 GROWTH + e$。报告并讨论估计结果。在（a）部分的散点图上画出拟合线。

　　c.使用（b）部分中估计的模型，根据2016年 GROWTH 的实际值，预测2016年 $VOTE$ 的值。2016年的估计投票结果与实际结果相比如何？

　　d.在选举中，经济上大范围的通货膨胀可能会给现任政党带来厄运。变量 $INFLAT = INCUMB \times$ inflation rate，其中 inflation rate（通货膨胀率）是一个政府前15个季度物价的增长。利用1916—2012年的数据，画出 $VOTE$ 对 $INFLAT$ 的图。

　　e.利用1916—2012年的数据，报告并讨论模型 $VOTE = \alpha_1 + \alpha_2 INFLAT + e$ 的估计结果。

　　f.使用（e）部分中估计的模型，根据2012年 $INFLAT$ 的实际值，预测2016年 $VOTE$ 的值。与实际结果对比，2016年对投票的预测准确性怎样？

　　2.24　省略。

2.25 自 2013 年起的消费者支出数据存在 *cex5_small* 文件中（注：*cex5* 是一个更大的版本，有更多的观测值和变量）。数据为每月收入在 1 000 美元至 2 万美元之间三人家庭（丈夫和妻子，加上一名家庭成员）的有关数据。*FOODAWAY* 是指上一季度每月家庭外出就餐人均消费支出，以美元计算，而 *INCOME* 是指过去一年家庭的月收入，单位为 100 美元。

a. 画出 *FOODAWAY* 的直方图，给出其基本统计值。均值和中位数值是多少？第 25 百分位和第 75 百分位数是多少？

b. 对于有高学历成员的家庭，*FOODAWAY* 的均值和中位数值是多少？对于有大学学历成员的家庭，情况如何？对于没有高学历或大学学历成员的家庭，情况如何？

c. 画出 $\ln(FOODAWAY)$ 的直方图，给出其基本统计值。解释为什么 *FOODAWAY* 和 $\ln(FOODAWAY)$ 有不同的观测值。

d. 估计线性回归模型 $\ln(FOODAWAY) = \beta_1 + \beta_2 INCOME + e$。解释估计出的斜率。

e. 画出 $\ln(FOODAWAY)$ 与 *INCOME* 的图，包括来自（d）部分的拟合线。

f. 根据（d）部分的估计，计算最小二乘残差。画出其与 *INCOME* 的图。你是否发现任何异常，或者它们看起来是完全是随机的？

2.26 省略。

2.27 一位汽车旅馆的经营者发现，他的旅馆在建设中使用了有缺陷的产品，因此花了 7 个月的时间来修复这些产品。在修复产品期间，100 个房间中的 14 个在 1 个月内不能对外出租。这个练习使用的数据在文件 *motel* 中。

a. 画出 y 和 x 之间的关系图，其中 $y = MOTEL\_PCT$，即汽车旅馆出租百分比；$x = 100RELPRICE$，即竞争对手每个房间的价格占该汽车旅馆收费的百分比。基于图形，描述一下变量之间的关系，是正相关、负相关，还是不相关？

b. 考虑线性回归模型 $MOTEL\_PCT_t = \beta_1 + \beta_2 100RELPRICE_t + e_t$。你预测斜率系数的符号是什么？为什么？估计的斜率是否与你的预期相符？

c. 计算（b）部分中回归的最小二乘残差。根据 *TIME*=1，…，25（第 1 个月=2003 年 3 月，…，第 25 个月=2005 年 3 月），绘制残差图。关于表示残差的图，令 *TIME*=17，18，…，23，这些是修理的月份。模型对于汽车旅馆那几个月的入住率的预测是过高还是过低？

d. 估计线性回归 $MOTEL\_PCT_t = \alpha_1 + \alpha_2 REPAIR_t + e_t$，其中对于修理发生的月份，$REPAIR_t$=1，否则 $REPAIR_t$=0。没有修理工作时，汽车旅馆的平均入住率是多少？有修理工作时，汽车旅馆的平均入住率是多少？

2.28 省略。

2.29 教育对工资率有多大影响？数据文件 *cps5_Small* 包含自 2013 年 "当代人口调查"（CPS）中对每小时工资率、教育和其他变量的 1 200 个观测值（注：*cps5* 是一个容量更大的版本，有更多的观测值和变量）。

a. 创建变量 $LWAGE = \ln(WAGE)$。画出直方图并计算基本统计值。直方图是否呈钟形并呈正态分布？正态分布是对称的，没有偏度，偏度=0。正态分布的尾部有一定的 "厚度"。尾部厚度的一个度量是峰度，见附录 C.4.2。对于一个正态分布，峰度=3，见附录 C.7.4。*LWAGE* 的偏度和峰度分别与0和3接近吗？

b. 根据对数线性回归模型 $\ln(WAGE) = \beta_1 + \beta_2 EDUC + e$，求出最小二乘估计值，并解释 β_2 的估计值。

c. 求出受过12年教育的人和受过16年教育的人的预期工资，即 $\widehat{WAGE} = \exp(b_1 + b_2 EDUC)$。

d. 对受过12年教育的人进行额外教育的边际效应有多大？对一个受过16年教育的人来说，额外教育的边际效应有多大？（提示：这是模型在这两点的斜率）

e. 绘制拟合值 $\widehat{WAGE} = \exp(b_1 + b_2 EDUC)$ 与 *EDUC* 的关系图。在图中，也画出拟合的线性关系图。基于图形，哪个模型似乎更好地拟合了数据？是线性模型还是对数线性模型？

f. 使用来自对数线性模型的拟合值，计算 $\sum(WAGE - \widehat{WAGE})^2$。将该值与来自估计的线性关系的残差平方和进行比较。以此作为比较基础，哪个模型更好地拟合了数据？

2.30　省略。

附录2A　最小二乘估计法的推导

给定 *y* 和 *x* 的样本观测值。我们想要求出未知参数 β_1 和 β_2 的值，以使得"平方和"函数最小化：

$$S(\beta_1, \beta_2) = \sum_{i=1}^{N}(y_i - \beta_1 - \beta_2 x_i)^2 \tag{2A.1}$$

因为 (y_i, x_i) 是已知的，平方和函数 *S* 仅依存于未知参数 β_1 和 β_2。这个函数是未知参数 β_1 和 β_2 的二次函数，是一个"碗状的表面"，如图 2A-1 所示。

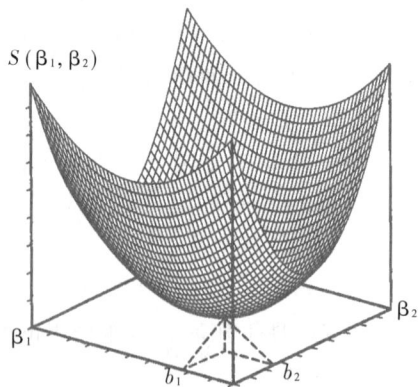

图 2A-1　平方和函数与最小化点 b_1 和 b_2

我们的任务是在 β_1 和 β_2 的所有可能值中，找出平方和函数 *S* 的最小值 (b_1, b_2)。这个最小化问题在微积分中是很常见的，从图形上看，这个最小点在"碗底"。

根据微积分和"偏微分"的知识，*S* 分别对 β_1 和 β_2 求偏导数，得到：

$$\frac{\partial S}{\partial \beta_1} = 2N\beta_1 - 2\sum y_i + 2\left(\sum x_i\right)\beta_2$$

$$\frac{\partial S}{\partial \beta_2} = 2\left(\sum x_i^2\right)\beta_2 - 2\sum x_i y_i + 2\left(\sum x_i\right)\beta_1 \tag{2A.2}$$

上述偏导数是碗状表面在轴方向上的斜率方程。直观地说，"碗底"出现在每个轴方向上碗的斜率为零的地方，$\partial S/\partial \beta_1$ 与 $\partial S/\partial \beta_2$ 都为 0。

运用代数方法，为了得到点 (b_1, b_2)，令公式（2A.2）等于零，分别用 b_1 和 b_2 代替 β_1 和 β_2，得到：

$$2\left[\sum y_i - Nb_1 - \left(\sum x_i\right)b_2\right] = 0$$

$$2\left[\sum x_i y_i - \left(\sum x_i\right)b_1 - \left(\sum x_i^2\right)b_2\right] = 0$$

简化上述等式，得到如下标准的等式：

$$Nb_1 + \left(\sum x_i\right)b_2 = \sum y_i \tag{2A.3}$$

$$\left(\sum x_i\right)b_1 + \left(\sum x_i^2\right)b_2 = \sum x_i y_i \tag{2A.4}$$

这两个等式有两个未知量 b_1 和 b_2。通过解这两个线性方程，我们能够得到 b_1 和 b_2 的最小二乘估计量。为了求出 b_2，用公式（2A.3）乘以 $\sum x_i$，用公式（2A.4）乘以 N，然后用第二个等式减去第一个等式，把 b_2 集中提到左边，得到：

$$b_2 = \frac{N\sum x_i y_i - \sum x_i \sum y_i}{N\sum x_i^2 - \left(\sum x_i\right)^2} \tag{2A.5}$$

b_2 的表达式中含有数据求和项、交叉乘积项以及平方项。估计量离差形式的推导参见附录 2B。

给定 b_2 的表达式，求 b_1，可以对公式（2A.3）两边同时除以 N，并加以整理。

附录 2B　b_2 的离差形式的表达式

将 b_2 的表达式转换成公式（2.7）的第一步要使用包括求和符号的一些技巧。第一个有用的事实是：

$$\sum(x_i - \bar{x})^2 = \sum x_i^2 - 2\bar{x}\sum x_i + N\bar{x}^2 = \sum x_i^2 - 2\bar{x}\left(N\frac{1}{N}\sum x_i\right) + N\bar{x}^2 \tag{2B.1}$$

$$= \sum x_i^2 - 2N\bar{x}^2 + N\bar{x}^2 = \sum x_i^2 - N\bar{x}^2$$

计算 $\sum(x_i - \bar{x})^2$ 时，使用快捷公式 $\sum(x_i - \bar{x})^2 = \sum x_i^2 - N\bar{x}^2$ 更容易些：

$$\sum(x_i - \bar{x})^2 = \sum x_i^2 - N\bar{x}^2 = \sum x_i^2 - \bar{x}\sum x_i = \sum x_i^2 - \frac{\left(\sum x_i\right)^2}{N} \tag{2B.2}$$

为了得到这个结果，我们利用了 $\bar{x} = \sum x_i/N$ 的事实，因此 $\sum x_i = N\bar{x}$。

第二个有用的事实与第一个类似：

$$\sum(x_i - \bar{x})(y_i - \bar{y}) = \sum x_i y_i - N\bar{x}\bar{y} = \sum x_i y_i - \frac{\sum x_i \sum y_i}{N} \tag{2B.3}$$

该结果的证明方法也是类似的。

如果将公式（2A.5）中 b_2 的分子和分母同时除以 N，然后再使用公式（2B.1）至公式

（2B.3），我们可以重新写出 b_2 的离差形式的表达式：

$$b_2 = \frac{\sum (x_i - \bar{x})(y_i - \bar{y})}{\sum (x_i - \bar{x})^2}$$

你应该记住 b_2 的这个表达式，因为我们将在以后的几个章节中经常使用它。

附录2C　b_2 是一个线性估计量

为了推导公式（2.10），我们利用求和的另一个性质进行进一步的简化。任何一个变量减去其均值再求和，结果为0，即：

$$\sum (x_i - \bar{x}) = 0$$

因此，b_2 的表达式变为：

$$b_2 = \frac{\sum (x_i - \bar{x})(y_i - \bar{y})}{\sum (x_i - \bar{x})^2} = \frac{\sum (x_i - \bar{x}) y_i - \bar{y} \sum (x_i - \bar{x})}{\sum (x_i - \bar{x})^2}$$

$$= \frac{\sum (x_i - \bar{x}) y_i}{\sum (x_i - \bar{x})^2} = \sum \left[\frac{(x_i - \bar{x})}{\sum (x_i - \bar{x})^2} \right] y_i = \sum w_i y_i$$

其中，w_i 是公式（2.11）中的常数。

附录2D　推导 b_2 的理论表达式

为了得到公式（2.12），以 $y_i = \beta_1 + \beta_2 x_i + e_i$ 替代公式（2.10）中的 y_i，经简化得到：

$$b_2 = \sum w_i y_i = \sum w_i (\beta_1 + \beta_2 x_i + e_i)$$

$$= \beta_1 \sum w_i + \beta_2 \sum w_i x_i + \sum w_i e_i$$

$$= \beta_2 + \sum w_i e_i$$

我们使用了两个求和技巧来对式子进行简化。第一，$\sum w_i = 0$，从而消掉了 $\beta_1 \sum w_i$ 项；第二，由于 $\sum w_i x_i = 1$，因此 $\beta_2 \sum w_i x_i = \beta_2$，进而公式（2.10）简化为公式（2.12）。

$\sum w_i = 0$，因为：

$$\sum w_i = \sum \left[\frac{(x_i - \bar{x})}{\sum (x_i - \bar{x})^2} \right] = \frac{1}{\sum (x_i - \bar{x})^2} \sum (x_i - \bar{x}) = 0$$

其中，在最后一步，我们利用了 $\sum (x_i - \bar{x}) = 0$ 的事实。

为了证明 $\sum w_i x_i = 1$，我们再次使用 $\sum (x_i - \bar{x}) = 0$，另一个 $\sum (x_i - \bar{x})^2$ 的表达式为：

$$\sum (x_i - \bar{x})^2 = \sum (x_i - \bar{x})(x_i - \bar{x})$$

$$= \sum (x_i - \bar{x}) x_i - \bar{x} \sum (x_i - \bar{x})$$

$$= \sum (x_i - \bar{x}) x_i$$

因此，

$$\sum w_i x_i = \frac{\sum (x_i - \bar{x}) x_i}{\sum (x_i - \bar{x})^2} = \frac{\sum (x_i - \bar{x}) x_i}{\sum (x_i - \bar{x}) x_i} = 1$$

附录2E　推导 b_2 的条件方差

起点为公式（2.12），$b_2 = \beta_2 + \sum w_i e_i$。最小二乘估计量是一个随机变量，它的方差被定义为：

$$\text{var}(b_2|\mathbf{x}) = E\{[b_2 - E(b_2|\mathbf{x})]^2|\mathbf{x}\}$$

把公式（2.12）代入，根据最小二乘估计量的无偏性，$E(b_2|\mathbf{x}) = \beta_2$，可得：

$$\text{var}(b_2|\mathbf{x}) = E\{[\beta_2 + \sum w_i e_i - \beta_2]^2|\mathbf{x}\}$$

$$= E\{[\sum w_i e_i]^2|\mathbf{x}\}$$

$$= E\left\{\left[\sum w_i^2 e_i^2 + \sum\sum_{i \neq j} w_i w_j e_i e_j\right]\bigg|\mathbf{x}\right\} \qquad [\text{方括号项}]$$

$$= E\{[\sum w_i^2 e_i^2]|\mathbf{x}\} + E\left\{\left[\sum\sum_{i \neq j} w_i w_j e_i e_j\right]\bigg|\mathbf{x}\right\}$$

$$= \sum w_i^2 E(e_i^2|\mathbf{x}) + \sum\sum_{i \neq j} w_i w_j E(e_i e_j|\mathbf{x}) \qquad [\text{因为} w_i \text{不是随机给定的} \mathbf{x}]$$

$$= \sigma^2 \sum w_i^2$$

$$= \frac{\sigma^2}{\sum (x_i - \bar{x})^2}$$

下面到最后一行根据如下两个假设得到：

第一，$\sigma^2 = \text{var}(e_i|\mathbf{x}) = E\{[e_i - E(e_i|\mathbf{x})]^2|\mathbf{x}\} = E[(e_i - 0)^2|\mathbf{x}] = E(e_i^2|\mathbf{x})$。

第二，$\text{cov}(e_i, e_j|\mathbf{x}) = E\{[e_i - E(e_i|\mathbf{x})][e_j - E(e_j|\mathbf{x})]|\mathbf{x}\} = E(e_i e_j|\mathbf{x}) = 0$。最后一步利用如下事实：

$$\sum w_i^2 = \sum \left[\frac{(x_i - \bar{x})^2}{\{\sum (x_i - \bar{x})^2\}^2}\right] = \frac{\sum (x_i - \bar{x})^2}{\{\sum (x_i - \bar{x})^2\}^2} = \frac{1}{\sum (x_i - \bar{x})^2}$$

或者，我们可以根据方差求和的法则。如果 X 与 Y 是随机变量，a 与 b 为常数，那么，

$$\text{var}(aX + bY) = a^2 \text{var}(X) + b^2 \text{var}(Y) + 2ab\text{cov}(X, Y)$$

附录B.4回顾了所有关于随机变量的基本性质。在下式第二行，我们将这些法则扩展到多于两个随机变量的情况，则：

$$
\begin{aligned}
\mathrm{var}\,(\,b_2|\mathbf{x}\,) &= \mathrm{var}\,[\,(\,\beta_2 + \sum w_i e_i\,)|\mathbf{x}\,] && [\text{因为}\,\beta_2\,\text{是常数}] \\
&= \sum w_i^2 \,\mathrm{var}\,(\,e_i|\mathbf{x}\,) + \sum\sum_{i \neq j} w_i w_j \,\mathrm{cov}\,(\,e_i, e_j|\mathbf{x}\,) && [\text{方差规则的进一步运用}] \\
&= \sum w_i^2 \,\mathrm{var}\,(\,e_i|\mathbf{x}\,) && [\text{使用}\,\mathrm{cov}\,(\,e_i, e_j|\mathbf{x}\,) = 0] \\
&= \sigma^2 \sum w_i^2 && [\text{使用}\,\mathrm{var}\,(\,e_i|\mathbf{x}\,) = \sigma^2] \\
&= \frac{\sigma^2}{\sum (\,x_i - x\,)^2}
\end{aligned}
$$

要注意的一点是，对 b_2 的方差的表达式的推导取决于假设 SR3 和 SR4。如果 $\mathrm{cov}\,(\,e_i, e_j|\mathbf{x}\,) \neq 0$，那么我们就不能在双重求和的情况下得出上述结论。如果对于所有观测值，$\mathrm{var}\,(\,e_i|\mathbf{x}\,) \neq \sigma^2$，那么 σ^2 就不能在求和时被剔除。如果两个假设中任何一个不成立，那么 $(\,b_2|\mathbf{x}\,)$ 也不是公式（2.15）的形式。对于 b_1 的方差和两者的协方差也同样适用上述讨论。

附录2F　证明高斯–马尔可夫定理

对于 β_2 的最小二乘估计量 b_2，我们将证明高斯–马尔可夫定理。我们的目标是说明线性无偏估计量 b_2 具有最小的方差。令 $b_2^* = \sum k_i y_i$（其中 k_i 是常数）为 β_2 的任一其他线性估计量。为了与最小二乘估计量 b_2 的比较更容易，假设 $k_i = w_i + c_i$，其中 c_i 为任意常数，w_i 在公式（2.11）中已给出。虽然这有些取巧，但是它是合理的，因为对于任意 k_i，我们都能找到一个 c_i。以这个新的估计量替换 y_i 并做简化，使用附录2D中 w_i 的性质，因为 $\sum w_i = 0$ 和 $\sum w_i x_i = 1$，我们得到：

$$
\begin{aligned}
b_2^* &= \sum k_i y_i = \sum (\,w_i + c_i\,) y_i = \sum (\,w_i + c_i\,)(\,\beta_1 + \beta_2 x_i + e_i\,) \\
&= \sum (\,w_i + c_i\,)\beta_1 + \sum (\,w_i + c_i\,)\beta_2 x_i + \sum (\,w_i + c_i\,) e_i \\
&= \beta_1 \sum w_i + \beta_1 \sum c_i + \beta_2 \sum w_i x_i + \beta_2 \sum c_i x_i + \sum (\,w_i + c_i\,) e_i \\
&= \beta_1 \sum c_i + \beta_2 + \beta_2 \sum c_i x_i + \sum (\,w_i + c_i\,) e_i
\end{aligned}
\tag{2F.1}
$$

对公式（2F.1）最后一行取数学期望，利用期望的性质和 $E\,(\,e_i|\mathbf{x}\,) = 0$ 的假设：

$$
\begin{aligned}
E\,(\,b_2^*|\mathbf{x}\,) &= \beta_1 \sum c_i + \beta_2 + \beta_2 \sum c_i x_i + \sum (\,w_i + c_i\,) E\,(\,e_i|\mathbf{x}\,) \\
&= \beta_1 \sum c_i + \beta_2 + \beta_2 \sum c_i x_i
\end{aligned}
\tag{2F.2}
$$

为了使线性估计量 $b_2^* = \sum k_i y_i$ 无偏，下式必须为真：

$$
\sum c_i = 0 \text{ 且 } \sum c_i x_i = 0
\tag{2F.3}
$$

这些条件必须满足，以使得 $b_2^* = \sum k_i y_i$ 为线性无偏估计量。因此我们假设条件（2F.3）成立，并使用它们来简化表达式（2F.1）：

$$
b_2^* = \sum k_i y_i = \beta_2 + \sum (\,w_i + c_i\,) e_i
\tag{2F.4}
$$

我们现在可以根据附录2E的步骤和如下增加的事实求出线性无偏估计量 b_2^* 的方差：

$$\sum c_i w_i = \sum \left[\frac{c_i(x_i - \bar{x})}{\sum(x_i - \bar{x})^2} \right] = \frac{1}{\sum(x_i - \bar{x})^2} \sum c_i x_i - \frac{\bar{x}}{\sum(x_i - \bar{x})^2} \sum c_i = 0$$

利用方差的性质，得到：

$$\begin{aligned}
\mathrm{var}(b_2^*|\mathbf{x}) &= \mathrm{var}\{[\beta_2 + \sum(w_i + c_i)e_i]|\mathbf{x}\} = \sum(w_i + c_i)^2 \mathrm{var}(e_i|\mathbf{x}) \\
&= \sigma^2 \sum(w_i + c_i)^2 = \sigma^2 \sum w_i^2 + \sigma^2 \sum c_i^2 \\
&= \mathrm{var}(b_2|\mathbf{x}) + \sigma^2 \sum c_i^2 \\
&\geqslant \mathrm{var}(b_2|\mathbf{x})
\end{aligned}$$

由于 $\sum c_i^2 \geqslant 0$，得出最后一行的结论，对于任何其他线性无偏估计量 b_2^*，每个估计量的方差都大于或等于最小二乘估计量 b_2。当且仅当 $c_i = 0$ 时，有 $\mathrm{var}(b_2^*) = \mathrm{var}(b_2)$，此时 $b_2^* = b_2$。因此，没有其他 β_2 的线性无偏估计量优于最小二乘估计量 b_2。这就证明了高斯-马尔可夫定理。

附录 2G　第 2.10 节介绍的结果证明

2G.1　严格外生性的含义

首先，如果 x 是严格外生的，则误差项 e_i 的无条件期望值为零。

为了证明这一点，我们使用迭代期望定律：

$$E(e_i) = E_{x_j}[E(e_i|x_j)] = E_{x_j}(0) = 0$$

其次，X 和 Y 之间的协方差，如在"概率入门"部分 P.6.5 中讨论的，可以计算为 $\mathrm{cov}(X, Y) = E_X[(X - \mu_X)E(Y|X)]$。使用此结果，我们得到：

$$\mathrm{cov}(x_j, e_i) = E_{x_j}\{[x_j - E(x_j)]E(e_i|x_j)\} = E_{x_j}\{[x_j - E(x_j)]0\} = 0$$

如果 x 是严格外生的，则对于 i 和 j 的所有值，x_j 和 e_i 之间的协方差都是零。回想一下，零协方差意味着"没有线性关联"，而不是统计上独立。因此，严格的外生性排除了 x_j 和 e_i 之间的任何协方差、任何线性关联。运用 $E(e_i) = 0$ 和 $E(x_j)$ 不是随机的事实，x_j 和 e_i 之间的协方差公式可以重写为更简单的期望公式：

$$\begin{aligned}
\mathrm{cov}(x_j, e_i) &= E\{[x_j - E(x_j)][e_i - E(e_i)]\} = E\{[x_j - E(x_j)]e_i\} \\
&= E(x_j e_i) - E[E(x_j)e_i] = E(x_j e_i) - E(x_j)E(e_i) = E(x_j e_i)
\end{aligned}$$

严格的外生性意味着，对于所有 x_j 和 e_i，$E(x_j e_i) = 0$。

使用协方差分解，我们可以得到更多。设 $g(x_j)$ 是 x_j 的函数，则：

$$\begin{aligned}
\mathrm{cov}[g(x_j), e_i] &= E_{x_j}\{[g(x_j) - E(g(x_j))]E(e_i|x_j)\} = E_{x_j}\{[g(x_j) - E(g(x_j))]0\} = 0 \\
&= E[g(x_j)e_i]
\end{aligned}$$

如果 x 是严格外生的，则对于 i 和 j 的所有值，x_j（如 x_j^2 或 $\ln(x_j)$）与 e_i 之间的协方差都为零。因此，严格的外生性排除了 x_j 的函数与 e_i 之间的任何协方差、任何线性关联。

2G.2　随机独立变量 x 的情况

在第 2.10.1 节中，我们考虑了 x 值是随机的但在统计上独立于随机误差 e 的情况。在本附录中，我们给出结论背后的代数关系。考虑 b_2 是斜率参数 β_2 的最小二乘估计量。b_2 是一个线性估计量，如公式（2.10）所示，$b_2 = \sum_{i=1}^{N} w_i y_i$，其中 $w_i = (x_i - \bar{x}) / \sum_{i=1}^{N} (x_i - \bar{x})^2$。注意 $w_i = g(x_1, \cdots, x_N)$ 是所有随机 x_i 值的函数，它是随机的。为了方便起见，让 x 表示 $x_1, \cdots, x_N$，因此 $w_i = g(x_1, \cdots, x_N) = g(\mathbf{x})$。由于 IRX5 明确表示，对于 i 和 j 的所有值，x_i 是随机的，并且在统计上独立于随机误差 e_i，所以 $w_i = g(\mathbf{x})$ 在统计上与每个随机误差 e_i 无关。代入 $y_i = \beta_1 + \beta_2 x_i + e_i$，得到 $b_2 = \beta_2 + \sum w_i e_i$，利用 $E(w_i e_i) = E(w_i) E(e_i)$ 的独立性，我们有：

$$E(b_2) = \beta_2 + \sum E(w_i e_i) = \beta_2 + \sum E(w_i) E(e_i) = \beta_2 + \sum E(w_i) 0 = \beta_2$$

在 x 是随机的但统计上不依赖于误差项的情况下，最小二乘估计是无条件无偏的。最小二乘估计量的方差的推导以类似的方式变化：

$$\text{var}(b_2) = E[(b_2 - \beta_2)^2] = E[(\beta_2 + \sum w_i e_i - \beta_2)^2] = E[(\sum w_i e_i)^2]$$

$$= E\left(\sum w_i^2 e_i^2 + \sum\sum_{i \neq j} w_i w_j e_i e_j\right)$$

$$= \sum E(w_i^2) E(e_i^2) + \sum\sum_{i \neq j} E(w_i w_j) E(e_i e_j)$$

$$= \sigma^2 \sum E(w_i^2) = \sigma^2 E(\sum w_i^2) = \sigma^2 E\left[\frac{1}{\sum(x_i - \bar{x})^2}\right]$$

在第三行中，我们两次使用了 w_i 的统计独立性和每个随机误差 e_i。在第四行中，我们使用了这样一个事实：和的期望值是期望值之和。最后，$\sum w_i^2$ 是已知的，如附录 2E 所示。

通常误差方差的估计量为 $\hat{\sigma}^2 = \sum \hat{e}_i^2 / (N - 2)$，条件依存于 $\mathbf{x}$，估计量是无偏的，$E(\hat{\sigma}^2 | \mathbf{x}) = \sigma^2$。证明是杂乱的，没有展示出来。这是一个条件期望，即给定 $x_1, \cdots, x_N$，估计量 $\hat{\sigma}^2$ 是无偏的。现在我们使用"概率入门"第 P.6.3 节的迭代期望定律：

$$E(\hat{\sigma}^2) = E_x[E(\hat{\sigma}^2 | \mathbf{x})] = E_x[\sigma^2] = \sigma^2$$

其中，$E_x()$ 是视 $\mathbf{x}$ 为随机变量的期望值。因为条件期望 $E(\hat{\sigma}^2 | \mathbf{x}) = \sigma^2$ 是不依存于 $\mathbf{x}$ 的常数，视 x 为随机变量的期望值也是常数 σ^2。因此，在这种情况下，x 是随机的且独立于误差，$\hat{\sigma}^2$ 是条件和无条件无偏的。

最小二乘估计量的方差是：

$$\text{var}(b_2) = \sigma^2 E_x\left[\frac{1}{\sum(x_i - \bar{x})^2}\right]$$

根据（2.21），通常方差估计量为：

$$\widehat{\text{var}}(b_2 | \mathbf{x}) = \hat{\sigma}^2 \frac{1}{\sum(x_i - \bar{x})^2}$$

它是条件依存于 $\mathbf{x}$ 的 $\text{var}(b_2)$ 的无偏估计量。利用迭代期望定律，我们得到：

$$E_x\left\{E\left[\widehat{\text{var}}(b_2 | \mathbf{x})\right]\right\} = E_x\left\{\sigma^2 \frac{1}{\sum(x_i - \bar{x})^2} \bigg| \mathbf{x}\right\} = \sigma^2 E_x\left[\frac{1}{\sum(x_i - \bar{x})^2}\right] = \text{var}(b_2)$$

因此，通常 $\text{var}(b_2)$ 的估计量是无偏的。

高斯-马尔可夫定理如何呢？对于固定的 x，或者给定的 $\mathbf{x}$，$\text{var}(b_2|\mathbf{x})$ 比任何其他线性无偏估计量 b_2^* 的方差 $\text{var}(b_2^*|\mathbf{x})$ 更小，即：

$$\text{var}(b_2|\mathbf{x}) < \text{var}(b_2^*|\mathbf{x})$$

使用方差分解，因为 $\text{var}_x[E(b_2|\mathbf{x})] = \text{var}_x(\beta_2) = 0$，所以 $\text{var}(b_2) = \text{var}_x[E(b_2|\mathbf{x})] + E_x[\text{var}(b_2|\mathbf{x})] = E_x[\text{var}(b_2|\mathbf{x})]$。同样，$\text{var}(b_2^*) = E_x[\text{var}(b_2^*|\mathbf{x})]$。因此，

$$\text{var}(b_2) = E_x[\text{var}(b_2|\mathbf{x})] < \text{var}(b_2^*) = E_x[\text{var}(b_2^*|\mathbf{x})]$$

这个论点的逻辑是，对于任何给定的 $\mathbf{x}$，如果 $\text{var}(b_2|\mathbf{x})$ 小于任何其他估计量的方差 $\text{var}(b_2^*|\mathbf{x})$，那么它也必须对所有 $\mathbf{x}$ 都成立，并且如果我们通过将 $\mathbf{x}$ 作为随机的期望值 $E_x()$ 来对所有可能的 $\mathbf{x}$ 进行平均，它将仍然成立。

最后，正态性如何？如果 IRX6 成立，$e_i \sim N(0, \sigma^2)$，则最小二乘估计量的概率分布是什么？我们利用了 $b_2 = \beta_2 + \sum w_i e_i$ 这一事实。如果 w_i 是常数，则我们可以断言最小二乘估计量服从正态分布，因为正态随机变量的线性组合服从正态分布。然而，在随机变量为 x 的情况下，即使 x 与 e 无关，$w_i e_i$ 的分布也不是正态分布。函数 $w_i = g(x_1, \cdots, x_N)$ 具有未知的概率分布，其与正态分布 e_i 的乘积导致未知的分布。我们可以说 $b_2|\mathbf{x}$ 服从正态分布，因为条件依存于 $x_1, \cdots, x_N$，意味着它们被视为给定的或固定的。

2G.3　随机严格外生变量 x 的情况

在第 2.10.2 节中，我们考察了一个比 x 和 e 的统计独立性弱的假设的结果。我们断言，即使在所谓的"严格的外生性"的弱假设下，最小二乘估计量的性质也不变。在此我们给出证明。斜率参数 b_2 的最小二乘估计量是一个线性估计量，如公式（2.10）所示，$b_2 = \sum_{i=1}^N w_i y_i$，其中 $w_i = (x_i - \bar{x}) / \sum_{i=1}^N (x_i - \bar{x})^2$。请注意，$w_i = g(x_1, \cdots, x_N)$ 是所有随机 x_i 值的函数并且它是随机的。代入 $y_i = \beta_1 + \beta_2 x_i + e_i$，我们得到 $b_2 = \beta_2 + \sum w_i e_i$。严格的外生性假设是，对于 i 和 j 的所有值，$E(e_i|x_j) = 0$，或者等价地，$E(e_i|\mathbf{x}) = 0$。利用迭代期望定律，我们证明 b_2 是一个有条件的无偏估计。首先，给定 $\mathbf{x}$，求出 b_2 的条件期望：

$$E(b_2|\mathbf{x}) = \beta_2 + \sum E(w_i e_i|\mathbf{x}) = \beta_2 + \sum w_i E(e_i|\mathbf{x}) = \beta_2 + \sum w_i 0 = \beta_2$$

这相当于假定 $\mathbf{x}$ 是给定的，函数 $w_i = g(x_1, \cdots, x_N)$ 被视为常数，并且在第三等式中被提取出来。运用迭代期望定律，我们发现：

$$E(b_2) = E_x[E(b_2|\mathbf{x})] = E_x(\beta_2) = \beta_2$$

符号 $E_x()$ 表示视 $\mathbf{x}$ 为随机的期望值。在这种情况下，这并不困难，因为 β_2 是恒定的、非随机的参数。在严格的外生性条件下，最小二乘估计量在条件和无条件依存于 $\mathbf{x}$ 的情况下都是无偏的。

最小二乘估计量方差的推导也有类似的变化。首先给定 $\mathbf{x}$，求出 b_2 的方差。

$$\mathrm{var}\,(\,b_2|\mathbf{x}\,) = E\,[\,(\,b_2 - E\,(\,b_2|\mathbf{x}\,)\,)^2|\mathbf{x}\,] = E\,[\,(\,\beta_2 + \sum w_i e_i - \beta_2)^2|\mathbf{x}\,] = E\,[\,(\,\sum w_i e_i)^2|\mathbf{x}\,]$$

$$= E\left[\left(\sum w_i^2 e_i^2 + \sum\sum_{i \neq j} w_i w_j e_i e_j\right)\Big|\mathbf{x}\right] = \sum w_i^2 E\,(\,e_i^2|\mathbf{x}\,) + \sum\sum_{i \neq j} w_i w_j E\,(\,e_i e_j|\mathbf{x}\,)$$

$$= \sigma^2 \sum w_i^2 = \frac{\sigma^2}{\sum (\,x_i - \bar{x}\,)^2}$$

给定 $\mathbf{x}$ 求 b_2 的方差与假设 $\mathbf{x}$ 是随机的且统计上独立于随机误差时的方差完全相同。现在，根据概率方程（P.29），利用方差分解，求出 b_2 的方差。对于两个随机变量 X 和 Y，

$$\mathrm{var}\,(\,Y\,) = \mathrm{var}_X[\,E\,(\,Y|X\,)\,] + E_X[\,\mathrm{var}\,(\,Y|X\,)\,]$$

让 $Y = b_2$ 并且 $X = \mathbf{x}$，我们得到：

$$\mathrm{var}\,(\,b_2\,) = \mathrm{var}_\mathbf{x}[\,E\,(\,b_2|\mathbf{x}\,)\,] + E_\mathbf{x}[\,\mathrm{var}\,(\,b_2|\mathbf{x}\,)\,] = \mathrm{var}_\mathbf{x}(\beta_2) + E_\mathbf{x}\left[\frac{\sigma^2}{\sum (\,x_i - \bar{x}\,)^2}\right] = \sigma^2 E_\mathbf{x}\left[\frac{1}{\sum (\,x_i - \bar{x}\,)^2}\right]$$

因为 $\mathrm{var}_\mathbf{x}(\beta_2) = 0$。这与 x_i 和 e_i 在统计上独立的情况完全相同。

2G.4　随机抽样

在随机抽样的情况下，数据组合 (y_i, x_i) 服从 iid（独立同分布），严格的外生性假设缩减为 $E\,(\,e_i|x_i\,) = 0$。上一节中的结果以完全相同的方式成立，因为 $E\,(\,e_i|\mathbf{x}_i\,) = 0$ 仍然是真的。

附录2H　蒙特卡罗模拟

如果第 2.1 节的假设成立，最小二乘估计量的统计性质就能很好地被描述。实际上，我们知道最小二乘估计量是在这些假设条件下的回归参数的最优线性无偏估计量。并且，如果随机误差项服从正态分布，那么我们知道估计量在重复实验中也是服从正态分布的。"重复实验"的意义很难把握。蒙特卡罗模拟实验使用随机数据生成器来复制随机的数据获得方式。在蒙特卡罗模拟中，我们设定一个数据生成过程，并创造人工数据样本。然后我们用这些被创造的数据尝试"实验"估计方法。我们创造许多样本容量为 N 的样本，并检验这些估计量的重复抽样性质。利用这个方法，我们能够研究统计方法在理想或非理想条件下的表现。由于经济、商业和社会科学数据并非总是如我们所假设的那样完美，因此这个方法很重要。

对于简单线性回归模型，数据生成过程为：

$$y_i = E\,(\,y_i|x_i\,) + e_i = \beta_1 + \beta_2 x_i + e_i, i = 1,\cdots,N$$

通过将随机误差项 e_i 加入到回归函数 $E\,(\,y_i|x_i\,)$ 中，我们得到（或生成）被解释变量 y_i 的每个值。为了模拟 y_i 的值，我们为回归关系 $E\,(\,y_i|x_i\,)$ 的系统性部分赋值，再加上随机误差项 e_i。这与物理实验是相似的：都是将变量因素设定在固定水平上，然后进行实验。由于有随机不可控的误差项，每个实验的结果是不一样的。

2H.1　回归函数

回归函数 $E\,(\,y_i|x_i\,) = \beta_1 + \beta_2 x_i$ 是回归关系中的系统部分。为创建这些值，必须满足：

1.样本容量为 N。从第2.4.4节的讨论中可知，样本容量越大，最小二乘估计量 b_1 和 b_2 的精确度越高。根据本书中的例子，选择 $N=40$。这并不是一个大样本，但是假设 SR1-SR5 成立，那么在简单回归模型中最小二乘估计量的性质对任何 $N > 2$ 的样本都是成立的。在更复杂的情况下，通过改变样本容量来探寻估计量的表现也是模拟的一个重要因素。

2.我们必须选择 x_i 值。我们假设在重复实验中，解释变量的值是固定的。根据图2-1，[①] 我们设定 $x_1, x_2, \cdots, x_{20} = 10$，$x_{21}, x_{22}, \cdots, x_{40} = 20$，使用本章的假设，即 x 以100为单位来衡量。如何选择 x_i 的值重要吗？答案是肯定的。最小二乘估计量的方差与协方差取决于 x_i 和 $\sum (x_i - \bar{x})^2$ 的变化，即取决于值离原点有多远（由 $\sum x_i^2$ 来衡量）以及 x_i 离样本均值 $\bar{x}$ 有多远。所以，如果 x_i 值改变，最小二乘估计量的估计精度也会改变。

3.我们必须选择 β_1 和 β_2。有趣的是，在假设 SR1-SR5 下，对于最小二乘估计量，这些参数的实际大小并不重要。估计量的方差和协方差并不取决于它们。最小二乘估计量和参数真实值的差异 $E(b_2) - \beta_2$（由公式（2.13）给出）并不取决于 β_2 的大小，只取决于 x_i 值和随机误差项 e_i。为了与图2-10中的回归结果大致比较一下，我们设定 $\beta_1=100$，$\beta_2=10$。

根据上述赋值，我们可以创建 $N=40$ 个值的期望公式 $E(y_i|x_i) = \beta_1 + \beta_2 x_i$，这些数值是：

$$E(y_i|x_i = 10) = 100 + 10x_i = 100 + 10 \times 10 = 200, \quad i = 1, \cdots, 20$$
$$E(y_i|x_i = 20) = 100 + 10x_i = 100 + 10 \times 20 = 300, \quad i = 21, \cdots, 40$$

2H.2 随机误差项

与假设 SR2-SR4 一致，随机误差项的均值为0，方差为常数 $\mathrm{var}(e_i|x_i) = \sigma^2$，无自相关，$\mathrm{cov}(e_i, e_j|\mathbf{x}) = 0$。数值分析领域的研究者已经研究出如何从多种概率分布（如正态分布）中模拟随机数字。当然，计算机生成的数字并不真的是随机的，因为它们是由一个计算机代码生成的。由计算机软件生成的随机数字是"伪随机的"，它们只是看起来像随机数字。使用所谓的 Mersenne Twister 算法，生成的数字将从取出大约 $2^{19\,937}$ 个值之后开始循环。每个软件商使用他们自己的随机数据生成器版本。因此，你不能预期得到与我们完全相同的数据，并且你的重复将会产生稍微不同的结果，不过主要的结论会是相同的。如何生成随机数据的讨论，见附录 B.4。

根据假设 SR6，我们假设随机误差项服从正态分布，具有均值0和同方差 $\mathrm{var}(e_i|x_i) = \sigma^2$。方差 σ^2 通过公式（2.14）至公式（2.16）中的最小二乘估计量的方差和协方差影响估计的精度。σ^2 的值越大，最小二乘估计量的方差和协方差越大，估计量的概率分布越分散，如图2-11所示。我们选择 $\mathrm{var}(e_i|x_i) = \sigma^2=2\,500$，这也意味着 $\mathrm{var}(y_i|x_i) = \sigma^2=2\,500$。

2H.3 理论上的真实值

使用上述数值，我们在图 2H-1 中画出 y_i 在理论上真正的概率密度函数。左边的实线

---

① 该设计用于 Briand，G. & Hill，R. C.（2013）. Teaching Basic Econometric Concepts using Monte CarloSimulations in Excel，*International Review of Economics Education*，12（1），60–79.

是 $N(200, 2500 = 50^2)$。前 20 个模拟观测值符合这个概率密度函数。右边的虚线是 $N(300, 2500 = 50^2)$，是后 20 个模拟观测值的概率密度函数。

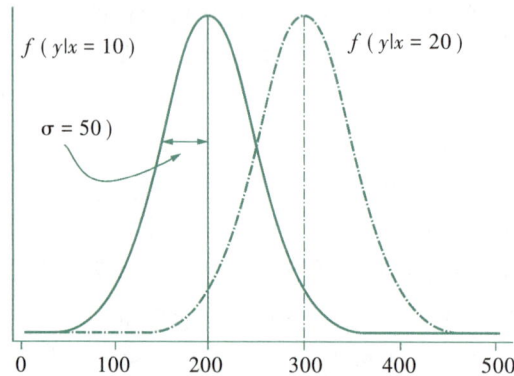

图 2H-1　数据的真实概率密度函数

给定参数 $\sigma^2 = 2\,500$ 和 x_i 的值，我们能计算出估计量的真实方差：

$$\text{var}(b_1|\mathbf{x}) = \sigma^2 \left[\frac{\sum x_i^2}{N \sum (x_i - \bar{x})^2} \right] = 2\,500 \left[\frac{10\,000}{40 \times 1\,000} \right] = 625$$

$$\text{var}(b_2|\mathbf{x}) = \frac{\sigma^2}{\sum (x_i - \bar{x})^2} = \frac{2\,500}{1\,000} = 2.50$$

$$\text{cov}(b_1, b_2|\mathbf{x}) = \sigma^2 \left[\frac{-\bar{x}}{\sum (x_i - \bar{x})^2} \right] = 2\,500 \left[\frac{-15}{1\,000} \right] = -37.50$$

b_2 的真实标准差是 $\sqrt{\text{var}(b_2|\mathbf{x})} = \sqrt{2.50} = 1.5811$。$b_2|\mathbf{x}$ 的真实概率密度函数是 $N(\beta_2 = 10, \text{var}(b_2|\mathbf{x}) = 2.5)$。对于标准正态分布，使用统计表 1 中标准正态分布的累积概率，我们发现，正态分布的 98% 的值落在均值的 2.33 个标准差之内。使用这个法则估计 b_2，得到：

$$\beta_2 \pm 2.33 \times \sqrt{\text{var}(b_2|\mathbf{x})} = 10 \pm 2.33 \times 1.5811 = [6.316, 13.684]$$

我们预期几乎所有（98% 的）b_2 的值都落在 6.32~13.68 的区间。估计量 b_2 的真实概率密度函数如图 2H-2 所示。

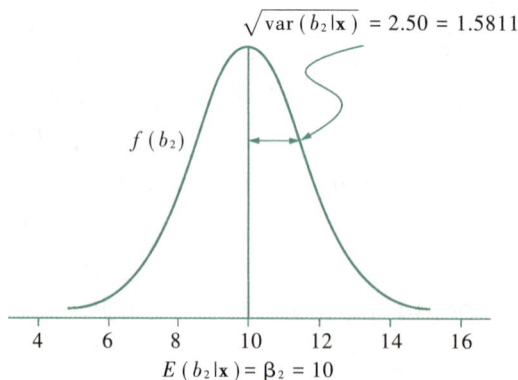

图 2H-2　估计量 b_2 的真实概率密度函数

2H.4　生成数据样本

根据标准正态分布 $N(0, \sigma^2)$，大部分软件都能自动生成随机值 z_i。为了从 $N(0, \sigma^2)$ 分布获得一个随机值，我们将 z_i 乘以标准离差 σ，即 $e_i = \sigma \times z_i$。给定从标准正态分布得到的 z_i 值，我们得到所选 DGP 中的 N=40 个采样值：

$$y_i = E(y_i|x_i=10) + e_i = 200 + 50 \times z_i \quad i = 1, \cdots, 20$$
$$y_i = E(y_i|x_i=20) + e_i = 300 + 50 \times z_i \quad i = 21, \cdots, 40$$

一份数据样本在 mc1_fixed_x 文件夹中。运用这些数据，我们获得最小平方估计。将系数估计值和标准误一起显示是很方便的，标准误报告在系数下面：

$$\hat{y} = 127.2055 + 8.7325x$$
$$(\text{se})(23.3262)(1.4753)$$

估计 $\hat{\sigma}$ =46.6525。b_1 和 b_2 的估计方差和协方差分别是 $\widehat{\text{var}}(b_1) = 544.1133$，$\widehat{\text{var}}(b_2)$ =2.1765，$\widehat{\text{cov}}(b_1, b_2) = -32.6468$。

对于这个样本，参数估计值相当接近于其真实值。然而，在一个样本中产生的结果并不能证明什么。根据同一个数据生成过程，最小二乘估计量的重复抽样性质是在许多数据样本中产生的结果。

2H.5　蒙特卡罗实验的目标

我们希望从一个蒙特卡罗实验中达到什么目标？在进行蒙特卡罗实验之后，我们将得到很多的最小二乘估计值。如果我们获得了 M =10 000 个样本，我们将有 10 000 个 $b_{1,1}, \cdots, b_{1,M}$ 估计值、10 000 个 $b_{2,1}, \cdots, b_{2,M}$ 估计值和 10 000 个 $\hat{\sigma}_1^2, \cdots, \hat{\sigma}_M^2$ 估计值。

- 我们想要证明在假设 SR1–SR5 下，最小二乘估计量是无偏的。如果 $E(b_2) = \beta_2$，估计量 b_2 是无偏的。因为期望值是在许多次重复估计实验中的平均值，所以我们可以观测到所有斜率估计值的平均值，$\bar{b}_2 = \sum_{m=1}^{M} b_{2m}/M$，接近于 $\beta_2 = 10$。

- 我们想要证明在假设 SR1–SR5 下，最小二乘估计量有公式（2.14）和公式（2.16）给出的抽样方差。估计方差衡量估计中的抽样方差。在蒙特卡罗模拟中，估计的抽样方差能由它们的样本方差来衡量。例如，$b_{2,1}, \cdots, b_{2,M}$ 的样本方差是 $s_{b_2}^2 = \sum_{m=1}^{M} (b_{2,m} - \bar{b}_2)^2/(M-1)$，这个值应该很接近 $\text{var}(b_2) = 2.50$，并且标准差 s_{b_2} 应该很接近回归估计真实的标准差 1.5811。

- 我们想要证明误差方差（2.19）的估计量是 σ^2 =2 500 的无偏估计量，或者说 $\hat{\sigma}^2 = \sum_{m=1}^{M} \hat{\sigma}_m^2/M$ 接近真实值。

- 因为我们假设随机误差项是正态的（SR6），我们预期最小二乘估计量服从正态分布。

2H.6　蒙特卡罗实验的结果

蒙特卡罗实验的数值结果如表 2H-1 所示。10 000 个蒙特卡罗估计值的均值（或称"样本均值"）接近于其真实值。

表 2H-1 10 000 个蒙特卡罗样本的汇总统计值

	平均值	方差	标准差	最小值	最大值	第1百分位数	第99百分位数
$b_1(100)$	99.7463	613.4323	24.7676	12.1000	185.5361	42.2239	156.5996
$b_2(10)$	10.0130	2.4691	1.5713	4.5881	16.5293	6.3268	13.6576
$\hat{\sigma}^2(2\,500)$	2 490.67	329 964.7	574.4256	976.447	5 078.383	1 366.225	4 035.681

例如，与真实值 $\beta_2=10$ 相比较，斜率估计值的平均值为 $\bar{b}_2 = \sum_{m=1}^{M} b_{2m}/M = 10.0130$。与真实值 $\mathrm{var}(b_2) = 2.50$ 相比较，估计值的样本方差为 $s_{b_2}^2 = \sum_{m=1}^{M}(b_{2,m} - \bar{b}_2)^2/(M-1) = 2.4691$。与真实的标准差 $\sqrt{\mathrm{var}(b_2)} = \sqrt{2.50} = 1.5811$ 相比较，估计值的标准差为 $s_{b_2} = 1.5713$。理论上 b_2 的第1百分位数和第99百分位数为 $[6.316, 13.684]$，这反映在估计值 $[6.3268, 13.6576]$ 中。

至于估计值的正态性，我们从图 2H-3 中可以看出，实际值与叠加的正态分布非常接近。[1]

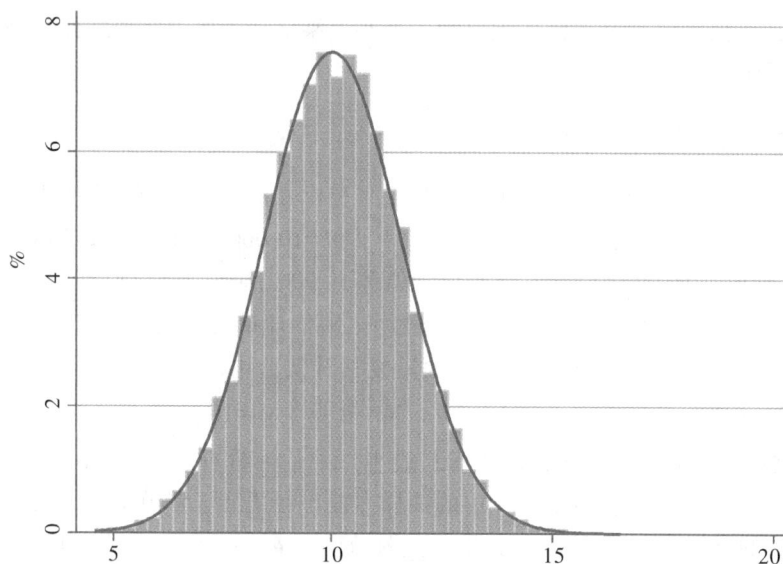

图 2H-3 10 000 个蒙特卡罗样本中 b_2 的抽样分布

如果你要重复这些结果，建议进行如下练习：

1.使用附录 C.6.1 中描述的检验，检验 $\bar{b}_2$ 的均值是否等于 β_2。

2.计算估计值落在给定区间（如8至9之间）内的百分比，并将其与基于正态分布的概率进行比较。

2H.7 随机变量 x 蒙特卡罗结果

在上述模拟结果中，我们采用了"固定变量 x"的框架。在每个蒙特卡罗样本中，对

---

[1] 正态分布是对称的，没有偏度，对于估计值 b_2，偏度为 -0.0027。正态分布的峰度为3，对于估计值 b_2，峰度为 3.02。将偏度和峰度衡量相结合的 Jarque-Bera 检验统计值为 0.1848，p 值为 0.91，这意味着我们没有拒绝正态性假设。Jarque-Bera 检验的讨论见附录 C.7.4。

于前 20 个观测值，x 值为 $x_i = 10$；对于后 20 个观测值，$x_i = 20$。现在，我们将实验修正为随机变量 x 的情形。数据生成方程仍为 $y_i = 100 + 10x_i + e_i$，随机误差服从正态分布，均值为零，标准差为 50，$e_i \sim N(0, 50^2 = 2\,500)$。我们从均值 $\mu_x = 15$、标准差 $\sigma_x = 1.6$ 的正态分布中随机选取 x 值，所以 $x \sim N(15, 1.6^2 = 2.56)$。我们选择 $\sigma_x = 1.6$，这样随机变量 x 值有 99.73% 的机会落在 10.2 和 19.8 之间，这在实质上类似于前一节中的固定变量 x 模拟。

文件 $mc1\_random\_x$ 中有一个样本数据，使用这些值，我们得到最小二乘估计值与标准差为：

$$\hat{y} = 116.7410 + 9.7628x$$
$$(\text{se})\,(84.7107)\,(5.5248)$$

估计值 $\hat{\sigma} = 51.3349$。估计值接近真实值。

表 2H-2　　　　　　　　　　　10 000 个随机变量 x 蒙特卡罗样本的汇总统计值

	平均值	方差	标准差	最小值	最大值	第1百分位数	第99百分位数
$b_1(100)$	99.4344	6 091.4412	78.0477	−196.8826	405.8328	−83.1178	283.8266
$b_2(10)$	10.0313	26.8503	5.1817	−10.4358	29.3168	−2.2196	22.3479
$\text{var}(b_2)(26.3936)$	26.5223	78.9348	8.8845	7.8710	91.1388	11.8325	54.0177
$\hat{\sigma}^2(2\,500)$	2 498.4332	332 622.6	576.7344	809.474	5 028.047	1 366.957	4 056.279

蒙特卡罗实验的数值结果如表 2H-2 所示。10 000 个蒙特卡罗估计值的均值（或"样本均值"）接近其真实值。

例如，斜率估计值的均值为 $\bar{b}_2 = \sum_{m=1}^{M} b_{2,m}/M = 10.0313$，而真实值 $\beta_2 = 10$。在随机变量为 x 的情况下，最小二乘估计量的真实方差为：

$$\text{var}(b_2) = \sigma^2 E\left[\frac{1}{\sum_{i=1}^{N}(x_i - \bar{x})^2}\right] = \frac{\sigma^2}{(N-3)\sigma_x^2} = \frac{2\,500}{(37)(2.56)} = 26.3936$$

计算方差时，我们使用由 x 的正态性产生的特殊性质。当 x 服从正态分布 $N(\mu_x, \sigma_x^2)$ 时，σ_x^2 的无偏估计量为 $s_x^2 = \sum_{i=1}^{N}(x_i - \bar{x})^2/(N-1)$。

在附录 C.7.1 中，我们使用以下事实：$(N-1)s_x^2/\sigma_x^2 \sim \chi_{(N-1)}^2$。这意味着 $V = \sum_{i=1}^{N}(x_i - \bar{x})^2 \sim \sigma_x^2 \chi_{(N-1)}^2$。利用逆卡方分布的性质，$E(1/V) = E\left[1/\sum_{i=1}^{N}(x_i - \bar{x})^2\right] = 1/[(N-3)\sigma_x^2]$。[1]请注意，估计出的 $\text{var}(b_2)$ 的蒙特卡罗均值为 26.5223，证实了 $\widehat{\text{var}}(b_2) = 2\,500/[37(2.56)] = 26.3936$，即使在随机变量为 x 的情况下，也是无偏估计量。

然而，回想一下，在随机变量为 x 的情况下，最小二乘估计量 b_2 的分布是不服从正态分布的。10 000 个蒙特卡罗估计值的直方图如图 2H-4 所示。它是对称的，但是有太多的中心值，而且峰值太高。统计上，我们可以拒绝这种分布服从正态分布。[2]

---

[1]　这一结果背后的理论见附录 B.3.6 和附录 C.7.1。
[2]　正态分布是对称的，没有偏度，对于估计值 b_2，偏度为−0.001。正态分布的峰度为 3，对于估计值 b_2，峰度为 3.14。将偏度和峰度衡量相结合的 Jarque-Bera 检验统计量为 8.32，p 值为 0.016，在 5% 的显著性水平上，我们拒绝正态性假设。有关 Jarque-Bera 检验的讨论，见附录 C.7.4。

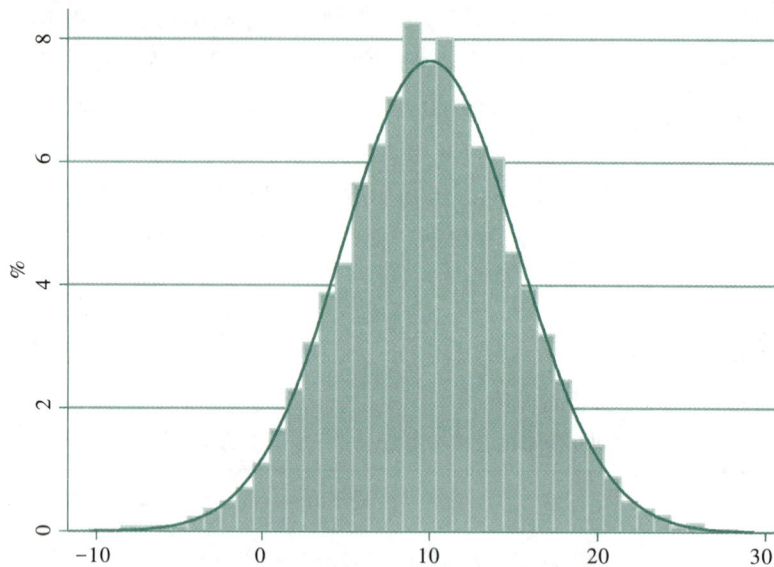

图 2H-4 当 x 在重复试验中是随机变量时，10 000 个蒙特卡罗样本中 b_2 的抽样分布

如果你要重复这些结果，建议进行如下练习：

1. 使用附录 C.6.1 中描述的检验，检验 $\bar{b}_2$ 的均值是否等于 β_2。

2. 计算估计值落在给定区间（例如在 8 和 9 之间）的百分比，并将其与基于正态分布的概率进行比较。

区间估计与假设检验

学习目标

基于本章的内容，你应该能够：

1. 讨论"抽样理论"与区间估计和假设检验有何关联。

2. 解释为什么给定 x、最小二乘估计量 b_1 和 b_2 是正态分布随机变量对于统计推断很重要。

3. 解释区间估计量的"置信水平"和其在重复抽样中的含义，并举出例子。

4. 解释区间估计量和区间估计值之间的差异。说明如何解释区间估计值。

5. 解释原假设、备择假设和拒绝域的含义，举例说明并画图表示拒绝域。

6. 解释假设检验的逻辑，包括如果在原假设为真时，为什么检验统计量服从已知的概率分布很重要。

7. 解释 p 值的含义以及如何用 p 值决定假设检验的结果，并以图形说明 p 值。

8. 解释单尾检验和双尾检验的差异，并直观地说明如何确定单尾检验的拒绝域。

9. 解释第一类错误的含义并用图形说明。定义检验的显著性水平。

10. 解释经济上显著和统计上显著之间的差异。

11. 解释在何种情况下原假设成立，在何种情况下备择假设成立。

关键词

备择假设	显著性水平	p 值
置信区间	参数线性组合	拒绝域
临界值	线性假设	显著性检验
自由度	原假设	检验统计值
假设	单尾检验	双尾检验
假设检验	关键统计量	第一类错误
推断	点估计值	第二类错误
区间估计	概率值	

在第 2 章中，我们利用最小二乘估计量来推导简单线性回归模型中参数的点估计值。这些估计值是对描述经济变量之间关系的回归模型 $E(y|x) = \beta_1 + \beta_2 x$ 的推断。推断就是指从已知或者假设的事物中推理得出结论。字典中也描述了统计推断的含义。我们已经假设经济变量之间存在某种关系，并对回归模型做了各种假设（SR1-SR5）。基于这些假设，

给定回归参数的实证估计值，我们希望从所获得的数据中做出关于总体的推断。

在本章中，我们介绍统计推断的其他工具：区间估计和**假设检验**。区间估计是一种创建数值范围的方法，这个数值范围有时也被称为**置信区间**，其中可能会有未知参数。假设检验是比较回归参数推测值与从数据样本中得到的参数估计值的方法。假设检验的结果会表明样本数据与特定的推测或假设是否相容。

假设检验和区间估计的方法在很大程度上依赖于简单线性回归模型的假设SR6和最小二乘估计量的条件正态性。如果假设SR6不成立，那么样本容量就必须足够大，以使得最小二乘估计量的分布接近正态分布。在这种情况下，可以使用本章推导的方法，但也是近似的。在本章推导这一方法的过程中，我们会使用"学生"t分布。你可能需要通过回顾附录B.3.7，以记起这种分布。此外，在相对简单的设定中搞清楚我们要讨论的概念，这样做有时非常有帮助。在附录C中，我们在估计服从正态分布的总体样本均值时，研究了统计推断、区间估计和假设检验。你现在可能要回顾这些内容或者在学习本章的同时阅读这些内容。

3.1 区间估计

在第2章实例2.4中，我们估计出，如果家庭每周收入增长100美元，那么家庭食品支出会增长10.21美元。估计值$b_2=10.21$是回归模型中未知总体参数β_2的点估计值。区间估计给出了真实参数β_2可能会波动的范围。提供波动范围使我们感受到参数的可能值和我们估计的精确度。这些区间通常被称为**置信区间**。我们更喜欢称它们为**区间估计值**，因为"置信"一词被大量地误解和误用。就像我们将要看到的一样，置信存在于我们获取区间的过程中，而不是在区间本身中。这与我们在第2章对最小二乘估计量的性质的评价是一致的。

3.1.1 t分布

我们首先假定对于简单线性回归模型，假设SR1~SR6成立。正如我们在第2.6节中讨论的一样，在这种情况下，最小二乘估计量b_1和b_2服从正态分布。例如，β_2的最小二乘估计量b_2的正态分布为：

$$b_2 | \mathbf{x} \sim N\left(\beta_2, \frac{\sigma^2}{\sum(x_i - \bar{x})^2}\right)$$

标准化正态随机变量是通过b_2减去其平均值并除以标准差得到的：

$$Z = \frac{b_2 - \beta_2}{\sqrt{\sigma^2 / \sum(x_i - \bar{x})^2}} \sim N(0,1) \tag{3.1}$$

标准化随机变量Z服从正态分布，均值为0，方差为1。通过标准化$b_2|\mathbf{x}$的条件正态分布，我们求出一个统计量Z，其$N(0,1)$抽样分布不依赖于任何未知参数或$\mathbf{x}$！这种统计被称为**关键统计量**，这意味着在对Z进行概率表述时，我们不必担心$\mathbf{x}$是固定的还是随机的。通过使用正态概率表（统计表1），我们知道：

$P(-1.96 \leq Z \leq 1.96) = 0.95$

将公式（3-1）代入此式，我们得到：

$$P\left(-1.96 \leqslant \frac{b_2 - \beta_2}{\sqrt{\sigma^2 / \sum (x_i - \bar{x})^2}} \leqslant 1.96\right) = 0.95$$

整理得到：

$$P\left(b_2 - 1.96\sqrt{\sigma^2 / \sum (x_i - \bar{x})^2} \leqslant \beta_2 \leqslant b_2 + 1.96\sqrt{\sigma^2 / \sum (x_i - \bar{x})^2}\right) = 0.95$$

这就定义了一个有 0.95 的概率包含参数 β_2 的区间。两个端点 $b_2 \pm 1.96\sqrt{\sigma^2 / \sum (x_i - \bar{x})^2}$ 提供了一个区间估计量。如果我们使用总体中所有容量为 N 的可能样本以这种方式构造区间，那么 95% 的区间将包含真实参数 β_2。这个简单的区间估计量的推导是基于 SR6 假设和已知误差项方差 σ^2。

虽然我们不知道 σ^2 的值，但我们可以估计。最小二乘残差是 $\hat{e}_i = y_i - b_1 - b_2 x_i$，$\sigma^2$ 的估计量为 $\hat{\sigma}^2 = \sum \hat{e}_i^2 / (N-2)$。在公式（3-1）中用 $\hat{\sigma}^2$ 替代 σ^2，我们得到一个新的可使用的随机变量，但是这一替代将原来的标准正态分布变成**自由度**为 $N-2$ 的 t 分布。

$$t = \frac{b_2 - \beta_2}{\sqrt{\hat{\sigma}^2 / \sum (x_i - \bar{x})^2}} = \frac{b_2 - \beta_2}{\sqrt{\widehat{\mathrm{var}}(b_2)}} = \frac{b_2 - \beta_2}{\mathrm{se}(b_2)} \sim t_{(N-2)} \tag{3.2}$$

比率 $t = (b_2 - \beta_2) / \mathrm{se}(b_2)$ 服从自由度为 $N-2$ 的 t 分布，我们表述为 $t \sim t_{(N-2)}$。通过标准化 $b_2|x$ 的条件正态分布和插入估计量 $\hat{\sigma}^2$，我们求出一个统计量 t，其 $t_{(N-2)}$ 抽样分布不依赖于任何未知参数或 x！它是一个**关键统计量**，当用 t 统计量做概率表述时，我们不必担心 x 是固定变量还是随机变量。一个类似的结果也适用于 b_1，所以一般我们可以说，如果简单线性回归模型中的假设 SR1-SR6 成立，那么，

$$t = \frac{b_k - \beta_k}{\mathrm{se}(b_k)} \sim t_{(N-2)} \quad k = 1, 2 \tag{3.3}$$

这个方程将是简单线性回归模型中区间估计和假设检验的基础。从公式（3-1）转换到公式（3-2）的统计推导过程请见本章末尾的附录 3A。

当进行 t 检验时要注意，这是一个以零为中心的钟形曲线。这看起来就像标准正态分布，只是它更加发散，有更大的方差和更厚的尾部。t 分布的形状被一个称为**自由度**（通常简写为 df）的单独变量所控制。我们用 $t_{(m)}$ 表示自由度为 m 的 t 分布。在书末尾的表 2（和前面封面的里页）中有不同自由度的 t 分布的百分位数。自由度为 m 的 t 分布第 95 百分位数用 $t_{(0.95, m)}$ 表示。这个值有 95% 的概率落在它的左边，所以 $P[t_{(m)} \leqslant t_{(0.95, m)}] = 0.95$。例如，如果自由度为 20，从附录 D 的表 2 中可知，$t_{(0.95, 20)} = 1.725$。如果你遇到的问题中需要我们没有给出的百分位数，你可以通过插值法得到一个近似的值，或使用计算机软件，以获得一个确切的值。

3.1.2　获取区间估计值

从统计表 2 中，我们可以从 t 分布中找到一个"**临界值**" t_c，使得 $P(t \geqslant t_c) = P(t \leqslant -t_c) = \alpha/2$，其中，$\alpha$ 为显著性水平，且通常取 $\alpha = 0.01$ 或者 $\alpha = 0.05$，自由度 m 的临界值 t_c 是百分

位数 $t_{(1-\alpha/2,\ m)}$。t_c 和 $-t_c$ 的值如图 3-1 所示。

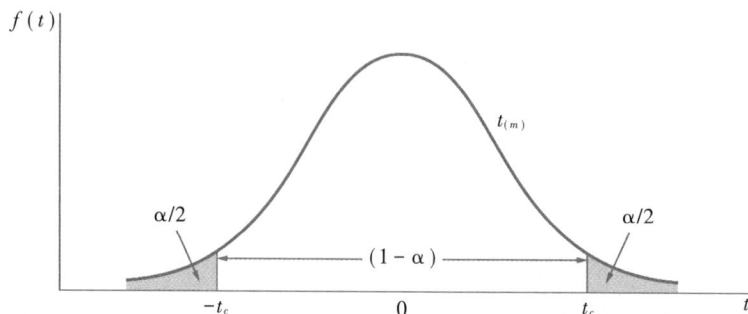

图 3-1　从 t 分布得到的临界值

每个阴影区的"尾部"包含了 $\alpha/2$ 的概率，因此 $1-\alpha$ 的概率被包含在图中央的部分。所以我们做出下列概率表述：

$$P\ (-t_c \leqslant t \leqslant t_c)\ =1-\alpha \tag{3.4}$$

对于 95% 的置信区间，临界值定义了 t 分布的概率为 $1-\alpha=0.95$ 的中央区域。这就将 0.05 的概率同等地分配在两个尾端区域，所以 $\alpha/2=0.025$。这时临界值 $t_c=t_{(1-0.025,\ m)}=t_{(0.975,\ m)}$。在简单回归模型中，自由度为 $m=N-2$，所以公式（3.4）变为：

$$P\ [-t_{(0.975,\ N-2)} \leqslant t \leqslant t_{(0.975,\ N-2)}]\ =0.95$$

我们在附录 D 的表 2 中可以找到百分位数 $t_{(0.975,\ N-2)}$。

现在，我们研究如何把所有的内容整合到一起，得出区间估计的方法。将公式（3.3）中的 t 代入公式（3.4）中，得到：

$$P\left[-t_c \leqslant \frac{b_k-\beta_k}{se\ (b_k)} \leqslant t_c\right]=1-\alpha$$

整理上式，得到：

$$P\ [b_k-t_c se\ (b_k) \leqslant \beta_k \leqslant b_k+t_c se(b_k)\ ]\ =1-\alpha \tag{3.5}$$

区间的两个端点 $b_k-t_c\,se\,(b_k)$ 和 $b_k+t_c\,se\,(b_k)$ 都是随机的，因为它们随样本的变化而变化。这些端点定义 β_k 的区间估计量。公式（3.5）中的概率表述说明了具有随机端点 $b_k \pm t_c se\,(b_k)$ 的区间有 $1-\alpha$ 的概率包含真实但未知的参数 β_k。

当公式（3.5）中的 b_k 和 $se\,(b_k)$ 为基于给定样本数据的估计值时，$b_k+t_c se\,(b_k)$ 被称作 β_k 的一个 100（$1-\alpha$）% 区间估计值，或称作一个 100（$1-\alpha$）% 的**置信区间**。通常 $\alpha=0.01$ 或 $\alpha=0.05$，所以我们得到一个 99% 的置信区间或者一个 95% 的置信区间。

在解释置信区间时我们要十分小心。随机区间估计量的性质基于重复抽样的概念。如果我们要选取很多组样本容量为 N 的随机样本，我们可以先计算出各个样本的最小二乘估计值 b_k 及其标准差 $se\,(b_k)$，然后建立各个样本的区间估计值 $b_k \pm t_c se\,(b_k)$，那么所构建的所有区间的 100（$1-\alpha$）% 会包含真实参数 β_k。在附录 3C 中我们用蒙特卡罗模拟来说明这个重复抽样的性质。

任何基于一组样本数据得到的区间估计值可能会也可能不会包含真实参数 β_k，而且由于 β_k 是未知的，我们将永远无法知道这个区间到底会不会包含 β_k。在讨论置信区间时，务必记得我们的置信度是基于建立区间估计值的方法，而不是基于某一组样本数据计算出来的区间估计值。

实例 3.1　食品支出数据的区间估计

对于食品支出数据，$N=40$，自由度为 $N-2=38$。对于一个 95% 的置信区间，$\alpha=0.05$。临界值 $t_c = t_{(1-\alpha/2, N-2)} = t_{(0.975, 38)} = 2.024$ 是自由度为 38 的 t 分布的第 97.5 百分位数。对于 β_2，公式（3-5）中的概率表述变为：

$$P[\,b_2 - 2.024\,\mathrm{se}\,(b_2) \leqslant \beta_2 \leqslant b_2 + 2.024\,\mathrm{se}\,(b_2)\,] = 0.95 \tag{3.6}$$

为了建立 β_2 的区间估计值，我们采用最小二乘估计值 $b_2=10.21$ 及其标准误差，

$$\mathrm{se}\,(b_2) = \sqrt{\widehat{\mathrm{var}}\,(b_2)} = \sqrt{4.38} = 2.09$$

将这些值代入公式（3-6），我们得到 β_2 的 "95% 置信区间的估计值"：

$$b_2 \pm t_c\,\mathrm{se}\,(b_2) = 10.21 \pm 2.024\,(2.09) = [\,5.97, 14.45\,]$$

这就是说，我们 "以 95% 的置信水平" 估计每周收入额外增加 100 美元，家庭用于食品上的支出会介于 5.97 美元和 14.45 美元之间。

实际上 β_2 是否位于区间 [5.97，14.45] 当中呢？我们不知道，而且永远都不会知道。我们知道的是，我们采用的方法被用于许多来自同一总体的随机样本数据时，在所有依据此方法建立的区间估计值中，有 95% 的估计值会包含真实的参数。区间估计的方法在 95% 的时候都是有效的。基于对该方法的信赖，如果 β_2 不在一组样本的区间估计值 [5.97，14.45] 中，我们会感到 "惊讶"。

β_2 的区间估计值用途何在呢？在公布回归结果时，我们总会提供点估计值，比如 $b_2 = 10.21$。然而，只有点估计值不能说明其可靠性。因此，我们还可以报告区间估计值。区间估计值包括点估计值及其标准误，而标准误衡量最小二乘估计量的变异性。区间估计值也包括样本容量，因为对于较低的自由度，t 分布的临界值 t_c 更大。如果区间估计值的范围很宽（意味着标准误很大），则样本中关于 β_2 的信息并不多，而一个范围窄的区间估计值则表明我们已经获得了较多的关于 β_2 的信息。

何谓 "范围宽"？又何谓 "范围窄" 呢？这取决于我们面临的问题。例如，在我们的模型中，$b_2=10.21$ 是在周收入增加 100 美元的情况下，对于每周的食品支出会增加多少的估计值。给定某个地区收入增长的预测，超市连锁店的 CEO 可以利用这个值来规划商店存储要求。然而，任何决定都不会仅仅基于这个数字。一位谨慎的 CEO 将会考虑用 10.21 左右的 β_2 值进行敏感性分析。问题是 "具体使用哪些值"？我们可以用区间估计值 [5.97，14.45] 来回答。尽管 β_2 可能在这个区间，也可能不在这个区间，但这位 CEO 知道这个用以取得区间估计值的方法在 95% 的时间里都是 "有效" 的。如果改变区间内的 β_2 值会对公司的销售和利润产生非常不同的结果，该 CEO 可能会推断没有足够的依据来做出决策，并且要求有一个新的、较大的数据样本。

3.1.3　抽样

在第 2.4.3 节中，我们使用 10 个样本数据说明了最小二乘估计量的抽样性质。每个样本容量 $N=40$，包括收入与表 2-1 相同但食品支出不同的家庭。这些数据在文件 *table2_2* 中。在表 3-1 中，我们列出从每个样本得到的最小二乘估计值、σ^2 的估计值及系数的标准

误。请注意这些估计值所说明的抽样变异。这种变异是因为在每个样本中都包含40个不同家庭的数据。在95%的置信水平下，对于相同样本，参数β_1和β_2的区间估计值在表3-2中给出。

表 3-1　　　　　　　　　　从 10 个随机样本中得到的最小二乘估计值

样本	b_1	se (b_1)	b_2	se (b_2)	$\hat{\sigma}^2$
1	93.64	31.73	8.24	1.53	4 282.13
2	91.62	31.37	8.90	1.51	4 184.79
3	126.76	48.08	6.59	2.32	9 828.47
4	55.98	45.89	11.23	2.21	8 953.17
5	87.26	42.57	9.14	2.05	7 705.72
6	122.55	42.65	6.80	2.06	7 735.38
7	91.95	42.14	9.84	2.03	7 549.82
8	72.48	34.04	10.50	1.64	4 928.44
9	90.34	36.69	8.75	1.77	5 724.08
10	128.55	50.14	6.99	2.42	10 691.61

表 3-2　　　　　　　　　　从 10 个随机样本中得到的区间估计值

样本	$b_1 - t_c$se (b_1)	$b_1 + t_c$se (b_1)	$b_2 - t_c$se (b_2)	$b_2 + t_c$se (b_2)
1	29.40	157.89	5.14	11.34
2	28.12	155.13	5.84	11.96
3	29.44	224.09	1.90	11.29
4	−36.91	148.87	6.75	15.71
5	1.08	173.43	4.98	13.29
6	36.21	208.89	2.63	10.96
7	6.65	177.25	5.73	13.95
8	3.56	141.40	7.18	13.82
9	16.07	164.62	5.17	12.33
10	27.04	230.06	2.09	11.88

抽样变异性使得各区间估计值的中心随着最小二乘估计值而改变，而且它也使得置信区间的宽度随着标准误而改变。如果我们问："这些区间中有多少包含真实的参数，具体又是哪几个？"我们就不得不说我们不知道。但是，由于以这种方法构建的所有区间估计

值有95%的可能包含真实参数值，因此我们将期望这些区间中会有9个或者10个真实但未知的参数。

注意点估计与区间估计之间的差异。我们已经使用最小二乘估计量来获得未知参数的点估计值。估计的方差 $\widehat{\mathrm{var}}\,(b_k)$（当 k=1或2时）及其平方根 $\sqrt{\widehat{\mathrm{var}}\,(b_k)}=\mathrm{se}(b_k)$，提供了关于各个不同样本的最小二乘估计量的抽样变异性。区间估计量是报告回归结果的一个简便方法，因为它将点估计与抽样变异性的衡量结合起来，以提供未知参数可能会落于其中的数值范围。当最小二乘估计量的抽样变异性较小时，则区间估计值的范围会相对较窄，表示最小二乘估计值是"可以信赖的"。相反，如果最小二乘估计量具有很大的抽样变异性，则区间估计值的范围会很宽，表示最小二乘估计值是"不可信赖的"。

3.2　假设检验

商业和经济的许多决策问题需要判断某个参数是否等于某个特定的值。在食品支出的例子中，β_2 是否大于10对于决策的目的而言有很大的差别，这表明每100美元的收入增加是否会使得食品支出增长超过10美元。而且，基于经济理论，我们相信 β_2 是正值。对数据和模型的一个检查是理论主张是否得到数据的支持。

假设检验的方法是比较关于总体的推测与数据样本中包含的信息。给定一个经济和统计模型，就会形成跟经济行为相关的假设。这些假设会表示为关于模型参数的表述。假设检验利用样本数据中所包含的参数及其最小二乘点估计值和标准误差的信息来得出关于假设的结论。

在每个假设检验中必定会包含五项内容：

假设检验的要素

1. 原假设 H_0。
2. 备择假设 H_1。
3. 检验统计量。
4. 拒绝域。
5. 结论。

3.2.1　原假设

被记为 H_0 的原假设设定了回归参数的值，一般来说表示为 β_k（k=1或2）。原假设表示为 $H_0:\beta_k=c$，其中 c 是一个在特定回归模型中具有重要意义的常数。原假设是我们会保持的信念，除非样本证据让我们相信它不是真实的，在这种情况下我们才会拒绝原假设。

3.2.2　备择假设

与每个原假设成对的是逻辑上的**备择假设** H_1，若原假设被拒绝，则我们将接受备择假设。备择假设是有弹性的，在某种程度上取决于经济理论。对于原假设 $H_0:\beta_k=c$，三种可能的备择假设是：

- H_1：$\beta_k>c$。拒绝 $\beta_k=c$ 的原假设，导致我们得出 $\beta_k>c$ 的结论。不等式的备择假设在经济学里被广泛使用，因为经济理论经常提供关于变量之间关系符号方面的信息。例如，在食品支出的例子中，我们很可能检验原假设 H_0：$\beta_2=0$ 对备择假设 H_1：$\beta_2>0$，因为经济理论强有力地表明，如食品等必需品是正常商品，若收入增加，则食品支出会增加。

- H_1：$\beta_k<c$。在这种情况下，拒绝原假设 $\beta_k=c$，使我们得出 $\beta_k<c$ 的结论。
- H_1：$\beta_k\neq c$。在这种情况下，拒绝原假设 $\beta_k=c$，使我们得出 β_k 大于或者小于 c 的结论。

3.2.3 检验统计量

关于原假设的样本信息具体地表现在**检验统计量**的样本值中。基于检验统计量的值，我们决定拒绝原假设或者不拒绝原假设。检验统计量有一个特别的特征：当原假设为真时，检验统计量的概率分布是完全已知的，而当原假设不为真时，它有其他分布。

这一切都始于公式（3.3）中的关键结果，$t=(b_k-\beta_k)/se(b_k)\sim t_{(N-2)}$。**如果**原假设 H_0：$\beta_k=c$ 为真，**那么**我们可以用 c 替代 β_k，由此得出：

$$t=\frac{b_k-c}{se(b_k)}\sim t_{(N-2)} \tag{3.7}$$

如果原假设不为真，那么公式（3.7）中的 t 统计量不服从自由度为 $N-2$ 的 t 分布。这点我们在附录3B中详尽阐述。

3.2.4 拒绝域

拒绝域依赖于备择假设的形式。正是检验统计量的数值范围导致了拒绝原假设。只有在满足下列条件的情况下，我们才可以建立一个拒绝域：

- 当原假设为真时，有分布已知的检验统计量。
- 有备择假设。
- 有显著性水平。

拒绝域由当原假设为真时那些<u>不可能发生</u>或者出现概率很低的数值组成。逻辑链是这样的：如果检验统计量的一个值是在低概率的区域中获得的，那么检验统计量就不可能拥有假定的分布，因此原假设不可能为真。如果备择假设为真，那么检验统计量的值将会倾向于不寻常地大或者不寻常地小。这里定义的"大"和"小"是由选择的一个概率 α 决定的，这个概率被称为检验的显著性水平，它提供"不可能事件"的含义。检验的显著性水平 α 通常选择0.01、0.05或者0.10。

评论

当没有其他具体选择时，经济学家和统计学家通常使用0.05的显著性水平。也就是说，发生概率为二十分之一的事件被认为是不寻常或不可能发生的事件。这个统计显著性的标准被认为是权威的标准，但实际上，这只是依据罗纳德·费舍尔爵士引述的一个历史先例，他[①]提倡将大于2的 t 值视为显著。更强的显著性阈值，如"百分之一"或0.01，可能更有价值。通过网络搜索可以很快看出该主题的重要性。Stephen T. Ziliak 和 Deirdre N. McCloskey 在2008年所写的专著 *The Cult of Statistical Significance: How the Standard Error*

---

① Mark Kelly（2013）"Emily Dickinson and monkeys on the stair. Or: What is the significance of the 5% significance level," *Significance*, Vol. 10（5），October, 21-22.

Costs Us Jobs，Justice，and Lives（《统计显著性的崇拜：标准误如何影响我们的工作、正义和生命》，密歇根大学出版社出版）中讨论了这些问题。

如果当原假设为真时我们拒绝它，那么我们就犯了**第一类错误**。检验的显著性水平是犯第一类错误的概率，所以 P（第一类错误）$=\alpha$。任何时候我们拒绝原假设，我们都有可能犯第一类错误，这没有例外。好在我们可以通过设定显著性水平 α 来设定我们会容忍的第一类错误的数量。如果这种错误代价很大，那么我们将 α 设定得较小。如果当原假设为假时我们不拒绝它，那么我们就犯了第二类错误。在现实情况中，我们不能控制或者计算发生这类错误的概率，因为它依赖于未知的真实变量 β_k。更多关于第一类错误和第二类错误的内容，请参照附录 C.6.9。

3.2.5 结论

当你完成了假设检验时，你应该陈述你的结论。你是拒绝原假设，还是不拒绝原假设？就像我们下面讨论的那样，你应避免说你"接受"原假设，这是非常具有误导性的。此外，我们建议你使用标准的做法来表述结论在你所研究问题的经济背景下意味着什么，发现的经济意义是什么。统计方法本身并不是目的。它们的使用是有原因的，有意义的，你应该能够解释。

3.3 特定备择假设的拒绝域

在本节中，我们希望弄清与原假设 H_0：$\beta_k=c$ 相对的三个备择假设的拒绝准则的性质。正如上一节中提到的，为了获得一个原假设的拒绝域，第一，我们需要一个检验统计量，它在公式（3.7）中给出。第二，我们需要一个特定的备择假设，即 $\beta_k>c$，$\beta_k<c$ 或者 $\beta_k\neq c$。第三，我们需要设定检验的显著性水平。检验的显著性水平 α 是当原假设为真时我们拒绝它的概率，这被称为第一类错误。

3.3.1 含有备择假设"$\beta_k>c$"的单尾检验

当检验原假设 H_0：$\beta_k=c$ 时，如果备择假设 H_1：$\beta_k>c$ 为真，那么公式（3.7）的 t 统计量的值倾向于变得比 t 分布的通常值更大。当 t 统计值比显著性水平为 α 时的临界值大时，我们就拒绝原假设。使右尾概率为 α 的临界值为（$1-\alpha$）百分位数值 $t_{(1-\alpha,\ N-2)}$，如图 3-2 所示。例如，如果 $\alpha=0.05$ 而且 $n-2=30$，那么从统计表 2 中可以得出临界值为第 95 百分位数 $t_{(0.95,\ 30)}=1.697$。

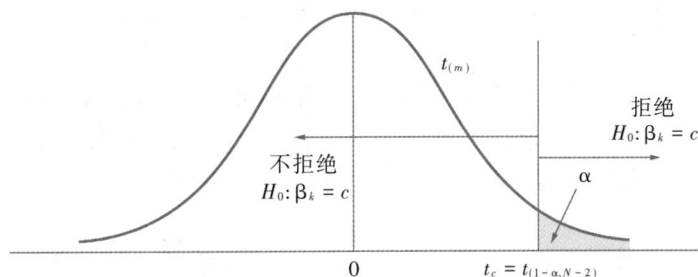

图 3-2 H_0：$\beta_k=c$ 对 H_1：$\beta_k>c$ 的单尾检验的拒绝域

拒绝准则为：

当检验原假设 H_0：$\beta_k=c$ 和备择假设 H_1：$\beta_k>c$ 时，如果 $t\geq t_{(1-\alpha, N-2)}$，那么拒绝原假设，接受备择假设。

这种检验被称为单尾检验，因为 t 统计量不可能发生的值只会落在概率分布的一个尾端。如果原假设为真，那么检验统计量公式（3.7）拥有一个 t 分布，而且它的值会倾向于落在概率分布的中部，在临界值的左侧，那里包含着大部分的概率。选择显著性水平 α，以便如果原假设为真，那么 t 统计值落在分布极右尾端的概率很小；这是不可能或不可能偶然发生的事件。如果检验统计值落在拒绝域里，这成为我们拒绝原假设的依据，从而得出原假设不可能为真的结论。拒绝原假设的证据是支持备择假设的证据。因此，如果我们拒绝原假设，那么我们就得出备择假设为真的结论。

如果原假设 H_0：$\beta_k=c$ 为真，那么检验统计量的公式（3.7）拥有一个 t 分布而且它的值有 $1-\alpha$ 的概率落在非拒绝域。如果 $t<t_{(1-\alpha, N-2)}$，那么我们就没有统计上显著的证据拒绝原假设，所以我们不能拒绝原假设。

3.3.2 含有备择假设"$\beta_k<c$"的单尾检验

如果备择假设 H_1：$\beta_k<c$ 为真，那么 t 统计量公式（3.7）的值将会比普通 t 分布的值小。如果检验统计值小于显著性水平 α 下的临界值，我们会拒绝原假设。使概率 α 落在左尾端的临界值为 α 百分位数 $t_{(\alpha, N-2)}$，如图 3-3 所示。

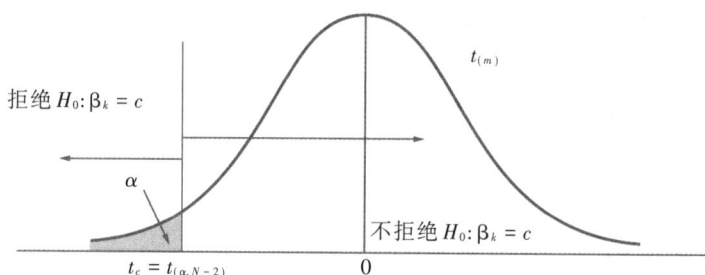

图 3-3　H_0：$\beta_k=c$ 对 H_1：$\beta_k<c$ 的单尾检验的拒绝域

当使用统计表 2 来确定临界值时，回想 t 分布是关于零点对称的，结果 α 百分位数 $t_{(\alpha, N-2)}$ 是 $(1-\alpha)$ 百分位数 $t_{(1-\alpha, N-2)}$ 的负数。例如，如果 $\alpha=0.05$，$N-2=20$，那么从附录 D 的统计表 2 中可知 t 分布的第 95 百分位数为 $t_{(0.95, 20)}=1.725$，第 5 百分位数为 $t_{(0.05, 20)}=-1.725$。

拒绝准则为：

当检验原假设 H_0：$\beta_k=c$ 对备择假设 H_1：$\beta_k<c$ 时，如果 $t\leq t_{(\alpha, N-2)}$，那么拒绝原假设，接受备择假设。

非拒绝域由大于 $t_{(\alpha, N-2)}$ 的 t 统计值组成。当原假设为真时，获得这样一个 t 值的概率为 $1-\alpha$，这个概率会很大。因此，如果 $t>t_{(\alpha, N-2)}$，那么不拒绝原假设 H_0：$\beta_k=c$。

下面的技巧可以帮助我们牢记拒绝域的位置。

记忆技巧

单尾检验拒绝域位于备择假设的箭头方向。如果备择假设为 $>$，那么拒绝域在右尾。如果备择假设为 $<$，那么拒绝域在左尾。

3.3.3 含有备择假设"$\beta_k \neq c$"的双尾检验

当检验原假设 H_0：$\beta_k = c$ 时，如果备择假设 H_0：$\beta_k \neq c$ 为真，那么 t 统计量公式（3.7）的值将比普通情况下 t 分布的值大或者小。为了使得检验的显著性水平为 α，我们定义一个临界值使得 t 统计量位于两个尾端的概率均为 $\alpha/2$。左边的临界值为 $t_{(\alpha/2, N-2)}$，右边的临界值为 $t_{(1-\alpha/2, N-2)}$。如果 t 统计值满足 $t \leq t_{(\alpha/2, N-2)}$ 或者 $t \geq t_{(1-\alpha/2, N-2)}$，那么我们会拒绝原假设 H_0：$\beta_k = c$，而支持备择假设 H_1：$\beta_k \neq c$，如图3-4所示。比如，如果 $\alpha = 0.05$，$N-2 = 30$，那么 $\alpha/2 = 0.025$，左边的临界值为第2.5百分位数 $t_{(0.025, 30)} = -2.042$，右边的临界值为第97.5百分位数 $t_{(0.975, 30)} = 2.042$。右边的临界值可从附录D的统计表2中获得，左边的临界值可以用 t 分布的对称性得出。

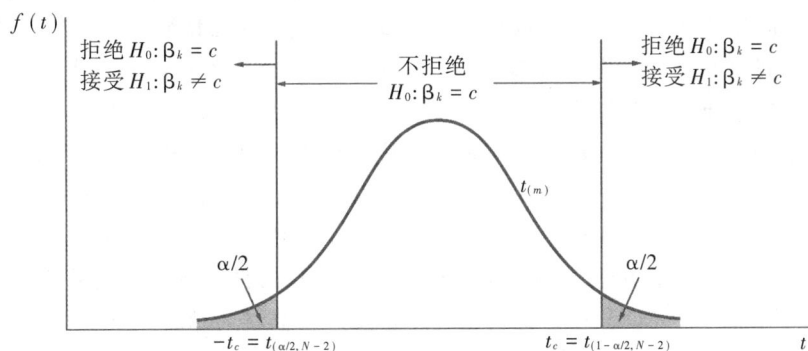

图3-4 H_0：$\beta_k = c$ 对 H_1：$\beta_k \neq c$ 的检验的拒绝域

由于拒绝域由在左右两个尾部的 t 分布的部分组成，这种检验被称为**双尾检验**。当原假设为真时，检验统计量的值位于两个尾部的可能性是很小的。两个尾部的概率之和为 α。在尾部区域的检验统计量的样本值与原假设是不一致的，它们是拒绝原假设为真的证据。同时，如果原假设 H_0：$\beta_k = c$ 为真，检验统计量 t 位于中央非拒绝域的概率是很大的。检验统计量的样本值位于中央非拒绝域与原假设是一致的，它们不能成为拒绝原假设为真的证据。因此，拒绝准则为：

当检验原假设 H_0：$\beta_k = c$ 对备择假设 H_1：$\beta_k \neq c$ 时，如果 $t \leq t_{(1-1/2\alpha, N-2)}$ **或者** $t \geq t_{(1-1/2\alpha, N-2)}$，那么拒绝原假设，接受备择假设。

当 $t_{(\alpha/2, N-2)} < t < t_{(1-\alpha/2, N-2)}$ 时，我们不拒绝原假设。

3.4 假设检验的实例

我们利用食品支出模型来说明假设检验的机制。我们给出右尾检验、左尾检验和双尾检验的例子。在每个例子中我们都会遵循一系列规定好的步骤，即在第3.2节的开始部分中所列出的对于所有假设检验所要求的要素。所有假设检验问题的标准步骤如下：

假设检验的步骤

1.确定原假设和备择假设。

2.如果原假设为真，定义检验统计量和它的分布。

3.选择 α 和确定拒绝域。

4.计算检验统计量的样本值。

5.陈述你的结论。

实例3.2　显著性的右尾检验

通常情况下我们最关心的问题是变量之间是否存在某种关系，就像我们在模型中已设定的一样。如果β₂=0，那么食品支出和收入之间不存在线性关系。经济理论认为，如果食品是正常商品，食品支出会随着收入的增加而增加，因此β₂>0。β₂的最小二乘估计值为b_2=10.21，这肯定大于零。但是，仅仅观测到估计值有正确的符号并不构成科学的证明。我们要确定是否存在有说服力的、显著的统计证据会导致我们得出β₂>0的结论。当检验一个参数为零的原假设时，我们应该问估计值b_2是否显著异于零，这个检验被称为**显著性检验**。

统计检验的过程并不能证实原假设的真实性。当我们不能拒绝原假设时，假设检验所能呈现的是数据样本中的信息与原假设一致。相反，统计检验可以导致我们拒绝原假设，当原假设为真时仍拒绝它的概率α是很小的。因此，拒绝原假设是比不拒绝原假设更强的一个结论。正是因为这一点，原假设通常被表述为如果我们的理论是正确的，那么我们会拒绝原假设。在我们的例子中，经济理论表明，收入和食品支出之间应该存在正的相关关系。我们要使用假设检验，通过统计证据来支持这个理论。在这种目的下，我们建立原假设：各变量间没有关系，H_0：β₂=0。在备择假设中，我们提出我们想要建立的推测，H_1：β₂>0。如果我们拒绝原假设，那么我们就可以得出一个直接的结论，即β₂为正值，这里我们犯错的概率（α）是很小的。

假设检验的步骤如下：

1.原假设为H_0：β₂=0，备择假设为H_1：β₂>0。

2.检验统计量为公式（3.7）。在这种情况下c=0，所以如果原假设为真，那么$t = b_2 / \mathrm{se}(b_2) \sim t_{(N-2)}$。

3.我们选择α=0.05。右尾端拒绝域的临界值为自由度$N-2$=38的t分布的第95百分位数$t_{(0.95, 38)}$=1.686。因此当$t \geq 1.686$时，我们会拒绝原假设。当$t < 1.686$时，我们不会拒绝原假设。

4.使用食品支出的数据，我们求出，b_2=10.21，它的标准误为$\mathrm{se}(b_2)$=2.09，检验统计值为：

$$t = \frac{b_2}{\mathrm{se}(b_2)} = \frac{10.21}{2.09} = 4.88$$

5.因为t=4.88，大于1.686，我们拒绝原假设β₂=0，接受备择假设β₂>0。这就是说我们拒绝收入和食品支出之间没有关系的原假设，得出家庭收入和食品支出之间有很强的统计上的正相关关系的结论。

结论的最后一部分是十分重要的。当你把结论报告给其他人时，你肯定想在你所调查的问题中说明检验的结果，而不仅仅是罗列一些希腊字母和符号。

如果在这个例子中我们不能拒绝原假设呢？你会认为经济理论是错误的并得出收入和食品支出之间没有关系的结论吗？不。记住，不能拒绝原假设并不意味着原假设一定为真。

实例 3.3　经济假设的右尾检验

假设一家新超市的经济利润是由每周收入每增加 100 美元、食品支出的增加大于 5.5 美元的家庭决定的，如果没有有力的证据证明存在这样的家庭，那么就不会兴建超市。在这个例子中我们想要得到的推论是备择假设所显示的，即 $\beta_2 > 5.5$。如果 $\beta_2 \leq 5.5$，那么超市就是不盈利的，投资者就不会选择兴建超市。β_2 的最小二乘估计值为 $b_2 = 10.21$，大于 5.5。我们想要确定的事情是基于可得到的数据，是否存在使我们得出 $\beta_2 > 5.5$ 的结论的有说服力的统计证据。这个判断的依据不仅仅是 b_2 的估计值，也包含由 se(b_2) 衡量的估计值的精度。

原假设会是什么呢？我们前面说过原假设表示为等式形式，比如 $\beta_2 = 5.5$。这种形式的原假设限制性太强了，因为理论上存在 $\beta_2 < 5.5$ 的可能。结果是检验原假设 H_0：$\beta_2 \leq 5.5$ 对备择假设 H_1：$\beta_2 > 5.5$ 的方法与检验原假设 H_0：$\beta_2 = 5.5$ 对备择假设 H_1：$\beta_2 > 5.5$ 的方法是完全相同的。检验统计量和拒绝域是完全相同的。对于右尾检验来说，我们可以根据面临的问题而设定各种形式的原假设。

这个假设检验的步骤如下：

1. 原假设为 H_0：$\beta_2 \leq 5.5$。备择假设为 H_1：$\beta_2 > 5.5$。

2. 如果原假设为真，那么检验统计量 $t = (b_2 - 5.5) / se(b_2) \sim t_{(N-2)}$。

3. 我们选择 $\alpha = 0.01$，右端拒绝域的临界值是自由度为 $N-2 = 38$ 的 t 分布的第 99 百分位数 $t_{(0.99, \, 38)} = 2.429$。如果计算出的值 $t \geq 2.429$，那么我们就拒绝原假设。如果 $t < 2.429$，我们就不拒绝原假设。

4. 利用食品支出的数据，$b_2 = 10.21$，标准误为 se$(b_2) = 2.09$。检验统计值为：

$$t = \frac{b_2 - 5.5}{se(b_2)} = \frac{10.21 - 5.5}{2.09} = 2.25$$

5. 因为 $t = 2.25$，小于 2.429，我们不能拒绝原假设 $\beta_2 \leq 5.5$。我们因此不能得出新超市会盈利的结论，新超市不会开工建设。

在这个例子中，我们提出了这样一种情况，即显著性水平 α 的选择变得非常重要。价值数百万美元的建设工程能否开工建设依赖于是否存在有说服力的证据证明家庭每增加的 100 美元收入中有超过 5.5 美元用于食品支出。尽管我们通常的选择是 $\alpha = 0.05$，这里我们选择了一个相对保守的值 $\alpha = 0.01$，因为我们想要找到一种当原假设为真时拒绝它的概率极小的检验。检验的显著性水平定义了我们所说的检验统计量的不可能发生的值。在本例中，如果原假设为真，那么建设这个超市就是不盈利的。我们想使建造不盈利的超市的概率非常小，因此我们希望当原假设为真时拒绝原假设的概率也很小。在现实情况中，选择 α 必须基于风险评估以及做出错误决定造成的后果。

一个不愿意依据上述证据做出决定的 CEO 完全可以选择一个新的更大的数据样本进行分析。随着样本容量增大，最小二乘估计量变得更加精确（由估计量方差来衡量），因此假设检验成为统计推断更强大的工具。

实例 3.4　经济假设的左尾检验

为了完整性，我们将介绍拒绝域在左尾的检验。考虑原假设 $\beta_2 \geq 15$ 和备择假设 $\beta_2 < 15$。回顾一下我们之前确定 t 检验拒绝域位置的技巧。拒绝域位于备择假设中箭头 $<$ 指示的方

向。这告诉我们拒绝域位于 t 分布的左尾端。这个假设检验的步骤如下：

1. 原假设为 H_0：$\beta_2 \geq 15$。备择假设为 H_1：$\beta_2 < 15$。

2. 如果原假设为真，检验统计量 $t = (b_2 - 15) / se(b_2) \sim t_{(N-2)}$。

3. 选择 $\alpha = 0.05$。左尾拒绝域的临界值是自由度为 $n-2=38$ 的 t 分布的第 5 百分位数 $t_{(0.05, 38)} = -1.686$。如果 t 的计算值满足 $t \leq -1.686$，那么我们拒绝原假设。如果 $t > -1.686$，我们不会拒绝原假设。左尾检验的拒绝域如图 3-3 所示。

4. 使用食品支出的数据，$b_2 = 10.21$，标准误 $se(b_2) = 2.09$。检验统计值为：

$$t = \frac{b_2 - 15}{se(b_2)} = \frac{10.21 - 15}{2.09} = -2.29$$

5. 因为 $t = -2.29$，小于 -1.686，我们拒绝原假设 $\beta_2 \geq 15$，接受备择假设 $\beta_2 < 15$。我们得出结论：家庭收入每增加 100 美元，用于食品的支出会少于 15 美元。

实例 3.5 经济假设的双尾检验

一位顾问认为，基于其他类似社区的经验，拟建超市附近的家庭每增加 100 美元的收入会增加 7.5 美元的食品支出。在我们的经济模型中，我们可以将这个推测表述为原假设 $\beta_2 = 7.5$。如果我们想检验其到底是不是真的，那么备择假设为 $\beta_2 \neq 7.5$。备择假设并没有说明 β_2 是大于 7.5 还是小于 7.5，只是说它不等于 7.5。在这样的例子中我们使用双尾检验，步骤如下：

1. 原假设为 H_0：$\beta_2 = 7.5$。备择假设为 H_1：$\beta_2 \neq 7.5$。

2. 如果原假设为真，检验统计量 $t = (b_2 - 7.5) / se(b_2) \sim t_{(N-2)}$。

3. 选择 $\alpha = 0.05$。双尾检验的临界值为第 2.5 百分位数 $t_{(0.025, 38)} = -2.024$ 和第 97.5 百分位数 $t_{(0.975, 38)} = 2.024$。因此，如果 t 的计算值满足 $t \geq 2.024$ 或者 $t \leq -2.024$，那么我们拒绝原假设；如果 $-2.024 < t < 2.024$，我们不能拒绝原假设。

4. 使用食品支出的数据，$b_2 = 10.21$，标准误为 $se(b_2) = 2.09$。检验统计值为：

$$t = \frac{b_2 - 7.5}{se(b_2)} = \frac{10.21 - 7.5}{2.09} = 1.29$$

5. 因为 $-2.024 < 1.29 < 2.024$，我们不能拒绝原假设 $\beta_2 = 7.5$。样本数据计算结果与推测的结果是一致的，家庭收入每增加 100 美元，会增加食品支出 7.5 美元。

我们不能误读这个结论。我们并没有通过这个检验得出 $\beta_2 = 7.5$ 的结论，只是数据与参数值并无矛盾。数据也与原假设 H_0：$\beta_2 = 8.5$（$t=0.82$）、H_0：$\beta_2 = 6.5$（$t=1.77$）和 H_0：$\beta_2 = 12.5$（$t=-1.09$）一致。假设检验不能用来证明原假设的真实性。

这里存在一个关于双尾检验和置信区间的诀窍，它有时是十分有用的。假设 q 为 $100(1-\alpha)\%$ 置信区间内的一个值，以致如果 $t_c = t_{(1-\alpha/2, N-2)}$，则：

$$b_k - t_c se(b_k) \leq q \leq b_k + t_c se(b_k)$$

如果我们检验原假设 H_0：$\beta_k = q$ 对备择假设 H_1：$\beta_k \neq q$，当 q 位于置信区间内，那么在显著性水平 α 下，我们不能拒绝原假设。如果 q 在置信区间外，那么双尾检验会拒绝原假设。我们不提倡使用置信区间来检验假设，它们为不同的目的服务，但是如果你手头有给定的置信区间，那么这种做法是很方便的。

实例3.6　显著性的双尾检验

虽然我们相信食品支出和收入之间存在着一种关系，但是提出的模型更多的是推理，假设检验的目的是确定变量之间是否存在某种关系。在这个例子中，原假设为 $\beta_2=0$，这就是说，x 和 y 之间不存在线性关系。备择假设为 $\beta_2\neq0$，这是指变量之间存在一种或正或负的相关关系。这是显著性检验的一种最普遍的形式。检验的步骤如下：

1. 原假设为 H_0：$\beta_2=0$。备择假设为 H_1：$\beta_2\neq0$。

2. 如果原假设为真，那么检验统计量 $t=b_2/\text{se}(b_2)\sim t_{(N-2)}$。

3. 选择 $\alpha=0.05$。双尾检验的临界值为第 2.5 百分位数 $t_{(0.025,\,38)}=-2.024$ 和第 97.5 百分位数 $t_{(0.975,\,38)}=2.024$。如果 t 的计算值满足 $t\geq2.024$ 或者 $t\leq-2.024$，我们会拒绝原假设。如果 $-2.024<t<2.024$，我们不会拒绝原假设。

4. 使用食品支出的数据，$b_2=10.21$，标准误为 $\text{se}(b_2)=2.09$。检验统计值为 $t=b_2/\text{se}(b_2)=10.21/2.09=4.88$。

5. 因为 $t=4.88$，大于 2.024，我们拒绝原假设 $\beta_2=0$，得出收入和食品支出之间存在显著的统计关系的结论。

关于这个结论应该说明两点。第一，我们在双尾检验中计算的 t 统计值与实例 3.2 中单尾显著性检验计算的值相同。这两种检验的区别在于拒绝域和临界值。第二，在每次估计回归模型时都应该做显著性的双尾检验，所以计算机软件自动计算检验回归参数为零的原假设的 t 值，参见图 2-9。考虑报告估计值的部分：

变量	系数	标准误	t 统计值	概率值
C	83.41600	43.41016	1.921578	0.0622
$INCOME$	10.20964	2.093264	4.877381	0.0000

注意，这里标记为 t 统计值的一列，对应为检验参数为零的原假设的 t 统计值。它是通过 $t=b_k/\text{se}(b_k)$ 计算的。最小二乘估计值除以它们的标准误就得出了检验参数为零的原假设的 t 统计值。变量 $INCOME$ 的 t 统计值为 4.877381，这与原假设 H_0：$\beta_2=0$ 的检验有关。在我们的讨论中我们把这个值四舍五入简化为 4.88。

检验截距为零的原假设的 t 值为 1.92。不论我们检验关于斜率还是检验关于截距的原假设，$\alpha=0.05$ 对应的双尾检验的临界值为 $t_{(0.025,\,38)}=-2.024$ 和 $t_{(0.975,\,38)}=2.024$，所以给定备择假设为 H_1：$\beta_1\neq0$，我们不能拒绝原假设 H_0：$\beta_1=0$。

标注为"概率值"的最后一列是下一节将要讨论的内容。

评论

"统计显著并不一定意味着经济意义上显著。"比如说，假设 $\beta_2\neq0$，一个超市连锁店的 CEO 策划了一系列的活动，而且假设我们采集了一个大数据样本，从大样本得到的估计值 $b_2=0.0001$，标准误 $\text{se}(b_2)=0.00001$，t 统计值 $t=10.0$。我们会拒绝原假设 $\beta_2=0$，接受备择假设 $\beta_2\neq0$。这里 $b_2=0.0001$ 显著异于零。但是 0.0001 可能不是经济上的显著异于零，CEO 可能决定不举办这些活动。这里的信息是，在报告或使用结果之前，要仔细考虑统计分析的重要性。

3.5 p 值

当报告统计假设检验的结果时，报告 **p 值**（**概率值**（probability value）的缩写）已成为一个标准的做法。如果我们有一个检验的 p 值，我们就可以通过比较 p 值与选定的显著性水平 α 来决定检验的结果，而不需要寻找或者计算临界值。这个准则是：

p 值准则

当 p 值小于或者等于显著性水平 α 时，拒绝原假设。这就是说，如果 $p \leq \alpha$，那么拒绝 H_0。如果 $p > \alpha$，那么不拒绝 H_0。

如果你选择显著性水平 α=0.01、0.05、0.10 或者其他值，那么你就可以不检查临界值而直接通过比较 α 和检验的 p 值来拒绝或者不拒绝原假设。在书面工作中报告检验的 p 值，允许读者可以依据自己的判断来选择合适的显著性水平。

p 值的计算方法取决于备择假设。如果 t 为计算出的 t 统计值，则

- 如果 H_1：$\beta_k > c$，那么 p=t 右侧的概率。
- 如果 H_1：$\beta_k < c$，那么 p=t 左侧的概率。
- 如果 H_1：$\beta_k \neq c$，那么 p=|t| 右侧和 -|t| 左侧的概率值之和。

记忆技巧

备择假设的方向表明 p 值落在分布的尾部。

实例 3.3（续） 右尾检验的 p 值

在实例 3.3 中，我们检验了原假设 H_0：$\beta_2 \leq 5.5$ 对单尾备择假设 H_1：$\beta_2 > 5.5$。计算出的 t 统计值为：

$$t = \frac{b_2 - 5.5}{se(b_2)} = \frac{10.21 - 5.5}{2.09} = 2.25$$

在这个例子中，因为备择假设中是"大于"（>）的情况，这个检验的 p 值是自由度为 N-2=38 的 t 随机变量大于 2.25 的概率值，或 $p = P[t_{(38)} \geq 2.25] = 0.0152$。

这个概率值不能在普通的临界值的 t 表中找到，但是这个值很容易通过计算机计算得到。统计软件和如 Excel 之类的电子表格能够轻松地估计很多概率分布的累积分布函数（cdf）（参照附录 B.1）。如果 $F_X(x)$ 是变量 X 的累积分布函数，那么对于任何的 x=c，累积概率为 $P[X \leq c] = F_X(c)$。给定这样一个 t 分布的函数，我们可以计算想要的 p 值：

$p = P[t_{(38)} \geq 2.25] = 1 - P[t_{(38)} \leq 2.25] = 1 - 0.9848 = 0.0152$

根据 p 值准则，我们得出结论：当 α=0.01 时，我们不拒绝原假设。如果我们选择 α=0.05，我们会拒绝原假设而接受备择假设。

p 值准则的原理如图 3-5 所示。获得一个大于 2.25 的 t 值的概率为 0.0152，$p = P[t_{(38)} \geq 2.25] = 0.0152$。第 99 百分位数 $t_{(0.99, 38)}$ 是 α=0.01 显著性水平上右尾检验的临界值，一定会落在 2.25 的右边。这意味着如果 α=0.01，则 t=2.25 不落在拒绝域中，在这个显著性水平上，我们不会拒绝原假设。这与 p 值准则一致：当 p 值（0.0152）大于选定的显著性水平（0.01）时，我们不拒绝原假设。

另外，第 95 百分位数 $t_{(0.95, 38)}$ 是显著性水平 α=0.05 上右尾检验的临界值，必定会落在 2.25 的左侧。这意味着 t=2.25 落在拒绝域中，在显著性水平 α=0.05 上我们拒绝原假设。

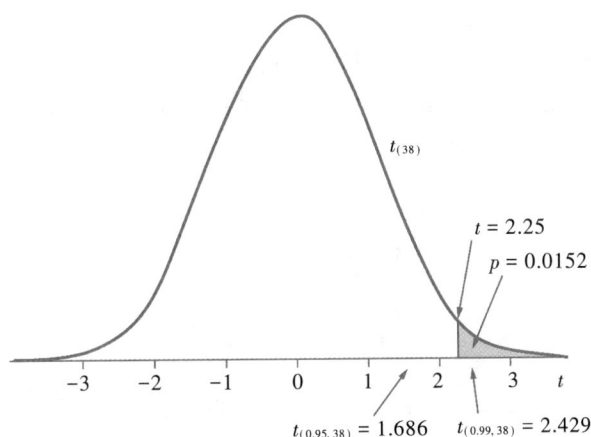

图 3-5　右尾检验的 p 值

这与 p 值准则一致：当 p 值（0.0152）小于或者等于选定的显著性水平（0.05）时，我们会拒绝原假设。

实例 3.4（续）　左尾检验的 p 值

在实例 3.4 中，我们进行了拒绝域位于 t 分布左尾的检验。原假设为 H_0：$\beta_2 \geq 15$，备择假设为 H_1：$\beta_2 < 15$。计算出的 t 统计值为 $t=-2.29$。为了计算左尾检验的 p 值，我们计算获得一个位于 -2.29 左侧的 t 统计量的概率值。使用计算机软件计算，你会求出这个值为 $P\left[t_{(38)} \leq -2.29\right]=0.0139$。根据 p 值准则，我们得出结论，在显著性水平为 $\alpha=0.01$ 时，我们不拒绝原假设。如果我们选择 $\alpha=0.05$，我们会拒绝原假设，接受备择假设，见图 3-6。找到第 1 和第 5 百分位数，它们分别是 $\alpha=0.01$ 和 $\alpha=0.05$ 显著性水平下的左尾检验的临界值。当 p 值（0.0139）大于显著性水平（$\alpha=0.01$）时，t 值 -2.29 不在检验的拒绝域中。当 p 值（0.0139）小于等于显著性水平（$\alpha=0.05$）时，t 值 -2.29 在检验的拒绝域中。

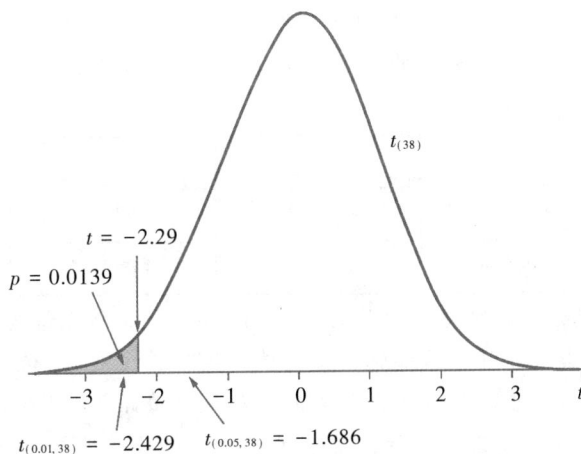

图 3-6　左尾检验的 p 值

实例 3.5（续）　双尾检验的 p 值

对于双尾检验，拒绝域位于 t 分布的两个尾端，在分布的两个尾端计算出 p 值。在实例 3.5 中，我们检验了原假设 $\beta_2=7.5$ 对备择假设 $\beta_2 \neq 7.5$。计算出的 t 统计值为 $t=1.29$。对于这个双尾检验，p 值是落在 1.29 右侧和到 −1.29 左侧的概率之和：

$$p = P[\,t_{(38)} \geq 1.29\,] + P[\,t_{(38)} \leq -1.29\,] = 0.2033$$

计算结果如图 3-7 所示。一旦得到 p 值，其用途不变。如果我们选择 $\alpha=0.05$、$\alpha=0.10$ 甚至 $\alpha=0.20$，因为 $p > \alpha$，我们就不能拒绝原假设。

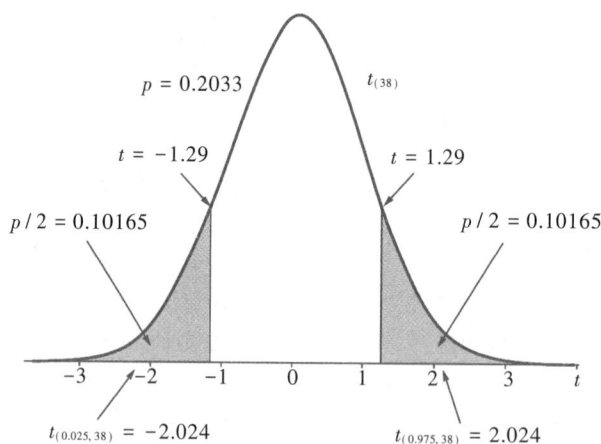

图 3-7　显著性的双尾检验的 p 值

在本节的开头我们叙述了计算双尾检验 p 值的如下准则：如果 H_1：$\beta_k \neq c$，p 等于 $|t|$ 右侧和 $-|t|$ 左侧的概率之和。在这个准则中使用绝对值是因为如果 t 统计值结果为正或负，绝对值同样适用。

实例 3.6（续）　显著性的双尾检验 p 值

当进行回归分析时，统计软件要计算每一个系数显著性的双尾检验的 p 值。在实例 3.6 中，我们讨论了检验原假设 H_0：$\beta_2=0$ 和备择假设 H_1：$\beta_2 \neq 0$。计算出的 t 统计值为 $t=4.88$，p 值为：

$$p = P[\,t_{(38)} \geq 4.88\,] + P[\,t_{(38)} \leq -4.88\,] = 0.0000$$

软件会自动计算和报告显著性的双尾检验的 p 值。参考图 2-9，仅考虑报告估计值的部分：

变量	系数	标准误	t 统计值	概率值
C	83.41600	43.41016	1.921578	0.0622
$INCOME$	10.20964	2.093264	4.877381	0.0000

挨着 t 统计值的是显著性的双尾检验的 p 值，EViews 软件将之标为 "Prob."。其他软件会使用相似的名称。当检查计算结果时，我们很快就能通过比较 p 值和我们选定的显著性水平来确定一个估计值是否在统计上是显著的。估计的截距的 p 值为 0.0622，所以在显著性水平为 $\alpha=0.05$ 的情况下，它在统计上是等于零的；但是如果 $\alpha=0.10$，它则在统计上是显著的。

收入的估计系数的 p 值为 0 到 4 位。因此 $p \leq \alpha$，$\alpha=0.01$ 甚至 $\alpha=0.0001$，在这些显著性水平下我们拒绝收入对食品支出没有影响的原假设。显著性的双尾检验的 p 值实际上不为 0。如果使用更多的小数位数，那么 $p=0.00001946$。回归软件通常最多只能输出四位数的结果，因为在实际中显著性水平小于 α=0.001 是很罕见的。

3.6 参数的线性组合

到目前为止，我们讨论了单个参数 β_1 或 β_2 的统计推断（点估计、区间估计和假设检验）。在更一般的情况下，我们希望估计和检验关于**参数的线性组合** $\lambda = c_1\beta_1 + c_2\beta_2$ 的假设，其中 c_1 和 c_2 是我们定义的常数。一个例子是，假如当 x 取特定的值，比如 $x = x_0$ 时，我们想要估计被解释变量的期望值 $E(y|x)$。在这里 $c_1 = 1$，$c_2 = x_0$，结果 $\lambda = c_1\beta_1 + c_2\beta_2 = \beta_1 + x_0\beta_2 = E(y|x=x_0)$。

在假设 SR1—SR5 下，最小二乘估计量 b_1 和 b_2 是 β_1 和 β_2 的最佳线性无偏估计量。$\hat{\lambda} = c_1 b_1 + c_2 b_2$ 为 $\lambda = c_1\beta_1 + c_2\beta_2$ 的最佳线性无偏估计，这也为真。估计量 $\hat{\lambda}$ 是无偏的，因为：

$$E(\hat{\lambda}|\mathbf{x}) = E(c_1 b_1 + c_2 b_2|\mathbf{x}) = c_1 E(b_1|\mathbf{x}) + c_2 E(b_2|\mathbf{x}) = c_1\beta_1 + c_2\beta_2 = \lambda$$

然后，利用迭代期望定律，$E(\hat{\lambda}) = E_x[E(\hat{\lambda}|\mathbf{x})] = E_x[\lambda] = \lambda$。为了求得 $\hat{\lambda}$ 的方差，回顾概率入门第 P.5.6 节，如果 X 和 Y 是随机变量，且 a 和 b 为常数，那么方差 $\mathrm{var}(aX+bY)$ 由等式（P.20）给出：

$$\mathrm{var}(aX+bY) = a^2 \mathrm{var}(X) + b^2 \mathrm{var}(Y) + 2ab\,\mathrm{cov}(X,Y)$$

在估计量 $c_1 b_1 + c_2 b_2$ 中，b_1 和 b_2 均为随机变量，因为在提取出样本和计算出估计值之前我们不知道它们的值。应用公式（P.20），我们有：

$$\mathrm{var}(\hat{\lambda}|\mathbf{x}) = \mathrm{var}(c_1 b_1 + c_2 b_2|\mathbf{x}) = c_1^2\,\mathrm{var}(b_1|\mathbf{x}) + c_2^2\,\mathrm{var}(b_2|\mathbf{x}) + 2c_1 c_2\,\mathrm{cov}(b_1,b_2|\mathbf{x}) \qquad (3.8)$$

最小二乘估计量的方差和协方差由公式（2.14）至公式（2.16）给出。我们通过用公式（2.20）至公式（2.22）中估计的方差和协方差替代未知的方差和协方差来估计 $\mathrm{var}(\hat{\lambda}|\mathbf{x}) = \mathrm{var}(c_1 b_1 + c_2 b_2|\mathbf{x})$。那么，

$$\widehat{\mathrm{var}}(\hat{\lambda}|\mathbf{x}) = \widehat{\mathrm{var}}(c_1 b_1 + c_2 b_2|\mathbf{x}) = c_1^2\,\widehat{\mathrm{var}}(b_1|\mathbf{x}) + c_2^2\,\widehat{\mathrm{var}}(b_2|\mathbf{x}) + 2c_1 c_2\,\widehat{\mathrm{cov}}(b_1,b_2|\mathbf{x}) \qquad (3.9)$$

$\hat{\lambda} = c_1 b_1 + c_2 b_2$ 的标准误是估计方差的平方根，

$$\mathrm{se}(\hat{\lambda}) = \mathrm{se}(c_1 b_1 + c_2 b_2) = \sqrt{\widehat{\mathrm{var}}(c_1 b_1 + c_2 b_2|\mathbf{x})} \qquad (3.10)$$

如果 SR6 也成立，或者如果样本很大，最小二乘估计量 b_1 和 b_2 服从正态分布。正态分布变量的线性组合服从正态分布，这也为真，结果有：

$$\hat{\lambda}|\mathbf{x} = c_1 b_1 + c_2 b_2 \sim N[\lambda, \mathrm{var}(\hat{\lambda}|\mathbf{x})]$$

其中，$\mathrm{var}(\hat{\lambda}|\mathbf{x})$ 在公式（3-8）中给出。你或许会想，用计算器进行这样的计算需要花费多长时间，对此不必担心，大部分软件会为你做这些计算。现在我们给出一个实例。

实例 3.7　估计预期食品支出

老板可能会问研究人员，给我每周收入为 2 000 美元的家庭平均每周食品支出的估计值。老板说的"平均"是指"期望值"，对于食品支出模型，这意味着估计：

$$E(FOOD\_EXP|INCOME) = \beta_1 + \beta_2 INCOME$$

在这个例子中我们以 100 美元为单位来衡量收入，所以周收入 2 000 美元对应于 $INCOME = 20$。老板想要的是下式的估计值：

$$E(FOOD\_EXP|INCOME = 20) = \beta_1 + \beta_2 20$$

这是一个参数的线性组合。

使用 food 中的 40 个观测值。在第 2.3.2 节中，我们得到了拟合回归：

$$\overline{FOOD\_EXP} = 83.4160 + 10.2096 INCOME$$

周收入为 2 000 美元的家庭平均食品支出的点估计值为：

$$\begin{aligned}
\overline{E\,(FOOD\_EXP|INCOME = 20\,)} &= b_1 + b_2 20 \\
&= 83.4160 + 10.2096\,(20) = 287.6089
\end{aligned}$$

我们估计，周收入为 2 000 美元的家庭的每周预期食品支出为 287.61 美元。

实例 3.8　预期食品支出的区间估计值

如果 SR6 成立，给定 **x**，那么估计量 $\hat{\lambda}$ 就服从正态分布。我们可以建立一个服从标准正态分布的随机变量，如：

$$Z = \frac{\hat{\lambda} - \lambda}{\sqrt{\operatorname{var}(\hat{\lambda}|\mathbf{x})}} \sim N(0,1)$$

用估计方差代替分母中的真实方差，我们得到一个关键 t 统计量：

$$t = \frac{\hat{\lambda} - \lambda}{\sqrt{\widehat{\operatorname{var}}(\hat{\lambda})}} = \frac{\hat{\lambda} - \lambda}{\operatorname{se}(\hat{\lambda})} = \frac{(c_1 b_1 + c_2 b_2) - (c_1 \beta_1 + c_2 \beta_2)}{\operatorname{se}(c_1 b_1 + c_2 b_2)} \sim t_{(N-2)} \tag{3.11}$$

如果 t_c 为 $t_{(N-2)}$ 分布的 $1-\alpha/2$ 百分位数值，那么 $P(-t_c \leqslant t \leqslant t_c) = 1 - \alpha$。代入公式（3.11）中的 t，经整理可得：

$$P[(c_1 b_1 + c_2 b_2) - t_c \operatorname{se}(c_1 b_1 + c_2 b_2) \leqslant c_1 \beta_1 + c_2 \beta_2 \leqslant (c_1 b_1 + c_2 b_2) + t_c \operatorname{se}(c_1 b_1 + c_2 b_2)] = 1 - \alpha$$

因此，$c_1\beta_1 + c_2\beta_2$ 的 $100\,(1-\alpha)\%$ 区间估计值为：

$$(c_1 b_1 + c_2 b_2) \pm t_c \operatorname{se}(c_1 b_1 + c_2 b_2)$$

在第 2.5 节中，我们得到了协方差矩阵的估计值：

$$\begin{bmatrix} \widehat{\operatorname{var}}(b_1) & \widehat{\operatorname{cov}}(b_1, b_2) \\ \widehat{\operatorname{cov}}(b_1, b_2) & \widehat{\operatorname{var}}(b_2) \end{bmatrix} = \begin{array}{c|cc} & C & INCOME \\ \hline C & 1884.442 & -85.9032 \\ INCOME & -85.9032 & 4.3818 \end{array}$$

为了获得 $b_1 + b_2 20$ 的标准误差，我们首先计算方差的估计值：

$$\begin{aligned}
\widehat{\operatorname{var}}(b_1 + 20 b_2) &= \widehat{\operatorname{var}}(b_1) + 20^2 \times \widehat{\operatorname{var}}(b_2) + 2 \times 20 \times \widehat{\operatorname{cov}}(b_1, b_2) \\
&= 1884.442 + 20^2 \times 4.3818 + 2 \times 20 \times (-85.9032) \\
&= 201.0169
\end{aligned}$$

给定 $\widehat{\operatorname{var}}(b_1 + 20 b_2) = 201.0169$，对应的标准误为：[1]

$$\operatorname{se}(b_1 + 20 b_2) = \sqrt{\widehat{\operatorname{var}}(b_1 + 20 b_2)} = \sqrt{201.0169} = 14.1780$$

$E(FOOD\_EXP|INCOME = 20) = \beta_1 + \beta_2(20)$ 的 95% 区间估计为 $(b_1 + b_2 20) \pm t_{(0.975, 38)}$ $\operatorname{se}(b_1 + b_2 20)$ 或者 $[287.6089 - 2.024 \times 14.1780,\ 287.6089 + 2.024 \times 14.1780] = [258.91, 316.31]$

我们以 95% 的置信水平估计，周收入为 2 000 美元的家庭的预期食品支出介于 258.91 美元和 316.31 美元之间。

---

[1]　数值 201.0169 是用计算机软件计算出来的。如果用人工计算，你算出的结果会是 201.034。不必为偶尔的计算差异而担心，因为这很可能是计算机计算结果与手算结果之间的差异。

检验参数的线性组合

到目前为止，我们检验了一次只包含一个回归参数的假设。这就是说，我们的假设一直是 H_0：$\beta_k=c$ 这种形式。一个更为**一般的线性假设**包含两个参数，可以表述为：

$$H_0:\ c_1\beta_1+c_2\beta_2=c_0 \tag{3.12a}$$

其中，c_0、c_1 和 c_2 是定义的常数，c_0 是假设的值。尽管原假设中包含两个系数，它仍然只是一个使用 t 统计量进行检验的单个假设。有时它被等价地写成隐含的形式：

$$H_0:\ (c_1\beta_1+c_2\beta_2)\ -c_0=0 \tag{3.12b}$$

公式（3.12a）中原假设的备择假设可能为：

（i）H_1：$c_1\beta_1+c_2\beta_2\neq c_0$，形成一个双尾 t 检验

（ii）H_1：$c_1\beta_1+c_2\beta_2>c_0$，形成一个右尾 t 检验［原假设可能是 "$\leq$"］

（iii）H_1：$c_1\beta_1+c_2\beta_2<c_0$，形成一个左尾 t 检验［原假设可能是 "$\geq$"］

如果使用隐含的形式，备择假设也会相应地做出调整。

假设（公式 3.12）的检验使用关键 t 统计量：

$$t=\frac{(c_1b_1+c_2b_2)\ -c_0}{\mathrm{se}\,(c_1b_1+c_2b_2)}\sim t_{(N-2)}\text{，如果原假设为真} \tag{3.13}$$

备择假设（i）～（iii）的单尾和双尾检验的拒绝域与第 3.3 节中描述的是相同的，结论的解释也是一样的。

t 统计量的形式与公式（3.7）中的最初定义是相似的。分子中（$c_1b_1+c_2b_2$）是（$c_1\beta_1+c_2\beta_2$）的最佳线性无偏估计量，如果误差服从正态分布，或者我们选择的样本很大，这个估计量也服从正态分布。

实例 3.9　检验预期食品支出

第 2.1 节中介绍的食品支出模型提供了**线性假设**如何在实际中应用的很好的例子。对于大多数中型和大型城市，都会有关于下一年收入增长的预测。超市或者任何形式的食品零售商店在建新店前都会考虑这些预测。它们面临的问题是，如果在某个地方收入以一个固定的比率增长，增长的收入中有多少会用于食品方面呢？老板们或者会说，基于以往的经验，"我预计周收入为 2 000 美元的家庭每周用于食品方面的平均支出会大于 250 美元"。我们怎样使用计量经济学来检验这个推测呢？

食品支出模型的回归函数为：

$E\,(FOOD\_EXP|INCOME\,)=\beta_1+\beta_2\,INCOME$

老板的推测为：

$E\,(FOOD\_EXP|INCOME=20\,)=\beta_1+\beta_2\,20,$ 大于 250

为了检验这个推测的正确性，我们设立备择假设：

H_1：$\beta_1+\beta_2 20>250$ 或 H_1：$\beta_1+\beta_2 20-250>0$

相应的原假设是老板推测的逻辑上的备择假设：

H_0：$\beta_1+\beta_2 20\leq250$ 或 H_0：$\beta_1+\beta_2 20-250\leq0$

注意，原假设和备择假设的形式与 $c_1=1$、$c_2=20$ 和 $c_0=250$ 的一般线性假设相同。

右尾检验的拒绝域如图 3-2 所示。对于显著性水平 $\alpha=0.05$ 下的右尾检验，临界值为

$t_{(38)}$ 分布的第 95 百分位数，即 $t_{(0.95, 38)} = 1.686$。如果 t 统计量的计算值大于 1.686，我们就会拒绝原假设而接受备择假设，在这里备择假设与老板的推测一致。

计算 t 统计量的值：

$$t = \frac{(b_1 + 20b_2) - 250}{\text{se}(b_1 + 20b_2)}$$

$$= \frac{(83.4160 + 20 \times 10.2096) - 250}{14.1780}$$

$$= \frac{287.6089 - 250}{14.1780} = \frac{37.6089}{14.1780} = 2.65$$

因为 $t > t_c$（$t = 2.65$，$t_c = 1.686$），我们拒绝周收入为 2 000 美元的家庭每周用于食品方面的支出小于 250 美元的原假设，得出结论，即老板的推测是正确的，周收入为 2 000 美元的家庭每周用于食品方面的支出大于 250 美元，这里犯第一类错误的概率为 0.05。

在实例 3.8 中，我们的估计结果是周收入为 2 000 美元的家庭用于食品方面的支出为 287.6089 美元，这大于老板的推测值 250 美元。然而，仅仅简单地观测到估计值大于 250 美元并不是一个统计检验。它可能数值上更大，但是大得很显著吗？t 检验考虑了我们估计支出水平的精度，也控制着发生第一类错误的概率。

3.7 练习

3.7.1 问题

3.1 1992 年有 64 个国家参加了奥运会，并赢得了至少一枚奖牌。让 MEDALS 代表奖牌总数，让 GDPB 代表 GDP（单位：1995 年 10 亿美元）。解释获得奖牌数量的线性回归模型是 $MEDALS = \beta_1 + \beta_2 GDPB + e$。所估计的关系为：

$$MEDALS = b_1 + b_2 GDPB = 7.61733 + 0.01309 GDPB$$
$$\text{（se）} \qquad\qquad\qquad (2.38994)\,(0.00215) \tag{XR3.1}$$

a. 我们要检验的假设是，奖牌数量与 GDP 之间没有关系，而备择假设是两者之间存在正的关系。以模型参数的形式说明原假设和备择假设。

b. 如果原假设成立，那么（a）部分的检验统计量是多少？它的分布是什么？

c. 如果备择假设为真，则（a）部分的检验统计量分布会发生什么变化？相对于通常的 t 分布，分布是向左还是向右移动？（提示：如果原假设为真，则 b_2 的期望值是多少？如果备择假设为真，那么它的值是多少？）

d. 对于 1% 的显著性水平的检验，t 统计值为何值时我们将拒绝（a）部分的原假设，为何值时我们不能拒绝原假设？

e. 在 1% 的显著性水平上对（a）部分原假设进行 t 检验，你的经济学结论是什么？在这个例子中，1% 的显著性水平意味着什么？

3.2 省略。

3.3 1992 年有 64 个国家参加了奥运会，并且获得了至少一枚奖牌。令 MEDALS 为获得的奖牌总数，GDPB 为国内生产总值（单位：1995 年 10 亿美元）。解释获得奖牌数量的线性回归模型是 $MEDALS = \beta_1 + \beta_2 GDPB + e$。估计关系如练习 3.1 中的方程（XR3.1）

所示。

估计斜率和截距估计值之间的协方差为-0.00181，拟合误差方差为$\hat{\sigma}^2 = 320.336$。样本均值为$\overline{GDPB}=390.89$，样本方差为$s^2_{GDPB} = 1\,099\,615$。

a.估计$GDPB = 25$的国家获得的预期奖牌数量。

b.计算（a）部分中估计值的标准误，使用方差：

$$\widehat{\text{var}}\,(b_1)+(25)^2\,\widehat{\text{var}}\,(b_2)+(2)(25)\,\widehat{\text{cov}}\,(b_1,b_2)$$

c.计算（a）部分中估计的标准误差，使用方差$\hat{\sigma}^2\{(1/N)+[(25-\overline{GDPB})^2/((N-1)s^2_{GDPB})]\}$。

d.为$GDPB=25$的国家获得的预期奖牌数建立95%的区间估计值。

e.为$GDPB=300$的国家的预期奖牌数量构建95%的区间估计值。将该区间估计值与（d）部分中的区间估计值进行比较。解释你观测到的差异。

3.4　省略。

3.5　如果我们有大量数据样本，那么使用来自标准正态分布的临界值来构造**p值**是合理的。但是大量样本数据到底应该多大才合适？

a.对于自由度为30的t分布，t统计量为1.66的右尾检验p值为0.05366666。在统计表1中，使用标准正态分布Φ（z）的累积分布函数得出的近似p值是多少？使用$\alpha=0.05$的右尾检验，你是否可以使用近似p值对原假设做出正确的判断？对于自由度为90的t分布，精确的p值会更大还是会更小？

b.对于自由度为200的t分布，t统计值为1.97的右尾检验p值为0.0251093。使用标准正态分布的近似p值是多少？使用$\alpha=0.05$的双尾检验，你会使用近似p值对原假设做出正确的判断吗？对于自由度为90的t分布，精确的p值会更大还是会更小？

c.对于自由度为1 000的t分布，t统计值为2.58的右尾p值为0.00501087。使用标准正态分布的近似p值是多少？使用$\alpha=0.05$的双尾检验，你会使用近似p值对原假设做出正确的判断吗？对于自由度为2 000的t分布，精确的p值会更大还是更小？

3.6　省略。

3.7　根据2008年的一份数据，令$INCOME$=人均收入（千美元），$BACHELOR$=美国50个州和哥伦比亚特区拥有学士学位或更高学历的人口所占的百分比，总观察值$N=51$。对$BACHELOR$的收入进行简单的线性回归，得到以下结果：

$$\widehat{INCOME} = (a) + 1.029BACHELOR$$

$$\text{se}\quad(2.672)\quad(c)$$

$$t\quad(4.31)\quad(10.75)$$

a.使用所提供的信息计算估计截距。展示你的结果。

b.绘制估计出的关系。是正的关系还是负的关系？它以恒定的速度增加还是减少？还是以递增速度增加或减少？

c.使用所提供的信息计算斜率系数的标准误。展示你的结果。

d.对于截距参数等于10的原假设，t统计值是多少？

e.在（d）部分中，截距参数等于10的双尾检验的p值为0.572。在草图中写出p值。

如果 α=0.05，则画出拒绝域。

f.构造斜率的99%区间估计值。解释区间估计值。

g.在5%的显著性水平上检验原假设斜率系数为1，备择假设为斜率系数不等于1。在这个问题中，说明检验的经济结果。

3.8 省略。

3.9 利用2013年关于64名黑人女性的数据，估计WAGE（每小时收入，以美元计）与 $EDUC$（受教育年限）之间的线性回归 $\widehat{WAGE} = -8.45 + 1.99EDUC$。

a.估计斜率系数的标准误为0.52。构建一个95%的区间估计，解释多受一年教育对黑人女性每小时预期工资率的影响。

b.估计截距的标准误为7.39。使用α=0.10的显著性水平，检验截距 $\beta_1=0$ 的原假设对真实截距不为零的备择假设。在你的答案中，展示：（i）正式的原假设和备择假设；（ii）原假设下的检验统计量及其分布；（iii）拒绝域（在图中）；（iv）检验统计量的计算值；（v）说明你的结论，给出经济解释。

c.估计受过16年教育的黑人女性的预期工资 $E(WAGE|EDUC = 16)$。

d.截距和斜率之间的估计协方差为-3.75。为受过16年教育的黑人女性建立95%的预期工资区间估计值。

e.据推测，受过16年教育的黑人女性的预期工资将超过每小时23美元。在显著性水平为10%的推测检验中，将其作为"备择假设"。证据是否支持该推测？

3.10 省略。

3.11 劳动力供给理论表明，支付更高的工资会有更多的劳动服务供给。假设 $HRSWK$ 是随机选择的人每周通常工作的小时数，而 $WAGE$ 是他们的时薪，我们的回归模型设定为 $HRSWK = \beta_1 + \beta_2 WAGE + e$。使用2013年样本容量为9 799的样本，我们获得估计的回归方程 $\widehat{HRSWK} = 41.58 + 0.011WAGE$。

最小二乘估计量的估计方差和协方差如下：

	INTERCEPT	WAGE
INTERCEPT	0.02324	-0.00067
WAGE	-0.00067	0.00003

a.在5%的显著性水平下，检验斜率小于或等于零的原假设。根据模型参数表述原假设和备择假设。利用结果，我们是否证实或反驳了劳动力供给理论？

b.使用正态概率统计表1，计算（a）部分中检验的近似 p 值。绘制表示 p 值的草图。

c.在简单回归模型的SR1-SR6的假设下，预期每周工作小时数为 $E(HRSWK|WAGE) = \beta_1 + \beta_2 WAGE$。构造95%的区间估计值，以估算每小时收入为20美元的人每周的预期工作时间。

d.在样本中，有203个人的时薪为20美元。这些人每周的平均工作时间为41.68小时。该结果与（c）部分中的区间估计值相符吗？说明你的理由。

e.检验原假设，即在1%的显著性水平上，每小时收入20美元的人的每周预期工作时间为41.68小时，备择假设为工作时间没有41.68小时。

3.12 省略。

3.13　考虑以下有关甘蔗（孟加拉国有一个地区数千公顷种植甘蔗）的估计面积反应模型，该模型是相对价格的函数（甘蔗价格的100倍除以黄麻的价格，黄麻为孟加拉国农民种植的替代甘蔗的作物），$\widehat{AREA}_t = -0.24 + 0.50RPRICE_t$，使用34个年度观测值。

a.RPRICE的样本平均值为114.03，最小值为74.9，最大值为182.2。RPRICE是甘蔗价格占黄麻价格的百分比。关于甘蔗的相对价格，这些样本统计值告诉我们什么？

b.解释估计关系的截距和斜率。

c.截距参数为零的假设的t统计值为-0.01。你得出什么结论？这是在经济上令人吃惊的结果吗？请说明。

d.样本平均种植面积为56.83千公顷，相对价格样本均值为114.03。将这些值作为给定值，在显著性水平5%处检验假设，即在均值处种植面积对价格的弹性为1.0。RPRICE系数的估计方差为0.020346。

e.以对数-线性形式重新估计模型，得到$\overline{\ln(AREA_t)} = 3.21 + 0.0068RPRICE_t$，解释RPRICE的系数。斜率估计值的标准误差为0.00229。关于估计出的关系，这告诉我们什么？

f.使用（e）部分中的模型检验原假设：相对于黄麻价格，甘蔗价格上涨1%，会使甘蔗种植面积增加1%。使用5%的显著性水平和双尾检验，展示：（i）如果原假设为真，检验统计值及其分布；（ii）拒绝域的草图；（iii）表明检验统计值的位置；（iv）阐述你的结论；（v）在草图上画出代表p值的区域。

3.14　省略。

3.15　在一项可能被判处无期徒刑的谋杀审判中，作为法官的你是否会告诉陪审团，确保我们每一百次只会给无辜者定罪一次，或使用其他阈值？那会是几次？

a.在此例中，第一类错误的经济成本是多少？列出在这种计算中必须考虑的一些因素。

b.在此例中，第二类错误的经济成本是多少？列出在这种计算中必须考虑的一些因素。

3.16　省略。

3.17　考虑回归模型$WAGE = \beta_1 + \beta_2 EDUC + e$。其中，WAGE是小时工资率，单位为2013年美元。EDUC是受教育年限。对该模型进行两次估计，一次使用城市的个体，另一次使用农村地区的个体。

城市　$WAGE = -10.76 + 2.46EDUC, N = 986$
（se）　（2.27）　（0.16）

农村　$WAGE = -4.88 + 1.80EDUC, N = 214$
（se）　（3.29）　（0.24）

a.使用城市数据回归，检验原假设回归线斜率等于1.80，备择假设大于1.80。使用$\alpha=0.05$的显著性水平。写出所有步骤，绘制关键区域的图并说明你的结论。

b.使用农村数据回归，计算如果EDUC=16，预期WAGE的95%区间估计值。所需的标准误差为0.833。使用截距和斜率系数之间的估计协方差为-0.761的事实，展示如何进行计算。

c.使用城市数据回归，计算如果EDUC=16，预期WAGE的95%区间估计值。截距和斜率系数之间的估计协方差为-0.345。（b）部分中，城市回归的区间估计值比农村回归的区间估计值范围更宽还是更窄？你觉得这合理吗？请说明。

d.使用农村数据回归，以1%的显著性水平进行检验，原假设为截距参数β_1等于或大于4，备择假设为小于4。

3.18 省略。

3.7.2 计算机练习

3.19 一家汽车旅馆的业主发现在施工期间使用了有缺陷的产品。他花费了7个月的时间纠正了这一缺陷，在此期间，该汽车旅馆中每100个房间中约有14个房间一次停用了1个月。数据在文件*motel*中。

a.在同一张图上绘制*MOTEL_PCT*和*COMP_PCT*与*TIME*的关系。你如何看待不同时间的入住率？它们倾向于一起变化吗？哪个似乎拥有更高的入住率？估计回归模型$MOTEL\_PCT = \beta_1 + \beta_2 COMP\_PCT + e$。构造参数$\beta_2$的95%区间估计值。我们是否相对准确地估计了*MOTEL_PCT*和*COMP_PCT*之间的关联性？说明你的理由。

b.给定*COMP_PCT* = 70，构建出该汽车旅馆的预期入住率*MOTEL_PCT*的90%区间估计值。

c.在线性回归模型$MOTEL\_PCT = \beta_1 + \beta_2 COMP\_PCT + e$中，在$\alpha=0.01$的显著水平上，检验原假设$H_0$: $\beta_2 \leq 0$，备择假设H_0: $\beta_2 > 0$。讨论你的结论。明确定义使用的检验统计量和拒绝域。

d.在线性回归模型$MOTEL\_PCT = \beta_1 + \beta_2 COMP\_PCT + e$中，在$\alpha=0.01$的显著水平上检验原假设$H_0$: $\beta_2 = 1$，备择假设H_0: $\beta_2 \neq 1$。如果原假设是正确的，那意味着汽车旅馆的入住率与其竞争对手的入住率之间的关系是什么？讨论你的结论。明确定义使用的检验统计量和拒绝域。

e.根据*MOTEL_PCT*对*COMP_PCT*的回归，计算最小二乘残差，并绘制其对*TIME*的关系图。该图有什么不寻常的特征吗？在时期17~23（2004年7月至2005年1月）中，残差的主要符号是什么？

3.20 省略。

3.21 在本练习中利用资本资产定价模型（CAPM），使用数据文件*capm5*中的所有可用观测值。

a.构建埃克森美孚和微软"beta"的95%区间估计值。假设你是一名股票经纪人。向寻求建议的投资者解释这些结果。

b.在显著性水平为5%的情况下，原假设福特的"beta"值等于1，备择假设不等于1。"Beta"值等于1的经济解释是什么？对通用电气公司股票和埃克森美孚公司股票重复检验并说明你的结论。清楚地说明使用的检验统计量和每个检验的拒绝域，然后计算p值。

c.在显著性水平为5%的情况下检验原假设，即埃克森美孚的"beta"值大于或等于1，备择假设为"beta"值小于1。清楚地说明使用的检验统计量和每个检验的拒绝域，然后计算p值。"beta"小于1的经济解释是什么？

d. 在显著性水平为5%的情况下，检验Microsoft的"beta"值小于或等于1的原假设，备择假设为"beta"值大于1。清楚地说明使用的检验统计量和每个检验的拒绝域，然后计算p值。"beta"值大于1的经济解释是什么？

e. 以5%的显著性水平检验原假设：CAPM模型中福特公司股票的截距项为零，备择假设为截距项不等于零。你得出什么结论？对通用电气公司股票和埃克森美孚公司股票重复检验并说明你的结论。清楚地说明使用的检验统计信息和每个检验的拒绝域，然后计算p值。

3.22 省略。

3.23 数据文件 *collegetown* 包含2009—2013年在路易斯安那州巴吞鲁日售出的500套独栋住宅的数据。数据包括以1 000美元为单位的销售价格（*PRICE*），以及以百平方英尺为单位的套内总面积（*SQFT*）。

a. 使用二次回归模型 $PRICE = \alpha_1 + \alpha_2 SOFT^2 + e$，检验原假设：在2 000平方英尺的基础上增加100平方英尺，预期房价的边际效应小于或等于13 000美元，而备择假设为边际效应大于13 000美元。使用5%的显著性水平。清楚地说明使用的检验统计量、拒绝域和检验p值。你得出什么结论？

b. 使用（a）部分中的二次回归模型，在5%的显著性水平下，检验原假设：在4 000平方英尺的基础上增加100平方英尺，预期房价的边际效应小于或等于13 000美元，备择假设为边际效应大于13 000美元。清楚地说明使用的检验统计量、拒绝域和检验p值。你得出什么结论？

c. 使用（a）部分中的二次回归模型，估算2 000平方英尺的房子的预期价格 $E(PRICE|SQFT) = \alpha_1 + \alpha_2 SQFT^2$。构建预期价格的95%区间估计值。向普通读者描述你的区间估计值。

d. 在样本中找到拥有2 000平方英尺居住面积的房屋。计算其售价的样本均值（平均值）。$SQFT=20$ 的房屋的售价样本平均值是否与（c）部分的结果相符？请说明。

3.24 省略。

3.25 利用"阿什坎学校"的数据，我们有机会研究艺术品市场。哪些因素决定艺术品的价值？使用文件 *ashcan_small* 中的数据（注意：文件 *ashcan* 包含更多变量）。

a. 定义画作出售时的年数 $YEARS\_OLD=DATE\_AUCTN-CREATION$。使用已售出作品的数据（$SOLD=1$）来估计回归 $\ln(RHAMMER) = \beta_1 + \beta_2 YEARS\_OLD + e$。考虑一件艺术品在出售时已过去一年，为实际成交价的百分比变化构建一个95%的区间估计值（提示：查看方程（2.28）的讨论）。对潜在的艺术品购买者解释结果。

b. 使用5%的显著性水平，检验原假设：画作每过一年，成交价上涨2%。

c. 变量 *DREC* 是一个指示变量，如果在经济衰退期发生销售，则该值为1，否则为零。使用已售出作品的数据（$SOLD=1$），估计回归模型 $\ln(RHAMMER) = \alpha_1 + \alpha_2 DREC + e$。构建在经济衰退期卖出时成交价下降百分比的95%区间估计值。向在衰退期考虑出售产品的客户解释你的发现。

d. 使用5%的显著性水平，检验原假设：在经济衰退期间出售艺术品会使成交价降低2%或以下，备择假设为成交价降低幅度大于2%。清楚地说明使用的检验统计量、拒绝域和检验p值。你的结论是什么？

3.26 省略。

3.27 经验和工资之间的关系在一个人的一生中是否恒定不变？我们将使用二次模型研究此问题。数据文件cps5_small包含2013年3月当代人口调查（CPS）中关于小时工资率、经验和其他变量的1 200个观测值（注意：数据文件cps5包含更多观测值和变量）。

a.创建变量$EXPER30=EXPER-30$。描述该变量。其在什么时候是正的、负的或零？

b.用最小二乘法估计二次模型$WAGE=\gamma_1+\gamma_2(EXPER30)^2+e$。在1%的显著性水平上检验原假设$\gamma_2=0$，备择假设$\gamma_2\neq0$。预期工资和$EXPER30$之间是否存在统计上显著的二次关系？

c.绘制y轴为拟合值$\widehat{WAGE}=\hat{\gamma}_1+\hat{\gamma}_2(EXPER30)^2$和$x$轴为$EXPER30$的图。当值$EXPER30=0$时，图的斜率是常数，还是递增或递减的？直到值$EXPER30=0$时，函数是以递增速率增加还是以递减速率增加？

d.如果$y=a+bx^2$，则$dy/dx=2bx$。使用此结果，计算当$EXPER=0$、$EXPER=10$以及$EXPER=20$时，拟合函数$\widehat{WAGE}=\hat{\gamma}_1+\hat{\gamma}_2(EXPER30)^2$的估计斜率。

e.计算当$EXPER=0$、$EXPER=10$和$EXPER=20$时，原假设的t统计值，原假设为：$H_0:2\gamma_2EXPER30=0$。

3.28 省略。

3.29 参见数据文件star5_small（数据文件star5包含更多的观测值和更多的变量）。考虑三种类型的班级：小班［$SMALL=1$］，有助理教师的常规班［$AIDE=1$］和常规班［$REGULAR=1$］。

a.计算小班学生数学成绩$MATHSCORE$的样本均值和标准差。在没有助理教师的情况下，计算常规班学生数学成绩的样本均值和标准误。哪类班级的平均分数更高？小班和常规班的样本均值有何不同？哪类班级的分数标准误更高？

b.仅考虑小班和没有助理教师的常规班。估计回归模型$MATHSCORE=\beta_1+\beta_2SMALL+e$。回归参数的估计值与（a）部分中计算的样本均值有何关系？

c.使用（b）部分中的模型，为常规班学生和小班学生构建预期数学分数的95%区间估计值。区间是否相当狭窄？区间有重叠吗？

d.使用5%的显著性水平进行检验，原假设为两种类型的班级的$MATHSCORE$期望值没有差异，备择假设为小班的$MATHSCORE$期望值更高。以模型参数表述这些假设，明确表述你使用的检验统计量和检验拒绝域。计算检验的p值。你的结论是什么？

e.使用10%的显著水平进行假设检验，原假设为小班学生的$MATHSCORE$期望值要高出15分，备择假设为不高出15分。以模型参数表述这些假设，明确表述你使用的检验统计量和检验拒绝域。计算检验的p值。你的结论是什么？

3.30 省略。

3.31 20世纪90年代中期美国中西部一个大型城市的一家连锁超市每周销售一个主要品牌的金枪鱼罐头的数据包含在数据文件tuna中。每个变量有52个观测值。变量$SAL1$=1号品牌金枪鱼罐头的销售量，$APR1$=1号品牌金枪鱼罐头的每罐价格（美元）。

a.计算$SAL1$和$APR1$的汇总统计值。样本均值、最小值、最大值和标准差是多少？画

出这些变量与 *WEEK* 的关系图。每周的销售量和价格变化是多少？

　　b. 绘制变量 *SAL*1（*y* 轴）与 *APR*1（*x* 轴）的关系图。这是正的关系还是负的关系？这是你期望的吗？为什么？

　　c. 创建变量 *PRICE*1=100*APR*1。估计线性回归 *SAL*1=β_1+β_2*PRICE*1+*e*。1 号品牌价格上涨 1 美分对 1 号品牌销售的影响的点估计值是多少？1 号品牌价格每增加 1 美分对 1 号品牌销售的影响的 95% 区间估计值是多少？

　　d. 构建当每罐价格为 70 美分时，每周销售的预期罐头数量的 90% 区间估计值。

　　e. 在均值处，构建 1 号品牌销售数量与 1 号品牌价格的弹性的 95% 区间估计值。把样本均值当作常数而不是随机变量。你觉得销售数量相对于价格是有很大的弹性还是没有弹性？这有经济意义吗？为什么？

　　f. 检验原假设，即来自（e）部分的 1 号品牌销售数量相对于 1 号品牌价格的弹性是 -3，备择假设为弹性不等于 -3。使用 10% 的显著性水平，以模型参数明确说明原假设和备择假设，给出拒绝区域以及检验的 *p* 值。你的结论是什么？

　　3.32 省略。

附录 3A　*t* 分布的推导

本章的区间估计和假设检验过程涉及 *t* 分布。在这里，我们列出主要结果。

需要的第一个结果是最小二乘估计量的正态分布。例如，考虑 β_2 的最小二乘估计量 b_2 的正态分布，表示为：

$$b_2|\mathbf{x} \sim N\left(\beta_2, \frac{\sigma^2}{\sum(x_i-\bar{x})^2}\right)$$

用 b_2 减去它的均值再除以它的标准差就得到了一个服从标准正态分布的随机变量：

$$Z = \frac{b_2-\beta_2}{\sqrt{\text{var}(b_2|\mathbf{x})}} \sim N(0,1) \tag{3A.1}$$

这就是说，标准化的随机变量 *Z* 服从正态分布，其均值为 0，方差为 1。尽管最小二乘估计量 b_2 的分布依赖于 $\mathbf{x}$，但标准化给我们留下了一个关键统计量，其分布既不依赖于未知参数，也不依赖于 $\mathbf{x}$。

难题的第二部分涉及卡方随机变量。如果假设 SR6 成立，那么随机误差项 e_i 服从正态分布，$e_i|\mathbf{x} \sim N(0,\sigma^2)$。我们可以通过除以它的标准差将这个随机变量标准化，结果 $e_i/\sigma \sim N(0,1)$。标准正态随机变量的平方是一个自由度为 1 的卡方随机变量（参见附录 B.5.2），所以 $(e_i/\sigma)^2 \sim \chi^2_{(1)}$。如果所有的随机误差项都是独立的，那么，

$$\sum\left(\frac{e_i}{\sigma}\right)^2 = \left(\frac{e_1}{\sigma}\right)^2 + \left(\frac{e_2}{\sigma}\right)^2 + \cdots + \left(\frac{e_N}{\sigma}\right)^2 \sim \chi^2_{(N)} \tag{3A.2}$$

因为真实的随机误差项是不可观测的，我们用它们的样本对应最小二乘残差 $\hat{e}_i=y_i-b_1-b_2x_i$ 替代它们，得到：

$$V = \frac{\sum\hat{e}_i^2}{\sigma^2} = \frac{(N-2)\hat{\sigma}^2}{\sigma^2} \tag{3A.3}$$

公式（3A.3）中的随机变量 V 不服从 $\chi^2_{(N)}$ 分布，因为最小二乘残差不是独立的随机变量。全部的 N 个残差 $e_i=y_i-b_1-b_2x_i$ 都依赖于最小二乘估计量 b_1 和 b_2。可以证明，在简单线性回归模型中，只有 $N-2$ 个最小二乘残差是独立的。因此，公式（3A.3）中的随机变量服从自由度为 $N-2$ 的卡方分布。这就是说，乘以常数 $(N-2)/\sigma^2$ 后，随机变量 $\hat{\sigma}^2$ 服从自由度为 $N-2$ 的卡方分布：

$$V = \frac{(N-2)\hat{\sigma}^2}{\sigma^2} \sim \chi^2_{(N-2)} \tag{3A.4}$$

随机变量 V 的分布只取决于自由度 $N-2$。像公式（3A.1）中的 Z 那样，V 是一个关键统计量。我们还没有建立卡方随机变量 V 在统计学上独立于最小二乘估计 b_1 和 b_2 的事实，但它是独立的。证明超出了这本书的范围。因此，公式（3A.1）中的 V 与标准正态随机变量 Z 是相互独立的。

利用两个随机变量 V 和 Z，我们可以建立一个 t 随机变量。用标准正态随机变量 $Z \sim N(0,1)$ 除以独立卡方随机变量 $V \sim \chi^2_{(m)}$（已除以自由度）的平方根，我们就得到了 t 随机变量，即，

$$t = \frac{Z}{\sqrt{V/m}} \sim t_{(m)} \tag{3A.5}$$

t 分布的形状完全是由自由度参数 m 决定的，这个分布用 $t_{(m)}$ 表示，参见附录 B.5.3。分别利用公式（3A.1）和公式（3A.4）中的 Z 和 V，我们有：

$$
\begin{aligned}
t &= \frac{Z}{\sqrt{V/(N-2)}} = \frac{(b_2-\beta_2)/\sqrt{\sigma^2/\sum(x_i-\bar{x})^2}}{\sqrt{\dfrac{(N-2)\hat{\sigma}^2/\sigma^2}{N-2}}} \\
&= \frac{b_2-\beta_2}{\sqrt{\dfrac{\hat{\sigma}^2}{\sum(x_i-\bar{x})^2}}} = \frac{b_2-\beta_2}{\sqrt{\widehat{\mathrm{var}}(b_2)}} = \frac{b_2-\beta_2}{\mathrm{se}(b_2)} \sim t_{(N-2)}
\end{aligned}
\tag{3A.6}
$$

最后一行就是我们在公式（3-2）中所表述的关键结果，其一般化形式见公式（3.3）。

附录 3B H_1 下的 t 统计量的分布

为了更好地理解 t 检验是如何进行的，让我们在公式（3.7）中检查原假设不成立时的 t 统计量。我们可以把它写得更详细。如果我们检验一个假设 $H_0:\beta_2=c$，那么公式（3A.1）中的 Z 会怎样？不是减去 β_2，而是减去 c，我们得到：

$$\frac{b_2-c}{\sqrt{\mathrm{var}(b_2)}} = \frac{b_2-\beta_2+\beta_2-c}{\sqrt{\mathrm{var}(b_2)}} = \frac{b_2-\beta_2}{\sqrt{\mathrm{var}(b_2)}} + \frac{\beta_2-c}{\sqrt{\mathrm{var}(b_2)}} = Z+\delta \sim N(\delta,1)$$

我们获得的统计量是标准正态 Z 加上另一个因子，$\delta=(\beta_2-c)/\sqrt{\mathrm{var}(b_2)}$，其仅在原假设成立时为零。非中心 t 随机变量由该比率形成：

$$t|\mathbf{x} = \frac{Z+\delta}{\sqrt{V/m}} \sim t(m,\delta) \tag{3B.1}$$

这是更一般的 t 统计量，具有 m 个自由度和非中心性参数 δ，表示为 $t_{(m,\delta)}$。除非 $\delta=0$，否则它的分布不会以零为中心。附录 B.7.3 介绍了非中心 t 分布。正是因子 δ 导致 t 检验拒

绝一个错误原假设的概率大于α（第一类错误的概率）。因为δ取决于样本数据，所以我们指出非中心t分布以$\mathbf{x}$为条件。如果原假设成立，则δ=0，并且t统计量不依赖于任何未知参数或$\mathbf{x}$，它是一个关键统计量。

假设我们有一个容量为N=40的样本，那么自由度为$N-2$=38，检验关于β_2的假设，即β_2-c=1。使用右尾检验，拒绝原假设的概率为$P\,(t > 1.686)$，其中$t_{(0.95,38)}$=1.686来自统计表2，即通常t分布的百分位数。如果δ=0，则拒绝概率为0.05。在β_2-c=1的情况下，我们必须使用具有非中心参数的非中心t分布来计算右尾概率：

$$\delta = \frac{\beta_2 - c}{\sqrt{\mathrm{var}\,(b_2)}} = \frac{\beta_2 - c}{\sqrt{\sigma^2 / \sum (x_i - \bar{x})^2}} = \frac{\sqrt{\sum (x_i - \bar{x})^2}\,(\beta_2 - c)}{\sigma} \tag{3B.2}$$

在数值例子中，我们使用了附录2H中所用的模拟实验值。x值的样本包括$x_i = 10$，i=1，$\cdots$，20和x_i=20，i=21，$\cdots$，40。样本均值$\bar{x}$=15，因此$\sum (x_i - \bar{x})^2 = 40 \times 5^2 = 1\,000$。同样，$\delta^2$=2 500。非中心参数为：

$$\delta = \frac{\sqrt{\sum (x_i - \bar{x})^2}\,(\beta_2 - c)}{\sigma} = \frac{\sqrt{1\,000}\,(\beta_2 - c)}{\sqrt{2\,500}} = 0.63246\,(\beta_2 - c)$$

因此，当β_2的真实值是10时，拒绝原假设H_0：$\beta_2 = 9$与H_1：$\beta_2 > 9$的概率为：

$$P\,(t_{(38,\,0.63246)} > 1.686) = 1 - P\,(t_{(38,\,0.63246)} \leqslant 1.686) = 0.15301$$

计算概率使用非中心t分布的累积分布函数，该函数可通过计量经济学软件和某些网站得到。类似地，当β_2的真实值为10时，拒绝原假设H_0：β_2=8与H_1：$\beta_2 > 8$的概率为：

$$P\,(t_{(38,\,1.26491)} > 1.686) = 1 - P\,(t_{(38,\,1.26491)} \leqslant 1.686) = 0.34367$$

为什么拒绝的可能性增大了？非中心参数的作用是使t分布向右移动，如附录B.7.3所示。例如，拒绝原假设H_0：β_2=9对H_1：$\beta_2 > 9$的概率如图3B-1所示。

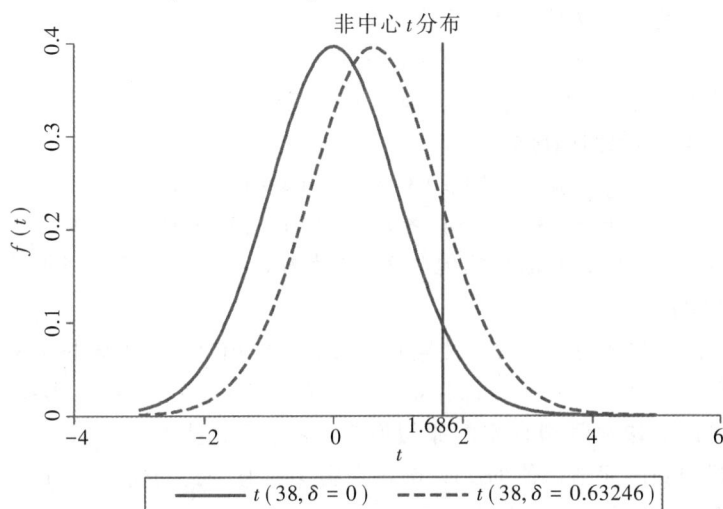

图3B-1 拒绝H_0：$\beta_2 = 9$的概率

实线是自由度为38的一般的中心t分布。曲线下1.686右侧的面积为0.05。虚线是δ=0.63246的非中心t分布。曲线下1.686右侧的面积较大，大约为0.153。

拒绝一个错误的原假设的概率称为检验能力。在理想的世界中，我们将始终拒绝错误的原假设，并且如果我们拥有无限多的数据，我们就可以做到。t检验能力的关键是使非中心参数变大的三个因素。

较大的非中心参数会使t分布进一步向右移动，拒绝的可能性增大。因此，在以下情况下，拒绝错误原假设的可能性会增大：

1.假设误差β_2-c增大。

2.衡量整体模型不确定性的真实误差方差δ^2变小。

3.解释变量的总变异值更大，这可能是样本容量更大的结果。

在实际情况下，检验的能力是未知的，因为我们不知道β_2或σ^2的值，并且检验能力的计算取决于给定的x值。尽管如此，我们还是应该知道哪些因素会增加拒绝错误原假设的可能性。在下一节中，我们将进行蒙特卡罗模拟实验，以说明上述检验能力的计算。

回想一下，第二类错误未能拒绝一个错误的假设。因此，第二类错误的概率是检验能力的补充。例如，当真实值$\beta_2=10$时，检验H_0：$\beta_2 = 9$对H_1：$\beta_2 > 9$，犯第二类错误的概率为：

$$P (t_{(38,0.63246)} < 1.686) = 1 - 0.15301 = 0.84699$$

对于H_0：$\beta_2 = 8$对H_1：$\beta_2 > 8$的检验，当真实值为$\beta_2=10$时，犯第二类错误的概率为$P (t_{(38,1.26491)} \leqslant 1.686) = 1 \ 0.34367 = 0.65633$。随着检验能力的增加，犯第二类错误的概率降低，反之亦然。

附录3C　蒙特卡罗模拟

在附录2H中，我们介绍了蒙特卡罗模拟来说明最小二乘估计量的重复抽样性质。在本附录中，我们利用同样的框架来说明区间估计量和假设检验的重复抽样性质。回想一下，简单线性回归模型的数据生成过程表示为：

$$y_i = E (y_i|x_i) + e_i = \beta_1 + \beta_2 x_i + e_i, i = 1, \cdots, N$$

蒙特卡罗参数值为$\beta_1=100$和$\beta_2=10$。对于前20个观测值，x_i等于10；对于剩下的20个观测值，x_i等于20，结果回归函数为：

$$E (y_i|x_i = 10) = 100 + 10x_i = 100 + 10 \times 10 = 200, i = 1, \cdots, 20$$
$$E (y_i|x_i = 20) = 100 + 10x_i = 100 + 10 \times 20 = 300, i = 21, \cdots, 40$$

随机误差项是独立的，且服从均值为0、方差为var$(e_i|x_i)$ $=\sigma^2=2\ 500$的正态分布，或者$e_i|x \sim N (0, 2\ 500)$。

在研究假设检验和区间估计量的性质时，有必要使用足够多的蒙特卡罗样本，以便所涉及的比率被足够精确地估计出来以保证结果的有用性。对于犯第一类错误的概率为$\alpha=0.05$的检验，我们应该观测到真实的原假设有5%的概率被拒绝。对于95%的区间估计量，我们应该观测到区间估计值的95%包含真实参数值。我们使用$M=10\ 000$个蒙特卡罗样本，这样实验误差就会很小。参见附录3C.3的解释。

3C.1　区间估计量的重复抽样性质

在附录2H.4中，我们在文件*mc1_fixed_x*中建立了一个数据样本。利用这些数据值，

最小二乘估计值为:

$$\hat{y} = 127.2055 + 8.7325x$$
$$\quad (23.3262)\ (1.4753)$$

斜率的95%区间估计值为$b_2 \pm t_{(0.975,\ 38)}$ se (b_2) = [5.7460, 11.7191]。我们可以看到,对于这个例子,95%区间估计值包含真实的斜率参数值β_2=10。

我们重复估计和区间估计的过程10 000次。在这些重复样本中,95.03%的区间估计值包含真实的参数值。表3C-1列出了蒙特卡罗样本321~330的结果来说明这个性质。估计值为B_2,标准误差为SE,95%区间估计值的下限为LB,上限为UB。如果区间估计值包含真实的参数值,那么变量$COVER$=1。有两个区间不包含真实参数值(β_2=10)。我们所报告的10个样本结果是为了说明区间估计值并不会在所有情况下涵盖真实的参数。

这告诉我们,在来自数据生成过程的许多样本中,如果假设SR1~SR6成立,那么构建95%区间估计值的过程在95%的情况下"有效"。

表 3C-1			10 000 次蒙特卡罗模拟的结果				
样本	B_2	SE	$TSTAT$	REJECT	LB	UB	$COVER$
321	7.9600	1.8263	−1.1170	0	4.2628	11.6573	1
322	11.3093	1.6709	0.7836	0	7.9267	14.6918	1
323	9.8364	1.4167	−0.1155	0	6.9683	12.7044	1
324	11.4692	1.3909	1.0563	0	8.6535	14.2849	1
325	9.3579	1.5127	−0.4245	0	6.2956	12.4202	1
326	9.6332	1.5574	−0.2355	0	6.4804	12.7861	1
327	9.0747	1.2934	−0.7154	0	6.4563	11.6932	1
328	7.0373	1.3220	−2.2411	0	4.3611	9.7136	0
329	13.1959	1.7545	1.8215	1	9.6441	16.7478	1
330	14.4851	2.1312	2.1046	1	10.1708	18.7994	0

3C.2 假设检验的抽样性质

原假设H_0: β_2=10为真。如果我们使用单尾备择假设H_1: β_2>10,检验统计值t=(b_2-10)/se(b_2)>1.68595(这是自由度为38的t分布的第95百分位数[①]),则原假设被拒绝。对于样本$mc1\_fixed\_x$,t统计量的计算值为-0.86,所以我们不能拒绝原假设,在这种情况下这是一个正确的决定。

我们重复估计和假设检验的过程10 000次。在这些重复样本中,有4.98%的检验拒绝参数值为10的原假设。在表3C-1中,t统计值为$TSTAT$,拒绝原假设时,$REJECT$=1。我

---

① 在确定t检验的临界值时,我们使用多位小数而不是使用表中的数据1.686,这样可以提高蒙特卡罗实验的精度。

们可以看到，样本329、330错误地拒绝了原假设。

这告诉我们，在来自数据生成过程的许多样本中，如果假设SR1-SR6成立，则在显著性水平$\alpha=0.05$时将在5%的情况下拒绝真实原假设。或者，肯定地说，检验过程在95%的情况下不会拒绝真实的原假设。

为了研究t检验的能力，即它拒绝错误假设的概率，我们检验了H_0：$\beta_2 = 9$对H_1：$\beta_2 > 9$，以及H_0：$\beta_2 = 8$对H_1：$\beta_2 > 8$。我们在附录3B中计算的理论拒绝率在第一种情况下为0.15301，在第二种情况下为0.34367。在10 000个蒙特卡罗样本中，第一个假设在1 515个样本中被拒绝，拒绝率为0.1515。第二个假设在3 500个样本中被拒绝，拒绝率为0.35。蒙特卡罗值非常接近真实的拒绝率。

3C.3 选择蒙特卡罗样本数量

在许多样本中，一个95%置信区间估计量应该有95%的概率包含真实的参数值。在蒙特卡罗实验中，M个样本是独立的试验，区间成功包含真实参数的概率为$P=0.95$。成功的次数服从二项分布。在M个试验中，成功的比率$\hat{P}$是随机变量，期望值为P，方差为$P(1-P)/M$。如果蒙特卡罗模拟的样本M的数量足够大，那么蒙特卡罗模拟成功比率的95%区间估计值为$P \pm 1.96\sqrt{P(1-P)/M}$。如果$M=10\ 000$，区间估计值为[0.9457, 0.9543]。我们选择$M=10\ 000$，这样这个区间就会很窄，这也使我们相信，如果真实的成功概率为0.95，那么我们会获得一个接近0.95的高置信度的蒙特卡罗模拟平均值。对于这样的蒙特卡罗实验，我们的结论是95.03%的区间估计值包含了真实参数β_2，这不超过误差幅度。同时，如果我们利用了$M=1\ 000$个蒙特卡罗样本，蒙特卡罗实验成功比率的区间估计值将为[0.9365, 0.9635]。这个区间更宽，在这种情况下，蒙特卡罗实验成功的概率可能与0.95相当不同，这就给我们的方法是否如宣传的那样有效蒙上阴影。

同样，对于一个拒绝概率为$\alpha=0.05$的检验，导致拒绝的蒙特卡罗样本的95%区间估计值为$\alpha \pm 1.96\sqrt{\alpha(1-\alpha)/M}$。如果$M=10\ 000$，这个区间估计值为[0.0457, 0.0543]。这就是说我们的蒙特卡罗实验有4.98%的概率拒绝原假设，不超过误差幅度。如果我们选择了$M=1\ 000$，那么蒙特卡罗实验的拒绝比例估计会在区间[0.0365, 0.0635]内，这就留下了了过多的犹豫空间。

要点是，如果蒙特卡罗实验的样本数量较小，那么蒙特卡罗实验中的"噪声"就会导致误差幅度很大的成功或拒绝百分比，以至于我们不能判断统计方法、区间估计或假设检验是否正确合理。[1]

3C.4 随机变量X蒙特卡罗结果

我们在第3C.1节和第3C.2节中报告的蒙特卡罗结果中使用了"固定变量x"的框架。在每个蒙特卡罗样本中，对于前20个观测值，x值为$x_i=10$；对于随后的20个观测值，x值为$x_i=20$。现在，如附录2H.7所示，将实验修改为随机变量x的情况。数据生

---

[1] 有关蒙特卡罗模拟的其他细节可以在 *Microeconometrics*：*Methods and Applications*，by A. Colin Cameron and Pravin K. Trivedi（Cambridge University Press，2005）中找到。材料是新的。

成方程仍为 $y_i = 100 + 10x_i + e_i$，随机误差呈正态分布，均值为零，标准误差为 50，$e_i \sim N$（0，$50^2 = 2\,500$）。我们从一个正态分布中随机选择 x 值，均值 $\mu_x = 15$，标准差 $\sigma_x = 1.6$，因此 $x \sim N$（15，$1.6^2 = 2.56$）。

数据文件 $mc1\_random\_x$ 中有一个数据样本。使用这些值，我们获得最小二乘估计值：

$$\hat{y} = 116.7410 + 9.7628x$$
$$(84.7107)\quad(5.5248)$$

斜率的 95% 区间估计值为 $b_2 \pm t_{(0.975,\,38)}\,\mathrm{se}(b_2) = [-1.4216, 20.9472]$。对于此样本，95% 的区间估计值包含真实的斜率参数值 $\beta_2 = 10$。

我们使用这种设计生成了 10 000 个蒙特卡罗样本，并计算了最小二乘估计和 95% 区间估计值。在这些样本中，x 随样本的不同而变化，β_2 的 95% 区间估计值在 94.87% 的样本中包含真实值。表 3C-2 包含了蒙特卡罗样本 321~330 的结果，的不同而用于说明此目的。估计值为 B_2，标准误为 SE，95% 区间估计值的下限为 LB，上限为 UB。如果区间包含真实的参数值，则变量 $COVER = 1$。在所选样本中，区间估计值 323 不包含真实参数值。

表 3C-2　　　　　　　　　包含随机变量 x 的 10 000 个蒙特卡罗模拟的结果

样本	B_2	SE	$TSTAT$	$REJECT$	LB	UB	$COVER$
321	9.6500	5.1341	−0.0682	0	−0.7434	20.0434	1
322	7.4651	4.3912	−0.5773	0	−1.4244	16.3547	1
323	22.9198	5.6616	2.2820	1	11.4584	34.3811	0
324	8.6675	4.8234	−0.2763	0	−1.0970	18.4320	1
325	18.7736	5.2936	1.6574	0	8.0573	29.4899	1
326	16.4197	3.8797	1.6547	0	8.5657	24.2738	1
327	3.7841	5.1541	−1.2060	0	−6.6500	14.2181	1
328	3.6013	4.9619	−1.2896	0	−6.4436	13.6462	1
329	10.5061	5.6849	0.0890	0	−1.0024	22.0145	1
330	9.6342	4.8478	−0.0755	0	−0.1796	19.4481	1

在蒙特卡罗实验中，我们使用 t 统计量 $t = (b_2 - 10)/\mathrm{se}(b_2)$ 来检验原假设 $H_0: \beta_2 = 10$ 和备择假设 $H_1: \beta_2 > 10$。我们拒绝了原假设 $t \geq 1.685954$，这是 $t_{(38)}$ 分布的第 95 百分位数。在表 3C-2 中，t 统计值为 $TSTAT$，如果检验拒绝原假设，则 $REJECT = 1$。在 10 000 个蒙特卡罗样本中，有 5.36% 的样本拒绝原假设，该假设在第 3C.2 节中讨论的误差范围内。在表 3C-2 中，对于样本 323，真实的原假设被拒绝。

从这些模拟中我们得出结论，在 x 是随机变量的情况下，没有证据表明推理没有达到预期效果，其中 95% 的区间包含真实的参数值，而 5% 的检验拒绝真实的原假设。

为了研究 t 检验的能力，即拒绝错误假设的概率，我们检验了 $H_0: \beta_2 = 9$ 对 $H_1: \beta_2 > 9$，以及 $H_0: \beta_2 = 8$ 对 $H_1: \beta_2 > 8$。在 10 000 个蒙特卡罗样本中，第一个假设在 7.8% 的情况下被

拒绝，第二个假设在 11.15% 的情况下被拒绝。这些拒绝率远小于附录 3B 中研究的固定变量 x 的结果，也小于附录 3C.2 中模拟结果中的经验拒绝率。我们注意到，t 检验拒绝错误假设的能力与公式（3A.8）中非中心性参数 $\delta = \sqrt{\sum(x_i - \bar{x})^2}\,(\beta_2 - c)/\sigma$ 的大小有关。在这些实验中，因子 $(\beta_2 - c) = 1$、2 及 $\sigma = 50$ 与固定变量 x 的例子相同。到底是什么改变了？唯一剩下的因素是 x 值的变化 $\sum(x_i - \bar{x})^2$。在前面的例子中，$\sum(x_i - \bar{x})^2 = 1\,000$，并且 x 值在重复的样本中是固定的。在此实验中，x 值不是固定的而是随机的，并且对于每个 x 值样本，变量都会变化。我们将 x 的方差设定为 2.56，在 10 000 次蒙特卡罗实验中，样本方差 s_x^2 的平均值 = 2.544254，x 均值离差 $\left(\sum(x_i - \bar{x})^2\right)$ 为 99.22591，或在固定变量 x 的情况下变化 1/10 左右。现在很清楚了，为什么在随机变量 x 的情况下检验的能力较低，这是因为平均而言 $\sum(x_i - \bar{x})^2$ 较小。

第 4 章

预测、拟合优度和建模问题

学习目标

基于本章的内容，你应该能够：

1. 根据给定的 x 值，解释如何使用简单的线性回归模型来预测 y 值。

2. 从直观和技术上解释，为什么用远离 $\bar{x}$ 的 x 值来预测，所得出的预测结果更不可靠。

3. 解释 SST（总离差平方和）、SSR（回归平方和）和 SSE（残差平方和）的含义及它们与 R^2 的关系。

4. 定义和解释决定系数的含义。

5. 解释相关性分析和 R^2 之间的关系。

6. 报告拟合回归方程的结果，以便能快速、方便地构建未知系数的置信区间并进行假设检验。

7. 说明当缩放变量时，由回归方程得到的估计系数和其他数值会如何变化。你为什么想要缩放变量？

8. 利用参数为线性的模型可以估计出范围广泛的非线性函数。

9. 写下双对数、对数-线性和线性-对数函数形式的方程。

10. 解释函数形式的斜率和弹性之间的差异。

11. 解释如何选择函数形式及如何确定函数形式是合适的。

12. 解释如何检验方程"残差"是否服从正态分布。

13. 解释在对数-线性模型中如何计算出预测值、预测区间和模型的拟合优度。

14. 解释检测异常、极端或错误数据值的替代方法。

关键词

决定系数	峰度	预测
相关性	最小二乘预测式	预测区间
预测误差	线性模型	R^2
函数形式	线性关系	残差诊断
拟合优度	线性-对数模型	缩放数据
增长模型	对数-线性模型	偏度
有影响的观测值	双对数模型	预测的标准误差
JB 检验	对数正态分布	

在第3章中，我们侧重于对回归参数进行统计推断、构建置信区间和假设检验。在这一章中，我们把重点放在研究回归模型的另一个用途上，那就是预测。预测是指在给定一个 x 值的条件下，预测未知因变量 y 的值。预测区间，就像置信区间一样，是 y 的未知值可能落在的一个值域。考察 y 的样本值和预测值之间的相关性，可以提供一个被称为 R^2 的拟合优度，R^2 说明我们的模型与数据的拟合程度。对于样本中的每个观测值，y 的预测值和实际值之间的差值为残差。基于残差的诊断方法，允许我们检查在回归分析中使用的函数形式是否适当，并为我们提供一些检验回归假设有效性的指标。我们会依次解释上述的每一个想法和概念。

4.1 最小二乘预测

在实例2.4中，我们简要介绍了一种思想，即线性回归模型的最小二乘估计值提供了对于任意 x 值预测 y 值的一个方法。预测能力对于那些尝试预测特定产业销售额和收入的行业经济专家和金融分析师来说非常重要；对尝试预测国民收入增长率、通货膨胀、投资、储蓄、社会保障项目支出、税收收入的政府政策制定者来说也很重要；对于需要预测当地人口和收入增长以便决定增加或减少服务供给量的地方企业来说同样重要。准确的预测为我们在每一个计划框架内更好地决策提供了基础。在本节中，我们将探讨线性回归模型作为一种预测工具的应用。

给定简单线性回归模型和假设SR1-SR6，设 x_0 是解释变量的一个给定值，我们把要预测的 y 的相应值记为 y_0。为了使用回归分析作为预测的基础，我们必须假设 y_0 和 x_0 通过描述样本数据的同一回归模型相互联系起来。因此，特别地，对于这些观测值，SR1成立。

$$y_0 = \beta_1 + \beta_2 x_0 + e_0 \tag{4.1}$$

其中，e_0 是随机误差。我们假设 $E(y_0|x_0) = \beta_1 + \beta_2 x_0$，且 $E(e_0) = 0$。我们还假设 e_0 具有与回归误差相同的方差，即 $\text{var}(e_0) = \sigma^2$，并且 e_0 与样本数据的随机误差项不相关，即 $\text{cov}(e_0, e_i|\mathbf{x}) = 0$，$i = 1, 2, \cdots, N$。

预测 y_0 的任务与我们在第3.6节讨论过的估计 $E(y_0|x_0) = \beta_1 + \beta_2 x_0$ 有关，结果 $y_0 = E(y_0|x_0) + e_0 = \beta_1 + \beta_2 x_0 + e_0$ 由两部分组成：系统非随机的组成部分 $E(y_0|x_0) = \beta_1 + \beta_2 x_0$ 和随机组成部分 e_0。我们利用 $\hat{E}(y_0|x_0) = b_1 + b_2 x_0$ 估计系统的组成部分，加入 e_0 的"估计值"，等于其期望值，期望值为零。因此预测值 $\hat{y}_0$ 由 $\hat{y}_0 = \hat{E}(y_0|x_0) + 0 = b_1 + b_2 x_0$ 得出。事实上，尽管我们对 $\hat{y}_0$ 和 $\hat{E}(y_0|x_0)$ 使用相同的统计值，但我们仍对它们进行区分，因为虽然 $E(y_0|x_0) = \beta_1 + \beta_2 x_0$ 不是随机的，但是结果 y_0 是随机的，所以，正如我们将看到的那样，$E(y_0|x_0) = \beta_1 + \beta_2 x_0$ 的区间估计和 y_0 的预测区间是有区别的。

根据上一段的讨论，y_0 的最小二乘预测式来自拟合回归线：

$$\hat{y}_0 = b_1 + b_2 x_0 \tag{4.2}$$

即预测值 $\hat{y}_0$ 由最小二乘拟合直线上的点 $x = x_0$ 给出，如图4-1所示。

这样的预测方法效果如何呢？最小二乘估计量 b_1 和 b_2 是随机变量，其值随样本的不同而异。因此，最小二乘预测 $\hat{y}_0 = b_1 + b_2 x_0$ 也必须是随机的。为了评估这个预测是否恰当，我们定义预测残差，类似于最小二乘残差，

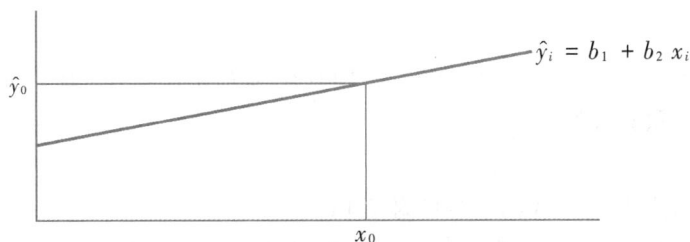

图 4-1 点预测

$$f = y_0 - \hat{y}_0 = (\beta_1 + \beta_2 x_0 + e_0) - (b_1 + b_2 x_0) \tag{4.3}$$

我们希望预测误差小，因为这意味着我们的预测接近真实值。取 f 的期望值，我们发现：

$$
\begin{aligned}
E(f|\mathbf{x}) &= \beta_1 + \beta_2 x_0 + E(e_0) - [E(b_1|\mathbf{x}) + E(b_2|\mathbf{x})x_0] \\
&= \beta_1 + \beta_2 x_0 + 0 - [\beta_1 + \beta_2 x_0] \\
&= 0
\end{aligned}
$$

这意味着，平均预测误差为零，$\hat{y}_0$ 是 y_0 的无偏预测值。然而，无偏性并不一定意味着一个特定的预测值会接近其实际值。小的预测误差的概率也取决于预测误差的方差。虽然我们不去证明它，但如果假设 SR1-SR5 成立，则 $\hat{y}_0$ 就是 y_0 的**最佳线性无偏预测**（BLUP）。如果最小二乘估计量 b_1 和 b_2 是最佳线性无偏估计量，那么这个结果是合理的。

利用公式（4.3）和我们所知道的关于最小二乘估计量的方差和协方差的知识，我们可以证明（见本章末尾的附录 4A）预测误差的方差是：

$$\operatorname{var}(f|\boldsymbol{x}) = \sigma^2 \left[1 + \frac{1}{N} + \frac{(x_0 - \bar{x})^2}{\sum (x_i - \bar{x})^2} \right] \tag{4.4}$$

注意，这个表达式的一些元素出现在最小二乘估计量的方差公式中，与影响估计的精度一样，它们以同样的方式影响预测的精度。我们宁愿预测误差的方差小些，因为这将使预测值 $\hat{y}_0$ 接近我们要预测的真实值 y_0 的概率提高。请注意，当满足如下条件时，预测误差的方差更小：

i. 当以随机误差的方差 σ^2 来衡量时，模型中的整体不确定性更小

ii. 样本容量 N 更大

iii. 解释变量取值的变化范围更大

iv. $(x_0 - \bar{x})^2$ 的值很小

新增加的一项是 $(x_0 - \bar{x})^2$，它衡量 x_0 偏离 x 值的中心的程度。x_0 离样本数据的均值越远，预测方差越大。直观地说，这意味着当我们有更多的样本信息时，我们能够更好地预测；但当我们超出数据范围来预测时，我们得到的预测结果是不准确的。

在实践中，我们以估计量 $\hat{\sigma}^2$ 取代公式（4.4）中的 σ^2，得到下面的公式：

$$\widehat{\operatorname{var}}(f|\mathbf{x}) = \hat{\sigma}^2 \left[1 + \frac{1}{N} + \frac{(x_0 - \bar{x})^2}{\sum (x_i - \bar{x})^2} \right]$$

这个方差估计量的平方根是预测的标准误差：

$$se(f) = \sqrt{\widehat{\text{var}}(f|x)} \qquad (4.5)$$

根据 t 分布表，定义临界值 t_c 是 $100(1-\alpha/2)$ 百分位数，我们可以得到 $100(1-\alpha/2)\%$ 的**预测区间**：

$$\hat{y}_0 \pm t_c se(f) \qquad (4.6)$$

关于这一结果推导的一些细节参见附录 4A。

根据公式（4.4）对预测误差的方差 $\text{var}(f|x)$ 的讨论，x_0 离样本均值 $\bar{x}$ 越远，预测误差的方差越大，预测可能越不可靠。换句话说，当 x_0 的值接近样本均值 $\bar{x}$ 时，我们的预测更加可靠；当 x_0 的值远离样本均值 $\bar{x}$ 时，我们的预测不可靠。这一事实显示在我们的预测区间的大小上。对于不同的 x_0 值，点预测和区间预测的关系如图 4-2 所示。点预测由最小二乘拟合线 $\hat{y}_0 = b_1 + b_2 x_0$ 给出。预测区间由最小二乘拟合线两侧的带状区域表示。由于预测的方差会随 x_0 与样本均值 $\bar{x}$ 之间距离的增大而增大，当 $x_0 = \bar{x}$ 时，置信带最窄；当 $|x_0 - \bar{x}|$ 增加时，置信带宽度增加。

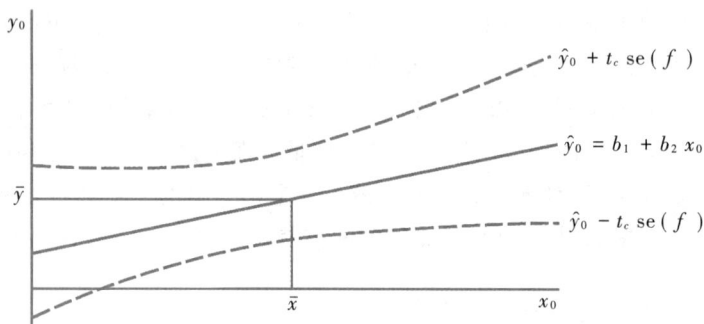

图 4-2　点预测和区间预测的关系

实例 4.1　食品消费支出模型中的预测

在实例 2.4 中，利用下面的计算，我们预测，一个每周收入为 $x_0=2\,000$ 美元的家庭将会在食物上花费 287.61 美元。

$$\hat{y}_0 = b_1 + b_2 x_0 = 83.4160 + 10.2096(20) = 287.6089$$

现在，我们能够对这一预测附加一个"置信区间"。预测误差的方差估计值为：

$$\widehat{\text{var}}(f|x) = \hat{\sigma}^2 \left[1 + \frac{1}{N} + \frac{(x_0 - \bar{x})^2}{\sum(x_i - \bar{x})^2} \right]$$

$$= \hat{\sigma}^2 + \frac{\hat{\sigma}^2}{N} + (x_0 - \bar{x})^2 \frac{\hat{\sigma}^2}{\sum(x_i - \bar{x})^2}$$

$$= \hat{\sigma}^2 + \frac{\hat{\sigma}^2}{N} + (x_0 - \bar{x})^2 \widehat{\text{var}}(b_2|x)$$

在最后一行，根据公式（2.21）我们已经得到 b_2 的估计方差。在实例 2.5 中，我们得到 $\hat{\sigma}^2=8\,013.2941$ 和 $\widehat{\text{var}}(b_2|x)=4.3818$。对于食品支出数据，样本容量 $N=40$，解释变量的样本均值为 $\bar{x}=19.6048$。利用这些值，我们得到的预测标准误差为：$se(f) = \sqrt{\widehat{\text{var}}(f|x)} = \sqrt{8\,214.31} = 90.6328$。如果我们选择置信水平 $1-\alpha=0.95$，则临界值

$t_c = t_{(0.975,38)} = 2.0244$，$y_0$ 的 95% 预测区间为：

$$\hat{y}_0 \pm t_c \, \text{se}(f) = 287.6069 \pm 2.0244(90.6328)$$
$$= [104.1323, 471.0854]$$

我们的预测区间表明，每周收入为 2 000 美元的家庭，在食品上的支出在 104.13 美元和 471.09 美元之间。这么大的区间意味着我们的点预测 287.61 美元不可靠。对于非常接近样本均值 $\bar{x}=19.60$ 的值 $x_0=20$，我们得到了这个很宽的预测区间。对于更加极端的 x 值，预测区间会更大。如果我们收集较多的样本数据，不可靠的预测结果也许能得到改善，同时会提高模型参数的预测精度。然而，在这个实例中，随机误差方差的估计值 $\hat{\sigma}^2$ 的大小非常接近预测误差的方差估计值 $\widehat{\text{var}}(f|x)$，这表明预测中的主要不确定性来自模型中的较大不确定性。这不足为奇，因为我们仅仅以家庭的收入为基础预测一个家庭的行为，然而家庭的行为是一个复杂的现象。虽然收入是解释食品支出的关键因素，我们可以想象，其他许多家庭人口特征也可能会起一定的作用。为了更准确地预测食品支出，我们可能需要把这些额外的因素纳入回归模型。把简单的回归模型扩展为包括其他因素的模型，这将在第 5 章介绍。

4.2 衡量拟合优度

分析下列模型的两个主要原因阐述如下：

$$y_i = \beta_1 + \beta_2 x_i + e_i \tag{4.7}$$

一是要解释当解释变量 (x_i) 变化时，因变量 (y_i) 如何变化；二是要在给定 x_0 的情况下来预测 y_0。这两个目的属于估计和预测的大标题。与上一节中所讨论的预测问题密切联系的是，我们希望利用 x_i 尽可能解释因变量 y_i 的变化。在回归模型（4.7）中，我们称 x_i 为"解释"变量，因为我们希望它的变化会"解释" y_i 的变化。

为了衡量 y_i 的变化在多大程度上能被这个模型解释，我们首先将 y_i 分解成可解释和不可解释两个组成部分。我们已假设：

$$y_i = E(y_i|\mathbf{x}) + e_i \tag{4.8}$$

其中，$E(y_i|\mathbf{x}) = \beta_1 + \beta_2 x_i$ 是 y_i 的可解释、"系统"的组成部分，e_i 是 y_i 的随机、非系统和不可解释的组成部分。尽管我们无法观测这两个组成成分，但我们可以估计未知参数 β_1 和 β_2，类似于公式（4.8），将 y_i 分解为：

$$y_i = \hat{y}_i + \hat{e}_i \tag{4.9}$$

其中，$\hat{y}_i = b_1 + b_2 x_i$，$\hat{e}_i = y_i - \hat{y}_i$。

在图 4-3 中，最小二乘拟合线通过"均值点"$(\bar{x}, \bar{y})$。这是回归模型包含截距项时最小二乘拟合线的特点。方程两边减去样本均值 $\bar{y}$，得到：

$$y_i - \bar{y} = (\hat{y}_i - \bar{y}) + \hat{e}_i \tag{4.10}$$

正如图 4-3 所示，y_i 与其均值 $\bar{y}$ 的差异包括由回归模型"解释"的部分 $\hat{y}_i - \bar{y}$ 和不可解释的部分 $\hat{e}_i$。

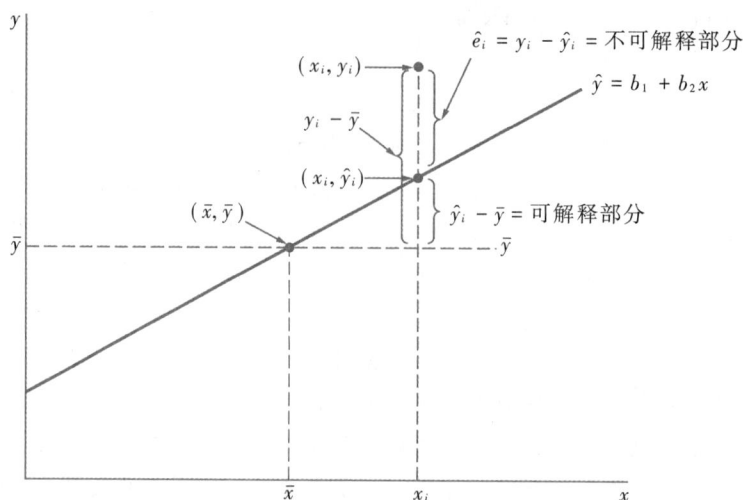

图 4-3　y_i 的可解释和不可解释部分

分解公式（4.10），得到 y 总体样本变动的可解释和不可解释部分。回忆统计课程（见附录 C4），如果我们有一个观测值为 $y_1, y_2, \cdots, y_N$ 的样本，两个描述性的测度是样本均值 $\bar{y}$ 和样本方差：

$$s_y^2 = \frac{\sum (y_i - \bar{y})^2}{N - 1}$$

上式的分子，即样本值 y_i 和样本均值 $\bar{y}$ 离差的平方和，是衡量样本值的总体变化的一个指标。如果对公式（4.10）两边取平方并加总，利用乘积项 $\sum (\hat{y}_i - \bar{y}) \hat{e}_i = 0$ 的事实（见附录 4B），我们得到：

$$\sum (y_i - \bar{y})^2 = \sum (\hat{y}_i - \bar{y})^2 + \sum \hat{e}_i^2 \tag{4.11}$$

方程（4.11）将 y 的"总体样本变化"分解为可解释和不可解释两个组成部分。具体来说，这些"平方和"是：

1. $\sum (y_i - \bar{y})^2$=总离差平方和=SST：被解释变量 y 相对于样本均值的总的变化的一种衡量方式。

2. $\sum (\hat{y}_i - \bar{y})^2$=回归平方和=$SSR$：$y$ 相对于样本均值的总体变化中由回归来解释的部分，也被称为"可以被解释的平方和"。

3. $\sum \hat{e}_i^2$=误差平方和=SSE：y 相对于样本均值的总体变化中无法由回归解释的部分，也被称为不可解释的平方和，或残差平方和，或误差平方和。

使用这些缩写，公式（4.11）变为：

$$SST = SSR + SSE$$

y 相对于样本均值的总体变化被分解为由回归模型来解释的部分和不可解释的部分，我们可以据此定义决定系数，即 R^2，R^2 是 y 的变化中可由回归模型中 x 解释的比例：

$$R^2 = \frac{SSR}{SST} = 1 - \frac{SSE}{SST} \tag{4.12}$$

R^2 越接近 1，样本值 y_i 越接近拟合的回归方程 $\hat{y}_i = b_1 + b_2 x_i$。如果 $R^2 = 1$，则所有的样

本数据完全落在拟合的最小二乘线上,因此 $SSE = 0$,模型完美地拟合了数据。如果 y 和 x 的样本数据不相关,显示没有线性关系,则最小二乘拟合线是"水平的",其值等于 $\bar{y}$,结果 $SSR = 0$,$R^2 = 0$。当 $0 < R^2 < 1$ 时,它被解释为"y 关于其均值的变化由回归模型解释的比例"。

4.2.1 相关性分析

在附录 B.1.5 中,我们讨论两个随机变量 x 和 y 之间的**协方差**和**相关性**。在附录 (B.21) 中,x 和 y 之间的相关系数 ρ_{xy} 定义为:

$$\rho_{xy} = \frac{\text{cov}(x, y)}{\sqrt{\text{var}(x)}\sqrt{\text{var}(y)}} = \frac{\sigma_{xy}}{\sigma_x \sigma_y} \tag{4.13}$$

在附录 B 中,我们没有讨论如何估计相关系数,我们这样做是为了在样本相关系数和 R^2 之间建立一个有用的关系。

给定一组样本数据 (x_i, y_i),$i=1, \cdots, N$,我们用样本中方差和协方差的估计值代替公式 (4.13) 中的方差和协方差,得到样本相关系数的估计值,如下式:

$$r_{xy} = \frac{s_{xy}}{s_x s_y}$$

其中,

$$s_{xy} = \sum (x_i - \bar{x})(y_i - \bar{y}) / (N - 1)$$

$$s_x = \sqrt{\sum (x_i - \bar{x})^2 / (N - 1)}$$

$$s_y = \sqrt{\sum (y_i - \bar{y})^2 / (N - 1)}$$

样本相关系数 r_{xy} 的值介于 -1 和 1 之间,它表示 x 和 y 观测值之间的线性关系的强度。

4.2.2 相关性分析和 R^2

在简单线性回归模型中,R^2 和 r_{xy} 有两个有趣的关系:

1. 第一个关系是,$r_{xy}^2 = R^2$。样本数据 x_i 和 y_i 的相关系数的平方在数值上等于简单线性回归模型中的 R^2。从直观上看,这种关系是有意义的:r_{xy}^2 介于 0 和 1 之间,衡量了 x 和 y 的线性关系强度。上面的这个解释与对 R^2 的解释类似,R^2 代表了 y 相对于均值的变化中能够被线性回归模型中的 x 解释的比例。

2. 更重要的关系是,R^2 等于 y_i 和 $\hat{y}_i = b_1 + b_2 x_i$ 之间的相关系数的平方。也就是说,$R^2 = r_{y\hat{y}}^2$。因此,R^2 衡量了样本数据与对应的预测值之间的线性关系或拟合优度。因此,R^2 有时也被称为"拟合优度"。这个结果不仅在简单回归模型中成立,它在第 5 章我们即将介绍的多元回归模型中同样成立。更进一步地说,正如你会在第 4.4 节中看到的,通过尽可能准确地预测 y 并计算预测值与 y 的样本值的相关系数的平方从而获得拟合优度的方法适用范围更广,它能被应用于 R^2 不完全适用的情形中。

实例 4.2 食品消费支出模型的拟合优度

回顾实例 2.4 中食品消费支出的例子,特别是图 2-8 中的数据散点图和拟合的回归线,以及图 2-9 中电脑输出的结果。我们下面要回答的问题是："我们的模型拟合数据的程度如何？"
为了计算 R^2，我们可以使用平方和：

$$SST = \sum (y_i - y)^2 = 495\,132.160$$

$$SSE = \sum (y_i - \hat{y}_i)^2 = \sum e_i^2 = 304\,505.176$$

则，

$$R^2 = 1 - \frac{SSE}{SST} = 1 - \frac{304\,505.176}{495\,132.160} = 0.385$$

我们得出这样的结论：模型使用收入作为唯一的解释变量时，食品消费支出变化（关于其样本均值）的 38.5% 由我们的回归模型来解释。这是一个好的 R^2 吗？我们认为这样的问题是没有用的。虽然发现和报告 R^2 提供了不同变异来源相对大小的相关信息，但讨论一个特定的 R^2 是否"足够大"没有意义。因为家庭微观的行为是很难完全被解释的。对截面数据甚至更大的回归模型来说，R^2 的值从 0.10 到 0.40 是很常见的。使用时间序列数据的宏观经济分析，数据往往会随着时间的变化平稳推移，通常这一分析报告的 R^2 值为 0.90 或更高。你不应该仅根据模型对用于构建估计值的样本数据的预测情况来评价模型的质量。要评价模型，重要的是考虑估计值的符号和大小、它们的统计和经济显著性、它们的估计精度、拟合模型所具有的预测估计样本外的被解释变量值的能力。其他的模型诊断问题，将在下一节中讨论。

相关性分析可以得出相同的结论和数字，但这种方法需要更详细地考证。y 和 x 样本值之间的样本相关系数是：

$$r_{xy} = \frac{s_{xy}}{s_x s_y} = \frac{478.75}{(6.848)(112.675)} = 0.62$$

相关系数是正的，表明食品支出和收入之间呈正相关关系。样本相关系数衡量线性关系的强度，最大值为 1。$r_{xy}=0.62$ 表明，模型的拟合是一定程度上的拟合，不是完全拟合。正如预期的那样，$r_{xy}^2=0.62^2=0.385=R^2$。

实例 4.3 报告回归结果

在一篇论文中，你陈述只有一个解释变量的简单回归的结果，这些结果可以相当简单地呈现。其主要组成成分是系数估计值、标准误差（或 t 值）、统计显著性指标和 R^2。

此外，在表示回归结果时，避免使用诸如 x 和 y 的符号，在报告的一个单独部分准确定义变量，应该使用容易被解释的变量缩写。对于食品支出的例子，我们可以定义变量为：

$FOOD\_EXP$＝一个三口之家每周的食品消费支出（单位：美元）

$INCOME$＝每周家庭收入（单位：100 美元）

估计方程结果是：

$$FOOD\_EXP = 83.42 + 10.21\,INCOME \qquad R^2 = 0.385$$
$$(\text{se}) \qquad (43.41)^* \quad (2.09)^{***}$$

标准误写在回归系数估计值的下面。显示标准误的原因是，大约 95% 的区间估计（如果自由度 $N-2$ 大于 30）是 $b_k \pm 2(\text{se})$。读者可以用估计值除以相应的标准误，得到想要的 t 统计值。此外，有了标准误，其他假设的检验会变得更加便利。为了检验原假设

H_0：$\beta_2 = 8.0$，我们可以快速构建 t 统计值 $t=\left[(10.21\text{-}8)/2.09\right]$，并进行假设检验。

星号经常被用来表示统计上显著（即使用双尾检验显著异于零）的系数，星号的含义是：

*表示 10% 的显著性水平

**表示 5% 的显著性水平

***表示 1% 的显著性水平

通过检查计算机输出中的 p 值来标注星号，如图 2-9 所示。

4.3　建模问题

4.3.1　缩放数据的影响

我们得到的数据可能不适合在表格中显示，或不适合进行回归分析。当数据规模不合适时，可以在不改变变量之间的根本关系的前提下，对数据加以改变。例如，2015 年第二季度，美国实际个人消费为每年 122 284 亿美元。也就是说，这个数字写出来应该是 12 228 400 000 000 美元。虽然我们可以在表或回归分析中使用这么长的形式，但这样做并没有什么好处。通过选择"亿美元"的衡量单位，数据更便于理解。那么在回归模型中，缩放变量的影响是什么？

考虑一下食品支出模型。在表 2-1 中，我们以 1 美元为单位记录了每周的食品支出，但是如果以 100 美元为单位记录每周的收入，那么每周 2 000 美元的收入被报告为 $x=20$。为什么我们要这样缩放数据呢？如果我们以 1 美元为单位对收入进行回归，结果会是：

$$FOOD\_EXP = 83.42 + 0.1021 INCOME\,(\$)\quad R^2 = 0.385$$
$$(\text{se})\qquad\quad (43.41)^* \;(0.0209)^{***}$$

这里有两个变化：

首先，"收入"这个解释变量的回归系数估计值现在为 0.1021，可以解释为："如果每周家庭收入增加 1 美元，那么我们估计，每周食品支出将增加约 10 美分。"这没有任何数学错误，但是引发了一个讨论：收入对于食品支出的影响这么小，好像两个变量不相关。而如果是收入增加 100 美元，导致食品支出估计增加 10.21 美元，结果虽和以前一样，但这些数值更容易被讨论。

其次，当收入以 1 美元为单位时，其回归系数估计值的标准误缩小了 100 倍。因为回归系数估计值也缩小了 100 倍，所以 t 统计值和其他结果保持不变。

衡量单位这样的变化被称为数据缩放。比例的选择由研究人员做出，以使解释有意义并更为方便。比例的选择不会影响基本关系的衡量，但确实影响系数估计值的解释和一些总结性的判断标准。让我们列出这些可能性：

1.改变 x 的比例：在线性回归模型 $y = \beta_1 + \beta_2 x + e$ 中，假设我们通过除以常数 c 改变解释变量 x 的单位。为了保持等式关系继续成立，x 的系数必须被乘以 c，即 $y = \beta_1 + \beta_2 x + e = \beta_1 + (c\beta_2)(x/c) + e = \beta_1 + \beta_2^* x^* + e$，其中 $\beta_2^* = c\beta_2$，$x^* = x/c$。例如，如果 x 以美元来衡量，当 $c=100$ 时，则 x^* 以 100 美元来衡量。β_2^* 衡量给定 x 增加 100 美元的情况下 y 的

预期变化，β_2^*比β_2要大100倍。当x的比例改变时，发生的唯一变化是回归系数的标准误，但是它的变化倍数与回归系数的变化倍数相同，因此，其比率t统计值不受影响。所有其他的回归统计值保持不变。

2.改变y的比例：如果我们改变y而不是x的衡量单位，则为了保持方程仍然有效，所有的系数都必须改变，即$y/c = (\beta_1/c) + (\beta_2/c)x + (e/c)$或$y^* = \beta_1^* + \beta_2^* x + e^*$。在这个新的模型中，给定$x$一个单位的变化，$\beta_2^*$表示$x$每变化1个单位，$y^*$的预期变化。因为在这个过程中误差项被缩减了，最小二乘残差也将被缩减。这将影响回归系数的标准误，但它不会影响t统计值或R^2。

3.如果y和x同时改变相同的比例，则回归结果中的b_2没有变化，但会改变估计截距项和残差；t统计值和R^2不受影响。参数的解释是基于新的衡量单位。

4.3.2 选择函数形式

在上述例子中，我们假设平均家庭食品消费支出是家庭收入的线性函数，即我们假设的基本经济关系是$E(y|\mathbf{x}) = \beta_1 + \beta_2 x$，这表明$E(y|\mathbf{x})$和$x$之间存在线性关系。我们为什么这样做呢？虽然现实中这并不是"线性的"，但在较窄范围内的许多非线性或曲线关系中，直线是一个很好的拟合。此外，在经济学原理课程中，你可能已经知道供给、需求和消费函数的直线，我们希望你轻松地进入计量经济学更"艺术的"方面。

所有计量经济分析的出发点是经济理论。给定其他条件不变，经济学真正阐述的有关食品支出和收入之间的关系是什么？我们预计，这些变量之间存在正相关关系，因为食品是一个正常商品。但没有人说这样的关系一定是一条直线。事实上，我们无法预计，随着家庭收入的增加，食品支出将以同一恒定速率无限期地持续上升。相反，随着收入的增加，我们预计食品支出上升，但支出增加的速率将变小。这是在经济学课堂里多次提到的一句话。用图形来说明，这意味着两个变量之间不是直线关系。对于如图4-4所示的曲线关系，解释变量变化的边际影响由曲线上某一点的切线斜率来衡量，x在(x_1, y_1)点变化的边际效应大于在(x_2, y_2)点变化的边际效应。随着x的增加，y的值增加，但斜率变得越来越小。这就是"以递减的速率增加"的含义。在食品消费支出模型的经济背景下，当收入较低时，食品的边际消费倾向更大；随着收入的增加，食品的边际消费倾向下降。

乍看起来，简单的线性回归模型比这灵活得多。通过转换变量y和x，我们用线性回归模型可以表示许多曲线的、非线性关系。在第2.8节中，我们介绍了使用二次和对数-线性函数形式的想法。在本节和随后的章节中，我们为大家介绍一系列其他的可能性，并给出一些实例。

选择关系的代数形式，意味着选择原始变量的转换形式。这不是一个简单的过程，它需要良好的解析几何技巧和经验。它可能来之不易。我们从下列变量转换开始：

1.乘方：如果x是一个变量，则x^p意味着变量以乘方p增加。例如，平方(x^2)和立方(x^3)的转换。

2.自然对数：如果x是一个变量，则它的自然对数是$\ln(x)$。

只用这两个代数转换，我们可以表示各种各样令人惊讶的"形状"，如图4-5所示。

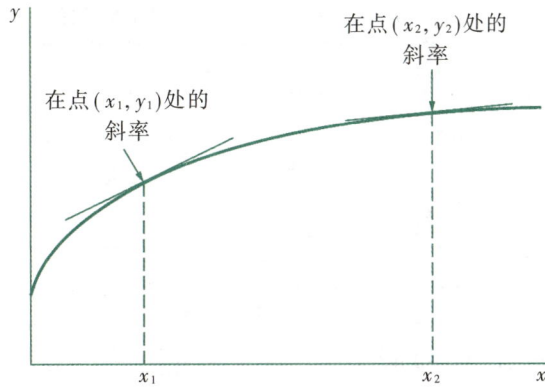

图 4-4 食品支出和收入之间的非线性关系

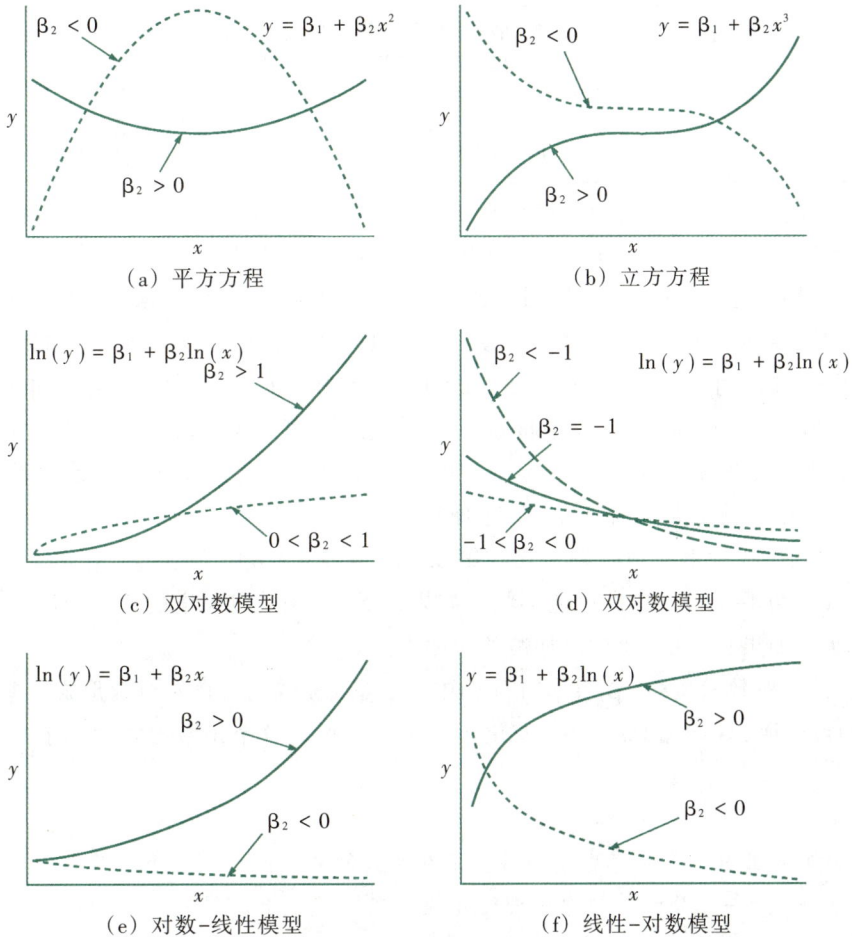

（a）平方方程

（b）立方方程

（c）双对数模型

（d）双对数模型

（e）对数-线性模型

（f）线性-对数模型

图 4-5 其他的函数形式

当转换变量时，产生的一个困难是回归结果的解释会发生变化。对于每个不同的函数形式，如表4-1所示，斜率和弹性的表达式与线性函数不同，这是因为变量非线性相关。对于实证经济学家，这意味着，无论何时变量被转换，都必须高度重视结果的解释。因为大家可能不太熟悉对数转换，在三种可能模型组合中的解释如下。

表 4-1　　　　　　　　　　　　一些有用的函数及其导数、弹性和其他解释

名称	函数	斜率=dy/dx	弹性
线性	$y=\beta_1+\beta_2x$	β_2	$\beta_2\dfrac{x}{y}$
平方	$y=\beta_1+\beta_2x^2$	$2\beta_2x$	$(2\beta_2x)\dfrac{x}{y}$
立方	$y=\beta_1+\beta_2x^3$	$3\beta_2x^2$	$(3\beta_2x^2)\dfrac{x}{y}$
双对数	$\ln(y)=\beta_1+\beta_2\ln(x)$	$\beta_2\dfrac{y}{x}$	β_2
对数-线数	$\ln(y)=\beta_1+\beta_2x$	β_2y	β_2x
	或者 x 的 1 个单位变化导致 y 的（近似）$100\beta_2\%$ 变化		
线性-对数	$y=\beta_1+\beta_2\ln(x)$	$\beta_2\dfrac{1}{x}$	$\beta_2\dfrac{1}{y}$
	或者 x 的 1% 变化导致 y 的（近似）$\beta_2/100$ 单位的变化		

1. 在双对数模型中，被解释变量和解释变量都经过"自然"对数转换。该模型可以表示为 $\ln(y)=\beta_1+\beta_2\ln(x)$。为了使用这个模型，$y$ 和 x 必须大于零，因为对数是只对正数定义。参数 β_2 是 y 关于 x 的弹性。参照图 4-5，你可以看到为什么经济学家如此频繁地使用弹性不变的双对数模型。在图 4-5（c）中，如果 $\beta_2>1$，这一关系可以描绘供给曲线；如果 $0<\beta_2<1$，则可以描绘生产关系。在图 4-5（d）中，如果 $\beta_2<0$，它能够代表需求曲线。因为弹性为常数，所以在每种情况下，都能很方便地给出解释。在第 4.6 节，给出了一个实例。

2. 在对数-线性模型 $\ln(y)=\beta_1+\beta_2x$ 中，只需要把因变量转换为对数形式。要使用对数形式，因变量必须大于零。在这种模型中，x 增加一个单位，导致 y 大约变化 $100\beta_2\%$。对数-线性形式很普遍，已在第 2.8.3 至第 2.8.4 节中介绍过，在第 4.5 节将进一步讨论。注意图 4-5（e）中的可能形状。如果 $\beta_2>0$，函数以递增的速率增加，y 值越大，其斜率越大。如果 $\beta_2<0$，函数以递减的速率下降。

3. 在线性-对数模型 $y=\beta_1+\beta_2\ln(x)$ 中，变量 x 被转化为自然对数形式。参见图 4-5（f）。我们可以说，x 增加 1% 导致 y 变化 $\beta_2/100$ 个单位。这个函数形式的例子在下一节中给出。

评论

在本章其余部分我们将考虑使用替代函数形式的几个例子。在下一节中，我们对食品支出数据使用线性-对数函数的形式进行处理。在此基础上，我们对基于最小二乘残差的数据和模型充分性的诊断方法进行了简要的探讨。在讨论诊断工具之后，我们给出了多项式方程、对数-线性方程和双对数方程的实例。

4.3.3　线性-对数食品支出模型

假设在食品消费支出模型中，我们要选择一个与图 4-4 一致的函数形式。一种选择就

是线性–对数函数形式。线性–对数方程的左边有一个线性的未经转换项，右边有一个对数项，即 $y = \beta_1 + \beta_2 \ln(x)$。因为是对数，该函数要求 $x>0$。它是一个递增函数或递减函数，取决于 β_2 的符号。利用附录 A 导数规则 8，该函数的斜率是 β_2/x，所以当 x 增加时，斜率的绝对值减小。如果 $\beta_2 > 0$，则该函数以递减速率增加。如果 $\beta_2 < 0$，那么该函数以递减速率减少。函数的形状描绘如图 4-5（f）所示。在这个模型中，y 对 x 的弹性是 $\varepsilon = $ 斜率 $\times x/y = \beta_2/y$。

为了便于解释，我们使用对数变化的近似值。考虑 x 从 x_0 到 x_1 的小幅增加，则 $y_0 = \beta_1 + \beta_2 \ln(x_0)$，$y_1 = \beta_1 + \beta_2 \ln(x_1)$。后者减去前者，使用附录 A 中（公式 A.3）的近似计算，得出：

$$\Delta y = y_1 - y_0 = \beta_2[\ln(x_1) - \ln(x_0)]$$

$$= \frac{\beta_2}{100} \times 100[\ln(x_1) - \ln(x_0)]$$

$$\cong \frac{\beta_2}{100}(\%\Delta x)$$

y 的变化以其度量单位表示，大致等于 x 变化的百分比乘以 $\beta_2/100$。

实例 4.4　对食品消费支出使用线性–对数模型

对食品消费支出关系，使用线性–对数方程，得到回归模型：

$$FOOD\_EXP = \beta_1 + \beta_2 \ln(INCOME) + e$$

对于 $\beta_2 > 0$，该函数以递减的速率增加。随着收入 $INCOME$ 增加，斜率 $\beta_2/INCOME$ 下降。在这种情况下，斜率是额外收入花在食品上的边际消费倾向。同样，随着食品支出数额的增加，弹性 $\beta_2/FOOD\_EXP$ 变得更小。这些结果与这样一种观点一致，即在高收入和高食品支出的情况下，收入增加对食品支出的影响很小。

利用食品支出的数据估计的线性–对数模型为：

$$\widehat{FOOD\_EXP} = -97.19 + 132.17 \ln(INCOME) \qquad R^2 = 0.357 \tag{4.14}$$
$$(\text{se}) \qquad (84.24) \quad (28.80)^{***}$$

拟合的模型如图 4-6 所示。

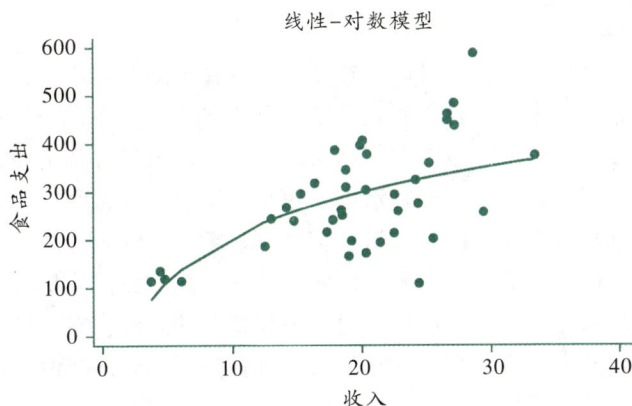

线性–对数模型

图 4-6　拟合的线性–对数模型

正如预期的那样，拟合的函数不是一条直线。拟合的线性–对数模型与我们的理论模型一致，即预计额外收入花在食品上的边际消费倾向下降。对于每周收入为 1 000 美元的家庭，我们估计，收入额外增加100美元，花在食品上的支出额外增加13.22美元。但是我们估计，对于每周收入为2 000美元的家庭，收入额外增加100美元，花在食品上的支出额外增加6.61美元。对于较高的收入水平来说，收入对于食品支出的相对影响较小。这一点与我们之前估计的线性关系不同。在线性直线关系中，对于所有的收入水平，收入变化100美元的边际效应均为10.21美元。

或者，我们可以说，收入增加1%，每周的食品支出将增加约1.32美元；或收入增长10%，每周的食品支出将增加约13.22美元。虽然这种解释方便简单，但有点掩盖收入对于食品支出的递减边际效应。每周收入是1 000美元，增加了10%，增加数额是100美元；而每周收入是2 000美元，增加10%，则增加的数额是200美元。在更高的收入水平上，需要收入增加更多，以使食品消费支出会额外增加13.22美元。

在关于模型如何更好地拟合数据方面，我们看到线性–对数模型的$R^2 = 0.357$；对于线性模型而言，$R^2 = 0.385$。由于这两个模型具有相同的被解释变量$FOOD\_EXP$，每个模型含有一个解释变量，R^2值的比较是有效的。但是，两个模型的拟合度有一个非常小的差异，在任何情况下，我们都不应该把R^2的大小作为选择模型的唯一标准。

评论

考虑到替代模型涉及被解释变量和解释变量的不同转换，其中一些有类似的形状，该如何选择函数形式？有哪些选择的准则呢？

1.选择一个与经济理论相一致的形状。

2.选择一个能充分拟合数据的形状。

3.选择一个使假设SR1–SR6得到满足，并确保该最小二乘估计量有第2章和第3章所描述的理想特性的形状。

虽然很容易说明这些目标，但实际构建模型却要困难得多。你必须认识到，我们从来不知道经济变量之间的"真正的"函数关系；而且，我们选择的函数形式，无论多么简练，也只是一个近似表达。我们的工作就是要选择一个函数形式，令人满意地满足上述三个目标。

4.3.4 使用诊断残差图

当定义一个回归模型时，我们可能会在无意中选择不适当或不正确的函数形式。即使函数形式是适当的，但这个回归模型可能无法使所有的这6个假设条件成立。检测这样的错误有两种主要的方法。第一，检查回归结果。当发现系数估计值的符号错误或理论上很重要的变量在统计上不显著时，可能暗示出问题了。第二，在最小二乘残差分析中，可以发现设定错误的证据。我们应该问是否有任何证据表明，SR3（同方差）、SR4（无序列相关）和SR6（正态性）的假设被违背了。通常情况下，截面数据分析可能会存在异方差问题，而在时间序列数据分析中，我们可能遇到序列相关的问题。在这两种情况下，诊断工具都关注最小二乘残差。在第8章和第9章中，我们将提供同方差和序列相关的正式检验。除了正式的检验，所有类型的残差图是有用的诊断工具。在本节中，残差分析揭示了潜在的异方差和序列相关问题，也揭示出函数形式选择的缺陷。

我们在图4-7中展示了各种残差图。如果没有违背假设，那么最小二乘残差与x、y或y的拟合值$\hat{y}$的关系图应是散乱的。图4-7（a）就是随机散点图的一个例子。

（a）随机

（b）喷雾状

（c）漏斗状

（d）领结状

（e）正相关

（f）负相关

（g）U形

（h）蛇形

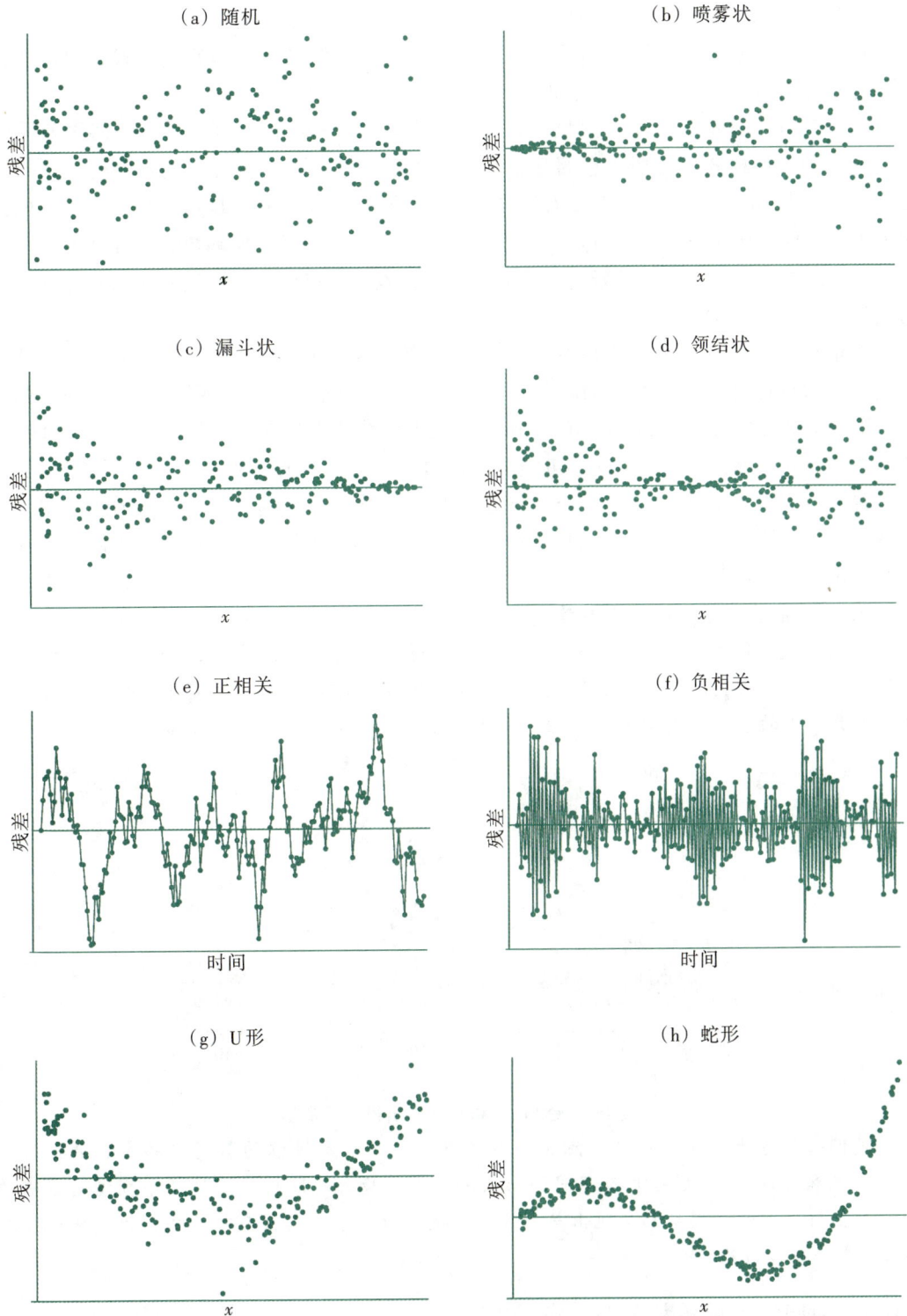

图 4-7 残差模式

图 4-7（b）至（d）显示了与异方差相关的模式。图 4-7（b）是"喷雾状"的残差模

式，即误差项的方差随着 x 值的增加而增加；图 4-7（c）是 "漏斗状" 的残差模式，即误差项的方差随着 x 值的增加而减小；图 4-7（d）是 "领结状" 的残差模式，即误差项的方差随着 x 值的增加先减小后增加。

图 4-7（e）显示了当误差项呈现正相关关系，即 $\text{corr}(e_t, e_{t-1}) > 0$ 时，时间序列回归产生的一种典型模式。需要注意的是，首先有正残差序列，其次有负残差序列，以此类推。如果假设 SR4 成立，则不应该有这样的符号模式。图 4-7（f）显示了当误差项呈现负相关关系，即 $\text{corr}(e_t, e_{t-1}) < 0$ 时，时间序列回归产生的一种典型模式。在这种情况下，每一个正残差之后往往是一个负残差，然后是一个正残差，以此类推。残差序列有符号交替的趋势。

如果 y 和 x 之间的关系是非线性的，比如平均成本函数，它是 U 形二次函数，如果我们错误地假设这种关系是线性的，那么最小二乘残差可能会呈现如图 4-7（g）所示的 U 形。如果 y 和 x 之间的关系是曲线的，比如总成本函数，它是立方函数，我们错误地假设关系是线性的，那么最小二乘残差可能会呈现如图 4-7（h）所示的蛇形。

我们的底线是，当针对另一个变量绘制最小二乘残差图时，应该没有明显的模式。除图 4-7（a）以外，图 4-7 所示的各种类型的模式表明，可能存在一些违背假设或者模型设定不正确，或者两者都有的情况。

实例 4.5　食品支出模型中的异方差

从线性-对数食品消费支出模型（4.14）中得到的最小二乘残差，如图 4-8 所示。它们表现出一个扩大的变化模式，即随着收入 *INCOME* 的增加，残差的变化也越来越大，这可能是异方差的表现。类似的残差图如图 2-8 所示。

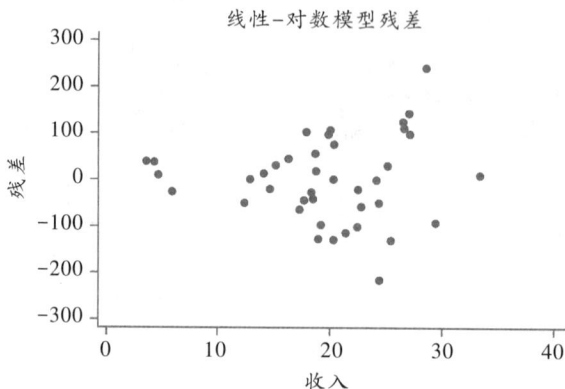

图 4-8　线性-对数食物支出模型的残差

我们必须得出结论，在这一点上，我们没有一个令人满意的针对食品支出数据的模型。线性和线性-对数模型具有不同的形状和不同的隐含边际效应。这两个模型对数据的拟合都很好，但两个模型都呈现出与异方差误差一致的最小二乘残差模式。这个例子将在第 8 章中进一步讨论。

4.3.5　回归误差项服从正态分布吗？

回想一下，系数的假设检验和区间估计值依赖于假设 SR6，即给定 x，误差项和被解

释变量 y 服从正态分布。虽然在大样本中不管数据是否服从正态分布，我们的检验和置信区间都是有效的，但我们仍希望有一个回归误差项服从正态分布的模型，这样我们就不必依靠大样本近似。如果误差不服从正态分布，我们也许可以考虑其他的函数形式或转换被解释变量，以改进我们的模型。如上面"评论"中指出的那样，当选择一个函数形式时，我们可能检验的一个标准是，模型设定是否符合回归假设，特别是模型是否会带来服从正态分布的误差（SR6）。那么，我们要如何证实误差服从正态分布的假设呢？

我们无法观测到真正的随机误差，所以必须基于最小二乘残差 $\hat{e}_i = y_i - \hat{y}_i$ 来分析误差的正态性。把 y_i 和 $\hat{y}_i$ 替换掉，我们可以得到：

$$\hat{e}_i = y_i - \hat{y}_i = \beta_1 + \beta_2 x_i + e_i - (b_1 + b_2 x_i)$$
$$= (\beta_1 - b_1) + (\beta_2 - b_2) x_i + e_i$$
$$= e_i - (b_1 - \beta_1) - (b_2 - \beta_2) x_i$$

在大样本中，$(b_1 - \beta_1)$ 和 $(b_2 - \beta_2)$ 会趋近于 0，因为当 $N \to \infty$ 时，最小二乘估计量是无偏的，并且方差趋近于零。因此，在大样本中，差值 $\hat{e}_i - e_i$ 趋近于零，因此这两个随机变量在本质上是相同的，服从相同的分布。

最小二乘残差直方图为我们提供了直观的经验分布图形。

实例 4.6　检验食品支出模型的正态性

利用不含变量转换的线性关系，食品消费支出的 EViews 输出结果如图 4-9 所示。那么这个直方图告诉了我们什么呢？首先，请注意它以零为中心。这并不奇怪，因为如附录 4B 所示，如果模型包含截距项，最小二乘残差的均值始终是零。其次，它看起来是对称的，但也有一些较大的差距，它并没有真正地呈现为钟形。然而，仅仅检查直方图的形状，尤其是当观测值的数量相对较少时，这不是统计"检验"。

正态性的检验有许多。**JB 正态性检验**（Jarque-Bera test for normality）在大样本中是有效的，它基于两个测度，即偏度和峰度。在目前的情况下，偏度指残差围绕在零附近的对称性。完全对称的残差会有一个零值的偏度。食品消费支出残差的偏度值为 -0.097。峰度是指分布的"尖度"。对于正态分布，峰度值是 3。关于偏度和峰度的更多内容见附录 B.1.2 和附录 C.4.2。从图 4-9 中我们看到，食品消费支出的残差的峰度为 2.99。偏度和峰度值接近正态分布值。因此，我们要问的问题是，2.99 和 3 的差异是否足够异于零，-0.097 和 0 的差异是否足够异于零，以得出残差不服从正态分布的结论。JB 统计量计算公式如下：

$$JB = \frac{N}{6} \left(S^2 + \frac{(K-3)^2}{4} \right)$$

其中，N 是样本容量，S 为偏度，K 为峰度。因此，偏度和（或）峰度与 3 相差较大，导致 JB 统计值较大。当残差服从正态分布时，JB 统计量服从自由度为 2 的卡方分布。如果计算得出的统计值大于从自由度为 2 的卡方分布中选择的临界值，我们拒绝误差服从正态分布的假设。利用统计表 3，从自由度为 2 的卡方分布中得到的 5% 的临界值为 5.99，1% 的临界值为 9.21。

把这些想法应用到食品消费支出的实例，得到：

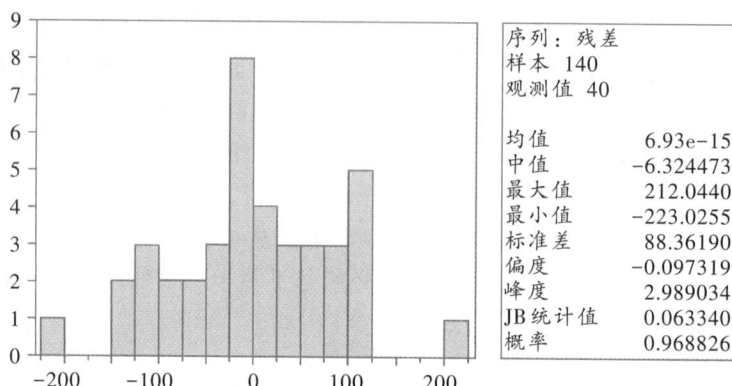

图 4-9　EViews 输出结果：食品消费支出实例中的残差直方图和汇总统计值

$$JB = \frac{40}{6}\left((-0.097)^2 + \frac{(2.99-3)^2}{4} \right) = 0.063$$

由于 0.063<5.99，从残差得出的证据不足以支持如下结论，即在 5% 的显著性水平下，正态分布的假设不合理。通过检查 p 值可以得出同样的结论。图 4-10 中出现的 p 值被描述为"概率"。因此，根据 0.9688>0.05，我们也没有拒绝原假设。

对于在实例 4.4 中描述的食品支出的线性–对数模型，JB 检验统计值为 0.1999，p 值为 0.9049。我们不能拒绝回归误差服从正态分布的原假设，对于食品消费支出模型来说，这个标准不能帮我们决定线性模型与线性–对数模型哪个更好。

在这些例子中，我们应该记住 JB 检验仅在大样本中是严格有效的。在实际应用中，将在大样本中有效的检验应用于较小样本（如 $N=40$）的情况并不少见。然而，我们应该记住，在这样的应用中，我们不应该过于看重检验结果是否显著。

4.3.6　识别有影响的观测值

在数据分析中，令人担心的一个问题是，我们可能有一些不寻常或者**有影响的**（或者两者都有）观测值。有时，这些观测值被称为"异常值"。如果异常值是数据错误造成的，那么我们应该对其进行纠正。如果异常值不是数据错误造成的，那么了解它是如何产生的可能会很有帮助。检测观测值是否有影响的一种方法是删除观测值，然后重新估计模型，将结果与基于完整样本的原始结果进行比较。这种"删除"策略可以帮助检测这一观测值对估计系数和模型预测的影响。它还可以帮助我们识别异常的观测值。

"删除"策略从基于删除第 i 个观测值的样本的最小二乘参数估计值开始，将它们分别表示为 $b_1(i)$ 和 $b_2(i)$。设 $\hat{\sigma}^2(i)$ 为"删除"策略估计误差的方差。残差 $\hat{e}(i) = y_i - [b_1(i) + b_2(i)x_i]$ 是第 i 个观测值 y 的实际值 y_i 减去使用删除了第 i 个观测值的样本估计值的拟合值。这是预测误差（4.3），其中 y_i 替代 y_0，x_i 替代 x_0，并使用估计值 $b_1(i)$ 和 $b_2(i)$。修正预测误差（4.4）的方差，我们得到 $\hat{e}(i)$（及其估计量）的方差为：

$$\widehat{var}\left[\hat{e}(i)|\boldsymbol{x}\right] = \hat{\sigma}^2(i)\left[1 + \frac{1}{(N-1)} + \frac{(x_i - \bar{x}(i))^2}{\sum_{j \neq i}(x_j - \bar{x}(i))^2}\right]$$

其中，$\bar{x}(i)$ 是实施"删除"策略后 x 值的样本均值。

$$\hat{e}_i^{\mathrm{stu}} = \frac{\hat{e}(i)}{\{\widehat{\mathrm{var}\,[\hat{e}(i)|\mathbf{x}]}\}^{1/2}}$$

这一比值被称为学生化残差。它是基于删除样本的标准化残差，经验法则是要计算这些值并将它们的值与±2进行比较，这大约是95%的区间估计值。如果学生化残差落在区间之外，那么观测值就值得检查，因为它"异常"大。

经过大量代数运算，学生化残差也可以写成：

$$\hat{e}_i^{\mathrm{stu}} = \frac{\hat{e}_i}{\hat{\sigma}(i)(1-h_i)^{1/2}}$$

$$h_i = \frac{1}{N} + \frac{(x_i - \bar{x})^2}{\sum (x_i - \bar{x})^2}$$

其中，h_i 被称为第 i 个观测值的**杠杆率**，$0 \le h_i \le 1$。如果杠杆率高，那么学生化残差的值就被放大了。h_i 的第二个组成部分是 $(x_i - \bar{x})^2 / \sum (x_i - \bar{x})^2$。回想一下，$x_i$ 的样本方差被估计为 $s_x^2 = \sum (x_i - \bar{x})^2 / (N-1)$，所以 $\sum (x_i - \bar{x})^2$ 度量了样本 x_i 值相对于其均值的总体变化。如果一个观测值的 $(x_i - \bar{x})^2$ 对总数贡献很大，那么该观测值可能会对最小二乘估计和拟合值产生重要影响。杠杆率 h_i 的和记为 K，K 是回归模型中参数的数量。因此，在样本回归模型中平均值 $\bar{h} = K/N = 2/N$。在检查数据时，通常的经验做法是检查杠杆率大于平均值两到三倍的观测值。

另一种测量单个观测值对最小二乘估计值影响的方法叫作**DFBETAS**。对于简单回归模型中的斜率估计值，我们计算：

$$\mathrm{DFBETAS}_{2i} = \frac{b_2 - b_2(i)}{\hat{\sigma}(i) / \sqrt{\sum_{i=1}^{N} (x_i - \bar{x})^2}}$$

第 i 个观测值对斜率估计值的影响，是通过删除第 i 个观测值，然后进行标准化，再比较系数估计值的变化来度量的。当杠杆率或者学生化残差更大时，$\mathrm{DFBETAS}_{2i}$ 的值就会更大。在简单回归模型中识别有影响的观测值的一个常用经验法则是：$|\mathrm{DFBETAS}_{2i}| > 2/\sqrt{N}$。

第 i 个观测值对最小二乘回归拟合值的影响同样是使用删除方法来衡量。令带有 $\hat{y}(i)$ 的 $\hat{y}_i = b_1 + b_2 x_i$ 和 $\hat{y}(i) = b_1(i) + b_2(i) x_i$ 为使用基于删除后样本的参数估计值的拟合值。这个被称为DFFITS的测度是：

$$\mathrm{DFFITS}_i = \frac{\hat{y}_i - \hat{y}(i)}{\hat{\sigma}(i) h_i^{1/2}} = \left(\frac{h_i}{1-h_i} \right)^{1/2} \hat{e}_i^{\mathrm{stu}}$$

该值会随着杠杆率或者学生化残差的增大而增大。识别异常观测值的经验做法是 $|\mathrm{DFBETAS}_i| > 2(K/N)^{1/2}$，或者 $|\mathrm{DFFITS}_i| > 3(K/N)^{1/2}$，$K = 2$ 是简单回归模型中参数的数量。

这些结构的方程看起来很难计算，但现代软件通常会计算部分甚至全部测度值。我们不建议抛弃这些异常观测值。如果这些测度让我们找到了异常观测值，我们可以尝试将其修复。通过查看异常观测值，即那些具有高杠杆率、大的学生化残差、大DFBETAS值或大DFFITS值的观测值，我们可能会了解到哪些数据特征是重要的。所有的数据分析者都应该检查其数据，上文提到的工具可能有助于做到这一点。

实例 4.7　在食品支出数据中有影响的观测值

使用线性关系和未转换变量来检验食品支出数据中有影响的观测值，并没有得出不一样的结论。首先，杠杆率的平均值 $h = 2/40 = 0.05$。使用高于两倍均值的杠杆率隔离观测值，我们得到：

观测值	h	FOOD_EXP	INCOME
1	0.1635	115.22	3.69
2	0.1516	135.98	4.39
3	0.1457	119.34	4.75
4	0.1258	114.96	6.03
40	0.1291	375.73	33.4

具有最大杠杆率的观测值是四个最低和最高收入的观测值，其收入均值为 19.6。

学生化残差 EHATSTU 绝对值大于 2 的观测值为：

观测值	EHATSTU	FOOD_EXP	INCOME
31	−2.7504	109.71	24.42
38	2.6417	587.66	28.62

这两个观测值很有趣，因为尽管两个家庭的收入均高于平均水平，但其食品支出却是样本中最少和最多的。事实上，31号家庭的收入是第75百分位数，38号家庭的收入则是第三多的。因此，仅基于收入来看，31号家庭在食品上的支出比我们预计的要少得多，而38号家庭的食品支出则比我们预计的要多。这些可能是值得检验以确保其正确性的观测值。

从绝对值来看，比 $2/\sqrt{N}=0.3162$ 更大的 DFBETAS 值如下所示：

观测值	DFBETAS	FOOD_EXP	INCOME
38	0.5773	587.66	28.62
39	−0.3539	257.95	29.40

同样，38号家庭对斜率的最小二乘估计值具有相对较大的影响。39号家庭之所以出现，是因为它的收入是次高的，但在食品上的花费却低于平均值（264.48）。

最后，从绝对值来看，比 $2(K/N)^{1/2} = 0.4472$ 更大的 DFFITS 值如下所示：

观测值	DFFITS	FOOD_HAT	FOOD_EXP	INCOME
31	−0.5442	332.74	109.71	24.42
38	0.7216	375.62	587.66	28.62

对最小二乘拟合值影响较大的观测值是前面提到的31号家庭和38号家庭的数据，而且它们的学生化残差也较大。

4.4 多项式模型

在第2.8.1节和第2.8.2节中，我们介绍了使用二次多项式来描绘曲线关系。经济学专业的学生在学习中会看到许多平均和边际成本曲线（U形）、平均和边际产量曲线（倒U形）。高阶的多项式，如三次方程，用于描绘总成本和总产量曲线。对于这些学生来说，一个熟悉的例子是总成本曲线，形状很像图4-5（b）中的实心曲线。在本节中，我们回顾简化的二次和三次方程，并给出实证例子。

4.4.1 二次三次方程

二次方程的一般形式为 $y = a_0 + a_1 x + a_2 x^2$，包含了常数项 a_0、线性项 $a_1 x$ 和平方项 $a_2 x^2$。类似地，三次方程的一般形式为 $y = a_0 + a_1 x + a_2 x^2 + a_3 x^3$。在第5.6节中，我们利用二次方程、三次方程的一般形式来考虑多元回归模型。在这里，由于我们考察的是仅包含一个解释变量的"简单"回归模型，我们分别考虑简单的二次和三次形式的方程 $y = \beta_1 + \beta_2 x^2$ 和 $y = \beta_1 + \beta_2 x^3$。简单的二次函数的性质在第2.8.1节进行讨论。

简单的三次方程 $y = \beta_1 + \beta_2 x^3$ 可能有如图4-5（b）所示的形状。使用附录A的导数规则4和规则5，三次方程的导数或斜率为 $dy / dx = 3\beta_2 x^2$。除非 $x = 0$，当 $\beta_2 > 0$ 时，曲线的斜率总是正的，得到如图4-5（b）中实线所示的 y 和 x 之间的直接关系。如果 $\beta_2 < 0$，表现为如图4-5（b）中虚线所示的逆向曲线。斜率方程表明，只有当 $x = 0$ 时，斜率才为零。β_1 项是在 y 轴上的截距。y 关于 x 的弹性是：$\varepsilon = $ 斜率 $\times x / y = 3\beta_2 x^2 \times x / y$。斜率和弹性沿曲线发生变化。

实例4.8 一个三次方程的实证例子

图4-10描绘了西澳大利亚格里诺郡小麦平均产量（以公吨/公顷为单位，每公顷约2.5英亩，1公吨是1 000千克或2 205磅，我们这里讲的是澳大利亚的单位）随时间变化的情况。观测期间为1950年至1997年，时间以1，2，…，48来衡量。这些数据参见文件 *wa_wheat*。注意，图4-10中的小麦产量波动相当大，但总体而言，它倾向于随着时间的推移而增加，而且增加的速度越来越快，特别是在周期快结束时，增加的速度更快。预计产量会增加是由于技术的改进，如开发了抗病虫害的小麦品种。假设我们对衡量技术进步对产量的影响感兴趣。有关技术变革的直接数据我们无法获得，但是我们可以研究由于技术的日益变化，小麦产量会如何随时间变化。我们感兴趣的是产量 *YIELD* 关于时间 *TIME* 的方程，其中 *TIME* = 1，…，48。如下的线性方程有一个问题，即它表明产量以相同的恒定速率 β_2 增加，而根据图4-10我们预计产量的增加速度是递增的。

$$YIELD_t = \beta_1 + \beta_2 TIME_t + e_t$$

最小二乘拟合线（括号内的数值为标准误）为：

$$\widehat{YIELD_t} = 0.638 + 0.0210 TIME_t \qquad R^2 = 0.649$$
$$(se) \quad (0.064)(0.0022)$$

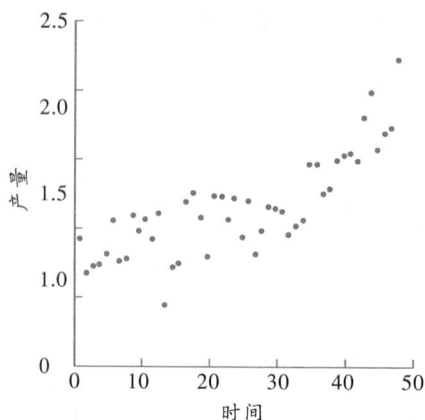

图4-10 随时间推移的小麦产量散点图

随时间变化的回归残差如图4-11所示。请注意，在这个样本的两端，正的残差分布相对集中；在样本的中部，负的残差分布相对集中。这些集中源于直线无法描绘产量增加的速度越来越快的事实。比较图4-11与图4-7（g）和（h）中的残差模式。我们可以尝试用什么来替代呢？两种可能是$TIME^2$和$TIME^3$。事实证明，$TIME^3$拟合得更好，所以我们考虑替代的函数形式为：

$$YIELD_t = \beta_1 + \beta_2 TIME_t^3 + e_t$$

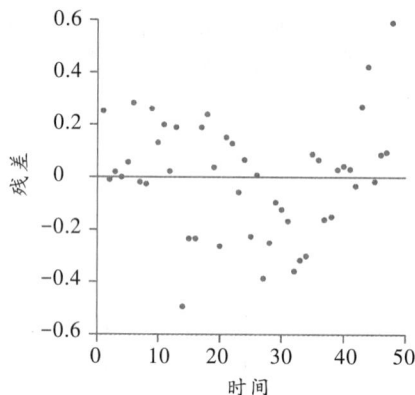

图4-11 线性产量方程的残差

预期产量函数的斜率是$3\beta_2 TIME^2$，因此，只要β_2的估计结果是正的，函数将是递增的。进一步说，函数的斜率也是递增的。因此，函数本身是"以递增的速度增加的"。估计三次方程之前，注意$TIME^3$的值会变得非常大。这个变量是缩放的一个很好候选变量。如果我们定义$TIMECUBE_t = (TIME_t/100)^3$，则估计方程式为：

$$\widehat{YIELD_t} = 0.874 + 9.682 TIMECUBE_t \qquad R^2 = 0.751$$
$$(se) \quad (0.036)(0.822)$$

通过三次方程得到的残差如图4-12所示。正残差在两端汇集和负残差在中间汇集的趋势不复存在了。此外，R^2值从0.649提高到0.751，表明含有$TIMECUBE$的方程比仅含$TIME$的方程更好地与数据拟合。这两个方程有相同的被解释变量和相同数量的解释变量（只有1个）。在这种情况下，R^2可以合法地被用来比较拟合优度。

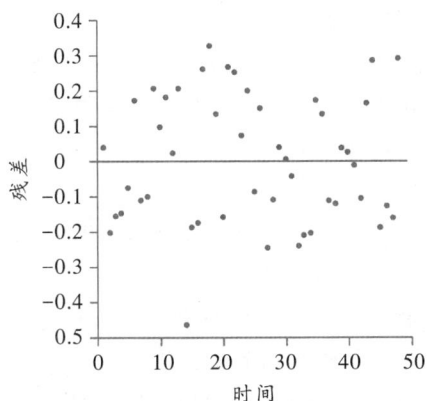

图 4-12　三次方产量方程的残差

从这个例子中，我们可以得到什么经验呢？首先，在一个简单的回归模型中，为选定一个函数形式，绘制原来的被解释变量 y 对解释变量 x 的散点图是一个有用的出发点。其次，为发现任何选择的函数形式的不足之处，检查残差图是一个有用的手段。正和（或）负的残差的变化趋势可能表明需要选择其他函数形式。在这个例子中，对于时间序列数据，绘制残差对时间的散点图是非常有意义的。对于截面数据，建议对被解释变量和解释变量绘制残差图。在理想的情况下，我们将看到残差图没有表现出明显的趋势，残差直方图和 JB 检验将不排除残差服从正态分布这个假设。当我们通览本书时，你会发现，残差的模式（如图 4-7 中展示的那样）也意味着许多其他定义的不足之处，如遗漏变量、存在异方差和自相关性。因此，当你的知识和经验丰富时，你应该仔细考虑其他的选择。例如，西澳大利亚的小麦产量受降雨的严重影响。加入降雨量这一变量可能是一个值得考虑的选项。此外，除了 $TIME^3$，包括 $TIME$ 和 $TIME^2$ 是有道理的。另一种可能性是我们在下一节考虑的恒定增长率模型。

4.5　对数-线性模型

采用自然对数的计量经济学模型非常常见。我们首先在第 2.8.3 节中介绍了对数-线性模型。对数转换通常用于以货币计价的变量，如工资、薪金、收入、价格、销售和支出，以及通常用于度量某物"大小"的变量。这些变量的特点是它们是正的，并且通常服从正偏态分布，右边有一条长尾。在"概率入门"部分中的图 P-2 代表了美国的收入分布。事实上，所示的概率密度函数 $f(x)$ 被称为"对数正态"分布，因为 $\ln(x)$ 服从正态分布。由于转换 $\ln(x)$ 具有使 x 的较大值变得不那么极端的效果，$\ln(x)$ 通常更接近这些类型变量的正态分布。附录 B.3.9 讨论了**对数-正态分布**。

对数-线性模型 $\ln(y) = \beta_1 + \beta_2 x$ 在方程的左边有一个对数项，在右边有一个未转换的（线性）变量。其斜率和弹性在每个点发生变化，与 β_2 具有相同的符号。利用逆对数，我们得到 $\exp[\ln(y)] = y = \exp(\beta_1 + \beta_2 x)$，这样对数-线性函数是一个指数函数。函数要求 $y > 0$。任何点的斜率都是 $\beta_2 y$，对于 $\beta_2 > 0$，它表示如果 y 的值较大，则边际效应会增加。经济学家可能会说，这种函数以递增速率不断增加。对数-线性模型如图 4-5（e）所示，其导数和弹性如表 4-1 所示。为了使讨论在特定的背景下相关，可以在样本均值 $\bar{y}$ 处估计斜率，或者可以在样本均值$\bar{x}$处估计弹性$\beta_2 x$，或可以选择其他有趣的值。

利用对数的性质，我们可以得到一个有用的近似。考虑x从x_0增加到x_1。对数-线性模型从$\ln(y_0) = \beta_1 + \beta_2 x_0$变化为$\ln(y_1) = \beta_1 + \beta_2 x_1$。从第二个方程中减去第一个方程，得到$\ln(y_1) - \ln(y_0) = \beta_2(x_1 - x_0) = \beta_2 \Delta x$，再乘以100，并使用附录A中介绍的近似方程（A.3）得到：

$$100[\ln(y_1) - \ln(y_0)] \cong \%\Delta y = 100\beta_2(x_1 - x_0) = (100\beta_2) \times \Delta x$$

x增加1个单位会导致y变化$100\beta_2\%$

在下面的两个例子中，我们应用熟悉的**复利**概念来推导技术增长的对数-线性经济模型，并解释个人工资与其受教育年限之间关系的模型。回顾复利计算公式。如果投资者将初始金额V_0（本金金额）存入一个账户，就可以获得回报率r，在t期之后账户的值V是$V_t = V_0(1 + r)^t$。例如，如果$r=0.10$，则回报率为10%，如果$V_0=100$美元，经过一期后，账户值$V_1=110$美元；经过两期后，账户值$V_2=121$美元，以此类推。复利公式也解释了账户值的逐年增长。累计的价值在每期获得利率r，因此$V_t = V_0(1+r)^t = (1+r)V_{t-1}$。

实例4.9 增长模型

在本章的前面，在实例4.8中，我们考虑了一个实证例子，跟踪记录随着时间推移小麦的生产情况，小麦产量随着技术的进步，以递增速率不断增长。我们观测$t = 1, \cdots, T$期的小麦产量。假设在每个时期内，由于技术进步，$YIELD$都以不变的速率g增长。设定在样本开始之前，$t = 0$时的产量为$YIELD_0$，这是期初产量。应用复利计算公式，我们得到$YIELD_t = YIELD_0(1 + g)^t$。取对数，我们得到

$$\ln(YIELD_t) = \ln(YIELD_0) + [\ln(1 + g)] \times t$$
$$= \beta_1 + \beta_2 t$$

这只是一个具有因变量$\ln(YIELD_t)$和解释变量t或时间的对数-线性模型。我们预计增长是正的，所以$\beta_2>0$，在这种情况下，产量与时间的关系图看起来像图4-5（c）中的向上倾斜曲线，这与图4-11中的散点图非常相似。

估计产量的对数-线性模型，我们得到

$$\ln(\widehat{YIELD_t}) = -0.3434 + 0.0178t$$
$$(\text{se}) \qquad (0.0584)\ (0.0021)$$

估计系数$b_2 = \widehat{\ln(1 + g)} = 0.0178$。使用如下性质，即如果$x$较小，则$\ln(1 + x) \cong x$（参见附录A中的方程（A.4）和接下来的讨论），我们估计，小麦产量的增长速度大约是$\hat{g} = 0.0178$，或在数据期间每年约增长1.78%。

实例4.10 工资方程

工资与教育的关系在劳动经济学中（毫无疑问，在你的脑海中）是一个关键的关系。

假设额外多受一年教育的回报率是不变的r。让$WAGE_0$代表一个没有接受过教育的人的工资。将复利公式用于人力资本的投资，我们预计一个受过一年教育的人的工资会是$WAGE_1 = WAGE_0(1 + r)$。接受两年教育的人的工资为$WAGE_2 = WAGE_1(1 + r) = WAGE_0(1 + r)^2$。一般来说，$WAGE = WAGE_0(1 + r)^{EDUC}$，其中$EDUC$为受教育年限。取对数，得到$\ln(WAGE)$和受教育年限（$EDUC$）之间的关系式：

$$\ln(WAGE) = \ln(WAGE_0) + [\ln(1+r)] \times EDUC$$
$$= \beta_1 + \beta_2 EDUC$$

额外多接受一年教育将导致工资增加约 $100\beta_2\%$。

关于小时工资、受教育年限和其他变量的数据都在 *cps5_small* 文件中。这些数据包括 2013 年 5 月当代人口调查中的 1 200 个观测值。当代人口调查是美国人口普查局在美国对大约 5 万个家庭进行的月度调查。该调查已经进行了 50 多年。利用这些数据，估计出的对数–线性模型为：

$$\widehat{\ln(WAGE)} = 1.5968 + 0.0988 \times EDUC$$
$$(\text{se}) \quad (0.0702)(0.0048)$$

我们估计，额外多接受一年的教育会使工资率提高约 9.9%。额外的受教育年限的 95% 置信水平下的区间估计值为 8.9%~10.89%。

4.5.1 对数–线性模型中的预测

你可能已经注意到，在本节的回归结果报告中，我们没有包括 R^2。在对数–线性回归中，R^2 值自动由统计软件给出，它表示的是 $\ln(y)$ 的变化能被模型解释的百分比。然而，我们的目标是解释 y 的变化，而不是 $\ln(y)$ 的变化。此外，拟合回归直线预测为 $\widehat{\ln(y)} = b_1 + b_2 x$，而我们要预测 y。正如我们在第 4.2.2 节中讨论的那样，得到有用的拟合优度的度量与预测问题是相互联系的。

我们应如何得到 y 的预测值呢？第一个倾向可能要取 $\widehat{\ln(y)} = b_1 + b_2 x$ 的逆对数。指数函数是自然对数的逆对数，所以预测的一个自然选择是：

$$\hat{y}_n = \exp(\widehat{\ln(y)}) = \exp(b_1 + b_2 x)$$

在对数–线性模型中，这个预测值也许不是最好的。利用对数正态分布的属性，可以证明（见附录 B.3.9）另一种备选的预测是：

$$\hat{y}_c = \widehat{E(y)} = \exp(b_1 + b_2 x + \hat{\sigma}^2/2) = \hat{y}_n e^{\hat{\sigma}^2/2}$$

如果样本容量大，"修正"后的预测值 $\hat{y}_c$ 平均更接近 y 的实际值，应该利用"修正"后的预测值。在小样本（容量小于 30）中，"自然对数"预测值实际上可能是一个更好的选择。出现这种不一致的原因是，当使用 $\hat{y}_c$ 时，误差方差的估计值 $\hat{\sigma}^2$ 增加了一定数量的"噪声"，相对于 $\hat{y}_n$ 增加了变异性，在小样本中可能会夸大修正效果。

实例 4.11 对数–线性模型的预测

修正效果可以利用工资方程来说明。我们预测受过 12 年教育的工人的工资会是多少呢？$\ln(WAGE)$ 的预测值是：

$$\widehat{\ln(WAGE)} = 1.5968 + 0.0988 \times EDUC$$
$$= 1.5968 + 0.0988 \times 12 = 2.7819$$

自然预测值是 $\hat{y}_n = \exp(\widehat{\ln(y)}) = \exp(2.7819) = 16.1493$。利用回归结果得到 $\hat{\sigma}^2 = 0.2349$，修正后的预测值为：

$$\hat{y}_c = \widehat{E(y)} = \hat{y}_n e^{\hat{\sigma}^2/2} = 16.1493 \times 1.1246 = 18.1622$$

我们预测，如果使用自然预测值，受过 12 年教育的工人的工资是每小时 16.15 美元；

如果我们使用修正预测值，为每小时18.16美元。在这种情况下，样本很大（$N = 1\,200$），所以我们将使用修正预测值。在1200名工人中，受过12年教育的工人有307人。他们的平均工资是17.31美元，因此修正后的预测值与样本数据一致。

修正值如何影响我们的预测值？记住，$\hat{\sigma}^2$一定要大于零，并且$e^0 = 1$。因此，修正效果总是增加预测值，因为$e^{\hat{\sigma}^2/2}$始终大于1。自然预测值往往系统地低估对数-线性模型中y的值，修正抵消大样本中的向下偏差，"自然"预测值和"修正"预测值如图4-13所示。

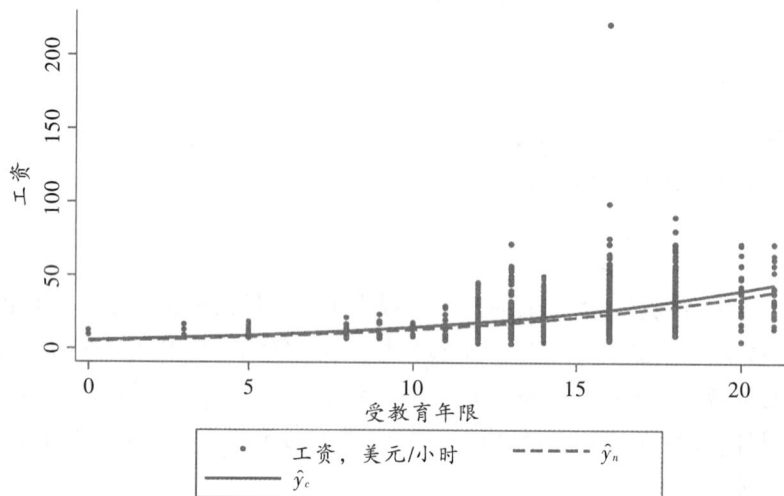

图4-13 工资的自然预测值和修正预测值

4.5.2 广义 R^2 的估计

一般来说，y与其拟合值$\hat{y}$之间的简单相关系数的平方（其中$\hat{y}$是可以得到的"最佳"预测值）是拟合优度的一个有效估计，在许多情况下我们可以作为R^2使用。正如我们看到的那样，"最佳"预测值会随我们考虑模型的不同而不同，即广义拟合优度或广义R^2是：

$$R_g^2 = [\text{corr}(y, \hat{y})]^2 = r_{y\hat{y}}^2$$

在工资方程$R_g^2 = [\text{corr}(y, \hat{y}_c)]^2 = 0.4647^2 = 0.2159$中，可通过$\ln(WAGE)$对$EDUC$的回归得到$R^2 = 0.2577$。在这种情况下，修正预测值和自然预测值仅相差一个常数因子，两个相关系数相同。这些R^2的值很小，但我们要重申前面的主要思想：对于微观经济和截面数据，R^2值往往很小，因为个体行为的变化是很难完全被解释的。

4.5.3 对数-线性模型的预测区间

在对数-线性模型中，我们有一个对y的修正预测值$\hat{y}_c$。这是"点"预测，如果我们寻找单个数字，这是我们对y的最佳预测，这是相关的。

如果我们更喜欢y的预测区间，则必须依靠自然预测值$\hat{y}_n$[①]，具体来说，我们根据第4.1节中总结的方法，取逆对数，即计算$\widehat{\ln(y)} = b_1 + b_2 x$，然后计算$\widehat{\ln(y)} \pm t_c \text{se}(f)$，其中$t_c$是$t$分布的$100(1-\alpha/2)$百分位临界值，$\text{se}(f)$如公式（4.5）所示，$y$的$100(1-$

---

① 见附录4A。修正后的预测包括估计误差方差，第（4A.1）节中的分布不再适用。

α）%预测区间为：$[\exp (\widehat{\ln (y)} - t_c \, \text{se} (f)), \exp (\widehat{\ln (y)} + t_c \, \text{se} (f))]$。

实例 4.12　对数-线性模型的区间预测

对于工资数据，受过 12 年教育的工人工资的 95% 预测区间为：

$$[\exp (2.7819 - 1.96 \times 0.4850), \exp (2.7819 + 1.96 \times 0.4850)]$$
$$= [6.2358, 41.8233]$$

预测区间是 6.24 美元至 41.82 美元，范围很大，基本没有用处。这告诉我们什么？我们对所做的选择还一无所知。在这种情况下，我们的模型不是对个人行为的准确预测。在后面的章节中，我们将看到能否可以通过添加额外的解释变量，如经验这一变量（这应该是相关的）来改进该模型。预测区间如图 4-14 所示。

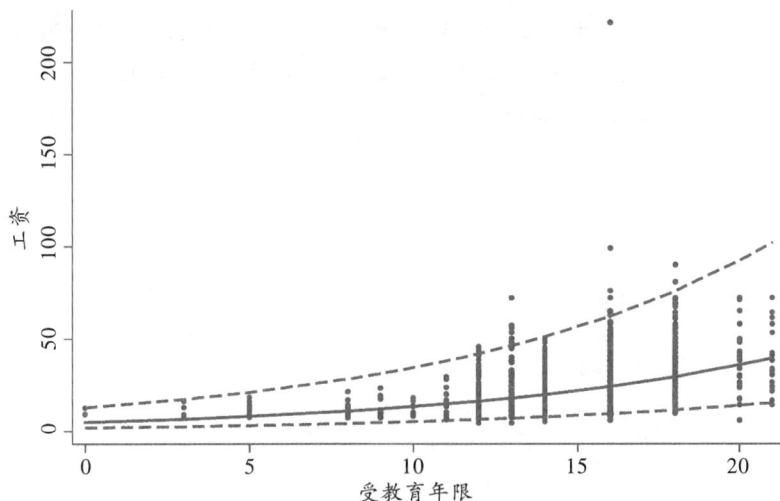

图 4-14　工资的 95% 预测区间

4.6　双对数模型

双对数函数 $\ln (y) = \beta_1 + \beta_2 \ln (x)$ 被广泛用于描述需求方程和生产函数。"双对数"名称来自对数出现在方程的两边这一事实。为了使用这种模型，所有的 y 和 x 的值必须是正的。利用对数的性质，我们能知道如何解释双对数模型的参数。考虑 x 从 x_0 到 x_1 的增加，在双对数模型中的改变是从 $\ln (y_0) = \beta_1 + \beta_2 \ln (x_0)$ 到 $\ln (y_1) = \beta_1 + \beta_2 \ln (x_1)$。从第二个等式中减去第一个等式，得到 $\ln (y_1) - \ln (y_0) = \beta_2 [\ln (x_1) - \ln (x_0)]$。再乘上 100，运用附录 A 方程（A.3）中介绍的近似方法，能得到 $100 [\ln (y_1) - \ln (y_0)] \cong \%\Delta y$ 和 $100 [\ln (x_1) - \ln (x_0)] \cong \%\Delta x$，因此 $\%\Delta y = \beta_2 \%\Delta x$，或者说 $\beta_2 = \%\Delta y / \%\Delta x = \varepsilon_{yx}$。这就是说，在双对数模型中，参数 β_2 是 y 对 x 的变化的弹性，在整个曲线上它是不变的。

考察双对数函数的一个有用的方法是仔细地检查其斜率。双对数函数的斜率在每个点上发生变化，它由 $dy / dx = \beta_2 (y / x)$ 给出。整理上式，使 $\beta_2 = (dy / y) / (dx / x)$。因此，双对数函数的斜率呈现不变的相对变化，而线性函数呈现不变的绝对变化。双对数函数是方程 $y = A x^{\beta_2}$ 的转换，$\beta_1 = \ln (A)$。双对数模型的各种形状的可能性如图 4-5（c）（$\beta_2 > 0$）和图 4-5（d）（$\beta_2 < 0$）所示。

如果 $\beta_2 > 0$，则 y 是 x 的递增函数。如果 $\beta_2 > 1$，则该函数增加的速度是递增的，即当 x 增加时，斜率也增加。如果 $0 < \beta_2 < 1$，则该函数是递增的，但速度是递减的；随着 x 的增加，斜率降低。

如果 $\beta_2 < 0$，则 y 和 x 之间存在反比关系。例如，如果 $\beta_2 = -1$，则 $y = Ax^{-1}$，或 $xy = A$。这条曲线有"单位"弹性。如果我们设定 $y=$需求量，$x=$价格，则 $A=$销售总收入。对于曲线 $xy = A$ 上的每一个点，曲线 A 下方的面积（需求曲线的总收入）是不变的。根据定义，单位弹性意味着，x（如价格）增加1%，y（需求量）减少1%，乘积 xy（价格乘以数量）保持不变。

实例4.13 双对数家禽需求方程

双对数函数的形式经常用于需求方程。例如，考虑对食用鸡肉（美国农业部称之为"肉鸡"）的需求。这个练习的数据在 *newbroiler* 文件中，改编自 Epple 和 McCallum（2006）提供的数据。$Q=$人均鸡肉消费量，以磅为单位；$P=$鸡肉的实际价格。1950—2001年52个年度观测值的散点图如图4-15所示。它显示了特有的双曲线的形状，如图4-15所示。

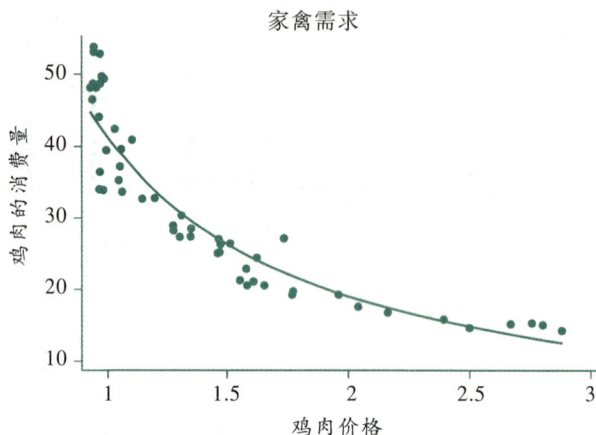

图4-15 鸡肉的消费量和价格

估计出的双对数模型为：

$$\widehat{\ln(Q)} = 3.717 - 1.121 \times \ln(P) \qquad R_g^2 = 0.8817$$
$$(\text{se}) \quad (0.022)(0.049)$$

我们估计，需求的价格弹性是1.121：实际价格增加1%，预计消费量减少1.121%。

图4-15所示的拟合线是第4.5.3节中所讨论的"修正后"的预测值。修正后的预测值 $\hat{Q}_c$ 是自然预测值 $\hat{Q}_n$ 通过调整因素 $exp(\hat{\sigma}^2/2)$ 得到的，即利用估计出的误差方差 $\hat{\sigma}^2 = 0.0139$，预测值为：

$$\hat{Q}_c = \hat{Q}_n e^{\hat{\sigma}^2/2} = \exp(\widehat{\ln(Q)}) e^{\hat{\sigma}^2/2}$$
$$= \exp(3.717 - 1.121 \times \ln(P)) e^{0.0139/2}$$

拟合优度统计值 $R_g^2 = 0.8817$ 是第4.5.4节中讨论的广义 R^2。这是预测值 $\hat{Q}_c$ 与观测值 Q 之间相关系数的平方：

$$R_g^2 = [\,\mathrm{corr}\,(Q, \hat{Q}_c)\,]^2 = [\,0.939\,]^2 = 0.8817$$

4.7　练习

4.7.1　问题

4.1　回答下面每一个问题：

a. 假设一个简单的回归有 $N = 20$，$\sum y_i^2 = 7825.94$，$\bar{y} = 19.21$，$SSR = 375.47$，求 R^2。

b. 假设一个简单的回归有 $R^2 = 0.7911$，$SST = 725.94$，$N = 20$，求 $\hat{\sigma}^2$。

c. 假设一个简单的回归有 $\sum (y_i - \bar{y})^2 = 631.63$，$\sum \hat{e}_i^2 = 182.85$，求 R^2。

4.2　省略。

4.3　我们有 x 和 y 的 5 个观测值。它们分别为 $x_i = 3, 2, 1, -1, 0$，相对应的 y 值为 $y_i = 4, 2, 3, 1, 0$。拟合的最小二乘直线为 $\hat{y}_i = 1.2 + 0.8x_i$，最小二乘残差的平方和为 $\sum_{i=1}^{5} \hat{e}_i^2 = 3.6$，$\sum_{i=1}^{5} (x_i - \bar{x})^2 = 10$，且 $\sum_{i=1}^{5} (y_i - \bar{y})^2 = 10$。用手持式计算器进行此练习。计算：

a. 当 $x_0 = 4$ 时，y 的预测值。

b. 与（a）部分对应的 $se(f)$。

c. 当 $x_0 = 4$ 时，y 的 95% 的预测区间。

d. 当 $x_0 = 4$ 时，y 的 99% 的预测区间。

e. 当 $x = \bar{x}$ 时，y 的 95% 的预测区间。将该区间宽度与（c）部分中计算出的区间宽度做比较。

4.4　省略。

4.5　考虑回归模型 $WAGE = \beta_1 + \beta_2 EDUC + e$，$WAGE$ 是以 2013 年美元为单位的小时工资率。$EDUC$ 是受教育或上学的年数。该模型是用城市地区的个体来估计的。

$WAGE = -10.76 + 2.461965 EDUC, \quad N = 986$
（se）　　　（2.27）（0.16）

a. $WAGE$ 的样本标准误差为 15.96，根据上面回归得到的残差平方和为 199 705.37。计算 R^2。

b. 使用（a）部分的答案，工资 $WAGE$ 和 $EDUC$ 之间的相关系数是多少？（提示：$WAGE$ 和拟合值 $\widehat{WAGE}$ 之间的相关系数是多少？）

c. $EDUC$ 的样本均值和方差分别为 14.315 和 8.555。计算 $EDUC$=5、16 和 21 时观测值的杠杆率。这些数值是否有偏大的？

d. 忽略第 9 个观测值（一个受过 21 年教育且工资率为 30.76 美元的人），然后重新估计模型，我们求出 $\hat{\sigma} = 14.25$，估计斜率为 2.470095。计算该观测值的 DFBETAS。该数值是否偏大？

e. 对于（d）部分中使用的第 9 个观测值，DFFITS=-0.0571607，该数值是否偏大？在（c）部分中计算了该观测值的杠杆率。从样本中删除此观测值后，该观测值的拟合值会变化多少？

f. 对于（d）和（e）部分中使用的第9个观测值，最小二乘残差为−10.18368。计算学生化残差。其是否偏大？

4.6 省略。

4.7 我们在2013年随机选择了2 323个三口之家的数据。用 $ENTERT$ 表示每人每月的娱乐支出（单位：美元），用 $INCOME$ 表示每月的家庭收入（单位：100美元）。考虑下面的回归模型：

$$ENTERT_i = \beta_1 + \beta_2 INCOME_i + e_i, i = 1, \cdots, 2323$$

假设SR1-SR6成立。OLS估计公式为 $\widehat{ENTERT}_i = 9.820 + 0.503 INCOME_i$。斜率系数估计量的标准误为 $se(b_2)=0.029$，截距估计量的标准误为 $se(b_1)=2.419$，最小二乘估计量 b_1 和 b_2 之间的估计协方差为−0.062。根据汇总统计值，我们发现：

$$\sum_{i=1}^{2323}(ENTERT_i - \overline{ENTERT})^2 = 8\,691\,035, \sum_{i=1}^{2323}(INCOME_i - \overline{INCOME})^2 = 3\,876\,440$$

$$\overline{ENTERT} = 45.93, \overline{INCOME} = 71.84$$

a. 根据估计回归，最小二乘残差平方和为 7 711 432。回归模型对数据的拟合程度如何？我们用这个回归模型能在多大程度上解释家庭娱乐支出的变化？解释你的答案。

b. 琼斯一家每月收入1万美元，预测他家的人均家庭娱乐支出。

c. 计算琼斯一家每个人在娱乐方面支出的95%预测区间。写出计算过程。

d. 计算琼斯一家在娱乐方面总支出的95%预测区间。写出计算过程。

4.8 省略。

4.9 考虑美国产金枪鱼罐头品牌的每周销售量（罐头数）（$SAL1$=目标品牌销售量）为其价格与竞争对手价格之比（$RPRICE3$=100（目标品牌价格÷竞争对手品牌#3价格）的函数。使用 $N = 52$ 的每周观测值，并针对 $SAL1$ 进行 $1/1000$ 缩放，从而将销售量单位变为每周千罐，我们得到如下三个最小二乘估计方程，第一个为线性形式，第二个为对数−线性形式，第三个是双对数形式。

$$\widehat{SAL1} = 29.6126 - 0.2297 RPRICE3$$
$$(se) \quad (4.86) \quad (4.81)$$

$$\widehat{\ln(SAL1)} = 4.5733 - 0.0305 RPRICE3$$
$$(se) \quad (0.54) \quad (0.0053)$$

$$\widehat{\ln(SAL1)} = 16.6806 - 3.3020 \ln(RPRICE3)$$
$$(se) \quad (2.413) \quad (0.53)$$

a. 对于线性模型，残差平方和为 1 674.92，残差的估计偏度和峰度分别为1.49和5.27。计算JB统计值，并在5%的显著性水平上检验该模型中随机误差服从正态分布的假设。确定检验统计值的分布（如果正态性的原假设为真）和拒绝域。

b. 对于对数−线性模型，残差的估计偏度和峰度分别为0.41和2.54。计算JB统计值，并在5%的显著性水平上检验该模型中随机误差服从正态分布的假设。

c. 对于双对数模型，残差的估计偏度和峰度分别为0.32和2.97。计算JB统计值，并在5%的显著性水平上检验该模型中随机误差服从正态分布的假设。

d. 对于对数−线性和双对数模型，将残差定义为 $SAL1 - \exp(\widehat{\ln(SAL1)})$。对数−线性模型和双对数模型的残差平方和分别为 1 754.77 和 1 603.14。根据这些值，将其与线性模型中的残差平方和相比较，哪个模型拟合数据的效果最好？

e. 表 4-2 报告的是回归模型变量与根据线性关系（$YHAT$）、对数-线性关系（$YHATL$ = exp[$\widehat{\ln(SAL1)}$]）和双对数模型（$YHATLL$ = exp[$\widehat{\ln(SAL1)}$]）得到的预测值之间的相关系数。

i. 为什么 $SAL1$ 和 $RPRICE3$ 之间的相关系数与 $YHAT$ 和 $SAL1$ 之间的相关系数相同（除了符号之外）？

ii. 线性关系模型中的 R^2 是多少？

iii. 为什么 $YHAT$ 和 $RPRICE3$ 的相关系数刚好是 -1.0？

iv. 对数-线性模型的广义 R^2 是多少？

v. 双对数模型的广义 R^2 是多少？

f. 根据（a）至（e）部分提供的信息，你认为哪个模型拟合数据效果最好？

表 4-2　　　　　　　　　　　　　　　　练习 4.9 的相关性

	RPRICE3	SAL1	YHAT	YHATL	YHATLL
RPRICE3	1.0000				
SAL1	−0.5596	1.0000			
YHAT	−1.0000	0.5596	1.0000		
YHATL	−0.9368	0.6561	0.9368	1.0000	
YHATLL	−0.8936	0.6754	0.8936	0.9927	1.0000

4.10　省略。

4.11　考虑回归模型 $WAGE = \beta_1 + \beta_2 EDUC + e$，其中 $WAGE$ 是按 2013 年美元计算的小时工资率，$EDUC$ 是受教育的年限。利用该模型进行了两次估计，一次使用了来自市区的个人数据，第二次使用了农村地区的个人数据。

Urban　　　$WAGE = -10.76 + 2.46EDUC$,　　$N = 986$

　　　　　（se）　（2.27）（0.16）

Rural　　　$WAGE = -4.88 + 1.80EDUC$,　　$N = 214$

　　　　　（se）　（3.29）（0.24）

a. 对于农村个人数据进行回归，如果 $EDUC$=16，预测的标准误差为 9.24，则计算 $WAGE$ 的 95% 预测区间。对于农村数据，回归的标准误差为 $\hat{\sigma}$=9.20。

b. 对于城市个人数据，$EDUC$ 与其样本平均值的残差平方和为 8 435.46，回归的标准误差为 $\hat{\sigma}$=14.25。城市地区样本的平均工资为 24.49 美元。计算当 $EDUC$=16 时，$WAGE$ 的 95% 预测区间。该区间比农村数据的预测区间更宽还是更窄？你觉得这合理吗？说明原因。

4.12　省略。

4.13　线性回归模型为 $y = \beta_1 + \beta_2 x + e$。假设 $\bar{y}$ 是 y 值的样本均值，$\bar{x}$ 是 x 值的平均值。创建变量 $\tilde{y} = y - \bar{y}$ 和 $\tilde{x} = x - \bar{x}$。令 $\tilde{y} = \alpha\tilde{x} + e$。

a. 用代数证明 α 的最小二乘估计量与 β_2 的最小二乘估计量是相同的。

b. 用代数证明 $\tilde{y} = \alpha\tilde{x} + e$ 的最小二乘残差与原始线性模型 $y = \beta_1 + \beta_2 x + e$ 的最小二乘残差相同。

4.14 省略。

4.15 考虑一个**对数-倒数模型**，该模型将因变量的对数与解释变量的倒数相关联，$\ln(y) = \beta_1 + \beta_2(1/x)$（提示：练习4.17中对此模型进行了说明）。

a. 这个模型定义 y 值可以是多少？是否存在 x 值使得该模型出现问题？

b. 将模型以指数形式写为 $y = \exp[\beta_1 + \beta_2(1/x)]$。证明该关系的斜率是 $dy/dx = \exp[\beta_1 + (\beta_2/x)] \times (-\beta_2/x^2)$。假设 $x > 0$，β_2 必须是什么符号才能使 y 和 x 正相关？

c. 假设 $x > 0$，但从上至下收敛到零。y 收敛到什么值？当 x 接近无穷大时，y 收敛到什么值？

d. 假设 $\beta_1 = 0$ 且 $\beta_2 = -4$。在 x 值为 0.5、1.0、1.5、2.0、2.5、3.0、3.5、4.0 处计算斜率。随着 x 的增加，该关系的斜率是增加还是减少，或者两者都有？

e. 证明函数的二阶导数为：

$$\frac{d^2 y}{dx^2} = \left(\frac{\beta_2^2}{x^4} + \frac{2\beta_2}{x^3} \right) \exp[\beta_1 + (\beta_2/x)]$$

假设 $\beta_2 < 0$ 且 $x > 0$，令等式等于零，证明使二阶导数为零的 x 值为 $-\beta_2/2$。这个结果是否与你在（d）部分中的计算结果相符？（提示：$\exp[\beta_1 + (\beta_2/x)] > 0$。你已经解决了拐点问题）

4.7.2 计算机练习

4.16 省略。

4.17 麦卡锡和瑞安（1976）利用1955—1973年的数据，考察了英国和爱尔兰的电视所有权模型。在本练习中使用数据文件 *tvdata*。

a. 对于英国，绘制电视拥有率（*RATE_UK*）与消费者人均支出（*SPEND_UK*）之间的关系图。图4-5中哪些模型适合用来拟合数据？

b. 估计线性对数模型 $RATE\_UK = \beta_1 + \beta_2 \ln(SPEND\_UK) + e$，获得拟合值并绘制其与 *SPEND_UK* 之间的关系图，这个模型与数据的拟合程度如何？

c. 线性-对数模型中的截距如何解释？具体而言，对于（b）中的模型，（*SPEND_UK*）的值是多少时，期望值 $E(RATE\_UK|SPEND\_UK) = \beta_1$？

d. 估计线性-对数模型 $RATE\_UK = \beta_1 + \beta_2 \ln(SPEND\_UK - 280) + e$。获取拟合值，并绘制其与 *SPEND_UK* 之间的关系图。该模型拟合数据的程度如何？调节值（-280）如何改变拟合关系？（注意：你可能想知道 280 是如何得到的。它是用称为非线性最小二乘法的程序进行估计的。本书稍后将向你介绍此技术）

e. 竞争模型是对数-倒数模型，如练习4.15所述。估计对数-倒数模型 $\ln(RATE\_UK) = \alpha_1 + \alpha_2(1/SPEND\_UK) + e$。获得拟合值并绘制其与 *SPEND_UK* 之间的关系图。该模型对数据的拟合程度如何？

f. 参考练习4.15（c），解释（e）部分中模型失败的原因。

g. 估计对数 – 倒数模型 $\ln(RATE\_UK) = \alpha_1 + \alpha_2(1/[SPEND\_UK - 280]) + e$。获得拟合值，并绘制其与 $SPEND\_UK$ 之间的关系图。该模型对数据的拟合程度如何？这一修改是如何纠正（f）部分中识别的问题的？

h. 对爱尔兰的数据重复上述练习，并使用修正系数240代替280。

4.18 省略。

4.19 数据文件 *wa_wheat* 包含1950—1997年澳大利亚西部几个郡的小麦产量。

a. 如果变量 *YIELD* 表示以每公顷吨数为单位的"平均小麦产量"，那么 *RYIELD* =1/*YIELD* 表示什么？

b. 对于北安普敦郡和穆勒瓦郡，绘制 $RYIELD = 1/YIELD$ 相对于 $YEAR = 1949 + TIME$ 的关系图。图中有何异常？哪几年最不寻常？使用你喜欢的搜索引擎，寻找这些年这些郡的小麦产量受到哪些条件的影响。

c. 对于北安普敦郡和穆勒瓦郡，估计倒数模型 $RYIELD = \alpha_1 + \alpha_2 TIME + e$。解释估计系数。其符号告诉我们什么？

d. 对于（c）部分中的估计，在5%的显著性水平上，检验 *TIME* 系数大于或等于零的假设与它为负的备择假设。

e. 对于（c）部分中的每个估计值，计算学生化残差，*LEVERAGE*、*DFBETAS* 和 *DFFITS* 的诊断值。确定这些数值为"大"的年份，并确定数值多少算"大"的阈值。

f. 丢弃正确的数据不是一个好主意，我们建议你不要这样做。在本书的后面，你将发现处理此类问题的其他方法，如添加额外的解释变量，但目前是实验性的。对于每个郡，识别最不寻常的观测值。你识别的理由是什么？

g. 删除每个郡最不寻常的观测值并重新估计模型。结果有什么变化？这些变化与（e）部分的诊断有何关系？

4.20 省略。

4.21 数据文件 *malawi_small* 包含2007—2008年间马拉维关于上个月家庭总支出，（货币单位是马拉维克瓦查）和食品、衣服、燃料等商品类支出的调查数据。

a. 在地图上标出马拉维及其邻国的位置。求出1美元和马拉维克瓦查之间的汇率。马拉维的人口规模是多少？由哪个行业推动马拉维经济发展？

b. 将食品支出比例定义为 $PFOOD = FOOD / TOTEXP$。估计线性 – 对数回归模型 $PFOOD = \beta_1 + \beta_2 \ln(TOTEXP) + e$，并报告估计结果。随着总支出的增加，用于食品的总支出份额将如何变化？为 β_2 构造一个95%的区间估计值。该系数我们估计得相对准确吗？模型与数据拟合得好吗？是否有问题？

c. 食品支出相对于总支出的弹性为：

$$\varepsilon = \frac{dFOOD}{dTOTEXP} \times \frac{TOTEXP}{FOOD} = \frac{\beta_1 + \beta_2[\ln(TOTEXP) + 1]}{\beta_1 + \beta_2 \ln(TOTEXP)}$$

计算总支出在第5百分位数和第75百分位数处的弹性。它是不变弹性函数吗？如果软件允许，请计算弹性的标准误差。

d. 根据（b）部分中的模型计算最小二乘残差。构建这些残差的直方图，并绘制其与 $\ln(TOTEXP)$ 的关系图。有明显的模式吗？求出最小二乘残差的样本偏度和峰度。在1%

的显著性水平上进行JB检验。该检验的原假设和备择假设是什么？

e. 取 $FOOD / TOTEXP = \beta_1 + \beta_2 \ln(TOTEXP)$ 左侧的对数并简化结果，添加一个误差项，以获得 $\ln(FOOD) = \alpha_1 + \alpha_2 \ln(TOTEXP) + v$。估计此模型，并解释 $\ln(TOTEXP)$ 的估计系数。食品支出相对于总支出的估计弹性是多少？

f. 计算（e）部分中模型的残差，构造这些残差的直方图，并绘制其与 $\ln(TOTEXP)$ 之间的关系图。有明显的模式吗？求出最小二乘残差的样本偏度和峰度。在1%的显著性水平下进行JB检验。

g. 估计线性-对数模型 $FOOD = \gamma_1 + \gamma_2 \ln(TOTEXP) + u$。讨论估计结果。计算食品支出在第50百分位数和第75百分位数时的食品支出对总支出的弹性。这是不变弹性函数，还是递增或递减弹性函数？

h. 根据（g）部分中的模型计算残差，构建这些残差的直方图，并绘制其与 $\ln(TOTEXP)$ 之间的关系图。有明显的模式吗？求出最小二乘法残差的样本偏度和峰度。在1%显著性水平上进行JB试验。

i. 根据每个模型计算食品支出的预测值。乘以（b）部分中模型的拟合值，得到食品支出的预测值。使用（e）部分中的模型，获得 $\exp[\overline{\ln(FOOD)}]$。对于（g）部分中的模型，获取拟合值。求出 $FOOD$ 的实际值与三组预测值之间的相关系数。这些相关系数提供了什么信息（如果有的话）？如果必须选择一个，你会选择报告哪个模型？请解释你的选择。

4.22　省略。

4.23　数据文件 *malawi_small* 包含2007—2008年间马拉维关于月家庭总支出（货币单位是马拉维克瓦查），如食品、衣服和燃料等商品类支出的调查数据。考虑以下模型：

i. 预算份额：$PTELEPHONE = \beta_1 + \beta_2 \ln(TOTEXP) + e$

ii. 支出：$\ln(PTELEPHONE \times TOTEXP) = \alpha_1 + \alpha_2 \ln(TOTEXP) + e$

iii. 预算份额：$PCLOTHES = \beta_1 + \beta_2 \ln(TOTEXP) + e$

iv. 支出：$\ln(PCLOTHES \times TOTEXP) = \alpha_1 + \alpha_2 \ln(TOTEXP) + e$

v. 预算份额：$PFUEL = \beta_1 + \beta_2 \ln(TOTEXP) + e$

vi. 支出：$\ln(PFUEL \times TOTEXP) = \alpha_1 + \alpha_2 \ln(TOTEXP) + e$

a. 估计从（i）到（vi）的每个模型。解释 $\ln(TOTEXP)$ 的估计系数。每件物品是必需品还是奢侈品？

b. 对于每个商品支出方程（ii）、（iv）和（vi），计算 $TOTEXP$ 第25和第75百分位数总支出的支出弹性。

c. 对于预算份额方程式（i）、（iii）和（v），求出由 $\varepsilon = \dfrac{\beta_1 + \beta_2[\ln(TOTEXP) + 1]}{\beta_1 + \beta_2 \ln(TOTEXP)}$ 给出的弹性。两个百分位数之间的弹性变化是否明显？（标准的双对数支出模型可以通过使用数据来获得，方法是创建一个因变量，即预算份额乘以总支出的对数。例如，$\ln(TELEPHONE) = \ln(PTELEPHONE \times TOTEXP)$）

4.24　省略。

4.25　*collegetown* 文件包含了2009—2013年间洛杉矶巴吞鲁日500套房屋的销售数据，

变量说明列在 *collegetown.def* 文件中。

a. 估计对数–线性模型 $\ln(PRICE) = \beta_1 + \beta_2 SQFT + e$，请解释估计参数。如有必要，计算样本均值处的斜率和弹性。

b. 估计双对数模型 $\ln(PRICE) = \alpha_1 + \alpha_2 \ln(SQFT) + e$，请解释估计参数。如有必要，计算样本均值处的斜率和弹性。

c. 将线性模型 $PRICE = \delta_1 + \delta_2 SQFT + e$ 的 R^2 值与（b）和（c）部分中模型的"广义" R^2 值进行比较。

d. 根据（a）~（c）部分中的每个模型构造其最小二乘残差直方图，并获得 JB 统计量。根据你的观测，你认为残差的分布符合正态性假设吗？

e. 对于（a）~（c）部分中的每个模型，针对 *SQFT* 绘制最小二乘残差图。你观测到有什么变化趋势吗？

f. 对于（a）~（c）部分中的每个模型，预测 2 700 平方英尺房屋的价值。

g. 对于（a）~（c）部分中的每个模型，为 2 700 平方英尺的房屋的价值构建一个 95% 的预测区间。

h. 基于上述工作，讨论函数形式的选择。你会用哪种函数形式？解释之。

4.26 省略。

4.27 接受教育的回报是否因种族和性别而异？对于本练习，请使用文件 *cps5*（这是一个大型文件，包含 9 799 个观测值。如果你的软件是学生版，则可以在教师允许的情况下使用较小的文件 *cps5_small*）的数据。在本练习中，你将提取由（i）白人男性，（ii）白人女性，（iii）黑人男性和（iv）黑人女性组成的观测子样本。

a. 对于每个子样本，获取 *WAGE* 的汇总统计值。

b. 变量的**变异系数**(CV) 是其样本标准差与样本均值之比的 100 倍。对于变量 y，

$$CV = 100 \times \frac{s_y}{\bar{y}}$$

变异系数是一种把变量的大小因素考虑在内的对于变化的衡量。对于每个子样本来说，*WAGE* 的变异系数是多少？

c. 对于每个样本组的子样本，估计对数线性模型：

$$\ln(WAGE) = \beta_1 + \beta_2 EDUC + e$$

对于各组来说，多接受一年教育的回报百分比近似是多少？

d. 为每个组中的系数 β_2 创建 95% 的区间估计值，确定教育回报率的 95% 的区间估计值不存在重叠的分组。这对这些群体的工资和教育之间的总体关系意味着什么？它们是相似的还是不同的呢？对于不存在重叠的组与组之间，请使用 5% 的显著性水平检验零假设：一个样本组（为简单起见，较大的一个）中的参数 β_2 等于另一个样本组中的估计值。

e. 为每个分组中的截距系数构造 95% 的区间估计。确定截取的 95% 区间估计值不存在重叠的分组。这意味着对各组的人来说工资和教育之间的总体关系是怎样的？它们是相似的还是不同的？对于不存在重叠的组与组之间，请使用 5% 的显著性水平检验原假设：一个样本组（为简单起见，较大的一个）中的参数 β_1 等于另一个样本组中的估计值。

f. 该模型是否同样适合每个样本组数据？

4.28 省略。

4.29 使用 cex5_small 文件中 2013 年消费者支出调查的数据来考虑作为家庭收入函数的家庭支出模型。数据文件 cex5 包含更多的观测值。我们的注意力仅限于三人家庭，包括丈夫、妻子和一个其他成员。在本练习中，我们考察了食品的支出。在此扩展案例中，要求将线性、双对数和线性–对数模型进行比较。

a. 计算 FOOD 和 INCOME 这两个变量的汇总统计值。报告每个样本的平均值、中位数、最小值、最大值和标准误差。为两个变量构造直方图。在每个直方图上找到变量的均值和中位数。直方图是否对称且呈"钟形"曲线？样本均值是否大于中位数，或相反？对每个变量的正态性进行 JB 检验。

b. 估计线性关系 $FOOD = \beta_1 + \beta_2 INCOME + e$。创建 FOOD 与 INCOME 关系的散点图，并包括拟合的最小二乘曲线。为 β_2 构造一个 95% 的区间估计值。我们是否相对准确地估计了收入变化对平均 FOOD 的影响？

c. 从（b）部分的回归中获得最小二乘残差，然后绘制 INCOME 与其的关系图。你观测到什么模式了吗？构造一个残差直方图，并对其正态性进行 JB 检验。是变量 FOOD 和 INCOME 的正态分布更重要，还是随机误差的正态分布更重要？说出你的理由。

d. 在收入为 19、65 和 160 时，计算食品支出相对于收入弹性的点估计值和 95% 区间估计值，以及拟合线上的相应点，你可以将其视为非随机的。估计的弹性是相似的还是不同的？区间估计值是否重叠？根据经济学原理，随着收入的增加，食品的收入弹性应该增加还是减少？

e. 对于食品支出，估计双对数关系 $\ln(FOOD) = \gamma_1 + \gamma_2 \ln(INCOME) + e$。创建 $\ln(FOOD)$ 与 $\ln(INCOME)$ 的散点图，并包括拟合的最小二乘线。将之与（b）部分中的图形做比较，该关系用双对数模型来定义比较好，还是用线性模型来定义比较好？计算双对数模型的广义 R^2 并将其与线性模型中的 R^2 进行比较。哪个模型对数据拟合得比较好？

f. 为双对数模型构建弹性的点估计值和 95% 的区间估计值。双对数模型的食品支出弹性与（d）部分的是否相同？为你的说法提供统计依据。

g. 从双对数模型中获得最小二乘残差，绘制它们与 $\ln(INCOME)$ 的对比图。你能观测到任何模式吗？构造一个残差直方图，并对其进行正态性 JB 检验。对于这个模型回归误差的正态性你得出什么结论？

h. 对于食品支出，估计线性对数关系 $FOOD = \alpha_1 + \alpha_2 \ln(INCOME) + e$。创建 FOOD 与 $\ln(INCOME)$ 的散点图，并包括拟合的最小二乘线。将此图与（b）和（e）部分中的图进行比较。与其他关系相比，这个关系是否被定义得更好？比较 R^2，哪个模型对数据拟合得更好？

i. 在 INCOME=19、65 和 160 处构造线性–对数模型弹性的点估计和 95% 区间估计，以及拟合线上的对应点，你可以将其视为非随机值。该食品支出弹性与从其他模型中得到的是相似的还是不同的？为你的看法提供统计依据。

j. 从线性–对数模型中获得最小二乘残差，绘制它们与 $\ln(INCOME)$ 的对比图。你是否观测到任何模式？构造一个残差直方图，并对其正态性进行JB检验。对于这个模型中回归误差的正态性你得出什么结论？

k.基于此练习，你更偏向线性关系模型、双对数模型，还是线性-对数模型？说出你的理由。

4.30 省略。

附录4A 预测区间的推导

预测误差是 $f = y_0 - \hat{y}_0 = (\beta_1 + \beta_2 x_0 + e_0) - (b_1 + b_2 x_0)$。要获得其方差，我们先获得 $\hat{y}_0 = b_1 + b_2 x_0$ 的方差。最小二乘估计量的方差和协方差的内容参见第2.4.4节。利用它们，我们得到：

$$\text{var}(\hat{y}_0|\mathbf{x}) = \text{var}[(b_1 + b_2 x_0)|\mathbf{x}] = \text{var}(b_1|\mathbf{x}) + x_0^2 \text{var}(b_2|\mathbf{x}) + 2x_0 \text{cov}(b_1, b_2|\mathbf{x})$$

$$= \frac{\sigma^2}{N \sum(x_i - \bar{x})^2} \left[\sum x_i^2 + N x_0^2 - 2N\bar{x}x_0 \right]$$

括号中的式子可以简化。首先，利用第二项和第三项中的因子 N 得到 $\sum x_i^2 + N x_0^2 - 2N\bar{x}x_0 = \sum x_i^2 + N(x_0^2 - 2\bar{x}x_0)$，通过加入 $\bar{x}^2$ 完善圆括号内的平方式，再减去 $N\bar{x}^2$ 以保持等式不变。则括号中的式子变为：

$$\sum x_i^2 - N\bar{x}^2 + N(x_0^2 - 2\bar{x}x_0 + \bar{x}^2) = \sum(x_i - \bar{x})^2 + N(x_0 - \bar{x})^2$$

最后，

$$\text{var}(\hat{y}_0|\mathbf{x}) = \sigma^2 \left[\frac{1}{N} + \frac{(x_0 - \bar{x})^2}{\sum(x_i - \bar{x})^2} \right]$$

考虑到 x_0 与未知参数 β_1 和 β_2 不是随机的，你应该能够证明 $\text{var}(f|\mathbf{x}) = \text{var}(\hat{y}_0|\mathbf{x}) + \text{var}(e_0) = \text{var}(\hat{y}_0|\mathbf{x}) + \sigma^2$。通过因式分解，得到公式（4.4）中的结果。我们可以构造一个标准正态随机变量：

$$\frac{f}{\sqrt{\text{var}(f|\mathbf{x})}} \sim N(0,1)$$

用估计值 $\hat{\sigma}^2$ 替代 σ^2，公式（4.4）中预测误差的方差被估计为：

$$\widehat{\text{var}}(f|\mathbf{x}) = \hat{\sigma}^2 \left[1 + \frac{1}{N} + \frac{(x_0 - \bar{x})^2}{\sum(x_i - \bar{x})^2} \right]$$

则：

$$\frac{f}{\sqrt{\widehat{\text{var}}(f|\mathbf{x})}} = \frac{y_0 - \hat{y}_0}{\text{se}(f)} \sim t_{(N-2)} \tag{4A.1}$$

其中，估计方差的平方根是公式（4.5）中给出的预测标准误差。在（4A.1）中的 t 比率是个关键的统计量。它的分布不取决于 $\mathbf{x}$ 或其他任何未知的参数。

利用这些结果，就如我们构建参数 β_k 的置信区间一样，我们可以构建 y_0 的区间预测程序。如果 t_c 是 $t_{(N-2)}$ 分布的一个临界值，使 $P(t \geq t_c) = \alpha/2$，则：

$$P\left(-t_c \leqslant t \leqslant t_c\right) = 1 - \alpha \qquad (4A.2)$$

把公式（4A.1）中的 t 随机变量代入公式（4A.2）中，得到：

$$P\left[-t_c \leqslant \frac{y_0 - \hat{y}_0}{\mathrm{se}(f)} \leqslant t_c\right] = 1 - \alpha$$

简化这个表达式，得到 y_0 的 $100(1-\alpha)$% 置信区间或预测区间，

$$P\left[\hat{y}_0 - t_c\,\mathrm{se}(f) \leqslant y_0 \leqslant \hat{y}_0 + t_c\,\mathrm{se}(f)\right] = 1 - \alpha$$

由公式（4.6）给出。如果 x 是固定的或随机的，则只要假设 SR1-SR6 成立，这个预测区间就有效。

附录 4B 总离差平方和的分解

为得到公式（4.11）中平方和的分解，我们把公式（4.10）的两边先进行平方：

$$(y_i - \bar{y})^2 = \left[(\hat{y}_i - \bar{y}) + \hat{e}_i\right]^2 = (\hat{y}_i - \bar{y})^2 + \hat{e}_i^2 + 2(\hat{y}_i - \bar{y})\hat{e}_i$$

再加总：

$$\sum(y_i - \bar{y})^2 = \sum(\hat{y}_i - \bar{y})^2 + \sum\hat{e}_i^2 + 2\sum(\hat{y}_i - \bar{y})\hat{e}_i$$

扩展最后一项，得到：

$$\sum(\hat{y}_i - \bar{y})\hat{e}_i = \sum\hat{y}_i\hat{e}_i - \bar{y}\sum\hat{e}_i = \sum(b_1 + b_2 x_i)\hat{e}_i - \bar{y}\sum\hat{e}_i$$
$$= b_1\sum\hat{e}_i + b_2\sum x_i\hat{e}_i - \bar{y}\sum\hat{e}_i$$

考虑第一项 $\sum\hat{e}_i$，$\sum\hat{e}_i = \sum(y_i - b_1 - b_2 x_i) = \sum y_i - Nb_1 - b_2\sum x_i = 0$

因为第一个标准方程（2A.3），所以最后一个表达式是零。仅当模型包含截距项时，第一个标准方程才是有效的。如果模型包含截距项，最小二乘残差的总和会始终为零。而且，如果模型包含截距项，最小二乘残差的**样本均值**也为零（因为它是残差总和除以样本大小的值），即 $\bar{\hat{e}} = \sum\hat{e}_i / N = 0$。

下一项 $\sum x_i\hat{e}_i = 0$，因为

$$\sum x_i\hat{e}_i = \sum x_i(y_i - b_1 - b_2 x_i) = \sum x_i y_i - b_1\sum x_i - b_2\sum x_i^2 = 0$$

这个结果从第二个标准方程（2A.4）中得到。这个结果对于最小二乘估计量始终成立，不依赖于含截距项的模型。见附录 2A 标准方程的讨论。将 $\sum\hat{e}_i = 0$ 和 $\sum x_i\hat{e}_i = 0$ 代回原方程，我们得到 $\sum(\hat{y}_i - \bar{y})\hat{e}_i = 0$。

因此，如果模型包含截距项，则保证 $SST = SSR + SSE$。但是，如果模型不包含截距项，则 $\sum\hat{e}_i \neq 0$ 且 $SST \neq SSR + SSE$。

附录 4C 均方误差：估计和预测

在第 2 章中，我们讨论了最小二乘估计的性质。在假设 SR1-SR5 下，最小二乘估计量是最佳线性无偏估计量（BLUE）。没有任何一种线性估计和无偏估计比最小二乘估计好。但是，这排除了许多统计学家和计量经济学家多年来发展起来的替代估计，这些估计在某些情况下可能是有用的。均方误差是对不依赖于线性或无偏性的估计量的质量的一种替代度量，因此更为普遍。

在线性回归模型 $y = \beta_1 + \beta_2 x + e$ 中，假设我们非常想获得对 β_2 的估计值，该估计值尽可能接近真实值。估计量 $\hat{\beta}_2$ 的均方误差为：

$$MSE(\hat{\beta}_2) = E[(\hat{\beta}_2 - \beta_2)^2] \qquad (4C.1)$$

$(\hat{\beta}_2 - \beta_2)^2$ 是平方估计误差，即估计量 $\hat{\beta}_2$ 与关注参数 β_2 之间的平方差或距离。因为估计量 $\hat{\beta}_2$ 表现出抽样变异性，所以它是一个随机变量，平方项 $(\hat{\beta}_2 - \beta_2)^2$ 也是随机的。如果我们认为 "期望值" 是 "所有可能的样本的平均值"，则均方误差 $E[(\hat{\beta}_2 - \beta_2)^2]$ 是将 $\hat{\beta}_2$ 用作 β_2 的估计量的均方误差。它测量估计量 $\hat{\beta}_2$ 与真实参数 β_2 的平均接近程度。我们希望估计量尽可能接近真实参数，并且均方误差较小。

估计量均方误差的一个有趣的特征是它同时考虑了估计量偏差（bias）及抽样方差。为了证明这一点，我们对等式（4C.1）使用了一个简单的技巧。我们在括号内加上和减去 $E(\hat{\beta}_2)$，然后将结果平方。也就是说，

$$
\begin{aligned}
MSE(\hat{\beta}_2) = E[(\hat{\beta}_2 - \beta_2)^2] &= E\left\{\left(\underbrace{\hat{\beta}_2 - E(\hat{\beta}_2) + E(\hat{\beta}_2)}_{=0} - \beta_2\right)^2\right\} \\
&= E\{([\hat{\beta}_2 - E(\hat{\beta}_2)] + [E(\hat{\beta}_2) - \beta_2])^2\} \\
&= E\{[\hat{\beta}_2 - E(\hat{\beta}_2)]^2\} + E\{[(\hat{\beta}_2) - \beta_2]^2\} + 2E\{[\hat{\beta}_2 - E(\hat{\beta}_2)][E(\hat{\beta}_2) - \beta_2]\} \\
&= var(\hat{\beta}_2) + [bias(\hat{\beta}_2)]^2
\end{aligned}
\qquad (4C.2)
$$

从第三行到第四行，我们首先认识到 $E\{[\hat{\beta}_2 - E(\hat{\beta}_2)]^2\} = var(\hat{\beta}_2)$；其次，在 $E\{[E(\hat{\beta}_2) - \beta_2]^2\}$ 中，外部的期望值是我们不需要的，这是因为 $E(\hat{\beta}_2)$ 不是随机的，β_2 也不是随机的。估计量的期望值和真实参数之间的差异称为**估计量偏差**，因此 $E(\hat{\beta}_2) - \beta_2 = bias(\hat{\beta}_2)$。$[bias(\hat{\beta}_2)]^2$ 项是平方估计偏差。（4C.2）第三行的最后一项是零。再次提请注意，$[E(\hat{\beta}_2) - \beta_2]$ 不是随机的，因此它可以被排除在期望值之外。

$$
\begin{aligned}
2E\{[\hat{\beta}_2 - E(\hat{\beta}_2)][E(\hat{\beta}_2) - \beta_2]\} &= 2[E(\hat{\beta}_2) - \beta_2]\{E[\hat{\beta}_2 - E(\hat{\beta}_2)]\} \\
&= 2[E(\hat{\beta}_2) - \beta_2][E(\hat{\beta}_2) - E(\hat{\beta}_2)] \\
&= 2[E(\hat{\beta}_2) - \beta_2]0 = 0
\end{aligned}
$$

我们已经证明了一个估计量的均方误差是其方差和均方偏差之和，

$$MSE(\hat{\beta}_2) = var(\hat{\beta}_2) + [bias(\hat{\beta}_2)]^2 \qquad (4C.3)$$

如果我们使用条件期望，这种关系也是成立的。条件 MSE 在 $bias(\hat{\beta}_2|\mathbf{x}) = E(\hat{\beta}_2|\mathbf{x}) - \beta_2$ 的情况下有：

$$MSE(\hat{\beta}_2|\mathbf{x}) = var(\hat{\beta}_2|\mathbf{x}) + [bias(\hat{\beta}_2|\mathbf{x})]^2 \qquad (4C.4)$$

由于最小二乘估计量在 SR1~SR5 下是无偏的，因此其均方误差为：

$$MSE(b_2|\mathbf{x}) = var(b_2|\mathbf{x}) + [bias(b_2|\mathbf{x})]^2 = var(b_2|\mathbf{x}) + [0]^2 = var(b_2|\mathbf{x}) \qquad (4C.5)$$

均方误差概念也可以同时应用于多个参数。例如，作为 β_1 和 β_2 的估计量的 $\hat{\beta}_1$ 和 $\hat{\beta}_2$ 的均方误差为：

$$\text{MSE}(\hat{\beta}_1, \hat{\beta}_2|\mathbf{x}) = E\{[(\hat{\beta}_1 - \beta_1)^2 + (\hat{\beta}_2 - \beta_2)^2|\mathbf{x}\}$$

$$= \text{var}(\hat{\beta}_1|\mathbf{x}) + [\text{bias}(\hat{\beta}_1|\mathbf{x})]^2 + \text{var}(\hat{\beta}_2|\mathbf{x}) + [\text{bias}(\hat{\beta}_2|\mathbf{x})]$$

在简单的线性回归模型中，对于任何的、所有的参数值，β_1 和 β_2 的估计量 $\hat{\beta}_1$ 和 $\hat{\beta}_2$ 的均方误差 $\text{MSE}(\hat{\beta}_1, \hat{\beta}_2|\mathbf{x})$ 不会小于最小二乘估计量 $\text{MSE}(b_1, b_2|\mathbf{x})$ 的均方误差。这句话在多元回归模型中不成立。

我们也可以把均方误差的概念应用到预测中。假设我们使用预测因子 $\hat{y}_0(\mathbf{x})$ 预测结果 y_0，$\hat{y}_0(\mathbf{x})$ 是样本 $\mathbf{x}$ 的函数。预测因子的条件均方误差为 $E[(y_0 - \hat{y}_0(\mathbf{x}))^2|\mathbf{x}]$。我们采用与 (4C.2) 相同的技巧，加上和减去 $E(y_0|\mathbf{x})$。

$$\begin{aligned} E[(y_0 - \hat{y}_0(\mathbf{x}))^2|\mathbf{x}] &= E[(y_0 - E(y_0|\mathbf{x}) + E(y_0|\mathbf{x}) - \hat{y}_0(\mathbf{x}))^2|\mathbf{x}] \\ &= E[(y_0 - E(y_0|\mathbf{x}))^2|\mathbf{x}] + E[(E(y_0|\mathbf{x}) - \hat{y}_0(\mathbf{x}))^2|\mathbf{x}] + \\ &\quad 2E\{([y_0 - E(y_0|\mathbf{x})][E(y_0|\mathbf{x}) - \hat{y}_0(\mathbf{x})])|\mathbf{x}\} \\ &= \text{var}(y_0|\mathbf{x}) + \{[E(y_0|\mathbf{x}) - \hat{y}_0(\mathbf{x})]^2|\mathbf{x}\} \end{aligned} \tag{4C.6}$$

(4C.6) 中的第三行是零，因为在 $\mathbf{x}$ 上 $E(y_0|\mathbf{x}) - \hat{y}_0(\mathbf{x})$ 不是随机的，它可以从期望值中分解出来。

$$\begin{aligned} 2E\{&([y_0 - E(y_0|\mathbf{x})][E(y_0|\mathbf{x}) - \hat{y}_0(\mathbf{x})])|\mathbf{x}\} \\ &= 2(E(y_0|\mathbf{x}) - \hat{y}_0(\mathbf{x}))E\{([y_0 - E(y_0|\mathbf{x})])|\mathbf{x}\} \\ &= 2(E(y_0|\mathbf{x}) - \hat{y}_0(\mathbf{x}))[E(y_0|\mathbf{x}) - E(y_0|\mathbf{x})] \\ &= 2(E(y_0|\mathbf{x}) - \hat{y}_0(\mathbf{x})) \times 0 = 0 \end{aligned}$$

我们的预测值的条件均方误差是：

$$E[(y_0 - \hat{y}_0(\mathbf{x}))^2|\mathbf{x}] = \text{var}(y_0|\mathbf{x}) + [(E(y_0|\mathbf{x}) - \hat{y}_0(\mathbf{x}))^2|\mathbf{x} \tag{4C.7}$$

利用迭代期望定律，

$$E[(y_0 - \hat{y}_0(\mathbf{x}))]^2 = E_\mathbf{x}[\text{var}(y_0|\mathbf{x})] + E_\mathbf{x}\{[E(y_0|\mathbf{x}) - \hat{y}_0(\mathbf{x})]^2\} \tag{4C.8}$$

如果我们选择一个预测量，那么使均方误差最小化的预测量是 $\hat{y}_0(\mathbf{x}) = E(y_0|\mathbf{x})$。这使得 (4C.8) 中的最后一项为零。$y_0$ 的条件平均值是 y_0 的最小均方误差预测量。

第 5 章

多元回归模型

学习目标

基于本章的内容，你应该能够：

1. 识别多元回归模型，并能解释模型中的系数。

2. 理解并能解释多元回归模型假设的含义。

3. 会使用计算机求出多元回归模型中系数的最小二乘估计值，并能解释这些估计值。

4. 解释高斯－马尔可夫定理的含义。

5. 在多元回归模型中，计算 R^2 的值并解释其含义。

6. 解释弗里施－沃－罗弗尔（Frisch-Waugh-Lovell）定理，并举例说明其原理。

7. 使用计算机求得多元回归模型中估计系数的方差和协方差估计值，以及标准误差。

8. 解释系数的方差（标准误差）在什么情况下会相对较高或较低。

9. 求得单一系数和系数线性组合的区间估计值，并解释区间估计值。

10. 对单一系数和系数线性组合的多元回归模型进行假设检验。特别是，了解以下问题。

（a）单尾检验和双尾检验的区别是什么？

（b）如何计算单尾检验和双尾检验的 p 值？

（c）"检验系数的显著性"的含义是什么？

（d）计算机输出中的 t 值和 p 值分别代表什么含义？

（e）如何计算系数线性组合估计值的标准误差？

11. 估计并解释含有多项式和交叉变量的多元回归模型。

12. 在多项式回归和含有交叉变量的模型中，求出边际效应的点估计值和区间估计值并检验假设。

13. 解释估计量的有限样本特性和大样本特性之间的差异。

14. 解释什么是一致性和渐近正态性。

15. 说明我们可以使用最小二乘估计量的有限样本特性的情况，以及要求渐近特性的情况。

16. 用计算机计算非线性估计函数的标准误。使用标准误来确定区间估计值，并检验关于系数非线性函数的假设。

关键词

渐近正态性	拟合优度	p 值
最优线性无偏估计量	交互作用变量	多项式
一致性	区间估计值	回归系数
最小二乘估计量的协方差矩阵	最小二乘估计值	标准误差
临界值	最小二乘估计	回归平方和
增量法	最小二乘估计量	检验显著性
误差方差估计值	线性组合	双尾检验
误差方差估计量	误差平方和	非线性函数
解释平方和	边际效应	单尾检验
FWL定理	多元回归模型	

在第2章至第4章中的模型被称为简单回归模型，因为被解释变量y只与一个解释变量x有关系。虽然这种模型对一定范围内的情况有用，但是在大多数的经济模型中，影响被解释变量y的解释变量有两个或两个以上。例如，在商品需求方程中，商品需求的数量取决于该商品的价格、替代品和互补品的价格以及收入。生产函数中的产出是多种投入的函数，货币需求总量是总收入和利率的函数，投资取决于利率和收入的变化。

当将含有多个解释变量的经济模型转换为相应的经济计量模型时，我们称之为**多元回归模型**。在第2章至第4章中我们得到的简单回归模型的大部分结果可以自然地被扩展到这种更一般的情况。只是参数 β 的解释稍有变化，t 分布中的自由度也会改变，并且我们还需要修改关于解释变量（x）特性的假设。本章说明把简单回归模型扩展到多元回归模型的这些变化以及其他结果。

作为介绍和分析多元回归模型的一个例子，我们从建立模型开始，该模型被用来解释一家在美国小城市拥有多家分店的快餐汉堡连锁店的销售收入。

5.1 引言

5.1.1 经济模型

我们将为名为大安迪汉堡店的汉堡连锁店建立一个经济模型。[①]由大安迪汉堡店的管理人员做出的重要决定包括不同产品的定价政策以及在广告上花多少钱。为了评价不同价格结构和不同广告支出水平产生的效果，大安迪汉堡店在不同的城市设置不同的价格和广告。管理人员特别感兴趣的是，当广告支出水平变化时，销售收入将会变动多少？广告支出的增加是否会使销售增加？如果是这样，销售的增加是否足以证明增加广告支出是合理的呢？同时，管理人员也对定价策略感兴趣。降价会导致销售收入增加还是减少？如果降价只引起销售数量小幅度增加，销售收入将会下降（需求对价格缺乏弹性）；如果价格下降导致销售数量大幅度增加，那么销售收入将增加（需求对价格富有弹性）。这样的经济

---

① 我们所使用的数据反映的是一个真实的快餐特许经营店，我们用大安迪来代替它的真实店名。

信息对有效管理是必不可少的。

第一步是建立一个经济模型，其中销售收入取决于一个或多个解释变量。我们初步假设，销售收入与价格和广告支出线性相关。经济模型表示为：

$$SALES = \beta_1 + \beta_2 PRICE + \beta_3 ADVERT \tag{5.1}$$

其中，$SALES$ 表示在某城市的月销售收入，$PRICE$ 表示在该城市的价格，$ADVERT$ 是在该城市每月投入的广告支出。$SALES$ 和 $ADVERT$ 的单位都是千美元。鉴于在大城市的销售额往往会大于在小城市的销售额，我们主要关注有同等数量人口的小城市。

对于一家出售汉堡包、薯条、奶昔等产品的汉堡店，每个产品都有其价格，因此我们无法马上清楚在公式（5.1）中应该使用什么价格。我们需要的是所有产品的某种平均价格以及在各城市间这种平均价格的变动信息。为此，管理人员已建立了一个用以说明每个城市综合价格的单一价格指数 $PRICE$，单位为美元和美分。

在公式（5.1）中，剩下的符号是未知参数 β_1、β_2 和 β_3，说明销售收入（$SALES$）对价格（$PRICE$）及广告支出（$ADVERT$）的依赖程度。为了更精确地解释这些参数，我们从公式（5.1）中的经济模型转向对数据生成方式做出明确假设的经济计量模型。

5.1.2 计量经济模型

我们从不同城市收集的销售收入（$SALES$）、价格（$PRICE$）和广告支出（$ADVERT$）数据并不会呈现如经济模型（5.1）精确的线性关系。在不同城市中，大安迪的客户行为不会导致相同的价格和广告支出，却始终有相同的销售收入。影响方程式的其他因素可能不会影响销售，包括具有竞争性的快餐店的数量和行为，每个城市的人口性质（他们的年龄分布、收入和饮食偏好）以及大安迪汉堡店的位置（靠近繁忙的公路、市中心）等。考虑到这些因素，我们在方程中加入一个误差项 e，模型表示为：

$$SALES = \beta_1 + \beta_2 PRICE + \beta_3 ADVERT + e \tag{5.2}$$

如第2章所述，数据的收集方式与误差项 e_i、解释变量价格、广告收入及因变量销售收入的假设相关且切合实际。这些假设反过来影响我们如何对参数 β_1、β_2 和 β_3 进行推断。

假设我们在大安迪运营的类似规模的城市中随机抽取75个特许经营店样本，并观测其月销售额、价格和广告支出。因此，对于 $i = 1$，2，$\cdots$，75，我们有观测值（$SALES_i, PRICE_i, ADVERT_i$）。由于在随机抽样之前我们不知道会选择哪个城市，因此三元组（$SALES_i, PRICE_i, ADVERT_i$）是一个三维随机变量，具有联合概率分布的特征。同样，我们有一个**随机**样本这一事实意味着来自不同城市的观测值是独立的。也就是说，对于 $i \neq j$，（$SALES_i, PRICE_i, ADVERT_i$）独立于（$SALES_j, PRICE_j, ADVERT_j$）。与每个观测值相关的是另一个随机变量，即不可观测的误差项 e_i，它反映了价格和广告收入以外的因素对销售收入的影响。第 i 个观测的模型写为：

$$SALES_i = \beta_1 + \beta_2 PRICE_i + \beta_3 ADVERT_i + e_i \tag{5.3}$$

我们假设 e_i 对人口中所有城市的平均销售额的影响为零，并且对给定城市的了解和广告支出不能帮助我们预测该城市的 e 值。在每对（$PRICE_i, ADVERT_i$）观测值中，随机误差的平均值为零，即：

$$E(e_i|PRICE_i, ADVERT_i) = 0 \qquad\qquad (5.4)$$

这个假设与随机样本生成独立观测值的假设相结合，意味着 e_i 是**严格外生的**。我们要检查这是否合理，需要看 e_i 是否包括影响销售收入的变量（或与销售收入相关），其也与价格或广告支出相关。如果答案是肯定的，那么就违背了严格的外生性。例如，如果大安迪竞争对手的定价和广告行为会影响其销售，并且与他自己的定价和广告政策相关联，则可能会发生这种情况。因此，我们不妨将这种情况抽象化，继续严格的外生假设。[①]

使用方程（5.3）和（5.4），我们得到：

$$E(SALES|PRICE, ADVERT) = \beta_1 + \beta_2 PRICE + \beta_3 ADVERT \qquad (5.5)$$

方程（5.5）是在给定价格和广告支出下的销售收入条件均值或条件期望，称为**多元回归函数**或简称回归函数。它显示了销售收入的人口平均值或人口平均值如何在价格和广告支出一定的情况下，影响销售收入的变化。对于给定的价格和广告支出，一些销售收入值将高于或低于均值。为了方便起见，我们删除了下标 i，并假设我们这种关系适用于所有城市人口。

给定解释变量的单位变化，在这种背景下，我们如何解释参数 β_1、β_2 和 β_3？从数学上讲，当每个独立的解释变量取值为零时，截距参数 β_1 是因变量的期望值。然而，在许多情况下，这一参数没有明确的经济解释。在这种特殊情况下，价格=广告支出=0 是不现实的。除了在非常特殊的情况下，我们始终在模型中包括截距，即使它没有直接的经济解释。忽略它会导致模型拟合数据不佳，并且预测结果不佳。

给定解释变量的单位变化，模型中的其他参数测量因变量的期望值的变化，*所有其他变量保持不变*。

β_2 = 当价格指数增加一个单位（1 美元），并且广告支出保持恒定时，预期每月销售额（1 000 美元）的变化，

$$\beta_2 = \frac{\Delta E(SALES|PRICE, ADVERT)}{\Delta PRICE}\bigg|_{(ADVERT保持不变)} = \frac{\partial E(SALES|PRICE, ADVERT)}{\partial ADVERT}$$

符号"∂"代表"偏导数"。熟悉微积分的人可能已经明白了此操作。在上述背景下，平均销售收入相对于价格的偏导数是指平均销售价格随价格的变化而变化的速度，其他因素（在这种情况下为广告支出）保持不变。详情见附录 A.3.5。我们偶尔会使用偏导数，但如果你没有学习过微积分的课程也不必担心。求导规则见附录 A.3.1。

β_2 的符号可以为正也可以为负。如果价格上涨导致销售收入增加，那么 $\beta_2 > 0$，且对连锁产品的需求是价格无弹性的。相反，如果价格上涨导致收入下降，则存在价格弹性需求，在这种情况下 $\beta_2 < 0$。β_2 的大小用于衡量给定价格变化下的收入变化量。

参数 β_3 描述了预期销售收入对广告支出水平变化的影响。也就是说，

β_3 = 当广告支出增加一个单位（1 000 美元），并且价格指数保持不变时，预期每月销售收入（1 000 美元）的变化，

$$\beta_3 = \frac{\Delta E(SALES|PRICE, ADVERT)}{\Delta ADVERT}\bigg|_{(PRICE保持不变)} = \frac{\partial E(SALES|PRICE, ADVERT)}{\partial ADVERT}$$

[①] 第 10 章考虑这一假设被打破时如何应对。

我们期望 β_3 是正数。也就是说，除非广告是负面的，否则我们预计广告支出的增加会导致销售收入的增加。另一个问题是，收入增加是否足以证明增加的广告支出，以及生产更多汉堡包的成本增加是合理的。若 $\beta_3<1$，增加 1 000 美元的广告支出将会使收入增长低于 1 000 美元。若 $\beta_3>1$，差距会更大。因此，就连锁广告政策而言，β_3 是非常重要的。

严格的外生性假设 $E(e_i|PRICE_i, ADVERT_i)=0$ 对上述 β_2 和 β_3 的解释至关重要。也就是说这意味着 β_2 可以解释为价格对销售收入的影响，同时保持所有其他因素不变，包括构成误差项 e 的一部分不可观测因素。可以说，价格的单位变化导致平均销售额以 β_2 单位变化。如果外生性假设不成立，则无法对参数进行这种因果假设。当 $E(e_i|PRICE_i)\neq 0$ 时，价格的变化与误差项相关，因此，仅靠 β_2 不能捕获价格变化的影响。例如，假设大安迪的主要竞争对手是小吉姆的鸡屋（以下简称吉姆）。假设每次大安迪修改汉堡价格时，吉姆都会通过改变其鸡肉价格做出回应。由于吉姆的鸡肉价格没有明确地包括在等式中，但可能会影响大安迪的销售，因此其影响包括在误差项中。另外，因为吉姆的价格与大安迪的价格有关，$E(e_i|PRICE_i)\neq 0$。因此，大安迪的价格（$PRICE$）的变化将通过 β_2 和误差项对销售收入产生影响。但是要注意的是，如果将吉姆的价格作为另一个变量添加到方程中，而不是构成误差项的一部分，且新的误差项满足外生假设，则保留参数的因果解释。

对于 $ADVERT$ 参数，β_3 可以做类似的描述。

实例5.1 汉堡连锁店数据

在第 2~4 章的简单回归模型中，回归函数用一条描述 $E(y|x)$ 与 x 关系的直线表示。在有两个解释变量的多元回归模型中，公式（5.5）描述的不是直线而是平面。如图 5-1 所示，该平面与纵轴交于点 β_1。参数 β_2 和 β_3 衡量的分别是"价格轴"和"广告支出轴"方向的平面斜率。一些城市销售收入、价格和广告支出的代表性观测值如表 5-1 所示。完整的数据可以在文件 andy 中找到，在图 5-1 中用圆点来表示。这些数据并没有完全落在一个平面上，而是类似于一片"云"。

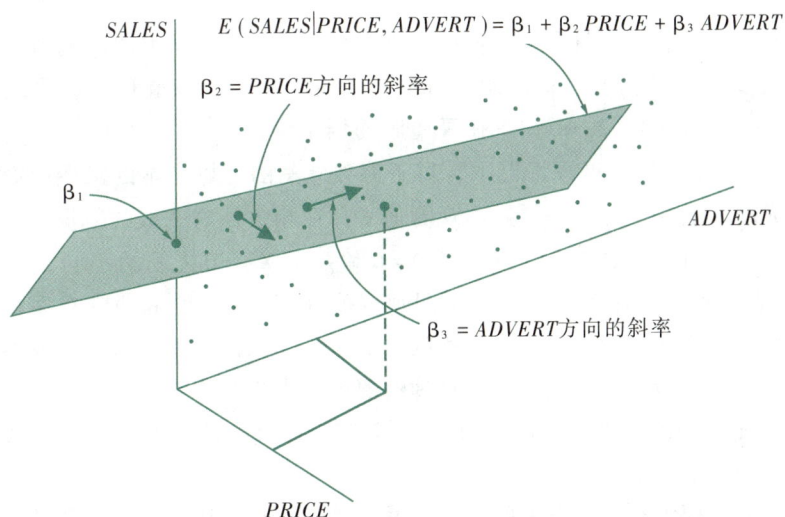

图 5-1 多元回归平面

表 5-1　　　　　　　大安迪汉堡店月销售额、价格和广告支出的观测值和描述性统计

城市	销售额（千美元）	价格（美元）	广告支出（千美元）
1	73.2	5.69	1.3
2	71.8	6.49	2.9
3	62.4	5.63	0.8
4	67.4	6.22	0.7
5	89.3	5.02	1.5
⋮	⋮	⋮	⋮
73	75.4	5.71	0.7
74	81.3	5.45	2.0
75	75.0	6.05	2.2
描述性统计			
样本均值	77.37	5.69	1.84
中位数	76.50	5.69	1.80
最大值	91.20	6.49	3.10
最小值	62.40	4.83	0.50
标准差	6.49	0.52	0.83

5.1.3　一般模型

有必要稍作偏离，并总结迄今形成的概念与一般情况的关系。同理，令：

$$y_i = SALES_i \qquad x_{i2} = PRICE_i \qquad x_{i3} = ADVERT_i$$

则公式（5.3）可以写成：

$$y_i = \beta_1 + \beta_2 x_{i2} + \beta_3 x_{i3} + e_i \tag{5.6}$$

你可能想知道为什么我们定义了 x_{i2} 和 x_{i3}，而没有定义 x_{i1}。我们可以将方程右边的第一项视为 $\beta_1 x_{i1}$，其中 $x_{i1} = 1$，即对于所有观测值而言，x_{i1} 都等于 1，它称为常数项。

在第 2 章中，我们使用符号 **x** 来表示对单个变量 x 的所有样本的观测值。现在我们有了对两个解释变量的观测值，我们使用符号 **X** 来表示对两个变量和常数项 x_{i1} 的所有观测值，即 $\mathbf{X} = \{ (1, x_{i2}, x_{i3}), i = 1, 2, \cdots, N \}$。在汉堡店的例子中，$N = 75$。另外，有时将第 i 个观测值表示为 $\mathbf{x}_i = (1, x_{i2}, x_{i3})$。在这种情况下，对于有独立 $\mathbf{x}_i$ 的随机样本的汉堡店而言，严格外生性假设是 $E(e_i | \mathbf{x}_i) = 0$。对于不同样本观测值 $\mathbf{x}_i$ 存在相关性的一般的数据，严格外生性假设为 $E(e_i | \mathbf{X}) = 0$。如果你想要复习 $E(e_i | \mathbf{x}_i) = 0$ 和 $E(e_i | \mathbf{X}) = 0$ 之间的不同，请返回重新阅读第 2.2 节。在使用时间序列数据时，不同观测值（不同 $\mathbf{x}_i$）之间通常存在相关性。在汉堡店的例子中，如果我们的样本不是随机的，而是每个州的店的集合，并且在一个特定州内所有店的广告定价策略都是相似的，这种情况就会发生。

我们已经注意到严格外生性假设对于解释参数 β_2 和 β_3 的影响。之后，我们将讨论对估计值性质和推断的影响。

许多多元回归模型有两个以上的解释变量。例如，汉堡店模型可能包括小吉姆鸡屋的价格，并且如果汉堡店在主要的公路交会处，则指示变量为 1，否则为 0。对于有 $K-1$ 个

解释变量和一个常数项的一般模型，第 i 个观测值可以写作：

$$y_i = \beta_1 + \beta_2 x_{i2} + \cdots + \beta_K x_{iK} + e_i$$

$\mathbf{X}$ 和 $\mathbf{x}_i$ 的定义可以扩展成一般形式，即 $\mathbf{X} = \{(1, x_{i2}, \cdots, x_K), i = 1, 2, \cdots N\}$ 和 $\mathbf{x}_i = (1, x_{i2}, \cdots, x_K)$。如果严格外生性 $E(e_i | \mathbf{X}) = 0$ 成立，多元回归模型为：

$$E(y_i | \mathbf{X}) = \beta_1 + \beta_2 x_{i2} + \beta_3 x_{i3} + \cdots + \beta_K x_K \tag{5.7}$$

未知参数 β_2，β_3，$\cdots$，β_K 对应解释变量 x_2，x_3，$\cdots$，x_K。因为这种对应，我们也将 β_2，β_3，$\cdots$，β_K 看作 x_2，x_3，$\cdots$，x_K 的系数。单独一个系数，称作 β_K，测量了其他变量不变时，变量 x_k 对 y 的期望值的影响。用偏导数表示为：

$$\beta_k = \left. \frac{\Delta E(y | x_2, x_3, \cdots, x_K)}{\Delta x_k} \right|_{\text{其他x保持不变}} = \frac{\partial E(y | x_2, x_3, \cdots, x_K)}{\partial x_k}$$

其他 x 保持不变

参数 β_1 是截距项。我们用 K 来表示公式（5.7）中未知参数的总数。在本章的大部分篇幅里，我们将介绍关于 $K = 3$ 的模型的点估计和区间估计。结果一般适用于具有更多解释变量的模型（$K > 3$）。

5.1.4　多元回归模型的假设

为了完成我们对多元回归模型的设定，我们对误差项和解释变量做出进一步的假设。这些假设与第 2.2 节中简单回归模型的假设一致。它们的目的是建立一个估计未知参数 β_k 的框架，推导出未知参数 β_k 的估计量的特性，并检验那些未知系数的相关假设。当我们读这本书的时候，我们发现一些假设对于一些数据样本来说过于严格，需要我们弱化许多假设。我们将检查假设的变化对估计和假设检验的影响。

MR1：经济计量模型　$(y_i, \mathbf{x}_i) = (y_i, x_{i2}, x_{i3}, \cdots x_{iK})$ 的观测值满足总体关系：

$$y_i = \beta_1 + \beta_2 x_{i2} + \cdots + \beta_K x_{iK} + e_i$$

MR2：严格外生性　在给定所有解释变量的观测值 $\mathbf{X} = \{\mathbf{x}_i, i = 1, 2, \cdots, N\}$ 的情况下，随机误差 e_i 的条件期望为零。

$$E(e_i | \mathbf{X}) = 0$$

这个假设意味着，对于 $k = 1$，2，...，K 和 $(i, j) = 1$，2，...，N，$E(e_i) = 0$，$cov(e_i, x_{jk}) = 0$。每个随机误差都服从均值为零的概率分布。有些误差是正的，有些是负的。在大量的观测值中，它们的均值将为零。此外，所有解释变量都与误差不相关，知道解释变量的值无助于预测 e_i 的值。因此，观测值将均匀地分布在一个平面上下，如图 5-1 所示。通过数据拟合一个平面是有意义的。严格外生性假设的另一个含义是多元回归函数表示为：

$$E(y_i | \mathbf{X}) = \beta_1 + \beta_2 x_{i2} + \beta_3 x_{i3} + \cdots + \beta_K x_{iK}$$

因变量 y_i 的条件分布的均值是解释变量 $\mathbf{x}_i = (x_{i2}, x_{i3}, \cdots x_{iK})$ 的线性函数。

MR3：条件方差　以 $\mathbf{X}$ 为条件的误差项的方差是一个常数。

$$var(e_i | \mathbf{X}) = \sigma^2$$

这个假设意味着 $var(y_i | \mathbf{X}) = \sigma^2$ 是一个常数。Y_i 在其条件均值函数 $E(y_i | \mathbf{X}) = \beta_1 +$

$\beta_2 x_{i2} + \beta_3 x_{i3} + \cdots + \beta_K x_{iK}$ 周围的变异性不依赖于 $\mathbf{X}$。对于解释性变量的某些值，误差不太可能大于或小于其他值。具有此属性的误差被认为是同方差误差。[①]

MR4：条件不相关误差   条件依存于 $\mathbf{X}$ 的不同误差项 e_i 和 e_j 的协方差为零。

$$\mathrm{cov}(e_i, e_j | \mathbf{X}) = 0 \qquad i \neq j$$

所有的误差项都是不相关的。对于 $\mathbf{X}$ 的所有值，任意两个不同观测值的两个随机误差之间的协方差为零。误差中不存在协变量或协运动，因为一个观测值的误差大小与另一个观测值的误差的可能大小无关。对于截面数据，这种假设意味着误差之间没有空间相关性。对于时间序列数据，这意味着误差与时间没有相关性。当它存在时，随时间而相关被称为序列相关或自相关。我们通常对时间序列数据使用下标 t 和 s，因此，当 $t \neq s$ 时，则没有序列相关性的假设可以写成 $\mathrm{cov}(e_t, e_s | \mathbf{X}) = 0$。[②]

MR5：解释变量之间没有精确的线性关系   无法将其中一个解释变量表示为其他变量的精确线性函数。数学上，我们把这个假设写成：

$$c_1 x_{i1} + c_2 x_{i2} + \cdots + c_K x_{iK} = 0，对于所有观测值 i = 1, 2, \cdots, N \tag{5.8}$$

$c_1, c_2, \cdots, c_K$ 的唯一值为 $c_1 = c_2 = \cdots = c_K = 0$。如果条件（5.8）成立，且一个或多个 c_K 可以为非零，则违背假设。为了理解这一假设的必要性，考虑一些特殊情况下的违背行为是有益的。首先，假设 $c_2 \neq 0$，其他 c_K 为 0，则条件（5.8）意味着对于所有观测值 $x_{i2} = 0$。如果 $x_{i2} = 0$，那么我们不能期望去估计 β_2，它衡量 x_{i2} 的变化对 y_i 的影响，所有其他因素保持不变。作为第二种特殊情况，假设 c_2、c_3 和 c_4 为非零，而其他 c_K 为零。根据条件（5.8）我们可以表示 $x_{i2} = -(c_3/c_2) x_{i3} - (c_4/c_2) x_{i4}$。在这种情况下，$x_{i2}$ 是 x_{i3} 和 x_{i4} 的精确线性函数。这种关系存在问题，因为 x_{i2} 的变化完全取决于 x_{i3} 和 x_{i4} 的变化。不可能分别估计这三个变量中每一个变量变化所产生的影响。换句话说，x_{i2} 中没有使我们能够估计 β_2 的独立变化。我们的第三个特例涉及简单回归模型的假设 SR5，该假设表明解释变量必须变化。条件（5.8）包括这种情况。假设 x_{i3} 没有变化，这样我们就可以表示：对于所有 i，$x_{i3} = 6$。回顾 $x_{i1} = 1$，我们可以表示为 $6x_{i1} = x_{i3}$。这个结果违背了条件（5.8），即 $c_1 = 6, c_3 = -1$，其中，其他 c_k 等于零。

MR6：误差正态性（可选）   条件依存于 $\mathbf{X}$，误差服从正态分布：

$$e_i | \mathbf{X} \sim N(0, \sigma^2)$$

这个假设意味着 y 的条件分布也服从正态分布 $y_i | \mathbf{X} \sim N(E(y_i | \mathbf{X}), \sigma^2)$。当样本相对较小时，它有助于假设检验和区间估计。然而，我们称之为可选有两个原因。首先，最小二乘估计量的许多优良特性不必保持。其次，如我们将看到的，如果样本相对较大，它不再是假设检验和区间估计的必要假设。

其他假设

在第 2.10 节更高级的材料中，我们考虑了与一些数据生成过程（非随机 x、随机和独立 x、随机抽样）相关的简单回归模型的更强假设集合，以及此处考虑的随机和严格外生

[①] 因为 $E(e_i | \mathbf{X}) = 0$，所以 e_i 的无条件方差也是恒定的。即 $\mathrm{var}(e_i) = \sigma^2$。但是，对于 y_i 的无条件方差，我们无法做出相同的陈述。有关条件和无条件方差之间的关系，请参见附录 B，方程式（B.27）。

[②] 与条件同方差的假设类似，我们可以证明，$\mathrm{cov}(e_i, e_j | \mathbf{X}) = 0$ 意味着 $\mathrm{cov}(y_i, y_j | \mathbf{X}) = 0$，$\mathrm{Cov}(e_i, e_j) = 0$，但无条件协方差 $\mathrm{cov}(y_i, y_j)$ 可能不为零。

x情形。我们把为随机和严格外生 x 情形建立的推断过程（估计和假设检验）的特性应用于更强假设的情形。

5.2 估计多元回归模型的参数

在本节中，我们考虑使用最小二乘法原理来估计多元回归模型中未知参数的问题。我们将利用公式（5.4）中的模型对估计进行讨论，为方便起见，我们这里重复写出公式（5.4），其中 i 表示第 i 个观测值。

$$y_i = \beta_1 + \beta_2 x_{i2} + \beta_3 x_{i3} + e_i$$

这个模型要比完整的一般模型的形式简单，但是把我们得到的所有结果稍加修改就可以应用到一般模型中去。

5.2.1 最小二乘估计方法

为了得到未知参数的估计量，我们采用最早在第 2 章介绍的用于简单回归模型的最小二乘法。利用最小二乘法原理，通过最小化 y_i 的观测值和期望值 $E(y_i|\mathbf{X}) = \beta_1 + x_{i2}\beta_2 + x_{i3}\beta_3$ 之差的平方和，我们可以得到 $(\beta_1, \beta_2, \beta_3)$ 的值。在数学上，我们就是要在给定数据的情况下，最小化平方和函数 $S(\beta_1, \beta_2, \beta_3)$，该函数是未知参数的函数：

$$
\begin{aligned}
S(\beta_1, \beta_2, \beta_3) &= \sum_{i=1}^{N} (y_i - E(y_i|\mathbf{X}))^2 \\
&= \sum_{i=1}^{N} (y_i - \beta_1 - \beta_2 x_{i2} - \beta_3 x_{i3})^2
\end{aligned}
\tag{5.9}
$$

在微积分中，给定样本观测值 y_i，$\mathbf{x}_i$，最小化平方和函数是很简单的练习。具体演算的细节可参考本章末的附录 5A。答案为我们提供了有两个解释变量的多元回归模型中系数 β 的最小二乘估计量的计算公式。它们是有一个解释变量的简单回归模型（2.7）和（2.8）的扩展。将这些计算公式放在附录 5A 而不是正文中的原因有三个：第一，我们不希望你记住这些复杂的公式。第二，我们从来不明确地使用这些公式，计算机软件利用这些公式计算最小二乘估计值。第三，我们经常会遇到含有两个以上解释变量的模型，在这种情况下，公式将会变得更加复杂。如果进一步地研究计量经济学，你会发现一个相对简单的矩阵几何表达式，可用于所有模型的最小二乘估计量，而不管解释变量有多少个。

虽然我们可以让计算机为我们工作，但是了解最小二乘估计原理以及最小二乘估计量和最小二乘估计值间的差异还是十分重要的。作为利用样本数据的一个一般方法，通过最小化公式（5.9）得到 b_1、b_2 和 b_3 的计算公式就是被称为未知参数的最小二乘估计量的估计方法。一般情况下，由于在我们观测到数据和计算这些估计值之前，其值是未知的，因此最小二乘估计量是随机变量。计算机软件利用这些公式对某一特定的数据样本进行估计产生的最小二乘估计值都是数值。为了避免过多的符号，我们使用 b_1、b_2 和 b_3，既表示估计量也表示估计值。

实例5.2 利用汉堡连锁店数据的最小二乘估计值

表 5-2 中表示的是对大安迪汉堡店销售收入方程式进行最小二乘估计后的结果。估计值分别为：

$b_1 = 118.91$ $b_2 = -7.908$ $b_3 = 1.863$

表5-2   大安迪汉堡店销售收入方程的最小二乘估计值

变量	系数	标准误	t统计值	概率值
C	118.9136	6.3516	18.7217	0.0000
PRICE	-7.9079	1.0960	-7.2152	0.0000
ADVERT	1.8626	0.6832	2.7263	0.0080
R^2=0.4483	SSE=1 718.943	$\hat{\sigma}$=4.8861	s_y=6.48854	

沿用实例4.3，方程的估计值和它们的标准误以及R^2都典型地以方程形式被列出：

$$\widehat{SALES} = 118.91 - 7.908PRICE + 1.863ADVERT$$
$$(se) \qquad (6.35) \quad (1.096) \qquad (0.683) \tag{5.10}$$
$$R^2 = 0.448$$

利用这个公式中的信息可以通过第3章中描述的类似方式很容易地构造出每个β_k系数的区间估计或假设检验，但是这里要注意t分布自由度的数量有变化。像以前一样，表5-2中的t值和p值关系到原假设H_0：$\beta_k = 0$和备择假设H_1：$\beta_k \neq 0$的选择结果，其中$k = 1, 2, 3$。

我们首先解释公式（5.10）中的估计值。然后，解释由多个解释变量产生的自由度的变化。最后，为巩固之前学习的知识，在掌握区间估计和假设检验后，我们复习最小二乘估计的抽样属性。

根据公式（5.10）中的系数估计值，我们可以获得什么信息呢？

1. *PRICE*系数为负值，表明需求对价格富有弹性。我们估计，若广告支出保持不变，产品价格增加1美元将导致每月销售收入下降7 908美元。或者用另外一种方式表示：产品价格降低1美元将导致每月销售收入增加7 908美元。如果情况是这样的话，通过开展各种特价活动来增加销售收入的策略将会有成效。不过我们确实需要认真考虑产品价格的变动幅度。因为1美元的价格变化是一个比较大的变化。样本平均价格是5.69美元，其标准差为0.52。10美分的变化是更为现实的，在这种情况下，我们估计的销售收入变化就会变为791美元。

2. 广告支出的系数为正。我们估计，若产品价格保持不变，每增加1 000美元的广告开支将导致销售收入增加1 863美元。我们可以利用这个信息以及生产额外的汉堡的成本信息来判断广告支出的增加是否会增加利润。

3. 截距项的估计值表示，若产品价格和广告支出都为零，那么销售收入将会有118 914美元。这样的结果显然是不合理的，因为零价格意味着零销售收入。像是在其他很多模型中一样，在本模型中，通过我们得到的数据建立的模型是现实情况的近似值，认识到这一点很重要。即使截距项没有直接的解释意义，但是它可以改善估计的近似程度。

在给出上述解释时，我们必须小心地识别每个变量的测量单位。如果我们对*PRICE*以美分而不是美元并且*SALES*以美元而不是几千美元来衡量，会发生什么？为了发现结果，定义以新单位衡量的新变量为$PRICE^* = 100 \times PRICE$和$SALES^* = 1\,000 \times SALES$。代替*PRICE*和*SALES*，我们的新拟合方程成为：

$$\frac{\widehat{SALES}^*}{1\,000} = 118.91 - 7.908\frac{PRICE^*}{100} + 1.863ADVERT$$

乘以 1 000，我们得到：

$$\widehat{SALES}^* = 118\,910 - 79.08PRICE^* + 1\,863ADVERT$$

如果我们将最小二乘应用于以新的测量单位表示的变量，这将是我们所得到的估计模型。标准误差会以同样的方式改变，但是 R^2 将保持不变。在这种形式下，可以更直接地解释系数：价格上涨 1%，平均销售价格减少 79.08 美元；增加 1 000 美元的 ADVERT 导致平均销售收入增加 1 863 美元。

除了提供当产品价格或广告支出变化时，销售是如何变化的信息外，估计方程式还可以用来预测。假设大安迪想预测当产品价格为 5.50 美元和广告支出为 1 200 美元时的销售收入。加上额外的小数点以使手工计算准确，预测结果为：

$$SALES = 118.91 - 7.908PRICE + 1.863ADVERT$$
$$= 118.914 - 7.9079 \times 5.5 + 1.8626 \times 1.2$$
$$= 77.656$$

当 $PRICE = 5.5$ 和 $ADVERT = 1.2$ 时，销售收入的预测值为 77 656 美元。

评论

这里要注意的是对回归结果的解释，产品价格的系数为负，意味着降低价格会增加销售收入。如果从字面理解的话，那么为什么我们不能让价格降低到零呢？显然，这不会使总销售收入一直增长。由此我们得出了下列重要结论：估计的回归模型描述的是经济变量及与经济变量的数值相近的样本数据间的关系。推测极值的做法通常不是个好主意。利用远离样本值的解释变量来预测被解释变量的值，会产生不良的后果。参见图 4-2 及相关讨论。

5.2.2 误差方差 σ^2 的估计

我们还有一个参数是要估计的，即误差项的方差 σ^2。为了估计这个参数，我们将遵循在第 2.7 节中所述的相同步骤。在 MRI、MR2、MR3 假设下，我们知道，

$$\sigma^2 = var\,(e_i|\mathbf{X}) = var\,(e_i) = E\,(e_u^2|\mathbf{X}) = E\,(e_i^2)$$

因此，我们可以把 σ^2 看作误差项平方 e_i^2 的期望或总体均值。这个总体均值的自然估计量是样本均值 $\hat{\sigma}^2 = \sum e_i^2/N$。然而，误差项的平方 e_i^2 是无法观测的，所以我们使用的是基于最小二乘残差平方的 σ^2 的一个估计量。对于公式（5.6）中的模型，这些残差为：

$$\hat{e}_i = y_i - \hat{y}_i = y_i - (b_1 + b_2x_{i2} + b_3x_{i3})$$

利用来自 $\hat{e}_i^2$ 的信息而且有很好的统计特性的一个 σ^2 的估计量是：

$$\hat{\sigma}^2 = \frac{\sum_{i=1}^{N}\hat{e}_i^2}{N-K} \tag{5.11}$$

其中，K 是多元回归模型中被估计的参数 β 的个数。我们可以将 σ^2 理解为 $\hat{e}_i^2$ 的平均值，只是分母用 $N-K$ 来代替 N。可以证明，如果用 $\hat{e}_i^2$ 代替 e_i^2，那么为了保证 σ^2 的无偏性，需要用 $N-K$ 代替 N。注意，在第 2 章公式（2.19）中，只有一个解释变量和两个系数，所以 $K=2$。

为了进一步说明为什么 $\hat{e}_i$ 能够提供有关 σ^2 的信息，回忆 σ^2 衡量 e_i 的变异或者衡量 y_i 围绕均值函数 $\beta_1 + \beta_2 x_{i2} + \beta_3 x_{i3}$ 的变异。由于 $\hat{e}_i$ 是 e_i 的估计值，所以 $\hat{e}_i$ 的值较大意味着 σ^2 也较大，$\hat{e}_i$ 较小则 σ^2 也较小。当我们指 $\hat{e}_i$ 值"较大"时，我们是指较大的正值或是较大的负值。使用残差的平方和 $\hat{e}_i^2$ 表示正值与负值不会相互抵消，因此 $\hat{e}_i^2$ 提供有关参数 σ^2 的信息。

实例5.3　汉堡连锁店的误差方差估计

在汉堡连锁店的例子里，$K=3$。表5-1中的数据样本的估计值为：

$$\hat{\sigma}^2 = \frac{\sum_{i=1}^{75} \hat{e}_i^2}{N-K} = \frac{1718.943}{75-3} = 23.874$$

回过头来看一下表5-2。在该表中有两个与上面的计算有关的数值。

第一个是误差平方和：

$$SSE = \sum_{i=1}^{N} \hat{e}_i^2 = 1718.943$$

第二个是 $\hat{\sigma}^2$ 的平方根，表示为：

$$\hat{\sigma} = \sqrt{23.874} = 4.8861$$

这些数值通常都会从你的计算机软件中输出。不同的软件表示方式不同。$\hat{\sigma}$ 有时被称为**回归标准误**，有时被称为**均方误差**。

5.2.3　衡量拟合优度

对于第4章中研究的简单回归模型，我们引入了 R^2 来衡量由解释变量的变化来解释的因变量变化的比例。在多元回归模型中，相同的衡量方法是相关的，相同的公式是有效的，但是现在我们讨论的是由模型中包含的所有解释变量解释的因变量的变化比例。决定系数为：

$$R^2 = \frac{SSR}{SST} = \frac{\sum_{i=1}^{N}(\hat{y}_i - \bar{y})^2}{\sum_{i=1}^{N}(y_i - \bar{y})^2} = 1 - \frac{SSE}{SST} = 1 - \frac{\sum_{i=1}^{N}\hat{e}_i^2}{\sum_{i=1}^{N}(y_i - \bar{y})^2} \tag{5.12}$$

其中，SSR 是由模型"解释"的 y 的变化（**归因于回归的平方和**），SST 是 y 中关于其均值（平方和，总计）的总变化量，SSE 是最小二乘法残差（误差）平方和，是 y 中未由模型解释的变化部分。

符号 $\hat{y}_i$ 是指解释变量的每个样本值的 y 的预测值，即：

$$\hat{y}_i = b_1 + b_2 x_{i2} + b_3 x_{i3} + \cdots + b_K x_{iK}$$

样本均值 $\bar{y}$ 是 y_i 的均值和 $\hat{y}_i$ 的均值，提供包含截距的模型（本例中为 β_1）。几乎所有计算机软件都会报告 SSE 的值，但有时不会报告 SST。然而，回想一下，y 的样本标准差（大多数软件都很容易计算）表示为：

$$s_y = \sqrt{\frac{1}{N-1}\sum_{i=1}^{N}(y_i - \bar{y})^2} = \sqrt{\frac{SST}{N-1}}$$

因此，

$$SST = (N-1)s_y^2$$

实例5.4　汉堡连锁店数据的 R^2

使用表5-2中大安迪汉堡店的结果，我们发现 $SST = 74 \times 6.48854^2 = 3115.485$，

$SSE=1\,718.943$。利用这些平方和，我们得到：

$$R^2 = 1 - \frac{\sum_{i=1}^{N} \hat{e}_i^2}{\sum_{i=1}^{N}(y_i - \bar{y})^2} = 1 - \frac{1\,718.943}{3\,115.485} = 0.448$$

R^2 的解释是围绕均值销售收入变动的 44.8% 是由价格的变化以及广告支出水平的变化来解释的。这意味着，在我们的样本中，收入变化的 55.2% 无法解释，归因于误差项的变化或误差项隐式构成部分的变化。

如第 4.2.2 节所述，决定系数也被视为衡量模型在样本期内的预测能力，或衡量估计的回归拟合数据的程度。R^2 的值等于 $\hat{y}_i$ 和 y_i 之间的样本相关系数的平方。由于样本相关性测量两个变量之间的线性关联程度，如果 R^2 高，则表示 y_i 的值与模型预测值 $\hat{y}_i$ 之间密切关联。在这种情况下，该模型被认为是"很匹配"数据。如果 R^2 较低，则 y_i 的值与模型预测值 $\hat{y}_i$ 之间不存在密切关联，并且模型与数据不太匹配。

最后要注意一点。截距参数 β_1 是回归"平面"的 y 截距，如图 5-1 所示。如果由于理论上的原因，你确定回归平面穿过点，则 $\beta_1=0$，可以在模型中忽略它。虽然这不是一个常见的实践，但它确实发生了，并且回归软件包含一个选项，可以从模型中删除截距。如果模型不包含截距参数，则公式（5.12）中给出的 R^2 不再适用。它不再适用的原因是，如果模型中没有截距项，

$$\sum_{i=1}^{N}(y_i - \bar{y})^2 \neq \sum_{i=1}^{N}(\hat{y}_i - \bar{y})^2 + \sum_{i=1}^{N}\hat{e}_i^2$$

或者 $SST \neq SSR + SSE$。要理解其中的原因，请返回并检查附录 4B 中的证明。在平方和分解中，交叉乘积项 $\sum_{i=1}^{N}(\hat{y}_i - \bar{y})\hat{e}_i$ 不再消失。在这种情况下，谈论回归解释的总体变异比例是没有意义的。因此，当你的模型不包含常数项时，最好不要报告 R^2，即使你的计算机已将其显示出来。

5.2.4　弗里施–沃–罗弗尔（FWL）定理

弗里施–沃–罗弗尔定理[1]是一个有用的、有点令人惊讶的结论，在这本书的其余部分中多次使用。它也有助于理解多元回归中系数估计值的解释，所有其他变量保持不变。为了说明这个结果，[2]我们使用销售方程 $SALES_i = \beta_1 + \beta_2 PRICE_i + \beta_3 ADVERT_i + e_i$，并执行以下步骤：

1. 用最小二乘法估计量估计简单回归 $SALES_i = a_1 + a_2 PRICE_i + error$，并保存最小二乘残差。

$$\widetilde{SALES}_i = SALES_i - (\hat{a}_1 + \hat{a}_2 PRICE_i) = SALES_i - (121.9002 - 7.8291 PRICE_i)$$

2. 用最小二乘法估计量估计简单回归 $ADVERT_i = c_1 + c_2 PRICE_i + error$ 并保存最小二乘残差。

$$\widetilde{ADVERT}_i = ADVERT_i - (\hat{c}_1 + \hat{c}_2 PRICE_i) = ADVERT_i - (1.6035 + 0.0423 PRICE_i)$$

---

[1]　也被称为 Frisch-Waugh 定理或分解定理。
[2]　说明不是证明。关于非矩阵代数的证明，见 Michael C.Lovell（2008）"A Simple Proof of the FWL Theorem," *Journal of Economic Education*, Winter 2008, 88-91. 提出使用矩阵代数的证明，详见 William H.Greene（2018）*Econometric Analysis, Eighth Edition*, Boston： Prentice-Hall, 36-38.

3. 估计没有常数项的简单回归 $\widetilde{SALES}_i = \beta_3 \widetilde{ADVERT}_i + \tilde{e}_i$。$\beta_3$ 的估计值是 $b_3 = 1.8626$。该估计值与表 5-2 中的完全回归结果相同。

4. 计算步骤 3 中的最小二乘残差，$\hat{\tilde{e}}_i = \widetilde{SALES}_i - b_3 \widetilde{ADVERT}_i$。将这些残差与完整模型的残差进行比较。

$$\hat{e}_i = SALES_i - (b_1 + b_2 PRICE_i + b_3 ADVERT_i)$$

你会发现这两组残差 $\hat{e}_i$ 和 $\hat{\tilde{e}}_i$ 是相同的。因此，残差平方和也是一样的，$\sum \hat{e}_i^2 = \sum \hat{\tilde{e}}_i^2 = 1\,718.943$。

我们展示了什么？

- 在步骤 1 和步骤 2 中，我们通过估计最小二乘回归，从 SALES 和 ADVERT 中去除（或"清除"或"分割"）PRICE（和一个常数项）的线性影响，计算最小二乘残差 $\widetilde{SALES}$ 和 $\widetilde{ADVERT}$，这些残差变量是删除或"分割" PRICE 和一个常数的线性影响后的 SALES 和 ADVERT。

- 在步骤 3 中，我们说明了 **FWL 定理**的第一个重要结论：对于使用部分变量的回归 $\widetilde{SALES}_i = \beta_3 \widetilde{ADVERT}_i + \tilde{e}_i$ 与完全回归 $SALES_i = \beta_1 + \beta_2 PRICE_i + \beta_3 ADVERT + e_i$，$\beta_3$ 的系数估计值完全相同。我们解释 β_3 为"当广告支出 ADVERT 增加一个单位（1 000 美元）、价格指数（PRICE）保持不变时，月销售额（SALES，1 000 美元）的变化"。FWL 结果给出了"保持不变"的确切含义。这意味着，β_3 为去掉价格和一个常数项的线性影响后广告支出对销售的影响。

- 在步骤 4 中，我们注意到 FWL 定理的第二个重要结论：最小二乘残差及其平方和使用完全回归或"剔除其他变量影响"的模型计算的是相同的。

有几点需要注意。第一，注意常数项。在这里，我们将它与 PRICE 一起包含在步骤 1 和步骤 2 中，作为要剔除的变量。因此，步骤 3 中不包括常数项。第二，估计剔除其他变量影响的回归并不完全等同于估计原始的完整模型。当估计 $\widetilde{SALES}_i = \beta_3 \widetilde{ADVERT}_i + \tilde{e}_i$ 时，你的软件只能看到一个要估计的参数 β_3。因此，在计算 σ^2 的估计值时，软件将使用自由度 $N - 1 = 74$。这意味着报告的估计误差方差太小。它为 $\tilde{\sigma}^2 = \sum \hat{\tilde{e}}_i^2 / (N - 1) = 1\,718.943/74 = 23.2290$，可以与上一节中使用除数 $N - K = 75 - 3$，$\hat{\sigma}^2 = \sum \hat{e}_i^2 / (N - 3) = 1\,718.943/72 = 23.8742$ 的估计值进行比较。[①] 第三，为了说明，我们使用了四舍五入到四位小数的估计值。实际上，你的软件将使用更有效的小数位数。如果使用的有效小数位数不足，则定理的结果可能会受到舍入误差的影响。在本例中，步骤 3 中的估计值精确到四位小数，但步骤 4 中的最小二乘法残差没有使用更多的有效小数位数。

弗里施-沃-罗弗尔定理也适用于多元回归模型 $y_i = \beta_1 + \beta_2 x_{i2} + \beta_3 x_{i3} + \cdots + \beta_K x_{iK} + e_i$。它把解释变量分成两组。这个定理适用于任何划分，但通常情况下，不是分析的主要焦点的变量被划分出来。这一组有时被称为控制变量的集合，因为它们被包括在回归模型的适当设定中，并"控制"不重要的变量。例如，假设 x_2 和 x_3 是主要关注的变量，则两组是 $g_1 = (x_{i2}, x_{i3})$ 和 $g_2 = (x_{i1} = 1, x_{i4}, x_{i5}, \cdots, x_{iK})$。注意，我们在第二组中包含了常数项，但在第

---

① 这种较小的误差方差估计值意味着第 5.3.1 节中讨论的回归系数的标准误差太小。

一组中没有。每个变量必须进入一个组或另一个组，但不能同时进入两个组。应用FWL定理的步骤如下：

1. 估计因变量为y和解释变量为$g_2 = (x_{i1} = 1, x_{i4}, x_{i5}, \cdots, x_{iK})$的最小二乘回归。计算最小二乘残差$\tilde{y}$。

2. 使用解释变量$g_2 = (x_{i1} = 1, x_{i4}, x_{i5}, \cdots, x_{iK})$估计第一组中每个变量的最小二乘回归，并计算最小二乘残差$\tilde{x}_2$和$\tilde{x}_3$。

3. 剔除其他变量影响估计最小二乘回归$\tilde{y}_i = \beta_2 \tilde{x}_{i2} + \beta_3 \tilde{x}_{i3}$。系数估计值$b_2$和$b_3$将与完整模型的估计值相同。

4. 剔除其他变量影响的回归的残差$\hat{\tilde{e}}_i = \tilde{y}_i - (b_2 \tilde{x}_{i2} + b_3 \tilde{x}_{i3})$与全模型的残差相同。

5.3 最小二乘估计的样本特性

一般情况下，最小二乘估计量(b_1, b_2, b_3)是随机变量，它们在不同的样本里取值不同，且在样本被收集和它们的值被计算之前它们的值是未知的。不同样本之间的差异称为"样本变异"，是不可避免的。OLS估计量的概率或**抽样分布**描述了其估计量在所有可能样本中的变化。OLS估计量的**抽样特性**是指这种分布的特征。如果b_k分布的均值是β_K，则估计量是无偏的。分布的方差为评价估计值的可靠性提供了依据。如果b_k跨样本的变异性相对较高，则很难确定在一个已实现样本中获得的值必然接近真实参数；同时，如果b_k是无偏的，且跨样本的变异性相对较低，则我们可以确定根据一个样本得到的估计值是可靠的。

关于最小二乘估计量的抽样分布，我们可以说取决于对用于估计的数据样本可以做出哪些实际假设。对于第2章中介绍的简单回归模型，我们看到，在SR1-SR5的假设下，OLS估计量是最佳的线性无偏估计量，因为没有其他具有更低方差的线性无偏估计量。在MR1-MR5假设下，一般的多元回归模型也得到了同样的结果。

高斯－马尔可夫定理：对于多元回归模型，如果本章开始所列的假设MR1-MR5成立，那么最小二乘估计量是最优线性无偏估计量。[1]

加入假设MR6（误差为正态分布）的含义与简单回归模型相应假设的含义相似。以**X**为条件，最小二乘估计量为正态分布。利用这一结果和**误差方差估计量**$\hat{\sigma}^2$，可以构建一个服从t分布的t统计量，并将其用于区间估计和假设检验，其思路与第3章中的拓展类似。

这些不同的性质——BLUE和使用t分布进行区间估计与假设检验——都是**有限样本**性质。只要$N > K$，它们与样本大小N无关。我们将在本节余下部分以及第5.4节和第5.5节中提供更多有关多元回归模型的详细信息。然而，在许多情况下，我们不能依赖于有限样本性质。违背某些假设可能意味着OLS估计量的有限样本性质不成立或太难推导。此外，当我们浏览本书时，会遇到为各种不同类型的样本数据设计的更复杂的模型和假设，这时使用有限样本性质的能力成为例外而不是规则。为了适应这种情况，我们使用**大样本**

---

[1] 在第2.10节中对简单回归模型探索的更具限制性但有时更现实的假设下，可以对多元回归模型中最小二乘估计量的特性做出类似的评论。在该节的假设下，如果所有的解释变量在统计上与所有误差无关，或者如果对$(y_i, x_{i2}, x_{i3}, \cdots, x_{iK})$的独立观测值是通过随机抽样收集的，则BLUE（最优线性无偏估计量）属性仍然成立。

或渐近性质。这些性质是指当样本大小接近无穷大时，估计量的抽样分布的行为。在限制较少的假设条件下，或者当面对更复杂的模型时，大样本性质比有限样本性质更容易推导出来。当然，我们从来没有无限大的样本，但我们的想法是，如果 N 足够大，那么当 N 趋于无穷大时，一个估计量的性质在 N 很大但有限的情况下是很好的近似。我们将在第 5.7 节中讨论大样本性质及其需要调用的情况。第 2.6 节提到的中心极限定理就是一个例子。在那里我们了解到，如果 N 足够大，即使违背了指定误差正态分布的假设 SR6，最小二乘估计量也是近似正态分布的。

5.3.1 最小二乘估计量的方差与协方差

最小二乘估计量的方差和协方差为我们提供了关于估计量 b_1、b_2 和 b_3 的可靠性的信息。由于最小二乘估计量是无偏的，因此它们的方差越小，它们产生"接近"真实参数值的估计值的概率就越大。对于 $K=3$，我们可以用一个代数式来表示方差和协方差，对最小二乘估计量的特性进行深入的观测。例如，我们可以证明：

$$\mathrm{var}\,(\,b_2|\mathbf{X}\,) = \frac{\sigma^2}{(1 - r_{23}^2)\sum_{i=1}^{N}(\,x_{i2} - \bar{x}_2\,)^2} \tag{5.13}$$

其中，r_{23} 是 x_2 值和 x_3 值的样本相关系数，可参见第 4.2.1 节。其公式为：

$$r_{23} = \frac{\sum(\,x_{i2} - \bar{x}_2\,)(\,x_{i3} - \bar{x}_3\,)}{\sqrt{\sum(\,x_{i2} - \bar{x}_2\,)^2 \sum(\,x_{i3} - \bar{x}_3\,)^2}}$$

其他的方差和协方差也有类似特征的公式。了解影响 b_2 的方差的因素也是很重要的：

1. 误差方差 σ^2 越大，将导致最小二乘估计量的方差越大。这是可预料到的，因为 σ^2 衡量的是模型设定中的总体不确定性。若 σ^2 很大，那么数据值可能会广泛地分布在回归函数 $E\,(\,y_i|\mathbf{X}\,) = \beta_1 + \beta_2 x_{i2} + \beta_3 x_{i3}$ 的附近，而且数据中关于参数值的信息较少。若 σ^2 很小，数据密集地分布在回归函数 $E\,(\,y_i|\mathbf{X}\,) = \beta_1 + \beta_2 x_{i2} + \beta_3 x_{i3}$ 的附近，而且有较多关于参数值的信息。

2. 样本容量 N 越大意味着最小二乘估计量的方差越小。N 值越大说明平方和 $\sum(\,x_{i2} - \bar{x}_2\,)^2$ 的值越大。由于此项位于公式（5.13）的分母中，因此该值越大，$\mathrm{var}\,(\,b_2\,)$ 越小。这个结果也很直观，观测值越多可以得出越精确的参数估计值。

3. 解释变量围绕其均值的变异（本例中以 $\sum(\,x_{i2} - \bar{x}_2\,)^2$ 表示）越大，将导致最小二乘估计量的方差越小。为了精确地估计 β_2，我们希望 x_{i2} 的变异程度大。从直觉上看，若 x_2 的变异或变动很小，则我们很难衡量该变动造成的影响。这种困难会反映在 b_2 具有很大的方差上。

4. x_2 和 x_3 之间的相关系数越大，会导致 b_2 的方差越大。需要注意的是，$1 - r_{23}^2$ 出现在公式（5.13）的分母中。因此，若 $|r_{23}|$ 的值接近 1，则意味着 $1 - r_{23}^2$ 的值会很小，反过来意味着 $\mathrm{var}\,(\,b_2\,)$ 会很大。存在这个事实的理由是，当未与其他变量的变动相联系时，x_{i2} 围绕其均值的变异程度对估计的精确度贡献最大。当某一个解释变量的变异与另一个解释变量的变异被联系起来时，要想分清它们各自的影响是很困难的。在第 6 章我们将讨论共线性，即解释变量彼此相关时的情况。共线性会导致最小二乘估计量的方差增大。

虽然我们讨论的是在 $K=3$ 情况下的模型，但是在更复杂的模型中这些因素以同样的方式影响最小二乘估计量的方差。

习惯上我们会用一个行列式或矩阵来整理最小二乘估计量的估计方差及协方差，方差位于对角线上，而协方差位于非对角线的位置，也称为**方差-协方差矩阵**或简称为**协方差矩阵**。当 $K=3$ 时，协方差矩阵中方差和协方差的位置如下：

$$\text{cov}(b_1,b_2,b_3) = \begin{bmatrix} \text{var}(b_1) & \text{cov}(b_1,b_2) & \text{cov}(b_1,b_3) \\ \text{cov}(b_1,b_2) & \text{var}(b_2) & \text{cov}(b_2,b_3) \\ \text{cov}(b_1,b_3) & \text{cov}(b_2,b_3) & \text{var}(b_3) \end{bmatrix}$$

在讨论该矩阵的估计之前，有必要区分以所观测到的解释变量为条件的协方差矩阵 $\text{cov}(b_1,b_2,b_3|\mathbf{X})$ 和由大多数数据生成的无条件协方差矩阵，使得 y 和 $\mathbf{X}$ 都是随机变量。假设 OLS 估计量是有条件和无条件无偏的，即 $E(b_k)=E(b_k|\mathbf{X})=\beta_k$，则无条件协方差矩阵表示为：

$$\text{cov}(b_1,b_2,b_3) = E_{\mathbf{X}}[\text{cov}(b_1,b_2,b_3|\mathbf{X})]$$

以 b_2 的方差作为矩阵的一个元素为例，我们得到：

$$\text{var}(b_2) = E_{\mathbf{X}}[\text{var}(b_2|\mathbf{X})] = \sigma^2 E_{\mathbf{X}}\left[\frac{1}{(1-r_{23}^2)\sum_{i=1}^{N}(x_{i2}-\bar{x}_2)^2}\right]$$

我们用同样的数量来估计 $\text{var}(b_2)$ 和 $\text{var}(b_2|\mathbf{X})$，即：

$$\widehat{\text{var}}(b_2) = \widehat{\text{var}}(b_2|\mathbf{X}) = \frac{\hat{\sigma}^2}{(1-r_{23}^2)\sum_{i=1}^{N}(x_{i2}-\bar{x}_2)^2}$$

这个量是 $\text{var}(b_2)$ 和 $\text{var}(b_2|\mathbf{X})$ 的无偏估计量。为了估计 $\text{var}(b_2|\mathbf{X})$，我们用等式（5.13）中的 $\hat{\sigma}^2$ 替换 σ^2。为了估计 $\text{var}(b_2)$，我们用 $\hat{\sigma}^2$ 替换 σ^2，用 $\left[(1-r_{23}^2)\sum_{i=1}^{N}(x_{i2}-\bar{x}_2)^2\right]^{-1}$ 替换未知的期望 $E_{\mathbf{X}}\left\{\left[(1-r_{23}^2)\sum_{i=1}^{N}(x_{i2}-\bar{x}_2)^2\right]^{-1}\right\}$。我们对协方差矩阵中的其他元素进行了类似的替换。

实例 5.5　汉堡连锁店的方差、协方差和标准误

利用估计值 $\hat{\sigma}^2=23.874$ 和计算机软件，我们可以得到大安迪汉堡店例子中 b_1、b_2 和 b_3 的估计方差和协方差：

$$\widehat{\text{cov}}(b_1,b_2,b_3) = \begin{bmatrix} 40.343 & -6.795 & -0.7484 \\ -6.795 & 1.201 & -0.0197 \\ -0.7484 & -0.0197 & 0.4668 \end{bmatrix}$$

因此，我们有：

$\widehat{\text{var}}(b_1)=40.343 \qquad \widehat{\text{cov}}(b_1,b_2)=-6.795$

$\widehat{\text{var}}(b_2)=1.201 \qquad \widehat{\text{cov}}(b_1,b_3)=-0.7484$

$\widehat{\text{var}}(b_3)=0.4668 \qquad \widehat{\text{cov}}(b_2,b_3)=-0.0197$

表 5-3 显示了计算机软件的输出是如何报告这些信息的。

表 5-3 系数估计值的协方差矩阵

	C	PRICE	ADVERT
C	40.3433	−6.7951	−0.7484
PRICE	−6.7951	1.2012	−0.0197
ADVERT	−0.7484	−0.0197	0.4668

b_1、b_2 和 b_3 的标准误与估计方差有特定的关系，它们等于相应的估计方差的平方根，即：

$$\mathrm{se}(b_1) = \sqrt{\widehat{\mathrm{var}(b_1)}} = \sqrt{40.343} = 6.3516$$

$$\mathrm{se}(b_2) = \sqrt{\widehat{\mathrm{var}(b_2)}} = \sqrt{1.201} = 1.0960$$

$$\mathrm{se}(b_3) = \sqrt{\widehat{\mathrm{var}(b_3)}} = \sqrt{0.4668} = 0.6832$$

我们再回过头看表 5-2，需要注意的是，以上提到的数值可以在标准误差一栏中找到。

如果我们能得到来自不同城市的 75 家汉堡店的更多数据，那么这些标准误可以被用来说明最小二乘估计值范围的一些情况。例如，b_2 的标准误约为 $\mathrm{se}(b_2) = 1.1$。我们知道，最小二乘估计量是无偏的，所以它的均值是 $E(b_2) = \beta_2$。如果 b_2 服从正态分布，根据统计理论，通过将最小二乘估计量应用于从其他样本得到的估计值 b_2 中，有 95% 的值会落在距均值 β_2 约 2 个标准差的范围内。在我们的例子中，$2 \times \mathrm{se}(b_2) = 2.2$，所以我们估计，95% 的 b_2 值会落在区间 $\beta_2 \pm 2.2$ 之内。就这一点来说，b_2 的估计方差或其相应的标准误可以告诉我们关于最小二乘估计值可靠性的一些信息。如果 b_2 和 β_2 之间的差异很大，那么 b_2 是不可信的；如果 b_2 和 β_2 之间的差异很小，那么 b_2 是可信的。差异是"大"还是"小"，将取决于问题的内容和估计值用于什么地方。在后面的章节里，当我们要用估计的方差和协方差来检验与参数有关的假设并建立区间估计值时，将再次考虑这个问题。

5.3.2 最小二乘估计量的分布

我们已得出，在第 5.1 节末尾列出的多元回归模型假设 MR1–MR5 下，最小二乘估计量 b_k 是下列模型中参数 β_k 的最优线性无偏估计量：

$$y_i = \beta_1 + \beta_2 x_{i2} + \beta_3 x_{i3} + \cdots + \beta_K x_{iK} + e_i$$

如果我们引入假设 MR6，即随机误差项 e_i 服从正态概率分布，条件依存于 X，被解释变量 y_i 也服从正态分布：

$$(y_i | \mathbf{X}) \sim N((\beta_1 + \beta_2 x_{i2} + \cdots + \beta_K x_{iK}), \sigma^2) \Leftrightarrow (e_i | \mathbf{X}) \sim N(0, \sigma^2)$$

对于给定的 X，最小二乘估计量是因变量的线性函数，意味着最小二乘估计量的条件分布服从正态分布：

$$(b_k | \mathbf{X}) \sim N(\beta_k, \mathrm{var}(b_k | \mathbf{X}))$$

也就是说，给定 $\mathbf{X}$，每个 b_k 都会服从均值为 β_k、方差为 $\mathrm{var}\,(b_k|\mathbf{X})$ 的正态分布。通过减去其均值并除以其方差的平方根，我们可以把正态随机变量 b_k 转变为均值为 0、方差为 1 的标准正态随机变量 Z。

$$Z = \frac{b_k - \beta_k}{\sqrt{\mathrm{var}\,(b_k|\mathbf{X})}} \sim N(0,1), \quad k = 1, 2, \cdots, K \qquad (5.14)$$

这个结果特别有用的是，Z 的分布不依赖于任何未知参数或 $\mathbf{X}$。虽然 b_k 的无条件分布几乎肯定不服从正态分布，但它取决于 e 和 $\mathbf{X}$ 的分布——我们可以使用标准正态分布来对 Z 作概率表述，不管解释变量是固定的还是随机的。如第 3 章所述，具有此特性的统计值**称为关键统计值**。

不过，还有一个问题。在用公式（5.14）构造 β_k 的区间估计值或检验假设值之前，我们需要用其估计量 $\hat{\sigma}^2$ 替换作为 $\mathrm{var}\,(b_k|\mathbf{X})$ 的组成部分的未知参数 σ^2。这样做会产生一个 t 随机变量，表示为：

$$t = \frac{b_k - \beta_k}{\sqrt{\widehat{\mathrm{var}\,(b_k|\mathbf{X})}}} = \frac{b_k - \beta_k}{se\,(b_k)} \sim t_{(N-K)} \qquad (5.15)$$

与公式（5.14）中的 Z 一样，该 t 统计量的分布不依赖于任何未知参数或 $\mathbf{X}$，它是公式（3.2）中结果的一般化。不同之处在于 t 随机变量的自由度。在第 3 章中，当有两个系数需要估计时，自由度的数量为（$N-2$）。在本章中，一般模型中存在 K 个未知系数，t 统计量的自由度为（$N-K$）。

系数线性组合　公式（5.15）中的结果扩展到第 3.6 节介绍的系数线性组合。假设我们对通常如下表示的系数线性组合的估计或假设检验感兴趣：

$$\lambda = c_1\beta_1 + c_2\beta_2 + \cdots + c_K\beta_K = \sum_{k=1}^{K} c_k\beta_k$$

那么，

$$t = \frac{\hat{\lambda} - \lambda}{se\,(\hat{\lambda})} = \frac{\sum c_k b_k - \sum c_k \beta_k}{se\,(\sum c_k b_k)} \sim t_{(N-K)} \qquad (5.16)$$

这个表达式有些复杂，主要是因为我们为了一般化而包含了所有的系数，并且手工计算包含超过两个系数的 $se\,(\sum c_k b_k)$ 会很烦琐。例如，如果 $K=3$，则：

$$se\,(c_1 b_1 + c_2 b_2 + c_3 b_3) = \sqrt{\widehat{\mathrm{var}\,(c_1 b_1 + c_2 b_2 + c_3 b_3|\mathbf{X})}}$$

其中，

$$\widehat{\mathrm{var}\,(c_1 b_1 + c_2 b_2 + c_3 b_3|\mathbf{X})} = c_1^2\,\widehat{\mathrm{var}\,(b_1|\mathbf{X})} + c_2^2\,\widehat{\mathrm{var}\,(b_2|\mathbf{X})} + c_3^2\,\widehat{\mathrm{var}\,(b_3|\mathbf{X})} +$$
$$2c_1 c_2\,\widehat{\mathrm{cov}\,(b_1, b_2|\mathbf{X})} + 2c_1 c_3\,\widehat{\mathrm{cov}\,(b_1, b_3|\mathbf{X})} + 2c_2 c_3\,\widehat{\mathrm{cov}\,(b_2, b_3|\mathbf{X})}$$

在许多情况下，一些 c_k 将是零，它可以大大简化表达式和计算量。如果其中一个 c_k 等于 1，其余均为零，那么公式（5.16）简化为公式（5.15）。

如果随机误差项不服从正态分布，会发生什么呢？最小二乘估计量将不服从正态分布，而且公式（5.14）、公式（5.15）和公式（5.16）不完全成立。但是在大样本中它们近似为真。因此，即使误差项不服从正态分布，我们仍然可以使用公式（5.15）和公式（5.16），但如果样本容量并不大时，我们必须谨慎使用。在第 4.3.5 节中，我们给出了正态分布误差的检验。误差项不服从正态分布的例子可以参见附录5C。

我们现在来讨论公式（5.15）和公式（5.16）的结果如何被用于区间估计和假设检验。方法与第3章说明的一样，只是自由度有所改变。

5.4 区间估计

5.4.1 单一系数的区间估计

假设我们要求出β_2的95%置信水平下的**区间估计**，其中β_2表示大安迪汉堡店销售收入对价格变化的反应。根据第3.1节所述的方法，注意我们有$N - K = 75 - 3 = 72$个自由度，第一步是要从$t_{(72)}$分布中求出一个值，称之为t_c，这样可得：

$$P\left(-t_c < t_{(72)} < t_c\right) = 0.95 \tag{5.17}$$

这里继续使用第3.1节介绍的标记，$t_c = t_{(0.9752, N-K)}$表示$t_{(N-K)}$分布的第97.5百分位数（t_c左侧的面积或概率为0.975），而$-t_c = t_{(0.025, N-K)}$表示$t_{(N-K)}$分布的第2.5百分位数（$-t_c$左侧的面积或概率为0.025）。查看t分布表，我们发现没有72个自由度的数值，但是可以根据70~80个自由度的数值使用内插法，很明显，精确到小数点后两位，$t_c = 1.99$。如果需要更高的精度，计算机软件可以帮助我们，得到$t_c = 1.993$。使用此值和公式（5.15）中第二个系数（$k=2$）的结果，我们可以重写公式（5.17）：

$$P\left(-1.993 \leqslant \frac{b_2 - \beta_2}{se(b_2)} \leqslant 1.993\right) = 0.95$$

整理这个表达式，我们可以得到：

$$P\left[b_2 - 1.993 \times se(b_2) \leqslant \beta_2 \leqslant b_2 + 1.993 \times se(b_2)\right] = 0.95$$

区间端点为：

$$\left[b_2 - 1.993 \times se(b_2), \ b_2 + 1.993 \times se(b_2)\right] \tag{5.18}$$

由此我们就定义了在95%的置信水平下β_2的区间估计量。如果此区间估计量被用于同一总体的许多组样本上，那么它们的95%将包含真实参数β_2。我们可以在任何数据被收集前，仅根据模型的假设来确立这个事实。因此在取样前，由于重复被使用时的表现，我们对**区间估计方法（估计量）**是有信心的。

实例5.6　汉堡连锁店方程系数的区间估计

基于特定的样本，通过把公式（5.18）中的b_2和$se(b_2)$替换为其估计值$b_2 = -7.908$和$se(b_2) = 1.096$，我们获得95%置信水平下β_2的区间估计值。因此，在95%的置信水平下，β_2的区间估计值表示如下[①]：

$$(-7.9079 - 1.9335 \times 1.096, \ 7.9079 + 1.9335 \times 1.096)$$

$$= (-10.093, -5.723)$$

这一区间估计值表示，降价1美元将导致收入增加5 723~10 093美元。或者，以更为实际的情况考虑价格的变动，那么价格降低10美分会导致收入增加572~1 009美元。基于这些信息以及制作和销售更多汉堡产生的成本，大安迪汉堡店可以决定是

---

① 读者可能会在这里和接下来的运算中偶尔看到我们使用更多的小数位，以与计算机输出的精确数字相符。

否进行降价。

对 β_3（销售收入对广告支出的反应）进行相似的运算过程，我们给出 95% 置信水平下的区间估计值为：

$$(1.8626 - 1.9935 \times 0.6832,\ 1.8626 + 1.9935 \times 0.6832) = (0.501, 3.225)$$

由此我们估计，广告支出增加 1 000 美元导致销售收入增加 501～3 225 美元。这是一个相对较宽的区间；这意味着额外的广告支出可能无利可图（收入增加小于 1 000 美元），或者会导致收入比广告支出成本增加 3 倍。换种方式表达，即点估计值 $b_3 = 1.8626$ 是不可信的，因为它的标准误（用来衡量样本变异性）相对太大了。

一般来说，如果区间估计值的范围太宽而不能传达有效的信息，那么没有什么即刻可做的事情。之所以参数 β_3 会出现很宽的区间，是因为最小二乘估计量 b_3 的估计样本变异很大。在区间估计值的计算中，大的样本变异被反映在大的标准误中。而较窄的区间只能通过降低估计量的方差得到。根据公式（5.13）中方差的表达式，一种解决方法是获得能够显示更多独立变异性的更多和更好的数据。大安迪汉堡店可以从其他城市收集数据并设定价格和广告支出组合的更宽范围。但是，这样做可能成本很高，因此需要评估一下获得的额外信息是否值得付出额外的成本。这个方法一般对于很少通过控制实验取得数据的经济学家来说并不可行。或者我们可以引入一些关于系数的非样本信息。我们将在第 6 章讨论如何在估计过程中同时使用样本信息和非样本信息的问题。

在一般情况下，我们不能简单地说一个区间太宽或不提供任何信息。这要取决于被调查问题的背景和信息是如何被使用的。

为了能够给出区间估计值的一般表达式，我们需要认识到临界值 t_c 取决于定义的区间估计值的置信水平和自由度。我们用 $1 - \alpha$ 表示置信水平。在置信水平为 95% 的区间估计值中，$\alpha = 0.05$，$1 - \alpha = 0.95$。自由度的个数是 $N - K$。在大安迪汉堡店的例子中，自由度为 75-3=72。t_c 是百分位数 $t_{(1 - \alpha/2, N - K)}$，它的特性是 $P\left[t_{(N - K)} \leqslant t_{(1 - \alpha/2, N - K)}\right] = 1 - \alpha / 2$。在置信水平为 95% 的区间估计中，$1 - \alpha/2 = 0.975$，这样表示是因为分布两侧的尾部各有 0.025 个单位。因此，$100(1 - \alpha)\%$ 置信区间的一般表达式为：

$$\left[b_k - t_{(1 - \alpha/2, N - K)} \times \mathrm{se}(b_k),\ b_k + t_{(1 - \alpha/2, N - K)} \times \mathrm{se}(b_k)\right]$$

5.4.2 系数线性组合的区间估计

公式（5.16）中的 t 统计量也可用于为各种参数的线性组合创建区间估计值。如果我们考虑解释变量特定设置的 $E(y|\mathbf{X})$ 值，或者同时改变两个或更多解释变量的效果，那么这种组合是有意义的。如果解释变量的影响取决于两个或多个参数（我们在第 5.6 节中探讨的许多非线性关系的特征），它们就变得特别相关。

实例 5.7 销售额变化的区间估计

大安迪汉堡店想在下周大幅增加销售额，计划增加广告支出 800 美元，降价 40 美分。如果变动前后的价格分别是 $PRICE_0$ 和 $PRICE_1$，广告支出的价格是 $ADVERT_1$ 和 $ADVERT_0$，那么根据安迪所提出的策略，预期销售额会变为：

$$\lambda = E\left(SALES_1 | PRICE_1, ADVERT_1\right)$$
$$-E\left(SALES_0 | PRICE_0, ADVERT_0\right)$$
$$= \left[\beta_1 + \beta_2 PRICE_1 + \beta_3 ADVERT_1\right]$$
$$-\left[\beta_1 + \beta_2 PRICE_0 + \beta_3 ADVERT_0\right]$$
$$= \left[\beta_1 + \beta_2\left(PRICE_0 - 0.4\right) + \beta_3\left(ADVERT_0 + 0.8\right)\right]$$
$$-\left[\beta_1 + \beta_2 PRICE_0 + \beta_3 ADVERT_0\right]$$
$$= -0.4\beta_2 + 0.8\beta_3$$

大安迪汉堡店使用了点估计和 λ 的 90% 置信水平下的区间估计值。

点估计值表示为：

$$\hat{\lambda} = -0.4b_2 + 0.8b_3 = -0.4 \times\left(-7.9079\right) + 0.8 \times 1.8626$$
$$= 4.6532$$

因此，根据大安迪汉堡店的策略，销售额预期增加的估计值为 4 653 美元。

根据公式（5.16），我们可以推导 $\lambda = -0.4\beta_2 + 0.8\beta_3$ 的 90% 置信水平下的区间估计值为：

$$\left[\hat{\lambda} - t_c \times se\left(\hat{\lambda}\right), \hat{\lambda} + t_c \times se\left(\hat{\lambda}\right)\right]$$
$$= \left[\left(-0.4b_2 + 0.8b_3\right) - t_c \times se\left(-0.4b_2 + 0.8b_3\right),\right.$$
$$\left.\left(-0.4b_2 + 0.8b_3\right) + t_c \times se\left(-0.4b_2 + 0.8b_3\right)\right]$$

其中，$t_c = t_{(0.95,72)} = 1.666$。我们利用表 5-3 中的系数估计值的协方差矩阵以及方程（3.8）中两个随机变量线性函数方差的结果，可以计算出标准误 $se\left(-0.4b_2 + 0.8b_3\right)$：

$$se\left(-0.4b_2 + 0.8b_3\right)$$
$$= \sqrt{\widehat{var}\left(-0.4b_2 + 0.8b_3 | \mathbf{X}\right)}$$
$$= \left[\left(-0.4\right)^2 \widehat{var}\left(b_2 | \mathbf{X}\right) + \left(0.8\right)^2 \widehat{var}\left(b_3 | \mathbf{X}\right)\right.$$
$$\left.-2 \times 0.4 \times 0.8 \times \widehat{cov}\left(b_2, b_3 | \mathbf{X}\right)\right]^{1/2}$$
$$= \left[0.16 \times 1.2012 + 0.64 \times 0.4668 - 0.64 \times\left(-0.0197\right)\right]^{1/2}$$
$$= 0.7096$$

因此，置信水平为 90% 的区间估计值为：

$$\left(4.6532 - 1.666 \times 0.7096, 4.6532 + 1.666 \times 0.7096\right) = \left(3.471, 5.835\right)$$

我们估计，根据大安迪汉堡店的策略，在 90% 的置信水平下，销售额的预期增加在 3 471~5 835 美元之间。

5.5 假设检验

除了可以用于区间估计外，公式（5.15）中的 t 分布结果还可以为个体系数的假设检验提供基础。正如我们在第 3 章发现的，$H_0: \beta_2 = c$ 和 $H_1: \beta_2 \neq c$（其中 c 为特定的常数）形式的假设检验被称为双尾检验。有不等式的假设检验，例如 $H_0: \beta_2 \leqslant c$ 和 $H_1: \beta_2 > c$，被称为单尾检验。在本节中，我们要讨论每种假设检验的一些例子。对于双尾检验，我们要检验个体系数的显著性；对于单尾检验，我们要讨论一些具有经济意义的假设。利用公式（5.16）的结果，单尾检验和双尾检验也可以用于系数线性组合的假设检验。相关的例子会在介绍单个系数的假设检验之后给出。学习第3.4节时，我们已经给出了假设检验的具体步骤。为了加强记忆，这里再次列出：

假设检验的详细步骤：

1. 确定原假设和备择假设。

2. 如果原假设为真，则设定检验统计量及其分布。

3. 选择α并确定拒绝域。

4. 计算检验统计量的样本值，并且如果需要，计算p值。

5. 陈述结论。

在第3章，当介绍这些步骤时，我们并没有介绍p值。知道p值（参见第3.5节）意味着进行假设检验步骤3~5时，既可以用检验统计量和其数值的形式，也可以用p值的形式。

5.5.1 检验单个系数的显著性

我们之所以建立一个多元回归模型，是因为我们相信解释变量会影响被解释变量y。如果我们要证实这个想法，那么我们需要检验这一想法是否能被数据支持。也就是说，我们要问的是，数据是否提供了证明y和每个解释变量都有关的证据。如果某个给定的解释变量x_k与y无关，则$\beta_k = 0$。对这个原假设的检验有时被称为对解释变量x_k的"显著性检验"。因此，为了找到数据中是否包含可以证明y与x_k有关的证据，我们检验原假设：

$H_0: \beta_k = 0$

相应的备择假设为：

$H_1: \beta_k \neq 0$

为了进行这个检验，我们利用公式（5.15）中的统计量，若原假设为真，则：

$$t = \frac{b_k}{\mathrm{se}(b_k)} \sim t_{(N-K)}$$

对于"不等于"的备择假设，我们使用第3.3.3节介绍的双尾检验方法。若计算出来的t值大于或等于t_c（t分布右边的临界值），或小于或等于$-y$（t分布左边的临界值），则我们拒绝H_0。显著性水平为α时，进行假设检验，$t_c = t_{(1-\alpha/2, N-K)}$且$-t_c = t_{(\alpha/2, N-K)}$。还可以用$p$值的形式来判断接受和拒绝假设，如果$p \leq \alpha$，我们拒绝原假设$H_0$；如果$p > \alpha$，则不能拒绝原假设$H_0$。

实例5.8 检验价格的显著性

在大安迪汉堡店的例子中，我们按照标准的检验步骤来检验收入是否与价格有关。

1. 原假设和备择假设分别是$H_0: \beta_2 = 0$和$H_1: \beta_2 \neq 0$。

2. 如果原假设为真，那么检验统计量为$t = b_2/\mathrm{se}(b_2) \sim t_{(N-K)}$。

3. 利用5%的显著性水平（$\alpha = 0.05$），注意自由度为72，导致在分布两侧尾端的概率各为0.025的临界值分别为$t_{(0.975, 72)} = 1.993$和$t_{(0.025, 72)} = -1.993$。因此，如果在第二步计算中的t值为$t \geq 1.993$或$t \leq -1.993$，那么我们拒绝原假设。如果$-1.993 < t < 1.993$，那么我们不拒绝原假设H_0。使用p值形式表述接受–拒绝原假设的规则：如果$p \leq 0.05$，则拒绝原假设H_0；如果$p > 0.05$，则不拒绝原假设H_0。

4. 计算出来的 t 统计值为：

$$t = \frac{-7.908}{1.096} = -7.215$$

在本例中，通过计算机软件，案例中的 p 值可以计算成：

$$P(t_{(72)} > 7.215) + P(t_{(72)} < -7.215) = 2 \times (2.2 \times 10^{-10}) = 0.000$$

将结果精确到小数点后三位，得到 p 值=0.000。

5. 因为 $-7.215 < -1.993$，所以拒绝原假设 $H_0 : \beta_2 = 0$，并得出数据中有证据表明销售收入由价格决定的结论。利用 p 值进行检验，因为 $0.000 < 0.05$，所以我们拒绝原假设 H_0。

实例5.9 检验广告支出的显著性

为了检验销售收入是否与广告支出相关，我们有下列步骤：

1. 原假设和备择假设分别为 $H_0 : \beta_3 = 0$ 和 $H_1 : \beta_3 \neq 0$。

2. 如果原假设为真，那么检验统计量为 $t = b_3 / \text{se}(b_3) \sim t_{(N-K)}$。

3. 在5%的显著性水平下，如果 $t \geq 1.993$ 或 $t \leq 1.993$，那么我们拒绝原假设。如果用 p 值的形式表示，若 $p \leq 0.05$ 则拒绝原假设 H_0，否则我们不拒绝原假设 H_0。

4. 检验统计值为：

$$t = \frac{1.8626}{0.6832} = 2.726$$

p 值表示为：

$$p(t_{(72)} > 2.726) + p(t_{(72)} < -2.726) = 2 \times 0.004 = 0.008$$

5. 因为 $2.726 > 1.993$，所以我们拒绝 H_0，数据中有证据表明销售收入和广告支出有关。用 p 值可以获得同样的检验结果。在本例中，因为 $0.008 < 0.05$，所以拒绝原假设 H_0。

需要注意的是，表5-2中在列出初始的最小二乘估计值及其标准差的同时还列出了 t 值-7.215（实例5.8）和2.726及其相应的 p 值0.000和0.008。计算机软件通常都可以进行这种假设检验，得出的结果类似于表5-2，可以直接从计算机的输出结果中读出。

当我们拒绝 $H_0 : \beta_k = 0$ 这种形式的假设时，我们可以说估计值 b_k 是显著的。系数估计值的显著性是理想的，它证实了最初的先验信念，即一个特定的解释变量是要包括在模型中的相关变量。然而，我们不能绝对确定 $\beta_k \neq 0$。我们仍然有可能拒绝一个真实的原假设。此外，如在第3.4节中提到的，统计显著性不应该与经济重要性相混淆。如果销售收入受广告支出影响的估计变化量为 $b_3 = 0.01$ 且其标准误差为 $\text{se}(b_3) = 0.005$，那么我们可以得出 b_3 显著异于0的结论；但是，由于该估计值 b_3 表示的是广告支出增加1 000美元时总收入只增加10美元，所以不能得出广告很重要的结论。我们也应该谨慎地看待统计上的显著性就一定意味着估计很精确这一结论。广告支出的系数 $b_3 = 1.8626$ 被发现显著异于0，但我们也得出结论，即相应的95%置信水平下的区间估计值（0.501，3.224）范围太宽了，传达的信息十分有限。换句话说，我们未能得到 β_3 的精确估计值。

5.5.2 单个系数的单尾假设检验

在第5.1节中我们提到过大安迪汉堡店的管理部门有两个重要的考虑：需求对价格是

富有弹性还是缺乏弹性，以及因额外的广告支出产生的额外销售收入能否抵消广告的成本。现在，我们把这些问题表述为可以检验的假设，并且考察这些假设与数据结果是否吻合。

实例5.10 弹性需求的检验

对于需求弹性，我们想知道是否存在以下情况：

- $\beta_2 \geqslant 0$：价格的下降导致销售收入的变化为零或为负（需求对价格缺乏弹性或有单位弹性）

- $\beta_2 < 0$：价格的下降导致销售收入的增加（需求对价格富有弹性）

快餐行业的竞争非常激烈，大安迪汉堡店的汉堡有许多替代品。我们预测其为弹性需求，并把这个猜想作为备择假设。按照我们标准的检验步骤，我们首先陈述原假设及备择假设：

1. $H_0: \beta_2 \geqslant 0$（需求有单位弹性或缺乏弹性）。

$H_1: \beta_2 < 0$（需求富有弹性）。

2. 为了创建检验统计量，我们将原假设看成等式 $\beta_2 = 0$。这么做是有效的，因为如果我们拒绝了 $\beta_2 = 0$ 的原假设 H_0，那么我们也拒绝了 $\beta_2 > 0$。所以假设原假设 H_0 为真，根据公式（5.15），检验统计量为 $t = b_2 / \text{se}(b_2) \sim t_{(N-K)}$。

3. 如果原假设为真，那么拒绝域由 t 分布的值组成，如果原假设为真，这些值不太可能发生。如果我们用5%的显著水平定义"不太可能"，那么 t 的不可能值会小于临界值 $t_{(0.05,72)} = -1.666$。因此，当 $t \leqslant -1.666$ 或者 $p \leqslant 0.05$ 时，我们拒绝原假设 H_0。

4. t 统计值为：

$$t = \frac{b_2}{\text{se}(b_2)} = \frac{-7.908}{1.096} = -7.215$$

相应的 p 值为 $P(t_{(72)} < -7.215) = 0.000$。

5. 因为 $-7.215 < -1.666$，所以我们拒绝原假设 $H_0: \beta_2 \geqslant 0$，并得出 $H_1: \beta_2 < 0$（需求富有弹性）与数据结果吻合的结论。样本的证据支持了价格下降会带来销售收入增加的看法。因为 $0.000 < 0.05$，所以用 p 值可以得到同样的结论。

我们要注意该检验与第5.5.1节中执行的双尾显著性检验的异同。虽然计算出的 t 值是相同的，但临界 t 值却是不同的。不仅是它们的值不同，双尾检验还有两个临界值，分别在概率分布的两侧。而单尾检验只有一个临界值，在概率分布的一侧。此外，从单尾检验得到的 p 值通常是双尾检验值的一半。但从上例中很难看出这一事实，因为两者的 p 值基本上都为零。

实例5.11 检验广告支出的效果

我们关心的另一个假设是：广告支出的增加是否会带来（足以抵消广告成本）销售收入的增加。我们需要证明我们投入的广告是有利可图的。如果不是，我们可能会更换广告公司。因为若 $\beta_3 > 1$，投入广告有利可图，所以我们设定如下假设：

1. $H_0: \beta_3 \leqslant 1$ 和 $H_1: \beta_3 > 1$。

2. 我们把原假设看成 $H_0: \beta_3 = 1$。当原假设 H_0 为真时，检验统计量服从 t 分布，根据公式（5.15），我们有：

$$t = \frac{b_3 - 1}{\mathrm{se}(b_3)} \sim t_{(N-K)}$$

3.我们选择显著水平 $\alpha = 0.05$，那么相应的临界值为 $t_{(0.95, 72)} = 1.666$。如果 $t \geq 1.666$ 或者如果 $p \leq 0.05$，则拒绝原假设。

4.检验统计值为：

$$t = \frac{b_3 - \beta_3}{\mathrm{se}(b_3)} = \frac{1.8626 - 1}{0.6832} = 1.263$$

检验的 p 值为 $P(t_{(72)} > 1.263) = 0.105$。

5.因为 $1.263 < 1.666$，所以我们不能拒绝 H_0，即样本中没有充足的证据得出广告将具有成本效益的结论。用 p 值来检验的话，因为 $0.105 > 0.05$，我们可以同样得到不能拒绝 H_0 的结论。考虑检验结果的另一种方法：因为估计值 $b_3 = 1.8626$，大于 1，因此估计值本身表明广告支出是有效的。但是，当用标准误差来考虑估计的精确性时，我们发现 $b_3 = 1.8626$ 不是显著地大于 1。在以上假设检验的框架中，我们没有足够的确定性得出 $\beta_3 > 1$ 这一结论。

5.5.3 系数线性组合的假设检验

我们通常对检验关于系数线性组合的假设感兴趣。解释变量的特定设置是否会导致因变量的平均值高于某个阈值？两个或两个以上解释变量值的变化是否会导致平均因变量变化超过预定目标？公式（5.16）中的 t 统计量可以用来回答这些问题。

实例5.12 检验价格和广告支出变化的效果

大安迪汉堡店的营销顾问声称，比起增加 500 美元的广告支出，降价 20 美分会更有效地增加销售收入。换句话说，她声称 $-0.2\beta_2 > 0.5\beta_3$。除非能够利用过去的数据验证，否则安迪（大安迪汉堡店的老板）不愿接受这一建议。她知道价格下降会导致预期销售变化的估计值为 $-0.2b_2 = -0.2 \times (-7.9079) = 1.5816$，增加额外的广告支出会导致预期销售变化的估计值为 $0.5b_3 = 0.5 \times 1.8626 = 0.9319$，所以营销顾问的说法似乎正确的。不过，安迪想证实 1.5816 与 0.9319 的差异是否归因于样本误差，或者是否能够证明在 5% 的显著性水平下 $-0.2\beta_2 > 0.5\beta_3$。这构成一个关于系数线性组合的检验。因为 $-0.2\beta_2 > 0.5\beta_3$ 可以被表示为 $-0.2\beta_2 - 0.5\beta_3 > 0$，所以我们要检验关于线性组合 $-0.2\beta_2 - 0.5\beta_3$ 的假设。按照假设检验的步骤，我们可以得到：

1. $H_0: -0.2\beta_2 - 0.5\beta_3 \leq 0$ （营销顾问的看法是错误的）

   $H_1: -0.2\beta_2 - 0.5\beta_3 > 0$ （营销顾问的看法是正确的）

2.利用公式（5.16），$c_2 = -0.2$，$c_3 = -0.5$，其他所有的 c_k 都为 0，并且假设 H_0 中的等式成立（$-0.2\beta_2 - 0.5\beta_3 = 0$），当 H_0 为真时，检验统计量及其分布为：

$$t = \frac{-0.2b_2 - 0.5b_3}{\mathrm{se}(-0.2b_2 - 0.5b_3)} \sim t_{(72)}$$

3.在 5% 的显著性水平下，单尾检验的临界值为 $t_{(0.95, 72)} = 1.666$。如果 $t \geq 1.666$ 或 $p \leq 0.05$，则我们拒绝原假设 H_0。

4.为了得到检验统计量的值，我们首先要计算：

$$se(-0.2b_2 - 0.5b_3)$$

$$= \sqrt{\widehat{var}(-0.2b_2 - 0.5b_3|\mathbf{X})}$$

$$= [(-0.2)^2 \widehat{var}(b_2|\mathbf{X}) + (-0.5)^2 \widehat{var}(b_3|\mathbf{X}) +$$

$$\quad 2 \times (-0.2) \times (-0.5) \times \widehat{cov}(b_2, b_3|\mathbf{X})]^{1/2}$$

$$= [0.04 \times 1.2012 + 0.25 \times 0.4668 + 0.2 \times (-0.0197)]^{1/2}$$

$$= 0.4010$$

所以检验统计量的值为：

$$t = \frac{-0.2b_2 - 0.5b_3}{se(-0.2b_2 - 0.5b_3)} = \frac{1.58158 - 0.9319}{0.4010} = 1.622$$

相应的 p 值为 $P(t_{(72)} > 1.622) = 0.055$。

5.因为 1.622<1.666，所以我们不能拒绝原假设 H_0。在 5% 的显著性水平下，没有足够的证据支持营销顾问的观点。我们也可以用 p 值来检验，因为 0.055>0.05，所以我们得出同样的结论。

5.6 非线性关系

到目前为止，我们已经研究了多元回归模型的形式：

$$y = \beta_1 + \beta_2 x_2 + \cdots + \beta_K x_K + e \tag{5.19}$$

这是变量 x 及其系数 β 以及 e 的线性函数。但是，公式（5.19）的形式要比最先表示的形式更灵活。虽然多元回归模型的假设需要我们保持 β 的线性特性，但是可以通过将 x 和/或 y 定义为原始变量的转换形式来设定许多不同的变量非线性函数。我们已经在介绍简单线性回归模型的过程中遇到这种转换的一些例子。在第 2 章中，我们估计了二次模型 $y = \alpha_1 + \alpha_2 x^2 + e$ 和线性对数模型 $\ln(y) = \gamma_1 + \gamma_2 x + e$。在第 4 章中，我们详细分析了这些模型和其他简单非线性回归模型——线性-对数模型、双对数模型和立方模型。同类型的变量转换和这些系数的解释也适用于多元回归模型。在本节中，我们将特别关注多项式方程，如二次方程 $y = \beta_1 + \beta_2 x + \beta_3 x^2 + e$ 或三次方程 $y = \alpha_1 + \alpha_2 x + \alpha_3 x^2 + \alpha_4 x^3 + e$。当我们将这些模型作为简单回归模型的例子学习时，等式右边只有一个变量，如 $y = \beta_1 + \beta_3 x^2 + e$ 或 $y = \alpha_1 + \alpha_4 x^3 + e$，现在在多元回归模型的框架中进行研究，我们可以考虑所有形式的无约束多项式。另一个概括是，包括"向量"或"交互"项会产生如 $y = \gamma_1 + \gamma_2 x_2 + \gamma_3 x_3 + \gamma_4 x_2 x_3 + e$ 所示的模型。在本节中，我们将探讨几个有许多选项可用于建模的非线性关系。我们从经济学中多项式函数的一些例子开始。多项式是一个种类丰富的函数，可以简明扼要地描述含有一个或多个波峰和波谷的曲线关系。

实例 5.13 成本和生产曲线

在微观经济学中，我们研究过描述一个公司的"成本"和"产出"的曲线。总成本和总产出曲线相互对照，为标准的"三次方"形状，如图 5-2 所示。平均成本和边际成本曲线与平均产出和边际产出曲线（呈二次方形状）通常如图 5-3 所示。

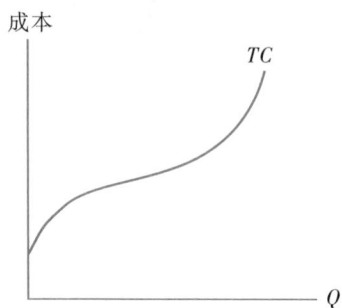

图5-2（a） 总成本曲线   图5-2（b） 总产出曲线

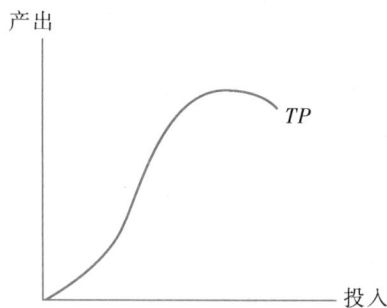

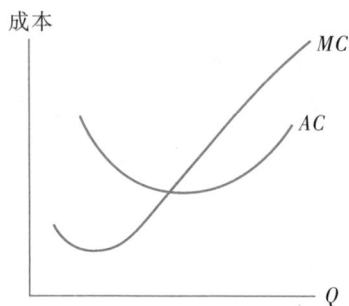

图5-3（a） 平均成本和边际成本曲线   图5-3（b） 平均产出和边际产出曲线

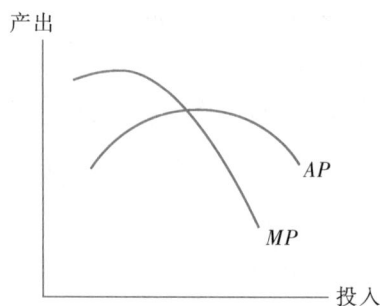

这些关系的斜率不是固定的，且不能用"线型变量"的回归模型表示。然而，这些图形却可以用多项式简单地表示出来。例如，如果我们考虑图5-3（a）中的平均成本关系，那么适合的回归模型为：

$$AC = \beta_1 + \beta_2 Q + \beta_3 Q^2 + e \tag{5.20}$$

描述平均成本曲线的二次方程式呈"U"形。对于图5-2（a）中的总成本曲线，可以使用三次方多项式：

$$TC = \alpha_1 + \alpha_2 Q + \alpha_3 Q^2 + \alpha_4 Q^3 + e \tag{5.21}$$

用来描述非线性图形的这些函数形式仍然可以使用我们学过的最小二乘法进行估计。变量 Q^2 和 Q^3 在处理上和其他解释变量没有什么不同。

非线性关系模型的区别在于参数的解释，而不是它们的斜率。为了研究斜率和如何能解释参数，我们需要做一些运算。对于一般的多项式函数：

$$y = a_0 + a_1 x + a_2 x^2 + a_3 x^3 + \cdots + a_p x^p$$

曲线的斜率或其导数为：

$$\frac{dy}{dx} = a_1 + 2a_2 x + 3a_3 x^2 + \cdots + pa_p x^{p-1} \tag{5.22}$$

斜率的变动取决于 x 值。在一个特定的值 $x = x_0$ 处，斜率为：

$$\frac{dy}{dx}\Big|_{x=x_0} = a_1 + 2a_2 x_0 + 3a_3 x_0^2 + \cdots + pa_p x_0^{p-1}$$

更多的导数运算法则可以参见附录 A.3.1。

使用公式（5.22）中的一般规则，得到平均成本曲线（5.20）的斜率为：

$$\frac{dE(AC)}{dQ} = \beta_2 + 2\beta_3 Q$$

对于每个 Q 值，平均成本曲线的斜率发生变化，取决于参数 β_2 和 β_3。对于 U 形曲线，我们预期 $\beta_2 < 0$ 和 $\beta_3 > 0$。

总成本曲线（5.21）的斜率就是边际成本，即：

$$\frac{dE(TC)}{dQ} = \alpha_2 + 2\alpha_3 Q + 3\alpha_4 Q^2$$

斜率是 Q 的二次方程，包括参数 α_2、α_3 和 α_4。对于 U 形边际成本曲线，我们预期参数的符号分别为 $\alpha_2 > 0$，$\alpha_3 < 0$ 和 $\alpha_4 > 0$。

使用多项式项是可以获取变量间非线性关系的一种简单且灵活的方法。正如我们已经说明的，我们解释包含多项式项的模型的参数时要十分谨慎。包含多项式项不会使最小二乘估计变得复杂——只有一个例外。有时确实会出现这样的问题，即把某个变量和其平方项或是三次方项同时包括在同一个模型中会导致共线性的问题（参见第 6.4 节）。

实例 5.14　扩展汉堡店销售模型

汉堡店销售模型为 $SALES = \beta_1 + \beta_2 PRICE + \beta_3 ADVERT + e$，这里值得质疑的是销售收入、价格和广告支出之间的线性关系是否接近现实。建立线性模型意味着增加广告支出会导致销售收入以同样的速率增长。这里不考虑销售收入与广告支出的现有水平，即用来衡量 $ADVERT$ 对期望销售收入 $E(SALES|PRICE, ADVERT)$ 的反应的系数 β_3 是恒定不变的，且不取决于 $ADVERT$ 的现有水平。现实中，当广告支出的水平增长时，我们会预期收益是递减的。为了说明什么是收益递减，考虑如图 5-4 所示的收入和广告支出（假设价格固定）之间的关系。该图显示了当广告支出的初始水平分别为（a）600 美元和（b）1 600 美元时，200 美元的广告支出增加对销售收入的影响。需要注意的是，图中的单位是千美元，所以显示在图中的值为 0.6 和 1.6。当广告支出水平更低时，销售收入从 72 400 美元增加到 74 000 美元；而当广告支出的水平更高时，销售收入的增加量会减少，从 78 500 美元增加到 79 000 美元。而在斜率 β_3 固定的线性模型中不会出现收益递减的情况。

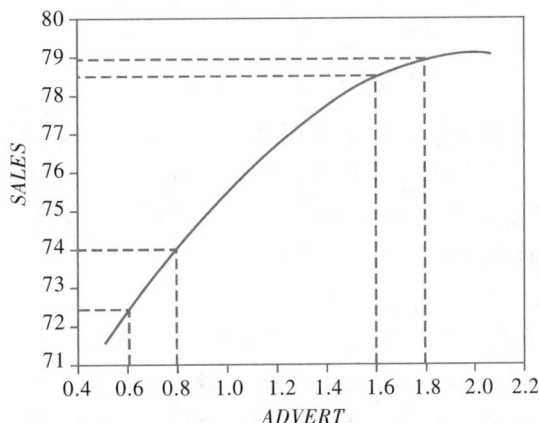

图 5-4　随广告支出增加，销售收入呈收益递减的模型

现在需要的是一个斜率可以随着 $ADVERT$ 广告支出水平增加而变化的模型。可以通过把广告支出的平方值作为另一个解释变量包括在模型中，得到具有这个特点的一个模型：

$$SALES = \beta_1 + \beta_2 PRICE + \beta_3 ADVERT + \beta_4 ADVERT^2 + e \tag{5.23}$$

将 $\beta_4 ADVERT^2$ 项加入到我们的原始方程式中得到新的模型，它表示因广告支出的变动引起的预期销售收入的变化取决于广告支出的水平。具体来说，应用公式（5.22）中的多项式求导规则，保持 $PRICE$ 固定不变，受广告支出 $ADVERT$ 影响，期望销售收入 $E(SALES|PRICE, ADVERT)$ 的变化为：

$$\left. \frac{\Delta E(SALES|PRICE, ADVERT|)}{\Delta ADVERT} \right|_{PRICE保持不变} = \frac{\partial E(SALES|PRICE, ADVERT)}{\partial ADVERT} = \beta_3 + 2\beta_4 ADVERT \tag{5.24}$$

这里我们用偏导数符号"∂"代替公式（5.22）中的导数符号"d"，因为销售收入 $SALES$ 取决于 $PRICE$ 和 $ADVERT$ 两个变量，且 $PRICE$ 保持不变。有关偏导数的进一步详细内容请参见附录 A.3.5。

我们将公式（5.24）中的 $\partial E(SALES|PRICE, ADVERT)/\partial ADVERT$ 看作广告支出对销售收入的边际效应。在线性函数中，斜率或边际效应是恒定的。在非线性函数中，它会随着一个或多个变量而变化。为了求出 β_3 和 β_4 的预期符号，我们需要注意的是，当 $ADVERT=0$ 时，我们预期销售收入对广告支出变化的反应是正的。也就是说，我们预期 $\beta_3 > 0$。此外，随着广告支出 $ADVERT$ 的增加，销售收入必然下降，从而收益递减，即我们预期 $\beta_4 < 0$。

利用最小二乘法来估计公式（5.23），得到：

$$\widehat{SALES} = 109.72 - 7.640 PRICE + 12.151 ADVERT$$
$$(se) \quad (6.80) \quad (1.046) \quad (3.556)$$
$$-2.768 ADVERT^2$$
$$(0.941) \tag{5.25}$$

添加 $ADVERT^2$ 到方程中意味着什么呢？它的系数应有其预期的负的符号，在 5% 的显著性水平下显著异于零，而且广告支出 $ADVERT$ 的系数保持其正的符号和显著性。广告支出对销售收入影响的估计值为：

$$\frac{\partial \widehat{SALES}}{\partial ADVERT} = 12.151 - 5.536 ADVERT$$

将广告支出的最小值 500 美元（$ADVERT=0.5$）代入上述表达式时，我们得到广告支出对销售收入的边际效应是 9.383。当广告支出取 2 000 美元（$ADVERT=2$）时，边际效应是 1.079。因此，考虑广告支出的收益递减效应，我们的模型在统计上和符合我们对广告支出变化影响销售收入的预期方面都有所改进。

实例 5.15　工资方程中的交互变量

在最后的实例中，我们看到了在 $SALES$ 回归模型中加入 $ADVERT^2$，$SALES$ 的边际效应取决于 $ADVERT$ 的支出水平。如果一个变量的边际效应取决于另一个变量的水平，我们如何建模呢？为了说明这一点，请考虑 $WAGE$（每小时收入美元）与 $EDUC$（受教育年限）和 $EXPER$（经验年限）之间的工资方程：

$$WAGE = \beta_1 + \beta_2 EDUC + \beta_3 EXPER$$
$$+ \beta_4 (EDUC \times EXPER) + e \qquad (5.26)$$

在这里，我们表明，多一年经验对工资的影响可能取决于工人的受教育水平；同样，多受一年教育的效果可能取决于经验年限。

具体来讲，

$$\frac{\partial E(WAGE|EDUC, EXPER)}{\partial EXPER} = \beta_3 + \beta_4 EDUC$$

$$\frac{\partial E(WAGE|EDUC, EXPER)}{\partial EDUC} = \beta_2 + \beta_4 EXPER$$

利用当代人口调查数据（$cps5\_small$）估计公式（5.26），我们得到：

$$\widehat{WAGE} = -18.759 + 2.6557 EDUC + 0.2384 EXPER$$
$$(se) \quad (4.162) \quad (0.2833) \quad (0.1335)$$
$$-0.002747 (EDUC \times EXPER)$$
$$(0.009400)$$

负的估计值 $b_4 = -0.002747$ 表明，受教育年限越长，多一年经验的价值就越低。同样，经验年限越长，多受一年教育的价值就越低。对于一个受过 8 年教育的人，我们估计多一年的工作经验会导致平均工资增加 0.22 美元（$0.2384 - 0.002747 \times 8$），而对于一个受过 16 年教育的人，多受一年教育大约增加 0.19 美元（$0.2384 - 0.002747 \times 16$）。对于没有经验的人来说，多受一年教育所带来的额外平均工资是 2.66 美元。对于有 20 年经验的人来说，多受一年教育的价值下降到 2.60 美元（$2.6557 - 0.002747 \times 20$）。两者的差距并不大。或许没有交互作用的影响——其估计系数与零没有显著差异——我们可以改进模型的设定。

实例 5.16　对数二次工资方程

在公式（5.26）中，我们使用 $WAGE$ 作为因变量，而我们在研究实例 4.10 中的工资公式时，把 $\ln(WAGE)$ 作为因变量。劳动经济学家倾向于选择 $\ln(WAGE)$，认为受教育年限或经验的不同更有可能导致工资的恒定百分比变化，而不是恒定的绝对数变化。此外，工资分布通常会严重向右倾斜。取对数得到的分布形状更像是正态分布。

在下面的例子中，我们对公式（5.26）中的模型进行了两个变形。我们将 $WAGE$ 替换为 $\ln(WAGE)$，并添加变量 $EXPER^2$。添加 $EXPER^2$ 的目的是捕获额外经验年限的递减收益。对于一个有多年经验的老手来说，多一年经验可能比一个经验有限或没有经验的新手价值更少。因此，我们设定如下模型：

$$\ln(WAGE) = \beta_1 + \beta_2 EDUC + \beta_3 EXPER + \beta_4 (EDUC \times EXPER) + \beta_5 EXPER^2 + e \qquad (5.27)$$

在这两个边际效应中，当乘以 100 时，分别给出了额外增加的经验和教育年限导致的工资大致百分比变化：

$$\frac{\partial E[\ln(WAGE)|EDUC, EXPER]}{\partial EXPER} = \beta_3 + \beta_4 EDUC + 2\beta_5 EXPER \qquad (5.28)$$

$$\frac{\partial E[\ln(WAGE)|EDUC, EXPER]}{\partial EDUC} = \beta_2 + \beta_4 EXPER \qquad (5.29)$$

公式中既有交互项又有 $EXPER$ 的平方项，意味着经验的边际效应将取决于受教育年限和经验年限。利用 cps5_small 中的数据，估算公式（5.27），得到：

$$\ln(\widehat{WAGE}) = 0.6792 + 0.1359EDUC + 0.04890EXPER$$

$$(se) \qquad (0.1561) \quad (0.0101) \qquad (0.00684)$$

$$-0.001268(EDUC \times EXPER)$$

$$(0.000342)$$

$$-0.0004741EXPER^2$$

$$(0.0000760)$$

在这种情况下，所有估计值均显著异于零。表5-4给出根据公式（5.28）和公式（5.29）计算得出的额外增加的经验年限和受教育年限导致的工资变动百分比（利用 $EDUC$ =8和 $EDUC$ =16，$EXPER$ =0和 $EXPER$ =20）。正如预期的那样，对于一个受过8年教育但没有经验的人来说，多一年经验的价值最大；而对于一个受过16年教育和有20年经验的人来说，多一年经验的价值最小。我们估计，与没有经验的人相比，有20年经验的人多受一年教育的价值要低2.53个百分点（13.59-11.06）。

表 5-4 工资变动百分比

		%ΔWAGE/ΔEXPER		%ΔWAGE/ΔEDUC
		受教育年限		
		8	16	
经验年限	0	3.88	2.86	13.59
	20	1.98	0.96	11.06

5.7 最小二乘估计量的大样本特性

能够使用OLS估计量或者实际上任何其他估计量的有限样本特性来推断总体参数是很好的。[1]如果我们的假设是正确的，我们可以确信无论样本容量大小如何，我们的结论是基于精确的方法。然而，到目前为止，我们考虑的假设对于许多数据集来说可能过于严格。为了适应较少的限制性假设，以及对参数的一般函数进行推断，我们需要检查样本容量接近无穷大时估计量的特性。样本容量接近无穷大时的特性为大样本的特性提供了很好的指导。它们总是一个近似值，但它是随着样本容量的扩大而增大的近似值。大样本近似特性被称为**渐近特性**。学生们总是爱问而老师们回避的一个问题："样本必须有多大？"因为答案取决于模型、估计量和感兴趣的参数的函数，所以老师们总是闪烁其词。有时 N =30就足够了；有时 N =1 000或更大可能是必要的。在附录5C的蒙特卡罗实验中给出了一些例子。在附录5D中，我们解释了如何使用自助法来检查样本容量是否足够大以保持渐近特性。

在这一节中，我们介绍一些大样本（渐近）特性，然后讨论一些必要的情况。

5.7.1 一致性

在选择计量经济估计值时，我们的目标是获得一个接近真实但具有高概率的未知参数的估计值。考虑简单线性回归模型 $y_i = \beta_1 + \beta_2 x_i + e_i$, $i = 1, \cdots, N$。假设出于决策的目的，

---

① 本节包含前沿材料。

我们认为获得真实值 "ε" 范围内 β_2 的估计值是令人满意的。获得 "接近" β_2 的估计值的概率为：

$$P(\beta_2 - \varepsilon \leq b_2 \leq \beta_2 + \varepsilon) \tag{5.30}$$

如果样本容量 $N \to \infty$，此概率收敛到 1，则估计量被称为是一致的。或者，使用极限的概念，如果下式成立，则估计量 b_2 是一致的。

$$\lim_{N \to \infty} P(\beta_2 - \varepsilon \leq b_2 \leq \beta_2 + \varepsilon) = 1 \tag{5.31}$$

这是什么意思呢？在图 5-5 中，我们描述了基于样本容量 $N_4 > N_3 > N_2 > N_1$ 的最小二乘估计量 b_2 的概率密度函数 $f(b_{N_i})$。随着样本容量的增加，概率密度函数（pdf）变得越来越窄。为什么会这样？首先，如果 MR1-MR5 成立，则最小二乘估计量是无偏的，$E(b_2) = \beta_2$。此属性在所有样本容量的例子中都是正确的。随着样本容量发生变化，pdfs 的中心保持在 β_2。然而，随着样本容量 N 变大，估计量 b_2 的方差变小。pdf 的中心仍保持在 $E(b_2) = \beta_2$ 不变，方差减小，导致概率密度函数类似于 $f(b_{N_i})$。b_2 落在 $\beta_2 - \varepsilon \leq b_2 \leq \beta_2 + \varepsilon$ 区间内的概率是这些限值之间的 pdf 下的面积。随着样本容量的增加，b_2 落在限值范围内的概率变大，趋近于 1。在大样本情况下，我们可以说最小二乘估计量将提供接近真实参数的高概率估计值。

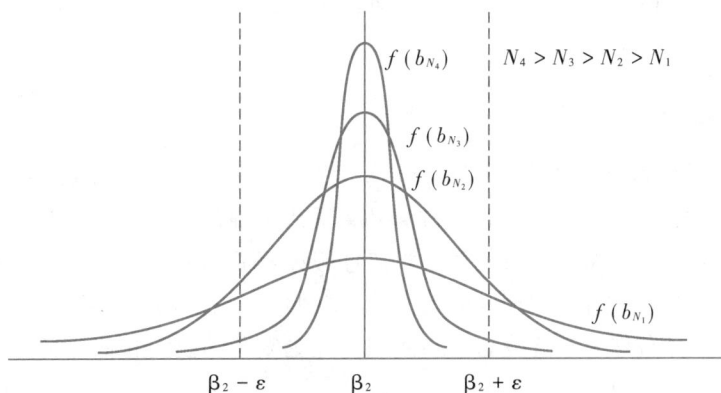

图 5-5　一致性说明

为了理解为什么方差随着 N 的增大而减小，考虑 OLS 估计量的方差，我们重新表示为：

$$\mathrm{var}(b_2) = \sigma^2 E\left(\frac{1}{\sum_{i=1}^{N}(x_i - \bar{x})^2}\right) = \frac{\sigma^2}{N} E\left(\frac{1}{\sum_{i=1}^{N}(x_i - \bar{x})^2/N}\right) = \frac{\sigma^2}{N} E[(s_x^2) - 1] = \frac{\sigma^2}{N} C_x \tag{5.32}$$

注意，我们引入的 N 消掉了。利用这个技巧，我们可以用 x 的样本方差 $s_x^2 = \sum_{i=1}^{N}(x_i - \bar{x})^2/N$[1] 来描述 b_2 的方差。然后，因为 $E[(s_x^2)^{-1}]$ 是烦琐的，并且有些令人生畏，在最后的等式中，我们将常数 C_x 定义为样本方差倒数的期望值，即 $C_x = E[(s_x^2)^{-1}]$。当 $N \to \infty$ 时，公式（5.32）中的最后结果意味着 $\mathrm{var}(b_2) \to 0$。

---

[1] 样本方差的除数是 N，而不是 $N-1$。当确定 $N\to\infty$ 的性质时，用哪一种方法无关紧要。

一**致性**的特性适用于许多估计量，即使是在有限样本中有偏的估计量。例如，估计量 $\hat{\beta}_2 = b_2 + 1/N$ 是有偏估计量。偏差的大小为：

$$\text{bias}(\hat{\beta}_2) = E(\hat{\beta}_2) - \beta_2 = \frac{1}{N}$$

对于估计量 $\hat{\beta}_2$，当 $N \to \infty$ 时，偏差收敛于零，即：

$$\lim_{N \to \infty} \text{bias}(\hat{\beta}_2) = \lim_{N \to \infty} [E(\hat{\beta}_2) - \beta_2] = 0 \tag{5.33}$$

在这种情况下，估计量被认为是渐近无偏的。通过证明估计量是无偏的或渐近无偏的，且当 $N \to \infty$ 时其方差收敛于零，可以证明估计量的一致性，

$$\lim_{N \to \infty} \text{var}(\hat{\beta}_2) = 0 \tag{5.34}$$

条件（5.33）和（5.34）是直观的，并且足以建立一致的估计量。

因为一致估计量的概率密度函数围绕在真实参数周围，并且估计量 b_2 接近真实参数 β_2 的概率接近 1，所以估计量 b_2 被称为"在概率上收敛于" β_2，"在概率上"这个字眼提醒我们，在公式（5.31）中"接近"的概率是关键因素。有几种符号用于这种收敛，一种是 $b_2 \xrightarrow{p} \beta_2$，箭头上的 p 表示"概率"。另一种表示"概率"符号的是 $\underset{N \to \infty}{\text{plim}}(b_2) = \beta_2$，plim 是"概率极限"的缩写。一致性不仅仅是无偏性的一个大样本替代，它本身也是一个重要的特性。找到无偏但不一致的估计量是可以的。即使估计量是无偏的，缺乏一致性也被认为是不可取的。

5.7.2 渐近正态性

我们前面提到正态分布假设 MR6：$(e_i|\mathbf{X}) \sim N(0, \sigma^2)$ 对于 $(b_k|\mathbf{X})$ 的有限样本分布服从正态分布，以及 t 统计量，如 $t = (b_k - \beta_k)/se(b_k)$ 服从精确的 t 分布（在区间估计和假设检验中使用）是必要的。然而，接下来如果正态性假设不成立，一切都没有损失，因为根据中心极限定理，b_k 的分布将近似服从正态分布，区间估计值和 t 检验在大样本中是近似有效的。大样本近似分布称为**渐近分布**。当我们研究更复杂的模型和估计量时，使用渐近分布的需求将变得更加迫切。

为了理解渐近分布的工作原理并引入一些符号，考虑简单回归模型 $y_i = \beta_1 + \beta_2 x_i + e_i$, $i = 1, \cdots, N$ 中的 OLS 估计量 b_2。我们认为 b_2 的一致性意味着当 $N \to \infty$ 时，b_2 的 pdf 缩到 β_2 点。如果它的 pdf 缩到一个点，我们如何得到 b_2 的近似大样本分布？我们考虑的是 $\sqrt{N} b_2$ 的分布。注意，$E(b_2) = \beta_2$，根据公式（5.32），$\text{var}(b_2) = \sigma^2 C_x / N$。接下来，$E(\sqrt{N} b_2) = \sqrt{N} \beta_2$，

$$\text{var}(\sqrt{N} b_2) = (\sqrt{N})^2 \text{var}(b_2) = N \sigma^2 C_x / N = \sigma^2 C_x$$

即：

$$\sqrt{N} b_2 \sim (\sqrt{N} \beta_2, \sigma^2 C_x) \tag{5.35}$$

当 $N \to \infty$ 时，中心极限定理与随机变量的和（或平均值）的分布有关。[1] 在第 2 章，

---

[1] 考虑到具有不同特性的随机变量之和，有人设计了几个中心极限定理。他们的处理比较先进。例如，见 William Greene, *Econometric Analysis 8e*, Pearson Prentice-Hall, 2018, 可在 pages.stern.nyu.edu/~wgreene/Text/econometric-analysis.htm 上找到。

见方程（2.12），我们证明 $b_2 = \beta_2 + [\sum_{i=1}^{N}(x_i - \bar{x})^2]^{-1}\sum_{i=1}^{N}(x_i - \bar{x})e_i$。据此，我们可以表示为：

$$\sqrt{N}\,b_2 = \sqrt{N}\,\beta_2 + [s_x^2]^{-1}\frac{1}{\sqrt{N}}\sum_{i=1}^{N}(x_i - \bar{x})e_i$$

将中心极限定理应用于求和 $\sum_{i=1}^{N}(x_i - \bar{x})e_i/\sqrt{N}$，并且利用 $[s_x^2]^{-1}\xrightarrow{p}C_x$，可以证明，通过正态化公式（5.35）得到的统计量，使得它具有均值零和方差1，服从近似正态分布。特别地，

$$\frac{\sqrt{N}\,(b_2 - \beta_2)}{\sqrt{\sigma^2 C_x}} \overset{a}{\sim} N(0,1)$$

符号 $\overset{a}{\sim}$ 用于表示渐近或近似分布。认识到 $\text{var}(b_2) = \sigma^2 C_x / N$ 这一点，我们可以将上述结果重写为：

$$\frac{(b_2 - \beta_2)}{\sqrt{\text{var}(b_2)}} \overset{a}{\sim} N(0,1)$$

更进一步说，有一个重要的定理表明，用一致估计量替换未知量不会改变统计量的渐近分布。[1]在这种情况下，$\hat{\sigma}^2$ 是 σ^2 的一致估计量，$(S_x^2)^{-1}$ 是 C_x 的一致估计量。因此，我们可以表示为：

$$t = \frac{\sqrt{N}\,(b_2 - \beta_2)}{\sqrt{\hat{\sigma}^2/s_x^2}} = \frac{(b_2 - \beta_2)}{\sqrt{\widehat{\text{var}}(b_2)}} = \frac{(b_2 - \beta_2)}{\text{se}(b_2)} \overset{a}{\sim} N(0,1) \tag{5.36}$$

这正是我们用于区间估计和假设检验的 t 统计量。公式（5.36）中的结果意味着当不满足假设 MR6 时，在大样本中使用它是合理的。一个区别是，我们现在认为是统计量"t"分布近似地服从"正态"，而不是"t"。然而，当 $N \to \infty$ 时，t 分布接近正态分布，通常用 t 或正态分布作为大样本近似。因为使用公式（5.36）进行区间估计或假设检验意味着我们的行为就像 b_2 服从正态分布，均值为 β_2，方差为 $\widehat{\text{var}}(b_2)$，所以这个结果通常被表示为：

$$b_2 \overset{a}{\sim} N(\beta_2, \widehat{\text{var}}(b_2)) \tag{5.37}$$

最后，我们讨论了简单回归模型中 b_2 的分布，但结果也适用于多元回归模型中系数的估计量。在附录5C中，我们使用蒙特卡罗实验来说明中心极限定理的原理，并且给出 N 需要多大以满足正态近似的例子。

5.7.3 放松假设

在前两节中，我们解释了当假设 MR1-MR5 成立，并且 MR6 放松时，最小二乘估计量是一致且渐近正态的。在这一节中，我们研究当我们修改严格外生性假设 MR2：$E(e_i|\mathbf{X}) = 0$，以使其限制性降低时，对于最小二乘估计量的特性我们可以得到什么结论。

弱化严格外生性：截面数据　首先考虑截面数据的 $E(e_i|\mathbf{X}) = 0$ 的修正，然后考虑时间序列数据的修正，这样比较方便。对于截面数据，我们回到了在第2.2节中解释的随机

---

[1]　更精确的细节见 William Greene, *Econometric Analysis 8e*, Pearson Prentice-Hall, 2018, Theorem D.16, 具体可访问网站 pages.stern.nyu.edu/~wgreene/Text/econometricanalysis.htm。

抽样假设，在第2.10节中更正式地编写了这些假设。将这些假设推广到多元回归模型中，随机抽样意味着联合观测值 $(y_i, \mathbf{x}_i) = (y_i, x_{i1}, x_{i2}, \cdots, x_{iK})$ 是独立的，严格的外生性假设 $E(e_i|\mathbf{X}) = 0$ 简化为 $E(e_i|\mathbf{x}_i) = 0$。在此和在随机抽样下模型的剩余假设条件下，最小二乘估计是最佳线性无偏估计。我们现在研究用较弱的假设替换 $E(e_i|\mathbf{x}_i) = 0$ 的含义，

$$E(e_i) = 0 \text{ 且 } \text{cov}(e_i, x_{ik}) = 0, i = 1, 2, \cdots, N; k = 1, 2, \cdots, K \tag{5.38}$$

为什么公式（5.38）是更弱的假设？在第2.10节中，在简单回归模型中，我们解释了 $E(e_i|\mathbf{x}_i) = 0$ 如何意味着有公式（5.38）。[①]然而，反过来并非如此。当 $E(e_i|\mathbf{x}_i) = 0$ 意味着公式（5.38）时，公式（5.38）不一定意味着 $E(e_i|\mathbf{x}_i) = 0$。假设 $E(e_i|\mathbf{x}_i) = 0$ 意味着 e_i 的最佳预测值为零，$\mathbf{x}_i$ 中没有信息有助于预测 e_i。同时，假设 $\text{cov}(e_i, x_{ik}) = 0$ 仅意味着没有优于零的 e_i 的线性预测值。它不排除 $\mathbf{x}_i$ 的非线性函数有助于预测 e_i。

为什么在公式（5.38）中考虑较弱的假设是有用的？首先，估计量具有期望特性的假设越弱，估计量的适用范围就越广。其次，正如我们在第10章中发现的，对假设 $\text{cov}(e_i, x_{ik}) = 0$ 的违背为解决内生回归问题提供了一个良好的框架。

公式（5.38）中看似无害的更弱假设意味着我们不能再证明最小二乘估计量是无偏的。考虑简单回归模型 $y_i = \beta_1 + \beta_2 x_i + e_i$ 中 β_2 的最小二乘估计量。根据公式（2.11）和公式（2.12），

$$b_2 = \beta_2 + \frac{\sum_{i=1}^{N}(x_i - \bar{x})e_i}{\sum_{i=1}^{N}(x_i - \bar{x})^2} \tag{5.39}$$

和

$$E(b_2) = \beta_2 + E\left(\frac{\sum_{i=1}^{N}(x_i - \bar{x})e_i}{\sum_{i=1}^{N}(x_i - x)^2}\right) \tag{5.40}$$

现在，$E(e_i) = 0$ 和 $\text{cov}(e_i, x_{ik}) = 0$ 意味着 $E(x_i e_i) = 0$，但是公式（5.39）中的最后一项比这更复杂，它包含 e_i 和 x_i 的函数之间的协方差。这个协方差不一定为零，这意味着 $E(b_2) \neq \beta_2$。不过，我们可以证明 b_2 是一致的。我们可以重新把公式（5.39）表示为：

$$b_2 = \beta_2 + \frac{\frac{1}{N}\sum_{i=1}^{N}(x_i - \bar{x})e_i}{\frac{1}{N}\sum_{i=1}^{N}(x_i - \bar{x})^2} = \beta_2 + \frac{\widehat{\text{cov}(e_i, x_i)}}{\widehat{\text{var}(x_i)}} \tag{5.41}$$

因为从随机样本中计算出的样本均值、方差和协方差是其总体对应部分的一致估计量，[②] 我们可以说：

$$\widehat{\text{cov}(e_i, x_i)} \xrightarrow{P} \text{cov}(e_i, x_i) = 0 \tag{5.42a}$$

$$\widehat{\text{var}(x_i)} \xrightarrow{P} \sigma_x^2 \tag{5.42b}$$

因此，公式（5.41）中的第二项在概率上收敛于零，并且 $b_2 \xrightarrow{P} \beta_2$。$b_2$ 的渐近分布服从正态分布，如公式（5.36）和公式（5.37）所述。

弱化严格外生性：时间序列数据 当我们转向时间序列数据时，观测值 $(y_t, \mathbf{x}_t)$，$t=1$，

---

① 证明见附录2G。
② 这个结果是根据大数定律得出的。见 William Greene, *Econometric Analysis 8e*, Pearson Prentice Hall，具体请访问 pages.stern.nyu.edu/~wgreene/Text/econometricanalysis.htm.

2，$\cdots$，T 不是通过随机抽样收集的，因此假设它们是独立的不再合理。随着时间的推移，解释变量几乎肯定是相关的，并且假设 $E(e_t|\mathbf{X})=0$ 被违背的可能性确实非常大。要了解原因，请注意 $E(e_t|\mathbf{X})=0$ 意味着：

$$E(e_t)=0 \text{ 且 } \text{cov}(e_t, x_{sk})=0, \quad t, s=1, 2, \cdots, T; \ k=1, 2, \cdots, K \tag{5.43}$$

结果表明，各时段的误差与各时段的解释变量均不相关。在第 2.10.2 节中，描述了这一假设可能被违背的三个例子。现在可以看看这些例子。为了证实它们，考虑简单的回归模型 $y_t=\beta_1+\beta_2 x_t+e_t y_t=\beta_1+\beta_2 x_t+e_t$，它是用 $t=1, 2, \cdots, T$ 时期的时间序列观测值来估计的。如果 x_t 是一个政策变量，其设置取决于过去的结果 $y_{t-1}, y_{t-2}, \cdots$，则 x_t 将与以前的误差 $e_{t-1}, e_{t-2}\cdots$ 相关。这一点从上一期观测值的方程 $y_{t-1}=\beta_1+\beta_2 x_{t-1}+e_{t-1}$ 中可以明显看出。如果 x_t 与 y_{t-1} 相关，那么它也将与 e_{t-1} 相关，因为 y_{t-1} 直接依赖于 e_{t-1}。如果 x_t 是 y_t 的滞后值，则这种相关性尤其明显，即 $y_t=\beta_1+\beta_2 y_{t-1}+e_t$。这种类型的模型称为自回归模型，它们在第 9 章中被考虑。

$\text{cov}(e_t, x_{sk})=0$（$t \neq s$）可能被违背意味着 $E(e_t|\mathbf{X})=0$ 会被违背，这反过来意味着我们不能证明最小二乘估计量是无偏的。然而，这有可能表明它是一致的。为了证明一致性，我们首先假设同一时间段内的误差和解释变量是不相关的，即我们对公式（5.43）加以修正，改为限制性更小、更现实的假设：

$$E(e_t)=0 \text{ 且 } \text{cov}(e_t, x_{tk})=0 \qquad t=1, 2, \cdots, T; \ k=1, 2, \cdots, K \tag{5.44}$$

满足公式（5.44）的误差和解释变量被认为是同期不相关的。我们不坚持 $\text{cov}(e_t, x_{sk})=0$（$t \neq s$）。现在重新考虑公式（5.41），用时间序列观测值表示为：

$$b_2=\beta_2+\frac{\frac{1}{T}\sum_{t=1}^{N}(x_t-\bar{x})e_t}{\frac{1}{T}\sum_{t=1}^{N}(x_t-\bar{x})^2}=\beta_2+\frac{\widehat{\text{cov}}(e_t, x_t)}{\widehat{\text{var}}(x_t)} \tag{5.45}$$

公式（5.45）仍然有效，正如对截面观测值一样。为了确保 b_2 的一致性，我们需要提出的问题是，当解释变量不独立时，对于有限 σ_x^2，下式是否仍然为真？

$$\widehat{\text{cov}}(e_t, x_t) \overset{p}{\to} \text{cov}(e_t, x_t)=0 \tag{5.46a}$$

$$\widehat{\text{var}}(x_t) \overset{p}{\to} \sigma_x^2 \tag{5.46b}$$

答案是"肯定的"，只要 x 不是"太有依赖性"，如果 x_t 之间的相关性随着时间的推移而下降，那么公式（5.46）中的结果将保持不变。我们将在第 9 章和第 12 章进一步讨论时间序列回归中解释变量行为的含义。目前，我们假设它们的行为足够支持公式（5.46），所以最小二乘估计量是一致的。同时，我们认识到，对于时间序列数据，最小二乘估计量不太可能是无偏的。中心极限定理可以证明渐近正态性，这意味着我们可以使用公式（5.36）和公式（5.37）进行区间估计和假设检验。

5.7.4 系数非线性函数的推导

对大样本或渐近分布的需求并不局限于假设 MR1-MR6 放松的情况。即使这些假设成立，如果感兴趣的量涉及系数的非线性函数，我们仍然需要使用大样本理论。为了引入这个问题，我们回到大安迪汉堡店的例子，研究广告支出的最佳水平。

实例5.17 广告支出的最优水平

经济理论告诉我们，采取的所有行动都是为了使边际收益大于边际成本。这种优化原则适用于大安迪汉堡店，因为它正试图选择最优的广告支出水平。回想一下，$SALES$ 表示销售收入或总收入，在本例中，边际效益是指广告支出的边际收益。公式（5.24）所需的边际收益是由广告支出的边际效应 $\beta_3 + 2\beta_4 ADVERT$ 给出的。1美元广告的边际成本是1美元加上归因于有效广告支出卖出的额外产品的准备成本。如果我们忽略了成本中的后者，那么1美元广告支出的边际成本就是1美元。因此，广告支出应提高到：

$$\beta_3 + 2\beta_4 ADVERT_0 = 1$$

$ADVERT_0$ 指广告支出的最优水平。利用公式（5.25）中的 β_3 和 β_4 的最小二乘估计值，$ADVERT_0$ 的点估计值为：

$$\widehat{ADVERT_0} = \frac{1 - b_3}{2b_4} = \frac{1 - 12.1512}{2 \times (-2.76796)} = 2.014$$

这意味着每月最优广告支出为 2 014 美元。

为了评估估计值的可靠性，我们需要知道 $(1 - b_3)/2b_4$ 的标准误差和区间估计值。这是一个棘手的问题，需要使用微积分来解决。这是因为它包含 b_3 和 b_4 的非线性函数，使得处理它要比之前我们已经做过的更困难。非线性函数的方差是很难获得的。回想一下线性函数 $c_3 b_3 + c_4 b_4$ 的方差，即：

$$\text{var}(c_3 b_3 + c_4 b_4) = c_3^2 \text{var}(b_3) + c_4^2 \text{var}(b_4) + 2c_3 c_4 \text{cov}(b_3, b_4) \tag{5.47}$$

求出 $(1 - b_3)/2b_4$ 的方差不是很简单的。最好的方法是在大样本中找到一个有效的近似表达式。假设 $\hat{\lambda} = (1 - b_3)/2b_4$ 和 $\lambda = (1 - \beta_3)/2\beta_4$，那么近似的方差表达式为：

$$\text{var}(\hat{\lambda}) = (\frac{\partial \lambda}{\partial \beta_3})^2 \text{var}(b_3) + (\frac{\partial \lambda}{\partial \beta_4})^2 \text{var}(b_4)$$
$$+ 2(\frac{\partial \lambda}{\partial \beta_3})(\frac{\partial \lambda}{\partial \beta_4}) \text{cov}(b_3, b_4) \tag{5.48}$$

这个表达式不仅适用于 $\hat{\lambda} = (1 - b_3)/2b_4$，也适用于所有双变量的非线性函数。另外，还要注意在线性函数的例子中，$\lambda = c_3 \beta_3 + c_4 \beta_4$ 且 $\hat{\lambda} = c_3 b_3 + c_4 b_4$，公式（5.48）化简为公式（5.47）。利用公式（5.48）以求出方差的近似表达式被称为迭代法。想要了解进一步的细节可参考附录5B。

我们将利用公式（5.48）来估计 $\widehat{ADVERT_0} = (1 - b_3)/2b_4$ 的方差，得到其标准误，并由此得到 $\lambda = ADVERT_0 = (1 - \beta_3)/2\beta_4$ 的区间估计值。如果公式（5.48）中的微积分令你畏惧，不必惊慌，因为事实上大部分软件会自动地为你计算标准误。

需要的求导为：

$$\frac{\partial \lambda}{\partial \beta_3} = -\frac{1}{2\beta_4}, \frac{\partial \lambda}{\partial \beta_4} = -\frac{1 - \beta_3}{2\beta_4^2}$$

为了估计 $\text{var}(\hat{\lambda})$，我们在最小二乘估计值 b_3 和 b_4 处评估这些导数。

因此，为了得到最优广告支出水平的估计方差，我们有：

$$\widehat{\mathrm{var}}\,(\hat{\lambda}) = (-\frac{1}{2b_4})^2\,\widehat{\mathrm{var}}\,(b_3) + (-\frac{1-b_3}{2b_4^2})^2\,\widehat{\mathrm{var}}\,(b_4)$$

$$+2\,(-\frac{1}{2b_4})\,(-\frac{1-b_3}{2b_4^2})\,\widehat{\mathrm{cov}}\,(b_3,b_4)$$

$$=(\frac{1}{2\times2.768})^2\times12.646+$$

$$(\frac{1-12.151}{2\times2.768^2})^2\times0.88477+$$

$$2\,(\frac{1}{2\times2.768})\,(\frac{1-12.151}{2\times2.768^2})\times3.2887$$

$$=0.016567$$

且

$$\mathrm{se}\,(\hat{\lambda}) = \sqrt{0.016567} = 0.1287$$

现在我们要求 $\lambda = ADVERT_0$ 在95%的置信水平下的区间估计值。当处理公式（5.16）和第5.4.2节中的系数线性组合时，我们利用了结果 $(\hat{\lambda}-\lambda)/\mathrm{se}\,(\hat{\lambda}) \sim t_{(N-K)}$。对于非线性函数，我们可以用完全相同的方法利用这个结果，不同的是，即使误差服从正态分布，得到的结果也只是大样本下的近似值。那么，$ADVERT_0$ 在约95%的置信水平下的区间估计值为：

$$[\hat{\lambda}-t_{(0.975,71)}\,\mathrm{se}\,(\hat{\lambda}),\hat{\lambda}+t_{(0.975,71)}\,\mathrm{se}\,(\hat{\lambda})]$$

$$=[2.014-1.994\times0.1287, 2.014+1.994\times0.1287]$$

$$=[1.757, 2.271]$$

我们估计，在95%的置信水平下，广告支出的最优水平在1 757~2 271美元。

实例5.18　有多少年工作经验能使工资实现最大化？

在实例5.16中，我们估计了工资公式：

$$\ln(WAGE) = \beta_1 + \beta_2 EDUC + \beta_3 EXPER +$$
$$\beta_4(EDUC\times EXPER) + \beta_5 EXPER^2 + e$$

经验二次函数的一个含义是，随着经验年限的增加，工资会上升到一个点，然后下降。假设我们对经验年限感兴趣，要使 $WAGE$ 最大化，我们可以通过对工资方程 $EXPER$ 进行微分，将一阶导数设为零，求解 $EXPER$。因变量是 $\ln(WAGE)$ 而不是 $WAGE$ 并不重要。最大化 $\ln(WAGE)$ 的 $EXPER$ 的值也会使 $WAGE$ 最大化。将公式（5.28）中的一阶导数设为零，求出 $EXPER$：

$$EXPER_0 = \frac{-\beta_3-\beta_4 EDUC}{2\beta_5}$$

最大化值取决于受教育年限。对于一个受过16年教育的人来说，

$$EXPER_0 = \frac{-\beta_3-16\beta_4}{2\beta_5}$$

求出这个函数估计值的标准误令人生厌。它涉及对 β_3、β_4 和 β_5 进行微分，并评估一个包含三个方差和三个协方差的方差表达式——公式（5.48）扩展到三个系数。这是一个用你最喜欢的计量经济软件处理会更好的问题。采纳这个建议，我们发现 $\widehat{EXPER_0} =$

30.17，$se(EXPER_0) = 1.7896$。因此，最大化 WAGE 的经验年限的 95% 区间估计值为：

$$[\widehat{EXPER_0} - t_{(0.975, 1195)} \operatorname{se}(\widehat{EXPER_0}),$$

$$\widehat{EXPER_0} + t_{(0.975, 1195)} \operatorname{se}(\widehat{EXPER_0})]$$

插入相关值，得到：

$$(30.17 - 1.962 \times 1.7896, 30.17 + 1.962 \times 1.7896)$$

$$= (26.7, 33.7)$$

我们估计，最大化工资的经验年限在 26.7 年到 33.7 年之间。

5.8 练习

5.8.1 问题

5.1 考虑多元回归模型：

$$y_i = x_{i1}\beta_1 + x_{i2}\beta_2 + x_{i3}\beta_3 + e_i$$

y_i、x_{i1}、x_{i2} 和 x_{i3} 的 7 个观测值如表 5-5 所示。

表 5-5   **练习 5.1 使用的数据**

y_i	x_{i1}	x_{i2}	x_{i3}
1	1	0	1
1	1	1	-2
4	1	2	2
0	1	-2	1
1	1	1	-2
-2	1	-2	-1
2	1	0	1

利用计算器回答以下问题：

a. 计算离差，即 $x_{i2}^* = x_2^i - \bar{x}^2$, $x_{i3}^* = x_{i3} - \bar{x}_3$, 和 $y_i^* = y_i - \bar{y}$。

b. 计算 $\sum y_i^* x_{i2}^*$, $\sum x_{i2}^{*2}$, $\sum y_i^* x_{i3}^* \sum x_{i2}^* x_{i3}^*$ 和 $\sum x_{i3}^{*2}$。

c. 用附录 5A 的表达式求最小二乘估计值 b_1、b_2、b_3。

d. 求最小二乘估计残差 $\hat{e}_1, \hat{e}_2, \cdots, \hat{e}_7$。

e. 求方差估计值 $\hat{\sigma}^2$。

f. 求 x_2 和 x_3 之间的样本相关系数。

g. 求 b_2 的标准误差。

h. 求 SSE、SST、SSR 和 R^2。

5.2 省略。

5.3 考虑下列表示家庭预算中酒类消费品支出的 WALC 占总支出 TOTEXP 的比例与家长年龄 AGE 和家中子女数 NK 之间关系的模型：

$$WALC = \beta_1 + \beta_2 \ln(TOTEXP) + \beta_3 NK + \beta_4 AGE + e$$

这个模型是用伦敦的 1 200 个观测值估计的。估计结果的不完整版本如表 5-6 所示。

| 表 5-6 | | 练习 5.3 的结果 | | |

因变量:WALC

包括的观测值：1 200

变量	系数	标准误	t 统计值	概率值
C	1.4515	2.2019		0.5099
$\ln(TOTEXP)$	2.7648		5.7103	0.0000
NK		0.3695	−3.9376	0.0001
AGE	−0.1503	0.0235	−6.4019	0.0000
R^2		因变量均值		6.19434
回归的标准误		因变量标准差		6.39547
残差平方和	46 221.62			

a. 在表中的空白处填入下列值：

i. b_1 的 t 统计值

ii. b_2 的标准误

iii. 估计值 b_3

iv. R^2

v. $\hat{\sigma}$

b. 分别解释估计值 b_2、b_3 和 b_4。

c. 求 β_4 的 95% 置信水平下的区间估计值。这个区间告诉我们什么信息？

d. 每一个系数估计值在 5% 的水平上是否显著？为什么？

e. 验证一个假设：相比多生一个孩子会使预算中酒精的平均份额减少 2 个百分点，选择减少不等于 2 个百分点的替代方案，使用 5% 的显著性水平。

5.4 省略。

5.5 对于以下两个时间序列回归模型，假设 MR1-MR6 成立，求出 $\mathrm{var}(b_2|\mathbf{x})$，通过检验是否存在 $\lim_{T\to\infty}\mathrm{var}(b_2|\mathbf{x})=0$ 来检验最小二乘估计值是否一致。

a. $y_t=\beta_1+\beta_2 t+e_t, t=1,2,\cdots,T$。注意 $\mathbf{x}=(1,2,\cdots,T)$，$\sum_{t=1}^{T}(t-\bar{t})^2=\sum_{t=1}^{T}t^2-(\sum_{t=1}^{T}t)^2/T$，$\sum_{t=1}^{T}t=T(T+1)/2$，$\sum_{t=1}^{T}t^2=T(T+1)(2T+1)/6$。

b. $y_t=\beta_1+\beta_2(0.5)^t+e_t$，$t=1,2,\cdots,T$。这里，$\mathbf{x}=(0.5,0.5^2,\cdots,0.5^T)$。注意，第一项 r 与公比 r 的几何级数之和为：

$$S=r+r^2+r^3+\cdots+r^n=\frac{r(1-r^n)}{1-r}$$

c. 为这些结果提供直观的解释。

5.6 省略。

5.7 在用 $N=203$ 个观测值估计模型 $y=\beta_1+\beta_2 x_2+\beta_3 x_3+e$ 后，我们得到如下信息：$\sum_{i=1}^{N}(x_{i2}-\bar{x}_2)^2=1780.7$，$\sum_{i=1}^{N}(x_{i3}-\bar{x}_3)^2=3453.3$，$b_2=0.7176, b_3=1.0516, SSE=6800.0, r_{23}=0.7087$。

a. 最小二乘估计值 b_2 和 b_3 的标准误是多少？

b. 使用5%的显著性水平，检验假设H_0：$\beta_2 = 0$与备择假设H_1：$\beta_2 \neq 0$。

c. 使用10%的显著性水平，检验假设H_0：$\beta_3 \leq 0.9$与备择假设H_1：$\beta_3 > 0.9$。

d. 给定$\widehat{cov}(b_2, b_3) = -0.019521$，使用1%的显著性水平来检验假设$H_0$：$\beta_2 = \beta_3$与备择假设$H_1$：$\beta_2 \neq \beta_3$。

5.8 省略。

5.9 1992年奥运会共有64个国家参赛，并获得了至少一枚奖牌。对于每一个这样的国家，令$MEDALS$代表获得奖牌的总数，$POPM$表示以百万计人口总数，$GDPB$代表以1995年10亿美元为单位的GDP。不包括英国，使用$N=63$个观测值，模型$MEDALS = \beta_1 + \beta_2 \ln(POPM) + \beta_3 \ln(GDPB) + e$估计为：

$$\widehat{MEDALS} = -13.153 + 2.764\ln(POPM) + 4.270\ln(GDPB) \quad R^2 = 0.275$$
$$(se) \quad (5.974) \quad (2.070) \quad\quad\quad\quad (1.718)$$

a. 给定假设MR1–MR6成立，解释β_2和β_3的系数估计值。

b. 解释R^2。

c. 使用10%的显著性水平，检验获得奖牌的数量与GDP之间没有关系的假设，备择假设为两者存在正相关关系。如果将显著性水平改为5%，会发生什么情况？

d. 使用10%的显著性水平，检验获得奖牌的数量与人口之间没有关系的假设，备择假设为两者存在正相关关系。如果将显著性水平改为5%，会发生什么情况？

e. 使用该模型，求出英国在1992年的人口和国内生产总值分别为5 800万和10 100亿美元的预期奖牌数量的点估计和95%区间估计值。（$b_1 + \ln(58) \times b_2 + \ln(1010) \times b_3$的标准误为4.22196。）

f. 英国在1992年获得了20枚奖牌。这个模型是预测英国奖牌平均数的好方法吗？检验H_0：$b_1 + \ln(58) \times \beta_2 + \ln(1010) \times \beta_3 = 20$与$H_1$：$b_1 + \ln(58) \times \beta_2 + \ln(1010) \times \beta_3 \neq 20$的近似$p$值是多少？

g. 在不进行任何计算的情况下，写出用于计算（e）部分中给出的标准误的表达式。

5.10 省略。

5.11 在估算工资公式时，我们预计年轻、缺乏经验的工人的工资将相对较低；随着经验的增加，他们的工资将上涨，但随着工人接近退休年龄，他们的工资将在中年后开始下降。这种工资的生命周期模式可以通过引入经验和经验的平方来解释工资水平。如果我们还引入受教育年限，我们有一个方程：

$$WAGE = \beta_1 + \beta_2 EDUC + \beta_3 EXPER + \beta_4 EXPER^2 + e$$

b. 经验对平均工资的边际影响是什么？

c. 你希望β_2、β_3和β_4每个系数都有什么符号？为什么？

d. 工作多少年之后，平均工资开始下降？（用β项来表示你的答案）

e. 用600个观测值估计这个方程，得到：

$$\widehat{WAGE} = -16.308 + 2.329EDUC + 0.5240EXPER - 0.007582EXPER^2$$
$$(se) \quad (2.745) \quad (0.163) \quad\quad (0.1263) \quad\quad\quad (0.002532)$$

b_3和b_4之间的估计协方差为$\widehat{cov}(b_3, b_4) = -0.00030526$，在95%的置信水平上估计以下

内容：

　　　i. 受教育年限对平均工资的边际效应

　　　ii. 当 $EXPER = 4$ 时，经验对平均工资的边际效应

　　　iii. 当 $EXPER = 25$ 时，经验对平均工资的边际效应

　　　iv. 平均工资下降的工作年限

　　5.12　省略。

　　5.13　宏观经济学使用的一个概念是奥肯定律，它指出失业率从一个时期到下一个时期的变化取决于经济增长率相对于"正常"增长率的变化：

$$U_t - U_{t-1} = -\gamma(G_t - G_N)$$

其中，U_t 为 t 期失业率，G_t 为 t 期增长率，"正常"增长率 G_N 为保持恒定失业率所需的增长率，$0 < \gamma < 1$ 是一个调整系数。

　　a. 证明该模型可以写成 $DU_t = \beta_1 + \beta_2 G_t$，其中 $DU_t = U_t - U_{t-1}$ 是失业率的变化，$\beta_1 = \gamma G_N$ 且 $\beta_2 = -\gamma$。

　　b. 利用 1970 年第一季度至 2014 年第四季度美国季节性调整的数据，估计该模型，得到：

$$\widehat{DU_t} = 0.1989 - 0.2713 G_t \qquad \hat{\sigma} = 0.2749$$

$$\text{cov}(b_1, b_2) = \begin{pmatrix} 0.0007212 & -0.0004277 \\ -0.0004277 & 0.0006113 \end{pmatrix}$$

利用估计值 b_1 和 b_2，求出估计值 $\hat{\gamma}$ 和 $\hat{G}_N$。

　　c. 求出 b_1、b_2、$\hat{\gamma}$ 和 $\hat{G}_N$ 的标准误。在 5% 的水平上，所有这些估计值与零有显著差异吗？

　　d. 使用 5% 的显著性水平，检验每季度自然增长率为 0.8% 的原假设，备择假设为每季度自然增长率不等于 0.8%。

　　e. 求出调整系数的 95% 区间估计值。

　　f. 求出 $E(U_{2015Q1}|U_{2014Q4} = 5.7991, G_{2015Q1} = 0.062)$ 的 95% 区间估计值。

　　g. 给定 $U_{2014Q4} = 5.7991, G_{2015Q1} = 0.062$，求 U_{2015Q1} 的 95% 预测区间。解释一下这个区间估计值和（f）部分中区间估计值的区别。

　　5.14　省略。

　　5.15　考虑回归模型 $y_i = \beta_1 + \beta_2 x_i + e_i$，其中对于 $(y_i, x_i), i = 1, 2, \cdots, N$，是源于一个总体的随机独立抽样，$x_i \sim N(0, 1)$，$E(e_i|x_i) = c(x_i^2 - 1)$，其中 c 为常数。

　　a. 证明 $E(e_i) = 0$。

　　b. 利用结果 $\text{cov}(e_i, x_i) = E_x[(x_i - \mu_x)E(e_i|x_i)]$，证明 $\text{cov}(e_i, x_i) = 0$。

　　c. β_2 的最小二乘估计量是（i）无偏的吗？（ii）一致的吗？

　　5.16　省略。

5.8.2　计算机练习

　　5.17　使用计量经济学软件验证练习 5.1（c）、（e）、（f）、（g）和（h）部分的答案。

5.18 省略。

5.19 考虑以下支出份额方程，其中食品的预算份额 $WFOOD$ 表示为总支出 $TOTEXP$ 的函数：

$$WFOOD = \beta_1 + \beta_2 \ln(TOTEXP) + e_F \tag{XR5.19.1}$$

食品支出相对于总支出的弹性表示为：

$$\varepsilon = 1 + \frac{\beta_2}{\beta_1 + \beta_2 \ln(TOTEXP)}$$

此外，如果 $\beta_2 < 0$，则有一个物品是必需品。

a. 证明当且仅当 $\varepsilon < 1$ 时，$\beta_2 < 0$。也就是说，如果一种商品的支出弹性小于1（非弹性），那么它就是一种必需品。

b. 使用数据文件 london5 中的观测值进行估计（XR5.19.1）并对结果进行评论。

c. 求出食品平均预算份额的点估计值和95%区间估计值，总支出值（i）$TOTEXP = 50$（$TOTEXP$ 的第5百分位数），（ii）$TOTEXP = 90$（中位数），（iii）$TOTEXP = 170$（第95百分位数）。

d. 求出如下总支出值弹性系数的点估计值和95%区间估计值：（i）$TOTEXP = 50$（第5百分位数），（ii）$TOTEXP = 90$（中位数），（iii）$TOTEXP = 170$（第95百分位数）。

5.20 省略。

5.21 使用文件 toody5 中的数据，估计如下模型：

$$Y_t = \beta_1 + \beta_2 TREND_t + \beta_3 RAIN_t + \beta_4 RAIN_t^2 + \beta_5(RAIN_t \times TREND_t) + e_t$$

其中，Y_t 为 t 年西澳大利亚图迪郡小麦产量（吨/公顷）；$TREND_t$ 是一个趋势变量，用于捕捉技术变化，观测值为0，0.1，0.2，…，4.7，0表示1950年的，0.1为1951年的，以此类推，1997年的为4.7；$RAIN_t$ 表示 t 年5月至10月（生长季节）的总降雨量（单位：分米，1分米=4英寸）。

a. 在表格中报告估计值、标准误、t 值和 p 值。

b. 在（i）5%的水平上，（ii）10%的水平上，你的每一个估计值与零有显著差异吗？

c. 系数是否有预期的符号？为什么？（技术改进的目标之一是开发抗旱小麦品种。）

d.（i）1959年降雨量为2.98分米时和（ii）1995年降雨量为4.797分米时，额外降雨量边际效应的点和95%区间估计值分别为多少？讨论结果。

e. 在（i）1959年和（ii）1995年，求出最大化预期产量的降雨量的点和95%区间估计值。讨论结果。

5.22~5.24 省略。

5.25 文件 collegetown 包含2009—2013年间路易斯安那州巴吞鲁日500套独栋房屋的销售数据。我们将关注以千美元为单位的销售价格（$PRICE$），以及以百平方英尺为单位的房屋面积（$SQFT$）。使用所有观测值估计以下回归模型：

$$\ln(PRICE) = \beta_1 + \beta_2 SQFT + \beta_3 SQFT^{1/2} + e$$

假设 MR1–MR6 都成立，特别地，$(e|SQFT) \sim N(0, \sigma^2)$。

a. 报告结果。估计系数是否显著异于零？

b. 写出边际效应 $\partial E[\ln(PRICE|SQFT)]/\partial SQFT$ 的表达式。讨论这一边际效应的特性以及 β_2 和 β_3 的预期符号。

c. 求出并解释如下房屋 $\partial E[\ln(PRICE|SQFT)]/\partial SQFT$ 的点和 95% 区间估计值：（i）1 500 平方英尺；（ii）3 000 平方英尺；（iii）4 500 平方英尺。

d. 证明：

$$\frac{\partial E[PRICE|SQFT]}{\partial SQFT} = (\beta_2 + \frac{\beta_3}{2SQFT^{1/2}}) \times \exp\{\beta_1 + \beta_2 SQFT + \beta_3 SQFT^{1/2} + \sigma^2/2\}$$

为了将来参考，我们将这个表达式写成 $\partial E(PRICE|SQFT)/\partial SQFT = S \times C$，其中，

$$S = (\beta_2 + \frac{\beta_3}{2SQFT^{1/2}}) \times \exp\{\beta_1 + \beta_2 SQFT + \beta_3 SQFT^{1/2}\}, \text{且} \ C = \exp\{\sigma^2/2\}$$

相应地，我们设定 $\hat{S}$ 和 $\hat{C}$ 表示通过用估计值替换未知参数而得到的 S 和 C 的估计值。

e. 估计以下房屋的 $\partial E(PRICE|SQFT)/\partial SQFT = S \times C$：（i）1 500 平方英尺；（ii）3 000 平方英尺；（iii）4 500 平方英尺。

f. 由于乘积 $\hat{S} \times \hat{C}$ 的存在，求（e）部分中估计值的渐近标准误是很困难的。为了避免这个困难，在（e）部分中求出每种类型房屋 $\hat{S}$ 的标准误。

g. 对于每种类型的房屋，在 5% 的显著性水平上，使用（e）部分的估计值和（f）部分的标准误来检验假设：

$$H_0: \frac{\partial E(PRICE|SQFT)}{\partial SQFT} = 9$$

$$H_1: \frac{\partial E(PRICE|SQFT)}{\partial SQFT} \neq 9$$

你的结论是什么？

h.（可选）要获取 $\hat{S} \times \hat{C}$ 的"正确"标准误，我们将按以下步骤进行操作。首先，给定 $\text{var}(\hat{\sigma}^2) = 2\sigma^4/(N-K)$，求出 $\text{var}(\hat{C})$ 的估计值。可以证明 $\hat{S}$ 和 $\hat{C}$ 是独立的。利用独立随机变量乘积的结果，估计：

$$\widehat{\text{var}}(\hat{S} \times \hat{C}) = \widehat{\text{var}}\left(\frac{\partial E(PRICE|SQFT)}{\partial SQFT}\right)$$

$$= \hat{S}^2 \widehat{\text{var}}(\hat{C}) + \hat{C}^2 \widehat{\text{var}}(\hat{S}) + \widehat{\text{var}}(\hat{C})\widehat{\text{var}}(\hat{S})$$

使用此结果，求出 $\hat{S} \times \hat{C}$ 的标准误。它们与（f）部分中的标准误相比如何？它们能否改变（g）部分中假设检验的结果？

5.26 省略。

5.27 在本练习中，我们考虑艺术品拍卖市场。数据文件 *ashcan_small* 中的变量如下：

RHAMMER = 一幅画作以千美元为单位售出的价格

YEARS_OLD=画作完成与售出之间的时间

INCHSQ=以平方英寸为单位画作的尺寸

创建一个新变量 $INCHSQ10 = INCHSQ / 10$，以 10 平方英寸为单位表示画作的尺寸。仅考虑出售艺术品的观测值结果（$SOLD=1$）。

a. 估计以下方程并报告结果：

$RHAMMER = \beta_1 + \beta_2 YEARS\_OLD + \beta_3 INCHSQ10 + e$

b. 画作每年能升值多少？求出预期年价格上涨的 95% 区间估计值。

c. 大幅画作有多值钱？从额外的 10 平方英寸中求出预期额外价值的 95% 区间估计值。

d. 将变量 $INCHSQ10^2$ 添加到模型中并重新估计，报告结果。为什么要考虑添加这个变量？

e. 增加这个变量对（b）部分的区间估计有很大影响吗？

f. 对于以下 10 种尺寸的艺术品求出额外的 10 平方英寸的预期额外价值：（i）50 平方英寸（第 6 百分位数）；（ii）250 平方英寸（近似中位数值）；（iii）900 平方英寸（第 97 百分位数）。评价一个额外的 10 平方英寸的价值是如何随着画作尺寸变大而改变的。

g. 求出使价格最大化的画作尺寸的 95% 区间估计值。

h. 求出一幅 75 年的 100 平方英寸油画的预期价格的 95% 区间估计值。

i. 你要把一幅 100 平方英寸的画作保留多久才能实现预期的价格为正？

5.28 省略。

5.29 犯罪与处罚的关系是什么？这个重要的问题已经由康威尔和特鲁姆布勒[1]利用北卡罗来纳州的面板数据进行了研究。截面为 90 个县，数据为 1981—1987 年的年度数据。数据在文件 crime 里。利用 1986 年的数据，估计犯罪率对数 *LCRMRTE* 与逮捕概率 *PRBARR*（逮捕与犯罪的比率）、定罪概率 *PRBCONV*（定罪与逮捕的比率）、监禁概率 *PRBPRIS*（监禁与定罪的比率）、人均警察数量 *POLPC* 以及每周的建筑工人工资 *WCON* 的回归关系。将你的发现写成一份报告。在你的报告中，解释你期望每个变量对犯罪率有什么影响，并注意估计的系数是否有预期的符号，是否显著异于零。什么样的变量似乎是最重要的犯罪威慑？你能解释一下 *POLPCP* 系数的符号吗？

5.30 省略。

5.31 每天早上 6：30 到 8：00 比尔开车离开墨尔本郊区卡内基去墨尔本大学工作。比尔路上的时间（*TIME*）取决于出发时间（*DEPART*）、他遇到的红灯数（*REDS*）以及他必须在墨尔本平交道口等候的火车的数量（*TRAINS*）。2015 年 249 个工作日对这些变量的观测值见文件 commute5。*TIME* 以分钟为单位。*DEPART* 是 6：30 分后比尔出发的分钟数。

a. 估计方程：

$TIME = \beta_1 + \beta_2 DEPART + \beta_3 REDS + \beta_4 TRAINS + e$

---

[1] "Estimating the Economic Model of Crime with Panel Data," *Review of Economics and Statistics*, 76, 1994, 360-366.

报告结果并解释每个系数估计值，包括截距 β_1。

b. 找到每个系数的95%区间估计值。你得到了每个系数的精确估计值吗？

c. 使用5%的显著性水平，检验原假设，即比尔每次遇到红灯比预期延迟2分钟或更长时间，而备择假设是它小于2分钟。

d. 使用10%的显著性水平，检验原假设，即每列列车预期延误时间为3分钟，而备择假设是每列列车预期延误时间不是3分钟。

e. 使用5%的显著性水平，检验原假设：如果比尔在早上7：30出发而不是7：00出发，那么他预计路途时间至少会延长10分钟，而备择假设是路途时间不会延长10分钟。（假设其他条件相同）

f. 使用5%的显著性水平，检验原假设，即列车预期延误时间至少比等红灯预期延误时间长3倍；而备择假设是，列车预期延误时间比等红灯预期延误时间短3倍。

g. 假设比尔遇到六个红灯和一列火车。使用5%的显著性水平，检验原假设，即比尔早上7：00离开卡内基，可以在早上7：45或之前到达大学，而备择假设是不在上午7：45或之前到达大学。根据预期时间 $E(TIME|\mathbf{X})$ 进行检验，其中 $\mathbf{X}$ 表示对所有解释变量的观测值。

h. 假设在（g）部分中，比尔上午7：45的会议不能迟到。原假设和备择假设是否正确？如果这些假设被推翻了会怎么样？

5.32　省略。

5.33　使用数据文件 *cps5_small* 中的观测值估计以下模型：

$$\ln(WAGE) = \beta_1 + \beta_2 EDUC + \beta_3 EDUC^2 + \beta_4 EXPER + \beta_5 EXPER^2 + \beta_6(EDUC \times EXPER) + e$$

a. 每一个系数的估计值在多大显著性水平上"与零显著不同"？

b. 获得边际效应的表达式 $\partial E[\ln(WAGE)|EDUC, EXPER]/\partial EDUC$。评价边际效应的估计值是如何随着 *EDUC* 和 *EXPER* 的增加而变化的。

c. 评估（b）部分样本所有观测值的边际效应，并构建这些效应的直方图。你发现了什么？求出边际效应的中位数、第5百分位数和第95百分位数。

d. 获取边际效应的表达式 $\partial E[\ln(WAGE)|EDUC, EXPER]/\partial EXPER$。评价边际效应的估计值是如何随着 *EDUC* 和 *EXPER* 的增大而变化的。

e. 评估（d）部分样本所有观测值的边际效应，并构建这些效应的直方图。你发现了什么？求出边际效应的中位数、第5百分位数和第95百分位数。

f. 大卫受过17年教育，有8年的工作经验；而斯维特拉娜受过16年教育，有18年的工作经验。使用5%的显著性水平，检验斯维特拉娜的期望对数工资等于或大于大卫的期望对数工资的原假设，备择假设为大卫的期望对数工资更高。根据模型参数说明原假设和备择假设。

g. 8年过去了，当大卫和斯维特拉娜又多了8年的工作经验，但没有受过更多的教育时，（f）部分检验结果是否会一样？解释这个结果。

h. 温迪受过12年教育，有17年的工作经验；吉尔受过16年受教育，有11年的工作经验。使用5%的显著性水平，检验原假设，即他们的额外经验的边际效应是相等的，而备择假设是它们不相等。根据模型参数说明原假设和备择假设。

i.对吉尔来说，其经验边际效应变成负的还要多久？求出这个数值的95%区间估计值。

附录5A　最小二乘估计量的推导

在附录2A中，我们导出了简单回归模型中最小二乘估计量b_1和b_2的表达式。在本附录中，我们对多元回归模型进行类似的练习，并说明如何在具有两个解释变量的模型中获得b_1、b_2和b_3的表达式。给定y、x_{i2}和x_3的样本观测值，问题是求出下式最小化的β_1、β_2和β_3的值：

$$S(\beta_1, \beta_2, \beta_3) = \sum_{i=1}^{N} (y_i - \beta_1 - \beta_2 x_{i2} - \beta_3 x_{i3})^2$$

第一步是针对β_1、β_2和β_3和S求偏导，并将一阶偏导设为零。这就得到：

$$\frac{\partial S}{\partial \beta_1} = 2N\beta_1 + 2\beta_2 \sum x_{i2} + 2\beta_3 \sum x_{i3} - 2 \sum y_i$$

$$\frac{\partial S}{\partial \beta_2} = 2\beta_1 \sum x_{i2} + 2\beta_2 \sum x_{i2}^2 + 2\beta_3 \sum x_{i2} x_{i3} - 2 \sum x_{i2} y_i$$

$$\frac{\partial S}{\partial \beta_3} = 2\beta_1 \sum x_{i3} + 2\beta_2 \sum x_{i2} x_{i3} + 2\beta_3 \sum x_{i3}^2 - 2 \sum x_{i3} y_i$$

将这些偏导数设为零，除以2，然后重新排列得到：

$$Nb_1 + \sum x_{i2} b_2 + \sum x_{i3} b_3 = \sum y_i$$

$$\sum x_{i2} b_1 + \sum x_{i2}^2 b_2 + \sum x_{i2} x_{i3} b_3 = \sum x_{i2} y_i \qquad (5A.1)$$

$$\sum x_{i3} b_1 + \sum x_{i2} x_{i3} b_2 + \sum x_{i3}^2 b_3 = \sum x_{i3} y_i$$

b_1、b_2和b_3的最小二乘估计量是由这三个联立方程组（称为**正规方程组**）的解给出的。要写出此解的表达式，可以方便地将变量表示为与平均值的偏差，即设定：

$$y_i^* = y_i - \bar{y}, \quad x_{i2}^* = x_{i2} - \bar{x}_2, \quad x_{i3}^* = x_{i3} - \bar{x}_3$$

则最小二乘估计值b_1、b_2和b_3为：

$$b_1 = \bar{y} - b_2 \bar{x}_2 - b_3 \bar{x}_3$$

$$b_2 = \frac{(\sum y_i^* x_{i2}^*)(\sum x_{i3}^{*2}) - (\sum y_i^* x_{i3}^*)(\sum x_{i2}^* x_{i3}^*)}{(\sum x_{i2}^{*2})(\sum x_{i3}^{*2}) - (\sum x_{i2}^* x_{i3}^*)^2}$$

$$b_3 = \frac{(\sum y_i^* x_{i3}^*)(\sum x_{i2}^{*2}) - (\sum y_i^* x_{i2}^*)(\sum x_{i3}^* x_{i2}^*)}{(\sum x_{i2}^{*2})(\sum x_{i3}^{*2}) - (\sum x_{i2}^* x_{i3}^*)^2}$$

对于具有三个以上参数的模型，如果不使用矩阵代数，解会变得相当混乱，我们将不显示它们。用于多元回归计算的计算机软件可求解如（5A.1）中的方程，以获得最小二乘估计值。

附录5B 增量法

在第3.6节、第5.3节、第5.4节和第5.5节，我们讨论了参数线性组合的估计和检验。如果回归误差服从正态分布，则讨论的结果在有限样本中成立。如第5.7节所述，如果回归误差不服从正态分布，则这些结果在大样本中适用。我们现在讨论第5.7.4节中考虑的回归参数的**非线性函数**，并为给出的结果提供一些背景。在随后的章节中，你会惊奇地发现我们对回归参数的非线性函数有多感兴趣。例如，我们可能发现自己对 $g_1(\beta_2) = \exp(\beta_2/10)$ 和 $g_2(\beta_1, \beta_2) = \beta_1/\beta_2$ 之类的函数感兴趣。第一个函数 $g_1(\beta_2)$ 是单个参数 β_2 的函数。直觉上，我们会使用 $g_1(b_2)$ 估计这个 β_2 的函数。第二个函数 $g_2(\beta_1, \beta_2)$ 是两个参数的函数，类似地，它看起来是一个合理的估计量。处理估计参数的非线性函数需要额外的工具，因为即使回归误差服从正态分布，它们的非线性函数在有限样本中也不服从正态分布，通常的方差公式也不适用。

5B.1 单参数非线性函数

使用单参数的非线性函数的关键是在附录 A 中讨论的泰勒级数近似，即导数法则9，如下所示：

$$f(x) \cong f(a) + \frac{df(x)}{dx}\Big|_{x=a}(x-a) = f(a) + f'(a)(x-a)$$

函数在 x 处的值大约等于：函数在 $x=a$ 处的值，加上函数在 $x=a$ 处的导数再乘以 $x-a$。当函数是平滑的且 $x-a$ 不太大的时候，该近似工作得很好。我们将应用此规则到 $g_1(b_2)$，将 x 替换为 b_2，将 a 替换为 β_2：

$$g_1(b_2) \cong g_1(\beta_2) + g_1'(\beta_2)(b_2 - \beta_2) \tag{5B.1}$$

$g_1(b_2)$ 的泰勒级数展开式如下：

1. 如果 $E(b_2) = \beta_2$，则 $E[g_1(b_2)] \cong g_1(\beta_2)$。

2. 如果 b_2 是一个有偏但一致的估计量，以便 $b_2 \xrightarrow{P} \beta_2$，则 $g_1(b_2) \xrightarrow{P} g_1(\beta_2)$。

3. $g_1(b_2)$ 的方差由 $\text{var}[g_1(b_2)] \cong [g_1'(\beta_2)]^2 \text{var}(b_2)$ 给出，这就是所谓的增量法。增量法是用泰勒级数近似法进行的。

$$\begin{aligned}
\text{var}[g_1(b_2)] &= \text{var}[g_1(\beta_2) + g_1'(\beta_2)(b_2 - \beta_2)] \\
&= \text{var}[g_1'(\beta_2)(b_2 - \beta_2)] && [\text{因为} g_1(\beta_2) \text{不是随机的}] \\
&= [g_1'(\beta_2)]^2 \text{var}(b_2 - \beta_2) && [\text{因为} g_1'(\beta_2) \text{不是随机的}] \\
&= [g_1'(\beta_2)]^2 \text{var}(b_2) && [\text{因为} \beta_2 \text{不是随机的}]
\end{aligned}$$

4. 估计量 $g_1(b_2)$ 在大样本中服从近似正态分布

$$g_1(b_2) \overset{a}{\sim} N[g_1(\beta_2), [g_1'(\beta_2)]^2 \text{var}(b_2)] \tag{5B.2}$$

$g_1(b_2)$ 的渐近正态性意味着我们可以检验关于 β_2 的非线性假设，以便 $H_0: g_1(\beta_2) = c$，并且我们可以用通常的方法构建 $g_1(\beta_2)$ 的区间估计值。为了应用增量法，我们用它的估计值 b_2 来代替 β_2，用它的估计值 $\widehat{\text{var}}(b_2)$ 来代替真实方差 $\text{var}(b_2)$，而简单回归模型见公式

(2.21)。

实例 5.19　$\exp(\beta_2 / 10)$ 的区间估计

为了说明增量法的计算，我们使用附录 5C 中 $N=20$ 的一个样本，它存储在文件 $mc20$ 中。对于这些数据值，拟合回归为：

$$\hat{y} = 87.44311 + 10.68456x$$
$$(\text{se})\,(33.8764)\,(2.1425\,)$$

我们考虑的非线性函数是 $g_1(\beta_2) = \exp(\beta_2 / 10)$。在模拟中我们知道 $\beta_2 = 10$，因此函数的值是 $g_1(\beta_2) = \exp(\beta_2 / 10) = e^1 = 2.71828$。为了应用增量法，我们需要用导数 $g_1'(\beta_2) = \exp(\beta_2 / 10) \times (1/10)$（见附录 A，导数规则 7）和表 5B-1 中的估计协方差矩阵。

表 5B-1　　　　　　　　　　　估计协方差矩阵

	b_1	b_2
b_1	1147.61330	−68.85680
b_2	−68.85680	4.59045

非线性函数的估计值为：

$$g_1(b_2) = \exp(b_2 / 10) = \exp(10.68456 / 10) = 2.91088$$

估计方差为：

$$\widehat{\text{var}}\,[\,g_1(b_2)\,] = [\,g_1'(b_2)\,]^2\,\widehat{\text{var}}\,(b_2) = [\,\exp(b_2 / 10) \times (1/10)\,]^2\,\widehat{\text{var}}\,(b_2)$$
$$= [\,\exp(10.68456 / 10) \times (1/10)\,]^2\,4.59045 = 0.38896$$

且

$$\text{se}\,[\,g_1(b_2)\,] = 0.62367$$

95% 的区间估计值为：

$$g_1(b_2) \pm t_{(0.975,20-2)}\,\text{se}\,[\,g_1(b_2)\,] = 2.91088 \pm 2.10092 \times 0.62367$$
$$= (1.60061,\, 4.22116)$$

5B.2　两参数的非线性函数[1]

当使用两个（或多个）参数的函数时，方法是相同的，但是泰勒级数近似变为更一般的形式。对于有两个参数的函数，泰勒级数近似为：

$$g_2(b_1, b_2) \cong g_2(\beta_1, \beta_2) + \frac{\partial g_2(\beta_1, \beta_2)}{\partial \beta_1}\,(b_1 - \beta_1) + \frac{\partial g_2(\beta_1, \beta_2)}{\partial \beta_2}\,(b_2 - \beta_2) \tag{5B.3}$$

1. 如果 $E(b_1) = \beta_1$，$E(b_2) = \beta_2$，则 $E\,[\,g_2(b_1, b_2)\,] \cong g_2(\beta_1, \beta_2)$。

2. 如果 b_1 和 b_2 是一致的估计量，以便 $b_1 \xrightarrow{P} \beta_1$ 并且 $b_2 \xrightarrow{P} \beta_2$，则 $g_2(b_1, b_2) \xrightarrow{P} g_2(\beta_1, \beta_2)$。

3. $g_2(b_1, b_2)$ 的方差用**增量法**表示为：

---

[1]　本节包含前沿资料。涉及两个以上参数函数的一般情况需要用矩阵代数。参见 William Greene，*Econometric Analysis 8e*, Pearson Prentice-Hall, 2018, Theorems D.21A and D.22，具体请访问网站 pages.stern.nyu.edu/~wgreene/text/econometricanalysis.htm.

$$\mathrm{var}\,[\,g_2\,(\,b_1,\,b_2\,)\,] \cong \left[\frac{\partial g_2\,(\beta_1,\,\beta_2)}{\partial \beta_1}\right]^2 \mathrm{var}\,(\,b_1\,) + \left[\frac{\partial g_2\,(\beta_1,\,\beta_2)}{\partial \beta_2}\right]^2 \mathrm{var}\,(\,b_2\,)$$

$$+ 2\left[\frac{\partial g_2\,(\beta_1,\,\beta_2)}{\partial \beta_1}\right]\left[\frac{\partial g_2\,(\beta_1,\,\beta_2)}{\partial \beta_2}\right]\mathrm{cov}\,(\,b_1,\,b_2\,) \tag{5B.4}$$

4. 估计量 $g_2\,(\,b_1,\,b_2\,)$ 在大样本中服从近似正态分布，

$$g_2\,(\,b_1,\,b_2\,)\ a\ N\,(\,g_2\,(\beta_1,\,\beta_2),\,\mathrm{var}\,[\,g_2\,(\beta_1,\,\beta_2)\,]\,) \tag{5B.5}$$

均值的渐近正态性意味着我们可以检验非线性假设，如 H_0：$g_2\,(\beta_1,\,\beta_2) = c$，并且我们可以用通常的方法构造 $g_2\,(\beta_1,\,\beta_2)$ 的区间估计值。

在实践中，我们通过公式（如公式（2.20）~（2.22）中的简单回归模型）的通常估计值来评估估计值 b_1 和 b_2 处的导数、方差和协方差。

实例 5.20　$\beta_1\,/\,\beta_2$ 的区间估计值

我们考虑的两个参数的非线性函数是 $g_2\,(\beta_1,\,\beta_2) = \beta_1\,/\,\beta_2$。为了采用增量法，我们需要用导数（见附录 A，导数规则 3 和 6）：

$$\frac{\partial g_2\,(\beta_1,\,\beta_2)}{\partial \beta_1} = \frac{1}{\beta_2}\ 和\ \frac{\partial g_2\,(\beta_1,\,\beta_2)}{\partial \beta_2} = -\frac{\beta_1}{\beta_2^2}$$

估计值 $g_2\,(\,b_1,\,b_2\,) = b_1\,/\,b_2 = 87.44311\,/\,10.68456 = 8.18406$，其估计方差为：

$$\widehat{\mathrm{var}}\,[\,g_2\,(\,b_1,\,b_2\,)\,] = \left[\frac{1}{b_2}\right]^2 \widehat{\mathrm{var}}\,(\,b_1\,) + \left[-\frac{b_1}{b_2^2}\right]^2 \widehat{\mathrm{var}}\,(\,b_2\,)$$

$$+ 2\left[\frac{1}{b_2}\right]\left[-\frac{b_1}{b_2^2}\right]\widehat{\mathrm{cov}}\,(\,b_1,\,b_2\,)$$

$$= 22.61857$$

增量法的标准误为 $\mathrm{se}\,(\,b_1\,/\,b_2\,) = 4.75590$。得到的 $\beta_1\,/\,\beta_2$ 的 95% 区间估计值为（-1.807712，18.17583）。虽然这一切看起来异常复杂，但大多数软件包至少会自动计算估计值和标准误。既然你已经理解了计算过程，那么当你使用"打包的"程序时，你就可以自信了。

附录 5C　蒙特卡罗模拟

在附录 2H 和附录 3C 中，我们介绍了蒙特卡罗模拟以说明最小二乘估计量的重复抽样特性。在本附录中，我们使用相同的框架来说明当误差项不服从正态分布时，区间估计量和假设检验的重复抽样结果。

回顾一下，简单线性回归模型的**数据生成过程**表示为：

$$y_i = E\,(\,y_i|x_i) + e_i = \beta_1 + \beta_2 x_i + e_i,\ i = 1,\,\cdots,\,N$$

蒙特卡罗参数值为 $\beta_1 = 100$ 和 $\beta_2 = 10$。针对前 $N/2$ 个观测值，x_i 的值为 10；对剩下的 $N/2$ 个观测值，x_i 的值为 20。所以，回归方程式为：

$$E\,(\,y_i|x_i = 10\,) = 100 + 10x_i = 100 + 10 \times 10 = 200,\ i = 1,\,\cdots,\,N/2$$

$$E\,(\,y_i|x_i = 20\,) = 100 + 10x_i = 100 + 10 \times 20 = 300,\ i = (N/2) + 1,\,\cdots,\,N$$

5C.1 具有卡方误差的最小二乘估计

在本附录中，我们使用一种重要的方法来修正这个模型。随机误差项服从独立分布，且服从标准化后的卡方分布。图B-7中给出了几个卡方分布的概率密度函数。在模拟中，我们会使用 $\chi^2_{(4)}$，它有一个长长的尾巴向右倾斜。设定 $v_i \sim \chi^2_{(4)}$。这个随机变量的期望值和方差分别为 $E(v_i)=4$ 和 $\mathrm{var}(v_i)=8$，结果 $z_i=(v_i-4)/\sqrt{8}$ 的均值为0和方差为1。正如我们在之前的附录中看到的一样，我们使用的随机误差为 $e_i=50z_i$，结果 $\mathrm{var}(e_i|x_i)=\sigma^2=2\,500$。

像以前一样，我们使用 $M=10\,000$ 的蒙特卡罗模拟，样本容量 $N=20$、40（与以前一样）、100、200、500和1 000。我们的目标是要说明最小二乘估计量 β_1、β_2 及 $\hat{\sigma}^2$ 都是无偏的，并考察假设检验和区间估计值是否发挥了理论上的作用（即使误差项不服从正态分布）。如附录3C所示，我们要：

• 检验原假设 $H_0:\beta_2=10$，单尾备择假设为 $H_0:\beta_2>10$。该检验的临界值是 $N-2$ 个自由度下 $\alpha=0.95$ 的 t 分布值 $t_{(0.95,N-2)}$。我们从该检验中得到被拒绝所占的百分比（REJECT）。

• 求得 β_2 在95%置信水平下的区间估计值，并得到估计值中包含真实值 $\beta_2=10$ 的百分比（COVER）。

• 计算估计值 b_2 能够落在区间 $\beta_2\pm1$（或是落在9到11之间）内所占的百分比（CLOSE）。基于我们的理论，这一比例应该随着 N 的增加趋近于1。

表5C-1是关于蒙特卡罗模拟结果的汇总。

表 5C-1　　　　　　　　　　最小二乘估计量、检验和区间估计量

N	$\bar{b}_1$	$\bar{b}_2$	$\bar{\hat{\sigma}^2}$	拒绝率	覆盖率	接近值
20	99.4368	10.03317	2 496.942	0.0512	0.9538	0.3505
40	100.0529	9.99295	2 498.030	0.0524	0.9494	0.4824
100	99.7237	10.01928	2 500.563	0.0518	0.9507	0.6890
200	99.8427	10.00905	2 497.473	0.0521	0.9496	0.8442
500	100.0445	9.99649	2 499.559	0.0464	0.9484	0.9746
1000	100.0237	9.99730	2 498.028	0.0517	0.9465	0.9980

对于任何样本容量，最小二乘估计的平均值都非常接近真实参数值，证明了最小二乘估计的无偏性。随着样本容量 N 的增加，估计值"接近"真实参数值的百分比上升，证实了估计量具有一致性。因为 t 检验中的拒绝率接近0.05，而区间估计值的覆盖率接近95%，这表明估计量很好地服从渐近正态分布。为了说明这一点，我们在图5C-1中给出了 $N=40$ 时估计值 b_2 的直方图。

它的形状是钟形的，而且与叠加的正态密度函数拟合得非常好。即使样本观测值 $N=40$，误差的非正态性也不会使该模型中的推论失效。

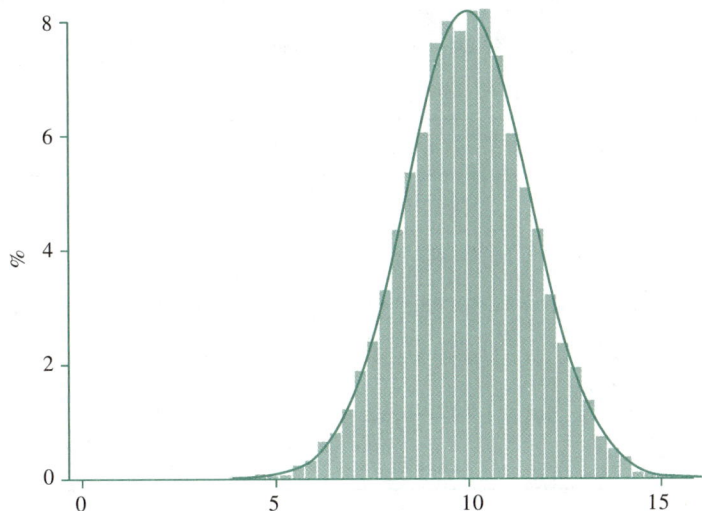

图 5C-1 $N=40$ 时估计值 b_2 的直方图

5C.2 增量法的蒙特卡罗模拟

在蒙特卡罗模拟中，同样使用 10 000 个样本，我们计算每个样本的非线性函数估计量 $g_1(b_2) = \exp(b_2/10)$ 的值，并在 5% 的显著性水平下，使用双尾检验，检验真实原假设 $H_0: g_1(\beta_2) = \exp(\beta_2/10) = e^1 = 2.71828$。我们感兴趣的是估计量在有限样本中的表现（回想一下，随机误差不服从正态分布，函数是非线性的）以及检验的表现。在表 5C-2 中，我们报告了每个样本容量的参数估计值的平均值。注意，当 N 变大时，平均估计值收敛于真实值。在 5% 的显著性水平下，检验有大约 5% 的次数拒绝真实原假设。检验统计量为：

$$t = \frac{g_1(b_2) - 2.71828}{\mathrm{se}[g_1(b_2)]} \sim t_{(N-2)}$$

t 检验拒绝正确原假设的次数的百分比不仅意味着估计值表现良好，而且还意味着分母中的标准误是正确的，并且统计分布"接近"其极限标准正态分布。在表 5C-2 中，$\overline{\mathrm{se}[\exp(b_2/10)]}$ 是使用增量法来计算名义标准误的平均值的，而 Std. dev. $[\exp(b_2/10)]$ 是估计值的标准差，用于衡量蒙特卡罗估计值的真实变化。我们看到，对于样本容量 $N=20$ 和 $N=40$，使用增量法计算的标准误的平均值小于真实的标准差，这意味着平均而言，在本例中，增量法夸大了估计值 $\exp(b_2/10)$ 的精度。对于较大的样本容量，增量法计算的平均标准误接近真实的标准差。我们注意到，增量法的标准误在大样本中是有效的，在这个例子中，样本容量 $N=100$ 似乎足以使渐近结果成立。图 5C-2 是样本容量 $N=40$ 的估计值直方图，与正态性只有极小偏差，这就是 t 检验表现如此出色的原因。

现在，我们研究增量法在不同的样本容量下的效果，以估计函数 $g_2(\beta_1/\beta_2)$ 并逼近其方差和渐近分布。表 5C-3 中的平均估计值表明，对于小样本，估计值存在一些偏差。但是，随着样本容量的增加，偏差逐渐减小，当 $N=100$ 时，接近真实值 10。对于样本容量 N

=20、40和100，增量法标准误 $\overline{se(b_1/b_2)}$ 的平均值小于估计值 b_1/b_2 的实际蒙特卡罗标准差。这说明非线性函数或模型越复杂，渐近结果所需的样本容量就越大。

表 5C-2　　　　　　　　　　　　$g_1(\beta_2) = \exp(\beta_2/10)$ 的模拟结果

N	$\overline{\exp(b_2/10)}$	$\overline{se[\exp(b_2/10)]}$	Std. dev.$[\exp(b_2/10)]$	*REJECT*
20	2.79647	0.60738	0.63273	0.0556
40	2.75107	0.42828	0.44085	0.0541
100	2.73708	0.27208	0.27318	0.0485
200	2.72753	0.19219	0.19288	0.0503
500	2.72001	0.12148	0.12091	0.0522
1000	2.71894	0.08589	0.08712	0.0555

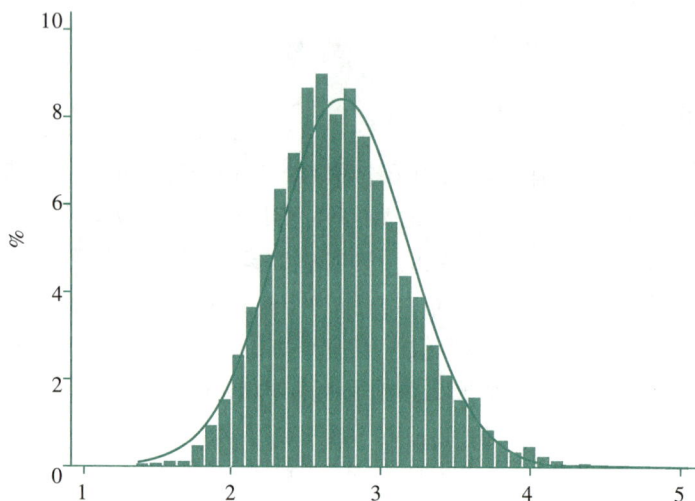

图 5C-2　　$g_1(b_2) = \exp(b_2/10)$ 的直方图

表 5C-3　　　　　　　　　　　　$g_2(b_1, b_2) = b_1/b_2$ 的模拟结果

N	$\overline{(b_1/b_2)}$	$\overline{se(b_1/b_2)}$	Std. dev.$[(b_1/b_2)$
20	11.50533	7.18223	9.19427
40	10.71856	4.36064	4.71281
100	10.20997	2.60753	2.66815
200	10.10097	1.82085	1.82909
500	10.05755	1.14635	1.14123
1000	10.03070	0.80829	0.81664

根据样本 $N=40$ 和 $N=200$ 的实验，$g_2(b_1, b_2) = b_1/b_2$ 的蒙特卡罗模拟值如图 5C-3a 和图 5C-3b 所示。当样本容量 $N=40$ 时，存在明显的偏度。而当 $N=200$ 时，估计值的分布更加

对称并呈钟形。

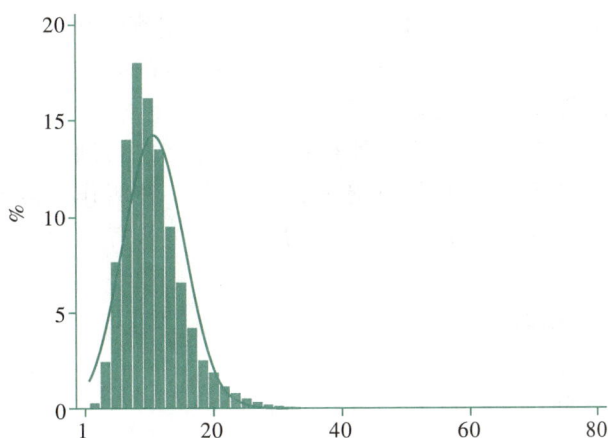

图 5C-3a　$g_2(b_1, b_2) = b_1 / b_2$，$N=40$ 的直方图

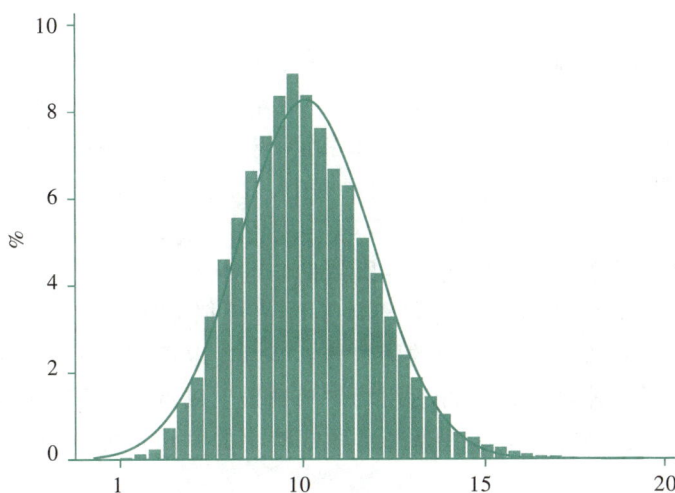

图 5C-3b　$g_2(b_1, b_2) = b_1 / b_2$，$N = 200$ 的直方图

附录 5D　自助法

在第 2.7.3 节中，我们讨论了估计量的**标准误**的解释。最小二乘估计值由于样本的组成变化而变化，这叫作**抽样变异性**。对于最小二乘估计量，我们推导出最小二乘估计量方差的公式。例如，在简单回归模型 $y_i = \beta_1 + \beta_2 x_i + e_i$ 中，斜率最小二乘估计量的方差为 $\mathrm{var}(b_2|\mathbf{x}) = \sigma^2 / \sum (x_i - \bar{x})^2$，标准误为 $\mathrm{se}(b_2) = [\hat{\sigma}^2 / \sum (x_i - \bar{x})^2]^{1/2}$。我们能够利用模型假设和最小二乘估计量的线性形式推导出这个公式。

然而，有一些估计量是不容易计算出标准误的。估计量可能基于复杂的多步过程，也可能是非线性函数。在许多情况下，我们可以证明估计量是一致的且服从渐近正态分布。我们在第 5.7 节讨论了这些特性。对于估计量 $\hat{\beta}$，这些特性表示 $\hat{\beta} \underset{a}{\sim} N[\beta, \mathrm{var}(\hat{\beta})]$。在这个表达式中，$var(\hat{\beta})$是一个适合于大样本的**渐近方差**。如果渐近方差已知，则在大样本中有效的名义标准误为$se(\hat{\beta})=[\widehat{var}(\hat{\beta})]^{1/2}$。渐近方差公式很难推导。我们在附录5B和5C.2中说明了增量法，用于寻找非线性函数的最小二乘估计量的渐近方差。即使在那些简单的例子中，也有导数和烦琐的代数运算。

自助法是渐近方差解析推导的一种替代和/或补充。自助法可用于计算复杂非线性估计量的标准误。它利用了现代计算机的速度和一种叫作**重复抽样**的技术。在这一节中，我们将解释自助技术以及使用它的几种方法。特别地，我们可以使用自助法来：

1.估计估计量$\hat{\beta}$的偏差。

2.获得在大样本中有效的标准误。

3.构建β的置信区间。

4.求出检验统计值的临界值。

5D.1 重复抽样

为了说明重复抽样，假设我们有N个独立同分布的数据对(y_i, x_i)。这是从特定总体中随机抽取的样本。[1]为简单起见，设$N=5$。表5D-1给出了一个假设样本。重复抽样意味着随机选择$N=5$行**并替换**以形成新样本。短语替换意味着在随机选择一行并将其添加到新的数据集中之后，我们将所选行放回到原始数据中，在原始数据中可能会再次随机选择到它，也可能不会。

也许我们会看到这样做的算法会有所帮助。它从0到1区间上的均匀随机数"$u\sim$均匀（0，1）"的概念开始。均匀随机数是数值模拟方法的核心部分。我们在附录B.4.1中讨论。粗略地说，均匀分布的随机值u等可能取区间（0，1）中的任何值。计算机科学家设计了一种算法，使得使用**均匀随机数生成器**进行重复抽取彼此独立。每一个经济计量软件包都内置了这些算法，尽管使用的算法可能会略有不同。随机选取一行数据：

1.设$u^*=(5\times u)+1$，此值大于1但小于6。

2.删除小数部分以获得随机整数b，即1、2、3、4或5。

表5D-2说明了$N=5$的程序。这些步骤是由许多软件包自动完成的，不必自己进行编程，但是了解正在发生的事情是一个好主意。表5D-2中的值j是构成第一个自助样本的原始数据集的行。第一个自助样本将包含观测值5、1、2，第三个观测值出现两次，如表5D-3所示，[2]这是完全正常的。重复抽样意味着将多次选择某些观测值，而其他观测值（如本例中的观测值4）根本不会出现。

---

[1] 时间序列数据的自助法有很大的不同，我们这里不讨论它们。

[2] 随机数生成器使用"初始值"，称为**种子**。通过选择一个种子，可以在后续运行中获得相同的随机数序列。关于其中一类随机数生成器如何工作的讨论，见附录B.4.1。

表 5D-1　样本

观测值	y	x
1	$y_1 = 6$	$x_1 = 0$
2	$y_2 = 2$	$x_2 = 1$
3	$y_3 = 3$	$x_3 = 2$
4	$y_4 = 1$	$x_4 = 3$
5	$y_5 = 0$	$x_5 = 4$

表 5D-2　随机整数

u	u*	j
0.9120440	5.56022	5
0.0075452	1.037726	1
0.2808588	2.404294	2
0.4602787	3.301394	3
0.5601059	3.800529	3

表 5D-3　一个自助样本

观测值	y	x
5	$y_5 = 0$	$x_5 = 4$
1	$y_1 = 6$	$x_1 = 0$
2	$y_2 = 2$	$x_2 = 1$
3	$y_3 = 3$	$x_3 = 2$
3	$y_3 = 3$	$x_3 = 2$

5D.2　自助有偏估计

估计量 $\hat{\beta}$ 可能是有偏估计量。估计量偏差是指估计量的期望值和真实参数之间的差，或者：

$$\text{bias}(\hat{\beta}) = E(\hat{\beta}) - \beta$$

对于一致估计量，当 $N \to \infty$ 时，偏差消失，但我们可以估计给定容量为 N 的样本偏差。使用前一节中描述的程序，获得自助样本 $b = 1, 2, \cdots, B$，每个样本容量为 N。利用每个自助样本，得到一个估计值 $\hat{\beta}_b$。如果 $B = 200$，那么我们有 200 个自助样本估计值 $\hat{\beta}_1, \hat{\beta}_2, \cdots, \hat{\beta}_{200}$。自助有偏估计值的均值或者说样本均值为：

$$\bar{\bar{\beta}} = \frac{1}{B} \sum_{b=1}^{B} \hat{\beta}_b$$

自助有偏估计值为：

$$\text{bootstrap } \widehat{\text{bias}}(\hat{\beta}) = \hat{\beta} - \bar{\bar{\beta}}_o$$

其中，$\hat{\beta}_o$ 是使用原始样本获得的估计值（下标是"oh"而不是零）。在这一计算中，$\bar{\bar{\beta}}$ 起到了 $E(\hat{\beta})$ 的作用，根据原始样本得到的估计值 $\hat{\beta}_o$ 起到了真实参数 β 的作用。关于自助法的一个描述性说法是"$\hat{\beta}_o$ 在样本中为真"，强调了原始样本估计值 $\hat{\beta}_o$ 所起的作用。

5D.3 自助标准误

自助标准误计算需要 B 个容量为 N 的自助样本。为了计算标准误，自助样本的数量至少应该是 50 个，也可能是 200 或 400 个，这取决于估计问题的复杂性[1]。自助标准误是 B 自助估计值的**样本标准差**。样本标准差是样本方差的平方根。$\text{var}(\hat{\beta})$ 的自助估计值是自助估计值 $\hat{\beta}_1, \hat{\beta}_2, \cdots, \hat{\beta}_B$ 的样本方差，

$$\text{bootstrap var}(\hat{\beta}) = \sum_{b=1}^{B} (\hat{\beta}_b - \bar{\hat{\beta}})^2 / (B-1)$$

自助标准误为：

$$\text{bootstrap se}(\hat{\beta}) = \sqrt{\text{bootstrap var}(\hat{\beta})} = \sqrt{\sum_{b=1}^{B} (\hat{\beta}_b - \bar{\hat{\beta}})^2 / (B-1)}$$

在大样本中，自助标准误并不比理论推导的标准误更好或更差。自助标准误的优点是我们不需要推导理论标准误，而推导理论标准误有时是非常困难的。即使可以得到理论标准误，自助标准误也可以用来检验基于理论公式的估计值。如果自助标准误与基于理论的标准误相差很大，则：（i）样本容量 N 不够大，不足以证明渐近理论；（ii）理论公式有错误。如果模型的某个假设不成立，或者存在数学误差，或者基于理论标准误计算估计值的软件存在误差（是的，有时会发生这种情况），那么理论标准误可能是错误的。

我们可以像使用通常的标准误一样使用自助标准误。β 的渐近合理 $100(1-\alpha)\%$ 区间估计值为：

$$\hat{\beta} \pm t_c [\text{bootstrap se}(\hat{\beta})]$$

其中，t_c 是 t 分布的 $1-\alpha/2$ 百分位数。在大样本中，使用 $t_c = 1.96$ 可以得到 95% 的区间估计值。这有时被称为**基于正态的自助置信区间**。

为了检验原假设 $H_0: \beta = c$ 与 $H_1: \beta \neq c$，有效的检验统计量为：

$$t = \frac{\hat{\beta} - c}{\text{bootstrap se}(\hat{\beta})}$$

如果原假设成立，则检验统计量在大样本中服从标准正态分布。[2]在 5% 的显著水平下，如果 $t \geq 1.96$ 或 $t \leq -1.96$，那么我们拒绝原假设。

5D.4 自助百分位数区间估计

百分位区间估计或**百分位置信区间**不使用估计量的近似大样本正态性。回想一下，在简单回归模型中，95% 的区间估计量是由公式（3.5）得到的，即：

$$P[b_k - t_c \text{se}(b_k) \leq \beta_k \leq b_k + t_c \text{se}(b_k)] = 1 - \alpha$$

其中，$t_c = t_{(0.975, N-K)}$。区间估计量 $[b_k - t_c \text{se}(b_k), b_k + t_c \text{se}(b_k)]$ 会包含来自同一总体的 95% **重复样本**的真实参数。讨论自助法时使用的另一个描述性短语是，我们"将样本视为总体"。这表明，通过使用自助法，我们试图了解估计量的样本特性，或者估计量在重复抽样中的性能。自助法将每个自助样本视为"重复样本"。使用这个逻辑，如果我们得到许

---

① 尝试计算一些自助 B，对于标准误，$B = 200$ 是一个很好的初始值。计算自助标准误。更改几次随机数种子。如果自助标准误变化很小，那么 B 就足够大了。如果要有实质性变化，那就需要增加 B。
② 由于它的大样本合理性，一些软件包将此统计值称为"z"。

多自助样本和许多估计值（将 B 自助估计值从小到大排序），95% 的区间估计值是 $[\hat{\beta}^*_{(0.025)}, \hat{\beta}^*_{(0.975)}]$，其中 $\hat{\beta}^*_{(0.025)}$ 是 B 自助估计值的 2.5% 百分位数，$\hat{\beta}^*_{(0.975)}$ 是 B 自助估计值的 97.5% 百分位数。考虑软件程序员寻找百分位数的方法，选择 B 使 $\alpha(B+1)$ 是一个方便的整数是很有用的。如果 B=999，那么 2.5% 百分位数是第 25 个值，97.5% 百分位数是第 975 个值。如果 B=1 999，那么 2.5% 百分位数是第 50 个值，97.5% 百分位数是第 1 950 个值。计算百分位区间估计值比计算标准误需要更多的自助样本。用这种方法计算的区间不一定是对称的。

5D.5　渐近精炼

如果有可能推导出在大样本中有效的估计量的方差的理论表达式，那么我们可以将其与自助法结合起来改进标准渐近性理论。渐近精炼产生一个检验统计临界值，从而导致更精确的检验。这是什么意思呢？H_0:$\beta = c$ 与 H_1:$\beta \neq c$ 的检验使用渐近有效名义标准误和 t 统计量 $t = (\hat{\beta} - c)/\text{se}(\hat{\beta})$。如果 $\alpha = 0.05$，$t \geq 1.96$ 或 $t \leq -1.96$，我们拒绝原假设。这个检验称为**对称双尾检验**。在有限（小）样本中，实际的拒绝概率不是 $\alpha = 0.05$，而是 P（拒绝 $H_0|H_0$ 为真）$=\alpha+$误差。当样本容量 N 接近无穷大时，误差趋于零。更准确地说，$N \times error \leq N^*$，其中 N^* 是上界。为了使其为真，当 $N \rightarrow \infty$ 时，误差必须接近零。当 $N \rightarrow \infty$ 时，误差不仅必须趋于 0，而且必须以相同的速率接近零，这样这两种效应就可以相抵，乘积 $N \times error$ 保持有限的数量，这叫作以速率 "N" 收敛到零。使用自助临界值 t^*_c，而不是 1.96，可以表明 $N^2 \times error \leq N^*$，这样使检验容量误差以 N^2 的速率收敛到零。我们有一个更精确的检验，因为使用自助临界值，检验容量中的误差会更快地趋于零。

精确性的提高是"容易"的。对数据进行重复抽样 B 次。在每个自助样本中，计算：

$$t_b = \frac{\hat{\beta}_b - \hat{\beta}_0}{\text{se}(\hat{\beta}_b)}$$

在这个表达式中，$\hat{\beta}_b$ 是第 b 个自助样本中的估计值，$\hat{\beta}_0$ 是基于原始样本的估计值，$\text{se}(\hat{\beta}_b)$ 是名义标准误，通常是基于理论的标准误，通过使用第 b 个自助样本来计算。这是公式（3.3）的自助等价式。若要查找自助临界值 t^*_c，请执行以下操作：（i）计算 $|t_b|$；（ii）按升序排序；（iii）t^*_c 是 $|t_b|$ 的第 $100(1-\alpha)$ 百分位数。使用原始样本计算的 t 统计值 $t = (\hat{\beta} - c)/\text{se}(\hat{\beta})$ 检验 H_0:$\beta = c$ 与 H_1:$\beta \neq c$，如果 $t \geq t^*_c$ 或 $t \leq -t^*_c$，则拒绝原假设。$100(1-\alpha)\%$ 区间估计 $\hat{\beta} \pm t^*_c\,\text{se}(\hat{\beta})$ 有时称为**百分位数** t 区间估计值。

对于右尾检验，H_0:$\beta \leq c$ 与 H_1:$\beta > c$，t^*_c 是 t_b 的第 $100(1-\alpha)\%$ 百分位数，舍弃绝对值符号。如果 $t \geq t^*_c$，则拒绝原假设。对于左尾检验，H_0:$\beta \leq c$ 与 H_1:$\beta > c$，t^*_c 是 t_b 的第 $100\alpha\%$ 百分位数。如果 H_0:$\beta \geq c$ 与 H_1:$\beta < c$，则拒绝原假设 $t \leq t^*_c$。

实例 5.21　非线性函数 $g_1(\beta_2) = \exp(\beta_2/10)$ 和 $g_2(\beta_1, \beta_2) = \beta_1/\beta_2$ 的自助推导

显然，是时候举个例子了！使用与附录 5C 相同的蒙特卡罗实验设计，我们为 N=20、40、100、200、500 和 1 000 创建样本。它们位于数据文件 $mc20$、$mc40$、$mc100$、$mc200$、$mc500$ 和 $mc1000$ 中。

首先我们探讨 $g_1(\beta_2) = \exp(\beta_2 / 10)$ 的自助推导。表5D-4a包含估计值、增量法标准误和渐近合理的95%区间估计值：

$$\exp(b_2 / 10) \pm \{1.96 \times se[\exp(b_2 / 10)]\}$$

将这些与表5C-2进行比较，包括蒙特卡罗均值估计值、名义（增量法）标准误和估计值的标准差。

由于我们要计算百分位数区间估计值和自助临界值，所以我们使用1999（$B=1\,999$）个自助样本作为表5D-4b中估计值的基础。随着样本容量的增加，偏差的自助估计值变小，这反映了估计量的一致性。$N=20$、40和100的自助标准误与同样样本规模的增量法标准误非常相似，如表5D-4a所示。它们与表5C-2的蒙特卡罗平均名义标准误和标准差不太一样。但是，一旦样本容量为$N=200$或更多，自助标准误就更接近表5C-2中的结果。在表5D-4b中，我们还报告了每个样本的95%百分位数区间（**PI**）估计值。最后，我们报告了在5%的显著性水平下或在构建置信区间时用于对称双尾检验的渐近精炼临界值。基于这些值，我们判断样本容量$N=20$和40并不足以支持我们的特定样本的渐近推断，但是如果我们继续进行检验，那么通常的临界值1.96不应该用于t检验或区间估计。当样本数$N=100$或更多时，通常的渐近方法是可以被证明的。

表 5D-4a　　　　　　　增量法 $g_1(\beta_2) = \exp(\beta_2 / 10) = 2.71828$

N	$g_1(b_2) = \exp(b_2 / 10)$	$se[\exp(b2 / 10)]$	95% Interval
20	2.91088	0.62367	$[1.6885, 4.1332]$
40	2.34835	0.37781	$[1.6079, 3.0888]$
100	2.98826	0.30302	$[2.3945, 3.5822]$
200	2.86925	0.20542	$[2.4666, 3.2719]$
500	2.63223	0.11241	$[2.4119, 2.8526]$
1000	2.78455	0.08422	$[2.6195, 2.9496]$

表 5D-4b　　　　　　　自助法 $g_1(\beta_2) = \exp(\beta_2 / 10)$

N	Bootstrap Bias	Bootstrap se	PI	t_c^*
20	0.0683	0.6516	$[2.0098, 4.5042]$	3.0063
40	0.0271	0.3796	$[1.7346, 3.2173]$	2.2236
100	0.0091	0.3050	$[2.4092, 3.6212]$	2.0522
200	0.0120	0.2039	$[2.4972, 3.3073]$	1.9316
500	-0.0001	0.1130	$[2.4080, 2.8567]$	2.0161
1000	0.0025	0.0844	$[2.6233, 2.9593]$	1.9577

表5D-5包含函数 $g_2(\beta_1, \beta_2) = \beta_1 / \beta_2$ 的类似结果。估计值、自助偏差、增量法标准误和自助标准误都说明了类似的情况。对于这个非线性函数，即两个参数的比率，$N=200$或更多会使渐近推断的效果更好。当自助法和增量法的标准误相似时，令人感到欣慰，它们

比表 5C-3 中的平均名义标准误和标准差要小一些。表达式中包含一种或另一种形式的参数比率，通常需要更大的样本来进行渐近推断。

表 5D-5　　　　　　　　　　　　自助法 $g_2(\beta_1, \beta_2) = \beta_1 / \beta_2$

N	$g_2(b_1, b_2) = b_1 / b_2$	Bootstrap Bias	se (b_1 / b_2)	Bootstrap se
20	8.18406	0.7932	4.75590	4.4423
40	13.15905	1.0588	5.38959	6.0370
100	7.59037	0.2652	2.14324	2.3664
200	8.71779	0.0714	1.64641	1.6624
500	10.74195	0.0825	1.15712	1.2180
1000	9.44545	0.0120	0.73691	0.7412

第6章

多元回归模型中的进一步推断

学习目标

基于本章的内容，你应该能够：

1. 解释约束和无约束误差平方和的概念以及其如何用于检验假设。

2. 使用 F 检验来检验单一原假设或联合原假设。

3. 使用计算机软件进行 F 检验。

4. 检验回归模型的总体显著性，根据计算机输出结果识别该检验的组成部分。

5. 根据计算机软件的输出结果，求出：（a）误差平方和；（b）适用于回归模型总体显著性的 F 值；（c）最小二乘估计值的估计协方差矩阵；（d）解释变量的相关矩阵。

6. 解释有限样本 F 检验和大样本卡方检验之间的关系，以及各自适用的假设。

7. 获得估计过程中包括非样本信息的约束最小二乘估计值。

8. 解释约束最小二乘估计量的性质，特别是如何将其偏差和方差与无约束最小二乘估计量进行比较。

9. 解释预测模型与因果效应模型之间的差异。

10. 解释什么是：（a）遗漏变量；（b）无关变量。解释遗漏变量和无关变量对最小二乘估计量的性质带来的影响。

11. 解释控制变量的概念和使控制变量有效所必需的假设。

12. 解释选择回归模型时需要考虑的问题。

13. 使用 RESET 检验错误设定。

14. 根据多元回归模型计算预测、预测误差的标准误和区间预测。

15. 使用赤池信息准则和施瓦茨准则为预测模型选择变量。

16. 解释什么是共线性及其对最小二乘估计带来的影响。

17. 在多元回归模型中确定有影响的观测结果。

18. 计算参数中的非线性回归模型的参数估计值，并解释非线性最小二乘与线性最小二乘的区别。

关键词

卡方检验	强影响观测值	回归设定误差检验
赤池信息准则	无关变量	约束最小二乘
辅助回归	非线性最小二乘	约束模型

贝叶斯信息准则	非样本信息	约束误差平方和
因果模型	遗漏变量偏差	施瓦茨准则
共线性	总体显著性	单一假设和联合假设
控制变量	预测	无约束模型
F 检验	预测模型	无约束误差平方和

经济学家发展并评价有关经济行为的理论。通过假设检验方法来检验这些理论。在第5章中，我们研究了 t 检验，对从多元回归模型得到的一个参数 β_k 和多个参数施加单一约束的原假设进行了检验。在这一章中，我们扩展前面的分析，检验对两个或两个以上参数施加两个或两个以上约束的原假设。这种检验的一个重要的新发展是 F 检验。一个可以在较弱假设下使用的大样本替代方法是卡方检验。

经济学家发展的理论有时提供非样本信息，可以与数据样本中的信息一起被用来估计回归模型的参数。结合这两种类型信息的方法被称为约束最小二乘法。当数据不是信息过剩的（共线性的条件）并且理论信息是好的时候，它是一种有用的方法。当检验假设时，约束最小二乘法也发挥了有益的实际作用。除了这些主题，我们还讨论多元回归模型的定义、预测和预测区间的构建。模型定义包括选择函数形式和一组解释变量。

选择一组解释变量的关键是模型是否要用于预测或因果分析。对于因果分析，变量偏差和控制变量的选择非常重要。对于预测，更重要的是选择与因变量高度相关的变量。我们还讨论了如果我们的数据不够丰富（因为变量是共线性的或缺乏足够的变化）会出现的问题，并总结了检测有影响力的观测值的概念。

6.1 检验联合假设

在第5章中，我们说明了如何使用单尾和双尾 t 检验来检验包含如下情况的假设：

1. 单一系数
2. 系数的线性组合
3. 系数的非线性组合

单一系数的检验最简单，只需要计算系数的估计值及其标准误。对于检验系数的线性组合，计算估计的线性组合标准误更加复杂。它需要计算线性组合中所有估计值的方差和协方差，但如果利用计算器计算会很费力，尤其是当线性组合中有三个或更多系数的时候。然而，软件会自动进行检验，得到检验的标准误、t 统计值和 p 值。如果 MR1—MR6 假设成立，那么 t 统计值就具有精确的分布，使得检验对小样本有效。如果不满足 MR6 假设，意味着 $(e_i|\mathbf{X})$ 不再是正态分布，或者如果 MR2：$E(e_i|\mathbf{X})=0$ 减弱到 $E(e_i)=0$ 和 $\mathrm{cov}(e_i,x_{jk})=0$ 的条件时，那么我们需要依赖于使检验近似有效的大样本结果，随着样本容量的增加，近似值会提高。

为了检验系数的非线性组合，检验统计值和用于计算标准误差的增量法必须依靠大样本近似值。我们需要运用非线性函数的导数和系数协方差矩阵，但要将它们作为一个线性组合，软件将自动执行检验，计算出标准误、t 统计值及其 p 值。在第5章中，我们给出一个区间估计值而不是一个非线性组合的假设检验的实例，但最佳广告支出水平的实例说明了如何获得检验所需的所有组成部分。对于非线性组合的假设检验和区间估计，计算标准误更加复杂。

在第5章中，所有t检验都有一个特点，即它们包括关于一个或多个参数的单一假设。换句话说，就是在原假设中仅有一个"等号"。在这一章中，我们感兴趣的是扩展原假设的假设检验，它包括关于参数的多个假设。若一个原假设带有多个假设，用多于一个等号表示，则称为**联合假设**。联合假设的一个例子是检验一组解释变量是否应包括在一个特定的模型中。有关社会经济背景的变量应该与描述受教育年限和工作经验的变量一样被用来解释一个人的工资吗？产品的需求数量是取决于替代品的价格，还是仅取决于其自身的价格？这类经济假设必须被确切地表示为关于模型参数的陈述。要回答第一个问题，我们构建一个原假设，其中所有的社会经济变量的系数都等于零。对于第二个问题，原假设将设定所有替代品价格的系数同时为零。两个都表示为：

$$H_0: \beta_4 = 0, \beta_5 = 0, \beta_6 = 0 \tag{6.1}$$

其中，β_4、β_5和β_6是社会经济变量的系数，或替代品价格的系数。公式（6.1）中的联合原假设包含三个假设（三个等号）：$\beta_4 = 0, \beta_5 = 0$和$\beta_6 = 0$。H_0是一个联合检验，检验所有三个假设是否同时成立。

可以使用一个实例，很方便地得到如公式（6.1）的假设检验的统计值。我们回到大安迪汉堡店的例子。

实例6.1 检验广告的效果

检验联合原假设所使用的方法是**F检验**。为了介绍该检验及其相关概念，考虑公式（5.23）中的Barn汉堡销售模型：

$$SALES = \beta_1 + \beta_2 PRICE + \beta_3 ADVERT + \beta_4 ADVERT^2 + e \tag{6.2}$$

假设现在我们想检验广告是否影响销售。由于广告出现在公式（6.2）中，既有线性项$ADVERT$，也有二次项$ADVERT^2$，如果$\beta_3 = 0$且$\beta_4 = 0$，则广告对销售没有影响；如果$\beta_3 \neq 0$或$\beta_4 \neq 0$或β_3和β_4都不为0，则广告对销售有影响。因此，对于该检验，原假设和备择假设是：

$H_0: \beta_3 = 0, \beta_4 = 0$

$H_1: \beta_3 \neq 0$或$\beta_4 \neq 0$或两者都不为0

相对于原假设$H_0: \beta_3 = 0, \beta_4 = 0$，公式（6.2）中的模型被称为**无约束模型**，没有对模型施加原假设中的约束。这与**约束模型**形成对比，约束模型是通过假设H_0中的参数约束是正确的而获得的。当H_0为真时，$\beta_3 = 0, \beta_4 = 0$，$ADVERT$和$ADVERT^2$被从模型中剔除。模型变为：

$$SALES = \beta_1 + \beta_2 PRICE + e \tag{6.3}$$

根据从无约束模型（6.2）和约束模型（6.3）得到的误差平方和（最小二乘残差平方和）的比较，对假设$H_0: \beta_3 = 0, \beta_4 = 0$进行$F$检验。这两个误差平方和分别被记为$SSE_U$和$SSE_R$。

在回归中增加变量会减少误差平方和，即被解释变量变异的更多部分归因于回归中的变量，更少部分归因于误差，表示为$SSE_R - SSE_U \geq 0$。使用文件$andy$中的数据来估计模型（6.2）和模型（6.3），我们发现 SSE_U=1 532.084 和 SSE_R=1 896.391。在方程中添加 $ADVERT$ 和 $ADVERT^2$ 会使误差平方和从 1 896.391 减少至 1 532.084。

　　F 检验要做的是评价误差平方和的减少是否足够大，使其在统计上显著。一方面，如果增加额外变量对误差平方和的影响不大，则这些变量对解释因变量变化的贡献不大，舍弃这些变量的原假设就得到支持。另一方面，如果增加变量导致了误差平方和的大幅减少，那么这些变量有助于解释因变量的显著变化，我们就得到拒绝原假设的证据。F 统计值确定是什么造成误差平方和的大幅或小幅减少。它由如下公式给出：

$$F = \frac{(SSE_R - SSE_U)/J}{SSE_U/(N-K)} \tag{6.4}$$

其中，J 为原假设中约束或者假设的个数，N 为观测值数量，K 是无约束模型中系数的个数。

　　要用 F 统计量来评估误差平方和的减少是否足以拒绝原假设，我们需要知道原假设为真时的概率分布。在 MR1-MR6 假设下，当**原假设为真**时，那么统计值 F 服从分子自由度为 J 和分母自由度为 $(N-K)$ 的 F 分布。关于这种分布的一些详细内容参见附录 B.3.8，其典型形状如图 B-9（a）所示；如果**原假设不为真**，则 SSE_R 和 SSE_U 之间的差异变大，这意味着，通过原假设对模型施加约束显著降低了模型拟合数据的能力。$SSE_R - SSE_U$ 的值大，意味着 F 值往往要大，所以如果 F 检验统计值变得太大，我们就拒绝原假设。到底取多大的值，取决于对 F 值和临界值 F_c 的比较，这使得落在自由度为 J 和 $N-K$ 的 F 分布右尾的概率为 α。α=0.01 和 α=0.05 的临界值参见本书结尾的统计表 4 和统计表 5。拒绝域 $F \geq F_c$ 的说明如图 B-9（a）所示。

实例 6.2　F 检验步骤

　　使用在第 3 章介绍的假设检验步骤，检验 $ADVERT$ 和 $ADVERT^2$ 是否应该从销售方程中排除的 F 检验步骤如下：

　　1. 定义原假设和备择假设：联合原假设是 $H_0 : \beta_3 = 0, \beta_4 = 0$。备择假设是 H_1：$\beta_3 \neq 0$ 或 $\beta_4 \neq 0$ 或两者都不为零。

　　2. 当原假设为真时，定义检验统计量及其分布：H_0 有两个约束意味着 J=2。此外，回顾 N=75，当 H_0 为真时，F 检验统计量的分布如下：

$$F = \frac{(SSE_R - SSE_U)/2}{SSE_U/(75-4)} \sim F_{(2,71)}$$

　　3. 设置显著性水平，并确定拒绝域：使用 α=0.05，给定拒绝域 $F \geq 3.126$，从 $F_{(2,71)}$ 分布得到的临界值是 $F_c = F_{(0.95,2,71)}$。或者，如果 p 值 ≤ 0.05，H_0 将被拒绝。

　　4. 计算检验统计量的样本值，如果需要的话，计算 p 值：F 检验统计值为：

$$F = \frac{(SSE_R - SSE_U)/J}{SSEU/(N-K)} = \frac{(1896.391 - 1532.084)/2}{1532.084/(75-4)} = 8.44$$

相应的 p 值为 $p = P(F_{(2,71)} > 8.44) = 0.0005$。

　　5. 结论说明：由于 $F = 8.44$，$F_c = 3.126$，$F > Fc$，我们拒绝 $\beta_3 = 0$ 和 $\beta_4 = 0$ 的原假设，并得出其中至少有一个不为零的结论。广告确实对销售收入有显著影响。通过说明 p 值=0.0005，小于 0.05，可以得到同样的结论。

你可能会问 $F_c = F_{(0.95, 2, 71)} = 3.126$ 的数值来自何处。在本书结尾的统计表 4 和统计表 5 中列出了有限数量自由度分布的 F 临界值。然而，对于任何一个自由度，可以使用计量经济软件得到这个问题的确切临界值。

6.1.1 检验模型的显著性

F 检验的一个重要应用是检验模型的**整体显著性**。在第 5.5.1 节中，我们利用 t 检验来检验被解释变量 y 是否与一个特定的解释变量 x_k 有关系。在本节中，我们将这一思想扩展到所有内含解释变量相关性的联合检验。再次考虑有（$K-1$）个解释变量和 K 个未知系数的一般多元回归模型：

$$y = \beta_1 + x_2\beta_2 + x_3\beta_3 + \cdots + x_K\beta_K + e \tag{6.5}$$

为了检查我们是否有一个可行的解释模型，我们构建以下的原假设和备择假设：

H_0：$\beta_2 = 0, \beta_3 = 0, \cdots, \beta_K = 0$

H_1：对于 $k=2$，3，$\cdots$，K，β_k 中至少有一个不为零 $\tag{6.6}$

原假设是一个联合假设，因为它有（$K-1$）个组成部分。它假设，除了截距参数以外，每一个参数 β_k 同时为零。如果这个原假设为真，没有任何解释变量会影响 y，因此我们的模型几乎没有价值。如果备择假设 H_1 为真，则至少其中有一个参数不为零，因此模型应包括一个或多个解释变量。但是，备择假设并没有表明哪个变量可能不为零。由于我们检验解释模型是否可行，用于公式（6.6）的检验有时被称为**回归模型整体显著性的检验**。假设 t 分布只能用来检验单一原假设，我们使用 F 检验来检验公式（6.6）的联合原假设。无约束模型如公式（6.5）所示。假设原假设为真，约束模型变为：

$$y_i = \beta_1 + e_i \tag{6.7}$$

在约束模型中，β_1 的最小二乘估计量是 $b_1^* = \sum_{i=1}^{N} y_i / N = \bar{y}$，这是被解释变量观测值的样本均值。从假设（6.6）中得到的约束误差平方和是：

$$SSE_R = \sum_{i=1}^{N}(y_i - b_1^*)^2 = \sum_{i=1}^{N}(y_i - \bar{y})^2 = SST$$

在这种情况下，我们检验原假设，即除了截距项，所有模型参数均为零，约束误差平方和是从完全无约束模型中得到的总平方和（SST）。无约束误差平方和是从无约束模型中得到的误差平方和，即 $SSE_U = SSE$。约束的数量是 $J = K - 1$。因此，为了检验模型的整体显著性，在非一般的情况下，F 检验统计值可以被修正为：

$$F = \frac{(SST - SSE)/(K-1)}{SSE/(N-K)} \tag{6.8}$$

把这个检验统计值的计算值与从 $F_{(K-1, N-K)}$ 分布中得到的临界值进行比较。它被用来检验回归模型的整体显著性。当进行回归分析时，这个检验的结果非常重要，如 F 值一样，它通常由计算机软件自动给出结果。

实例 6.3 大安迪方程的整体显著性

为了说明这一点，我们检验用来解释大安迪汉堡店销售收入的回归方程（6.2）的整体显著性。我们要检验 *PRICE*、*ADVERT* 和 *ADVERT*^{2} 的系数是否均为零的原假设与这些系数至少有一个不为零的备择假设。回顾该模型，即 $SALES = \beta_1 + \beta_2 PRICE + \beta_3 ADVERT + \beta_4 ADVERT_2 + e$，进行假设检验的步骤如下：

1.我们要检验原假设：

H_0：$\beta_2 = 0, \beta_3 = 0, \beta_4 = 0$

备择假设：

H_1：至少 β_2、β_3 和 β_4 中有一个为非零

2.如果 H_0 为真，

$$F = \frac{(SST - SSE)/(4-1)}{SSE/(75-4)} \sim F_{(3,71)}$$

3.利用 5% 的显著性水平，我们发现自由度为（3，71）的 F 统计量的临界值是 $F_c = 2.734$。因此，如果 $F \geq 2.734$，我们拒绝 H_0。

4.所要求的平方和是 $SST = 3\,115.482$ 和 $SSE = 1\,532.084$，给出的 F 值为：

$$F = \frac{(SST - SSE)/(K-1)}{SSE/(N-K)} = \frac{(3\,115.482 - 1\,532.084)/3}{1\,532.084/(75-4)} = 24.459$$

此外，p 值 $= P(F \geq 24.459) = 0.0000$，精确到小数点后四位。

5.因为 24.459 > 2.734，我们拒绝 H_0，得到估计出的关系是显著的结论。使用 p 值可以得到相同的结论。我们得出结论：*PRICE*、*ADVERT* 或 *ADVERT*^{2} 中至少有一个对销售产生影响。请注意，这个结论与使用单独的 t 检验对公式（5.24）的每个系数的显著性进行检验所得到的结论是一致的。

检查计算机软件输出的结果。你能在常规结果中找到 F 值 24.459 和相应的 p 值 0.0000 吗？

6.1.2 t 检验和 F 检验之间的关系

我们可能遇到的一个问题是，如果有一个非联合假设的原假设，它在 H_0 中只有一个等式，会发生什么？在这种情况下，我们是采用 F 检验，还是返回去使用 t 检验？答案是在检验单个"相等"原假设（单个限制）与"不相等"的备择假设时，可以使用 t 检验或 F 检验，检验结果将是相同的。当 H_0 中存在单一假设时，双尾 t 检验等效于 F 检验。然而，F 检验不能用作单尾 t 检验的替代。为了探索这些概念，我们回到大安迪汉堡店的例子。

实例 6.4 什么时候 t 检验和 F 检验是等价的？

在实例 6.1 和实例 6.2 中，我们使用 F 检验方法来检验如下模型中是否有 $\beta_3 = 0$ 和 $\beta_4 = 0$，以此检验广告是否影响销售：

$$SALES = \beta_1 + \beta_2 PRICE + \beta_3 ADVERT + \beta_4 ADVERT^2 + e \tag{6.9}$$

现在假设我们要检验价格（*PRICE*）是否影响销售（*SALES*）。根据同样的 F 检验方法，我们有 $H_0: \beta_2 = 0$，$H_1: \beta_2 \neq 0$，约束模型为：

$$SALES = \beta_1 + \beta_3 ADVERT + \beta_4 ADVERT^2 + e \tag{6.10}$$

估计公式（6.9）和公式（6.10）分别得到 $SSE_U = 1\,532.084$ 和 $SSE_R = 2\,683.411$。所求的

F 值为:

$$F = \frac{(SSE_R - SSE_U)/J}{SSE_U/(N-K)} = \frac{(2\,683.411 - 1\,532.084)/1}{1\,532.084/(75-4)} = 53.355$$

5% 的临界值是 $F_c = F_{(0.95,1,71)} = 3.976$。因此，我们拒绝 $H_0: \beta_2 = 0$。

试想一下，如果我们对同样的问题 $H_0: \beta_2 = 0$ 和 $H_1: \beta_2 \neq 0$ 使用 t 检验，会发生什么。通过估计公式 (6.9)，结果可表示为:

$$\widehat{SALES} = \underset{(\text{se})}{109.72} - \underset{(6.80)}{7.640}\ PRICE + \underset{(1.046)}{12.151}\ ADVERT - \underset{(3.556)}{2.768}\ ADVERT^2$$
$$\qquad\qquad (0.941)$$

检验 $H_0: \beta_2 = 0$ 对 $H_1: \beta_2 \neq 0$ 的 t 值是 $t = 7.640/1.045939 = 7.30444$。$t$ 检验 5% 的临界值是 $t_c = t_{(0.975,\ 71)} = 1.9939$，因为 $7.30444 > 1.9939$，我们拒绝 $H_0: \beta_2 = 0$。在这里使用这么多小数的原因很快就会清楚了。我们希望减少舍入误差，以确保 t 检验和 F 检验之间的关系得到正确揭示。

注意，计算出来的临界 t 值的平方与相应的 F 值相同，即 $t^2 = 7.30444^2 = 53.355 = F$，$t_c^2 = 1.9939^2 = 3.976 = F_c$。产生这种一致性的原因是 t 分布和 F 分布之间的确切关系。自由度为 df 的 t 随机变量的平方是分子自由度为 1 和分母自由度为 df 的 F 随机变量。它的分布为: $t_{(df)}^2 = F_{(1,df)}$。因为这些确切的关系，两个检验的 p 值相同，这意味着不管采用哪个方法，我们总会得到同样的结论。但是，当使用一个单尾 t 检验时，结论不相同，因为当选择不等号 ">" 或 "<" 时，F 检验不适用。此外，当原假设包含多个约束时，t 检验和 F 检验之间的等价性也不满足。所以在 $(J \geq 2)$ 的情况下，不能使用 t 检验，但是能使用 F 检验。

总结 F 检验方法

1. 原假设 H_0 包含一个或多个对模型参数 β_K 的线性等式约束。约束数量被记为 J。当 $J = 1$ 时，原假设被称为单一原假设。当 $J \geq 2$ 时，它被称为联合原假设。原假设可能不包括任何 "大于或等于" 或 "小于或等于" 的假设。

2. 备择假设说明原假设中的一个或多个等式不为真。备择假设可能不包括任何 "大于" 或 "小于" 选项。

3. 检验统计量是公式 (6.24) 中的 F 统计值。

4. 如果原假设为真，F 有分子自由度为 J 和分母自由度为 $N-K$ 的 F 分布。如果 $F \geq F_c$，则表明原假设被拒绝，其中 $F_c = F_{(1-\alpha,J,N-K)}$ 是有 $\alpha\%$ 的概率落在 F 分布右尾的概率。

5. 当检验单一的等价原假设时，使用 t 检验或 F 检验的方法是完全正确的: 它们是等价的。在实践中，习惯利用 t 检验来检验单一约束。F 检验通常适用于联合假设。

6.1.3　更一般的 F 检验

到目前为止，我们已经讨论了在一个变量或一组变量是否可以从模型中被排除的情况下的 F 检验。原假设中做出的假设是特定系数都等于零。F 检验也可用于更一般的假设，可以检验任何数量的含有等号的线性假设。推导隐含 H_0 的约束模型可能很棘手，但满足相同的一般原则。约束误差平方和仍然大于无约束的误差平方和。在约束模型中，在系数约束条件为真、无约束最小值 (SSE_U) 总是小于约束最小值 (SSE_R) 的制约下，通过最小化误差平方和，得到最小二乘估计值。如果 SSE_U 和 SSE_R 有本质的不同，一方面，如果原假设为真会显著降低模型拟合数据的能力；换句话说，数据不支持原假设，F 检验拒绝原假设；另一方面，如果原假设为真，我们预期数据与参数约束条件相容。我们预计误差平方和变化不大，在这种情况下，F 检验不会拒绝原假设。

实例6.5　检验最佳广告

为了说明如何得到原假设的约束模型——该模型比为多个系数赋零复杂得多，我们回到实例5.17，安迪花在广告上的最佳数量 $ADVERT_0$ 为：

$$\beta_3 + 2\beta_4 ADVERT_0 = 1 \tag{6.11}$$

现在，假设大安迪汉堡店每月已经支出广告费用1 900美元，他想知道这一数额是否是最佳的。根据估计方程得到的信息是否能提供足够的证据以拒绝每月支出广告费用1 900美元是最佳的假设呢？该检验的原假设和备择假设是：

$H_0: \beta_3 + 2 \times \beta_4 \times 1.9 = 1 \qquad H_1: \beta_3 + 2 \times \beta_4 \times 1.9 \neq 1$

进行相乘之后，这些假设可以写成：

$H_0: \beta_3 + 3.8\beta_4 = 1 \qquad H_1: \beta_3 + 3.8\beta_4 \neq 1$

我们如何获得隐含原假设的约束模型呢？请注意，当 H_0 为真时，$\beta_3 = 1 - 3.8\beta_4$。将此约束带入公式（6.9）中的无约束模型：

$SALES = \beta_1 + \beta_2 PRICE + (1 - 3.8\beta_4) ADVERT + \beta_4 ADVERT^2 + e$

归项和整理这个方程以方便估计，得到：

$$(SALES - ADVERT) = \beta_1 + \beta_2 PRICE + \beta_4 (ADVERT^2 - 3.8ADVERT) + e \tag{6.12}$$

利用最小二乘法估计这个模型，被解释变量为 $y = (SALES - ADVERT)$，解释变量为 $x_2 = PRICE$ 和 $x_3 = (ADVERT^2 - 3.8ADVERT)$，得到约束误差平方和 $SSE_R = 1552.286$。无约束误差平方和与以前一样，$SSE_U = 1532.084$。我们也有一个约束，即自由度为（$J = 1$），$N - K = 71$。因此，计算出的 F 统计值为：

$$F = \frac{(1552.286 - 1532.084)/1}{1532.084/71} = 0.9362$$

对于 $\alpha = 0.05$，临界值为 $F_c = 3.976$。因为 $F = 0.9362$，$F_c = 3.976$，$F < F_c$，我们不拒绝 H_0。我们得出这样的结论：安迪每月1 900美元的广告支出为最佳的假设，这与数据结果一致。

因为在 H_0 中只有一个假设，你也可以使用 t 分布进行该检验来验证一下。对于 t 值，你会发现 $t = 0.9676$。$F = 0.9362$ 与 $t^2 = 0.9676^2$ 等同，遵循我们前面提到的 t 随机变量和 F 随机变量之间的关系。你还会发现，p 值是相同的。具体来说，

$$p = P(F_{(1,71)} > 0.9362) = P(t_{(71)} > 0.9676) + P(t_{(71)} < -0.9676) = 0.3365$$

结果 0.3365 > 0.05 使我们得出结论，$ADVERT_0 = 1.9$ 与数据结果相容。

你可能已经注意到，该检验的说明稍微偏离本书第3章中介绍的和到目前为止使用的逐步假设检验程序。它们有相同的组成部分，只是排列方式不相同。从现在开始，我们将不完全按照这些步骤来进行检验。通过更灵活的方式，我们能为你展示研究报告中发现的讨论类型，但是请记住，介绍步骤的目的在于培养你良好的习惯。遵循这些步骤，能确保你包含检验的所有相关组成部分的说明并以正确的顺序考虑这些步骤。例如，先观测统计值，再决定假设或拒绝域是不正确的。

实例6.6　单尾检验

假设大安迪汉堡店不是想检验"$ADVERT=1.9$是最佳的"的假设，而是想检验 $ADVERT$ 的最佳值是否大于1.9。如果他每月已花费广告支出1 900美元，他不希望超过这一数额，除非有令人信服的证据表明最佳的广告支出大于1 900美元，否则他会设定假设：

$$H_0 : \beta_3 + 3.8\beta_4 \leq 1 \qquad H_1 : \beta_3 + 3.8\beta_4 > 1 \tag{6.13}$$

在这种情况下，我们可以不再使用 F 检验。如果你要对公式（6.13）进行 t 检验，你的计算将显示 $t=0.9676$。在5%的显著性水平下，拒绝域如下：如果 $t \geq 1.667$，则拒绝 H_0。因为 $0.9676 < 1.667$，我们不拒绝 H_0。数据中没有足够的证据表明，广告支出的最佳水平大于1 900美元。

6.1.4　使用计算机软件

虽然通过使用约束和无约束平方和计算 F 值是可能的并具有启发性，但使用计量经济学软件往往更方便。大多数软件包都有命令，当提出一个原假设时，它会自动计算 t 值和 F 值及相应的 p 值。你应该查看一下你的软件。你能对我们构建的原假设进行检验吗？这些检验都属于 **Wald检验**，你的软件可能以这种方法提及它们。你可以计算我们在第5章和第6章中得到的所有检验的答案吗？

实例6.7　两个（$J=2$）复杂假设

在本例中，我们说明大安迪汉堡店两个假设的联合检验。除了提出每月的广告支出1 900美元是最佳水平外，安迪提出如下假设：当 $PRICE=6$ 美元、$ADVERT=1.9$ 美元时，平均销售收入将为80 000美元，他计划增加工作人员并投入采购。也就是说，在我们的模型中，以回归系数 β_k 来表示，假设是：

$$
\begin{aligned}
E(SALES|PRICE = 6, ADVERT = 1.9) &= \beta_1 + \beta_2 PRICE + \beta_3 ADVERT + \beta_4 ADVERT^2 \\
&= \beta_1 + 6\beta_2 + 1.9\beta_3 + 1.9^2\beta_4 \\
&= 80
\end{aligned}
$$

有关销售和最佳广告的推测与包含在数据样本中的证据相容吗？我们用公式表示联合原假设：

$$H_0 : \beta_3 + 3.8\beta_4 = 1, \beta_1 + 6\beta_2 + 1.9\beta_3 + 3.61\beta_4 = 80$$

另一种方法是，这些约束中至少有一个是不正确的。因为有 $J=2$ 约束，要进行联合检验，我们使用 F 检验。t 检验不合适。还请注意，这是一个有两个约束的检验的实例，比简单遗漏变量更具有一般性。构建约束模型需要把这两个约束代入扩展模型，我们把这作为一个练习。通过直接把这两个假设输入软件，利用所得到的计算机输出结果，我们可知 F 统计值为5.74，相应的 p 值为0.0049。在5%的显著性水平上，联合原假设被拒绝。作为另一个练习，使用最小二乘估计预测当 $PRICE=6$ 和 $ADVERT=1.9$ 时的销售收入。安迪对销售水平是过于乐观还是过于悲观？

6.1.5　大样本检验

F 统计量的两个关键要求是在所有容量的样本中服从 F 分布：（1）假设 MR1—MR6 必

须成立；（2）H_0 中的限制必须是参数 $\beta_1, \beta_2, \cdots, \beta_K$ 的线性函数。在本节中，我们关注的是，当误差不再服从正态分布时或严格的外生性假设减弱为 $E(e_i) = 0$ 和 $\text{cov}(e_i, x_{jk}) = 0 \, (i \neq j)$ 时，大样本中什么样的检验统计量是有效的。我们还将给出一些关于检验非线性假设的评论。

为了评价检验的替代方案，我们详细介绍公式（6.4）中的 F 统计量是如何构造的。F 随机变量定义为两个独立的卡方（χ^2）随机变量的比率，每个变量除以其自由度，[①] 即如果 $V_1 \sim \chi^2_{(m_1)}$，$V_2 \sim \chi^2_{(m_2)}$，且 V_1 和 V_2 是独立的，则：

$$F = \frac{V_1 / m_1}{V_2 / m_2} \sim F_{(m_1, m_2)}$$

在本案例中，两个独立的 χ^2 随机变量为：

$$V_1 = \frac{(SSE_R - SSE_U)}{\sigma^2} \sim \chi^2_{(J)}, \quad V_2 = \frac{(N-K)\hat{\sigma}^2}{\sigma^2} \sim \chi^2_{(N-K)}$$

如果 σ^2 是已知的，V_1 将是用于检验 SSE_R 和 SSE_U 之间的差异是否足够大以拒绝原假设的自然指标。因为 σ^2 是未知的，我们使用 V_2 来消除它。具体来说，

$$F = \frac{V_1 / J}{V_2 / (N-K)} = \frac{\dfrac{(SSE_R - SSE_U)}{\sigma^2} / J}{\dfrac{(N-K)\hat{\sigma}^2}{\sigma^2} / (N-K)} = \frac{(SSE_R - SSE_U)/J}{\hat{\sigma}^2} \sim F_{(J, N-K)} \qquad (6.13)$$

注意 $\hat{\sigma}^2 = SSE_U / (N-K)$，公式（6.13）中的结果与前面公式（6.4）中介绍的 F 统计量相同。

当我们放弃正态假设或减弱严格的外生性假设时，该说法变得略微不同。在这种情况下，V_1 不再服从精确的 χ^2 分布，但是我们可以依赖渐近理论来说明这一点，

$$V_1 = \frac{(SSE_R - SSE_U)}{\sigma^2} \overset{a}{\sim} \chi^2_{(J)}$$

然后，我们可以更进一步说，用其一致估计量 $\hat{\sigma}^2$ 来替换 σ^2 并不改变 V_1 的渐近分布，[②] 即：

$$\hat{V}_1 = \frac{(SSE_R - SSE_U)}{\hat{\sigma}^2} \overset{a}{\sim} \chi^2_{(J)} \qquad (6.14)$$

该统计量是在较小限制性假设下检验大样本中的联合线性假设的有效备选方案，当样本容量增加时得到近似改善。在 5% 的显著水平下，如果 $\hat{V}_1$ 大于或等于临界值 $\chi^2_{(0.95, J)}$，或 p 值 $P(\chi^2_{(J)} > \hat{V}_1)$ 小于 0.05，则拒绝 H_0。使用自动检验命令，大部分软件会给出 F 和 $\hat{V}_1$ 的值。$\hat{V}_1$ 的值可能被称为"卡方"。

显然 $F = \hat{V}_1 / J$，两种检验备选方案不一定产生相同的结果，它们的 p 值会有所不同。在实践中两者都被使用，即使在限制较少的假设下，F 检验可能比 $\hat{V}_1$ 提供更好的小样本近似值。随着样本容量的增加（F 统计量分母的自由度增加），两个检验变得相同——它们的 p 值变得相同，在 $\lim_{N \to \infty} F_{(1-\alpha, J, N-K)} = \chi^2_{(1-\alpha, J)} / J$ 的意义上其临界值变得相同。你可以自己

[①] 见附录 B.3.6 和 B.3.8。
[②] 见 William Greene, *Econometric Analysis* 8e, Pearson Prentice-Hall, 2018, Theorem D.16, page 1168 of online Appendix.

验证一下。假设 $J=4$ 和 $\alpha=0.05$，则根据统计表 3，$\chi^2_{(0.95,4)} / 4 = 9.488 / 4 = 2.372$. F 值如统计表 4 所示，但使用软件提供一些额外的值是有启发性的。通过这样做，我们发现 $F_{(0.95,4,60)} = 2.525$，$F_{(0.95,4,120)} = 2.447$，$F_{(0.95,4,500)} = 2.390$，$F_{(0.95,4,1000)} = 2.381$，$F_{(0.95,4,10\,000)} = 2.373$. 当 $N-K$ 增加时，F 分布的第 95 百分位数接近 2.372。

实例 6.2 和实例 6.5 回顾

对如下方程检验 $H_0: \beta_3 = \beta_4 = 0$

$$SALES = \beta_1 + \beta_2 PRICE + \beta_3 ADVERT + \beta_4 ADVERT^2 + e \tag{6.15}$$

我们得到 $F=8.44$，对应的 p 值 $=0.0005$；$\chi^2 = 16.88$，对应的 p 值 $=0.0002$。因为有两个限制条件（$J=2$），F 值是 χ^2 值的一半。p 值不同，因为检验目的不同。

为了检验 $H_0: \beta_3 + 3.8\beta_4 = 1$，我们得到 $F = 0.936$，对应的 p 值 $=0.3365$；$\chi^2 = 0.936$，对应的 p 值 $=0.3333$。因为 $J=1$，所以 F 值和 χ^2 值相同，但是 p 值也略有不同。

检验非线性假设 非线性参数函数联合假设的检验统计量在理论上更具挑战性，[1]但通常可以由软件相对轻松地执行。尽管你可能会发现某些软件也给出了 F 值，但是只有渐近结果可用，并且相关的检验统计量是卡方。另一件需要关注的事情是，非线性假设是否可以重新界定为线性假设，以避免某一方面的近似。

实例 6.8 非线性假设

在第 5.7.4 节中，我们发现，根据公式（6.2）的参数，广告支出的最佳水平为：

$$ADVERT_0 = \frac{1 - \beta_3}{2\beta_4}$$

为了检验最佳支出水平为 1 900 美元的假设，使用最佳支出水平不是 1 900 美元的备择假设，我们可以设置参数是非线性的如下假设：

$$H_0: \frac{1 - \beta_3}{2\beta_4} = 1.9 \qquad H_1: \frac{1 - \beta_3}{2\beta_4} \neq 1.9 \tag{6.16}$$

我们有三种方法可以解决这个问题。第一种方法是转换假设，使参数是线性的，即 $H_0: \beta_3 + 3.8\beta_4 = 1$ 对 $H_1: \beta_3 + 3.8\beta_4 \neq 1$。这些是我们在实例 6.5 中检验的假设。$F$ 检验的 p 值为 0.337。第二种方法是使用如下 t 值检验公式（6.16）：

$$t = \frac{g(b_3, b_4) - 1.9}{se[g(b_3, b_4)]}$$

$$= \frac{(1 - b_3) / 2b_4 - 1.9}{se((1 - b_3) / 2b_4)} = \frac{2.0143 - 1.9}{0.1287} = 0.888$$

$g(b_3, b_4) = (1 - b_3) / 2b_4 = 2.0143$ 和 $se[g(b_3, b_4)] = se((1 - b_3) / 2b_4) = 0.1287$ 的数值可以在实例 5.17 计算 $ADVERT_0$ 的区间估计值中发现。第三个方法是使用 χ^2 检验来检验公式（6.16）。当我们只有一个假设时，$\chi^2 = F = t^2 = 0.888^2 = 0.789$。$F$ 和 t 临界值相对应，得到 p 值为 0.377。但 χ^2 检验却不同，其得到的 p 值为 0.374。

有这么多选择无疑会让你想知道该使用哪一种检验方法。一般来说，如果可能的话，最好的策略是转换成线性假设，此外可以使用 t 检验或 χ^2 检验。但如果 $J \geqslant 2$，t 检验就不可用了。这一节中重要的是了解软件输出中的不同检验统计数据的含义、来源以及在哪种情

---

[1] 见 William Greene, *Econometric Analysis* 8e, Pearson Prentice-Hall, 2018, pp. 211–212.

形中它们是精确有限样本检验或近似样本检验。

6.2 非样本信息的应用

在许多估计问题中，我们有来自样本观测值之外的信息。这些非样本信息可能来自许多地方，如经济学原理或经验，当可以利用时，我们自然会想到找一种方法来使用它的。如果非样本信息是正确的，与样本信息结合起来，可以提高参数估计的精度。

为了说明我们如何把样本信息和非样本信息相结合，考虑设计一个模型来解释对啤酒的需求。根据微观经济学中的消费者选择理论，我们知道，对一个商品的需求将取决于该商品的价格、其他商品的价格——特别是替代品和互补品的价格——以及收入。以啤酒为例，把需求量（Q）与啤酒价格（PB）、烈酒的价格（PL）、其余商品和服务的价格（PR），以及收入（I）联系起来是合理的。为了估计这种供求关系，我们需要对函数形式做进一步假设。使用"ln"来表示自然对数，我们假设在本例中双对数函数的形式是适用的：

$$\ln(Q) = \beta_1 + \beta_2 \ln(PB) + \beta_3 \ln(PL) + \beta_4 \ln(PR) + \beta_5 \ln(I) + e \tag{6.17}$$

这是一个很便利的模型，因为它能够排除不可行的负数价格、负的数量和负收入，并且在模型中，系数 β_2、β_3、β_4 和 β_5 为弹性值，参见第4.6节。

如果所有的价格和收入提升相同的比例，我们预计需求数量没有变化，这样可以得到相关的非样本信息。例如，所有价格和收入提高了一倍，不会改变消费的啤酒数量。这个假设是经济主体不受"货币幻觉"的影响。让我们把这个假设添加到需求模型中，看看会发生什么。所有的价格和收入变化相同的比例相当于以一个常数分别乘以价格和收入。以 λ 表示这个常数，以 λ 乘以公式（6.17）中的每个变量，得到：

$$\begin{aligned}\ln(Q) &= \beta_1 + \beta_2 \ln(\lambda PB) + \beta_3 \ln(\lambda PL) + \beta_4 \ln(\lambda PR) + \beta_5 \ln(\lambda I) \\ &= \beta_1 + \beta_2 \ln(PB) + \beta_3 \ln(PL) + \beta_4 \ln(PR) + \beta_5 \ln(I) \\ &\quad + (\beta_2 + \beta_3 + \beta_4 + \beta_5)\ln(\lambda) + e\end{aligned} \tag{6.18}$$

比较公式（6.17）和公式（6.18）可知，以 λ 乘以价格和收入将使 $\ln(Q)$ 产生变化量 $(\beta_2+\beta_3+\beta_4+\beta_5)\ln(\lambda)$。因此，如果价格和收入都上升相同的比例，则 $\ln(Q)$ 没有变化，如下公式必须为真：

$$\beta_2 + \beta_3 + \beta_4 + \beta_5 = 0 \tag{6.19}$$

因此，我们可以说，当价格和收入按相同比例变化时，需求量不应改变，而这些信息可以被写为需求模型参数的一个特定的约束项。我们称这个约束为**非样本信息**。如果我们相信这个非样本信息有意义，则公式（6.19）中的参数约束得到满足，那么得到的遵守这个约束的估计值似乎是可取的。

为了引入非样本信息，我们求解 β_k 中的一个参数约束。在数学上哪一个参数并不重要，但由于下面解释的原因，我们求解 β_4：

$$\beta_4 = -\beta_2 - \beta_3 - \beta_5$$

把该式代入公式（6.17）中的原始模型，得到：

$$\ln（Q）=\beta_1+\beta_2\ln(PB)+\beta_3\ln(PL)+（-\beta_2-\beta_3-\beta_5）\ln(PR)+\beta_5\ln(I)+e$$

$$=\beta_1+\beta_2[\ln(PB)-\ln(PR)]+\beta_3[\ln(PL)-\ln(PR)]+\beta_5[\ln(I)-\ln(PR)]+e$$

$$=\beta_1+\beta_2\ln(\frac{PB}{PR})+\beta_3\ln(\frac{PL}{PR})+\beta_5\ln(\frac{I}{PR})+e \tag{6.20}$$

我们已经使用参数约束消除了参数 β_4，同时利用对数的性质构建了新的变量 $\ln$（PB/PR）、$\ln$(PL/PR) 和 $\ln$(I/PR)。这些变量有一个吸引人的解释。因为 PR 代表所有其他商品和服务的价格，（PB/PR）和（PL/PR）分别可视为啤酒的实际价格和烈酒的实际价格，（I/PR）可视为实际收入。通过将最小二乘法应用于约束公式（6.20），我们得到了 $(b_1^*,b_2^*,b_3^*,b_5^*)$ 的**约束最小二乘估计**，β_4 的最小二乘估计可以通过 $b_4^*=-b_2^*-b_3^*-b_5^*$ 得到。

实例6.9 约束最小二乘法

从30个家庭的截面上将 Q、PB、PL、PR 和 I 的观测结果存储在文件 *beer* 中。利用这些观测值估计公式（6.20），我们得到：

$$\widehat{\ln(Q)}=-4.798-1.2994\ln(\frac{PB}{PR})+0.1868\ln(\frac{PL}{PR})+0.9458\ln(\frac{I}{PR})$$
$$（se）\qquad\quad（0.166）\qquad\quad（0.284）\qquad\qquad（0.427）$$

以及 $b_4^*=-（-1.2994）-0.1868-0.9458=0.1668$。我们估计啤酒需求的价格弹性为 -1.30，啤酒需求相对于烈酒的交叉价格弹性为 0.19，啤酒需求相对于其他商品和服务的交叉价格弹性为 0.17，啤酒需求的收入弹性为 0.95。

将约束代入原始方程并重新排列，正如我们得到公式（6.20）的做法，这种方法可行但可能不是必要的。不同的软件对于获得约束性最小二乘估计值有不同的选择。请检查你的软件所适用的方法。

这个约束最小二乘估计方法的特性是什么？首先，如果在无约束模型中 MR1-MR5 假设成立，除非我们施加的约束是完全正确的，否则约束最小二乘估计量总是有偏的，即 $E(b_k^*)\neq\beta_k$。这一结果引申出了有关计量经济学的一个观点。一个好的经济学家将比差的经济学家获得更可靠的参数估计值，因为一个好的经济学家将引进更好的非样本信息。当定义一个模型和必须对模型施加约束时，这确实是正确的。非样本信息不仅用在参数约束上，也用在模型定义上。好的经济理论是实证研究中非常重要的成分。

约束最小二乘估计量的第二个特性是，不管施加的约束是真还是假，其方差小于最小二乘估计量的方差。通过样本信息和非样本信息的结合，我们减少了随机抽样所造成的估计过程中的变异。通过施加参数约束得到方差的减少与高斯－马尔可夫定理不矛盾。最小二乘估计量是最佳线性无偏估计的，高斯－马尔可夫结果适用于单独使用数据和没有参数约束的线性无偏估计量。将数据包含在额外的信息中可以产生减少方差的额外奖励。如果额外的非样本信息是正确的，无疑将更好：约束最小二乘估计量是无偏的，并具有较低的方差。如果额外的非样本信息是不正确的，则减少方差会导致有偏的估计量。如果它导致估计值与其相应的真实参数值有很大的不同，则这种偏差会让我们付出巨大的代价。根据上一节的内容来检验约束可以判断约束是否为真。我们把这个特定需求的检验留作一个练习。

6.3 模型设定

在迄今已包括的内容中，一般我们认为模型的作用是给定的。问题如下：给定一个特定的回归模型，估计其参数的最佳方法是什么？给定一个特定的模型，如何检验关于该模型参数的假设？如何构建一个模型参数的区间估计值？在一个给定的模型中估计量的性质是什么？假设所有这些问题都需要模型的知识，那么很自然要问模型来自何处。在任何计量经济研究中，模型选择是第一步。在本节中，我们着重于以下问题：选择模型时要着重考虑的因素是什么？选择了错误的模型有什么后果？有没有什么方法能评估模型是否适当？

模型选择的三种基本特征是：（1）函数形式的选择；（2）选择要包含在模型中的解释变量（回归量）；（3）列在第5章中的多元回归模型假设 MR1–MR6 是否满足。我们已经讨论了一些违背这些假设的后果。特别是，我们已经看到，如果误差不再是正态分布（违背了 MR6），或者假设 MR2：$E(e_i|\mathbf{X})=0$ 减弱为 $E(e_i)=0$ 和 $\mathrm{cov}(e_i, x_{jk})=0$ $(i \neq j)$ 的备择假设，那么依赖大样本结果进行推断是多么必要。

后面关于异方差性、时间序列回归和内生回归的章节将处理违背 MR3、MR4 和 $\mathrm{cov}(e_i, x_{jk})=0$ 的情况。在这一节中，我们主要讨论了回归函数的选择问题，并对函数形式的选择做了一些考虑。第2.8节、第4.3~4.6节和第5.6节考虑了替代函数形式的特性。当选择函数形式时，我们需要问一些问题。比如，当回归因子改变时，因变量 y 有可能随之变化吗？变化速率不变吗？还是变化速率递减？在整个数据范围内弹性不变这个假设合理吗？在最小二乘残差中是否有任何模式暗示了另一种函数形式？使用最小二乘残差来评价函数形式的充分性已在第4.3.4节中讨论过了。

对于回归因子的选择，一个基本的考虑因素是假定模型的目的——是用于预测还是用于因果分析。我们现在来讨论这个问题。

6.3.1 因果关系与预测

有了因果推理，我们主要感兴趣的是回归因子的变化对因变量的条件均值的影响：是否有影响，如果有，其幅度是多少？我们希望能够说，其他因素保持不变，一个解释变量一个单位的变化会导致因变量均值的一个特定的变化。这类分析对制定政策工作很重要。例如，假设一个政府关心学校的教育效果，并认为每班人数多可能是效果不佳的原因。在花费大量资金增加教师数量和增设更多教室之前，需要有令人信服的证据，证明班级规模确实会影响学生的成绩。我们需要能够将班级规模的影响与其他变量（如社会经济背景）的影响分开。可能是规模大的班级倾向存在于社会经济背景差的地区。在这种情况下，重要的是要包括所有相关的变量，以便我们可以确保我们衡量班级规模的影响时"其他因素保持不变"。

同时，如果构建模型的目的是预测因变量的值，则选择回归因子时要选择与因变量高度相关的变量，这导致高的 R^2。这些变量是否对因变量有直接影响，以及是否可能遗漏一些相关变量，都不是那么重要。使用来自日益流行的"大数据"领域的变量进行预测分析就是因为变量的预测能力，而不是为了检验因果关系。

为了理解所强调的差异，在重要的情况下，假设变量 (y_i, x_i, z_i), $i = 1, 2, \cdots, N$ 是从满足条件的总体中随机选取的。

$$y_i = \beta_1 + \beta_2 x_i + \beta_3 z_i + e_i \tag{6.21}$$

我们为其中一个解释变量选择了符号 x，为另一个解释变量选择了 z，以区别包含的变量 x 和遗漏的变量 z。假设 $E(e_i|x_i, z_i) = 0$，故 $E(y_i|x_i, z_i) = \beta_1 + \beta_2 x_i + \beta_3 z_i$。在这些假设下，$\beta_2$ 和 β_3 有因果解释：

$$\beta_2 = \frac{\partial E(y_i|x_i, z_i)}{\partial x_i} \qquad \beta_3 = \frac{\partial E(y_i|x_i, z_i)}{\partial z_i}$$

即 β_2 表示其他因素保持不变、x 的变化所导致的 y 均值的变化，β_3 表示其他因素保持不变的情况下 z 的变化所导致的 y 均值的变化。对于这些解释，假设 $E(e_i|x_i, z_i) = 0$ 是很重要的。这意味着 x_i 和 z_i 的变化对误差项没有影响。现在假设 x_i 和 z_i 相关，这是解释变量中的常见现象。因为它们是相关的，$E(z_i|x_i)$ 会依存于 x_i。让我们假设这种依赖性可以用如下线性函数来表示。

$$E(z_i|x_i) = \gamma_1 + \gamma_2 x_i \tag{6.22}$$

则利用公式（6.21）和公式（6.22），我们得到：

$$\begin{aligned}
E(y_i|x_i) &= \beta_1 + \beta_2 x_i + \beta_3 E(z_i|x_i) + E(e_i|x_i) \\
&= \beta_1 + \beta_2 x_i + \beta_3 (\gamma_1 + \gamma_2 x_i) \\
&= (\beta_1 + \beta_3 \gamma_1) + (\beta_2 + \beta_3 \gamma_2) x_i
\end{aligned}$$

其中，按迭代期望定律，$E(e_i|x_i) = E_z[E(e_i|x_i, z_i)] = 0$。如果知道 x_i 或 z_i 对预测 e_i 没有帮助，则知道 x_i 也无助于预测 e_i。

现在，我们可以定义 $u_i = y_i - E(y_i|x_i)$，$\alpha_1 = \beta_1 + \beta_3 \gamma_1$ 和 $\alpha_2 = \beta_2 + \beta_3 \gamma_2$，得到：

$$\begin{aligned}
y_i &= (\beta_1 + \beta_3 \gamma_1) + (\beta_2 + \beta_3 \gamma_2) x_i + u_i \\
&= \alpha_1 + \alpha_2 x_i + u_i
\end{aligned} \tag{6.23}$$

其中，根据定义，$E(u_i|x_i) = 0$。对公式（6.23）应用最小二乘会得到 α_1 和 α_2 的最佳线性无偏估计。如果目标是使用 x_i 来预测 y_i，则我们可以使用这个方程，而不用担心遗漏 z_i。然而，由于 z_i 不是保持不变的，所以 α_2 不能衡量 x_i 对 y_i 的因果效应，该效应通过 β_2 给出。系数 α_2 包括 x_i 通过 γ_2 对 z_i 的间接影响，这可能是因果关系，也可能不是因果关系，其次是 z_i 的变化通过 β_3 对 y_i 的影响。注意，如果 $\beta_3 = 0$（z_i 不影响 y_i）或 $\gamma_2 = 0$（z_i 和 x_i 不相关），则 $\alpha_2 = \beta_2$ 且 α_2 的估计值给出所需的因果效应。

因此，为了利用最小二乘法估计变量 x 的因果效应，我们需要从一个模型开始，其中包括所有与 x 相关以及对 y 有影响的变量。另一种选择是，当所有这些变量的数据都不可用时，使用控制变量。我们在第 6.3.4 节中讨论它们的使用。

6.3.2 遗漏变量

正如上一节所解释的，如果我们的目标是估计因果关系，则遗漏相关变量可能是一个问题。在本节中，我们将进一步探讨遗漏重要变量的影响。这种遗漏总是有可能的。我们的经济学原理可能遗漏一个变量，或者由于缺乏数据可能会导致我们舍弃一个变量，即使它是由经济理论规定的。

实例6.10　家庭收入方程

为了引入**遗漏变量**的概念，我们考虑丈夫和妻子都工作的样本。经济学家汤姆·姆罗兹在一篇关于女性劳动力参与的经典论文中使用了这个样本。在我们的例子中使用的来自这个样本的变量存储在文件 *edu_inc* 中。被解释变量是定义为丈夫和妻子总收入的每年家庭收入 FAMINC。我们感兴趣的是受教育水平——丈夫的受教育年限（HEDU）和妻子的受教育年限（WEDU）——对家庭收入的影响。我们估计出的关系是：

$$ln(FAMINC) = \beta_1 + \beta_2 HEDU + \beta_3 WEDU + e \tag{6.24}$$

根据上述方程得到的系数估计值及其标准误、p 值（检验其在统计上是否显著异于零），如表6-1列（1）所示。

表6-1　　　　　　　　　　　　　　　　　　　家庭收入估计方程

	ln（FAMINC）				
	（1）	（2）	（3）	（4）	（5）
C	10.264	10.539	10.238	10.239	10.310
HEDU	0.0439	0.0613	0.0448	0.0460	0.0517
（se）	（0.0087）	（0.0071）	（0.0086）	（0.0136）	（0.0133）
[p 值]	[0.0000]	[0.0000]	[0.0000]	[0.0007]	[0.0001]
WEDU	0.0390		0.0421	0.0492	
（se）	（0.0116）		（0.0115）	（0.0247）	
[p 值]	[0.0003]		[0.0003]	[0.0469]	
KL6			−0.1733	−0.1724	−0.1690
（se）			（0.0542）	（0.0547）	（0.0548）
[p 值]			[0.0015]	[0.0017]	[0.0022]
XTRA_X5				0.0054	−0.0321
（se）				（0.0243）	（0.0154）
[p 值]				[0.8247]	[0.0379]
XTRA_X6				−0.0069	0.0309
（se）				（0.0215）	（0.0101）
[p 值]				[0.7469]	[0.0023]
SSE	82.2648	84.4623	80.3297	80.3062	81.0622
RESET p 值					
1 term（$\hat{y}^2$）	0.3374	0.1017	0.1881	0.1871	0.1391
2 terms（$\hat{y}^2$, $\hat{y}^3$）	0.1491	0.0431	0.2796	0.2711	0.2715

　　我们估计，丈夫多受一年教育，每年的收入会增加4.4%；而妻子多受一年教育，每年的收入会增加3.9%。这两个估计值都在1%的显著性水平下显著异于零。[①]

　　如果我们现在错误地把妻子的教育情况从等式中忽略了会发生什么呢？由此得出的估计值如表6-1第（2）列所示。遗漏 $WEDU$ 导致的估计值表明，对丈夫来说，额外多受一年教育的影响是6.1%。妻子受教育的影响被错误地归因于丈夫，导致对后者重要性的夸大。系数大小的这一变化是典型的错误遗漏相关变量的影响。遗漏相关变量（定义为系数非零的变量）导致有偏的估计量。自然地，这种偏差被称为**遗漏变量偏差**。

遗漏变量偏差：一个证明　若要给出具有两个解释变量的模型中遗漏一个解释变量的偏差的通用表达式，考虑模型 $y_i = \beta_1 + \beta_2 x_i + \beta_3 z_i + e_i$。假设我们错误地遗漏了模型中的 z_i，而是估计 $y_i = \beta_1 + \beta_2 x_i + v_i$，其中 $v_i = \beta_3 z_i + e_i$，则 β_2 的估计量为：

$$b_2^* = \frac{\sum (x_i - \bar{x})(y_i - \bar{y})}{\sum (x_i - \bar{x})^2} = \beta_2 + \sum w_i v_i$$

其中，$w_i = (x_i - \bar{x}) / \sum (x_i - \bar{x})^2$。根据附录2D得到等式中的第二个等式。替代 v_i 得到：

$$b_2^* = \beta_2 + \beta_3 \sum w_i z_i + \sum w_i e_i$$

假设 $E(e_i | \mathbf{x}_i, z_i) = 0$，或者令 (y_i, x_i, z_i) 是随机样本，$E(e_i | x_i, z_i) = 0$，b_2^* 的条件均值为：

$$E(b_2^* | \mathbf{x}, \mathbf{z}) = \beta_2 + \beta_3 \sum w_i z_i = \beta_2 + \beta_3 \frac{\widehat{\mathrm{cov}(x, z)}}{\widehat{\mathrm{var}(x)}} \tag{6.25}$$

请在练习6.3中证明此结果。无条件地，我们有：

$$E(b_2^*) = \beta_2 + \beta_3 E\left[\frac{\widehat{\mathrm{cov}(x, z)}}{\widehat{\mathrm{var}(x)}}\right] \tag{6.26}$$

在大样本中，在制约条件较少的条件下，

$$b_2^* \xrightarrow{P} \beta_2 + \beta_3 \frac{\mathrm{cov}(x, z)}{\mathrm{var}(x)} \tag{6.27}$$

　　因此，$E(b_2^*) \neq \beta_2$，b_2^* 不是 β_2 的一致估计量。如果 $\mathrm{cov}(x, z) \neq 0$，则它在小样本和大样本中存在偏差。对于公式（6.25）~（6.26）和公式（6.27）的结果也相似——偏差表示为：

$$\mathrm{bias}(b_2^* | \mathbf{x}, \mathbf{z}) = E(b_2^* | \mathbf{x}, \mathbf{z}) - \beta_2 = \beta_3 \frac{\widehat{\mathrm{cov}(x, z)}}{\widehat{\mathrm{var}(x)}} \tag{6.28}$$

　　我们可以根据公式（6.25）至公式（6.28）的结果再做四个有趣的观测。

　　1. 在约束 $\beta_3 = 0$ 不为真的情况下，遗漏相关变量是使用约束最小二乘估计量的一种特殊情况。它给出了 β_2 的有偏估计量，但方差较小。在表6-1中，$HEDU$ 系数的标准误从0.0087降低到0.0071，这与低方差结果是一致的。

　　2. β_3 的符号以及 x 与 z 之间协方差的符号会告诉我们偏差的方向。在实例6.9中，我们期望妻子的文化程度对家庭收入有正的影响（$\beta_3 > 0$），而夫妻的教育水平则是正相关的（$\mathrm{cov}(x, z) > 0$）。$HEDU$ 与 $WEDU$ 之间的正相关关系可以从表6-2中的相关矩阵中得到

[①]　我们在适当的时候讨论表6-1中的一些其他条目：来自其他方程的估计值和RESET值。

证实。

表 6-2   **家庭收入实例中使用变量的相关矩阵**

	ln（$FAMINC$）	$HEDU$	$WEDU$	$KL6$	$XTRA\_X5$	$XTRA\_X6$
ln（$FAMINC$）	1.000					
$HEDU$	0.386	1.000				
$WEDU$	0.349	0.594	1.000			
$KL6$	−0.085	0.105	0.129	1.000		
$XTRA\_X5$	0.315	0.836	0.518	0.149	1.000	
$XTRA\_X6$	0.364	0.821	0.799	0.160	0.900	1.000

3. 公式（6.28）中的偏差也可以写为 $\beta_3 \hat{\gamma}_2$，其中 $\hat{\gamma}_2$ 是回归方程 $E(z|x) = \gamma_1 + \gamma_2 x$ 中 $\hat{\gamma}_2$ 的最小二乘估计值。这个结果与公式（6.23）是一致的，它为我们解释了遗漏相关变量怎样导致对因果效应的错误估计。

4. 假设 $E(e_i|\mathbf{x}, \mathbf{z}) = 0$ 的重要性变得明显。在方程 $y_i = \beta_1 + \beta_2 x_i + v_i$ 中，我们有 $E(v_i|x_i) = \beta_3 E(z_i|x_i)$。$E(z_i|x_i)$ 的非零值导致了 β_2 的有偏估计。

实例 6.11 添加年龄小于 6 岁的儿童

当然，还有其他变量可以作为解释家庭收入的因素。在表 6-1 中，我们包括了 $KL6$（6 岁以下的儿童）人数。幼儿人数越多，可能工作的时间就越少，因此家庭收入就会减少。$KL6$ 的估计系数为负值，证实了这一预期。此外，尽管 $KL6$ 与 $HEDU$、$WEDU$ 之间的相关性不高，但这些变量的系数估计值略有增加，表明一旦我们保持幼儿人数不变，妻子和丈夫受教育的回报越大，工作时间越容易受到幼儿影响的妻子所受教育的回报越大。

6.3.3 无关变量

遗漏相关变量的后果可能会导致你认为一个好的策略是在模型中包括尽可能多的变量。但是，这样做不仅使模型不必要地复杂化，也可能因为**无关变量**（其系数为零，因为它们对因变量没有直接影响）的存在使估计值的方差膨胀。

实例 6.12 添加无关变量

为了观测无关变量的影响，我们将两个人工生成的变量 $XTRA\_X5$ 和 $XTRA\_X6$ 添加到家庭收入方程中。这些变量的构建使得这些变量与 $HEDU$、$WEDU$ 相关，但对家庭收入没有影响。在表 6-1 中给出了包括这两个变量的结果。我们可以从这些估计中观测到什么？首先，正如预期的那样，$XTRA\_X5$ 和 $XTRA\_X6$ 的系数 p 值大于 0.05。它们确实是不相关的变量。此外，所有其他变量系数估计值的标准差也有所增加，p 值也相应增加。在方程中加入与其他变量相关的无关变量，降低了其他变量系数估计的精度。这是因为，根据高斯-马尔可夫定理，正确模型的最小二乘估计量是最小方差线性无偏估计量。

最后让我们检查一下，如果我们保留 $XTRA\_X5$ 和 $XTRA\_X6$，遗漏 $WEDU$，会导致第（5）列中的结果发生什么。$XTRA\_X5$ 和 $XTRA\_X6$ 的系数在 5% 的显著性水平下显著异于零。不相关变量捕捉到相关遗漏变量的影响。虽然预测是这项工作的主要目标，这可能并不重要，但如果我们试图确定所包含变量的因果效应，则可能导致非常错误的结论。

6.3.4 控制变量

在到目前为止的讨论中，我们还没有明确区分因果效应值得关注的变量和方程中可能只是为了避免在因果系数估计中忽略变量偏差的其他变量。为了避免重要系数中出现遗漏变量偏差而包含在方程中的变量称为控制变量。控制变量可能包含在方程中，因为它们本身对因变量有直接影响，或者因为它们可以充当很难观测到的相关遗漏变量的代理变量。控制变量要达到其目的，并代替遗漏变量，需要满足条件均值独立性假设。为了引入这个假设，我们返回到如下方程：

$$y_i = \beta_1 + \beta_2 x_i + \beta_3 z_i + e_i \tag{6.29}$$

其中，观测值(y_i, x_i, z_i)是通过随机抽样得到的，$E(e_i | x_i, z_i) = 0$，我们感兴趣的是β_2，即x_i对y_i的因果效应，虽然β_3给出了z_i对y_i的因果效应，但我们不关心它的估计。此外，假设方程中遗漏了z_i，因为它是不可观测的，或者因为关于它的数据太难获得，所以得到以下方程：

$$y_i = \beta_1 + \beta_2 x_i + v_i$$

其中，$v_i = \beta_3 z_i + e_i$。如果z_i与x_i是不相关的，就没有问题。将最小二乘法应用于$y_i = \beta_1 + \beta_2 x_i + v_i$会得到$\beta_2$的一致估计值。然而，正如在公式（6.28）中所指出的，z_i和x_i之间的相关性导致β_2的最小二乘估计量的偏差等于$\beta_3 \text{cov}(x, z) / \text{var}(x)$。

现在考虑另一个具有以下属性的变量q，

$$E(z_i | x_i, q_i) = E(x_i | q_i) \tag{6.30}$$

这个性质表示，一旦我们知道q，就知道x不能提供更多关于z的信息。这意味着，一旦q被分离出来，x和z就不再相关了。我们说z_i和x_i是**条件均值独立**。下面使用一个例子来巩固这一概念。

当劳动经济学家估算工资等式时，他们对教育回报率特别感兴趣。特别是，更长的受教育年限和更高的工资之间的因果关系是什么？其他变量，如经验，通常会被添加到等式中，但它们一般不是主要的焦点。一个明显相关但由于无法观测而难以包含的变量是能力。此外，更有能力的人可能会接受更长年限的教育，因此能力和教育将是相互关联的。排除变量"能力"会使教育对工资的因果效应的估计产生偏差。不过，假设我们有关于智商的观测值。智商显然与教育和能力有关。这是否满足条件平均独立假设？我们需要写出：

$$E(ABILITY | EDUCATION, IQ) = E(ABILITY | IQ)$$

即我们一旦知道某人的IQ，知道其教育水平并不会为添加任何关于其能力的额外信息。另一个思考这个问题的方法是，只要我们考虑到IQ这一因素，教育就像是被随机分配的。人们可能会争论这是否是一个合理的假设，但是，如果它是合理的，那么我们可以继续使用IQ作为控制变量或替代$ABILITY$的代理变量。

控制变量是如何起作用的 回到公式（6.29），即$y_i = \beta_1 + \beta_2 x_i + \beta_3 z_i + e_i$，我们可以得到：

$$E(y_i | x_i, q_i) = \beta_1 + \beta_2 x_i + \beta_3 E(z_i | x_i, q_i) + E(e_i | x_i, q_i) \tag{6.31}$$

如果公式（6.30）中的条件均值独立假设成立，那么 $E(z_i|x_i, q_i) = E(z_i|q_i)$。为了说明起见，我们假设 $E(z_i|q_i)$ 是 q_i 的线性函数，即 $E(z_i|q_i) = \delta_1 + \delta_2 q_i$。我们还需要假设 q_i 对 y_i 没有直接影响，则 $E(e_i|x_i, q_i) = 0$。[1]将这些结果代入公式（6.31），我们有：

$$E(y_i|x_i, q_i) = \beta_1 + \beta_2 x_i + \beta_3(\delta_1 + \delta_2 q_i)$$
$$= \beta_1 + \beta_3\delta_1 + \beta_2 x_i + \beta_3\delta_2 q_i$$
$$= \alpha_1 + \beta_2 x_i + \alpha_2 q_i$$

其中，$\alpha_1 = \beta_1 + \beta_3\delta_1, \alpha_2 = \beta_3\delta_2$。定义 $u_i = y_i - E(y_i|x_i, q_i)$，我们得到公式：

$$y_i = \alpha_1 + \beta_2 x_i + \alpha_2 q_i + u_i$$

因为根据定义，$E(u_i|x_i, q_i) = 0$，α_1、β_2 和 α_2 的最小二乘估计值是一致的。请注意，我们已经能够估计 β_2，即 x 对 y 的因果效应，但是我们不能如此估计 β_3，即 z 对 y 的因果效应。

如果 q 是 z 的完美代理变量，则这个结果成立。我们可能想问，如果条件均值独立假设不成立，q 是 z 的一个**不完美代理变量**，会发生什么？假设：

$$E(z_i|x_i, q_i) = \delta_1 + \delta_2 q_i + \delta_3 x_i$$

在这种情况下，q 不是一个完美的代理变量，因为在控制它之后，$E(z_i|x_i, q_i)$ 仍然依存于 x。使用相似的代数，我们得到：

$$E(y_i|x_i, q_i) = (\beta_1 + \beta_3\delta_1) + (\beta_2 + \beta_3\delta_3) x_i + \beta_3\delta_2 q_i$$

用这个方程估计 β_2 的偏差是 $\beta_3\delta_3$。遗漏 z 而不是使用控制变量的偏差是 $\beta_3 \mathrm{cov}(x, z) / \mathrm{var}(x)$。因此，为了使控制变量比遗漏 z 有所改善，我们需要使 $\delta_3 < \mathrm{cov}(x, z) / \mathrm{var}(x)$。现在，$\mathrm{cov}(x, z) / \mathrm{var}(x)$ 等于 z 对 x 的回归中 x 的系数。因此，条件 $\delta_3 < \mathrm{cov}(x, z) / \mathrm{var}(x)$ 相当于表示，在包含 q 之后，z 对 x 回归中 x 的系数较低了。换句话说，在分离出 q 之后，x 和 z 之间的相关性降低了，但没有被消除。

实例6.13 能力控制变量

为了说明控制变量的用法，我们考虑如下模型：

$$\ln(WAGE) = \beta_1 + \beta_2 EDUC + \beta_3 EXPER + \beta_4 EXPER^2 + \beta_5 ABILITY + e$$

并使用存储在数据文件 *koop_tobias*_87 中的数据，即 Koop 和 Tobias 使用的数据子集。[2]该样本仅限于至少16岁的白人男性，他们在一年中至少工作30周和800个小时。Koop - Tobias 数据从1979年延长到1993年。我们使用1987年的观测值，共计 $N=1\ 057$。变量 *EDUC* 和 *EXPER* 分别表示受教育年限和经验。变量 *ABILITY* 是无法观测到的，但是我们有代理变量 *SCORE*，它是由1980年军队职业倾向测验的10组测试构成的，并按年龄进行标准化。遗漏 *ABILITY*，最小二乘估计方程为：

$$\widehat{\ln(WAGE)} = 0.887 + 0.0728 EDUC + 0.01268 EXPER$$
$$(se) \quad (0.293)(0.0091) \qquad (0.0403)$$
$$-0.00571 EXPER^2$$
$$(0.00165)$$

加入近似变量SCORE，我们得到：

---

[1] 在练习6.4中，请你研究如何放松这一假设。

[2] G. Koop and J.L. Tobias（2004），"Learning about Heterogeneity in Returns to Schooling"，*Journal of Applied Econometrics*, 19, 827-849.

$$\widehat{\ln(WAGE)} = 1.055 + 0.0592EDUC + 0.1231EXPER$$
$$(\text{se}) \quad (0.297)(0.0101) \quad (0.0401)$$
$$-0.00538EXPER^2 + 0.0604SCORE$$
$$(0.00165) \quad (0.0195)$$

加上变量 SCORE 后，额外一年的教育回报率从 7.3% 降至 5.9%，这表明遗漏变量 ABILITY 已将其某些影响错误地归因于受教育水平，对 EXPER 和 $EXPER^2$ 的系数影响不大。必须成立，以得到额外 EDUC 可以使 WAGE 增加 5.9% 的结论。在考虑 EXPER 和 SCORE 之后，我们知道 EDUC 并不能提供更多关于 ABILITY 的信息。教育和经验系数都需要这样的假设才能解释因果关系。最后，我们注意到代理变量 SCORE 的系数不能给出因果解释。

6.3.5 选择模型

尽管选择模型是最基本的，但这并不是一件容易的工作。没有一套机械的规则可被用于提出最佳模型。模型的选择取决于我们选取模型的目的以及怎样收集数据。我们需要的是对理论知识和各种统计检验结果的理解应用。更好的选择来自经验。最重要的是要找出评价模型合理与否的方法。以下几点有助于进行此类评估：

1. 设定模型的目的是确定一个或多个因果效应，还是预测？在因果关系为焦点的情况下，遗漏变量偏差可以使结论失效。谨慎选择控制变量，无论它们本身是变量还是代理变量，这都是必要的。同时，如果预测是目标，则主要关注的是使用具有强预测力的变量，因为它们与因变量具有相关性。遗漏变量偏差不是一个主要问题。

2. 理论知识以及专家对可能行为的评估和对关系性质的一般理解是选择变量和函数形式的重要考虑因素。

3. 如果估计方程的系数具有意想不到的符号或不现实的大小，则可能是由于遗漏一个重要变量等错误设定所致。

4. 最小二乘残差中的模式有助于揭示由不正确的函数形式引起的问题。第 4.3.4 节给出了一些说明。

5. 评估一个变量或一组变量是否应该包含在方程中的一种方法是执行显著性检验，如 $H_0: \beta_3 = 0$ 假设的 t 检验，以及 $H_0: \beta_3 = \beta_4 = 0$ 假设的 F 检验。这些检验可以包括平方系数和变量乘积作为对适当函数形式的检验。未能拒绝一个或多个系数为零的零假设，则可能表明变量是无关的。然而，重要的是要记住，如果数据不足以证明该假设，那么也会拒绝零假设。在第 6.5 节中将更多地谈到数据不足的问题。目前，我们注意到，当一个变量的系数不显著时，可以将其作为：（a）不相关的变量丢弃；（b）保留，因为将其包含在内的理论缘由是强有力的。

6. 杠杆率、学生化残差、DFBETAS 和 DFFITS 度量值是否识别了任何有影响的观测值？[1] 如果不寻常的观测值不是数据错误，则了解其发生的原因可能为建立模型提供有用的信息。

7. 关于替代模型设定，估计系数是否稳健？如果模型设计为因果模型，并且当估计模

---

[1] 4.3.6 节和 6.5.3 节讨论了这些检测有影响的观测值的措施。

型有不同设定或者包括不同的控制变量集合时，因果系数的估计值发生显著变化，则值得关注。

8. RESET（Regression Specification Error Test，回归设定误差检验）可以用于检验遗漏的变量或不正确的函数形式。这项检验的细节见第 6.3.6 节。

9. 我们已经提出了各种基于最大化 R^2 或最小化误差平方和（SSE）的模型选择标准，但会因变量过多而受到惩罚。当一个模型被设计用于预测而不是因果分析时，这些标准更有价值。为了进行可靠的预测，相对于模型的解释力，小的平方误差之和是必不可少的。我们在第 6.4.1 节中描述了其中的三个准则：修正的 R^2；赤池信息准则（Akaike information criterion，AIC）；施瓦茨准则（Schwarz criterion，SC），也称为贝叶斯信息准则（Bayesian information criterion,BIC）。

10. 对模型预测能力的一个更严格的评估是使用一个"保持"样本。最小二乘估计方程可以是最小化样本内平方误差之和。为了检验模型在样本外预测的能力，可以从估计中保留一些观测值，并对模型预测保留的观测值的能力进行评估。更多详情见第 6.4.1 节。

11. 遵循前 10 点的指导方针，几乎不可避免地会导致修订原先提出的模型，或对替代模型进行更广泛的检验。寻找一个具有"显著"估计值的模型并选择性地报告最终选定的"显著"模型是一种值得怀疑的做法。由于不知道导致所选结果的搜索过程，因此很难对结果进行有效的解释。对结果的适当报告应包括披露所有估计的模型和用于选择模型的标准。

6.3.6　回归设定误差检验（RESET）

对模型误设的检验是看模型是否适当或是否可以被改进的一种方式。如果我们忽略了重要的变量、包括了不相干的变量、选择了一个错误的函数形式或有违背多元回归模型假设的模型，则模型可能被误设。**回归设定误差检验**（REgression Specification Error Test，RESET）被用来检验模型是否含有遗漏变量和不正确的函数形式。其检验方法如下。

假设我们已经定义并估计了如下回归模型：

$y = \beta_1 + \beta_2 x_2 + \beta_3 x_3 + e$

假设 (b_1, b_2, b_3) 为最小二乘估计值，并且令：

$$\hat{y} = b_1 + b_2 x_2 + b_3 x_3 \tag{6.32}$$

为 y 的预测值。考虑以下两个人工模型：

$$y = \beta_1 + \beta_2 x_2 + \beta_3 x_3 + \gamma_1 \hat{y}^2 + e \tag{6.33}$$

$$y = \beta_1 + \beta_2 x_2 + \beta_3 x_3 + \gamma_1 \hat{y}^2 + \gamma_2 \hat{y}^3 + e \tag{6.34}$$

在公式（6.33）中，误设检验是针对假设 $H_1:\gamma_1 \neq 0$ 与 $H_0:\gamma_1 = 0$ 的检验。在公式（6.34）中，误设检验是检验 $H_0:\gamma_1 = \gamma_2 = 0$ 对 $H_1:\gamma_1 \neq 0$ 和/或 $\gamma_2 \neq 0$。在第一种情况下，可以使用 t 检验或 F 检验。对于第二个方程，需要使用 F 检验。拒绝 H_0 意味着，原来的模型不适当，但可以被改进。H_0 不被拒绝意味着检验未能发现任何定义错误。

为了理解检验背后的思想，请注意，$\hat{y}^2$ 和 $\hat{y}^3$ 是 x_2 和 x_3 的多项式函数。如果对公式（6.32）两边进行平方和立方，会得到 x_2^2、x_3^3、$x_2 x_3$ 和 $x_2 x_3^2$ 等项。由于多项式与许多不同种类的函数形式接近，如果原有的函数形式不正确，则包含 $\hat{y}^2$ 和 $\hat{y}^3$ 的多项式近似法会显著提高模型的拟合性。如果确实如此，这个事实会通过 y_1 和 y_2 的非零值被检测到。此外，如果我们遗漏了某些变量，而这些变量与 x_2 和 x_3 相关，则它们也可能与 x_2^2 和 x_3^2 相关，因此其影响的一部分可能通过加入 $\hat{y}^2$ 和/或 $\hat{y}^3$ 项被弥补。总的来说，检验的一般理念是：如果我们可以通过人为地加入模型预测力能显著地改进模型，则原有的模型必定是不适当的。

实例 6.14　RESET 在家庭收入方程中的应用

为了说明 RESET，我们回到实例 6.10 至实例 6.12 中考虑的家庭收入方程。在这些例子中，对包含不同变量的设定进行了估计，结果如表 6-1 所示。没有不相关变量的完整模型为：

$$\ln(FAMINC) = \beta_1 + \beta_2 HEDU + \beta_3 WEDU + \beta_4 KL6 + e$$

请返回并检查表 6-1，表的最后两行报告了 $H_0: \gamma_1 = 0$ 和 $H_0: \gamma_1 = \gamma_2 = 0$ 的 RESET 的 p 值。RESET 在 5% 显著性水平下拒绝模型的唯一例子是妻子的受教育情况被排除在外，且原假设为 $H_0: \gamma_1 = \gamma_2 = 0$。根据 RESET，不会排除 $KL6$，很可能是因为它与 $HEDU$ 和 $WIDU$ 没有很高的相关性。此外，当不相关的变量 $XTRA\_X5$ 和 $XTRA\_X6$ 被包括在内，并且 $WEDU$ 被排除时，RESET 排除错误设定。这一失败的可能原因是 $WEDU$ 与两个无关变量之间的高度相关性。

这个例子有两个重要的教训。首先，如果 RESET 不拒绝一个模型，则该模型不一定是一个好模型。其次，RESET 不会总是在替代模型之间进行区分。拒绝原假设表明存在错误设定，但是不拒绝原假设不表明什么。

6.4　预测

第 4.1 节介绍了具有一个解释变量的回归模型的预估或预测问题。这自然可以扩展到具有多个解释变量的更广泛的模型。在本节中，我们描述了这一扩展内容，改进了早期的材料，并提供了一些更广泛的背景。

假设我们有 $K-1$ 个解释变量的值，即 $\mathbf{x}_0 = (1, x_{02}, x_{03}, \cdots, x_{0K})$ 表示的值，我们希望使用该信息来预测相应的因变量值 y_0。在附录 4D 中，我们了解到 y_0 的最小均方误差预测值是条件期望 $E(y_0|\mathbf{x}_0)$。为了使这个结果具有可操作性，我们需要对 $E(y_0|\mathbf{x}_0)$ 的函数形式做一个假设，并估计依存于该假设的参数。根据多元回归模型，我们假设条件期望是线性参数函数：

$$E(y_0|\mathbf{x}_0) = \beta_1 + \beta_2 x_{02} + \beta_3 x_{03} + \cdots + \beta_K x_{0K} \tag{6.35}$$

定义 $e_0 = y_0 - E(y_0|\mathbf{x}_0)$，我们得到：

$$y_0 = \beta_1 + \beta_2 x_{02} + \beta_3 x_{03} + \cdots + \beta_K x_{0K} + e_0 \tag{6.36}$$

为了估计公式（6.35）中的参数（β_1，β_2，$\cdots$，β_K），我们假设有 $i=1$，2，$\cdots$，N 个观测值 y_i 且 $\mathbf{x}_i = (1, x_{i2}, x_{i3}, \cdots, x_{iK})$，这样，

$$E(y_i|\mathbf{x}_i) = \beta_1 + \beta_2 x_{i2} + \beta_3 x_{i3} + \cdots + \beta_K x_{iK} \tag{6.37}$$

定义 $e_i = y_i - E(y_i|\mathbf{x}_i)$，因此估计（$\beta_1$，$\beta_2$，$\cdots$，$\beta_K$）的模型可以表示为：

$$y_i = \beta_1 + \beta_2 x_{i2} + \beta_3 x_{i3} + \cdots + \beta_K x_{iK} + e_i \tag{6.38}$$

公式（6.35）至公式（6.38）构成**预测模型**。公式（6.37）和公式（6.38）适用于估计参数的样本观测值。公式（6.35）是已知参数（β_1，β_2，$\cdots$，β_K）时使用的预测公式。公式（6.36）包含实现值 y_0 和误差 e_0。当我们想到预估或预测时，我们可以互换使用这两个术语，我们自然会想到在样本观测值之外进行预测。在这种情况下，在进行预测时将不会观测到 y_0。使用时间序列数据，$\mathbf{x}_0$ 将是需要预测的解释变量的未来值；对于截面数据，它将是未采样的个人或其他经济单位的数值。然而，在有些情况下，尽管我们已经观测到这些观测值的 y 的真实值，但我们还是进行了样本内的预估或预测。其中一个例子是它们在 RESET 中的应用，即回归方程加入样本内预测值的平方和立方。当我们考虑样本内的预测值时，$\mathbf{x}_0$ 将与其中一个 $\mathbf{x}_i$ 相同，或者它可以被视为一般符号来表示所有 $\mathbf{x}_i$。

请注意，公式（6.36）和公式（6.38）不必是因果模型。要建立一个好的预测模型，（y_i，y_0）需要与（$\mathbf{x}_i$，$\mathbf{x}_0$）中的变量高度相关，但没有规定（y_i，y_0）是由（$\mathbf{x}_i$，$\mathbf{x}_0$）引起的。模型不需要包括影响 y 的所有变量，也不存在遗漏变量偏差的问题。在公式（6.38）中，我们只是估计所包含变量的条件期望。在这种情况下，（e_i，e_0）的解释与因果模型中的解释不同。在因果模型中，e 表示从模型中遗漏的变量的影响。重要的是，这些影响通过外生性假设从模型中被分离出来。我们认为 e 是数据生成过程的一部分。在预测模型中，条件期望中的系数可以表示包含变量的直接效应和排除变量的间接效应。误差项 e 就是真实值 y 与其条件期望之间的差，它是当（β_1，β_2，$\cdots$，β_K）已知时不必估计的预测误差。它不解释"所有其他变量"。

将最小二乘法应用于公式（6.35）将得到条件依存于 $\mathbf{X} = (\mathbf{x}_1, \mathbf{x}_2, \cdots, \mathbf{x}_N)$ 的（β_1，β_2，$\cdots$，β_K）的无偏估计值。如果我们进一步假设，对于 $i \neq j$，$\mathrm{var}(e_i|\mathbf{X}) = \sigma^2$，$E(e_i e_j|\mathbf{X}) = 0$，则最小二乘估计量是条件依存于 $\mathbf{X}$ 的最佳线性无偏估计量。它将是一个无条件的、一致的估计量，提供关于所持解释变量的有限行为的假设。[①]得到了最小二乘估计（$b_1, b_2, \cdots, b_K$），我们可以为 y_0 定义一个可操作预测模型（6.35），用它们的估计量替代未知的 β_k。

$$\hat{y}_0 = b_1 + b_2 x_{02} + b_3 x_{03} + \cdots + b_K x_{0K} \tag{6.39}$$

我们需要的一个额外的假设是，对于 $i = 1$，2，$\cdots$，N 和 $i \neq 0$，（$e_0|\mathbf{x}_0$）与（$e_i|\mathbf{X}$）是不相关的。我们还假设 $\mathrm{var}(e_0|\mathbf{x}_0) = \mathrm{var}(e_i|\mathbf{X}) = \sigma^2$，这是导出预测误差方差时使用的假设。

用 b_k 替换 β_k 后，预测误差表示为：

$$\begin{aligned} f &= y_0 - \hat{y}_0 \\ &= (\beta_1 - b_1) + (\beta_2 - b_2) x_{02} + (\beta_3 - b_3) x_{03} + \cdots + (\beta_K - b_K) x_{0K} + e_0 \end{aligned} \tag{6.40}$$

预测误差由两个部分组成：一个是未知参数估计的误差（$\beta_k - b_k$），另一个误差 e_0 是已实现的 y_0 与其条件均值的偏差。在 $E(f|\mathbf{x}_0, \mathbf{X}) = 0$ 的意义上，预测值 $\hat{y}_0$ 是无偏的，并且在条件方差 $\mathrm{var}(f|\mathbf{x}_0, \mathbf{X})$ 不大于任何其他线性无偏预测值的意义上，预测值 $\hat{y}_0$ 是最佳线性无偏预

---

① 简单回归情况下的说明见第 5.7.1 节。

测值。预测误差的条件方差为：

$$\begin{aligned}
\text{var}\left(f|\mathbf{x}_0, \mathbf{X}\right) &= \text{var}\left[\left(\sum_{k=1}^{K}(\beta_k - b_k)x_{0k}\right)\bigg|\mathbf{x}_0, \mathbf{X}\right] + \text{var}\left(e_0|\mathbf{x}_0, \mathbf{X}\right) \\
&= \text{var}\left[\left(\sum_{k=1}^{K}b_k x_{0k}\right)\bigg|\mathbf{x}_0, \mathbf{X}\right] + \sigma^2 \\
&= \sum_{k=1}^{K}x_{0k}^2 \text{var}\left(b_k|\mathbf{x}_0, \mathbf{X}\right) + 2\sum_{k=1}^{K}\sum_{j=k+1}^{K}x_{0k}x_{0j}\text{cov}\left(b_k, b_j|\mathbf{x}_0, \mathbf{X}\right) + \sigma^2
\end{aligned} \tag{6.41}$$

在公式的第一行，我们假定 $(\beta_k - b_k)$ 和 e_0 之间的协方差为零。对于样本外预测，这个假设确实为真，其中 e_0 与用于估计 β_k 的样本数据不相关。对于样本内预测，情况更为复杂。严格地说，如果 e_0 等于样本中 e_i 之一，则 $(\beta_k - b_k)$ 和 e_0 将是相关的。但是，相对于 f 的总体方差，这种相关性不会很大，在软件计算中往往被忽略。在公式（6.41）的第二行，$\beta_k x_{0k}$ 可视为常数，因此 $\text{var}((\beta_k - b_k)x_{0k}|\mathbf{x}_0, \mathbf{X}) = \text{var}(b_k x_{0k}|\mathbf{x}_0, \mathbf{X})$。第三行根据"概率入门"部分（P.20）中的加权和方差的计算规则得到。

$\text{var}(f|\mathbf{x}_0, \mathbf{X})$ 表达式中的每一项都涉及 σ^2。为了得到预测误差的方差估计值 $\widehat{\text{var}}(f|\mathbf{x}_0, \mathbf{X})$，我们用估计量 $\hat{\sigma}^2$ 替代 σ^2。预测标准误差表示为 $\text{se}(f) = \sqrt{\text{var}(f|\mathbf{x}_0, \mathbf{X})}$。如果随机误差 e_i 和 e_0 服从正态分布，或者如果样本容量很大，则：

$$\frac{f}{\text{se}(f)} = \frac{y_0 - \hat{y}_0}{\sqrt{\widehat{\text{var}}(y_0 - \hat{y}_0|\mathbf{x}_0, \mathbf{X})}} \sim t_{(N-K)} \tag{6.42}$$

按照我们多次使用的步骤，y_0 的 $100(1-\alpha)\%$ 区间预测值为 $\hat{y}_0 \pm t_c \text{se}(f)$，其中 t_c 是 $t_{(N-K)}$ 分布的临界值。

在提供一个例子之前，有两个值得考虑的实际问题。首先，在公式（6.41）中，误差方差 σ^2 通常比其他部分的方差大得多，这部分预测误差可归因于 β_k 的估计。因此，后者的组成成分有时被忽略，而 $\text{se}(f) = \hat{\sigma}$ 被使用。其次，到目前为止提出的框架并没有抓住时间序列预测的许多典型特征。对于时间序列预测，一些解释变量通常会是因变量的滞后值。这意味着 y_0 的条件期望将取决于其过去值。样本信息有助于满足 y_0 的条件期望。在上述说明中，我们将 $\mathbf{x}_0$ 视为解释变量的未来值。通过对未知 β_k 的估计，样本信息只对预测值有贡献。换句话说，$E(y_0|\mathbf{x}_0) = E(y_0|\mathbf{x}_0, \mathbf{X}, \mathbf{y})$，其中 $\mathbf{y}$ 表示对因变量的所有观测值。在第 9 章中，考虑了时间序列预测的更广泛的情形，其中该假设被放宽。

实例 6.15 汉堡店的销售预测

我们关心的是，当 $PRICE_0 = 6$，$ADVERT_0 = 1.9$ 并且 $ADVERT_0^2 = 3.61$ 时，求解大安迪汉堡店 $SALES$ 的 95% 预测区间。这些是大安迪汉堡店在实例 6.6 中考虑的值。运用通用符号它们表示为 $\mathbf{x}_0 = (1, 6, 1.9, 3.61)$。点预测值为：

$$\begin{aligned}
\widehat{SALES}_0 &= 109.719 - 7.640PRICE_0 + 12.1512ADVERT_0 - 2.768ADVERT_0^2 \\
&= 109.719 - 7.640 \times 6 + 12.1512 \times 1.9 - 2.768 \times 3.61 \\
&= 76.974
\end{aligned}$$

根据安迪提出的设定，我们预测销售额将达到 76 974 美元。

要获得预测区间，首先需要计算预测误差的估计方差。使用公式（6.41）和表6-3中的协方差矩阵值，我们有：

$$
\begin{aligned}
\widehat{var}\,(f|\mathbf{x}_0,\mathbf{X}) &= \hat{\sigma}^2 + \widehat{var}\,(b_1|\mathbf{x}_0,\mathbf{X}) + x_{02}^2\,\widehat{var}\,(b_2|\mathbf{x}_0,\mathbf{X}) + \\
&\quad x_{03}^2\,\widehat{var}\,(b_3|\mathbf{x}_0,\mathbf{X}) + x_{04}^2\,\widehat{var}\,(b_4|\mathbf{x}_0,\mathbf{X}) + \\
&\quad 2x_{02}\,\widehat{cov}\,(b_1,b_2|\mathbf{x}_0,\mathbf{X}) + \\
&\quad 2x_{03}\,\widehat{cov}\,(b_1,b_3|\mathbf{x}_0,\mathbf{X}) + \\
&\quad 2x_{04}\,\widehat{cov}\,(b_1,b_4|\mathbf{x}_0,\mathbf{X}) + \\
&\quad 2x_{02}x_{03}\,\widehat{cov}\,(b_2,b_3|\mathbf{x}_0,\mathbf{X}) + \\
&\quad 2x_{02}x_{04}\,\widehat{cov}\,(b_2,b_4|\mathbf{x}_0,\mathbf{X}) + \\
&\quad 2x_{03}x_{04}\,\widehat{cov}\,(b_3,b_4|\mathbf{x}_0,\mathbf{X}) \\
&= 21.57865 + 46.22702 + 6^2 \times 1.093988 + \\
&\quad 1.9^2 \times 12.6463 + 3.61^2 \times 0.884774 + \\
&\quad 2 \times 6 \times (-6.426113) + 2 \times 1.9 \times (-11.60096) + \\
&\quad 2 \times 3.61 \times 2.939026 + 2 \times 6 \times 1.9 \times 0.300406 + \\
&\quad 2 \times 6 \times 3.61 \times (-0.085619) + 2 \times 1.9 \times 3.61 \times (-3.288746) \\
&= 22.4208
\end{aligned}
$$

表 6-3　　　　　　　　　　大安迪汉堡店模型的协方差矩阵

	b_1	b_2	b_3	b_4
b_1	46.227019	−6.426113	−11.600960	2.939026
b_2	−6.426113	1.093988	0.300406	−0.085619
b_3	−11.600960	0.300406	12.646302	−3.288746
b_4	2.939026	−0.085619	−3.288746	0.884774

预测误差的标准误差为 $se(f) = \sqrt{22.4208} = 4.7351$，相关的 t 值为 $t_{(0.975,71)} = 1.9939$，给定 95% 的预测区间为：

$$(76.974 - 1.9939 \times 4.7351,\ 76.974 + 1.9939 \times 4.7351) = (67.533,\ 86.415)$$

我们以 95% 的置信水平预测，大安迪汉堡店的价格和广告支出设定将产生 67 533 美元至 86 415 美元的销售额。

6.4.1　预测模型选择标准

在本节中，我们考虑三种模型的选择标准 R^2 和 $\bar{R}^2$、AIC、SC（BIC），描述如何使用保留样本来评估模型的预估或预测能力。在整节中，你应该记住，我们不建议盲目应用这些标准，它们应被视为工具，提供有关替代模型优缺点的更多信息，它们应与在第6.3.5节和第6.3节介绍的其他因素结合使用。

完全基于 $\bar{R}^2$、AIC 或 SC 的模型选择涉及选择一个最小化误差平方和的模型，并对添加额外变量进行惩罚。虽然这些标准可以用于预测模型和因果模型，但它们的目标是最小化一个误差平方和的函数，而不是专注于系数，这使得它们更适用于预测模型。我们所描述的标准有一个共同特点，即它们只适用于有相同被解释变量的比较模型，而不适用于有不同被解释变量的模型，如 y 和 $\ln(y)$ 的模型。基于似然函数[①]的 AIC 和 SC 的更广泛的标准能被用于有被解释变量转换的模型，但在这里我们没有考虑。

R^2 和 $\bar{R}^2$　在第 4 章和第 5 章，我们介绍了作为衡量拟合优度的可决系数 $R^2 = 1 - SSE/SST$。它表明被解释变量的变化在多大比例上是由解释变量引起的。因为希望有模型很好地拟合数据，所以可能有一种倾向，认为最好的模型有最高的 R^2。这种思路至少存在两个问题。首先，如果使用截面数据来估计因果效应，那么低 R^2 是正常的，不必要予以考虑。更重要的是，要避免遗漏变量偏差，并要有足够多的样本，以便对感兴趣的系数进行可靠的估计。

第二个问题是与预测模型有关的问题，即基于 R^2 的模型比较只有在模型具有相同数量的解释变量的情况下才是合理的。即使添加的变量没有正当性，添加更多的变量也始终会增加 R^2。随着变量的增加，误差平方和 SSE 下降，R^2 因此上升。如果模型包含 $N-1$ 个变量，则 $R^2 = 1$。

衡量拟合优度的另一种方法被称为修正的 R^2，记为 $\bar{R}^2$，用于解决这个问题。其计算方法为：

$$\bar{R}^2 = 1 - \frac{SSE/(N-K)}{SST/(N-1)}$$

当增加变量时，$\bar{R}^2$ 并不总是上升，因为分子中的自由度为 $N-K$。当变量的数量 K 增加时，SSE 下降，但这样做 $N-K$ 也下降。对 $\bar{R}^2$ 的影响取决于 SSE 的下降幅度。在解决该问题的同时，拟合优度的修正衡量方法也带来了其他问题。不能继续用它来解释，因为 $\bar{R}^2$ 不再是解释变异的比例。此外可以证明，如果一个变量被添加到一个方程中，如系数 β_K，则如果检验原假设 $H_0 : \beta_K = 0$ 的 t 值大于 1，$\bar{R}^2$ 将提高。因此，利用 $\bar{R}^2$ 选择一组合适的解释变量就像使用一个临界值为 1 的系数显著性的假设检验，其临界值低于通常使用的 5% 和 10% 显著性水平的值。由于这些复杂性，我们更愿意用未经修正的 R^2 做拟合优度度量，如果 $\bar{R}^2$ 被用于模型选择，则需要加以注意。无论怎样，你都应该熟悉 $\bar{R}^2$。你会在研究报告和软件包的输出结果中看到它。

信息准则　选择变量以最大化 $\bar{R}^2$，可视为在引入太多的变量受到惩罚的约束下选择变量以最小化 SSE。AIC 和 SC 的作用原理类似，但对引入太多变量的惩罚不同。**赤池信息量准则**（AIC）表示为：

$$AIC = \ln\left(\frac{SSE}{N}\right) + \frac{2K}{N} \tag{6.43}$$

施瓦茨准则（SC）又被称为贝叶斯信息准则（BIC），表示为：

$$SC = \ln\left(\frac{SSE}{N}\right) + \frac{K\ln(N)}{N} \tag{6.44}$$

在每一种情况下，随着添加额外的变量，第一项变得更小，反映为 SSE 的下降，但第

---

① 最大似然估计的介绍可在附录 C.8 中找到。

二项变得更大，因为K增加了。因为对于$N \geq 8$，$K \ln(N)/N > 2K/N$，在合理的样本容量中，对增加额外的变量给予惩罚，SC比AIC更严厉。使用这些标准，有最小的AIC和SC的模型是首选。

为了基于似然函数最大化值得到这些标准的更通用版本的值，需要添加$[1 + \ln(2\pi)]$到公式（6.43）和公式（6.44）中。最好注意这一事实，以防你的计算机软件报告更通用的版本。增加一个常数尽管明显改变了AIC和SC的值，但其并不改变最小化标准的变量选择。

使用收回样本 当设计用于预估或预测的模型时，我们自然对其预测尚未观测到的因变量值的能力感兴趣。在此基础上对一个模型进行评估，我们可以做一些预测，然后在它们发生后将这些预测值与相应的真实值进行比较。然而，如果我们处于模型构建的考察阶段，我们不太可能期待额外的观测值。走出这种困境的方法是从估计中收回一些观测值，然后根据其能够预测所遗漏观测值的好坏来评估模型。假设我们总共有N个观测值，其中N_1是用来估计的，$N_2 = N - N_1$被收回用以评估模型的预测能力。因此，我们从观测值$(y_i, \mathbf{x}_i)$，$i = 1, 2, \cdots, N_1$中得到了估计值$(b_1, b_2, \cdots, b_K)$，并计算了预测值：

$$\hat{y}_i = b_1 + b_2 x_{i2} + \cdots + b_K x_{iK} \quad i = N_1 + 1, N_2 + 2, \cdots, N$$

模型样本外预测能力的一个衡量指标是**均方根误差**（RMSE）：

$$\text{RMSE} = \sqrt{\frac{1}{N_2} \sum_{i=N_1+1}^{N} (y_i - \hat{y}_i)^2}$$

我们期望这个数值比它的样本内对应的部分$\hat{\sigma} = \sqrt{\sum_{i=1}^{N_1} (y_i - \hat{y}_i)^2 / (N_1 - K)}$要大。因为最小二乘估计过程是$\sum_{i=1}^{N_1}(y_i - \hat{y}_i)^2$被最小化。模型可以根据其收回的RMSEs进行比较。

实例6.16 预测房价

房地产中介和潜在的购房者对房屋估价或预测具有特殊性的房屋价格感兴趣。影响房价的因素有很多，但对于我们的预测模型，我们只考虑两个因素，即房龄（AGE）和以百平方英尺计的房屋大小（SQFT）。我们考虑的最一般的模型为：

$$\ln(PRICE) = \beta_1 + \beta_2 AGE + \beta_3 SQFT + \beta_4 AGE^2 + \beta_5 SQFT^2 + \beta_6 AGE \times SQFT + e$$

其中，$PRICE$是以千美元为单位的房价。我们感兴趣的是部分或所有的二次项AGE^2、$SQFT^2$，以及$AGE \times SQFT$是否提高了模型的预测能力。为了方便起见，我们根据$\ln(PRICE)$而不是$PRICE$来评估预测能力。我们使用2005年在路易斯安那州巴吞鲁日出售的900栋房屋的数据，数据存储在文件$br5$中。为了进行基于RMSE的预测（但不是其他标准）的比较，我们随机选择了800个观测值用于估计，100个观测值作为回收样本。在该随机选择之后，对观测值进行排序，使得前面800个观测值用于估计，后面100个观测值用于预测评估。

各种模型的标准值如表6-4所示。通过寻找具有最高$\bar{R}^2$的模型以及最小AIC和SC（或最大负数）的模型，我们发现所有三个准则都倾向于包括AGE^2的模型2，但排除$SQFT^2$和$AGE \times SQFT$。采用样本外RMSE准则，模型6（除AGE^2之外还包括$AGE \times SQFT$）

略胜于模型 2。

表 6-4 房价实例的模型选择标准

模型	除（$SQFT$，AGE）之外还包括变量	R^2	$\bar{R}^2$	AIC	SC	RMSE
1	None	0.6985	0.6978	− 2.534	− 2.518	0.2791
2	AGE^2	0.7207	0.7198*	− 2.609*	− 2.587*	0.2714
3	$SQFT^2$	0.6992	0.6982	− 2.535	− 2.513	0.2841
4	$AGE \times SQFT$	0.6996	0.6986	− 2.536	2.515	0.2790
5	AGE^2，$SQFT^2$	0.7208	0.7196	− 2.607	− 2.580	0.2754
6	AGE^2，$AGE \times SQFT$	0.7210	0.7197	− 2.608	− 2.581	0.2712*
7	$SQFT^2$，$AGE \times SQFT$	0.7006	0.6993	− 2.537	− 2.510	0.2840
8	$SQFT^2$，AGE^2，$AGE \times SQFT$	0.7212*	0.7197	− 2.606	− 2.574	0.2754

*根据每项标准得到的最佳模型。

6.5 质量差的数据共线性和非显著性

大多数用来估计经济关系的数据是非实验性的。事实上，在大多数情况下，它们只是基于行政或其他目的被"收集"起来。它们不是为解释变量而进行特定设计的有计划的实验结果。在对照实验中，模型右边的变量可以被赋值，可以识别和精确估计其各自的影响。当实验得到的数据超出我们的控制范围时，许多经济变量可能会以系统的方式发生变动。这些变量被称为共线变量，这个问题被称为共线性问题。在共线的情况下，不能保证得到的数据是"信息丰富的"，也不可能分离与利益相关的经济关系或者参数。

举一个实例，考虑在大安迪汉堡店，当营销人员试图估计报纸广告和优惠券广告带来的销售收入增加时所面临的问题。假设共同使用这两个广告一直是常见的做法，在报纸上刊登广告的同时，也发放汉堡包的优惠券传单。如果衡量这两种形式的广告支出的变量出现在销售收入公式如公式（5.2）的右边，则这些变量的数据将显示一个系统的、正的关系。直观地看，利用这些数据分别揭示两种类型的广告的影响将是困难的。虽然我们很清楚广告总开支会增加销售收入，但因为这两种类型的广告支出一起变动，所以可能很难弄清楚它们各自对销售收入的影响。

来看第二个例子，请考虑一种生产关系，该关系说明了随着时间的推移产出是所使用的投入数量的一个函数。以相对固定的比例利用某些生产要素（投入），如劳动和资本。随着产量的增加，两个或两个以上投入要素的变化反映产出等比例的增加。变量之间的比例关系集中体现"共线性"的系统关系。要根据这些数据衡量各种组合投入的个别或单独的影响（边际产品）将是困难的。

不仅是数据样本变量之间的关系使分离出各个解释变量的单独影响变得困难，如果解释变量的值在数据样本内不变化或变化很小，显然也难以用数据来估计影响该变量变化的系数。

6.5.1 共线性的后果

共线性和/或缺乏变化的后果取决于我们是否正在检查估计崩溃的极端情况，或不好但不是极端的情况（即估计仍然可以进行，但我们的估计值缺乏精确度）。

在第5.3.1节中，我们考虑了模型：

$$y_i = \beta_1 + \beta_2 x_{i2} + \beta_3 x_{i3} + e_i$$

写出β_2的最小二乘估计量的方差：

$$\text{var}(b_2|\mathbf{X}) = \frac{\sigma^2}{(1 - r_{23}^2) \sum_{i=1}^{N} (x_{i2} - x_2)^2} \tag{6.45}$$

其中，r_{23}^2是x_2和x_3之间的相关系数。当x_2和x_3之间完全相关时，存在完全或极端的共线性，在这种情况下，$r_{23} = 1$，$\text{var}(b_2|\mathbf{X})$趋于无穷大。同样，如果$x_2$表现为没有变化，$\sum (x_{i2} - \bar{x}_2)^2$为零，$\text{var}(b_2|\mathbf{X})$又趋于无穷大。在这种情况下，$x_2$与常数项是共线的。在一般情况下，*只要解释变量之间有一个或多个完全的线性关系，则存在完全共线性的条件*。在这种情况下，最小二乘估计量没有被定义。我们利用最小二乘原理无法获得β_k的估计值，因为最小二乘假设之一—MR5（x_{ik}的值不是其他解释变量的完全线性函数）被违背了。

通常的情况是解释变量之间的相关性可能很高，但不完全为1；解释变量的变化可能很低，但不为零；或两个以上的解释变量之间的线性依存关系可能很高，但并不是完全线性关系。这些情况不违背最小二乘假设。根据高斯–马尔可夫定理，最小二乘估计量仍是最佳线性无偏估计量。然而，如果我们因为受到差的数据特性的约束而不能做到最好，则我们仍可能不满意。从公式（6.45）我们可以看到，当r_{23}接近1或$\sum (x_i - \bar{x}_2)^2$接近零时，b_2的方差将是很大的。一个大的方差意味着一个大的标准误差，这意味着估计值可能并不显著异于零，区间估计将很宽。样本数据提供的是关于未知参数的相对不精确的信息。

虽然公式（6.45）只对具有两个解释变量的回归模型有效，但通过几个简单的变化，我们可以一般化这个方程，以便在具有$K - 1$个解释变量的更一般的多元线性回归模型中获得对共线性的认识。首先，回顾第4.2.2节，两个变量之间的简单相关性与一个变量对另一个变量的回归中的R^2相同，这样$r_{23}^2 = R_2^2$，其中R_2^2是所谓的来自**辅助回归式**$x_{i2} = \alpha_2 + \alpha_3 x_{i3} + v_i$的$R^2$，则公式（6.45）的另一种表示方式为：

$$\text{var}(b_2|\mathbf{X}) = \frac{\sigma^2}{\sum (x_{i2} - \bar{x}_2)^2 (1 - R_2^2)} \tag{6.46}$$

这个方程的优点在于它适用于一般模型$y_i = \beta_1 + \beta_2 x_{i2} + \beta_3 x_{i3} + \cdots + \beta_K x_{iK} + e_i$，其中$R_2^2$是来自辅助回归$x_{i2} = \alpha_2 + \alpha_3 x_{i3} + \cdots + \alpha_K x_{iK} + v_i$的$R^2$。比率$\text{VIF} = 1/(1 - R_2^2)$被称为方差膨胀因子。如果$R_2^2 = 0$，表示不存在共线性，即$x_2$中的任何变化都不能用其他解释变量来

解释，则 VIF = 1, $\text{var}(b_2|\mathbf{X}) = \sigma^2 / \sum (x_{i2} - \bar{x}_2)^2$。同时，如果 $R_{2\cdot}^2 = 0.90$，表示 x_2 变化的 90% 可由其他回归因子解释，则 VIF = 10，$\text{var}(b_2|\mathbf{X})$ 比在没有共线性的情况下要大 10 倍。VIF 有时用于描述回归中的共线性的显著程度。在回归中每个解释变量都可以找到辅助回归的 R_k^2 和方差膨胀因子，类似于公式（6.46）适用于每个系数估计。

通过检查 $R_{2\cdot}^2$，我们可以得到信息非常丰富的第三种表示法。回归式 $x_{i2} = \alpha_2 + \alpha_3 x_{i3} + \cdots + \alpha_K x_{iK} + v_i$ 的 R^2 是由模型解释的关于均值 x_2 总变异的一部分，$\sum (x_{i2} - \bar{x}_2)^2$。假设辅助回归拟合值为 $\hat{x}_{i2} = a_2 + a_3 x_{i3} + \cdots + a_K x_{iK}$，其中 $(a_2, a_3, \cdots, a_K)$ 是 $(\alpha_2, \alpha_3, \cdots, \alpha_K)$ 的最小二乘估计。辅助回归的残差是 $x_{i2} - \hat{x}_{i2}$，其 R^2 可以表示为：

$$R_2^2 = 1 - \frac{\sum (x_{i2} - \hat{x}_{i2})^2}{\sum (x_{i2} - \bar{x}_2)^2}$$

把这个代入公式（6.46），我们有：

$$\text{var}(b_2|\mathbf{X}) = \frac{\sigma^2}{\sum (x_{i2} - \hat{x}_{i2})^2} \tag{6.47}$$

$\sum (x_{i2} - \hat{x}_{i2})^2$ 项是辅助回归的最小二乘残差平方和。当共线性较强时，x_2 变化由其他回归因子解释得越多，$\sum (x_{i2} - \hat{x}_{i2})^2$ 变得越小，$\text{var}(b_2|\mathbf{X})$ 变得越大。正是没有被其他回归因子所解释的 x_2 变化，才提高了最小二乘估计的精确度。

共线性引起的不精确估计的影响可概括如下：

1.当估计量标准误差较大时，很可能通常的 t 检验将导致参数估计值不显著异于零的结论。尽管 R^2 值或 F 值可能很高，这一结果仍会出现，这表明整个模型具有显著的解释力。问题是共线变量没有提供足够的信息来估计其独立的效果，即使理论可能表明它们在关系中的重要性。

2.估计量可能对增加或删除一些观测值或删除显然不显著的变量非常敏感。

3.尽管从这样的样本中分离出个别变量的影响很困难，如果在样本外观测值共线关系的性质保持不变，则准确的预测仍是可能的。例如，在一个总量生产函数中，投入劳动和资本几乎是共线的，那么对于特定的投入比例而不是投入的各种组合，准确的产出预测是可能的。

6.5.2 识别和减轻共线性

由于非完全共线性不违背最小二乘假设，如果没有证据表明存在某个问题，那么去寻找它则没有意义。如果已经估计了方程，系数被精确估计并且是显著的，系数有预期的符号和大小，系数对添加或删除一些观测值或不显著的变量不敏感，则没有理由去试图找出或减少共线性。如果有高度相关的变量，它们不会给你带来问题。不过，如果你有一个糟糕的估计方程，达不到期望，那么确定为什么估计值很差是有意义的。

发现共线关系的一个简单方法是使用解释变量组之间的样本相关系数。这些样本的相关系数是线性关系的描述性衡量。然而，在某些情况下，共线关系包括两个以上的解释变量，通过使用辅助回归可以更好地检测变量。如果从这个人工模型得到的 R_k^2 很高，比如高于0.80，其含义是，x_k大部分变化都由其他回归变量解释。这可能会对β_k的估计精度产生不利影响。如果辅助回归R_k^2不高，则估计量b_k的精度不会受到共线性的过大影响，虽然x_k的变化不充分，但仍会受到影响。

共线性的问题是数据不包含解释变量个体影响的充分"信息"，以允许我们精确估计统计模型的所有参数。因此，一个解决方案是获得更多的信息并纳入分析中。一个可行的方法就是获得更多、更好的样本数据。遗憾的是，在经济学中，这不一定是可行的，因为获得截面数据的代价很高，而且我们必须等待时间序列数据的出现。或者，如果新数据同样是通过原始数据样本的非实验过程获得的，则新观测值可能会具有相同的共线关系，并且几乎无法提供独立的新信息。新数据对提高最小二乘估计的精确度几乎无任何助益。

添加新的信息的第二种方法是在第6.2节介绍的，以参数限制的形式引入非样本信息。非样本信息可以与样本信息结合，以提供约束最小二乘估计值。好消息是，使用参数线性约束形式的非样本信息可以降低估计量样本的变异性。坏消息是，除非约束条件是完全正确的，否则得到的约束估计量是有偏的。因此，使用好的非样本信息非常重要，只有这样，样本变异性的减少才不是以大的估计量偏差的代价来获得的。

实例6.17　水稻生产函数中的共线性

为了说明共线性，我们使用菲律宾农民的水稻生产截面数据来估计生产函数：

$$\ln(PROD) = \beta_1 + \beta_2 \ln(AREA) + \beta_3 \ln(LABOR) \\ + \beta_4 \ln(FERT) + e \tag{6.48}$$

其中，$PROD$表示新脱粒的大米吨数，$AREA$表示种植的公顷数，$LABOR$表示受雇劳动力和家庭劳动力的工作量（人天数），$FERT$表示肥料的千克数。1993年和1994年的数据见数据文件$rice5$。人们会认为，共线性可能是一个问题。与小农场相比，面积更大的农场可能需要更多的劳动力和更多的化肥。通过查看表6-5中的结果，可以确定存在共线性问题的可能性，我们只使用1994年的数据来估计函数。这些结果传达的信息很少。95%的区间估计值范围非常宽，并且因为$\ln(AREA)$和$\ln(LABOR)$的系数显著异于零，因此它们的区间估计值包括负的范围。高的辅助回归值R^2和相应的高方差膨胀因子指出共线性是导致结果不精确的罪魁祸首。进一步的证据是从估计公式（6.48）中得到了一个相对较高的R^2（0.875），而两个不重要系数的联合检验$H_0:\beta_2 = \beta_3 = 0$的$p$值为0.0021。

表6-5　　　　　　　　　　　　　基于1994年数据的稻米生产函数估计结果

变量	系数b_k	se(b_k)	95%的区间估计值	p值	辅助回归R^2	VIF
C	−1.9473	0.7385		0.0119		
$\ln(AREA)$	0.2106	0.1821	$[-0.1573, 0.5786]$	0.2543	0.891	9.2
$\ln(LABOR)$	0.3776	0.2551	$[-0.1379, 0.8931]$	0.1466	0.944	17.9
$\ln(FERT)$	0.3433	0.1280	$[0.0846, 0.6020]$	0.0106	0.870	7.7

*$H_0:\beta_k = 0$与$H_1:\beta_k \neq 0$的p值。

我们考虑两种提高估计精度的方法：（1）加入非样本信息；（2）使用更多的观测值。对于非样本信息，假设我们愿意接受规模报酬不变的概念，即以同样比例增加投入将导致同样比例的生产增加。如果该约束成立，则 $\beta_2 + \beta_3 + \beta_4 = 1$。将此约束作为一个原假设进行检验，得到的 p 值为 0.313。因此，这并不是一个与 1994 年数据不相容的约束。将 $\beta_2 + \beta_3 + \beta_4 = 1$ 代入公式（6.48），并整理公式得到：

$$\ln\left(\frac{PROD}{AREA}\right) = \beta_1 + \beta_3 \ln\left(\frac{LABOR}{AREA}\right) + \beta_4 \ln\left(\frac{FERT}{AREA}\right) + e \tag{6.49}$$

这个公式可以看作是一个"产量"公式。每公顷水稻产量是每公顷劳动力和每公顷肥料的函数。估计结果见表 6-6。结果有什么改善吗？答案是：不是很多！对 β_3 的估计不再是"微不足道的"，但这更多地归因于 b_3 大小的增加，而不是其标准误的减少。标准误的减少只是微乎其微，而且区间估计范围仍然很宽，传递的信息很少。$\ln(LABOR/AREA)$ 与 $\ln(FERT/AREA)$ 之间的平方相关系数为 0.414，远小于早期的辅助回归 R^2，但新估计值相对不精确。

表 6-6　　　基于 1994 年数据的规模报酬不变的稻米生产函数的估计结果

变量	系数 b_k	se(b_k)	95% 的区间估计值	p 值[*]
C	-2.1683	0.7065		0.0038
$\ln(AREA)$	0.2262	0.1815	[-0.1474, 0.5928]	0.2197
$\ln(LABOR)$	0.4834	0.2332	[0.0125, 0.9544]	0.0445
$\ln(FERT)$	0.2904	0.1171	[0.0539, 0.5268]	0.0173

[*] $H_0: \beta_k = 0$ 与 $H_1: \beta_k \neq 0$ 的 p 值。

作为在估计过程中注入非样本信息的一种替代方法，我们将 1994 年的数据与 1993 年的观测值数据相结合，来检验包括更多观测值数据的效果。结果见表 6-7。尽管事实是方差膨胀因子仍然相对较大，但这里的标准误差已大大降低，估计精度有了相当大的改善。最大的改进是 $\ln(FERT)$ 系数，它具有最低的方差膨胀因子。另外两个系数的区间估计值仍然可能会超出研究人员的预期范围，但至少有一些改进。

表 6-7　　　基于 1993 年和 1994 年数据的稻米生产函数估计结果

变量	系数	se(b_k)	95% 的区间估计值	p 值[*]	辅助回归 R^2	VIF
C	-1.8694	0.4565		0.0001		
$\ln(AREA)$	0.2108	0.1083	[-0.0045, 0.4261]	0.0549	0.870	7.7
$\ln(LABOR)$	0.3997	0.1307	[0.1399, 0.6595]	0.0030	0.901	10.1
$\ln(FERT)$	0.3195	0.0635	[0.1932, 0.4457]	0.0000	0.776	4.5

[*] $H_0: \beta_k = 0$ 与 $H_1: \beta_k \neq 0$ 的 p 值。

6.5.3 调查有影响力的观测值

在第4.3.6节中，我们介绍了一些措施，以检测有影响力的观测值。采取这些措施的目的首先是检测是否有数据错误，其次，如果数据的准确性得到确认，则可以识别可能值得进一步调查的异常观测值。是否有观测值可以用所提出的模型加以解释？是否还有其他因素可能导致出现异常观测值？

在第4.3.6节中，这些措施是在具有一个解释变量的简单回归模型的背景下提出的。同样的措施对于多重回归模型是相关的，但是公式稍做改变以适应额外的回归因子。现在是返回重读第4.3.6节的时候了。如果你已经理解了这些概念，我们就可以继续了。在这一节中介绍的重要概念是第 i 个观测值的杠杆作用 h_i、学生化残值 $\hat{e}_i^{stu}$，以及对遗漏第 i 个观测值其系数估计值的敏感性 $DFBETAS_{ki}$、对遗漏第 i 个观测值其预测值的敏感性 $DFFITS_i$。表6-8概述了这些措施的多元回归版本，以及可能需要对观测结果进行进一步审查的常规阈值。记住，这样做的目的不是要抛开不寻常的观测值，而是要从中吸取教训。它们可能揭示数据的一些重要特征。

表 6-8   识别有影响力的观测值的统计量

有影响力的统计量	公式	调查的阈值
杠杆作用	$h_i = \dfrac{\mathrm{var}(\hat{e}_i) - \hat{\sigma}^2}{\hat{\sigma}^2}$	$h_i > \dfrac{2K}{N}$ 或 $\dfrac{3K}{N}$
学生化残差	$\hat{e}_i^{stu} = \dfrac{\hat{e}_i}{\hat{\sigma}(i)(1-h_i)^{1/2}}$	$\left| \hat{e}_i^{stu} \right| > 2$
DFBETAS	$DFBETAS_{ki} = \dfrac{b_k - b_k(i)}{(\hat{\sigma}(i)/\hat{\sigma}) \times \mathrm{se}(b_k)}$	$\left| DFBETAS_{ki} \right| > \dfrac{2}{\sqrt{N}}$
DFFITS	$DFFITS_i = (\dfrac{h_i}{1-h_i})^{1/2} \hat{e}_i^{stu}$	$\left| DFFITS_i \right| > 2(\dfrac{K}{N})^{1/2}$

实例6.18   房价方程中的有影响力的观测值

为了说明如何识别出有潜在影响力的观测值，我们返回到实例6.16，其中，使用预测模型选择标准，预测房价的首选方程为：

$$\ln(PRICE) = \beta_1 + \beta_2 SQFT + \beta_3 AGE + \beta_4 AGE^2 + e$$

在900个观测值的样本中，发现相对大量的数据点（其中各种有影响力的度量值超出所推荐的阈值）并不令人惊讶。例如，在表6-9中，我们用三个最大的DFFITS报告了这些观测值的测量值。事实证明，这三种观测值的其他影响度量也有很大的价值。在每个值旁边的括号中是其绝对值的秩。当我们检查这三种不寻常观测值的特征时，我们发现观测值540是样本中最新的房子，而观测值150是最古老的房子。观测值411既老又大，它是样本中第10大的（第99百分位数）也是排名第六老的房子（第99.4百分位数）。

表 6-9　　　　　　　　　　住宅价格方程的影响度量

观测值	h_i（排名）	$\hat{e}_i^{stu}$（排名）	DFFITS$_i$（排名）	DFBETAS$_{ki}$（排名）		
阈值	$\dfrac{2.5K}{N}=0.011$	2	$2\left(\dfrac{K}{N}\right)^{1/2}=0.133$	$\dfrac{2}{\sqrt{N}}=0.067$		
				SQFT	AGE	AGE^2
411	0.0319（10）	-4.98（1）	0.904（1）	-0.658（1）	0.106（17）	-0.327（3）
524	0.0166（22）	-4.31（3）	0.560（2）	0.174（9）	0.230（2）	-0.381（2）
150	0.0637（2）	1.96（48）	-0.511（3）	-0.085（29）	-0.332（1）	0.448（1）

6.6　非线性最小二乘

我们发现了如何利用最小二乘估计技术来估计各种非线性函数。它们包括双对数模型、对数线性模型和具有二次项和交互项的模型。然而，迄今为止我们所遇到的模型参数 β_1，β_2，$\cdots$，β_K 都是线性的。[1]在本节中，我们讨论非线性参数模型的估计。为了理解这种模型的含义，可以从以下简单的案例开始：

$$y_i = \beta x_{i1} + \beta^2 x_{i2} + e_i \tag{6.50}$$

其中，y_i 为因变量，x_{i1} 和 x_{i2} 为解释变量，β 为要估计的未知参数，e_i 满足多元回归假设 MR1~MR5。这个例子不同于传统的线性模型，因为 x_{i2} 的系数等于 x_{i1} 系数的平方，并且参数的数量不等于变量的数量。

如何估计 β？回想一下第 2 章。对于一个具有两个未知参数 β_1 和 β_2 的简单线性回归方程，我们做了什么？根据公式（6.50），我们构建误差平方和函数：

$$S(\beta) = \sum_{i=1}^{N}(y_i - \beta x_{i1} - \beta^2 x_{i2})^2 \tag{6.51}$$

然后我们询问未知参数的哪些值使 $S(\beta)$ 最小化。我们在图 2A-1 中搜索了"碗"的底部。我们发现我们可以导出用于最小化 b_1 和 b_2 的公式。我们把这些公式称为最小二乘估计量。

对于有非线性参数的模型，我们不能推导出使误差平方和函数最小的参数值的一般公式。然而，对于给定的数据集，我们可以要求计算机搜索到"碗底"的参数值。有许多数值软件算法可用于求出函数的最小值，如 $S(\beta)$。这些最小值称为**非线性最小二乘估计值**。获得评价非线性最小二乘估计值可靠性的标准误数值也是可能的。非线性最小二乘估计量的有限样本性质和分布是不可利用的，但它们的大样本渐近性得到了很好的证明。[2]

实例 6.19　简单模型的非线性最小二乘估计值

为了说明公式（6.50）的估计，我们使用存储在文件 *nlls* 中的数据。误差平方和函数如图 6-1 所示。因为我们只有一个参数，所以我们有一个二维曲线，而不是一个"碗"。

---

① 除了 β_1，β_2，$\cdots$，β_k，还用一些例外符号来表示参数。
② 数值算法如何进行，如何获得标准误、估计量的渐近性质，以及使渐近性成立所必需的假设，可以参见 William Greene，*Econometric Analysis 8e*，Pearson Prentice-Hall，2018，Chapter 7.

从曲线中可以清楚地看出，β 的最小值介于 1.0 到 1.5 之间。利用你最喜欢的软件，得到非线性最小二乘估计结果：$b = 1.1612$。标准误取决于平方和函数在最小值处的曲率度。具有高曲率度的尖锐最小值导致相对较小的标准误，而具有低曲率度的平坦最小值导致相对大的标准误。不同的衡量曲率的方式，会导致不同的标准误。在本例中，"梯度的外积"方法产生的标准误为 $se(b) = 0.1307$，而海塞观测法的标准误为 $se(b) = 0.1324$。[1]像这样的差异随着样本容量的增大而消失。

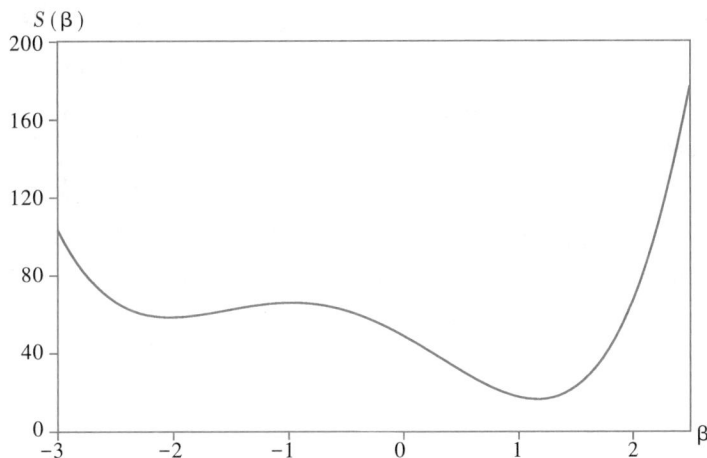

图 6-1 单参数实例的误差平方和函数

当估计非线性参数模型时，必须小心两个问题。第一个问题是要检查估计过程已收敛到全局最小值。估计过程是一个迭代过程，检查一系列不同的参数值，直到该过程收敛到最小值为止。如果软件告诉你该过程没有收敛，则提供的输出结果（如果有）不提供非线性最小平方估计值。如果达到了最大迭代次数，或者出现了导致迭代停止的数值问题，则可能会发生这种情况。可能出现的第二个问题是，迭代过程可能在"局部"最小值而不是"全局"最小值处停止。在图 6-1 的例子中，在 $\beta = -2.0295$ 处存在局部最小值。你的软件可以选择为迭代过程提供初始值。如果你将其初始值设为 -2，则很可能你会以得到估计值 $b = -2.0295$ 结束。然而，这个值不是非线性最小二乘估计值。非线性最小二乘估计值为全局最小估计值，如果存在多个最小二乘估计值，则为最小值中的最小值。你如何防止在局部最小值处结束？明智的做法是尝试不同的初始值，以确保每次在同一处结束。注意，图 6-1 中局部最小值的曲率远小于全局最小值。这会反映在局部最小值处的"标准误"更大。情况的确如此。我们发现，根据外积梯度法，得到 $se(b) = 0.3024$，根据海塞观测法，得到 $se(b) = 0.3577$。

实例 6.20 Logistic 增长曲线

通常用于技术变化扩散建模的模型是 logistic 增长曲线：[2]

$$y_t = \frac{\alpha}{1 + \exp(-\beta - \delta t)} + e_t \tag{6.52}$$

其中，y_t 是采用新技术的比例。例如，y_t 可能是拥有计算机的家庭的比例，或拥有计算机的家庭拥有最新计算机的比例，或以光盘形式出售的音乐唱片比例。在下面的例子中，y_t 是美国由电弧炉技术生产的粗钢占其总产量的份额。

在考虑这个例子之前，我们注意到公式（6.52）中有关这一关系的一些细节。公式右边仅有一个解释性变量，即 $t = 1, 2, \cdots, T$。因此，logistic 增长模型旨在捕获技术变化的采用率，或在一些例子中旨在捕获市场份额增长的速度。logistic 曲线的一个例子如图 6-2 所示。在这个例子中，增长率先是增加，直到在 $t = -\beta / \delta = 20$ 时出现一个拐点。然后增长率下降，稳定在 $\alpha = 0.8$ 的饱和比例。由于 $y_0 = \alpha / (1 + \exp(-\beta))$，参数 β 决定了在零时点低于饱和水平的程度。参数 δ 控制达到拐点和饱和水平的速度=该曲线使得在拐点处的份额 0.4（$\alpha/2$），是饱和水平的一半。

传统的炼钢技术，包括高炉、氧气炉和铁矿石的使用，正在被利用废钢的新型电弧炉技术所取代。这种替代对铁矿石等原材料供应商产生了影响。因此，预测未来电弧炉技术在钢铁生产中所占份额对矿业公司具有重要意义。文件 *steel* 包含 1970 年至 2015 年电弧炉技术在美国钢铁生产中所占份额的各年度数据。使用该数据，我们发现 logistic 增长曲线的非线性最小二乘估计，得到以下估计值（标准误差）：

$$\hat{\alpha} = 0.8144\,(0.0511) \qquad \hat{\beta} = -1.3777\,(0.0564)$$
$$\hat{\delta} = 0.0572\,(0.0043)$$

我们感兴趣的是比例的增长率开始下降的拐点 $-\beta / \delta$；饱和比例 α；在零时点的比例 $y_0 = \alpha / (1 + \exp(-\beta))$；以及未来几年比例的预测。在练习 6.21 中，请你找到这些数量的区间估计值。

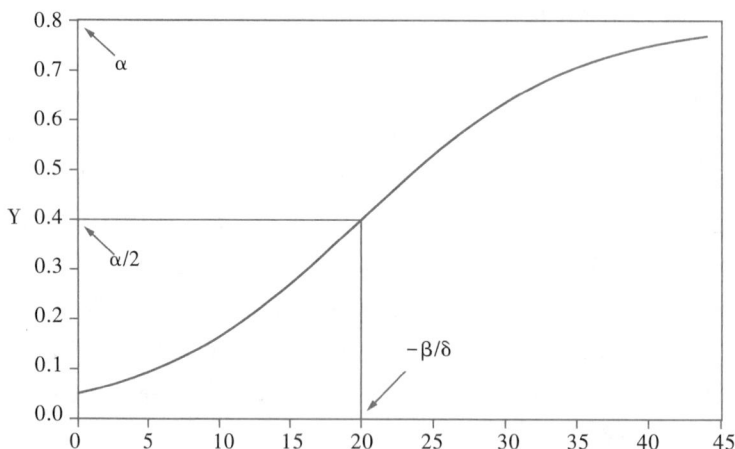

图 6-2　logistic 增长曲线

6.7　练习

6.7.1　问题

6.1　当使用有 50 个观测值（$N=50$）的估计模型 $y_i = \beta_1 + \beta_2 x_i + \beta_3 z_i + e_i$，时，你将得

到 $SSE=2\ 132.65$ 和 $s_y=9.8355$。

a. 求 R^2。

b. 求出用于检验 $H_0:\beta_2=0,\ \beta_3=0$ 的 F 统计量的值。在 1% 的显著性水平下你是否拒绝拒绝 H_0？

c. 用预测值 $\hat{y}^2$ 和 $\hat{y}^3$ 的平方和立方扩充该模型后，你将得到 $SSE=1\ 072.88$。在 1% 的显著性水平下使用 RESET 检验错误设定。

d. 在估计模型 $y_i=\beta_1+\beta_2 x_i+\beta_3 z_i+\beta_4 z_i^2+e_i$ 之后，你将获得 $SSE=401.179$。估算此模型的 R^2 是多少？

e. 在将（d）部分中的模型用预测 $\hat{y}_i^2$ 和 $\hat{y}_i^3$ 的平方和立方扩充后，你将得到 $SSE=388.684$。在 5% 的显著性水平下使用 RESET 检验错误设定。

6.2　省略。

6.3　考虑回归模型 $y_i=\beta_1+\beta_2 x_i+\beta_3 z_i+e_i$，其中 $E(e_i|\mathbf{X})=0$，$\text{var}(e_i|\mathbf{X})=\sigma^2$，$E(e_i e_j|\mathbf{X})=0$ 且 $i\neq j$，$\mathbf{X}$ 表示对 x 和 z 的所有观测值。假设方程中省略了 z_i，则我们 β_2 的最小二乘估计为：

$$b_2^*=\frac{\sum(x_i-\bar{x})(y_i-\bar{y})}{\sum(x_i-\bar{x})^2}$$

证明：

a. $b_2^*=\beta_2+\beta_3\sum w_i z_i+\sum w_i e_i$，其中 $w_i=(x_i-\bar{x})/\sum(x_i-\bar{x})^2$

b. $E(b_2^*|\mathbf{X})=\beta_2+\beta_3\widehat{\text{cov}}(x,z)/\widehat{\text{var}}(x)$

c. $\text{var}(b_2^*|\mathbf{X})=\sigma^2/(N\widehat{\text{var}}(x))$

d. $\text{var}(b_2^*|\mathbf{X})\leqslant\text{var}(b_2|\mathbf{X})$，其中 b_2 是同时包含 x 和 z 的最小二乘估计量。（提示：查看公式（5.13））

6.4　省略。

6.5　考虑以下工资方程，其中 $EDUC=$ 受教育年限，$EXPER=$ 经验年限：

$\ln(WAGE)=\beta_1+\beta_2 EDUC+\beta_3 EXPER+\beta_4 EXPER^2+e$

假设 $EXPER$ 的观测值不可用，因此你决定改用变量 AGE 和 AGE^2。给定因果解释，对于 β_2 的最小二乘估计，什么假设是充分的？

6.6　省略。

6.7　在实例 6.15 中，对于 $PRICE_0=6$，$ADVERT_0=1.9$，计算了大安迪汉堡店的销售（$SALES$）预测区间。找到点和 95% 的区间估计值为：

$E(SALES|PRICE=6,ADVERT=1.9)$

将你的答案与实例 6.15 中获得的点和区间估计值进行对比。（提示：为你的点估计计算标准误的最简单方法是利用实例 6.15 中给出的一些计算）

6.8　省略。

6.9　RESET 建议使用平方或更高次幂的预测值 $\hat{y}_i$ 来扩充现有模型。例如，$(\hat{y}_i^2)$ 或 $(\hat{y}_i^2,\hat{y}_i^3)$ 或 $(\hat{y}_i^2,\hat{y}_i^3,\hat{y}_i^4)$。如果你使用预测值 $\hat{y}_i$ 来扩充模型，将会发生什么？

6.10 省略。

6.11 在实例6.7中，我们检验了模型中的联合原假设（模型和联合原假设列示如下），通过将约束条件代入模型并重新排列变量，展示了如何以约束最小二乘估计的形式编写模型。

模型：$SALES = \beta_1 + \beta_2 PRICE + \beta_3 ADVERT + \beta_4 ADVERT^2 + e_i$

联合原假设：H_0：$\beta_3 + 3.8\beta_4 = 1$，$\beta_1 + 6\beta_2 + 1.9\beta_3 + 3.61\beta_4 = 80$

6.12 省略。

6.13 枪支回购能拯救生命吗？继1996年的"亚瑟港大屠杀"之后，澳大利亚政府于1997年推出了枪支回购计划。Leigh和Neill[1]对这一计划的成功性进行了调查。利用他们在澳大利亚8个州1980—2006年的数据子集，其中省略了1996年和1997年，总共进行200次观测，我们估计了以下模型：

$$SUIC\_RATE = \beta_1 + \beta_2 GUNRATE + \beta_3 URATE + \beta_4 CITY + \beta_5 YEAR + e$$

考虑三个方程式，一个方程式$SUIC\_RATE$表示枪械自杀率，一个方程式表示非枪械自杀率，一个方程式表示总体自杀率，所有方程式均以每百万人口的死亡人数衡量。对于1997年以后的年份，变量$GUNRATE$等于1997年每千人回购的枪支数量；早期年份为零；$URATE$是失业率，$CITY$是居住在城市地区的人口比例，而$YEAR$也包括在内以捕捉可能的趋势。表6-10给出了估计的方程式。

表6-10 练习6.13的枪支回购方程的估计

	系数估计和（标准误）		
	枪械自杀率	非枪械自杀率	总体自杀率
C	1909	− 1871	38.37
	(345)	(719)	(779.76)
GUNRATE	− 0.223	0.553	0.330
	(0.069)	(0.144)	(0.156)
URATE	− 0.485	1.902	1.147
	(0.534)	(1.112)	(1.206)
CITY	− 0.628	0.053	− 0.576
	(0.057)	(0.118)	(0.128)
YEAR	− 0.920	0.976	0.056
	(0.174)	(0.362)	(0.393)
SSE	29 745	129 122	151 890
SSE_R	50 641	131 097	175 562

[1] Leigh, A. and C. Neill (2010), "Do Gun Buybacks Save Lives? Evidence from Panel Data?", American Law and Economics Review, 12 (2), p. 509-557.

a.是否有证据表明枪支回购减少了枪械自杀事件？有没有其他替代枪械自杀的方式？自杀率有趋势吗？

b.是否有证据表明失业率上升会提高自杀率？

c.联合检验 $URATE$ 和 $CITY$ 是否对每个方程式都有影响。没有这些变量的方程式的平方误差总和在 SSE_R 行中给出。

6.14 省略。

6.15 以下等式估算了 $CANS$（A 品牌金枪鱼罐头的每周销售量，以千为单位）对 A 品牌价格（PRA）以及两个竞争品牌 B 和 C（PRB 和 PRC）价格的依赖性。该方程是使用 52 周的观测值估计的。

$$\hat{E}(CANS|PRA, PRB, PRC) = 22.96 - 47.08PRA + 9.30PRB + 16.51PRC, \ SSE = 1358.7$$

a.当公式中省略 PRB 和 PRC 时，平方误差总和增加至 1 513.6。使用 10% 的显著性水平，检验是否应将竞争品牌的价格包括在等式中。（$F_{(0.9,2,48)} = 2.417$）

b.考虑以下两个估计方程：$\hat{E}(PRB|PRA) = 0.5403 + 0.3395PRA$ 和 $\hat{E}(PRC|PRA) = 0.7708 + 0.0292PRA$。如果原始方程式中省略了 PRB 和 PRC，PRA 的有效估算将发生多少变化？截距估计值将改变多少？

c.使用原始方程式计算 $E(CANS|PRA = 0.91, PRB = 0.91, PRC = 0.90)$ 的点估计和 95% 区间估计。要求标准误为 1.58。

d.使用在（b）部分中构建的方程式找到 $E(CANS|PRA = 0.91)$ 的点估计。你能否提出为什么（c）和（d）部分中的点估计不同？它们是否有相同的价值？

e.当 $PRA = 0.91, PRB = 0.91$ 和 $PRC = 0.90$ 时，找到 $CANS$ 的 95% 预测区间。如果你是一家销售金枪鱼罐头的超市统计顾问，你将如何报告此区间？

f.将 $\widehat{CANS}^2$ 作为回归量加入原始方程中时，误差平方和减小至 1 198.9。是否有任何证据表明方程式设定错误？

6.16 省略。

6.7.2 计算机练习

6.17 重新考虑教材正文中的实例 6.16。在该例中，我们使用文件 $br5$ 中的数据评估了许多模型的样本内和样本外预测能力。根据 $\bar{R}^2$、AIC 和 SC 标准判断，在所考虑的模型中，具有最佳样本内性能的模型是：

$$\ln(PRICE) = \beta_1 + \beta_2 AGE + \beta_3 SQFT + \beta_4 AGE^2 + e \qquad \text{(XR6.17)}$$

在本练习中，我们研究是否可以通过增加浴室数量（$BATHS$）和卧室数量（$BEDROOMS$）两个变量来改善此模型。按要求估计方程式填写下表。这些模型作为表 6-3 的扩展，其编号从 9 到 12。模型 2 与公式（XR6.17）相同。对于后续模型，添加了其他变量，其中模型 12 是最后被考虑的。对于 RMSE 值，请使用最后 100 个观测值作为保留样本。讨论结果。在你的讨论中包括与表 6-3 中的结果的比较。

模型	除了（XR6.17）中的变量之外，还包括其他变量	$\bar{R}^2$	AIC	SC	RMSE
2	None				
9	*BATHS*				
10	*BATHS, BEDROOMS*				
11	*BATHS, BEDROOMS × SQFT*				
12	*BATHS, BEDROOMS × SQFT, BATHS × SQFT*				

6.18 省略。

6.19 考虑以下支出份额方程，其中 *WFOOD* 是家庭总支出中食物支出所占的比例，*TOTEXP* 是每周家庭总支出（以英镑（£）为单位），*NK* 是家庭中孩子的数量。假设条件 MR1-MR5 成立。我们将使用文件 *london5* 中的数据。

$$WFOOD = \beta_1 + \beta_2 \ln(TOTEXP) + \beta_3 NK + \beta_4[NK \times \ln(TOTEXP)] + e$$

a. 对于总支出中位数为 90 英镑的家庭，请证明通过多一个孩子得到的 $E(WFOOD|TOTEXP, NK)$ 是 $\beta_3 + \beta_4 \ln(90)$。

b. 对于有两个孩子的家庭，证明家庭总支出从每周 80 英镑涨至 120 英镑，$E(WFOOD|TOTEXP, NK)$ 的变化是 $\beta_2 \ln(1.5) + 2\beta_4 \ln(1.5)$。

c. 对于有两个孩子且每周总支出为 £90 的家庭，证明：

$$E(WFOOD|TOTEXP, NK) = \beta_1 + \beta_2 \ln(90) + 2\beta_3 + 2\beta_4 \ln(90)$$

d. 考虑以下三种表述：

A. $\beta_3 + \beta_4 \ln(90) = 0.025$

B. $\beta_2 \ln(1.5) + 2\beta_4 \ln(1.5) = -0.04$

C. $\beta_1 + \beta_2 \ln(90) + 2\beta_3 + 2\beta_4 \ln(90) = 0.37$

我们将使用 F 检验和卡方（χ^2）检验来检验以下三个原假设：$H_0^{(1)}$：A 正确；$H_0^{(2)}$：A 和 B 都正确；$H_0^{(3)}$：A、B、C 都正确。以上三个原假设的备择假设都是 $H_0^{(i)}$ 不正确。

以上三个原假设的 F 检验和 χ^2 检验之间的关系是什么？对于 $H_0^{(1)}$，它的 t 检验和 F 检验的关系是什么？

e. 求出 $H_0^{(1)}$，$H_0^{(2)}$，$H_0^{(3)}$ 的 F 检验和 χ^2 检验的 p 值：首先使用文件 *london5* 中的前 100 个观测值，然后使用前 400 个观测值，再使用所有的 850 个观测值。

f. 评价改变样本容量和增加更多的假设条件对检验的影响。对于 F 检验和 χ^2 检验的结果而言，有什么显著变化？

6.20 省略。

6.21 重新考虑实例 6.20，其中估算了通过电弧炉（EAF）技术生产的美国钢材份额的对数增长曲线。曲线由以下公式给出：

$$y_t = \frac{\alpha}{1 + \exp(-\beta - \delta t)} + e_t$$

a. 找到以下内容的 95% 区间估计：

i. 饱和度 α。

ii. 在拐点 $t_I = -\beta/\delta$ 处，增长率开始下降。区间对应于哪年？

iii. 1969 年的 EAF 份额。

iv.预测从2016年到2050年的EAF份额。绘制预测值及其95%的范围。对预测与饱和度之间的距离以及95%范围内的行为进行评论。

b.使用5%的显著性水平检验饱和度为0.85且拐点在 $t_i = 25$ 的联合原假设。设置拐点的原假设，使其在参数 β 和 δ 中呈线性。给定你在（a）（i）和（a）（ii）中找到的区间估计值，结果使你感到惊讶吗？检验使用了（a）（i）和（a）（ii）中未使用的哪些额外信息？

c.用（b）部分中的原假设所隐含的约束条件来估计模型。找到误差的平方总和，并使用 F 检验（使用约束误差和非约束平方误差的和）检验原假设。该结果与你用于（b）部分的自动检验命令的结果相比如何？

6.22 省略。

6.23 对于两个输入变量 X_1 和 X_2，以及输出变量 Y，给定不变替代弹性（CES）生产函数：

$$Y = \alpha \left[\delta X_1^{-\rho} + (1 - \delta) X_2^{-\rho} \right]^{-\eta/\rho}$$

其中，α>0是效率参数，η>0是规模收益参数，ρ>−1是替代参数，0<δ<1是分配参数，将输出变量份额与两个输入变量中的每一个关联。两个输入变量之间的替代弹性由 $\varepsilon = 1/(1+\rho)$ 给出。如果η=1且ρ=0（ε=1），则CES生产函数可简化为规模不变的柯布–道格拉斯生产函数 $Y = \alpha X_1^{\delta} X_2^{1-\delta}$。[①] 利用文件 rice5 中的数据，定义 $Y = PROD/AREA$，$X_1 = LABOR/AREA$，$X_2 = FERT/AREA$。

$$\ln(Y) = \beta - \frac{\eta}{\rho} \ln \left[\delta X_1^{-\rho} + (1 - \delta) X_2^{-\rho} \right] + e$$

a.使用非线性最小二乘估计CES函数的以下对数形式：

其中，$\beta = \ln(\alpha)$。报告你的结果和标准误差。（提示：如果遇到困难，请尝试使用0.5作为所有参数的起始值）

b.找到α、η、ε和δ的95%区间估计。

c.使用5%的显著性水平，对备择假设 $H_1: \eta \neq 1$ 或 $\rho \neq 0$ 检验原假设 $H_0: \eta = 1, \rho = 0$。按恒定比例缩放的柯布—道格拉斯函数看起来是否恰当？

6.24 省略。

6.25 使用文件 br5 中的数据，估算方程：

$$\ln(PRICE) = \beta_1 + \beta_2 SQFT + \beta_3 AGE + \beta_4 AGE^2 + e$$

其中，PRICE 是2005年在路易斯安那州巴吞鲁日房屋的售价（单位：千美元），SQFT 是每栋房屋的大小（单位：百平方英尺），AGE 是每栋房屋的房龄。

a.报告系数估计值及其标准误。

b.对 AGE 绘制 $E[\ln(PRICE)|SQFT = 22, AGE]$ 的估算值。（在样本中，SQFT 的中位数和平均值分别为21.645和22.737）

c.在（b）部分中，你会注意到，高价房是新房和很旧的房。使用5%的显著性水平检验联合原假设：（i）大小相同的两栋房屋，即5年房龄的旧房子和80年房龄的老房子，具

---

① 要证明这个结论，需要用到渐近微积分。你需要对等式两边取自然对数，设η=1，然后使用洛必达法则，当ρ→0时，取极限值。

有相同的预期对数价格；（ii）具有2 000平方英尺的5年房龄的旧房子与具有2 800平方英尺的30年房龄的老房子具有相同的预期对数价格。

d.使用5%的显著性水平，检验联合原假设：（i）50年房龄的房屋随着房龄的增长开始变得昂贵；（ii）50年房龄的2 200平方英尺房屋的预期对数价格相当于100 000美元。

e.分别将变量$BATHS$和$SQFT \times BEDROOMS$添加到系数为β_5和β_6的模型中。估计此模型并报告结果。

f.使用5%的显著性水平，检验将这两个变量相加是否提高了模型的预测能力。

g.你正在建造一间新的2 300平方英尺的房子（$AGE=0$），其中有三间卧室和两间浴室。额外各多一间卧室和浴室将使其面积增加260平方英尺。请估算房屋的增值额。（使用自然预测变量）

h.你估计20年后房子的额外价值是多少？

6.26 省略。

6.27 据称，多一年经验会使工资增加0.8%，多受一年教育等价于多14年的经验。经过计算，这意味着多受一年教育可以使工资增加11.2%。我们将使用文件$cps5\_small$中的数据研究该假设。仅使用受教育年限超过7年的观测值。以5%的显著性水平执行所有检验。

a.估计模型$\ln(WAGE) = \beta_1 + \beta_2 EDUC + \beta_3 EXPER + e$，并联合检验有关$EDUC$和$EXPER$的边际效应的主张。

b.使用RESET检验模型是否适当，用预测值的平方以及预测值的平方和立方执行检验。

c.估计模型后，在以下水平上联合检验关于所提出的$EDUC$和$EXPER$的边际效应：

$$\ln(WAGE) = \beta_1 + \beta_2 EDUC + \beta_3 EXPER + \beta_4 EDUC^2 + \beta_5 EXPER^2 + \beta_6(EDUC \times EXPER) + e$$

i.$EDUC = 10, EXPER = 5$

ii.$EDUC = 14, EXPER = 24$

iii.$EDUC = 18, EXPER = 40$

d.你将如何回应有关$EDUC$和$EXPER$的边际效应的主张？

6.28 省略。

6.29 Atkinson和Leigh使用5个不同国家的时间序列数据，调查了高收入者支付的边际税率对不平等程度的影响。在文件$inequality$中可以找到其数据的子集。

a.使用美国的数据，估算等式$\ln(SHARE) = \beta_1 + \beta_2 TAX + e$，其中$SHARE$是收入最高的1%人口的收入百分比，$TAX$是收入最高的1%人口的工资中位数边际税率（以百分比表示）。解释你对β_2的估计。你会将其解释为因果关系吗？

b.人们普遍认识到，在大萧条之前，不平等程度很高，在萧条时期和第二次世界大战中不平等现象有所减少，直到抽样期结束时，不平等现象再次加剧。要捕获此效应，请估计具有二次趋势的以下模型：

$$\ln(SHARE) = \alpha_1 + \alpha_2 TAX + \alpha_3 YEAR + \alpha_4 YEAR^2 + e$$

其中，*YEAR*被定义为1=1921，2=1922，…，80=2 000。解释α_2的估计值。增加趋势是否改变了边际税率的影响？可以通过*TAX*和*YEAR*以及*TAX*和$YEAR^2$之间的相关性来解释此估计值的变化或没有变化吗？

c.你预计哪一年的预期份额将最小？查找今年95%的区间估计。具有*SHARE*最小值的实际年份是否在该区间内？

d.1974年的最高边际税率为50%。检验假设：如果当时的边际税率为50%，那么在2000年，前1%收入人口的预期对数收入份额应为ln（12）。

e.联合检验（d）部分中的假设，即1925年50%的边际税率将导致收入最高的1%的人口预期的对数收入份额为log（12）。

f.将增长率（*GWTH*）添加到（b）部分的方程式中并重新估计。添加此变量*GWTH*会导致你的估计和检验结果发生重大变化吗？可以通过*GWTH*与方程中其他变量之间的相关性来解释这些变化或没有变化吗？

g.假设$GWTH_{2001}=3$，使用（f）部分的结果，找到使收入最高的1%人口的收入份额在2001年降至12%的边际税率的点估计和区间估计。

6.30　省略。

6.31　Everaert和Pozzi[1]建立了一个模型来检验经合组织15个国家消费增长的可预测性。它们的数据存储在文件*oecd*中。使用的变量是人均实际消费（*CSUMPTN*）的增长、人均实际政府消费（*GOV*）的增长、人均工作小时数（*HOURS*）的增长、人均实际可支配劳动收入（*INC*）的增长以及实际利率（*R*）。仅使用日本的数据，回答以下问题：

a.估计以下模型并报告结果：

$CSUMPTN = \beta_1 + \beta_2 HOURS + \beta_3 GOV + \beta_4 R + \beta_5 INC + e$

是否有任何系数估计值在5%的水平上与零没有显著差异？

b.系数β_2可以是正值或负值，具体取决于工作时间和个人消费之间是互补的还是替代的。同样，β_3可以为正也可以为负，具体取决于政府消费和个人消费之间是互补的还是替代的。你发现了什么？假设H_0：$\beta_2=0$，$\beta_3=0$的检验揭示了什么？

c.省略*GOV*，对方程重新估计，对于剩余变量的系数，请对估计值的任何变化及其显著性进行评价。

d.估计方程并使用这些估算值来调整（a）部分中的估算值与（c）部分中的估算值。

$GOV = \alpha_1 + \alpha_2 HOURS + \alpha_3 R + \alpha_4 INC + v$

e.省略2007年的数据，重新估计（a）和（c）部分的模型，并使用每个估计的模型确定2007年消费增长的点估计和95%区间估计。

f.（a）或（c）部分的两个模型中的哪个模型得出的2007年预测值更准确？

6.32　省略。

6.33　在本练习中，我们将重新考虑文件*wine*1中的优质葡萄酒数据。请参阅*wine1.def*的详细信息。

---

① Everaert, G. and L. Ponzi （2014）, "The Predictability of Aggregate Consumption Growth in OECD Countries: A Panel Data Analysis," *Journal of Applied Econometrics*, 29（3）, 431-453.

a.使用（i）赤霞珠葡萄酒数据；（ii）仅黑比诺葡萄酒数据；（iii）所有其他品种数据，来估计以下方程式：

$$\ln(PRICE) = \beta_1 + \beta_2 SCORE + \beta_3 AGE + \beta_4 CASES + e$$

使用临时检查，你是否认为不同的品种需要使用单独的方程式？

b.我们可以开发 F 检验来检验是否有统计证据表明这三个方程的系数不同。如此检验的无约束误差平方的总和是：

$$SSE_U = SSE_{CABERNET} + SSE_{PINOT} + SSE_{OTHER}$$

计算 SSE_U。

c.这三个方程的参数总数是多少？当我们为所有品种估计一个方程时，有多少个参数？如果我们约束所有品种的相应系数相等，那么有多少个参数约束？

d.对所有品种估计一个方程。这是约束模型，其中假定不同品种的相应系数相等。

e.使用5%的显著性水平，检验是否有证据表明应该针对不同的品种建立不同的方程式。此检验的原假设是什么？使用一些符号，你可以清晰准确地陈述原假设。

附录6A F 检验的统计效力

在附录3B中，我们探讨了在使用 t 检验时，导致我们在一个简单的回归中拒绝一个关于斜率参数的原假设的因素。拒绝错误原假设的概率与假设误差的大小和解释变量的总变化呈正相关，与假设方差 σ^2 的大小成反比。这些是当原假设为假时 t 统计量（3B.1）的非中心参数组成部分（3B.2）。

在这里，我们证明导致我们拒绝错误联合原假设的因素是相同的。考虑假设 SR1-SR6 下的简单回归模型 $y_i = \beta_1 + \beta_0 x_i + e_i$。我们会使用 F 检验方法来检验联合原假设 $H_0: \beta_1 = c_1, \beta_2 = c_2$。在实践中，检验是以常规方法（6.4）进行的。为了研究 F 检验的效力，我们将检验一个等价的联合原假设 $H_0: \beta_1 + \beta_2 x = c_1 + c_2 x, \beta_2 = c_2$。如果第一对假设为真，则第二对假设为真，反之亦然。它们是完全等同的。这不是你在实践中会做的，但是这个方法将引导我们得到理论上有用的一种 F 检验形式。在以下步骤中，我们将结合分散假设 $H_0: \beta_1 + \beta_2 \bar{x} = c_1 + c_2 \bar{x}$ 与 $H_0: \beta_2 = c_2$ 的检验统计量来得出 F 统计量。这里有相当多的步骤，但不要灰心。每一步都很简单，最后的回报是重要的。现在可以回顾附录3B中关于当原假设为假时的 t 检验、附录 B.3.6 中的卡方分布、附录 B.3.7 中的 t 分布和附录 B.3.8 中的 F 分布。

如果我们要检验第一个假设 $H_0^1: \beta_1 + \beta_2 x = c_1 + c_2 \bar{x}$，我们会使用什么检验统计量？对于单一假设，我们最常用的是 t 检验。然而现在，假设我们知道误差方差 σ^2，从而我们还知道在公式（2.14）至公式（2.16）中给出的最小二乘估计的真实方差和协方差。检验统计量是：

$$Z_0^1 = \frac{b_1 + b_2 \bar{x} - (c_1 + c_2 \bar{x})}{\sqrt{\text{var}(b_1 + b_2 \bar{x})}} = \frac{\bar{y} - (c_1 + c_2 \bar{x})}{\sqrt{\sigma^2 / N}} \tag{6A.1}$$

用 Z_0^1 表示原假设 H_0^1 中的统计量。利用最小二乘估计的性质，我们得到了第二个等式，认识到 $b_1 + b_2 \bar{x} = \bar{y}$，$\mathrm{var}(\bar{y}) = \sigma^2/N$，如附录 C 中的公式（C.6）所示。如果原假设为真，则 Z_0^1 服从标准正态分布 $N(0, 1)$。我们的目标是研究当它不为真时的检验 $H_0^1 : \beta_1 + \beta_2 \bar{x} = c_1 + c_2 \bar{x}$。通过在（6A.1）的公式中添加和删减 $\beta_1 + \beta_2 \bar{x}$，可以重写 Z_0^1，从而得到：

$$
\begin{aligned}
Z_0^1 &= \frac{b_1 + b_2 \bar{x} - (\beta_1 + \beta_2 \bar{x}) + (\beta_1 + \beta_2 \bar{x}) - (c_1 + c_2 \bar{x})}{\sqrt{\sigma^2/N}} \\
&= \frac{(b_1 - \beta_1) + (b_2 - \beta_2)\bar{x}}{\sqrt{\sigma^2/N}} + \frac{(\beta_1 - c_1) + (\beta_2 - c_2)\bar{x}}{\sqrt{\sigma^2/N}} \quad (6A.2) \\
&= Z_1 + \delta_1
\end{aligned}
$$

第一项 Z_1 服从标准正态分布，它是用真实参数值计算的检验统计量，

$$
Z_1 = \frac{(b_1 - \beta_1) + (b_2 - \beta_2)\bar{x}}{\sqrt{\sigma^2/N}} \sim N(0, 1) \quad (6A.3)
$$

第二项是假设 $H_0^1 : \beta_1 + \beta_2 \bar{x} = c_1 + c_2 \bar{x}$ 中的设定误差，

$$
\delta_1 = \frac{(\beta_1 - c_1) + (\beta_2 - c_2)\bar{x}}{\sqrt{\sigma^2/N}} \sim N(0, 1) \quad (6A.4)
$$

如果原假设为真，则 $\delta_1 = 0$。如果原假设 H_0^1 不为真，则 $\delta_1 \neq 0$，并且我们必须考虑 δ_1 依赖于样本值 $\mathbf{x}$ 的事实。在附录 B.3.6 中，我们定义了非中心的卡方随机变量。随机变量 $Z_0^1|\mathbf{x} = Z_1 + \delta_1 \sim N(\delta_1, 1)$ 和 $V_0^1|\mathbf{x} = (Z_0^1|\mathbf{x})^2 = (Z_1 + \delta_1)^2 \sim \chi^2_{(1, \delta_1^2)}$ 服从具有非中心的单自由度卡方分布，且非中心参数 $\delta = \delta_1^2$。如果原假设为真，则 $\delta_1 = 0$，且 V_0^1 服从卡方分布，即 $V_0^1 \sim \chi^2_{(1, \delta_1^2 = 0)} = \chi^2_{(1)}$。

第二部分与第一部分相似，并遵循附录 3B 中的步骤。若要检验 $H_0^2 : \beta_2 = c_2$，假设 σ^2 已知，使用公式（6A.5）的检验统计量，

$$
Z_0^2 = \frac{b_2 - c_2}{\sqrt{\mathrm{var}(b_2)}} = \frac{b_2 - c_2}{\sqrt{\sigma^2/\sum(x_i - \bar{x})^2}} \quad (6A.5)
$$

如果原假设为真，则 Z_0^2 服从标准正态分布 $N(0, 1)$。我们的目标是研究当它不为真时的检验 $H_0^2 : \beta_2 = c_2$。要完成这一工作，通过在公式中添加或删减 β_2 来重写 Z_0^2，得到公式（6A.6）：

$$
Z_0^2 = \frac{b_2 - \beta_2 + \beta_2 - c_2}{\sqrt{\sigma^2/\sum(x_i - \bar{x})^2}} = \frac{b_2 - \beta_2}{\sqrt{\sigma^2/\sum(x_i - \bar{x})^2}} + \frac{\beta_2 - c_2}{\sqrt{\sigma^2/\sum(x_i - \bar{x})^2}} = Z_2 + \delta_2 \quad (6A.6)
$$

第一项 Z_2 服从标准正态分布，它是用真实参数值计算的检验统计量：

$$
Z_2 = \frac{b_2 - \beta_2}{\sqrt{\sigma^2/\sum(x_i - \bar{x})^2}} \sim N(0, 1) \quad (6A.7)
$$

第二项是假设 $H_0^2 : \beta_2 = c_2$ 中的设定错误。

$$
\delta_2 = \frac{\beta_2 - C_2}{\sqrt{\sigma^2/\sum(x_i - \bar{x})^2}} \quad (6A.8)
$$

如果原假设为真，则 $\delta_2 = 0$；如果原假设 H_0^2 不为真，则 $\delta_2 \neq 0$。随机变量 $Z_0^2|\mathbf{x} = Z_2 + \delta_2 \sim N(\delta_2, 1)$ 和 $V_0^2|\mathbf{x} = (Z_0^2|\mathbf{x})^2 = (Z_2 + \delta_2)^2 \sim \chi^2_{(1, \delta_2^2)}$ 服从具有一个自由度和非中心性参数 $\delta = \delta_2^2$ 的非中心卡方分布。如果原假设为真，则 $\delta_2 = 0$，V_0^2 服从卡方分布 $V_0^2 \sim \chi^2_{(1, \delta_2^2 = 0)} = \chi^2_{(1)}$。

$V_1 = V_0^1 + V_0^2 = (Z_1 + \delta_1)^2 + (Z_2 + \delta_2)^2$ 的分布是什么？如果 Z_1 和 Z_2 在统计学上是独立的，则 $V_1|\mathbf{x} \sim \chi^2_{(2,\delta)}$，具有非中心性参数 $\delta = \delta_1^2 + \delta_2^2$。由于 Z_1 和 Z_2 是服从正态分布的随机变量，我们可以通过证明它们之间的相关性或协方差为零来证明它们是独立的。它们的协方差是：

$$\mathrm{cov}\,(Z_1, Z_2) = E\{[Z_1 - E(Z_1)][Z_2 - E(Z_2)]\} = E(Z_1 Z_2)$$

因为 Z_1 和 Z_2 具有零均值，即 $E(Z_1) = E(Z_2) = 0$。我们将证明 $E(Z_1 Z_2|\mathbf{x}) = 0$，其中，$E(Z_1 Z_2) = 0$。

$$
\begin{aligned}
E(Z_1 Z_2|\mathbf{x}) &= E\left\{\left[\frac{(b_1 - \beta_1) + (b_2 - \beta_2)\bar{x}}{\sqrt{\sigma^2/N}}\right]\left[\frac{b_2 - \beta_2}{\sqrt{\sigma^2/\sum(x_i - \bar{x})^2}}\right]\Bigg|\mathbf{x}\right\} \\
&= E\left\{\frac{\sqrt{N}}{\sigma}\left[(b_1 - \beta_1) + (b_2 - \beta_2)\bar{x}\right]\frac{\sqrt{\sum(x_i - \bar{x})^2}}{\sigma}(b_2 - \beta_2)\Bigg|\mathbf{x}\right\} \quad (6A.9) \\
&= \frac{\sqrt{N}\sqrt{\sum(x_i - \bar{x})^2}}{\sigma^2}E\left\{[(b_1 - \beta_1) + (b_2 - \beta_2)\bar{x}](b_2 - \beta_2)|\mathbf{x}\right\}
\end{aligned}
$$

使用公式（2.15）和公式（2.16），最后一个等式中的关键组成部分表示如下：

$$
\begin{aligned}
E[(b_1 - \beta_1)(b_2 - \beta_2) + (b_2 - \beta_2)^2\bar{x}|\mathbf{x}] &= [\mathrm{cov}(b_1, b_2|\mathbf{x}) + \bar{x}\mathrm{var}(b_2|\mathbf{x})] \\
&= \frac{-\bar{x}\sigma^2}{\sum(x_i - \bar{x})^2} + \frac{\bar{x}\sigma^2}{\sum(x_i - \bar{x})^2} = 0
\end{aligned}
$$

由于 Z_1 和 Z_2 之间的协方差为零，所以它们在统计上是独立的。因此，$V_1|\mathbf{x} \sim \chi^2_{(2,\delta)}$，其中，$\delta = \delta_1^2 + \delta_2^2$，

$$
\begin{aligned}
\delta = \delta_1^2 + \delta_2^2 &= \left[\frac{(\beta_1 - c_1) + (\beta_2 - c_2)\bar{x}}{\sqrt{\sigma^2/N}}\right]^2 + \left[\frac{\beta_2 - c_2}{\sqrt{\sigma^2/\sum(x_i - \bar{x})^2}}\right]^2 \\
&= N\left\{\frac{[(\beta_1 - c_1) + (\beta_2 - c_2)\bar{x}]^2}{\sigma^2}\right\} + \frac{(\beta_2 - c_2)^2\sum_{i=1}^{N}(x_i - \bar{x})^2}{\sigma^2} \quad (6A.10)
\end{aligned}
$$

最后一步是使用第 6.1.5 节中的 V_2，并且 V_1 和 V_2 在统计上是独立的。经过与公式（6.13）相似的程序之后，我们得出 F 比率：

$$F|\mathbf{x} = \frac{V_1/2}{V_2/(N-2)} \sim F_{(2, N-2, \delta)}$$

在图 B-9b 中，我们发现非中心性参数 δ 的增加使 F 密度函数向右移动，它使 F 密度函数超过适当的临界值 Fc 的概率提高，并且使拒绝错误原假设的可能性也提高。

检查（6A.10）中的非中心性参数，首先我们注意到 $\delta \geq 0$，并且只有当联合原假设 $H_0: \beta_1 + \beta_2\bar{x} = c_1 + c_2\bar{x}, \beta_2 = c_2$，或 $H_0: \beta_1 = c_1$、$\beta_2 = c_2$ 为真时，$\delta = 0$。导致 δ 增加的因素如下：

1. 假设误差的大小。在这个例子中，假设误差包括两个组成部分：$[(\beta_1 - c_1) + (\beta_2 - c_2)\bar{x}]^2$ 和 $(\beta_2 - c_2)^2$。这些假设误差越大，原假设被拒绝的概率越高。第一项与截距参数有关，其中关于 β_1 和 β_2 的假设中的误差以及样本均值 $\bar{x}$ 是影响因素。如果样本均值 $\bar{x} = 0$，则

只有 $(\beta_1-c_1)^2$ 的大小是至关重要的。

2. 样本容量 N。当样本容量 N 增大时，δ 值增加，不仅因为它扩大了 δ 的第一个组成部分，而且因为数据方差 $\sum_{i=1}^{N}(x_i-\bar{x})^2$ 增大，或在最坏的情况下保持不变。这是非常令人放心的，也是选择更大的样本而不是更小的样本的理由。当 $N\to\infty$ 时，拒绝错误原假设的概率接近 1。

3. 解释变量的方差。在简单回归模型中，数据方差 $\sum_{i=1}^{N}(x_i-\bar{x})^2$ 与拒绝联合原假设的概率直接相关。数据方差越大，b_2 的方差越小，我们就越有可能检测到 β_2 和假设值 c_2 之间的差异。

4. 误差方差 σ^2。误差方差越小，模型中的不确定性越小，δ 越大，拒绝错误联合假设的概率越高。

作为一个数值实例，我们使用了附录 2H 和附录 3B 中的模拟实验得出的数值。在第一个蒙特卡罗实例中，数据文件 $mc1\_fixed\_x$ 中的 x 值由 $x_i=10, i=1,\cdots,20$ 和 $x_i=20, i=21,\cdots,40$ 组成。样本均值 $\bar{x}=15$，所以 $\sum(x_i-\bar{x})^2=40\times52=1000$。另外，$\sigma^2=2\,500$。仿真实验的真实参数值为 $\beta_1=100$ 和 $\beta_2=10$。我们现在检验联合假设 $H_0:\beta_1=100$，$\beta_2=9$ 与备择假设 $H_1:\beta_1\neq100$ 和/或 $\beta_2\neq9$。在 5% 的显著性水平上，如果 F 检验统计值大于临界值 $F_{(0.95,2,38)}=3.24482$，则拒绝联合原假设。你可以确认 F 统计值的计算值为 4.96，因此，在 5% 的显著性水平下，我们正确地拒绝了 $H_0:\beta_1=100$，$\beta_2=9$。

非中心性参数如下所示：

$$\delta=N\left\{\frac{\left[(\beta_1-c_1)+(\beta_2-c_2)\bar{x}\right]^2}{\sigma^2}\right\}+\frac{(\beta_2-c_2)^2\sum_{i=1}^{N}(x_i-\bar{x})^2}{\sigma^2}$$

$$=40\left\{\frac{\left[(100-100)+(10-9)15\right]^2}{2\,500}\right\}+\frac{(10-9)^21\,000}{2\,500}=\frac{(40\times15^2)+1\,000}{2\,500}$$

$$=4$$

拒绝联合原假设的概率是非中心参数（$\delta=4$）的非中心 F 分布的值大于 $F_{(0.95,2,38)}=3.24482$ 的概率。检验效力为 $P[F_{(m_1=2,m_2=38,\delta=4)}>3.24482]=0.38738$。

作为另一种说明，我们使用 F 检验来检验原假设 $H_0:\beta_2=9$ 与 $H_1:\beta_2\neq9$。检验临界值是 F 分布的第 95 百分位数 $F_{(0.95,1,38)}=4.09817$。计算出的 F 检验值为 4.91，超过了 5% 的临界值，因此我们再次正确地拒绝了原假设。这个假设的 F 分布的非中心性参数是（6A.8）中 δ_2 的平方。

$$\delta=\delta_2^2=\frac{(\beta_0-c_2)^2}{\sigma^2/\sum(x_i-\bar{x})^2}=\frac{1}{2\,500/1\,000}=0.4$$

因此，当真实值为 $\beta_2=10$ 时，拒绝原假设 $H_0:\beta_2=9$ 与 $H_1:\beta_2\neq9$ 的概率为 $P[F_{(m_1=1,m_2=38,\delta=0.4)}>4.09817]=0.09457$。

我们应注意从这一练习中汲取三个教训。第一，用 F 检验方法，拒绝联合假设 $H_0:\beta_1=100$，$\beta_2=9$ 的概率大于拒绝单一假设 $H_0:\beta_2=9$ 的概率。第二，在附录 3B 中，我们发现使用单尾 t 检验拒绝 $H_0:\beta_2=9$ 与 $H_1:\beta_2>9$ 的概率为 0.15301，其中非中心性参数为

0.63246。当它被适当运用时，单尾检验的效力大于双尾检验的效力。第三，当使用双尾t检验时，由于非中心t分布不是与零对称，因此必须谨慎地计算拒绝概率。拒绝这一假设的概率如下所示：

$$P\left(t_{(38, 0.63246)} \leqslant -1.686\right) + \left[1 - P\left(t_{(38, 0.63246)} \geqslant 1.686\right)\right] = 0.0049866 + 0.0895807 = 0.09457$$

附录6B　FWL定理的进一步结果

在第5.2.4节中，我们看到，根据FWL定理，可以通过分离出其他变量对x_2和y的影响，得到特定解释变量的系数的最小二乘估计值，如x_2，并使用y和x_2的分离版本进行回归。我们现在考虑FWL定理的一些进一步的结果。特别是，我们证明如何用依赖于x_2的简单表达式和x_2的分离版本来重写最小二乘估计量的方差。

假设多元回归模型$y_i = \beta_1 + \beta_2 x_{i2} + \beta_3 x_{i3} + e_i$有两个解释变量。使用 Frisch–Waugh–Lovell（FWL）方法，分离出x_3。首先，y对x_3的辅助回归是$y_i = a_1 + a_3 x_{i3} + r_i$，最小二乘残差是$\ddot{y}_i = y_i - \tilde{a}_1 - \tilde{a}_3 x_{i3} = y_i - \tilde{y}_i$，其中$\tilde{y}_i = \tilde{a}_1 + \tilde{a}_3 x_{i3}$是来自辅助回归的拟合值。$x_2$对$x_3$的辅助回归是$x_{i2} = c_1 + c_3 x_{i3} + r_{i2}$，最小二乘法残差是$\ddot{x}_{i2} = x_{i2} - \tilde{c}_1 - \tilde{c}_3 x_{i3} = x_{i2} - \tilde{x}_{i2}$，其中$\tilde{x}_{i2} = \tilde{c}_1 + \tilde{c}_3 x_{i3}$是$x_2$辅助回归的拟合值。FWL定理指出，通过估计模型$\ddot{y}_i = \beta_2 \ddot{x}_{i2} + \ddot{e}_i$，我们可以得到与模型完全相同的最小二乘估计量。由于分离模型没有明确的截距，所以最小二乘估计量如下所示：

$$b_2 = \sum \ddot{x}_{i2} \ddot{y}_i \Big/ \sum \ddot{x}_{i2}^2 = \sum\left(x_{i2} - \tilde{x}_{i2}\right)\left(y_i - \tilde{y}_i\right) \Big/ \sum\left(x_{i2} - \tilde{x}_{i2}\right)^2$$

注意：

• $\tilde{x}_{i2}$是$E\left(x_2 | x_3\right)$的估计值，$\tilde{y}_i$是$E\left(y | x_3\right)$的估计值。因此，当x_3已被分离出来时，我们使用$b_2 = \sum\left(x_{i2} - \tilde{x}_{i2}\right)\left(y_i - \tilde{y}_i\right) \Big/ \sum\left(x_{i2} - \tilde{x}_{i2}\right)^2$中的条件均值。当$x_3$没有被分离出来时，我们使用无条件均值。对于方差，类似的结论是成立的。

• 在简单的回归模型中，用$\bar{y}_i$取代$\tilde{y}_i$，用$x_i - \bar{x}_i$取代$x_{i2} - \tilde{x}_i$，我们得到了最小二乘估计量的常用表达式。

• 还要注意，多元回归模型中的OLS估计量b_2在去掉x_3的线性影响后依赖于x_2和y。此外，当多元回归模型包含任意数量的变量时，上述公式是有效的，我们知道$\tilde{y}_i$和$\tilde{x}_{i2}$是包含除x_2以外的所有解释变量的辅助回归的拟合值。这非常整洁！

让我们将计算对象设为$\sum\left(x_{i2} - \tilde{x}_{i2}\right)\left(y_i - \tilde{y}_i\right)$，并进行计算。

$$\sum\left(x_{i2} - \tilde{x}_{i2}\right)\left(y_i - \tilde{y}_i\right) = \sum\left(x_{i2} - \tilde{x}_{i2}\right)\left(y_i - \tilde{a}_1 - \tilde{a}_3 x_{i3}\right)$$
$$= \sum\left(x_{i2} - \tilde{x}_{i2}\right) y_i - \tilde{a}_1 \sum\left(x_{i2} - \bar{x}_{i2}\right) - \tilde{a}_3 \sum\left(x_{i2} - \tilde{x}_{i2}\right) x_{i3}$$

$\sum\left(x_{i2} - \tilde{x}_{i2}\right) = 0$，因为它是包括截距项的辅助回归的最小二乘残差之和。$\sum\left(x_{i2} - \tilde{x}_{i2}\right) x_{i3} = 0$，因为最小二乘残差与模型解释变量不相关。参见练习2.1和练习2.3。因此，

$$\sum\left(x_{i2} - \tilde{x}_{i2}\right)\left(y_i - \tilde{y}_i\right) = \sum\left(x_{i2} - \bar{x}_{i2}\right) y_i$$

由此得到b_2的简化估计量：

$$b_2 = \sum \ddot{x}_{i2} \ddot{y}_i / \sum \ddot{x}_{i2}^2 = \sum (x_{i2} - \tilde{x}_{i2}) y_i / \sum (x_{i2} - \tilde{x}_{i2})^2$$

这样计算非常好，因为它是根据 $y_i = \beta_2 \ddot{x}_{i2} + \ddot{e}_i$ 模型估计的最小二乘系数，其中 $\ddot{x}_{i2} = x_{i2} - \tilde{x}_{i2}$ 是最小二乘残差。

现在，与第2章一样，通过进一步研究最小二乘估计量的计算公式，我们可以在理论上取得进展。把 $y_i = \beta_1 + \beta_2 x_{i2} + \beta_3 x_{i3} + e_i$ 代入计算公式并进行简化。

$$b_2 = \frac{\sum (x_{i2} - \tilde{x}_{i2}) y_i}{\sum (x_{i2} - \tilde{x}_{i2})^2} = \frac{\sum (x_{i2} - \tilde{x}_{i2})(\beta_1 + \beta_2 x_{i2} + \beta_3 x_{i3} + e_i)}{\sum (x_{i2} - \tilde{x}_{i2})^2}$$

$$= \frac{1}{\sum (x_{i2} - \tilde{x}_{i2})^2} \left[\sum (x_{i2} - \tilde{x}_{i2})(\beta_1 + \beta_2 x_{i2} + \beta_3 x_{i3} + e_i) \right]$$

$$= \frac{1}{\sum (x_{i2} - \tilde{x}_{i2})^2} \left[\beta_1 \sum (x_{i2} - \tilde{x}_{i2}) + \beta_2 \sum (x_{i2} - \tilde{x}_{i2}) x_{i2} + \beta_3 \sum (x_{i2} - \tilde{x}_{i2}) x_{i3} + \sum (x_{i2} - \tilde{x}_{i2}) e_i \right]$$

再次令 $\sum (x_{i2} - \tilde{x}_{i2}) = 0$ 和 $\sum (x_{i2} - \tilde{x}_{i2}) x_{i3} = 0$。现在，使用 $\sum (x_{i2} - \tilde{x}_{i2}) = 0$，我们可以得到：

$$\sum (x_{i2} - \tilde{x}_{i2}) x_{i2} = \sum (x_{i2} - \tilde{x}_{i2}) x_{i2} - \tilde{x}_{i2} \sum (x_{i2} - \tilde{x}_{i2}) = \sum (x_{i2} - \tilde{x}_{i2})^2$$

把所有这些都带入公式，我们得到：

$$b_2 = \beta_2 + \frac{\sum (x_{i2} - \tilde{x}_{i2}) e_i}{\sum (x_{i2} - \tilde{x}_{i2})^2}$$

那么，如果误差是同方差且序列不相关的，则：

$$\text{var}(b_2 | \mathbf{X}) = \text{var}\left[\frac{\sum (x_{i2} - \tilde{x}_{i2}) e_i}{\sum (x_{i2} - \tilde{x}_{i2})^2} \Big| \mathbf{X} \right] = \frac{\sum (x_{i2} - \tilde{x}_{i2})^2 \text{var}(e_i | \mathbf{X})}{\left[\sum (x_{i2} - \tilde{x}_{i2})^2 \right]^2} = \frac{\sum (x_{i2} - \tilde{x}_{i2})^2 \sigma^2}{\left[\sum (x_{i2} - \tilde{x}_{i2})^2 \right]^2}$$

$$= \frac{\sigma^2}{\sum (x_{i2} - \tilde{x}_{i2})^2}$$

第7章

使用指示变量

学习目标

基于本章的内容，你应该能够解释：

1. 定性和定量经济变量之间的不同。

2. 如何在回归方程的右边加入0-1指示变量，它如何影响对模型的解释，并举例说明。

3. 在线性-对数模型中，如何解释指示变量的系数。

4. 在回归中，如何加入一个斜率指示变量，这如何影响对模型的解释，并举例说明。

5. 在回归中，如何加入两个指示变量的乘积，这如何影响对模型的解释，并举例说明。

6. 如何对有两个以上类别（类似于国家的区域）的定性因素建立模型，如何解释所得到的模型，并举出实例。

7. 在样本部分忽视参数结构变化的后果。

8. 如何用指示变量来检验两个回归方程是否等价。

9. 如何估计和解释含有指示因变量的回归。

10. 随机控制实验与自然实验之间的区别。

11. 平均处理效应（ATE）与处理组平均处理效应（ATT）的差异。

12. 如何使用断点回归设计（RDD），并说明在什么情形下可以使用此种方法。

关键词

年度指示变量	完全共线性	自然实验
邹氏检验	特征价格模型	准实验
二分变量	指示变量	参照组
差分估计量	交互作用变量	地域指示变量
双差分估计量	截距指示变量	季节指示变量
斜率指示变量	虚拟变量	线性概率模型
平均处理效应	虚拟变量陷阱	对数-线性模型
断点回归设计		

7.1 指示变量

通过指示变量（详见第2.9节），我们建立的模型中部分或全部模型参数（包括截距）可以受样本观测值的影响而改变。为了使问题明晰化，我们举一个房地产经济学中的例子。房屋的买方和卖方、估税员、房地产估价员以及抵押贷款银行家都对预测房屋的现行市场价值感兴趣。预测房屋价值的一个常见方法是运用特征价格模型，其中房价被解释为房屋特征（如房屋的大小、地点、卧室数量和房龄等）的函数。其思路是将一个主体分成若干个组成部分，然后估计其每个特征的价值。[①]

现在，我们假设房屋的大小（$SQFT$，以平方英尺为计量单位）是决定房价（$PRICE$）的唯一相关变量。设定回归模型：

$$PRICE = \beta_1 + \beta_2 SQFT + e \tag{7.1}$$

在该模型中，β_2 是居住面积每增加 1 平方英尺的房屋价值，β_1 是土地本身的价值。

在房地产领域，最重要的三个词是"位置、位置，还是位置"。我们如何考虑房产位于理想社区（如在大学或者高尔夫球场附近）的影响？按这样的方式思考，位置是房屋的"定性"特征。

指示变量可以用来解释计量经济模型中的定性因素。它们经常被称为**虚拟、二元或二分变量**，因为它们通常只取 1 或 0 两个值，表示某种特征的存在与否或者某种条件的真假。它们也被称为**虚拟变量**，表示我们为一个定性的、非数值特征创建了一个数值变量。我们在使用时，指示变量与虚拟变量可以替换使用。将这些变量定义为 0 或 1 虽是任意的，但是我们会看到这是非常方便的。一般来说，我们定义一个指示变量 D 为：

$$D = \begin{cases} 1 & \text{如果特征存在} \\ 0 & \text{如果特征不存在} \end{cases} \tag{7.2}$$

因此，对于房价模型，我们可以定义一个指示变量来考虑房屋是否位于理想的社区，如：

$$D = \begin{cases} 1 & \text{如果房屋位于理想社区} \\ 0 & \text{如果房屋不位于理想社区} \end{cases}$$

指示变量能够被用来捕捉模型的截距、斜率或者两者的变化。我们将依次讨论这些情况。

7.1.1　截距指示变量

指示变量的最常见的应用是修正回归模型的截距参数。将一个指示变量 D 和一个新的参数 δ 引入回归模型，我们得到：

$$PRICE = \beta_1 + \delta D + \beta_2 SQFT + e \tag{7.3}$$

将指示变量 D 引入回归模型的影响能够通过检验两个位置的回归函数 $E(PRICE \mid SQFT)$ 得到最好的说明。如果公式（7.3）的模型设定正确，则 $E(e \mid SQFT, D) = 0$，且

$$E(PRICE \mid SQFT) = \begin{cases} (\beta_1 + \delta) + \beta_2 SQFT & \text{当 } D = 1 \text{ 时} \\ \beta_1 + \beta_2 SQFT & \text{当 } D = 0 \text{ 时} \end{cases} \tag{7.4}$$

在理想社区，$D = 1$，回归函数的截距为 $(\beta_1 + \delta)$。在其他地区，回归函数的截距仅为

---

① 这样的模型被用于许多种类的商品，包括个人电脑、汽车和葡萄酒。著名的想法来自 Sherwin Rosen（1978）"Hedonic Prices and Implicit Markets," *Journal of Political Economics*, 82, 357–369。这些想法被总结和应用于芦笋和个人电脑，见 Ernst Berndt（1991），*The Practice of Econometrics: Classic and Contemporary*, Reading, MA: Addison-Wesley, Chapter 4.

β_1。假设 $\delta > 0$，这种差异可用图 7-1 来描述。

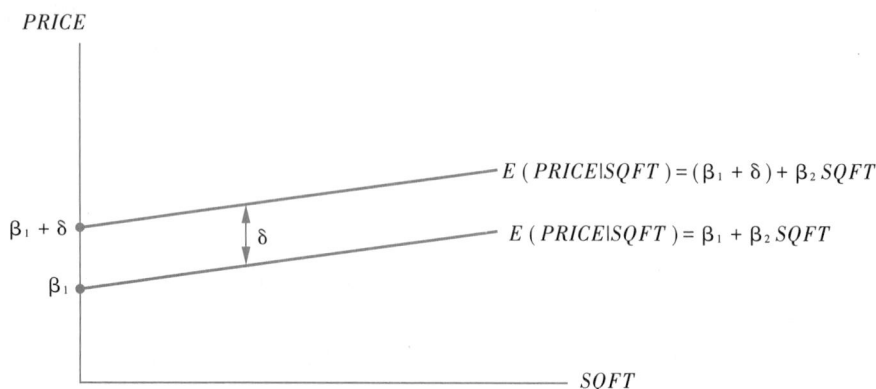

图 7-1 截距指示变量

把指示变量 D 引入回归模型，会导致两者的关系平行移动 δ。在房价模型中，参数 δ 的解释为"位置溢价"，即由于房屋位于理想社区带来的房价差异。指示变量被引入回归模型以表示某个定性因素造成的截距移动，被称为**截距指示变量**或**截距虚拟变量**。在房价的例子中，我们预计位于理想位置的房屋价格更高，因此我们预测 δ 为正值。

如果一个解释变量仅包括 0 或 1 两个数值，那其不会影响到最小二乘估计量的性质。这意味着可以把 D 看作其他任意一个解释变量。我们能建立 δ 的一个区间估计值，或检验其最小二乘估计值的显著性。这种检验就是位置对房价的影响是否"在统计上显著"的统计检验。如果 $\delta = 0$，则不存在所讨论的位置溢价。

选择参照组 从公式（7.4）可以看出，取值 $D = 0$ 和 $D = 1$，有利于我们建立参照组。$D = 0$ 定义了**参照组**或**基准组**，表示不在理想社区的房屋。这些房屋的预期价格仅为 $E(PRICE \mid SQFT) = \beta_1 + \beta_2 SQFT$。运用公式（7.3），我们来比较位于理想社区和非理想社区的房价。

以解释为目的，研究者选择任何一个社区作为参照组都是最方便的。例如，我们可以定义指示变量 LD 来表示非理想社区：

$$LD = \begin{cases} 1 & \text{如果房屋不在理想社区} \\ 0 & \text{如果房屋在理想社区} \end{cases}$$

这个指示变量的定义正好与 D 相反，$LD = 1 - D$。如果将 LD 加入模型设定中，

$$PRICE = \beta_1 + \lambda LD + \beta_2 SQFT + e$$

则我们得到参照组，$LD = 0$ 表示房屋在理想社区。

你可能想在回归模型中同时加入变量 D 和变量 LD，以捕捉每种房屋位置对房价的影响。也就是说，你可能考虑如下模型：

$$PRICE = \beta_1 + \delta D + \lambda LD + \beta_2 SQFT + e$$

在这个模型中，变量 D 和变量 LD 的关系是 $D + LD = 1$。由于截距变量 $x_1 = 1$，我们创造了一个具有**完全共线性**的模型，如第 6.4 节给出的解释，最小二乘估计量不适用于这些情况。这种错误有时被描述为陷入**虚拟变量陷阱**。通过只引入其中的一个指示变量，D 或

者 *LD*，将被省略的变量作为参照组，我们就避免了这个问题。[①]

7.1.2 斜率指示变量

假设位置对房价的影响不会导致特征价格回归方程（7.1）的截距发生变化，而是导致该方程式的斜率发生变化。通过在模型中引入一个等于指示变量和连续变量乘积的解释变量，我们能描述斜率的变化。在该模型中，关系式的斜率代表新增 1 平方英尺的居住面积的价值。假设在理想社区和非理想社区该价值不同，我们将回归模型设定为：

$$PRICE = \beta_1 + \beta_2 SQFT + \gamma(SQFT \times D) + e \tag{7.5}$$

新变量（$SQFT \times D$）是房屋大小和指示变量的乘积，它被称为**交互作用变量**，因为它表示位置和房屋大小对房价的交互作用效应。或者，它被称为**斜率指示变量**或**斜率虚拟变量**，因为它考虑了关系式的斜率变化。当 $D = 1$ 时，对于位于理想社区的房屋，斜率指示变量的值等于 $SQFT$；对于位于其他社区的房屋，其值等于零。尽管它有不同于普通变量的性质，在回归模型中，斜率指示变量与其他解释变量被同等对待。检查两个不同房屋位置的回归函数能最好地说明把斜率指示变量加入经济模型带来的影响，

$$E(PRICE|SQFT, D) = \beta_1 + \beta_2 SQFT + \gamma(SQFT \times D) = \begin{cases} \beta_1 + (\beta_2 + \gamma)SQFT & 当 D = 1 时 \\ \beta_1 + \beta_2 SQFT & 当 D = 0 时 \end{cases}$$

在理想社区，房屋每增加 1 平方英尺的价格是（$\beta_2 + \gamma$），在其他地区则是 β_2。如果在两个社区中，更理想的社区每增加 1 平方英尺的价格更高，则我们预测 $\gamma > 0$。这种情况如图 7-2（a）所示。

理解引入斜率指示变量所带来的影响的另一个方法是运用微积分。以预期房价对房屋的大小（以平方英尺为衡量单位）求导数，得到两者之间关系的斜率：

$$\frac{\partial E(PRICE|SQFT, D)}{\partial SQFT} = \begin{cases} \beta_2 + \gamma & 当 D = 1 时 \\ \beta_2 & 当 D = 0 时 \end{cases}$$

如果公式（7.5）满足回归模型的基本假设，则如第 5.3 节所讨论的那样，其最小二乘估计量通常具有良好的性质。检验两个社区新增 1 平方英尺的居住面积带来的价值是否相等。在该检验中，原假设为 $H_0: \gamma = 0$，备择假设为 $H_1: \gamma \neq 0$。在这种情况下，我们能检验 $H_0: \gamma = 0$ 与 $H_1: \gamma > 0$，因为我们预测影响效应是正相关的。

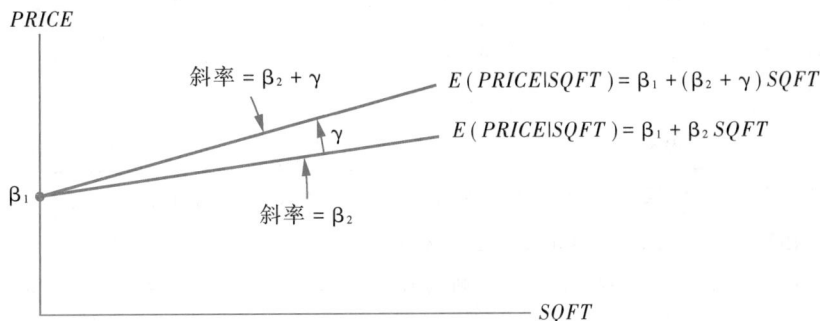

图 7-2（a）斜率指示变量

[①] 避免虚拟变量陷阱的另一个方法是在模型中省略截距。

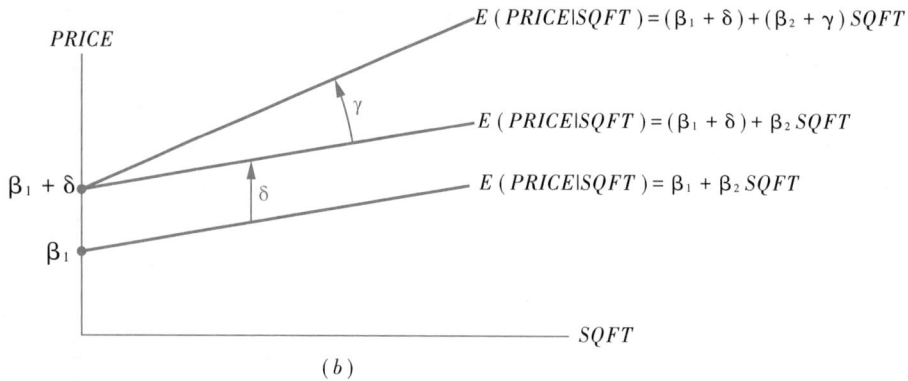

图7-2（b） 斜率和截距指示变量

如果我们假设房屋位置同时影响截距和斜率，则这两种影响能同时被引入一个模型中。得到的回归模型为：

$$PRICE = \beta_1 + \delta D + \beta_2 SQFT + \gamma(SQFT \times D) + e \tag{7.6}$$

在本例中，两个位置的房价的回归函数是：

$$E(PRICE|SQFT) = \begin{cases} (\beta_1 + \delta) + (\beta_2 + \gamma)SQFT & \text{当} D = 1\text{时} \\ \beta_1 + \beta_2 SQFT & \text{当} D = 0\text{时} \end{cases}$$

在图7-2（b）中，我们假设 $\delta > 0$ 和 $\gamma > 0$，以描述房价关系。

实例7.1 临近大学对房价的影响

一个房地产经济学家收集了两个相似社区的1 000条房价销售信息，一个社区被称为"大学城"，在一所大的州立大学旁边；另一个社区距离大学大约3英里。其中一些观测值列在表7-1中，完整的数据参见文件 utown。

表 7-1 代表性房地产数据值

PRICE	SQFT	AGE	UTOWN	POOL	FPLACE
205.452	23.46	6	0	0	1
185.328	20.03	5	0	0	1
248.422	27.77	6	0	0	0
287.339	23.67	28	1	1	0
255.325	21.30	0	1	1	1
301.037	29.87	6	1	0	1

房价以千美元为单位，居住面积（SQFT）以百平方英尺为单位。例如，第一个房屋售价为205 452美元，居住面积是2 346平方英尺。数据记录的还有房龄 AGE（以年为单位）、位置（接近大学，UTOWN=1，否则为0）、是否有游泳池（若有游泳池，POOL=1，否则为0），以及是否有壁炉（若有壁炉，FPLACE=1，否则为0）。

该经济学家将回归方程设定为：

$$\begin{aligned} PRICE = &\beta_1 + \delta_1 UTOWN + \beta_2 SQFT + \gamma(SQFT \times UTOWN) + \\ &\beta_3 AGE + \delta_2 POOL + \delta_3 FPLACE + e \end{aligned} \tag{7.7}$$

　　我们预测除了 β_3，模型中所有的系数都是正值，β_3 是房龄或者折旧对房价影响的估计值。要注意的是，*POOL* 和 *FPLACE* 是截距虚拟变量。通过引入这些变量，我们能够探寻房屋的这些特征是否会改变房价，且在多大程度上影响房价。由于这些变量是独立的，它们与变量 *SQFT* 或 *AGE* 无交互作用，我们假设它们影响回归模型的截距而不是斜率。估计出的回归结果如表 7-2 所示。其拟合优度统计值 $R^2=0.8706$，表明模型与数据拟合得很好。斜率指示变量是 *SQFT* × *UTOWN*。根据显著性的单尾 t 检验，[①]在 $\alpha=0.05$ 的显著性水平上，对于每个参数，我们拒绝原假设；而除了接受 *AGE* 的系数为负之外，我们接受其他所有参数为正的备择假设。特别地，根据这些 t 检验，我们得出结论：临近大学的房屋有显著的更高的起价，且它们每多 1 平方英尺，价格也显著地高于对比地区的房价。

表 7-2　　　　　　　　　　　　　房价方程的估计值

变量	系数	标准误	t 统计值	概率值
C	24.5000	6.1917	3.9569	0.0001
UTOWN	27.4530	8.4226	3.2594	0.0012
SQFT	7.6122	0.2452	31.0478	0.0000
SQFT × *UTOWN*	1.2994	0.3320	3.9133	0.0001
AGE	−0.1901	0.0512	−3.7123	0.0002
POOL	4.3772	1.1967	3.6577	0.0003
FPLACE	1.6492	0.9720	1.6968	0.0901
$R^2=0.8706$	$SSE=230\ 184.4$			

对于临近大学的房屋，估计出的回归函数为：

$$\widehat{PRICE} = (24.5 + 27.453) + (7.6122 + 1.2994)SQFT - 0.1901AGE +$$
$$4.3772POOL + 1.6492FPLACE$$
$$= 51.953 + 8.9116SQFT - 0.1901AGE + 4.3772POOL + 1.6492FPLACE$$

对于其他地区的房屋，估计出的回归函数为：

$$\widehat{PRICE} = 24.5 + 7.6122SQFT - 0.1901AGE + 4.3772POOL + 1.6492FPLACE$$

　　根据表 7-2 中的回归结果，我们估计如下：

- 临近大学的土地的位置溢价是 27 453 美元。
- 临近大学的房屋每多 1 平方英尺，预期价格改变 89.12 美元，其他地区的房屋预期价格改变 76.12 美元。
- 房屋每年贬值 190.10 美元。
- 有一个游泳池能使房屋价值增加 4 377.20 美元。
- 有一个壁炉能使房屋价值增加 1 649.20 美元。

7.2　应用指示变量

　　指示变量能被用来提出和解答各种各样的问题。在本节中，我们将介绍一些常见的

---

　　①　回忆给定系数估计值具有"正确的"符号，单尾检验的 p 值是所报告的双尾检验的 p 值的一半。

应用。

7.2.1 定性因素之间的相互作用

我们已经看到指示变量在回归模型中如何被用来表示定性因素。表示定性因素的截距指示变量是可累加的。也就是说，每个定性因素的影响都可加入回归截距项中，且任何指示变量的影响都独立于其他的定性因素。然而，有时我们会怀疑定性因素的影响是否是独立的。

例如，假设我们要估计一个工资方程，其中个人的工资是其经验、技能，以及与生产率有关的其他因素的函数。在这样的方程中加入种族和性别的指示变量是常见的。如果我们对生产率属性构建很好的模型，且如果工资的确定不受歧视，那么种族和性别指示变量的系数不应该是显著的。然而，仅仅包括种族和性别的指示变量不会捕捉到这些定性因素的交互作用。黑人女性的工资会有差别吗？将"黑人"和"女性"指示变量分开，将无法捕捉这种额外的交互影响。考虑到这样的可能性，进行如下设定，为了简便，我们仅仅将教育（EDUC）作为衡量生产率的一种方法：

$$WAGE = \beta_1 + \beta_2 EDUC + \delta_1 BLACK + \delta_2 FEMALE + \gamma(BLACK \times FEMALE) + e \qquad (7.8)$$

其中，"黑人"和"女性"是指示变量，因此它们的交互作用项也是指示变量。这些是截距虚拟变量，因为它们与任何连续的解释变量不发生相互作用。它们在回归中有引起平行移动的效果，如图7-1所示。当存在多重虚拟变量时，尤其是当指示变量之间有交互影响时，对于每个指示变量组合，为了做出适当解释而写出回归函数 $E(WAGE|EDUC)$ 是很重要的：

$$E(WAGE|EDUC) = \begin{cases} \beta_1 + \beta_2 EDUC & \text{白人－男性} \\ (\beta_1 + \delta_1) + \beta_2 EDUC & \text{黑人－男性} \\ (\beta_1 + \delta_2) + \beta_2 EDUC & \text{白人－女性} \\ (\beta_1 + \delta_1 + \delta_2 + \gamma) + \beta_2 EDUC & \text{黑人－女性} \end{cases}$$

在这个设定中，白人男性是参照组，因为这个组中所有的指示变量取值为0，在这种情况下，$BLACK = 0, FEMALE = 0$。参数 δ_1 衡量相对于参照组，黑人的影响；参数 δ_2 衡量女性的影响；参数 γ 衡量黑人女性的影响。

实例7.2　种族和性别对工资的影响

利用自2013年的CPS数据（数据文件 cps5_small），我们得到结果，如表7-3所示。保持教育的影响不变，我们估计，黑人男性比白人男性每小时少挣2.07美元，白人女性比白人男性每小时少挣4.22美元，黑人女性比白人男性每小时少挣5.76美元。通过单个的 t 检验，$EDUC$、$FEMALE$ 的系数都显著异于0。利用有1 200个观测值的样本，$BLACK$ 和 $FEMALE$ 之间的交互影响没有被非常精确地估计，而且在统计上也不显著。[①]

假设我们被要求去检验所有定性因素的联合显著性。我们如何检验种族和性别都不影

---

① 利用包括9 799个观测值的更大数据集合 cps5 估计该模型，得到 $BLACK$ 的系数估计值为−4.3488，t 值为−5.81。同样，交互变量的系数估计值为3.0873，t=3.01。回忆第2.4节和第5.3节，更大样本容量导致更小的标准误，进而产生更精确的估计。劳动经济学家倾向于使用大的数据集合，这样可以精确估计复杂的影响和相互作用。我们使用更小的数据集合作为文中例子，以便学生版的软件复制结果。

响工资的假设呢？我们进行如下联合检验，原假设为 $H_0:\delta_1 = 0, \delta_2 = 0, \gamma = 0$，备择假设为至少有一个被检验参数不等于0。如果原假设为真，种族和性别从回归中被剔出，因此对工资没有影响。

表 7-3　　　　　　　　　　　　　　含有种族和性别变量的工资方程

变量	系数	标准误	t 统计值	概率
C	−9.4821	1.9580	−4.8428	0.0000
$EDUC$	2.4737	0.1351	18.3096	0.0000
$BLACK$	−2.0653	2.1616	−0.9554	0.3396
$FEMALE$	−4.2235	0.8249	−5.1198	0.0000
$BLACK \times FEMALE$	0.5329	2.8020	0.1902	0.8492

$R^2 = 0.2277$　　　　　　　$SSE = 214\ 400.9$

为了检验该假设，我们使用第 6.1 节说明的 F 检验程序。联合假设的检验统计量为：

$$F = \frac{(SSE_R - SSE_U)/J}{SSE_U/(N-K)}$$

其中，SSE_R 是从约束模型中得到的最小二乘残差平方和，原假设被假设为"真"；SSE_U 是从原始的无约束模型中得到的残差平方和；J 是联合假设的个数；$N-K$ 是无约束模型中的自由度个数。如果原假设为真，则检验统计量 F 服从 F 分布 $F_{(J,N-K)}$，J 是分子的自由度，$N-K$ 是分母的自由度。如果 $F \geqslant F_c$，我们拒绝原假设，其中 F_c 是附录 B 中的图 B-9 所说明的显著性水平为 α 的临界值。为了检验 $J=3$ 的联合原假设 $H_0:\delta_1 = 0, \delta_2 = 0, \gamma = 0,$，根据表 7-3 中的模型，我们得到无约束的残差平方和 $SSE_U = 214\ 400.9$。约束残差平方和通过对原假设被假设为真的模型进行估计得到，进而得到拟合模型：

$$\widehat{WAGE} = -10.4000 + 2.3968EDUC$$
$$(se)\quad (1.9624)\quad\quad (0.1354)$$

上式有 $SSE_R = 220\ 062.3$。自由度 $(N-K) = (1200 - 5) = 1195$，源自无约束模型。$F$ 统计值为：

$$F = \frac{(SSE_R - SSE_U)/J}{SSE_U/(N-K)} = \frac{(220\ 062.3 - 214\ 400.9)/3}{214\ 400.9/1\ 195} = 10.52$$

1% 的临界值（即第 99 百分位数）为 $F_{(0.99,3,1195)} = 3.798$。因此，我们得出种族和（或）性别会影响工资方程的结论。

7.2.2　有若干类别的定性因素

许多定性因素有两种以上的类别，如工资方程中的国家区域变量。CPS 数据记录工人居住地为四个区域之一：东北部、中西部、南部和西部。仅仅运用简单的工资设定来阐述，我们可以把指示变量加入工资方程：

$$WAGE = \beta_1 + \beta_2 EDUC + \delta_1 SOUTH + \delta_2 MIDWEST + \delta_3 WEST + e \tag{7.9}$$

注意，我们没有将所有区域的指示变量都包括进来。这样做将会创建一个存在完全共线性的模型。由于区域分类是无遗漏的，区域指示变量的加总是 $NORTHEAST + SOUTH + MIDWEST + WEST = 1$。因此，"截距变量" $x_1 = 1$ 是区域指示变量的一个完全线性组合。回顾第 6.4 节，在这样的情况下，最小二乘估计量没有被定义。不省略一个指示变量将会导致你的计算机软件反馈一个信息，即最小二乘估计失败。这种错误是我们在第 7.1.1 节提到的**虚拟变量陷阱**。

这个问题的通常解决方法是省略一个指示变量，它定义了一个参照组，正如我们将通过检查回归方程看到的：

$$E\left(WAGE|EDUC\right) = \begin{cases} (\beta_1 + \delta_3) + \beta_2 EDUC & WEST \\ (\beta_1 + \delta_2) + \beta_2 EDUC & MIDWEST \\ (\beta_1 + \delta_1) + \beta_2 EDUC & SOUTH \\ \beta_1 + \beta_2 EDUC & NORTHEAST \end{cases}$$

被省略的指示变量 $NORTHEAST$ 识别方程的参照组，以与其他区域的工人进行比较。当区域指示变量 $WEST$、$MIDWEST$ 和 $SOUTH$ 被设定为 0 时，这一组保留。从数学上来说，哪个指示变量被省略无关紧要，可以做出最便于解释的选择。截距参数 β_1 表示居住在东北部没受过教育的工人的基本工资。参数 δ_1 衡量南部工人相对于东北部工人的预期工资差异，δ_2 衡量中西部工人与东北部工人的预期工资差异。

实例 7.3 一个含有区域指示变量的工资方程

运用 CPS 数据文件 cps5_small，让我们取表 7-3 中的设定，再加上区域指示变量 $SOUTH$、$MIDWEST$ 和 $WEST$，结果如表 7-4 所示。我们估计，保持其他因素不变，南部的工人比东北部的工人每小时少挣 1.65 美元。中西部的工人比东北部的工人每小时少挣 1.94 美元。这些估计值在 10% 的水平下不显著异于零。[①]

表 7-4 含有区域指示变量的工资方程

变量	系数	标准误	t 统计值	概率值
C	−8.3708	2.1540	−3.8862	0.0001
$EDUC$	2.4670	0.1351	18.2603	0.0000
$BLACK$	−1.8777	2.1799	−0.8614	0.3892
$FEMALE$	−4.1861	0.8246	−5.0768	0.0000
$BLACK \times FEMALE$	0.6190	2.8008	0.2210	0.8251
$SOUTH$	−1.6523	1.1557	−1.4297	0.1531
$MIDWEST$	−1.9392	1.2083	−1.6049	0.1088
$WEST$	−0.1452	1.2027	−0.1207	0.9039
$R^2=0.2308$	$SSE=213\,552.1$			

[①] 使用更大的 CPS 数据文件 cps5 区域系数估计值（括号内为 t 值）：$SOUTH$ 为 −0.9405（−2.24），$MIDWEST$ 为 −2.4299（−5.58），$WEST$ 为 0.0088（0.02）。

我们如何检验不存在区域差异的假设？这将是一个联合检验，原假设为区域指示变量的系数都为0。在CPS数据中，对于表7-4中的工资方程，$SSE_U = 213\,552.1$。在原假设成立的条件下，表7-4的模型变成表7-3中的模型，其中$SSE_R = 214\,400.9$。这会得到一个F统计值1.579。该检验的p值是0.1926，所以我们不能拒绝原假设，即保持其他因素不变，工资方程截距没有区域差异。[①]

7.2.3 检验两个回归的等价性

在第7.1.2节中，我们同时将截距变量和斜率指示变量引入房价的特征价格方程。结果如公式（7.6）所示：

$$PRICE = \beta_1 + \delta D + \beta_2 SQFT + \gamma(SQFT \times D) + e$$

两个地区房价的回归函数是：

$$E(PRICE|SQFT) = \begin{cases} \alpha_1 + \alpha_2 SQFT & D = 1 \\ \beta_1 + \beta_2 SQFT & D = 0 \end{cases}$$

其中，$\alpha_1 = \beta_1 + \delta$，$\alpha_2 = \beta_2 + \gamma$。图7-2b表明，通过同时引入截距和斜率指示变量，我们必须假设两个地区的回归是完全不同的。我们可以通过预测每个地区的回归得到公式（7.6）的估计值。在本节中，我们一般化这个思想，得到以计量经济学家邹至庄命名的邹氏检验。邹氏检验是检验两个回归等价性的F检验。

在每个方程中，通过加入一个截距指示变量和每个额外添加变量的交互变量，我们允许所有的系数基于定性因素不同。再次考虑公式（7.8）中的工资方程：

$$WAGE = \beta_1 + \beta_2 EDUC + \delta_1 BLACK + \delta_2 FEMALE + \gamma(BLACK \times FEMALE) + e$$

我们可能会问"南方和国家其他区域的工资回归之间有差别吗？"如果没有不同，那么来自南方和其他区域的数据就能被放入一个样本中，不允许有不同的斜率或截距。我们怎么检验呢？我们可以通过为模型中的每个变量创建截距和斜率指示变量进行检验，然后利用F检验联合检验指示变量系数的显著性。也就是说，我们设定模型：

$$\begin{aligned} WAGE = {}& \beta_1 + \beta_2 EDUC + \delta_1 BLACK + \delta_2 FEMALE + \gamma(BLACK \times FEMALE) \\ & + \theta_1 SOUTH + \theta_2(EDUC \times SOUTH) + \theta_3(BLACK \times SOUTH) \\ & + \theta_4(FEMALE \times SOUTH) + \theta_5(BLACK \times FEMALE \times SOUTH) + e \end{aligned} \qquad (7.10)$$

公式（7.10）中的参数和变量个数是公式（7.8）的两倍。我们新增了5个变量（$SOUTH$截距指示变量、$SOUTH$和其他4个变量间的交互变量）及相应的参数。估计公式（7.10）相当于估计公式（7.8）两次，一次为南方工人，另一次为其他区域的工人。为理解这点，检查回归函数。让$\mathbf{X}$代表（$EDUC, BLACK, FEMALE, SOUTH$）。得到：

$$E(WAGE|\mathbf{X}) = \begin{cases} \beta_1 + \beta_2 EDUC + \delta_1 BLACK + \delta_2 FEMALE + \gamma(BLACK \times \\ \quad FEMALE) & SOUTH = 0 \\ (\beta_1 + \theta_1) + (\beta_2 + \theta_2) EDUC + (\delta_1 + \theta_3) BLACK + (\delta_2 + \theta_4) FEMALE + \\ \quad (\gamma + \theta_5)(BLACK \times FEMALE) & SOUTH = 1 \end{cases}$$

注意，对于南方工人和非南方工人，每个变量有一个不同的系数。

---

① 使用更大的CPS数据文件$cps5$，$F = 14.7594$，在1%的水平下显著。

实例7.4　检验两个回归的等价性：邹氏检验

在表7-5的第（1）列，我们利用全部的样本，报告完全交互模型（7.10）的估计值和标准误。估计基本模型（7.8），一次为南方以外的工人（第（2）列），另一次为南方工人（第（3）列）。注意，在第（2）列中基于非南方数据的系数估计值和第（1）列中利用全部样本的相同。标准误不同，因为误差方差的估计值 σ^2 不同。通过将指示变量的交互系数 θ_i 加入相应的非南方的系数中，从完全模型中可以得到仅使用南方工人数据的系数估计值。例如，第（3）列中 $BLACK$ 的系数估计值可以由 $(\hat{\delta}_1 + \hat{\theta}_3) = 1.1276 - 4.6204 = -3.4928$ 获得。与之类似，第（3）列中 $FEMALE$ 的系数为 $(\hat{\delta}_2 + \hat{\theta}_4) = -4.1520 - 0.1886 = -4.3406$。

表 7-5　　　　　　　　　　　　完全交互作用与独立模型的比较

变量	(1) 全部样本		(2) 非南方		(3) 南方	
	系数	标准误	系数	标准误	系数	标准误
C	-9.9991	2.3872	-9.9991	2.2273	-8.4162	3.8709
$EDUC$	2.5271	0.1642	2.5271	0.1532	2.3557	0.2692
$BLACK$	1.1276	3.5247	1.1276	3.2885	-3.4928	3.1667
$FEMALE$	-4.1520	0.9842	-4.1520	0.9182	-4.3406	1.7097
$BLACK \times FEMALE$	-4.4540	4.4858	-4.4540	4.1852	3.6655	4.1832
$SOUTH$	1.5829	4.1821				
$EDUC \times SOUTH$	-0.1714	0.2898				
$BLACK \times SOUTH$	-4.6204	4.5071				
$FEMALE \times SOUTH$	-0.1886	1.8080				
$BLACK \times FEMALE \times SOUTH$	8.1195	5.8217				
SSE	213 774.0		125 880.0		87 893.9	
N	1 200		810		390	

此外，注意第（1）列中完全模型的残差平方和等于从两个分开的回归模型中得到的 SSE 的加总（但是有一些小数点位数误差）：

$$SSE_{full} = SSE_{nonsouth} + SSE_{youth} = 125\,880.0 + 87\,893.9 = 213\,773.9$$

运用指示变量方法，我们能够检验南方的区域差异。我们估计公式（7.10），检验联合原假设：

$$H_0: \theta_1 = \theta_2 = \theta_3 = \theta_4 = \theta_5 = 0$$

与备择假设，即至少有一个 $\theta_i \neq 0$。这就是邹氏检验。如果我们拒绝原假设，我们得出结论：南部的工资方程与其他区域的有些不同。该检验也可以被认为是比较表7-5中的非南部（第（2）列）和南方（第（3）列）的估计值。

检验的组成内容包括从表7-5中的完全模型中得到的无约束 $SSE_U = 213\ 774.0$（或者从两个分开的回归模型中得到的 SSE_S 之和）和从表7-3中得到的约束 $SSE_R = 214\ 400.9$。$J=5$ 的假设检验统计值为：

$$F = \frac{(SSE_R - SSE_U)/J}{SSE_U/(N-K)} = \frac{(214\ 400.9 - 213\ 774.0)/5}{213\ 774.0/1\ 190}$$
$$= 0.6980$$

分母自由度来自无约束模型，即 $N - K = 1200 - 10$。该检验的 p 值为 $p=0.6250$，因此我们不能拒绝原假设，即南方的工资回归与全国其他地区没有什么不同。[1]

评论

通常的联合假设的 F 检验依赖于线性回归模型的假设 MR1-MR6。与检验两个回归等价性特别相关的是假设 MR3，即误差项的方差 $\text{var}(e_i|\mathbf{X}) = \sigma^2$ 对于所有的观测值都是一样的。如果我们考虑数据组成部分有不同的斜率和截距，两部分数据的方差不同这一点也可能是真的。在这种情况下，通常的 F 检验是无效的。第8.2节包括相等方差的检验，在这种情况下的合并问题见第8.4节。现在我们要意识到，在以上的计算中，都假设误差方差是常数。

7.2.4 控制时间

前面我们给出的例子将指示变量应用于截面数据中。如下面的例子所示，指示变量也被用在利用时间序列数据的回归中。

季节指示变量 夏天意味着户外野炊、吃烧烤。这对木炭（一种受欢迎的烧烤燃料）的销售会有什么样的影响呢？为了调查，让我们定义一个模型，被解释变量 y_t=一家超市第 t 个星期出售的20磅重的 Royal Oak 木炭袋的数量。解释变量包括 Royal Oak 的价格、竞争品牌（Kingsford 和商店品牌）的价格、互补品（木炭打火机液、排骨和香肠）的价格和广告（报纸广告和优惠券）。虽然这些标准的需求因素都是相关的，但我们仍可以发现很强的季节性影响。在所有其他因素不变的条件下，与其他季节相比，在炎热的夏季有更多的木炭被售出。因此，我们可能想要把月份指示变量（例如，如果这个月是8月份，AUG=1；如果不是8月份，AUG=0）或**季节性指示变量**（在北美，如果月份=6月、7月或8月，$SUMMER$=1；否则 $SUMMER$=0）包括到回归模型中。除了这些季节性的影响，节假日是野餐的重要时点。在美国，这些日子是纪念日（5月最后一个星期一）、独立日（7月4日）和劳动节（9月的第一个星期一）。在这些节假日来临之前一个星期，可以预期会实现额外的销售，这意味着每个节假日的指示变量应该被加入回归模型中。

年度指示变量 与季节指示变量的道理相同，年度指示变量被用来捕捉模型中未捕捉到的年度效应。本章前面部分讨论的房地产模型提供了一个例子。房地产数据每个月、每一年都是持续可获取的。假设我们有某一社区10年的房价数据。除了在公式（7.7）中提到的房屋特征，房价总水平受当地经济中需求因素的影响，这些因素包括人口变动、利

---

① 利用更大的 CPS 数据文件 cps5，检验的 p 值为0.7753，因此我们再次不能拒绝原假设。

息率、失业率和收入增长。经济学家为创建城市"居住成本指数"或者"房价指数"，必须把房屋的纯价格效应要素考虑进去。了解价格指数，对于重新评估住房的市场价值以计算每年房产税的估税员来说是很重要的。对于抵押贷款银行家和其他住宅贷款人（他们必须重新评估随着当地条件变化其贷款组合的价值）、打算出售自己房子的房主和试图商定一个成交价的潜在买家来说，这也是很重要的。

捕捉这些价格效应的最简单的方法是把年度指示变量（例如，如果年份=1999，D99=1；否则，D99=0）加入特征价格回归模型。练习题7.3给出了一个例子。

制度效应 经济制度是在某一特定阶段存在的一系列结构性经济条件。经济关系在不同的制度下可能表现不同。经济制度可能与政治制度（保守党执政或民主党执政）、不寻常的经济条件（石油禁运、经济衰退和恶性通货膨胀）或者法律环境的改变（税法改变）有联系。《投资税收优惠法》[①]在1962年颁布，目的是刺激投资。该法律于1966年被暂停，于1970年被恢复，在1986年的《税法改革法案》中被废除。因此，我们可以创建一个指示变量：

$$ITC_t = \begin{cases} 1 & \text{如果 } t = 1962—1965, 1970—1986 \\ 0 & \text{其他} \end{cases}$$

一个宏观投资方程可能为：

$$INV_t = \beta_1 + \delta ITC_t + \beta_2 GNP_t + \beta_3 GNP_{t-1} + e_t$$

如果税收优惠是成功的，那么 $\delta > 0$。

7.3 对数–线性模型

在第4.5节中，我们详细考察了对数–线性模型。在本节，我们来探讨对数–线性模型中指示变量的解释。附录7A给出了一些附加的详细内容。让我们考虑如下对数–线性模型：

$$\ln(WAGE) = \beta_1 + \beta_2 EDUC + \delta FEMALE \tag{7.11}$$

为了简化说明，我们没有引入误差项，并且视 EDCU 和 FEMALE 为给定的。

怎样解释参数 δ 呢？FEMALE 是一个截距虚拟变量，当 FEMALE=1 时，对数–线性关系发生平行移动，即：

$$\ln(WAGE) = \begin{cases} \beta_1 + \beta_2 EDUC & MALES\,(FEMALE = 0) \\ (\beta_1 + \delta) + \beta_2 EDUC & FEMALES\,(FEMALE = 1) \end{cases}$$

但是，如何解释被解释变量是 ln(WAGE) 这一事实呢？那样会有影响吗？答案是肯定的，并有两个解决方案。

7.3.1 粗略计算

首先，计算女性和男性 ln(WAGE) 之间的差别：

$$\ln(WAGE)_{FEMALES} - \ln(WAGE)_{MALES} = \delta$$

回顾附录A.1.6和公式（A.3），对数差分乘以100，即 100δ 约等于百分比差异。

---

① Intriligator, Bodkin and Hsiao, *Econometric Models, Techniques and Applications*, 2nd edition, Upper Saddle River, NJ: Prentice-Hall, 1996, p.53.

实例 7.5　对数-线性模型的指数变量：粗略近似值

使用数据文件 *cps5_small*，估计出的对数模型（7.11）是：

$$\ln(\widehat{WAGE}) = 1.6229 + 0.1024 EDUC - 0.1778 FEMALE$$
$$(\text{se}) \qquad (0.0692) \qquad\quad (0.0048) \qquad (0.0279)$$

因此，我们估计，男性和女性工资有 17.78% 的差异。这是一个快速简便的方法，但存在一些近似误差。

7.3.2　精确计算

我们能通过代数运算来克服近似误差。工资差异为：

$$\ln(WAGE)_{FEMALES} - \ln(WAGE)_{MALES} = \ln\left(\frac{WAGE_{FEMALES}}{WAGE_{MALES}}\right) = \delta$$

这里运用对数的性质 $\ln(x) - \ln(y) = \ln(x/y)$。这些是自然对数，对数函数的反函数是指数函数，

$$\frac{WAGE_{FEMALES}}{WAGE_{MALES}} = e^{\delta}$$

等式两边同时减去 1（用一个巧妙的方法），得到：

$$\frac{WAGE_{FEMALES}}{WAGE_{MALES}} - \frac{WAGE_{MALES}}{WAGE_{MALES}} = \frac{WAGE_{FEMALES} - WAGE_{MALES}}{WAGE_{MALES}} = e^{\delta} - 1$$

女性和男性工资之间的百分比差异是 $100(e^{\delta}-1)$%。更具体的方法见附录 7A。

实例 7.6　对数-线性模型的指数变量：精确的计算

利用数据文件 *cps5_small*，我们估计男性和女性之间的工资差异为：

$$100(e^{\delta} - 1)\% = 100(e^{-0.1778} - 1)\% = -16.29\%$$

这个估计值的近似标准误是 2.34%，这个数值是由软件提供的。

7.4　线性概率模型

经济学有时被描述为"选择理论"。我们在一生中做出的许多选择在本质上是"非此即彼"的。这里给出一些例子：

- 一位消费者必须在可口可乐和百事可乐之间选择
- 一位已婚妇女必须决定是否进入劳动力市场
- 一位银行官员必须选择是否接受贷款申请
- 一个高中毕业生必须决定是否要进入大学深造
- 一个国会议员——无论是参议员还是众议员，必须投票支持或反对一项立法

为了运用计量经济模型分析和预测这些结果，我们使用指示变量来代表选择，如果其中一个备选方案被选择，取值为 1；如果另一个备选方案被选择，取值为 0。因为我们要尝试解释在两个备选方案中所作的选择，在回归模型中，指示变量将是因变量而不是自变量。

首先，让我们把表示一个选择的变量写作：

$$y = \begin{cases} 1 & \text{如果第一个备选方案被选择} \\ 0 & \text{如果第二个备选方案被选择} \end{cases}$$

如果我们观测到个体随机样本做出的选择，则 y 是一个随机变量。如果 p 是第一个方案被选择的概率，那么 $P[y=1]=p$。第二个方案被选择的概率是 $P[y=0]=1-p$。二元指示变量 y 的概率函数是：

$$f(y)=p^y(1-p)^{1-y}, \quad y=0,1$$

指示变量 y 服从伯努利分布。y 的期望值是 $E(y)=p$，其方差是 $\text{var}(y)=p(1-p)$。

我们对使用线性回归函数或这里说的**线性概率模型**来识别可能影响概率 p 的因素感兴趣，

$$E(y|\mathbf{X})=p=\beta_1+\beta_2 x_2+\cdots+\beta_K x_K$$

如通常那样，我们把观测结果 y 分成两个部分：一个是系统部分 $E(y|\mathbf{X})$，另一个是不可预测的随机误差 e，结果计量经济模型为：

$$Y=E(y|\mathbf{X})+e=\beta_1+\beta_2 x_2+\cdots+\beta_K x_K+e$$

使用选择行为模型的问题是通常的误差项假设不能成立。结果 y 仅取两个值，这意味着误差项 e 也仅取两个值，以致通常的描述误差分布的钟形曲线不成立。y 和 e 的概率函数为：

y 值	e 值	概率
1	$1-(\beta_1+\beta_2 x_2+\cdots+\beta_K x_K)$	p
0	$-(\beta_1+\beta_2 x_2+\cdots+\beta_K x_K)$	$1-p$

误差项 e 的方差为：

$$\text{var}(e|\mathbf{X})=p(1-p)=(\beta_1+\beta_2 x_2+\cdots+\beta_K x_K)(1-\beta_1-\beta_2 x_2-\cdots-\beta_K x_K)$$

该误差不具有同方差，所以通常的最小二乘估计量的方差公式不正确。与线性概率模型相关的第二个问题是预测值 $\widehat{E(y)}=\hat{p}$ 可能落在（0，1）区间外，这意味着其作为概率的解释没有意义。尽管有这些缺点，线性概率模型具有简单的优势，它能够很好地估计解释变量 x_k 的变化对选择概率 p 的边际效应，只要选择概率 p 不是太接近 0 或者 1。[1]

实例 7.7　线性概率模型：一个营销的例子

一个购物者要决定是买可口可乐还是百事可乐，定义变量 $COKE$：

$$COKE = \begin{cases} 1 & \text{如果可口可乐被选择} \\ 0 & \text{如果百事可乐被选择} \end{cases}$$

这个变量的期望值是 $E(COKE|\mathbf{X})=p_{COKE}=$ 可口可乐被选择的概率。哪些因素会影响选择决定呢？可口可乐对百事可乐的相对价格（PRATIO）是一个可能的因素。当可口可乐的相对价格上升时，我们会观测到选择可口可乐的概率下降。其他可能会影响消费者选择的因素是这些产品的商店陈列。定义 $DISP\_COKE$ 和 $DISP\_PEPSI$ 为指示变量，如果它们各自有商店陈列，则取值为 1，否则取值为 0。我们预期有商店摆出可口可乐会提高可口可乐的购买概率，有商店摆出百事可乐会降低可口可乐的购买概率。

---

[1]　选择的非线性模型见第 16 章，被称为概率模型和罗吉特模型，它们保证预测的概率落在 0 和 1 之间。这些模型要求使用更复杂的估计量和推断方法。

数据文件 coke[1] 包括购买可口可乐或者百事可乐的 1 140 位消费者的扫描数据。在这个样本中，44.7% 的消费者选择可口可乐。估计的线性概率模型为：

$$\hat{p}_{COKE} = 0.8902 - 0.4009PRATIO + 0.0772DISP\_COKE - 0.1657DISP\_PEPSI$$
$$(se) \quad (0.0655) \quad (0.0613) \quad\quad (0.0344) \quad\quad\quad\quad (0.0356)$$

假设此时标准误是可靠的，[2] 所有系数在 $\alpha=0.05$ 的水平下都显著异于 0。回想一下，如果可口可乐和百事可乐的价格相等，则 $PARTIO=1$；如果可口可乐比百事可乐贵 10%，则 $PRATIO=1.10$，预测购买可口可乐的概率要减少 0.04。预测商店摆出可口可乐会使购买可口可乐的概率增加 0.077，商店摆出百事可乐会使购买可口可乐的概率降低 0.166。一般来说，关于预测概率落到（0，1）之外的担忧通常是有根据的，但是在这个例子中，1 140 个样本观测值中只有 16 个预测值的概率小于 0，没有预测值的概率大于 1。

7.5 处理效应

考虑这样一个问题："医院让人们更健康了吗？"Angrist 和 Pischke[3] 报告了国民健康调查结果，这项调查包括了问题："在过去的 12 个月中，受访者是在医院过夜的病人吗？""你的健康状况大体上是极好、非常好、好、一般或差？"用数字 1 代表健康状况为差，5 代表健康状况为极好。那些没有去过医院的人平均健康得分是 3.93，而那些去过医院的人平均分数是 3.21。也就是说，去过医院的个体比没有去过医院的个体健康状况差些。

经济学原理课本在第 1 章中告诫[4] 了我们被称为"后发者因之而发"的错误推理路线，这意味着某一事件在另一事件前面发生不是必然地使第一个事件成为第二个事件发生的原因。去医院不是造成身体状况更差的原因，那些更不健康的人由于疾病或伤痛而选择去医院，在这项调查进行的时候，他们就比那些没有去过医院的人更不健康。另外一种解释是"**相关**不同于**因果关联**"。我们观测到那些去医院的人更不健康，但是观测到这种关联不意味着去医院让一个人更不健康。另外一种描述我们面对的问题的方法是数据呈现一种**选择偏差**，因为一些人选择（自我选择）去医院，另外一些人没有。当处理组的成员在某种程度上通过选择来作决定时，这个样本就不是一个随机样本。系统性因素是存在的，在该例中，健康状况对样本构成有影响。

选择偏差的第二个例子可能使该概念更接近事实。你读这本书是因为你加入了计量经济学课程吗？这门课程是必修的吗？如果计量经济学是"选修课"，那么你和你的同学不是来自更广泛的学生群体的随机样本。依据经验来看，将计量经济学作为选修课的同学比来自大学总体的随机样本的同学平均拥有更高的能力水平和数理知识储备。我们也观测到学习了计量经济学的本科学生加入经济学或相关学科的研究生项目的比例更高。这是一个因果关系吗？在某一程度上，它当然是，但是你的能力和未来的研究生训练计划可能会把你引入计量经济学，于是，我们学生的高成功率部分地归因于**选择偏差**。

---

① 从 ERIM 公共数据库获得，James M.Kilts Center, University of Chicago Booth School of Business。扫描数据是消费者付款时通过电子设备读取条形码所记录下的信息。
② 估计值和标准误与利用第 8 章和第 16 章中所讨论的更高级选项所获得的结果并无太大不同。
③ *Mostly Harmless Econometrics: An Empiricist's Guide*, Princeton，2009.pp.12–13.
④ Campbell R. McConnell and Stanley L. Brue, *Economics, Twelfth Edition*, McGraw-Hill,1993, pp.8–9.

选择偏差也是当问到以下问题时涉及的一个话题。

- "多受一年教育能够使已婚妇女增加多少工资？"难点是我们只有在她选择加入劳动队伍的时候才能观测到这个妇女的工资，因此，被观测的数据不是一个随机样本。

- "参加职业培训项目能使工资增加多少？"如果参与是自愿的，我们也许能看到更大比例的技能水平较低的工人利用这种培训。

- "一个营养补充剂能导致体重下降多少？"如果采用这种补充剂的人来自那些严重超重的人群，那么我们观测的结果可能不够"典型"。

在每一种情况下，选择偏差都会干扰对数据的直接检验，从而使我们衡量**因果效应**或**处理效应**的工作更加困难。

在某些情况下，如果涉及物理或医学科学，我们可以更清楚地研究因果效应。例如，如果我们想测量一种新型肥料对水稻生产的影响，我们可以随机分配相同的稻田，用新型肥料的为**处理组**，其他用现有产品的为**控制组**。在生长期末，我们比较这两种类型稻田的产量。这里的关键所在是我们执行了一项**随机控制实验**。通过将受试对象随机地分配给处理组和控制组，我们保证观测到的不同结果来自对不同组的不同处理。在医学研究中，一种新药的有效性是通过这样的实验来衡量的。测试对象被随机地分配给控制组和处理组，控制组接受安慰剂药物，处理组接受被测试的新药。通过处理组和控制组的随机分配，我们阻止了任何选择偏差的发生。

作为经济学家，我们倾向于利用来自随机控制实验的信息来研究社会政策变化导致的结果，如法律的改变，提供给穷人的救助，以及培训的类型、数量的变化。执行随机控制实验的能力是有限的，因为受试者是人，且他们的经济福利受到损害。然而，这里有一些例子。在我们继续之前，我们将检查测量处理效应因选择偏差而产生的统计后果。

7.5.1 差分估计量

为了理解处理效应的测量，考虑用一个简单的回归模型，其中解释变量是一个虚拟变量，表示一个特殊的个体是在处理组还是在控制组。设定 y 为结果变量，即被测量的特征设计为处理效应。在水稻生产的例子中，y 是特定稻田里水稻的产量。定义指示变量 d 为：

$$d_i = \begin{cases} 1 & \text{个体在处理组} \\ 0 & \text{个体在控制组} \end{cases} \tag{7.12}$$

处理对结果的影响可以建模为：

$$y_i = \beta_1 + \beta_2 d_i + e_i, \quad i = 1, \cdots, N \tag{7.13}$$

其中，e_i 代表影响结果的其他因素的集合。处理组和控制组的回归函数为：

$$E(y_i) = \begin{cases} \beta_1 + \beta_2 & \text{如果在处理组}, d_i = 1 \\ \beta_1 & \text{如果在控制组}, d_i = 0 \end{cases}$$

这与我们在第 2.9 节中用来研究位置对房价影响的模型是一样的。我们希望测量的处理效应是 β_2。β_2 的最小二乘估计量是：

$$b_2 = \frac{\sum_{i=1}^{N}(d_i - \bar{d})(y_i - \bar{y})}{\sum_{i=1}^{N}(d_i - \bar{d})^2} = \bar{y}_1 - \bar{y}_0 \tag{7.14}$$

其中，$\bar{y}_1 = \sum_{i=1}^{N_1} y_i / N_1$ 是处理组（d=1）的 N_1 个 y 观测值的样本均值，$\bar{y}_0 = \sum_{i=1}^{N_0} y_i / N_0$ 是控制组（d=0）的 N_0 个 y 观测值的样本均值。在处理组/控制组的框架中，估计量 b_2 被称为差分估计量，因为它是处理组和控制组的样本均值之间的差额。[①]

7.5.2 差分估计量分析

差分估计量的统计学特征可以通过使用与第 2.4.2 节相同的策略来检查。我们重新将差分估计量写成：

$$b_2 = \beta_2 + \frac{\sum_{i=1}^{N}(d_i - \bar{d})(e_i - \bar{e})}{\sum_{i=1}^{N}(d_i - \bar{d})^2} = \beta_2 + (\bar{e}_1 - \bar{e}_0)$$

在中间的等式中，加入 β_2 的因子和公式（7.14）中的差分估计量有相同的形式，用 e_i 代替 y_i，因此得到了最右边的等式。差分估计量 b_2 等于真实的处理效应 β_2 加上处理组和控制组中影响结果 y 的不可观测因素的平均值 $(\bar{e}_1)$ 和 $(\bar{e}_0)$ 之差。为了使差分估计量成为无偏的，$E(b_2)=\beta_2$，必须满足：

$$E(\bar{e}_1 - \bar{e}_0) = E(\bar{e}_1) - E(\bar{e}_0) = 0$$

总之，影响结果的所有因子的期望值，除了处理效应之外，对于处理组和控制组必须是相等的。

如果我们允许个体自由选择进入处理组和控制组，那么 $E(\bar{e}_1) - E(\bar{e}_0)$ 是处理效应估计中的选择偏差。例如，我们观测到那些没有去过医院的个体（控制组）有一个平均的健康分数 3.93，那些去过医院的个体（处理组）有一个平均健康分数 3.21。估计的处理效应是 $(\bar{y}_1 - \bar{y}_0) = 3.21 - 3.93 = -0.72$。此例中出现估计量偏差，是因为先前存在的处理组的健康条件 $E(\bar{e}_1)$ 比先前存在的控制组的健康条件 $E(\bar{e}_0)$ 要差，于是在此例中，在差分估计量中有一个负的偏差。

我们可以预期在任何时候，一些个体选择处理组，导致这种**选择**的有些因素是系统地不同于控制组中的个体不选择处理组的因素，这造成了差分估计量中的选择偏差。我们怎样才能消除自我选择偏差呢？解决方法是随机地分配个体到处理组和控制组，这样除了处理项之外，在各组之间就没有系统性差别。通过**随机**分配，并使用大量实验对象，我们能够确保 $E(\bar{e}_1) = E(\bar{e}_0)$ 且 $E(b_2) = \beta_2$。

实例7.8 差分估计的应用：STAR项目

医学研究者用白鼠来测试新药，因为这些老鼠在基因上与人类极为相似。培育状况相同的小白鼠被随机分配到处理组和控制组，使估计一种新药对小白鼠的处理效应变成一个相对简单、可重复的过程。而人类的医学研究规范严格，并给予志愿者参与的奖励，然后志愿者被随机分配到处理组和控制组。从一个统计学家的视角来看，社会科学中随机控制

---

① 代数求导见附录7B。

实验具有相同的吸引力，但是由于组织和资金的问题，这种实验是稀少的。一个著名的随机实验的例子是田纳西州的STAR项目。①

在田纳西州，一个跟踪实验开始于1985年，终止于1989年。对一群学生从幼儿园开始一直追踪到三年级。在实验中，学生在学校内被随机地分配到三种类型的班级：有13~17个学生的小班、有22~25个学生的常规班和配有全职助教的常规班。学生成绩测试的分数和其他关于学生、老师和学校的信息被记录下来。幼儿班的数据包含在star数据文件中。

首先，让我们比较小班和常规班的学生表现情况。②

变量TOTALSCORE是阅读和数学的综合分数。如果学生被分配到小班，SMALL=1；如果学生被分配到常规班，SMALL=0。表7-6a和表7-6b是两种类型班级的汇总统计值。首先，注意除了变量TOTALSCORE，报告的所有变量的均值非常相似。因为学生们被随机地分配到班级，这里应该没有明显的模式。普通班的TOTALSCORE平均分是918.0429，小班的平均分则是931.9419，两者相差13.899分。小班的测试分数要高些。利用回归得出的差分估计量会产生相同的估计值和显著性水平。

表 7-6a　常规班的汇总统计值

变量	均值	标准差	最小值	最大值
TOTALSCORE	918.0429	73.1380	635	1 229
SMALL	0.0000	0.0000	0	0
TCHEXPER	9.0683	5.7244	0	24
BOY	0.5132	0.4999	0	1
FREELUNCH	0.4738	0.4994	0	1
WHITE_ASIAN	0.6813	0.4661	0	1
TCHWHITE	0.7980	0.4016	0	1
TCHMASTERS	0.3651	0.4816	0	1
SCHURBAN	0.3012	0.4589	0	1
SCHRURAL	0.4998	0.5001	0	1

N=2 005

表 7-6b　小班的汇总统计值

变量	均值	标准差	最小值	最大值
TOTALSCORE	931.9419	76.3586	747	1 253
SMALL	1.0000	0.0000	1	1
TCHEXPER	8.9954	5.7316	0	27
BOY	0.5150	0.4999	0	1
FREELUNCH	0.4718	0.4993	0	1
WHITE_ASIAN	0.6847	0.4648	0	1
TCHWHITE	0.8625	0.3445	0	1
TCHMASTERS	0.3176	0.4657	0	1
SCHURBAN	0.3061	0.4610	0	1
SCHRURAL	0.4626	0.4987	0	1

N=1 738

① 程序说明、公用数据和大量文献参见 https://dataverse.harvard.eduldataset.xhtml?persistentld=hdl:1902.1110766.
② 有趣的是,常规班与配有助教的常规班相比,结果并没有显著差异。在这个例子中,第三个处理组中的学生的所有观测值都被舍弃。

令人感兴趣的模型是：

$$TOTALSCORE = \beta_1 + \beta_2 SMALL + e \tag{7.15}$$

回归结果如表7-7的第（1）列所示。将幼儿园的孩子放在小班估计出的处理效应是13.899分，与以上计算得到的总得分的样本均值差分是一样的，差分在0.01的水平下具有统计显著性。

表 7-7 　　　　　　　　　　　　　　　　STAR 项目：幼儿园

	（1）	（2）	（3）	（4）
C	918.0429***	907.5643***	917.0684***	908.7865***
	(1.6672)	(2.5424)	(1.4948)	(2.5323)
SMALL	13.8990***	13.9833***	15.9978***	16.0656***
	(2.4466)	(2.4373)	(2.2228)	(2.2183)
TCHEXPER		1.1555***		0.9132***
		(0.2123)		(0.2256)
SCHOOL EFFECTS	No	No	Yes	Yes
N	3 743	3 743	3 743	3 743
adj.R^2	0.008	0.016	0.221	0.225
SSE	20 847 551	20 683 680	16 028 908	15 957 534

括号内是标准误差。

双尾检验p值：*$p < 0.10$，**$p < 0.05$，***$p < 0.01$。

实例7.9　有额外控制的差分估计量

由于学生被随机分配到处理组和控制组，因此本例在处理效应的估计值中没有选择偏差。然而，如果额外因素可能影响结果变量，则它们可以被包括在回归模型的设定中。例如，一位老师的经验可能导致了更好的教学和学生更高的成绩测试得分。将变量TCHEXPER加入基本模型，我们得到：

$$TOTALSCORE = \beta_1 + \beta_2 SMALL + \beta_3 TCHEXPER + e \tag{7.16}$$

公式（7.16）的最小二乘/差分估计值如表7-7的第（2）列所示。我们估计，老师每多一年的教学经验使学生测试分数增加1.156分，在0.01的水平下具有统计显著性。这增加了我们对小班效应的理解。结果表明，小班的效应与近12年的教学经验的效应是一样的。

注意，将TCHEXPER加入回归模型中，小班效应的估计值变化非常小。如果变量TCHEXPER和变量SMALL无关，这正是我们所期望的。变量SMALL和变量TCHEXPER的简单相关系数只有-0.0064。回忆一下，省略一个与包含变量不相关的变量不改变包含变量的估计系数。比较表7-7中的第（1）列和第（2）列的模型，第（1）列中的模型省略了显著的变量TCHEXPER，但省略这个几乎不相关的变量对系数β_2的估计结果几乎没有影响。此外，一般而言，如果我们能加入额外的控制变量，我们可以预期得到有更小标准误的差分估计量。在公式（7.15）中，除了班型大小以外的其他任何因素都包含在误差项中。通过提取出误差项中的一些因素，并将它们包含在回归模型中，误差项的方差σ^2减小了，这将使估计量方差减小。

实例7.10   固定效应的差分估计量

处理组的分配问题可能与一个或者更多的可观测特征相关。也就是说，若给定一个外界因素，处理组是随机分配的。在进行有关减肥的医学实验之前，参与者可能属于"超重"类别和"肥胖"类别。在超重组中，30%被随机分配到处理组；在肥胖组中，50%被随机分配到处理组。给定预处理状态，该项处理是随机分配的。如果这样的条件因素被省略并被放到公式（7.15）和公式（7.16）的误差项中，则这些因素和处理变量相关，处理效应的最小二乘估计量是有偏且不一致的。调整条件随机性的方法是将条件因素加入回归模型中。

在STAR数据中，我们可能会想到另一个影响结果的因素——学校本身。学生们在学校内被随机地分配（条件随机性），而不是在学校间被随机地分配。有些学校可能位于较富裕的地区，能支付高些的工资，因此能吸引更好的老师。我们的样本涉及79个不同学校的学生。一种考虑学校效应的方法是给每个学校加入一个指示变量，即我们可以引进78个新的指示变量：

$$SCHOOL\_j = \begin{cases} 1 & \text{如果学生在学校} j \\ 0 & \text{其他} \end{cases}$$

这是一个截距指示变量，允许不同学校的期望总分不同。包含这些指示变量的模型是：

$$TOTALSCORE_i = \beta_1 + \beta_2 SMALL_i + \beta_3 TCHEXPER_i + \sum_{j=2}^{79} \delta_j SCHOOL\_j_i + e_i \tag{7.17}$$

在学校j一个学生的回归函数为：

$$E(TOTALSCORE_i|\mathbf{X}) = \begin{cases} (\beta_1 + \delta_j) + \beta_3 TCHEXPER_i & \text{学生在常规班} \\ (\beta_1 + \delta_j + \beta_2) + \beta_3 TCHEXPER_i & \text{学生在小班} \end{cases}$$

这里的$\mathbf{X}$代表变量$SMALL$、$TCHEXPER$和所有指示变量$SCHOOL\_j$。在老师没有经验的常规班中，对学生的预期分数通过固定值δ_j来调整。这些固定效应控制了回归模型没有考虑的学校之间的一些差别。

表7-7中的第（3）列和第（4）列包含了相关的估计系数，但不是78个指示变量的系数。所有$\delta_j = 0$的假设的联合F检验由$J = 78$个假设组成，自由度$N - K = 3\,662$。F值=14.118，在0.001的水平下是显著的。我们得出，在学校之间存在统计上显著的个体差异。重要的$SMALL$和$TCHEXPER$系数的变化较小。在模型（4）中，小班的估计效应相较于相应模型（2）中的13.9833分增加到了16.0656分。小班的一些效应被未包含在内的个体学校差异掩盖了。但是，这种效应非常小，模型（4）中$SMALL$系数的95%区间估计值为[11.7165，20.4148]，该区间包括13.9833。与之类似，在有和没有学校固定效应的模型中，老师经验的估计效应稍微不同。

实例7.11   线性概率模型检验随机分配

在表7-6a和表7-6b中，我们检验了数据的汇总统计值，这些数据按照学生是分在常规班还是小班来分类。除了总分数$TOTALSCORE$，我们没有发现所检验的变量的样本均值有太大的不同。另外一种检验随机分配的方法是通过$SMALL$对这些特征做回归，检验任何显著的系数或者总的显著性关系。如果存在随机分配，我们不会发现任何显著性的关系。由于 $SMALL$ 是一个指示变量，我们运用第7.4节所讨论的，估计出的线性概率模型为：

$$\widehat{SMALL} = 0.4665 + 0.0014BOY + 0.0044WHITE\_ASIAN$$
$$(t) \qquad\qquad (0.09) \qquad (0.22)$$
$$-0.0006TCHEXPER - 0.0009FREELUNCH$$
$$(-0.42) \qquad\qquad (-0.05)$$

第一，注意等式右侧变量没有一个在统计上是显著的。第二，线性概率模型的总体 F 统计值是0.06，p 值=0.99。这里没有证据表明学生是基于任何这样的标准被分配到小班的。再回想一下，线性概率模型之所以这样命名，是因为期望 $E(SMALL|\mathbf{X})$ 是从总体中随机抽出的观测到的 $SMALL = 1$ 的概率。如果所有潜在的解释因素的系数值是零，估计出的截距给出观测到一个孩子在小班里的估计概率为0.4665，在95%置信水平上的区间估计值是 [0.4171，0.5158]。我们不能拒绝截距等于0.5的原假设，该假设是如果学生通过扔硬币的方式来分配时应该出现的情况。这一点的重要性是，通过随机分配学生到小班，我们能运用公式（7.15）中的简单差分估计量来估计"处理"效应。分离出重要的班型效应的能力是支持随机控制实验的一项有力证据。

7.5.3 双重差分估计量

随机控制实验在经济学中是罕见的，因为它们成本高且涉及人类受试对象。自然实验，也称为准实验，依赖于观测到的真实世界条件，这些条件接近于在随机控制的实验中会发生的情况。处理组的数据似乎是随机分配的。在本节，我们考虑运用"前后"数据来估计处理效应。

假定我们在一项政策改变前后观察两组，处理组受政策影响，控制组不受政策影响。运用这些数据，我们将检查控制组的任何变化，并将它和处理组中的变化做比较。

分析由图7-3来解释。结果变量 y 可能是就业率、工资率和价格等。在政策改变之前，我们观测到处理组的值 $y = B$；在政策实施后，处理组的值 $y = C$。仅仅运用处理组的数据，我们不能将从 $y = B$ 变为 $y = C$ 中归因于政策变化的部分和归因于可能影响结果的其他因素的部分区分开来。我们说处理效应没有"被识别"。

我们能通过运用一个不受政策变化影响的控制组来分离出处理效应。在政策改变之前，我们观测到控制组的值 $y = A$；政策改变后，控制组的值 $y = E$。为了利用包含在点A、B、C和E中的四部分信息来估计处理效应，我们做出强假设，即两组经历**共同的趋势**，在图7-3中，虚线 $\overline{BD}$ 代表在没有改变政策的情况下我们推测出来的处理组的增长情况（来自心理学的术语**反事实**有时被用来描述这种推测的结果）。用虚线 $\overline{BD}$ 描述的增长是不可观测的，它是通过假设处理组中与政策改变无关的增长和控制组的增长是一样的而得到的。

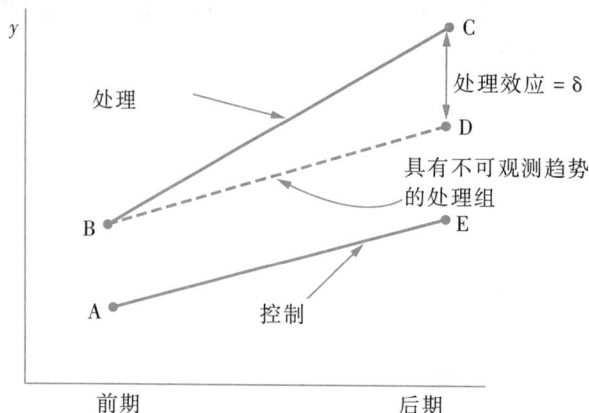

图 7-3 双重差分估计

处理效应 $\delta = \overline{CD}$ 是在减去 $\overline{DE}$ 之后的"后"期，y 值在处理组和控制组之间的差分，即无政策变化情况下两组之间的差分。运用共同增长的假设，差分 $\overline{DE}$ 等于初始的差分 $\overline{AB}$。运用图 7-3 中四个可观测的点 A、B、C 和 E，处理效应的估计是基于两个时期两组数据的均值，

$$\hat{\delta} = (\hat{C} - \hat{E}) - (\hat{B} - \hat{A})$$
$$= (\bar{y}_{Treatment, After} - \bar{y}_{Control, After}) - (\bar{y}_{Treatment, Before} - \bar{y}_{Control, Before}) \tag{7.18}$$

在公式（7.18）中，样本均值为：

$$\bar{y}_{Control, Before} = \hat{A} = 政策执行之前控制组 y 的样本均值$$

$$\bar{y}_{Treatment, Before} = \hat{B} = 政策执行之前处理组 y 的样本均值$$

$$\bar{y}_{Control, After} = \hat{E} = 政策执行之后控制组 y 的样本均值$$

$$\bar{y}_{Treatment, After} = \hat{C} = 政策执行之后处理组 y 的样本均值$$

估计量 $\hat{\delta}$ 被称作处理效应的双重差分（缩写为 D-in-D、DD 或 DID）估计量。

运用简单回归能方便地计算出估计量 $\hat{\delta}$。定义 y_{it} 为个体 i 在时期 t 的观测结果。设定 $AFTER_t$ 为指示变量，在政策改变后的时期 $AFTER_t = 1(t = 2)$；在政策改变前的时期，$AFTER_t = 0(t = 1)$。设定 $TREAT_i$ 为虚拟变量，如果个体 i 在处理组中，$TREAT_i = 1$；如果个体在控制组（非处理组），$TREAT_i = 0$。考虑回归模型：

$$y_{it} = \beta_1 + \beta_2 TREAT_i + \beta_3 AFTER_t + \delta(TREAT_i \times AFTER_t) + e_{it} \tag{7.19}$$

回归函数是：

$$E(y_{it}|\mathbf{X}) = \begin{cases} \beta_1 & TREAT = 0, AFTER = 0 [控制前 = A] \\ \beta_1 + \beta_2 & TREAT = 1, AFTER = 0 [处理前 = B] \\ \beta_1 + \beta_3 & TREAT = 0, AFTER = 1 [控制后 = E] \\ \beta_1 + \beta_2 + \beta_3 + \delta & TREAT = 1, AFTER = 1 [处理后 = C] \end{cases}$$

其中，$\mathbf{X}$ 包括公式（7.19）右边的变量。在图 7-3 中，点 $A = \beta_1, B = \beta_1 + \beta_2, E = \beta_1 + \beta_3, C = \beta_1 + \beta_2 + \beta_3 + \delta$。则：

$$\delta = (C - E) - (B - A)$$
$$= [(\beta_1 + \beta_2 + \beta_3 + \delta) - (\beta_1 + \beta_3)] - [(\beta_1 + \beta_2) - \beta_1]$$

利用根据公式（7.19）得到的最小二乘估计值 b_1、b_2、b_3 和 $\hat{\delta}$，我们有：

$$\hat{\delta} = [(b_1 + b_2 + b_3 + \hat{\delta}) - (b_1 + b_3)] - [(b_1 + b_2) - b_1]$$
$$= (\bar{y}_{Treatment, After} - \bar{y}_{Control, After}) - (\bar{y}_{Treatment, Before} - \bar{y}_{Control, Before})$$

实例7.12 估计最低工资变化的效应：DID 估计量

Card 和 Krueger[1] 提供了一个自然实验和**双重差分估计量**的例子。1992 年 4 月 1 日，新泽西州的最低工资从每小时 4.25 美元涨到 5.05 美元，然而宾夕法尼亚州的最低工资仍停留在 4.25 美元。Card 和 Krueger 收集了新泽西州（处理组）和宾夕法尼亚州东部（控制组）410 个快餐店的数据。"前"期是 1992 年 2 月，"后"期是 1992 年 11 月。运用这些数据，他们估计了提高新泽西州快餐业最低雇用工资的"处理"效应。他们的有趣发现是，工资增加没有带来明显的裁员，[2] 这引起了极大的争论和更深入的研究。[3] 在模型（7.19）中，我们将检验原假设与备择假设：

$$H_0: \delta \geq 0, \quad H_1: \delta < 0 \tag{7.20}$$

Card 和 Krueger 所用的数据在数据文件 njmin3 中。我们使用表 7-8 中给出的 FTE（全职等量雇员）[4] 的样本均值，使用双重差分估计量来估计处理效应 δ。

表 7-8　　　　　　　　　　　　　　不同州和不同时期的全职等量雇员

变量	N	均值	se
Pennsylvania (PA)			
Before	77	23.3312	1.3511
After	77	21.1656	0.9432
New Jersey (NJ)			
Before	321	20.4394	0.5083
After	319	21.0274	0.5203

在宾夕法尼亚州控制组，员工雇用数在 2 月到 11 月间下降了。回想一下，在新泽西州最低工资水平改变了，而宾夕法尼亚州没有改变，结果宾夕法尼亚州的雇用水平没有受到影响。同时，我们可以看到在新泽西州 FTE 增加了。由于最低工资的改变带来雇用变化的双重差分估计量为：

$$\hat{\delta} = (\overline{FTE}_{NJ, After} - \overline{FTE}_{PA, After}) - (\overline{FTE}_{NJ, Before} - \overline{FTE}_{PA, Before})$$
$$= (21.0274 - 21.1656) - (20.4394 - 23.3312) \tag{7.21}$$
$$= 2.7536$$

我们估计，新泽西州在最低工资增加的时期，FTE 增加了 2.75 个。这个正的效应和通过经济理论预测的结果相反。

---

[1] David Card 和 Alan Krueger（1994）"Minimum Wages and Employment: A Case Study of the Fast Food Industry in New Jersey and Pennsylvania," *The American Economic Review*,84, 316–361.感谢 David Card 允许我们使用数据。

[2] 请记住，不拒绝原假设不能使之为真！

[3] 该问题被激烈地争论并有大量文献。例如，作为起点，参见 http://en.wikipedia.org/wiki/ Minimum_wage 和列出的参考文献。

[4] Card 和 Krueger 计算的 FTE=0.5×兼职雇员人数+全职雇员人数+经理人数。

与其用样本均值来计算双重差分估计量，倒不如用回归方程来计算，这更为容易和常见。在公式（7.19）中，设定 $y=FTE$；处理变量是指示变量 NJ，如果观测值来自新泽西州，$NJ=1$；如果观测值来自宾夕法尼亚州，$NJ=0$。时间指示变量是，如果观测值从 11 月开始，$D=1$；如果从 2 月开始，$D=0$。则双重差分回归是：

$$FTE_{it} = \beta_1 + \beta_2 NJ_i + \beta_3 D_t + \delta(NJ_i \times D_t) + e_{it} \tag{7.22}$$

利用文件 *njmin3.dat* 中的 794 个观测值，最小二乘估计值报告在表7-9的第（1）列中。在 $\alpha=0.05$ 的显著性水平下，公式（7.20）中左尾检验的拒绝域是 $t \leqslant -1.645$，所以我们不能拒绝原假设。我们不能得出：在新泽西州，最低工资的增加使快餐业的雇员减少了。

与随机控制实验一样，看看这些结果的稳健性是很有趣的。在表7-9第（2）列中，我们加入快餐连锁和餐馆是公司制而不是特许经营的指示变量。在第（3）列中，我们加入被调查地区内的地域指示变量。这些变化都没有改变双重差分估计值，也都没有导致拒绝公式（7.20）中的原假设。

表 7-9　　双重差分回归

	（1）	（2）	（3）
C	23.3312***	25.9512***	25.3205***
	(1.072)	(1.038)	(1.211)
NJ	-2.8918*	-2.3766*	-0.9080
	(1.194)	(1.079)	(1.272)
D	-2.1656	-2.2236	-2.2119
	(1.516)	(1.368)	(1.349)
D_NJ	2.7536	2.8451	2.8149
	(1.688)	(1.523)	(1.502)
KFC		-10.4534***	-10.0580***
		(0.849)	(0.845)
ROYS		-1.6250	-1.6934*
		(0.860)	(0.859)
WENDYS		-1.0637	-1.0650
		(0.929)	(0.921)
CO_OWNED		-1.1685	-0.7163
		(0.716)	(0.719)
SOUTHJ			-3.7018***
			(0.780)
CENTRALJ			0.0079
			(0.897)
PA1			0.9239
			(1.385)
N	794	794	794
R^2	0.007	0.196	0.221
adj. R^2	0.004	0.189	0.211

括号内是标准误。

双尾检验 p 值：*$p<0.05$，**$p<0.01$，***$p<0.001$。

实例7.13　估计最低工资变化的影响：运用面板数据

在之前的双重差分分析部分，我们没有挖掘到 Card 和 Krueger 的数据中一个非常重要的特征，即在两种场合观测的快餐店是一样的。我们拥有 410 家餐馆中的 384 家餐馆的"前期"和"后期"数据。它们被称为**成对数据**观测值或者**重复数据**观测值或者**面板数据**

观测值。在第 1 章中，我们引进了面板数据的概念，我们观测到在几个时期中相同的个体水平单位。Card 和 Krueger 的数据中包含了被调查的 410 家餐馆中 384 个餐馆的前后两个阶段的观测值。剩下的 26 家餐馆的 FTE 在前期或者后期都有数据流失。运用面板数据有强大的优势，其中一些我们在这里会做说明。第 15 章会有一个更广泛的讨论。

利用面板数据，我们能够控制观测不到的个体特有的特征，包括有我们没有观测到的餐馆的特征。比如说一些餐馆有优越的地理位置，一些餐馆可能有优秀的经理等。这些观测不到的个体特征被包含在回归模型（7.22）的误差项中。设定 c_i 代表个体餐馆 i 随着时间推移不会改变的没有观测到的特征。将 c_i 加入公式（7.22）中，我们得到：

$$FTE_{it} = \beta_1 + \beta_2 NJ_i + \beta_3 D_t + \delta(NJ_i \times D_t) + c_i + e_{it} \tag{7.23}$$

不管 c_i 可能是什么，它会损害这个回归模型。如果我们有面板数据，就会有解决方案。如果我们有 $T = 2$ 的重复观测值，我们可以通过分析 FTE 从时期一到时期二的变化来消除 c_i。回想一下，在时期一，$D_t = 0$，因此 $D_1 = 0$；在时期二，$D_t = 1$，因此 $D_2 = 1$。从 $t = 2$ 的观测值中减去 $t = 1$ 的观测值，

$$FTE_{i2} = \beta_1 + \beta_2 NJ_i + \beta_3 1 + \delta(NJ_i \times 1) + c_i + e_{i2}$$
$$\underline{-(FTE_{i1} = \beta_1 + \beta_2 NJ_i + \beta_3 0 + \delta(NJ_i \times 0) + c_i + e_{i1})}$$
$$\Delta FTE_i = \beta_3 + \delta NJ_i + \Delta e_i$$

其中，$\Delta FTE_i = FTE_{i2} - FTE_{i1}, \Delta e_i = e_{i2} - e_{i1}$。运用**差分数据**，感兴趣的回归模型变成：

$$\Delta FTE_i = \beta_3 + \delta NJ_i + \Delta e_i \tag{7.24}$$

我们观测到损害因素 c_i 消失了！不管那些不可观测的特点可能是什么，它们现在消失了。截距 β_1 和系数 β_2 也消失了，参数 β_3 成为新的截距。最重要的衡量处理效应的参数 δ 是指示变量 NJ_i 的系数，它识别处理组（新泽西州）和控制组（宾夕法尼亚州）的观测值。

估计出的模型（7.24）为：

$$\widehat{\Delta FTE} = -2.2833 + 2.7500 NJ \qquad R^2 = 0.0146$$
$$(\text{se}) \qquad (1.036) \qquad (1.154)$$

使用差分数据考虑了没有观测到的个体差异，处理效应的估计值 $\hat{\delta} = 2.75$，非常接近双重差分的估计值。我们再次不能得出最低工资的增加会使新泽西州快餐馆裁减雇员的结论。

7.6 处理效应和因果模型

在第 7.5 节中，我们提供了处理效应模型的基础。在本节中，我们使用**潜在结果**的框架进行扩展和增强，其有时被称为**鲁宾因果模型（RCM）**，以表彰唐纳德·鲁宾（Donald B. Rubin）提出这一方法[①]。

7.6.1 因果关系的本质

经济学家通常对变量之间的因果关系感兴趣。**因果关系**是指一个变量的变化是另一个

[①] 这一领域的文献近年来急剧增加，并将继续增加。在这一节我们主要参考以下学者的研究：Guido W. Imbens and Jeffrey M. Wooldridge（2009）*Journal of Economic Literature* "Recent Developments in the Econometrics of Program Evaluation," 47（1），5–86；Jeffrey M. Wooldridge（2010）*Econometric Analysis of Cross Section and Panel Data, Second Edition*, MIT Press, Chapter 21;and Joshua D. Angrist and Jörn-Steffen Pischke（2009）*Mostly Harmless Econometrics: An Empiricist's Companion*, Princeton University Press. 这些参考资料是前沿的。参见 Joshua D. Angrist and Jörn-Steffen Pischke（2015）*Mastering Metrics: The Path from Cause to Effect*, Princeton University Press.

变量变化的直接结果。例如，如果你的工资按时薪（小时工资率）计算，那么你延长工作时间（原因）将导致你的收入增加（结果）。另一个例子是正常商品的标准供求模型。如果消费者收入增加（原因），需求增加，则随后市场价格和买卖的数量增加（结果）。

原因必须先于结果，或与结果同时发生。"相关"和"因果"之间的混淆很普遍，相关关系并不意味着因果关系。我们可以观测到许多非因果变量之间的联系。2000年至2009年，缅因州的离婚率与美国人均人造黄油消费量之间的相关系数为0.9926。[①]这使得我们怀疑这种高度相关是否属于一种因果关系。但并非所有的困惑或虚假的相关都是有趣和无害的。一些家长对儿童接种疫苗与随后出现的负面健康结果（如自闭症）之间的关系表示担心。尽管美国疾病控制与预防中心（CDC）进行了深入研究，没有发现两者之间的因果关系，在父母中仍出现了一种行为，要求不给孩子接种一些疫苗。这使得卫生官员担心一些儿童疾病会卷土重来。

7.6.2 处理效应模型

处理效应模型寻求估计因果效应。处理可能是一个人要接受的一种新药或一些额外的工作培训，令接受处理表示为 $d_i = 1$，而没有接受处理表示为 $d_i = 0$。如果处理是一种新药，其结果可能是胆固醇水平。如果处理是职业培训，结果可能是员工完成特定任务的表现。对每个个体有两种可能或者潜在的结果，如果个体接受处理（$d_i = 1$），则为 y_{1i}；如果个体没有接受处理（$d_i = 0$），则为 y_{0i}。我们想知道**因果效应** $y_{1i} - y_{0i}$，即个体 i 接受处理和没有接受处理的结果差异。潜在结果框架的一个优点是，它迫使我们认识到处理效应因个体而异——它是个体特别的。困难之处在于我们从来没有同时观测到 y_{1i} 和 y_{0i}。我们只观测到其中之一。我们观测到的结果为：

$$y_i = \begin{cases} y_{1i} & \text{如果} d_i = 1 \\ y_{0i} & \text{如果} d_i = 0 \end{cases} \tag{7.25}$$

写成另一种形式，我们观测到的是：

$$y_i = y_{1i} d_i + y_{0i}(1 - d_i) = y_{0i} + (y_{1i} - y_{0i}) d_i \tag{7.26}$$

我们不能估计每个个体的 $y_{1i} - y_{0i}$，我们能估计的是总体**平均处理效应**（ATE），$\tau_{ATE} = E(y_{1i} - y_{0i})$。为了理解这一点，对于那些接受处理的（$d_i = 1$）和那些没有接受处理的（$d_i = 0$）个体，我们实际观测到的结果 y_i 的条件期望之间的差异表示为：

$$E(y_i | d_i = 1) - E(y_i | d_i = 0) = E(y_{1i} | d_i = 1) - E(y_{0i} | d_i = 0) \tag{7.27}$$

在一个随机控制实验中，从总体中随机选择个体，然后随机分配到接受处理组（处理组，$d_i = 1$）或没有接受处理组（控制组，$d_i = 0$）。用这种方法，处理（d_i）在统计上独立于潜在结果 y_{1i} 和 y_{0i}，这样，

$$\begin{aligned} E(y_i | d_i = 1) - E(y_i | d_i = 0) &= E(y_{1i} | d_i = 1) - E(y_{0i} | d_i = 0) \\ &= E(y_{1i}) - E(y_{0i}) = E(y_{1i} - y_{0i}) \\ &= \tau_{ATE} \end{aligned} \tag{7.28}$$

从第一行到第二行，我们使用的事实是，如果两个随机变量，如 X 和 Y，在统计上是

---

① http://www.tylervigen.com.

独立的，[1]则 $(Y|X = x) = E(Y)$。为了理解这是正确的，假设 X 和 Y 是离散随机变量，则：

$$E(Y) = \sum y P(Y = y),\ \text{且}\ E(Y|X = x) = \sum y P(Y = y|X = x)$$

如果 X 和 Y 在统计上是独立的，则：

$$P(Y = y|X = x) = P(Y = y)$$

所以，

$$E(Y|X = x) = \sum y P(Y = y|X = x) = \sum y P(Y = y) = E(Y)$$

如果我们随机选择总体成员并将其随机分配到处理组和控制组，则处理结果 (d_i) 在统计上独立于实验的潜在结果。$E(y_i|d_i = 1)$ 的无偏估计量是处理组 N_1 个结果的样本均值，$\bar{y}_1 = \sum_{i=1}^{N_1} y_{1i} / N_1$。$E(y_i|d_i = 0)$ 的无偏估计量是控制组 N_0 个结果的样本均值，$\bar{y}_0 = \sum_{i=1}^{N_0} y_{0i} / N_0$。总体平均处理效应的无偏估计量是 $\hat{\tau}_{ATE} = \bar{y}_1 - \bar{y}_0$。这是公式（7.14）的**差分估计量**，即我们可以使用所有 $N = N_0 + N_1$ 个观测值进行简单回归 $y_i = \alpha + \tau_{ATE} d_i + e_i$，得到平均处理效应的估计量。

7.6.3　分解处理效应

使用方程（7.27），即 $[E(y_i|d_i = 1) - E(y_i|d_i = 0) = E(y_{1i}|d_i = 1) - E(y_{0i}|d_i = 0)]$，我们可以进一步了解简单回归 $y_i = \alpha + \tau_{ATE} d_i + e_i$。在等式右边减去和加上 $E(y_{0i}|d_i = 1)$，重新整理得到：

$$E(y_i|d_i = 1) - E(y_i|d_i = 0) = [E(y_{1i}|d_i = 1) - E(y_{0i}|d_i = 1)] \tag{7.29}$$
$$+ [E(y_{0i}|d_i = 1) - E(y_{0i}|d_i = 0)]$$

左边是处理组 $(d_i = 1)$ 和控制组 $(d_i = 0)$ 平均结果的差异。这个差异 $[E(y_{1i}|d_i = 1) - E(y_{0i}|d_i = 1)]$ 是对那些接受了处理的潜在结果的平均差异，或正如本文所称的，**处理组平均处理效应**（ATT），我们用 τ_{ATT} 表示。第二项 $E(y_{0i}|d_i = 1) - E(y_{0i}|d_i = 0)$ 是没有接受处理的处理组减去控制组的平均潜在结果。如果个体真的被随机分配到处理组和控制组，$E(y_{0i}|d_i = 1) - E(y_{0i}|d_i = 0)$ 将为零，这意味着如果不进行处理，处理组和控制组的预期潜在结果没有差异。在这种情况下，处理效应 $\tau_{ATE} = E(y_i|d_i = 1) - E(y_i|d_i = 0)$ 等于处理组平均处理效应 $\tau_{ATT} = E(y_{1i}|d_i = 1) - E(y_{0i}|d_i = 1)$。

在公式（7.29）中，若括号内第二项不等于 0，或 $E(y_{0i}|d_i = 1) - E(y_{0i}|d_i = 0) \neq 0$，则存在**选择偏差**。这意味着个体不是被随机分配到处理组和控制组的，因为如果没有处理，处理组和控制组的潜在结果的平均值 y_{0i} 是不同的。如果处理为新的药物治疗，则在以下情况下存在选择偏差：（i）一个筛查者看着一个随机选择的人，认为"这个人看起来很虚弱，可以使用这种药物，所以我会把他分配到处理组"；（ii）一个人认为接受处理对他有好处，并设法加入治疗组。无论哪种方式，处理组和控制组的未经处理的健康状况平均值 y_{0i} 存在差异。$E(y_{0i}|d_i = 1) - E(y_{0i}|d_i = 0)$ 项被称为由于该原因产生的**选择偏差**。将个体随机分配到处理组和控制组会消除选择偏差。如果存在选择偏差，那么差异估计量 $\hat{\tau}_{ATE} = y_1 - y_0$ 不是平均处理效应的无偏估计量，平均处理效应并不是处理组的平均处理效应。

---

[1]　这里我们恢复到"概率入门"部分的表示法，大写 Y 和 X 是随机变量，小写 y 和 x 是随机变量的值。

总之，在随机实验中，处理指示变量 d_i 在统计上独立于潜在结果 y_{0i} 和 y_{1i}。我们没有观测到两种潜在结果，而是观测到 $y_i = y_{0i} + (y_{1i} - y_{0i}) d_i$。如果处理变量 d_i 在统计上独立于潜在结果，则：

$$\tau_{ATE} = \tau_{ATT} = E(y_i | d_i = 1) - E(y_i | d_i = 0) \tag{7.30}$$

无偏估计量为：

$$\hat{\tau}_{ATE} = \hat{\tau}_{ATT} = \bar{y}_1 - \bar{y}_0 \tag{7.31}$$

等式 $\tau_{ATE} = \tau_{ATT}$ 实际上在比统计独立性更弱的假设下成立。根据公式（7.29），

$$\tau_{ATE} = \tau_{ATT} + E(y_{0i} | d_i = 1) - E(y_{0i} | d_i = 0) \tag{7.32}$$

如果 $E(y_{0i} | d_i = 1) = E(y_{i0})$ 且 $E(y_{0i} | d_i = 0) = E(y_{i0})$，则选择偏差项 $E(y_{0i} | d_i = 1) - E(y_{0i} | d_i = 0) = 0$。这被称为**条件独立假设（CIA）**，或**条件均值独立**。虽然与处理和潜在结果之间的统计独立性相比，这是一个更不严格的条件，但它仍然是强的。这表明，无论在处理组或控制组，均与未处理组的平均结果无关。

7.6.4 引入控制变量

控制变量 x_i 不是研究感兴趣的目标。模型中包含了保持其他因素不变，如果忽略这些因素，就会导致选择偏差。参见第 6.3.4 节。在处理效应模型中，当潜在结果 y_{0i} 和 y_{1i} 可能与处理变量 d_i 相关时，为了能够无偏地估计处理效应，我们引入控制变量。在理想情况下，通过调节控制变量 x_i，处理变得"和随机一样好"，这允许我们估计平均因果关系或处理效应。我们只考虑一个控制变量来简化我们的说明。下面讨论的方法适用于具有多个控制变量的情况。关键是**条件独立假设**的扩展，[①]

$$E(y_{0i} | d_i, x_i) = E(y_{0i} | x_i), E(y_{1i} | d_i, x_i) = E(y_{1i} | x_i) \tag{7.33}$$

一旦我们确定了控制变量，那么预期的潜在结果就不依赖于处理。从某种意义上说，拥有良好的控制变量与进行随机控制实验一样好。良好的控制变量具有"预定"的特征，即它们在处理被分配时是固定的和给定的。应该添加足够的控制变量，使条件独立假设成立。避免可能是处理结果的"不良控制"变量。

当潜在结果依存于 x_i，则平均处理效应依存于 x_i，并且，

$$\tau_{ATE}(x_i) = E(y_{1i} | d_i, x_i), E(y_{0i} | d_i, x_i) = E(y_{1i} | x_i) - E(y_{0i} | x_i)$$

假设期望为线性回归结构，并且回忆观测结果为 $y_i = y_{0i} + (y_{1i} - y_{0i}) d_i$，令：

$$E(y_i | x_i, d_i = 0) = E(y_{i0} | x_i, d_i = 0) = E(y_{i0} | x_i) = \alpha_0 + \beta_0 x_i \tag{7.34a}$$

$$E(y_i | x_i, d_i = 1) = E(y_{i1} | x_i, d_i = 1) = E(y_{i1} | x_i) = \alpha_1 + \beta_1 x_i \tag{7.34b}$$

处理效应为公式（7.34b）与公式（7.34a）之差，或：

$$\tau_{ATE}(x_i) = (\alpha_1 + \beta_1 x_i) - (\alpha_0 + \beta_0 x_i) = (\alpha_1 - \alpha_0) - (\beta_1 - \beta_0) x_i \tag{7.35}$$

因为 $\tau_{ATE}(x_i)$ 取决于 x_i，通过"平均" x_i 的总体分布，将得到平均处理效应。回忆一下"概率入门"部分，"总体平均"是一个期望值。所以我们把平均处理效应定义为：$\tau_{ATE} = E_x[\tau_{ATE}(x_i)]$，其中期望算子的下标 x 意味着我们把 x 看作随机的。

[①] 这一假设被称为不确定性和可忽略性。关于因果模型的文献跨越几个学科，每个学科的术语都有很大的不同。以下展开遵循 Woodridge 的研究（2010,919 - 920）。

在实际中，我们可以分别估计处理组和控制组的回归函数：

1. 对于控制组（$d_i = 0$），从 y_i 对 x_i 的回归中得到 $\hat{\alpha}_0 + \hat{\beta}_0 x_i$

2. 对于处理组（$d_i = 1$），从 y_i 对 x_i 的回归中得到 $\hat{\alpha}_0 + \hat{\beta}_1 x_i$

则：

$$\hat{\tau}_{ATE}(x_i) = \hat{\alpha}_1 + \hat{\beta}_1 x_i - (\hat{\alpha}_0 + \hat{\beta}_0 x_i) = (\hat{\alpha}_1 - \hat{\alpha}_0) + (\hat{\beta}_1 - \hat{\beta}_0) x_i \tag{7.36}$$

对样本值的估计值进行平均，得到：

$$\begin{aligned}
\tau_{ATE} &= N^{-1} \sum_{i=1}^{N} \hat{\tau}_{ATE}(x_i) = N^{-1} \sum_{i=1}^{N} [(\hat{\alpha}_1 - \hat{\alpha}_0) + (\hat{\beta}_1 - \hat{\beta}_0) x_i] \\
&= (\hat{\alpha}_1 - \hat{\alpha}_0) + (\hat{\beta}_1 - \hat{\beta}_0)(N^{-1} \sum_{i=1}^{N} x_i) \\
&= (\hat{\alpha}_1 - \hat{\alpha}_0) + (\hat{\beta}_1 - \hat{\beta}_0) \bar{x}
\end{aligned} \tag{7.37}$$

使用斜率和截距指示变量，我们可以用混合回归来估计平均处理效应，并计算估计值 $\hat{\tau}_{ATE}$ 的标准误。混合回归为：

$$y_i = \alpha + \theta d_i + \beta x_i + \gamma(d_i x_i) + e_i \tag{7.38}$$

处理组和控制组的回归函数为：

$$E(y_i | d_i, x_i) = \begin{cases} \alpha + \beta x_i & \text{如果 } d_i = 0 \\ (\alpha + \theta) + (\beta + \gamma) x_i & \text{如果 } d_i = 1 \end{cases} \tag{7.39}$$

单独的回归系数表示为：

$$\alpha = \alpha_0, \ \beta = \beta_0, \ \alpha + \theta = \alpha_1, \ \beta + \gamma = \beta_1 \tag{7.40}$$

根据公式（7.38）的混合回归，估计值为 $\hat{\theta} = \hat{\alpha}_1 - \hat{\alpha}_0$ 和 $\hat{\gamma} = \hat{\beta}_1 - \hat{\beta}_0$。这些估计值与 $\hat{\tau}_{ATE}$ 的关系为：

$$\hat{\theta} = \hat{\tau}_{ATE} - \bar{x}(\hat{\beta}_1 - \hat{\beta}_0) = \hat{\tau}_{ATE} - \bar{x}\hat{\gamma}$$

或

$$\hat{\tau}_{ATE} = \hat{\theta} + \bar{x}\hat{\gamma}$$

我们可以修正混合回归，这样 τ_{ATE} 出现在混合回归中。在混合回归公式（7.38）中加减 $\gamma(d_i \bar{x})$ 项，

$$\begin{aligned}
y_i &= \alpha + \theta d_i + \beta x_i + \gamma(d_i x_i) + [\gamma d_i \bar{x} - \gamma d_i \bar{x}] + e_i \\
&= \alpha + (\theta + \gamma \bar{x}) d_i + \beta x_i + \gamma[d_i(x_i - \bar{x})] + e_i \\
&= \alpha + \tau_{ATE} d_i + \beta x_i + \gamma(d_i \tilde{x}_i) + e_i
\end{aligned} \tag{7.41}$$

现在，总体平均处理效应 τ_{ATE} 在混合回归中是一个参数。$\tilde{x}_i = (x_i - \bar{x})$ 项表示关于均值的偏差。通过使用最小二乘回归，我们得到 $\hat{\tau}_{ATE}$。你的软件也将报告一个标准误 $\text{se}(\hat{\tau}_{ATE})$。[1]

总体平均处理效应，$\tau_{ATE} = E(y_{1i} - y_{0i})$，可能在一些实际应用中不是一个令人感兴趣的参数。通过稍微修正混合回归，我们可以得到一个亚群体的平均处理效应。例如，对那些真正接受处理的对象来说，平均处理效应有多大？通过估计如下混合回归模型，可以得到处理组的平均处理效应 τ_{ATT}，其中下标 ATT 表示目标组，

---

[1] Wooldridge（2010, p.919）提到标准误的通常估计量在这种情况下不是很有效，因为它忽略了包括 $\tilde{x}_i = (x_i - \bar{x})$ 样本均值导致的额外的变异性增加。一个普通标准误的替代选择是使用 **bootstrap** 标准误，这在附录 5B.5 中有讨论。

$$y_i = \alpha + \tau_{ATT} d_i + \beta x_i + \gamma(d_i \tilde{x}_{i1}) + e_i \tag{7.42}$$

其中，对于处理组 $(d_i = 1)$，$\tilde{x}_{i1} = (x_i - \bar{x}_1)$，$\bar{x}_1 = N_1^{-1} \sum_{i=1}^{N} x_{i0}$

同样，我们可将处理效应的衡量限制在其他感兴趣的亚群体中。例如，如果我们在考虑职业培训项目的效果时，我们可能不希望包括极端富有的人。我们可以指定感兴趣的人口是那些收入处于社会最低25%的人。感兴趣的这个限制组用R表示，$\tau_{ATE,R}$为这个组的平均处理效应。设定 $\tilde{x}_{iR} = (x_i - \bar{x}_R)$，其中 $\bar{x}_R = N_R^{-1} \times \sum_{i \in R} x_i$，$i \in R$，表明我们将限制那些落在目标组$R$的个体$i$的总数，并且$N_R$为样本中满足条件的个体数。然后，我们可以从下面的混合回归中估计出 $\tau_{ATE,R}$。

$$y_i = \alpha + \tau_{ATE,R} d_i + \beta x_i + \gamma(d_i \tilde{x}_{iR}) + e_i \tag{7.43}$$

7.6.5 重叠假设

除了公式（7.33）中的条件独立假设外，所谓的**重叠假设**必须成立。重叠假设表示，对于每个x_i值，必须能够看到处理组和控制组中的个体，或者 $0 < P(d_i = 1|x_i) < 1$ 和 $0 < P(d_i = 0|x_i) = 1 - P(d_i = 1|x_i) < 1$。一个经验法则是计算正态差分：

$$\frac{\bar{x}_1 - \bar{x}_0}{(s_1^2 + s_0^2)^{1/2}} \tag{7.44}$$

其中，s_1^2 和 s_0^2 为处理组和控制组解释变量x的样本方差。如果正态差分的绝对值大于0.25，[1]则就有理由担心。如果不满足重叠假设，则可能需要重新定义感兴趣的总体。令 $f_0 = N_0/N$ 和 $f_1 = N_1/N$ 分别为控制组和处理组中的观测值，考察均值差分 $\bar{x}_1 - \bar{x}_0$ 对平均处理效应的影响。在附录7C中，我们表明：

$$\hat{\tau}_{ATE} = (\bar{y}_1 - \bar{y}_0) - (f_0 \hat{\beta}_1 + f_1 \hat{\beta}_0)(\bar{x}_1 - \bar{x}_0)$$

如果处理组和控制组样本均值的差异很大，根据公式（7.34）估计出的斜率 $\hat{\beta}_1$ 和 $\hat{\beta}_0$ 对平均处理效应的估计值 $\hat{\tau}_{ATE}$ 有更大的影响。

7.6.6 断点回归设计

当把实验组和控制组按照确定的规则分开时，就有**断点回归（RD）设计**。[2]如"期中考试成绩达到75%或更高的学生将获得奖励"，就会出现这种情况。该奖项如何影响未来的学术成果可能是人们感兴趣的问题。关于RD方法的关键观点是，获得"接近75%"成绩的学生在大多数方面可能非常相似（可以检验的条件），因此那些刚好低于截止点的学生与那些刚好高于截点的学生是一个很好的比较组。为了估计处理效应，使用接近截止点的个体与随机分配的个体"一样好"。

假设x_i是决定一个人被分配到处理组还是控制组的单个变量。在这篇文献中，x_i被称

---

① Wooldridge（2010, p. 917）.

② 在这一节中，我们大量引用了下列调查：David S. Lee and Thomas Lemieux （2010） "Regression Discontinuity Designs in Economics," *Journal of Economic Literature*, 48（1），5–86, Jeffrey M. Wooldridge （2010） *Econometric Analysis of Cross Section and Panel Data, Second Edition*, MIT Press, Chapter 21 and Joshua D. Angrist and Jörn-Steffen Pischke （2009） *Mostly Harmless Econometrics: An Empiricist's Companion*, Princeton University Press, Chapter 6. 这些参考文献都是前沿的。也可参见 Joshua D. Angrist and Jörn-Steffen Pischke （2015） *Mastering Metrics:The Path from Cause to Effect*, Princeton University Press, Chapter 4.

为**配置变量**（forcing variable）。如果 $x_i \geqslant c$，则处理指示变量 $d_i = 1$，其中 c 为预先设定的阈值；如果 $x_i < c$，则 $d_i = 0$。这被称为**精确断点回归设计**，因为如果配置变量超过阈值，则一定给出处理。观测到的结果为 $y_i = (1 - d_i) y_{0i} + d_i y_{1i}$，其中 y_{0i} 为未接受处理的个体 i 的潜在结果，y_{1i} 为接受处理的个体 i 的潜在结果。对于精确 RD 设计，公式（7.33）中的条件独立假设是自动满足的，

$$E(y_{0i}|d_i, x_i) = E(y_{0i}|x_i) \quad \text{且} \quad E(y_{1i}|d_i, x_i) = E(y_{1i}|x_i)$$

因为这一处理完全由配置变量 x_i 决定。有趣的是，重叠假设完全不成立。对于给定的 x_i 值，我们不能期望同时观测到处理组和控制组中的个体。在 RD 方法中，我们不是要估计总体平均处理效应，而是要估计"在截点处"的处理效应，

$$\tau_c = E(y_{1i} - y_{0i}|x_i = c) = E(y_{1i}|x_i = c) - E(y_{0i}|x_i = c) \tag{7.45}$$

一个必要的假设是"连续性"。也就是说，$E(y_{1i}|x_i)$ 和 $E(y_{0i}|x_i)$ 除了"跳跃"之外必须在 $x_i = c$ 处满足平滑。这一跳跃是在截点处的处理效应 τ_c。

一图胜千言，尤其是在 RD 方法中，所以让我们看一张图。假设给出一次满分为 100 分的期中考试（配置变量 x），我们奖励一台新的笔记本电脑给分数在 75 分（阈值 c）或以上的学生。我们衡量的结果是在一个 400 分的期末考试中学生的表现 y。

在图 7-4 中，根据模拟数据，我们可以看到在期中考试中考到 75 分时，期末考试的分数有一个跳跃。我们要衡量的就是这种跳跃。RDD 的概念是低于 75 分和刚刚超过 75 分的学生基本上是非常相似的，所以如果我们比较它们，就和随机分配处理一样好。另一种描述结果的方法是将配置变量（x）划分至区间（即 bins）中，并计算和绘制结果变量（y）的均值或中位数。图 7-5 基于 5 个区间。

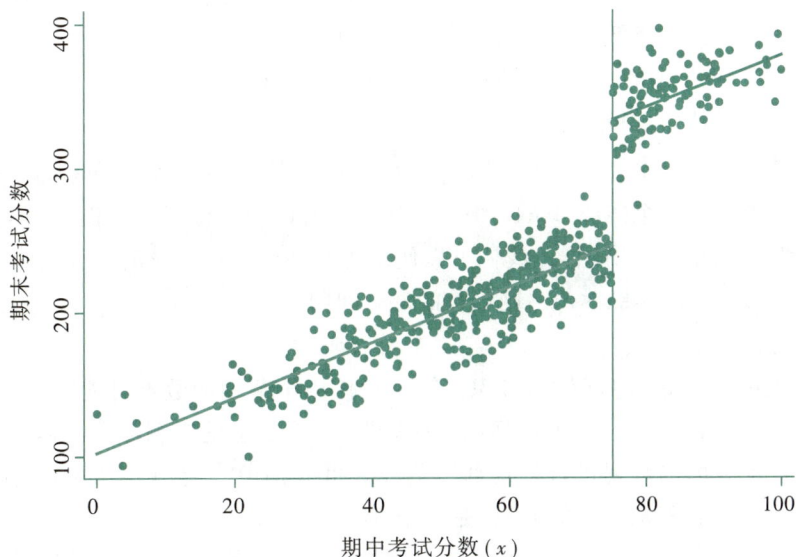

图 7-4　断点回归方法

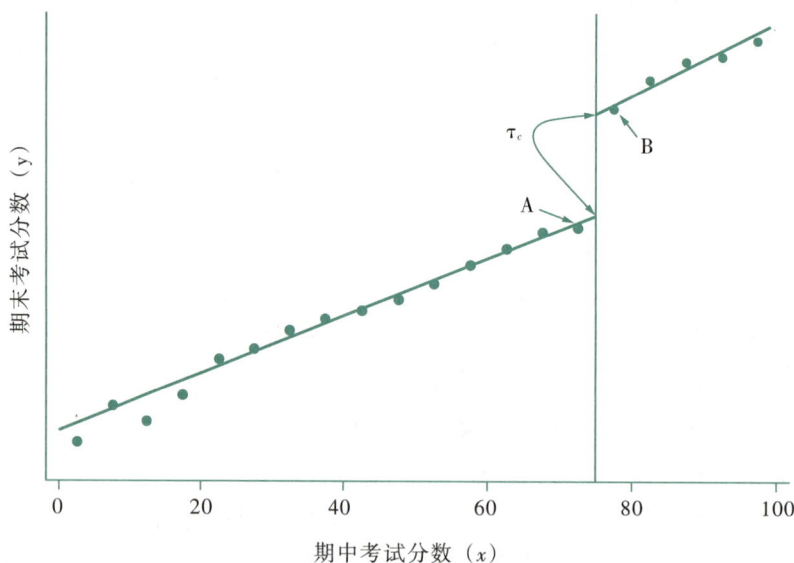

图7-5 条件均值图

在截止点两边的两组（A组和B组）的平均分数之差是在截点处处理效应的估计值，在这种情况下$\hat{\tau}_c$=B-A=326.7-243.6=83.1。我们估计在截止处附近的学生，他们在期中考试获得75或更高的分数，因此得到一台新电脑。在其他条件不变的情况下，他们期末考试的成绩比那些同样在截止处附近但没有获奖的学生高83.1分。这种估计是合理和直观的。困难在于考70~75分的学生可能不像我们希望的与75~80分的学生那样相似。如果我们使区间的宽度越来越少，那么截点处两边的组就会越来越相似，但是每个区间里的观测值数量越来越少，这就降低了处理效应估计值的可靠性。[①]

相反，让我们使用所有的观测值和回归分析来估计在截止处的处理效应τ_c。分别估计两组的回归函数，使用解释变量$x_i - c$：

1. 对于截点以下的个体（$x_i < c$），根据y_i对$x_i - c$的回归，得到$\hat{\alpha}_0 + \hat{\beta}_0(x_i - c)$。

2. 对于截点以上的个体（$x_i \geq c$），根据y_i对$x_i - c$的回归，得到$\hat{\alpha}_1 + \hat{\beta}_1(x_i - c)$。

τ_c的估计值为$\hat{\tau}_c = \hat{\alpha}_1 - \hat{\alpha}_0$。同样，我们可以使用含有一个指示变量的混合回归。定义$d_i = 1$（如果$x_i \geq c$），$d_i = 0$（如果$x_i < c$），则等价的混合回归为：

$$y_i = \alpha + \tau_c d_i + \beta(x_i - c) + \gamma[d_i(x_i - c)] + e_i \tag{7.46}$$

在使用RD方法时还有一些其他的考虑。第一，使用全范围的数据可能不是一个好主意。我们的目标是估计在阈值$x_i = c$处的回归"跳跃"。有了足够的观测值，我们可以只使用距离截点h一定距离内的数据进行"局部"估计。也就是说，使用$c - h \leq x_i \leq c + h$的观测值。检查对$h$的各种选择结果的稳健性是一个好主意。

第二，重要的是在回归中创造足够的灵活性来捕获非线性关系。例如，如果结果y和测试分数x之间的真实关系是非线性的，那么在RDD中使用线性关系能给出处理效应的有

---

① 区间宽度的选择是RDD分析中的一个重要问题。见 Lee and Lemieux（2010，pp.307-314）。

偏估计值。在图7-6中，我们举例说明了一种情况，即基本关系中没有"跳跃"，但使用假定的线性拟合的RDD，使在$x_i = c$处出现正的处理效应。

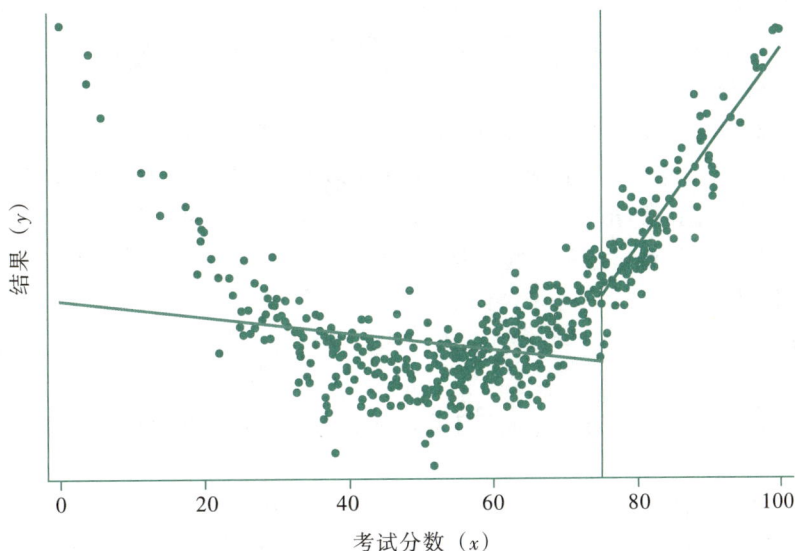

图7-6 RDD偏差

因为这个原因，研究人员经常在回归关系中使用$(x_i - c)$的高次项，如$(x_i - c)^2$、$(x_i - c)^3$和$(x_i - c)^4$。如果我们用到3次幂，混合回归就变成：

$$y_i = \alpha + \tau_c d_i + \sum_{q=1}^{3} \beta_q (x_i - c)^q + \sum_{p=1}^{3} \gamma_p [d_i (x_i - c)^p] + e_i \tag{7.47}$$

对于图7-6中的数据，根据公式（7.47），估计出的处理效应$\hat{\tau}_c$在统计上不显著异于0，因为$t=1.11$，p值为0.268。或者，可以通过使用$c - h \leq x_i \leq c + h$的局部观测值来识别"非跳跃"。

第三，有可能配置变量以外的变量，比如z_i，会影响结果。这些可以添加到公式（7.47）的RDD模型中。

第四，我们所提供的例子假设那些测试分数在75分或以上的人无论是否想要一台新电脑，都会得到一台新电脑。作为替代，我们可以在期末考试前给那些考试分数在75分以上的学生提供一台新电脑的较大力度折扣。有些人会选择使用折扣购买新机器，有些人则不会。当然，一些考试分数低于75分的学生也可以买新电脑。这些问题导致了所谓的**模糊断点回归设计**。在这种情况下，关键是在$x_i = c$处的**处理概率**（在期末考试前收到一台新计算机）有一个"跳跃"。在这种情况下，我们必须使用一种称为**工具变量估计**的最小二乘估计替代方法。该专题将在第10章中讨论。

7.7 练习

7.7.1 问题

7.1 假设我们能够收集一个关于一所大型大学经济学专业的随机样本数据。进一步假设，对于进入劳动力市场的人，我们观测他们在毕业5年后的就业状况和工资。设 $SAL=$ 就业学生的工资（\$），$GPA=$ 本科期间绩点平均分（以4.0为准），如果学生选修了计量经济学，则 $METRICS=1$，否则 $METRICS=0$。

a. 考虑回归模型 $SAL=\beta_1+\beta_2 GPA+\beta_3 METRICS+e$，我们应该将其视为因果模型还是预测模型？解释你的推理。

b. 假设 β_2 和 β_3 为正，画出 $E(SAL|GPA, METRICS)=\beta_1+\beta_2 GPA+\beta_3 METR1CS$ 的草图。

c. 如果是女生，定义一个虚拟变量 $FEMALE=1$，否则为0。将回归模型修改为 $SAL=\beta_1+\beta_2 GPA+\beta_3 METRICS+\delta_1 FEMALE+e$。没有学过计量经济学课程的男生的期望工资是多少？学过计量经济学的女生的期望工资是多少？

d. 考虑回归模型：

$$SAL=\beta_1+\beta_2 GPA+\beta_3 METRICS+\delta_1 FEMALE+\delta_2(FEMALE \times METRICS)+e$$

（XR7.1.1）

没有学过计量经济学的男生的期望工资是多少？学过计量经济学的女生的期望工资是多少？

e. 在公式（XR7.1.1）中，假设 $\delta_1<0, \delta_2<0$。对于以下情况，画出 $E(SAL|GPA, METRICS, FEMALE)$ 与 GPA 的关系图：（i）男生没有选修计量经济学课程；（ii）男生选修计量经济学课程；（iii）女生没有选修计量经济学课程；（iv）女生选修计量经济学课程。

f. 在公式（XR7.1.1）中，为了检验计量经济学训练不影响经济学专业学生平均工资，在模型参数方面的原假设和备择假设是什么？为了使用方程（6.4）中的检验统计值，除了（XR7.1.1）外，还必须估计哪些回归？假设 $N=300$，如果原假设为真，检验统计值的分布是什么？5%的显著性水平检验的拒绝域是什么？

7.2 省略。

7.3 一个地区房价的关键问题之一是"价格指数"的构建，即在其他因素不变的情况下，某一特定地区的价格是上涨、下跌还是保持相对稳定？作为一个例子，考虑从1991年到1996年加州斯托克顿的房屋销售价格（以千美元计）回归模型，模型包括解释变量：房子大小（$SQFT$，以百平方英尺计）、房龄（AGE）和年度指示变量（例如，如果年度是1992年，则 $D92=1$；否则，$D92=0$）。

$$PRICE=\beta_1+\beta_2 SQFT+\beta_3 AGE+\delta_1 D92+\delta_2 D93+\delta_3 D94+\delta_4 D95+\delta_5 D96+e$$

（XR7.3.1）

另一种替代模型采用"趋势"变量，对于1991—1996年，$YEAR=0, 1, \cdots, 5$。

$$PRICE=\beta_1+\beta_2 SQFT+\beta_3 AGE+\tau YEAR+e$$

（XR7.3.2）

a. 使用公式（XR7.3.1），一栋有10年历史、居住面积为2 000平方英尺的房子，1991—1996年的每一年预期售价是多少？

b. 使用公式（XR7.3.2），一栋有10年历史、居住面积为2 000平方英尺的房子，在1991—1996年的每一年预期售价是多少？

c. 为了在公式（XR7.3.1）和公式（XR7.3.2）中的模型之间进行选择，我们提出了一个假设检验。什么样的参数约束或限制将导致公式（XR7.3.1）等价于（XR7.3.2）？公式（XR7.3.1）的残差平方和为 2 385 745，公式（XR7.3.2）的残差平方和为 2 387 476。检验使这两个模型等价的约束的检验统计值是什么？如果原假设为真，检验统计值的分布是什么？5% 的显著性水平检验的拒绝域是什么？如果样本容量 N=4 682，你会得出什么结论？

d.使用公式（XR7.3.1）中的模型，1992 年和 1994 年指示变量的估计系数及其标准差分别为 -4.393（1.271）和 -13.174（1.211）。这两个系数估计量的协方差为 0.87825。如果 N=4 682，在 5% 的显著水平下，检验原假设 $\delta_3 = 3\delta_1$ 与备择假设 $\delta_3 \neq 3\delta_1$。

e.在方程（XR7.3.2）中 τ 的估计价值是 -4.12。在 1992 年和 1994 年，一栋 10 年房龄、2 000 平方英尺居住面积的房子的预期房价差值是多少？使用（d）部分中的信息，这与使用公式（XR7.3.1）的结果相比如何？

7.4 省略。

7.5 1985 年，田纳西州在全州范围内对小学生进行了一项实验。老师和学生被随机分配到一个常规班或小班。令人感兴趣的结果是学生在数学成绩测试（$MATHSCORE$）中的分数。如果学生在小班，则设 $SMALL = 1$；否则，设 $SMALL = 0$。另一个感兴趣的变量是教师教学经验的年数 $TCHEXPER$。

a.写出线性回归模型的计量经济设定，将 $MATHSCORE$ 解释为 $SMALL$ 和 $TCHEXPER$ 的函数。使用 β_1、β_2 和 β_3 作为模型参数。在这个模型中，对于在有 10 年教学经验教师的常规班级里的一个孩子，其期望的数学成绩是多少？对于在有 10 年教学经验教师的小班里的一个孩子，其期望的数学成绩是多少？

b.如果孩子是男孩，设 BOY=1；如果孩子是女孩，设 BOY=0。修改（a）部分的模型，纳入变量 BOY 和 $BOY×SMALL$，参数为 θ_1 和 θ_2。使用这个模型，

i.对于在一个有 10 年教学经验老师的小班的男孩来说，其期望的数学成绩是多少？

ii.对于在一个有 10 年教学经验教师的常规班的女孩来说，其期望的数学成绩是多少？

iii.孩子性别对期望数学成绩没有影响的原假设是什么？用模型参数写出。备择假设是什么？如果原假设成立，原假设的检验统计值是多少？检验统计值的分布是什么？当 N=1 200 时，5% 的显著性检验的拒绝域是什么？

iv.据推测，小班对男生的好处要大于女生。你会检验什么原假设和备择假设来验证这一推测？（提示：让推测成为备择假设）

7.6 省略。

7.7 货币政策能否减轻经济严重衰退的影响？密西西比州提供了一项**自然实验**。1930 年 12 月，美国南部发生了一系列银行倒闭事件。密西西比州中部分为两个联邦储备区：第六区（亚特兰大联邦储备银行）和第八区（圣路易斯联邦储备区）。亚特兰大联邦储备区向银行提供"宽松货币"，而圣路易斯联邦储备区没有。1930 年 7 月 1 日（金融危机之前），密西西比州第六区有 105 家州立特许区，第八区有 154 家。1931 年 7 月 1 日（金融危机刚刚过去），第六区还有 96 家银行，第八区有 126 家。这些数据值来自 Table 1，Gary Richardson and William Troost（2009）"Monetary Intervention Mitigated Banking Panics during the Great Depression： Quasi-Experimental Evidence from a Federal Reserve District Border， 1929-1933，" *Journal of Political Economy*，117（6），1031-1073.

a.设第八区为控制组，第六区为处理组。使用四个观测值而不是样本平均值来构建一个类似于图7-3的图形。在图中确定处理效应。

b.在金融危机期间，每个区倒闭了多少家银行？使用这四个观测值而不是样本均值，利用公式（7.18），计算处理效应的大小。

c.假设我们有1929—1934年这两个区的数据，因此 $N=12$。如果年份在1930年之后，设定 $AFTER_t = 1$；如果年份是1929年和1930年，设定 $AFTER_t = 0$。设第六区银行 $TREAT_i = 1$，第八区银行 $TREAT_i = 0$。设 $BANKS_{it}$ 为各区每年的银行数量。Angrist 和 Pischke（2015，p.188）报告了估计方程：

$$BANKS_{it} = 167 - 2.9 TREAT_i - 49 AFTER_t + 20.5 (TREAT_i \times AFTER_t)$$
$$(se) \qquad (8.8) \qquad (7.6) \qquad (10.7)$$

将由该方程估计出的处理效应与（b）部分中的计算进行比较。在5%的水平显著性下，估计出的处理效应显著吗？

7.8 省略。

7.9 假设我们希望估计一个家庭的酒精支出模型（ALC，以每月美元计），家庭酒精支出是家庭收入（INCOME，以每月百美元计）和其他一些人口统计变量的函数。

a.令 $KIDS = 0,1,2,\cdots$ 表示家里孩子的数量。KIDS 是定性的还是定量的变量？解释模型中 KIDS 的系数。

$$ALC = \beta_1 + \beta_2 INCOME + \delta KIDS + e \tag{XR7.9.1}$$

第二个孩子的边际影响是什么？第四个孩子的边际影响是什么？

b.如果有一个孩子，令 $ONEKID = 1$，否则为0。如果有两个孩子，则令 $TWOKIDS = 1$，否则为0。如果有三个或更多的孩子，令 $MANY = 1$，否则为0。考虑下列模型：

$$ALC = \beta_1 + \beta_2 INCOME + \delta_1 ONEKID + \delta_2 TWOKIDS + \delta_3 MANY + e \tag{XR7.9.2}$$

将该模型的解释与（a）部分的解释进行比较。多一个孩子的影响是否与（a）部分的模型相同？生第一个孩子对预期家庭酒类消费有什么影响？生第四个孩子对预期家庭酒类消费有什么影响？

c.我们是否可以对方程（XR7.9.2）施加一组参数限制或约束，使其与方程（XR7.9.1）等价？

7.10 省略。

7.11 考虑对数-线性回归模型 $\ln(y) = \beta_1 + \beta_2 x + \delta_1 D + \delta_2 (x \times D) + e$。如果回归误差服从正态分布 $N(0, \sigma^2)$，则：

$$E(y|x, D) = \exp(\beta_1 + \beta_2 x + \delta_1 D + \delta_2 (x \times D)) \exp(\sigma^2 / 2) \tag{XR7.11.1}$$

a.用求导法则7来证明：

$$\frac{\partial E(y|x, D)}{\partial x} = \exp(\beta_1 + \beta_2 x + \delta_1 D + \delta_2 (x \times D)) \exp(\sigma^2 / 2)(\beta_2 + \delta_2 D) \tag{XR7.11.2}$$

b.（a）部分的结果两边同时除以 $E(y|x, D)$，以证明：

$$\frac{\partial E\left(y|x,D\right)}{\partial x}\frac{1}{E\left(y|x,D\right)} = \frac{\partial E\left(y|x,D\right)/E\left(y|x,D\right)}{\partial x} = \left(\beta_2 + \delta_2 D\right) \quad (XR7.11.3)$$

c.（b）部分等式两边同时乘以100，以得到：

$$100\frac{\partial E\left(y|x,D\right)/E\left(y|x,D\right)}{\partial x} = \%\Delta E\left(y|x,D\right) = 100\left(\beta_2 + \delta_2 D\right) \quad (XR7.11.4)$$

这是边际效应，给定对数–线性模型中 x 的单位变化所引起的 $E\left(y|x,D\right)$ 的百分比变化。

d.拟合的房价对数–线性模型为：

$$\widehat{\ln\left(PRICE\right)} = 4.456 + 0.362SQFT + 0.336UTOWN - 0.00349\left(SQFT \times UTOWN\right)$$

其中，$SQFT\left(x\right)$ 是房子的居住面积（100平方英尺）；$UTOWN\left(D\right)$ 是一个指示变量，若是大学附近的房子，则 $UTOWN = 1$，否则为0。

使用公式（XR7.11.4），计算 $UTOWN = 1$ 和 $UTOWN = 0$ 时 $SQFT$ 对房价的边际效应。

e.令 b_2 和 d_2 为方程（XR7.11.4）中 β_2 和 δ_2 的最小二乘估计量。对于给定的 D，写出估计值100（$b_2+d_2 D$）的标准误公式。

f.公式（XR7.11.3）两边同时乘以 x，再乘以 $100/100$，整理得到：

$$\frac{\partial E\left(y|x,D\right)/E\left(y|x,D\right)}{\partial x}x = \frac{100\partial E\left(y|x,D\right)/E\left(y|x,D\right)}{100\partial x/x} = \left(\beta_2 + \delta_2 D\right)x \quad (XR7.11.5)$$

$100\partial x/x$ 将解释为 x 的百分比变化，我们发现预期价格对 x 的变化百分比的弹性为（$\beta_2 + \delta_2 D$）x。

g.应用公式（XR7.11.5）中的结果，以计算 $UTOWN = 1$ 和 $UTOWN = 0$ 时2 500平方英尺房屋的预期房价相对于房价变化的弹性。

h.令 b_2 和 d_2 为方程（XR7.11.5）中 β_2 和 δ_2 的最小二乘估计量。在给定 D 和 x 的情况下，写出估计值（$b_2 + d_2 D$）x 的标准误公式。

7.12 省略。

7.13 加利福尼亚的许多城市都通过了包容性的分区政策（也称为低于市场价格住房限令），以使居民更能负担得起房价。这些政策要求开发商将新建房屋的一定比例部分以低于市场价格出售。例如，在一个有10套新房的开发项目中，每套的市场价值为85万美元，开发商可能不得不以18万美元的价格出售其中的5套。Means 和 Stringham（2012）[①]使用1990年和2000年加州311个城市的人口普查数据，研究了这些政策对房价和可用住房数量的影响。

a.设 $LNPRICE$ 为平均房价的对数，设 $LNUNITS$ 为住房套数的对数。仅使用2000年的数据，我们比较有包容性分区政策的城市（$IZLAW = 1$）和没有该政策的城市（$IZLAW = 0$）的 $LNPRICE$、$LNUNITS$ 的样本均值。下表为 $LNPRICE$ 和 $LNUNITS$ 的样本均值。

2000	$IZLAW = 1$	$IZLAW = 0$
$\overline{LNPRICE}$	12.8914	12.2851
$\overline{LNUNITS}$	9.9950	9.5449

① Means and Edward P. Stringham（2012）"Unintended or Intended Consequences? The effect of below-market housing mandates on housing markets in California," *Journal of Public Finance and Public Choice*, p. 39-64. The authors wish to thank Tom Means for providing the data and insights into this exercise.

根据这些估计值，实施该法律和没有实施该法律的城市在住房价格和住房数量上的百分比差异是多少？使用近似值$100[\ln(y_1)-\ln(y_0)]$来表示y_0和y_1之间的百分比差。实施该法律是否达到了它的目的？

b.使用1990年的数据，我们比较有包容性分区政策的城市（$IZLAW=1$）和没有该政策的城市（$IZLAW=0$）的$LNPRICE$、$LNUNITS$的样本均值。下表为$LNPRICE$和$LNUNITS$的样本均值。

1990	$IZLAW=1$	$IZLAW=0$
$LNPRICE$	12.3383	12.0646
$LNUNITS$	9.8992	9.4176

将包容性分区政策的存在作为一种"处理"。考虑那些没有通过这样一项法律的城市，令$IZLAW=0$，即为"控制组"。画一个类似于图7-3的图来比较处理组和控制组的$LNPRICE$，并确定"处理效应"。你对政策效果的结论与（a）部分的相同吗？

c.画一个类似于图7-3的图来比较处理组和控制组的$LNUNITS$，并确定"处理效应"。你对政策效果的结论与（a）部分的相同吗？

7.14 省略。

7.15 抵押贷款人有兴趣确定可能导致拖欠或丧失抵押品赎回权的借款人和贷款的特征。我们使用1 000个观测值和以下变量来估计一个回归模型。感兴趣的因变量$MISSED$是指示变量，如果借款人还款至少逾期3次（逾期90天以上），$MISSED=1$；否则，$MISSED=0$。解释变量为$RATE$=抵押贷款的初始利率，$AMOUNT$=抵押贷款的金额（以10万美元计），$ARM=1$（如果抵押贷款利率可调）、$ARM=0$（如果抵押贷款利率固定）。估计方程为：

$$\widehat{MISSED}=-0.348+0.0452RATE+0.0732AMOUNT+0.0834ARM$$
$$(\text{se})\qquad\quad(0.00841)\qquad(0.0144)\qquad\quad(0.0326)$$

a.解释每个系数的符号和显著性。

b.还款未逾期的两个借款人的贷款具有以下特征：$RATE$=8.2，$AMOUNT$=1.912，ARM=1；$RATE$=9.1，$AMOUNT$=8.6665，ARM=1。对于每一个借款人，预测还款逾期的概率。

c.两名还款逾期的借款人的贷款具有以下特征：$RATE$=12.0，$AMOUNT$=0.71，ARM=0；$RATE$=6.45，$AMOUNT$=8.5，ARM=1。对于每一个借款人，预测其还款会逾期的概率。

d.对于一个寻求可调利率抵押贷款的借款人，其初始利率为6.0，超过多少贷款金额你会以0.51的概率预测其会逾期？

7.7.2 计算机练习

7.16 省略。

7.17 母亲吸烟会影响婴儿出生时的体重吗？我们使用来自Cattaneo（2010）[①]的文件$bweight\_small$中的数据来探讨这个问题。文件$bweight$包含更多的观测值。

---

① Efficient semiparametric estimation of multi-valued treatment effects under ignorability, *Journal of Econometrics*, 155, 138–154. The authors would like to thank Matias Cattaneo for providing the data. The dataset is used in Stata *Treatment-Effects Reference Manual*, Release 14 for examples as well.

a.计算吸烟母亲（*MBSMOKE*=1）和不吸烟母亲（*MBSMOKE*=0）*BWEIGHT* 的样本均值。使用附录 C.7.2 例 1 中给出的总体均值等价性的 t 检验，检验吸烟母亲和不吸烟母亲的孩子平均出生体重均值是否相同。使用 5% 的显著性水平。

b.估计回归 *BWEIGHT* = β_1 + β_2 *MBSMOKE* + e。解释 *MBSMOKE* 的系数。我们能否将系数解释为吸烟的"平均处理效应"? 在 5% 的显著性水平下，检验原假设 $\beta_2 \geq 0$ 与备择假设 $\beta_2 < 0$。

c.在（b）部分的模型中加入控制变量 *MMARRIED*、*MAGE*、*PRENATAL*1、*FBABY*。这些变量中有哪些是婴儿出生体重的重要预测因素? 哪些显著系数的符号与你的期望一致? *MBSMOKE* 的系数估计值变化大吗?

d.对于吸烟母亲（*MBSMOKE* = 1）和不吸烟母亲（*MBSMOKE* = 0），估计 *BWEIGHT* 对 *MMARRIED*、*MAGE*、*PRENATAL*1 和 *FBABY* 的回归。在 5% 的显著性水平下，对这两个回归的等价性进行邹氏检验。

e.使用公式（7.37），利用（d）部分的结果以得到平均处理效应的估计值。将平均处理效应的估计值与（b）和（c）部分中的估计值进行比较。

7.18　省略。

7.19　母亲吸烟会影响婴儿出生时的体重吗? 我们使用文件 *bweight_small* 的数据探讨这个问题。文件 *bweight* 包含更多的观测值。变量 *MSMOKE* 是母亲怀孕期间每天吸烟的数量。不吸烟者（*MBSMOKE* = 0），每天吸烟数为 0 支。吸烟者（*MBSMOKE* = 1）如果每天吸 1~5 支烟，*MSMOKE* = 1；如果每天吸 6~10 支烟，*MSMOKE* = 2；如果每天吸烟等于或超过 11 支，*MSMOKE* = 3。

a.估计 *BWEIGHT* 回归模型。解释变量有 *MMARRIED*、*MAGE*、*PRENATAL*1、*FBABY* 和 *MSMOKE*。解释 *MSMOKE* 的估计系数。

b.从 *MSMOKE* 中创建三个指示变量，母亲每天抽 1~5 支烟，则 *SMOKE*2 = 1，否则为 0；如果母亲每天抽 6~10 支烟，则 *SMOKE*3 = 1，否则为 0；如果母亲每天吸烟 11 支或更多，则 *SMOKE*4 = 1，否则为 0。估计 *BWEIGHT* 回归模型。解释变量有 *MMARRIED*、*MAGE*、*PRENATAL*1、*FBABY*，以及 *SMOKE*2、*SMOKE*3、*SMOKE*4。解释 *SMOKE*2、*SMOKE*3 和 *SMOKE*4 的估计系数，每天吸 1~5 支香烟是否对婴儿出生体重有显著的负影响?

c.使用（b）部分的结果，检验原假设，即每天吸烟 11 支或更多比每天吸烟 6~10 支不会更多地导致婴儿出生体重轻；备择假设为母亲每天吸烟 11 支或更多比每天吸烟 6~10 支香烟会更多地导致婴儿出生体重轻。

d.使用（b）部分的结果，检验原假设，即母亲每天吸烟 11 支或 11 支以上比每天吸烟 1~5 支不会更多地导致婴儿出生体重轻；备择假设为每天吸烟 11 支或 11 支以上比每天吸烟 1~5 支会更多地导致婴儿出生体重轻。

e.估计 *BWEIGHT* 回归模型。解释变量有 *MMARRIED*、*MAGE*、*PRENATAL*1、*FBABY*。对于 *MSMOKE*=0、1、2、3，分别估计模型。使用每个模型，估计一个 25 岁已婚妇女的孩子的预期出生体重，她第一次产前检查是在怀孕的前 3 个月，并且已经生了至少一个孩子。你观测到了什么？

f. 估计线性概率模型，自变量 $LBWEIGHT$ 为解释变量 $MMARRIED$、$MAGE$、$PRENATAL1$、$FBABY$、$MSMOKE$ 的函数。分别对 $MSMOKE=0$、1、2、3 的情况，预测 25 岁已婚妇女第一次产前检查是在头 3 个月并已生了至少一个孩子的妇女出现婴儿低出生体重的概率。你观测到了什么？

7.20　省略。

7.21　在这个练习中，我们使用数据文件 pubcoll，探索美国公立大学成本预测的一些因素。令 $TC=$ 每位学生的实际（\$2008）总成本，$FTUG=$ 全日制本科生人数，$FTGRAD=$ 全日制研究生人数，$FTEF=$ 每 100 名学生配备的全职教师人数，$CF=$ 每 100 名学生配备的合同制教师人数，$FTENAP=$ 每 100 名学生配备的全职非学术专业人员人数。

a. 对 $\ln(TC)$ 估计其余变量的回归。扩招本科生和研究生对每个学生的总成本有什么预期影响？

b. 扩招全职教师、合同制教师和非学术专业人员对学生总成本的预期影响是什么？

c. 为 1989 年、1991 年、1999 年、2005 年、2008 年、2010 年和 2011 年添加指示变量。这些变量是联合显著的，还是单独显著的？使用你喜欢的宏观经济数据网站，绘制从 1987 年 1 月至 1993 年 1 月美国实际 GDP 的季度百分比变化。这有助于解释任何指示变量系数的符号和显著性吗？

d. 在 2008 年、2010 年和 2011 年，变量 $CRASH=1$。在（c）部分的模型中添加 $CRASH$ 与 $FTEF$、CF 和 $FTENAP$ 每个变量之间的交互变量。在 5% 的水平下，这些变量独立显著吗？它们联合显著吗？

e. 在（d）部分的模型中，添加 $CRASH$ 与 $FTUG$、$FTGRAD$ 变量之间的交互变量。考虑所有交互变量，哪些在 5% 的水平下显著？在 5% 的水平下，检验所有交互变量的联合显著性。

7.22　省略。

7.23　在 STAR 实验（第 7.5.3 节）中，儿童在学校内被随机分配到三种类型的班级中：有 13~17 人的小班，有 22~25 人的常规班，有一名全职教师助理来协助老师的常规班。学生成绩测试的分数以及一些关于学生、老师和学校的信息被记录下来。幼儿园班级的数据包含在数据文件 star5_small2 中。

a. 计算以下学生的平均数学分数 $MATHSCORE$：（i）有全职教师但没有助理的常规班里的学生；（ii）有专职教师和一名助理的常规班里的学生；（iii）小班里的学生。你如何看待这三种学习环境中学生的考试分数？

b. 估计回归模型 $MATHSCORE_i = \beta_1 + \beta_2 SMALL_i + \beta_3 AIDE_i + e_i$，其中 $AIDE$ 是一个指示变量，班级有一名教师和一名助理，$AIDE=1$，否则 $AIDE=0$。从该回归中得到的估计系数与（a）部分中的样本均值的关系是什么？在 5% 的显著性水平下，检验 β_3 的统计显著性。

c. 在（b）部分中的回归中加入额外的解释变量 $TCHEXPER$。这个变量在统计上显著吗？它的加入会影响 β_2 和 β_3 的估计值吗？为一个配有 10 年教学经验的老师的小班学生构建预期数学分数的 95% 区间估计值。为一个配有助理和一个拥有 10 年经验的老师的班级学生构建预期数学分数的 95% 区间估计值。根据该模型，计算最小二乘残差，又称 *EHAT*。下一小题将使用这个变量。

d. 在（c）部分的回归中，加入额外的指示变量 *FREELUNCH*。来自低收入家庭的学生在学校可以免费享用午餐。这个变量在统计上显著吗？把它添加到模型中是否会影响 β_2 和 β_3 的估计值？如何解释 *FREELUNCH* 的符号？对于得到免费午餐的学生和没有得到免费午餐的学生，计算从（c）部分得到的 *EHAT* 的样本平均值。残值均值是否与包括 *FREELUNCH* 的回归一致？

e. 对（d）部分中的模型，添加 *FREELUNCH* 与 *SMALL*、*AIDE*、*TCHEXPER* 之间的交互变量。这些每个都是显著的吗？在 5% 的水平下，检验这三个交互变量的联合显著性。你的结论是什么？

f. 对于获得免费午餐的学生和没有获得免费午餐的学生，对回归 $MATHSCORE_i = \beta_1 + \beta_2 SMALL_i + \beta_3 AIDE_i + \beta_4 TCHEXPER + e_i$ 的等价性进行邹氏检验。该检验结果如何与（e）部分的检验结果进行比较？

7.24 省略。

7.25 在练习 2.23 中介绍了 Ray C.Fair 教授的投票模型。他建立了解释和预测美国总统选举的模型，参见其网站 http://fairmodel.econ.yale.edu/vote2016/index2.htm，着重参见其题为 "Presidential and Congressional Vote-Share Equations: November 2014 Update" 的文章。模型的基本前提是，民主党在两党（民主党和共和党）普选中所占的份额受到许多与经济有关的因素和与政治有关的变量的影响，如执政党执政多久，以及总统是否将竞选连任。1916—2016 年的数据在数据文件 *fair5* 中。因变量是得票率＝民主党赢得的普选百分比。除了 *GROWTH* 和 *INFLAT* 外，解释变量还包括：

如果选举时有民主党在任者，则 *INCUMB* ＝1；如果选举时有共和党在任者，则 *INCUMB* ＝－1。

GOODNEWS ＝（除 1920 年、1944 年和 1948 年的数值为零外，政府前 15 个季度的实际人均国内生产总值年增长率大于 3.2% 的季度数目）×*INCUMB*。

如果现任者参加竞选，则 *DPER* ＝1；否则为 0。

如果民主党执政一届，则 *DUR* ＝0；如果民主党（共和党）已经连续两届执政，则 *DUR* ＝1 ［－1］；如果民主党（共和党）已经连续三届执政，则 *DUR* ＝1.25 ［－1.25］；如果民主党（共和党）已经连续四届执政，则 *DUR* ＝1.50；以此类推。

对于 1920 年、1944 年和 1948 年的选举，*WAR* ＝1；其他情况下为 0。

a. 考虑回归模型：
$$VOTE = \beta_1 + \beta_2 GROWTH + \beta_3 INFLAT + \beta_4 GOODNEWS + \beta_5 DPER + \beta_6 DUR + \beta_7 INCUMB + \beta_8 WAR + e$$
讨论虚拟变量 DPER 的预期效果。

b. 变量 *INCUMB* 与我们考虑的虚拟变量有些不同。写出当有民主党在任者时的回归函数 $E(VOTE)$。写出当有共和党在任者时的回归函数 $E(VOTE)$。回想一下，*GOODNEWS*、

GROWTH 和 *INFLAT* 依存于 *INCUMB*。讨论该设定的效果。

c.使用 1916—2012 年的数据，估计所提出的模型。讨论估计结果。这些符号符合预期吗？估计值在统计上显著吗？模型对数据的拟合程度如何？

d.使用（c）部分的回归结果，利用解释变量的实际值，预测 2016 年 *VOTE* 的值。

e.利用（c）部分的回归结果，利用解释变量的实际值，构建 2016 年 *VOTE* 值的 95% 预测置信区间。

f.使用 1916—2012 年的数据，估计所提出的模型。在 2016 选举年，*INCUMB*=1，*DPER*=0，*DUR*=1，*WAR*=0。使用 *GROWTH*=2.16、*INFLAT*=1.37 和 *GOODNEWS*=3，预测 2016 年民主党候选人的投票结果。

g. 如果 *GOODNEWS*=3、*GROWTH*=2.16 和 *INFLAT*=0，使用（f）部分的结果，预测 2016 年支持民主党的投票结果。

h. 如果 *GOODNEWS*=3、*GROWTH*=4.0 和 *INFLAT*=0，使用（f）部分的结果，预测 2016 年支持民主党的投票结果。

7.26 省略。

7.27 房地产行业最重要的三个词是 "位置，位置，还是位置"。我们使用在数据文件 *collegetown* 中 2009 年至 2013 年路易斯安那州巴吞鲁日市 500 户独栋住宅的销售数据探讨这个问题。变量定义见 *collegetown.def*。

a. 估计双对数模型 $\ln(PRICE) = \beta_1 + \beta_2 \ln(SQFT) + \delta_1 CLOSE + e$。解释估计出的 $\ln(SQFT)$ 和 *CLOSE* 的系数。位置变量 *CLOSE* 是否在 5% 的统计水平下显著？

b.估计双对数模型 $\ln(PRICE) = \beta_1 + \beta_2 \ln(SQFT) + \delta_2 [CLOSE \times \ln(SQFT)] + e$。解释估计出的 $\ln(SQFT)$ 和 $CLOSE \times \ln(SQFT)$ 的系数。在 5% 的水平下，位置变量 $CLOSE \times \ln(SQFT)$ 在统计上显著吗？

c.估计双对数模型：

$$\ln(PRICE) = \beta_1 + \beta_2 \ln(SQFT) + \delta_1 CLOSE + \delta_2 [CLOSE \times \ln(SQFT)] + e$$

在 5% 的水平下，位置变量 *CLOSE* 和 $CLOSE \times \ln(SQFT)$ 单独统计显著吗，联合统计显著吗？

d.使用（c）部分中的模型，预测两套 2 500 平方英尺的房子的价格，一套离大学近，另一套离大学远。使用校正后的预测量。

e.在（c）部分的模型中加入变量 *FIREPLACE*、*TWOSTORY* 和 *OCCUPIED*。这些特征如何影响房子的价格？

f.对双对数模型进行邹氏检验，比较靠近大学和不靠近大学的房屋价格，使用解释变量 $\ln(SQFT)$、*FIREPLACE*、*TWOSTORY* 和 *OCCUPIED*。检验的 p 值是多少？

7.28 省略。

7.29 美国参议院选举的获胜者享有多少任职优势？这个问题见 Matias D. Cattaneo, Brigham R. Frandsen and Rocío Titiunik（2015）"Randomization Inference in the Regression Discontinuity Design：An Application to Party Advantages in the U.S. Senate", *Journal of Caus-*

al Inference，3（1）：1–24.[①] 如他们描述的（p.11）：任期长度在美国参议院是 6 年，有 100 个席位。这些参议院席位被分成三个大致相同大小的等级（第一类、第二类和第三类），每两年只有一个等级的席位需要选举。结果，任期错开了：在每两年举行一次的一般选举中，只有 1/3 的参议院席位需要选举。每个州选举不同阶层的两名参议员，任期 6 年，由全州普选产生。由于两名参议员属于不同的阶层，每个州的参议院选举间隔 2 年和 4 年。我们使用了包含在文件 *rddsenate* 中的数据子集。有关数据详细信息，请参见文件 *rddsenate.def*。配置变量是 *MARGIN*，它为 *t* 年选举中民主党所占投票结果的份额减去 50：它是民主党获胜的差额。感兴趣的结果是在下次参议院席位选举中民主党所占投票结果的份额 *VOTE*。

a. 创建一个散点图，横轴为 *MARGIN*，纵轴为 *VOTE*。其中是否存在正相关关系、负相关关系或无相关关系？

b. 如果 *MARGIN*>0，则虚拟变量 *D*=1；如果 *MARGIN*<0，则 *D*=0。以 *VOTE* 为因变量，*MARGIN*、*D*、*MARGIN*×*D* 为解释变量，估计回归模型。解释 *D* 和 *MARGIN*×*D* 系数的大小、符号和显著性。

c. 变量 *BIN* 是宽度为 5 的一个区间的中心，从 −97.5 开始，到 102.5 结束。将"险胜"或"险败"定义为一场选举，其胜差或败差在 −2.5~2.5 之间。计算 *BIN*=−2.5 和 *BIN*=2.5 时的 *VOTE* 样本均值。均值的差异是不是在职价值的估计值？怎么解释？

d. 将（c）部分中创建的两个组视为两个总体。使用附录 C.7.2 案例 1 的检验对两个总体均值的差异进行检验：使用双尾检验和 5% 的显著性水平，我们是否拒绝两个总体均值的等价性？

e. 变量 *MARGIN*2、*MARGIN*3 和 *MARGIN*4 将 *MARGIN* 分别提高到 2 次、3 次和 4 次幂。以 *VOTE* 为因变量，以 *MARGIN* 及其幂次、*D*、*D* × *MARGIN* 及其幂次为解释变量，估计回归模型。解释 *D* 和 *D*×*MARGIN* 系数的大小、符号和显著性。

f. 画出由（e）部分中对 *MARGIN* 的回归得到拟合值。拟合线是否与（b）部分中的类似？

g. 对于 *D*=0 时的观测值，以 *VOTE* 为因变量、以 *MARGIN* 及其幂次为解释变量的回归与（e）的结果相比如何？如果对 *D*=1 时的观测值进行回归估计，结果会怎样？

7.30 省略。

附录 7A 对数–线性模型解释的细节

你可能已经在第 7.3 节中注意到，当讨论对数–线性模型的解释时，我们省略了误差项，没有讨论回归函数 *E*（*WAGE*|**x**）。为此，我们利用附录 B.3.9 中对数正态分布的性质，并在问题 7.11 中进行了讨论。在那里，我们注意到，对于对数–线性模型 $\ln(y) = \beta_1 + \beta_2 x + e$ 来说，如果误差项 $e \sim N(0, \sigma^2)$，那么 y 的期望值为：

$$E(y|\mathbf{x}) = \exp(\beta_1 + \beta_2 x + \sigma^2/2) = \exp(\beta_1 + \beta_2 x) \times \exp(\sigma^2/2)$$

从这个方程开始，我们可以考察虚拟变量和交互项的解释。

---

① 也见 "Robust Data-Driven Inference in the Regression-Discontinuity Design," by Sebastian Calonico, Matias D. Cattaneo and Rocio Titiunik, *Stata Journal* 14（4）：909–946, 4th Quarter 2014.

设定 D 为一个虚拟变量。把它加入对数-线性模型中，我们有 $\ln(y) = \beta_1 + \beta_2 x + \delta D + e$，以及

$$E(y|\mathbf{x}) = \exp(\beta_1 + \beta_2 x + \delta D) \times \exp(\sigma^2/2)$$

如果我们设定 $E(y_1|\mathbf{x})$ 和 $E(y_0|\mathbf{x})$ 分别代表当 $D=1$ 和 $D=0$ 的情形，则我们可以计算它们的百分比差分：

$$\%\Delta E(y|\mathbf{x}) = 100\left[\frac{E(y_1|\mathbf{x}) - E(y_0|\mathbf{x})}{E(y_0|\mathbf{x})}\right]\%,$$

$$= 100\left[\frac{\exp(\beta_1 + \beta_2 x + \delta) \times \exp(\sigma^2/2) - \exp(\beta_1 + \beta_2 x) \times \exp(\sigma^2/2)}{\exp(\beta_1 + \beta_2 x) \times \exp(\sigma^2/2)]}\right]\%$$

$$= 100\left[\frac{\exp(\beta_1 + \beta_2 x)\exp(\delta) - \exp(\beta_1 + \beta_2 x)}{\exp(\beta_1 + \beta_2 x)}\right]\% = 100[exp(\delta) - 1]\%$$

将对数-线性模型中虚拟变量的解释代入回归函数中。y 的期望值的百分比差分是 $100[\exp(\delta) - 1]\%$。

附录7B 双差分估计量的推导

为了证明公式（7.14）中的双差分估计量的表达式，注意可以把分子表示为：

$$\sum_{i=1}^{N}(d_i - \bar{d})(y_i - y) = \sum_{i=1}^{N} d_i(y_i - \bar{y}) - \bar{d}\sum_{i=1}^{N}(y_i - \bar{y})$$

$$= \sum_{i=1}^{N} d_i(y_i - \bar{y}) \qquad \left[利用 \sum_{i=1}^{N}(y_i - \bar{y}) = 0\right]$$

$$= \sum_{i=1}^{N} d_i y_i - \bar{y}\sum_{i=1}^{N} d_i$$

$$= N_1\bar{y}_1 - N_1\bar{y}$$

$$= N_1\bar{y}_1 - N_1(N_1\bar{y}_1 + N_0\bar{y}_0)/N$$

$$= \frac{N_0 N_1}{N}(\bar{y}_1 - \bar{y}_0) \qquad [利用 N = N_1 + N_0]$$

b_2 的分母为：

$$\sum_{i=1}^{N}(d_i - \bar{d})^2 = \sum_{i=1}^{N} d_i^2 - 2\bar{d}\sum_{i=1}^{N} d_i + \sum_{i=1}^{N}\bar{d}^2$$

$$= \sum_{i=1}^{N} d_i - 2\bar{d}N_1 + N\bar{d}^2 \qquad \left[利用 d_i^2 = d_i 且 \sum_{i=1}^{N} d_i = N_1\right]$$

$$= N_1 - 2\frac{N_1}{N}N_1 + N\left(\frac{N_1}{N}\right)^2$$

$$= \frac{N_0 N_1}{N} \qquad [利用 N = N_0 + N_1]$$

结合分子和分母的表达式，我们得到公式（7.14）中的差分估计量的结果。

附录7C   重叠假设：细节

为了理解均值之差 $\bar{x}_1 - \bar{x}_0$ 对平均处理效应的影响，我们从第7.6.4节用来计算控制组

和处理组的平均处理效应的不同回归 $\hat{\alpha}_0 + \hat{\beta}_0 x_i$ 和 $\hat{\alpha}_1 + \hat{\beta}_1 x_i$ 开始。利用最小二乘拟合直线的性质，估计出的截距为：

$$\hat{\alpha}_0 = \bar{y}_0 - \hat{\beta}_0 \bar{x}_0, \hat{\alpha}_1 = \bar{y}_1 - \hat{\beta}_0 \bar{x}_1$$

我们可以将控制变量的样本均值表示为：

$$\bar{x} = N^{-1} \sum_{i=1}^{N} x_i = N^{-1} \left[\sum_{i=1}^{N_0} x_i + \sum_{i=N_0+1}^{N} x_i \right] = N^{-1} [N_0 \bar{x}_0 + N_1 \bar{x}_1]$$

$$= \frac{N_0 \bar{x}_0}{N} + \frac{N_1 \bar{x}_1}{N} = f_0 \bar{x}_0 + f_1 \bar{x}_1$$

控制变量样本均值 $\bar{x}$ 为 $\bar{x}_0$ 和 $\bar{x}_1$ 的加权平均值，其中权重 f_0 为控制组观测值所占比例，f_1 为处理组观测值所占比例，于是，

$$\hat{\tau}_{ATE} = (\hat{\alpha}_1 - \hat{\alpha}_0) + (\hat{\beta}_1 - \hat{\beta}_0) \bar{x}$$

$$= [(\bar{y}_1 - \hat{\beta}_1 \bar{x}_1) - (\bar{y}_0 - \hat{\beta}_0 \bar{x}_0)] + (\hat{\beta}_1 - \hat{\beta}_0) (f_0 \bar{x}_0 + f_1 \bar{x}_1)$$

$$= (\bar{y}_1 - \bar{y}_0) - \hat{\beta}_1 \bar{x}_1 + \hat{\beta}_0 \bar{x}_0 + f_0 \hat{\beta}_1 \bar{x}_0 + f_1 \hat{\beta}_1 \bar{x}_1 - f_0 \hat{\beta}_0 \bar{x}_0 - f_1 \hat{\beta}_0 \bar{x}_1$$

$$= (\bar{y}_1 - \bar{y}_0) + (f_1 \hat{\beta}_1 \bar{x}_1 - \hat{\beta}_1 \bar{x}_1) - (f_0 \hat{\beta}_0 \bar{x}_0 - \hat{\beta}_0 \bar{x}_0) + f_0 \hat{\beta}_1 \bar{x}_0 - f_1 \hat{\beta}_0 \bar{x}_1$$

$$= (\bar{y}_1 - \bar{y}_0) + (f_1 - 1) \hat{\beta}_1 \bar{x}_1 - (f_0 - 1) \hat{\beta}_0 \bar{x}_0 + f_0 \hat{\beta}_1 \bar{x}_0 - f_1 \hat{\beta}_0 \bar{x}_1$$

但是，

$$f_1 - 1 = \frac{N_1 - (N_0 + N_1)}{N_0 + N_1} = - \frac{N_0}{N_0 + N_1} = -f_0$$

并且

$$f_0 - 1 = \frac{N_0 - (N_0 + N_1)}{N_0 + N_1} = - \frac{N_1}{N_0 + N_1} = -f_1$$

因此，

$$\hat{\tau}_{ATE} = (\bar{y}_1 - \bar{y}_0) - f_0 \hat{\beta}_1 \bar{x}_1 + f_1 \hat{\beta}_0 \bar{x}_0 + f_0 \hat{\beta}_1 \bar{x}_0 - f_1 \hat{\beta}_0 \bar{x}_1$$

$$= (\bar{y}_1 - \bar{y}_0) + (f_0 \hat{\beta}_1 + f_1 \hat{\beta}_0) \bar{x}_0 - (f_0 \hat{\beta}_1 + f_1 \hat{\beta}_0) \bar{x}_1$$

$$= (\bar{y}_1 - \bar{y}_0) - (f_0 \hat{\beta}_1 + f_1 \hat{\beta}_0) (\bar{x}_1 - \bar{x}_0)$$

第8章

异方差

学习目标

基于本章的内容，你应该能够：

1.定义异方差，列出可能存在异方差的数据集。

2.解释如何以及为什么（绘制）最小二乘残差图可以揭示异方差。

3.运用 Breusch-Pagan 检验及怀特（White）检验来检验特定方差函数的异方差。

4.运用 Goldfeldt-Quandt 检验对：（a）两个可能具有不同方差的子样本；（b）方差假设取决于解释变量的模型检验异方差。

5.描述并比较异方差存在时最小二乘估计量和广义最小二乘估计量的性质。

6.计算最小二乘异方差－－致标准误差。

7.描述如何转化模型以消除异方差。

8.计算异方差模型的广义最小二乘估计值，其中：（a）除了比例性常数 σ^2，方差已知；（b）方差是解释变量和未知参数的函数；（c）样本被分成具有不同方差的两组。

9.解释线性概率模型存在异方差的原因。

10.计算线性概率模型的广义最小二乘估计值。

关键词

Breusch-Pagan 检验	同方差	转换模型（skedastic function）
广义最小二乘法	拉格朗日乘数检验	方差函数
Goldfeld-Quandt检验	线性概率模型	加权最小二乘法
分组异方差	回归函数	怀特检验
异方差	残差图	方差函数（variance function）
异方差－－致标准误	标准误	稳健标准误

8.1 异方差的性质

在第 2 章，我们讨论了家庭食品支出和家庭收入之间的关系。我们建立了如下简单总体回归模型：

$$FOOD\_EXP_i = \beta_1 + \beta_2 INCOME_i + e_i \tag{8.1}$$

给定参数值 β_1 和 β_2，我们可以预测任何收入家庭的食品支出。收入是家庭决定每周食品支出的一个重要因素，但也有许多影响特定家庭决定的其他因素。随机误差 e_i 代表除收入以外影响家庭食品支出的所有其他因素的集合。

严格外生性假设表明，当使用家庭收入信息时，随机误差的最佳预测为零。如果样本值是随机选择的，那么这个假设的技术表达式为：给定收入，随机误差 e_i 的条件期望值为 0，即 $E(e_i|INCOME_i) = 0$。如果严格的外生性假设成立，则回归函数为：

$$E(FOOD\_EXP_i|INCOME_i) = \beta_1 + \beta_2 INCOME_i$$

斜率参数 β_2 描述了当家庭收入增加100美元，所有其他保持不变，期望的（总体均值或平均值）家庭食品支出如何变化。截距参数 β_1 衡量一个没有收入的家庭一周的平均食品支出。

以上讨论的重点是粮食支出的水平或数额。我们现在要问，"不同收入水平的家庭食品支出有多少差异？"美国中位数家庭收入约为每周1 000美元。对于这样一个家庭，期望的每周食品支出是 $E(FOOD\_EXP_i|INCOME = 10) = \beta_1 + \beta_2(10)$。如果我们有许多中位数收入家庭的观测值，我们就会观测到广泛的每周实际食品支出数据。这种差异是因为不同的家庭有不同的口味和偏好，他们有不同的人口特征和生活环境。作为学生、以典型的学生收入作为生活来源的读者，你每周的食品支出有多大的变化？我们怀疑，不管你的口味和喜好如何，你都会非常仔细地计算出你能负担多少，并严格遵守每周的消费计划。一般来说，低收入家庭由于收入的限制，每周的食品消费支出没有多大变化。同时，每周收入较高的家庭有更多的食品选择。一些高收入家庭可能会选择香槟、鱼子酱和牛排，但其他家庭可能会选择啤酒、米饭、意大利面和豆类。我们可以预期，收入高的家庭每周食品支出的变化会更大。

保持收入不变，并给出我们的模型，家庭食品支出变化的来源是什么？它一定来自随机误差，即影响食品支出的因素（除收入外）的集合。当我们观测不同家庭在给定收入水平下的食品支出时，发现食品支出存在差异，因为随机抽样的家庭有不同的口味和偏好，而且在许多其他方面也存在差异。回想一下，回归中的随机误差是结果变量的任何观测值与其条件期望之间的差异，即：

$$e_i = FOOD\_EXP_i - E(FOOD\_EXP_i|INCOME_i) \tag{8.2}$$

如果严格的外生性假设成立，那么随机误差的总体平均值为 $E(e_i|INCOME_i) = E(e_i) = 0$。正的随机误差对应于食品支出大于预期的观测值，而负的随机误差对应于食品支出小于预期的观测值。

另一种描述高收入家庭食品支出较大变化的方法是，从高收入家庭观察到的较大的正或负随机误差的概率高于低收入家庭。为了说明这个想法，请查看"概率入门"中的图 P-5。首先，假设随机误差的概率分布为 $N(0,1)$，即实曲线。观测到 e_i 的一个随机值大于 2 的概率是多少？使用统计表1，$P(e_i > 2) = P(Z > 2) = 0.0228$。现在，假设随机误差的概率分布为 $N(0,4)$，即点划曲线。观测到 e_i 的一个随机值大于 2 的概率是多少？使用统计表1，$P(e_i > 2) = P(Z > 1) = 0.1587$。随机误差 e_i 在方差较大的情况下具有较高的取大值的概率。如果随机误差的方差较大，则随机误差接受大值的概率更高。在食品支出的例子中，我们可以通过假设 $var(e_i|INCOME_i)$ 随着收入的增加而增加来捕捉我们所描述的效果。当收入很高时，食品支出可能进一步偏离其均值或期望值。

在这种情况下，当所有观测值的误差方差都不相同时，我们说存在**异方差性**。或者，我们说随机误差 e_i 具有**异方差**。相反，如果所有的观测值都来自具有相同方差的概率密度函数，则我们说存在**同方差性**，e_i 具有**同方差**。异方差、同方差和异方差性是常用的可选词。

图 8-1 说明了异方差假设。令 $y_i = FOOD\_EXP_i$，$x_i = INCOME_i$。在 x_1 处，食品支出概率密度函数 $f(y_1|x_1)$ 使得 y_1 以较高概率接近 $E(y_1|x_1)$。当我们移到更大的值 x_2 时，概率密度函数 $f(y_2|x_2)$ 更分散。我们更不确定 y_2 可能落到哪里，比 $E(y_2|x_2)$ 更大或更小的值是可能的。当存在同方差时，误差的概率密度函数不随 x 的变化而变化，如图 2-3 所示。

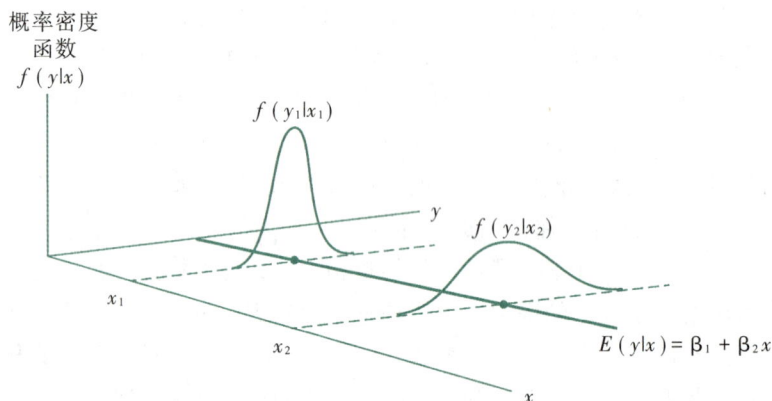

图 8-1　具有异方差的误差

8.2　多元回归模型中的异方差

异方差的存在违背了第 5.1 节中列出的最小二乘假设之一。对于多元回归模型 $y_i = \beta_1 + \beta_2 x_{i2} + \cdots + \beta_K x_{iK} + e_i, i = 1, \cdots, N$，假设 MR3 为：

$$\mathrm{var}(e_i|\mathbf{X}) = \mathrm{var}(y_i|\mathbf{X}) = \sigma^2$$

随机误差和因变量的条件方差是一个常数 σ^2。假设 MR3 是随机误差项，存在条件同方差。条件异方差性假设的最简单陈述是：

$$\mathrm{var}(e_i|\mathbf{X}) = \mathrm{var}(y_i|\mathbf{X}) = \sigma_i^2 \tag{8.3}$$

变化非常微妙，误差方差 σ_i^2 现在有一个下标 i，表明它并不总是相同的常数，并且可能随观测值的不同而变化，$i = 1, \cdots, N$。在极端情况下，即使只有一个随机误差的方差不同于其他 $N-1$ 个随机误差，该误差也具有异方差。但是，总的来说，我们认为这个问题比它所呈现的更为普遍。

假设 MR1–MR5 适用于使用时间序列或截面数据的任何类型的回归。我们的符号 X 表示 $K-1$ 个解释变量加上一个常数项的所有 N 个观测值。使用**截面数据**时经常会出现异方差。术语"截面数据"是指在给定的时间点拥有多个经济单位（例如公司或家庭）的数据。有关收入和食品支出的家庭数据属于此类。其他可能的例子包括一些公司的成本、产出和投入的数据，以及一些零售机构中某些商品的购买数量和价格的数据。断面数据通常涉及对大小不同的经济单位的观测值。例如，有关家庭的数据会涉及不同的家庭成员数量和不同的家庭收入水平。有了一些公司的数据，我们可以用公司的产出数量来衡量公司的规模。通常，公司规模越大或家庭规模越大，通过一组解释变量的变化来解释某些结果变量 y_i 的变化就越困难。较大的公司和家庭在确定 y_i 值的方式上可能会更具有多样性和灵活性。对于线性回归模型而言，这意味着随着经济单位规模的变大，与结果 y_i 相关的不确定性也会增加。设定经济单位规模越大、条件误差方差越大，我们对这种更大的不确定性进行建模。

异方差并不具有一种必然局限于截面数据的性质。有了时间序列数据，我们就有了一个经济单位（如公司、家庭，甚至整体经济）随时间变化的数据，条件误差方差可能会变化。如果存在外部冲击或情况变化而造成 y 或多或少的不确定性，这会是真的。

为简化起见，在本章的其余部分中，我们假设误差是不相关的，异方差是逐个观测的问题，第 i 个观测值的随机误差 e_i 的条件方差与第 j 个观测值无关。在截面数据食品支出例子中，我们排除了以下情况：第 i 个家庭的随机误差组成的变异性与第 j 个家庭的特征有关或由第 j 个家庭的特征来解释。在时间序列回归中，我们排除了时间 t 处的误差变化与过去时间 $t-s$ 处的条件有关的情况。我们可以总是排除这些例外吗？不，我们不可以。在截面数据中，我们可能会发现，从某些地理区域或社区抽取的样本家庭是相似的，因此相邻家庭的误差变化可能是相似的或相连的。在时间序列中，我们当然不能排除连续的稳定时期，可能是连续数周，也不能排除可能持续数周或数月的不稳定期，这意味着在时间 t 的误差变化与在时间 $t-1$、$t-2$ 处的误差变化有关，以此类推。但是，到目前为止，我们将排除这些有趣的情况。

8.2.1　异方差回归模型

多元回归模型为 $y_i = \beta_1 + \beta_2 x_{i2} + \cdots + \beta_K x_{iK} + e_i$。我们假设有一个随机样本，因此第 i 个观测值在统计上独立于第 j 个观测值。令 $x_i = (1, x_{i2}, \cdots, x_{iK})$ 表示第 i 个观测值的 K 个解释变量的值。公式（8.3）中的异方差假设变为：

$$\mathrm{var}(y_i|\mathbf{x}_i) = \mathrm{var}(e_i|\mathbf{x}_i) = \sigma^2 h(\mathbf{x}_i) = \sigma_i^2 \tag{8.4}$$

其中，$h(\mathbf{x}_i) > 0$ 是 $\mathbf{x}_i$ 的函数，有时称为方差函数，[①]而 $\sigma^2 > 0$ 是常数。如果 $h(\mathbf{x}_i) = 1$，则条件方差具有同方差。如果 $h(\mathbf{x}_i)$ 不恒定，则条件方差为异方差。例如，当 $h(\mathbf{x}_i) = x_{ik}$ 时，条件方差变为 $\mathrm{var}(e_i|\mathbf{x}_i) = \sigma^2 x_{ik}$，则误差方差与第 k 个解释变量 x_{ik} 成正比。因为方差必须为正，所以对于比例异方差模型，$h(\mathbf{x}_i) = x_{ik} > 0$。在公式（8.4）中，我们假定条件方差取决于回归方程中某些或所有解释变量的值。

本章关注像公式（8.4）这样的方差假设的影响。其对最小二乘估计量的性质有什么影响？有更好的估计技术吗？我们如何检测异方差是否存在？

实例 8.1　食品支出模型中的异方差

我们可以进一步说明异方差的性质，同时展示使用食品支出数据检测异方差的非正式方法。使用数据文件 *food* 中的 $N = 40$ 个观测值，OLS 估计值为：

[①]　A. Colin Cameron and Pravin K. Trivedi（2010）*Microeconometrics Using Stata*, *Revised Edition*, Stata Press, p.153.

$$\widehat{FOOD\_EXP_i} = 83.42 + 10.21INCOME_i$$

该拟合线的图形以及所有观测到的支出–收入点如第2章图2-8所示。请注意，随着收入的增加，与估计的均值函数进一步偏离的数据点也会增多。随着收入的增加，有更多的点分散在线外。描述此特征的另一种方法是说存在最小二乘残差趋势，设定为：

$$\hat{e}_i = FOOD\_EXP_i - 83.42 - 10.21INCOME_i$$

绝对值随着收入的增加而增大。图8-2中残差的绝对值$|\hat{e}_i|$与收入的散点图清楚地表明了这一点。图8-3中计算的残差$\hat{e}_i$与收入的散点图呈现了第4章图4-7（b）中所示的特征，即"喷雾"模式。如果误差是有条件的同方差，则图4-7（a）显示了我们预期的随机散布。当误差存在条件异方差时，我们可能会观测到图4-7（b）至（d）的喷雾、漏斗和领结的形状。

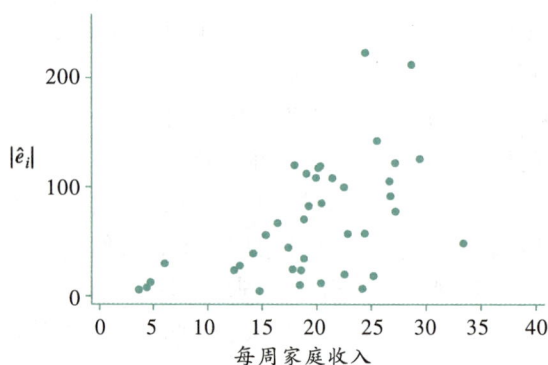

图8-2　食品支出残差的绝对值与收入

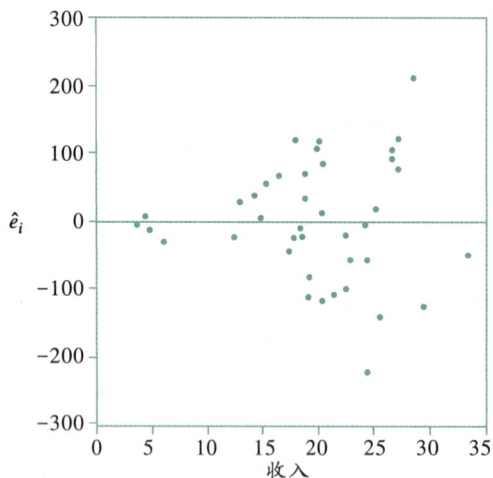

图8-3　最小二乘食品支出残差与收入的残差图

由于可观测到的最小二乘残差（$\hat{e}_i$）类似于不可观测误差（e_i），因此图8-2和图8-3还表明，随着收入的增加，不可观测误差的绝对值趋于增大，即随着收入的增加，围绕条件平均食品支出$E(FOOD\_EXP_i|INCOME_i) = \beta_1 + \beta_2 INCOME_i$的食品支出变化和随机误差项的变化也增多。条件方差为$var(e_i|INCOME_i) = \sigma^2 h(INCOME_i)$，其中$h(INCOME_i)$是收入的增函数，可能的方差函数包括：

$$\text{var}(e_i|INCOME_i) = \sigma^2 \, INCOME_i$$

或

$$\text{var}(e_i|INCOME_i) = \sigma^2 \, INCOME_i^2$$

这些与我们之前提出的假设是一致的，即平均食品支出函数对于解释低收入家庭的食品支出比高收入家庭更好。

绘制最小二乘残差是一种检测异方差的非正式方法。在本章的后面第8.6节中，我们考虑正式的检验方法。但是，我们首先检查最小二乘估计异方差的影响。

8.2.2 OLS估计量异方差的影响

由于异方差的存在违背了普通的最小二乘假设 $\text{var}(e_i|\mathbf{X}_i) = \sigma^2$，因此我们需要询问这种违背对最小二乘估计有什么影响，以及对此我们可以做什么。此处有两个含义：

1.最小二乘估计量仍然是线性且无偏的估计量，但不再是最佳估计量。存在另一个方差较小的估计量。

2.通常为最小二乘估计量计算的标准误不正确。使用这些标准误的置信区间和假设检验可能会产生误导。

首先，我们考虑具有同方差的简单线性回归模型：

$$y_i = \beta_1 + \beta_2 x_i + e_i, \text{var}(e_i|\mathbf{x}) = \sigma^2 \tag{8.5}$$

我们在第2章中证明了 b_2 的最小二乘估计量的条件方差为：

$$\text{var}(b_2|\mathbf{x}) = \sigma^2 \bigg/ \sum_{i=1}^{N}(x_i - x)^2 \tag{8.6}$$

现在假设每个观测值的误差方差是不同的，并且我们通过在 σ^2 上放置一个下标 i 来识别这种差异，因此得到：

$$y_i = \beta_1 + \beta_2 x_i + e_i, \text{var}(e_i|\mathbf{x}) = \sigma_i^2 \tag{8.7}$$

在附录8A中，我们证明在公式（8.7）中的异方差设定下，最小二乘估计量是无偏的，具有条件方差：

$$\text{var}(b_2|\mathbf{x}) = \left[\sum_{i=1}^{N}(x_i - x)^2\right]^{-1}\left[\sum_{i=1}^{N}(x_i - \bar{x})^2\sigma_i^2\right]\left[\sum_{i=1}^{N}(x_i - \bar{x})^2\right]^{-1} \tag{8.8}$$

如果误差具有同方差，则公式（8.8）可简化为公式（8.6）中的OLS估计量方差。如果误差具有异方差，则公式（8.8）是正确的，而公式（8.6）是错误的。这是一个实际的问题，因为你的计算机软件已对同方差下最小二乘估计量的估计方差和协方差进行了编程，如第2章公式（2.20）~（2.22）所示。这反过来意味着，如果误差具有异方差，则公式（2.23）~（2.24）中普通的标准误是不正确的。在 t 检验和置信区间中使用不正确的标准误可能会导致我们得出错误的结论。如果在 $\text{var}(e_i) = \sigma_i^2$ 时继续使用最小二乘估计量及其普通的标准误，则当我们应该使用公式（8.8）的估计值时，我们会使用公式（8.6）的估计值来计算 b_2 的标准误。

8.3 异方差稳健方差估计量

尽管理论上的推导比较困难，但运用 OLS 方差公式（8.8）正确计算估计值却非常简单。只需用 $[N/(N-2)]\hat{e}_i^2$ 替换 σ_i^2，用 OLS 残差平方乘以通货膨胀系数。[1]对于简单回归模型，在大样本中有效的**怀特异方差-一致性估计量（HCE）**为：

$$\widehat{\text{var}}(b_2) = [\sum(x_i - \bar{x})^2]^{-1} \{\sum[(x_i - \bar{x})^2(\frac{N}{N-2})\hat{e}_i^2]\}[\sum(x_i - \bar{x})^2]^{-1} \tag{8.9}$$

其中，$\hat{e}_i$ 是回归模型 $y_i = \beta_1 + \beta_2 x_i + e_i$ 的最小二乘残差。估计量以提出此想法的计量经济学家赫柏特·怀特（Halbert White）命名。该方差估计量是**稳健**的，因为无论是否存在异方差其都有效。因此，如果不确定随机误差是具有异方差还是同方差，那么我们可以使用稳健的方差估计量，并确信我们的标准误、t 检验和区间估计值在大样本中有效。

公式（8.9）中的表达式具有很好的对称性，并且是**方差三明治**的一个说明。令 $C = [\sum(x_i - \bar{x})^2]^{-1}$ 为"外壳"，令 $A = \{\sum[(x_i - x)^2(\frac{N}{N-2})\hat{e}_i^2]\}$ 作为"填充"。那么我们的方差"三明治"就是两个外壳之间的任何填充物，或者 $\widehat{\text{var}}(b_2) = CAC$。现代计量经济学提供了许多这样的"三明治"。可以简化公式（8.8）和（8.9），但我们宁愿保留它们，以强调"三明治"形式。在未来计量经济学课程中，多元回归矩阵方法将使用"三明治"形式。

实例 8.2　食品支出模型中的稳健标准误

大多数回归软件包都包含使用怀特估计量计算标准误的选项。如果我们选择该选项用于食品支出的例子，将得到：

$$\widehat{FOOD\_EXP} = 83.42 + 10.21 INCOME$$
$$(27.46)\ (1.81)\ （怀特稳健标准误）$$
$$(43.41)\ (2.09)\ （不正确的 OLS 标准误）$$

在这种情况下，根据公式（8.6）中的一般公式，忽略异方差和使用不正确的标准误，往往会低估估计的精度，我们往往会得到比它们应有的更宽的置信区间。具体来说，根据第 3 章公式（3.6）中的结果，我们可以构造 β_2 相应的 95% 置信区间。

怀特标准误为：

$$b_2 \pm t_c \text{se}(b_2) = 10.21 \pm 2.024 \times 1.81 = [6.55, 13.87]$$

错误的 OLS 标准误为：

$$b_2 \pm t_c \text{se}(b_2) = 10.21 \pm 2.024 \times 2.09 = [5.97, 14.45]$$

如果我们忽略异方差，我们估计 β_2 落在 5.97 和 14.45 之间。当我们认识到异方差的存在时，我们的信息被判断得更精确，使用**稳健的标准误**，我们估计 β_2 落在 6.55 和 13.87 之间。这里需要注意的是，样本很小，这确实意味着我们提供的稳健标准误公式可能不像样本大时那样精确。

怀特标准误估计量有助于我们避免在存在异方差的情况下计算错误的区间估计值或错误的检验统计值。然而，它并没有解决我们在本节开头提到的异方差性的第一个含义，即

---

[1]　有关此膨胀的逻辑以及其他版本稳健方差的发展，请参阅附录 8C。

最小二乘估计量不再是最佳的。然而，如果对于有用的经济分析来说估计值足够精确，则未能使用"最佳"估计值可能不是太严重的错误。许多截面数据集有数千个观测值，导致只产生很小的稳健标准误，使区间估计值变窄，t检验强大。在这些情况下，不需要再做什么了。然而，如果对于经济分析你的估计不够精确，那么就需要一个更好和更有效的估计量。为了使用这样的估计量，我们必须设定描述条件异方差模式的**方差**函数$h(\mathbf{x}_i) > 0$，它是$\mathbf{x}_i$的函数，也可能是其他变量的函数。在下一节中，我们将描述一个方差小于最小二乘估计量的替代估计量。

8.4 广义最小二乘法：方差形式已知

首先，考虑简单的回归模型$y_i = \beta_1 + \beta_2 x_i + e_i$。假设数据通过随机抽样得到，因此观测值在统计上相互独立，$E(e_i|x_i) = 0$，异方差假设为：

$$\mathrm{var}(e_i|x_i) = \sigma^2 h(x_i) = \sigma_i^2 \tag{8.10}$$

虽然可以通过简单地假设每个观测值的误差方差σ_i^2不同来得到怀特异方差-一致方差估计值，但是要获得比最小二乘估计量更好的估计量，我们需要进一步假设方差σ_i^2如何随每个观测值而变化。这意味着对方差函数$h(x_i)$进行假设。进一步的假设是必要的，因为在存在异方差的情况下，被称为**广义最小二乘**（GLS）估计量的最佳线性无偏估计量取决于未知的σ_i^2。仅有N个观测值，而不对σ_i^2如何变化做出限制性假设，估计N个未知方差$\sigma_1^2, \sigma_2^2, \cdots, \sigma_N^2$是不切实际的。因此，为了使GLS估计量可操作，对$\sigma_i^2$添加一些结构。在本节和下一节中，将考虑替代结构。随着我们逐步研究这几节的内容，GLS估计量的具体信息以及相关问题将变得清晰。

8.4.1 转换模型：比例异方差

回顾我们以前对食品支出实例的最小二乘残差的检验。随着收入的增加，OLS残差变异增加，这表明误差方差随着收入的增加而增大。具有这种特性的方差σ_i^2的一个可能假设为：

$$\mathrm{var}(e_i|x_i) = \sigma_i^2 = \sigma^2 h(x_i) = \sigma^2 x_i, x_i > 0 \tag{8.11}$$

也就是说，我们假设第i个误差项的方差σ_i^2等于一个正的未知常数参数σ^2与正的收入变量x_i的乘积，从而使得$\mathrm{var}(e_i|x_i)$与收入成**正比**。我们假设方差函数为$h(x_i) = x_i$。如前所述，用经济术语解释就是，这个假设意味着，对于低收入水平（x_i），食品支出（y_i）将更集中地接近**回归函数**$E(y_i|x_i) = \beta_1 + \beta_2 x_i$。低收入家庭的食品支出将主要由收入水平来解释。在高收入水平下，食品支出会更多地偏离回归函数。这意味着，有可能是许多其他因素，如特别的口味和喜好，存在于误差项中，这导致高收入家庭的食品支出具有较大的偏差。

当误差项具有异方差时，最小二乘估计量**不是**最佳线性无偏估计量。在这种情况下，是否有最佳线性无偏估计量？是的，有！该方法是将**模型转换**为具有同方差误差的模型。保持模型基本结构完整的情况下，我们将异方差误差模型转化为同方差误差模型。转换后，将OLS应用于**转换模型**，得到最佳线性无偏估计量。这些步骤设定了新的GLS估计量。

给定方程（8.11）中的比例异方差模型，首先对公式（8.7）中原始模型的两边同除

以 $\sqrt{x_i}$:

$$\frac{y_i}{\sqrt{x_i}} = \beta_1 \left(\frac{1}{\sqrt{x_i}}\right) + \beta_2 \left(\frac{x_i}{\sqrt{x_i}}\right) + \frac{e_i}{\sqrt{x_i}} \tag{8.12}$$

设定**转换变量**和**转换误差**为:

$$y_i^* = \frac{y_i}{\sqrt{x_i}}, \; x_{i1}^* = \frac{1}{\sqrt{x_i}}, \; x_{i2}^* = \frac{x_i}{\sqrt{x_i}} = \sqrt{x_i}, \; e_i^* = \frac{e_i}{\sqrt{x_i}} \tag{8.13}$$

因此公式(8.12)可以改写为:

$$y_i^* = \beta_1 x_{i1}^* + \beta_2 x_{i2}^* + e_i^* \tag{8.14}$$

这个转换模型的优点是新的转换误差项 e_i^* 具有同方差。为了理解这一点,回顾"概率入门"中的公式(P.14):如果 X 是随机变量,a 是常数,那么 $\text{var}(aX) = a^2 \text{var}(X)$。在这里应用这个规则,我们得到:

$$\text{var}(e_i^* | x_i) = \text{var}\left(\frac{e_i}{\sqrt{x_i}} \bigg| x_i\right) = \frac{1}{x_i} \text{var}(e_i | x_i) = \frac{1}{x_i} \sigma^2 x_i = \sigma^2 \tag{8.15}$$

使用期望值的规则,转换后的误差项仍将保留条件均值为零,即 $E(e_i^* | x_i) = 0$。因此,我们可以将 OLS 应用于转换变量 y_i^*、x_{i1}^* 和 x_{i2}^*,以获得 β_1 和 β_2 的最佳线性无偏估计量。请注意,转换变量 y_i^*、x_{i1}^* 和 x_{i2}^* 很容易创建。原始模型和转换模型的一个重要区别是,转换模型不再包含一个常数项。在原始模型中,$x_{i1} = 1$。在转换模型中,变量 $x_{i1}^* = 1/\sqrt{x_i}$ 不再是常数。如果你的软件自动插入常数项,则必须小心将其排除,但你仍然可以继续。在未知参数 β_1 和 β_2 下,转换模型是线性的。这些都是我们在估计中感兴趣的原始参数。它们并没有受到转换的影响。总之,转换模型是一个线性模型,我们可以应用 OLS 估计。转换模型满足高斯-马尔可夫定理的条件,用转换变量设定的最小二乘估计量是 BLUE。

总之,为了获得公式(8.11)中设定的异方差模型的最佳线性无偏估计量,$\text{var}(e_i | x_i) = \sigma_i^2 = \sigma^2 h(x_i) = \sigma^2 x_i$:

1. 计算公式(8.13)中给出的转换变量。

2. 使用 OLS,估计公式(8.14)中给出的转换模型,得到估计值 $\hat{\beta}_1$ 和 $\hat{\beta}_2$。

使用这种方法得到的估计值是广义最小二乘估计值。

如果比例异方差的模型假设正确,则 GLS 估计量为 BLUE。当然,我们永远不知道我们假设的方差函数是否正确。很可能经过深思熟虑选择的转换会减少模型的异方差。然而如果所选择的转换模型不能完全消除异方差,GLS 估计量虽然是线性无偏的,但不是最佳的,则转换模型估计的标准误是不正确的。然后呢?很容易。使用怀特稳健标准误与转换数据模型,以获得有效的(在大样本中)标准误。这样做,我们将找到一个更有效的估计量,但应谨慎地提出有效的标准误、t 统计值和区间估计值。我们将在实例 8.3 中说明这一策略。

8.4.2 加权最小二乘法:比例异方差

GLS 估计量又被视为**加权最小二乘(WLS)**估计量。回想一下,OLS 估计值是最小化

误差平方和的 β_1 和 β_2 的值。

$$S(\beta_1, \beta_2|y_i, x_i) = \sum_{i=1}^{N}(y_i - \beta_1 - \beta_2 x_i)^2$$

转换后数据模型（8.14）的平方和函数为：

$$\begin{aligned}
S(\beta_1, \beta_2|y_i, x_i) &= \sum_{i=1}^{N}(y_i^* - \beta_1 x_{i1}^* - \beta_2 x_{i2}^*)^2 = \sum_{i=1}^{N}\left(\frac{y_i}{\sqrt{x_i}} - \beta_1\frac{1}{\sqrt{x_i}} - \beta_2\frac{x_{i2}}{\sqrt{x_i}}\right)^2 \\
&= \sum_{i=1}^{N}\left[\frac{1}{\sqrt{x_i}}(y_i - \beta_1 - \beta_2 x_{i2})\right]^2 \\
&= \sum_{i=1}^{N}\frac{(y_i - \beta_1 - \beta_2 x_{i2})^2}{x_i}
\end{aligned} \tag{8.16}$$

平方误差按 $1/x_i$ 加权。回想一下，我们的方差假设是 $\mathrm{var}(e_i|x_i) = \sigma^2 x_i$。当 x_i 更小时，我们假设误差的方差更小，数据更接近回归函数。这些数据提供了更多关于 $E(y_i|x_i) = \beta_1 + \beta_2 x_i$ 的位置信息。当 x_i 更大时，我们假设误差的方差更大，数据可能会离回归函数更远。这些数据更少提供关于 $E(y_i|x_i) = \beta_1 + \beta_2 x_i$ 的位置信息。凭直觉，观测值信息少，则"降低权重"；观测值信息多，则赋予更大的权重，这样做是合理的。用较少的信息来"减少"观测值的权重，用较多的信息来"加大"观测值的权重是有意义的。这正是加权平方和函数（8.16）所实现的。当 x_i 较小时，数据包含更多回归函数的信息，观测值被赋予的权重较大。当 x_i 值较大时，数据包含更少的信息，观测值被赋予的权重较小。这样，我们利用异方差来改进参数估计。另外，OLS 估计将所有观测值结果视为同等信息、同等重要，因为在同方差情况下它应该这样做。

大多数的软件都有 WLS 或 GLS 选项。如果你的软件属于这一类，则你不必在估计前转换变量，也不必担心省略常数。一旦你输入软件命令，计算机会自动进行转换和估计。如果你自己转换，即创建 y_i^*、x_{i1}^* 和 x_{i2}^*，运用 OLS 时要小心不要在回归模型中包括常数。如前所述，因为 $x_{i1}^* \neq 1$，所以没有常数。

实例 8.3 将 GLS/WLS 应用于食品支出数据

在食品支出模型中，我们假定 $\mathrm{var}(e_i|INCOME_i) = \sigma_i^2 = \sigma^2 INCOME_i$。将广义（加权）最小二乘法应用于我们的家庭支出数据，得到以下 GLS 估计值：

$$\widehat{FOOD\_EXP_i} = 78.68 + 10.45 INCOME_i \tag{8.17}$$
$$(\text{se}) \quad (23.79) \quad (1.39)$$

也就是说，我们估计截距项为 $\hat{\beta}_1 = 78.68$，斜率系数表示食品支出对收入变化的反应为 $\hat{\beta}_2 = 10.45$。这些估计值与不允许存在异方差的最小二乘估计值 $b_1 = 83.42$ 和 $b_2 = 10.21$ 略有不同。重要的是要认识到，在公式（8.14）的转换模型中对 β_1 和 β_2 的解释与在公式（8.7）的未转换模型中的相同。变量转换是一种将异方差误差模型转换为同方差误差模型的技术，而不是改变系数含义的方法。

公式（8.17）中的标准误 $\mathrm{se}(\hat{\beta}_1) = 23.79$ 和 $\mathrm{se}(\hat{\beta}_2) = 1.39$ 都低于根据怀特稳健标准误计算的最小二乘对应值 $\mathrm{se}(b_1) = 27.46$ 和 $\mathrm{se}(b_2) = 1.81$。由于 GLS 是一个比最小二乘法更好的

估计方法，我们期望GLS标准误更小。这种说法需要从两个方面加以限定。第一，记住标准误是估计方差的平方根，在单个样本中，真实方差的相对大小可能并不总是反映在它们相应的方差估计中。第二，方差减小的代价是做出一个额外的假设，即误差方差具有公式（8.11）给出的结构。

更小的标准误具有使置信区间更窄、含有更多信息的优点。例如，使用GLS结果，β_2的95%置信区间为：

$$\hat{\beta}_2 \pm t_c \, se(\hat{\beta}_2) = 10.451 \pm 2.024 \times 1.386 = [\,7.65, 13.26\,]$$

用怀特标准误计算的最小二乘置信区间为 $[6.55, 13.87]$。

为了得到GLS估计值，我们假设了异方差的特定模式，即 $var(e_i|x_i) = \sigma_i^2 = \sigma^2 h(x_i) = \sigma^2 x_i$。我们必须问自己，这个假设是否充分地代表了数据中异方差的模式。如果是，则转换后的模型（8.14）应该具有同方差误差。一个非正式的检查是计算转换模型的残差并绘制它们，即设定 $\hat{e}_i^* = y_i^* - \hat{\beta}_1 x_{i1}^* - \hat{\beta}_2 x_{i2}^*$。如果你使用了WLS/GLS软件，那么它保存的残差很可能是GLS残差 $\hat{e}_{i,WLS} = y_i - \hat{\beta}_1 - \hat{\beta}_2 x_{i2}$。在这种情况下，$\hat{e}_i^* = \hat{e}_{i,WLS}/\sqrt{x_i}$。在图8-4中，我们绘制了转换模型的残差和OLS残差与家庭收入的关系图。

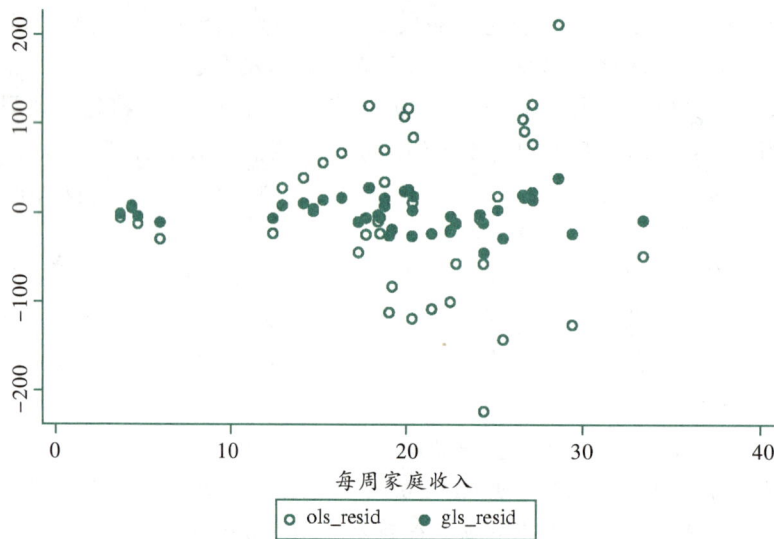

图 8-4　OLS和GLS转换模型残差

很明显，我们的转换大大减少了显示异方差的"喷雾"模式。如果转换完全成功，绘制转换残差与任何变量的关系图不应该显示任何模式。如果模式仍然存在，那么你可以尝试另一个方差函数。或者，由于从视觉上可以清楚地看出，转换消除了大多数（如果不是全部）异方差，所以我们可以使用变换模型和怀特异方差，以使标准误稳健。这样，我们会试图获得一个更有效的估计量，然后保护自己免受任何剩余异方差的错误标准误的影响。具有稳健标准误的GLS/WLS估计模型为：

$$\overline{FOOD\_EXP}_i = 78.68 + 10.45 INCOME_i$$

$$\text{（robse）} \qquad (12.04) \quad (1.17)$$

斜率的95%区间估计值为 $[8.07, 12.83]$。

8.5 广义最小二乘法：方差形式未知

在上一节中，我们假设可以通过方差函数 $\text{var}(e_i|x_i) = \sigma^2 x_i$ 来描述异方差。这可以方便且简单地运用到食品支出实例中，因为 $x_i = INCOME_i > 0$ 且直观上合理。但是，这是方差函数 $h(x_i)$ 的一种可能选择，还有其他选择。例如，$\text{var}(e_i|x_i) = \sigma^2 h(x_i) = \sigma^2 x_i^2$，$\text{var}(e_i|x_i > 0) = \sigma^2 h(x_i) = \sigma^2 x_i^{\frac{1}{2}}$。两者都具有误差方差随 x_i 增大而增大的特性。为什么不选择这些函数中的一个？

在多元回归 $y_i = \beta_1 + \beta_2 x_{i2} + \cdots + \beta_K x_{iK} + e_i$ 中，异方差性模式可能与多个解释变量有关，因此我们可以考虑方差函数 $h(x_{i2}, \cdots, x_{iK}) = h(x_i)$。事实上，不仅在模型中是如此，异方差模式也可能与变量有关！为了处理包含所有这些可能性的更一般的设定，我们需要一个灵活、简约的模型，并且要求 $\sigma_i^2 > 0$。一个有效的设定为：

$$
\begin{aligned}
\sigma_i^2 &= \exp(\alpha_1 + \alpha_2 z_{i2} + \cdots + \alpha_S z_{iS}) \\
&= \exp(\alpha_1)\exp(\alpha_2 z_{i2} + \cdots + \alpha_S z_{iS}) \\
&= \sigma^2 h(z_{i2}, \cdots, z_{iS})
\end{aligned} \tag{8.18}
$$

与异方差相关的候选变量 $z_{i2}, \cdots, z_{iS}$ 可能存在，也可能不存在于 $\mathbf{x}_i$ 中。指数函数很方便，因为它可以确保我们对于参数 $\alpha_1, \alpha_2, \cdots, \alpha_S$ 的所有可能值会获得方差 σ_i^2 的正值。方程（8.18）被称为**乘积性异方差**模型。它包括作为特例的同方差。当 $\alpha_2 = \cdots = \alpha_S = 0$ 时，误差方差为 $\sigma_i^2 = \exp(\alpha_1) = \sigma^2$。它被称为乘积性模型，是因为：

$$
\exp(\alpha_1)\exp(\alpha_2 z_{i2} + \cdots + \alpha_S z_{iS}) = \exp(\alpha_1)\exp(\alpha_2 z_{i2})\cdots\exp(\alpha_S z_{iS})
$$

每个候选变量都有一个单独的乘法效应。该模型确实引入了一些新参数，但是正如你现在已经多次看到的那样，当存在未知参数时，计量经济学家将弄清楚如何估计它。那就是我们所做的。

该模型之所以具有吸引力，是因为它具有上述特征，即灵活、简约，$\sigma_i^2 > 0$，并且它有几个非常有用的特例。

乘积性异方差，特例 1：$\text{var}(e_i|x_i) = \sigma_i^2 = \sigma^2 x_i^{\alpha_2}$

如食品支出实例中所述，三个可能的方差函数为：$\text{var}(e_i|x_i) = \sigma^2 x_i$，$\text{var}(e_i|x_i) = \sigma^2 h(x_i) = \sigma^2 x_i^2$ 和 $\text{var}(e_i|x_i > 0) = \sigma^2 h(x_i) = \sigma^2 x_i^{\frac{1}{2}}$。这些是如下方差函数的特殊情况：

$$
\text{var}(e_i|x_i) = \sigma_i^2 = \sigma^2 x_i^{\alpha_2}
$$

其中，α_2 是未知参数。在乘积性模型中，令 $S = 2$，$z_{i2} = \ln(x_i)$，$h(z_{i2}) = \exp[\alpha_2 \ln(x_i)]$。利用对数和指数的性质，我们有：

$$
\begin{aligned}
\sigma_i^2 &= \exp(\alpha_1 + \alpha_2 z_{i2}) \\
&= \exp(\alpha_1)\exp[\alpha_2 \ln(x_i)] \\
&= \exp(\alpha_1)\exp[\ln(x_i^{\alpha_2})] \\
&= \sigma^2 x_i^{\alpha_2}
\end{aligned}
$$

乘积性异方差，特例 2：分组异方差 在许多经济实例中，数据分区自然会出现。我们可能用城市和农村地区的个人数据估计工资方程。城市地区的劳动力市场可能更加多样化，导致不同人之间的工资差异比农村地区更大。或许我们正在考虑不同教育水平的个人（如只有小学学历的人、具有高中学历的人和具有大专学历的人）的工资差异，以及不同行业、国家之间的个人工资差异等。有可能每个组都有相同的基本结构，可能有截距虚拟变量，并且一个组与另一个组有不同的误差方差。

假设我们只考虑两组。如果观测值在一组中，则创建指示变量 $D_i = 1$，而在另一组中创建 $D_i = 0$，那么方差函数为：

$$\text{var}(e_i|\mathbf{x}_i) = \exp(\alpha_1 + \alpha_2 D_i) = \begin{cases} \exp(\alpha_1) = \sigma^2 & D_i = 0 \\ \exp(\alpha_1 + \alpha_2) = \sigma^2 \exp(\alpha_2) & D_i = 1 \end{cases}$$

使用乘积性函数形式 $\sigma_i^2 = \exp(\alpha_1 + \alpha_2 D_i) = \exp(\alpha_1)\exp(\alpha_2 D_i) = \sigma^2 h(D_i)$，方差函数为 $h(D_i) = \exp(\alpha_2 D_i)$。注意，如果 $\alpha_2 = 0$，则两组的误差方差相同，这意味着同方差假设成立。

如果有两个以上的组，同样的策略也是有效的。假设有 $g = 1, 2, \cdots, G$ 个组或数据分区。为每个组创建指示变量。假设 $D_{ig} = 1$（如果观测值来自 g 组），否则 $D_{ig} = 0$。如果 e_{ig} 是 g 组中第 i 个观测值的随机误差，则有用的方差函数为：

$$\text{var}(e_{ig}|\mathbf{x}_{ig}) = \exp(\alpha_1 + \alpha_2 D_{i2} + \cdots + \alpha_G D_{iG}) \begin{cases} \exp(\alpha_1) = \sigma^2 = \sigma_1^2 & g = 1; \ \text{当} D_{i1} = 1 \text{时} \\ \exp(\alpha_1 + \alpha_2) = \sigma_2^2 & g = 2; \ \text{当} D_{i2} = 1 \text{时} \\ \qquad\qquad \vdots \\ \exp(\alpha_1 + \alpha_G) = \sigma_G^2 & g = G; \ \text{当} D_{iG} = 1 \text{时} \end{cases}$$

在这个设定中，我们选择组 1 作为参考组，并且省略其指示变量。这与第 7 章中的指示变量方法类似。参考组误差的方差可以表示为 σ^2 或 σ_1^2，以表明它是组 1 的。对于组 $2, \cdots, G$，方差函数为 $h(D_g) = \exp(\alpha_g D_g)$，或者，令方差函数为：$\text{var}(e_{ig}|\mathbf{x}_{ig}) = \exp(\alpha_1 D_{i1} + \alpha_2 D_{i2} + \cdots + \alpha_G D_{iG})$。计算包含这一变化的每组方差。使用这两种设定的最终结果是相同的。

估计乘积性模型

我们如何使用公式（8.18）这样假设进行估计呢？我们的最终目标是估计回归参数 $\beta_1, \beta_2, \cdots, \beta_K$。利用乘积性异方差模型，我们使用了几个估计步骤。

可行的 GLS 程序

1. 通过 OLS 估计原始模型 $y_i = \beta_1 + \beta_2 x_{i2} + \cdots + \beta_K x_{iK} + e_i$，保存 OLS 残差 $\hat{e}_i$。

2. 使用最小二乘残差和变量 $z_{i2}, \cdots, z_{iS}$，估计 $\alpha_1, \alpha_2, \cdots, \alpha_S$。

3. 计算估计出的方差函数 $\hat{h}(z_{i2}, \cdots, z_{iS})$。

4. 把每个观测值除以 $\sqrt{\hat{h}(z_{i2}, \cdots, z_{iS})}$，将 OLS 模型运用于转换后的数据或者使用加权系数 $\dfrac{1}{\hat{h}(z_{i2}, \cdots, z_{iS})}$ 做 WLS 回归。

结果得到的估计值 $\hat{\hat{\beta}}_1, \hat{\hat{\beta}}_2, \cdots, \hat{\hat{\beta}}_K$ 被称为**可行广义最小二乘（FGLS）估计值**或**估计广义最小二乘（EGLS）估计值**。如果存在异方差，则 FGLS 估计在大样本情况下是一致的，并且比 OLS 更有效。我们在这些估计值上加了第二个"帽子"，以将它们与早期的 GLS 估计值区分开来，并提醒我们，这些估计值取决于第一阶段的估计。

该方法中的步骤 2 是通过乘积性异方差模型非常巧妙的操作来完成的。对公式（8.18）两边取对数，我们得到：

$$\ln(\sigma_i^2) = \alpha_1 + \alpha_2 z_{i2} + \cdots + \alpha_s z_{iS}$$

除了左边是未知的事实，这看起来像一个回归模型。将最小二乘残差平方的对数加到每一边：

$$\ln(\sigma_i^2) + \ln(\hat{e}_i^2) = \alpha_1 + \alpha_2 z_{i2} + \cdots + \alpha_s z_{iS} + \ln(\hat{e}_i^2) \tag{8.19}$$

重新排列并简化方程（8.19）：

$$
\begin{aligned}
\ln(\hat{e}_i^2) &= \alpha_1 + \alpha_2 z_{i2} + \cdots + \alpha_s z_{iS} + \ln(\hat{e}_i^2) - \ln(\sigma_i^2) \\
&= \alpha_1 + \alpha_2 z_{i2} + \cdots + \alpha_s z_{iS} + \ln(\hat{e}_i^2/\sigma_i^2) \\
&= \alpha_1 + \alpha_2 z_{i2} + \cdots + \alpha_s z_{iS} + \ln[(\hat{e}_i/\sigma_i)^2] \\
&= \alpha_1 + \alpha_2 z_{i2} + \cdots + \alpha_s z_{iS} + v_i
\end{aligned}
$$

我们采用了乘积性异方差，并通过一些简单的操作得出：

$$\ln(\hat{e}_i^2) = \alpha_1 + \alpha_2 z_{i2} + \cdots + \alpha_s z_{iS} + v_i \tag{8.20}$$

根据该模型，我们可以使用 OLS 估计公式（8.19）中的 $\alpha_1, \alpha_2, \cdots, \alpha_s$，并继续执行该方法的各个步骤。该方法是否可行，取决于我们在公式（8.20）中引入的新误差项 v_i 的属性。它的均值为零吗？它具有同方差吗？在小样本中，这些问题的答案是否定的。但是，在大样本中，结果会更乐观。如果 $e_i \sim N(0, \sigma_i^2)$，我们可以看出（见附录 8C.1）$E(v_i|\mathbf{z}_i) \cong -1.2704$，$\mathrm{var}(v_i|\mathbf{z}_i) \cong 4.9348$，其中 $\mathbf{z}_i = (1, z_{i2}, \cdots, z_{iS})$。由于回归误差的条件均值不为零，因此 α_1 的估计值会偏离 -1.2704。但是估计方差函数 $\hat{h}(z_{i2}, \cdots, z_{iS})$ 的一致性估计量 $\hat{\alpha}_2, \cdots, \hat{\alpha}_s$ 才是最重要的。

实例 8.4　食品支出模型中的乘积性异方差

在食品支出实例中，将 z_{i2} 设定为 $z_{i2} = \ln(INCOME_i)$，公式（8.19）的最小二乘估计值为：

$$\widehat{\ln(\hat{e}_i^2)} = 0.9378 + 2.329 \ln(INCOME_i)$$

请注意，估计值 $\hat{\alpha}_2 = 2.329$ 是 $\alpha_2 = 1$ 的两倍以上，这是实例 8.3 中使用的方差设定的隐含假设。这表明，早期的转换不够积极。按照得到 FGLS 估计值的步骤，我们通过在等式两边同时除以 $\sqrt{\hat{h}(z_{i2})}$ 转换模型，其中 $\hat{h}(z_{i2}) = \exp[\hat{\alpha}_2 \ln(INCOME_i)]$，然后对转换后的数据应用 OLS 或以权重 $1/\hat{h}(z_{i2})$ 使用 WLS。由此得出食品支出实例的 FGLS 估计值为：

$$
\begin{aligned}
\widehat{FOOD\_EXP}_i &= 76.05 + 10.63 INCOME_i \\
\text{(se)} \quad &\quad (9.71) \quad (0.97)
\end{aligned}
\tag{8.21}
$$

与方差设定 $\sigma_i^2 = \sigma^2 INCOME_i$ 的 GLS 结果相比，β_1 和 β_2 的估计值并没有发生很大的变化，但是在之前的设定下，标准误 $(\hat{\beta}_1) = 23.79$ 和 $\mathrm{se}(\hat{\beta}_1) = 1.39$ 有了明显的下降。

我们必须问问自己，我们的 FGLS 转换是否充分？转换模型是否满足同方差假设？在实例 8.3 中，我们计算了转换模型的残差 $\hat{e}_i^* = y_i^* - \hat{\beta}_1 x_{i1}^* - \hat{\beta}_2 x_{i2}^*$。同样，让 $\hat{\hat{e}}_i^* = y_i^{**} - \hat{\beta}_1 x_{i1}^{**} - \hat{\beta}_2 x_{i2}^{**}$，其中 $y_i^{**} = y_i/\sqrt{\hat{h}(z_{i2})}$，$x_{i1}^{**} = 1/\sqrt{\hat{h}(z_{i2})}$，$x_{i2}^{**} = x_{i2}/\sqrt{\hat{h}(z_{i2})}$。在图 8-5 中，我们绘制从 GLS 转换模型得到的 $\hat{e}_i^*$（空圆）和从 FGLS 转换模型得到的 $\hat{\hat{e}}_i^*$（实点）与收入的关系图。

请注意，图8-4和图8-5中的纵轴刻度是不同的，所以在比较它们时要考虑到这一点。通过"放大"从GLS转换模型得到的 $\hat{e}_i^*$（空圆），我们看到扇形模式持续存在，这意味着GLS转换并没有完全消除异方差。在图8-4中，我们看到"喷雾"有了很大的弱化；而在图8-5中，FGLS转换模型的残差更小，"喷雾"形状进一步弱化。基于视觉证据，FGLS模型比GLS模型在消除异方差方面做得更好。

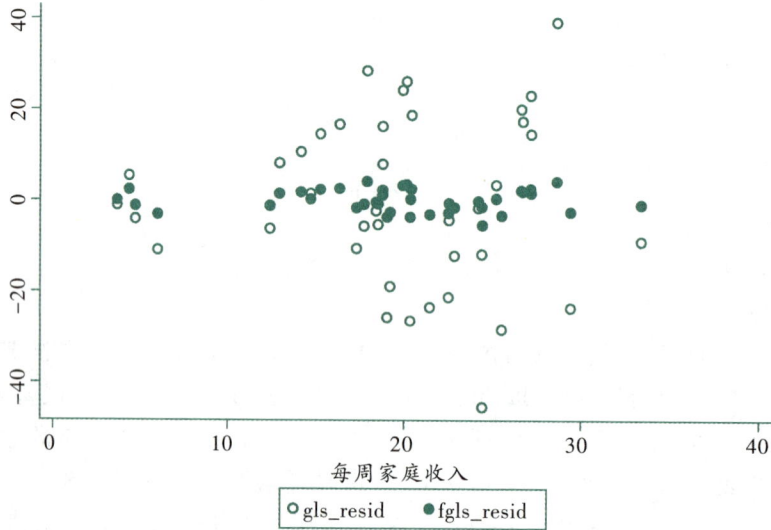

图8-5　GLS与FGLS转换模型的残差

实例8.5　异方差分区

为了说明异方差分区的概念，我们考虑一个简单的工资方程，其中一个人的工资率（WAGE）取决于他的学历（EDUC）和经验（EXPER）。我们还加入一个指示变量，用于确定他是否生活在城市化程度更高的都市地区。为了方便起见，将非都市区域视为"农村"，即：

$$METRO = \begin{cases} 1 & \text{如果住在大都市地区} \\ 0 & \text{如果住在农村地区} \end{cases}$$

工资方程为：

$$WAGE_i = \beta_1 + \beta_2 EDUC_i + \beta_3 EXPER_i + \beta_4 METRO_i + e_i$$

我们在这里讨论的问题是，在大都市地区，误差项的方差可能不同于农村地区。也就是说，我们怀疑：

$$\text{var}(e_i|\mathbf{x}_i) = \begin{cases} \sigma_M^2 & \text{如果} METRO = 1 \\ \sigma_R^2 & \text{如果} METRO = 0 \end{cases}$$

为了说明这一点，我们使用数据文件 cps5_small，并只限于中西部地区的观测值，即 $MIDWEST = 1$。首先考虑表8-1中大都市工人 $METRO = 1$ 和农村工人 $METRO = 0$ 的汇总统计值。

从中可以观测到，大都市地区的平均工资和工资标准差高于农村地区。这是暗示性的，而不是异方差性的证明。标准差不依赖于回归模型的"无条件"度量。异方差关注其他因素（这里指教育和经验）保持不变时回归随机误差的变化。

具有异方差稳健性标准误的 OLS 估计值为：

$$\widehat{WAGE}_i = -18.450 + 2.339 EDUC_i + 0.189 EXPER_i + 4.991 METRO_i$$

$$(\text{robse}) \quad (4.023)\ (0.261) \qquad (0.0478) \qquad\quad (1.159)$$

我们保存 OLS 残差 $\hat{e}_i$，使用 $z_{i2} = METRO_i$，$\ln(\hat{e}_i^2) = \alpha_1 + \alpha_2 METRO + v_i$，估计方程（8.20），得到：

$$\widehat{\ln(\hat{e}_i^2)} = 2.895 + 0.700 METRO$$

估计得到的方差函数为：

$$\hat{h}(z_{i2}) = \exp(\hat{\alpha}_2 METRO_i)$$

$$= \exp(0.700 METRO) = \begin{cases} 2.0147 & METRO = 1 \\ 1 & METRO = 0 \end{cases}$$

我们估计大都市地区的随机误差的条件方差约为农村地区的两倍。在 WLS 回归中，大都市地区的观测值的权重为农村地区观测值的一半。可行 GLS 估计值为：

$$\widehat{WAGE}_i = -16.968 + 2.258 EDUC_i + 0.175 EXPER_i + 4.995 METRO_i$$

$$(\text{se}) \qquad (3.788)\ (0.239) \qquad (0.0447) \qquad\quad (1.214)$$

EDU 和 $EXPER$ 的 FGLS 系数估计值和标准误比 OLS 估计的小。

表 8-1　　　　　　　　　　　　　根据 $METRO$ 汇总的统计值

	变量	样本数	均值	标准差
$METRO$=1	$WAGE$	213	24.25	14.00
	$EDUC$	213	14.25	2.77
	$EXPER$	213	23.15	13.17
$METRO$=0	$WAGE$	84	18.86	8.52
	$EDUC$	84	13.99	2.26
	$EXPER$	84	24.30	14.32

8.6　检测异方差

在讨论食品支出方程时，我们使用了经济问题的性质和数据来讨论可能存在特定形式的异方差的原因。但是，在许多应用中，存在或不存在异方差具有不确定性。我们自然会问：我如何知道异方差可能成为我的模型和数据集的一个问题？有没有一种方法可以检测异方差，以使我知道是否要使用 GLS 技术？我们考虑用三个方法来研究这些问题。一个是使用非正式的**残差图**，另外两个是更正式的统计检验。

8.6.1　残差图

研究异方差存在性的一种方法是使用最小二乘法估计模型和绘制最小二乘残差图。如果误差具有同方差，则残差中不应有任何种类的模式，如图 4-7（a）所示。如果误差具有异方差，则它们可能倾向于以某种系统的方式呈现出更大或更小的变化，如图 4-7（b）

至（d）所示。例如，对于家庭食品支出数据，我们怀疑方差会随着收入的增加而增加。我们在实例8.1~8.3中说明了诊断残差图的用法。我们发现残差的绝对值确实会随着收入的增加而增加。对于任何简单的回归，都可以采用这种研究异方差的方法。

当我们有多个解释变量时，估计得出的最小二乘函数在图表上不那么容易描述。但是，我们可以做的是针对每个解释变量或拟合值$\hat{y}_i$绘制最小二乘残差图，查看这些残差相对于指定变量是否以系统的方式变化。

8.6.2 Goldfeld-Quandt检验

我们考虑的第二个异方差检验设计用于以下情况：我们有两个子样本，它们可能具有不同的方差。子样本可能基于一个指示变量。在实例8.5中，我们考虑用城市和农村子样本来估计工资方程。或者，如果可能的话，我们可以根据一个连续变量的大小对数据进行排序，然后将数据分为子样本，省略一些中心观测值以产生分离。在这两种情况下，Goldfeld-Quandt检验均使用来自单独子样本回归的估计误差方差作为检验的基础。该检验的背景参见附录C.7.3。唯一的区别在于自由度。令第一个子样本包含N_1个观测值，并令该分区中的回归模型有K_1个参数（包括截距）。令该样本中误差的真实方差为σ_1^2，估计量为$\hat{\sigma}_1^2 = SSE_1 / (N_1 - K_1)$。令第二个子样本包含$K_2$个观测值，并令该分区中的回归模型有$K_2$个参数（包括截距）。令该样本中误差的真实方差为$\sigma_2^2$，估计量为$\hat{\sigma}_2^2 = SSE_2 / (N_2 - K_2)$。检验统计值为：

$$GQ = \frac{\hat{\sigma}_1^2}{\hat{\sigma}_2^2} \sim F_{(N_1 - K_1, N_2 - K_2)} \tag{8.22}$$

如果原假设H_0：$\sigma_1^2/\sigma_2^2 = 1$为真，则检验统计值$GQ = \hat{\sigma}_1^2/\hat{\sigma}_2^2$服从$F$分布，分子自由度为$(N_1 - K_1)$，分母自由度为$(N_2 - K_2)$。如果备择假设为$H_1$：$\hat{\sigma}_1^2/\hat{\sigma}_2^2 \neq 1$，则我们进行双尾检验。如果我们选择显著性水平$\alpha = 0.05$，那么如果$GQ \geq F_{(0.975, N_1 - K_1, N_2 - K_2)}$或$GQ \leq F_{(0.025, N_1 - K_1, N_2 - K_2)}$（其中$F_{(\alpha, N_1 - K_1, N_2 - K_2)}$表示有指定自由度的$F$分布的$100\alpha$百分位数），则我们拒绝原假设。如果备择假设是单尾的，H_1：$\sigma_1^2/\sigma_2^2 > 1$，$GQ \geq F_{(0.95, N_1 - K_1, N_2 - K_2)}$，则我们拒绝原假设。

实例8.6 有分区数据的Goldfeld-Quandt检验

我们通过沿用实例8.5来说明Goldfeld-Quandt检验。数据分区基于指示变量：

$$METRO = \begin{cases} 1 & \text{如果住在大都市地区} \\ 0 & \text{如果住在农村地区} \end{cases}$$

在这里我们讨论的问题是，在大都市地区，误差项的方差可能不同于农村地区。为了检验同方差假设，估计每个数据分区中的工资方程：

$$WAGE_{Mi} = \beta_{M1} + \beta_{M2} EDUC_{Mi} + \beta_{M3} EXPER_{Mi} + e_{Mi}$$
$$WAGE_{Ri} = \beta_{R1} + \beta_{R2} EDUC_{Ri} + \beta_{R3} EXPER_{Ri} + e_{Ri}$$

令$\text{var}(e_{Mi}|\mathbf{x}_{Mi}) = \sigma_M^2$，$\text{var}(e_{Ri}|\mathbf{x}_{Ri}) = \sigma_R^2$。我们的原假设为$H_0: \sigma_M^2/\sigma_R^2 = 1$。令备择假设为$H_1$：$\sigma_M^2/\sigma_R^2 \neq 1$，所以我们使用双尾检验。大都市子样本有213个观测值，而农村子样本有84个观测值。在这种情况下，像在大多数情况下一样，每个数据分区回归中的参数数量相同，$K = K_1 = K_2 = 3$。检验临界值为$F_{(0.975, 210, 81)} = 1.4615$和$F_{(0.025, 210, 81)} = 0.7049$。使用

$\widehat{var}\,(e_{Mi}|\mathbf{x}_{Mi})=\hat{\sigma}_M^2=147.62$ 和 $\widehat{var}\,(e_{Ri}|\mathbf{x}_{Ri})=\hat{\sigma}_R^2=56.71$，Goldfeld–Quandt 检验统计值的计算值为 $GQ=2.6033$，$F_{(0.975,\,210,\,81)}=1.4615$，$GQ>F$，因此我们拒绝两个子样本的误差方差相等的原假设。

实例 8.7　食品支出模型中的 Goldfeld–Quandt 检验

虽然 Goldfeld–Quandt 检验对于样本自然划分为两个子样本的实例非常方便，但它也可以用于在 H_1 假设下方差是单个解释变量的函数的情况。在食品支出模型中，我们怀疑误差方差随着收入的增加而增加。我们根据收入的大小对观测值进行排序。因此，如果存在异方差，样本的前半部分将对应于方差较小的观测值，样本的后半部分将对应于方差较大的观测值。然后，我们将样本分成两个近似相等的部分，进行单独的最小二乘回归，得出方差估计值 $\hat{\sigma}_1^2$ 和 $\hat{\sigma}_2^2$，并继续进行前面描述的检验。

对于食品支出实例，按照这些步骤进行操作，根据收入对观测值进行排序，我们将样本分成两个相等的子样本，每个子样本有 20 个观测值。由于样本较小，所以我们不会删掉任何中间观测值。估计每个子样本模型，得到 $\hat{\sigma}_1^2=3\,574.8$，$\hat{\sigma}_2^2=12\,921.9$，由此得出：

$$F=\frac{\hat{\sigma}_2^2}{\hat{\sigma}_1^2}=\frac{12\,921.9}{3\,574.8}=3.61$$

我们认为方差可能随着收入的增加而增加，但不会随着收入的增加而减少，使用单尾检验，在 5% 的显著性水平下，临界值为 $F_{(0.95,\,18,\,18)}=2.22$。因为 3.61>2.22，所以拒绝同方差的原假设，而支持方差随收入增加而增加的备择假设。

8.6.3　条件异方差的一般检验

在本节中，我们考虑与一些"解释"变量相关的条件异方差检验。我们感兴趣的方程是回归模型：

$$y_i=\beta_1+\beta_2 x_{i2}+\cdots+\beta_K x_{iK}+e_i \tag{8.23}$$

在 MR1–MR5 假设下，OLS 估计量是参数 $\beta_1,\beta_2,\cdots,\beta_K$ 的最佳线性无偏估计量。当可能存在条件异方差时，我们假设随机误差 e_i 的方差取决于一组解释变量 $z_{i2},z_{i3},\cdots,z_{iS}$，其中可能包括部分或全部解释变量 $x_{i2},\cdots,x_{i_k}$，即假设条件方差的一般表达式为：

$$var\,(e_i|\mathbf{z}_i)=\sigma_i^2=E\,(e_i^2|\mathbf{z}_i)=h\,(\alpha_1+\alpha_2 z_{i2}+\cdots+\alpha_S z_{iS}) \tag{8.24}$$

其中，$h\,(\cdot)$ 是一种平滑函数，$\alpha_2,\alpha_3,\cdots,\alpha_S$ 是不受关注的参数，这意味着我们对它们的值并不真正感兴趣，但必须意识到它们的存在。我们将要进行的检验的优点在于，我们不必真正知道甚至猜测函数 $h\,(\cdot)$。我们将检验误差项的方差与所选变量的任何函数之间的关系。函数 $h\,(\cdot)$ 与公式（8.4）中的方差函数相似，但是这里我们没有考虑常数 σ^2，并且与可行 GLS 估计不同，我们不为 $h\,(\cdot)$ 选择指数形式。

注意，当 $\alpha_2=\alpha_3=\cdots=\alpha_S=0$ 时，函数 $h\,(\cdot)$ 发生了什么？它变形为：

$$h\,(\alpha_1+\alpha_2 z_{i2}+\cdots+\alpha_S z_{iS})=h\,(\alpha_1) \tag{8.25}$$

$h\,(\alpha_1)$ 项是一个常数，我们可以设定为 σ^2，并且 $var\,(e_i|\mathbf{z}_i)=h\,(\alpha_1)=\sigma^2$。换句话说，当 $\alpha_2=\alpha_3=\cdots=\alpha_S=0$ 时，随机误差具有同方差。同时，如果参数 $\alpha_2,\alpha_3,\cdots,\alpha_S$ 中的任何一个不为零，则存在异方差。因此，基于方差函数的异方差检验的原假设和备择假设为：

同方差 $\leftrightarrow H_0$: $\alpha_2 = \alpha_3 = \cdots = \alpha_S = 0$

异方差 $\leftrightarrow H_1$ 并不是所有在 H_0 中的 α_S 都为零

$$(8.26)$$

原假设和备择假设是检验的首要组成部分。下一个组成部分是检验统计值。要获得检验统计值，考虑线性条件方差函数：

$$\sigma_i^2 = E(e_i^2 | z_i) = \alpha_1 + \alpha_2 z_{i2} + \cdots + \alpha_S z_{iS} \qquad (8.27)$$

尽管使用线性条件方差函数，该检验仍适用于公式（8.24）中的一般异方差模式。令 $v_i = e_i^2 - E(e_i^2 | \mathbf{z}_i)$ 为平方误差与其条件均值之间的差。然后，根据公式（8.27），我们可以写成：

$$e_i^2 = E(e_i^2 | \mathbf{z}_i) + v_i = \alpha_1 + \alpha_2 z_{i2} + \cdots + \alpha_S z_{iS} + v_i \qquad (8.28)$$

这看起来非常像线性回归模型。一个问题是"因变量" e_i^2 不可观测。我们通过用 OLS 残差平方 $\hat{e}_i^2$ 代替 e_i^2 来克服此问题。在大样本中，这是有效的，因为如附录 8B 所示，当 $N \to \infty$ 时，$e_i - \hat{e}_i$ 趋近于零。公式（8.28）的操作版本是：

$$\hat{e}_i^2 = \alpha_1 + \alpha_2 z_{i2} + \cdots + \alpha_S z_{iS} + v_i \qquad (8.29)$$

严格来说，用 $\hat{e}_i^2$ 代替 e_i^2 也会改变 v_i 的设定，但是我们将保留相同的符号以避免不必要的复杂化。

异方差检验基于公式（8.29）的 OLS 估计。我们要问的问题是，变量 $z_{i2}, z_{i3}, \cdots, z_{iS}$ 是否有助于解释 $\hat{e}_i^2$？在同方差下，变量 $z_{i2}, z_{i3}, \cdots, z_{iS}$ 与 $\hat{e}_i^2$ 应该没有关系。一种替代方法是对原假设使用 F 检验。渐近等效且方便的检验基于来自公式（8.29）的 R^2（拟合优度统计值）。如果原假设为真，$\alpha_2 = \alpha_3 = \cdots = \alpha_S = 0$，则 R^2 应该很小并且接近于零。如果 R^2 很大，则证明不具有同方差。为了拒绝同方差，R^2 必须有多大？要得到答案需要检验统计值和拒绝域。可以证明，如果随机误差具有同方差，那么在大样本中，样本容量乘以 R^2，即 $N \times R^2$ 或简写为 NR^2，服从自由度为 $S-1$ 的卡方（χ^2）分布。即：

$$NR^2 \overset{a}{\sim} \chi_{(S-1)}^2, \quad \text{如果同方差的原假设为真} \qquad (8.30)$$

你对 χ^2 分布的了解相对有限。我们在附录 B.5.2 中讨论它。我们在第 4.3.4 节中将其用于检验正态性，并在第 6.1.5 节中探讨了其与 F 检验的关系。它是一种分布，用于检验许多不同种类的假设。像 F 随机变量一样，χ^2 随机变量仅取正值。分布的临界值见统计表 3。在左侧列中找到检验自由度，然后从各列中找到临界值，每个临界值都对应于分布的百分位数。由于较大的 R^2 值是不支持同方差原假设的证据（这表明 z 变量解释了方差的某些变化），因此公式（8.30）中统计值的拒绝域位于分布的右侧。对于 α 显著性水平检验，当 $NR^2 \geq \chi_{(1-\alpha, S-1)}^2$ 时，我们拒绝 H_0，并得出存在异方差的结论。例如，如果 $\alpha = 0.01$ 且 $S = 2$，则当 $NR^2 \geq \chi_{(0.99, 1)}^2 = 6.635$ 时，我们拒绝同方差的假设。你的计量经济软件将具有计算 χ^2 检验的临界值和 p 值的功能。

该检验有几个重要的特征：

1. 这是一个大样本检验。在大样本中，公式（8.30）中的结果大致成立。

2. 你经常会看到被称为**拉格朗日乘数检验**（LM 检验）或 **Breusch–Pagan 检验**的异方差检验。Breusch 和 Pagan 使用 LM 原理（请参阅附录 C.8.4）得出检验的早期版本，后来其他研究人员将其修改为公式（8.30）中的形式。这些和其他检验版本（稍有不同，其中之一是 F 检验）的检验值由许多软件包自动计算。你的软件提供的版本可能与公式（8.30）中

的 NR^2 版本完全相同或完全不同。附录 8B 中描述了检验的不同版本之间的关系。当你继续阅读这本书并学习更多的计量经济学知识后，你会发现许多 LM 检验可以写成 NR^2 的形式，其中 R^2 根据与被检验假设有关的便捷辅助回归获得。

3. 我们从一个备择段设出发，用非常一般的条件方差函数 $\sigma_i^2 = h(\alpha_1 + \alpha_2 z_{i2} + \cdots + \alpha_S z_{iS})$ 来开展检验，但是我们继续使用线性函数 $\hat{e}_i^2 = \alpha_1 + \alpha_2 z_{i2} + \cdots + \alpha_S z_{iS} + v_i$ 进行检验。Breusch-Pagan /LM 检验的惊人特征之一是，根据线性函数计算出的统计值的数值对于检验异方差的备择假设是有效的，其中方差函数可以是公式（8.24）给出的任何形式。

4. Breusch-Pagan 检验用于条件异方差。在误差项方差是完全随机的情况下，存在无条件异方差，其随观测值的变化而变化，但与任何特定变量无关。最小二乘估计量属性不受无条件异方差性的影响。我们在附录 8D 中说明这一点。

8.6.4 怀特检验

到目前为止，用方差函数进行检验的一个问题是，如果异方差的备择假设为真，那么其前提是我们知道方差函数中会出现哪些变量。换句话说，它假设我们能够设定 $z_2, z_3, \cdots, z_{S}$。实际上，我们可能希望在不了解相关变量的情况下检验异方差。考虑到这一点，怀特建议设定 z 等于 x、x 的平方及其交叉乘积。通常，影响方差的变量与均值函数中的变量相同。此外，通过使用二次函数，我们可以近似一些其他可能的条件方差函数。假设回归模型为：

$$y_i = \beta_1 + \beta_2 x_{i2} + \beta_3 x_{i3} + e_i$$

怀特检验使用：

$$z_2 = x_2 \quad z_3 = x_3 \quad z_4 = x_2^2 \quad z_5 = x_3^2 \quad z_6 = x_2 x_3$$

如果回归模型包含二次项（例如 $x_3 = x_2^2$），则 z 的一部分是多余的，将被删除。此外，如果 x_3 是指示变量，取值 0 和 1，则 $x_3^2 = x_3$，它也是多余的。

使用公式（8.29）中设定的 NR^2 检验或 F 检验进行怀特检验（详情见附录 8B）。怀特检验面临的一个困难是它可以检测到异方差以外的问题。因此，尽管它是有用的诊断方法，但在解释显著的怀特检验结果时要小心。你的函数形式可能不正确或遗漏了变量。从这个意义上讲，它类似于 RESET，这是在第 6 章中讨论的设定错误检验。

8.6.5 模型设定和异方差

正如上一节末尾所暗示的，由于模型设定错误，可能存在异方差。如果不识别数据分区，或者省略了重要变量，或者选择了错误的函数形式，则可能出现异方差。不要相信一个显著的异方差检验意味着异方差就是问题，使用稳健标准误将是一个充分的修正。从经济推理的角度批判性地检查模型，并寻找任何设定问题。

经济数据中一个非常常见的设定问题是函数形式的选择。在第 4.3.2 节中，我们讨论了各种模型设定，这些模型设定在考虑非线性或曲线关系时很有用（见图 4-5）。许多经济应用使用"对数-对数"或"对数-线性"模型。使用因变量的对数转换还具有方差稳定的特征，这在异方差数据中是很有用的。[①]工资、收入、房价和支出等经济变量偏右，

[①]　"Box-Cox 模型"将线性和对数-线性模型嵌套在一个更一般的非线性回归框架中。见 William Greene（2018）*Econometric Analysis, Eighth Edition*，214–216.

右尾较长。在对这些变量建模时，对数正态概率分布是很有用的。这个想法首先在"概率入门"的图P-2中被引入，我们在附录B.3.9中讨论对数正态分布。如果随机变量 y 具有对数正态概率密度函数，则 $\ln(y)$ 服从正态分布，该分布是对称的且呈钟形，而不是偏斜的，即 $\ln(y) \sim N(\mu, \sigma_2)$。我们现在感兴趣的对数正态随机变量的特征是，当其均值和中位数增加时，其方差也会增加。附录B.3.9、图B-10和相关的讨论对此进行了说明。在图8-6中，我们修正对数-线性模型的图4-5（e），以显示 $E(y|x)$ 为实线，$E(y|x) \pm 2\sqrt{\text{var}(y|x)}$ 为虚线。通过选择对数-线性或双对数模型，我们隐含假设变量 y 和 x 之间的曲线和异方差关系。但是，$\ln(y)$ 和 x 之间存在线性和同方差关系。

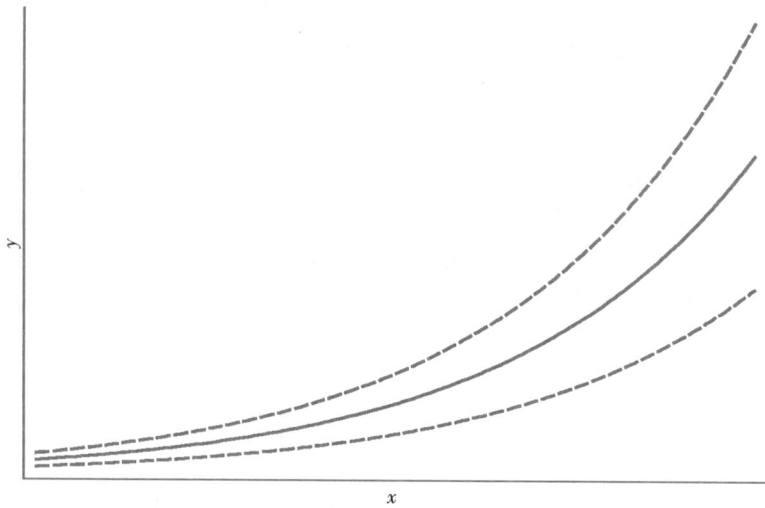

图8-6　对数-线性关系

让我们看一个例子。

实例8.8　方差稳定的对数转换

考虑数据文件 cex5_small。图8-7（a）显示了那些拥有正支出的家庭人均娱乐性支出 ENTERT 的直方图，图8-7（b）为 $\ln(ENTERT)$ 的直方图。

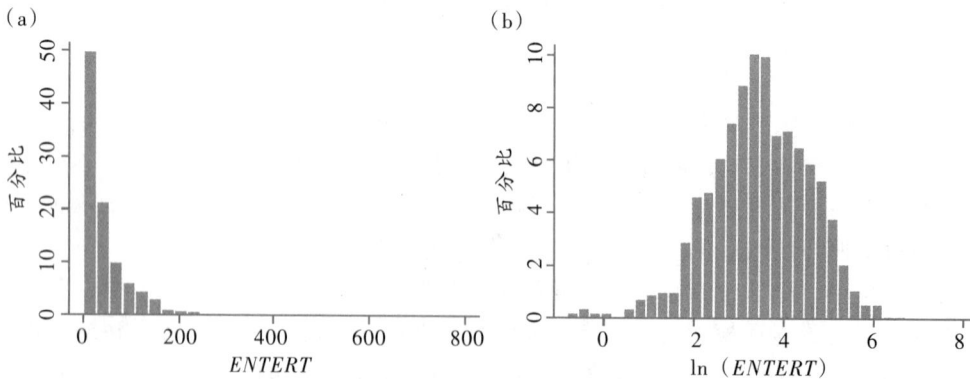

图8-7　娱乐性支出的直方图

请注意图8-7（a）中娱乐性支出的极端偏斜分布。图8-7（b）显示对数转换的影响。$\ln(ENTERT)$ 的分布几乎没有偏斜。图8-8（a）显示娱乐费用与收入的关系图以及最小二乘拟合线。

拟合线 $ENTERT$ 的变化随着收入 $INCOME$ 的增加而增加。估计模型 $ENTERT=\beta_1 + \beta_2 INCOME + \beta_3 COLLEGE + \beta_4 ADVANCED + e$，我们得到最小二乘残差，然后通过 OLS 估计模型 $\hat{e}_i^2 = \alpha_1 + \alpha_2 INCOME_i + v_i$。根据该回归，$NR^2 = 31.34$。在 1% 的显著性水平下，异方差检验的临界值为 6.635，因此我们得出存在异方差的结论。图 8-8（b）显示了娱乐费用对数 $\ln(ENTERT)$ 与收入的关系图和最小二乘拟合线。图中几乎没有任何视觉上的异方差性证据，异方差检验统计值为 $NR^2 = 0.36$，因此我们不拒绝同方差的原假设。对数转换已"治愈"了异方差问题。

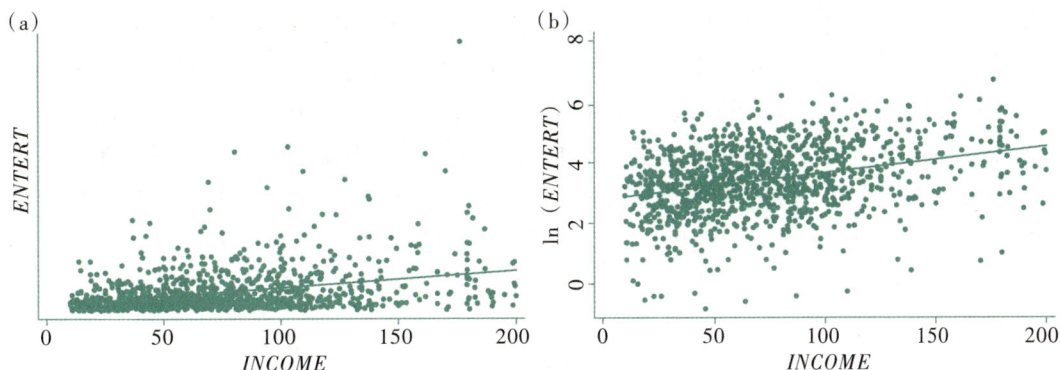

图 8-8　娱乐性支出的线性模型和对数-线性模型

在 1 200 户家庭样本中，有 100 户没有报告娱乐性支出。对数转换只能用于正值。我们舍弃没有支出的 100 户，但这不一定是最好的方法。在第 16.7 节中，我们将讨论这种类型的数据，其称为**经审查的**样本（删截后的样本）。

8.7　线性概率模型中的异方差

在第 7.4 节，我们介绍了**线性概率模型**来解释在两个备选方案之间的选择。我们可以用一个指标变量 y 来表示这个选择。如果选择了第一个备选方案，则以概率 p 取值 1；如果选择了第二个备选方案，则以概率 $1-p$ 取值零。具有这些性质的指示变量叫伯努利随机变量，它的均值为 $E(y) = p$，方差为 $\text{var}(y) = p(1-p)$。我们主要研究解释变量 $x_2, x_3, \cdots, x_k$ 对概率 p 的影响。在线性概率模型里，p 和解释变量的关系被设定为如下的线性函数：

$$E(y_i|\mathbf{x}_i) = p = \beta_1 + \beta_2 x_{i2} + \cdots + \beta_K x_{iK}$$

设定第 i 个观测值的误差 e_i 为 $y_i - E(y_i|\mathbf{x}_i)$，我们有模型：

$$y_i = E(y_i|\mathbf{x}_i) + e_i = \beta_1 + \beta_2 x_{i2} + \cdots + \beta_K x_{iK} + e_i \tag{8.31}$$

这个模型可以用最小二乘法来估计，第 7.4 节给出了一个例子，但是它受到异方差的影响，因为：

$$\text{var}(y_i|\mathbf{x}_i) = \text{var}(e_i|\mathbf{x}_i) = p_i(1 - p_i)$$
$$= (\beta_1 + \beta_2 x_{i2} + \cdots + \beta_K x_{iK})(1 - \beta_1 - \beta_2 x_{i2} - \cdots - \beta_K x_{iK}) \tag{8.32}$$

误差方差依存于解释变量的值。我们可以通过应用本章早些时候说明的方法来修正这个问题。

我们可以使用异方差稳健标准误来替代最小二乘标准误，或者我们可以运用广义方法。

获得GLS估计值的第一步是，要估计公式（8.32）中的方差。p_i的估计值可以用最小二乘预测：

$$\hat{p}_i = b_1 + b_2 x_{i2} + \cdots + b_K x_{iK} \tag{8.33}$$

给出如下的估计方差：

$$\widehat{\mathrm{var}}\,(e_i|\mathbf{x}) = \hat{p}_i(1 - \hat{p}_i) \tag{8.34}$$

在这一点上需要谨慎。从公式（8.33）中得到的一些$\hat{p}_i$可能没有落在区间$0 < \hat{p}_i < 1$内。如果发生这种情况，公式（8.34）中相应的方差估计值将为负值或零，这是一种荒谬的结果。因此，在用公式（8.34）计算估计方差之前，有必要检查从公式（8.33）中得到的估计概率，以确保它们位于0与1之间。对于那些没有落在这个区间的观测值，一种可能的解决方法是设定大于0.99的$\hat{p}_i$等于0.99，小于0.01的$\hat{p}_i$等于0.01。另一种可能的解决方法是省略这些不符合条件的观测值。这两种解决方法都不能令人完全满意。在0.99或0.01处截断是武断的，结果可能对截断点敏感。省略观测值意味着我们放弃一些信息。采用具有稳健标准误的最小二乘法可能更好，这至少应该是所要尝试的选项之一。

一旦利用公式（8.34）得到正的方差估计值，并在必要时进行调整，将最小二乘法应用于转换方程可以得到GLS估计值：

$$\frac{y_i}{\sqrt{\hat{p}_i(1-\hat{p}_i)}} = \beta_1 \frac{1}{\sqrt{\hat{p}_i(1-\hat{p}_i)}} + \beta_2 \frac{x_{i2}}{\sqrt{\hat{p}_i(1-\hat{p}_i)}} + \cdots + \beta_K \frac{x_{iK}}{\sqrt{\hat{p}_i(1-\hat{p}_i)}} + \frac{e_i}{\sqrt{\hat{p}_i(1-\hat{p}_i)}}$$

实例8.9 营销案例再探

在实例7.7中，是买可口可乐（$COKE = 1$）还是买百事可乐（$COKE = 0$）被建模为依存于可口可乐对百事可乐的相对价格（PRATIO）和商店是否陈列可口可乐及百事可乐（如果商店陈列可口可乐，$DISP\_COKE = 1$；否则为0。如果商店陈列百事可乐，$DISP\_COKE = 1$，否则为0）。数据文件coke包含1 140个变量的观测值。表8-2包含以下估计的结果：（1）最小二乘法；（2）具有稳健标准误的最小二乘法；（3）方差低于0.01截断取0.01的GLS法；（4）省略不满足$0 < \hat{p}_i < 1$的观测值的GLS法。对广义GLS估计值来说，没有$\hat{p}_i > 0.99$的观测值，只有16个$\hat{p}_i < 0.01$的观测值，对于后面这些情况，$\hat{p}_i < 0$也为真。

表8-2 线性概率模型估计值

	LS	LS-稳健	GLS-截断	GLS-省略
C	0.8902	0.8902	0.6505	0.8795
	(0.0655)	(0.0652)	(0.0568)	(0.0594)
$PRATIO$	−0.4009	−0.4009	−0.1652	−0.3859
	(0.0613)	(0.0603)	(0.0444)	(0.0527)
$DISP\_COKE$	0.0772	0.0772	0.0940	0.0760
	(0.0344)	(0.0339)	(0.0399)	(0.0353)
$DISP\_PEPSI$	−0.1657	−0.1657	−0.1314	−0.1587
	(0.0356)	(0.0343)	(0.0354)	(0.0360)

　　因为公式（8.32）中的方差函数包含 x 变量、它们的平方和它们的交叉乘积项，在第 8.6.4 节说明的怀特检验是一个合适的异方差检验。将这个检验应用于从最小二乘估计方程中得到的残差，得到：

$$\chi^2 = N \times R^2 = 25.817 \quad p\text{值} = 0.0005$$

这导致我们在 1% 的显著性水平下拒绝同方差的原假设。请注意，当执行这个检验时，软件会省略 DISP_COKE 和 DISP_PEPSI 的平方。因为这些变量是指示变量，$DISP\_COKE^2 = DISP\_COKE$，$DISP\_PEPSI^2 = DISP\_PEPSI$，保留自由度为 7 的 χ^2 检验。

　　检查表 8-2 里的估计值，我们发现四组标准误没有什么差异。在这个特别的例子里，最小二乘标准误的使用看起来并不重要。除了负的 $\hat{p}_i$ 值被截断取值为 0.01、根据 GLS 得到的那些标准误之外，这四组的系数估计值也是相似的。方差 $\text{var}(e_i) = 0.01(1 - 0.01) = 0.0099$ 的观测值的权重相对较大。对这 16 个观测值赋予大的权重看起来对估计值有一个明显的影响。符号都如预期的那样。提高可口可乐的价格导致更多的人去购买百事可乐。商店陈列可口可乐鼓励人们购买可口可乐，商店陈列百事可乐鼓励人们购买百事可乐。

　　在第 16 章中，我们研究专为在两个或两个以上的备选方案之间进行选择而设计的模型，这些模型不受线性概率模型问题的影响。

8.8　练习

8.8.1　问题

　　8.1　对于具有异方差的简单回归模型，$y_i = \beta_1 + \beta_2 x_i + e_i$ 且 $\text{var}(e_i | \mathbf{x}_i) = \sigma_i^2$，证明方差 $\text{var}(b_2 | \mathbf{x}_i) = [\sum\limits_{i=1}^{N}(x_i - \bar{x})^2]^{-1}[\sum\limits_{i=1}^{N}(x_i - \bar{x})^2\sigma_i^2][\sum\limits_{i=1}^{N}(x_i - \bar{x})^2]^{-1}$ 在同方差的情况下简化为 $\text{var}(b_2 | \mathbf{x}_i) = \sigma^2 / \sum\limits_{i=1}^{N}(x_i - \bar{x})^2$。

　　8.2　省略。

　　8.3　假设结果变量 $y_{ij} = \beta_1 + \beta_2 x_{ij} + e_{ij}$，$i = 1, \cdots, N, j = 1, \cdots, N_i$。假设 $E(e_{ij} | \mathbf{X}) = 0$ 且 $E(e_{ij} | \mathbf{X}) = \sigma^2$。一个例子是 $y_{ij} =$ 第 i 个农场第 j 英亩土地的产量，每个农场都由 N_i 英亩组成。x_{ij} 变量是第 i 个农场第 j 英亩土地上使用劳动力的数量或投入肥料的数量。

　　a. 假设我们没有关于每英亩个体的数据，而只有每个农场级别的汇总数据，$\sum\limits_{j=1}^{N_i} y_{ij} = y_{Ai}$，$\sum\limits_{j=1}^{N_i} x_{ij} = x_{Ai}$。如果我们设定线性模型 $\bar{y}_{Ai} = \beta_1 + \beta_2 \bar{x}_{Ai} + e_i$，$i = 1, \cdots, N$，那么随机误差的条件方差是多少？

　　b. 假设我们没有关于每英亩个体的数据，而只有每个农场的平均数据，$\sum\limits_{j=1}^{N_i} y_{ij} / N_i = \bar{y}_i$，$\sum\limits_{j=1}^{N_i} x_{ij} / N_i = \bar{x}_i$。如果我们设定线性模型 $\bar{y}_i = \beta_1 + \beta_2 \bar{x}_i + \bar{e}_i$，$i = 1, \cdots, N$，那么随机误差的条件

方差是多少？

c.假设结果变量是二元的。例如，假设第 i 个农场的第 j 英亩作物出现枯萎迹象，则 $y_{ij} = 1$；否则，$y_{ij} = 0$。在这种情况下，$\sum_{j=1}^{N_i} y_{ij}/N_i = p_i$，其中 p_i 为第 i 个农场上出现枯萎病的英亩的样本比例。假设第 i 个农场在特定英亩上出现枯萎病的概率为 P_i。如果我们设定线性模型 $\bar{y}_i = \beta_1 + \beta_2 \bar{x}_i + \bar{e}_i$，$i = 1, \cdots, N$，那么随机误差的条件方差是多少？

8.4 省略。

8.5 考虑简单回归模型 $y_i = \beta_1 + \beta_2 x_{i2} + e_i$。假设 $N=5$ 并且 x_{i2} 的值为（1，2，3，4，5）。令参数的真值为 $\beta_1 = 1, \beta_2 = 1$。令现实中未知的随机误差真值为 $e_i =$（1，−1，0，6，−6）。

a.计算 y_i 的值。

b.参数的 OLS 估计值为 $b_1 = 3.1$ 和 $b_2 = 0.3$。计算第一个观测值的最小二乘残差 $\hat{e}_1$，以及第四个观测值的 $\hat{e}_4$。所有最小二乘残差的总和是多少？在此例中，真实随机误差的总和是多少？残差总和是否总是等于随机误差的总和？请给出解释。

c.假设数据存在异方差，前三个随机误差的方差为 σ_1^2，后两个随机误差的方差为 σ_2^2。我们使用指示变量 z_i 对平方残差 $\hat{e}_i^2$ 进行回归，其中 $z_i=0$（$i=1$，2，3），$z_i=1$（$i=4$，5）。总体模型的 F 统计值为 12.86。此值是否提供在 5% 显著性水平下的异方差证据？F 值的 p 值是多少（需要用计算机计算）？

d.根据（c）部分中的回归，$R^2 = 0.8108$。使用此值在 5% 的显著性水平下进行 LM（Breusch-Pagan）异方差检验。该检验的 p 值是多少（需要用计算机计算）？

e.现在，我们使用 z_i 对 $\ln(\hat{e}_i^2)$ 进行回归。z_i 的估计系数为 3.81。我们发现在此计算中，该软件仅使用 4 个观测值（$N=4$）进行报告。为什么？

f.为了使用从（e）部分回归中得到的信息进行可行的广义最小二乘法估计，我们首先创建转换变量（$y_i^*, x_{i1}^*, x_{i2}^*$）。列出 $i=1$ 和 $i=4$ 的转换观测值。

8.6 省略。

8.7 考虑简单处理效应模型 $y_i = \beta_1 + \beta_2 d_i + e_i$。假设 $d_i=1$ 或 $d_i=0$ 表示是否对随机选择的个体进行了处理。因变量 y_i 是结果变量。参见第 7.5.1 节中有关差分估计量的讨论。假设 N_1 个个体接受了处理，而 N_0 个个体在没有接受处理的控制组中。令 $N = N_0 + N_1$ 为观测值的总数。

a.证明如果 $\text{var}(e_i|\mathbf{d}) = \sigma^2$，则 β_2 的 OLS 估计量 b_2 的方差为 $\text{var}(b_2|\mathbf{d}) = N\sigma^2/(N_0 N_1)$。（提示：请参阅附录 7B）

b.设 $\bar{y}_0 = \sum_{i=1}^{N_1} y_i/N_0$ 是控制组中 N_0 个观测值结果的样本均值。令 $SST_0 = \sum_{i=1}^{N_0}(y_i - \bar{y}_0)^2$ 为控制组样本均值的平方和，其中 $d_i=0$。同样，令 $\bar{y}_1 = \sum_{i=1}^{N_1} y_i/N_1$ 为处理组中 N_1 个观测值结果的样本均值，其中 $d_i=1$。令 $SST_1 = \sum_{i=1}^{N_1}(y_i - \bar{y}_1)^2$ 为处理组样本均值的平方和。证明

$\hat{\sigma}^2 = \sum_{i=1}^{N} \hat{e}^2 / (N-2) = (SST_0 + SST_1) / (N-2)$，因此，

$$\widehat{var}(b_2|\mathbf{d}) = N\hat{\sigma}^2 / (N_0 N_1) = \left(\frac{N}{N-2}\right)\left(\frac{SST_0 + SST_1}{N_0 N_1}\right)$$

c. 使用公式（2.14）求出 $var(b_1|\mathbf{d})$，其中 b_1 是截距参数 β_1 的 OLS 估计量。$\widehat{var}(b_1|\mathbf{d})$ 是什么？

d. 假设处理组和控制组不仅具有潜在不同的均值，而且具有潜在不同的方差，因此 $var(e_i|d_i = 1) = \sigma_1^2$，$var(e_i|d_i = 0) = \sigma_0^2$。求出 $var(b_2|\mathbf{d})$。$var(b_2|\mathbf{d})$ 的无偏估计量是多少？（提示：请参阅附录 C.4.1。）

e. 证明公式（8.9）中的怀特异方差稳健估计量在这种情况下简化为 $\widehat{var}(b_2|\mathbf{d})\frac{N}{N-2}$ $= \left(\frac{SST_0}{N_0^2} + \frac{SST_1}{N_1^2}\right)$。将这个估计量与（d）部分中的无偏估计量进行比较。

f. 如果我们去掉（e）部分中提出的估计量的自由度校正 $N/(N-2)$，那么稳健估计量将变成什么？将这个估计量与（d）部分中的无偏估计量进行比较。

8.8 省略。

8.9 我们希望估计的房价特征价格回归模型为：

$$PRICE_i = \beta_1 + \beta_2 SQFT_i + \beta_3 CLOSE_i + \beta_4 AGE_i + \beta_5 FIREPLACE_i + \beta_6 POOL_i + \beta_7 TWOSTORY_i + e_i$$

变量为 PRICE（以千美元计）；SQFT（以百平方米计），如果房屋位于一所重点大学附近则 CLOSE=1；否则为 0；AGE（年数）；FIREPLACE；POOL；TWOSTORY = 1（如果存在，否则为 0）。

a. 使用表 8-3，说明变量 CLOSE 的 OLS 系数估计值的符号、显著性和解释。

b. 回答以下为"真"或"假"。在具有异方差的回归模型中，(i) OLS 估计量是有偏的；(ii) OLS 估计量是不一致的；(iii) 在大样本中，OLS 估计量不服从近似正态分布；(iv) 普通的 OLS 标准误太小；(v) 普通的 OLS 估计量的标准误不准确；(vi) 普通的 R^2 不再有意义；(vii) 在大样本中的总体 F 检验是可信的。

c. 根据 OLS 回归，残差保存为 EHAT。在表 8-3 中标为 AUX 的回归中，因变量为 $EHAT^2$。使用 5% 的显著性水平，检验是否存在异方差。给出检验统计值、检验临界值和你的结论。

d. 使用怀特异方差一致标准误，通过 OLS 对模型进行重新估计。哪种方式的标准误稳健？当小样本和大样本中存在同方差与异方差时，它们是否有效？使用稳健标准误，哪个统计显著系数的置信区间更广？是否有任何系数在 5% 的显著性水平下由显著转为不显著，或者相反？

e. 我们的研究人员在将每个变量和常数项除以 SQFT 之后估计方程，以获得 GLS 估计值。在此估计中，对异方差的形式做出了什么假设？如表 8-3 所示的 GLS 估计值是否与 OLS 估计值明显不同？是否有任何系数在 5% 的显著性水平下由显著转为不显著，或者相反？

f. 从（e）部分的转换回归方程中得到的残差称为 ESTAR。研究人员使用所有转换变量对 $ESTAR^2$ 进行回归，并且包含截距。$R^2=0.0237$。研究人员是否消除了异方差？

g. 研究人员再次估计（e）部分中的模型，但使用稳健标准误。这些在表 8-3 中被报告为"稳健 GLS"。你认为这是不是审慎的做法？说明你的理由。

表 8-3　　　　　　　　　　　　　　练习 8.9 的估计值

	OLS	AUX	稳健 OLS	GLS	稳健 GLS
C	−101.072***	−25 561.243***	−101.072***	−4.764	−4.764
	(27.9055)	(5 419.9443)	(34.9048)	(21.1357)	(35.8375)
SQFT	13.3417***	1 366.8074***	13.3417***	7.5803***	7.5803***
	(0.5371)	(104.3092)	(1.1212)	(0.5201)	(0.9799)
CLOSE	26.6657***	1 097.8933	26.6657***	39.1988***	39.1988***
	(9.8602)	(1 915.0902)	(9.6876)	(7.0438)	(7.2205)
AGE	−2.7305	52.4499	−2.7305	1.4887	1.4887
	(2.7197)	(528.2353)	(3.2713)	(2.1034)	(2.5138)
FIREPLACE	−2.2585	−3 005.1375	−2.2585	17.3827**	17.3827*
	(10.5672)	(2 052.4109)	(10.6369)	(7.9023)	(9.3531)
POOL	0.3601	6 878.0158*	0.3601	8.0265	8.0265
	(19.1855)	(3 726.2941)	(27.2499)	(17.3198)	(15.6418)
TWOSTORY	5.8833	−7 394.3869**	5.8833	26.7224*	26.7224*
	(14.8348)	(2 881.2790)	(20.8733)	(13.7616)	(16.0651)
R^2	0.6472	0.3028	0.6472	0.4427	0.4427

括号内为标准误

$^*p < 0.10$

$^{**}p < 0.05$

$^{***}p < 0.01$

8.10　省略。

8.11　我们对水稻产量与劳动力、肥料投入、种植面积（使用 44 个农场的数据，$N=44$）之间的关系感兴趣。

$$RICE_i = \beta_1 + \beta_2 LABOR_i + \beta_3 FERT_i + \beta_4 ACRES_i + e_i$$

a. 当绘制最小二乘残差 $\hat{e}_i$ 与 ACRES 的关系图时，我们观测到最小二乘残差 $\hat{e}_i$ 的值在增加。我们使用 ACRES 对 $\hat{e}_i^2$ 进行回归，得到 $R^2=0.2068$。ACRES 的估计系数为 2.024，标准误为 0.612。根据这些结果，我们可以得出关于异方差的结论是什么？说明你的理由。

b. 我们转而估计模型：

$$RICE_i/ACRES_i = \alpha + \beta_1(1/ACRES_i) + \beta_2 LABOR_i/ACRES_i + \beta_3 FERT_i/ACRES_i + e_i$$

关于异方差模型的隐含假设是什么？

c.许多经济学家会省略方程中的（$1/ACRES_i$）。你可以提出什么论点来证明这一点？

d.根据（b）或（c）部分中模型的估计，使用 ACRES 对平方残差 $\tilde{e}_i^2$ 进行回归。估计系数为负，在 10% 的水平下显著。$R^2=0.0767$。关于（b）或（c）部分中的模型，你可以得出什么结论？是什么导致了这样的结果？

e. 在 下 一 步 中， 我 们 估 计 $\ln(\hat{e}_i^2) = -1.30 + 1.11\ln(ACRES)$ 和 $\ln(\tilde{e}_i^2) = -1.20 - 1.21\ln(ACRES)$。这对（d）部分中的问题提供了什么证据？

f.如果我们省略（$1/ACRES_i$），估计（c）部分中的模型，你会建议使用怀特异方差稳健标准误吗？解释为什么能或者为什么不能。

8.12　省略。

8.13　一位研究人员有 1 100 个家庭娱乐性支出 ENTERT（上一季度人均支出，以美元计）的观测值。研究人员想解释这些支出是收入 INCOME（过去一年的月收入，以百美元为单位）、家庭是否居住在城市（URBAN）地区，以及家庭中的某人是否拥有大学学位 COLLEGE（学士学位）或高级学位 ADVANCED（硕士或博士学位）的函数。COLLEGE 和 ADVANCED 是指示变量。

a.OLS 估计值和 t 值如表 8-4 所示。从该回归中获得残差，然后使用所有解释变量对残差平方值进行回归，得到 $R^2 = 0.0344$。这么小的值意味着没有异方差吗？如果该陈述不正确，则进行适当的检验。关于异方差的存在，你有何结论？

b.为安全起见，研究人员使用怀特异方差稳健标准误，如表 8-4 所示。研究人员的论文必须考虑家里有人拥有高级学位对娱乐性支出的影响。比较两个 OLS 回归中 ADVANCED 的显著性。你发现了什么？通常，稳健标准误要大于不稳健的标准误。在这种情况下是对还是错？

c.由于模型中变量 ADVANCED 的重要性，因此研究人员需要付出额外的努力。使用 OLS 残差 $\hat{e}_i$，研究人员得到：

$$\ln(\hat{e}_i^2) = 4.9904 + 0.0177INCOME_i + 0.2902ADVANCED_i$$
$$(t) \qquad (10.92) \qquad (1.80)$$

这些结果中存在什么关于异方差的证据？

d.研究人员利用（c）部分的结果，然后计算：

$$h_i = \exp(0.0177INCOME_i + 0.2902ADVANCED_i)$$

每个变量（包括截距）均除以 $\sqrt{h_i}$，并重新估计模型以获得 FGLS 结果，如表 8-4 所示。根据这些结果，家里有人获得高级学位对娱乐性支出有多大影响？这在统计上显著吗？对于哪一组 OLS 结果，我们可以将其与 FGLS 估计值进行有效比较？通过执行（c）和（d）中的步骤，我们是否改进了 ADVANCED 对娱乐性支出影响的估计？为这个问题提供一个非常详细的答案。

e.为寻找一种更简单的方法，研究人员估计对数-线性模型，如表 8-4 所示。根据使用解释变量对平方残差进行回归的估计，我们得到 $NR^2=2.46$。使用包括所有解释变量的平方和交互乘积的怀特检验，我们得到 $NR^2=6.63$。这些检验统计值的临界值是多少？使用

5%水平的检验，我们是否拒绝对数-线性模型中的同方差性？

f.从对有高级学位（*ADVANCED*）对娱乐性支出的影响感兴趣的研究人员的角度，解释（e）部分中的回归结果。使用对数-线性模型到底发生了什么？提供直观的解释。在此提示，图8-9显示一定收入范围（7 000美元/月到8 000美元/月之间）的娱乐性支出。

表 8-4   练习 8.13 的估计值

	OLS	稳健OLS	FGLS	对数-线性
C	20.5502	20.5502	18.5710	2.7600
	(3.19)	(3.30)	(4.16)	(25.79)
INCOME	0.5032	0.5032	0.4447	0.0080
	(10.17)	(6.45)	(8.75)	(9.77)
URBAN	−6.4629	(−6.4629)	−0.8420	0.0145
	(−1.06)	(−0.81)	(−0.20)	(0.14)
COLLEGE	−0.7155	−0.7155	1.7388	0.0576
	(−0.16)	(−0.15)	(0.52)	(0.77)
ADVANCED	9.8173	9.8173	9.0123	0.2315
	(1.87)	(1.58)	(1.92)	(2.65)

括号中的数值为 *t* 值

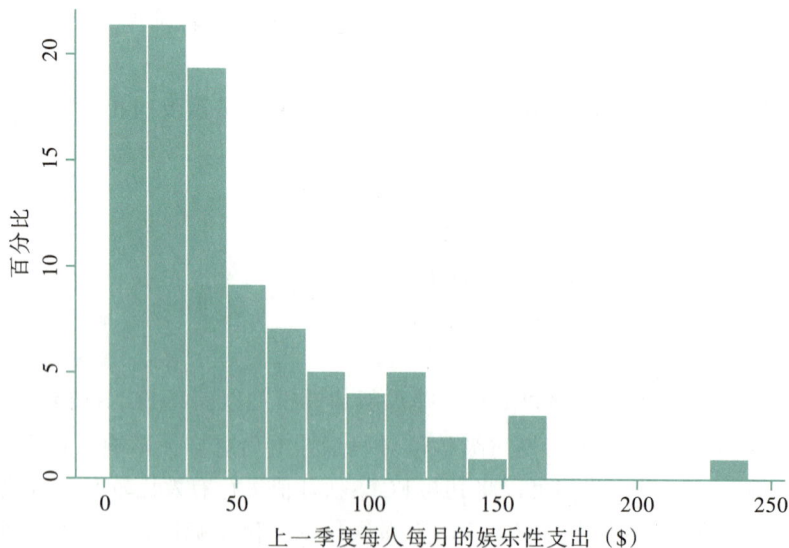

图8-9   娱乐性支出的直方图

8.14 省略。

8.15 我们收集了关于新泽西州和宾夕法尼亚州这两个相邻州的快餐店就业情况，观测值 $N=396$。在宾夕法尼亚州，控制组 $d_i = 0$，没有最低工资法案。在新泽西州，处理组

$d_i = 1$，有最低工资法案。假设观测到的结果变量为可比快餐店的全职雇员（FTE_i）。表8-5中列出了这两个州的FTE_i的一些样本汇总统计值。对于宾夕法尼亚州，样本容量为$N_0 = 77$，样本均值为$\overline{FTE_0} = \sum_{i=1, d_i=0}^{N_0} FTE_i / N_0$，样本方差为$S_0^2 = \sum_{i=1, d_i=0}^{N_0} (FTE_i - \overline{FTE_0})^2 / (N_0 - 1) = SST_0 / (N_0 - 1)$，样本标准差为$s_0 = \sqrt{s_0^2}$，均值标准误为$se_0 = \sqrt{s_0^2 / N_0} = s_0 / \sqrt{N_0}$。对于新泽西州，有下标"1"，则可以进行比较。

表 8-5　　　　　　　　　　　　　　　　练习 8.15 的汇总统计值

州	d	N	样本均值	样本变量	样本标准误	均值标准误
宾夕法尼亚州（控制组）	0	77	21.16558	68.50429	8.276732	0.9432212
新泽西州（处理组）	1	319	21.02743	86.36029	9.293024	0.5203094

a. 考虑回归模型$FTE_i = \beta_1 + \beta_2 d_i + e_i$。OLS估计值、普通的标准误（se）、怀特异方差稳健标准误（robse）和替代稳健标准误（rob2）表示如下：

$\widehat{FTE_i} = 21.16558 - 0.1381549 d_i$
(se) (1.037705) (1.156182)
(robse) (0.9394517) (1.074157)
(rob2) (0.9432212) (1.077213)

说明表8-5中最小二乘系数估计值（估计的斜率和截距）与汇总统计值之间的关系。

b. 计算练习 8.7（b）中推导的$\widehat{var}(b_2|\mathbf{d}) = N\hat{\sigma}^2 / (N_0 N_1) = (\frac{N}{N-2})(\frac{SST_0 + SST_1}{N_0 N_1})$。使用此表达式，得到斜率的标准误，与（a）部分中的回归结果进行比较。

c. 假设处理组和控制组不仅具有潜在不同的均值，而且具有潜在不同的方差，因此$var(e_i|d_i = 1) = \sigma_1^2$，$var(e_i|d_i = 0) = \sigma_0^2$。在 1% 的显著性水平下，执行原假设$\sigma_0^2 = \sigma_1^2$的Goldfeld-Quandt检验。（提示：见附录C.7.3）

d. 在练习 8.7（e）中，我们表明斜率估计量的异方差稳健方差为：$\widehat{var}(b_2|\mathbf{d}) = \frac{N}{N-2}(\frac{SST_0}{N_0^2} + \frac{SST_1}{N_1^2})$。使用汇总统计数据来计算此值。将使用此表达式得出的斜率异方差稳健标准误与回归输出结果进行比较。在附录 8D 中，我们讨论几种异方差稳健方差估计量。这是最常见的一种，通常称为"HCE1"，其中HCE代表"异方差——致性估计量"。

e. 证明可以根据$\widehat{var}(b_2|\mathbf{d}) = \frac{SST_0}{N_0(N_0 - 1)} + \frac{SST_1}{N_1(N_1 - 1)}$计算替代稳健标准误rob2。在附录 8D 中，该估计量称为"HCE2"。请注意，可以将其写为$\widehat{var}(b_2|\mathbf{d}) = (\hat{\sigma}_0^2 / N_0) + (\hat{\sigma}_1^2 / N_1)$，其中$\hat{\sigma}_0^2 = SST_0 / (N_0 - 1)$，$\hat{\sigma}_1^2 = SST_1 / (N_1 - 1)$。这些估计量是无偏的，在附录C.4.1中进行了讨论。如果$\sigma_0^2 = \sigma_1^2$，方差估计量是无偏的吗？

f. 估计量 HCE1 为$\widehat{var}(b_2|\mathbf{d}) = \frac{N}{N-2}(\frac{SST_0}{N_0^2} + \frac{SST_1}{N_1^2})$。证明舍弃自由度校正$N/(N-2)$，HCE1 变为HCE0，即$\widehat{var}(b_2|\mathbf{d}) = (\tilde{\sigma}_0^2 / N_0) + (\tilde{\sigma}_1^2 / N_1)$，其中$\tilde{\sigma}_0^2 = SST_0 / N_0$和$\tilde{\sigma}_1^2 = SST_1 / N_1$是方

差的有偏但一致的估计量。见附录 C.4.2。使用此替代方法计算 b_2 的标准误。

g. 稳健方差估计量的第三个变形 HCE3 为 $\widehat{\text{var}}(b_2|\mathbf{d}) = (\frac{\hat{\sigma}_0^2}{N_0 - 1}) + (\frac{\hat{\sigma}_1^2}{N_1 - 1})$，其中 $\hat{\sigma}_0^2 = SST_0/(N_0 - 1)$，$\hat{\sigma}_1^2 = SST_1/(N_1 - 1)$。在此例中，使用 HCE3 计算稳健标准误。在此应用中，将 HCE0 与 HCE2、HCE3 进行比较，哪个最大？哪个最小？

8.8.2 计算机练习

8.16 省略。

8.17 在本练习中，我们探索家庭总支出与服装支出之间的关系。使用数据文件 *malawi_small*（文件 *malawi* 有更多的观测值）和 *PCLOTHES* 为正的观测值。我们考虑三个模型：

$$PCLOTHES = \beta_1 + \beta_2 \ln(TOTEXP) + e \tag{XR8.17a}$$
$$\ln(CLOTHES) = \alpha_1 + \alpha_2 \ln(TOTEXP) + v \tag{XR8.17b}$$
$$CLOTHES = \gamma_1 + \gamma_2 TOTEXP + u \tag{XR8.17c}$$

a. 绘制 *PCLOTHES* 与 $\ln(TOTEXP)$ 的关系图，并包括最小二乘拟合线。计算服装支出相对于总支出在均值处的点弹性。

b. 计算 $CLOTHES = PCLOTHES \times TOTEXP$。然后绘制 $\ln(CLOTHES)$ 与 $\ln(TOTEXP)$ 的关系图，并包括最小二乘拟合线。计算相对于总支出的服装支出弹性的 95% 区间估计值。在（a）部分中计算出的弹性是否在此区间内？

c. 绘制 *CLOTHES* 与 *TOTEXP* 的关系图，并包括最小二乘拟合线。计算服装支出相对于总支出的弹性在均值处的 95% 区间估计值。在（a）部分中计算出的弹性是否在此区间内？

d. 对于（a）至（c）部分中的每个模型，检验是否存在异方差。使用 1% 的显著性水平。你的结论是什么？对于哪个设定，异方差似乎不是问题？

e. 对于在 1% 水平下异方差显著的模型，使用具有稳健标准误的 OLS。计算服装支出相对于总支出的弹性在均值处的 95% 区间估计值。如何将该区间与基于传统标准误的区间进行比较？

8.18 省略。

8.19 在本练习中，我们探讨家庭总支出与电话服务支出之间的关系。使用数据文件 *malawi_small*（文件 *malawi* 有更多的观测值）。

a. 使用 $PTELEPHONE > 0$ 的观测值，创建变量 $\ln(TELEPHONE) = \ln(PTELEPHONE \times TOTEXP)$。绘制 $\ln(TELEPHONE)$ 与 $\ln(TOTEXP)$ 的关系图，并包括最小二乘拟合线。

b. 根据 $\ln(TOTEXP)$ 与 $\ln(TELEPHONE)$ 的 OLS 回归，电话支出相对于总支出的估计弹性是多少？计算该弹性的 95% 区间估计值。根据估计值，你将电话服务归类为必需品还是奢侈品？

c. 检验（b）部分中的回归是否存在异方差。你得出什么结论？

d. 通过 OLS 估计模型 $PTELEPHONE_i = \beta_1 + \beta_2 \ln(TOTEXP_i) + e_i$。使用 5% 的显著性水平，检验原假设 $\beta_2 \leq 0$ 与备择假设 $\beta_2 > 0$。

e.计算电话支出相对于总支出在总支出样本中位数处的弹性。使用你的软件计算该弹性的95%区间估计值。将估计出的弹性与（b）部分中的弹性进行比较。

f.检验（d）部分中的回归是否存在异方差。你得出什么结论？

g.使用FGLS估计（d）部分中的模型，其中$\ln(TOTEXP_i)$是可能与异方差相关的变量。使用传统的FGLS标准误，使用5%的显著性水平检验原假设$\beta_2 \leq 0$与备择假设$\beta_2 > 0$。

h.沿用（g）部分，但使用具有稳健标准误的FGLS。

i.关于电话服务支出相对于总支出的弹性，总结一下你的发现。

8.20　省略。

8.21　在实例8.9中，我们估计了线性概率模型：

$$COKE = \beta_1 + \beta_2 PRATIO + \beta_3 DISP\_COKE + \beta_4 DISP\_PEPSI + e$$

其中，如果购物者购买了可口可乐，则$COKE = 1$；如果购物者购买了百事可乐，则$COKE = 0$。变量$PRATIO$是可口可乐与百事可乐的相对价格比，$DISP\_COKE$和$DISP\_PEPSI$是指示变量（如果相关商店有陈列，则取值1）。假设现在我们有来自50个不同杂货店被随机选择的购物者的1 140个观测值。每个杂货店都有自己的$PRATIO$、$DISP\_COKE$和$DISP\_PEPSI$设置。令(i,j)下标表示在第i个商店的第j个购物者，因此我们可以将模型写为：

$$COKE_{ij} = \beta_1 + \beta_2 PRATIO_i + \beta_3 DISP\_COKE_i + \beta_4 DISP\_PEPSI_i + e_{ij}$$

对这个方程中第i家店的所有顾客消费水平求平均值，得到：

$$\overline{COKE}_i = \beta_1 + \beta_2 PRATIO_i + \beta_3 DISP\_COKE_i + \beta_4 DISP\_PEPSI_i + \overline{e}_{ij}$$

其中，

$$\overline{e}_i = \frac{1}{N_i}\sum_{j=1}^{N_i} e_{ij}, \quad \overline{COKE}_i = \frac{1}{N}\sum_{j=1}^{N_i} COKE_{ij}$$

其中，N_i是第i个商店的抽样购物者人数。

a.对于第i个商店，$\overline{COKE}_i$的解释是什么？

b.假设$E(COKE_{ij}|\mathbf{x}_{ij}) = P_i$和$\mathrm{var}(COKE_{ij}|\mathbf{x}_{ij}) = P_i(1 - P_i)$，证明$E(\overline{COKE}_i|\mathbf{X}) = P_i$和$\mathrm{var}(\overline{COKE}_i|\mathbf{X}) = P_i(1 - P_i)/N_i$。

c.解释P_i，并用$PRATIO_i$、$DISP\_COKE_i$和$DISP\_PEPSI_i$来表示。

d.变量$\overline{COKE}_i$、$PRATIO_i$、$DISP\_COKE_i$、$DISP\_PEPSI_i$和N_i的观测值见数据文件$coke\_grouped$。获取数据的汇总统计值。计算$\overline{COKE}_i$和$PRATIO_i$的样本变异系数$CV = 100s_x/\bar{x}$。这些变量相对于均值有多少变化？我们希望这些变量的变异系数更大还是更小？为什么？绘制$\overline{COKE}_i$和$PRATIO_i$的直方图。你观测到什么？

e.求出方程（XR8.21）的最小二乘估计值，并使用稳健标准误。总结结果，检验原假设$\beta_3 = -\beta_4$。选择适当的备择假设，并使用5%的显著性水平。如果原假设为真，那么这对$COKE$和$PEPSI$来说商店展示的效果是什么？

f.创建变量$DISP = DISP\_COKE - DISP\_PEPSI$。通过OLS估计模型$\overline{COKE}_i = \beta_1 + \beta_2 PRATIO_i + \beta_3 DISP_i + \overline{e}_i$。通过应用怀特检验来检验异方差。同时使用候选变量$N_i$进行$NR^2$异方差检验。在5%的显著性水平下，你的结论是什么？

g.从（e）部分获得拟合值 p_i，并估计每个商店的 $\mathrm{var}(\overline{COKE_i.})$。报告 p_i 的均值、标准差、最大值和最小值。

h.求出（f）部分中模型的广义最小二乘估计值。对结果进行评论，并将其与（f）部分中获得的结果进行比较。（d）部分的结果将如何帮助你？

8.22　省略。

8.23　使用文件 $cps5$ 中的数据，获得工资方程的OLS估计值：

$$\ln(WAGE) = \beta_1 + \beta_2 EDUC + \beta_3 EXPER + \beta_4 EXPER^2 + \beta_5(EXPER \times EDUC) +$$
$$\beta_6 FEMALE + \beta_7 BLACK + \beta_8 UNION + \beta_9 METRO + \delta_1 SOUTH +$$
$$\delta_2 MIDWEST + \delta_3 WEST + e$$

（XR8.23）

a.解释 $UNION$ 的系数。检验原假设 $UNION$ 系数小于或等于零，备择假设 $UNION$ 的系数为正。你得出什么结论？

b.使用 NR^2 检验，检验是否存在与变量 $UNION$ 和 $METRO$ 相关的异方差。在1%的显著性水平下，你得出什么结论？

c.以从（a）部分得到的最小二乘残差平方 $\hat{e}_i^2$ 对 $EDUC$、$UNION$ 和 $METRO$ 进行回归分析，以 $\ln(\hat{e}_i^2)$ 对 $EDUC$、$UNION$ 和 $METRO$ 进行回归分析。这些结果如何说明 $UNION$ 会员资格对随机误差变化的影响？这些结果说明 $METRO$ 对随机误差变化的影响是什么？

d.假设 $\sigma_i^2 = \sigma^2 \exp(\alpha_2 EDUC + \alpha_3 UNION + \alpha_4 METRO)$。求解工资方程的广义最小二乘估计值。对于 $UNION$ 系数，将估计值和标准误差与通过公式（XR8.23）的OLS估计（并采用异方差稳健标准误）获得的估计值和标准误进行比较。

8.24　省略。

8.25　拥有公共健康保险对一个人一年中看医生的次数有什么影响？使用在数据文件 $rwm88\_small$ 中来自德国的1988年数据，我们将探讨这个问题。数据文件 $rwm88$ 包含更多的观测值。

a.估计回归模型，因变量为 $DOCVIS$，解释变量为 $PUBLIC$、$FEMALE$、$HHKIDS$、$MARRIED$、$SELF$、$EDUC2$ 和 $HHNINC2$。检验原假设，即在1%的显著性水平下，$PUBLIC$ 系数小于或等于零，而备择假设为 $PUBLIC$ 系数大于零。

b.检验是否存在异方差。从（a）部分的回归中获得最小二乘残差平方，对所有解释变量进行回归，并对其联合显著性进行 F 检验。在1%的显著性水平下，关于异方差是否存在，我们得出什么结论？

c.对于有公共保险的人和没有公共保险的人，分别估计因变量为 $DOCVIS$，解释变量为 $FEMALE$、$HHKIDS$、$MARRIED$、$SELF$、$EDUC2$、$HHNINC2$ 的回归模型。使用公式（7.37），获得公共保险平均处理效应的估计值。

d.估计因变量为 $DOCVIS$ 和解释变量为采用"偏离均值"形式的 $PUBLIC$、$FEMALE$、$HHKIDS$、$MARRIED$、$SELF$、$EDUC2$、$HHNINC2$ 的回归模型。也就是说，对于每个变量 x，创建变量 $\tilde{x} = x - \bar{x}$，其中 $\bar{x}$ 是样本均值。使用稳健标准误，检验 $PUBLIC$ 系数的显著性。

e.估计因变量为 $DOCVIS$ 和解释变量为采用"偏离均值"形式的 $FEMALE$、$HHKIDS$、$MARRIED$、$SELF$、$EDUC2$、$HHNINC2$，以及 $PUBLIC$ 和 $PUBLIC$ 乘以每个变量的回归模

型。估计出的平均处理效应是什么？使用稳健标准误，它在 5% 的水平下统计显著吗？（提示：参见公式（7.41）及围绕它进行的讨论）

8.26　省略。

8.27　有 64 个国家参加了 1992 年的奥运会比赛，并赢得了至少一枚奖牌。对于每个国家，令 $MEDALTOT$ 为获得的奖牌总数，POP 为以百万计的人口，GDP 为以 1995 年 10 亿美元计的 GDP。

a. 使用数据文件 olympics5，不包括英国，使用 $N = 63$ 个余下国家的观测值。通过 OLS 估计模型 $MEDALTOT = \beta_1 + \beta_2 \ln(POP) + \beta_3 \ln(GDP) + e$。

b. 根据（a）部分中的回归，计算最小二乘残差平方 $\hat{e}_i^2$。使用 $\ln(POP)$ 和 $\ln(GDP)$ 对 $\hat{e}_i^2$ 进行回归。使用该回归的 F 检验，在 5% 的显著性水平下检验异方差。使用从该回归中得到的 R^2 来检验异方差。这两个检验的 p 值是多少？

c. 使用异方差稳健标准误，重新估计（a）部分中的模型。使用 10% 的显著性水平，检验获得的奖牌数量与 GDP 之间没有关系的原假设，而备择假设为两者之间存在正的关系。如果将显著性水平改为 5%，会发生什么？

d. 使用 10% 的显著性水平，检验获得的奖牌数量与人口之间没有关系的原假设，而备择假设为两者之间存在正的关系。如果将显著性水平改为 5%，会发生什么？

e. 使用（c）部分中的模型，求出英国预期获得的奖牌数量的点估计值和 95% 区间估计值，英国在 1992 年的人口和 GDP 分别为 5 800 万人和 10 100 亿美元。

f. 英国在 1992 年获得了 20 枚奖牌。该模型是否成功地预测了英国的平均奖牌数？使用（c）部分中的估计（具有稳健标准误），$H_0: \beta_1 + \ln(58) \times \beta_2 + \ln(1010) \times \beta_3 = 20$ 与 $H_1: \beta_1 + \ln(58) \times \beta_2 + \ln(1010) \times \beta_3 \neq 20$ 检验的 p 值是多少？

8.28 至 8.30 省略。

附录 8A　最小二乘估计量的性质

在第 2 章的附录 2D，我们写出简单回归模型中 β_2 的最小二乘估计量：$b_2 = \beta_2 + \sum w_i e_i$，其中，

$$w_i = \frac{x_i - \bar{x}}{\sum (x_i - \bar{x})^2}$$

在有异方差的情况下，这是研究最小二乘估计量性质的一个有用的表达式。我们确定的第一个性质是无偏性。这个性质是在第 2 章公式（2.13）中有同方差的情况下被推导出来的。在有异方差的情况下其同样被证明成立，因为所使用的唯一误差项假设为 $E(e_i|\mathbf{x}) = 0$。

$$
\begin{aligned}
E(b_2|\mathbf{x}) &= E(\beta_2 + \sum w_i e_i | \mathbf{x}) = E(\beta_2 + w_1 e_1 + w_2 e_2 + \cdots + w_N e_N | \mathbf{x}) \\
&= E(\beta_2) + E(w_1 e_1 | \mathbf{x}) + E(w_2 e_2 | \mathbf{x}) + \cdots + E(w_N e_N | \mathbf{x}) \\
&= \beta_2 + \sum E(w_i e_i | \mathbf{x}) \\
&= \beta_2 + \sum w_i E(e_i | \mathbf{x}) \\
&= \beta_2
\end{aligned}
$$

只要 $E(e_i|\mathbf{x}) = 0$，即使误差有异方差，最小二乘估计量也是无偏的。这在简单回归模型和多元回归模型中都是正确的。

最小二乘估计量的方差为：

$$
\begin{aligned}
\operatorname{var}(b_2|\mathbf{x}) &= \operatorname{var}\left(\sum w_i e_i|\mathbf{x}\right) \\
&= \sum w_i^2 \operatorname{var}(e_i|\mathbf{x}) + \sum_{i \neq j}\sum w_i w_j \operatorname{cov}(e_i, e_j|\mathbf{x}) \\
&= \sum w_i^2 \sigma_i^2 \\
&= \sum\left\{\frac{(x_i - \bar{x})}{\sum(x_i - \bar{x})^2}\right\}^2 \sigma_i^2 \qquad\qquad (8A.1) \\
&= \sum\left\{\frac{(x_i - \bar{x})^2}{[\sum(x_i - \bar{x})^2]^2}\sigma_i^2\right\} \\
&= [\sum(x_i - \bar{x})^2]^{-1}\sum[(x_i - \bar{x})^2\sigma_i^2]\sum[(x_i - \bar{x})^2]^{-1}
\end{aligned}
$$

从第二行到第三行，我们使用了假设 MR4，条件不相关误差，$\operatorname{cov}(e_i, e_j|\mathbf{x}) = 0$。如果方差都是一样的（$\sigma_i^2 = \sigma^2$），则第三行变为 $\sigma^2\sum w_i^2 = \operatorname{var}(b_2|\mathbf{x}) = \sigma^2/\sum(x_i - \bar{x})^2$，这是普通的 OLS 方差表达式。这种简化在异方差情况下是不可能的。当随机误差有异方差时，第四行和第五行是最小二乘估计量方差公式（8.8）的等价写法。

附录8B　异方差的拉格朗日乘数检验

通过把拉格朗日乘数和其他方差函数检验与为检验均值函数的显著性而在公式（6.8）中介绍的 F 检验联系起来，这些检验可以得到进一步的发展。把检验放在方差函数的背景下，考虑公式（8.15）：

$$\hat{e}_i^2 = \alpha_1 + \alpha_2 z_{i2} + \cdots + \alpha_S z_{iS} + v_i \qquad\qquad (8B.1)$$

假设我们的目的是要检验 H_0：$\alpha_2 = \alpha_3 = \cdots = \alpha_S = 0$ 与备择假设（对于 $S = 2, \cdots, S$）至少有一个 α_s（$s = 2, \cdots, S$）不为零。在第 8.2.2 节中，我们考虑了一个比公式（8B.1）更一般的方差函数，但同时我们也指出，对于检验更一般的备择假设，利用公式（8B.1）中的线性函数是有效的。

为了使在公式（6.8）中报告的 F 值适用于检验公式（8B.1）的总体显著性，我们有：

$$F = \frac{(SST - SSE)/(S - 1)}{SSE/(N - S)} \qquad\qquad (8B.2)$$

其中，

$$SST = \sum_{i=1}^{N}[\hat{e}_i^2 - \overline{\hat{e}^2}]^2, \quad SSE = \sum_{i=1}^{N}\hat{v}_i^2$$

是从估计公式（8B.1）中得到的总平方和和误差平方和。请注意，$\overline{\hat{e}^2}$ 是公式（8B.1）中因变量或被解释变量的均值，或等价地，是从回归函数中得到的最小二乘残差平方的平均值。在 5% 的显著性水平下，如果 F 值大于由 $F_{(0.95, S-1, N-S)}$ 给出的临界值，则一个有效的检验是拒绝 H_0。

两个更进一步的检验，即原始的 Breusch-Pagan 检验及其 $N \times R^2$ 版本检验，可以通过修正公式（8B.2）得到。下面我们开始修正公式（8B.2）。首先，我们把公式（8B.2）改写成：

$$\chi^2 = (S-1) \times F = \frac{SST - SSE}{SSE/(N-S)} \sim \chi^2_{(S-1)} \tag{8B.3}$$

在大样本中，卡方统计量 $\chi^2 = (S-1) \times F$ 近似服从 χ^2_{S-1} 分布，即 F 统计量乘以其分子自由度就生成另一个服从卡方分布的统计量。卡方分布的自由度为 $S-1$，这与 F 分布的分子自由度是相同的。这个结论的背景资料在附录 6A 中给出。

下一步，注意：

$$\widehat{\mathrm{var}}(e_i^2) = \widehat{\mathrm{var}}(v_i) = \frac{SSE}{N-S} \tag{8B.4}$$

即被解释变量的方差和误差的方差相同，可以根据公式（8B.1）中的平方和估计得出。把公式（8B.4）代入公式（8B.3），得到：

$$\chi^2 = \frac{SST - SSE}{\widehat{\mathrm{var}}(e_i^2)} \tag{8B.5}$$

这个检验统计量代表 Breusch-Pagan 统计量的基本形式。由于有用来替代 $\widehat{\mathrm{var}}(e_i^2)$ 的备选估计量，因此出现了该统计量的两个不同版本。

如果假设 e_i 服从正态分布，可以证明 $\mathrm{var}(e_i^2) = 2\sigma_e^4$。Breusch-Pagan 检验第一个版本的统计量为：

$$\chi^2 = \frac{SST - SSE}{2\hat{\sigma}_e^4} \tag{8B.6}$$

注意，$\sigma_e^4 = (\sigma_e^2)^2$ 是均值函数的误差方差平方。不同于 SST 和 SSE，它的估计值来自估计公式（8.16）。结果 $\mathrm{var}(e_i^2) = 2\sigma_e^4$ 可能是我们未预料到的，这是一个小证明，让你知道它来自哪里。当 $e_i \sim N(0, \sigma_e^2)$ 时，$(e_i/\sigma_e) \sim N(0,1)$，$(e_i^2/\sigma_e^2) \sim \chi^2_{(1)}$。$\chi^2_{(1)}$ 随机变量的方差是 2，因此，

$$\mathrm{var}\left(\frac{e_i^2}{\sigma_e^2}\right) = 2 \Rightarrow \frac{1}{\sigma_e^4}\mathrm{var}(e_i^2) = 2 \Rightarrow \mathrm{var}(e_i^2) = 2\sigma_e^4$$

利用公式（8B.6），当 χ^2 值大于从 $\chi^2_{(S-1)}$ 分布得到的临界值时，我们拒绝同方差的原假设。

对于公式（8B.5）的第二个版本，正态分布误差的假设就没有必要了。因为没有使用这个假设，这个版本经常被称为 Breusch-Pagan 检验的稳健版本。最小二乘残差平方 $\hat{e}_i^2$ 的样本方差被用作 $\mathrm{var}(e_i^2)$ 的一个估计量。特别地，我们设定：

$$\widehat{\mathrm{var}}(e_i^2) = \frac{1}{N}\sum_{i=1}^{N}[\hat{e}_i^2 - \overline{\hat{e}^2}]^2 = \frac{SST}{N} \tag{8B.7}$$

在假设 H_0 为真的情况下，这个数量是 $\mathrm{var}(e_i^2)$ 的一个估计量。它也可以被写成以样本容量除以从估计方差函数得到的总平方和。把公式（8B.7）代入公式（8B.5），得到：

$$\begin{aligned}
\chi^2 &= \frac{SST - SSE}{SST/N} \\
&= N \times (1 - \frac{SSE}{SST}) \\
&= N \times R^2
\end{aligned} \tag{8B.8}$$

其中，R^2 是从估计方差函数中得到的 R^2 拟合优度统计量。在 5% 的显著性水平下，当

$\chi^2 = N \times R^2$ 大于临界值 $\chi^2_{(0.95, S-1)}$ 时，同方差的原假设被拒绝。

软件经常把在第 8.6.4 节介绍的怀特检验的结果报告为 F 值或者 χ^2 值。F 值来自公式（8B.4）中的统计量，其中 z 变量被选择作为 x 变量及其平方项，还可能有交叉乘积项。χ^2 值来自公式（8B.8）中的统计量，其中 z 变量被选择作为 x 变量及其平方项，还可能有交叉乘积项。

附录 8C 最小二乘残差的属性

最小二乘残差为 $\hat{e}_i = y_i - \hat{y}_i$。代入拟合值 $\hat{y}_i = b_1 + b_2 x_i$ 得到简单回归模型：

$$\hat{e}_i = y_i - \hat{y}_i = \beta_1 + \beta_2 x_i + e_i - (b_1 + b_2 x_i)$$
$$= (\beta_1 - b_1) + (\beta_2 - b_2) x_i + e_i$$
$$= e_i - (b_1 - \beta_1) - (b_2 - \beta_2) x_i$$

使用最后一行，我们发现：

$$E(\hat{e}_i | \mathbf{x}) = E(e_i | \mathbf{x}) - E(b_1 - \beta_1 | \mathbf{x}) - E(b_2 - \beta_2 | \mathbf{x}) x_i = 0$$

在假设 SR1-SR5 下，最小二乘残差的期望值为零。另外，请注意，如果考虑 $N \to \infty$ 的大样本，会发生什么情况。最小二乘估计量 b_1 和 b_2 是无偏的，回顾第 2.4.4 节可知，它们的方差随着 N 的增大而越来越小。这意味着在大样本中 $(b_1 - \beta_1)$ 和 $(b_2 - \beta_2)$ 接近于零，因此在大样本中，$\hat{e}_i - e_i$ 接近于零。用计量经济学的术语来说，$\hat{e}_i - e_i$ 的概率极限为零，即 $\mathrm{plim}(\hat{e}_i - e_i) = 0$。这两个随机变量本质上是相同的，因此服从相同的概率分布。这意味着，在大样本中，如果 $e_i \sim N(0, \sigma^2)$，则 $\hat{e}_i \overset{a}{\sim} N(0, \sigma^2)$，其中"$\overset{a}{\sim}$"表示**近似分布**，或者（在大样本中）**渐近分布**。学习渐近分析是计量经济学的重要特征。进一步的讨论见第 5.7 节。

可以看出，最小二乘残差的条件方差为：

$$\mathrm{var}(e_i | \mathbf{x}) = E(\hat{e}_i^2 | \mathbf{x}) = \sigma^2 \left\{ 1 - \frac{1}{N} - \frac{(x_i - \bar{x})^2}{\sum (x_i - \bar{x})^2} \right\} = \sigma^2 (1 - h_i) \tag{8C.1}$$

其中，h_i 是第 i 个观测值的**杠杆作用**，这是我们在第 4.3.6 节中引入的术语。注意：

i. 即使随机误差具有同方差，最小二乘残差的条件方差也不是常数。

ii. 因为 $0 \leqslant h_i \leqslant 1$ 和 $0 \leqslant (1 - h_i) \leqslant 1$，所以 $\mathrm{var}(\hat{e}_i^2 | \mathbf{x}) < \mathrm{var}(e_i | \mathbf{x}) = \sigma^2$。最小二乘残差的变化小于真实随机误差的方差。

iii. 当 $x_i = \bar{x}$ 时，最小二乘残差的方差最接近 $\mathrm{var}(e_i | \mathbf{x}) = \sigma^2$，反映了拟合值 $\hat{y}_i$ 在该点具有最小预测误差的事实。

iv. 表达式（8C.1）在简单回归和多元回归中均有效，h_i 在多元回归中被重新设定。

v. 杠杆值的总和为 K，$\sum h_i = K$。对于简单回归模型 $\sum h_i = 2$ 验证该等式。

vi. 当 $\sum_{i=1}^{N} \mathrm{var}(e_i | \mathbf{x}) = \sum_{i=1}^{N} E(e_i^2 | \mathbf{x}) = N\sigma^2$ 时，$\sum_{i=1}^{N} \mathrm{var}(\hat{e}_i | \mathbf{x}) = \sum_{i=1}^{N} E(\hat{e}_i^2 | \mathbf{x}) = \sigma^2 (N - K)$。

8C.1 乘积性异方差模型的详细信息

我们证明了最小二乘残差和真实随机误差在大样本中服从相同的概率分布。如果

$e_i \sim N(0, \sigma_i^2)$，则在大样本中，最小二乘残差 $\hat{e}_i \overset{a}{\sim} N(0, \sigma_i^2)$。在大样本中，$(\hat{e}_i/\sigma_i) \overset{a}{\sim} N(0, 1)$，$(\hat{e}_i/\sigma_i)^2 \overset{a}{\sim} [N(0, 1)]^2 \sim \chi_{(1)}^2$。因此，

$$\ln[(\hat{e}_i/\sigma_i)^2] = v_i \overset{a}{\sim} \ln[\chi_{(1)}^2]$$

统计学家对此随机变量进行了研究，发现 $E\{\ln[\chi_{(1)}^2]\} = -1.2704$，$\text{var}\{\ln[\chi_{(1)}^2]\} = 4.9348$。

附录8D 替代稳健"三明治"估计量

稳健方差估计量延续到多元回归模型 $y_i = \beta_1 + \beta_2 x_{i2} + \cdots + \beta_K x_{iK} + e_i$。回顾附录6B，我们可以将最小二乘估计量 b_2 表示为：

$$b_2 = \frac{\sum(x_{i2} - \bar{x}_{i2})y_i}{\sum(x_{i2} - \bar{x}_{i2})^2}$$

其中，$\bar{x}_{i2}$ 是 x_2 的辅助回归对所有其他解释变量的拟合值 $x_{i2} = c_1 + c_3 x_{i3} + \cdots + c_K x_{iK} + r_{i2}$。替换 y_i 并简化，得到：

$$b_2 = \beta_2 = \frac{\sum(x_{i2} - \bar{x}_{i2})e_i}{\sum(x_{i2} - \bar{x}_{i2})^2}$$

如果误差具有异方差且序列不相关，则 b_2 的条件方差为：

$$
\begin{aligned}
\text{var}(b_2|\mathbf{X}) &= \text{var}\left[\frac{\sum(x_{i2} - \bar{x}_{i2})e_i}{\sum(x_{i2} - \bar{x}_{i2})^2}\middle|\mathbf{X}\right] = \frac{\sum(x_{i2} - \bar{x}_{i2})^2 \text{var}(e_i|\mathbf{X})}{[\sum(x_{i2} - \bar{x}_{i2})^2]^2} \\
&= \frac{\sum(x_{i2} - \bar{x}_{i2})^2 \sigma_i^2}{[\sum(x_{i2} - \bar{x}_{i2})^2]^2} \\
&= [\sum(x_{i2} - \bar{x}_{i2})^2]^{-1}\{\sum(x_{i2} - \bar{x}_{i2})^2 \sigma_i^2\}[\sum(x_{i2} - \bar{x}_{i2})^2]^{-1}
\end{aligned}
\tag{8D.1}
$$

原始的怀特异方差校正方差估计量，用OLS残差平方替换 σ_i^2，

$$\widehat{\text{var}}(b_2) = [\sum(x_{i2} - \tilde{x}_{i2})^2]^{-1}\{\sum(x_{i2} - \tilde{x}_{i2})^2 \hat{e}_i^2\}[\sum(x_{i2} - \tilde{x}_{i2})^2]^{-1} = \text{HCE0} \tag{8D.2}$$

公式（8D.2）中的版本在大样本中有效。在实践中，在较小的样本中一些替代方法可以更好地发挥作用。这些选择说明了最小二乘残差平均值比真正的随机误差小一点的事实。如附录8C所述，在简单回归模型中，如果假设SR1-SR5成立，则最小二乘残差的方差为：

$$\text{var}(\hat{e}_i|\mathbf{X}) = E(\hat{e}_i^2|\mathbf{X}) = \sigma^2\left\{1 - \frac{1}{N} - \frac{(x_i - \bar{x})^2}{\sum(x_i - \bar{x})^2}\right\} = \sigma^2(1 - h_i) \tag{8D.3}$$

其中，h_i 被称为第 i 个观测值的**杠杆率**，这是我们在第4.3.6节中引入的术语。在简单回归模型中，

$$h_i = \frac{1}{N} + \frac{(x_i - \bar{x})^2}{\sum(x_i - \bar{x})^2}$$

下列表达式在简单回归和多元回归中均有效，

$$\text{var}(\hat{e}_i|\mathbf{X}) = \sigma^2(1 - h_i) \tag{8D.4}$$

当 $K > 2$ 时，h_i 被重新设定。对于简单回归和多元回归，$0 \leqslant h_i \leqslant 1$，$0 \leqslant (1 - h_i) \leqslant 1$。

HCE0的第一个修正基于最小二乘残差平方的期望值小于随机误差平方的期望值这一观测结果。

$$\text{var}(\hat{e}_i|\mathbf{X}) = E(\hat{e}_i^2|\mathbf{X}) = \sigma^2(1-h_i) < \text{var}(e_i|\mathbf{X}) = E(e_i^2|\mathbf{X}) = \sigma^2$$

当平均值 $E(e_i^2|\mathbf{X}) = \sigma^2$ 时，$E(\hat{e}_i^2|\mathbf{X})$ 的平均值为 $[(N-K)/N]\sigma^2$。为了调整最小二乘残差的大小差异，将HCE0中的 $\hat{e}_i^2$ 乘以 $N/(N-K)$，即

$$\widehat{\text{var}}(b_2) = [\sum(x_{i2}-\bar{x}_{i2})^2]^{-1}\left\{\sum\left[(x_{i2}-\bar{x}_{i2})^2\left(\frac{N}{N-K}\right)\hat{e}_i^2\right]\right\}[\sum(x_{i2}-\bar{x}_{i2})^2]^{-1} = \text{HCE1}$$

$$(8D.5)$$

如果样本很大，这种校正几乎不会产生影响，但是当模型中的解释变量的数量 $K-1$ 很大时，这种校正可能会产生影响。

第二次修正将最小二乘平方残差调整为具有与随机误差相同的条件期望，即：

$$E\left(\frac{\hat{e}_i^2}{1-h_i}\middle|\mathbf{X}\right) = \sigma^2 = E(e_i^2|\mathbf{X})$$

那么，HCE2为：

$$\widehat{\text{var}}(b_2) = [\sum(x_{i2}-\bar{x}_{i2})^2]^{-1}\left\{\sum\left[(x_{i2}-\bar{x}_{i2})^2\frac{\hat{e}_i^2}{1-h_i}\right]\right\}[\sum(x_{i2}-\bar{x}_{i2})^2]^{-1}$$
$$= \text{HCE2}$$

$$(8D.6)$$

在大样本中，HCE0、HCE1和HCE2是等效的，但在不是很大的样本中，调整会产生有用的差异。在计量经济学软件中，"默认"稳健方差估计量为HCE0或HCE1。如果随机误差实际上具有同方差，则使用HCE2似乎是合适的。回想一下，怀特异方差稳健方差估计量的部分奇妙之处在于，无论随机误差是否有异方差，在大样本中都可以应用它们。在HCE2中引入的修正"调整"稳健估计量，使其在误差有异方差时有效，并且当误差有同方差时，优于HCE0和HCE1。

回想一下，$0 \leqslant (1-h_i) \leqslant 1$，因此HCE2会扩大最小二乘残差，并且杠杆作用越大，h_i 的调整就越大。具有高杠杆的观测值（对回归估计值和预测影响更大）也是最小残差平方太小的观测值，对回归估计和预测有较大影响因此第三次修正再次扩大残差，使用

$$\frac{\hat{e}_i^2/(1-h_i)}{(1-h_i)} = \frac{\hat{e}_i^2}{(1-h_i)^2}$$

则

$$\widehat{\text{var}}(b_2) = [\sum(x_{i2}-\tilde{x}_{i2})^2]^{-1}\left\{\sum\left[(x_{i2}-\tilde{x}_{i2})^2\frac{\hat{e}_i^2}{(1-h_i)^2}\right]\right\}[\sum(x_{i2}-\tilde{x}_{i2})^2]^{-1}$$
$$= \text{HCE3}$$

$$(8D.7)$$

一些研究表明，如果数据中存在异方差，那么HCE3是一个很好的选择。

总之，用 $\hat{e}_i^2$、$[N/(M-K)]\hat{e}_i^2$、$\hat{e}_i^2/(1-h_i)$ 或 $\hat{e}_i^2/(1-h_i)^2$ 替换（8D.1）中的 σ_i^2，得出稳健的"三明治"方差估计量HCE0、HCE1、HCE2或HCE3。这些稳健的"三明治"方差估计量在大样本中是等效的，但在小样本中可能会产生不同的结果。"稳健"意味着无论是否存在异方差，方差估计值和标准误均有效。如果先验推理确实使你怀疑异方差，并且

如果样本不小，则使用稳健的"三明治"方差估计量 HCE3 可能是更好的选择。由于计算复杂，因此最好使用适当的计量经济学软件来获得稳健方差。

实例 8.10 食品支出模型中的备选稳健标准误

大多数回归软件包都提供了使用怀特估计量计算标准误的选项。如果我们以食品支出为例，得到：

$$\overline{FOOD\_EXP} = 83.42 + 10.21 INCOME$$
$$(27.46) \quad (1.81)(怀特稳健 se - HCE1)$$
$$(27.69) \quad (1.82)(怀特稳健 se - HCE2)$$
$$(28.65) \quad (1.89)(怀特稳健 se - HCE3)$$
$$(43.41) \quad (2.09)(不正确的 OLS 标准误)$$

在这种情况下，基于公式（8.6）中的通用公式，忽略异方差并使用不正确的标准误差，倾向于低估估计的精度。我们倾向于获得比应有的范围更大的置信区间。具体而言，根据第 3 章公式（3.6）的结果，我们可以为 β_2 构造 4 个相应的 95% 置信区间。

怀特 HCE1：$b_2 \pm t_c \, se(b_2) = 10.21 \pm 2.024 \times 1.81 = [6.55, 13.87]$

怀特 HCE2：$b_2 \pm t_c \, se(b_2) = 10.21 \pm 2.024 \times 1.82 = [6.52, 13.90]$

怀特 HCE3：$b_2 \pm t_c \, se(b_2) = 10.21 \pm 2.024 \times 1.89 = [6.39, 14.03]$

不正确：$b_2 \pm t_c \, se(b_2) = 10.21 \pm 2.024 \times 2.09 = [5.97, 14.45]$

如果我们忽略异方差，我们估计 β_2 落在 5.97 到 14.45 之间，当我们认识到存在异方差时，我们的信息更精确。使用 HCE3，我们估计 β_2 落在 6.39 到 14.03 之间。为什么使用 HEC3？因为先验推理，即我们可以推理异方差应该存在。这里的一个警告是，样本很小，这确实意味着我们提供的稳健标准误公式可能不如在大样本中那么准确。

附录 8E 蒙特卡罗证据：OLS、GLS 和 FGLS

怀特的标准误估计量可帮助我们避免在存在异方差的情况下计算出不正确的区间估计值或不正确的检验统计值。最小二乘估计量不再是最佳的，但是如果估计值足够精确，以进行有用的经济分析，则不使用"最佳"估计量可能不是太严重的过错。许多截面数据集都有成千上万的观测值，从而导致稳健标准误很小，使区间估计值变窄，t 检验强大。在这些情况下，不需要再进一步做什么。但是，如果你的估计值对经济分析不够精确，则需要一个更好、更有效的估计量。为了使用这种估计量，我们必须设定方差函数 $h(\mathbf{x}_i) > 0$，它是 $\mathbf{x}_i$ 或其他变量的函数，以描述条件异方差的模式。在本附录中，我们使用蒙特卡罗实验来说明另一种估计量，即可行的广义最小二乘估计量，其方差比大样本中的最小二乘估计量更小。

使用蒙特卡罗实验，我们说明 OLS 估计量、正确的 FGLS 估计量和不正确的 GLS 估计量的属性。数据生成过程[1]基于总体模型：

$$y_i = \beta_1 + \beta_2 x_{i2} + \beta_3 x_{i3} + e_i = 5 + x_{i2} + 0 x_{i3} + e_i$$

---

[1] 这个设计改编自 James G. MacKinnon（2013）"Thirty Years of Heteroskedasticity–Robust Inference"．近期前沿研究及未来研究方向参见 Advances and Future Directions in *Causality, Prediction, and Specification Analysis: Essays in Honor of Halbert L. White Jr*，editors Xiaohong Chen and R. Norman Swanson，New York：Springer，437–461．

变量 x_2 和 x_3 是位于区间（1，5）上的统计独立均匀（附录 B.3.4）随机变量。它们随机变化，所有值在区间内的可能性均等。随机误差为 $e_i = h(\mathbf{x}_i) z_i$，其中 $z_i \sim N(0,1)$。方差函数 $h(\mathbf{x}_i)$ 为：

$$h(\mathbf{x}_i) = 3\exp(1 + \alpha_2 x_{i2} + 0x_{i3})/\bar{h}$$

α_2 的值从同方差的 $\alpha_2 = 0$ 变为强异方差的 $\alpha_2 = 0.3$，非常强异方差的 $\alpha_2 = 0.5$。标量 $\bar{h}$ 是一个常数，使得 $\sum_{i=1}^{N} h(\mathbf{x}_i)/N \cong 3$，因此 $\sum_{i=1}^{N} \mathrm{var}(e_i|\mathbf{x}_i)/N \cong 9$。我们使用两个样本容量，即 $N=100$（样本容量适中）和 $N=5\,000$（大样本）。我们使用 $M=10\,00$ 的蒙特卡罗迭代，并且在这些实验中不保持变量 x_2 和 x_3 不变。

在表 8E-1 中，我们报告了实验结果。FGLS 过程遵循第 8.5.1 节中的描述，公式（8.20）为 $\ln(\hat{e}_i^2) = \alpha_1 + \alpha_2 x_{i2} + \alpha_3 x_{i3} + v_i$。GLS 估计错误地假设了 $\mathrm{var}(e_i|\mathbf{x}_i) = \sigma^2 x_{i2}$。这是第 8.4.1 节中说明的比例异方差假设。表 8E-1 的第一行是样本容量 N，第二行是 α_2 的值。首先，实验（1）至（4）的结果如下：

1.令 β_2 的 OLS 估计量为 b_2。在存在异方差的情况下，OLS 估计量是无偏的，这通过第（3）行中 1\,000 个样本的蒙特卡罗平均值 $\bar{b}_2$ 接近真实值 $\beta_2 = 1$ 得以揭示。第（8）行中（正确的）FGLS 估计值的平均值 $\bar{\hat{\beta}}_2$ 和第 13 行（不正确的）的 GLS 估计值 $\bar{\tilde{\beta}}_2$ 也接近真实的参数值。

2.1\,000 个蒙特卡罗 OLS 估计值的样本标准差 $\mathrm{sd}(b_2)$ 在第（4）行中。它衡量 OLS 估计量的实际抽样变异量——抽样之间的差异到底有多大，这完全归因于总体抽样中固有的随机性。估计量 b_2 的普通或名义上的 OLS 标准误的 1\,000 个蒙特卡罗计算值的样本平均值 $\overline{\mathrm{se}}(b_2)$ 在第（5）行。注意，当 $N=100$ 且 $\alpha_2 \neq 0$ 时，平均标准误小于标准差，这意味着 OLS 标准误平均而言太小。当 $N=5\,000$ 时，这两个值都会大大降低，但是 OLS 标准误平均值仍然太小。现在，按照附录 8C 第（6）行中的 $\overline{\mathrm{robse}}(b_2)$ 所述，将怀特稳健标准误 HCE1 的平均值与简单膨胀因子 $N/(N-3)$ 进行比较，这些标准误的平均值非常接近以 $\mathrm{sd}(b_2)$ 衡量的实际变化。这意味着，OLS 估计量的稳健标准误校正平均值在衡量实际抽样变异方面正在发挥作用。

3.当存在异方差时，第（9）行中 FGLS 估计值 $\mathrm{sd}(\hat{\beta}_2)$ 的实际变化小于 OLS 估计值 $\mathrm{sd}(b_2)$ 的实际变化。第（10）行中的比率 $\mathrm{sd}(\hat{\beta}_2)/\mathrm{sd}(b_2)$ 显示了通过使用 FGLS 获得的改进。通过使用 FGLS，我们获得了比 OLS 估计值更为精确的估计值，就像我们应该有的那样。当 $N=100$ 时，第（11）行的标准误估计值 $\overline{\mathrm{se}}(\hat{\beta}_2)$ 的样本平均值略小于 $\mathrm{sd}(\hat{\beta}_2)$。在此样本容量中，FGLS 标准误也有点小。当 $N=5\,000$ 时，情况不再如此。这提醒我们，在大样本中，FGLS 估计量的属性有效。我们在 FGLS 计算中使用了正确的异方差模型。因此，不需要计算具有稳健标准误的 FGLS，但我们在第（12）行中报告这些值 $\overline{\mathrm{robse}}(\hat{\beta}_2)$ 以供参考。正如我们会猜到的那样，平均值与 $\overline{\mathrm{se}}(\hat{\beta}_2)$ 差别不大。

表 8E-1   蒙特卡罗模拟结果

结果	项	实验				
		（1）	（2）	（3）	（4）	（5）
1	N	100	100	100	5000	5000
2	α_2	0	0.3	0.5	0.5	NA
3	$\bar{b}_2$	1.0058	1.0044	1.0033	0.9996	1.0007
4	$sd(b_2)$	0.2657	0.3032	0.3574	0.0496	0.0414
5	$\overline{se}(b_2)$	0.2626	0.2831	0.3081	0.0423	0.0406
6	$\overline{robse}(b_2)$	0.2614	0.3035	0.3586	0.0498	0.0406
7	$rej(NR^2)$	0.0570	0.9620	1.0000	1.0000	0.0420
8	$\bar{\hat{\hat{\beta}}}_2$	1.0070	1.0114	1.0116	1.0000	1.0013
9	$sd(\hat{\hat{\beta}}_2)$	0.2746	0.2731	0.2522	0.0312	0.0452
10	$sd(\hat{\hat{\beta}}_2)/sd(b_2)$	1.0338	0.9007	0.7058	0.6299	1.0920
11	$\overline{se}(\hat{\hat{\beta}}_2)$	0.2608	0.2555	0.2351	0.0323	0.0415
12	$\overline{robse}(\hat{\hat{\beta}}_2)$	0.2610	0.2565	0.2371	0.0323	0.0442
13	$\bar{\hat{\beta}}_2$	1.0124	1.0092	1.0073	0.9996	1.0007
14	$sd(\hat{\beta}_2)$	0.2924	0.2680	0.2894	0.0392	0.0414
15	$sd(\hat{\beta}_2)/sd(b_2)$	1.1009	0.8839	0.8099	0.7900	0.0406
16	$\overline{se}(\hat{\beta}_2)$	0.2677	0.2512	0.2561	0.0349	0.0406
17	$\overline{robse}(\hat{\beta}_2)$	0.2794	0.2645	0.2888	0.0395	0.0420

4.GLS 估计量的抽样变异 $sd(\hat{\beta}_2)$ 在第（14）行中。第（16）行中普通或名义上的 GLS 标准误 $\overline{se}(\hat{\beta}_2)$ 的平均值太小。平均而言，普通的 GLS 标准误低估了 GLS 估计量的真实抽样变异值。但是，使用第（17）行中的异方差稳健标准误 HCE1 平均值可以精确测量实际变异值 $sd(\hat{\beta}_2)$。

5.错误的 GLS 估计量相对于 OLS 和正确的 FGLS 估计量表现如何？当随机误差具有同方差，即 $\alpha_2 = 0$ 时，GLS 估计量的标准差大于 OLS 估计量的标准差。在适合使用 OLS 时使用 GLS 不是一个好主意。请注意，在这种情况下，FGLS 的性能几乎与 OLS 一样好，因此在估计异方差性模式时不会有太大的损失。当存在异方差时，不正确但合理的 GLS 转换会得出比 OLS 估计值更为精确的估计值。在第（15）行中，我们看到，当 $\alpha_2 \neq 0$ 时，比率 $sd(\hat{\beta}_2)/sd(b_2) < 1$。部分消除异方差已有所改进。但是，当异方差较大、$\alpha_2 = 0.5$ 时，GLS 估计量的改进不如 FGLS 估计量的改进大。

6.NR^2 检验在检测异方差方面做得如何？使用 OLS 残差，检验的拒绝率为 $rej(NR^2)$，在第（7）行中。当误差具有同方差，即 $\alpha_2 = 0$ 时，检验将在大约5%的时间拒绝。当存在异方差时，检验会在很大比例的时间拒绝同方差，这也是可取的。

7.最后，将实验（4）与实验（3）进行比较。这些实验具有相同的数据生成过程，只是在实验（3）中，我们在一个样本中有100个观测值，而在实验（4）中，每个样本中有5 000个观测值。有100个观测值的OLS估计值的标准差（即真实的抽样变异）约为0.36。使用两个标准差规则，在真实参数值 $\beta_2 = 1.0$ 的 ±0.72 范围内是否可以为你的工作提供足够的信息？如果不是，则可以使用FGLS减小抽样变异程度，在这种情况下，误差幅度为 ±0.50。如果还不够，你将需要建立更好的模型或获取更多的样本数据。有5 000个观测值，两个OLS估计值的标准差误差范围约为 ±0.10。这对你的工作是否足够？如果是，则除了具有稳健标准误的OLS估计以外，什么都不需要。如果不是，则采用FGLS可以将误差幅度降低到大约 ±0.06。拥有更好的数据有助于统计推断。

实验（5）基于不同的方差函数 $h(x_i) = 3u_i/\bar{h}$，其中 $u_i \sim uniform(1, 11)$ 是均匀随机变量，在（1, 11）范围内变化。在这种情况下，对于每个观测值来说，$var(e_i) = h(x_i)z_i = \sigma_i^2$ 是不同的，存在异方差，但方差从一个观测值到下一个观测值随机变化，没有模式，与模型解释变量或任何其他变量都没有关系。这是无条件异方差，它对OLS估计量的属性没有影响，并且OLS是最佳线性无偏估计量。NR^2 检验没有能力检测这种类型的异方差。

第9章

时间序列数据回归：平稳变量

学习目标

基于本章的内容，你应该能够：

1.解释使用时间序列数据的模型中滞后项的重要性，以及动态计量经济模型包括滞后项的方法。

2.解释什么是序列相关的时间序列，以及如何衡量序列相关性。

3.计算时间序列的自相关系数，绘制相应的相关图，并用它来检验序列相关性。

4.解释含有滞后变量的回归的性质和可用的观测值的个数。

5.使用自回归（AR）和自回归分布滞后（ARDL）模型计算预测值、标准误以及预测区间。

6.解释 AR 和 ARDL 预测所需的假设。

7.设定并估计 ARDL 模型。使用序列相关性检查、系数显著性和模型选择标准来选择滞后长度。

8.进行格兰杰因果关系检验。

9.使用残差相关图来检验序列相关误差。

10.使用拉格朗日乘数检验来检验序列相关误差。

11.解释用于预测的时间序列模型与用于政策分析的时间序列模型之间的差异。

12.估计并解释根据有限和无限分布滞后模型得到的估计值。

13.计算最小二乘估计值的 HAC 标准误，并解释为什么使用它们。

14.计算含有 AR（1）误差模型的非线性最小二乘和广义最小二乘估计值。

15.将 HAC 标准误所需的外生性假设与估计 AR（1）误差所需的外生性假设进行对比。

16.计算有限和无限分布滞后模型的延期乘数、临时乘数和总乘数。

17.对无限分布滞后模型的 ARDL 形式进行最小二乘一致性的检验。

18.将有限分布滞后模型的假设与无限分布滞后模型的假设进行对比。

关键词

AR（1）误差	预测误差	滞后因变量
ARDL（p,q）模型	预测区间	LM 检验
自相关	预测	移动平均
自回归（动态）分布滞后	广义最小二乘	乘数分析

自回归误差	几何递减滞后	非线性最小二乘
自回归模型	格兰杰因果关系	样本自相关
相关图	HAC标准误	序列相关
延期乘数	影响乘数	预测误差的标准误
分布滞后权重	无限分布滞后	平稳性
动态模型	临时乘数	总乘数
外生性	滞后长度	LM检验的 $T \times R^2$ 形式
有限分布滞后	滞后算子	弱依赖性

9.1 引言

时间序列数据的第一个显著特征是，当我们对变量之间的关系进行建模时，已收集数据的性质对选择适当的计量经济模型有着重要影响。截面数据和时间序列数据的区分尤为重要，前者是许多经济单位在一个特定时间点上的数据，而后者则是一个特定经济单位随着时间的推移而收集的数据。在第1.5节中，我们已经给出了这两种类型的数据。当我们说"经济单位"时，我们可以指收集数据的对象，包括个人、家庭、公司、地理区域、国家或其他实体。因为我们通常是在某一时点对众多经济单位进行随机抽样来获取截面观测值，所以截面数据往往是不相关的。例如，史密斯一家的收入水平不影响琼斯一家的收入水平，也不受琼斯一家的收入水平的影响。而特定经济单位在若干时期内观测到的时间序列观测值，很可能是相关的。史密斯一家在一年内观测到的收入水平可能与史密斯一家前一年的收入水平有关。因此，区分时间序列数据和截面数据的一个特征是不同观测值之间可能的相关性。在本章，我们的主要任务就是对这样的相关性进行检验和建模。

时间序列数据的第二个显著特征是其根据时间自然排序。对于截面数据而言，不存在对特定的观测值更好或更自然的排序。人们可以打乱观测值再进行估计，这样不会丢失任何信息。但是如果人们打乱观测值的时间顺序，则可能会混淆其最重要的显著特点——变量间可能存在的动态演化关系。动态关系是指一个变量的当期变化，会在一个或多个未来时期对该变量或其他变量产生影响。例如，解释变量水平的变化在其发生时期以外对其他变量有影响，这是很常见的。经济决策会导致经济变量发生变化，其效果还会持续很长一段时间。比如说，所得税税率上升会引起消费者的可支配收入减少，因而会减少他们在商品和服务上的支出，从而导致供应商利润的减少，同时也会造成供应商对生产投入需求的减少，降低供应商的利润等。加税的影响在整个经济中激起层层涟漪。这些影响并不是瞬间发生的，而是会散布或分布于未来时期。如图9-1所示，在 t 时间点的经济行为或经济决策会影响 t 时间点的经济，同时也会作用于时间点 $t+1$、$t+2$ 等。

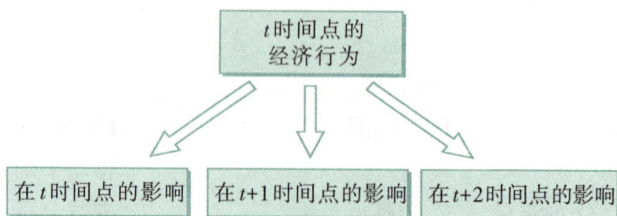

图 9-1 分布滞后效应

实例9.1 绘制美国失业率和GDP增长率关系图

图 9-2（a）和（b）展示了从 1948 年第一季度（1948Q1）至 2016 年第一季度（2016Q1）随时间变化的美国季度失业率和季度国内生产总值（GDP）增长率。这些数据可以在数据文件 *usmacro* 中找到。我们希望了解这样的序列是如何随时间演变的，每个数据序列的当前值如何与其过去值相关，以及一个序列如何与另一个序列的当前值和过去值相关。

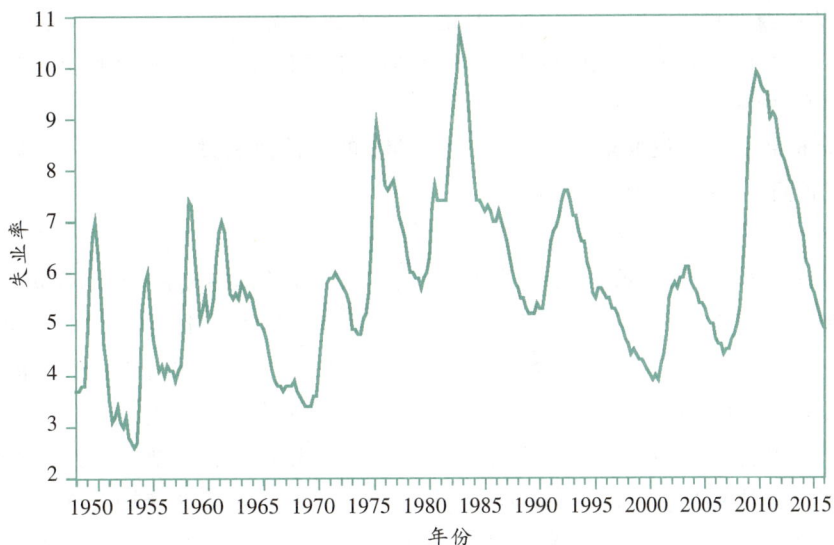

图9-2（a） 美国1948Q1—2016Q1失业率

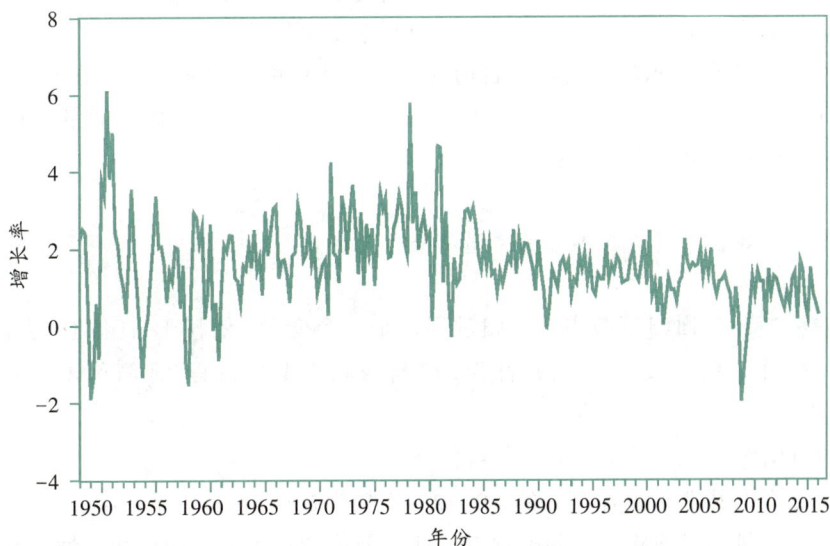

图9-2（b） 美国1948Q1—2016Q1GDP增长率

有几种类型的模型可用于捕获变量的时间路径、相关结构以及它们与其他变量的时间路径关系。一旦一个模型被选择并估计，就可以将其用于预测未来值或进行政策分析。在本章，我们首先将会描述许多可能的时间序列模型，以及数据序列的当前值和过去值之间的相关性。

9.1.1 动态关系建模

考虑到时间序列变量是动态的，即它们的当前值会与它们的过去值有关，它们也会与其他变量的当前值和过去值有关，我们需要考虑对这一关系的动态性质如何建模。我们可以引入滞后变量来做到这一点，这一滞后变量可以是解释变量（$x_{t-1}, x_{t-2}, \cdots, x_{t-q}$）的滞后值，也可以是因变量（$y_{t-1}, y_{t-2}, \cdots, y_{t-q}$）的滞后值或者误差项（$e_{t-1}, e_{t-2}, \cdots, e_{t-s}$）的滞后值。在本节中，我们描述一些由于引入这些类型的滞后值而产生的时间序列模型，并探讨了它们之间的关系。

有限分布滞后　假设变量 y 的值依赖于变量 x 的当前值和过去值，最多可以追溯到过去的 q 期。我们可以把这个模型写成：

$$y_t = \alpha + \beta_0 x_t + \beta_1 x_{t-1} + \beta_2 x_{t-2} + \cdots + \beta_q x_{t-q} + e_t \tag{9.1}$$

我们可以认为，（y_t, x_t）表示 y 和 x 的当期值，x_{t-1} 表示 x 的前一期值，x_{t-2} 表示 x 的前两期值等。例如，从方程（9.1）可以发现，通货膨胀 y_t 不仅取决于当前的利率 x_t，而且还取决于 q 期前的利率 $x_{t-1}, x_{t-2}, \cdots, x_{t-q}$。这一解释如图 9-1 所示，这意味着现在利率的变化将对现在和未来 q 期的通货膨胀产生影响，利率变化的影响要经过一段时间才能在经济中完全显现。由于这些滞后效应的存在，方程（9.1）被称为**分布滞后模型**。系数 β_k 有时也被称为**滞后权重**，其序列 $\beta_0, \beta_1, \beta_2, \cdots$ 被称为**滞后模式**。该模型被称为**有限分布滞后模型**，因为 x 对 y 的影响在有限数量 q 期后就停止了。这类模型可用于预测或政策分析。在预测方面，我们可能对使用过去的利率信息来预测未来的通货膨胀感兴趣。在政策分析方面，央行可能感兴趣的是当前和未来通货膨胀对当前利率变化的反应。

公式（9.1）中的表示法与我们到目前为止通常使用的表示法不同。在改变系数方面：用 β_s 表示 x_{t-s} 的系数，用 α 表示截距。如果相关，可以添加其他解释变量，在这种情况下，需要用其他符号来表示其系数。

评论

在本章中，我们使用许多不同的希腊符号作为回归参数。有时，似乎不是这样，但我们的目标是明确的。

自回归模型　自回归模型或自回归过程，是一个变量 y 依赖于自身的过去值的模型。具有 p 期滞后值（$y_{t-1}, y_{t-2}, \cdots, y_{t-p}$）称为 p 阶自回归模型（过程），简称 $AR(p)$，由下式给出：

$$y_t = \delta + \theta_1 y_{t-1} + \theta_2 y_{t-2} + \cdots + \theta_p y_{t-p} + e_t \tag{9.2}$$

例如，图 9-2（a）中失业率序列 U 的 AR（2）模型为 $U_t = \delta + \theta_1 U_{t-1} + \theta_2 U_{t-2} + e_t$。AR 模型可以用来描述变量的时间路径，并捕捉它们在当前值和过去值之间的相关性，它们通常用于预测。过去值被用来预测未来值。

自回归分布滞后模型　有限分布滞后模型和自回归模型是特例，更一般的模型是自回归分布滞后模型：

$$y_t = \delta + \theta_1 y_{t-1} + \cdots + \theta_p y_{t-p} + \delta_0 x_t + \delta_1 x_{t-1} + \cdots + \delta_q x_{t-q} + e_t \tag{9.3}$$

该模型具有 y 的 p 期滞后值，x 的当前值，以及 x 的 q 期滞后值，简称为 **ARDL（p,q）模型**。

名称 ARDL 的 AR 部分来自 y 对自身滞后值的回归；DL 部分来自 x 滞后值的分布式滞后效应。例如，将失业率 U 与经济体 G 中的增长率联系起来的 ARDL（2，1）模型表示为 $U_t = \delta + \theta_1 U_{t-1} + \theta_2 U_{t-2} + \delta_0 G_t + \delta_1 G_{t-1} + e_t$。ARDL 模型可用于预测和政策分析。注意，我们使用不带下标的"δ"表示截距，使用"δ_s"（带下标的 δ）表示 x_{t-s} 的系数。这种表示法有点奇怪，但是它避免了为 ARDL 模型引入另一个希腊字母。

　　无限分布式滞后模型　如果我们采用公式（9.1），并假设过去 x 滞后值的影响在 q 期后不会中断，而是回到无限的过去，那么我们就有**无限分布滞后（IDL）**模型：

$$y_t = \alpha + \beta_0 x_t + \beta_1 x_{t-1} + \beta_2 x_{t-2} + \beta_3 x_{t-3} + \cdots + e_t \tag{9.4}$$

你可能会质疑，很久以前的 x 值是否仍会对 y 产生影响。你可能还想知道如何确定有限分布滞后期的截止点 q。摆脱这种困境的一种方法是假设系数 β_s 值最终会下降，其影响在很长的滞后期后可忽略不计。有许多可能的滞后期模式假设可以实现这一结果。为了说明这一点，考虑几何递减滞后模式：

$$\beta_s = \lambda^s \beta_0,\ 0 < \lambda < 1,\ s = 0, 1, 2, \cdots \tag{9.5}$$

　　$\beta_0 = 1$ 和 $\lambda = 0.8$ 的滞后模式的图形如图 9-3 所示。注意，随着时间的倒退（s 的增加），β_s 变成了 β_0 的越来越小的倍数。

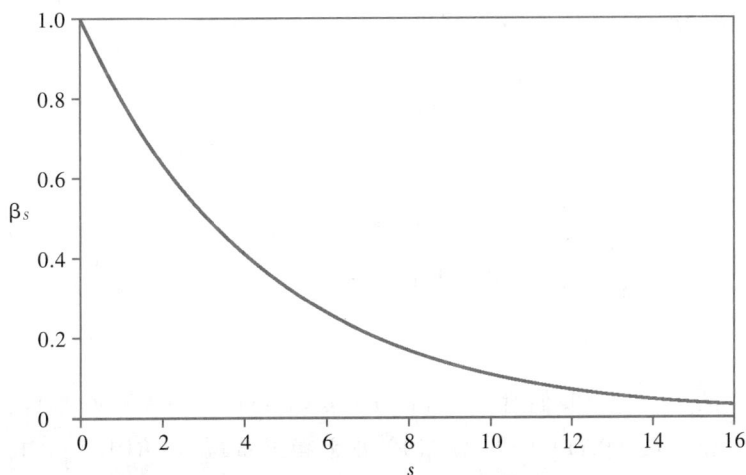

图 9-3　几何递减滞后模式

　　根据公式（9.5）中的假设，我们可以写出：

$$y_t = \alpha + \beta_0 x_t + \lambda \beta_0 x_{t-1} + \lambda^2 \beta_0 x_{t-2} + \lambda^3 \beta_0 x_{t-3} + \cdots + e_t \tag{9.6}$$

将这个方程滞后一期，得出 y_{t-1} 的方程：

$$y_{t-1} = \alpha + \beta_0 x_{t-1} + \lambda \beta_0 x_{t-2} + \lambda^2 \beta_0 x_{t-3} + \lambda^3 \beta_0 x_{t-4} + \cdots + e_{t-1}$$

将该方程两边乘以 λ，得到：

$$\lambda y_{t-1} = \alpha \lambda + \lambda \beta_0 x_{t-1} + \lambda^2 \beta_0 x_{t-2} + \lambda^3 \beta_0 x_{t-3} + \lambda^4 \beta_0 x_{t-4} + \cdots + \lambda e_{t-1} \tag{9.7}$$

用公式（9.6）减去公式（9.7），得到：

$$y_t - \lambda y_{t-1} = \alpha(1-\lambda) + \beta_0 x_t + e_t - \lambda e_{t-1} \tag{9.8}$$

或

$$y_t = \delta + \theta y_{t-1} + \beta_0 x_t + v_t \tag{9.9}$$

由于我们已经做了替换，即 $\delta = \alpha(1-\lambda)$、$\theta = \lambda$ 和 $v_t = e_t - \lambda e_{t-1}$，因此公式（9.9）可被识别为 ARDL 模型。通过做出假设 $\beta_s = \lambda^s\beta_0$，我们已经能够将 IDL 模型转换为 ARDL（1，0）模型。在公式（9.9）的右边，有 y 的滞后一期值和 x 的当前值。稍后我们会看到，也可以做出其他设定。在更一般的情况下，ARDL（p,q）模型可以转化为更灵活的 IDL 模型，从而使 IDL 的滞后系数最终下降，并且可以忽略不计。ARDL 公式对于预测很有用，而 IDL 为政策分析提供有用的信息。

自回归误差模型 滞后值可以进入模型的另一种方式是通过误差项。例如，如果误差 e_t 满足 AR（1）模型的假设，则可以写为：

$$e_t = \rho e_{t-1} + v_t \tag{9.10}$$

其与 v_t 不相关。该模型意味着时间 t 处的随机误差与前一时期的随机误差和随机分量有关。与公式（9.2）中的 AR 模型相反，在公式（9.10）中没有截距参数。由于 e_t 的均值为零，因此将其省略。

可以将 **AR（1）误差模型**添加到迄今考虑的任何模型中。为了探讨其含义，假设 $e_t = \rho e_{t-1} + v_t$ 是模型中的误差项：

$$y_t = \alpha + \beta_0 x_t + e_t \tag{9.11}$$

将 $e_t = \rho e_{t-1} + v_t$ 代入 $y_t = \alpha + \beta_0 x_t + e_t$，得到：

$$y_t = \alpha + \beta_0 x_t + \rho e_{t-1} + v_t \tag{9.12}$$

根据回归方程（9.11），前一期 $t-1$ 中的误差可以写为：

$$e_{t-1} = y_{t-1} - \alpha - \beta_0 x_{t-1} \tag{9.13}$$

将公式（9.13）与 ρ 相乘，得到：

$$\rho e_{t-1} = \rho y_{t-1} - \rho\alpha - \rho\beta_0 x_{t-1} \tag{9.14}$$

将公式（9.14）代入公式（9.12），重新整理得到：

$$\begin{aligned} y_t &= \alpha(1-\rho) + \rho y_{t-1} + \beta_0 x_t - \rho\beta_0 x_{t-1} + v_t \\ &= \delta + \theta y_{t-1} + \beta_0 x_t + \beta_1 x_{t-1} + v_t \end{aligned} \tag{9.15}$$

在公式（9.15）的第二行，我们对 $\delta = \alpha(1-\rho)$，$\theta = \rho$ 和 $\beta_1 = -\rho\beta_0$ 进行替换，以显示可以将公式（9.10）和公式（9.11）中的 AR（1）误差模型重写为 ARDL（1，1）模型。公式（9.15）包含 y 滞后一期值、x 的当前值和 x 的滞后一期值。但是，它是一种特殊类型的 ARDL 模型，因为模型的一个系数等于其他两个系数的负积。也就是说，我们有约束条件 $\beta_1 = -\theta\beta_0$。存在超过一个滞后期的自回归误差模型也可以转换为 ARDL 模型的特殊情况。

总结与展望 我们已经看到了如何通过各种方式（包括滞后值）来建模并分析变量之间的动态关系。表 9-1 总结了各种模型。从某种意义上讲，大多数模型都可以视为 ARDL 模型或 ARDL 模型的特殊情况。但是，我们如何解释和继续使用每个模型取决于该模型是用于预测还是政策分析，以及对每个模型中的误差项做出何种假设。我们将在本章中研究各种情况。我们在本章中针对所有模型所做的一组假设是，模型中的变量是平稳的且是弱依赖的。在讨论这两个要求之前，介绍**自相关**的概念（也称为**序列相关**）很有用。

表 9-1　　　　　　　　　　　　　　平稳时间序列数据动态模型的总结

自回归分布滞后模型，ARDL (p, q)

$y_t = \delta + \theta_1 y_{t-1} + \cdots + \theta_p y_{t-p} + \delta_0 x_t + \delta_1 x_{t-1} + \cdots + \delta_q x_{t-q} + e_t$（M1）

有限分布滞后（FDL）模型

$y_t = \alpha + \beta_0 x_t + \beta_1 x_{t-1} + \beta_2 x_{t-2} + \cdots + \beta_q x_{t-q} + e_t$（M2）

无限分布滞后（IDL）模型

$y_t = \alpha + \beta_0 x_t + \beta_1 x_{t-1} + \beta_2 x_{t-2} + \beta_3 x_{t-3} + \cdots + e_t$（M3）

自回归模型，AR (p)

$y_t = \delta + \theta_1 y_{t-1} + \theta_2 y_{t-2} + \cdots + \theta_p y_{t-p} + e_t$（M4）

具有几何递减滞后权重的无限分布滞后模型

$\beta_s = \lambda^s \beta_0, 0 < \lambda < 1, y_t = \alpha(1 - \lambda) + \lambda y_{t-1} + \beta_0 x_t + e_t - \lambda e_{t-1}$（M5）

具有 AR（1）误差的简单回归

$y_t = \alpha + \beta_0 x_t + e_t, e_t = \rho e_{t-1} + v_t, y_t = \alpha(1 - \rho) + \rho y_{t-1} + \beta_0 x_t - \rho \beta_0 x_{t-1} + v_t$（M6）

9.1.2　自相关

回想一下，协方差和相关性的概念是指两个随机变量之间的线性联系程度。如果变量之间没有线性联系，则协方差和相关系数均为零。当存在某种程度的线性联系时，相关系数是首选的度量指标，因为它是无单位的并且位于区间 [-1, 1] 内，而协方差的大小将取决于两个变量的度量单位。对于两个随机变量，如 u 和 v，它们的相关系数定义为：

$$\rho_{uv} = \frac{\text{cov}(u, v)}{\sqrt{\text{var}(u)\text{var}(v)}} \tag{9.16}$$

如果 u 和 v 完全相关，则存在常数 c 和 $d \neq 0$，使得 $u = c + dv$。当 $d > 0$ 时，$\rho_{uv} = 1$，而当 $d < 0$ 时，$\rho_{uv} = -1$。存在精确的线性关系。当 u 和 v 不相关时，$\rho_{uv} = \text{cov}(u, v) = 0$。$\rho_{uv}$ 的中间值衡量线性联系的程度。

在处理截面数据时，通常可以合理地假设每组观测值 (y_i, x_i) 将与其他观测值不相关，这是由随机抽样保证的特征。换句话说，对于 $i \neq j$，$\text{cov}(y_t, y_i) = 0$ 且 $\text{cov}(x_i, x_j) = 0$。对于时间序列数据，这些协方差不太可能为零。如果 s 接近 t，则几乎可以肯定的是，对于 $t \neq s$，$\text{cov}(y_t, y_s) \neq 0$ 且 $\text{cov}(x_t, x_s) \neq 0$。回头看一下图 9-2（a）和（b）。如果失业率在一个季度中高于平均水平，那么在下一季度中，失业率很可能再次高于平均水平，而不是低于平均水平。我们可以对 GDP 增长率做出类似的表述。失业、产出增长、通货膨胀和利率等变量的变化是渐进的，而不是突然发生的，它们在一个时期的值将取决于前一时期的情况。[①]例如，这种依赖性意味着，现在的 GDP 增长将与上一时期的 GDP 增长相关。连续观

---

① 突变可能会发生，特别是在财务数据方面。第 14 章中考虑的模型可以适应突然的变化。

测值可能是相关的。实际上，在任何 y_t 与其滞后值之间存在线性关系的 ARDL 模型中，y_t 必须与自身的滞后值相关。这种相关性称为自相关。当一个变量随着时间的推移表现出相关性时，我们说它是自相关的或序列相关的。我们将交替使用这两个术语。

让我们更精确地定义自相关。考虑任何变量 $x_1, x_2, \cdots, x_T$ 的时间序列观测值，均值 $E(x_t) = \mu_x$，方差 $\text{var}(x_t) = \sigma_X^2$。我们假设 μ_x 和 σ_X^2 不会随时间推移而变化。在不同时期观测到的 x 之间的相关结构由相隔一期的观测值之间的相关性、相隔两期的观测值之间的相关性等来描述。如果我们将公式（9.16）转换为度量 x_t 和 x_{t-1} 之间相关性的公式，则我们得到：

$$\rho_1 = \frac{\text{cov}(x_t, x_{t-1})}{\sqrt{\text{var}(x_t)\,\text{var}(x_{t-1})}} = \frac{\text{cov}(x_t, x_{t-1})}{\text{var}(x_t)} \tag{9.17}$$

符号 ρ_1 用于表示间隔一期的观测值之间的总体相关性，也称为**一阶总体自相关**。因为 $\text{var}(x_t) = \text{var}(x_{t-1}) = \sigma_X^2$，公式（9.17）中的第二个等式成立。我们假设方差不会随时间推移而变化。相隔 s 期的观测值的总体自相关为：

$$\rho_s = \frac{\text{cov}(x_t, x_{t-s})}{\text{var}(x_t)} \quad s = 1, 2, \cdots \tag{9.18}$$

样本自相关 公式（9.17）和公式（9.18）定义的总体自相关指的是永远持续下去的时间序列观测值，$\cdots, x_{-2}, x_{-1}, x_0, x_1, x_2, \cdots$，从无限的过去开始，并继续到无限的未来。**样本自相关**是使用有限时期样本观测值 $x_1, x_2, \cdots, x_T$ 来估计总体自相关。为了估计 ρ_1，我们使用：

$$\widehat{\text{cov}}(x_t, x_{t-1}) = \frac{1}{T-1}\sum_{t=2}^{T}(x_t - \bar{x})(x_{t-1} - \bar{x}) \text{ 和 } \widehat{\text{var}}(x_t)\,\frac{1}{T-1}\sum_{t=1}^{T}(x_t - \bar{x})^2$$

其中，$\bar{x}$ 是样本均值 $\bar{x} = T^{-1}\sum_{t=1}^{T}x_t$。因为我们没有观测到 x_0，$\widehat{\text{cov}}(x_t, x_{t-1})$ 公式中的求和索引从 $t = 2$ 开始。进行替换，并使用 r_1 表示滞后一期的样本自相关，我们有：

$$r_1 = \frac{\sum_{t=2}^{T}(x_t - \bar{x})(x_{t-1} - \bar{x})}{\sum_{t=1}^{T}(x_t - \bar{x})^2} \tag{9.19}$$

更一般而言，给出相隔 s 期的观测值之间的相关性（在序列 x_t 和 x_{t-s} 之间的相关性），序列 x 的 s 阶样本自相关表示为：

$$r_s = \frac{\sum_{t=s+1}^{T}(x_t - \bar{x})(x_{t-s} - \bar{x})}{\sum_{t=1}^{T}(x_t - \bar{x})^2} \tag{9.20}$$

该公式是文献和软件中常用的公式，也是本书中用于计算自相关的公式，需要提醒的是，我们有时会使用该公式的各种变化版本。因为 $(T - s)$ 观测值用于计算分子，而 T 观测值用于计算分母，所以在有限样本中使估计值更大的可选方法是：

$$r'_s = \frac{\dfrac{1}{T-s}\displaystyle\sum_{t=s+1}^{T}(x_t-\bar{x})(x_{t-s}-\bar{x})}{\dfrac{1}{T}\displaystyle\sum_{t=1}^{T}(x_t-\bar{x})^2}$$

具有类似作用的对公式（9.20）的另一种修正方式是仅在分母中使用（$T-s$）观测值，因此它变为 $\displaystyle\sum_{t=s+1}^{T}(x_t-\bar{x})^2$。检查与这本书一起使用的计算手册，看看你的软件使用哪一种方法。

检验自相关的显著性　检验样本自相关显著异于零（即检验 $H_0{:}\rho_s = 0$ 与备择假设 $H_1{:}$ $\rho_s \neq 0$）通常是有用的。这种性质的检验对于构建模型和检查方程中的误差是否可能序列相关是有帮助的。检验统计量相对简单。当原假设 $H_0{:}\rho_s = 0$ 成立时，r_s 服从近似正态分布，均值为零，方差为 $1/T$。因此，合适的检验统计量为：

$$Z = \frac{r_s - 0}{\sqrt{1/T}} = \sqrt{T}\,r_s \overset{a}{\sim} N(0,1) \tag{9.21}$$

样本容量的平方根与样本自相关 r_s 的乘积服从近似标准正态分布。在 5% 的显著性水平下，当 $\sqrt{T}\,r_s \geq 1.96$ 或 $\sqrt{T}\,r_s \leq -1.96$ 时，我们拒绝 $H_0{:}\rho_s = 0$。

相关图　评价自相关显著性的有用工具是称为**相关图**的示意图。相关图，也称为**样本自相关函数**，是自相关序列 $r_1, r_2, r_3, \cdots$。它表明相隔一期、两期和三期等的观测值之间的相关性。我们发现，如果 $\sqrt{T}\,r_s \geq 1.96$ 或 $\sqrt{T}\,r_s \leq -1.96$，则自相关 r_s 在 5% 的显著性水平下将显著异于零。或者，我们可以说，如果 $r_s \geq 1.96/\sqrt{T}$ 或 $r_s \leq -1.96/\sqrt{T}$，则 r_s 将显著异于零。典型的相关图以条形或尖峰来表示自相关的大小，并在 $\pm 2/\sqrt{T}$ 处绘制出近似的显著范围，使计量经济学家很清楚地看到哪些相关性是显著的。

实例 9.2　失业自相关样本

考虑一下在数据文件 *usmacro* 中找到的美国失业率的季度序列。从 1948 年第一季度到 2016 年第一季度，共有 273 个观测值。根据公式（9.20）计算出的该序列的前四个样本自相关为 $r_1 = 0.967$，$r_2 = 0.898$，$r_3 = 0.811$ 和 $r_4 = 0.721$。$r_1 = 0.967$ 告诉我们，连续的失业率值是高度相关的。$r_4 = 0.721$ 说明，即使相隔四个季度的观测值也是高度相关的。前 24 个滞后期的失业率相关图如图 9-4 所示。条形的高度表示相关性。在 $2/\sqrt{173} = 0.121$ 处绘制的水平线是正自相关的显著性边界。由于所有自相关均为正，因此图中未包括−0.121 的负边界。自相关呈现逐渐下降的模式，但直到滞后 19 期仍显著异于零，超过 19 期后它们在统计上就不显著了。随着本章的展开，我们将发现自相关的估计值对于模型构建和检查我们所做的一个假设是否成立非常重要。

你的软件可能不会生成与图 9-4 完全相同的相关图。可能 x 轴是相关系数，而 y 轴是滞后期。它可能使用尖头而不是条形来表示相关性，可能提供大量额外的信息，显著性边界可能与我们的略有不同。做好准备！学会单独专注于与图 9-4 相对应的信息，并且当输出结果略有不同但没有实质性差异时，请不要受到影响。如果显著性边界略有不同，那是因为它们对大样本近似值 $\sqrt{T}\,r_s \overset{a}{\sim} N(0,1)$ 使用了不同的精确度。

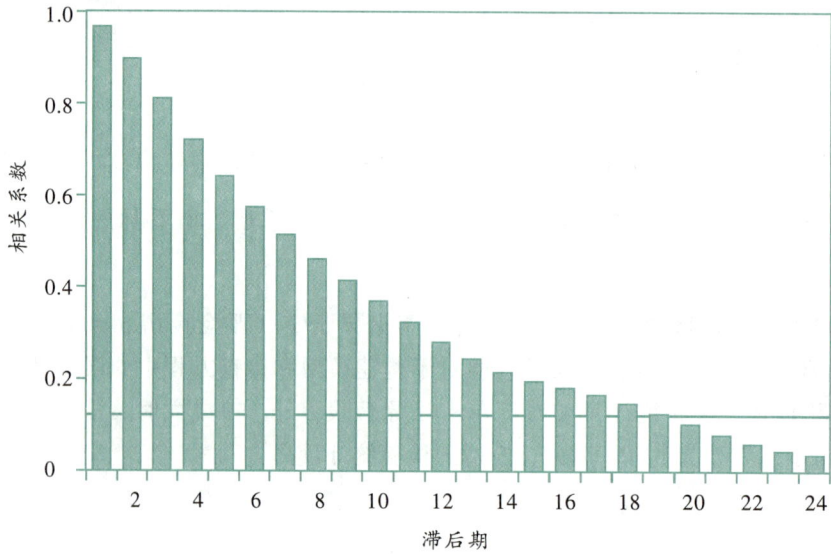

图 9-4 美国季度失业率相关图

实例 9.3　GDP 增长率样本自相关

作为样本自相关和有关相关图的第二个例子，我们考虑美国 GDP 增长率的季度数据，该数据也可以在数据文件 *usmacro* 中找到。在这个例子中，前四个样本自相关为 $r_1=0.507$，$r_2=0.369$，$r_3=0.149$ 和 $r_4=0.085$。48 个滞后期的相关图如图 9-5 所示。这些相关系数比失业率序列的相关系数小得多，但是似乎存在一种奇怪的模式，其中相关性虽然不大但在更长的滞后期内，增长率在显著性和无显著性之间振荡。这是一个复杂的结构，可能归因于商业周期。

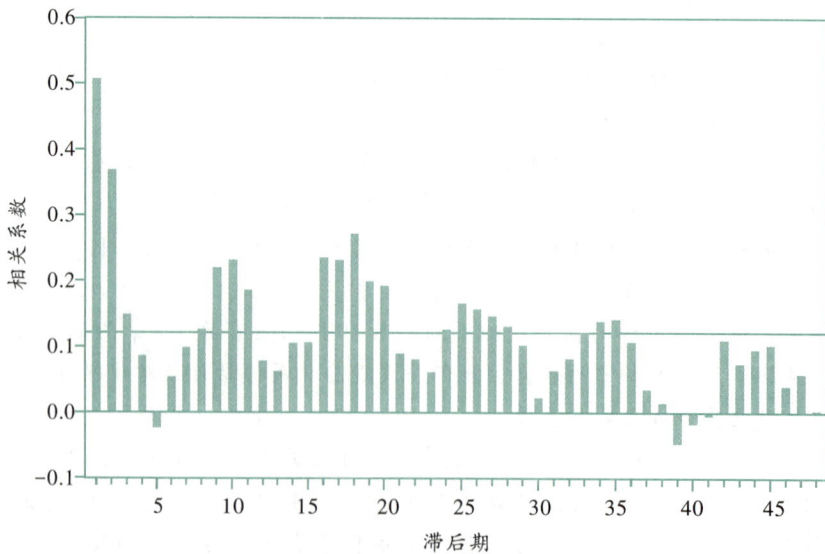

图 9-5 美国 GDP 增长率相关图

9.2 平稳性和弱依赖性

贯穿本章的一个关键假设是，方程中的变量是**平稳的**。平稳变量的均值和方差不会随时间推移而变化，而自相关关系仅取决于观测值在时间上的间隔有多久，而不是特定的时间点。具体而言，公式（9.18）中的自相关取决于时期 s 有多长，而不取决于实际的时间点 t。在第9.1.2节的讨论中隐含的条件是，x_t 是平稳的。对于不同的 t，假定其均值 μ_X、方差 σ_X^2 和自相关系数 ρ_s 不存在差异。在实例9.2和实例9.3中，在假设失业率和增长率均平稳的情况下，我们计算了它们的自相关系数。说一个序列是平稳的，意味着，如果我们采用对应于不同时间窗口的不同观测值子集并将其用于估计，我们将估计相同的总体数量、相同的均值 μ、相同的方差 σ^2 和相同的自相关系数 $\rho_1, \rho_2, \rho_3, \cdots$。

在估计时间序列数据的关系时，第一个任务是绘制变量的观测值图，就像我们在图9-2（a）和（b）中所做的那样，了解数据的性质，并看看是否有非平稳的证据。此外，称为**单位根检验**的正式检验可以用来检测非平稳性。非平稳变量检验和估计策略将在第12章中讨论。由于检查非平稳性是必不可少的第一步，一些读者可能希望暂时跳到第12章中的单位根检验，然后返回到平稳变量估计和预测的内容。目前，我们注意到，一个平稳变量不是爆炸性的，也不是趋势性的，更不是随意游走而不返回其均值。这些特征可以用一些图来说明。图9-6（a）至（c）包含三个不同变量的模拟观测值图，它们是根据时间来绘制的。在检查时间序列变量时，通常会考虑此类图。图9-6（a）中出现的变量 y 被认为是平稳的，因为它趋于围绕恒定均值波动，没有游走或有趋势走向。然而，图9-6（b）和（c）中出现的 x 和 z 具有非平稳变量的特征。在图9-6（b）中，x 趋于游走或"缓慢转向"，而在图9-4（c）中 y 存在趋势。这些概念将在第12章中被更精确地定义。目前，要记住的重要一点是，本章是对平稳变量（平稳变量的时间序列具有与 y 相似的特征）之间的动态关系进行建模和估计。也就是说，它们既没有"游走"，也没有"趋势"。

除了假设变量是平稳的，在本章中，我们还假设它们是弱依赖的。弱依赖意味着，随着 $s \to \infty$（观测值在时间上相隔得越来越远），它们变得几乎独立。对于足够大的 s，自相关系数 ρ_s 变得可以忽略不计。当使用相关的时间序列变量时，最小二乘估计量需要具有弱依赖性才能具有理想的大样本属性。通常，平稳变量具有弱依赖性。然而，也有罕见的例外。

实例9.4 失业率和增长率序列是平稳的并且是弱依赖的吗？

对失业率和增长率序列进行平稳性的正式检查，将推迟到第12章引入单位根检验之后。但是，看看从两个序列的散点图和相关图中可以得出什么初步结论是有用的。检查图9-2（a）中的失业图可发现，该图具有如下特征：与图9-6（a）相比，它与图9-6（b）更相似。因此，仅根据散点图，人们可能会得出结论，失业率是非平稳的。结果表明，单位根检验拒绝了非平稳性的原假设，表明该序列可以被视为平稳的，但其非常高的自相关性导致了图9-2（a）中所显示的游走特性。我们是否有证据表明该序列是弱依赖的？答案是肯定的。图9-4中的自相关系数在较长的滞后期变得越来越小，最终降低到 $r_{24} = 0.035$。如果我们考虑滞后期超过24，我们将发现，$r_{36} = 0.008$。

　　转到GDP增长序列，我们注意到，图9-2（b）中的散点图具有与图9-6（a）相似的特征，使我们能够暂时得出结论：它是平稳的。从一个季度到下一个季度，GDP增长有起伏，但它不会长期上升或下降。短时间后，它将返回到中间值或平均值。图9-5中的相关图在长滞后期有显著的相关系数，但它们并不大，当检查图9-5中超过这些长滞后期的自相关系数时，它们很快就消失了，从而使我们得出结论：该序列是弱依赖的。

　　知道失业率和增长率是平稳的并且是弱依赖的，这意味着，我们可以继续将它们用于专门讨论具有平稳变量的时间序列回归模型的例子中。除了在第12章中考虑的所谓协整的特殊情况外，时间序列回归中的变量必须是平稳的，并且对最小二乘一致估计量是弱依赖的。

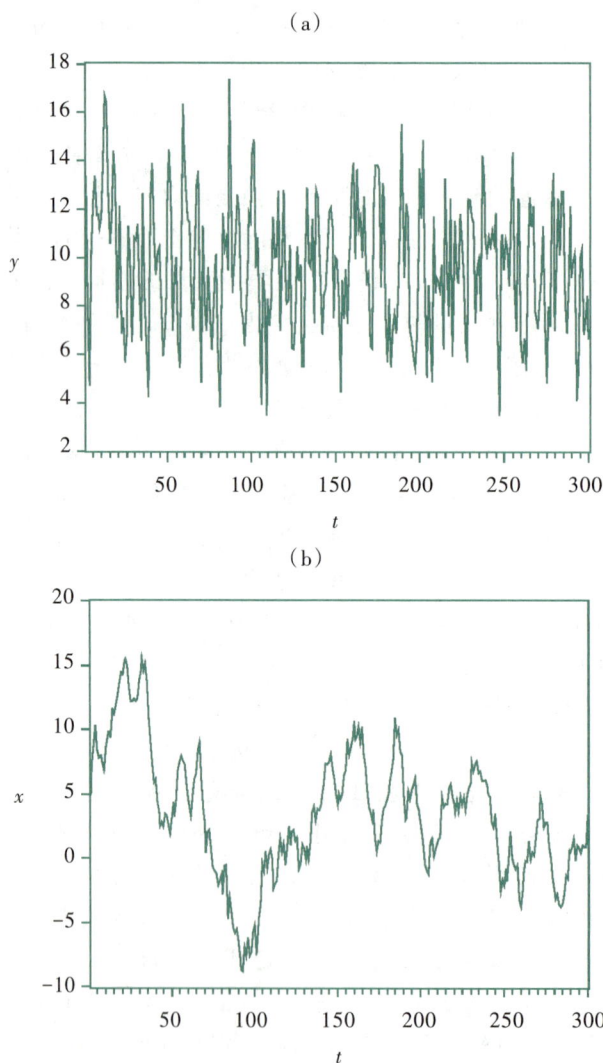

（a）

（b）

(c)

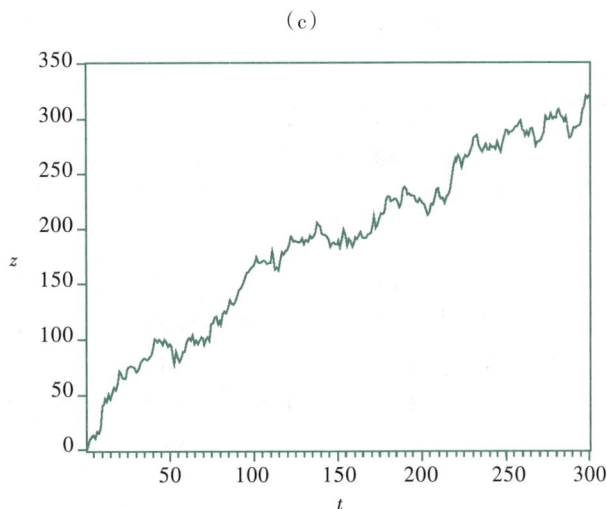

图9-6 （a）平稳变量的时间序列；（b）"缓慢转向"或"游走"的非平稳变量时间序列；
（c）"趋势"非平稳变量的时间序列

9.3 预测

对经济变量值的预测是许多机构（包括公司、银行、政府和个人）的一项主要活动。准确的预测对于政府经济政策、投资策略、向零售商供应商品以及我们日常生活其他方面的决策至关重要。由于它的重要性，你会发现有整部书和课程专门介绍预测的各个方面，包括预测方法和模型、评估预测及其可靠性的方法，以及实际的例子。[①]在本节中，我们考虑使用两种不同的模型进行预测，即 AR 模型和 ARDL 模型。我们的重点是**短期预测**，通常是未来三个时期内的预测。

为了在 ARDL 模型中介绍预测问题，假设我们给出了以下 ARDL（2，2）模型

$$y_t = \delta + \theta_1 y_{t-1} + \theta_2 y_{t-2} + \delta_1 x_{t-1} + \delta_2 x_{t-2} + e_t \tag{9.22}$$

选择 y 和 x 滞后期的标准将在第 9.3.3 节和第 9.4 节中讨论。目前，我们使用每个变量的两期滞后值来描述预测问题的基本特征。将公式（9.22）与公式（9.3）进行快速比较，发现它们存在细微差别：公式（9.22）中省略了 $\delta_0 x_t$ 项。为了理解原因，假设我们有样本观测值 $\{(y_t, x_t), t = 1, 2, \cdots, T\}$，并且我们希望根据公式（9.22）预测 y_{T+1}，表示为：

$$y_{T+1} = \delta + \theta_1 y_T + \theta_2 y_{T-1} + \delta_1 x_T + \delta_2 x_{T-1} + e_{T+1} \tag{9.23}$$

在公式（9.22）中包括 $\delta_0 x_t$ 意味着，在公式（9.23）中包括 $\delta_0 x_{T+1}$。如果将来值 x_{T+1} 已知，则可以将其包括在内，但是更有可能的情况是，当做出预测时，y_{T+1} 和 x_{T+1} 都不会在时间 T 被观测到。因此，舍弃公式（9.22）中的 x_t 是更实际的选择。

将在时间 t 所有 y 和 x 当前和过去的观测值信息集定义为：

$$I_t = \{y_t, y_{t-1}, \cdots, x_t, x_{t-1}, \cdots\} \tag{9.24}$$

假设我们站在样本期的末尾，已经观测到 y_T 和 x_T，预测未来一期数据的问题就是在已

[①] 全面而相对前沿的处理方法见 Graham Elliott and Allan Timmermann，*Economic Forecasting*，2016，Princeton University Press.

知或给定 T 时间的信息 $I_T = \{y_T, y_{T-1}, \cdots, x_T, x_{T-1}, \cdots\}$ 的条件下寻找预测值 $\hat{y}_{T+1}$。如果参数 $(\delta, \theta_1, \theta_2, \delta_1, \delta_2)$ 是已知的，则从最小化条件均值平方预测误差 $E[(\hat{y}_{T+1} - y_{T+1})^2 | I_T]$ 的角度来看，最佳预测为条件期望 $\hat{y}_{T+1} = E(y_{T+1}|I_T)$。我们来研究一下这对公式（9.23）中的 ARDL (2, 2) 模型意味着什么，稍后讨论参数的估计。如果我们认为只有 y 的两期滞后值和 x 的两期滞后值是相关的，它们提供了最好的预测——我们就假设：

$$E(y_{T+1}|I_T) = E(y_{T+1}|y_T, y_{T-1}, x_T, x_{T-1})$$
$$= \delta + \theta_1 y_T + \theta_2 y_{T-1} + \delta_1 x_T + \delta_2 x_{T-1} \tag{9.25}$$

注意以下两个条件期望之间的差异：条件依存于所有过去观测值的条件期望 $E(y_{T+1}|I_T)$ 与条件仅仅依存于最近两个时期观测值的条件期望 $E(y_{T+1}|y_T, y_{T-1}, x_T, x_{T-1})$。通过采用 ARDL (2, 2) 模型，我们假设，关于预测 y_{T+1}，过去两期以上的观测值并没有比最近两期观测值传递更多的信息。另外，为了保持公式（9.25）中的结果，我们要求：

$$E(e_{T+1}|I_T) = 0 \tag{9.26}$$

对于提前两期和三期的预测，最佳预测分别为：

$$\hat{y}_{T+2} = E(y_{T+2}|I_T) = \delta + \theta_1 E(y_{T+1}|I_T) + \theta_2 y_T + \delta_1 E(x_{T+1}|I_T) + \delta_2 x_T$$
$$\hat{y}_{T+3} = E(y_{T+3}|I_T) = \delta + \theta_1 E(y_{T+2}|I_T) + \theta_2 E(y_{T+1}|I_T) + \delta_1 E(x_{T+2}|I_T) + \delta_2 E(x_{T+1}|I_T)$$

请注意这两个预测的额外要求。我们需要知道 $E(y_{T+2}|I_T)$，$E(y_{T+1}|I_T)$，$E(x_{T+2}|I_T)$，$E(x_{T+1}|I_T)$。我们有以前各期预测中现成的 $E(y_{T+2}|I_T)$ 和 $E(y_{T+1}|I_T)$ 的估计值，但是 $E(x_{T+2}|I_T)$ 和 $E(x_{T+1}|I_T)$ 需要额外的信息。这些信息可以来自独立的预测，或者我们可能对"如果……那么"之类的问题感兴趣。例如，如果 x 接下来的两个未来值为 $\hat{x}_{T+1}$ 和 $\hat{x}_{T+2}$，那么 y_{T+2} 和 y_{T+3} 的点和区间预测将是多少？如果模型是不含 x 分量的纯自回归模型，则不会出现此问题。接下来，我们首先考虑一个使用纯 AR 模型的例子，其次考虑含有滞后 x 的例子。这些都是公式（9.22）的特例。我们将在例子之后讨论公式（9.26）和其他假设。

实例 9.5 使用 AR（2）模型预测失业率

为了演示如何使用 AR 模型进行预测，我们考虑用以下 AR（2）模型来预测美国失业率 U：

$$U_t = \delta + \theta_1 U_{t-1} + \theta_2 U_{t-2} + e_t \tag{9.27}$$

使用直到 2016 年第一季度（2016Q1，包括 2016 年第一季度）的观测值来预测未来三个季度的失业率：2016Q2、2016Q3 和 2016Q4。在时间 t 设置的信息为 $I_t = \{U_t, U_{t-1}, \cdots\}$。在我们观测 2016Q1 的时候，它是 $I_{2016Q1} = \{U_{2016Q1}, U_{2015Q4}, \cdots\}$。我们假设公式（9.26）成立，一般而言，在任何时期，其都可以写成 $E(e_t|I_{t-1}) = 0$。失业率的过去值不能用来预测当期的误差。有了这个设定，我们可以将 2016 年剩余时间的预测表达式写为：

$$\hat{U}_{2016Q2} = E(U_{2016Q2}|I_{2016Q1}) = \delta + \theta_1 U_{2016Q1} + \theta_2 U_{2015Q4} \tag{9.28}$$

$$\hat{U}_{2016Q3} = E(U_{2016Q3}|I_{2016Q1}) = \delta + \theta_1 E(U_{2016Q2}|I_{2016Q1}) + \theta_2 U_{2016Q1} \tag{9.29}$$

$$\hat{U}_{2016Q4} = E(U_{2016Q4}|I_{2016Q1}) = \delta + \theta_1 E(U_{2016Q3}|I_{2016Q1}) + \theta_2 E(U_{2016Q2}|I_{2016Q1}) \tag{9.30}$$

由于这些表达式都取决于未知参数 $(\delta, \theta_1, \theta_2)$，在我们继续之前，我们需要估计它们。我们暂时离题，请考虑对 AR（2）模型的估计。

失业率 AR（2）模型的 OLS 估计 假设 $E(e_t|I_{t-1}) = 0$ 足以使 $(\delta, \theta_1, \theta_2)$ 的 OLS 估计

量保持一致性。OLS估计量不会是无偏的，但是一致性给了它一个大样本合理性。假设 $E(e_t|I_{t-1})=0$ 比严格的**外生性**假设更弱。这意味着，在一般的ARDL模型中，对于所有 $s>0$，$\text{cov}(e_t,y_{t-s})=0$，$\text{cov}(e_t,x_{t-s})=0$，但并不排除将来的值 y_{t+s} 和 $x_{t+s}(s>0)$ 与 e_t 相关。公式（9.27）中的模型可以用与第5章和第6章中的多元回归模型相同的方法处理，$U_{t-1}=x_{t1}$，$U_{t-2}=x_{t2}$。"因变量"的两个滞后值可以视为两个不同的解释变量。区别之一是两期滞后使我们失去了两个观测值，估计观测值没有273个（T），而只有271个（$T-2$）个。从实际的角度来看，这种修正并不重要，你使用的软件将进行必要的调整。然而，有必要充分理解滞后变量是如何定义的，以及它们的观测值是如何进入估计过程的。表9-2包含作为单独变量的观测值（以表格的形式）。注意观测值是如何滞后的，形成 U_{t-1} 时我们如何丢失一个观测值，形成 U_{t-2} 时我们如何丢失两个观测值。

表 9-2 AR（2）模型观测值表

t	季度	U_t	U_{t-1}	U_{t-2}
1	1948Q1	3.7	•	•
2	1948Q2	3.7	3.7	•
3	1948Q3	3.8	3.7	3.7
4	1948Q4	3.8	3.8	3.7
5	1949Q1	4.7	3.8	3.8
⋮	⋮	⋮	⋮	⋮
271	2015Q3	5.2	5.4	5.6
272	2015Q4	5.0	5.2	5.4
273	2016Q1	4.9	5.0	5.2

使用表9-2中的观测值，求解公式（9.27）中模型的OLS估计值，得到：

$$\hat{U}_t = 0.2885 + 1.6128 U_{t-1} - 0.6621 U_{t-2} \quad \hat{\sigma}=0.2947 \tag{9.31}$$
$$(\text{se})(0.0666)(0.0457) \quad (0.0456)$$

该方程中的标准误是第2章和第5章介绍的常规最小二乘标准误。这些标准误和估计值 $\hat{\sigma}=0.2947$ 在条件同方差假设 $\text{var}(e_t|U_{t-1},U_{t-2})=\sigma^2$ 下有效。另外，在大样本中，通常的 t 统计量和 F 统计量可用于 $(\delta,\theta_1,\theta_2)$ 的假设检验或区间估计构建。你可能想，我们是否需要一个与第2章和第5章中的假设相对应的假设，即误差是序列不相关的。可以证明的是，我们已经做出的一个假设 $E(U_t|I_{t-1})=\delta+\theta_1 U_{t-1}+\theta_2 U_{t-2}$ 意味着误差是不相关的。

失业率预测 估计了 AR（2）模型之后，我们现在可以将其用于预测了。认识到最近两个季度的失业率分别为 $U_{2016Q1}=4.9$ 和 $U_{2015Q4}=5$，使用公式（9.28）和（9.31）中的估计值，得到 U_{2016Q2} 的预测值为：

$$\hat{U}_{2016Q2} = \hat{\delta} + \hat{\theta}_1 U_{2016Q1} + \hat{\theta}_2 U_{2015Q4}$$
$$= 0.28852 + 1.61282 \times 4.9 - 0.66209 \times 5 \tag{9.32}$$
$$= 4.8809$$

移至未来两个季度的预测，我们有：

$$\hat{U}_{2016Q3} = \hat{\delta} + \hat{\theta}_1 \hat{U}_{2016Q2} + \hat{\theta}_2 U_{2016Q1}$$
$$= 0.28852 + 1.61282 \times 4.8809 - 0.66209 \times 4.9 \qquad (9.33)$$
$$= 4.9163$$

获得 $\hat{U}_{2016Q2}$ 和 $\hat{U}_{2016Q3}$ 预测值的方法有一个重要的区别。我们可以仅使用 U 的过去观测值来计算 $\hat{U}_{2016Q2}$，但是，U_{2016Q3} 取决于 U_{2016Q2}，这在 2016Q1 时未被观测到。为了克服这个问题，我们用公式（9.33）右边的预测值 $\hat{U}_{2016Q2}$ 替代 U_{2016Q2}。为了预测 U_{2016Q4}，需要在等式右边同时预测 U_{2016Q3} 和 U_{2016Q2}。具体地说，

$$\hat{U}_{2016Q4} = \hat{\delta} + \theta_1 \hat{U}_{2016Q3} + \theta_2 \hat{U}_{2016Q2}$$
$$= 0.28852 + 1.61282 \times 4.9163 - 0.66209 \times 4.8809 \qquad (9.34)$$
$$= 4.986$$

预测 2016Q2、2016Q3 和 2016Q4 的失业率分别约为 4.88%、4.92% 和 4.99%。到本书出版时，我们将能够将这些预测值与实际发生的情况进行比较！

9.3.1 预测区间值和标准误

我们通常感兴趣的不仅仅是点预测，还有区间预测，它们给出可能的范围（将来值可能会落在该范围内），并表明点预测的可靠性。为了研究如何构建预测区间，我们回到更一般的 ARDL（2，2）模型：

$$y_t = \delta + \theta_1 y_{t-1} + \theta_2 y_{t-2} + \delta_1 x_{t-1} + \delta_2 x_{t-2} + e_t$$

并检查提前一期、二期和三期的预测误差。提前一期的预测误差 f_1 表示为：

$$f_1 = y_{T+1} - \hat{y}_{T+1}$$
$$= (\delta - \hat{\delta}) + (\theta_1 - \hat{\theta}_1) y_T + (\theta_2 - \hat{\theta}_2) y_{T-1} + (\delta_1 - \hat{\delta}_1) x_{T-1} + (\delta_2 - \hat{\delta}_2) x_{T-2} + e_{T+1} \qquad (9.35)$$

其中，$(\hat{\delta}, \hat{\theta}_1, \hat{\theta}_2, \hat{\delta}_1, \hat{\delta}_2)$ 是最小二乘估计值。预测值 $\hat{y}_{T+1}$ 与对应的实现值 y_{T+1} 之间的差异取决于实际系数与估计系数之间的差异以及随机误差 e_{T+1} 的值。在第 4 章和第 6 章中，当我们使用回归模型进行预测时，也出现了类似情况。现在不同的是，我们要忽略估计系数的误差。在时间序列预测中这样做是很常见的，因为相比估计系数的方差，随机误差的方差通常很大，并且预测误差方差的结果估计量保留了一致性的属性。这意味着我们可以将提前一个季度的预测误差写为：

$$\hat{f}_1 = e_{T+1} \qquad (9.36)$$

对于提前两期，预测误差会变得更加复杂。在这种情况下，忽略估计系数的抽样误差，我们将使用

$$\hat{y}_{T+2} = \delta + \theta_1 \hat{y}_{T+1} + \theta_2 y_T + \delta_1 \hat{x}_{T+1} + \delta_2 x_T \qquad (9.37)$$

来预测

$$y_{T+2} = \delta + \theta_1 y_{T+1} + \theta_2 y_T + \delta_1 x_{T+1} + \delta_2 x_T + e_{T+2} \qquad (9.38)$$

在公式（9.37）中，$\hat{y}_{T+1}$ 来自提前一期的预测，但需要从其他地方得到 $\hat{x}_{T+1}$ 的值。为了提前两期预测，我们也需要有 $\hat{x}_{T+2}$。这些值可能来自其自己的预测模型，或者来自由预测者设置的"如果……那么"之类的问题。我们将假设这些值是给定的，$\hat{x}_{T+1} = x_{T+1}$，$\hat{x}_{T+2} =$

x_{T+2}，或者我们正在问"如果……那么"之类的问题，因此我们可以假设预测 x 的将来值没有误差。在给定这些假设下，提前两期的预测误差为：

$$f_2 = \theta_1(y_{T+1} - \hat{y}_{T+1}) + e_{T+2} = \theta_1 f_1 + e_{T+2} = \theta_1 e_{T+1} + e_{T+2} \tag{9.39}$$

对于提前三期，误差可以表示为：

$$f_3 = \theta_1 f_2 + \theta_2 f_1 + e_{T+3} = (\theta_1^2 + \theta_2)e_{T+1} + \theta_1 e_{T+2} + e_{T+3} \tag{9.40}$$

用 e_t 表示预测误差很容易推导出预测误差方差的表达式。假设 $E(e_t|I_{t-1}) = 0$，$\mathrm{var}(e_t|y_{t-1}, y_{t-2}, x_{t-1}, x_{t-2}) = \sigma^2$，公式（9.36）、公式（9.39）及公式（9.40）可以用来证明：

$$\sigma_{f_1}^2 = \mathrm{var}(f_1|I_T) = \sigma^2$$
$$\sigma_{f_2}^2 = \mathrm{var}(f_2|I_T) = \sigma^2(1 + \theta_1^2) \tag{9.41}$$
$$\sigma_{f_3}^2 = \mathrm{var}(f_3|I_T) = \sigma^2[(\theta_1^2 + \theta_2)^2 + \theta_1^2 + 1]$$

通过将公式（9.41）中的未知参数替换为其估计值，然后取平方根，可以得到预测误差的标准误。用 $\hat{\sigma}_{f1}$、$\hat{\sigma}_{f2}$、$\hat{\sigma}_{f3}$ 表示这些标准误，$100(1-\alpha)\%$ 预测区间表示为 $\hat{y}_{T+j} \pm t_{(1-\alpha/2, T-7)}\hat{\sigma}_{fj}$，$j = 1, 2, 3$。$t$ 分布的自由度为 $(T-p-q-1)-2 = T-7$，因为估计了五个系数，两个滞后值导致损失了两个观测值。

实例 9.6 根据 AR（2）模型预测失业率的区间

使用公式（9.41）中的预测误差方差、公式（9.31）中的估计值和 $t_{(0.975, 268)} = 1.9689$，我们可以计算预测标准误和 95% 的预测区间值，如表 9-3 所示。随着我们对未来的进一步预测，预测标准误和区间宽度是如何增加的，这反映了这样做的额外不确定性。要精确地预测未来的未来要困难得多。图 4-2 中介绍了这个想法。

表 9-3　　　　　　　根据 AR（2）模型预测失业率和区间值

季度	预测值 $(\hat{U}_{T+j})$	预测误差的标准误差 $(\hat{\sigma}_{fj})$	预测区间值 $(\hat{U}_{T+j} \pm 1.9689 \times \hat{\sigma}_{fj})$
2016Q2（$j=1$）	4.881	0.2947	(4.301, 5.461)
2016Q3（$j=2$）	4.916	0.5593	(3.815, 6.017)
2016Q4（$j=3$）	4.986	0.7996	(3.412, 6.560)

实例 9.7 使用 ARDL（2，1）模型预测失业率

在本例中，我们将 GDP 增长率（G）的滞后值引入，看看将其包括在内是否会提高我们的预测精度。我们预计，高增长率将导致更少的失业，而经济放缓将导致更多的失业。最小二乘估计模型为：

$$\hat{U}_t = 0.3616 + 1.5331 U_{t-1} - 0.5818 U_{t-2} - 0.04824 G_{t-1}$$
$$(\mathrm{se})(0.0723)(0.0556)\quad(0.0556)\quad(0.01949) \tag{9.42}$$
$$\hat{\sigma} = 0.2919$$

G 的将来值对预测超过一个季度的未来是必要的，除了需要提供 G 的将来值，使用 ARDL 模型的预测方法与纯 AR 模型的预测方法基本相同。如果我们满足于构建预测区间，忽略 G 将来值设定中的任何误差，则在 AR 模型中添加分布式滞后分量不需要做任何特殊处理。点和区间预测值的获取方法相同。对于 2016Q3 和 2016Q4 的预测值，我们假设 $G_{2016Q2} = 0.869$ 和 $G_{2016Q3} = 1.069$。比较表 9-3 和表 9-4 中的预测值，我们发现，加入滞后的增长率后，失业率的点预测值有所增加，并且预测值的标准误略有降低。点预测值较大的主要原因似乎是截距 δ 估计值的增大，从 0.2885 提高到 0.3616。此外，尽管 $G_{2016Q2} = 0.869$ 和 $G_{2016Q3} = 1.069$ 假设相对于 $G_{2016Q1} = 0.310$ 而言增长率有所提高，但它们仍低于样本平均增长率 $\overline{G} = 1.575$。

表 9-4　　　　　　　　　来自 ARDL（2，1）模型的失业率预测值和预测区间值

季度	预测值 $(\hat{U}_{T+j})$	预测误差的标准误 $(\hat{\sigma}_{fj})$	预测区间值 $(\hat{U}_{T+j} \pm 1.9689 \times \hat{\sigma}_{fj})$
2016Q2（$j = 1$）	4.950	0.2919	(4.375, 5.525)
2016Q3（$j = 2$）	5.058	0.5343	(4.006, 6.110)
2016Q4（$j = 3$）	5.184	0.7430	(3.721, 6.647)

我们已经考虑使用 AR 和 ARDL 模型进行预测。需要指出的是，用一个没有 AR 分量的有限分布滞后模型进行预测，可以在与第 6.4 节考虑的线性回归模型预测相同的框架内进行。右边的变量不是多个不同的 x 变量，而是同一 x 变量的一些滞后值。

9.3.2　预测假设

在本节中，我们提到了各种假设，以确保 ARDL 模型可以被一致地估计并用于预测。以下是这些假设及其含义的摘要。

F1：时间序列 y 和 x 是平稳且弱依赖的。第 12 章讨论了如何检验这一假设，以及如何对违背该假设的时间序列建模。

F2：条件期望 $E(y_t|I_{t-1})$ 是 y 和 x 的有限滞后值的线性函数，即：

$$E(y_t|I_{t-1}) = \delta + \theta_1 y_{t-1} + \cdots + \theta_p y_{t-p} + \delta_1 x_{t-1} + \cdots + \delta_q x_{t-q} \tag{9.43}$$

其中，$I_{t-1} = \{y_{t-1}, y_{t-2}, \cdots, x_{t-1}, x_{t-2}, \cdots\}$ 定义为时间 $t-1$ 时的信息集，表示在时间 t 的所有过去观测值。这个假设隐含了很多内容。

1. y 超过 y_{t-p} 的滞后值和 x 超过 x_{t-q} 的滞后值对条件期望没有影响；它们无法改善对 y_t 的预测。

2. 下列 ARDL 模型中的误差项 e_t 遵循 $E(e_t|I_{t-1}) = 0$。

$$y_t = \delta + \theta_1 y_{t-1} + \cdots + \theta_p y_{t-p} + \delta_1 x_{t-1} + \cdots + \delta_q x_{t-q} + e_t$$

是这样的，

3. 令 $\mathbf{z}_t = (1, y_{t-1}, \cdots, y_{t-p}, x_{t-1}, \cdots x_{t-q})$ 表示在时间 t ARDL 模型所有的右边变量。在 $E(e_t e_s|\mathbf{z}_t, \mathbf{z}_s) = 0$ 的意义上（$t \neq s$），e_t 不是序列相关的。如果 e_t 是序列相关的，则在 $E(e_t|I_{t-1})$ 中至少还应该出现一个 y 的滞后值。为了直观了解为什么会这样，考虑 AR（1）模型 $y_t = \delta + \theta_1 y_{t-1} + e_t$。$e_t$ 与 e_{t-1} 之间的相关性意味着我们可以写出 $E(e_t|I_{t-1}) = \rho e_{t-1}$，据此我们得到 $E(y_t|I_{t-1}) = \delta + \theta_1 y_{t-1} + \rho e_{t-1}$。根据原始模型，$e_{t-1} = y_{t-1} - \delta - \theta_1 y_{t-2}$，因此，

$$E(y_t|I_{t-1}) = \delta + \theta_1 y_{t-1} + \rho(y_{t-1} - \delta - \theta_1 y_{t-2})$$
$$= \delta(1-\rho) + (\theta_1 + \rho)y_{t-1} - \rho\theta_1 y_{t-2}$$

4. 假设 $E(e_t|I_{t-1}) = 0$ 并不排除过去的误差 e_{t-j}（$j > 0$）会影响 x 的当前值和将来值。如果 x 是一个政策变量，其设置对 e 和 y 的过去值做出反应，则最小二乘估计量仍是一致的，并

且条件期望仍然是最好的预测，但是排除了 e_t 与过去的 x 值之间的相关性。例如，如果 e_t 与 x_{t-1} 相关，则 $E(e_t|I_{t-1}) \neq 0$。

F3：误差具有条件同方差，$\text{var}(e_t|\mathbf{z}_t) = \sigma^2$。为了使传统的最小二乘标准误差有效，并且计算出预测标准误，要进行这一段设。

9.3.3　选择滞后长度

到目前为止，在 ARDL 模型以及如何将其用于预测的描述中，我们采用了给定的滞后长度 p 和 q。确保我们在最小均方误差意义上获得最佳预测的一个关键假设是，除了包含在模型中的滞后值，没有其他更多的滞后值提供可以改善预测的额外信息。从技术上讲，这个假设相当于 $E(e_t|I_{t-1}) = 0$，其中 e_t 是方程误差项，$I_{t-1} = \{y_{t-1}, y_{t-2}, \cdots, x_{t-1}, x_{t-2}, \cdots\}$ 是 t 期之前的信息集。现在出现的一个自然问题是：应该包括 y 和 x 的多少个滞后值？具体来看，ARDL(p, q) 模型：

$$y_t = \delta + \theta_1 y_{t-1} + \cdots + \theta_p y_{t-p} + \delta_1 x_{t-1} + \cdots + \delta_q x_{t-q} + e_t$$

如何确定 p 和 q？有许多不同的标准可以使用。由于它们不一定都导致相同的选择，因此必须进行一定程度的主观判断。在这个领域，计量经济学既是一门科学，也是一门艺术。

我们可以相对快速地解释三个标准。第一个是只要估计系数值显著异于零，就一直延长 y 和 x 的滞后长度。第二个是以 AIC 或 SC 变量最小作为选择 p 和 q 的标准。第三个是使用保留样本评价每个 (p, q) 组合的样本外预测结果。检验显著性已在第 3 章中介绍过，此后已广泛使用。第 6.4.1 节中我们讨论了第二和第三个标准。在本节的其余部分中，我们使用失业率方程来说明如何使用 SC 选择滞后长度。[①]确定 p 和 q 的第四种方法是检查误差项中的序列相关性。由于 $E(e_t|I_{t-1}) = 0$ 意味着滞后长度 p 和 q 是足够的，并且误差不是序列相关的，因此序列相关的存在表明我们没有足够的滞后值。检验序列相关性本身就是一个重要的主题，因此我们在第 9.4 节专门介绍它。

实例 9.8　在 ARDL(p, q) 失业方程中选择滞后长度

我们的目标是在如下方程中，使用 SC 选择 U 的滞后值数量和 G 的滞后值数量。

$$U_t = \delta + \theta_1 U_{t-1} + \cdots + \theta_p U_{t-p} + \delta_1 G_{t-1} + \cdots + \delta_q G_{t-q} + e_t$$

当为可能的滞后长度计算 SC 时，重要的是使用相同数量的观测值来估计每个模型；否则，SC 中的误差平方和在各个模型之间将不具有可比性。由于滞后变量会导致观测值损失，并且损失观测值的数量取决于滞后长度，因此在选择估计时期时必须格外小心。我们考虑 U 和 G 最多使用 8 个滞后值，为了保证可比性，对所有模型，我们的估计期限是从 1950Q1 到 2016Q1。每个方程右侧的滞后值最多使用 8 个观测值，U_t 的第一个样本值始终为 1950Q1，总共有 265 个观测值。$p=1$，2，4，6，8 和 $q=0$，1，2，$\cdots$，8 的 SC 值如表 9-5 所示，包括 U 的 p 期滞后值和 G 的 q 期滞后值。$p=3$，5，7 的 SC 值被省略，因为它们影响不大（p 的其他值占主导地位），没有传达任何额外的信息。因为 SC 值为负，所以 p 和 q 的最小值是导致"最大负数"条目（即 $p=2$ 和 $q=0$）的值，这表明 ARDL$(2, 0)$ 模型 $U_t =$

[①]　SC 比 AIC 更严厉地惩罚额外的滞后值，从而导致一个更简约的模型。它通常优于 AIC，它可以选择具有太多滞后值的模型，即使样本容量是无限大的。详见 Russell Davidson and James McKinnon（2004），*Econometric Theory and Methods*，Oxford University Press，p.676-677。

$\delta + \theta_1 U_{t-1} + \theta_2 U_{t-2} + e_t$ 是合适的。需要注意的其他事情是,如果舍弃 U_{t-2},那么 SC 增加量相对更大,并且不管 q 取值如何,SC 都不支持 U_t 超过两期的滞后值。

表 9-5 　　　　　　　　　　　　ARDL（p, q）失业率方程的 SC 值

滞后值 q/p	SC				
	1	2	4	6	8
0	-1.880	-2.414	-2.391	-2.365	-2.331
1	-2.078	-2.408	-2.382	-2.357	-2.323
2	-2.063	-2.390	-2.361	-2.337	-2.302
3	-2.078	-2.407	-2.365	-2.340	-2.306
4	-2.104	-2.403	-2.362	-2.331	-2.297
5	-2.132	-2.392	-2.353	-2.346	-2.312
6	-2.111	-2.385	-2.346	-2.330	-2.292
7	-2.092	-2.364	-2.325	-2.309	-2.271
8	-2.109	-2.368	-2.327	-2.307	-2.269

由于我们还使用了包含 G_{t-1} 的 ARDL（2, 1）模型,我们要知道是否有任何证据支持它包含 G_{t-1}。结果表明,如果我们返回,并且样本从 1948Q3 开始,去掉前两个观测值以容纳两个滞后值,则 ARDL（2, 0）和 ARDL（2, 1）模型的 SC 值分别为-2.393 和-2.395。在这种情况下,我们更倾向于选择包含 G_{t-1}。此外,正如我们从方程（9.42）中可以看出的,G_{t-1} 的系数在 5% 的显著性水平下显著异于零。等于零的原假设的 p 值为 0.014。

9.3.4　格兰杰因果关系检验

格兰杰因果关系是指一个变量的滞后值有助于预测另一个变量。考虑如下 ARDL 模型:

$$y_t = \delta + \theta_1 y_{t-1} + \cdots + \theta_p y_{t-p} + \delta_1 x_{t-1} + \cdots + \delta_q x_{t-q} + e_t$$

我们说,如果下式成立,则 x 不是 y 变化的"格兰杰原因":

$$E(y_t|y_{t-1}, y_{t-2}, \cdots, y_{t-p}, x_{t-1}, x_{t-2}, \cdots, x_{t-q}) = E(y_t|y_{t-1}, y_{t-2}, \cdots, y_{t-p})$$

因此,格兰杰因果关系的检验等同于检验:

$H_0: \delta_1 = 0, \delta_2 = 0, \cdots, \delta_q = 0$

$H_1:$ 至少有一个 $\delta_i \neq 0$

我们可以使用第 6 章介绍的 F 检验来检验联合线性假设。拒绝 H_0 意味着 x 是引起 y 变化的格兰杰原因。注意,如果 x 是引起 y 变化的格兰杰原因,则不一定意味着 x 和 y 之间存在直接因果关系。这意味着拥有关于过去 x 值的信息将改善对 y 的预测。任何因果关系都可以是间接的。

实例 9.9 经济增长是失业率变化的"格兰杰原因"吗?

为了回答这个问题,我们首先回到 ARDL（2, 1）模型,其估计值由公式（9.42）给

出。具体而言，

$$\hat{U}_t = 0.3616 + 1.5331 U_{t-1} - 0.5818 U_{t-2} - 0.04824 G_{t-1}$$
$$(\text{se})(0.0723)(0.0556) \qquad (0.0556) \qquad (0.01949)$$

在该模型中，检验 G 是不是引起 U 变化的格兰杰原因等同于检验 G_{t-1} 系数的显著性，可以通过 t 检验或 F 检验进行。例如，F 值为：

$$F = t^2 = (0.04824/0.01949)^2 = 6.126$$

它超过 5% 的临界值 $F_{(0.95, 1, 267)} = 3.877$，我们得出结论，$G$ 是引起 U 变化的格兰杰原因。

为了说明检验多个滞后值时检验是如何进行的，我们考虑以下含有 G 的 4 个滞后值的模型：

$$U_t = \delta + \theta_1 U_{t-1} + \theta_2 U_{t-2} + \delta_1 G_{t-1} + \delta_2 G_{t-2} + \delta_3 G_{t-3} + \delta_4 G_{t-4} + e_t$$

在该模型中，检验 G 是不是引起 U 变化的格兰杰原因等同于检验：

H_0：$\delta_1 = 0, \delta_2 = 0, \delta_3 = 0, \delta_4 = 0$

H_1：至少有一个 $\delta_i \neq 0$

通过假设 H_0 为真，得到的受限模型为 $U_t = \delta + \theta_1 U_{t-1} + \theta_2 U_{t2} + e_t$。如果我们使用受限和非受限误差平方和计算 F 值，重要的是要确保两个模型在 1949Q1 到 2016Q1 的样本期间使用相同数量的观测值，在本例中观测值数为 269。检验的 F 值是：

$$F = \frac{(SSE_R - SSE_U)/J}{SSE_U/(T-K)} = \frac{(23.2471 - 21.3020)/4}{21.3020/(269 - 7)} = 5.981$$

因为 $F = 5.981$ 大于 5% 的临界值 $F_{(0.95, 4, 262)} = 2.406$，我们拒绝 H_0，并得出 G 确实是引起 U 变化的格兰杰原因。

9.4 检验序列相关误差

再次考虑 ARDL (p, q) 模型：

$$y_t = \delta + \theta_1 y_{t-1} + \cdots + \theta_p y_{t-p} + \delta_1 x_{t-1} + \cdots + \delta_q x_{t-q} + e_t \tag{9.44}$$

其中，$I_{t-1} = \{y_{t-1}, y_{t-2}, \cdots, x_{t-1}, x_{t-2}, \cdots\}$ 被定义为在时间 $t-1$ 的信息集，并代表在时间 t 的所有过去观测值。为了保持符号和说明相对简单，假设 $p = q = 1$。预测假设 F2，即所有相关滞后值都已包括在条件期望 $E(y_t|I_{t-1}) = \delta + \theta_1 y_{t-1} + \delta_1 x_{t-1}$ 中，其含义是误差 e_t 是序列不相关的。对于没有序列相关性的情况，我们要求任意两个不同误差之间的条件协方差为零。即对于所有 $t \neq s$，$E(e_t e_s | \mathbf{z}_t, \mathbf{z}_s) = 0$，其中 $\mathbf{z}_t = (1, y_{t-1}, x_{t-1})$ 表示在时间 t 所有 ARDL 模型右边的变量。如果 $E(e_t e_s | \mathbf{z}_t, \mathbf{z}_s) \neq 0$，则 $E(e_t | I_{t-1}) \neq 0$，这又意味着 $E(y_t | I_{t-1}) \neq \delta + \theta_1 y_{t-1} + \delta_1 x_{t-1}$。因此，评估是否已包含足够的滞后值以获得最佳预测的方法之一是检验序列相关误差。

不使用最佳模型进行预测并不是序列相关误差的唯一含义。如果对于 $t \neq s$，$E(e_t e_s | \mathbf{z}_t, \mathbf{z}_s) \neq 0$，则通常的最小二乘标准误无效。无效标准误的可能性不仅与预测方程有关，而且与将在第 9.5 节中讨论的用于政策分析的方程有关。由于这些原因，在估计时间序列回归时，检验序列相关误差是常规的做法。为此，我们讨论三个检验：检查最小二乘残差的相关图、拉格朗日乘数检验和 Durbin-Watson 检验。

9.4.1 检查最小二乘残差相关图

在第 9.1.2 节中，我们看到了如何使用相关图来检查时间序列自相关的性质，以及如何检验自相关是否显著异于零。在实例 9.2 和实例 9.3 中我们分别研究了失业率和增长率的序列自相关。以类似的方式，我们可以使用最小二乘残差的相关图来检查序列相关误差。由于未观测到误差 e_t，因此不能直接检查其相关图。但是，我们可以得到最小二乘残差 $e_t = y_t - \hat{\delta} - \hat{\theta}_1 y_{t-1} - \hat{\delta}_1 x_{t-1}$ 作为 e_t 的估计值，并检验其自相关。注意，最小二乘残差的均值为零，调整方程（9.20）后，我们可以将残差的 k 阶自相关写为：

$$r_k = \frac{\sum_{t=k+1}^{T} \hat{e}_t \hat{e}_{t-k}}{\sum_{t=1}^{T} \hat{e}_t^2} \tag{9.45}$$

在理想情况下，为了让相关图表明无序列相关性，我们希望对于 $k = 1, 2, \cdots$，有 $|r_k| < 2/\sqrt{T}$，使用 2 来近似 1.96，这是 5% 显著性水平的临界值。但是，在长滞后期下，偶然的显著（但较小）自相关并不能构成有力并被接受的自相关的证据。

实例 9.10 检查 ARDL（2，1）失业率方程的残差相关图

对于第一个实例，我们返回到公式（9.42）中的 ARDL（2，1）模型，使用 271 个观测值进行了估计：

$$\hat{U}_t = 0.3616 + 1.5331 U_{t-1} - 0.5818 U_{t-2} - 0.04824 G_{t-1}$$
$$(\text{se})(0.0723)(0.0556) \quad (0.0556) \quad (0.01949)$$

图 9-7 的相关图中给出的残差自相关通常很小且不显著，但在滞后 7 期、8 期和 17 期有例外，自相关系数超过了显著性边界。这些相关系数在很长的滞后期内几乎不显著，并且相对较小（$r_7 = 0.146$，$r_8 = -0.130$，$r_{17} = 0.133$）。可以合理地得出结论，没有强有力的证据表明序列相关。

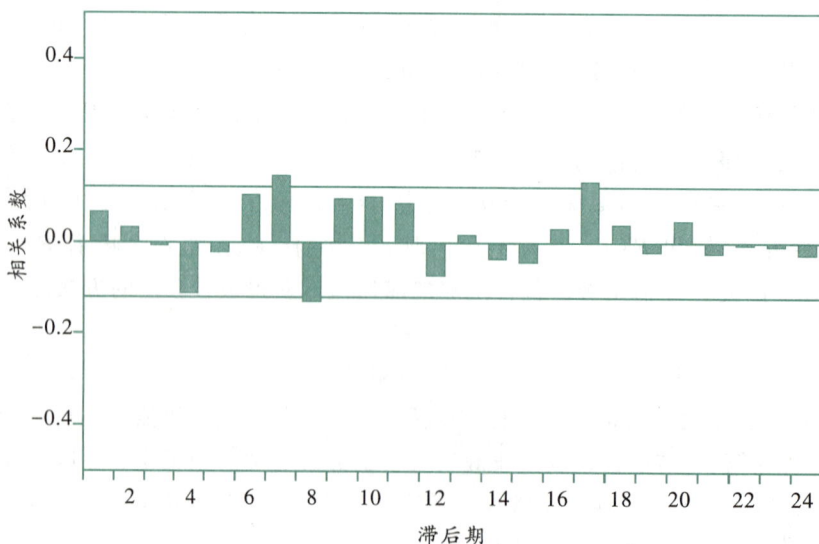

图 9-7 ARDL（2，1）模型残差相关图

实例9.11 检查ARDL（1，1）失业率方程残差相关图

为了将实例9.10中的结果与明显存在序列相关的结果进行对比，我们使用272个观测值，重新估计了省略U_{t-2}的模型。如果U_{t-2}对预测方程有重要影响，则省略其很可能导致误差的序列相关。重新估计的方程为：

$$\hat{U}_t = 0.4849 + 0.9628U_{t-1} - 0.1672G_{t-1}$$
$$(\text{se})(0.0842)(0.0128)\quad\quad(0.0187)$$

(9.46)

其相关图如图9-8所示。在这种情况下，前三个自相关是显著的，前两个自相关是较大的（$r_1 = 0.449$，$r_2 = 0.313$）。我们得出结论，该误差是序列相关的。我们需要更多的滞后期来改善预测设定，方程（9.46）中给出的最小二乘标准误无效。

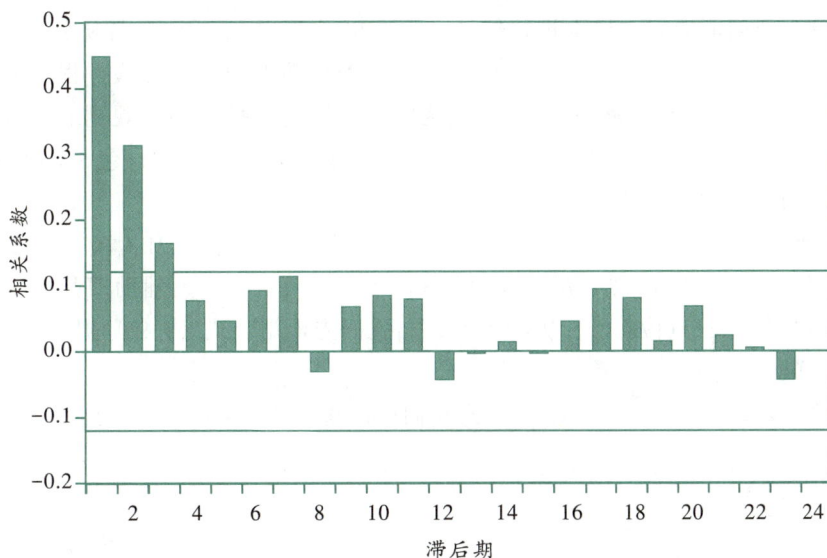

图9-8 ARDL（1，1）模型残差相关图

9.4.2 拉格朗日乘数检验

我们考虑用于检验序列相关误差的第二个检验是根据产生拉格朗日乘数[①]（LM）检验的假设检验原理导出的。在更高级的课程中，你将学习术语"LM"的由来。第8章给出了检验异方差的另一个例子。一般原理见附录C.8.4。该检验的一个优点在于，它能很轻易地推广到多个滞后值的相关性联合检验。

为了介绍该检验，我们考虑ARDL（1，1）模型$y_t = \delta + \theta_1 y_{t-1} + \delta_1 x_{t-1} + e_t$。该检验的原假设是误差$e_t$是不相关的。为了根据一个或多个参数限制来表达原假设，我们可以为备择假设引入一个模型，该模型描述了任何自相关的可能性质。我们将考虑几个替代模型。

检验AR（1）误差 在第一种情况中，我们考虑一个备择假设，即误差通过AR（1）过程$e_t = \rho e_{t-1} + v_t$相关，对于$t \neq s$，新误差v_t满足不相关假设$\text{cov}(v_t, v_s | \mathbf{z}_t, \mathbf{z}_s) = 0$。在ARDL（1，1）模型中，$\mathbf{z}_t = (1, y_{t-1}, x_{t-1})$。替换原始方程式中的$e_t$，得到：

[①] Joseph-Louis Lagrange（1736—1813）是一位出生于意大利的数学家。使用所谓的"拉格朗日乘数原理"的统计检验在1948年被C.R.Rao引入统计中。

$$y_t = \delta + \theta_1 y_{t-1} + \delta_1 x_{t-1} + \rho e_{t-1} + v_t \tag{9.47}$$

如果 $\rho=0$，则 $e_t = v_t$，因为 v_t 不是序列相关的，所以 e_t 不会是序列相关的。因此，可以根据 $H_1:\rho = 0$ 和 $H_1:\rho \neq 0$ 的假设建立序列相关性检验。如果 e_{t-1} 是可观测的，执行此检验的明显方法是使用 y_{t-1}、x_{t-1} 和 e_{t-1} 对 y_t 进行回归，然后使用 t 检验或 F 检验来检验 e_{t-1} 系数的显著性。然而，由于 e_{t-1} 是不可观测的，我们用滞后最小二乘残差 $\hat{e}_{t-1}$ 代替它，然后用通常的方法进行检验。

以这种方法进行检验似乎很简单，但更复杂的是，应用计量经济学已经试着以至少四种不同的方法做到了这一点！其中第一个变化集中于对第一个观测值的处理上。为了理解这个问题，假设我们有 100 个观测值来估计 ARDL（1，1）模型。由于 y 和 x 都滞后一期，我们使用 99 个观测值的有效样本进行估计，将有 99 个残差 $\hat{e}_t$。用 $\hat{e}_{t-1}$ 替换公式（9.47）中的 e_{t-1}，这意味着将进一步丢失一个观测值，留下 98 个观测值用于检验方程。最后一个观测值被舍弃的解决方法是将 $\hat{e}_{t-1}$ 的初始值设为零，这样就保留了 99 个观测值。这样做是有道理的，因为当 H_0 为真时，$E(e_{t-1}|z_{t-1}) = 0$。这是在被广泛使用的软件包 Stata 和 EViews 的自动命令中采用的方法。

第二个变化需要更多的运算。正如我们在第 8 章中发现的，LM 检验是这样的，它们可以经常被写为简单表达式 $T \times R^2$，其中 T 是样本观测值数，R^2 是辅助回归拟合优度统计值。为了导出自相关 LM 检验的相关辅助回归，我们先根据公式（9.47）把检验方程写为：

$$y_t = \delta + \theta_1 y_{t-1} + \delta_1 x_{t-1} + \rho \hat{e}_{t-1} + v_t \tag{9.48}$$

注意，$y_t = \hat{y}_t + \hat{e}_t = \hat{\delta} + \hat{\theta}_1 y_{t-1} + \hat{\delta}_1 x_{t-1} + \hat{e}_t$，我们可以将公式（9.48）重写为：

$$\hat{\delta} + \hat{\theta}_1 y_{t-1} + \hat{\delta}_1 x_{t-1} + \hat{e}_t = \delta + \theta_1 y_{t-1} + \delta_1 x_{t-1} + \rho \hat{e}_{t-1} + v_t$$

整理该方程，得到：

$$\begin{aligned} \hat{e}_t &= (\delta - \hat{\delta}) + (\theta_1 - \hat{\theta}_1) y_{t-1} + (\delta_1 - \hat{\delta}_1) x_{t-1} + \rho \hat{e}_{t-1} + v_t \\ &= \gamma_1 + \gamma_2 y_{t-1} + \gamma_3 x_{t-1} + \rho \hat{e}_{t-1} + v_t \end{aligned} \tag{9.49}$$

其中，$\gamma_1 = \delta - \hat{\delta}$，$\gamma_2 = \theta_1 - \hat{\theta}_1$，$\gamma_3 = \delta_1 - \hat{\delta}_1$。当通过检验 $\hat{e}_{t-1}$ 系数的显著性来检验自相关时，可以估计公式（9.48）或公式（9.49）。两者产生相同的检验结果——相同的 $\hat{e}_{t-1}$ 系数估计值，相同的 t 值。然而，y_{t-1} 和 x_{t-1} 的截距和系数估计值将是不同的。在公式（9.49）中，我们估计的是 $(\delta - \hat{\delta})$、$(\theta_1 - \hat{\theta}_1)$ 和 $(\delta_1 - \hat{\delta}_1)$，而不是 δ、θ_1 和 δ_1。来自 LM 检验的 $T \times R^2$ 版本的辅助回归即公式（9.49）。因为 $(\delta - \hat{\delta})$、$(\theta_1 - \hat{\theta}_1)$ 和 $(\delta_1 - \hat{\delta}_1)$ 都以零为中心，如果公式（9.49）是一个具有显著解释力的回归，则该解释力将来自 $\hat{e}_{t-1}$。

如果 $H_0: \rho = 0$ 为真，则根据公式（9.49）的最小二乘估计，$LM = T \times R^2$ 服从近似 $\chi^2_{(1)}$ 分布，其中 T 和 R^2 分别为样本容量和拟合优度统计值。同样，我们有两个选择：舍弃第一个观测值，或将 $\hat{e}_0$ 设置为零。

检验 MA（1）误差　有几种模型可以用来试着捕捉所观测到的样本自相关的特征。这些模型可以应用于观测到的时间序列，如失业率和 GDP 增长率，也可以应用于时间序列回归模型中的未观测到的误差。到目前为止，我们仅讨论了自回归模型。另一类有用的模型是所谓的移动平均模型。如果你参加时间序列课程，你将更深入地研究这些和其他模型。在练习9.5中,要求比较AR(1)模型和一阶移动平均模型MA(1)的自相关。当使用MA(1)方法对自相关的备择假设进行建模时,我们目前的任务是计算出一个检验统计量。

$$e_t = \phi v_{t-1} + v_t \tag{9.50}$$

假定v_t不相关:对于$t \neq s$,$\text{cov}(v_t, v_s | \mathbf{z}_t, \mathbf{z}_s) = 0$。按照我们对AR(1)误差模型采用的策略,将公式(9.50)与ARDL(1,1)模型相结合,得到:

$$y_t = \delta + \theta_1 y_{t-1} + \delta_1 x_{t-1} + \phi v_{t-1} + v_t \tag{9.51}$$

注意,$\phi=0$意味着$e_t = v_t$,因此我们可以通过假设$H_0{:}\phi = 0$和$H_1{:}\phi \neq 0$来检验自相关。比较公式(9.51)和公式(9.47),我们可以看到,只要我们可以求出估计值$\hat{v}_{t-1}$,MA(1)替代检验将与AR(1)替代检验完全相同。幸运的是,我们可以像以前一样使用最小二乘残差$\hat{e}_{t-1}$来估计v_{t-1},即$\hat{v}_{t-1} = \hat{e}_{t-1}$。我们能这么做的原因是,当$H_0$为真时,则两个误差相同:$e_t = v_t$。因此,对MA(1)误差的替代检验与对AR(1)误差的替代检验相同。这个结果的缺点是,当H_0被拒绝时,LM检验无法确定哪个误差模型更合适。

检验高阶AR或MA误差 LM检验及其变化可以很容易地扩展到以更高阶AR或MA模型表示的备择假设。例如,假设备择假设模型是AR(4)或MA(4)过程,则:

$$\text{AR}(4){:}\, e_t = \psi_1 e_{t-1} + \psi_2 e_{t-2} + \psi_3 e_{t-3} + \psi_4 e_{t-4} + v_t$$
$$\text{MA}(4){:}\, e_t = \phi_1 v_{t-1} + \phi_2 v_{t-2} + \phi_3 v_{t-3} + \phi_4 v_{t-4} + v$$

每种情况对应的原假设和备择假设为:

$$\text{AR}(4) \begin{cases} H_0{:}\, \psi_1 = 0, \psi_2 = 0, \psi_3 = 0, \psi_4 = 0 \\ H_1{:}\text{至少一个}\psi_i\text{不为零} \end{cases}$$

$$\text{MA}(4) \begin{cases} H_0{:}\, \phi_1 = 0, \phi_2 = 0, \phi_3 = 3, \phi_4 = 4 \\ H_1{:}\text{至少一个}\phi_i\text{不为零} \end{cases}$$

对应于公式(9.48)和公式(9.49)的两个替代检验公式为:

$$y_t = \delta + \theta_1 y_{t-1} + \delta_1 x_{t-1} + \psi_1 \hat{e}_{t-1} + \psi_2 \hat{e}_{t-2} + \psi_3 \hat{e}_{t-3} + \psi_4 \hat{e}_{t-4} + v_t \tag{9.52}$$

$$\hat{e}_t = \gamma_1 + \gamma_2 y_{t-1} + \gamma_3 x_{t-1} + \psi_1 \hat{e}_{t-1} + \psi_2 \hat{e}_{t-2} + \psi_3 \hat{e}_{t-3} + \psi_4 \hat{e}_{t-4} + v_t \tag{9.53}$$

我们使用了AR模型中系数符号ψ_i,但是由于对AR和MA的替代检验相同,我们同样可以使用MA模型中的ϕ_i。F检验和根据公式(9.53)计算出的$\text{LM} = T \times R^2$检验都可以联合检验公式(9.52)或公式(9.53)中ψ_i的显著性。当H_0为真时,后者服从$\chi^2_{(4)}$分布。再次,可以将初始观测值删除或将其设置为零。这两种选择的结果会有细微的差别。

实例9.12 对ARDL失业率方程进行序列相关LM检验

为了说明LM检验,我们将检验的$\chi^2 = T \times R^2$版本应用于ARDL失业率方程。这里我们选择了两个模型:ARDL(1,1)模型(残差相关图强烈提示存在序列相关误差)和ARDL(2,1)模型(相关图显示了几个小的显著相关性,否则就没有序列相关性)。由于滞后而丢失的$\hat{e}_t$的初始值设置为零。表9-6包含对$k=1$、2、3、4的AR(k)或MA(k)替代检验结果。有强有力的证据表明,ARDL(1,1)模型中的误差是序列相关的。由于p值小于0.0001,所有4个滞后值都有力地拒绝了不存在序列相关的原假设。使用ARDL(2,1)模型时,结果不是那么清楚。在5%的显著性水平下,不存在序列相关性的原假设不会被有1期或4期滞后值的替代检验所拒绝，但是会被有2期或3期滞后值的替代检验所拒绝。在ARDL（1，1）模型中加入U_t第二期滞后值，消除了误差中大量的序列相关，但是仍然可能会保留一些相关性。在练习9.19中，请你在加入更多的U_t和G_t滞后值后，检验误差中的序列相关性。

表9-6　　　　　　　　　　对失业率方程误差进行序列相关LM检验结果

AR（k）或备选方案MA（k）的k值	ARDL(1, 1)		ARDL(2, 1)	
	检验值	p值	检验值	p值
1	66.90	0.0000	2.489	0.1146
2	73.38	0.0000	6.088	0.0476
3	73.38	0.0000	9.253	0.0261
4	73.55	0.0000	9.930	0.0521

9.4.3　Durbin-Watson检验

样本相关图和拉格朗日乘数检验是两个序列相关误差的大样本检验。其检验统计值在大样本中服从特定的分布。另一种检验是Durbin-Watson检验，确切地说，它的分布不依赖于大样本近似。它开发于1950年，长期以来一直是AR（1）误差模型$e_t = \rho e_{t-1} + v_t$中$H_0: \rho = 0$的标准检验。它现在的使用频率变低了，因为它的临界值并不是在所有软件包中都可用，因此必须检查上下边界。此外，与LM和相关图检验不同，当方程包含滞后因变量时，其分布不再成立。一个快速的经验法则（在检查计算机输出结果时很有用）是Durbin-Watson统计值接近2.0，与没有序列相关性的假设相符。详情见附录9A。

9.5　用于政策分析的时间序列回归

在第9.3节中，我们的重点是设定、估计和使用时间序列回归进行预测。我们主要关注的是，给定样本期结束时可用的信息I_T，如何使用AR条件期望：

$$E(y_t | I_{t-1}) = \delta + \theta_1 y_{t-1} + \cdots + \theta_p y_{t-p}$$

或ARDL条件期望：

$$E(y_t | I_{t-1}) = \delta + \theta_1 y_{t-1} + \cdots + \theta_p y_{t-p} + \delta_1 x_{t-1} + \cdots + \delta_q y_{t-q}$$

来预测将来值$y_{T+1}, y_{T+2}, \cdots$。在AR模型中，信息集为$I_T = \{y_T, y_{T-1}, y_{T-2}, \cdots\}$；对于ARDL模型，信息集是$I_T = \{y_T, x_T, y_{T-1}, x_{T-1}, y_{T-2}, x_{T-2}, \cdots\}$。我们不关心单个系数的解释，并且只要在相关的条件期望中包括了足够数量的y（或x）滞后值，我们就不关心是否遗漏了变量。有效的预测可以从任何一个模型或包含其他解释变量及其滞后值的模型中获得。此外，由于我们使用过去的数据来预测未来，因此ARDL模型中未包含x的当前值。

用于政策分析的模型在许多方面有所不同。个体系数是令人感兴趣的，因为它们可能有因果解释，告诉我们当解释变量及其滞后值发生变化时，因变量的平均结果有多大变化。例如，设定利率的中央银行关心利率的变化将如何影响现在和将来的通货膨胀率、失业率和GDP增长率。我们对变化的当前效应以及未来效应感兴趣，解释变量的当前值可以出现在分布式滞后或ARDL模型中。此外，如果遗漏变量与包含的变量相关，则可能是一个问题，因为系数可能不反映因果效应。

将系数解释为由解释变量的变化引起的因变量的变化，这与第2~8章的重点是一致的。在第6.3.1节中我们讨论了预测模型和因果模型之间的差异，一些章节专门讨论了预测。除了上述部分，剩下章节的重点都是估计下述模型中的 $\beta_k = \partial E(y_t|\mathbf{x}_t) / \partial x_{tk}$：

$$y_t = \beta_1 + \beta_2 x_{t2} + \cdots + \beta_K x_{tK} + e_t$$

以及如果一个或多个变量用对数表示，或者 y_t 和 x_{tk} 之间存在其他非线性关系，β_k 的解释如何变化。只要一些关键假设成立，这些较早章节中因果效应的估计结果就适用于时间序列回归。在第5章中描述的MR1—MR5假设下，β_k 的最小二乘估计值是最佳线性无偏的。但是，在时间序列框架中，其中有两个假设可能非常受限。回顾一下，$\mathbf{X}$ 是用来表示右边变量在所有时期的所有观测值的，以下两个假设是严格外生的：$E(e_t|\mathbf{X}) = 0$，并且对于 $t \neq s$，误差中不存在序列相关，$\mathrm{cov}(e_t, e_s|\mathbf{X}) = 0$。严格外生性意味着在右边没有滞后因变量，排除了ARDL模型。这也意味着误差与未来的 x 值不相关，如果 x 是一个政策变量（如利率），而该变量的设置受 y 的过去值（如通货膨胀率）的影响，则该假设将被违背。不存在序列相关意味着从方程中省略的变量（其影响通过误差项反映）一定不是序列相关的。给定时间序列变量通常是自相关的，因此满足这一假设可能很困难。

如果我们满足于使用大样本属性，则严格外生性假设可以放松。在第5.7.3节中，我们注意到，对于所有 t 和 k，假设 $E(e_t) = 0$ 和 $\mathrm{cov}(e_t, x_{tk}) = 0$ 足以满足最小二乘估计量一致性的要求。因此，如果误差和右边变量不是同期相关的，我们仍然可以继续进行检验，这是更少**同期外生性**假设的一个应用。在ARDL模型的一般框架中，同期外生性假设可以写为 $E(e_t|\mathbf{z}_t) = 0$，其中 z_t 表示所有的右边变量，可能同时包括 x 变量和 y 变量的滞后值。在此假设下，从当前和过去的 y 反映未来的 x 是可能的，并且 y 的滞后值可以被包含在右边。但是，正如我们将发现的那样，为了正确解释系数和估计的一致性，我们必须谨慎考虑正确的滞后期数以及方程中出现的 y 和 x 的滞后值。通常我们必须做出更严格的假设。在第9.1.1节中，我们注意到 y 的滞后值不仅可以出现在ARDL模型中，还可以出现在其他转换模型中：有AR（1）误差的模型和IDL模型。第9.5.3节和第9.5.4节考虑了这些模型的特点。为了使OLS标准误差对大样本推断有效，序列不相关误差假设 $\mathrm{cov}(e_t, e_s|\mathbf{X}) = 0$（$t \neq s$）可以弱化为 $\mathrm{cov}(e_t, e_s|\mathbf{z}_t, \mathbf{z}_s) = 0$（$t \neq s$），但我们确实仍然需要询问这个假设在时间序列设置中是否能实现。

在以下四节中，我们关注三个主要问题，并将这些问题添加到前面各章中的时间序列回归结果中。

1.有限和无穷分布滞后模型中滞后变量系数的解释。

2.误差自相关时系数的估计和推断。

3.解释和估计所必需的假设。

为了简化讨论，我们使用只有一个 x 及其滞后值的模型，如在本章开头表9-1中所设定的模型。我们的结果和结论适用于有多个 x 及其滞后值的模型。

9.5.1 有限分布式滞后值

我们感兴趣的是变量 x 的当前值和过去值对变量 y 的当前值和未来值的影响，这样的有限分布滞后模型可以写为：

$$y_t = \alpha + \beta_0 x_t + \beta_1 x_{t-1} + \beta_2 x_{t-2} + \cdots + \beta_q x_{t-q} + e_t \tag{9.54}$$

之所以称为有限分布滞后，是因为 x 对 y 的影响会在滞后 q 期后消失。之所以称为分布滞后，是因为 x 变化的影响分布在未来期。为了使系数 β_k 代表因果效应，误差项不得与任何遗漏变量（与 $\mathbf{x}_i = (x_t, x_{t-1}, \cdots, x_{t-q})$ 相关。特别是由于 x_t 可能是自相关的，因此我们要求 e_t 与 x 的当前值和所有的过去值不相关。如果下式成立，则该要求成立。

$$E(e_t | x_t, x_{t-1}, \cdots) = 0$$

然后，

$$\begin{aligned} E(y_t | x_t, x_{t-1}, \cdots) &= \alpha + \beta_0 x_t + \beta_1 x_{t-1} + \beta_2 x_{t-2} + \cdots + \beta_q x_{t-q} \\ &= E(y_t | x_t, x_{t-1}, \cdots, x_{t-q}) \\ &= E(y_t | \mathbf{x}_t) \end{aligned} \tag{9.55}$$

一旦将 x 的 q 期滞后值包括在公式中，x 更多期的滞后值将不会对 y 产生影响。

给定此假设，滞后系数 β_s 可以解释为：x 在其他时期保持不变，当 x_{t-s} 变化 1 单位时 $E(y_{t+s} | \mathbf{x}_t)$ 的变化。或者，如果我们向前看而不是向后看，β_s 表示：x 在其他时期保持不变，当 x_t 变化 1 单位时 $E(y_{t+s} | \mathbf{x}_t)$ 的变化。其以导数的形式表示为：

$$\frac{\partial E(y_t | \mathbf{x}_t)}{\partial x_{t-s}} = \frac{\partial E(y_{t+s} | \mathbf{x}_t)}{\partial x_t} = \beta_s \tag{9.56}$$

为了进一步理解这个公式，假设 x 和 y 至少在最后 q 期保持不变，并且 x_t 增加 1 个单位，然后在下一个和随后的时期返回其初始水平。使用公式（9.54）但忽略误差项，直接影响将是 y_t 增加 β_0 单位。一个时期之后，y_{t+1} 将增加 β_1 单位，然后 y_{t+2} 将增加 β_2 单位，依此类推，直到 $t+q$ 期 y_{t+q} 将增加 β_q 单位。在 $t+q+1$ 期，y 值将返回其初始水平。x_t 发生 1 个单位变化的影响分布在当前和接下来的 q 期，由此我们可以得出分布滞后模型这一术语。系数 β_s 称为**分布滞后权重**或 s 期延期乘数。系数 $\beta_0 (s=0)$ 称为**影响乘数**。

如果 x_t 增加 1 个单位，然后在随后的时期 $(t+1)$，$(t+2)$，$\cdots$，保持在其新的水平会发生什么，这也是相关的。在这种情况下，直接影响将再次为 β_0，在 $t+1$ 期总影响为 $\beta_0 + \beta_1$，在 $t+2$ 总影响期将为 $\beta_0 + \beta_1 + \beta_2$，依此类推。我们把以前所有时期的变化所产生的影响加在一起，这些量被称为**临时性乘数**或**累积乘数**。例如，2 期临时性乘数为 $(\beta_0 + \beta_1 + \beta_2)$。

总乘数是经过 q 期持续增加对 y 的最终影响（在更多期后消失），表示为 $\sum_{s=0}^{q} \beta_s$。

实例 9.13　奥肯定律

为了说明各种分布滞后概念，我们引入一个称为"奥肯定律"的经济模型。[①]在这个模型中，我们再次考虑失业与经济增长之间的关系，但我们对模型的描述不同，使用不同

---

① 参见 O. Blanchard（2009），*Macroeconomics*, 5th edition, Upper Saddle River, NJ, Pearson Prentice Hall, p.184.

的数据集。此外，我们的目的不是预测失业，而是调查失业对经济增长的滞后反应。在奥肯定律的基本模型中，失业率从一个时期到下一个时期的变化取决于经济产出的增长率：

$$U_t - U_{t-1} = -\gamma (G_t - G_N) \tag{9.57}$$

其中，U_t 是 t 期的失业率，G_t 是 t 期的产出增长率，G_N 为"正常"的增长率，我们假设 G_N 是恒定的。参数 γ 为正，这意味着当产出增长率高于正常水平时，失业率将会下降；当增长率低于正常水平时，失业率将会上升。正常增长率 G_N 是为保持一个恒定失业率而需达到的产出增长率，它等于劳动力增长和劳动生产率增长的总和。我们预期 $0<\gamma<1$，反映出产出增长率对失业率的调整幅度小于 $1:1$。

为了以我们更熟悉的多元回归模型的符号来书写公式（9.57），我们将失业率变化表示为 $DU_t = \Delta U_t = U_t - U_{t-1}$，[①]设定 $\beta_0 = -\gamma$，$\alpha = \gamma G_N$，并且包含一个误差项，则有：

$$DU_t = \alpha + \beta_0 G_t + e_t \tag{9.58}$$

认识到产出的变化很可能对失业产生分布滞后影响（并非所有的影响都将立即发生），我们将公式（9.58）扩展到包括 G_t 的滞后项：

$$DU_t = \alpha + \beta_0 G_t + \beta_1 G_{t-1} + \beta_2 G_{t-2} + \cdots + \beta_q G_{t-q} + e_t \tag{9.59}$$

为了估计这种关系，我们使用澳大利亚1978年第二季度到2016年第二季度的失业率和国内生产总值（GDP）季度百分比变化的数据。这些数据存储在文件 okun5_aus 中。DU 和 G 的时间序列如图9-9（a）和（b）所示。大约在1983年、1992年和2009年，失业率有明显的上升，它们大致对应于GDP负增长但有滞后性的时期。此时，我们还注意到序列似乎是平稳的。等到第12章，我们会介绍更严格的评价平稳性的工具。

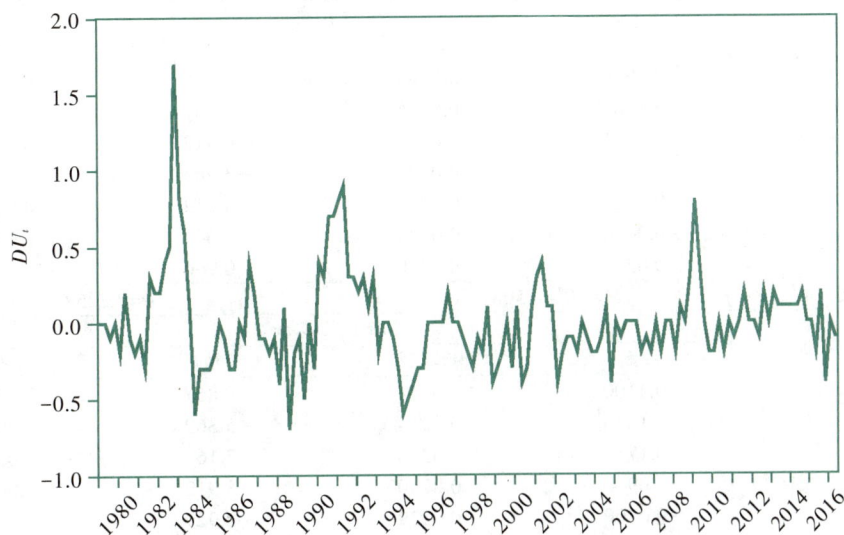

图9-9（a）　澳大利亚失业率变化的时间序列：1978Q2—2016Q2

---

① 使用 DU_t 而不用 U_t 有两个好处：第一，奥肯定律是以失业率变动的形式进行表述的；第二，DU_t 是平稳的，而 U_t 并不平稳。

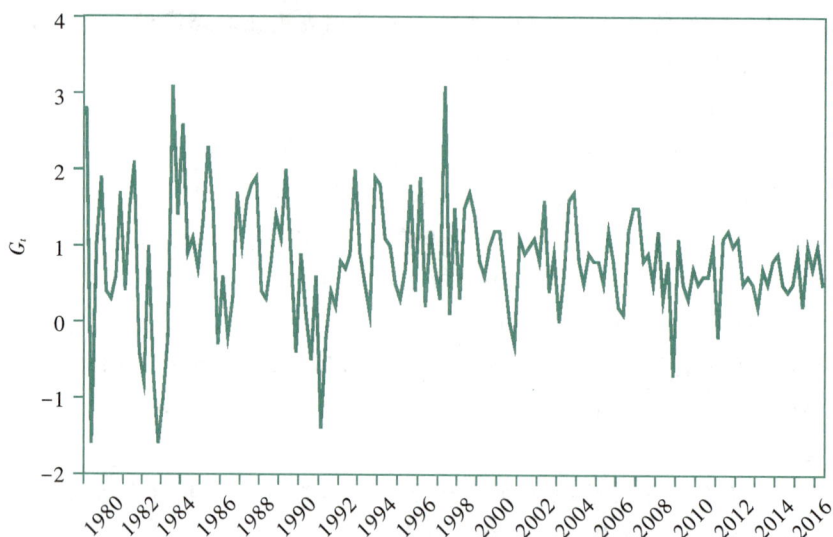

图9-9（b）　澳大利亚GDP增长的时间序列：1978Q2—2016Q2

　　表9-7报告了滞后长度为 $q=4$ 和 $q=5$ 时方程（9.59）的系数和相关统计值的最小二乘估计值。除 $q=5$ 时 G_{t-5} 的系数外，G 及其滞后项的所有系数均具有预期负号，在5%的显著性水平下显著异于零。考虑到滞后项的系数为正但不显著，我们舍弃 G_{t-5}，并建立 $q=4$ 期的模型，其中所有系数都具有预期的负符号，并且显著异于零。

表 9-7　　　　　　　　　　　　　奥肯定律有限分布滞后模型估计值

变量	滞后长度 $q=5$			
	系数	标准误	t 值	p 值
C	0.3930	0.0449	8.746	0.0000
G_t	−0.1287	0.0256	−5.037	0.0000
G_{t-1}	−0.1721	0.0249	−6.912	0.0000
G_{t-2}	−0.0932	0.0241	−3.865	0.0002
G_{t-3}	−0.0726	0.0241	−3.012	0.0031
G_{t-4}	−0.0636	0.0241	−2.644	0.0091
G_{t-5}	0.0232	0.0240	0.966	0.3355
观察值=148	R^2=0.503		$\hat{\sigma}$=0.2258	
变量	滞后长度 $q=4$			
	系数	标准误	t 值	p 值
C	0.4100	0.0415	9.867	0.0000
G_t	−0.1310	0.0244	−5.369	0.0000
G_{t-1}	−0.1715	0.0240	−7.161	0.0000
G_{t-2}	−0.0940	0.0240	−3.912	0.0001
G_{t-3}	−0.0700	0.0239	−2.929	0.0041
G_{t-4}	−0.0611	0.0238	−2.563	0.0114
观察值=149	R^2=0.499		$\hat{\sigma}$=0.2251	

　　滞后长度为4的估计值告诉我们什么？增长率提高1%导致本季度预期失业率下降0.13%，下个季度下降0.17%，两个、三个和四个季度后分别下降0.09%、0.07%和0.06%。这些变化表示影响乘数和一到四季度延期乘数的值。临时性乘数是增长率持续增加1%的影响：1个季度为−0.30，2个季度为−0.40，3个季度为−0.47，4个季度为−0.53。由于滞后

长度为 4，−0.53 也是总乘数。表 9-8 列出了这些数值。对一个希望通过影响增长率将失业率保持在一定水平以下的政府来说，了解它们是很重要的。如果我们把方程（9.57）中的 γ 看作产出增长变化的总效应，那么其估计值为 $\hat{\gamma} = -\sum_{s=0}^{4} b_s = 0.5276$。维持恒定失业率所需的正常增长率的估计值每季度为 $\hat{G}_N = \hat{\alpha}/\hat{\gamma} = 0.4100/0.5276 = 0.78\%$。

表 9-8 奥肯定律乘数

延期乘数		临时乘数	
b_0	−0.1310		
b_1	−0.1715	$\sum_{s=0}^{1} b_s$	−0.3025
b_2	−0.0940	$\sum_{s=0}^{2} b_s$	−0.3965
b_3	−0.0700	$\sum_{s=0}^{3} b_s$	−0.4665
b_4	−0.0611	$\sum_{s=0}^{4} b_s$	−0.5276
总乘数		$\sum_{s=0}^{4} b_s = -0.5276$	

有限分布滞后模型假设

在检查有限分布滞后模型中经常出现的一些复杂情况之前，有必要总结一下 OLS 估计值具有理想的大样本性质所需的假设，以及违背这些假设的影响。我们还可以预先看能否采取哪些补救措施，来避免特定的违反假设及其要求的情况。

FDL1：时间序列 y 和 x 是平稳的和弱依赖的。

FDL2：描述 y 如何响应 x 的当前和过去值的有限分布滞后模型可以写成：

$$y_t = \alpha + \beta_0 x_t + \beta_1 x_{t-1} + \beta_2 x_{t-2} + \cdots + \beta_q x_{t-q} + e_t \tag{9.60}$$

FDL3：对于 x 的当前和所有过去值，误差项是外生的：

$$E(e_t | x_t, x_{t-1}, x_{t-2}, \cdots) = 0$$

这个假设确保：

$$E(y_t | x_t, x_{t-1}, x_{t-2}, \cdots) = E(y_t | \mathbf{x}_t)$$

其中，$\mathbf{x}_t = (x_t, x_{t-1}, x_{t-2}, \cdots, x_{t-q})$。换句话说，$x$ 的所有相关滞后项都包含在模型中。这也意味着没有与 $\mathbf{x}_t$ 相关、也影响 y_t 的遗漏变量。这一含义对奥肯定律的例子提出了质疑。这有可能会排除与 GDP 增长相关且也可能影响失业率的宏观变量：工资增长、通货膨胀和利率都是可能的。为了保持一个相对简单的例子，我们从这些关系中抽象出来。

FDL4：误差项不是自相关的，$\mathrm{cov}(e_t, e_s | \mathbf{x}_t, \mathbf{x}_s) = E(e_t e_s | \mathbf{x}_t, \mathbf{x}_s) = 0$（$t \neq s$）。

FDL5：误差项具有同方差，$\mathrm{var}(e_t | \mathbf{x}_t) = E(e_t^2 | \mathbf{x}_t) = \sigma^2$。

要使 OLS 标准误、假设检验和区间估计有效，需要假设 FDL4 和 FDL5。由于具有自相关误差的可能性很大，并且可能有异方差，我们需要问一下，当 FDL4 和 FDL5 被违背时，我们将如何进行检验。在第 8 章中，当我们面对异方差误差的问题时，我们考虑了两种可能的解决方案：（1）在没有关于异方差的形式的假设下，对 OLS 估计量使用异方差一致的稳健标准误；（2）对方差函数做出假设，并采用更有效的**广义最小二乘估计量**，如果该假设为真，则其标准误有效。当FDL4和FDL5被违背时，时间序列数据存在类似的解决方案。可以使用OLS估计量和标准误，称为 **HAC（异方差和自相关一致）标准误**，或者 **Newey-West标准误**。或者，我们可以对自相关的性质做一些假设，并使用更有效的广义最小二乘估计量。在接下来的内容中，我们考虑两种选择。虽然广义最小二乘估计量更有效，但它也有代价。除了必须对自相关的形式做出假设外，还必须做出比FDL3更严格的外生性假设，而对于具有 **HAC标准误** 的OLS，FDL3就足够了。

9.5.2 HAC标准误

为了在简化的框架内解释异方差性和自相关一致标准误的性质，我们舍弃公式（9.60）中的滞后 x 变量，考虑简单回归模型：

$$y_t = \alpha + \beta_0 x_t + e_t$$

根据附录8A，β_0 的最小二乘估计量可以写成：

$$b_0 = \beta_0 + \sum_{t=1}^{T} w_t e_t = \beta_0 + \frac{\frac{1}{T}\sum_{t=1}^{T}(x_t - \bar{x})e_t}{\frac{1}{T}\sum_{t=1}^{T}(x_t - \bar{x})^2} = \beta_0 + \frac{\frac{1}{T}\sum_{t=1}^{T}(x_t - \bar{x})e_t}{s_x^2} \tag{9.61}$$

其中，s_x^2 是 x 的样本方差，用 T 作为除数。当 e_t 具有同方差和不相关时，我们用这个结果证明了 b_0 的方差，条件依存于所有观测值 **X**，表示为（见方程（2.15））：

$$\text{var}(b_0|\mathbf{X}) = \frac{\sigma_e^2}{\sum_{t=1}^{T}(x_t - \bar{x})^2} = \frac{\sigma_e^2}{Ts_x^2}$$

对于不以 **X** 为条件的结果，我们从其渐近分布的方差中得到了 b_0 的大样本近似方差。这个方差表示为 $\text{var}(b_0) = \sigma_e^2/T\sigma_x^2$，并且使用了 s_x^2 是 σ_x^2 的一致估计量的事实。其他术语是 σ_x^2 是 s_x^2 的概率极限，$s_x^2 \xrightarrow{p} \sigma_x^2$（见第5.7节，特别是围绕公式（5.34）和公式（5.35）的讨论）。

我们现在感兴趣的是当 e_t 具有异方差和自相关时 b_0 的无条件方差。这是一个更难解决的问题。按照与第5.7节中相似的步骤，我们可以用其概率极限 σ_x^2 代替公式（9.61）中的 s_x^2，用其概率极限 μ_x 代替 $\bar{x}$，然后将 b_0 的大样本方差写为：

$$\begin{aligned}
\text{var}(b_0) &= \text{var}\left(\frac{\frac{1}{T}\sum_{t=1}^{T}(x_t - \mu_x)e_t}{\sigma_x^2}\right) = \frac{1}{T^2(\sigma_x^2)^2}\text{var}\left(\sum_{t=1}^{T}q_t\right) \\
&= \frac{1}{T^2(\sigma_x^2)^2}\left[\sum_{t=1}^{T}\text{var}(q_t) + 2\sum_{t=1}^{T-1}\sum_{s=1}^{T-t}\text{cov}(q_t, q_{t+s})\right] \\
&= \frac{\sum_{t=1}^{T}\text{var}(q_t)}{T^2(\sigma_x^2)^2}\left[1 + \frac{2\sum_{t=1}^{T-1}\sum_{s=1}^{T-t}\text{cov}(q_t, q_{t+s})}{\sum_{t=1}^{T}\text{var}(q_t)}\right]
\end{aligned} \tag{9.62}$$

其中，$q_t = (x_t - \mu_x)e_t$。通过考虑大括号外的数量和大括号内的数量的估计量，得到HAC标准误。对于括号外的数量，我们首先注意到 q_t 具有零均值，然后使用 $(T-K)^{-1}\sum_{t=1}^{T}\hat{q}_t^2=(T-K)^{-1}$ $\sum_{t=1}^{T}(x_t-\bar{x})^2\hat{e}_t^2$ 作为 $\mathrm{var}(q_t)$ 的估计量，其中 $\hat{e}_t$ 是最小二乘残差，因为这是一个简单的回归，$K=2$，s_x^2 作为 σ_x^2 的估计量，$\sum_{t=1}^{T}\mathrm{var}(q_t)/T^2(\sigma_x^2)^2$ 的估计量表示为：

$$\widehat{\mathrm{var}}_{\mathrm{HCE}}(b_0)=\frac{T\sum_{t=1}^{T}(x_t-\bar{x})^2\hat{e}_t^2}{(T-K)\left(\sum_{t=1}^{T}(x_t-\bar{x})^2\right)^2}$$

回到第 8 章，将这个方程与方程（8.9）进行比较。表示方法有点不同，方程的排列方式也不同，但它们在其他方面都相同。公式（9.62）的最后一行括号外的量为存在异方差但不存在自相关时的大样本无条件方差 b_0。其估计量 $\widehat{\mathrm{var}}_{\mathrm{HCE}}(b_0)$ 的平方根是异方差一致的稳健标准误。为了得到在存在异方差和自相关的情况下具有一致性的最小二乘方差估计量，我们需要以公式（9.62）括号中数量的估计量乘以 $\widehat{\mathrm{var}}_{\mathrm{HCE}}(b_0)$。我们把这个数量表示为 g。

有几种 g 的估计量已被提出来。为了讨论开发它们的框架，我们将 g 简化如下：

$$
\begin{aligned}
g &= 1+\frac{2\sum_{t=1}^{T-1}\sum_{s=1}^{T-t}\mathrm{cov}(q_t,q_{t+s})}{\sum_{t=1}^{T}\mathrm{var}(q_t)}\\
&= 1+\frac{2\sum_{s=1}^{T-1}(T-s)\mathrm{cov}(q_t,q_{t+s})}{T\mathrm{var}(q_t)}\\
&= 1+2\sum_{s=1}^{T-1}\left(\frac{T-s}{T}\right)\tau_s
\end{aligned}
\tag{9.63}
$$

其中，$\tau_s=\mathrm{corr}(q_t,q_{t+s})=\mathrm{cov}(q_t,q_{t+s})/\mathrm{var}(q_t)$。当误差中没有序列相关时，$q_t$ 也不是自相关的，对于所有 s，$\tau_s=0$，并且 $g=1$。为了在存在自相关误差的情况下获得 g 的一致估计量，将公式（9.63）中的总和在远小于 T 的滞后期截断，估计到截断点的自相关 τ_s，将截断点以外滞后值的自相关取为零。例如，如果使用五个自相关，则相应的估计量为：

$$\hat{g}=1+2\sum_{s=1}^{5}\left(\frac{6-s}{6}\right)\hat{\tau}_s$$

替代估计量的不同取决于估计 τ_s 的滞后期，以及给每个滞后相关系数设置的权重是否等于如 $(6-s)/6$ 或其他一些备选估计数。由于有大量的可能性，你将发现不同的软件包可能会产生不同的 HAC 标准误。此外，在给定的软件包中，可能有不同的选项。注意：如果你看到对同一问题计算的 HAC 标准误略有不同，请不要被干扰。给定一个合适的估计量 $\hat{g}$，允许误差中同时存在异方差和自相关的 b_0 方差的大样本估计量为：

$$\widehat{\mathrm{var}}_{\mathrm{HAC}}(b_0)=\widehat{\mathrm{var}}_{\mathrm{HCE}}(b_0)\times\hat{g}$$

该分析可以扩展到具有 q 个滞后期的有限分布滞后模型，甚至可以扩展到涉及平稳变量的任何时间序列回归。由估计出的 HAC 方差的平方根给出 HAC 标准误。在实例 9.14 中，我们研究序列相关性对菲利普斯曲线系数标准误的影响。

实例9.14 菲利普斯曲线

菲利普斯曲线作为描述通货膨胀和失业之间关系的工具，在宏观经济学中有着悠久的历史。[①]我们的出发点是模型：

$$INF_t = INF_t^E - \gamma(U_t - U_{t-1}) \tag{9.64}$$

其中，INF_t 是 t 期的通货膨胀率，INF_t^E 表示 t 期的通货膨胀预期，$DU_t = U_t - U_{t-1}$ 表示失业率从 $t-1$ 期到 t 期的变化，γ 是一个未知的正参数。

假设失业率下降 $(U_t - U_{t-1} < 0)$ 反映了对劳动力的过度需求，推高了工资，进而推高了劳动力价格。相反，失业率的上升 $(U_t - U_{t-1} > 0)$ 反映了劳动力的过剩供给，从而减缓了工资和价格的上涨。预期通货膨胀率包括在模型内，因为工人通过谈判提高工资，以支付预期通货膨胀增加的成本，这些工资增加将转化为实际通货膨胀。我们假设通货膨胀预期随着时间的推移是恒定的，并设定 $\alpha = INF_t^E$。此外，我们设定 $\beta_0 = -\gamma$，并添加一个误差项，在这种情况下，菲利普斯曲线可以写成简单的回归模型：

$$INF_t = \alpha + \beta_0 DU_t + e_t \tag{9.65}$$

用于估计公式（9.65）的数据是澳大利亚1987年第一季度至2016年第一季度的季度数据，共有117个观测值，存储在数据文件 *phillips5_aus* 中。通货膨胀被计算为消费价格指数的百分比变化，在2000年第三季度，澳大利亚引入了国家销售税，进行了调整。调整后的时间序列如图9-10所示，失业率变化的时间序列如前面的图9-9（a）所示。评价这些序列是不是平稳的检验见第12章中的练习。

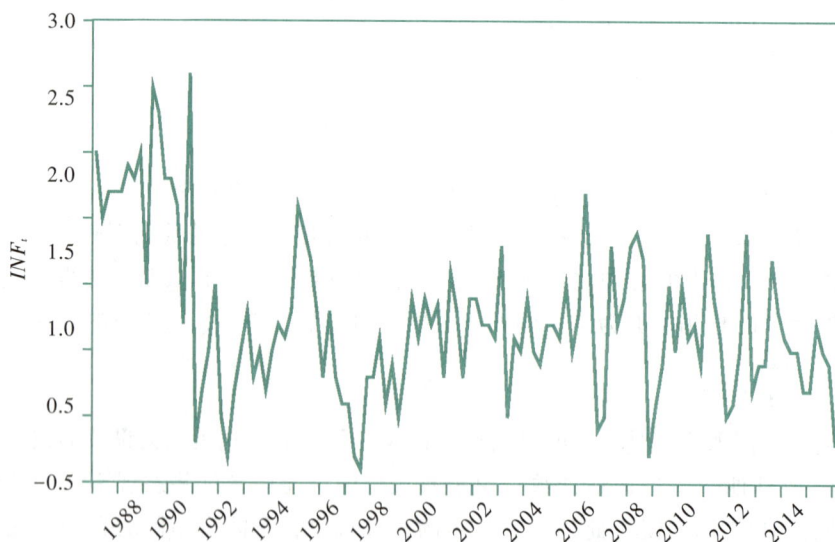

图9-10　澳大利亚通货膨胀率的时间序列：1987年第一季度到2016年第一季度

在图9-11中给出了公式（9.65）最小二乘估计残差的相关图，自相关的近似5%显著性边界绘制在 $\pm 2/\sqrt{117} = \pm 0.185$ 处。有证据表明，滞后1~5期存在中度相关性，而滞后6

---

① 有关不同版本发展的历史回顾，请参见 Gordon, R.J.（2008），"The History of the Phillips Curve: An American Perspective"，http://nzae.org.nz/wp-content/uploads/2011/08/nr1217302437.pdf, Keynote Address at the Australasian Meetings of the Econometric Society.

期和8期存在较小的相关性。为了检查自相关误差的影响，在表9-9中，我们报告了最小二乘估计值，常规（OLS）、HCE和HAC标准误，t值和p值。[1]允许自相关和异方差存在的HAC标准误大于仅允许异方差存在的HCE标准误，HCE标准误大于既不允许异方差也不允许自相关存在的常规OLS标准误。因此，忽略自相关和异方差会夸大最小二乘估计的可靠性。夸大它们的可靠性意味着区间估计将比它们既有的要窄，我们更有可能拒绝一个为真的原假设。使用$t_{(0.975,115)} = 1.981$，β_0的95%区间估计值在使用传统的标准误时为（−0.8070，0.0096）（具有），在使用HAC标准误时为（−0.9688，0.1714）。使用传统标准误、单尾检验和5%的显著性水平，我们拒绝$H_0: \beta_2 = 0$。使用HCE或HAC标准误，我们不拒绝H_0。

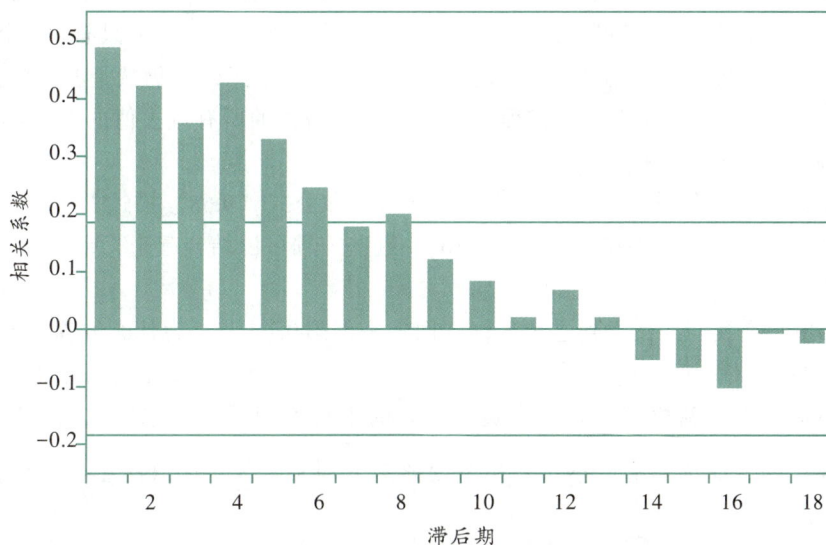

图9-11　菲利普斯曲线最小二乘残差相关图

表 9-9　　　　　　　　　　　　传统（OLS）、HCE 和 HAC 标准误的比较

变量	OLS估计	标准误			t值			单尾p值		
		OLS	HCE	HAC	OLS	HCE	HAC	OLS	HCE	HAC
C	0.7317	0.0561	0.0569	0.0915	13.05	12.86	7.99	0.0000	0.0000	0.0000
DU	−0.3987	0.2061	0.2632	0.2878	−1.93	−1.51	−1.39	0.0277	0.0663	0.0844

9.5.3　有AR（1）误差的估计

使用具有HAC标准误的最小二乘法克服了自相关误差对最小二乘标准误的负面影响。然而，它没有解决寻找有较低方差的更好估计量的问题。一种方法是对产生自相关误差的模型进行假设，并导出与此假设相符的估计量。在这一节中，我们研究当做出AR（1）误差这样的假设时，如何估计回归模型的参数。为了使表述不受过多代数的影响，我们再次考虑简单的回归模型：

---

① 使用Bartlett核、Newey-West固定带宽5和自由度调整，利用Eviews计算HAC标准误。

$$y_t = \alpha + \beta_0 x_t + e_t \tag{9.66}$$

该模型可以扩展到包括来自FDL模型和其他变量的额外滞后值。AR（1）误差模型表示为：

$$e_t = \rho e_{t-1} + v_t \qquad |\rho| < 1 \tag{9.67}$$

假设v_t是不相关的随机误差，具有零均值和常数方差，即：

$$E(v_t|x_t, x_{t-1}, \cdots) = 0 \quad \mathrm{var}(v_t|x_t) = \sigma_v^2 \quad \mathrm{cov}(v_t, v_s|x_t, x_s) = 0 \qquad (t \neq s)$$

要使e_t和y_t是平稳的，要求假设$|\rho| < 1$。从关于v_t的假设中，我们可以得到e_t的均值、方差和自相关。条件依存于所有x变量（当前值、过去值和将来值）。结果表明，e_t具有零均值、常数方差$\sigma_e^2 = \sigma_v^2 / (1 - \rho^2)$和自相关$\rho_k = \rho^k$。因此，描述AR（1）模型所隐含的特殊自相关结构的总体相关图是$\rho, \rho^2, \rho^3, \cdots$。由于$-1 < \rho < -1$，AR（1）自相关随滞后的增加而呈几何级数下降，最终变得可以忽略不计。因为方程$e_t = \rho e_{t-1} + v_t$中只有e一个滞后项，你可能会惊讶地发现，滞后期数大于1期的自相关，虽然下降，但仍然是非零的。相关性持续存在，因为每个e_t取决于通过方程（见附录9B）得到的所有过去值的误差v_t。[①]

$$e_t = v_t + \rho v_{t-1} + \rho^2 v_{t-2} + \rho^3 v_{t-3} + \cdots$$

非线性最小二乘估计 为了估计公式（9.67）和公式（9.68）描述的AR（1）模型，我们注意到，根据第9.1.1节中的方程（9.15），这些方程可以结合起来，重写为：

$$y_t = \alpha(1 - \rho) + \rho y_{t-1} + \beta_0 x_t - \rho \beta_0 x_{t-1} + v_t \tag{9.68}$$

如果你想知道我们如何得到这个方程，回顾一下第9.1.1节。为什么方程（9.68）对估计有用？我们将方程（9.66）中含有自相关误差项e_t的原始模型转化为由方程（9.68）给出的一个新模型，该新模型具有一个随着时间的推移不相关的误差项v_t。这样做的好处是，我们现在可以继续求解最小化不相关误差平方和$S_v = \sum_{t=2}^{T} v_t^2$的$(\alpha, \beta_0, \rho)$估计值。最小化相关误差平方和$S_e = \sum_{t=2}^{T} e_t^2$的最小二乘估计量不是最小方差，其标准误不正确。然而，最小化不相关误差的平方和S_v，产生了一个估计量，在大样本中，它是最好的，其标准误是正确的。请注意，这个结果符合书中早期的实践。第2章至第7章中使用的最小二乘估计量使不相关误差的平方和最小化。

然而，在公式（9.68）中，转换模型有一个重要的显著特征。请注意，x_{t-1}的系数等于$-\rho\beta_0$，这是ρ（y_{t-1}的系数）和β_0，（x_t的系数）的负积。这一事实意味着，虽然公式（9.68）是变量x_t、y_{t-1}和x_{t-1}的线性函数，但它不是参数(α, β_0, ρ)的线性函数。通常的线性最小二乘公式不能用微积分求出最小化S_v的(α, β_0, ρ)值。然而，我们仍然可以使用**非线性最小二乘法**来获得估计值。在第6.6节中介绍了非线性最小二乘法。它不使用公式来计算估计值，而是使用一个数值计算程序来求出最小化最小二乘函数的估计值。

广义最小二乘估计 为了在AR（1）误差模型中引入(α, β_0, ρ)的替代估计量，我们将（9.68）改写为：

$$y_t - \rho y_{t-1} = \alpha(1 - \rho) + \beta_0(x_t - \rho x_{t-1}) + v_t \tag{9.69}$$

定义$y_t^* = y_t - \rho y_{t-1}$，$\alpha^* = \alpha(1 - \rho)$和$x_t^* = x_t - \rho x_{t-1}$，公式（9.69）变为：

---

① 推导见附录9B。

$$y_t^* = \alpha^* + \beta_0 x_t^* + v_t \qquad t = 2, 3, \cdots, T \tag{9.70}$$

如果 ρ 已知，则可以计算转换变量 y_t^* 和 x_t^* 的值，并将最小二乘法应用于公式（9.70）以求出估计值 $\hat{\alpha}^*$ 和 $\hat{\beta}_0$。原始截距的估计值为 $\hat{\alpha} = \hat{\alpha}^* / (1 - \rho)$。这个方法类似于第 8.4 节中引入的具有异方差误差的模型被转换为具有同方差误差的模型。在那种情况下，应用于转换变量 y^* 和 x^* 的最小二乘估计量被称为广义最小二乘估计量。在这里，我们将一个具有自相关误差的模型转化为一个具有不相关误差的模型。转换变量 y_t^* 和 x_t^* 不同于异方差误差情况下的变量，但同样，应用于转换变量的最小二乘法称为广义最小二乘法。

当然，ρ 是未知的，必须对其进行估计。当使用 ρ 的估计值来计算转换变量（例如 $\hat{\rho}$）时，并将最小二乘法应用于这些转换变量时，得到的 α 和 β_0 估计量被称为可行的广义最小二乘估计量。该估计量与第 8.5 节中介绍的可行广义最小二乘估计量有直接的相似之处。在第 8.5 节中，我们必须估计出方差函数中的参数来转换变量。在这里，我们需要估计自相关误差模型中的参数 ρ 以转换变量。

ρ 有许多可能的估计量。一个简单的方法是在样本相关图中使用 r_1。另一个方法是使用 ρ 的最小二乘估计，使用 OLS 残差滞后值回归中 ρ 的最小二乘估计值。使用 ρ 的估计量，获得 α 和 β_0 的可行广义最小二乘估计量的步骤如下：

1. 根据方程 $y_t = \alpha + \beta_0 x_t + e_t$，求解最小二乘估计值 a 和 b_0。

2. 计算最小二乘残差 $\hat{e}_t = y_t - a - b_0 x_t$。

3. 通过对方程 $\hat{e}_t = \rho \hat{e}_{t-1} + \hat{v}_t$ 应用最小二乘法来估计 ρ。称其估计值为 $\hat{\rho}$。

4. 计算转换变量 $y_t^* = y_t - \hat{\rho} y_{t-1}$ 和 $x_t^* = x_t - \hat{\rho} x_{t-1}$ 的值。

5. 将最小二乘法应用于转换方程 $y_t^* = \alpha^* + \beta_0 x_t^* + v_t$。

这些步骤也可以以迭代的方式实现。如果 $\hat{\alpha}$ 和 $\hat{\beta}_0$ 是在步骤 5 中得到的估计值，则可以从 $\hat{e}_t = y_t - \hat{\alpha} - \hat{\beta}_0 x_t$ 中获得新的残差，可以使用这些新残差的结果重复步骤 3~5，并且可以继续该过程，直到估计值收敛为止。由此产生的估计量通常称为 **Cochrane-Orcutt** 估计量。[①]

假设和性质　让我们暂停一下，回顾一下我们在第 9.5 节中学习的内容。在 FDL1-FDL5 假设下的有限分布滞后模型中，最小二乘估计量具有一致性，它是大样本中的最小方差，通常的 OLS t 检验、F 检验和 χ^2 检验在大样本中是有效的。然而，时间序列数据使得假设 FDL4（误差不自相关）和 FDL5（同方差）可能不成立，特别是 FDL4。当 FDL4 和 FDL5 被违背时，最小二乘估计量仍然具有一致性，但其通常的方差和协方差估计值以及标准误是不正确的，导致无效的 t 检验、F 检验和 χ^2 检验。解决这个问题的一个方法是对方差和协方差以及相应的 HAC 标准误使用 HAC 估计量。当 FDL4 和/或 FDL5 不成立时，最小二乘估计量不再是最小方差，但使用 HAC 方差和协方差估计值意味着 t 检验、F 检验和 χ^2 检验是有效的。虽然我们在没有滞后项的简单回归模型中研究了 HAC 标准误的使用，但它们同样适用于包含滞后项的有限分布滞后模型。

违背 FDL4 的第二个解决方案是为自相关误差假设一个特定的模型，并使用最小模型方差的估计量。我们展示了具有 AR（1）误差的简单回归模型的参数如何通过：（1）非线

---

① 该过程的修正，包括第一次观测值的转换，称为 Prais-Winsten 估计量。详情见练习 9.7。

性最小二乘法；（2）可行广义最小二乘法来估计。在两个额外的条件下，这两种方法都产生具有一致性的估计量，即大样本中方差最小，具有有效的 t 检验、F 检验和 χ^2 检验。实现这些特性所需的第一个额外条件是 AR（1）误差模型适合于自相关误差的建模。然而，我们可以根据非线性最小二乘法或可行广义最小二乘法估计，使用 HAC 标准误，防止这个条件的失败。这样做将确保 t 检验、F 检验和 χ^2 检验是有效的，尽管对自相关误差模型是错误的选择。第二个额外条件是比 FDL3 更强的外生性假设。为了探索这第二个要求，考虑根据非线性最小二乘方程估计 α、β_0 和 ρ：

$$y_t = \alpha(1 - \rho) + \rho y_{t-1} + \beta_0 x_t - \rho\beta_0 x_{t-1} + v_t$$

与 FDL3 相当的外生性假设为：

$$E(v_t | x_t, x_{t-1}, x_{t-2}, \cdots) = 0$$

注意 $v_t = e_t - \rho e_{t-1}$，该条件变为：

$$E(e_t - \rho e_{t-1} | x_t, x_{t-1}, x_{t-2}, \cdots) = E(e_t | x_t, x_{t-1}, x_{t-2}, \cdots) - \rho E(e_{t-1} | x_t, x_{t-1}, x_{t-2}, \cdots) = 0$$

将第二项的下标提前一期，我们可以将这个条件重写为：

$$E(e_t | x_t, x_{t-1}, x_{t-2}, \cdots) - \rho E(e_t | x_{t+1}, x_t, x_{t-1}, \cdots) = 0$$

要使对于所有可能的 ρ 值，这个方程是正确的，我们要求 $E(e_t | x_t, x_{t-1}, x_{t-2}, \cdots) = 0$，$E(e_t | x_{t+1}, x_t, x_{t-1}, \cdots) = 0$。现在，根据迭代期望定律，$E(e_t | x_{t+1}, x_t, x_{t-1}, \cdots) = 0$ 意味着 $E(e_t | x_t, x_{t-1}, x_{t-2}, \cdots) = 0$。因此，使非线性最小二乘估计具有一致性所需的外生性与可行广义最小二乘估计相同，即：

$$E(e_t | x_{t+1}, x_t, x_{t-1}, \cdots) = 0 \tag{9.71}$$

这个要求意味着 e_t 和 x_{t+1} 不能是相关的。它排除了由决策者（比如中央银行设定利率）针对前一时期的误差冲击来设置 x_{t+1} 的情况。因此，虽然对自相关误差进行建模似乎是提高估计效率的一种很好的策略，但如果不满足较强的外生性假设，则可能以牺牲一致性为代价。使用具有 HAC 标准误的最小二乘不需要这种更强的假设。

对具有多个滞后的更一般形式的自相关误差进行建模，需要 e_t 在未来多个时期与 x 值不相关。$E(e_t | \mathbf{X}) = 0$（$\mathbf{X}$ 包括解释变量的所有当前值、过去值和将来值）是更严格的外生性假设，它适应这些更一般情况，并且暗示公式（9.71）是更强的外生性假设。对于自相关误差的一般建模，我们用这个假设代替 FDL3。

实例 9.15　有 AR（1）误差的菲利普斯曲线

在这个例子中，我们得到了实例 9.14 中引入的菲利普斯曲线的估计值，假设它的误差可以用 AR（1）方法建模。数据文件参见 *phillips5_aus*。我们可以从一开始就推测 AR（1）模型可能是不充分的。回到图 9-11 中最小二乘残差的相关图，前四个样本自相关系数为 $r_1 = 0.489$，$r_2 = 0.358$，$r_3 = 0.422$，$r4 = 0.428$。它们没有呈指数下降，也没有近似地下降。从 $r_1 = 0.489$ 开始，根据 AR（1）模型的性质下降，$r_2 = 0.489^2 = 0.239$，$r_3 = 0.489^3 = 0.117$，$r_4 = 0.489^4 = 0.057$。尽管如此，我们用这个例子来说明 AR（1）误差模型，然后在练习 9.21 中探讨如何改进它。表 9-10 报告了非线性最小二乘（NLS）和可行广义最小二乘（FGLS）估计值，以及表 9-9 中再现的最小二乘（OLS）估计值和 HAC 标准误。NLS 和 FGLS 估计值及其标准误几乎相同，估计值也与 OLS 相似。β_0 估计值的

NLS 和 FGLS 标准误小于相应的 OLS 和 HAC 标准误，这可能代表了自相关建模的效率优势。然而，人们必须谨慎对待这样的解释，因为标准误是标准差的估计值，而不是未知的标准差本身。

表 9-10　　　　　根据 AR（1）误差模型得出的菲利普斯曲线估计值

参数	OLS		NLS		FGLS	
	估计值	HAC 标准误	估计值	标准误	估计值	标准误
α	0.7317	0.0915	0.7028	0.0963	0.7029	0.0956
β_0	−0.3987	0.2878	−0.3830	0.2105	−0.3830	0.2087
ρ			0.5001	0.0809	0.4997	0.0799

9.5.4　无限分布滞后

在第 9.5.1 节中引入的有限分布滞后模型假设，在有限滞后 q 期之后，解释变量 x 的变化对因变量 y 的影响被切断。避免为 q 设定数值的一个方法是考虑 IDL 模型，其中 y 依赖于无限过去的 x 滞后值，即：

$$y_t = \alpha + \beta_0 x_t + \beta_1 x_{t-1} + \beta_2 x_{t-2} + \beta_3 x_{t-3} + \cdots + e_t \tag{9.72}$$

我们在第 9.1.1 节中介绍了这个模型。为了使其可行，β_s 系数值最终（但不一定立即）必须下降，在长滞后期变得可以忽略不计。它们具有与有限分布滞后情况相同的乘数解释。具体地，

$$\beta_s = \frac{\partial E\left(y_t | x_t, x_{t-1}, \cdots\right)}{\partial x_{t-s}} = s\text{期延期乘数}$$

$$\sum_{j=0}^{s} \beta_j = s\text{期临时性乘数}$$

$$\sum_{j=0}^{\infty} \beta_j = \text{总乘数}$$

对于总乘数，我们假设无限并收敛于一个有限值。

几何递减滞后　IDL 模型的一个明显缺点是它的参数数目无限。为了用有限的样本数据估计公式（9.72）中的滞后系数，需要对这些系数施加某种限制。在第 9.1.1 节中，我们表明，通过约束条件 $\beta_s = \lambda^s \beta_0$（$0 < \lambda < 1$），保持系数以几何速率递减，导致 ARDL（1，0）方程变为：

$$y_t = \delta + \theta y_{t-1} + \beta_0 x_t + v_t \tag{9.73}$$

其中，$\delta = \alpha(1 - \lambda)$，$\theta = \lambda$，$v_t = e_t - \lambda e_{t-1}$。回到第 9.1.1 节，看看公式（9.73）是如何导出的。通过施加约束，我们已经能够将无限数量的参数减少到只有 3 个。延期乘数可以从约束 $\beta_s = \lambda^s \beta_0$ 中计算出来。利用几何级数和的结果，给出临时乘数为：

$$\sum_{j=0}^{s} \beta_j = \beta_0 + \beta_0 \lambda + \beta_0 \lambda^2 + \cdots + \beta_0 \lambda^s = \frac{\beta_0(1 - \lambda^{s+1})}{1 - \lambda}$$

总乘数表示为：

$$\sum_{j=0}^{\infty} \beta_j = \beta_0 + \beta_0 \lambda + \beta_0 \lambda^2 + \cdots = \frac{\beta_0}{1 - \lambda}$$

估计公式（9.73）会有一些困难。如果我们假设原始误差 e_t 不是自相关的，则 $v_t = e_t - \lambda e_{t-1}$ 将与 y_{t-1} 相关，这意味着 $E(v_t | y_{t-1}, x_t) \neq 0$，最小二乘估计量将不具有一致性。要看到 v_t 和 y_{t-1} 是相关的，请注意，它们都依赖于 e_{t-1}。显然 $v_t = e_t - \lambda e_{t-1}$ 依赖于 e_{t-1}。可以看到 y_{t-1} 也依赖于 e_{t-1}，我们滞后公式（9.72）一期，

$$y_{t-1} = \alpha + \beta_0 x_{t-1} + \beta_1 x_{t-2} + \beta_2 x_{t-3} + \beta_3 x_{t-4} + \cdots + e_{t-1}$$

假设就像我们过去所做的那样，$E(e_t | x_t, x_{t-1}, x_{t-2}, \cdots) = 0$，这意味着，给定 x 的当前值和过去值，我们不能预测 e_t，我们有：

$$
\begin{aligned}
E(v_t y_{t-1} | x_{t-1}, x_{t-2}, \cdots) &= E[(e_t - \lambda e_{t-1})(\alpha + \beta_0 x_{t-1} + \beta_1 x_{t-2} + \cdots + e_{t-1}) | x_{t-1}, x_{t-2}, \cdots] \\
&= E[(e_t - \lambda e_{t-1}) e_{t-1} | x_{t-1}, x_{t-2}, \cdots] \\
&= E(e_t e_{t-1} | x_{t-1}, x_{t-2}, \cdots) - \lambda E(e_{t-1}^2 | x_{t-1}, x_{t-2}, \cdots) \\
&= -\lambda \operatorname{var}(e_{t-1} | x_{t-1}, x_{t-2}, \cdots)
\end{aligned}
$$

其中，根据假设 e_t 和 e_{t-1} 是条件不相关的，我们使用了 $E(e_t e_{t-1} | x_{t-1}, x_{t-2}, \cdots) = 0$。

公式（9.73）的一个可能的一致估计量是将在第 10 章中讨论的工具变量估计量。结果表明，x_{t-1} 是 y_{t-1} 的合适工具变量。当你阅读第 10 章时，我们建议你把其看作一个例子。

这里有一个特例，其中应用于公式（9.73）的最小二乘是一个具有一致性的估计量。由于 v_t 遵循自相关 MA（1）过程 $v_t = e_t - \lambda e_{t-1}$，而 y_{t-1} 出现在方程右侧，因此出现了不一致性问题。如果 e_t 遵循 AR（1）过程 $e_t = \lambda e_{t-1} + u_t$，具有**相同的**参数 λ，并且 u_t 是不相关的，则 v_t 不再是自相关的。在这种情况下，我们有：

$$v_t = e_t - \lambda e_{t-1} = \lambda e_{t-1} + u_t - \lambda e_{t-1} = u_t$$

由于 u_t 不是自相关的，它将不与 y_{t-1} 相关，因此 y_{t-1} 与误差之间的相关性不再是最小二乘估计不具有一致性的原因。显然，有必要检查 $e_t = \lambda e_{t-1} + u_t$ 是不是一个合理的假设。为此，McClain 和 Wooldridge 提出了一项检验。[1]详情如下：

检验 IDL 模型的 ARDL 表达式的一致性 这个检验的扩展是从假设开始的，假设 IDL 模型中的误差 e_t 遵循 AR（1）过程 $e_t = \rho e_{t-1} + u_t$，参数 ρ 可以不同于 λ，并检验假设 $H_0: \rho = \lambda$。假设 ρ 和 λ 是不同的，

$$v_t = e_t - \lambda e_{t-1} = \rho e_{t-1} + u_t - \lambda e_{t-1} = (\rho - \lambda) e_{t-1} + u_t$$

则方程（9.73）变为：

$$y_t = \delta + \lambda y_{t-1} + \beta_0 x_t + (\rho - \lambda) e_{t-1} + u_t \tag{9.74}$$

检验是基于对误差 e_{t-1} 的估计值是否为回归增加了解释力。

步骤如下：

1. 在 H_0 成立的假设下，根据公式（9.74）计算最小二乘残差：

$$\hat{u}_t = y_t - (\hat{\delta} + \hat{\lambda} y_{t-1} + \hat{\beta}_0 x_t), \ t = 2, 3, \cdots, T$$

2. 根据步骤 1，使用最小二乘估计 $\hat{\lambda}$，从 $\hat{e}_t = 0$ 开始，递推计算 $\hat{e}_t = \hat{\lambda} \hat{e}_{t-1} + \hat{u}_t, t = 2, 3, \cdots, T$。

3. 根据 $\hat{u}_t$ 对 y_{t-1}、x_t 和 $\hat{e}_{t-1}$ 的最小二乘回归，求出 R^2。

① McClain，K.T.and J.M.Wooldridge（1995），"A simple test for the consistency of dynamic linear regression in rational distributed lag models," *Economics Letters*，48，235–240。

4.当 H_0 为真时，假设 u_t 有同方差，在大样本中，$(T-1) \times R^2$ 服从 $\chi^2_{(1)}$ 分布。

请注意，在 y_{t-1} 和 x_t 被分离出去后，$\hat{u}_t$ 可以看作等于 y_t。因此，如果步骤3中的回归具有显著的解释力，它将来自 $\hat{e}_{t-1}$。

我们在一个含有以几何速率递减的滞后权重的模型中描述了这个检验，该模型导致只有一个 y 滞后变量的 ARDL（1，0）模型。当 $p > 1$ 时，它也可以用于 ARDL（p, q）模型。在这种情况下，原假设是，AR（p）误差模型中 e_t 的系数等于 y 滞后变量的 ARDL 系数，检验过程中包括额外的滞后项，卡方统计量具有 p 自由度，它等于用于估计检验方程的观测值数乘以该方程的 R^2。

实例9.16 消费函数

假设消费支出 C 是"永久"收入 Y^* 的线性函数：

$$C_t = \omega + \beta Y_t^*$$

永久收入是不可观测的。我们将假设它由一个趋势项和观测到的当前和过去收入 $Y_t, Y_{t-1}, \cdots$ 的几何加权平均值组成：

$$Y_t^* = \gamma_0 + \gamma_1 t + \gamma_2 (Y_t + \lambda Y_{t-1} + \lambda^2 Y_{t-2} + \lambda^3 Y_{t-3} + \cdots)$$

其中，$t = 0, 1, 2, \cdots$ 是趋势项。在这个模型中，消费者预计其收入将呈上升趋势，由他们过去收入的加权平均值调整。在第12章中我们看到的会更明显，考虑模型的不同版本是很方便的，其中我们将消费 $DC_t = C_t - C_{t-1}$ 的变化与实际收入 $DY_t = Y_t - Y_{t-1}$ 的变化联系起来。这个版本的模型可以写成：

$$DC_t = C_t - C_{t-1} = (\omega + \beta Y_t^*) - (\omega + \beta Y_{t-1}^*) = \beta(Y_t^* - Y_{t-1}^*)$$

$$= \beta\{\gamma_0 + \gamma_1 t + \gamma_2(Y_t + \lambda Y_{t-1} + \lambda^2 Y_{t-2} + \lambda^3 Y_{t-3} + \cdots) -$$

$$[\gamma_0 + \gamma_1(t-1) + \gamma_2(Y_{t-1} + \lambda Y_{t-2} + \lambda^2 Y_{t-3} + \lambda^3 Y_{t-4} + \cdots)]\}$$

$$= \beta\gamma_1 + \beta\gamma_2(DY_t + \lambda DY_{t-1} + \lambda^2 DY_{t-2} + \lambda^3 DY_{t-3} + \cdots)$$

设定 $\alpha = \beta\gamma_1$ 和 $\beta_0 = \beta\gamma_2$，并添加一个误差项，使用更熟悉的符号，则方程变成：

$$DC_t = \alpha + \beta_0(DY_t + \lambda DY_{t-1} + \lambda^2 DY_{t-2} + \lambda^3 DY_{t-3} + \cdots) + e_t \tag{9.75}$$

其 ARDL（1，0）表示为：

$$DC_t = \delta + \lambda DC_{t-1} + \beta_0 DY_t + v_t \tag{9.76}$$

为了估计这一模型，我们使用数据文件 *cons_inc* 中存储的 1959Q3 至 2016Q3 澳大利亚消费支出和国民可支配收入的季度数据。估计公式（9.76），得到：

$$\widehat{DC}_t = 478.6 + 0.3369 DC_{t-1} + 0.0991 DY_t$$

$$(\text{se}) \quad (74.2) \quad (0.0599) \qquad (0.0215)$$

该模型的延期乘数为 0.0991，0.0334，0.0112，$\cdots$。总乘数为 0.0991/（1-0.3369）=0.149。乍一看对于边际消费倾向而言，这些值可能很低。然而，由于模型中包含了一个趋势项，所以我们衡量偏离这一趋势的情况。我们对滞后1、2、3和4期进行了第9.4.2节中描述的对于误差的序列相关的 LM 检验。在每一种情况下，不存在序列相关的原假设在 5% 的显著性水平下没有被拒绝。为了确定误差中不存在序列相关是否可归因于公式（9.75）中误差带有参数 λ 的 AR（1）模型，遵循上一小节中的检验步骤，我们得到了检验值 $\chi^2 = (T-1) \times R^2 = 227 \times 0.00025 = 0.057$。考虑到 5% 的显著性水平下 $\chi^2_{(1)}$ 分布值为

3.84，我们不能拒绝原假设，即 IDL 表示中的误差可以用过程 $e_t = \lambda e_{t-1} + v_t$ 来描述。换句话说，没有证据表明 $v_t = e_t - \lambda e_{t-1}$ 形式的 MA（1）误差的存在是公式（9.76）估计中不一致性的来源。

从 ARDL 表达式中导出乘数 如果我们相信滞后权重变量实际上满足或近似满足约束 $\beta_s = \lambda^s \beta_0$，几何递减滞后模型是一个方便的模型。然而，还有许多其他滞后模式可能是现实的。解释变量变化的最大影响可能无法立即感受到，滞后权重变量可能先增加后下降。我们如何决定施加什么合理的约束？不是从 IDL 表示和先验选择约束开始，另一种策略是使用传统模型选择标准选择滞后 ARDL 表示，并导出所选 ARDL 模型隐含的对 IDL 模型的限制。具体来说，我们首先根据 ARDL 模型估计 θ 和 δ 的有限数量，

$$y_t = \delta + \theta_1 y_{t-1} + \cdots + \theta_p y_{t-p} + \delta_0 x_t + \delta_1 x_{t-1} + \cdots + \delta_q x_{t-q} + v_t \tag{9.77}$$

为了使这些估计值与 IDL 模型中无限数量的 β 相符，

$$y_t = \alpha + \beta_0 x_t + \beta_1 x_{t-1} + \beta_2 x_{t-2} + \beta_3 x_{t-3} + \cdots + e_t \tag{9.78}$$

必须对 β 施加约束。该策略是使用 θ 和 δ 来表示求出 β 的表达式，使得公式（9.77）和公式（9.78）是等价的。这样做的一种方法是使用递归替换，在公式（9.77）的右侧替换滞后的因变量，并无限期地返回。然而，这个过程很快就变得混乱，特别是当有几个滞后因变量时。如果我们能掌握一些被称为**滞后算子**的有力工具，在一般情况下我们完成任务就容易得多。

滞后算子 L 具有滞后变量的作用，

$$Ly_t = y_{t-1}$$

对于滞后一个变量两次，我们有：

$$L(Ly_t) = Ly_{t-1} = y_{t-2}$$

我们写成 $L^2 y_t = y_{t-2}$。更一般地，L 升到 s 次幂意味着滞后一个变量 s 次：

$$L^2 y_t = y_{t-s}$$

现在，我们可以用滞后算子表示法来编写 ARDL 模型。公式（9.77）变为：

$$y_t = \delta + \theta_1 Ly_t + \theta_2 L^2 y_t + \cdots + \theta_p L^p y_t + \delta_0 x_t + \delta_1 Lx_t + \delta_2 L^2 x_t + \cdots + \delta_q L^q x_t + v_t \tag{9.79}$$

将包含 y_t 的项代入公式的左侧，并将 y_t 和 x_t 分解出来，得到：

$$(1 - \theta_1 L - \theta_2 L^2 - \cdots - \theta_p L^p) y_t = \delta + (\delta_0 + \delta_1 L + \delta_2 L^2 + \cdots + \delta_q L^q) x_t + v_t \tag{9.80}$$

这个代数式开始变得繁杂了。如果我们以一个特定的例子继续下去，那就更容易了。

实例 9.17 导出无限滞后奥肯定律模型的乘数

在实例 9.13 中，利用 *fileokun5_aus* 的数据，我们估计了奥肯定律的有限分布滞后模型，把失业率 DU_t 的变化与 GDP 增长率的当前值和四个滞后值 $G_t, G_{t-1}, \cdots, G_{t-4}$ 联系起来。假设我们想使包含 G 值的 IDL 模型回到无限的过去。表 9-7 中的估计表明，几何递减滞后分布将是不合适的。G_{t-1} 的估计系数（绝对值）大于 G_t，然后系数下降。为了确定什么是合适的滞后分布，我们首先估计 ARDL 模型。在对 p 和 q 进行不同值的实验后，考虑到系数估计值的显著性和误差中序列相关的可能性，我们确定了 ARDL（2，1）模型：

$$DU_t = \delta + \theta_1 DU_{t-1} + \theta_2 DU_{t-2} + \delta_0 G_t + \delta_1 G_{t-1} + v_t \tag{9.81}$$

使用公式（9.80）中的滞后算子表示法，这个公式可以写成：

$$(1 - \theta_1 L - \theta_2 L^2) DU_t = \delta + (\delta_0 + \delta_1 L) G_t + v_t \tag{9.82}$$

现在假设可以定义 $(1 - \theta_1 L - \theta_2 L^2)$ 的反函数，我们将其写为 $(1 - \theta_1 L - \theta_2 L^2)^{-1}$，这样，

$$(1 - \theta_1 L - \theta_2 L^2)^{-1} (1 - \theta_1 L - \theta_2 L^2) = 1$$

这个概念有点抽象，但我们不必找出反函数的概念。当你第一次遇到它时，使用它就像魔法一样。紧紧跟住我们即可。我们几乎得到了基本结果。将等式（9.82）的两边同时乘以 $(1 - \theta_1 L - \theta_2 L^2)^{-1}$，得到：

$$DU_t = (1 - \theta_1 L - \theta_2 L^2)^{-1} \delta + (1 - \theta_1 L - \theta_2 L^2)^{-1} \times (\delta_0 + \delta_1 L) G_t + (1 - \theta_1 L - \theta_2 L^2)^{-1} v_t \quad (9.83)$$

这种表示是有用的，因为我们可以将它等同于 IDL 表达式：

$$DU_t = \alpha + \beta_0 G_t + \beta_1 G_{t-1} + \beta_2 G_{t-2} + \beta_3 G_{t-3} + \cdots + e_t$$
$$= \alpha + (\beta_0 + \beta_1 L + \beta_2 L^2 + \beta_3 L^3 + \cdots) G_t + e_t \quad (9.84)$$

如果公式（9.83）和公式（9.84）是相同的，则下式必须为真：

$$\alpha = (1 - \theta_1 L - \theta_2 L^2)^{-1} \delta \quad (9.85)$$

$$\beta_0 + \beta_1 L + \beta_2 L^2 + \beta_3 L^3 + \cdots = (1 - \theta_1 L - \theta_2 L^2)^{-1} (\delta_0 + \delta_1 L) \quad (9.86)$$

$$e_t = (1 - \theta_1 L - \theta_2 L^2)^{-1} v_t \quad (9.87)$$

公式（9.85）可用 θ_1、θ_2 和 δ 表示导出 α，公式（9.86）可用 θ 和 δ 表示导出 β。为了明白如何做，首先将公式（9.85）的两边同时乘以 $(1 - \theta_1 L - \theta_2 L^2)$，以得到 $(1 - \theta_1 L - \theta_2 L^2) \alpha = \delta$。然后，认识到常数的滞后项是相同的常数 $(L\alpha = \alpha)$，我们有：

$$(1 - \theta_1 - \theta_2) \alpha = \delta, \quad \alpha = \frac{\delta}{1 - \theta_1 - \theta_2}$$

现在转到 β，我们将公式（9.86）的两边同乘以 $(1 - \theta_1 L - \theta_2 L^2)$，从而得到：

$$\delta_0 + \delta_1 L = (1 - \theta_1 L - \theta_2 L^2)(\beta_0 + \beta_1 L + \beta_2 L^2 + \beta_3 L^3 + \cdots)$$
$$= \beta_0 + \beta_1 L + \beta_2 L^2 + \beta_3 L^3 + \cdots - \theta_1 \beta_0 L - \theta_1 \beta_1 L^2 - \theta_1 \beta_2 L^3 - \cdots -$$
$$\theta_2 \beta_0 L^2 - \theta_2 \beta_1 L^3 - \cdots \quad (9.88)$$
$$= \beta_0 + (\beta_1 - \theta_1 \beta_0) L + (\beta_2 - \theta_1 \beta_1 - \theta_2 \beta_0) L^2 + (\beta_3 - \theta_1 \beta_2 - \theta_2 \beta_1) L^3 + \cdots$$

注意我们如何用滞后算子进行代数运算。我们已经利用了 $L^r L^s = L^{r+s}$ 这个事实。

公式（9.88）是用 θ 和 δ 项来推导 β 的关键。要使公式的两边都意味着相同的东西（相同的滞后），滞后算子中同幂的系数必须相等。为了使下面的内容更加简明，我们将公式（9.88）重写为：

$$\delta_0 + \delta_1 L + 0 L^2 + 0 L^3 = \beta_0 + (\beta_1 - \theta_1 \beta_0) L + (\beta_2 - \theta_1 \beta_1 - \theta_2 \beta_0) L^2 +$$
$$(\beta_3 - \theta_1 \beta_2 - \theta_2 \beta_1) L^3 + \cdots \quad (9.89)$$

估计 L 中同幂的系数，得到：

$$\delta_0 = \beta_0$$
$$\delta_1 = \beta_1 - \theta_1 \beta_0$$
$$0 = \beta_2 - \theta_1 \beta_1 - \theta_2 \beta_0$$
$$0 = \beta_3 - \theta_1 \beta_2 - \theta_2 \beta_1$$

等等。因此，使用如下递归方程，β 可以从 θ 和 δ 中找到。

$$\beta_0 = \delta_0$$
$$\beta_1 = \delta_1 + \theta_1 \beta_0 \quad (9.90)$$
$$\beta_j = \theta_1 \beta_{j-1} + \theta_2 \beta_{j-2} \quad j \geq 2$$

你可能会问：每次我想为 ARDL 模型导出一些乘数时，我都要经历所有这些吗？答案是"不"。你可以从公式（9.88）的等价公式开始，它的一般形式为：

$$\delta_0 + \delta_1 L + \delta_2 L^2 + \cdots + \delta_q L^q = (1 - \theta_1 L - \theta_2 L^2 - \cdots - \theta_p L^p) \times$$
$$(\beta_0 + \beta_1 L + \beta_2 L^2 + \beta_3 L^3 + \cdots) \tag{9.91}$$

给定 ARDL 模型的 p 和 q 值，你需要将上面的表达式相乘，然后使滞后算子中同幂的系数相等。

实例9.18 计算无限滞后奥肯定律模型的乘数估计值

使用数据文件 *okun5_aus*，估计出的奥肯定律 ARDL（2，1）模型为：

$$\widehat{DU}_t = 0.1708 + 0.2639 DU_{t-1} + 0.2072 DU_{t-2} - 0.0904 G_t - 0.1296 G_{t-1}$$
$$(\text{se}) \quad (0.0328)(0.0767) \qquad (0.0720) \qquad (0.0244) \qquad (0.0252) \tag{9.92}$$

利用公式（9.90）中的关系，前4个季度的影响乘数和延期乘数表示为：[1]

$$\hat{\beta}_0 = \hat{\delta}_0 = -0.0904$$

$$\hat{\beta}_1 = \hat{\delta}_1 + \hat{\theta}_1 \hat{\beta}_0 = -0.129647 - 0.263947 \times 0.090400$$
$$= -0.1535$$

$$\hat{\beta}_2 = \hat{\theta}_1 \hat{\beta}_1 + \hat{\theta}_2 \hat{\beta}_0 = -0.263947 \times 0.153508 - 0.207237 \times 0.090400$$
$$= -0.0593$$

$$\hat{\beta}_3 = \hat{\theta}_1 \hat{\beta}_2 + \hat{\theta}_2 \hat{\beta}_1 = -0.263947 \times 0.059252 - 0.207237 \times 0.153508$$
$$= -0.0475$$

$$\hat{\beta}_4 = \hat{\theta}_1 \hat{\beta}_3 + \hat{\theta}_2 \hat{\beta}_2 = -0.263947 \times 0.047452 - 0.207237 \times 0.059252$$
$$= -0.0248$$

GDP 增长率的提高导致失业率的下降。从本季度到下一个季度受影响程度增加，之后急剧下降，然后逐渐下降到零。这种性质（长滞后期的权重为零）是上述分析有效的基本性质。权重如图 9-12 所示，滞后多达 10 个季度。

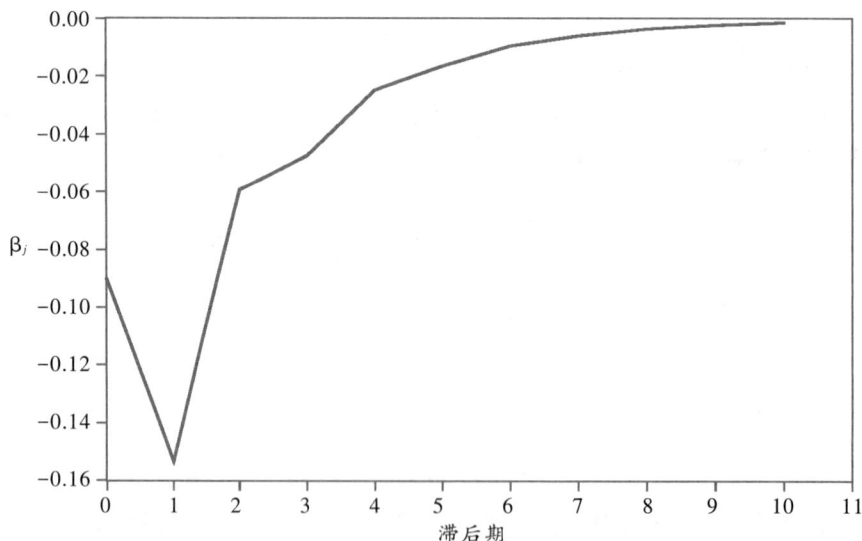

图9-12 奥肯定律 ARDL（2，1）模型中的滞后分布

---

[1] 在计算中，我们将值取到六位小数，以使舍入误差最小化。

为了估计由 $\sum_{j=0}^{\infty}\beta_j$ 表示的总乘数，我们可以对公式（9.90）所隐含的级数求和，但更容易的方法是假设该过程处于长期均衡，而 DU 和 G 没有变化，以考察 G 的变化对长期均衡的影响。处于长期均衡意味着我们可以忽略公式（9.92）中的时间下标和误差项，给出下列公式：

$$DU = 0.1708 + 0.2639DU + 0.2072DU - 0.0904G - 0.1296G$$

或

$$DU = \frac{0.1708 - (0.0904 + 0.1296)G}{1 - 0.2639 - 0.2072} = 0.3229 - 0.4160G$$

总乘数表示为 $d(DU)/dG = -0.416$。图 9-12 中的滞后系数之和为 $\sum_{s=0}^{10}\hat{\beta}_s = -0.414$，在前 10 个季度体现了 G 变化的大部分影响。维持恒定失业率所需的正常增长率的估计值为 $\hat{G}_N = -\hat{\alpha}/\sum_{j=0}^{\infty}\hat{\beta}_j = 0.3229/0.416 = 0.78\%$。有限分布滞后模型的总乘数估计值 -0.528 在绝对值上较大，而正常增长率的估计值为 0.78%。

误差项　在实例 9.18 中，我们使用最小二乘法来估计 ARDL 模型，并为简化问题而忽略了误差项。我们需要问的问题是误差项是否会使最小二乘估计量具有一致性。在公式（8.47）中，我们发现：

$$e_t = (1 - \theta_1 L - \theta_2 L^2)^{-1}v_t$$

将公式两边同时乘以 $(1 - \theta_1 L - \theta_2 L^2)$，得到：

$$(1 - \theta_1 L - \theta_2 L^2)e_t = v_t$$
$$e_t - \theta_1 e_{t-1} - \theta_2 e_{t-2} = v_t$$
$$e_t = \theta_1 e_{t-1} + \theta_2 e_{t-2} + v_t$$

在一般的 ARDL (p,q) 模型中，这个公式成为：

$$e_t = \theta_1 e_{t-1} + \theta_2 e_{t-2} + \cdots + \theta_p e_{t-p} + v_t \tag{9.93}$$

要使 v_t 是不相关的（这是 ARDL 模型的最小二乘估计具有一致性所要求的），误差 e_t 必须满足公式（9.93），即它们必须遵循 AR (p) 过程，其系数与 ARDL 模型的 AR 分量相同，前面在几何滞后模型中描述的最小二乘一致性检验可以扩展到一般情况。

实例 9.19　检验奥肯定律最小二乘估计的一致性

这个检验的起点是假设 IDL 表达式中的误差 e_t 遵循 AR（2）过程：

$$e_t = \psi_1 e_{t-1} + \psi_2 e_{t-2} + v_t$$

v_t 是不相关的。然后，给定 ARDL 表达式：

$$DU_t = \delta + \theta_1 DU_{t-1} + \theta_2 DU_{t-2} + \delta_0 G_t + \delta_1 G_{t-1} + v_t \tag{9.94}$$

原假设为 $H_0:\psi_1 = \theta_1,\psi_2 = \theta_2$。为求出检验统计值，我们计算 $\hat{e}_t = \hat{\theta}_1\hat{e}_{t-1} + \hat{\theta}_2\hat{e}_{t-2} + \hat{u}_t$，其中 $\hat{u}_t$ 是估计出的公式（9.92）中方程的残差。然后，使用常数、DU_{t-1}、DU_{t-2}、G_t、G_{t-1}、$\hat{e}_{t-1}$ 和 $\hat{e}_{t-2}$ 对 $\hat{u}_t$ 进行回归，得到 $R^2 = 0.02089$ 和检验值 $\chi^2 = (T-3)\times R^2 = 150\times 0.02089 = 3.13$。5% 的临界值为 $\chi^2_{(0.95,2)} = 5.99$，这意味着我们没有在 5% 的显著性水平下拒绝 H_0。我们没有足够的证据得出结论，即序列相关误差是公式（9.94）最小二乘估计不具有一致性

的根源。

无限分布滞后模型的假设 消费函数和奥肯定律实例的最小二乘估计包含几个假设。在这里，我们总结了这些假设，并讨论它们变化的含义。

IDL1：时间序列 y 和 x 是平稳的、弱依赖的。

IDL2：描述 y 如何响应 x 的当前值和过去值的无限分布滞后模型，可以写成：

$$y_t = \alpha + \beta_0 x_t + \beta_1 x_{t-1} + \beta_2 x_{t-2} + \cdots + e_t \tag{9.95}$$

当 $s \to \infty$ 时，$\beta_s \to 0$。

IDL3：对应于公式（9.95）的是 ARDL (p, q) 模型：

$$y_t = \delta + \theta_1 y_{t-1} + \cdots + \theta_p y_{t-p} + \delta_0 x_t + \delta_1 x_{t-1} + \cdots + \delta_q x_{t-q} + v_t \tag{9.96}$$

其中，$v_t = e_t - \theta_1 e_{t-1} - \theta_2 e_{t-2} - \cdots - \theta_p e_{t-p}$。

IDL4：误差 e_t 是严格外生的，

$$E(e_t | \mathbf{X}) = 0$$

其中，$\mathbf{X}$ 包括 x 的所有当前值、过去值和将来值。

IDL5：误差 e_t 遵循 AR (p) 过程：

$$e_t = \theta_1 e_{t-1} + \theta_2 e_{t-2} + \cdots + \theta_p e_{t-p} + u_t$$

其中，

i. 对于 x 的当前值和过去值，以及 y 的过去值，u_t 是外生的，

$$E(u_t | x_t, x_{t-1}, y_{t-1}, x_{t-2}, y_{t-2}, \cdots) = 0$$

ii. u_t 具有同方差，$var(u_t | x_t) = \sigma_u^2$。

在 IDL2 和 IDL3 的假设下，用参数 θ 和 δ 表示的滞后权重 β_s 的表达式可以通过在乘积中平衡滞后算子的同幂的系数求出：

$$\delta_0 + \delta_1 L + \delta_2 L^2 + \cdots + \delta_q L^q = (1 - \theta_1 L - \theta_2 L^2 - \cdots - \theta_p L^p) \times \\ (\beta_0 + \beta_1 L + \beta_2 L^2 + \beta_3 L^3 + \cdots) \tag{9.97}$$

假设 IDL5 是公式（9.95）自相关误差模型的一个非常特殊的情况，因此我们描述了其有效性的检验。它要求公式（9.96）的最小二乘估计具有一致性。由于外生假设 IDL5 包括 y 的所有过去值，因此足以确保 v_t 不会是自相关的；为了使 OLS 标准误有效，需要有 IDL5。如果 IDL5 成立，并且使用公式（9.96）的最小二乘估计值求出公式（9.97）的 β 的估计值，则需要 e_t 是严格外生的（IDL4），如此才能对 β 进行因果解释。这一要求类似于自相关误差模型的非线性最小二乘和广义最小二乘估计。

IDL5 的备择假设为：

IDL5*：误差 e_t 是不相关的，$cov(e_t, e_s | x_t, x_s) = 0 \, (t \neq s)$，并且具有同方差，$var(e_t | x_t) = \sigma_e^2$。

在这种情况下，误差 $v_t = e_t - \theta_1 e_{t-1} - \theta_2 e_{t-2} - \cdots - \theta_p e_{t-p}$ 遵循 MA (p) 过程，公式（9.96）的最小二乘估计不具有一致性。第 10 章研究的工具变量方法可以作为一种替代方法。

最后，我们注意到，具有自相关误差的 FDL 模型和 IDL 模型都可以转换为 ARDL 模型。因此，在估计 ARDL 模型之后出现的一个问题是，是否将其解释为具有自相关误差的 FDL 模型或 IDL 模型。摆脱这一困境的一个有吸引力的方法是假设一个 FDL 模型并使用

HAC标准误。在许多情况下，IDL模型将很好地近似于FDL，并且使用HAC标准误避免做出限制性的严格外生性假设。

9.6 练习

9.6.1 问题

9.1 a.证明仅依赖于过去信息 I_T 预测 $\hat{y}_{T+1}$ 的均方预测误差 $E[(\hat{y}_{T+1} - y_{T+1})^2|I_T]$ 可以写为：

$$E[(\hat{y}_{T+1} - y_{T+1})^2|I_T] = E[\{(\hat{y}_{T+1} - E(y_{T+1}|I_T)) - (y_{T+1} - E(y_{T+1}|I_T))\}^2|I_T]$$

b.证明通过选择 $\hat{y}_{T+1} = E(y_{T+1}|I_T)$，$E[(\hat{y}_{T+1} - y_{T+1})^2|I_T]$ 是最小化的。

9.2 省略。

9.3 考虑将 AR（2）模型 $y_t = \delta + \theta_1 y_{t-1} + \theta_2 y_{t-2} + e_t$ 与 AR（1）误差模型 $e_t = \rho e_{t-1} + v_t$ 相结合的平稳模型。证明：

$$E(y_t|I_{t-1}) = \delta(1-\rho) + (\theta_1 + \rho)y_{t-1} + (\theta_2 - \theta_1\rho)y_{t-2} - \theta_2\rho y_{t-3}$$

其中，$E(v_t|I_{t-1}) = 0$。如果误差是自相关的，为什么假设 $E(y_t|I_{t-1}) = \delta + \theta_1 y_{t-1} + \theta_2 y_{t-2}$ 会被违背？

9.4 省略。

9.5 设 e_t 表示时间序列回归中的误差项。我们希望比较 AR（1）误差模型 $e_t = \rho e_{t-1} + v_t$ 和 MA（1）误差模型 $e_t = \phi v_{t-1} + v_t$ 的自相关。在两种情况下，我们假设 $E(v_t v_{t-s}) = 0$（$s \neq 0$）和 $E(v_t^2) = \sigma_v^2$。令 $\rho_s = E(e_t e_{t-s})/\text{var}(e_t)$ 为 e_t 的第 s 阶自相关，证明：

a.对于 AR（1）误差模型，$\rho_1 = \rho, \rho_2 = \rho^2, \rho_3 = \rho^3, \cdots$。

b.对于 MA（1）误差模型，$\rho_1 = \phi/(1 + \phi^2), \rho_2 = 0, \rho_3 = 0, \cdots$。

用文字描述两种自相关结构的区别。

9.6 省略。

9.7 在第9.5.3节中，我们描述了回归模型 $y_t = \alpha + \beta_0 x_t + e_t$ 中 α 和 β_0 的广义最小二乘（GLS）估计量，有误差 $e_t = \rho e_{t-1} + v_t$，并已知 ρ，其可以通过将OLS应用于转换模型 $y_t^* = \alpha^* + \beta_0 x_t^* + v_t$ 来计算，其中 $y_t^* = y_t - \rho y_{t-1}$，$\alpha^* = \alpha(1-\rho)$，$x_t^* = x_t - \rho x_{t-1}$。在大样本中，GLS估计量是最小方差，因为 v_t 具有同方差，并且不是自相关的。然而，只能对 $t = 2, 3, \cdots, T$ 求出 x_t^* 和 y_t^*。在这一转换过程中丢失了一个观测值。为确保GLS估计量在小样本中方差最小，必须包括 $t = 1$ 的转换观测值。设 $e_1^* = \sqrt{1-\rho^2}\, e_0$。

a.使用附录9B中的结果，证明 $\text{var}(e_1^*) = \sigma_v^2$，$e_1^*$ 与 v_t（$t = 2, 3, \cdots, T$）不相关，$t = 2, 3, \cdots, T$。

b.解释为什么（a）部分的结果意味着OLS应用于下面的转换模型将产生最小方差估计量：

$$y_t^* = \alpha j_t + \beta_0 x_t^* + e_t^*$$

其中，当 $t = 2, 3, \cdots, T$ 时，$y_t^* = y_t - \rho y_{t-1}, j_t = 1 - \rho, x_t^* = x_t - \rho x_{t-1}, e_t^* = e_t - \rho e_{t-1} = v_t$；当 $t =$

1时，$y_1^* = \sqrt{1-\rho^2}\, y_1$，$j_1 = \sqrt{1-\rho^2}$，$x_1^* = \sqrt{1-\rho^2}\, x_1$。该估计量，特别是当它与 ρ 的估计值迭代使用时，通常被称为 Prais-Winsten 估计量。

9.8 省略。

9.9 使用一家大型百货商店的销售收入（SALES）和广告支出（ADV）（单位为百万美元）的157个周观测值，估计以下关系：

$$\widehat{SALES_t} = 18.74 + 1.006ADV_t + 3.926ADV_{t-1} + 2.372ADV_{t-2}$$

a.这个估计模型有多少个自由度？（考虑因滞后变量而丢失的观测值）

b.描述销售和广告支出之间的关系，包括对滞后关系的解释。广告什么时候产生的影响最大？广告支出持续增加100万美元所产生的总体影响是什么？

c.系数的估计协方差矩阵为：

	C	ADV_t	ADV_{t-1}	ADV_{t-2}
C	0.2927	−0.1545	−0.0511	−0.0999
ADV_t	−0.1545	0.4818	−0.3372	0.0201
ADV_{t-1}	−0.0511	−0.3372	0.7176	−0.3269
ADV_{t-2}	−0.0999	0.0201	−0.3269	0.4713

使用双尾检验，在5%的显著性水平下，哪些滞后系数显著异于零？如果使用单尾检验，你的结论会改变吗？如果你使用10%的显著性水平，它们会改变吗？

d.求出影响乘数、一期临时性乘数和总乘数的95%的置信区间。

9.10 省略。

9.11 利用1947年第二季度至2009年第三季度美国GDP增长（G）的250个季度观测值，我们计算了以下数值：

$$\sum_{t=1}^{250}(G_t - \overline{G})^2 = 333.8558 \qquad \sum_{t=2}^{250}(G_t - \overline{G})(G_{t-1} - \overline{G}) = 162.9753$$

$$\sum_{t=3}^{250}(G_t - \overline{G})(G_{t-2} - \overline{G}) = 112.4882 \qquad \sum_{t=4}^{250}(G_t - \overline{G})(G_{t-3} - \overline{G}) = 30.5802$$

a.计算 G 的前三个自相关系数（r_1、r_2 和 r_3）。检验每一个是否在5%的显著性水平下显著异于零。绘制相关图的前三条，包括显著性边界。

b.给定 $\sum_{t=2}^{250}(G_{t-1} - \overline{G}_{-1})^2 = 333.1119$ 和 $\sum_{t=2}^{250}(G_t - \overline{G}_1)(G_{t-1} - \overline{G}_{-1}) = 162.974$，其中 $\overline{G}_1 = \sum_{t=2}^{250}G_t/249 = 1.662249$，$\overline{G}_{-1} = \sum_{t=2}^{250}G_{t-1}/249 = 1.664257$，在 AR（1）模型 $G_t = \delta + \theta_1 G_{t-1} + e_t$ 中，求出 δ 和 θ_1 的最小二乘估计值。解释估计值 $\hat{\theta}_1$ 与（a）部分获得的估计值 r_1 之间的差异。

9.12 省略。

9.13 对于如下 ARDL 模型，考虑无限滞后表达式 $y_t = \alpha + \sum_{s=0}^{\infty}\beta_s x_{t-s} + e_t$：

$$y_t = \delta + \theta_1 y_{t-1} + \theta_3 y_{t-3} + \delta_1 x_{t-1} + v_t$$

a.证明 $\alpha = \delta / (1 - \theta_1 - \theta_3)$，$\beta_0 = 0$，$\beta_1 = \delta_1$，$\beta_2 = \theta_1\beta_1$，$\beta_3 = \theta_1\beta_2$，$\beta_s = \theta_1\beta_{s-1} + \theta_3\beta_{s-3}$（$s \geqslant 4$）。

b.利用美国通胀率（INF）以及 1955 年第二季度至 2016 年第一季度失业率变化（DU）的季度数据，我们估计如下版本的菲利普斯曲线：

$$\widehat{INF}_t = 0.094 + 0.564INF_{t-1} + 0.333INF_{t-3} - 0.300DU_{t-1} \qquad SSE = 48.857$$
$$(\text{se}) \quad (0.049)(0.051) \qquad (0.052) \qquad (0.084)$$

c.使用（a）部分中的结果，求出（b）部分中估计出的菲利普斯曲线的无限滞后表达式中的前 12 个滞后权重的估计值。将这些权重估计值数据绘制成图，并对图进行评论。

d.多高的通胀率与恒定失业率是一致的（其中，在所有时期，$DU = 0$）？

e.设 $\hat{e}_t = 0.564\hat{e}_{t-1} + 0.333\hat{e}_{t-3} + \hat{u}_t$，其中 $\hat{u}_t$ 为（b）部分公式的残差，并且初始值 $\hat{e}_1$、$\hat{e}_2$ 和 $\hat{e}_3$ 被设为零。使用常数、INF_{t-1}、INF_{t-3}、DU_{t-1}、$\hat{e}_{t-1}$ 和 $\hat{e}_{t-3}$ 对 $\hat{u}_t$ 进行回归，得到的 SSE 为 47.619。使用 5% 的显著性水平，检验以下假设：无限滞后表达式中的误差遵循 AR（3）过程 $e_t = \theta_1 e_{t-1} + \theta_3 e_{t-3} + v_t$。这次回归和（b）部分中使用的观测值数为 241。这个检验结果意味着什么？

9.14　省略。

9.15　a.使用滞后算子符号写出 AR（1）误差模型 $e_t = \rho e_{t-1} + v_t$

b.证明：

$$(1 - \rho L)^{-1} = 1 + \rho L + \rho^2 L + \rho^3 L^3 + \cdots$$

因此，

$$e_t = v_t + \rho v_{t-1} + \rho^2 v_{t-2} + \rho^3 v_{t-3} + \cdots$$

9.6.2　计算机练习

9.16~9.18　省略。

9.19　考虑 ARDL（p, q）方程

$$U_t = \delta + \theta_1 U_{t-1} + \cdots + \theta_p U_{t-p} + \delta_1 G_{t-1} + \cdots + \delta_q G_{t-q} + e_t$$

以及文件 *usmacro* 中的数据。对于 $p=2$ 和 $q=1$，表 9-6 报告了 AR（k）或替代方法 MA（k）（$k = 1, 2, 3, 4$）对序列相关误差的 LM 检验结果。采用 $\chi^2 = T \times R^2$ 版本的检验，将 $\hat{e}_t$ 的缺失初始值设置为零，以获得这些结果。

a.使用相同的统计量以及 AR 和 MA 替代方法，在 5% 的显著性水平下，对两个模型（$p=4$，$q=3$）和（$p=6$，$q=5$）中的序列相关误差进行检验。

b.检查（a）部分中两个模型的残差相关图，它们说明了什么？

9.20　省略。

9.21　在实例 9.14 和实例 9.15 中，我们考虑了菲利普斯曲线：

$$INF_t = INF_t^E - \gamma(U_t - U_{t-1}) + e_t = \alpha + \beta_0 DU_t + e_t$$

其中，假设通胀预期为常数，$INF_t^E = \alpha$，$\beta_0 = -\gamma$。在实例 9.15 中，我们使用文件 *phillips5_aus* 中的数据来估计该模型，假设误差遵循 AR（1）模型 $e_t = \rho e_{t-1} + v_t$。模型的非

线性最小二乘估计值为 $\hat{\alpha} = 0.7028$，$\hat{\beta}_0 = -0.3830$，$\hat{\rho} = 0.5001$。这些估计值的方程可以写成以下 ARDL 表达式（见公式（9.68））：

$$\widehat{INF}_t = \hat{\alpha}(1 - \hat{\rho}) + \hat{\rho}INF_{t-1} + \hat{\beta}_0 DU_t - \hat{\rho}\hat{\beta}_0 DU_{t-1}$$
$$= 0.7028 \times (1 - 0.5001) + 0.5001 INF_{t-1} - 0.3830 DU_t + (0.5001 \times 0.3830) DU_{t-1}$$
$$= 0.3513 + 0.5001 INF_{t-1} - 0.3830 DU_t + 0.1915 DU_{t-1}$$

$$(XR\ 9.21.1)$$

除了假设 ARDL（1，1）模型是 AR（1）误差的结果之外，另一种可能的解释是：通胀预期取决于上一季度的实际通胀 $INF_t^E = \delta + \theta_1 INF_{t-1}$。如果由于可能的滞后效应而保留 DU_{t-1}，并且改变符号，使其与我们用于一般 ARDL 模型的符号一致，则我们得到方程：

$$INF_t = \delta + \theta_1 INF_{t-1} + \delta_0 DU_t + \delta_1 DU_{t-1} + e_t \qquad (XR\ 9.21.2)$$

a. 求出公式（XR9.21.2）中系数的最小二乘估计值，并将这些值与公式（XR9.21.1）中的值进行比较。使用 HAC 标准误。

b. 舍弃 DU_{t-1} 后，重新估计公式（XR 9.21.2）。为什么舍弃 DU_{t-1} 是合理的？

c. 现在，假设通胀预期取决于上一季度的通胀和去年同季度的通胀，$INF_t^E = \delta + \theta_1 INF_{t-1} + \theta_4 INF_{t-4}$。估计与该假设对应的模型。

d. 是否有实证证据支持（c）部分中的模型？在你的回答中，请考虑（b）部分和（c）部分中估计出的方程残差相关图，以及包含 INF_{t-2} 和 INF_{t-3} 的完整 ARDL（4，0）模型中系数的显著性。

9.22　省略。

9.23　使用数据文件 *phillips5_aus*，估计方程：

$$INF_t = \delta + \theta_1 INF_{t-1} + \theta_4 INF_{t-4} + \delta_0 DU_t + e_t$$

a. 求出对应此模型的无限分布滞后表达式的前八个滞后权重（延期乘数）。总乘数是多少？

b. 使用 5% 的显著性水平，检验如下假设：无限分布滞后表达式中的误差项遵循 AR（4）过程 $e_t = \theta_1 e_{t-1} + \theta_4 e_{t-4} + v_t$。

9.24　省略。

9.25　a. 利用从数据文件 *cons_inc* 中获得的 1959Q3 至 2015Q4 消费变化 $DC_t = C_t - C_{t-1}$ 和收入变化 $DY_t = Y_t - Y_{t-1}$ 的观测值，估计以下两个模型：

$$DC_t = \delta + \theta_1 DC_{t-1} + \delta_0 DY_t + e_{1t}$$
$$DC_t = \alpha + \beta_0 DY_t + \beta_3 DY_{t-3} + e_{2t}$$

b. 使用（a）部分中估计出的每个模型，预测 2016Q1、2016Q2 和 2016Q3 的消费 C。

c. 使用均方标准 $\sum_{t=2016Q1}^{2016Q3} (\hat{C}_t - C_t)^2$ 来比较两个模型样本外的预测能力。

9.26~9.28　省略。

9.29　对农作物供应响应建模的一种方法是设定一个模型，其中种植面积取决于预期价格 $PRICE^*$。该模型的双对数（不变弹性）版本为 $\ln(AREA_t) = \alpha + \gamma \ln(PRICE_{t+1}^*) + e_t$，

其中 $PRICE^*_{t+1}$ 是下一个收获期的预期价格。相较于预期价格低时，当农民预期价格高时，他们会种植更多的作物。由于他们不知道收获时的价格，我们假设他们的预期基于当前和过去的价格，$\ln(PRICE^*_{t+1}) = \sum_{s=0}^{q} \gamma_s \ln(PRICE_{t-s})$，近期的价格被赋予较大的权重，$\gamma_0 > \gamma_1 > \cdots > \gamma_q$。我们用这个模型来解释东南亚国家孟加拉国的甘蔗种植面积。关于延期和临时性弹性的信息对政府规划很有用。重要的是要了解现有的糖加工厂是否能够处理预测的产量，是否可能出现加工能力过剩，以及将生产、加工和消费联系起来的定价政策是不是可取的。数据文件 bangla5 给出了 73 个关于面积和价格的年度观测值数据。

a. 设 $\beta_s = \gamma\gamma_s$，证明该模型可以写成有限分布滞后模型：

$$\ln(AREA_t) = \alpha + \sum_{s=0}^{q} \beta_s \ln(PRICE_{t-s}) + e_t$$

b. 假设 $q = 3$，估计（a）部分中的模型。使用 HAC 标准误。估计出的延期和临时性弹性是多少？对结果发表评论。残差的前四个自相关值是多少？在 5% 的显著性水平下，它们是否显著异于零？

c. 你将会发现，（a）部分中获得的滞后权重不满足先验期望。克服这个问题的一个方法是坚持权重位于一条直线上。

$$\beta_s = \alpha_0 + \alpha_1 s, \quad s = 0, 1, 2, 3$$

如果 $\alpha_0 > 0$，$\alpha_1 < 0$，这些权重将下降，这意味着农民在形成他们的预期时对近期的价格给予更大的权重。将 $\beta_s = \alpha_0 + \alpha_1 s$ 代入原始方程，从而证明该方程可以写成：

$$\ln(AREA_t) = \alpha + \alpha_0 z_{t0} + \alpha_1 z_{t1} + e_t$$

其中，$z_{t0} = \sum_{s=0}^{3} \ln(PRICE_{t-s})$，$z_{t1} = \sum_{s=1}^{3} s\ln(PRICE_{t-s})$。

d. 创建变量 z_{t0} 和 z_{t1}，并求出 α_0 和 α_1 的最小二乘估计值。使用 HAC 标准误。

e. 利用 α_0 和 α_1 的估计值，求出 $\beta_s = \alpha_0 + \alpha_1 s$ 的估计值，并对其发表评论。原来的问题解决了吗？现在的权重满足先验期望吗？

f. 延期弹性和临时性弹性与早期获得的相比如何？

9.30 省略。

9.31 Apap 和 Gravino[1]利用 Maltese 的经济数据，估计了奥肯定律的若干版本。他们的季度数据从 1999 年第一季度到 2012 年第四季度，可以在数据文件 apap 中找到。本练习中使用的变量是 $DU_t = U_t - U_{t-4}$（相对于前一年同一季度的失业率变化）和 G_t（t 季度相对于 $t-4$ 季度的实际产出增长）。

a. 估计奥肯定律方程 $DU_t = \alpha + \beta_0 G_t + e_t$。求出传统标准误和 HAC 标准误，并对结果发表评论。

b. 检查（a）部分中估计出的方程残差 $\hat{e}_t$ 的相关图。有存在自相关的证据吗？

c. 创建变量 $q_t = G_t \times \hat{e}_t$，并检查其相关图。使用该相关图和公式（9.63）来说明 β_0 的

① Apap, W. and D. Gravino（2017），"A Sectoral Approach to Okun's Law"，*Applied Economics Letters* 25（5），319–324. 作者感谢 Wayne Apap 提供数据。

估计值的传统标准误和 HAC 标准误在大小上相似的原因。

　　d.估计有限分布滞后模型：

$$DU_t = \alpha + \beta_0 G_t + \beta_1 G_{t-1} + \beta_2 G_{t-2} + e_t$$

　　使用 HAC 标准误。是否有证据表明经济增长率对失业率有滞后效应？在这两种情况下，使用 HAC 标准误，求出总乘数的 95% 区间估计值，并将其与（a）部分中模型的总乘数的 95% 区间估计值进行比较。

　　e.估计 $p = 1, 2, 3$ 和 $q = 0, 1, 2$ 的 ARDL 模型 $DU_t = \delta + \sum_{s=1}^{p} \theta_s DU_{t-s} + \sum_{r=0}^{q} \delta_r G_{t-r} + e_t$。使用 HAC 标准误。选择并报告具有最大数量滞后的模型，其系数在 5% 的水平上显著异于零。

　　f.对于（e）部分中选择的模型，求出无限分布滞后表达式的总乘数、影响乘数和前三个延期乘数的估计值。

　　g.对于（e）部分选择的模型，求出总乘数和两期临时性乘数的 95% 区间估计值。如何将它们与（d）部分中得到的区间进行比较？

　　9.32　省略。

　　9.33　数据文件 *xrate* 包含下列变量[1]从 1986M1 到 2008M12 的月度观测值：

　　　　NER=澳元的名义汇率（以美分计）

　　　　INF_AUS=澳大利亚通货膨胀率

　　　　INF_US=美国通货膨胀率

　　　　DI6_AUS=6个月到期的澳大利亚政府债务工具的利率变化百分比

　　　　DI6_US=6个月到期的美国政府债务工具的利率变化百分比

　　a.绘制 NER 与时间的关系图，并检查其相关图。这个序列像一个非平稳序列一样游走吗？自相关是否相对较快地消失，表明序列是弱相关序列？

　　b.构造一个变量，它是汇率的月度变化，即 $DNER_t = NER_t - NER_{t-1}$。绘制 DNER 与时间的关系图，并检验其相关图。这个序列是否像非平稳序列那样游走？自相关是否相对较快地消失，表明序列是弱相关序列？

　　c.理论认为，当澳大利亚的通胀率相对于美国较低时，以及利率相对于美国较高时，汇率会更高。构建两个变量 $DINF_t = INF\_AUS_t - INF\_US_t$ 和 $DI6_t = DI6\_AUS_t - DI6\_US_t$，估计模型（使用 HAC 标准误）：

$$DNER_t = \alpha + \beta_0 DINF_t + \beta_1 DINF_{t-1} + \gamma_0 DI6_t + \gamma_1 DI6_{t-1} + e_t$$

评论结果。系数是否具有预期的符号？使用单尾检验和 5% 的显著性水平，它们是否显著异于零？

　　d.重新估计（c）部分中的模型，去掉系数有错误符号的变量。使用单尾检验和 5% 的显著性水平，重新估计出的模型系数是否显著异于零？使用残差相关图和具有一个滞后残差的 LM 检验检查误差中的序列相关性。

　　e.使用可行广义最小二乘法和假设的 AR（1）误差，重新估计（d）部分中的模型。

---

　　① 这些数据来自 Berge, T.（2014），"Forecasting Disconnected Exchange Rates," *Journal of Applied Econometrics* 29（5），713–735.

用传统标准误和HAC标准误估计模型。使用单尾检验和5%的显著性水平，重新估计出的模型系数是否显著异于零？

f.假设通过以下模型用于提前1个月预测汇率：

$$DNER_t = \delta + \theta_1 DNER_{t-1} + \delta_1 DINF_{t-1} + \phi_1 DI6_{t-1} + e_t$$

利用1986M1至2007M12的观测值估计该模型。它是一个很好的预测模型吗？

g.使用（f）部分中的模型，以得到2008年每个月提前1个月NER的预测值（使用$DNER_{t-1}$的实际值以获得每个预测值）。评论预测值的准确性，计算平均绝对值预测误差 $\sum_{t=2008M1}^{2008M12} \left| \widehat{NER_t} - NER_t \right| /12$。

9.34 省略。

9.35 新凯恩斯主义菲利普斯曲线中变量的滞后值是否为预测季度通胀提供了良好的基础？在本练习中，我们使用来自Amberger等人的法国数据来研究这个问题。数据存储在数据文件*france*中。

a.考虑如下形式的ARDL模型：

$$INF_t = \delta + \sum_{s=1}^{p} \theta_s INF_{t-s} + \sum_{r=1}^{q} \delta_r INFEX_{t-r} + \sum_{j=1}^{m} \gamma_j GAP_{t-j} + e_t$$

利用1991Q1至2013Q4的观测值，估计当$p = 2$，$q = 1, 2, 3, 4$，$m = 1, 2, 3, 4$时的方程。从这16个方程中选择并报告Schwarz准则值最小的方程。请注意，应使用92个观测值来估计每个方程。

b.在（a）部分所选的方程中，所有估计系数是否都在5%的显著性水平下显著异于零？相关图是否表明误差中不存在自相关？

c.使用（a）部分中选定的模型，求出2014年第一季度、2014年第二季度、2014年第三季度和2014年第四季度通货膨胀的95%预测区间。在计算预测值时，必要时使用*INFEX*和*GAP*的实际值，但假设四个预测季度的*INF*实际值未知。求出预测值区间后，检查实际值是否落在这些区间内。（提示：如果你的软件不能计算预测误差的标准误，可以使用公式（9.41）来求出前三个季度的标准误。第四季预测误差的方差表示为：

$$\sigma_{f4}^2 = \left[(\theta_1^3 + 2\theta_1\theta_2)^2 + (\theta_1^2 + \theta_2)^2 + \theta_1^2 + 1 \right] \sigma^2$$

你可能想证明这一结果）

d.要使预测误差的标准误有效，需要进行哪些假设？

9.36 省略。

附录9A D-W（Durbin-Watson）检验

在第9.4节中，我们探讨了两种检验自相关误差的方法：样本相关图和拉格朗日乘数检验。这是两个大样本检验，在大样本中它们的检验统计量有其特定的分布。另外还有一种检验方法，在某种意义上它的分布并不依赖于大样本近似结果，这就是D-W检验。D-W检验在1950年得以发展起来，在很长一段时间内它是AR（1）模型$e_t = \rho e_{t-1} + v_t$的原假设$H_0: \rho = 0$的标准检验。因为如我们下面所说的，它需要检查上限和下限，并且如果方程中含有被解释变量的滞后项，它的分布将不再成立，所以如今不太常用了。

假设 v_t 是独立的随机误差，服从分布 $N(0, \sigma_v^2)$，备择假设为正自相关假设。也就是说，

$$H_0: \rho = 0 \qquad H_1: \rho > 0$$

用来检验 H_0 和 H_1 的统计量为：

$$d = \frac{\sum_{t=2}^{T} (\hat{e}_t - \hat{e}_{t-1})^2}{\sum_{t=1}^{T} \hat{e}_t^2} \tag{9A.1}$$

其中，$\hat{e}_t$ 为最小二乘残差 $\hat{e}_t = y_t - b_1 - b_2 x_t$。为了证明 d 是检验自相关的合理统计量，我们将公式（9A.1）展开如下：

$$
\begin{aligned}
d &= \frac{\sum_{t=2}^{T} \hat{e}_t^2 + \sum_{t=2}^{T} \hat{e}_{t-1}^2 - 2\sum_{t=2}^{T} \hat{e}_t \hat{e}_{t-1}}{\sum_{t=1}^{T} \hat{e}_t^2} \\
&= \frac{\sum_{t=2}^{T} \hat{e}_t^2}{\sum_{t=1}^{T} \hat{e}_t^2} + \frac{\sum_{t=2}^{T} \hat{e}_{t-1}^2}{\sum_{t=1}^{T} \hat{e}_t^2} - 2\frac{\sum_{t=2}^{T} \hat{e}_t \hat{e}_{t-1}}{\sum_{t=1}^{T} \hat{e}_t^2} \\
&\approx 1 + 1 - 2r
\end{aligned}
\tag{9A.2}
$$

公式（9A.2）的最后一行只是近似地成立而已。前两项不等于 1，因为第一个和第二个分子求和中分别剔除了 $\hat{e}_1^2$ 和 $\hat{e}_T^2$。因此，我们有：

$$d \approx 2(1 - r_1) \tag{9A.3}$$

如果 ρ 的估计值为 $r_1 = 0$，那么 D-W 统计量为 $d \approx 2$，这个值被视为误差不存在自相关的标示。如果 ρ 的估计值恰好为 $r_1 = 1$，则 $d \approx 0$，因此较低的 D-W 统计量的值意味着模型误差是相关的，且 $\rho > 0$。

我们需要回答的问题是：检验统计量的值要多么接近 0，我们才能得出误差相关的结论？换句话说，使我们在 $d \leqslant d_c$ 时拒绝 H_0 的临界值 d_c 为多少？检验临界值和拒绝域的判断，都必须先了解在假设原假设 $H_0: \rho = 0$ 为真的情况下，检验统计量的概率分布。在 5% 的显著性水平下，对 H_0 下概率分布 $f(d)$ 的了解使我们可以求出 $P(d \leqslant d_c) = 0.05$ 的 d_c 的值。如图 9A-1 所示，如果 $d \leqslant d_c$，我们拒绝 H_0；如果 $d > d_c$，我们无法拒绝 H_0。或者，我们可以用这个检验的 p 值来陈述检验的步骤。对于这个单尾检验，p 值是 $f(d)$ 下方 d 的计算值左边的面积。因此，如果 p 值小于或等于 0.05，说明 $d \leqslant d_c$，从而拒绝原假设 H_0；如果 p 值大于 0.05，说明 $d > d_c$，因此接受原假设 H_0。

在任何情况下，不论检验的结果是通过比较 d 和 d_c，还是通过计算 p 值而求得的，我们都需要知道概率分布 $f(d)$。计算 $f(d)$ 的一个难点在于这个概率分布取决于解释变量的值，而这是我们之前在使用其他检验统计量时没有碰到过的。不同的解释变量组合会导致 d_c 的不同分布。因为 $f(d)$ 取决于解释变量的值，所以任何一个已知问题的临界值 d_c 也取决于解释变量的值。该属性意味着不可能把各个可能问题的临界值列成表格。对于其他的

检验统计量，如 t、F 和 χ^2，被列成表格的临界值对所有模型都是有意义的。

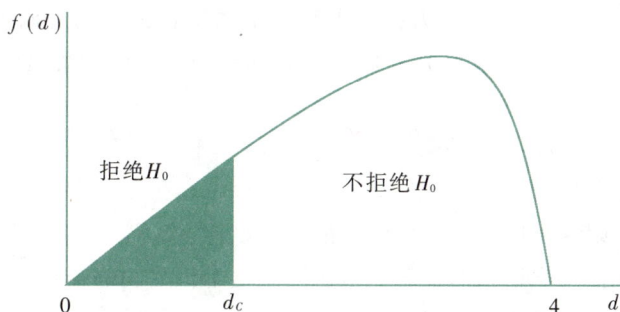

图 9A-1 正自相关的检验

这个问题有两种解决方案。第一种方案就是运用软件计算任何一个被考虑的模型的解释变量的 p 值。因此，我们不用将计算出来的 d 值与一些表格中的 d_c 值进行比较，而是让我们的计算机来算出 p 值。如果 p 值小于指定的显著性水平，我们就拒绝 $H_0{:}\rho = 0$，会得出自相关的确存在的结论。

9A.1 D-W 临界值检验

在没有可计算 p 值的软件时，临界值检验可以部分解决没有一般临界值的问题。Durbin 和 Watson 求出了另外两个概率分布不依赖于解释变量的统计量 d_L 和 d_U，它们具有以下性质：

$d_L < d < d_U$

也就是说，d 被上限 d_U 和下限 d_L 所约束，与所考虑的模型中的解释变量无关。概率分布 $f(d_L)$、$f(d)$ 和 $f(d_U)$ 之间的关系绘于图 9A-2 中。令 d_{Lc} 是 d_L 概率分布中 5% 的临界值，即 $P(d_L \leqslant d_{Lc}) = 0.05$。同理，令 d_{Uc} 满足 $P(d_U \leqslant d_{Uc}) = 0.05$。因为概率分布 $f(d_L)$ 和 $f(d_U)$ 不依赖于解释变量，所以将临界值 d_{Lc} 和 d_{Uc} 制成表是可能的。这些值取决于 T 和 K，但是把不同的 T 和 K 的值制成表是可能的。

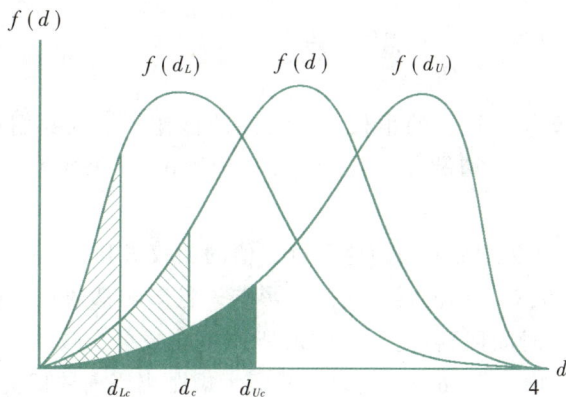

图 9A-2 D-W 检验的上限和下限临界值

因此，在图 9A-2 中有三个临界值。d_{Lc} 和 d_{Uc} 是可以很快从表中取得的。我们在检验时特别感兴趣的 d_c，则需要用专门的计算机程序才能求得。但可以从图中清楚地看到，如果

计算出来的 $d \leqslant d_{Lc}$，则必定有 $d \leqslant d_c$，并拒绝 H_0。同理，若 $d > d_{Uc}$，则必定有 $d > d_c$，并接受 H_0。如果结果是 $d_{Lc} < d < d_{Uc}$，因为我们不知道 d_c 的位置，所以我们不能确定是要接受还是拒绝原假设。这些因素导致 Durbin 和 Watson 建议使用下面的决策法则，即 D-W 临界值检验：

若 $d \leqslant d_{Lc}$，拒绝 H_0：$\rho = 0$ 并接受 H_1：$\rho > 0$

若 $d > d_{Uc}$，不拒绝 H_0：$\rho = 0$

若 $d_{Lc} < d < d_{Uc}$，则这个检验无法得出结论

很明显，存在无法得出结论的变量取值区间是这个检验的一个缺点。因此如果可以的话，最好有能计算出 p 值的软件。

实例 9.20　菲利普斯曲线 Durbin-Watson 边界检验

在实例 9.14 和实例 9.15 中，对于 $T = 117$ 和 $K = 2$，菲利普斯曲线的 5% 临界值为：

$$d_{Lc} = 1.681 \quad d_{Uc} = 1.716$$

Durbin-Watson 检验值为 0.965，由于 $0.965 < d_{Lc} = 1.681$，我们得出 $d < d_c$，因此，我们拒绝 H_0: $\rho = 0$。有证据表明这些误差是正序列相关的。

附录 9B　AR（1）误差的性质

我们对 $e_t = \rho e_{t-1} + v_t$ 中 e_t 的均值、方差和自相关系数等感兴趣，其中 v_t 是不相关的随机误差，它具有零均值和方差 σ_v^2。为了推导出理想的性质，我们将方程 $e_t = \rho e_{t-1} + v_t$ 滞后一期，得到 $e_{t-1} = \rho e_{t-2} + v_{t-1}$。然后，将 e_{t-1} 代入第一个方程，则有：

$$\begin{aligned} e_t &= \rho e_{t-1} + v_t \\ &= \rho(\rho e_{t-2} + v_{t-1}) + v_t \\ &= \rho^2 e_{t-2} + \rho v_{t-1} + v_t \end{aligned} \tag{9B.1}$$

将方程 $e_t = \rho e_{t-1} + v_t$ 滞后两期，得出 $e_{t-2} = \rho e_{t-3} + v_{t-2}$。把 e_{t-2} 代入公式（9B.1），得到：

$$\begin{aligned} e_t &= \rho^2(\rho e_{t-3} + v_{t-2}) + \rho v_{t-1} + v_t \\ &= \rho^3 e_{t-3} + \rho^2 v_{t-2} + \rho v_{t-1} + v_t \end{aligned} \tag{9B.2}$$

这样重复 k 次，并重新排列滞后 v 的顺序，得到：

$$e_t = \rho^k e_{t-k} + v_t + \rho v_{t-1} + \rho^2 v_{t-2} + \cdots + \rho^{k-1} v_{t-k+1} \tag{9B.3}$$

如果我们将整个过程看作对过去的很长一段时间的操作，那么我们可以令 $k \to \infty$。因为 $-1 < \rho < 1$，所以第一项 $\rho^k e_{t-k}$ 和最后一项 $\rho^{k-1} v_{t-k+1}$ 趋于 0。结果变为：

$$e_t = v_t + \rho v_{t-1} + \rho^2 v_{t-2} + \rho^3 v_{t-3} + \cdots \tag{9B.4}$$

回归误差 e_t 可以写成不相关误差 v_t 当前值和过去值的加权求和，这是一个重要的结论。这意味着，过去所有 v 的值对当前的误差 e_t 都有影响，且影响都通过回归方程反映到 y_t。但是需要注意的是，随着时间回到过去，v 的值所产生的效果会减弱。v 的滞后项所赋予的权重为 ρ，ρ^2，ρ^3，…。由于 $-1 < \rho < 1$，所以当我们考虑距离当前周期更远的过去 v 时，它们的权重呈几何级数下降，最终变得可忽略不计。

方程（9B.4）可以用来探究 e_t 的性质。它的均值是零，因为：

$$E(e_t) = E(v_t) + \rho E(v_{t-1}) + \rho^2 E(v_{t-2}) + \rho^3 E(v_{t-3}) + \cdots$$
$$= 0 + \rho \times 0 + \rho^2 \times 0 + \rho^3 \times 0 + \cdots$$
$$= 0$$

为了求出方差，我们写出：

$$\text{var}(e_t) = \text{var}(v_t) + \rho^2 \text{var}(v_{t-1}) + \rho^4 \text{var}(v_{t-2}) + \rho^6 \text{var}(v_{t-3}) + \cdots$$
$$= \sigma_v^2 + \rho^2 \sigma_v^2 + \rho^4 \sigma_v^2 + \rho^6 \sigma_v^2 + \cdots$$
$$= \sigma_v^2 (1 + \rho^2 + \rho^4 + \rho^6 + \cdots) \tag{9B.5}$$
$$= \frac{\sigma_v^2}{1 - \rho^2}$$

因为 v 都是独立的，所以我们在上述推导中忽略了零协方差项。最后一行结果的推导遵循了几何级数求和法则。使用简化的符号，我们有 $\sigma_e^2 = \sigma_v^2 / (1 - \rho^2)$。$e$ 的方差取决于 v 的值和 ρ 的值。

为了得出两个相距一期的 e 之间的协方差，我们使用公式（9B.4）和它的滞后可以写出：

$$\text{cov}(e_t, e_{t-1}) = E(e_t e_{t-1})$$
$$= E[(v_t + \rho v_{t-1} + \rho^2 v_{t-2} + \rho^3 v_{t-3} + \cdots)(v_{t-1} + \rho v_{t-2} + \rho^2 v_{t-3} + \rho^3 v_{t-4} \cdots)]$$
$$= \rho E(v_{t-1}^2) + \rho^3 E(v_{t-2}^2) + \rho^5 E(v_{t-3}^2) + \cdots$$
$$= \rho \sigma_v^2 (1 + \rho^2 + \rho^4 + \cdots)$$
$$= \frac{\rho \sigma_v^2}{1 - \rho^2}$$

当展开上述推导式的第二行时，只剩下具有相同下标的平方项。因为 v 是不相关的，所以不同时期下标的交叉乘积项会有零期望值，被从第三行中剔除。为了从第三行推导到第四行，对于所有的滞后 k，我们使用了 $E(v_{t-k}^2) = \text{var}(v_{t-k}) = \sigma_v^2$。同理，我们可以证明，相隔 k 期误差间的协方差为：

$$\text{cov}(e_t, e_{t-k}) = \frac{\rho^k \sigma_v^2}{1 - \rho^2} \qquad k > 0 \tag{9B.6}$$

根据公式（9B.5）和公式（9B.6），相隔 k 期误差间的自相关如下：

$$\rho_k = \text{corr}(e_t, e_{t-k}) = \frac{\text{cov}(e_t, e_{t-k})}{\text{var}(e_t)} = \frac{\rho^k \sigma_v^2 / (1 - \rho^2)}{\sigma_v^2 / (1 - \rho^2)} = \rho^k$$

第 10 章

内生回归量和矩估计

学习目标

基于本章的内容，你应该能够：

1. 给出随机变量 x 和误差项之间的相关性为什么会导致最小二乘估计量不具有一致性的直观解释。

2. 说明计量经济学中的"变量误差"问题，以及它给最小二乘估计量带来的影响。

3. 说明一个好的工具变量所具备的特性。

4. 讨论如何用矩估计法推导出最小二乘估计量和工具变量估计量，并特别注意推导时所依据的假设。

5. 解释为什么工具变量要与随机解释变量之间具有高度的相关性。

6. 描述在有过剩工具变量的情况下，如何进行工具变量估计。

7. 说明在简单线性回归模型下，工具变量估计量的大样本分布，以及如何利用它来建立区间估计值及假设检验。

8. 说明对模型中误差项及解释变量间是否存在相关性所进行的检验，解释原假设与备择假设，以及拒绝原假设所造成的后果。

关键词

渐近性	工具变量	简化型模型
条件期望	工具变量估计量	样本矩
内生变量	恰好识别	抽样特性
变量误差	大样本性质	联立方程偏倚
外生变量	过度识别	过剩矩条件检验
第一阶段回归	总体矩	两阶段最小二乘估计
豪斯曼检验	随机抽样	弱工具

在本章中，我们重新考虑线性回归模型。我们会首先讨论简单线性回归模型，但我们的讨论也适用于一般模型。一般假设为第 2.2.2 节中给出的 SR1-SR6。在第 8 章中，我们放宽所有观测值都有相同误差方差的假设 $\mathrm{var}(e_i|\mathbf{X}) = \sigma^2$。在第 9 章中，我们讨论具有时间序列数据的回归，其中误差序列不相关，$\mathrm{cov}(e_i, e_j|\mathbf{X}) = 0\,(i \neq j)$ 的假设无法成立。

在本章中，我们放宽了外生性假设。当解释变量为随机变量时，最小二乘估计的性质依赖于自变量 x 的特性。在简单回归模型中严格外生性假定为 SR2，$E(e_i|x) = 0$，在多

元回归模型中严格外生性假定为 MR2，$E(e_i|\mathbf{X})=0$。这个假设的数学形式很简单，但其完整的含义却很复杂。在第 2.10.2 节中，我们给出了这种假设可能无法满足时的常见简单回归模型实例。在这些情况下，如果存在内生的解释变量，通常的最小二乘估计量不具有其期望的性质；它不是总体参数 β_1，β_2，…的无偏估计量；它不是 β_1，β_2，…的一致估计量；检验结果和区间估计量不具有期望的性质，即使有大量的数据样本也解决不了问题。

在本章中，我们回顾并讨论了含有内生解释变量的最小二乘估计量的性质，并提出了一个新的估计量，即**工具变量**（instrumental variables，IV）**估计量**，在大样本中它确实具有一些我们期望的性质。工具变量估计量又被称为**矩估计量**或者**两阶段最小二乘估计量**。然而，我们真诚地提醒大家：计量经济学的这一领域充满了实践和理论上的困难。我们的研究从寻找一个"最好"的估计量转向寻找一个"合适"的估计量，但是得到令人信服的研究结果需要知识、技能和耐心。为了让你正确地开始，你应该立刻重读第 2.10 节关于外生性的概念和第 5.7 节关于最小二乘估计量的大样本或渐近性的部分。

10.1　含有内生回归变量的最小二乘估计

首先，让我们假设我们正在处理通过**随机抽样**获得的微观经济横截面数据。为方便你理解，再次强调一下简单回归模型的标准假设为 RS1~RS6。

随机抽样下的简单线性回归模型

RS1：通过 $y_i=\beta_1+\beta_2 x_i+e_i$ 把可观测变量 y 和 x 关联起来，其中 $i=1,\cdots,N$，β_1 和 β_2 是未知总体参数，e_i 是随机误差项。

RS2：数据组合 (y_i,x_i) 在统计上独立于所有其他数据组合，并且具有相同的联合分布 $f(y_i,x_i)$。它们服从独立统一分布（iid）。

RS3：当 $i=1,\cdots,N$ 时，$E(e_i|x_i)=0$，x 是同期严格外生的。

RS4：随机误差具有常数条件方差，$\mathrm{var}(e_i|x_i)=\sigma^2$。

RS5：x_i 至少取两个不同的值。

RS6：$e_i\sim N(0,\sigma^2)$

如果随机抽样第 i 个和第 j 个观测值在统计上是独立的，则第 i 个误差 e_i 在统计上独立于解释变量 x_j 的第 j 个值。因此，严格外生性假设 $E(e_i|x_1,\cdots,x_N)=E(e_i|\mathbf{x})=0$ 简化为更简单的同期外生性假设 $E(e_i|x_i)=0$。

回顾第 2 章，研究中的"黄金标准"是随机对照实验。在理想的（研究）情况下，我们会随机分配 x 值（处理）并检查结果 y 的变化（效果）。如果 x 的变化与结果 y 的变化之间存在系统关联，我们可以确定 x 的变化会导致结果 y 的变化。统计上可能影响结果的任何其他随机因素 e 与 x 无关。我们可以单独区分或识别出 x 变化的影响，然后使用回归分析，估计因果关系 $\Delta E(y_i|x_i)/\Delta x_i=\beta_2$。

严格外生性假设 $E(e_i|x_i)=0$ 的重要性在于，如果为真，则 "x 与随机赋值一样好"。如果 $E(e_i|x_i)=0$，则随机误差 e_i 的最佳预测值可直接等于零（有关此部分的详细信息，请参见附录 4C）。x 的值中没有任何有助于我们预测随机误差的信息。因为随机误差 e_i 的变

化与解释变量 x_i 的变化不相关。这就"好像"我们将 x_i 随机分配给实验对象一样。此外，在 RS1-RS6 下，β_1 和 β_2 的最小二乘估计量是最佳线性无偏估计，并且通常的区间估计量和假设检验可以在任何容量的样本中按预期进行。

10.1.1 最小二乘估计量的大样本性质

在第 5.7 节中，我们介绍了"大样本"或"渐进的"分析。对于大样本数据，不需要严格外生性来识别和估计因果关系。我们所需要的只是一个简单的条件，即 x 值与随机误差 e 不相关，并且随机误差的均值为零。计量经济学家、统计学家和数学家旨在发掘出在尽可能少的强假设下工作的方法。我们采取这种态度，并替换严格外生性假设 RS3，

RS3 *：$E(e_i) = 0$ 且 $\mathrm{cov}(x_i, e_i) = 0$

除了同期外生性外，我们简单假设随机误差 e_i 和解释变量 x_i **同期不相关**，这是比 $E(e_i|x_i) = 0$ 更为宽松的条件。术语 **"同期"** 是指"在同一时间点发生"，或者说在这种情况下，是针对相同的横截面观测值下标 i 发生的。像这样与回归误差同期不相关的解释变量，简单地说就是外生的。

如果我们已经获得了一个随机样本，那么任何人的选择在统计上都独立于其他人的选择。任何随机被选择的人的特征，如受教育程度、收入、能力和种族，在统计上都独立于其他任何被选定人的特征。因为随机抽样自动暗示第 i 个和第 j 个观测值之间的相关性为零，所以我们仅要求第 i 个值 x_i 与 e_i 不相关。因为随机抽样，第 i 个误差 e_i 和解释变量的第 j 个值 x_j 之间的相关性自动为零。

回归假设 RS3*说明了两件事。首先，在回归模型 $y_i = \beta_1 + \beta_2 x_i + e_i$ ，中，所有不可观测特征或回归模型中遗漏变量的总体均值为零，$E(e_i) = 0$。其次，在总体中，解释变量 x_i 和所有组合为随机误差 e_i 的因子之间的相关性均为零，或者说 $\mathrm{cov}(x_i, e_i) = 0$。

我们可以用 RS3 *代替 RS3，因为如果假设 RS3 为真，则得出 RS3*为真，即 $E(e_i|x_i) = 0 \Rightarrow \mathrm{cov}(x_i, e_i) = 0$ 及 $E(e_i|x_i) = 0 \Rightarrow E(e_i) = 0$。这些关系在附录 2G.1 中得到证明。引入假设 RS3 *很方便，因为它是一个比较简单的外生性概念，这很好。但是，假设 RS3 *弱于 RS3，在这个假设下，我们不能证明最小二乘估计量是无偏的，也不能证明其他任何性质在小样本中成立。我们可以证明的是，最小二乘估计量具有理想的**大样本性质**。基于 RS1、RS2、RS3 *、RS4 和 RS5 的假设，最小二乘估计量：

1.具有一致性。也就是说，在 $N \to \infty$ 时，它们在概率上收敛于真实的参数值。

2.无论随机误差是否服从正态分布，在大样本中服从近似正态分布。

3.在样本较大时提供有效的区间估计量和检验统计量。

实际上，这意味着只要我们的样本很大且 RS1、RS2、RS3*、RS4 和 RS5 成立，则所有通常的解释、区间估计、假设检验、预测和预测区间都是好的。如果样本很大，并且 $\mathrm{cov}(x_i, e_i) = 0$ 且 $E(e_i) = 0$，则这与对 x_i 随机分配处理值"几乎一样好"。我们可以使用最小二乘估计量来估计总体参数 β_1，β_2，…。如果存在序列相关性或异方差性，只要 RS3 *成立，则第 8 章和第 9 章中的稳健标准误方法都是好的。

评论

不要陷入这样的思维陷阱："如果要得到这个或那个结果，我就假设这个或那个。"的确，使用大量数据样本意味着不必担心严格外生性的复杂性。但是，如果你无法获得大量样本该怎么办？在小样本或有限样本中进行统计推断（估计、假设检验和预测）也非常重要。当样本容量 N 不大时，估计量的渐近性质可能会产生很大的误导。在大样本中表现良好的估计量在小样本中可能会存在较大的偏差。当估计值不具有统计显著性时，置信区间可能太窄或太宽。如果政府或企业根据错误的推论做出决策，那么我们可能会蒙受巨大的经济或个人损失，这不仅仅是一个游戏。

如果假设 RS3* 不成立，尤其是如果 $\text{cov}(x_i, e_i) \neq 0$，从而使 x_i 和 e_i 同期相关，则最小二乘估计量将不具有一致性。即使在非常大的样本中，它们也不会收敛到真实的参数值。此外，我们通常的假设检验或区间估计程序是无效的。这意味着当 $\text{cov}(x_i, e_i) \neq 0$ 时，使用最小二乘估计量估计因果关系可能会导致错误的推论。当 x_i 是随机的，在确定最小二乘估计（OLS 或 GLS）是否合适时，x_i 和 e_i 之间的关系是关键因素。如果误差项 e_i 与 x_i（或多元回归模型中的任何 x_{ik}）相关，则最小二乘估计量将不适用。在下一节中，我们解释为什么 x_i 和 e_i 之间的相关关系会导致最小二乘估计量不适用。

10.1.2 为什么最小二乘估计量不适用

在这一节，我们给出一个当 $\text{cov}(x_i, e_i) \neq 0$ 时最小二乘估计量不适用的直观解释，在下一节中我们给出代数证明。回归模型**数据生成过程**添加随机误差 e_i 到系统回归函数 $E(y_i | x_i) = \beta_1 + \beta_2 x_i$ 中，获得观测结果 y_i。在图 10-1（a）中，x_i 和 e_i 的值是呈正相关的，违背了严格外生假设。在图 10-1（b）中，我们的分析目标，即真实的斜率回归函数 $E(y_i | x_i) = \beta_1 + \beta_2 x_i$，用实线表示。对于每一个 x_i 的值，在 $E(y_i | x_i) = \beta_1 + \beta_2 x_i$ 上加随机误差 e_i 得到 y_i 的数据值，$y_i = \beta_1 + \beta_2 x_i + e_i$。$(y_i, x_i)$ 在图 10-1（b）中用点表示。正如你所见，在这一情形下，真实的回归函数不通过数据的中间部分，这是由于 x_i 和 e_i 相关。对于较大的 x_i 值，y_i 值有正的误差 $e_i > 0$。对于较小的 x_i 值，y_i 值有负的误差 $e_i < 0$。在这种情况下，比起简单的零，我们可以利用 x_i 值提供的信息来对随机误差 e_i 进行更好的预测。

最小二乘估计法使得一条拟合线通过数据的中间部分，在图 10-1（b）中用虚线表示。拟合线的斜率（估计量 b_2）过高估计了回归函数的真实斜率，$\beta_2 > 0$。最小二乘估计量把 y_i 的所有变化归因于 x_i 的变化。当 x_i 和 e_i 相关时，y_i 的变化有两个来源：x_i 的变化和 e_i 的变化，而且这些变化正相关。如果我们考虑 x_i 和 e_i 的变化对 y_i 的效果，我们有：

$$\Delta y_i = \beta_2 \Delta x_i + \Delta e_i$$
$$(+) \quad (+) \quad (+)$$

如果 x_i 和 e_i 正相关，并且 $\beta_2 > 0$，那么 x_i 和 e_i 值的增加共同导致 y_i 的增加。在最小二乘估计的过程中，y_i 所有的变化（增加）都归因于 x_i 变化（增加）的作用，因此最小二乘估计量会过高估计 β_2。

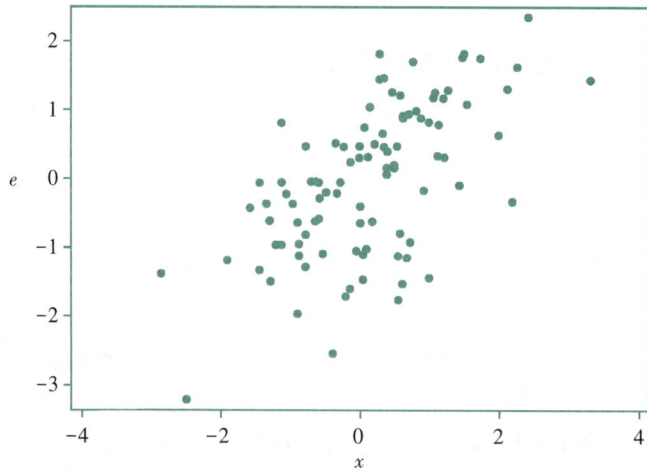

图 10-1 （a）相关的 x 和 e

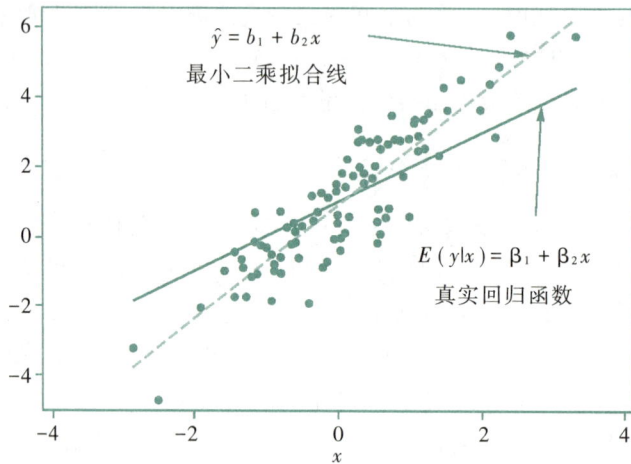

图 10-1（b） 数据、真实的和拟合的回归函数图

在本章中，我们以工资和受教育年限之间的关系为例。在此例中，遗漏变量"智力水平"或能力属于回归误差，而且它可能与一个人受教育的年限正相关，即智力更高的人会选择接受更多年限的教育。当对工资按受教育年限进行回归时，最小二乘估计量会把工资的增加都归因于受教育年限的增加。教育的效果被夸大了，因为部分工资的增加也是由于更高的智力水平。

x_i 和 e_i 相关的统计结果是最小二乘估计量有偏，且不管样本有多大都是有偏的。因此，当 x_i 和 e_i 同期相关时，最小二乘估计量**不具有一致性**。

评论

如果 x_i 是内生的，最小二乘估计仍然是有用的**预测**工具。在图 10-1（b）中，最小二乘拟合线很好地拟合了数据。给定值 x_0，我们可以使用拟合线预测 y_0。我们不能做的就是将直线的斜率解释为因果关系。

10.1.3　证明 OLS 的不一致性

让我们证明当 $\mathrm{cov}(x_i, e_i) \neq 0$ 时，最小二乘估计不具有一致性。我们的回归模型是 $y_i = \beta_1 + \beta_2 x_i + e_i$。继续假设 $E(e_i) = 0$，则 $E(y_i) = \beta_1 + \beta_2 E(x_i)$。之后，

● 从原始等式中减去该期望值，

$$y_i - E(y_i) = \beta_2 [x_i - E(x_i)] + e_i$$

● 两边乘以 $x_i - E(x_i)$：

$$[x_i - E(x_i)][y_i - E(y_i)] = \beta_2 [x_i - E(x_i)]^2 + [x_i - E(x_i)] e_i$$

● 取两边的期望值：

$$E[x_i - E(x_i)][y_i - E(y_i)] = \beta_2 E[x_i - E(x_i)]^2 + E\{[x_i - E(x_i)] e_i\}$$

或者，

$$\mathrm{cov}(x_i, y_i) = \beta_2 \mathrm{var}(x_i) + \mathrm{cov}(x_i, e_i)$$

● 求解 β_2：

$$\beta_2 = \frac{\mathrm{cov}(x_i, y_i)}{\mathrm{var}(x_i)} - \frac{\mathrm{cov}(x_i, e_i)}{\mathrm{var}(x_i)}$$

该方程式是显示最小二乘估计量何时具有一致性以及何时不具有一致性的基础。

如果我们可以假设 $\mathrm{cov}(x_i, e_i) = 0$，那么，

$$\beta_2 = \frac{\mathrm{cov}(x, y)}{\mathrm{var}(x)}$$

我们删除下标"i"，是因为我们是从总体中随机抽样，数据组合不仅独立分布，而且分布相同，并且具有相同的联合 $pdf\, f(x_i, y_i)$，因此 $\mathrm{cov}(x_i, y_i) = \mathrm{cov}(x, y)$ 且 $\mathrm{var}(x_i) = \mathrm{var}(x)$。最小二乘估计量为：

$$b_2 = \frac{\sum(x_i - \bar{x})(y_i - \bar{y})}{\sum(x_i - \bar{x})^2} = \frac{\sum(x_i - \bar{x})(y_i - \bar{y})/(N-1)}{\sum(x_i - \bar{x})^2/(N-1)} = \frac{\widehat{\mathrm{cov}}(x, y)}{\widehat{\mathrm{var}}(x)}$$

这表明最小二乘估计量 b_2 是总体关系的样本模拟，$\beta_2 = \mathrm{cov}(x, y)/\mathrm{var}(x)$。使用第 10.3.1 节中介绍的大数定律，随着样本 N 的增加，样本方差和协方差收敛到真实方差和协方差，因此最小二乘估计量收敛到 β_2。也就是说，如果 $\mathrm{cov}(x_i, e_i) = 0$，则：

$$b_2 = \frac{\widehat{\mathrm{cov}}(x, y)}{\widehat{\mathrm{var}}(x)} \to \frac{\mathrm{cov}(x, y)}{\mathrm{var}(x)} = \beta_2$$

表明最小二乘估计是一致的。

另一方面，如果 x_i 和 e_i 相关，则：

$$\beta_2 = \frac{\mathrm{cov}(x, y)}{\mathrm{var}(x)} - \frac{\mathrm{cov}(x, e)}{\mathrm{var}(x)}$$

现在最小二乘估计量收敛如下：

$$b_2 \to \frac{\mathrm{cov}(x, y)}{\mathrm{var}(x)} = \beta_2 + \frac{\mathrm{cov}(x, e)}{\mathrm{var}(x)} \neq \beta_2$$

在这种情况下，当假定样本较大时，甚至渐近存在的偏差量为 $\mathrm{cov}(x, e)/\mathrm{var}(x)$ 时，b_2 是 β_2 的一个不具有一致性的估计量。偏差的方向取决于 x_i 与 e_i 之间协方差的符号。如果

误差中的因素与解释变量 x 正相关，则最小二乘估计量将高估真实参数。如果误差因素与解释变量 x 负相关，则最小二乘估计量将低估真实参数。

在下一节中，我们描述一些常见的情况，其中 x_i 和 e_i 之间存在相关性，从而导致最小二乘估计不适用。

10.2　x 和 e 同期相关的情况

在一些常见的情况下，最小二乘估计量不适用是因为解释变量和误差项之间存在相关性。当解释变量和误差项相关时，解释变量被称为**内生变量**。这个词来自我们在第 11 章探讨的联立方程组模型，意思是"在系统内被决定"。当解释变量和回归误差相关时，我们称之为有"内生性问题"。

10.2.1　衡量误差

当衡量解释变量有误差时，就会发生**变量误差**问题。如果我们在衡量解释变量时有误差，那么它就与误差项相关，而且最小二乘估计量是不一致的。我们用以下这个重要的例子进行说明。让我们假设一个人的个人储蓄额是基于他们的"恒常"或长期收入。令 $y_i=$ 第 i 个人的年储蓄额，$x_i^*=$ 一个人的恒常年收入。代表这一关系的一个简单回归模型是：

$$y_i = \beta_1 + \beta_2 x_i^* + v_i \tag{10.1}$$

我们在恒常收入变量上加 （*），是因为即使不是不可能，它也很难被观测。为了进行回归，假设我们用 $x_i=$ 经常收入来衡量恒常收入。经常收入是对恒常收入的一个衡量，但它无法精确地衡量恒常收入。有时候它被称为代理变量。为捕捉这个特征，我们设定：

$$x_i = x_i^* + u_i \tag{10.2}$$

其中，u_i 是均值为 0、方差为 σ_{ui}^2 的一个随机干扰项。这种说法，表示我们承认观测的经常收入仅能近似等于恒常收入，因此，我们衡量的恒常收入是有误差的。此外，我们假设 u_i 与 v_i 独立。当我们在回归中以 x_i 取代 x_i^* 时，我们是通过替代的方式来实现的，即将 $x_i^* = x_i - u_i$ 代入公式（10.1），得到：

$$
\begin{aligned}
y_i &= \beta_1 + \beta_2 x^* + v_i = \beta_1 + \beta_2(x_i - u_i) + v_i = \beta_1 + \beta_2 x + (v_i - \beta_2 u_i) \\
&= \beta_1 + \beta_2 x_i + e_i
\end{aligned}
\tag{10.3}
$$

为了以最小二乘法估计公式（10.3），我们必须确定 x_i 是否与随机干扰项 e_i 为同期不相关的。利用 $E(e_i) = 0$ 的事实并假设 x_i^* 在公式（10.1）中是外生的，即 $E(x_i^*, v_i) = 0$，这两个随机变量之间的协方差是：

$$
\begin{aligned}
\text{cov}(x_i, e_i) &= E(x_i e_i) = E[(x_i^* + u_i)(v_i - \beta_2 u_i)] \\
&= E(-\beta_2 u_i^2) = -\beta_2 \sigma_u^2 \neq 0
\end{aligned}
\tag{10.4}
$$

因为解释变量 x_i 和误差项 e_i 相关，所以最小二乘估计量 b_2 是公式（10.3）中 β_2 的不一致估计量。因此，在大样本下，b_2 不会收敛于 β_2。此外，不论在大样本中还是在小样本中，b_2 不服从均值为 β_2、方差为 $\text{var}(b_2) = \sigma^2 / \sum(x_i - \bar{x})^2$ 的近似正态分布。当普通最小二乘法在这种情况下不适用时，是否有其他的估计方法可用？答案是肯定的，我们将在第 10.3 节中看到。

注意，在公式（10.4）中，如果 $\beta_2 > 0$，则 x_i 和随机误差 e_i 之间负相关。最小二乘估计会低估 β_2，在专门研究衡量误差的文献中，这被称为**衰减偏差**。这是使用 $x_i = x_i^* + u_i$ 的逻辑结果。假设衡量误差 u_i 相对于 x_i^* 非常大，那么 x_i 变得更像一个完全随机的数字，数据中 y_i 和 x_i 之间的关联很小，因此 b_2 将接近于零。

10.2.2　联立方程偏倚

另一种解释变量和回归误差项相关的情况出现在联立方程组模型中。尽管这个术语可能听起来并不熟悉，但经济学专业的学生在最初的供给和需求入门时就开始接触到这样的模型。回想一下，在竞争性市场中，商品的价格和数量由供给和需求的力量共同决定。因此，如果 $P_i=$ 均衡价格，$Q_i=$ 均衡数量，则我们可以说 P_i 和 Q_i 是内生的，因为它们在两个方程的联立系统内共同被决定，其中一个方程代表供给曲线，另一个方程代表需求曲线。假设我们把这一关系写为：

$$Q_i = \beta_1 + \beta_2 P_i + e_i \tag{10.5}$$

我们知道，价格的变化会影响供给量和需求量。但是供给量和需求量的变化也导致价格的变化。在 P_i 和 Q_i 之间有反馈关系。由于这一反馈关系导致了价格和数量是共同或同时确定的，因此我们可以证明 $\mathrm{cov}(P_i, e_i) \neq 0$。因为内生性问题，所以最小二乘估计法不再适合应用公式（10.5），由此产生的偏差（和不一致性）被称作**联立方程偏倚**。供给和需求模型渗入经济分析以及联立方程组模型我们将在第 11 章充分探讨。

10.2.3　具有序列相关性的滞后相关变量模型

在第 9 章，我们介绍了静态变量的动态模型。使模型动态化的一种方法是在方程的右侧引入一个滞后因变量，即 $y_t = \beta_1 + \beta_2 y_{t-1} + \beta_3 x_t + e_t$。滞后变量 y_{t-1} 是一个随机回归量，但只要它与误差项 e_t 不相关，最小二乘估计量就是一致的。然而，当指定一个动态模型时，误差可能是连续相关的。如果误差 e_t 遵循 AR（1）过程 $e_t = \rho e_{t-1} + v_t$，那么我们可以看到，滞后因变量 y_{t-1} 必须与误差项 e_t 相关，因为 y_{t-1} 直接依赖于 e_{t-1}，而 e_{t-1} 直接影响 e_t 的值。如果 $\rho \neq 0$，则 y_{t-1} 和 e_t 之间存在相关性。在这种情况下，应用于滞后因变量模型的 OLS 估计量将是有偏的且不具有一致性。因此，在右侧有滞后因变量的模型中，检验序列相关性的存在是非常重要的（见第 9.4 节和第 9.5 节）。

10.2.4　遗漏变量

当一个遗漏变量与包含的解释变量相关时，回归误差会与解释变量相关。我们在第 6.3.1 节中介绍了这个想法。典型的例子来自劳动经济学。一个人的工资部分取决于其受教育水平。让我们设定一个对数线性回归模型来解释观测到的每小时工资：

$$\ln(WAGE_i) = \beta_1 + \beta_2 EDUC_i + \beta_3 EXPER_i + \beta_4 EXPER_i^2 + e_i \tag{10.6}$$

其中，$EDUC_i=$ 受教育年限，$EXPER_i=$ 工作年限。还有什么因素会影响工资？我们遗漏了什么？在每次构思回归模型时都应该进行这种发问。我们可能想到一些因素，如劳动市场的状况、区域及工会会员资格。然而，劳动经济学家最关心的是遗漏衡量能力的变量。一个人的能力、智力和勤奋程度可能影响其工作质量和工资，这是符合逻辑的。由于我们通常不能衡量它们，这些变量成为误差项 e_i 的组成部分。问题是，不但能力可能影响工资，而且能力更强的人也可能读更多年的书，这导致误差项 e_i 和教育变量 $EDUC_i$ 之间正相关，所以 $\mathrm{cov}(EDUC_i, e_i) > 0$。如果这是真的，那么我们可以预期多受一年教育所带来回报的最小二乘估计量将是正向有偏的，$E(b_2) > \beta_2$，而且是不一致的，这意味着即使是在非常大的样本中这一偏差也不会消失。

实例 10.1　工资方程的最小二乘估计

我们将使用文件 *mroz* 中已婚女性的数据来估计公式（10.6）中的工资模型。使用样本中女性劳动力人数 $N = 428$，最小二乘估计值和它们的标准差是：

$$\ln(WAGE) = -0.5220 + 0.1075 \times EDUC + 0.0416 \times EXPER - 0.0008 \times EXPER^2$$
$$(\text{se}) \quad (0.1986) \quad (0.0141) \qquad\qquad (0.0132) \qquad\qquad\qquad (0.0004)$$

根据我们的估计，保持其他条件不变，多受一年教育会使得工资增长大约 10.75%。如果能力对工资有正的影响，那么这一估计值被夸大，因为能力的贡献归于教育变量。

估计值 0.1075 的社会和政策重要性很难被夸大。各国把很大一部分税收收入投入到改善教育上。为什么？它是一种投资，就像任何其他投资一样，投资者（纳税公民）希望其投资回报率不输于替代项目的回报率。基于以上的估计方程，在其他因素固定不变时，估计受教育年限的增加将使工资提高 10.75%，其他因素不变的意思是，人们更可能自给自足，享受良好的生活质量，不要求社会福利或公共健康援助，从事犯罪活动的可能性更小。然而，假设 10.75% 可能过高估计了教育在工资收入上的回报。我们可能会重新评价对教育的投资，而且可能决定把税收收入花在桥梁或公园上而不是花在学校教育上。评价教育的社会回报率是一个社会政策问题。以上的回归估计值在计算中起到了重要作用。因此，作为计量经济学家，我们必须尽一切努力用最好的方法获得估计值。在下一节中，我们开始检查与回归变量相关的回归误差模型的替代估计方法。

10.3　基于矩估计法的估计量

在简单线性回归模型 $y_i = \beta_1 + \beta_2 x_i + e_i$ 中，当 x_i 为随机的且 $\mathrm{cov}(x_i, e_i) \neq 0$ 时，最小二乘估计量为有偏且不一致的，一般的优良性质皆不成立。在面对此种情况时，我们必须考虑其他的估计方法。在本节中，我们要讨论估计的"矩估计法"原理，它是最小二乘估计原理的替代估计方法。当所有通常的线性模型假设都成立时，矩估计法能得出最小二乘估计量。若 x_i 为随机的，且与误差项相关，则矩估计法能得出另一个适用于大样本的所谓的工具变量估计或两阶段最小二乘估计。

10.3.1　总体均值和方差的矩估计法

我们以一个简单的例子开始。随机变量 Y 的 k 阶矩是随机变量的 k 次方的期望值，即：

$$E(Y^k) = \mu_k = Y \text{的} k \text{阶矩} \tag{10.7}$$

大数定律（LLN）是一个著名的定理。一种说法是：如果 $X_1, X_2, \cdots, X_N$ 是来自总体的随机样本，并且如果 $E(X_i) = \mu < \infty$ 且 $\mathrm{var}(X_i) = \sigma^2 < \infty$，那么样本均值 $\overline{X} = \sum X_i / N$（在概

率上）随着样本 N 的增加而收敛到期望值（总体均值）μ。在这种情况下，$\overline{X}$ 被认为是 μ 的一致估计量。记住在大多数情况下样本矩是总体矩的一致估计量是有用的。

我们可以应用大数定律，通过让 $X_i = Y_i^k$ 且 $E(X_i) = \mu = E(Y_i^k) = \mu^k$，得到 $E(Y^k) = \mu^k$ 的一致估计量。然后，假设 $\mathrm{var}(Y_i^k) = \sigma_k^2 < \infty$，则总体矩 $E(Y^k) = \mu_k$ 的一致估计量就是相应的样本矩。

$$\widehat{E(Y^k)} = \hat{\mu}_k = Y \text{的} k \text{阶样本矩} = \sum Y_i^k / N \tag{10.8}$$

矩估计法指为估计 m 个未知参数，令 m 总体矩与 m 样本矩相等。例如，令 Y 为随机变量，其均值 $E(Y) = \mu$，方差为在"概率入门"部分中给出的公式：

$$\mathrm{var}(Y) = \sigma^2 = E(Y - \mu)^2 = E(Y^2) - \mu^2 \tag{10.9}$$

为了估计两个总体参数 μ 和 σ^2，我们必须使两个总体矩与两个样本矩相等。假设 $Y_1, Y_2, \cdots, Y_N$ 是总体中的随机样本。Y 的前两个总体矩与样本矩分别为：

总体矩　　　　　　样本矩

$$E(Y) = \mu_1 = \mu \qquad \hat{\mu} = \sum y_i / N$$

$$E(Y^2) = \mu_2 \qquad \hat{\mu}_2 = \sum y_i^2 / N \tag{10.10}$$

请注意，对一阶总体矩 μ_1，惯例是去掉下标，用 μ 来表示 Y 的均值。有了这两个矩，我们就能解出未知的均值和方差参数。使公式（10.10）中的一阶样本矩与一阶总体矩相等，以得出总体均值的一个估计值：

$$\mu = \sum y_i / N = \overline{Y} \tag{10.11}$$

然后，利用公式（10.9），用样本值替代公式（10.10）中二阶总体矩，并以公式（10.11）取代一阶矩 μ，得到：

$$\tilde{\sigma}^2 = \hat{\mu}_2 - \hat{\mu}^2 = \frac{\sum Y_i^2}{N} - \overline{Y}^2 = \frac{\sum Y_i^2 - N\overline{Y}^2}{N} = \frac{\sum(Y_i - \overline{Y})^2}{N} \tag{10.12}$$

在矩估计法中，我们用样本均值作为总体均值的估计量。方差的矩估计法估计量的分母为 N，而非一般的 $N-1$，因此不完全精确是我们所习惯的样本方差。但是，在大样本中，差异并不大。一般而言，矩估计法估计量在大样本中是一致的，而且收敛于真实的参数值，但并不能保证它们在任何意义上都是"最优"的。

10.3.2　简单线性回归模型中的矩估计法

"矩"的定义可以被扩展到更一般性的情况。假设 RS3* 为 $E(e_i) = 0$，并且 $\mathrm{cov}(x_i, e_i) = E(x_i e_i) = 0$。利用这两个方程，我们可以用矩量法导出 OLS 估计量。在线性回归模型 $y_i = \beta_1 + \beta_2 x_i + e_i$ 中，两个矩条件 $E(e_i) = 0$ 和 $E(x_i e_i) = 0$ 意味着，

$$E(e_i) = 0 \Rightarrow E(y_i - \beta_1 - \beta_2 x_i) = 0 \tag{10.13}$$

且

$$E(x_i e_i) = 0 \Rightarrow E[x_i(y_i - \beta_1 - \beta_2 x_i)] = 0 \tag{10.14}$$

公式（10.13）和公式（10.14）是总体矩条件。根据大数定律，在随机抽样下，样本矩收敛到总体矩，所以，

$$\frac{1}{N} \sum (y_i - \beta_1 - \beta_2 x_i) \xrightarrow{p} = E(y_i - \beta_1 - \beta_2 x_i) = 0$$

$$\frac{1}{N} \sum [x_i(y_i - \beta_1 - \beta_2 x_i)] \xrightarrow{p} E[x_i(y_i - \beta_1 - \beta_2 x_i)] = 0$$

将两个样本矩条件设置为零，并用它们的估计量 b_1 和 b_2 替换未知参数 β_1 和 β_2，我们会得到有两个未知数的两个方程，

$$\frac{1}{N} \sum (y_i - b_1 - b_2 x_i) = 0$$

$$\frac{1}{N} \sum [x_i(y_i - b_1 - b_2 x_i)] = 0$$

将这两个方程乘以 N，我们得到附录 2A 中给出的两个**正规方程**（2A.3）和（2A.4），求解它们得到最小二乘估计量，

$$b_2 = \frac{\sum (x_i - \bar{x})(y_i - \bar{y})}{\sum (x_i - \bar{x})^2}$$

$$b_1 = \bar{y} - b_2 \bar{x}$$

我们已经证明，在较弱的假设下，$E(e_i) = 0$，且 x_i 和 e_i 之间的同期协方差为零，$\mathrm{cov}(x_i, e_i) = E(x_i e_i) = 0$，我们可以采用矩量法推导出简单线性回归模型的 OLS 估计量。此外，正如我们在第 5.7 节中讨论的那样，在这种情况下，OLS 估计量是**一致估计量**，并且在大样本中具有其通常的属性。

10.3.3 简单线性回归模型中的工具变量估计

当 x_i 为随机变量且与随机干扰项 e_i 相关，导致 $\mathrm{cov}(x_i, e_i) = E(x_i e_i) \neq 0$ 时，应用最小二乘法会产生问题。在这种情况下，x_i 是内生的。正如我们在第 5.7 和第 6.3 节以及附录 6B 中所讨论的那样，当解释变量是内生的时，OLS 估计量是有偏的且不一致的。同样，在矩估计法中，内生性使得公式（10.14）中的矩条件不再有效。

我们接下来应该怎么做？矩量法使我们对替代方法有了深刻的了解。假设还有另一个变量 z_i，具有以下属性：

良好的工具变量的特征

IV1：z_i 对 y_i 没有直接影响，因此它不在模型 $y_i = \beta_1 + \beta_2 x_i + e_i$ 右侧之列，作为解释变量。

IV2：z_i 与回归误差项 e_i 不同时相关，因此 $\mathrm{cov}(z_i, e_i) = E(z_i e_i) = 0$。将属性 $\mathrm{cov}(z_i, e_i) = E(z_i e_i) = 0$ 的变量称为是外生的。

IV3：z_i 与内生解释变量 x_i 紧密相关（或至少不是弱相关）。

具有这些性质的变量 z_i 被称为**工具变量**。之所以出现这一术语，是因为尽管 z_i 对 y_i 没有直接影响，但有这一工具变量会允许我们估计 x 和 y 之间的关系。它是一个我们用来达到目标的工具。

如果存在这样一个变量 z，那么我们可以利用它来建立矩条件以代替方程（10.14），也就是说，

$$E(z_i e_i) = 0 \Rightarrow E[z_i(y_i - \beta_1 - \beta_2 x_i)] = 0 \tag{10.15}$$

然后我们可以利用矩方程（10.13）和矩方程（10.15）来得到 β_1 和 β_2 的估计值。再次运用大数定律，我们可以断定样本矩收敛于总体矩。因此，

$$\frac{1}{N}\sum(y_i - \beta_1 - \beta_2 x_i) \xrightarrow{p} E(y_i - \beta_1 - \beta_2 x_i) = 0$$

$$\frac{1}{N}\sum[z_i(y_i - \beta_1 - \beta_2 x_i)] \xrightarrow{p} E[z_i(y_i - \beta_1 - \beta_2 x_i)] = 0$$

假设我们有足够大的样本，我们将样本矩设为零，则产生两个样本矩条件，

$$\frac{1}{N}\sum(y_i - \hat{\beta}_1 - \hat{\beta}_2 x_i) = 0$$

$$\frac{1}{N}\sum z_i(y_i - \hat{\beta}_1 - \hat{\beta}_2 x_i) = 0 \tag{10.16}$$

解出这些等式便得到矩估计量，其在经济学中通常被称为**工具变量估计量**，

$$\hat{\beta}_2 = \frac{N\sum z_i y_i - \sum z_i \sum y_i}{N\sum z_i x_i - \sum z_i \sum x_i} = \frac{\sum(z_i - \bar{z})(y_i - \bar{y})}{\sum(z_i - \bar{z})(x_i - \bar{x})} \tag{10.17}$$

$$\hat{\beta}_1 = \bar{y} - \hat{\beta}_2 \bar{x}$$

我们引入了工具变量估计量的符号 $\hat{\beta}_1$ 和 $\hat{\beta}_2$，以区别于 OLS 估计量 b_1 和 b_2。如果 IV1、IV2 和 IV3 的性质成立，那么这些新的估计量是一致的，当样本 $N \to \infty$ 时，它们收敛到真实的参数值。

此外，它们在大样本中具有近似正态分布，我们用"$\overset{a}{\sim}$"表示。对于简单的回归模型，

$$\hat{\beta}_2 \overset{a}{\sim} N[\beta_2, \widehat{var}(\hat{\beta}_2)]$$

其中，估计的方差是：

$$\widehat{var}(\hat{\beta}_2) = \frac{\sigma_{IV}^2 \sum(z_i - \bar{z})^2}{[\sum(z_i - \bar{z})(x_i - \bar{x})]^2} \tag{10.18a}$$

误差方差 σ^2 的估计量 IV 为：

$$\hat{\sigma}_{IV}^2 = \frac{\sum(y_i - \hat{\beta}_1 - \hat{\beta}_2 x_i)^2}{N - 2} \tag{10.18b}$$

10.3.4　使用强工具变量的重要性

在使用工具变量时，一个经常重复出现的问题是："工具有多强大？"什么是强大的工具？在本章中，我们将对该问题做出完整的回答，但首先，我们将强大的工具 z 定义为与内生变量 x 高度相关的工具。为了说明为什么该定义有用，对方程（10.18a）中的方差 $var(\hat{\beta}_2)$ 的表达式进行一些代数运算，可以得到一个有意义的等价表达式。

$$\widehat{var}(\hat{\beta}_2) = \frac{\hat{\sigma}_{IV}^2 \sum(z_i - \bar{z})^2}{[\sum(z_i - \bar{z})(x_i - \bar{x})]^2}$$

$$= \frac{\hat{\sigma}_{IV}^2}{\left\{\frac{[\sum(z_i - \bar{z})(x_i - \bar{x})]^2/(N-1)}{\sum(z_i - \bar{z})^2 \sum(x_i - \bar{x})^2/(N-1)}\right\}\sum(x_i - \bar{x})^2}$$

$$= \frac{\hat{\sigma}_{IV}^2}{r_{zx}^2 \sum(x_i - \bar{x})^2}$$

我们在中间方程中简单地乘以和除以 $\sum(x_i - \bar{x})^2$ 和 $(N-1)$ 并进行整理。最终表达式告诉我们内生变量系数估计的精度。与 OLS 估计量的情况一样，$\hat{\beta}_2$ 的方差取决于解释变量关于其均值 $\sum(x_i - \bar{x})^2$ 和误差项 $\hat{\sigma}_{IV}^2$ 估计方差的变化。你很熟悉这些组成部分。新增的是，分母还包括工具变量 z 和内生变量 x 之间的平方的样本相关系数 r_{zx}。样本相关系数 r_{zx} 越大，IV 估计量的估计方差越小，反之亦然。当 $|r_{zx}|$ 较大时，工具变量较强。较强的工具变量导致较小的估计方差、较小的标准误、较窄的区间估计以及通常更精确的统计推断。选择强大的工具变量很重要。

为了说明并强调有关方法显著性的观点，假设 $\text{cov}(x_i, e_i) = 0$，以便 OLS 和 IV 估计量都一致。比较两个估计量的估计方差，IV 估计量的估计方差与 OLS 估计量的估计方差之比为：

$$\frac{\widehat{\text{var}}(\hat{\beta}_2)}{\widehat{\text{var}}(b_2)} = \frac{\dfrac{\hat{\sigma}_{IV}^2}{r_{zx}^2 \sum(x_i - \bar{x})^2}}{\dfrac{\hat{\sigma}^2}{\sum(x_i - \bar{x})^2}} = \frac{\hat{\sigma}_{IV}^2 / \hat{\sigma}^2}{r_{zx}^2} \simeq \frac{1}{r_{zx}^2}$$

最终近似使用以下事实：如果 $\text{cov}(x_i, e_i) = 0$，则在大样本中，σ^2 的两个估计量将收敛到相同的值，因此 $\hat{\sigma}_{IV}^2 / \hat{\sigma}^2 \simeq 1$。平方相关 $r_{zx}^2 < 1$，因此我们可以预期 IV 估计量的方差估计将大于 OLS 估计量的方差估计。IV 估计量的效率不如 OLS 估计量的效率，这意味着它使用样本数据估计未知参数的效率较低。

我们首选效率更高的一致性估计量，因为它的标准误差较小，导致区间估计更窄，从而使统计推断更加精确。标准误的比率为 $\text{se}(\hat{\beta}_2)/\text{se}(b_2) \simeq 1/|r_{zx}|$。如果相关性 $r_{zx} = 0.5$，则 $\text{se}(\hat{\beta}_2)/\text{se}(b_2) \simeq 2$，IV 估计量的估计标准误是 OLS 估计量的标准误的 2 倍。如果 $r_{zx} = 0.1$，则 $\text{se}(\hat{\beta}_2)/\text{se}(b_2) \simeq 10$，则 IV 估计量的估计标准误是 OLS 估计量的标准误的 10 倍。

更进一步，请回想一下，在大样本中，95% 的区间估计大约是"估计 ±2（标准误）"。为了说明起见，假设 $b_2 \simeq \hat{\beta}_2 = 5$ 且 $\text{se}(b_2) = 1$，那么使用 OLS 估计量估计的 95% 区间估计为 5±2（1）或 [3, 7]。如果 $r_{zx} = 0.5$，则基于 IV 估计量的区间估计为 5±2（2）或 [1, 9]。如果 $r_{zx} = 0.1$，则基于 IV 估计量的间隔估计为 5±2（10）或 [-15, 25]。这种惊人的差异将提醒你除非必要，否则不要使用 IV 估计量。如果一定要使用 IV 估计量，则必须搜索一个强大的工具变量，该变量与内生变量 x 高度相关。

10.3.5　证明 IV 估计量的一致性

证明工具变量估计量是一致的遵循第 10.1.3 节中使用的逻辑。公式（10.17）中 β_2 的 IV 估计是，

$$\hat{\beta}_2 = \frac{\sum(z_i - \bar{z})(y_i - \bar{y})/(N-1)}{\sum(z_i - \bar{z})(x_i - \bar{x})/(N-1)} = \frac{\widehat{\text{cov}}(z, y)}{\widehat{\text{cov}}(z, x)}$$

样本协方差在大样本中收敛到真实协方差，所以我们可以说，

$$\hat{\beta}_2 \to \frac{\text{cov}(z, y)}{\text{cov}(z, x)}$$

如果工具变量 z 在样本数据或总体中均与 x 不相关，则工具变量估计量将失效。样本数据中的 z 和 x 不相关将意味着 $\hat{\beta}_2$ 的分母为零。总体中的 z 和 x 不相关意味着 $\hat{\beta}_2$ 将不会在大样本中收敛。因此，要使工具变量有效，它必须与误差项 e 不相关，但必须与解释变量 x 相关。

现在，按照与第 10.1.3 节相同的步骤，我们获得：

$$\beta_2 = \frac{\text{cov}(z, y)}{\text{cov}(z, x)} - \frac{\text{cov}(z, e)}{\text{cov}(z, x)}$$

如果我们假设 $\text{cov}(z_i, e_i) = 0$（我们对工具变量 z_i 的选择施加了条件），则工具变量估计量 $\hat{\beta}_2$ 在大样本中收敛为 β_2，

$$\hat{\beta}_2 \to \frac{\text{cov}(z, y)}{\text{cov}(z, x)} = \beta_2$$

因此，如果 $\text{cov}(z_i, e_i) = 0$ 且 $\text{cov}(z_i, x_i) \neq 0$，则 β_2 的工具变量估计量是一致的，在这种情况下，由于 x_i 和 e_i 之间的相关性，OLS 估计量是不一致的。

实例 10.2　简单工资方程的 IV 估计

为了说明简单回归中的工具变量估计方法，请考虑实例 10.1 中使用的模型的简化版本：$\ln(WAGE) = \beta_1 + \beta_2 EDUC + e$。使用 $N = 428$ 名已婚女性的数据文件 mroz，OLS 估计为：

$$\widehat{\ln(WAGE)} = -0.1852 + 0.1086 EDUC$$
$$(\text{se}) \qquad (0.1852) \quad (0.0144)$$

估计的教育收益率约为 10.86%，$t = 7.55$ 表示，即使在 1% 的显著性水平下，估计的系数也与零有显著差异。如果 $EDUC$ 是内生的，并且与随机误差 e 相关，则 OLS 估计可能会导致错误的推断。我们预计 $EDUC$ 与遗漏变量"能力"呈正相关，这意味着估计的回报率 10.86% 可能会高估真实值。

我们可以用什么作为工具变量？一个建议是将母亲的受教育年限 $MOTHEREDUC$ 用作一种工具。这符合条件吗？在第 10.3.3 节中，我们列出了工具变量的三个标准。第一，此工具变量对因变量有直接影响吗？它属于方程吗？母亲的受教育程度不应直接决定女儿的工资，所以这似乎没什么问题。第二，该工具变量不应与随机误差同时关联，例如，母亲的受教育程度与遗漏变量（女儿的能力）相关吗？这个问题解释起来比较困难。能力包括许多属性，如智力、创造力、毅力和勤奋。性格特征的某些部分可能会从父母那里遗传给我们。我们回避对此问题的科学辩论，并假设母亲的受教育年限与女儿的能力无关。第三，该工具变量应与内生变量高度相关。我们可以检验一下！对于样本中的 428 名女性，母亲的受教育程度与女儿的受教育程度之间的相关系数为 0.3870。这不是很大，但也不是很小。

工具变量估计为：

$$\widehat{\ln(WAGE)} = 0.7022 + 0.0385 EDUC$$
$$(\text{se}) \qquad (0.4851) \quad (0.0382)$$

对教育收益率的 IV 估计为 3.85%，是 OLS 估计的 1/3。标准误大约是 OLS 标准误的 2.65 倍，这非常接近我们认为两个估计量一致时可能的比率：

$$\text{se}(\hat{\beta}_2)/\text{se}(b_2) = 0.0382/0.0144 = 2.65 \simeq 1/r_{zx}$$
$$= 1/0.3807 = 2.58$$

10.3.6 使用两阶段最小二乘法（2SLS）进行 IV 估计

我们可以通过另一种类型的计算来获得工具变量的估计，这将有助于我们将 IV 估计的思想扩展到更一般的情况。这种称为**两阶段最小二乘法**的方法使用两个最小二乘回归来计算 IV 估计值。第一阶段方程有因变量，其为内生回归变量 x，而独立变量 z 为工具变量。也就是说，第一阶段方程是：

$$x = \gamma_1 + \theta_1 z + v$$

其中，γ_1 为截距参数，θ_1 为斜率参数，v 为误差项。使用 2SLS 的步骤如下：

1. 用 OLS 估计第一阶段方程，得到拟合值：$\hat{x} = \hat{\gamma}_1 + \hat{\theta}_1 z$。

2. 在第二阶段，用 $\hat{x} = \hat{\gamma}_1 + \hat{\theta}_1 z$ 替换简单回归 $y = \beta_1 + \beta_2 x + e$ 中的 x，然后对 $y = \beta_1 + \beta_2 \hat{x} + e^*$ 使用 OLS 估计。

来自第二阶段回归的 β_1 和 β_2 的 OLS 估计值等于 IV 估计值 $\hat{\beta}_1$ 和 $\hat{\beta}_2$。此外，$\hat{\beta}_1$ 和 $\hat{\beta}_2$ 的估计方差和协方差是 OLS 方程，其中 $\hat{\sigma}_{IV}^2 = \sum(y_i - \hat{\beta}_1 - \hat{\beta}_2 x_i)/(N-2)$ 代替通常的 σ^2 估计，并利用 $\bar{x} = x$ 得出：

$$\widehat{\text{var}}(\hat{\beta}_2) = \frac{\hat{\sigma}_{IV}^2}{\sum(\hat{x}_i - \bar{x})^2} \tag{10.19}$$

该方差估计在数值上与先前方程（10.18a）中的表达式相同。如果未使用方程（10.19），则第二阶段 OLS 回归将错误地计算方差，因为 OLS 软件将使用

$$\hat{\sigma}_{WRONG}^2 = \sum(y_i - \beta_1 - \hat{\beta}_2 \hat{x}_i)^2/(N-2)$$

将 $\hat{x}_i$ 替换为 x_i。始终使用为 IV/2SLS 设计的软件，那么它将计算出正确的结果。

实例 10.3 简单工资方程中 2SLS 的估计

为了说明两阶段最小二乘法等价于工具变量估计，我们预估了第一阶段方程，即工具变量 *MOTHEREDUC* 上的内生变量 *EDUC* 的回归：

$$\widehat{EDUC} = 10.1145 + 0.2674 MOTHEREDUC$$
$$(\text{se}) \quad (0.3109) \quad (0.0309)$$

为了使 *MOTHEREDUC* 成为显著的工具变量，它必须与 *EDUC* 紧密相关。换句话说，*MOTHEREDUC* 在第一阶段方程中应该非常重要，事实也是如此。t 值为 8.66，因此该系数在 1% 的水平下显著异于零。我们将在第 10.3.9 节中详细介绍这种方法。

在第二阶段方程中，我们根据第一阶段方程的拟合值对 $\ln(WAGE)$ 进行回归，

$$\widehat{\ln(WAGE)} = 0.7021 + 0.0385 \widehat{EDUC}$$
$$(\text{不正确的 se})(0.5021)(0.0396)$$

系数估计与实例 10.2 中的相同，但请注意，此第二阶段 OLS 估计量所产生的标准误与第 10.2 节中的实例并不相同。它们是不正确的，因为它们使用了 $\hat{\sigma}_{WRONG}^2$。

10.3.7　使用过剩矩条件

引入两阶段最小二乘法的原因是，它是一种使用附加辅助变量的简单方法。在简单回归模型中，我们仅需要一个工具变量便能得出如同公式（10.16）的矩条件，用以解出两个未知的模型参数。然而，有时我们可使用的工具变量多于我们所需要的数量。假设我们有两个好的工具变量 z_1 和 z_2，且满足条件 IV1–IV3。对比公式（10.17），我们有额外的矩条件：

$$E(z_2 e) = E[z_2(y - \beta_1 - \beta_2 x)] = 0$$

现在我们有三个样本矩条件：

$$\frac{1}{N}\sum(y_i - \hat{\beta}_1 - \hat{\beta}_2 x_i) = 0$$

$$\frac{1}{N}\sum z_{i1}(y_i - \hat{\beta}_1 - \hat{\beta}_2 x_i) = 0$$

$$\frac{1}{N}\sum z_{i2}(y_i - \hat{\beta}_1 - \hat{\beta}_2 x_i) = 0$$

我们有包含两个未知数的三个方程。我们可以简单地舍弃其中一个条件（工具变量）并利用剩下的两个来求解未知数。更好的解决方案是通过组合来使用所有可用的工具变量。可以证明，组合工具的最佳方法是使用两阶段最小二乘法。在简单回归 $y = \beta_1 + \beta_2 x + e$ 中，如果 x 是内生的，并且我们有两个工具变量 z_1 和 z_2，则第一阶段方程变为：

$$x = \gamma_1 + \theta_1 z_1 + \theta_2 z_2 + v$$

通过 OLS 估计第一阶段方程并获得拟合值：

$$\hat{x} = \hat{\gamma}_1 + \hat{\theta}_1 z_1 + \hat{\theta}_2 z_2$$

我们将两个工具变量 z_1 和 z_2 合并为一个工具变量 $\hat{x}$。使用 $\hat{x}$ 作为 x 的工具变量会导致两个样本矩条件：

$$\frac{1}{N}\sum(y_i - \hat{\beta}_1 - \hat{\beta}_2 x_i) = 0$$

$$\frac{1}{N}\sum \hat{x}_i(y_i - \hat{\beta}_1 - \hat{\beta}_2 x_i) = 0$$

求解这些条件，并使用 $\bar{\hat{x}} = \bar{x}$，我们有：

$$\hat{\beta}_2 = \frac{\sum(\hat{x}_i - \bar{\hat{x}})(y_i - \bar{y})}{\sum(\hat{x}_i - \bar{\hat{x}})(x_i - \bar{x})} = \frac{\sum(\hat{x}_i - \bar{x})(y_i - \bar{y})}{\sum(\hat{x}_i - \bar{x})(x_i - \bar{x})}$$

$$\hat{\beta}_1 = \bar{y} - \hat{\beta}_2 \bar{x}$$

使用这些公式获得的估计值与通过将最小二乘法应用到 $y = \beta_1 + \beta_2 \hat{x} + e^*$ 获得的 IV / 2SLS 估计值相同。如果我们有两个以上的工具变量，我们将采用相同的策略，把几个工具变量组合成一个。

实例 10.4　在简单工资方程中使用过剩工具变量

父亲接受的教育也是女儿接受教育的潜在工具变量。使用数据文件 *mroz* 中的 428 个观测值，*FATHEREDUC* 和 *EDUC* 之间的相关系数为 0.4154。第一阶段的方程是：

$$EDUC = \gamma_1 + \theta_1 MOTHEREDUC + \theta_2 FATHEREDUC + v$$

OLS估计的第一阶段方程为：

$$\widehat{EDUC} = 9.4801 + 0.1564 MOTHEREDUC + 0.1881 FATHEREDUC$$
$$(\text{se})\quad(0.3211)\quad(0.0358)\quad\quad\quad\quad(0.0336)$$

$MOTHEREDUC$ 和 $FATHEREDUC$ 系数的 t 统计量分别为 4.37 和 5.59，在 1% 的水平下显著。两个 IV 的联合显著性的检验甚至比其各自显著性的检验更为重要。零假设 $H_0: \theta_1 = 0$，$\theta_2 = 0$ 的 F 统计量是 55.83，这非常显著，并且基于此联合检验，我们可以得出结论，两个 IV 系数中至少有一个不为零。F 检验的重要性将在第 10.3.9 节中讨论。

在第二阶段方程中，我们用 $\widehat{EDUC}$ 代替 $EDUC$ 并应用最小二乘法获得 IV / 2SLS 估计：

$$\ln(\widehat{WAGE}) = 0.5510 + 0.0505 \widehat{EDUC}$$
$$(\text{不正确的 se})(0.4257)(0.0335)$$

系数估计是正确的 IV 估计，但是报告的标准误不正确。使用适当的 IV 软件得到：

$$\ln(\widehat{WAGE}) = 0.5510 + 0.0505 \widehat{EDUC}$$
$$(\text{se})\quad\quad(0.4086)\quad(0.0322)$$

10.3.8 多元回归模型中的工具变量估计

为了在多元回归方程中实现工具变量的估计，我们需要比公式（10.17）更为通用的估计公式。为了将分析扩展到更一般的状况，考虑多元回归模型 $y = \beta_1 + \beta_2 x_2 + \cdots + \beta_K x_K + e$。假设在我们知道或怀疑的解释变量中，$x_K$ 是与误差项相关的**内生变量**。前 $K-1$ 个变量（$x_1 = 1, x_2, \cdots, x_{K-1}$）是与误差项 e 不相关的**外生变量**，它们是"包含"工具。可以使用两步过程来进行工具变量估计，并且在每个步骤中进行 OLS 回归。

第一阶段回归在左侧具有内生变量 x_K，在右侧具有**所有外生变量和工具变量**。如果我们有来自模型 $z_1, z_2, \cdots, z_L$ 外部的 L 个"外部"工具变量（很幸运有这些变量），则第一阶段回归为：

$$x_K = \gamma_1 + \gamma_2 x_2 + \cdots + \gamma_{K-1} x_{K-1} + \theta_1 z_1 + \cdots + \theta_L z_L + v_K \tag{10.20}$$

其中，v_K 是一个随机误差项，与右侧所有变量都不相关。通过 OLS 估计第一阶段回归公式（10.20）并获得拟合值：

$$\hat{x}_K = \hat{\gamma}_1 + \hat{\gamma}_2 x_2 + \cdots + \hat{\gamma}_{K-1} x_{K-1} + \hat{\theta}_1 z_1 + \cdots + \hat{\theta}_L z_L \tag{10.21}$$

拟合值 $\hat{x}_K$ 是所有外生变量和工具变量的最佳组合。第二阶段回归是基于原始设定，用 $\hat{x}_K$ 代替 x_K，

$$y = \beta_1 + \beta_2 x_2 + \cdots + \beta_K \hat{x}_K + e^* \tag{10.22}$$

其中，e^* 是误差项。公式（10.22）的 OLS 估计是合理的，原因是在大样本中 e^* 与解释变量（包括 $\hat{x}_K$）不相关。这个方程的 OLS 估计量（$\hat{\beta}_1, \cdots, \hat{\beta}_K$）是**工具变量**（IV）的估计量，并且因为它们可以通过两个最小二乘回归得到，所以它们也通常被称为**两阶段最小二乘**（2SLS）估计量。我们将称它们为 IV 或 2SLS 或 IV/2SLS 估计量。在通常情况下，在右侧有多个内生变量时，步骤是相似的，这将在第 10.3.10 节中讨论。

我们可以使用标准公式来计算公式（10.22）的最小二乘估计量的估计方差和协方差，我们在第5.3.1节中进行了描述，并做了一些修改。虽然我们可以使用两个最小二乘估计来获得适当的估计，但是最小二乘软件无法产生正确的标准误和t值。误差方差的IV/2SLS估计量是基于原始模型的残差$y = \beta_1 + \beta_2 x_2 + \cdots + \beta_K x_K + e$，因此误差方差$\sigma^2$的适当估计量是等式（10.18b）的一般形式。

$$\hat{\sigma}_{IV}^2 = \frac{\sum (y_i - \hat{\beta}_1 - \hat{\beta}_2 x_{i2} - \cdots - \hat{\beta}_K x_{iK})^2}{N - K}$$

如果选择了两阶段最小二乘或工具变量估计选项，计量经济学软件将自动使用合适的方差估计量。使用来自公式（10.22）的IV/2SLS估计标准误，我们可以进行t检验并对大样本中有效的参数进行区间估计。此外，如果工具变量不弱，通常对联合假设的检验在大样本中也有效。

回顾第6.4.1节中的讨论是有益的。通常内生变量的系数是最有趣的。考虑我们的工资方程实例——$EDUC$的系数，即受教育年限至关重要。设$SSE_{\hat{x}_K}$为$\mathbf{x}_{exog} = (x_1 = 1, x_2, x_3, \cdots, x_{K-1})$上$\hat{x}_K$回归的残差平方和，则在大样本中，

$$\hat{\beta}_K \overset{a}{\sim} N[\beta_K, \mathrm{var}(\hat{\beta}_K)]$$

方差估计是：

$$\mathrm{var}(\hat{\beta}_K) = \frac{\hat{\sigma}_{IV}^2}{SSE_{\hat{x}_K}} \tag{10.23}$$

公式（10.23）表明，$\hat{\beta}_K$的方差、β_K的工具变量估计量取决于$SSE_{\hat{x}_K}$，$\hat{x}_K$的变化不能被$\mathbf{x}_{exog} = (x_1 = 1, x_2, x_3, \cdots, x_{K-1})$解释。请参见公式（6.33）和相关的讨论。因为这是一个非常重要的概念，所以我们将在第10.3.9节中分析"弱"工具变量时回到该概念。

实例 10.5 工资方程中的 IV/2SLS 估计

除受教育年限外，一个工人的经验也对其工资有很大的决定性作用。由于多年的经验对工资的边际影响不断下降，因此使用二次模型：

$$\ln(WAGE) = \beta_1 + \beta_2 EXPER + \beta_3 EXPER^2 + \beta_4 EDUC + e$$

其中，$EXPER$是多年经验。这与实例10.1中的设定相同。我们假设$EXPER$是一个外生变量，它与工人的能力无关，因此与随机误差e也无关。在前面的实例中，介绍了受教育年限的两个工具变量$EDUC$，即母亲和父亲的受教育年限——$MOTHEREDUC$和$FATHEREDUC$。第一阶段的方程是：

$$EDUC = \gamma_1 + \gamma_2 EXPER + \gamma_3 EXPER^2 + \theta_1 MOTHEREDUC + \theta_2 FATHEREDUC + v$$

使用数据文件$mroz$中的428个观测值，估计的第一阶段方程式报告见表10-1。带有正确计算的标准误的IV/2SLS估计为：

$$\widehat{\ln(WAGE)} = 0.0481 + 0.0442 EXPER - 0.0009 EXPER^2 + 0.0614 EDUC$$
$$(\text{se}) \quad (0.4003) \ (0.0134) \qquad (0.0004) \qquad (0.0314)$$

教育回报率估计约为6.1%，当$t = 1.96$时估计的系数在统计学上显著。

表 10-1	第一阶段方程			
变量	系数	标准误	t 统计值	概率值
C	9.1026	0.4266	21.3396	0.0000
$EXPER$	0.0452	0.0403	1.1236	0.2618
$EXPER^2$	−0.0010	0.0012	−0.8386	0.4022
$MOTHEREDUC$	0.1576	0.0359	4.3906	0.0000
$FATHEREDUC$	0.1895	0.0338	5.6152	0.0000

10.3.9 利用第一阶段模型评估工具变量的强弱

在第 10.3.4 节中，当估计只有一个内生解释变量的简单回归模型时，我们强调了强工具变量的重要性。在那里，评估工具变量的强弱是基于内生变量 x 和工具变量 z 之间的相关系数。在多元回归中，衡量工具变量的强弱更加复杂。第一阶段回归是在多元回归背景下评估工具变量"强"或"弱"的关键工具。

情形 1：评估一个工具变量的强弱 假设 x_K 是内生的，并且我们可获得一个外部的工具变量 z_1。根据之前的符号，$L = 1$。第一阶段回归方程是：

$$X_K = \gamma_1 + \gamma_2 X_2 + \cdots + \gamma_{K-1} X_{K-1} + \theta_1 Z_1 + v_K \tag{10.24}$$

在简单回归模型中，我们可以通过考察内生变量和工具变量的相关系数来判断工具变量的强弱。在多元回归模型中，我们必须考虑其他的外生变量 $(x_2, \cdots, x_{K-1})$。评估工具变量 z_1 强弱的关键是控制所有其他外生变量的影响之后评估 z_1 与 x_K 关系的强弱。然而，这正是多元回归分析的目的。在第一阶段回归公式（10.24）中，系数 θ_1 衡量了在解释其他变量的影响后 z_1 对 x_K 的影响。

z_1 不仅对 x_K 会有影响，而且一定是**统计显著**的影响。有多显著呢？非常显著。要拒绝 z_1 是弱工具变量的假设，通常的经验法则是满足公式（10.24）中的原假设 $H_0: \theta_1 = 0$ 的 F 检验统计量应该大于 10。利用在第 6.1.3 节中描述的 t 检验和 F 检验之间的关系，$t^2 = F$，这转化为显著的 t 统计值的绝对值要大于 3.16，大于通常的 5% 临界值 ±1.96 或 1% 临界值 ±2.58。$F > 10$ 的经验法则已经被计量经济研究者 Stock 和 Yogo 加以改进，在附录 10A 中将讨论他们的分析。当工具变量是弱工具变量时，基于 IV 估计量得到的估计值和检验都是不可靠的。

对弱工具的进一步分析[①] 以下是说明这一点的另一种方法。逻辑看似有点复杂，但最终结果将会是直观明了的。在第 10.3.8 节中，我们认为 β_K 的 IV 估计量近似大样本方差为：

$$\widehat{\text{var}}(\hat{\beta}_K) = \frac{\hat{\sigma}_{IV}^2}{SSE_{\hat{x}_K}}$$

其中，$SSE_{\hat{x}_K}$ 是 $(x_2, x_3, \cdots, x_{K-1})$ 上 $\hat{x}_K$ 回归的残差平方和，其中 $\hat{x}_K$ 是第一阶段回归公式

---

① 本节内容较深。

（10.24）的拟合值，

$$\hat{x}_K = \hat{\gamma}_1 + \hat{\gamma}_2 x_2 + \cdots + \hat{\gamma}_{K-1}x_{K-1} + \hat{\theta}_1 z_1$$

通过采取进一步的方法，我们可以了解第一阶段回归结果的重要性。让我们考虑在 $\mathbf{x}_{exog} = (x_1 = 1, x_2, x_3, \cdots, x_{K-1})$ 和 z_1 上 $\hat{x}_K$ 的回归。我们不需要实际操作，也知道它将完美地拟合，得出 $R^2 = 1$ 的结果。尽管如此，让我们遵循第 5.2.4 节中描述的 Frisch-Waugh-Lovell 方法。

- 首先，从 $\hat{x}_K$ 部分取出 $\mathbf{x}_{exog}$ 并获得残差 $\tilde{x}_K$。
- 其次，从工具 z_1 中部分取出 $\mathbf{x}_{exog}$，并获得残差 $\tilde{z}_1$。残差平方和为 $\sum \tilde{z}_{i1}^2$。
- $\tilde{x}_K$ 在 $\tilde{z}_1$ 上作回归，没有常数。估计系数是 $\hat{\theta}_1$，$R^2 = 1$，且拟合值 $\hat{\theta}_1 \tilde{z}_1$ 正好等于 $\tilde{x}_K$！
- 因为 $\tilde{x}_K = \hat{\theta}_1 \tilde{z}_1$，我们可以写出 $SSE_{\tilde{x}_K} = \sum \tilde{x}_{iK}^2 = \sum (\hat{\theta}_1 \tilde{z}_{i1})^2 = \hat{\theta}_1^2 \sum \tilde{z}_{i1}^2$。

结果是公式（10.23）中给出的 β_K 的 IV 估计量大样本方差的替代表达式，

$$\text{var}(\hat{\beta}_K) = \frac{\hat{\sigma}_{IV}^2}{SSE_{\tilde{x}_K}} = \frac{\hat{\sigma}_{IV}^2}{\hat{\theta}_1^2 \sum \tilde{z}_{i1}^2} \tag{10.25}$$

哪些因素有助于提高 β_K 的 IV 估计量的精确度呢？第一个重要因素是来自第一阶段回归的估计值 $\hat{\theta}_1$ 的大小。这个系数一定要大！第二个重要因素是，在去除包括的外生变量 $\mathbf{x}_{exog}$ 的线性效应之后，外部工具 z_1 有多少变化？重要的是 z_1 的变化量不能由包含的外生变量 $\mathbf{x}_{exog}$ 解释。在理想情况下，z_1 与 $\mathbf{x}_{exog}$ 不相关并且表现出较大的变化。如果 $\hat{\theta}_1$ 在数值上较小，或者 z_1 与 $\mathbf{x}_{exog}$ 高度相关，或者变化很小，则 IV 估计量 $\hat{\beta}_K$ 的精确度会更低。

情形 2：评估多个工具变量的强弱 假设 x_K 是内生的，我们可以得到可能的外部工具变量 $z_1, z_2, \cdots, z_L$。对于一个内生变量，我们只需要一个工具变量。有时可以得到不止一个工具变量，而且拥有更强的工具变量会改进工具变量估计量。第一阶段回归方程现在是：

$$x_K = \gamma_1 + \gamma_2 x_2 + \cdots + \gamma_{K-1}x_{K-1} + \overbrace{\theta_1 z_1 + \cdots + \theta_L z_L}^{外部IV} + v_K \tag{10.26}$$

我们要求至少有一个强大的工具变量。给定这一要求的性质，公式（10.26）中的原假设 $H_0: \theta_1 = 0, \theta_2 = 0, \cdots, \theta_L = 0$ 的联合 F 检验是有重要作用的，因为备择假设是至少有一个系数 θ_i 为非零。如果 F 检验统计量的值足够大，大约 $F > 10$，我们拒绝工具变量"弱"的假设，可以进行工具变量估计。如果 F 值不够大，那么工具变量和**两阶段最小二乘估计**很可能比"普通"最小二乘法更差。

来自第一阶段回归公式（10.26）的拟合值为：

$$\hat{x}_K = \hat{\gamma}_1 + \hat{\gamma}_2 x_2 + \cdots + \hat{\gamma}_{K-1}x_{K-1} + \hat{\theta}_1 z_1 + \cdots + \hat{\theta}_L z_L$$

如上一节所述，应用 Frisch-Waugh-Lovell 定理，我们求出：

$$\widehat{\text{var}}(\hat{\beta}_K) = \frac{\hat{\sigma}_{IV}^2}{\sum (\hat{\theta}_1 \tilde{z}_{i1} + \hat{\theta}_2 \tilde{z}_{i2} + \cdots + \hat{\theta}_L \tilde{z}_{iL})^2} \tag{10.27}$$

其中，$\tilde{z}_{il}$ 是 $\mathbf{x}_{exog} = (x_1 = 1, x_2, \cdots, x_{K-1})$ 的 z_1 回归的第 i 个残差。β_K 的 IV 估计量的精度取决于第一阶段系数的大小和外部工具变量无法解释的分量。

实例 10.6 检查工资方程的工具变量的强度

在实例 10.5 中，工资方程中只有一个潜在的内生变量 $EDUC$。工具变量最少是 1 个。

给定两种工具，我们要求它们中至少有一个在第一阶段方程中有意义。F 检验零假设是两个系数 θ_1 和 θ_2 均为零，如果我们拒绝该零假设，则可以得出结论，其中至少有一个系数非零。在表 10-1 的第一阶段回归中，*MOTHEREDUC* 的估计系数为 0.1576，t 值为 4.39，*FATHEREDUC* 的估计系数为 0.1895，t 值为 5.62。这两个系数均为零的零假设 F 统计量值为 55.40，在 1% 的水平下显著，但更重要的是，它大于经验法则阈值，即 $F > 10$。除了至关重要的 F 统计量之外，有时还会报告拟合优度度量 R^2 和 $\overline{R}^2$。对于表 10-1 中的第一阶段方程式，这些值为 $R^2 = 0.1527$ 和 $\overline{R}^2 = 0.1467$。

偏相关系数和偏 R^2　除了第一阶段的 F 统计量 R^2 和调整后的 $\overline{R}^2$ 之外，偏相关系数或偏 R^2 也是有用的。应用 Frisch-Waugh-Lovell 定理的部分淘汰策略是检验工具显著性的另一种方法。工资方程中包含的外生变量为 $\mathbf{x}_{exog} = (x_1 = 1, EXPER, EXPER^2)$。在 $\mathbf{x}_{exog}$ 上回归 *EDUC* 并获得残差 *REDUC*。

假设我们正在使用单个工具 *MOTHEREDUC*。在 $\mathbf{x}_{exog}$ 上回归 *MOTHEREDUC* 并获得残差 *RMOM*。这些剩余变量已将所包含的外生变量剔除。也就是说，我们从内生变量 *EDUC* 和外部 IV *MOTHEREDUC* 中排除了所包含的外生变量的线性影响。*REDUC* 和 *RMOM* 之间的相关系数称为偏相关系数，这里为 0.3854。*REDUC* 对 *RMOM* 的回归得出的 R^2 称为"偏 R^2"，这里为 0.1485。因为我们有一个内生变量和一个外部 IV，所以偏 $R^2 = 0.1485$ 是偏相关系数的平方，即 $0.3854^2 = 0.1485$。

如果有一个内生变量，而工具变量的个数多于内生变量的个数时，此时的偏 R^2 就是将内生变量对于所有的除去工具变量之外的外生变量做回归得到的残差项再做回归的 R^2。添加 *FATHEREDUC* 作为 IV，在 $\mathbf{x}_{exog}$ 上进行回归并获得残差 *RDAD*。然后，偏 R^2 是 *REDUC* 在 *RMOM* 和 *RDAD* 上做回归得出的 R^2。在这种情况下，偏 $R^2 = 0.2076$，调整后的偏 $R^2 = 0.2038$。

10.3.10　一般模型中的工具变量估计

为了把我们的分析扩展到更一般的设定，考虑多元回归模型 $y = \beta_1 + \beta_2 x_2 + \cdots + \beta_K x_K + e$。假设在解释变量（$x_1 = 1, x_2, \cdots, x_K$）中，我们知道或者怀疑有几个可能与误差项 e 相关。把这些变量分为两组，其中第一组的 G 个变量（$x_1 = 1, x_2, \cdots, x_G$）是与误差项 e 无关的外生变量。第二组的 $B = (K - G)$ 个变量（$x_{G+1}, x_{G+2}, \cdots, x_K$）与回归误差相关，因此它们是内生变量。那么，包含所有 K 个变量的多元回归模型是：

$$y = \overbrace{\beta_1 + \beta_2 x_2 + \cdots + \beta_G x_G}^{G\text{个外生变量}} + \overbrace{\beta_{G+1} x_{G+1} + \cdots + \beta_K x_K}^{B\text{个内生变量}} + e \tag{10.28}$$

为了进行 IV 估计，我们必须至少有与内生变量一样多的工具变量。假设我们在模型之外有 L 个外生工具变量：$z_1, z_2, \cdots, z_L$。这样表示必然是混乱和麻烦的。$G =$ 好的解释变量，$B =$ 不好的解释变量：$L =$ 幸运的工具变量，这样考虑简单直接，我们很幸运能有它们。然后，我们就有好的、不好的以及幸运的变量。

IV 估计的必要条件是 $L \geq B$。如果 $L = B$，那么有恰好足够多的工具变量进行 IV 估计。在这种情况下，模型参数被称为**恰好识别**或**完全识别**。识别这一术语被用来表明模型参数可以被一致估计。如果 $L > B$，那么我们就有进行 IV 估计所不必要的更多工具变量，这一模型被称为**过度识别**。

为了进行 IV/2SLS 估计，估计 B 个第一阶段方程，每个内生的解释变量对应一个方程。在第一阶段方程的左边，我们有一个内生变量；在右边，我们有所有的外生变量，包括 G 个外生解释变量和 L 个必须同样是外生的工具变量。B 个第一阶段方程是：

$$x_{G+j} = \gamma_{1j} + \gamma_{2j}x_2 + \cdots + \gamma_{Gj}x_G + \theta_{1j}z_1 + \cdots + \theta_{Lj}z_L + v_j, \quad j = 1, \cdots, B \tag{10.29}$$

第一阶段参数（γ 的参数和 θ 的参数）在每个方程中取不同的值，因此我们要用下标 "j"。为了简单起见，我们省略了观测值的下标。由于右边的变量全是外生的，我们可以用最小二乘法估计公式（10.29）。然后得到预测值：

$$\hat{x}_{G+j} = \hat{\gamma}_{1j} + \hat{\gamma}_{2j}x_2 + \cdots + \hat{\gamma}_{Gj}x_G + \hat{\theta}_{1j}z_1 + \cdots + \hat{\theta}_{Lj}z_L, \quad j = 1, \cdots, B$$

这构成了两阶段最小二乘估计的第一阶段。

在估计的第二阶段，我们应用最小二乘法得到以下公式：

$$y = \beta_1 + \beta_2 x_2 + \cdots \beta_G x_G + \beta_{G+1}\hat{x}_{G+1} + \cdots + \beta_K \hat{x}_K + e^* \tag{10.30}$$

这个两阶段估计过程导致了恰当的工具变量估计值，但是在实际应用中不应该这么做。利用为两阶段最小二乘估计或者工具变量估计设计好的计量经济软件，以便标准差、t 统计值以及其他检验统计值将会得到正确的计算。

在一般模型中评估工具变量的强弱 在第 10.3.9 节中讨论的弱工具变量的 F 检验，对方程右边有不止一个内生变量的模型来说是无效的。考虑公式（10.28）中 $B = 2$ 的模型，

$$y = \beta_1 + \beta_2 x_2 + \cdots + \beta_G x_G + \beta_{G+1}x_{G+1} + \beta_{G+2}x_{G+2} + e \tag{10.31}$$

其中，$x_2, \cdots, x_G$ 是外生的，并且与误差项 e 无关，而 x_{G+1} 和 x_{G+2} 是内生的。假设我们有两个外部的工具变量 z_1 和 z_2，对 x_{G+1} 和 x_{G+2} 而言，z_1 是好的工具变量。在每一个第一阶段方程中弱工具变量的 F 检验都可能是显著的，即使 z_2 是无关的工具变量并且与 x_{G+1} 和 x_{G+2} 都不相关。在这种情形下，我们可能得出两个工具变量都有效的结论，而事实上只有一个有效。

在这个例子中，第一阶段方程是：

$$x_{G+1} = \gamma_{11} + \gamma_{21}x_2 + \cdots + \gamma_{G1}x_G + \theta_{11}z_1 + \theta_{21}z_2 + v_1$$
$$x_{G+2} = \gamma_{12} + \gamma_{22}x_2 + \cdots + \gamma_{G2}x_G + \theta_{12}z_1 + \theta_{22}z_2 + v_2$$

在第一个方程中的弱工具变量的 F 检验是对 θ_{11} 和 θ_{21} 的显著性进行联合检验，原假设是 H_0：$\theta_{11} = 0$，$\theta_{21} = 0$；备择假设是至少有一个系数为非零。如果 θ_{11} 在统计上是显著的，那么即使 $\theta_{21} = 0$，联合原假设也可能被拒绝。与之类似，在第二个方程中，只要 z_1 在统计上是显著的，那么即使作为 x_{G+1} 工具变量的 z_2 是无关的，我们也可以得到一个显著的 F 检验结果。在这种情况下，尽管只能得到一个有效的工具变量 z_1，我们仍有两个独立的、显著的 F 检验，这样公式（10.31）中的模型是无法识别的。在附录 10A 中将讨论这个例子更一般的检验，这是基于第 10.3.7 节中"偏相关"的概念。

10.3.11 使用工具变量估计的其他问题

在本节中，我们讨论一些与工具变量估计有关的问题。

工具变量估计值的假设检验　我们可能对建立在两阶段最小二乘估计/工具变量估计基础上的回归参数的假设检验感兴趣。当检验原假设 $H_0: \beta_K = c$ 时，在大样本中使用检验估计量 $t = (\hat{\beta}_k - c)/\text{se}(\hat{\beta}_k)$ 是有效的。我们知道当 $N \to \infty$ 时，$t_{(N-K)}$ 分布收敛于标准正态分布 $N(0, 1)$。如果自由度 $N-K$ 较大，那么两个分布的临界值将非常接近。一个常见但并不通用的做法是使用基于 $t_{(N-K)}$ 分布而不是基于严格适用的 $N(0, 1)$ 分布的临界值和 p 值。原因是基于 t 分布的检验倾向于在样本数据不大的情况下表现得更好。

另一个问题是，是否使用标准误，该标准误对截面数据中的异方差或者时间序列数据中的自相关和异方差是"稳健"的。对于线性回归模型，这些选择在第 8 章和第 9 章中有描述，而且它们在多数 IV 估计的软件包中都可以获得。这种对标准误的修正只对大样本起作用。

在使用软件检验联合假设时，例如 $H_0: \beta_2 = c_2, \beta_3 = c_3$，检验可能基于自由度等于被检验的假设数（$J$）的 χ^2 分布。检验本身可能被称为沃尔德（Wald）检验，或者似然比（LR）检验，或者拉格朗日乘数（LM）检验。这些检验方法都是渐近等价的，这些已在附录 C.8.4 中讨论过。然而，报告的检验统计值也可能被称为分子自由度为 J 和分母自由度为 $N-K$ 的 F 统计值。这一 F 值经常用 J 除以其中一个 χ^2 检验统计量，如 Wald 统计量来计算。使用 F 检验的目的是在小样本中有更好的性能。渐近地，所有的检验将得到同样的结论。第 6 章附录 6A 有一些相关的讨论。联合检验可能对潜在的异方差或者自相关问题是"稳健的"，这是很多软件包的一个选项。

广义矩估计　如果在具有一个或多个内生变量的模型中存在异方差或序列相关性，则将工具变量估计量与"稳健性"协方差矩阵配合使用可确保区间估计量、假设检验和预测区间使用有效的标准误。然而，将工具变量估计量与稳健性协方差矩阵估计量一起使用不会提高估计量的效率，就像将 OLS 估计量与协方差矩阵估计量一起使用不会提高其效率一样。在第 8 章和第 9 章中，我们为线性回归模型引入了**广义最小二乘估计量**，其误差项为异方差和/或序列相关。以同样的方式，存在一种**广义的矩量法（GMM）估计量**，相比工具变量估计量，其"渐近"效率更高。"渐近"效率更高意味着在大样本中，GMM 估计量的方差小于 IV 估计量的方差。为了获得收益，我们必须至少拥有一种剩余工具。通过在估计量中建立异方差和/或序列相关校正，可以提高效率。尽管 GMM 估计量提高了大样本的估计精度，但在不大的样本中其实际性能可能并不好。和 IV 估计量一样，需要有好的工具。从理论上讲，GMM 估计量非常有吸引力，因为它是一种通用的估计方法，包括 OLS 估计量、GLS 估计量以及作为特殊情况的 IV/2SLS。

GMM 估计程序内置于计量经济学软件包中，但要正确使用它们，需要对方法进行深入研究，这超出了本书的范围。如果没有矩阵代数工具，这是很难解释的少数几个主题之一。想要更深入了解的读者可以查阅 William Greene（2018）*Econometric Analysis*，*Eighth Edition*，Pearson Prentice-Hall，第 13 章。

工具变量估计值的拟合优度　我们不鼓励在最小二乘估计的情形之外使用像 R^2 这样的对拟合优度的衡量。当回归方程的右边存在内生变量时，衡量 y 的变化在多大程度上由 x 的变化来解释这一概念被打破，因为正如我们在第 10.2 节中所讨论的，这些模型存在反馈机制。伴随这一逻辑问题的是一个数值问题。如果我们的模型是 $y = \beta_1 + \beta_2 x + e$，那么 IV 残差是 $\hat{e} = y - \hat{\beta}_1 - \hat{\beta}_2 x$。很多软件包会报告拟合优度衡量 $R^2 = 1 - \sum \hat{e}_i^2 / \sum (y_i - \bar{y})^2$。只不过在基于 IV 估计值时，这一数值可能是负的。

10.4 设定检验

我们已经证明，如果一个解释变量与回归误差项相关，那么最小二乘估计量将无效。如果可以得到一个强工具变量，那么在大样本中 IV 估计量是一致的、近似正态分布的。但是如果我们使用一个弱工具变量，或者一个与回归误差不相关的无效工具变量，那么使用 IV 估计可能与使用最小二乘估计效果一样差或者更差。我们在第 10.3.5 节中讲到如何判断弱工具变量，附录 10A 对这一问题进行了更详细的讨论。在本节中，我们提出另外两个重要的问题，这两个问题在每个考虑工具变量估计的情况下是必须回答的：

1.我们能检测出 x 是否与误差项相关吗？这或许在何时使用最小二乘估计量和何时使用 IV 估计量方面能给予我们指导。

2.我们能否检测出工具变量像所要求的那样是有效的，而且与回归误差无关？

10.4.1 内生性的豪斯曼（Hausman）检验

在前面的章节中，我们讨论了当解释变量和误差项相关时最小二乘估计量无效这一事实。我们也提供了一个估计量，一个在最小二乘估计量失效时可以使用的工具变量估计量。我们在这一节中处理的问题是如何检验解释变量和误差项存在相关性，这样我们可以使用适当的估计方法。

原假设是 $H_0: \text{cov}(x_i, e_i) = 0$，对应的备择假设是 $H_1: \text{cov}(x_i, e_i) \neq 0$。这一检验的目的是将最小二乘估计量的结果与工具变量估计量进行比较。在原假设和备择假设下，我们知道以下几点：

• 如果原假设成立，那么最小二乘估计量 b 和工具变量估计量 $\hat{\beta}$ 具有一致性。因此，在大样本中它们之间的差异趋于零。也就是说，$q = (b - \hat{\beta}) \to 0$。当然，如果原假设成立，应使用更有效的估计量，即最小二乘估计量。

• 如果原假设不成立，那么最小二乘估计量不具有一致性，而工具变量估计量具有一致性。因此，在大样本中它们之间的差异不是趋于零的。也就是说，$q = (b - \hat{\beta}) \to c \neq 0$。如果原假设不成立，那么应该用具有一致性的工具变量估计量。

针对这些原假设和备择假设，有几种形式的检验，为了纪念计量经济学家杰瑞·豪斯曼（Jerry Hausman）在这一问题上的开创性工作，它们通常被称为 **Hausman 检验**。正如我们之前所描述的，一种形式的检验是直接检验最小二乘和工具变量估计值之间的差别。一些计算机软件程序为使用者执行这一检验，这一检验是很难进行计算的。[①]

另一种检验很容易进行，这是我们推荐的一种。这一检验逻辑的解释见附录 10.4.2。在回归 $y_i = \beta_1 + \beta_2 x_i + e_i$ 中，我们想知道 x_i 是否与 e_i 相关。令 z_1 和 z_2 为 x 的工具变量。每个可能与误差项相关的变量至少需要一个工具变量。然后进行如下步骤：

---

① 一些软件包计算具有 K 或 $K-1$ 个自由度的 Hausman 检验，其中 K 是回归参数的总数。这是不对的。使用正确的自由度 B，等于潜在的内生右侧变量的数量（见公式（10.28））。

1.用最小二乘法估计第一阶段模型 $x = \gamma_1 + \theta_1 z_1 + \theta_2 z_2 + v$，右侧包括所有的工具变量和所有的被认为不是内生的外生变量，并且得到残差：

$$\hat{v} = x - \hat{\gamma}_1 - \hat{\theta}_1 z_1 - \hat{\theta}_2 z_2$$

如果不止一个解释变量正在接受内生性检验，则对每个变量重复这一估计。

2.将在步骤1计算的残差作为解释变量加入原始回归模型 $y = \beta_1 + \beta_2 x + \delta \hat{v} + e$。用最小二乘法估计这一"人工回归"模型，并对假设的显著性进行通常的 t 检验：

H_0: $\delta = 0$（x_i 和 e_i 之间不相关）

H_1: $\delta \neq 0$（x_i 和 e_i 之间相关）

3.如果对不止一个变量进行内生性检验，那么检验就会是关于残差系数联合显著性的 F 检验。

如果异方差和/或自相关是潜在的问题，则步骤2和步骤3中的 t 检验和 F 检验可以使其具有稳健性。

10.4.2 Hausman检验的逻辑[①]

在第10.4.1节中，我们提出了一个利用人工回归模型来判断一个解释变量是否为内生的Hausman检验。让我们来探求这一检验是如何以及为什么能起作用的。简单回归模型为：

$$y = \beta_1 + \beta_2 x + e \tag{10.32}$$

如果 x 和误差项 e 相关，那么 x 是内生的，而且最小二乘估计量是有偏且不一致的。

如果要使工具变量 z 有效，那么它必须与 x 相关但与 e 不相关。z 与 x 之间的相关性意味着它们之间存在线性关系。这意味着，我们可以把它们的关系描述为一种回归：

$$x = \gamma_1 + \theta_1 z + v \tag{10.33}$$

这是第10.3.6节中介绍的第一阶段方程。该预测模型的基本假设为 $E(x|z) = \gamma_1 + \theta_1 z$。内生变量 x 的条件均值与工具变量 z 线性相关，误差项 v 简化为 $v = x - (\gamma_1 + \theta_1 z)$，因此公式（10.33）两边相等。当且仅当 $\theta_1 \neq 0$ 时，x 与 z 之间存在相关性。我们可以把 x 分成两部分，系统部分和随机部分，如下所示：

$$x = E(x|z) + v \tag{10.34}$$

其中，$E(x|z) = \gamma_1 + \theta_1 z$。如果我们已知 γ_1 和 θ_1，那么我们可以把公式（10.34）代入简单回归模型（10.32）中得到：

$$\begin{aligned} y &= \beta_1 + \beta_2 x + e = \beta_1 + \beta_2 [E(x|z) + v] + e \\ &= \beta_1 + \beta_2 E(x|z) + \beta_2 v + e \end{aligned} \tag{10.35}$$

现在，假设在回归模型 $y = \beta_1 + \beta_2 E(x|z) + \beta_2 v + e$ 中，$E(x|z)$ 和 v 可以被观测到，并且被视为解释变量。最小二乘法应用于这一方程是否有效？解释变量 $E(x|z)$ 取决于 z，如果 z 是有效的工具，则它与误差项 e（或者 v）不相关。内生性的问题，如果有的话来自 v（x 的随机部分）和 e 之间的相关性。事实上，在回归公式（10.32）中，x 和 e 间的任何相关性都意味着 v 和 e 相关，因为 $v = x - E(x|z)$。

我们无法确切地在公式（10.34）中进行分离，因为 γ_1 和 θ_1 是未知的。然而，我们可

---

① 本节内容较深。

以通过最小二乘法一致地估计第一阶段回归公式（10.33）来得到拟合的第一阶段模型 $\hat{x} = \widehat{E(x|z)} = \hat{\gamma}_1 + \hat{\theta}_1 z$ 和残差 $\hat{v} = x - \hat{x}$，我们可以将其整理以得到公式（10.34）的估计模拟值，

$$x = E(x|z) + \hat{v} = \hat{x} + \hat{v} \tag{10.36}$$

将公式（10.36）代入原始的公式（10.32）以得到：

$$
\begin{aligned}
y &= \beta_1 + \beta_2 x + e = \beta_1 + \beta_2[\hat{x} + \hat{v}] + e \\
&= \beta_1 + \beta_2 \hat{x} + \beta_2 \hat{v} + e
\end{aligned} \tag{10.37}
$$

为了减少混乱，避免 β_2 在同一个方程中出现两次，将 $\hat{v}$ 的系数表示为 γ，于是公式（10.37）变成：

$$y = \beta_1 + \beta_2 \hat{x} + \gamma \hat{v} + e \tag{10.38}$$

如果我们将公式（10.38）省略 $\hat{v}$，回归公式变为：

$$y = \beta_1 + \beta_2 \hat{x} + e \tag{10.39}$$

公式（10.39）中的 β_1 和 β_2 的最小二乘估计值是第 10.3.6 节中讨论的 IV/2SLS 估计。然后回顾第 6.6.1 节中的公式（6.23），如果我们从回归中省略与已包含的变量不相关的变量，则没有遗漏变量偏差，并且事实上最小二乘估计是不变的！这一点在公式（10.39）中是成立的，因为最小二乘残差 $\hat{v}$ 与 $\hat{x}$ 以及截距变量不相关。因此，公式（10.38）和公式（10.39）中的 β_1 和 β_2 的最小二乘估计值是相同的，而且与 IV/2SLS 估计值相等。因此，无论 x 是不是外生的，公式（10.38）中 β_1 和 β_2 的最小二乘估计量都是一致的，因为它们是 IV 估计量。

γ 呢？如果 x 是外生的，则 v 和 e 是不相关的，那么公式（10.38）中 γ 的最小二乘估计量也会在大样本中收敛于 β_2。然而，如果 x 是内生的，那么公式（10.38）中的 γ 的最小二乘估计量在大样本中不会收敛于 β_2，因为和 v 一样，$\hat{v}$ 与误差项 e 相关。这一观测使得通过检验公式（10.38）中的 β_2 和 γ 的估计值是否相等来检验 x 是否为外生的成为可能。如果我们拒绝原假设 $H_0: \beta_2 = \gamma$，那么我们拒绝 x 的外生性，并得出它是内生的结论。

将公式（10.38）进行变形会使得检验变得更简单。方程右边加减 $\beta_2 \hat{v}$ 可得：

$$
\begin{aligned}
y &= \beta_1 + \beta_2 \hat{x} + \gamma \hat{v} + e + \beta_2 \hat{v} - \beta_2 \hat{v} \\
&= \beta_1 + \beta_2(\hat{x} + \hat{v}) + (\gamma - \beta_2)\hat{v} + e \\
&= \beta_1 + \beta_2 x + \delta \hat{v} + e
\end{aligned} \tag{10.40}
$$

因此，不用检验 $H_0: \beta_2 = \gamma$，我们可以简单地使用公式（10.40）中原假设 $H_0: \delta = 0$ 的普通 t 检验，这正是我们在第 10.4.1 节中所描述的检验。它更简单，因为普通的软件可以自动地显示这一假设检验的 t 统计值。如果需要的话，这个检验可以对异方差和/或自相关做稳健的检验。

10.4.3 检验工具的有效性

一个有效的工具变量 z 必须与回归误差项不相关，这样 $cov(z_i, e_i) = 0$。如果这一条件不成立，那么产生的矩条件像公式（10.16）一样是无效的，而且 IV 估计量会是不一致的。遗憾的是，不是每个工具变量都可以进行有效性检验。为了计算可能有 B 个内生变量的方程的 IV 估计量，我们必须有至少 B 个工具变量。我们无法检验所需工具变量最少数

量的有效性。在我们可获得 $L > B$ 个工具变量时，我们可以检测 $L - B$ 个多余的或者过剩矩条件[1]的有效性。

一个直观的方法如下。从 L 个工具变量集中形成 B 个工具变量组并且用每个不同的组计算 IV 估计值。如果所有的工具变量都是有效的，那么我们可以预期所有的 IV 估计值都是相似的。我们并不这么做，因为存在一种更容易计算的关于**过剩矩条件**有效性的检验。步骤是：

1. 利用所有可获得的工具变量，计算 IV 估计值 $\hat{\beta}_k$，这些工具变量包括被推定是外生的 G 个变量 $x_1 = 1, x_2, \cdots, x_G$，以及 L 个工具变量 $z_1, \cdots, z_L$。

2. 得到残差 $\hat{e}_{IV} = y - \hat{\beta}_1 - \hat{\beta}_2 x_2 - \cdots - \hat{\beta}_K x_K$。

3. 用第一步描述的所有可获得的工具变量对 $\hat{e}_{IV}$ 进行回归。

4. 计算这个回归中的 NR^2，其中 N 是样本容量，R^2 是通常的对拟合优度的衡量。

5. 如果所有的过剩矩条件都是有效的，那么 $NR^2 \sim \chi^2_{(L-B)}$。[2]如果检验统计值超过 $\chi^2_{(L-B)}$ 分布的第 100（$1-\alpha$）百分位数（即临界值），那么我们得出结论：至少一个过剩矩条件是无效的。

如果我们拒绝原假设，即所有过剩矩条件都是有效的，那么我们就要试着判断哪个工具变量是无效的以及如何将之剔除掉。

实例 10.7　工资方程的设定检验

在第 10.3.6 节中，我们利用潜在的内生解释变量"教育"（$EDUC$）的两个工具变量"母亲的教育"以及"父亲的教育"，检验了已婚女性的 $\ln(WAGE)$ 方程。

为了进行 Hausman 检验，我们首先得到如表 10-1 中所示的第一阶段回归估计值。利用这些估计值，我们计算最小二乘残差，$\hat{v} = EDUC - \widehat{EDUC}$。将这些残差作为附加的变量插入到 $\ln(WAGE)$ 方程中，并且利用最小二乘法估计所产生的增广回归。所产生的估计值见表 10-2。

表 10-2　　　　　　　　　　　　　　Hausman 检验辅助回归

变量	系数	标准误	t 统计值	概率值
C	0.0481	0.3946	0.1219	0.9030
$EDUC$	0.0614	0.0310	1.9815	0.0482
$EXPER$	0.0442	0.0132	3.3363	0.0009
$EXPER^2$	−0.0009	0.0004	−2.2706	0.0237
$VHAT$	0.0582	0.0348	1.6711	0.0954

内生性的 Hausman 检验是基于第一阶段回归残差 $\hat{v}$ 的显著性 t 检验。如果我们拒绝系数为零的原假设，那么我们得出教育是内生的结论。注意，使用双尾检验，在 10% 的显著性水平下，第一阶段回归残差（$VHAT$）的系数是显著的。尽管这不是有关教育内生性的有力证据，但是它足以让我们考虑使用工具变量估计。注意剩余变量的系数估计值而非其标准误，与它们的工具变量估计值是相同的。基于回归的 Hausman 检验的这一特点在第 10.4.2 节中予以解释。

---

[1]　过剩矩条件的计量经济术语是"过度识别约束"。矩条件的过剩意味着我们有多于识别所需的条件，因此是"过度识别"。如公式（10.16）的矩条件可以被认为是对参数的约束。

[2]　如果误差具有同方差，那么这个检验是有效的，有时被称为 Sargan 检验。如果误差具有异方差，则有一个更为一般的检验，被称作汉森 J 检验，一些软件提供这一检验。进一步的参考见 Hayashi, *Econometrics*, Princeton, 2000, pp.227–228.

为了使之有效，工具变量 MOTHEREDUC 和 FATHEREDUC 应该与回归误差项不相关。正如在第 10.4.3 节中所讨论的，我们不能检验两个工具变量的有效性，只能检验"过度识别"或者过剩工具变量。由于我们有两个工具变量而只有一个潜在的内生变量，我们有 $1(L-B)$ 个额外的工具变量。该检验是通过使用所有可获得的外生变量和工具变量对 $\ln(WAGE)$ 方程（使用工具变量估计值计算）中的残差作回归进行的。检验统计值是从人工回归中得到的 NR^2，R^2 是通常的对拟合优度的衡量。如果过剩工具变量是有效的，那么检验统计值服从渐近的 $\chi^2_{(1)}$ 分布，自由度是过剩工具变量的个数。如果检验统计值大于从这一分布得到的临界值，那么我们拒绝过剩工具变量是有效的原假设。对于这一人工回归，$R^2 = 0.000883$，检验统计值为 $NR^2 = 428 \times 0.000883 = 0.3779$。自由度为 1 的 χ^2 分布的 0.05 临界值是 3.84，因此我们无法拒绝过剩工具变量是有效的。有了这一结果，我们确信工资方程的工具变量估计量是一致的。

10.5 练习

10.5.1 问题

10.1 研究者希望利用州一级的数据，研究中位数房屋价值（MDHOUSE，以千美元为单位）与中位数租金（RENT）之间的关系。生活在城市的州人口占比（PCTURBAN）被用来作为额外的控制变量。使用表 10-3 中的结果来回答以下问题。

表 10-3　　　　　　　　　　　　　　练习 10.1 的估计值

	（1）	（2）	（3）	（4）	（5）	（6）
	RENT	MDHOUSE	MDHOUSE	RENT	RENT	EHAT
C	125.9	−19.78	7.225	121.1	121.1	−53.50
	(14.19)	(10.23)	(8.936)	(12.87)	(15.51)	(22.66)
PCTURBAN	0.525	0.205	0.616	0.116	0.116	−0.257
	(0.249)	(0.113)	(0.131)	(0.254)	(0.306)	(0.251)
MDHOUSE	1.521			2.184	2.184	
	(0.228)			(0.282)	(0.340)	
FAMINC		2.584				3.851
		(0.682)				(1.393)
REG4		15.89				−16.87
		(3.157)				(6.998)
VHAT				−1.414		
				(0.411)		
N	50	50	50	50	50	50
R^2	0.669	0.679	0.317	0.737	0.609	0.198
SSE	20 259.6	3 907.4	8 322.2	16 117.6	23 925.6	19 195.8

注：括号中的数值为标准误。

a.模型的最小二乘估计值如（1）列所示。为什么我们会担心在回归中中位数住房价格 *MEDHOUSE* 是内生的？

b.考虑两个工具变量：中位数家庭收入（*FAMINC*，以千美元为单位）以及地区虚拟变量（*REG4*）。使用（2）列和（3）列中的模型，检验其是不是弱工具变量。

c.在（4）列中，从（2）列回归得到的最小二乘残差（*VHAT*）作为回归解释变量加入基本回归中。使用最小二乘法得到估计值。这一回归的用处是什么？（1）列中的结果说明了什么？

d.在（5）列中，是利用（b）部分列出的工具变量IV/2SLS的估计值。你观测到这些结果与（1）列中的最小二乘结果有什么区别？注意，（4）列和（5）列中的估计值（尽管不是标准误）是相同的。这是错的吗？进行解释。

e.在（6）列中，使用所列出的变量，对从（5）列中估计得到的残差进行回归。这些结果中包含什么信息？

10.2 省略。

10.3 在回归模型 $y = \beta_1 + \beta_2 x + e$ 中，假设 x 是内生的，z 是有效的工具变量。在第10.3.5节中，我们看到 $\beta_2 = \text{cov}(z, y) / \text{cov}(z, x)$。

a.将 $\beta_2 = \text{cov}(z, y) / \text{cov}(z, x)$ 的分母除以 $\text{var}(z)$。证明 $\text{cov}(z, x) / \text{var}(z)$ 是一个有因变量 x 和解释变量 z 的简单回归公式 $x = \gamma_1 + \theta_1 z + v$ 的系数（提示：见第10.2.1节）。注意这是两阶段最小二乘法中的第一阶段方程。

b.将 $\beta_2 = \text{cov}(z, y) / \text{cov}(z, x)$ 的分子除以 $\text{var}(z)$。证明 $\text{cov}(z, x) / \text{var}(z)$ 是一个有因变量 y 和解释变量 z 的简单回归公式 $y = \pi_0 + \pi_1 z + u$ 的系数（提示：见第10.2.1节）。

c.在模型 $y = \beta_1 + \beta_2 x + e$ 中，用 $x = \gamma_1 + \theta_1 z + v$ 代替 x，简化得到 $y = \pi_0 + \pi_1 z + u$，以回归模型参数和误差以及第一阶段参数和误差来表示，π_0、π_1、u 是什么？你得到的回归是一个简化形式的方程。

d.证明 $\beta_2 = \pi_1 / \theta_1$。

e.如果 $\hat{\pi}_1$ 和 $\hat{\theta}_1$ 是 π_1 和 θ_1 的OLS估计量，证明 $\hat{\beta}_2 = \hat{\pi}_1 / \hat{\theta}_1$ 是 $\beta_2 = \pi_1 / \theta_1$ 的一致估计量。估计量 $\hat{\beta}_2 = \hat{\pi}_1 / \hat{\theta}_1$ 是**间接最小二乘估计量**。

10.4 省略。

10.5 假设 x_i 在回归公式 $y_i = \beta_1 + \beta_2 x + e$ 中是内生的。假设 z_i 是一个工具变量，取1和0两个值，概率分别为 p 和 $1-p$，即 $\Pr(z_i = 1) = p$，$\Pr(z_i = 0) = 1 - p$。

a.证明 $E(z_i) = p$。

b.证明 $E(y_i z_i) = pE(y_i | z_i = 1)$。

c.用迭代期望定律，证明 $E(y_i) = pE(y_i | z_i = 1) + (1-p)E(y_i | z_i = 0)$。

d.将（a）、（b）和（c）的结果代入 $E(y_i z_i) - E(y_i)E(z_i)$，证明 $\text{cov}(x_i, z_i) = p(1-p)E(y_i | z_i = 1) - p(1-p)E(y_i | z_i = 0)$。

e.使用（a）至（d）部分中的讨论，证明 $\text{cov}(x_i, z_i) = p(1-p)[E(x_i | z_i = 1) - E(x_i | z_i = 0)]$。

f.假设 $E(e_i) = 0$，证明 $[y_i - E(y_i)] = \beta_2[x_i - E(x_i)] + e_i$。

g.将（f）部分中表达式的两边乘以 $z_i - E(z_i)$，取期望值，证明如果 $\mathrm{cov}(e_i, z_i) = 0$，则 $\mathrm{cov}(y_i, z_i) = \beta_2 \mathrm{cov}(x_i, z_i)$。

h.使用（d）、（f）和（g），证明 $\beta_2 = \dfrac{E(y_i|z_i = 1) - E(y_i|z_i = 0)}{E(x_i|z_i = 1) - E(x_i|z_i = 0)}$。

i.证明（h）部分的实证应用导致 $\hat{\beta}_{WALD} = (\bar{y}_1 - \bar{y}_0)/(\bar{x}_1 - \bar{x}_0)$。

10.6　省略。

10.7　Angrist 和 Krueger（1991）利用 1980 年人口普查中的 327 509 个样本，将出生季度作为工具变量来估计教育回报。回报模型为 $\ln(WAGE) = \beta_1 + \beta_2 EDUC + e$。

a.用 $\overline{\ln(WAGE)}$ 表示每周工资的自然对数均值。第一季度出生的男性均值为 5.8916，第四季度出生的男性均值为 5.9027。两组男性的工资差距大约是多少？

b.（a）部分的平均值之差的标准误为 0.00274。$\overline{\ln(WAGE)}$ 的差异在统计上显著吗？双尾 p 值是多少？

c.用 $\overline{EDUC}$ 表示平均受教育年限。对于第一季度出生的男性，平均值为 12.6881；对于第四季度出生的男性，平均值为 12.7969。两组男性受教育年限的大致百分比差异是多少？第四季度出生的男性平均学历比第一季度出生的男性高是什么原因？

d.（c）部分平均值差异的标准误为 0.0132。$\overline{EDUC}$ 的差异在统计上显著吗？双尾 p 值是多少？

e.用上面的结果，计算教育回报的 Wald 估计值 $\hat{\beta}_{2,WALD}$。这种情况下使用的工具变量 z 是什么？

f.解释为什么（d）部分中的结果对 Wald 估计量的成功很重要。

10.8　省略。

10.9　考虑实例 10.5 中使用的工资方程。假设我们有一个用来衡量 $ABILITY$ 的变量。这个变量是使用 10 种不同的认知能力检验创建的指数。使用 1980 年 2 178 名白人男性的数据，能力变量的样本均值为 0.04，标准差为 0.96。

a.受教育年限和能力衡量之间的估计关系为 $\widehat{EDUC} = 12.30 + 0.977 ABILITY$，$t$ 值为 25.81。这个结果与通常对教育内生性的"遗漏变量偏差"解释一致吗？请说明一下。

b.使用这些数据和实例 10.5 中的模型，$EDUC$ 的估计系数为 0.0609，标准误为 0.005。将"ABILITY"添加到方程中会将 $EDUC$ 的估计系数降低到 0.054，标准误为 0.006。这是你预期的效果吗？解释一下。

c.假设 $ABILITY$ 和 $EXPER$ 是外生的，工具变量为 $MOTHEREDUC$ 和 $FATHEREDUC$，那么第一阶段方程的设定是什么？也就是说，方程右边是什么变量？

d.估计（c）部分中的第一阶段方程，求出 $MOTHEREDUC$ 和 $FATHEREDUC$ 的 t 值分别为 2.55 和 4.72。它们联合显著性的 F 检验值为 33.82。这些工具变量的强度是否足以用于 IV/2SLS？请解释一下。

e.用 $\hat{v}$ 表示（d）部分的 OLS 残差。如果我们估计实例 10.5 中的模型，包括变量 $ABILITY$ 和 $\hat{v}$，$\hat{v}$ 的 t 统计值为 -0.94。关于控制能力后 $EDUC$ 的内生性，这个结果告诉我们什么？

10.10 省略。

10.11 考虑实例 10.5 中的工资方程。

a.EDUC 的两个可能的工具变量是 NEARC4 和 NEARC2，这些是虚拟变量，表明个体在 10 岁时是住在四年制大学附近还是两年制大学附近。推测为什么这些可能是潜在有效的 IV。

b.假设我们使用两个 IV，说明执行基于回归的 Hausman 检验所需的步骤（不是计算机命令）。

c.使用大数据集，对实例 10.5 中的模型做基于回归的 Hausman 检验，仅使用 NEARC4 作为 IV，p 值为 0.28；仅使用 NEARC2 时，p 值为 0.0736；同时使用两个 IV 时，p 值为 0.0873（使用标准误为 0.0854）。在这个模型中，我们会对 EDUC 的内生性得出什么结论？

d.我们计算 IV/2SLS 残差，使用 NEARC4 和 NEARCC2 作为 IV。在 $N = 3\,010$ 个观测值的所有外生变量和 IV 的 2SLS 残差的回归中，所有回归 p 值都大于 0.30，$R^2 = 0.000415$。根据这些结果，你能得出什么结论？

e.我们很少使用 OLS 来估计具有内生变量的方程的系数的主要原因是，有其他的估计方法可以得到更好的拟合方程。这种说法是真是假，还是不确定？请解释一下。

f.第一阶段回归中的 NEARC4 和 NEARC2 联合显著性的 F 检验值为 7.89。使用 OLS 的教育系数的 95% 区间估计值为 0.0678 至 0.082，使用 2SLS 的区间估计值为 0.054 至 0.260。解释为什么区间估计值的宽度如此不同。

10.12 省略。

10.13 家庭计划消费支出和储蓄时会考虑其长期收入。我们希望估计 $SAVING = \beta_1 + \beta_2 LRINCOME + e$，其中 LRINCOME 是长期收入。

a.长期收入很难定义和衡量。我们使用 50 个家庭的年储蓄额（SAVING，以千美元为单位）和年收入额（INCOME，以千美元为单位）的数据，通过 OLS 估计储蓄方程，得到：

$$\widehat{SAVINGS} = 4.3428 - 0.0052INCOME$$
$$(\text{se}) \quad\quad (0.8561)\,(0.0112)$$

为什么我们会认为边际储蓄倾向的 OLS 估计量是有偏且不一致的？偏差的可能方向是什么？

b.假设除了当前收入，我们还知道过去 10 年的平均家庭收入（AVGINC，以千美元为单位）。为什么这可能是一个合适的工具变量？

c.估计的第一阶段回归是：

$$\widehat{INCOME} = -35.0220 + 1.6417AVGINC$$
$$(t) \quad\quad (-1.83) \quad\quad (5.80)$$

AVGINC 算不算强工具变量？解释一下。

d.假设（c）部分的残差是 $\hat{v}$，将这个变量加到储蓄方程中，用 OLS 估计，结果为：

$$\widehat{SAVINGS} = 0.9883 + 0.0392INCOME - 0.0755\hat{v}$$
$$(\text{se}) \quad (1.1720)\,(0.0154) \quad\quad (0.0201)$$

基于这一结果，我们应该依赖于储蓄方程的 OLS 估计值吗？

e.使用来自（c）部分的拟合值代替$INCOME$，并应用OLS，我们得到：

$$\widehat{SAVINGS} = 0.9883 + 0.0392\widehat{INCOME}$$
（se）　　（1.2530）（0.0165）

将这些系数估计值与（a）部分的系数估计值进行比较。这些估计值是否比（a）部分中的更符合你之前的预期？

f.（e）部分的OLS标准误是否正确？解释一下。

g.我们利用IV/2SLS软件，使用$AVGINC$工具变量，得到估计值：

$$\widehat{SAVINGS} = 0.9883 + 0.0392INCOME$$
（se）　　（1.5240）（0.0200）

构建$INCOME$对$SAVING$影响的95%区间估计。根据第（a）部分的结果，将其与95%的区间估计值进行比较和对比。

h.在（d）、（e）和（g）部分，估计的$INCOME$系数为0.0392。这是意外结果吗？请解释一下。

i.说明如何检验$AVGINC$是否为有效工具变量，且与回归误差不相关。

10.14　省略。

10.5.2　计算机练习

10.15　考虑实例10.2中的简单工资模型。使用428个已婚女性参与劳动力市场的观测值。

a.使用方程（10.17）中的工具变量估计量，将分子和分母除以$(N-1)$，证明IV估计量是样本协方差的比率$\hat{\beta}_2 = \widehat{\text{cov}}(z_i, y_i) / \widehat{\text{cov}}(z_i, x_i)$。

b.使用你的计算机软件，计算$\widehat{\text{cov}}(MOTHEREDUC_i, \ln(WAGE_i))$和$\widehat{\text{cov}}(MOTHEREDUC_i, EDUC_i)$。将它们的比率与实例10.2中的IV估计值进行比较。

c.在实例10.5中，我们在模型设定中添加了经验及其平方。为了实现（a）部分中的协方差估计量比率，我们首先从$MOTHEREDUC$、$EDUC$和$\ln(WAGE)$中排除经验及其平方的影响。使用$EXPER$和$EXPER^2$对每个变量进行回归，并保存残差，称为$RMOTHEREDUC$、$REDUC$和$RLWAGE$。计算$\widehat{\text{cov}}(RMOTHEREDUC_i, RLWAGE_i)$和$\widehat{\text{cov}}(RMOTHEREDUC_i, REDUC_i)$。将它们的比率与实例10.5中的IV估计值进行比较。

d.使用你的IV/2SLS软件，省略常数项，使用$RMOTHEREDUC$作为工具变量，估计模型$RLWAGE = \beta_2 REDUC + error$。将得出的估计值与（c）部分的估计值进行比较。

10.16　省略。

10.17　考虑实例10.5中的工资模型和女性参与劳动力市场的428个观测值。在本练习中，仅使用"$MOTHEREDUC$"作为工具变量。

a.用OLS估计第一阶段方程，得到拟合值：

$$\widehat{EDUC} = \hat{\gamma}_1 + \hat{\gamma}_2 EXPER + \hat{\gamma}_3 EXPER^2 + \hat{\theta}_1 MOTHEREDUC$$

保存最小二乘残差，称为$REDUCHAT$。计算残差平方和$\sum REDUCHAT_i^2$。

b.估计回归方程$\widehat{EDUC} = a_1 + a_2 EXPER + a_3 EXPER^2 + error$，保存OLS残差，称为

$REDUC$。计算残差平方和 $\sum REDUC_i^2$。

c. 估计回归方程 $MOTHEREDUC = c_1 + c_2 EXPER + c_3 EXPER^2 + error$，并保存 OLS 残差，称为 $RMOM$。计算残差平方和 $\sum RMOM_i^2$。

d. 估计回归方程 $REDUC = \theta_1 RMOM + error$。将该回归的 θ_1 估计值与第一阶段方程的 θ_1 估计值进行比较。这次回归中 R^2 值是多少？残差平方和是多少？

e. 证明 $\sum RMOM_i^2 = \hat{\theta}_1^2 \sum REDUC_i^2$。

f. 参考方程（10.25），讨论（e）部分中的数量对于 IV/2SLS 估计量的精度的重要性。

10.18 省略。

10.19 考虑关于在职妻子的数据文件 $mroz$。使用 428 个已婚女性参与劳动力市场的观测值。在本练习中，我们考察父母的大学教育作为工具变量的有效性。

a. 创建两个新变量。如果 $MOTHEREDUC$ 大于 12，则 $MOTHERCOLL$ 是等于 1 的虚拟变量，否则为零。同样，如果 $FATHEREDUC$ 大于 12，则 $FATHERCOLL$ 等于 1，否则等于 0。另外，创建 $COLLSUM=MOTHERCOLL + FATHERCOLL$，$COLLBOTH=MOTHERCOLL \times FATHERCOLL$。$COLLSUM$ 和 $COLLBOTH$ 取什么值？样本中母亲和父亲都受过大学教育的女性比例是多少？

b. 求出 $EDUC$、$COLLSUM$ 和 $COLLBOTH$ 之间的相关系数。这些相关系数的大小重要吗？你能从逻辑上论证为什么 $COLLSUM$ 和 $COLLBOTH$ 可能是比 $MOTHEREDUC$ 和 $FATHEREDUC$ 更好的工具变量吗？

c. 使用 2SLS 估计实例 10.5 中的工资方程，以 $COLLSUM$ 作为工具变量。$EDUC$ 的系数的 95% 区间估计值是多少？

d. 对于（c）部分的问题，估计第一阶段方程。对于 $COLLSUM$ 对 $EDUC$ 没有影响的假设，F 检验统计值是多少？$COLLSUM$ 是强工具变量吗？

e. 使用 OLS 估计回归模型，以 $EDUC$ 作为因变量，并包括作为解释变量的经验及其平方、$MOTHERCOLL$、$FATHERCOLL$ 和常数项。检验 $MOTHERCOLL$ 和 $FATHERCOLL$ 的系数在 5% 的水平下相等的原假设。

f. 基于（e）部分的结果，我们是否有理由使用 $COLLSUM=MOTHERCOLL + FATHERCOLL$ 作为 IV？我们是只使用 $COLLSUM$ 更好，还是使用 $MOTHERCOLL$ 和 $FATHERCOLL$ 更好？

10.20 省略。

10.21 考虑关于在职妻子的数据文件 $mroz$。使用 428 个已婚女性参与劳动力市场的观测值。在本练习中，我们检查备选构建工具变量的有效性。使用 IV/2SLS（同时使用 $MOTHEREDUC$ 和 $FATHEREDUC$ 作为 IV）来估计实例 10.5 中的模型。这些将作为我们的基准结果。

a. 使用经济计量符号写出第一阶段方程，如方程（10.26）中那样，γ_1、γ_2、γ_3 分别为截距、$EXPER$ 及其平方的未知系数，θ_1、θ_2 分别为 $MOTHEREDUC$ 和 $FATHEREDUC$ 的系数。在 5% 的水平下，检验 $\theta_1=\theta_2$ 的原假设。你得出什么结论？

b. 假设 $\theta_1=\theta_2=\theta$。代入第一阶段方程，得到"受限"模型。现在右侧出现了哪些涉及

MOTHEREDUC 和 *FATHEREDUC* 的变量？

c. 创建一个新变量 *PARENTSUM=MOTHEREDUC+FATHEREDUC*，以此作为 IV，获得 IV/2SLS 估计值。估计值与基准结果相比如何？这个 IV 强大吗？

d. 创建两个新变量 *MOMED2=MOTHEREDUC*^{2} 和 *DADED2=FATHEREDUC*^{2}。使用这些新的变量以及 *MOTHEREDUC* 和 *FATHEREDUC* 作为 IV。使用这四个 IV，估计第一阶段方程。使用 *F* 检验，以检验它们的联合显著性。这些工具变量足够强吗？基于显著性 *t* 检验，有没有什么变量看起来是无关的？求出四个 IV 之间的简单相关系数。有较大的吗？

e. 使用第（d）部分中的四个 IV，获得实例 10.5 中模型的 IV/2SLS 估计值。这些估计值与基准结果和（c）部分的结果相比如何？

f. 基于本问题中的结果，你更愿意报告哪一组 IV/2SLS 估计值？是基准估计，还是（c）部分的结果或（e）部分的结果？解释你的选择。

10.22 省略。

10.23 考虑关于在职妻子的数据文件 *mroz* 和模型 $\ln(WAGE) = \beta_1 + \beta_2 EDUC + \beta_3 EXPER + e$。使用参加劳动力市场的已婚女性的 428 个观测值。设工具变量为 *MOTHEREDUC*。

a. 用代数形式写下三个矩条件，如公式（10.16）那样，将得出上面模型的 IV/2SLS 估计值。

b. 计算 UV/2SLS 估计值和残差 $\hat{e}_{IV}$。IV 残差之和是多少？$\sum MOTHEREDUC_i \times \hat{e}_{IV,i}$ 是多少？$\sum EXPER_i \times \hat{e}_{IV,i}$ 是多少？将这些结果与（a）部分中的矩条件联系起来。

c. $\sum EDUC_i \times \hat{e}_{IV,i}$ 是多少？IV 残差的平方和是多少？这两个结果与练习 10.22（b）中相应的 OLS 结果相比如何？

d. 计算 IV/2SLS 拟合值 $FLWAGE = \hat{\beta}_1 + \hat{\beta}_2 EDUC + \hat{\beta}_3 EXPER$。拟合值的样本均值是多少？$\ln(WAGE)$ 和 $\overline{\ln(WAGE)}$ 的样本均值是多少？

e. 求出以下每一项：

$$SST = \sum [\ln(WAGE_i) - \overline{\ln(WAGE)}]^2, \quad SSE\_IV = \sum \hat{e}_{IV}^2$$

$$SST\_IV = \sum [FLWAGE - \overline{\ln(WAGE)}]^2$$

计算 $SSR\_IV + SSE\_IV$，$R_{IV,1}^2 = SSR\_IV / SST$ 和 $R_{IV,2}^2 = 1 - SSE\_IV / SST$。这些值与练习 10.22（d）中的值相比如何？

f. 你的 IV/2SLS 软件是否报告 R^2 值？是（e）部分中的一个吗？为什么 R^2 的通常概念不适用于 IV/2SLS 估计？

10.24 省略。

10.25 为了检验货币的数量理论，Brumm（2005）（见 "Money Growth, Output Growth, and Inflation: A Reexamination of the Modern Quantity Theory's Linchpin Prediction," *Southern Economic Journal*, 71（3），661-667）设定了方程：

INFLATION = $\beta_1 + \beta_2$ *MONEY GROWTH* + β_3 *OUTPUT GROWTH* + *e*

其中，*INFLATION* 是一般物价水平的增长率，*MONEY GROWTH* 是货币供应的增长率，

OUTPUT GROWTH 是国家产出的增长率。根据理论，我们应该观测到 $\beta_1=0$，$\beta_2=1$，$\beta_3=-1$。使用数据文件 *brumm*。它包括 76 个国家 1995 年的数据。我们希望检验：

    i. 强联合假设 $\beta_1=0$，$\beta_2=1$，$\beta_3=-1$。

    ii. 弱联合假设 $\beta_2=1$ 和 $\beta_3=-1$。

    a. 有人认为 *OUTPUT GROWTH* 可能是内生的，提出了四个工具变量，*INITIAL*＝实际国内生产总值的初始水平，*SCHOOL*＝人口受教育程度的衡量标准，*INV*＝国内生产总值的平均投资占比，*POPRATE*＝平均人口增长率。使用这些工具变量，获得通货膨胀方程的工具变量（2SLS）估计值。

    b. 使用 IV 估计值检验强假设和弱假设。

    c. 计算 IV/2SLS 残差 $\hat{e}_{IV}$。确定残差绝对值 $|\hat{e}_{IV}|$ 最大的观测值。与下一个最小的残差相比如何？

    d. 让我们检验具有最大残差的观测值的效果。从数据中去掉相应的观测值，用 IV/2SLS 重新估计模型，进行强假设和弱假设的检验。如果有变化的话，有多大的变化？

    e. 从（d）部分获得 IV/2SLS 残差 $\tilde{e}_{IV}$。用 MONEY 回归 $\tilde{e}_{IV}^2$。计算异方差检验统计量 NR^2。将其与 $\chi^2_{(1)}$ 分布的第 95 百分位数进行比较。有异方差的证据吗？

    f. 使用来自（d）部分中的 75 个剩余观测值，获得具有异方差稳健标准误的 IV/2SLS 估计值。进行强假设和弱假设的检验。检验结果与（d）部分中的结果相比如何？

    g. 使用来自（d）部分的 75 个剩余观测值，估计第一阶段方程，并检验 IV 的联合显著性。重复异方差稳健的检验。有证据证明工具变量很强吗？

    h. 使用 4 个 IV 和 *MONEY* 对 $\tilde{e}_{IV}$ 进行回归。有没有显著的系数？如果 IV 是有效的，我们期望在这个回归中有任何显著的系数吗？解释一下。

附录10A　弱工具变量检验

    正如在第 10.3.9 节中所讨论的，F 检验对于方程右边有不止一个内生变量的模型来说是无效的。[1]当方程包含不止一个内生变量时，使用**典型相关性**可以解决弱工具变量识别的问题。典型相关性是通常的两个变量间相关这一概念的归纳，试图描述两组变量间的联系。我们感兴趣的关系是在控制了其他 G 个外生变量 $\mathbf{x}_1 \equiv (1, x_2, \cdots, x_G)$ 的影响**之后**，两个内生变量 (x_{G+1}, x_{G+2}) 和两个额外的外部工具变量 (z_1, z_2) 之间的关系。G 个外生变量的影响通过 (x_{G+1}, x_{G+2}) 和 (z_1, z_2) 对 $\mathbf{x}_1$ 回归，然后计算残差 $(\tilde{x}_{G+1}, \tilde{x}_{G+2})$ 和 $(\tilde{z}_1, \tilde{z}_2)$ 来"剔除"。这一过程通常称作**剔除 $\mathbf{x}_1$ 的影响**。

    假设 $x_1^* = h_{11}\tilde{x}_{G+1} + h_{21}\tilde{x}_{G+2}$ 是剔除影响之后的内生变量 $(\tilde{x}_{G+1}, \tilde{x}_{G+2})$ 的线性组合，而 $z_1^* = k_{11}\tilde{z}_1 + k_{21}\tilde{z}_2$ 是剔除影响之后的工具变量 $(\tilde{z}_1, \tilde{z}_2)$ 的线性组合。使用典型相关性分析，我们可以求出 h_{11}、h_{21}、k_{11} 及 k_{21} 的值，从而得出 x_1^* 和 z_1^* 之间的最大相关系数。[2]它被称为**第一典型相关系数** r_1。同样，我们可以求出 h_{12}、h_{22}、k_{12} 和 k_{22} 的值，从而得出

---

    ① $F > 10$ 经验法则来自 D.Staiger and J.H.Stock（1997）"Instrumental Variables with Weak Instruments," *Econometrica*, 65, pp.557–586.

    ② h 和 k 常数的标准化是使解唯一的必要条件。代数和计算超出了本书的范围。在线搜索将揭示许多来源，但几乎都使用矩阵代数和多维微积分。Harold Hotelling 研究了数理统计和经济理论，并在 1935 年的一份出版物中——《教育心理学杂志》——的"最可预测的标准"中引入了典型相关的概念。

$x_2^* = h_{12}\tilde{x}_{G+1} + h_{22}\tilde{x}_{G+2}$ 和 $z_2^* = k_{12}\tilde{z}_1 + k_{22}\tilde{z}_2$ 之间的第二大相关系数，即**第二典型相关系数** r_2 等。

如果在第一组变量中有两个变量，而且在第二组中也有两个变量，那么会有两个典型相关系数 r_1 和 r_2。如果在第一组中有 B 个变量（剔除掉 x_1 影响的内生变量），并且在第二组中有 $L \geqslant B$ 个变量（剔除掉 x_1 影响的工具变量组），那么会有 B 个可能的典型相关系数，$r_1 \geqslant r_2 \geqslant \cdots \geqslant r_B$。如果最小的典型相关系数 $r_B = 0$，那么在工具变量和内生变量之间没有足够的相关性，**方程是不可识别的**。

10A.1　弱识别检验

使用最小典型相关系数，我们能够检验在工具变量和内生变量之间是否存在任何足够强的相关关系，从而能够进行可靠的计量推断。[1]设 N 表示样本容量，B 表示方程右边的内生变量数量，G 表示方程中（包括截距）所包含的外生变量的数量，L 表示模型中不包括的"外部"工具变量的数量，而 r_B 表示最小典型相关系数。一个弱识别的检验，即当工具变量与内生性回归量相关但仅仅是弱相关时的情况，是基于 **Cragg-Donald** 的 F **检验统计量**：[2]

$$\text{Cragg} - \text{Donald } F = [(N-L)/L] \times [r_B^2/(1-r_B^2)] \tag{10A.1}$$

当内生变量 $B = 1$ 时，Cragg-Donald 统计量成为 F 检验通常的弱工具变量。这一检验统计量的临界值已经由 James Stock 和 Motohiro Yogo 列成表格（2005），[3]以至于我们可以对弱工具变量的两个特定结果检验工具变量是弱工具变量的原假设与不是弱工具变量的备择假设：

● **相对偏差**：在弱工具变量的情况下，IV 估计量中的偏差值可以变得很大。Stock 和 Yogo 在估计内生变量的系数时考虑偏差值。他们检验相对最小二乘估计量最大的 IV 估计量偏差。Stock 和 Yogo 给出估计教育回报的解释。如果研究者认为最小二乘估计量有最大偏差 10%，并且如果相对偏差是 0.1，那么 IV 估计量的最大偏差是 1%。

● **拒绝率（检验量）**：在估计有内生回归量的模型时，检验关于内生变量系数的假设通常是有趣的。如果我们选择 $\alpha = 0.05$ 的显著性水平，我们预期一个真实的原假设是在重复样本中有 5% 的拒绝率。如果工具变量是弱工具变量，那么原假设的实际拒绝率即**检验量**会更大。Stock 和 Yogo 的第二个标准是如果我们选择 $\alpha = 0.05$ 时一个真实原假设的最大拒绝率。例如，在 5% 的显著性水平下，我们可能愿意接受 10% 的最大拒绝率，但是我们可能不愿意在 5% 水平的检验中接受 20% 的拒绝率。

为了检验工具变量是弱工具变量的原假设与不是弱工具变量的备择假设，我们将 Cragg-Donald F 检验统计值与从表 10A-1 或表 10A-2 中选择的临界值进行比较。

---

[1]　基于典型的相关检验参见 Christopher F.Baum，Mark E.Schaffer，and Steven Stillman，"Enhanced Routines for Instrumental Variables/Generalized Method of Moments Estimation and Testing，" *The Stata Journal*（2007），7，pp.465–506。进一步的讨论见 Alastair R.Hall，Glenn D.Rudebusch and David W.Wilcox（1996）"Judging Instrument Relevance in Instrumental Variables Estimation，" *International Economic Review*，37（2），pp.283–298.

[2]　Cragg，J.G.and S.G.Donald（1993）"Testing Identifiability and Specification in Instrumental Variable Models，" *Econometric Theory*，9，222–240.D.Poskitt and C.Skeels（2009），"Assessing the Magnitude of the Concentration Parameter in a Simultaneous Equations Model，" *The Econometrics Journal*，12，pp.26–44，表明在最小典型相关时，可以方便地写出 Cragg-Donald 统计量。

[3]　"Testing for Weak Instruments in Linear IV Regression，" in *Identification and Inference for Econometric Models*：*Essays in Honor of Thomas Rothenberg*，eds，Donald W.K. Andrews and James H. Stock，Cambridge University Press，Chapter 5.

表 10A–1　　　　基于 IV 检验量的弱工具变量检验临界值（5% 的显著性水平）[1]

L	$B=1$ 最大检验量				$B=2$ 最大检验量			
	0.10	0.15	0.20	0.25	0.10	0.15	0.20	0.25
1	16.38	8.96	6.66	5.53				
2	19.93	11.59	8.75	7.25	7.03	4.58	3.95	3.63
3	22.30	12.83	9.54	7.80	13.43	8.18	6.40	5.45
4	24.58	13.96	10.26	8.31	16.87	9.93	7.54	6.28

表 10A–2　　　　基于 IV 相对偏差的弱工具变量检验临界值（5% 的显著性水平）[2]

L	$B=1$ 最大相对偏差				$B=2$ 最大相对偏差			
	0.05	0.10	0.20	0.30	0.05	0.10	0.20	0.30
3	13.91	9.08	6.46	5.39				
4	16.85	10.27	6.71	5.34	11.04	7.56	5.57	4.73

1.首先选择最大的相对偏差或者最大的检验量标准。你也要选择你愿意接受的最大相对偏差或最大检验量。

2a.如果你选择最大检验量标准，使用 1（$L=1$）到 4（$L=4$）个工具变量，对 1（$B=1$）或者 2（$B=2$）个内生变量，从表 10A–1 中分别选择最大检验量是 0.10、0.15、0.20 或者 0.25 的临界值。

2b.如果你选择最大相对偏差标准，使用 3（$L=3$）或者 4（$L=4$）个工具变量，对 1（$B=1$）或者 2（$B=2$）个内生变量，从表 10A–2 中分别选择最大相对偏差是 0.05、0.10、0.20 或者 0.30 的临界值。如果 $L<3$，使用这一标准没有临界值。

3.如果 Cragg-Donald F 检验统计值大于表中的临界值，则拒绝工具变量是弱工具变量的原假设。如果 F 检验统计值不大于临界值，那么不拒绝工具变量是弱工具变量的原假设。

实例 10.8　弱工具变量检验

在第 10.2.4 节中，我们使用 Thomas Mroz 的数据，介绍了已婚职业女性工资方程的一个例子。考虑下面的 HOURS 供给方程设定：

$$HOURS = \beta_1 + \beta_2 MTR + \beta_3 EDUC + \beta_4 KIDSL6 + \beta_5 NWIFEINC + e \qquad (10A.4)$$

变量 $NWIFEINC = (FAMINC - WAGE \times HOURS)/1\,000$ 是一个家庭中除了妻子收入之外的其他收入来源。变量 MTR 是包括社会保障税在内的妻子所面临的边际税率。在这个方程中，我们预测 MTR、KIDSL6 和 NWIFEINC 的系数的符号是负的，EDUC 的系数符号是不确定的。在这个例子中，我们把边际税率视为内生的。[3]最初我们把 EDUC 视为外生的，

---

① 这些值来自 Stock 和 Yogo（2005）的文章中第 101 页表 5.2。感谢 James Stock 和 Motohiro Yogo 同意本书作者使用这些结果。

② 这些值来自 James Stock 和 Motohiro Yogo（2005）文章中第 100 页，表 5.1。在他们的文章中，Stock 和 Yogo 解释道：Staiger 和 Stock（1997）介绍的 $F>10$ 经验法则，是指 $B=1$ 时，对所有的 L 值而言，0.10 的最大相对偏差的近似临界值。这个临界值可以被看作 Staiger-Stock 经验法则的改进。

③ 这一想法来自 Mroz（1987, p.786）.

并且使用家庭中妻子之前工作经验的年限 *EXPER* 作为 *MTR* 的工具变量。

弱 IV 实例 1　内生变量：*MTR*；工具变量：*EXPER*

假设我们选择最大检验量标准并且在 5% 的检验水平下愿意接受 0.15 的最大检验量。在表 10A-1 中，我们看到对于 *B*=1（一个右侧内生变量）和 *L*=1（一个工具变量），Stock-Yogo 临界值是 8.96。估计的 *MTR* 的第一阶段方程是表 10A-3 中的模型（1）。经验的系数是零这一假设的 *F* 统计值是 30.61。在这个例子中，Cragg-Donald *F* 检验统计值也是 30.61。由于 Cragg-Donald *F* 检验统计值大于 Stock-Yogo 临界值 8.96，我们拒绝工具变量是弱工具变量这一原假设，并且接受它们不是弱工具变量的备择假设。这一结论取决于我们所选择的检测标准和最大量。在这个例子中不能使用相对偏离标准，因为它至少需要 3 个工具变量。在表 10A-4 的模型（1）中，估计的 *HOURS* 供给方程里估计的 *MTR* 的系数为负，并且在 5% 的水平下是显著的。

弱 IV 实例 2　内生变量：*MTR*；工具变量：*EXPER*，*EXPER*^{2}，*LARGECITY*

为了便于说明，考虑使用 *L* = 3 个工具变量 *EXPER*，*EXPER*^{2}，以及指示变量 *LARGECITY*（如果是大城市则其值等于 1）。假设我们选择最大相对偏差标准并且愿意接受最大相对偏差 0.10。从表 10A-2 得到 Stock-Yogo 的临界值是 9.08。如果 Cragg-Donald *F* 检验统计值大于这个值，我们拒绝工具变量是弱工具变量的原假设。在表 10A-3 的模型（2）中给出了第一阶段方程的估计值。Cragg-Donald *F* 统计值是 13.22。我们得出结论，这一检验工具变量不是弱工具变量。然而，如果我们仅仅愿意接受 0.05 的相对偏差，那么 Stock-Yogo 临界值是 13.91。由于 Cragg-Donald *F* 统计值小于这个值，我们无法拒绝工具变量是弱工具变量的原假设。尽管估计的所有系数的大小在绝对值上小于模型（1）中的估计值，但在表 10A-4 的模型（2）中，估计的 *HOURS* 供给方程里 *MTR* 的估计系数是负的，并且在 5% 的水平下是显著的。定性地来看，使用 1 个和 3 个工具变量，模型（1）和模型（2）的估计值几乎是一样的，这可能要归功于强工具变量 *EXPER*。这一例子说明使用更多的工具变量对于弱工具变量的检验而言并不一定是有利的。

弱 IV 实例 3　内生变量：*MTR*，*EDUC*；工具变量：*MOTHEREDUC*，*FATHEREDUC*

现在把边际税率 *MTR* 和教育 *EDUC* 视为内生的，于是 *B* = 2。接着第 10.3.6 节，我们把母亲和父亲的教育 *MOTHEREDUC* 和 *FATHEREDUC* 作为工具变量，于是 *L* = 2。假设我们在 5% 的水平下愿意接受的最大检验量是 15%。根据表 10A-1，弱工具变量检验的临界值是 4.58。*MTR* 和 *EDUC* 的第一阶段方程是表 10A-3 中的模型（3）和模型（4）。正如我们之前看到的那样，这些工具变量对 *EDUC* 来说是强工具变量，第一阶段弱工具变量 *F* 检验统计值是 49.02。对 *MTR* 来说（模型（3）），这两个工具变量是比较弱的。*FATHEREDUC* 在 5% 的水平下是显著的，而且第一阶段弱工具变量 *F* 检验统计值是 8.14，其 *p* 值为 0.0003。尽管这不符合 $F \geq 10$ 的经验法则，但却"接近"，并且我们可以推论，这是两个足够强大的工具变量。Cragg-Donald *F* 检验统计值仅仅是 0.101，远远低于 15% 最大检验量下的临界值 4.58（对 *MTR* 和 *EDUC* 的 5% 的检验）。尽管第一阶段 *F* 检验值显著，但我们不能拒绝工具变量是弱工具变量的原假设。*HOURS* 供给方程的估计值，即表 10A-3 中的模型（3），列出了与模型（1）和模型（2）很不相同的参数估计值，非常小的 *t* 统计值意味着非常大的标准误，这是存在弱工具变量时工具变量估计的另一个结果。

表 10A-3　　　　　　　　　　　　　第一阶段方程

模型非独立/独立	(1)	(2)	(3)	(4)	(5)	(6)
	MTR	MTR	MTR	EDUC	MTR	EDUC
C	0.87930	0.88470	0.79907	8.71459	0.82960	8.17622
	(74.33)	(71.93)	(103.22)	(25.83)	(93.34)	(20.34)
EXPER	−0.00142	−0.00217			−0.00168	0.02957
	(−5.53)	(−2.65)			(−6.23)	(2.43)
EDUC	−0.00718	−0.00689				
	(−7.76)	(−7.45)				
KIDSL6	0.02037	0.02039	0.02189	0.61812	0.01559	0.72921
	(3.86)	(3.89)	(3.92)	(2.54)	(2.87)	(2.96)
NWIFEINC	−0.00551	−0.00539	−0.00565	0.04961	−0.00585	0.05304
	(−27.40)	(−26.35)	(−27.15)	(5.46)	(−28.96)	(5.81)
EXPER^2		0.00002				
		(1.01)				
LARGECITY		−0.01163				
		(−2.70)				
MOTHEREDUC			−0.00111	0.15202	−0.00134	0.15601
			(−1.40)	(4.40)	(−1.76)	(4.54)
FATHEREDUC			−0.00180	0.16371	−0.00202	0.16754
			(−2.40)	(5.01)	(−2.81)	(5.15)
样本数 N	428	428	428	428	428	428
弱工具变量 F 检验	30.61	13.22	8.14	49.02	18.86	35.03
工具变量 L 的数量	1	3	2	2	3	3
内生变量 B 的数量	1	1	2	2	2	2

括号内数值是 t 统计值

表 10A-4　　　　　　　　　　Hours 方程的 IV 估计

模型	(1)	(2)	(3)	(4)
C	17 423.7211	14 394.1144	−24 491.5995	18 067.8425
	(5.56)	(5.68)	(−0.31)	(5.11)
MTR	−18 456.5896	−14 934.3696	29 709.4677	−18 633.9223
	(−5.08)	(−5.09)	(0.33)	(−4.85)
EDUC	−145.2928	−118.8846	258.5590	−189.8611
	(−4.40)	(−4.28)	(0.32)	(−3.04)
KIDSL6	151.0229	58.7879	−1 144.4779	190.2755
	(1.07)	(0.48)	(−0.46)	(1.20)
NWIFEINC	−103.8983	−85.1934	149.2325	−102.1516
	(−5.27)	(−5.32)	(0.31)	(−5.11)
N	428	428	428	428
CRAGG−DONALD F	30.61	13.22	0.10	8.60

括号内数值是 t 统计值

弱 IV 例 4　内生变量：*MTR*，*EDUC*；工具变量：*MOTHEREDUC*，*FATHEREDUC*，*EXPER*

如果我们把附加的工具变量 *EXPER* 包括在内，这样 $L = 3$，我们得到表 10A-3 中模型 (5) 和模型 (6) 的第一阶段估计值。第一阶段弱工具变量 F 检验统计值较高，*MTR* 的相应值为 18.86，*EDUC* 的相应值为 35.03。使用 $F > 10$ 的经验法则，我们会很满意地发现工具变量是强工具变量。Cragg-Donald F 检验统计值是 8.60，由此得出略有不同的结论。工具变量并非像第一阶段弱工具变量 F 检验统计所体现出的那么强而有效。如果我们选择最大的检验量 0.15，我们可以拒绝弱工具变量这一原假设。然而，如果在 5% 的检验水平下，我们仅仅愿意接受 10% 的最大拒绝率，临界值为 13.43，则我们不拒绝弱工具变量这一原假设。*HOURS* 供给方程的工具变量估计值是表 10A-4 的模型 (4)，而且我们发现，相比模型 (3) 更符合模型 (1) 和模型 (2)。

10A.2　弱识别检验：结论

如果工具变量是弱工具变量，那么工具变量或者两阶段最小二乘估计量是不可信的。如果只有一个内生变量，外生性工具变量联合显著性的第一阶段 F 检验是工具变量强弱的一个指标。$F > 10$ 的经验法则已被 Stock 和 Yogo 改进，他们使用两个标准：IV 估计量的偏差相对最小二乘估计量的偏差以及内生变量系数的 5% 检验的最大检验量，为"工具变量是弱工具变量"这一原假设提供了临界值表。如果在方程右边有不止一个内生变量，那么第一阶段方程的 F 检验统计值没有为工具变量强弱提供可靠信息。在这种情况下 Cragg-Donald F 检验统计值应该和 Stock-Yogo 临界值表一起被用来检验弱工具变量。

计量经济学研究在继续寻找弱工具变量情况下 IV/2SLS 估计量的替代方法，现已取得了一些进展。这些结果总结在附录 11B 中。因为在联立方程模型估计的讨论中这些进展有其起源，所以这一讨论被推迟到下一章。

附录 10B　蒙特卡罗模拟

在本附录中，我们做两类模拟。第一类是我们生成人工数据的一个样本，给出在本章中讨论的估计量和检验的数值说明。在本章中数值说明使用了真实数据。这里得到的好处是我们可以看到，使用由一个特定的数据生成过程生成的数据得到的估计量和检验是执行出来的。第二类是在不同条件下，我们执行一个 Monte Carlo 模拟来说明最小二乘以及 IV/2SLS 估计量的重复**抽样性质**。

10B.1　使用模拟数据进行说明

在本节，我们利用模拟的样本数据说明，当 $\text{cov}(x_i, e_i) \neq 0$ 时最小二乘估计量失效，且当满足第 10.3.3 节列出的条件时，工具变量估计量"有效"。对于模拟数据，我们定义一个简单回归模型，其中参数值 $\beta_1 = 1$，$\beta_2 = 1$。因此，简单回归模型的系统部分是 $E(y|x) = \beta_1 + \beta_2 x = 1 + 1 \times x$。再给 $E(y|x)$ 添加一个随机误差项，这将是我们创造的一个随机数，我们可以创造出 y 的一个样本值。

我们想研究当 x 和 e 相关时最小二乘估计量的性质。利用随机数生成器，我们生成

$N = 100$ 组 x 和 e 的值，皆服从均值为0、方差为1的标准正态分布。x 和 e 之间的总体相关系数记为 ρ_{xe}。通过将 e 加到回归的系统部分，我们可以创造出 y 的一个人工样本：

$$y = E(y|x) + e = \beta_1 + \beta_2 x + e = 1 + 1 \times x + e$$

数据值保存在 $ch10$ 中。最小二乘估计值为：

$$\hat{y}_{OLS} = 0.9789 + 1.7034x$$
$$(se) \quad (0.088) \quad (0.090)$$

当 x 和 e 是正相关时，估计的回归斜率趋向于非常大，相比于真实的 $\beta_2 = 1$，此外 $b_2 = 1.7034$。而且在大样本中斜率的过高估计仍然存在，所以即便是在大样本中，平均来看，最小二乘估计量也是不正确的。最小二乘估计量不满足一致性。

在生成人工数据（数据文件 $ch10$）的过程中，我们也创造了两个工具变量，都与随机误差项不相关。而第一个工具变量 z_1 和 x 的相关系数是 $\rho_{xz_1} = 0.5$，第二个工具变量 z_2 和 x 的相关系数 $\rho_{xz_2} = 0.3$。使用 z_1，工具变量估计值如下：

$$\hat{y}_{IV\_z_1} = 1.1011 + 1.1924x$$
$$(se) \quad (0.109) \quad (0.195)$$

使用 z_2，IV 估计值如下：

$$\hat{y}_{IV\_z_2} = 1.3451 + 0.1724x$$
$$(se) \quad (0.256) \quad (0.797)$$

使用较强工具变量 z_1，得到的斜率估计值为1.1924，其标准差为0.195，标准差约是最小二乘估计值的两倍。使用较弱工具变量 z_2，得到的斜率估计值为0.1724，远远偏离真值，其标准差为0.797，约是最小二乘估计量的8倍。与基于较强工具变量 z_1 的估计值相比，使用较弱工具变量的结果也远不令人满意。

工具变量可能出现的另外一个问题是，如假定的那样，工具变量不与误差项不相关。工具变量 z_3 与 x 的相关系数为 $\rho_{xz_3} = 0.5$，但是也与误差项 e 相关，相关系数为 $\rho_{ez_3} = 0.3$。因此，z_3 不是一个有效的工具变量。如果我们利用无效的工具变量进行工具变量估计，会产生什么结果呢？结果如下：

$$\hat{y}_{IV\_z_3} = 0.9640 + 1.7657x$$
$$(se) \quad (0.095) \quad (0.172)$$

如上所示，与最小二乘估计值相比，使用无效的工具变量得到的斜率估计值偏离真值更远。和最小二乘估计量一样，使用无效的工具变量意味着估计出来的估计量是不一致的。

使用两个工具变量 z_1 和 z_2 的两阶段最小二乘估计的结果是什么样的呢？我们得到 x 对 z_1 和 z_2 的第一阶段回归：

$$\hat{x} = 0.1947 + 0.5700z_1 + 0.2068z_2 \qquad (10B.1)$$
$$(se)(0.095)(0.089) \quad (0.077)$$

利用预测值 $\hat{x}$ 代替 x，再对修正后的方程用最小二乘法做一次回归，如同公式（10.22），我们得到工具变量估计值：

$$\hat{y}_{IV\_z_1,z_2} = 1.1376 + 1.0399x \qquad (10B.2)$$
$$(se) \quad (0.116) \quad (0.194)$$

标准误是基于公式（10.18b）中的估计的误差方差。使用两个有效的工具变量得到斜率的估计值为 1.0399，在这个例子中，非常接近真值 $\beta_2=1$。

10B.1.1　Hausman 检验

为了进行 Hausman 检验，我们估计第一阶段方程，利用 z_1 和 z_2 两个工具变量的结果（如公式（10A.1）所示）计算残差：

$$\hat{v} = x - \hat{x} = x - 0.1947 - 0.5700z_1 - 0.2068z_2$$

将残差作为一个额外的变量纳入回归方程，使用最小二乘法，

$$\hat{y} = 1.1376 + 1.0399x + 0.9957\hat{v}$$
$$(\text{se})(0.080)(0.133)\quad(0.163)$$

为了检验 $\hat{v}$ 的系数等于零的原假设，t 统计值为 6.11。97 个自由度的 t 分布的临界值为 1.985，所以我们拒绝 x 与误差项不相关的原假设，从而得出它是内生的正确结论。

10B.1.2　弱工具变量检验

弱工具变量检验仍然从第一阶段回归开始。如果我们想用 z_1 作为工具变量，那么第一阶段方程为：

$$\hat{x} = 0.2196 + 0.5711z_1$$
$$(t)\qquad\qquad(6.24)$$

t 统计值为 6.24，相应的 F 值为 38.92，这远远超过指导值 10。如果我们想以 z_2 作为工具变量，那么估计的第一阶段方程为：

$$\hat{x} = 0.2140 + 0.2090z_2$$
$$(t)\qquad\qquad(2.28)$$

t 统计值为 2.28，在 0.05 的检验水平下统计显著。相应的 F 值为 5.21，小于 10，这说明 z_2 是一个弱工具变量。同时使用两个工具变量的第一阶段方程（如公式（10B.1）所示），其联合显著性的 F 检验值为 24.28，说明其中至少有一个强工具变量。

10B.1.3　检验过剩工具变量的有效性

如果我们把 z_1 和 z_2 都作为工具变量，就有一个是多余的。工具变量的个数为 $L = 2$，而内生回归量的个数为 $B = 1$。工具变量估计值如公式（10B.2）所示。根据这个方程计算残差并对截距、z_1 和 z_2 做回归，得到 $\hat{e} = 0.0189 + 0.0881z_1 - 0.1818z_2$。回归的 R^2 为 0.03628，$NR^2 = 3.628$。自由度为 1 的 χ^2 分布的 0.05 临界值是 3.84，所以我们不能拒绝多余矩条件的有效性。

如果使用 z_1、z_2 和 z_3 作为工具变量，我们就有了两个多余矩条件。使用这三个工具变量的 IV 估计值为 $\hat{y}_{IV\_z_1,z_2,z_3} = 1.0626 + 1.3535x$。计算出残差，并对工具变量进行回归，得到：

$$\hat{e} = 0.0207 - 0.1033z_1 - 0.2355z_2 + 0.1798z_3$$

回归的 R^2 为 0.1311，$NR^2 = 13.11$。两个自由度的 χ^2 分布的 0.05 临界值为 5.99，所以我们拒绝两个多余矩条件的有效性。这个检验并不能识别有问题的工具变量，但是我们首先检验了 z_1 和 z_2 的有效性并且不能拒绝其有效性，则我们发现增加 z_3 导致我们拒绝了多余矩条件的有效性，工具变量 z_3 好像是"罪魁祸首"。

10B.2　IV/2SLS 的重复抽样性质

为了说明最小二乘和 IV/2SLS 估计量的重复抽样性质，我们使用一个基于第 10.4.2 节

讨论的实验性设计。在简单的回归模型 $y_i = \beta_1 + \beta_2 x_i + e_i$ 中，如果 x_i 与误差项 e_i 是相关的，那么 x_i 就是内生的，而且最小二乘估计量是有偏且不一致的。工具变量 z_i 必须与 x_i 相关但与 e_i 不相关以保证其有效性。z_i 和 x_i 的相关性意味着它们之间存在线性关系。这意味着我们可以将它们的关系描述为一个回归模型 $x_i = \gamma_1 + \theta_1 z_i + v_i$。当且仅当 $\theta_1 \neq 0$ 时，x_i 与 z_i 之间存在相关关系。假设我们已知 γ_1 和 θ_1，我们就可以把 $E(x_i|z_i) = \gamma_1 + \theta_1 z_i$ 代入简单的回归模型，得到 $y_i = \beta_1 + \beta_2 E(x_i|z_i) + \beta_2 v_i + e_i$。假设现在 $E(x_i|z_i)$ 和 v_i 可以被观测到而且在回归模型 $y_i = \beta_1 + \beta_2 E(x_i|z_i) + \beta_2 v_i + e_i$ 中被视为解释变量。解释变量 $E(x_i|z_i)$ 与误差项 e_i（或者 v_i）不相关，因为它只取决于 z_i。任何 x_i 与 e_i 之间的相关性意味着 v_i 与 e_i 之间相关，因为 $v_i = x_i - E(x_i|z_i)$。

在这个模拟中，[①]我们使用数据生成过程 $y_i = x_i + e_i$，这样截距参数为 0，斜率参数为 1。第一阶段回归模型是 $x_i = \theta z_{i1} + \theta z_{i2} + \theta z_{i3} + v_i$。注意，我们有 3（$L = 3$）个工具变量，每一个工具变量都服从独立的标准正态分布 $N(0,1)$。参数 θ 控制着工具变量的强度。如果 $\theta = 0$，工具变量与 x_i 不相关，工具变量估计会失效。θ 越大，工具变量的强度就变得越大。最终，我们创造出服从标准正态分布的随机误差 e_i 和 v_i，它们有相关系数 ρ，ρ 控制着 x 的内生性。如果 $\rho = 0$，那么 x 就不是内生的。ρ 越大，x 的内生性就越强。我们创造出样本容量 $N = 100$ 的 10 000 个样本，然后在不同参数下，试验最小二乘法和工具变量/两阶段最小二乘法。我们让 θ 取 0.1 和 0.5，分别代表弱工具变量和强工具变量；ρ 取 0 和 0.8 分别代表 x 为外生和高度内生。

在表 10B-1 中，报告的数值为：

- $\bar{F}$ 是第一阶段 F 值的平均值：将这些值与 10 相比较。注意，当 $\theta = 0.1$ 时，F 的平均值为 2，表示弱工具变量；当 $\theta = 0.5$ 时，F 的平均值为 21，表示强工具变量。

表 10B-1 　　　　　　　　　　　　蒙特卡罗模拟结果

ρ	θ	$\bar{F}$	$\bar{b}_2$	$s.d.(b_2)$	$t(b_2)$	$t(H)$	$\bar{\hat{\beta}}_2$	$s.d.(\hat{\beta}_2)$	$t(\hat{\beta}_2)$
0.0	0.1	1.98	1.0000	0.1000	0.0499	0.0510	0.9941	0.6378	0.0049
0.0	0.5	21.17	0.9999	0.0765	0.0484	0.0518	0.9998	0.1184	0.0441
0.8	0.1	2.00	1.7762	0.0610	1.0000	0.3077	1.3311	0.9483	0.2886
0.8	0.5	21.18	1.4568	0.0610	1.0000	0.9989	1.0111	0.1174	0.0636

- $\bar{b}_2$ 是 $\beta_2 = 1$ 的最小二乘估计值的平均值。当 $\rho = 0$ 时，最小二乘估计量是无偏的，但是当 $\rho = 0.8$ 时，最小二乘估计量表现出严重有偏。

- $s.d.(b_2)$ 是 b_2 的 10 000 个蒙特卡罗值的标准差。它告诉我们最小二乘估计值在重复抽样中的波动性。

- $t(b_2)$ 是使用基于最小二乘估计量的 0.05 显著性水平下的 t 检验，拒绝真实原假设 $\beta_2 = 1$ 的百分比。如果没有内生性，拒绝率非常接近 0.05；但是如果有较强的内生性，最小二乘估计量 100% 拒绝原假设，情况不乐观。

---

① 这个设计与 Jinyong Hahn and Jeny Hausman (2003)"Weak Instruments: Diagnosis and Cures in Empirical Economics,"*American Economic Review*, 93 (2), pp.118-125 中所使用的相似。

● $t(H)$ 是在 0.05 的显著性水平下拒绝基于回归的 Hausman 内生性检验的百分比。如果没有内生性，检验的拒绝率是 5%，这是在我们预料之中的。如果有强内生性但使用了弱工具变量，$\theta=0.1$，检验的拒绝率只有 31%，无法表明内生性问题。如果工具变量不强，则结果都不够乐观。如果工具变量强，则内生性检验在发现强内生性上非常成功。

● $\hat{\beta}_2$ 是 $\beta_2=1$ 的工具变量估计值的平均值。当 $\rho=0$ 时，IV 估计量是无偏的。当内生性很强的时候，弱工具变量的 IV 估计量有 33% 的偏差；但是当工具变量很强时，IV 估计量平均来说非常接近真值。

● $s.d.(\hat{\beta})$ 是在 10 000 个蒙特卡罗样本中 IV 估计值的标准差。如果没有内生性，请注意相对于最小二乘估计量，它的标准差有多大。有弱工具变量，它的标准差约为最小二乘估计量的 6 倍。即使有强工具变量，其标准差也是比较大的。这就是说，在没有内生性的情况下，IV 估计量相比于最小二乘估计量是**无效的**。但是，当出现内生性的时候，弱工具变量的影响体现在估计值较大的标准差上。当工具变量更强时，IV 估计值的标准差从 0.95 下降至 0.12，这是一个显著的改进。

● 最后，我们考察在不同情况下真实的原假设 $\beta_2=1$ 的拒绝率。当 x 是内生的且工具变量是弱的时候，t 检验的拒绝率过高，但是仍旧好于基于最小二乘估计量的 t 检验。否则，拒绝率非常接近我们预期的 5% 的水平。

这些结果都是基于一个适中的样本容量，即 $N=100$。在更大或者更小的样本中，你预测会是什么结果？

当不能确定一个回归量是不是内生的时候，关于如何做的建议有点令人"不解"。在表 10-2 中，Hausman 检验统计值的 p 值是 0.0954。Jeffrey Wooldridge[1] 大致总结了主流观点，他说，"在 10%（对双边的替代选择）的显著性水平上，我们发现 $EDUC$ 的内生性的证据，所以 2SLS 可能是一个好主意（假设我们认为工具变量是可信的）"。但另有 Patrik Guggenberger[2] 认为，如果检验内生回归量的系数是客观的，则我们应该避免考虑使用 Hausman 检验而考虑使用 2SLS。另外，如果我们考虑估计值平均起来如何接近真值，即"平均平方误差"，Chmelarova 和 Hill[3] 认为，也许只有在 Hausman 预检（pretest）有较小的 p 值时才应该使用 IV/2SLS 方法。这个结果在蒙特卡罗模拟中得到了一定程度的揭示。在 $\rho=0.8$ 且 $\theta=0.1$ 时，最小二乘估计量的平均平方误差为：

$$\sum_{m=1}^{10\,000} (b_{2m} - \beta_2)^2 / 10\,000 = 0.6062$$

IV 估计量的平均平方误差为：

$$\sum_{m=1}^{1\,000} (\hat{\beta}_{2m} - \beta_2)^2 / 10\,000 = 1.0088$$

换句话说，在有强内生性和弱工具变量的实验设定下，平均来说，最小二乘估计量比 IV 估计量更加接近真值。

---

[1] *Econometric Analysis of Cross Section and Panel Data*, 2nd Edition, The MIT Press, 2010, p.132.
[2] "The Impact of a Hausman Pretest on the Asymptotic Size of a Hypothesis Test," *Econometric Theory*, 2010, 26 (2), pp.369-382.
[3] "The Hausman Pretest Estimator," *Economics Letters*, 2010, Vol.108, 96-99.

第 11 章

联立方程模型

学习目标

基于本章的内容，你应该能够：

1. 解释为何供需模型的估计不适用普通最小二乘法（OLS）。
2. 解释内生变量和外生变量的区别。
3. 定义联立方程模型中的"识别"问题。
4. 定义联立方程模型的简化形式并解释其有用性。
5. 解释为什么可以接受使用最小二乘法估计简化型方程。
6. 说明联立方程模型中，方程的两阶段最小二乘估计方法并解释其如何解决最小二乘的估计问题。

关键词

同期相关	工具变量估计式（量）	简化型参数
内生变量工具	联立方程	外生变量
先决变量	结构参数	第一阶段方程
简化型方程	两阶段最小二乘法	识别
简化型误差		

对大多数人来说，我们第一次遇到经济模型是在学习供给和需求模型时，在模型中售出商品的市场价格和数量由供给与需求的均衡共同决定。在本章中，我们要考虑的是数据由两个或者两个以上经济关系共同决定的计量模型。这些**联立方程模型**和我们在以前章节讨论过的模型有区别，因为在每一个模型中都存在两个或者两个以上的因变量，而不是仅有一个。

联立方程模型和我们目前为止讨论过的大多数的计量模型也有所不同，因为它是由一组方程构成的。例如，价格和数量是由两个方程交互决定的，一个是针对供给，另一个是针对需求。联立方程模型需要进行特殊统计处理，它包含一个以上因变量和一个以上的方程。最小二乘估计方法在联立方程模型中不适用，我们必须探索新的方法去获取可靠的经济参数估计值。

本章中的一些概念已经在第 10 章中做了介绍。然而，学习第 10 章并不是学习第 11 章的绝对先决条件，第 11 章在很大程度上是独立的。如果你已经学习了第 10 章，你将发现你已经学过的大部分知识将延伸到第 11 章，包括如何使联立方程模型适应大的框架。如果你没有学习过第 10 章，参阅一下它的内容，将可以更深刻地理解本章的内容。本章对联立方程进行单独说明，因为其处理方法是计量经济学应用于统计学更宽领域的早期重要贡献，此外还因为它在经济分析中具有重要意义。

11.1　供给和需求方程

供给模型和需求模型共同决定了一种商品的市场价格及其售出数量。从图形上，你可以看到市场均衡发生在供给曲线和需求曲线相交处，正如图 11-1 所示。解释市场价格和数量的计量经济模型由两个方程组成：一个是供给方程，另一个是需求方程。它是一个联立方程模型，因为两个方程共同决定了价格和数量。一个简单的模型可能表示如下：

需求模型：$Q_i = \alpha_1 P_i + \alpha_2 X_i + e_{di}$ （11.1）

供给模型：$Q_i = \beta_1 P_i + e_{si}$ （11.2）

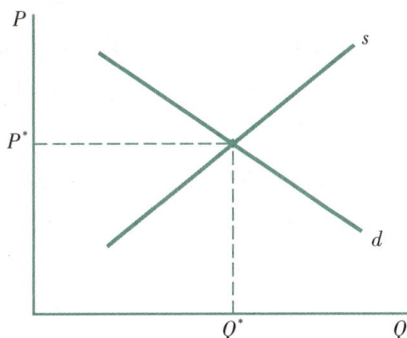

图 11-1　供给与需求均衡

根据经济理论，我们预期供给曲线的斜率为正，即 $\beta_1 > 0$，需求曲线的斜率为负，即 $\alpha_1 < 0$。在这个模型中，假定需求数量（Q）是价格（P）和收入（X）的函数。供给量只被视为价格的函数（我们已经省略了截距项，使代数式更简单。实际上，我们将在这些模型中包括截距项）。观测指数 $i = 1, \cdots, N$ 可以代表不同时间点或不同地点的市场。

我们需要明白：描述供给和需求均衡需要利用两个方程。价格（P^*）和数量（Q^*）两个均衡值分别被同时决定。在这个模型中，变量 P 和 Q 被称作内生变量，因为它们的值是由我们所建立的系统决定的。内生变量 P 和 Q 是因变量且都是随机变量。收入变量 X 有一个由系统外决定的值。这样的变量我们叫作外生变量，这些变量被看作一般的"X"解释变量。

由于通常的原因，随机误差被加到供需方程中。

对于需求和供给方程，我们采用第 2 章中的假设 RS2，给定外生变量 X_i，$i = 1, \cdots, N$ 的任何值。为了简化符号，我们引用 X_i 的所有值并将其表示为 $\mathbf{X}$，$\mathbf{X} = (X_1, X_2, \cdots, X_N)$。那么，

$$E(e_{di}|\mathbf{X}) = 0, E(e_{si}|\mathbf{X}) = 0$$ （11.3）

在第 2.10 节中，我们创造了"严格外生的"术语来表示这样的外生变量。它表示 $E(e_{di}) = E(e_{si}) = 0$，即每个误差的无条件期望值等于零。它还表示在供给和需求方程中外生变量 X_j 的任何值都与误差项不相关，所以 $\text{cov}(e_{di}, X_j) = 0$，$\text{cov}(e_{si}, X_j) = 0$。此外，假设需求方程和供给方程中的误差项是同方差的，即 $\text{var}(e_{di}|\mathbf{X}) = \sigma_d^2$，$\text{var}(e_{si}|\mathbf{X}) = \sigma_s^2$。最后，我们还假设两个方程中的误差项不存在序列相关且不具有相关性。

让我们利用影响图来突出联立方程模型和回归模型的区别。"影响图"是模型各组成部分间关系的图示。在前面的章节我们已经将供需关系模型建模为独立的回归模型，影响图如11-2所示。在这个图中，圆圈代表内生因变量和误差项。方框代表外生解释变量。在回归分析中，影响的方向是单方向的：从解释变量和误差项到因变量。在这种情况下，没有一种均衡机制可以使需求量等于市场结算价格时的供应量。要使价格调整到市场出清均衡时的价格，必须存在一个从 P 到 Q 和从 Q 到 P 的影响。

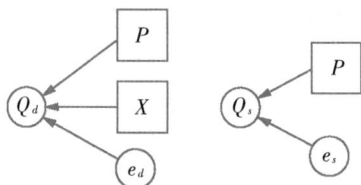

图 11-2　两个回归模型的影响图

根据图 11-3 中的影响关系图，我们可以认识到价格 P 和数量 Q 是被共同决定的，并且它们之间存在相互影响关系。在联立方程模型中，我们看到了 P 和 Q 之间两个方向的影响或者反馈，因为它们是被共同决定的。随机误差项 e_d 和 e_s 影响 P 和 Q，假设每一个内生变量和每一个随机误差项之间存在相关关系。正如我们将要看到的，这使得最小二乘估计量在联立方程模型中失效。收入 X 是一个影响内生变量的外生变量，但是 P 和 Q 对 X 的反馈是不存在的。

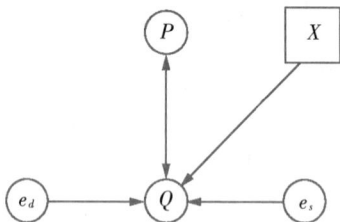

图 11-3　联立方程模型的影响图

P 是供需方程右边的内生变量时，存在一个随机的解释变量 P，P 不仅是随机变量，还与供给需求方程中的随机误差项同期相关，即 $\mathrm{cov}(P_i, e_{di}) = E(P_i e_{di}) \neq 0$ 和 $\mathrm{cov}(P_i, e_{si}) = E(P_i e_{si}) \neq 0$。当解释变量与随机误差项同期相关时，OLS 估计量有偏且不一致。对于这条结论，我们将在第 11.3 节中讨论其在直观感受上的合理性，并在第 11.3.1 节中通过数学推导证明。

11.2　简化型方程

对两个结构方程（11.1）和（11.2）求解，可以把内生变量 P 和 Q 表示为外生变量 X 的函数。这种对模型的重新表述被称为结构方程系统的**简化**。简化型方程本身就很重要，它还有助于我们理解结构方程系统。为了得到简化型方程，我们联立方程（11.1）和方程（11.2），求解 P 和 Q。

为了求解 P，令需求和供给方程中的 Q 相等：

$$\beta_1 P_i + e_{si} = \alpha_1 P_i + \alpha_2 X_i + e_{di}$$

然后求解 P_i，

$$P_i = \frac{\alpha_2}{(\beta_1 - \alpha_1)} X_i + \frac{e_{di} - e_{si}}{(\beta_1 - \alpha_1)} = \pi_1 X_i + v_{1i} \tag{11.4}$$

为了求解 Q_i，将方程（11.4）中的 P_i 值代入需求或供给方程。由于供给方程更简单些，所以将 P_i 值代入方程（11.2）并进行化简：

$$
\begin{aligned}
Q_i = \beta_1 P_i + e_{si} &= \beta_1 \left[\frac{\alpha_2}{(\beta_1 - \alpha_1)} X_i + \frac{e_{di} - e_{si}}{(\beta_1 - \alpha_1)} \right] + e_{si} \\
&= \frac{\beta_1 \alpha_2}{(\beta_1 - \alpha_1)} X_i + \frac{\beta_1 e_{di} - \alpha_1 e_{si}}{(\beta_1 - \alpha_1)} \\
&= \pi_2 X_i + v_{2i}
\end{aligned}
\tag{11.5}
$$

方程（11.4）和方程（11.5）中的参数 π_1 和 π_2 叫作**简化型参数**。误差项 v_{1i} 和 v_{2i} 叫作**简化型误差**。简化形式是预测方程。我们假定 $E(P_i|X_i) = \pi_1 X_i$，$E(Q_i|X_i) = \pi_2 X_i$。通过定义 $E(v_{1i}|X_i) = 0$，$E(v_{2i}|X_i) = 0$，运用方程（11.3）中的假设，如果结构方程误差 e_{di}、e_{si} 也成立，那么它们就是同方差的、序列相关的。在这种情况下，无论结构方程误差是否正态，简化型参数 π_1 和 π_2 的普通最小二乘估计量都是一致的，并且在大样本情况下近似正态分布。对简化型参数来说，最小二乘估计量最重要的一点是它们是一致的估计量。

简化型方程（11.4）和（11.5）的左边有一个内生变量，右边有外生变量和一个随机误差项。这些是第 10 章的**第一阶段方程**。如果你未学习过第 10 章，我们将在第 11.5 节中解释这一术语。**第一阶段方程**和**简化型方程**这两个术语是可以互换的。

简化型方程对经济分析非常重要。首先，这些方程把内生变量的**均衡值**与外生变量联系起来。因此，若收入 X 增加，价格将增加 π_1，经过市场调整后的 P 和 Q 将达到新的均衡。同理，Q 的期望均衡值将增加 π_2。（问题：我们如何确定变化的发展方向？）其次，用相同的逻辑，可以利用估计出来的简化型方程预测不同收入水平下的价格和数量的均衡值。显然，执行总裁们和其他市场分析师对预测其产品的销售价格和数量的能力感兴趣。而对简化方程的估计使这种预测变为可能。

11.3 最小二乘估计的失灵

在这一节中，我们将解释为什么不能使用最小二乘估计法对联立方程模型中的方程进行估计。由于下一节将说明原因，因此我们重点讨论供给方程。在供给方程（11.2）中，方程右边的内生变量 P_i 与误差项 e_{si} **同期相关**。假设误差项 e_{si} 中有一个很小的变动或干扰，称为 Δe_{si}。通过方程来观测其影响。误差项（11.2）的变化 Δe_{si} 直接传导给 P_i 的均衡值。这可以清楚地从简化模型（11.4）看出，P_i 在左边，e_{si} 在右边。供给方程误差项 e_{si} 的每一个变化，对 P_i 都有一个直接的线性影响。因为 $\beta_1 > 0$ 且 $\alpha_1 < 0$，如果 $\Delta e_{si} > 0$，那么 $\Delta P_i < 0$。因此，每一次 e_{si} 发生变化，P_i 就会发生相反方向的相关变动。P_i 和 e_{si} 呈负相关关系。

最小二乘法对供给方程估计的失效可以解释如下：对 Q_i 和 P_i 关系的最小二乘估计误差项（e_{si}）产生变化的影响"归功于"价格（P_i）。发生这种情况是因为我们没有观测到误差项的变化，而只是观测到了由于 P_i 与误差项（e_{si}）相关引起的 P_i 的变化。在模型中，因为内生变量 P_i 和误差项 e_{si} 是负相关的，β_1 的最小二乘估计量将会低于真正的参数值。在大样本中，最小二乘估计量往往会有负的偏离。即使样本变得无限大，这种偏离仍然存在，因此最小二乘估计量是不一致的。这意味着随着样本容量 N 趋于无限大时，最小二乘估计量的概率分布最终会在某个不是真正参数值的点附近"溃散"。在第 5.7 节中，我们对估计量的大样本性质进行了一般讨论。这里我们可以总结如下：

因为方程中的随机误差和方程右端的内生变量存在同期相关性，所以参数的最小二乘估计量是有偏且不一致的。

11.3.1 证明最小二乘估计的失灵

回想由方程（11.1）和方程（11.2）组成的供给需求方程。为了解释最小二乘法对供给方程失效，让我们首先计算 P_i 和 e_{si} 的条件协方差。

$$
\begin{aligned}
\text{cov}\,(P_i, e_{si}|\mathbf{X}) &= E\{[P_i - E(P_i|\mathbf{X})][e_{si} - E(e_{si}|\mathbf{X})]|\mathbf{X}\} \\
&= E(P_i e_{si}|\mathbf{X}) && (\text{因为 } E(e_{si}|\mathbf{X}) = 0) \\
&= E[(\pi_1 X_i + v_{1i})e_{si}|\mathbf{X}] && (\text{代入 } P_i \text{的解析式}) \\
&= E\left[\left(\frac{e_{di} - e_{si}}{\beta_1 - \alpha_1}\right)e_{si}\middle|\mathbf{X}\right] && (\text{因为 } \pi_1 X_i \text{为定值}) \\
&= \frac{-E(e_{si}^2|\mathbf{X})}{\beta_1 - \alpha_1} && (\text{因为模型假设 } e_s \text{、} e_d \text{不相关}) \\
&= \frac{-\sigma_s^2}{\beta_1 - \alpha_1} < 0
\end{aligned}
$$

P_i 和 e_{si} 之间的负相关性对最小二乘估计量有什么影响呢？供给方程（没有截距项）的 OLS 估计量（方程 11.2）如下：

$$
b_1 = \frac{\sum P_i Q_i}{\sum P_i^2}
$$

代入（方程 11.5）中 Q 的较简略的解析式，并化简，

$$
b_1 = \frac{\sum P_i(\beta_1 P_i + e_{si})}{\sum P_i^2} = \beta_1 + \sum\left(\frac{P_i}{\sum P_i^2}\right)e_{si}
$$

最小二乘估计量的条件期望值是：

$$
\begin{aligned}
E(b_1|\mathbf{X}) &= \beta_1 + E\left[\sum\left(\frac{P_i}{\sum P_i^2}\right)e_{si}\middle|\mathbf{X}\right] \\
&= \beta_1 + E\left[\sum\left(\frac{P_i e_{si}}{\sum P_i^2}\right)\middle|\mathbf{X}\right] && [\text{将误差项移到分子上去}] \\
&= \beta_1 + \sum\left[E\left(\frac{P_i e_{si}}{\sum P_i^2}\right)\middle|\mathbf{X}\right] && [\text{和的期望值等于期望值之和}] \\
&\neq \beta_1 && [\text{总和中的期望值项不为零}]
\end{aligned}
$$

最后一步，$E[(P_i e_{si}/\sum P_i^2)|\mathbf{X}] = E[g(P_i)e_{si}|\mathbf{X}] \neq 0$ 成立，其中 $g(P_i) = P_i/\sum P_i^2$。因为在计算 P_i 和 e_{si} 的协方差时，推导出 $E(P_i e_{si}|\mathbf{X}) = E(P_i e_{si}) = -\sigma_s^2/(\beta_1 - \alpha_1) < 0$，所以我们猜

想 $E[(P_ie_{si}/\sum P_i^2)|X]<0$。因为 $\sum P_i^2>0$，故我们猜想最小二乘估计量具有负偏性。然而，分式的期望值不是期望值的分式，因此我们能得出的结论仅是，由于 e_{si} 和 P_i 是同期相关的，所以最小二乘估计量是有偏的。

偏差在大样本的情况下并不会消失，因此供给方程的 OLS 估计量也不一致。OLS 估计量将收敛到一个小于 β_1 的值，通过类似于第 5 章的公式（5.41）中所用到的渐近分析，可以很容易地说明这一点。重写 OLS 估计量：

$$b_1=\beta_1+\sum\left(\frac{P_i}{\sum P_i^2}\right)es_i=\beta_1+\frac{\sum P_ie_{si}}{\sum P_i^2}=\beta_1+\frac{\sum P_ie_{si}/N}{\sum P_i^2/N}=\beta_1+\frac{\widehat{E(P_ie_{si})}}{\widehat{E(P_i^2)}}$$

利用大数定律，样本矩（平均值）收敛到总体矩（期望值），这样，

$$\widehat{E(P_ie_{si})}\xrightarrow{p}E(P_ie_{si})=-\sigma_s^2/(\beta_1-\alpha_1)<0$$

并且，

$$\widehat{E(P_i)}\xrightarrow{p}E(P_i^2)>0$$

因此，

$$b_1\xrightarrow{p}\beta_1-\frac{\sigma_s^2/(\beta_1-\alpha_1)}{E(P_i^2)}<\beta_1$$

11.4　识别问题

在由方程（11.1）和方程（11.2）组成的供给需求模型中：

- 需求方程的参数 α_1 和 α_2 不能用任何估计方法做一致估计。
- 供给方程的斜率 β_1 能够做一致估计。

为什么我们会这样说呢？解释是直观的，可以通过图形进行阐释。当收入 X 发生变化时，将会发生什么？需求曲线发生移动，将会形成新的均衡价格和数量。在图 11-4 中，我们画出了三种不同收入水平的需求曲线 d_1、d_2 和 d_3，以及均衡点 a、b 和 c。随着收入的变化，价格和数量的观测值将分布在供给与需求的交点附近。随机误差项 e_s 和 e_d 将引起供给和需求曲线的微小移动，使价格数量的均衡观测值散布在 a、b 和 c 的交点上。

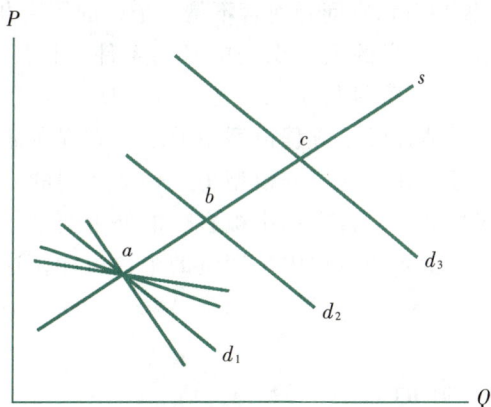

图 11-4　收入变化的效应

　　数据值将沿*供给曲线*分布，这表明我们可以通过拟合一条直线来估计斜率 β_1。数据值沿着供给曲线下降，是因为收入*存在于*需求曲线上而不在供给曲线上。需求曲线随收入变化会发生移动，但供给曲线会保持不变，从而导致观测值沿着供给曲线分布。

　　没有任何观测值散落的位置是沿着需求曲线分布的，也没有任何方法去估计它们的斜率。通过均衡点的无数条需求曲线中的任意一条都有可能是正确的。给定数据，没有办法将真正的需求曲线与其余的需求曲线相区别。通过均衡点 a，我们已经画了一些需求曲线，每一条都*可能*存在我们观测到的数据。

　　问题出在我们正在使用的模型上。在供给方程中，不存在使供给曲线相对于需求曲线移动的变量。如果我们能够在供给方程中加入一个变量，如 W，那么 W 每变动一次，供给曲线就会移动，而需求曲线将保持不变。移动的供给曲线相对于固定的需求曲线（W 不在需求曲线上）将建立沿着需求曲线的均衡值，使估计需求曲线的斜率和收入对需求的影响变得可能。

　　正是由于一个方程中*不存在*另一个方程中含有的变量，对使得参数估计成为可能。一个一般法则，即方程识别的必要条件为：

　　识别的必要条件

　　一起决定 M 个内生变量值的含有 M 个方程的联立方程组，在一个方程式中，至少缺少 $M-1$ 个变量才能够估计它的参数。如果方程参数的估计是可能的，那么称方程是可以识别的，它的参数可以被一致地估计出来；如果方程中排除变量个数小于 $M-1$ 个，则方程是不可识别的，它的参数不能被一致地估计。

　　在供给和需求模型中，有两个方程（$M=2$），为了使方程可以识别，每个方程至少排除 $M-1$ 个变量。这里一共有 3 个变量：P、Q 和 X。在需求方程中，没有任何变量被排除，因此它是不可被识别的，并且其参数不能被一致地估计出来。在供给方程中，有一个变量，收入（X）被排除，供给方程是可以识别的，可以对它进行参数估计。

　　在设法估计方程之前，必须检查识别条件。如果一个方程不可被识别，在估计之前应考虑更换模型。但模型的更换不应该是随机的，任何变量都不应该仅仅为了识别方程而从方程式中被排除。联立方程模型的结构应该反映你对如何达到均衡的了解，也应与经济理论一致。建立一个错误的模型对识别问题而言不是一个好的解决办法。

　　这一段是写给学习过第 10 章的人。识别的必要条件可以用另一种等价的表达式替代。我们已在第 10 章讨论过两阶段最小二乘法，并说明它是**工具变量估计量**。在下一节，我们将继续深入讨论。估计联立方程模型中的一个方程所需要的工具变量的个数与方程右边内生变量个数相等。在联立方程模型中，一个典型的方程会有数个**外生变量**在方程右端。因此，**工具变量**必须来自方程中被省略的外生变量。识别的条件为方程式中所包含的外生变量的个数至少要和右边内生变量的个数一样，这样才能确保有足够数量的工具变量。

11.5　两阶段最小二乘估计

　　最广泛使用的估计可识别结构方程参数的方法叫作**两阶段最小二乘法**，通常缩写为

2SLS 或 TSLS。它的名字基于它用了两次最小二乘方法的事实。我们将通过讨论供给方程（11.2）来解释怎样应用两阶段最小二乘法。我们不能应用普通最小二乘法来估计方程（11.2）中的 β_1，因为在方程右边的内生变量 P_i，与误差项 e_{si} 同期相关，这导致最小二乘估计量是有偏的、不一致的。

变量 P_i 由一个规律性的部分（其期望值 $E(P_i|X_i|)$ 以及一个随机部分（简化型误差 v_{1i}）组成，如下所示：

$$P_i = E(P_i|X_i) + v_{1i} \tag{11.6}$$

在供给方程（11.2）中，P_i 部分引起最小二乘估计量问题的是随机部分的 v_{1i}。v_{1i} 导致 P_i 与随机误差项 e_{si} 相关。假设我们知道 $E(P_i|X_i|)$ 的值，则我们可以将方程（11.6）的 P_i 代入方程（11.2）中，得到：

$$Q_i = \beta_1[E(P_i|X_i) + v_{1i}] + e_{si} = \beta_1 E(P_i|X_i) + (\beta_1 v_{1i} + e_{si}) \tag{11.7}$$

在方程（11.7）中，右边的解释变量为 $E(P_i|X_i)$。它只取决于外生变量，与误差项不相关。我们可以应用最小二乘估计方法到方程（11.7）中对参数 β_1 进行一致估计。

当然，我们不能应用变量 $E(P_i|X_i)$ 去替代 P_i。因为它的值未知。但是我们可以对 $E(P_i|X_i)$ 进行一致估计。假设 $\hat{\pi}_1$ 来自 P_i 的简化型方程的 OLS 拟合估计。这样，$E(P_i|X_i)$ 的一致估计量为：

$$\hat{P}_i = \hat{\pi}_1 X_i$$

用 $\hat{P}_i$ 去替代方程（11.7）中的 $E(P_i|X_i)$，我们得到：

$$Q_i = \beta_1 \hat{P}_i + \hat{e}_{si} \tag{11.8}$$

在大样本中，$\hat{P}_i$ 和随机误差 $\hat{e}_{si}$ 是不相关的。因此，我们可以通过对方程（11.8）应用最小二乘法对参数 β_1 进行一致估计。

用最小二乘法估计方程（11.8）会产生所谓的 β_1 的**两阶段最小二乘估计量**，它是一致的、渐近正态分布的。由于两阶段最小二乘估计量是一致的，所以它在大样本中收敛于真实值。估计量呈渐近正态分布意味着在大样本的情况下，我们可以使用一般检验和置信区间估计量。归纳来看，估计方法的两阶段为：

1. 用最小二乘法估计 P_i 的简化型方程式，并计算其预测值 $\hat{P}_i$。

2. 用最小二乘法估计结构方程。用预测值 $\hat{P}_i$[①] 替代方程右侧的内生变量 P_i。

在实际操作中一定要使用为 2SLS 设计的软件，这样才能正确计算出标准误差和 t 值。

11.5.1　一般的两阶段最小二乘估计方法

两阶段最小二乘估计方法可以用来估计联立方程系统中的任何一个可以识别的方程的参数。在包含 M 个联立方程的系统中，设内生变量为 $y_{i1}, y_{i2}, \cdots, y_{iM}$。假设这里有 K 个外生变量：$x_{i1}, x_{i2}, \cdots, x_{iK}$。举例来说，假设 $M = 3$ 并且该系统内的第一个结构方程是：

$$y_{i1} = \alpha_2 y_{i2} + \alpha_3 y_{i3} + \beta_1 x_{i1} + \beta_2 x_{i2} + e_{i1} \tag{11.9}$$

---

① 上面的讨论是对两阶段最小二乘估计量的直观解释。对于这种估算方法的一般解释，请参见第 10.3 节。在此我们推导了两阶段最小二乘估计量并讨论了它的性质。

如果这个方程是可以识别的，其参数可以通过两个步骤来估计：

1.应用最小二乘法，估计简化型方程的参数：

$$y_{i2} = \pi_{12} x_{i1} + \pi_{22} x_{i2} + \cdots + \pi_{K2} x_{iK} + v_{i2}$$

$$y_{i3} = \pi_{13} x_{i1} + \pi_{23} x_{i2} + \cdots + \pi_{K3} x_{iK} + v_{i3}$$

得到预测值：

$$\hat{y}_{i2} = \hat{\pi}_{12} x_{i1} + \hat{\pi}_{22} x_{i2} + \cdots + \hat{\pi}_{K2} x_{iK}$$

$$\hat{y}_{i3} = \hat{\pi}_{13} x_{i1} + \hat{\pi}_{23} x_{i2} + \cdots + \hat{\pi}_{K3} x_{iK}$$

$$(11.10)$$

2.我们用从公式（11.10）中得到的预测值来替代结构方程（11.9）中右端的内生变量 y_{i2} 和 y_{i3}：

$$y_{i1} = \alpha_2 \hat{y}_{i2} + \alpha_3 \hat{y}_{i3} + \beta_1 x_{i1} + \beta_2 x_{i2} + e_{i1}^*$$

用最小二乘法来估计方程的参数。

在实际操作中，我们一定要使用为2SLS或IV估计而设计的软件。它能获取正确的2SLS估计值及其标准误。

方程式（11.9）的右侧含有两个内生变量和两个外生变量。K 是整个系统的外生变量的总数。K 多大时才能保证方程（11.9）可识别呢？一个含 M 个方程的联立方程系统可识别的"必要"条件是，至少从每个方程中排除 $M-1$ 个外生变量。如果 $M=3$，则必须从每个方程中排除2个变量。令 $K = K_1 + K_1^*$，其中 $K_1 = 2$ 是第一个结构方程式所包含的外生变量的数量，而 K_1^* 是第一个结构方程中被排除的外生变量的数量。那么，第一个方程可识别的必要条件是 $K_1^* \geq 2$ 和 $K \geq 4$。而在第10章中，我们所说的 K_1^* 指的是第一个方程的工具变量的数量。

关于可识别条件的另一种描述是，被排除的外生变量的数量 K_1^* 必须大于或等于方程右侧所保留的内生变量的数量。令 $M = 1 + M_1 + M_1^*$，其中 $M_1 = 2$ 是方程右侧所保留的内生变量的数量，M_1^* 是被排除在第一个方程式之外的内生变量的数量。在此实例中，$M_1^* = 0$，因为第一个方程包含所有三个内生变量，包括左侧的变量 y_1。识别规则是 $K_1^* \geq M_1$。而在第10章中，我们常说工具变量的数量 K_1^* 必须与方程式右侧的内生变量的数量 M_1 相等。

评论

联立方程模型建立于20世纪40年代初，多年来一直是计量经济学分析的基石。第10章的主题是含有内生变量的回归方程，我们可以将含有内生变量的回归方程视为方程组中的一个方程。由于建立和估计整个方程系统较为困难，于是近年来越来越多的研究人员利用2SLS/IV来估计单个方程，这就是第10章的内容要在本章对联立方程进行处理之前先介绍的原因。但是第10章和第11章中使用的概念和方法是一样的。请记住：

1.两阶段最小二乘估计法和工具变量估计法基本相同。

2.IV，或者说工具变量，它是未被包含在方程之中的外生变量，即工具变量是被排除在方程之外的外生变量。

3.联立方程模型中的简化型方程是工具变量和两阶段最小二乘估计中的第一阶段方程。

11.5.2 两阶段最小二乘估计量的性质

我们已经说明了如何用两阶段最小二乘法取得可识别方程式中结构方程的参数估计

值。两阶段最小二乘法估计量的性质如下：

- 2SLS估计量是有偏估计量，但它是一致估计量。

- 在大样本中，2SLS估计值近似服从正态分布。

- 在小样本中，2SLS估计量的方差和协方差是未知的，但是对于大样本而言，我们可以得到近似值的公式。这些公式被内置到计量软件中，就像OLS回归一样报告标准误和 t 值。

- 如果你使用普通最小二乘回归软件，通过应用两次最小二乘回归以取得2SLS的估计值，则在第二次回归中所呈现的标准误和 t 值对于2SLS估计量是不正确的。在求结构方程式的估计值时，一定要用专门的2SLS或IV软件。

实例11.1 松露的供求

松露（truffles）是一种美食。它们是生长在地下的食用菌。在法国，采集者通常靠猪来嗅出松露，并"指出"它们的位置。实际上，猪会疯狂地发掘松露，因为猪也对松露有无限的偏好，所以必须约束它们以免吃光松露。考虑松露的一个供求模型：

需求： $Q_i = \alpha_1 + \alpha_2 P_i + \alpha_3 PS_i + \alpha_4 DI_i + e_{di}$ (11.11)

供给： $Q_i = \beta_1 + \beta_2 P_i + \beta_3 PF_i + e_{si}$ (11.12)

在需求方程中，Q 是法国某市场 i 所交易的松露的数量，P 是松露的市场价格，PS 是松露的替代品（另一种价格较低的菌类）的价格，DI 是当地居民每个月的可支配收入。供给方程包括市场价格和供给数量。它还包括某个生产要素的价格 PF，在本例中是指寻找松露过程中猪的每小时租金。在这个模型中，我们假设 P 和 Q 是内生变量。外生变量是 PS、DI、PF 和截距项。

可识别性 在考虑估计之前，检验每个方程的可识别性。识别一个方程的法则是，在包含 M 个方程的系统中，各个方程式至少有 $M-1$ 个变量被排除以使得它成为可识别的方程。在需求方程中，不包含变量 PF，因此必要的1个变量已经被排除。在供给方程中，PS 和 DI 都未出现，足以满足可识别条件。另外，注意，各方程式省略的变量并不相同，要确定每个方程都包含至少一个没有出现在其他方程中的移动变量。我们得出结论，系统中的每一个方程都是可以识别的，能够应用两阶段最小二乘估计方法进行估计。

为什么变量会在其各自的方程式中被省略呢？因为经济原理说明生产要素价格应该影响供给但不影响需求，替代商品的价格和收入只影响需求而不影响供给。我们所使用的设定是基于微观经济学中的供求理论。

简化型方程 简化型方程用外生变量 PS、DI、PF 和截距项加上一个误差项来表示各个内生变量 P 和 Q。它们是：

$Q_i = \pi_{11} + \pi_{21} PS_i + \pi_{31} DI_i + \pi_{41} PF_i + v_{i1}$

$P_i = \pi_{12} + \pi_{22} PS_i + \pi_{32} DI_i + \pi_{42} PF_i + v_{i2}$

我们可以用最小二乘法来估计这些方程，因为右边的变量是外生的且与随机扰动项 v_{i1} 和 v_{i2} 不相关。数据文件 truffles 包含内生变量和外生变量的观测值各30个。价格 P 是以美元/盎司来衡量的，Q 是以盎司来衡量的，PS 是以美元/盎司来衡量的，DI 是以千美元计算的；PF 是寻找松露的一头猪每小时的租金。在表 11-1 中列出了一些观测值，P 和 Q 的简化型方程的最小二乘估计结果如表 11-2a 和表 11-2b 所示。

表 11-1　　　　　　　　　　　　　　代表性的松露数据

OBS	P	Q	PS	DI	PF
1	29.64	19.89	19.97	2.103	10.52
2	40.23	13.04	18.04	2.043	19.67
3	34.71	19.61	22.36	1.870	13.74
4	41.43	17.13	20.87	1.525	17.95
5	53.37	22.55	19.79	2.709	13.71
			汇总统计		
均值	62.72	18.46	22.02	3.53	22.75
标准差	18.72	4.61	4.08	1.04	5.33

在表 11-2a 中，我们看到估计出来的系数在统计上是显著的，因此，我们得出结论，在简化型方程中，内生变量影响松露的交易数量 Q。$R^2 = 0.697$，总体的 F 统计值为 19.973，它的 p 值小于 0.0001。在表 11-2b 中，估计出来的系数在统计上是显著的，意味着外生变量对市场价格 P 有影响。$R^2 = 0.889$ 表示简化型方程对数据有很好的拟合度。总体的 F 统计值为 69.189，它具有小于 0.0001 的 p 值，意味着模型在统计上有着显著的解释力。

表 11-2a　　　　　　　　　松露数量的简化型方程的估计结果

变量	系数	标准误	t 统计值	概率值
C	7.8951	3.2434	2.4342	0.0221
PS	0.6564	0.1425	4.6051	0.0001
DI	2.1672	0.7005	3.0938	0.0047
PF	-0.5070	0.1213	-4.1809	0.0003

表 11-2b　　　　　　　　　松露价格的简化型方程的估计结果

变量	系数	标准误	t 统计值	概率值
C	-32.5124	7.9842	-4.0721	0.0004
PS	1.7081	0.3509	4.8682	0.0000
DI	7.6025	1.7243	4.4089	0.0002
PF	1.3539	0.2985	4.5356	0.0001

　　结构方程　两阶段最小二乘估计方法的第二步，是从简化型方程中得到$\hat{P}$并将其用来替代供给和需求方程中右边的P。从表 11-2b 中，我们知道：

$$\hat{P}_i = \hat{\pi}_{12} + \hat{\pi}_{22} PS_i + \hat{\pi}_{32} DI_i + \hat{\pi}_{42} PF_i$$
$$= -32.512 + 1.708 PS_i + 7.603 DI_i + 1.354 PF_i$$

　　在表 11-3a 和表 11-3b 中给出了 2SLS 的估计结果。需求曲线的估计结果在表 11-3a 中。注意，价格 P 的系数是负的，说明随着市场价格的上升，松露的数量将会下降，正如需求法则所预测的。报告出来的标准误是从 2SLS 软件中得出来的。它们和 t 值在大样本中是有效的。p 值表明需求曲线的估计斜率显著异于 0。随着松露替代品价格上升，松露的需求数量上升，这是替代品的一个特性。最后，收入的影响是正的，说明松露是正常商品。所有这些变量在统计上都是显著的，因此对需求量有影响。

表 11-3a 　　　　　　　　　　　　　　松露需求的 2SLS 估计值

变量	系数	标准误	t 统计值	概率值
C	-4.2795	5.5439	-0.7719	0.4471
P	-0.3745	0.1648	-2.2729	0.0315
PS	1.2960	0.3552	3.6488	0.0012
DI	5.0140	2.2836	2.1957	0.0372

表 11-3b 　　　　　　　　　　　　　　松露供给的 2SLS 估计值

变量	系数	标准误	t 统计值	概率值
C	20.0328	1.2231	16.3785	0.0000
P	0.3380	0.0249	13.5629	0.0000
PF	-1.0009	0.0825	-12.1281	0.0000

　　供给方程的结果列示在表 11-3b 中。如预期的一样，松露价格的上升将使松露供给数量上升，而寻找松露的猪的租金的增加，也就是生产要素成本的增加，将减少松露的供给。这两个变量都有统计上显著的系数估计值。

实例 11.2　富顿鱼市的供求

　　美国纽约市的富顿鱼市已经有 150 多年的历史。鱼市上产品每天的价格由供给和需求的力量决定。Kathryn Graddy[1]收集了从 1991 年 12 月 2 日到 1992 年 5 月 8 日鳕鱼（一种普通的鱼）的价格、售出数量和每天天气情况的数据。这些数据在文件 *fultonfish* 中。新鲜的鱼大概在午夜时分到达市场。批发商或者经销商把鱼卖给来自零售店或者饭店的买者。这个例子第一个有趣的特点是考虑价格和数量是否同时由供给和需求决定。[2]我们可以认为这个市场有着固定的、完全没有弹性的供给。一天开始之际，市场开门时，这一天鱼的供

---

　　① 参见 Kathryn Graddy（2006），"The Fulton Fish Market," *Journal of Economic Perspectives*，20（2）207-220.
　　② 参见 Kathryn Graddy and Peter E.Kennedy（2010），"When Are Supply and Demand Determined Recursively Rather than Simultaneously?" *Eastern Economic Journal*，36，pp.188-197.

给数量是一定的。如果供给是一定的，那么供给曲线是垂直的，因此价格由需求决定，需求越多价格越高，但是供给数量没有增加。如果这种情况是真实的，价格和数量之间的反馈已经排除。这样的模型叫作**递归模型**，需求方程可以用普通最小二乘法进行估计而不需要更加复杂的两阶段最小二乘法。

然而，鳕鱼在变质之前可以保存几天，经销商如果认为价格太低，为了在第二天卖个更好的价格，可以决定少卖一些，增加存货。或者，如果价格高于某天的给定价格，销售者可以从仓库中拿出一些以增加那一天鱼的销量。尽管容易变质，鲜鱼每天的再供给数量和价格同时由供求决定。关键点是"同时"并不要求事件在同一刻发生。

让我们定义这个市场的需求方程：

$$\ln(QUAN_t) = \alpha_1 + \alpha_2 \ln(PRICE_t) + \alpha_3 MON_t + \alpha_4 TUE_t + \alpha_5 WED_t + \alpha_6 THU_t + e_{dt} \quad (11.13)$$

其中，$QUAN_t$是销售数量，单位是磅，$PRICE_t$是平均每天每磅的价格。注意，因数据的时间序列性，我们用下标"t"来标注观测值的这个关系。其余变量是代表了一星期每天的定性指标变量，星期五被排除了。系数α_2是需求的价格弹性，我们预期为负。定性变量表现了每一天需求的变化。供给方程是：

$$\ln(QUAN_t) = \beta_1 + \beta_2 \ln(PRICE_t) + \beta_3 STORMY_t + e_{st} \quad (11.14)$$

系数β_2是供给的价格弹性。变量$STORMY$是代表着过去三天暴风雨天气的定性变量。这个变量在供给方程中很重要，因为暴风雨天气使捕鱼更加困难，减少了市场上鱼的供给量。

可识别性

在估计方程之前，我们必须确定供给和需求方程的参数是否可识别。一个方程可识别的必要条件是在这个有$M = 2$个方程的系统中，每个方程必须至少有$M - 1$个变量被排除。天气变量$STORMY$出现在了供给方程中，而在需求方程中被省略了。在供给方程中，需求方程中4个每日定性变量被排除。因此，需求方程每天变化，而供给保持不变（因为供给方程不包括每日定性变量），这样就可以描绘出供给曲线的轨迹，如图11-4所示，使它可识别。

简化型方程

简化型方程指定每一个内生变量作为所有外生变量的一个函数。

$$\ln(QUAN_t) = \pi_{11} + \pi_{21} MON_t + \pi_{31} TUE_t + \pi_{41} WED_t + \\ \pi_{51} THU_t + \pi_{61} STORMY_t + v_{t1} \quad (11.15)$$

$$\ln(PRICE_t) = \pi_{12} + \pi_{22} MON_t + \pi_{32} TUE_t + \pi_{42} WED_t + \\ \pi_{52} THU_t + \pi_{62} STORMY_t + v_{t2} \quad (11.16)$$

这些简化型方程可以用最小二乘法进行估计，因为右边的变量都是外生的且与简化模型误差项v_{t1}和v_{t2}不相关。应用Graddy的数据（*fultonfish*），我们估计这些简化型方程并在表11-4a和表11-4b中给出报告。估计简化型方程是用两阶段最小二乘估计方法估计供给需求方程的第一步。成功的两阶段最小二乘估计方法要求简化型方程的右边内生变量的估计系数在统计上是显著的。我们已经定义结构方程（11.13）和方程（11.14），其中$\ln(QUAN_t)$作为左边的变量，$\ln(PRICE_t)$作为右边的内生变量。这样，简化型方程的关键

是关于 $\ln(PRICE_t)$ 的公式（11.16）。在这个方程中：

● 为了确定供给曲线，每日的定性变量必须是联合显著的。这表明它们的系数在统计上至少有一个不是 0，意味着在需求方程中至少有一个显著的位移变量，可以让我们可靠地估计供给方程。

● 为了确定需求曲线，变量 $STORMY_t$ 在统计上必须是显著的，意味着供给方程有一个显著的位移变量，所以我们能够可靠地估计需求方程。

表 11-4a　　　　　　　　　　　　　鱼的数量自然对数的简化型方程

变量	系数	标准误	t 统计值	概率值
C	8.8101	0.1470	59.9225	0.0000
STORMY	-0.3878	0.1437	-2.6979	0.0081
MON	0.1010	0.2065	0.4891	0.6258
TUE	-0.4847	0.2011	-2.4097	0.0177
WED	-0.5531	0.2058	-2.6876	0.0084
THU	0.0537	0.2010	0.2671	0.7899

表 11-4b　　　　　　　　　　　　　鱼的价格自然对数的简化型方程

变量	系数	标准误	t 统计值	概率值
C	-0.2717	0.0764	-3.5569	0.0006
STORMY	0.3464	0.0747	4.6387	0.0000
MON	-0.1129	0.1073	-1.0525	0.2950
TUE	-0.0411	0.1045	-0.3937	0.6946
WED	-0.0118	0.1069	-0.1106	0.9122
THU	0.0496	0.1045	0.4753	0.6356

为什么是这样？在第 11.4 节讨论可识别性时只要求位移变量的存在，并不要求它是显著的。过去 10 年中大量的经济学研究给出了答案，如果位移变量不具有很强的显著性，两阶段最小二乘估计值的表现很差。[1]回顾为了使用两阶段最小二乘法，我们从简化型的回归模型中得到预测值，并用它替代结构方程右边的内生变量，即我们计算：

$$\widehat{\ln(PRICE_t)} = \hat{\pi}_{12} + \hat{\pi}_{22}MON_t + \hat{\pi}_{32}TUE_t + \hat{\pi}_{42}WED_t + \hat{\pi}_{52}THU_t + \hat{\pi}_{62}STORMY_t$$

其中，$\hat{\pi}_{k2}$ 是简化模型的最小二乘估计系数，然后用 $\widehat{\ln(PRICE_t)}$ 替代 $\ln(PRICE_t)$，为了说明我们的观点，让我们集中关注供给方程估计的问题，考虑极端情况 $\hat{\pi}_{22} = \hat{\pi}_{32} = \hat{\pi}_{42} = \hat{\pi}_{52} = 0$，这意味着每日定性变量的系数同时为 0。则：

$$\widehat{\ln(PRICE_t)} = \hat{\pi}_{12} + \hat{\pi}_{62}STORMY_t$$

如果我们用这个预测值替代供给方程（11.14）中的 $\ln(PRICE_t)$，则在供给方程中

① 关于这一点的进一步讨论见第 10.3.9 节。

$\ln(PRICE_t)$和变量$STROMY_t$之间将存在完全共线性，两阶段最小二乘法失效。如果每日定性变量的估计系数不完全为0，但都是不显著的，则表明在第二阶段存在一些共线性，尽管供给方程的两阶段最小二乘估计方法可以估计出来，但它们是不可靠的。在表11-4b中，列出了方程（11.16）的简化型估计值，没有一个每日定性变量在统计上是显著的。每日定性变量的显著性联合F检验的p值为0.65，因此我们不能拒绝这些系数都为零的原假设。[1]实际上，在这种情况下，供给方程是不可识别的，我们不会报告出它的估计值。

然而，从表11-4b中可以看出，$STROMY_t$在统计上是显著的，这意味着需求方程或许可以用两阶段最小二乘估计方法可靠地估计。两阶段最小二乘估计方法的一个优点是每个方程可以独立地对待和估计，所以供给方程不能可靠估计并不意味着我们不能继续对需求方程进行估计。每次建立联立方程模型时，都应该检查结构方程中位移变量的统计显著性。

鱼的需求的两阶段最小二乘估计

两阶段最小二乘估计应用于需求方程，我们得到如表11-5所示的结果。需求的价格弹性被估计为-1.12，这表明鱼的价格增长1%将导致鱼的需求数量减少1.12%。在5%的显著性水平下，这个估计值在统计上是显著的。定性变量系数全部为负且星期二和星期三在统计上是显著的，表明需求在这几天相对于星期五来说较低。

表 11-5　　　　　　　　　　　　　对鱼的需求的 2SLS 估计值

变量	系数	标准误	t统计值	概率值
C	8.5059	0.1662	51.1890	0.0000
$\ln(PRICE)$	-1.1194	0.4286	-2.6115	0.0103
MON	-0.0254	0.2148	-0.1183	0.9061
TUE	-0.5308	0.2080	-2.5518	0.0122
WED	-0.5664	0.2128	-2.6620	0.0090
THU	0.1093	0.2088	0.5233	0.6018

实例 11.3　克莱因模型 I

过去50年中应用最广泛的计量经济学的例子之一是1980年诺贝尔经济学奖获得者劳伦斯·克莱因提出的美国经济三方程宏观经济模型。[2]该模型有三个方程，这些方程是估计的，然后用一些宏观经济恒等式或定义来完成模型。共有8个内生变量和8个外生变量。

第一个方程是一个消费函数，其中t年的总消费量CN_t与所有工人的总工资W_t相关。总工资分为私营部门工人的工资W_{1t}和公共部门工人的工资W_{2t}，因此，总工资$W_t=W_{1t}+W_{2t}$。私营部门工资W_{1t}是内生的，并在模型结构内确定，如下所示。公共部门工资W_{2t}是外生

---

　　① 即使变量联合显著，也可能存在一个问题。显著性必须"强"。$F<10$是引起关注的原因。这个问题与工具变量估计中的弱工具变量是相同的。请参阅第10.3.9节。
　　② 我们的介绍借鉴了 Ernst R. Berndt（1991），*The Practice of Econometrics: Classic and Contemporary*, Addison-Wesley Publishing, Section 10.5.

的。此外，消费支出与本年度的非工资收入（利润）P_t（是内生的）和上一年度的利润（利润）P_{t-1} 相关。因此，消费函数是：

$$CN_t = \alpha_1 + \alpha_2(W_{1t} + W_{2t}) + \alpha_3 P_t + \alpha_4 P_{t-1} + e_{1t} \tag{11.17}$$

现在参考第5.7.3节中的公式（5.44）。在这里，我们引入了**同期不相关**的术语来描述在时间 t 所观测到的解释变量 x_{tk} 与在时间 t 的随机误差 e_t 不相关的情况。在第10章的术语中，如果变量 x_{tk} 与随机误差 e_t 同期不相关，则变量 x_{tk} 是**外生的**，如果它与随机误差 e_t 同时相关，则变量 x_{tk} 是内生的。在消费方程中，W_{1t} 和 P_t 是内生的，并且与随机误差 e_t 同时相关。另外，公共部门的工资 W_{2t} 是由公共当局设定的，假设是外生的，与本期随机误差 e_{1t} 不相关。上一年的利润 P_{t-1} 如何？它们与一年后发生的随机误差不相关。滞后的内生变量称为**前定变量**，可以被当作外生变量。

模型中的第二个方程是投资方程。净投资 I_t 被指定为当前利润 P_t 和滞后利润 P_{t-1} 以及上年末的股本 K_{t-1} 的函数。这个滞后变量是预先确定的，并作为外生变量处理。投资方程式是：

$$I_t = \beta_1 + \beta_2 P_t + \beta_3 P_{t-1} + \beta_4 K_{t-1} + e_{2t} \tag{11.18}$$

最后，有一个私营部门工资 W_{1t} 的方程式，令 $E_t = CN_t + I_t + (G_t - W_{2t})$，其中，$G_t$ 是政府支出。消费和投资是内生的，政府支出和公共部门工资是外生的。国民生产总值减去公共部门工资的总和 E_t 是内生的。工资被认为与 E_t 和前定变量 E_{t-1} 及时间趋势变量 $TIME_t = YEAR_t - 1931$ 有关，其中，时间趋势变量为外生变量。工资公式是：

$$W_{1t} = \gamma_1 + \gamma_2 E_t + \gamma_3 E_{t-1} + \gamma_4 TIME_t + e_{3t} \tag{11.19}$$

因为在整个系统中有8个内生变量，所以也必须有8个方程。任何一个有 M 个内生变量的系统都必须有 M 个方程才是完整的。除了包含5个内生变量的3个方程（11.17）至（11.19）外，还有5个其他定义的方程来完成这个引入了另外3个内生变量的系统。总之，共有8个外生和前定变量，可作为 IV 使用。外生变量为政府支出 G_t、公共部门工资 W_{2t}、税收 TX_t 和时间趋势变量 $TIME_t$。另一个外生变量是常数项，即每个方程中的"截距"变量 $X_{1t} \equiv 1$。前定变量是滞后利润 P_{t-1}、滞后资本存量 K_{t-1} 和滞后国民生产总值减去公共部门工资 E_{t-1}。

11.6 练习

11.6.1 问题

11.1 我们的目标是估计联立方程模型的参数：

$y_1 = \alpha_1 y_2 + e_1$

$y_2 = \alpha_2 y_1 + \beta_1 x_1 + \beta_2 x_2 + e_2$

我们假设 x_1 和 x_2 是外生的，与误差项 e_1 和 e_2 无关。

a.求解 y_2 的简化型方程的两个结构方程，即 $y_2 = \pi_1 x_1 + \pi_2 x_2 + v_2$。用结构参数表示简化型参数；用结构参数 e_1 和 e_2 表示简化型误差。表明 y_2 与 e_1 相关。

b.说出哪些方程参数可以用OLS进行一致估计并解释理由。

c.在联立方程的意义上，哪些参数是"确定的"？解释你的理由。

d.用矩量法（MOM）估计 y_2 的简化型方程的参数，第10.3节介绍过该种方法，两个矩方程为：

$$N^{-1} \sum x_{i1}(y_2 - \pi_1 x_{i1} - \pi_2 x_{i2}) = 0$$

$$N^{-1} \sum x_{i2}(y_2 - \pi_1 x_{i1} - \pi_2 x_{i2}) = 0$$

解释为什么这两个矩条件是获得简化型参数的一致估计量的有效基础。

e.（d）部分中的 MOM 估计与 OLS 估计相同吗？建立 $y_2 = \pi_1 x_1 + \pi_2 x_2 + v_2$ 的误差平方和函数并求一阶导数。令其等于零以表明它们等于（d）部分中的两个方程。

f.利用 $\sum x_{i1}^2 = 1$，$\sum x_{i2}^2 = 1$，$\sum x_{i1} x_{i2} = 0$，$\sum x_{i1} y_{1i} = 2$，$\sum x_{i1} y_{2i} = 3$，$\sum x_{i2} y_{1i} = 3$，$\sum x_{i2} y_{2i} = 4$，及（d）部分中的两个矩条件证明 π_1 和 π_2 的 $\frac{MOM}{OLS}$ 估计量分别为 $\hat{\pi}_1 = 3$ 和 $\hat{\pi}_2 = 4$。

g.拟合值 $\hat{y}_2 = \hat{\pi}_1 x_1 + \hat{\pi}_2 x_2$。解释我们能够将矩条件 $\sum \hat{y}_{i2}(y_{i1} - \alpha_1 y_{i2}) = 0$ 作为一致估计 α_1 的有效基础的原因并得出 α_1 的 IV 估计量。

h.将 OLS 应用于 $y_1 = \alpha_1 \hat{y}_2 + e_1^*$，求出 α_1 的 2SLS 估计值。比较你的答案和（g）部分的结果。

11.2 省略。

11.3 考虑一个以最一般的隐含形式写成的供求模型，使用大写的希腊字母表示未知参数，用 E_i 表示随机误差：

需求：$\Gamma_{11} q + \Gamma_{21} p + B_{11} + B_{21} x + E_1 = 0$

供给：$\Gamma_{12} q + \Gamma_{22} p + B_{12} + B_{22} x + E_2 = 0$

a.求 p 的简化型方程，$p = \pi_1 + \pi_2 x + v$。用参数 Γ_{ij} 和 B_{ij} 表示 π_1 和 π_2。

b.假设我们将"真实的"需求方程替换为混合的需求和供给方程，即需求方程乘以 3，供给方程乘以 2，然后将这两个方程相加得到：

$$(3\Gamma_{11} + 2\Gamma_{12})q + (3\Gamma_{21} + 2\Gamma_{22})p + (3B_{11} + 2B_{12}) + (3B_{21} + 2B_{22})x + (3E_1 + 2E_2) = 0$$

或者 $\Gamma_{11}' q + \Gamma_{21}' p + B_{11}' + B_{21}' x + E_1' = 0$，用 $'$ 表示新的参数，通过新的需求方程和原始的供给方程得到 p 的简化型方程，$p = \pi_1^* + \pi_2^* x + v^*$。用参数 Γ_{ij} 和 B_{ij} 表示 π_1^* 和 π_2^* 并将其与（a）中的结果相比较。

11.4 省略。

11.5 考虑以下供求模型：

需求：$q = -p + 3 + 2x + e_1$

供给：$p = q + 1 + e_2$

a.求 p 和 q 作为外生变量 x 的函数的简化型方程。

b.现在假设需求方程是 $q = -5p + 11 + 6x + e_1^*$。通过此需求方程和原始的供给方程求解 p 和 q 的简化型方程。

c.说明新的需求方程是原供需方程的混合方程。具体来说，它是原始需求方程的三倍加上供给方程的两倍。

［提示：在进行乘法和加法运算之前，将需求和供给方程隐式化，把所有项放在方程左边，使得方程右边为零，这样做起来会比较简单。］

d.如果我们对 p、q、x 有 N 个观测值，我们能用OLS对供给方程进行一致估计吗？为什么？

e.如果我们对 p、q、x 有 N 个观测值，我们能用OLS对简化型方程进行一致估计吗？为什么？

f.考虑到问题中提出的经济供求模型，混合方程式 $q = -5p + 11 + 6x + e_i^*$ 能否成为供给曲线？解释一下。

g."确定"需求方程是否要使用必要条件？"确定"供给方程是否要使用必要条件？

11.6　省略。

11.7　考虑下面的供求模型，其中 x 和 w 是外生的。

需求：$q = \alpha_1 p + \alpha_1 x + \alpha_2 w + e_1$

供给：$p = \beta_1 q + e_2$

a.求 p 和 q 的简化型方程，$q = \pi_{11} x + \pi_{21} w + v_1$，$p = \pi_{12} x + \pi_{22} w + v_2$，用 α 和 β 表示简化型参数。

b.假设 $\pi_{11} = 1/5, \pi_{21} = 1/5, \pi_{21} = 2/5, \pi_{22} = 2/5$。尽你所能求解出尽可能多的 α 和 β。

11.8　省略。

11.9　考虑联立方程模型，其中 x 是外生的。

$y_{i1} = \alpha_1 y_{i2} + \alpha_2 x_{i1} + e_{i1}$

$y_{i2} = \alpha_2 y_{i1} + \beta_1 x_{i1} + e_{i2}$

假设 $E(e_{i1}|\mathbf{x}_1) = E(e_{i2}|\mathbf{x}_1) = 0$，$\text{var}(e_{i1}|\mathbf{x}_1) = \sigma_1^2$，$\text{var}(e_{i2}|\mathbf{x}_1) = \sigma_2^2$，$\text{cov}(e_{i1}, e_{i2}|\mathbf{x}_1) = \sigma_{12}$。

a.将第二个方程代入第一个方程，求解 y_{i1} 的简化型方程。

b.将（a）部分 y_{i1} 的简化型方程乘以 e_{i2}，证明 $\text{cov}(y_{i1}, e_{i2}|\mathbf{x}_1) = E(y_{i1} e_{i2}|\mathbf{x}_1)$。

c.说明如果 $\alpha_1 = 0$，$\sigma_{12} = 0$，则 $\text{cov}(y_{i1}, e_{i2}|\mathbf{x}_1) = 0$。这样的系统被称为递归系统。

d.在（c）条件下，第一个方程的OLS估计量是否一致？解释一下。

e.在（c）条件下，第二个方程的OLS估计量是否一致？解释一下。

11.10　省略。

11.11　重新考虑实例11.1中的松露供求模型。假设我们将供给方程修改为 $Q_i = \beta_1 + \beta_2 P_i + e_i^*$，而需求方程保持不变。

a.是否能用第11.4节中的必要条件识别供求方程？解释一下。

b.估计的第一阶段，简化形式下，方程变成：

$\hat{P}_i = -13.50 + 1.47 PS_i + 12.41 DI_i \quad F = 54.21$

$(t) \quad (3.23) \quad (6.95)$

请你判断并解释被排除的外生变量（工具）是不是强工具变量，能够估计出已识别的方程式吗？

c.使用2SLS估计的供给方程是：

$\hat{Q}_i = 8.6455 + 0.1564 P_i$

$(se)(2.89) \quad (0.045)$

验证平均值点（见表11-1）是否落在估计的供给曲线上。

d.按平均数计算供给价格弹性，并将其与表11-3b中计算出的用2SLS估计值表示的弹性进行比较。

e.将（b）和（c）部分中的结果与实例11.1中的结果进行比较，你认为我们是否应该在供给方程式中包含PF？解释一下。

11.12　省略。

11.13　在第二次世界大战后，货币政策效应和货币供求成为重要的话题。考虑以下模型，其中M是货币存量，R是短期利率，GNP是国民生产总值，R_d是美联储的贴现率，这是它对商业银行收取的。内生变量是货币供应量M和短期利率R。外生变量是GNP和美联储贴现率R_d。滞后货币存量M_{t-1}是一个**前定变量**。M_{t+1}被视为一个外生变量，与当期误差不相关。根据战后的季度数据，忽略季节性和其他虚拟变量，用2SLS估计货币需求为：

$$\hat{M}_t = 23.06 + 0.0618GNP_t - 0.0025(R \times GNP_t) + 0.686M_{t-1} + \cdots$$
$$(\text{se}) \qquad (0.0126) \qquad (0.0007) \qquad\qquad (0.0728)$$

供给方程和短期利率R与贴现率R_d的差成正比，比例因子为最大潜在货币存量M^*，这是一个已知的常数。省略季节性和其他虚拟变量，估计的供给方程为：

$$\hat{M}_t = 0.8522 + 0.0751[M_t^*(R_t - R_{d,t})] + \cdots$$
$$(\text{se}) \qquad\quad (0.0159)$$

a.如果上期货币供应量增加一个单位，货币需求函数会怎样变化？在如图11-4所示的图表中，M在纵轴上，R在横轴上，货币需求曲线是向右还是向左移动，还是根本不会移动？如果$\Delta M_{t-1} > 0$，货币供给曲线是否发生移动？如果移动，是朝哪个方向移动？

b.如果GNP增加一个单位，货币需求函数会发生什么变化？在如图11-4所示的图表中，货币需求曲线是向右还是向左移动，还是根本不会移动？如果$\Delta GNP_t > 0$，货币供给曲线是否发生移动？如果移动，是朝哪个方向移动？

c.如果贴现率R_d增加，货币需求曲线是向右还是向左移动，还是根本不会移动？如果$\Delta R_{d,t} > 0$，货币供给曲线是否发生移动？如果移动，是朝哪个方向移动？

d.解释你对（a）、（b）、（c）的回答所暗示的货币供求是如何确定的。

11.14　省略。

11.15　考虑劳动力的供给和需求，特别是已婚妇女。工资和小时劳动（工时）是由供求共同决定的。给定供给方程式为：

$$HOURS = \beta_1 + \beta_2 \ln(WAGE) + \beta_3 EDUC + \beta_4 AGE + \beta_5 KIDSL6 + \\ \beta_6 KIDS618 + \beta_7 NWIFEINC + e_s$$

$KIDSL6$为6岁以下的儿童人数，$KIDSL618$为6岁到18岁的儿童人数，$NWIFEINC$为除妻子收入外的家庭收入。

$$\ln(WAGE) = \alpha_1 + \alpha_2 HOURS + \alpha_3 EDUC + \alpha_4 EXPER + \alpha_5 EXPER^2 + e_d$$

a.想象一个供求图，如图11-4所示，$HOURS$位于纵轴上，$\ln(WAGE)$位于横轴上。描述小孩数量增加对曲线图上女性劳动力供给曲线的预期影响。预期对均衡工资和劳动时间的影响是什么？

b.描述经验增长对曲线图上女性劳动力供求曲线的预期影响。预期对均衡工资和劳动时间的影响是什么？

c.供给方程的必要条件是否成立？2SLS中的工具变量是什么？写出 $\ln(WAGE)$ 的简化型方程的经济计量形式，系数用 π_1、π_2 等表示。你会检验什么假设来评估供给方程2SLS估计中工具变量的强度？

d.识别需求方程的必要条件是否成立？2SLS中的工具变量是什么？写出 $HOURS$ 的简化型方程的经济计量形式，系数用 γ_1、γ_2 等表示。你会检验什么假设来评估需求方程2SLS估计中工具变量的强度？

11.16 省略。

11.17 实例11.3介绍了Klein的I模型。

a.我们有足够数量的工具变量来估计每个方程吗？检查用于识别每个方程的必要条件。识别的必要条件是在 M 个方程中，必须从每个方程中至少排除 $M-1$ 个变量。

b.一个等价的识别条件是从方程中排除的外生变量的数量必须至少与右侧包含的内生变量的数量相同。检查每个方程是否满足此条件。

c.用计量符号写出第一阶段方程式，简化形式 W_{1t}，即私营部门工人的工资。调用参数 π_1，π_2，…

d.描述消费函数2SLS估计的两个回归步骤。这不是关于计算机软件命令的问题。

e.按照（d）部分中的步骤所产生的回归结果是否与专门为2SLS估计而设计的软件所提供的2SLS估算结果相同？尤其是 t 值相同吗？

11.6.2 计算机练习

11.18 省略。

11.19 已婚女性的劳动力供应一直是大量经济研究的主题。数据文件为 *mroz*，变量在文件 *mroz.def* 中被定义。数据文件包含以前工作过的女性的信息和以前没有工作过的女性的信息。变量 LFP 即劳动力参与，表示女性是否参加工作，如果女性参加工作则取1，如果女性未参加工作则取0。

a.计算变量的汇总统计信息：妻子的年龄，6岁以下孩子的数量，以及除妻子工作外的其他来源的收入，即 $NWIFEINC$，对参加工作的女性进行赋值（$LFP=1$），对未参加工作的女性赋值（$LFP=0$）。定义 $NWIFEINC = FAMINC - WAGE \times HOURS$。评论你观测到的任何差异。

b.考虑以下供应方程规范：

$$HOURS = \beta_1 + \beta_2 \ln(WAGE) + \beta_3 EDUC + \beta_4 AGE +$$
$$\beta_5 KIDSL6 + \beta_6 KIDS618 + \beta_7 NWIFEINC + e$$

你觉得各个系数的符号为正还是为负？为什么？$NWIFEINC$ 估计的是什么？

c.用OLS回归法估计（b）中的供给方程，仅对工作过的女性（$LFP=1$）进行估计。事情如预期的那样发生了吗？如果不符合预期，解释为何不符合预期？

d.使用工作经验（$EXPER$）作为一个额外的外生变量，用OLS估计工作过的女性的简化型方程。

$$\ln(WAGE) = \pi_1 + \pi_2 EDUC + \pi_3 AGE + \pi_4 KIDSL6 + \pi_5 KIDS618 + \pi_6 NWIFEINC + \pi_7 EXPER + v$$

根据估计的简化形式，多受一年教育对工资有何影响？

e. 考虑经验（$EXPER$）这一工具变量的可用性，检查供给方程的可识别性。

f. 使用专门为两阶段最小二乘法设计的软件，通过两阶段最小二乘法估计供给方程并讨论估计系数的符号及其显著性。

11.20 省略。

11.21 该研究考察食用鸡肉（美国农业部称为"肉鸡"）的供求模型。此练习数据在 *newbroiler* 文件中，数据改编自 Epple 和 McCallum（2006）。供给方程为：

$$\ln(QPROD_t) = \beta_1 + \beta_2 \ln(P_t) + \beta_3 \ln(PF_t) + \beta_4 TIME_t + \ln(QPROD_{t-1}) + e_t^s$$

其中，$QPROD$ 是雏鸡的总产量，PF 是肉鸡饲料的名义价格指数，$TIME$ 为时间指数（$1950 = 1, \cdots, 2001 = 52$）。这个供给方程是动态的，右边为滞后产量，该前定变量是外生的。$TIME$ 用于记录生产中的技术进步。

a. 什么是内生变量？什么是外生变量？解释参数 β_2 的经济意义。你觉得每个参数的符号为正还是为负？

b. 利用 1960—1999 年的数据，用 OLS 估计供给方程。评论估计的符号和显著性。检验残差的序列相关性。序列相关性是否存在？

c. 使用工具变量 $\ln(Y_t)$、$\ln(PB_t)$、$POPGRO$ 和 $\ln(EXPTS_{t-1})$，通过 OLS 回归估计第一阶段简化型方程，检验这些变量的联合显著性。我们能得出至少有一个强工具的结论吗？

d. 使用（c）中列出的工具，通过 2SLS 估计供给方程。将这些结果与（b）中的结果进行对比。

e. 使用第 10.4.3 节中讨论的 Sargan 检验，检验剩余工具的有效性。

11.22 省略。

11.23 重新考虑关于富尔顿鱼市鱼类供求的实例 11.2。数据在 *fultonfish* 文件中。

a. 求解供给方程的 OLS 估计。试评价系数符号及其显著性。你认为 OLS 估计量有正偏差还是负偏差亦或无偏差？解释一下。

b. 海边的恶劣天气有可能使餐馆客人的就餐率下降，进而可能减少市场对鱼的需求。在方程（11.13）中加入雨季（$RAINY$）和寒冷（$COLD$）两个变量。针对这一新的特定条件推导出 $\ln(PRICE)$ 的代数简化形式。

c. 估计（b）部分中的简化型方程。检验 $RAINY$ 和 $COLD$ 的联合显著性。这些变量在 5% 的水平上是否联合显著？

d. 使用（c）部分的估计值，检验 MON、TUE、WED、THU、$RAINY$ 和 $COLD$ 的联合显著性。这些变量在 $\alpha = 0.05$ 的显著性水平下是否共同显著？

e. 使用 MON、TUE、WED、THU、$RAINY$ 和 $COLD$ 这些工具，求解供给方程的 2SLS 估计值。将这些估计值与（a）部分中的 OLS 估计值进行比较。鉴于第（d）部分的结果，我们能得出供给方程可识别的结论吗？

11.24 省略。

11.25 重新考虑关于富尔顿鱼类市场鱼类供求的实例 11.2。数据在 *fultonfish* 文件中。在这个练习中，我们将探讨在鱼库存变化很小及鱼库存变化很大的日子里，市场的行为是怎样的。Graddy 和 Kennedy（2006）预计价格和数量将在库存有很大变化的日子里表现出同步性，因为在这些日子里卖家会表现出他们对价格的反应。在库存变化不大的日子里，他们预期价格和数量间的反馈会被打破，所以同步性不再是一个问题。

a. 如变量 *CHANGE* = 1 所示，使用库存变动很大的天数的数据子集，对简化方程（11.16）进行估计并检验 *STORMY* 的显著性。讨论此检验对于应用最小二乘法估计需求方程的重要性。

b. 从（a）中估计的简化型方程中获得 OLS 残差 $\hat{v}_{t2}$。执行第 10.4.1 节讲过的 Hausman 检验，通过在需求方程（11.13）中增加 $\hat{v}_{t2}$ 作为额外变量对 $\ln(PRICE)$ 的内生性进行检验，用 OLS 估计得到的结果模型，用标准 t 检验来检验 $\hat{v}_{t2}$ 的显著性。如果 $\hat{v}_{t2}$ 在这个增广回归中是一个显著变量，那么我们可以推断 $\ln(PRICE)$ 是内生的。根据这次测试，你得出了什么结论？

c. 使用 *CHANGE* = 1 时的数据，用两阶段最小二乘法和最小二乘法估计需求方程并讨论这些估计值。将它们与表 11-5 中的估计值进行比较。

d. 使用 *CHANGE* = 0 时的数据，估计简化型方程（11.16）。将其同（a）和表 11-4b 中的简化型估计值进行比较。

e. 从（d）中估计的简化型方程中获得 OLS 残差 $\hat{v}_{t2}$。对 $\ln(PRICE)$ 的内生性执行 Hausman 检验，如（b）部分所述。根据该检验，你得出了什么结论？

f. 使用 *CHANGE* = 0 时的数据，用两阶段最小二乘法和最小二乘法估计需求方程。将这些估计值相互比较，并与（c）中的估计值进行比较。讨论它们之间的关系。

11.26 省略。

11.27 通过最小二乘法估计方程（11.4）和方程（11.5），忽略它们形成一个联立系统的事实。使用数据文件 *truffles*。将该结果与表 11-3 中的结果进行比较。最小二乘法估计的符号是否符合经济推理？

11.28 省略。

11.29 实例 11.3 介绍了克莱因模型 I。使用数据文件 *klein* 回答以下问题。

a. 用 OLS 估计方程（11.17）中的消费函数。评论系数的符号和显著性。

b. 估计私营部门工人工资的简化型公式 W_{1t}，使用所有 8 个外生变量和前定变量作为解释变量。检验除公共部门工人工资外的变量 W_{2t} 和滞后利润 P_{t-1} 外的所有变量的联合显著性。保留残差 $\hat{v}_{1t}$。

c. 利用所有 8 个外生变量和前定变量作为解释变量，估计利润 P_t 的简化型方程。检验除公共部门工人工资外的变量 W_{2t} 和滞后利润 P_{t-1} 外的所有变量的联合显著性。保留残差 $\hat{v}_{2t}$。

d. 关于存在内生解释变量的 Hausman 检验见第 10.4.1 节。它是通过在结构方程中加入简化型残差来实施并检验变量显著性的，即使用 OLS 估计模型：

$$CN_t = \alpha_1 + \alpha_2(W_{1t} + W_{2t}) + \alpha_3 P_t + \alpha_4 P_{t-1} + \delta_1 \hat{v}_{1t} + \delta_2 \hat{v}_{2t} + e_{1t}$$

在5%显著性水平下，对原假设$H_0: \delta_1 = 0$，$\delta_2 = 0$执行F检验。通过拒绝原假设，我们认为要么W_{1t}或P_t两者之一是内生的，要么两者都是内生的。我们从检验中能得出什么结论？在联立方程的背景下我们会找到什么样的结果？

e.使用所有8个外生变量和前定变量作为工具变量，用2SLS估计消费函数。将估计值与（a）部分中的OLS估计值进行比较。两者间有重要的区别吗？

f.让（e）部分的2SLS残差为$\hat{e}_{1t}$。使用所有外生和前定变量对这些残差进行回归。如果这些工具是有效的，那么回归的R^2应该很小，而且没有一个变量是有统计学意义的。检验工具有效性的Sargan检验在第10.4.3节中有讨论。检验统计量TR^2具有卡方分布，在剩余工具有效的情况下，其自由度等于"剩余"工具变量的数量。消费方程包括8个可能变量中的3个外生变量和/或前定变量，有5个外部工具变量和2个右侧内生变量。将检验统计量的值与来自$\chi^2_{(3)}$分布的第95百分位数进行比较。在本例中，关于剩余工具的有效性，我们能得出什么结论？

11.30 省略。

附录11A 2SLS的备选方法

对标准IV/2SLS估计值的替代一直引发人们很大的兴趣。为解决普通IV/2SLS估计中的弱工具变量问题，学者一直在寻找更好的替代方案。在这部分附录中，我们对具有内生回归的单一方程中的替代估计进行了检验。像我们在第10章所学的，方程可能是联立方程模型的一部分，或者是一个有着内生变量的独立的方程。最大似然（LIML）估计值首先被Anderson和Rubin在1949年推导出来[1]。在许多年中，相对于2SLS，它扮演了奠基者的角色，但这已不再是真的。这里，因为弱工具变量的存在，人们对LIML重新产生了兴趣。Fuller（1977）和其他人对LIML提出了一些修改。利用*k-class*估计量的思想，将2SLS与这些估计统一在一个共同的框架下。接着在附录中，我们提供Stock-Yogo表，它含有应用LIML估计和Fuller修改模型的弱工具变量的临界值。这个表向我们阐释了LIML相对2SLS估计有着较小的检验变形，Fuller修改的模型有着较小的偏离。

11A.1 估计量*k*-class

在一个有M个联立方程的系统中，我们假定内生变量为$y_1, y_2, \cdots, y_M$。设定有K个外生变量，$x_1, x_2, \cdots, x_K$。假设系统内的第一个结构方程为：

$$y_1 = \alpha_2 y_2 + \beta_1 x_1 + \beta_2 x_2 + e_1 \tag{11A.1}$$

如果这个方程是可识别的，那么它的参数可以被估计。变量y_2是内生的，因为它与回归误差e_1具有相关关系。内生变量y_2的简化式为$y_2 = \pi_{12}x_1 + \pi_{22}x_2 + \cdots + \pi_{K2}x_K + v_2 = E(y_2|\mathbf{X}) + v_2$。$y_2$内生性的来源不是非随机的系统部分$E(y_2|\mathbf{X})$。随机部分$v_2$是内生性的来源。为了剔除$y_2$中的随机部分$v_2$，可以使用工具变量$y_2 - v_2 = E(y_2|\mathbf{X})$。它和内生变量$y_2$

① Anderson, T.W. and Rubin, H. (1949), "Estimation of the Parameters of a Single Equation in a Complete System of Stochastic Equations," *Annals of Mathematical Statistics*, 21, 46-63.

相关，和结构方程随机误差项 e_1 不相关。但是这个方法的难点在于 $E(y_2|\mathbf{X})$ 是未知的。于是，简化模型的参数可以通过最小二乘法一致地估计出来，

$$\widehat{E(y_2|\mathbf{X})} = \hat{\pi}_{12}x_1 + \hat{\pi}_{22}x_2 + \cdots + \hat{\pi}_{K2}x_K \tag{11A.2}$$

残差的简化式为：

$$\hat{v}_2 = y_2 - \widehat{E(y_2|\mathbf{X})}$$

在大样本中，简化式的估计量 $\hat{\pi}_{k2}$ 概率收敛于其真实值。这意味着在大样本中，我们可以用 $E(y_2|\mathbf{X})$ 的估计值来替代：

$$\widehat{E(y_2|\mathbf{X})} = y_2 - \hat{v}_2 \tag{11A.3}$$

两阶段最小二乘估计量是一个 IV 估计量，它把 $\widehat{E(y_2|\mathbf{X})}$ 当作工具变量。方程（11A.3）表明，在 2SLS 中所用的工具变量可以认为是剔除了误差项 v_2 的内生变量 y_2。

$k-\text{class}$ 估计量是一个统一的框架。$k-\text{class}$ 估计量是运用工具变量 $y_2 - k\hat{v}_2$ 的 IV 估计量。它被称为一个门类的估计量，因为如果 $k=0$，它代表了最小二乘估计量；如果 $k=1$，它代表了两阶段最小二乘估计量。为什么我们会有兴趣使用 k 值而不是 1 呢？因为我们希望通过调整这个值，可以改进 $k-\text{class}$ 估计量相对于 2SLS 估计量的表现。

11 A.2 LIML 估计

如前所述，对于联立方程模型中的方程或者右边有内生变量的任一方程，LIML 估计量是最传统的估计量之一。与其通过最大化似然函数来获得 LIML 估计值（请参阅附录 C.8 有关极大似然估计的相关内容），我们不如利用 LIML 估计量是 $k-\text{class}$ 的一部分这个特点。

方程 $y_1 = \alpha_2 y_2 + \beta_1 x_1 + \beta_2 x_2 + e_1$ 是**标准化后的形式**，意味着我们已经选择了一个变量作为因变量。通常第一个方程可以写成**隐含的形式**：$\alpha_1 y_1 + \alpha_2 y_2 + \beta_1 x_1 + \beta_2 x_2 + e_1 = 0$。这里没有规则说明在第一个方程中 y_1 必须是被解释变量。**标准化**相当于设定 α_1 或 α_2 的值为 -1。一个参数 α_i 必须为 -1，这样我们可以识别方程，但这与哪一个参数都无关。设定 $y^* = \alpha_1 y_1 + \alpha_2 y_2$，非标准化的方程可以写成 $y^* + \beta_1 x_1 + \beta_2 x_2 + e_1 = 0$ 或者，

$$y^* = -\beta_1 x_1 - \beta_2 x_2 - e_1 = \theta_1 x_1 + \theta_2 x_2 + \eta \tag{11A.4}$$

在方程（11A.1）中，外生变量 $x_3, \cdots, x_K$ 被省略了。如果把它们包括进来，方程（11A.4）将是：

$$y^* = \theta_1 x_1 + \cdots + \theta_K x_K + \eta \tag{11A.5}$$

最小方差比估计量选择 α_1 或 α_2，以便从公式（11A.5）得到的残差平方和与从公式（11A.4）得到的残差平方和之比尽可能小。定义两个模型的残差平方和之比为：

$$\ell = \frac{y^* \text{对} x_1, x_2 \text{进行回归得到的} SSE}{y^* \text{对} x_1, \cdots, x_K \text{进行回归得到的} SSE} \tag{11A.6}$$

我们假定，基于经济学理论，变量 $x_3, \cdots, x_K$ 从公式（11A.1）中被省略了。对 α_1 和 α_2 的估计值，其中一个将被设定为 -1，选择同时满足 $x_3, \cdots, x_K$ 被省略的条件，使简化回归方程（11A.4）尽可能与数据拟合。

求解所需的代数运算超出了本书的范围[1]。有趣的结果是公式（11A.6）中 ℓ 的最小值，我们称作 $\hat{\ell}$。当在 k-class 估计量中使用 k 时，得到 LIML 估计量，即当形成工具变量 $y_2 - k\hat{v}_2$ 时，利用 $k = \hat{\ell}$，得到的 IV 估计量就是 LIML 估计量。

11A.2.1 福勒（Fuller）的修正 LIML

Wayne Fuller（1977）[2]提出的修正是使用 k-class 值：

$$k = \hat{\ell} - \frac{a}{N - K} \tag{11A.7}$$

其中，K 是所有的工具变量个数（包括和不包括外生变量），N 是样本容量。a 的值是一个常数。Fuller（1977，p.951）指出："如果一个人期望估计值近似于无偏，则设定 a 等于 1。当一个人有兴趣检验假设或设置参数的近似置信区间时，可能要使用 $a = 1$。"Fuller 还表明，$a = 4$ 时得出的估计量是使均方误差最小的估计量。如果我们用估计量 $\hat{\delta}$ 估计参数 δ，则估计的均方误差为：

$$MSE(\hat{\delta}) = E(\hat{\delta} - \delta)^2 = \text{var}(\hat{\delta}) + [E(\hat{\delta}) - \delta]^2 = \text{var}(\hat{\delta}) + [bias(\hat{\delta})]^2$$

估计量 MSE 把方差和偏差结合到一个统一的衡量式。

11A.2.2 LIML 的优势

大量的研究都致力于比较当工具变量是弱的或者有着大量工具变量时，LIML 估计量相对于 2SLS 估计量的表现。Stock 和 Yogo（2005，p.106）认为，当使用区间估计值的覆盖率为评判标准时，"我们发现，当研究者有弱工具变量时，LIML 远远优于 2SLS……"。同时，"从偏离的角度看，Fuller-k 估计量相比 2SLS 估计对弱工具变量更具弹性"。Mariano（2001）[3]对其他一些发现进行了讨论。

● 对于 2SLS 估计量来说，偏离程度是过度识别水平的增函数。当过度识别非常严重时，2SLS 的分布和最小二乘估计量趋于相似。当有大量的工具变量时，LIML 相对于 2SLS 更具优势。

● LIML 估计量比 2SLS 更快收敛于正态性，并且 LIML 通常更加对称。

11A.2.3 LIML 的 Stock-Yogo 弱 IV 检验

表 11A-1 和表 11A-2 包含检验弱工具变量的 Stock-Yogo 临界值。第 10 章附录 10E 对这些检验进行了讨论。表 11A-1 中包含了使用 5% 的检验水平下的极大似然检验量标准的临界值。注意，当 L > 1 时，在表 10A-1 中，LIML 的临界值小于 2SLS 的临界值。这意味着，当使用 LIML 而不是 2SLS 时，Cragg-Donald F 检验统计值不需要太大，我们就能拒绝弱工具变量的原假设，表 11A-2 包含使用相对偏差标准时 LIML 的 Fuller 修正（利用 $a = 1$）的相对偏差标准弱工具变量进行检验的临界值。而 LIML 没有类似的表，因为 LIML 估计量不会有一个有限的期望值，所以没有偏差的概念。

---

① 高年级学生应该考虑阅读 Peter Schmidt's *Econometrics*, 1976, Chapter 4, New York, NY: Marcel Dekker, Inc.

② Wayne Fuller, "Some Properties of a Modification of the Limited Information Estimator," *Econometrica*, 45, pp.939-953.

③ R.S.Mariano（2001）"Simultaneous Equation Model Estimators," in *The Companion to Theoretical Econometrics*, Badi Baltagi ed.（Oxford: Blackwell Publishing）, pp.139-142.

表 11A-1　　基于 LIML 检验量的弱工具变量的临界值（5% 的显著性水平）[1]

L	B=1 最大检验尺寸				B=2 最大检验尺寸			
	0.10	0.15	0.20	0.25	0.10	0.15	0.20	0.25
1	16.38	8.96	6.66	5.53				
2	8.68	5.33	4.42	3.92	7.03	4.58	3.95	3.63
3	6.46	4.36	3.69	3.32	5.44	3.81	3.32	3.09
4	5.44	3.87	3.30	2.98	4.72	3.39	2.99	2.79

表 11A-2　　基于 Fuller-k 相对偏差的弱工具变量检验的临界值（5% 的显著性水平）

L	B=1 最大相对偏差				B=2 最大相对偏差			
	0.05	0.10	0.20	0.30	0.05	0.10	0.20	0.30
1	24.09	19.36	15.64	12.71				
2	13.46	10.89	9.00	7.49	15.50	12.55	9.72	8.03
3	9.61	7.90	6.61	5.60	10.83	8.96	7.18	6.15
4	7.63	6.37	5.38	4.63	8.53	7.15	5.85	5.10

实例 11.4　对 LIML 弱工具变量的检验

这里的阐释在实例 10.8 中进行了介绍。我们应用 Mroz 的数据，估计 HOURS 的供给方程：

$$HOURS = \beta_1 + \beta_2 MTR + \beta_3 EDUC + \beta_4 KIDSL6 + \beta_5 NWIFEINC + e \qquad (11A.8)$$

简化式估计值在表 10A-3 中给出。LIML 估计值在表 11A-3 中给出。我们考虑的模型是：

模型 1　内生变量：MTR；工具变量：EXPER

模型 2　内生变量：MTR；工具变量：EXPER，$EXPER^2$，LARGECITY

模型 3　内生变量：MTR；工具变量：MOTHEREDUC，FATHEREDUC

模型 4　内生变量：MTR，EDUC；工具变量：MOTHEREDUC，EXPER FATHEREDUC

首先，对于恰好可识别的方程，工具变量的个数与模型（1）和模型（3）的内生变量的个数相等。LIML 估计值与 2SLS 估计量是同一的。这种同一性对恰好识别的方程一直成立。对过度识别模型（2）和模型（4），估计值 $\hat{\ell}$ 接近于 1，估计值和 2SLS 估计值相差不多。

估计值不是说明的重要方面。Cragg-Donald F 检验统计值对所有的估计量都是一样

---

① 这些值来自 Stock and Yoga（2005），table 5.4，page103. 感谢 James Stock and Motohiro Yogo 允许使用这些结果，对于弱工具检验的显著性水平为 5%。

的。为了方便，每个方程的 F 检验值在表 11A-3 底部给出。在模型（2）中，我们有 1 个内生变量 $(B = 1)$，3 个外生变量 $(L = 3)$。用 LIML 最大值的 10% 作为我们的标准，Stock-Yogo 临界值为 6.46。Cragg-Donald F 检验统计值为 13.22，超过了 6.46，所以我们拒绝工具变量是弱变量的原假设，得出它们不是弱变量的结论。这个不是我们基于 IV/2SLS 会得出的结论。在表 10A-1 中，临界值是 22.30，我们将不会拒绝工具变量是弱变量的原假设。

表 11A-3 LIML 估计值

模 型	(1)	(2)	(3)	(4)
C	17 423.7211	16 191.3338	-24 491.5972	18 587.9064
	(5.56)	(5.40)	(-0.31)	(5.05)
MTR	-18 456.5896	-17 023.8164	29 709.4652	-19 196.5172
	(-5.08)	(-4.90)	(0.33)	(-4.79)
$EDUC$	-145.2928	-134.5504	258.5590	-197.2591
	(-4.40)	(-4.26)	(0.31)	(-3.05)
$KIDSL6$	151.0229	113.5034	-1144.4778	207.5531
	(1.07)	(0.84)	(-0.46)	(1.27)
$NWIFEINC$	-103.8983	-96.2895	149.2325	-104.9415
	(-5.27)	(-5.11)	(0.32)	(-5.07)
N	428	428	428	428
$\hat{\ell}$	1.0000	1.0195	1.0000	1.0029
CRAGG-DONALD F	30.61	13.22	0.10	8.60
NUMBER IV L	1	3	2	3
NUMBER ENDOG B	1	1	2	2

注：括号中的数值为 t 统计值。

在模型（4）中，有 2 个内生变量 $(B = 2)$ 和 3 个工具变量 $(L = 3)$。从表 11A-1 中可以得出结论，利用最大值为 10% 的临界值 5.44，Cragg-Donald F 检验统计值为 8.60，我们拒绝工具变量是弱变量的原假设。如果我们用 2SLS/IV 估计量，我们将不会拒绝工具变量是弱变量的原假设，因为表 10A-1 中的临界值为 13.43。

这些实例表明至少在面对弱工具变量时，LIML 估计量表现得更好。我们不能根据一个样本的一个结果证明任何事情，这就是为什么我们在附录 11A.3 中提供蒙特卡罗模拟实验的原因。

实例 11.5 用 Fuller 修正的 LIML 进行弱工具变量的检验

用 Fuller 修正的 LIML，设定 $a = 1$，我们得到表 11A-4 中的估计值。所有的结果都至少与 2SLS/IV 的估计有些不同，因为即使对恰好可识别的方程，Fuller 估计值与 2SLS 估计值也是不一样的。唯一的极具戏剧性的变化出现在模型（3）中，系数符号与其他模型更加一致，尽管没有任何系数是显著的。在模型（4）中，如果我们采用最大相对偏差为 10% 的标准，得出 Stock-Yogo 临界值为 8.96。Cragg-Donald F 检验统计值为 8.60，所以我们不能拒绝工具变量是弱变量的原假设。

表 11A-4   Fuller（a=1）估计值

模 型	(1)	(2)	(3)	(4)
C	17 108.0110	15 924.1895	28 17.5400	18 156.7850
	(5.60)	(5.44)	(0.20)	(5.10)
MTR	−18 089.5451	−16 713.2345	−1 304.8205	−18 730.1617
	(−5.11)	(−4.93)	(−0.08)	(−4.84)
$EDUC$	−142.5409	−132.2218	−29.6043	−191.1248
	(−4.41)	(−4.27)	(−0.20)	(−3.05)
$KIDSL6$	141.4113	105.3703	−287.7915	193.2295
	(1.02)	(0.79)	(−0.65)	(1.21)
$NWIFEINC$	−101.9491	−94.6401	−12.0108	−102.6290
	(−5.31)	(−5.14)	(−0.15)	(−5.12)
N	428	428	428	428
k	0.9976	1.0172	0.9976	1.0005
FULLER α	1.0000	1.0000	1.0000	1.0000
NUMBER IV L	1	3	2	3
CRAGG-DONALD F	30.61	13.22	0.10	8.60
NUMBER ENDOG B	1	1	2	2

注：括号中的数值为 t 统计值。

11A.3 蒙特卡罗模拟结果

在附录 10B.2 中，我们进行了蒙特卡罗模拟，以探索 IV/2SLS 估计量的性质。在这里，我们采用相同的实验，增加了我们在本附录中介绍的新估计量的一些内容。

首先，在 5% 显著性水平下，使用双尾检验以检验真实的原假设 $\beta_2 = 1$ 的拒绝百分比。IV/2SLS 估计量的蒙特卡罗拒绝率在 $t(\hat{\beta}_2)$ 那一列中，而 LIML 估计量在 $t(\hat{\beta}_{2,\text{LIML}})$ 那一列中。最大的差异是在强内生性和弱工具变量的情况下，其中基于两阶段最小二乘估计的检验拒绝率为 28.86%，而基于 LIML 估计的检验拒绝率为 13.47%。回想一下，5% 显著性水平下的双尾检验对应于确定 95% 区间估计是否包含假设参数值。在这些蒙特卡罗实验中，基于 LIML 的 95% 区间估计，估计量在 86.53% 的时间内包含真参数，而使用 IV/2SLS 的 95% 区间估计，估计量在 71.14% 的时间内包含真参数。这一发现与 Stock 和 Yogo 关于两种区间估计方法覆盖率的结论一致。

在这些实验中，两阶段最小二乘估计值 $\bar{\bar{\beta}}_2$ 和 Fuller 修正（$a=1$）LIML 估计值 $\bar{\bar{\beta}}_{2,F}$，两者 F 的平均值几乎没有差别。当使用均方误差准则比较估计值与真实参数值的接近程度时，会出现更大的反差。在表 11A-5 中，我们报告了 IV/2SLS 的经验均方误差 $\mathrm{mse}(\hat{\beta}_{2,F})$，以及和用 LIML 进行更充分修改的经验均方误差 $a=4$，$\mathrm{mse}(\hat{\beta}_{2,F})$。回想一下，均方误差测量的是估计值与真实参数值的接近程度。对于 IV/2SLS 估计，经验均方误差为：

$$\mathrm{mse}(\hat{\beta}_2) = \sum_{m=1}^{10\,000}(\hat{\beta}_2 m - \beta_2)^2 / 10\,000$$

在每个实验中，Fuller 修正的 LIML 比 IV/2SLS 估计量具有更低的均方误差，且当工具较弱时，改进幅度较大。

表 11A-5　　　　　　　　　　　蒙特卡罗模拟结果

ρ	π	$\bar{F}$	$\bar{\bar{\beta}}_2$	$t(\hat{\beta}_2)$	$t(\hat{\beta}_{2,\mathrm{LIML}})$	$\bar{\bar{\beta}}_{2,F}$	$\mathrm{mse}(\hat{\beta}_2)$	$\mathrm{mse}(\hat{\beta}_{2,F})$
0.0	0.1	1.98	0.9941	0.0049	0.0049	0.9941	0.4068	0.0748
0.0	0.5	21.17	0.9998	0.0441	0.0473	0.9997	0.0140	0.0132
0.8	0.1	2.00	1.3311	0.2886	0.1347	1.3375	1.0088	0.3289
0.8	0.5	21.18	1.0111	0.0636	0.0509	1.0000	0.0139	0.0127

第 12 章

时间序列数据回归：非平稳变量

学习目标

基于本章的内容，你应该能够：

1. 解释平稳和非平稳时间序列过程之间的差异。

2. 说明自回归过程和随机游走过程的一般特点。

3. 说明为什么我们需要进行"单位根"检验，并解释原假设和备择假设的含义。

4. 解释序列是"一阶单整"或 I（1）的含义。

5. 利用 Dickey-Fuller 检验和扩展的 Dickey-Fuller 检验对平稳性进行检验。

6. 解释"伪回归"的含义。

7. 解释协整的概念并检验两个序列是不是协整的。

8. 解释如何选择一个合适的模型对时间序列数据进行回归分析。

关键词

自回归过程	单整阶数	随机过程
协整	随机游走过程	随机趋势
Dickey-Fuller 检验	带趋势随机游走	τ 统计值
差分平稳	伪回归	趋势平稳
均值回归	平稳性	单位根检验
非平稳性		

时间序列数据分析对许多群体都至关重要，如研究国家行为和国际经济行为的宏观经济学家、分析股市的金融经济学家以及预测农产品供给需求的农业经济学家。比如，如果我们想预测国内生产总值的增长或通货膨胀，我们会考察各种经济效益指标，并考虑它们近年的变化特点。或者，如果我们对某个企业感兴趣，我们会分析这个行业的历史，以便预测其潜在销售额。在这些情况下，我们都要对时间序列数据进行分析。

我们已经在第 9 章分析过时间序列数据，并已发现针对这些数据所具有的特殊性而设计的回归模型，这些模型被用来捕捉数据的动态特性。我们知道了如何将因变量或解释变量的滞后值作为回归变量，或者考虑误差滞后项，能用来建立动态关系模型。我们也说明了如何使用自回归分布滞后模型（ARDL）来预测和计算动态乘数。贯穿第 9 章的一个重要假设是，变量是**平稳的**且**弱相关**，它们的均值和方差不会随时间变化，自相关取决于观测的时间间隔而非观测的实际时间，而且随着观测时间间隔期变长，它们的自相关性会消失，最终变得可以忽略不计。然而，有许多经济时间序列不是平稳的——它们的平均值和方差同时或单个随时间而变化——它们表现出很强的依赖性，自相关性不会消失或者下降得非常缓慢。在这一章中我们研究**非平稳**变量的性质，检验在回归分析中使用它们的结果，介绍平稳性检验并学习如何建立包含非平稳变量回归关系的模型。**协整**是我们遇到的一个影响回归模型选择的重要的新概念。协整得到广泛使用及其在许多经济时间序列存在的相关性，使其开发者Clive W.J.Granger和其他人共同获得了2003年的诺贝尔经济学奖。[①]

12.1 平稳和非平稳变量

为了说明非平稳变量的特点并了解它们的广泛相关性，我们首先考察美国经济中一些重要的经济变量。

实例12.1　一些美国经济时间序列图

在图12-1的左边，我们画出实际国内生产总值（一个衡量总体经济生产的指标）、年度通胀率（INF）（衡量总体价格水平的变化）、联邦基金利率（FFR）（银行间的隔夜贷款利率）和三年的债券利率（BR）（金融资产持有三年的利率）的散点图。国内生产总值（GDP）的数据涵盖1984年第一季度（1984Q1）至2016年第四季度（2016Q4）。它们可以在数据文件gdp5中找到。通货膨胀和两种利率的数据是1954年8月（M8）至2016年12月（M12）的月度数据；它们存储在数据文件usdata5中。FFR和BR用于本章后面的几个实例。观测到的GDP变量呈现向上趋势，而其他变量则上下浮动，没有可辨别的形态或趋势。

图12-1右边的图是左边对应变量的变化。回想一下，在第9章的几个实例和练习中，我们使用了哪些变量的变化。变量的变化是本章反复使用的一个十分重要的概念，值得我们详述其定义。变量y_t的变化（也称为一阶差分）由$\Delta y_t = y_t - y_{t-1}$给出。它是变量$y$的值从$t-1$到$t$的变化。图12-1右侧时间序列的变化可以描述为不规则的起伏或波动。通货膨胀率和两种利率的变化似乎围绕零波动。变量GDP的变化在一个非零值附近波动，在全球金融危机期间出现了较大的下降。在本章，我们将说明的第一个问题是：哪些数据序列是平稳变量观测值，哪些是非平稳变量观测值？

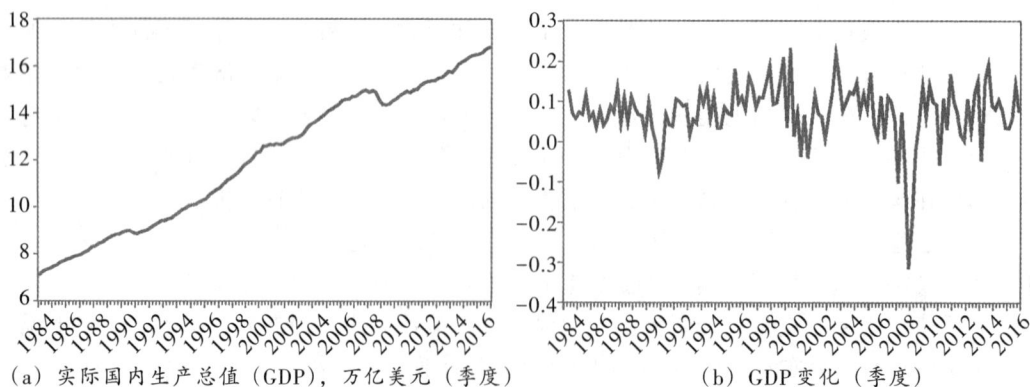

（a）实际国内生产总值（GDP），万亿美元（季度）　　（b）GDP变化（季度）

[①] 参见 https://www.britannica.com/biography/Clive-Granger. 2003年诺贝尔经济学奖的另一位得主是Robert F. Engle，我们将在第14章讨论他的贡献。

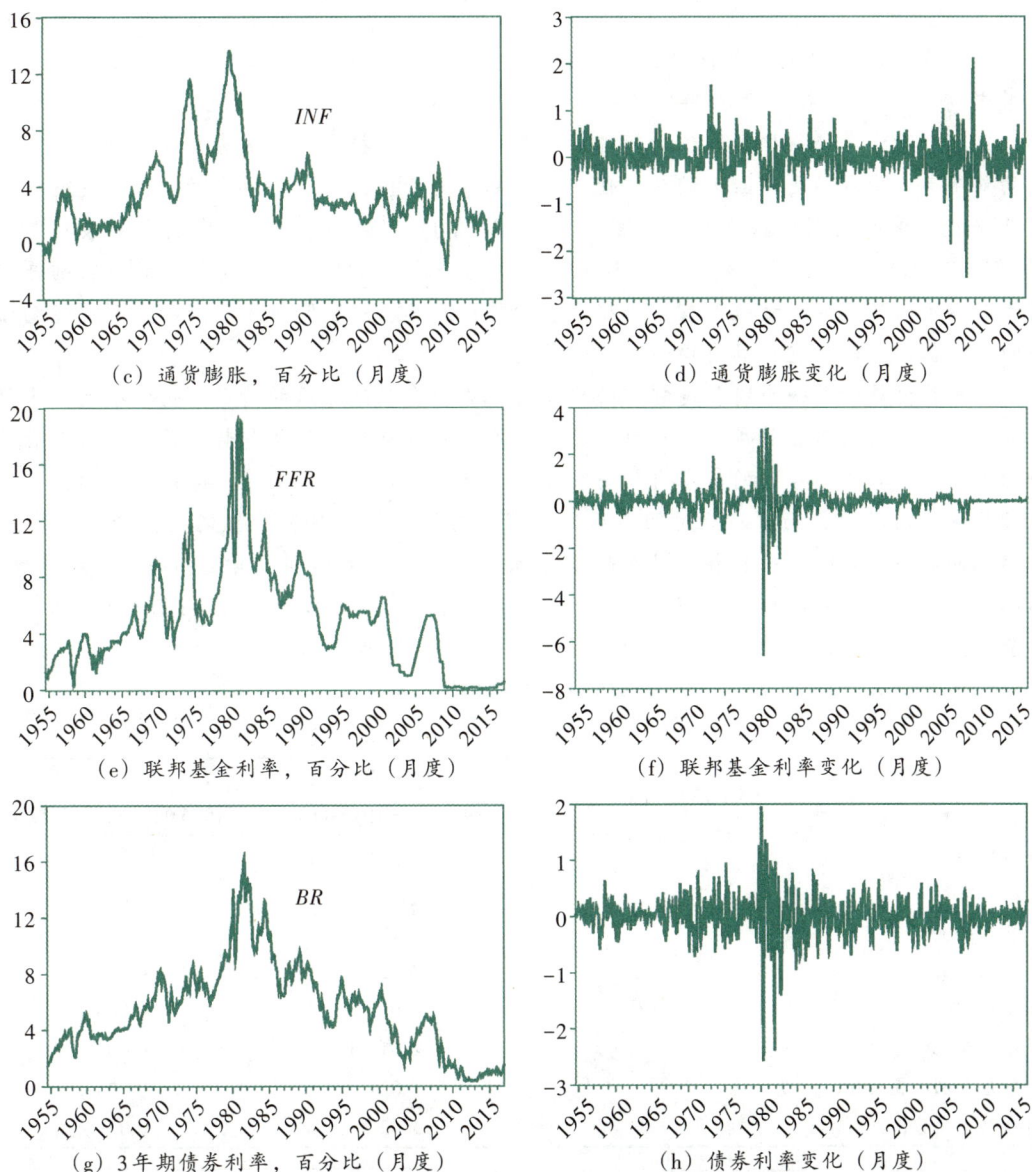

（c）通货膨胀，百分比（月度）　　　　（d）通货膨胀变化（月度）

（e）联邦基金利率，百分比（月度）　　　（f）联邦基金利率变化（月度）

（g）3 年期债券利率，百分比（月度）　　　（h）债券利率变化（月度）

图 12-1　美国经济时间序列

回想一下，随着时间的推移，一个平稳时间序列 y_t 的均值和方差是常数，该序列中两个值之间的协方差（和自相关性）只取决于两个值之间的间隔时间，而不取决于实际观测这些值的时间，即，

$$E(y_t) = \mu \qquad\qquad \text{均值恒定} \qquad\qquad (12.1\text{a})$$

$$\mathrm{var}(y_t) = \sigma^2 \qquad\qquad \text{方差恒定} \qquad\qquad (12.1\text{b})$$

$$\mathrm{cov}(y_t, y_{t+s}) = \mathrm{cov}(y_t, y_{t-s}) = \gamma_s \qquad \text{协方差取决于 } s\text{，而不是 } t \qquad (12.1\text{c})$$

让我们关注第一个条件，即常数均值。为了调查图 12-1 中序列的均值是否随时间变化，我们将观测值分成两个近似相等的子样本，并计算每个子样本的样本均值。表 12-1

报告了这些情况。从检查表中的各项及图 12-1 中的各个图，可以清楚地看到，用原始水平表示的变量的平均值确实会随着时间发生变化。在图 12-1（a）中，GDP 显示出明显的上升趋势，导致样本的后半部分的平均值增大。其他三个变量（图 12-1（c）、（e）和（g））上下漂移，使得样本均值对所选周期非常敏感。当样本被分成相等的两部分时，样本的前半部分出现了更多较大的值，使得前半部分的均值大于后半部分的均值。这些特征是非平稳变量的典型特征。另外，图 12-1（b）、（d）、（f）和（h）中各变量的最初差异（它们的变化）没有明显的趋势。这两个子样本的平均数在数量级上是相似的，特别是相对于其季度间波动的数量级而言。平稳变量的特征是具有一个常数平均值和序列中趋向于回归平均值的波动。它们具有均值回归的性质。

非平稳变量的另一个特征是它们的样本自相关性在长期滞后的情形下仍然很大。平稳的弱相关序列具有自相关性，这种自相关性会被切断或呈几何下降趋势，并在长滞期后的情形下消失。非平稳序列的样本自相关表现出强相关的特征。它们的下降是线性的，而不是按几何级数下降，而且在长时间滞后的情形下仍然显著。例如，图 12-2 显示了 GDP 及其变化的相关图。GDP 的自相关性下降非常缓慢，即使滞后 24 期，其自相关性继续显著，远高于 5% 的显著性界限 0.17，这表明 GDP 是非平稳的。另一方面，对于 GDP 的变化，在其余部分可忽略不计之前，只有前两个自相关显著，这表明 ΔGDP 是平稳的。

表 12-1　　　　　　　　　　　　　时间序列的样本均值

变量		样本期	
	GDP INF, BR, FFR	1948Q2—2000Q3 1954M8—1985M10	2000Q4—2016Q4 1985M11—2016M12
真实 GDP(a)		9.56	14.68
通胀率(c)		4.42	2.59
联邦利率(e)		6.20	3.65
债券利率(g)		6.56	4.29
GDP 变化(b)		0.083	0.065
通胀率变化(d)		0.01	−0.003
联邦基金利率变化(f)		0.02	−0.02
债券利率变化(h)		0.02	−0.02

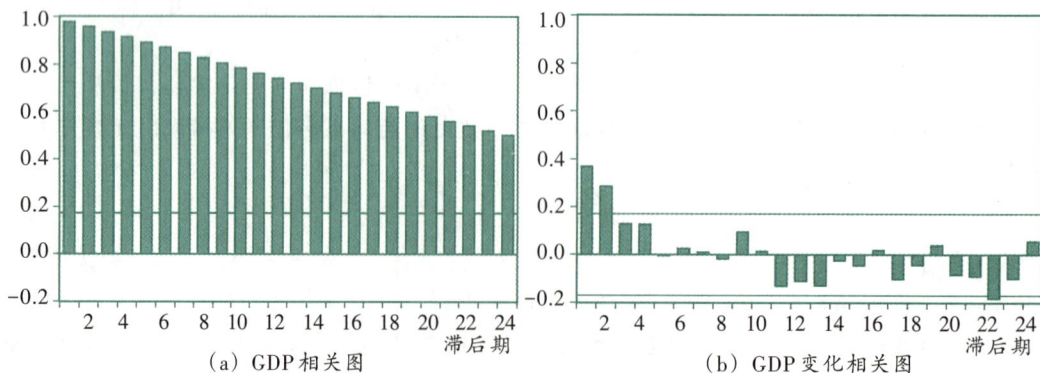

（a）GDP 相关图　　　　　　　（b）GDP 变化相关图

图 12-2　GDP 和 GDP 变化的相关图

通过绘制一个序列，检查它的平均值是否随时间变化，并且检查它的样本自相关性，可以在一定程度上指示某个序列是平稳的还是非平稳的，但这些检查不是结论性的，它们缺乏正式假设检验的严谨性。同时，我们发现具有非平稳特征的序列在一阶差分后也具有平稳特征是常见的现象，但它并不普遍，这需要验证。第 12.3 节介绍了平稳性的正式检验。在此之前，我们讨论了具有趋势的建模序列和最小二乘回归的非平稳性的后果。

12.1.1　趋势平稳变量

在实例 12.1 中，我们可以看到 GDP 有一个明确的趋势，因此它是非平稳的，而通货膨胀和两种利率上下游走，是非平稳变量的另一个特征。非平稳变量向一个方向或相反方向上下游走叫作**随机趋势**。明确的向上或向下趋势很可能是由随机趋势或**确定性趋势**导致的，或者是由两者共同导致的。在剔除确定性趋势之后变量平稳称为**趋势平稳**。在这一节中，我们考虑确定性趋势的概念，它是如何与趋势平稳性的概念相联系的，以及建立包含趋势平稳变量的回归关系的模型。在第 12.1.3 节中将介绍随机趋势。

对于变量 y 的确定性趋势，最简单的模型是线性趋势模型：

$$y_t = c_1 + c_2 t + u_t \tag{12.2}$$

其中，$t = 1, 2, \cdots, T$。如果我们只关注趋势，并假设误差项的变化为零（$\Delta u_t = u_t - u_{t-1} = 0$），则系数 c_2 表示从一个周期到下一个周期的 y 变化量。

$$y_t - y_{t-1} = (c_1 + c_2 t) - [c_1 + c_2(t-1)] + \Delta u_t = c_2$$

时间变量 t 不一定从 1 开始且以 1 的增量增加，用线性变换重新定义它。例如，$t^* = a + bt$，只需更改 c_1 和 c_2 的值并更改 c_2 的解释（如果 $b \neq 0$）。趋势 $c_1 + c_2 t$ 称为确定性趋势，因为它不包含随机成分。如果 y_t 围绕趋势的波动是平稳的，则 y_t 是趋势平稳的。因为这些波动是由误差项的变化引起的：

$$u_t = y_t - (c_1 + c_2 t) \tag{12.3}$$

如果 u_t 是平稳的，则 y_t 是趋势平稳的。

当 y_t 是趋势平稳的变量时，我们可以用最小二乘法求出公式（12.2）中的 $\hat{c}_1$ 和 $\hat{c}_2$，然后去掉趋势，便可将趋势平稳变量 y_t 转换为平稳变量 $\hat{u}_t$：

$$\hat{u}_t = y_t - (\hat{c}_1 + \hat{c}_2 t) \tag{12.4}$$

如果我们要考虑一个包含两个趋势平稳变量（比如 y_t 和 x_t）的回归或 ARDL 模型，则在去除其趋势、使其平稳后，它们的关系可以在第 9 章的框架内进行估计。

继续讨论趋势平稳这个概念，假设 $y_t = c_1 + c_2 t + u_t$ 和 $x_t = d_1 + d_2 t + v_t$ 是趋势平稳变量，u_t 和 v_t 都是平稳变量。为了估计 y_t 和 x_t 之间的关系，我们首先去掉趋势：$\tilde{y}_t = y_t - (\hat{c}_1 + \hat{c}_2 t)$ 和 $\tilde{x}_t = x_t - (\hat{d}_1 + \hat{d}_2 t)$，其中 $\hat{c}_1$、$\hat{c}_2$、$\hat{d}_1$ 和 $\hat{d}_2$ 分别是趋势项最小二乘估计量。我们使用符号 $\tilde{y}_t$ 和 $\tilde{x}_t$ 来替代 $\hat{u}_t$ 和 $\hat{v}_t$，这与第 5.2.4 节引入的 FWL 定理中使用的方法一致。假设 y 围绕其趋势的变化与 x 围绕其趋势的变化有关，不存在滞后项，一个合适的线性模型公式为：

$$\tilde{y}_t = \beta \tilde{x}_t + e_t \tag{12.5}$$

因为 $\tilde{y}_t$ 和 $\tilde{x}_t$ 是具有零均值的 OLS 残差，所以可以省略截距项。根据 FWL 定理，公式（12.5）中 β 的最小二乘估计与下面公式中 β 的最小二乘估计是相同的：

$$y_t = \alpha_1 + \alpha_2 t + \beta x_t + e_t \qquad\qquad (12.6)$$

因此，当 y 和 x 是趋势平稳变量时，我们可以首先剔除趋势或在公式中包含一个趋势变量来估计它们之间的关系。

对于更一般的 ARDL 模型中的趋势平稳变量，我们可以以类似的方式进行，估计其中任何一种：

$$\tilde{y}_t = \sum_{s=1}^{p} \theta_s \tilde{y}_{t-s} + \sum_{r=0}^{q} \delta_r \tilde{x}_{t-r} + e_t \qquad\qquad (12.7)$$

或者，

$$y_t = \alpha_1 + \alpha_2 t + \sum_{s=1}^{p} \theta_s y_{t-s} + \sum_{r=0}^{q} \delta_r x_{t-r} + e_t \qquad\qquad (12.8)$$

假设我们通过滞后 $\tilde{y}_t$ 和 $\tilde{x}_t$ 来构建 $\tilde{y}_{t-s}$ 和 $\tilde{x}_{t-r}$，而不是通过单独去除 y 和 x 滞后项的趋势，则公式（12.7）和公式（12.8）的估计值会有一些细微差异。

虽然严格地说，因为趋势平稳变量的均值随时间而变化，所以它们不是平稳的，但是因其在包含趋势或非趋势变量时不会引入任何特殊问题，所以它们通常被简单地称为"平稳"。此外，不要忽视任何趋势，这一点很重要。当 y_t 和 x_t 都有明确的趋势时，估计模型 $y_t = \alpha_1 + \beta x_t + e_t$ 会得出 y_t 和 x_t 之间存在显著关系的结论，但实际上这种关系并不存在。

此处需要特别强调，我们已讨论的和尚未提及的内容都是有用的。我们发现，对趋势平稳变量做回归可以通过去掉变量中的确定性趋势，从而使它们变成平稳变量，或者直接在方程中加入趋势项。我们还没有讲到如何区分确定性趋势和随机趋势，以及如何用随机趋势对非平稳变量之间的回归关系建模。在实例 12.1 中，GDP 有一个明显的趋势，我们还不知道这种趋势是确定性的还是随机的，或者应该如何在回归框架下建模。我们将在后续章节中讨论这些问题，但首先需要注意公式（12.2）的确定性趋势不是只有线性形式一种，举一个例子说明。

其他趋势　另一个常见的趋势是，一个变量以恒定（平均而言）百分比的速度增长。如果我们暂时忽略误差项，假设变化比例为 a_2，我们有 $y_t = y_{t-1} + a_2 y_{t-1}$，或者按百分比计算，

$$100 \times \left(\frac{y_t - y_{t-1}}{y_{t-1}} \right) = 100 a_2$$

另外，$(y_t - y_{t-1})/y_{t-1}$ 可以近似地由 $\Delta \ln(y_t) = \ln(y_t) - \ln(y_{t-1})$ 替代，因此有：

$$\ln(y_t) - \ln(y_{t-1}) \cong \% \Delta y_t = 100 a_2$$

具有此属性的模型（包含误差项）是：

$$\ln(y_t) = a_1 + a_2 t + u_t \qquad\qquad (12.9)$$

在这种情形下，y_t 的确定性趋势可以表示为 $\exp(a_1 + a_2 t)$，如果 u_t 是平稳的变量，则 $\ln(y_t)$ 将是趋势平稳的。在前面第 4.5.1 节中，在对技术变化导致的小麦产量增加进行建模时介绍了这个模型。现在回去重读那一节可能会有好处，它将使你对常数增长率模型有更多的了解。

确定性趋势模型最常见的是公式（12.2）和公式（12.9），但还有其他的形式。在第 4.4.2 节中，立方趋势项 $y_t = \beta_1 + \beta_2 t^3 + e_t$ 用于对小麦产量进行建模。在练习 5.21 中引入了交互变量 $TREND \times RAIN$。在练习 6.29 中，平方趋势项被引入用于对收入份额先下降后上

升的趋势建模。平方趋势和立方趋势是上下波动的形态，然而大多数确定性趋势都是持续上升或持续下降的，在这种情况下，引入平方趋势项或立方趋势项就不合适了。受限范围内的曲线可以很好地拟合样本期间的数据，但在此范围之外，平方或立方可能不切实际。因此公式（12.2）和公式（12.9）所包含的确定性趋势是最受欢迎的。

实例12.2 小麦产量的确定性趋势

科学家们正在不断研究如何增加全球粮食产量，以跟上世界人口的增长。农艺师的工作对此做出了贡献，他们开发小麦新品种以提高小麦产量。在西澳大利亚图迪郡，我们预计小麦产量会随着时间的推移呈上升趋势，这反映了新品种的开发情况。然而，在西澳大利亚种植小麦是一个高风险的业务。它的成功很大程度上取决于降雨的情况，而降雨并不总是可靠的。因此，我们预计产量会围绕上升趋势线波动。数据文件*toody5*中包含了1950年至1997年图迪郡小麦在生长季节的年产量和年降雨量的数据。对于小麦产量，我们使用恒定增长率趋势 $\ln(YIELD_t) = a_1 + a_2 t + u_t$。图12-3（a）将 $\ln(YIELD_t)$ 与线性趋势线绘制在一起。除特别糟糕的1969年外，观测值总体上围绕上升趋势线波动。图12-3（b）是根据降雨数据绘制的趋势图。

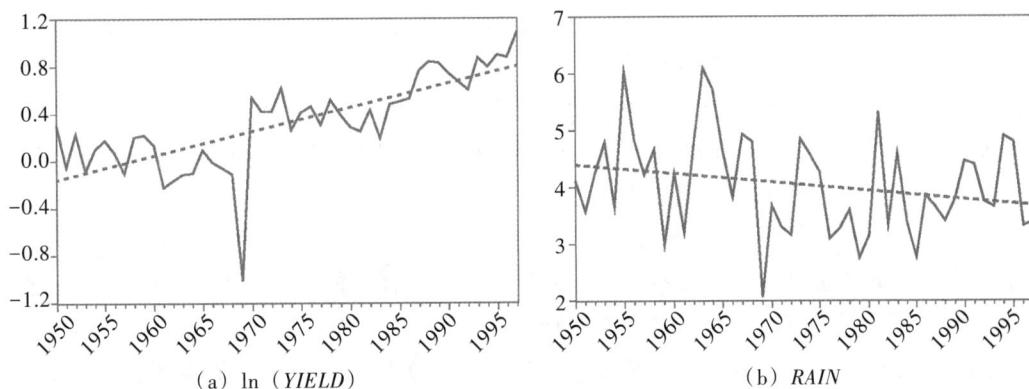

图12-3 以小麦产量为例的时间序列图

我们发现小麦产量有轻微的下降趋势且1969年的降雨量很少，因此我们在模型中包括 $RAIN^2$ 和 $RAIN$，引出接下来的公式：

$$\ln(YIELD_t) = -2.510 + 0.01971t + 1.149RAIN_t - 0.1344RAIN_t^2 + \hat{e}_t$$
$$(\text{se}) \qquad\qquad (0.00252) \quad (0.290) \qquad (0.0346) \tag{12.10}$$

另一种替代方法是去掉 $\ln(YIELD)$、$RAIN$ 和 $RAIN^2$ 的趋势，并估计去趋势模型。首先估计趋势项，我们得到：

$$\widehat{\ln(YIELD_t)} = -0.1801 + 0.02044t$$
$$(\text{se}) \qquad\qquad (0.00276)$$

$$\widehat{RAIN_t} = 4.408 - 0.01522t$$
$$(\text{se}) \qquad\quad (0.00891)$$

$$\widehat{RAIN_t^2} = 20.35 - 0.1356t$$
$$(\text{se}) \qquad\quad (0.0747)$$

前两个方程描述了图12-3中的趋势线。计算 $RRAIN_t = RAIN_t - \widehat{RAIN_t}$，$RRAIN2_t$

$= RAIN_t^2 - \widehat{RAIN_t^2}$，$RLYIELD_t = \ln(YIELD_t) - \widehat{\ln(YIELD_t)}$，我们可以得到：

$$\widehat{RLYIELD_t} = 1.149 RRAIN_t - 0.1344 RRAIN_t^2,$$

$$(\text{se}) \quad (0.284) \quad\quad (0.0339) \tag{12.11}$$

请注意，公式（12.10）和公式（12.11）中的估计值相同，但标准误不同，标准误的不同源于估计残差项方差的自由度不同：在公式（12.10）中是 $48 - 4 = 44$；在公式（12.11）中是 $48 - 2 = 46$。我们可以通过将标准误乘以 $\sqrt{46/44} = 1.022$ 修正公式（12.11）中的标准误。在大样本中，差异可以忽略不计。公式（12.10）和公式（12.11）中估计值的正当性取决于 $\ln(YIELD)$、$RAIN$ 和 $RAIN^2$ 是趋势平稳的假设。可以使用第 12.3 节中提出的假设检验机制来验证此假设。

12.1.2 一阶自回归模型

为了构造存在随机性趋势的非平稳变量模型框架，我们从修改在第 9 章介绍的一阶自回归模型 AR（1）开始。

产生时间序列变量 y_t 的计量经济学模型称为**随机或随机过程**。观测 y_t 值的样本称为**随机过程**的一个特殊实现。这是随机过程可能采取的多种路径之一。单变量时间序列模型是随机过程的例子，其中单变量 y 与自身过去的值以及当前和过去的误差项有关。与回归建模相反，单变量时间序列模型不包含任何解释变量（没有 x）。

AR（1）模型是一个有用的单变量时间序列模型，用于解释平稳序列和非平稳序列之间的差异。我们首先考虑一个均值为 0 的 AR（1）模型：

$$y_t = \rho y_{t-1} + v_t, \quad |\rho| < 1 \tag{12.12}$$

其中，误差 v_t 是独立的，均值为零，方差为常数 σ_v^2，并且可能服从正态分布。在时间序列模型的背景下，误差有时被称为"冲击"或"创新"。正如我们将看到的，当 $|\rho| < 1$ 时，y_t 是平稳的。AR（1）过程表明，随机变量 y_t 的每一个实现都包含上一周期的值 y_{t-1} 加上从均值为零、方差为 σ_v^2 的分布中得出的误差 v_t 的比例变化。由于我们只关心一个滞后，该模型被描述为一阶的自回归模型。一般来说，AR（p）模型包括变量 y_t 到 y_{t-p} 的时滞。图 12-4（a）给出了一个 $\rho = 0.07$ 和具有独立 $N(0,1)$ 随机误差的 AR（1）时间序列例子。注意，数据是人工生成的。观测时间序列如何在零附近波动，并且没有类似趋势的行为——平稳序列的一个特征。

"零"值是序列的常数平均值，它可以通过**递归替换**来确定[①]。考虑 y 在 $t = 1$ 时刻的值，然后考虑它在 $t = 2$ 时刻的值，依此类推。这些值是：

$$y_1 = \rho y_1 + v_1$$

$$y_2 = \rho y_1 + v_2 = \rho(\rho y_0 + v_1) + v_2 = \rho^2 y_0 + \rho v_1 + v_2$$

$$\vdots$$

$$y_t = v_t + \rho v_{t-1} + \rho^2 v_{t-2} + \cdots + \rho^t y_0$$

y_t 的均值为：

$$E(y_t) = E(v_t + \rho v_{t-1} + \rho^2 v_{t-2} + \cdots) = 0$$

---

① 当变量是平稳的时候，递归替换的另一种方法是使用第 9.5.4 节中讨论的滞后算子代数。

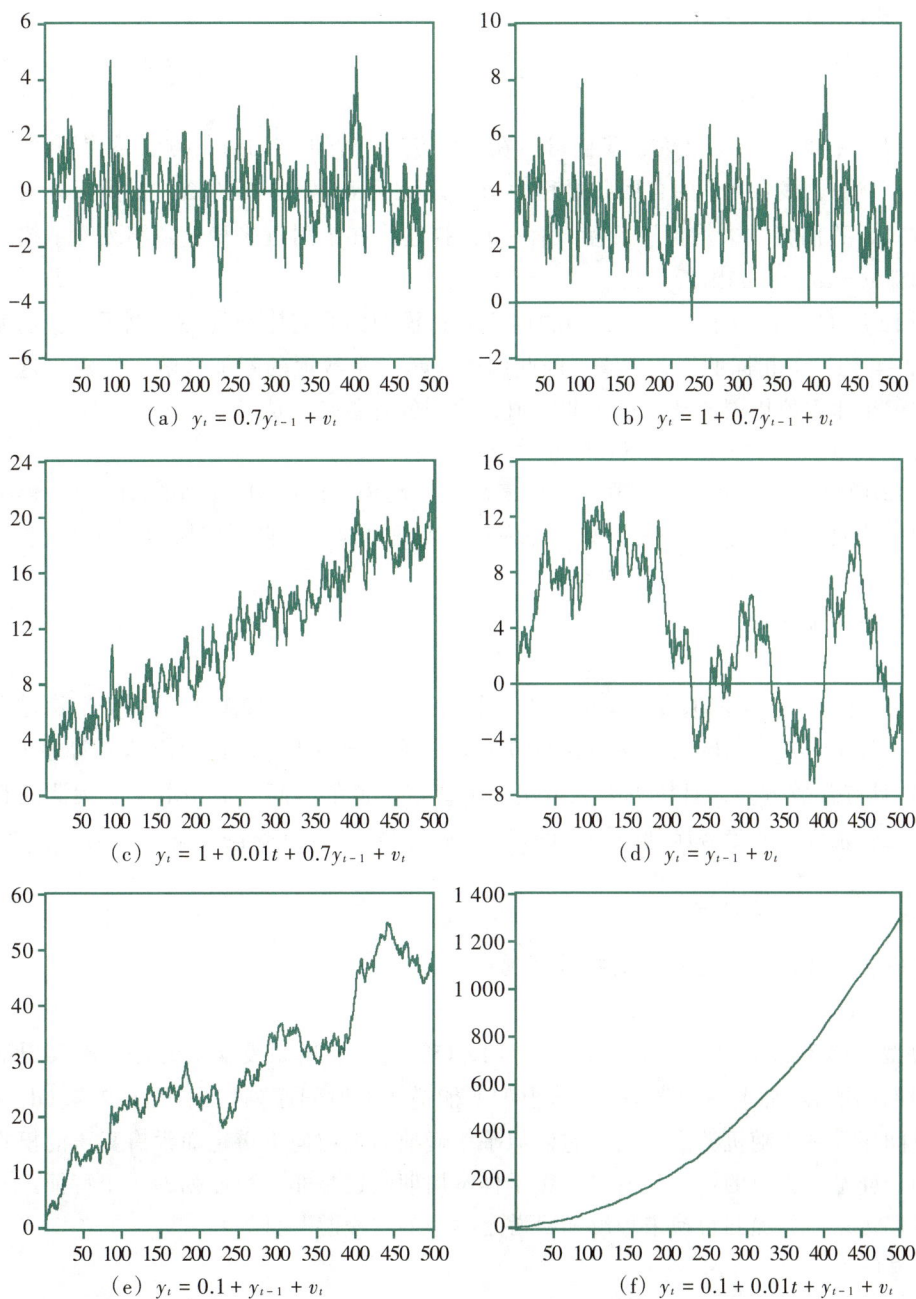

（a）$y_t = 0.7y_{t-1} + v_t$

（b）$y_t = 1 + 0.7y_{t-1} + v_t$

（c）$y_t = 1 + 0.01t + 0.7y_{t-1} + v_t$

（d）$y_t = y_{t-1} + v_t$

（e）$y_t = 0.1 + y_{t-1} + v_t$

（f）$y_t = 0.1 + 0.01t + y_{t-1} + v_t$

图 12-4 时间序列模型

　　由于误差 v_t 的均值为零，且在 t 很大的情况下，$\rho^t y_0$ 的值可以忽略不计。在附录 9B 中，方差显示为常数 $\sigma_v^2/(1-\rho^2)$，而与 γ_s 间隔 s 期的两个误差之间的协方差为 $\sigma_v^2\rho^s/(1-\rho^2)$。因此，公式（12.12）中的 AR（1）模型是均值为零的平稳过程的一个经典例子。

　　实际数据的均值很少为零。我们可以通过将公式（12.12）中的 y_t 替换为（$y_t - \mu$）来引入一个非零均值偏移，如下所示：

$$(y_t - \mu) = \rho(y_{t-1} - \mu) + v_t$$

然后可以整理为：

$$y_t = \alpha + \rho y_{t-1} + v_t, |\rho| < 1 \tag{12.13}$$

当 $\alpha = \mu(1-\rho)$ 时，也就是说，我们可以在 y_t 中容纳一个非零均值，方法是使用"去均值"变量 $(y_t - \mu)$，或者在 y_t 的**自回归过程**中引入截距项 α，如公式（12.13）所示。对应于这两种方式，我们将"去均值"变量 $(y_t - \mu)$ 描述为在零附近平稳，或将变量 y_t 描述为在其平均值 $\mu = \alpha / (1-\rho)$ 附近平稳。

图 12-4（b）显示了 $\alpha = 1$、$\rho = 0.7$ 时遵循该模型的时间序列的一个例子。我们使用了与图 12-4（a）中相同的误差 v_t 值，因此图中显示了常数项的附加影响。注意，这个序列现在在一个非零值周围波动。这个非零值是序列的常数平均值：

$$E(y_t) = \mu = \alpha / (1-\rho) = 1 / (1 - 0.7) = 3.33$$

公式（12.12）的另一个扩展是考虑一个围绕线性趋势 $(\mu + \delta t)$ 波动的 AR（1）模型。在本例中，我们让"去趋势"序列 $(y_t - \mu - \delta t)$ 表现得像一个自回归模型：

$$(y_t - \mu - \delta t) = \rho[y_{t-1} - \mu - \delta(t-1)] + v_t, |\rho| < 1$$

然后可以重新排列成：

$$y_t = \alpha + \rho y_{t-1} + \lambda t + v_t \tag{12.14}$$

其中，$\alpha = [\mu(1-\rho) + \rho\delta]$，$\lambda = \delta(1-\rho)$。对于 $|\rho| < 1$，公式（12.14）是趋势平稳过程的一个例子。图 12-4（c）显示了参数 $\rho = 0.7$、$\alpha = 1$ 和 $\lambda = 0.01$ 的过程图。非趋势序列 $(y_t - \mu - \delta t)$ 具有常数方差，且协方差只取决于分离观测值的时间，而不取决于观测到它们的时间。也就是说，非趋势序列是平稳的，y_t 在确定趋势线 $\mu + \delta t$ 附近是平稳的。

12.1.3 随机游走模型

考虑公式（12.12）中 $\rho = 1$ 的特殊情况：

$$y_t = y_{t-1} + v_t \tag{12.15}$$

这个模型被称为随机游走模型。由公式（12.15）可知，随机变量 y_t 的每一次实现都包含上一周期的值 y_{t-1} 加上一个误差 v_t。该模型所能描述的时间序列实例如图 12-4（d）所示。这些时间序列称为**随机游走**，因为它们似乎缓慢地向上或向下游走而没有真正的模式。从观测的子样本计算出的样本均值将依赖于样本周期，这是非平稳序列的一个特征。

我们可以通过递归替换来理解随机游走模型的"漫游"行为：

$$y_1 = y_0 + v_1$$

$$y_2 = y_1 + v_2 = (y_0 + v_1) + v_2 = y_0 + \sum_{s=1}^{2} v_s$$

$$\vdots$$

$$y_t = y_{t-1} + v_t = y_0 + \sum_{s=1}^{t} v_s$$

随机游走模型包含一个初始值 y_0（通常设置为 0，因为它离当期太过久远，对 y_t 的贡献可以忽略不计），加上一个过去随机项 $\sum_{s=1}^{t} v_s$ 的总和，后一个部分称为**随机趋势**。之所以出现这一项，是因为每一次 t 都加入了一个随机分量 v_t，而且它会导致时间序列朝着不可预测的方向发展。如果变量 y_t 受到一系列正冲击（$v_t > 0$），则会出现向上徘徊的现象；当变量 y_t 受到一系列负冲击（$v_t < 0$），则会出现向下徘徊的现象。

我们利用 y_t 是误差总和这一事实，用图形来解释随机游走的非平稳性质。我们也可以用它借助代数方法来证明平稳性的条件不成立。意识到 v_t 是独立的，具有零均值和同方差 σ_v^2，对于一个固定的初始值 y_0，y_t 收益率的期望值和方差为：

$$E(y_t) = y_0 + E(v_1 + v_2 + \cdots + v_t) = y_0$$
$$\mathrm{var}(y_t) = \mathrm{var}(v_1 + v_2 + \cdots + v_t) = t\sigma_v^2$$

随机游走有一个等于初始值的均值和一个随时间增大的方差，最终变成无穷大。虽然均值是常数，但方差的增大意味着该序列可能无法回到其均值，因此不同时期的样本均值是不一样的。

在公式（12.15）中加入常数项，得到另一个非平稳模型：

$$y_t = \delta + y_{t-1} + v_t \tag{12.16}$$

这个模型被称为**带有漂移的随机游走**。由公式（12.16）可知，随机变量 y_t 的每个实现都包含一个截距（漂移分量 δ）加上前一个周期的值 y_{t-1} 再加上误差 v_t。该模型可以描述的一个时间序列（$\delta=0.1$）的例子如图 12-4（e）所示。注意时间序列数据是如何呈现出"徘徊"和"趋势"上升的。一般来说，带有漂移模型的随机游走显示出明确的趋势，要么是向上的（当漂移分量 δ 为正），要么是向下的（当漂移分量 δ 为负）。

同样，通过应用递归替换，我们可以更好地理解这种行为：

$$y_1 = \delta + y_0 + v_1$$
$$y_2 = \delta + y_1 + v_2 = \delta + (\delta + y_0 + v_1) + v_2 = 2\delta + y_0 + \sum_{s=1}^{2} v_s$$
$$\vdots$$
$$y_t = \delta + y_{t-1} + v_t = t\delta + y_0 + \sum_{s=1}^{t} v_s$$

t 时刻 y 的值由初始值 y_0、随机趋势分量 $\sum_{s=1}^{t} v_s$ 和确定性趋势分量 $t\delta$ 组成。之所以称为确定性趋势，是因为每个 t 时刻增加一个固定的 δ 值。变量 y 上下摆动，在每个 t 时刻增加一个固定的数值，y_t 的均值和方差为：

$$E(y_t) = t\delta + y_0 + E(v_1 + v_2 + \cdots + v_t) = t\delta + y_0$$
$$\mathrm{var}(y_t) = \mathrm{var}(v_1 + v_2 + \cdots + v_t) = t\sigma_v^2$$

在这种情况下，平稳性的恒定均值和恒定方差条件同时被违反了。

我们可以进一步扩展随机游走模型，加入一个时间趋势：

$$y_t = \alpha + \delta t + y_{t-1} + v_t \tag{12.17}$$

一个可以用该模型（$\alpha = 0.1, \delta = 0.01$）描述的时间序列的例子如图 12-4（f）所示。注意如何增加一个时间趋势变量 t 以加强趋势行为。通过使用之前的代数操作，我们可以看到放大后的效果：

$$y_1 = \alpha + \delta + y_0 + v_1$$

$$y_2 = \alpha + 2\delta + y_1 + v_2 = \alpha + 2\delta + (\alpha + \delta + y_0 + v_1) + v_2 = 2\alpha + 3\delta + y_0 + \sum_{s=1}^{2} v_s$$

$$\vdots$$

$$y_t = \alpha + \delta t + y_{t-1} + v_t = t\alpha + \left(\frac{t(t+1)}{2}\right)\delta + y_0 + \sum_{s=1}^{t} v_s$$

我们使用等差数列和的公式:

$$1 + 2 + 3 + \cdots + t = t(t+1)/2$$

附加项具有强化趋势行为的作用。

回顾一下,我们考虑了自回归模型的类别,并证明了当 $|\rho| < 1$ 时,它们具有平稳性的属性。我们还讨论了 $\rho = 1$ 时的随机游走类模型。我们证明了随机游走模型具有非平稳性。现在,返回并比较图 12-1 中的实际数据和图 12-4 中的那些数据。问问自己是什么模型生成了图 12-1 中不同的数据序列。在接下来的几节中,我们将考虑如何检验图 12-1 中的哪个序列展示了与平稳性相关的属性,以及哪个序列展示了与非平稳性相关的属性。

12.2 随机趋势的后果

在第 12.1.2 节中,我们注意到,如果回归关系中包含了具有确定性趋势的变量或不包含随机趋势的变量,那么回归分析并不存在任何困难。考虑趋势很重要,因为排除它可能会导致忽略变量偏差。现在我们考虑涉及随机趋势变量的估计回归的含义。在这种情况下,由于随机趋势是非平稳性的最普遍的来源,并且它们引入了特殊的问题,当我们提到非平稳变量时,我们通常指的是既不是平稳的也不是趋势平稳的变量。

对具有随机趋势的非平稳变量进行回归的一个结果是 OLS 估计在大样本中不再具有近似的正态分布。这意味着区间估计和假设检验将不再有效。估计的准确性可能并不像看上去的那样,关于变量之间关系的结论可能是错误的。一个特别麻烦的问题是两个完全独立的随机游走可能看起来有很强的线性关系,而实际上这种关系并不存在。这种性质的结果被称为伪回归。

实例 12.3　两个随机游走的回归

为了说明伪回归问题,考虑以下两个独立的随机游走:

rw_1: $y_t = y_{t-1} + v_{1t}$

rw_2: $x_t = x_{t-1} + v_{2t}$

其中,v_{1t} 和 v_{2t} 是属于 N(0, 1) 的独立随机误差。图 12-5(a)中显示了两个这样的序列——数据文件中的数据来自 *spurious*。这些序列是独立生成的,实际上彼此之间没有关系,但是当我们绘制它们时(如图 12-5(b)所示),我们看到它们之间存在正相关关系。如果我们用序列 1(rw_1)对序列 2(rw_1)估计一个简单回归,我们得到如下结果:

$$rw_{1t} = 17.818 + 0.842 rw_{2t}, R^2 = 0.70$$

$$(t) \qquad (40.837)$$

这一结果表明,该简单回归模型拟合数据较好($R^2 = 0.70$),估计的斜率显著异于零。事实上，t统计量是巨大的！然而，这些结果完全没有意义，或者是虚假的。这种关系表面上的重要性是错误的。它源于我们将一个具有随机趋势的序列与另一个具有随机趋势的序列相联系。事实上，这些序列没有任何共同之处，它们也没有任何因果关系。当带漂移序列的随机游走用于回归时，得到了类似的、更引人注目的结果。通常这种回归的残差将是高度相关的。对于本例，用于检验一阶自相关的LM检验值（括号内的p值）为682.958（0.000）。这是一个明显的迹象，表明回归存在问题。

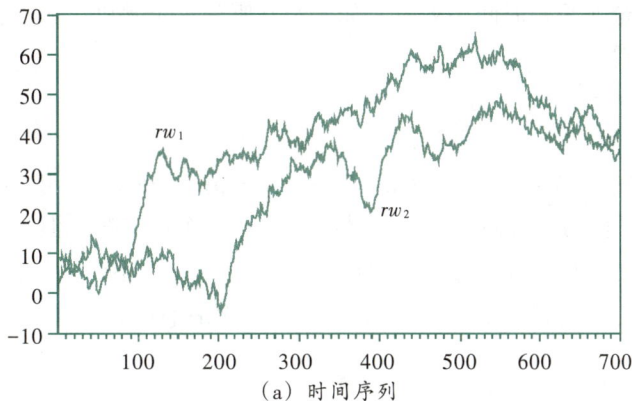

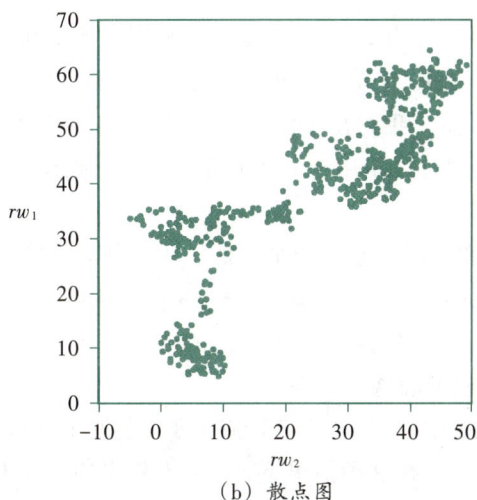

（a）时间序列

（b）散点图

图12-5　两个随机游走变量的时间序列和散点图

综上所述，在回归模型中使用非平稳时间序列时，其结果可能在不存在显著关系的情况下虚假地显示出显著关系。在这些情况下，最小二乘估计量和最小二乘预测量没有它们通常的性质，t统计量是不可靠的。由于许多宏观经济时间序列是非平稳的，因此在用宏观经济变量估计回归时特别重要。

在区分平稳变量和非平稳变量时，还有一些重要的政策考量。对于非平稳变量，每个误差或冲击v_t都有一个持久的影响，并且这些冲击不断累积。对于平稳变量，冲击的影响最终会消失，变量回归其均值。宏观经济变量的变化是否具有永久性或暂时性的影响，是决策者必须了解的信息。

那么如何检验一个序列是平稳的还是非平稳的呢？如何对非平稳数据进行回归分析呢？前者在第12.3节中讨论，而后者在第12.4节中考虑。

12.3 平稳的单位根检验

有许多检验可以用来判断一个序列是平稳的还是非平稳的。对**单位根**的**Dickey-Fuller检验**是最流行的一种方法，也是我们将详细讨论的一种方法。我们所说的"单位根"是什么意思？因为在讨论非平稳时间序列时，你会经常听到这个术语，所以暂时离题来解释一下它的起源是有必要的。

12.3.1 单位根

我们可以看到，在 AR（1）模型中，有 $y_t = \alpha + \rho y_{t-1} + v_t$，当 $|\rho| < 1$ 时，y_t 是平稳的，当 $\rho = 1$ 时，y_t 是非平稳的。我们还说，如果 $\rho = 1$，y_t 有一个单位根，但为了理解该术语的由来，我们需要考虑更一般的 AR（p）模型 $t = \alpha + \theta_1 y_{t-1} + \theta_2 y_{t-2} + \cdots + \theta_p y_{t-p} + v_t$。在这个模型中，如果多项式方程的根的绝对值大于1的话，y_t 就是平稳的：

$$\varphi(z) = 1 - \theta_1 z - \theta_2 z^2 - \cdots - \theta_p z^p \tag{12.18}$$

根是满足方程 $\varphi(z) = 0$ 的 z 的值。当 $p = 1$，$y_t = \alpha + \theta_1 y_{t-1} + v_t$ 时，我们得到 $z = 1/\theta_1$，$\varphi(z) = 1 - \theta_1 z = 0$。平稳性条件为 $|z| > 1$，与 $|\theta_1| < 1$ 相同。如果在公式（12.18）中，其中一个根等于1，那么 y_t 就有单位根。它具有随机趋势且是非平稳的。当 $p = 1$ 和 $\varphi(z) = 1 - \theta_1 z = 0$ 时，$z = 1$ 意味着 $\theta_1 = 1$。注意，我们在 AR（1）模型中交替使用了 θ_1 和 ρ。当将 AR（1）过程作为 AR（p）过程的特例时，使用 θ_1 是方便的。使用 ρ 强调了在 AR（1）过程中 y_{t-1} 的系数是一阶自相关的。

总而言之，如果 y_t 有单位根，它是非平稳的。为了使 y_t 是平稳的，公式（12.18）的根的绝对值必须大于1。在 AR（1）模型中，$y_t = \alpha + \rho y_{t-1} + v_t$，单位根 $\rho = 1$，平稳性 $|\rho| < 1$。在高阶 AR 模型中，单位根和平稳性（以参数 $\theta_1, \theta_2, \cdots \theta_p$ 表示）的条件更为复杂。我们在练习12.1中探讨了 AR（2）模型的这些条件。

你可能想知道如果 $\varphi(z)$ 的一个根的绝对值小于1会发生什么，或者特别想知道在 AR（1）过程中 $\rho > 1$ 会发生什么。在这种情况下，y_t 是不稳定的、爆发性的。从经验上说，我们没有观测到爆发的时间序列，因此我们将自己限制在单位根和根暗示平稳的过程。在 Dickey-Fuller 检验中，遵循的原假设是 y_t 有单位根，备择假设是 y_t 是平稳的。

12.3.2 Dickey-Fuller检验

Dickey-Fuller检验有三种变体，每一种都是为不同的备择假设而设计的。

1.备择假设是 y_t 在非零均值附近是平稳的。图 12-4（b）中描述了这个序列的一个例子。在这种情况下，检验方程包含一个截距，但没有趋势项。

2.备择假设是 y_t 在线性确定性趋势附近是平稳的，如图 12-4（d）所示。这里，检验方程包括截距项和趋势项。

3.备择假设是 y_t 在均值为零附近平稳，如图 12-4（a）所示。在这种情况下，检验方程中既不包含截距，也不包含趋势。

在这些检验之间的选择可以由数据的性质作为指导，根据时间绘制序列图来揭示数据的性质。如果从图中不能明显看出哪个检验是最相关的——而且它并不总是显而易见的——那么可以使用多个检验方程来检验结论的稳健性。

12.3.3 有截距无趋势的 Dickey-Fuller 检验

考虑一个时间序列 y_t，它没有明确的连续上升或下降趋势，也没有明显地集中在零附近。假设我们想检验这个序列，是用图 12-4（b）所示的平稳 AR（1）过程更好地表示，还是用图 12-4（d）所示的非平稳随机游走更好地表示呢？设非平稳随机游走为原假设：

$$H_0: \quad y_t = y_{t-1} + v_t \tag{12.19}$$

而平稳 AR（1）过程成为备择假设：

$$H_1: \quad y_t = \alpha + \rho y_{t-1} + v_t \quad |\rho| < 1 \tag{12.20}$$

自始至终，我们假设 v_t 是均值为零、方差为 σ_v^2 的独立随机误差，并且它们与过去的值 $y_{t-1}, y_{t-2}, \cdots$ 不相关。在备择假设下，序列在一个常数平均值上下波动。在原假设下，它上下徘徊，但在任何一个方向上都没有明显的趋势，也不趋向于回到一个常数平均值。

在无约束方案中，根据参数来设定原假设的一种明显的方法是 $H_0: \alpha = 0$, $\rho = 1$。以此为目的的检验已经开发出来了[1]，但是更常见的是简单地设定原假设为 $H_0: \rho = 1$。解释从 H_0 中删减 $\alpha = 0$ 的一种方法是回想一下 $\alpha = \mu(1 - \rho)$。如果 $\rho = 1$，那么 $\alpha = 0$，因此可以证明检验 $H_0: \rho = 1$ 是充分的。因此，通过检验原假设 $H_0: \rho = 1$ 与备择假设 $H_1: |\rho| < 1$（或更简单的 $H_1: \rho < 1$），来检验 AR（1）模型 $y_t = a + \rho y_{t-1} + v_t$ 中的非平稳性。将公式（12.20）的两边同时减去 y_{t-1}，得到单尾（左尾）检验的更简单的形式：

$$\begin{aligned} y_t - y_{t-1} &= \alpha + \rho y_{t-1} - y_{t-1} + v_t \\ \Delta y_t &= \alpha + (\rho - 1) y_{t-1} + v_t \\ &= \alpha + \gamma y_{t-1} + v_t \end{aligned} \tag{12.21}$$

其中，$\gamma = \rho - 1, \Delta y_t = y_t - y_{t-1}$。然后，该假设可以用 ρ 表示，也可以用 γ 来表示：

$$\begin{aligned} H_0: \rho &= 1 \Longleftrightarrow H_0: \gamma = 0 \\ H_1: \rho &< 1 \Longleftrightarrow H_1: \gamma < 0 \end{aligned} \tag{12.22}$$

拒绝原假设 $\gamma = 0$ 意味着序列是平稳的。无法拒绝原假设表明这个序列可能是非平稳的，我们需要避免估计一个伪回归。

为了检验公式（12.22）中的假设，我们用 OLS 估计检验公式（12.21），并检验假设 $\gamma = 0$ 时的 t 统计量。不过，这个 t 统计量不再具有我们之前用来检验回归系数原假设的 t 分布。出现这个问题是因为，当原假设为真时，y_t 是非平稳的，其方差随着样本容量的增大而增大。当 H_0 为真时，这个不断增大的方差会改变通常情况下 t 统计量的分布。要认识到这一事实，统计量通常被称为 τ(tau)统计量，它的值必须与特别生成的临界值进行比较。对于第 12.3.2 节所述的检验的每一种变化，临界值是不同的。如表 12-2[2] 所示，

---

[1] 一个前沿的参考文献是 Hamilton, J.D.（1994），*Time Series Analysis*，Princeton，p. 494.

[2] 最初，这些临界值是由统计学家 David Dickey 和 Wayne Fuller 列出的。这些值后来被改进了，但是为了遵从这项开创性的工作，使用这些临界值的单位根检验被称为 Dickey-Fuller 检验。

检验方程（12.21）的值在中间行。当 $\tau \leqslant \tau_c$ 时，拒绝 H_0：$\gamma = 0$，其中 $\tau = \hat{\gamma}/\text{se}(\hat{\gamma})$ 为 H_0：$\gamma = 0$ 时 OLS 的 "t" 值，τ_c 为表 12-2 中的临界值。换句话说，如果 τ 是一个足够大的负数，我们可以得出 y_t 是平稳的结论。注意，Dickey-Fuller 临界值是比标准正常临界值（如最后一行所示）更小的负值。因此，对于非平稳性（$\gamma = 0$）的原假设，τ 统计量必须取比通常更大的（负的）值，才能拒绝非平稳性的原假设（$\gamma = 0$）而选择平稳性的备择假设（$\gamma < 0$）。

有许多平稳序列没有被 AR（1）过程充分建模。一个自然的问题是我们如何在高阶 AR 过程中检验单位根。在 AR（p）过程中检验单位根可以被展示为：

$$y_t = \alpha + \theta_1 y_{t-1} + \theta_2 y_{t-2} + \cdots + \theta_p y_{t-p} + v_t$$

等价于在如下模型中检验 H_0：$\gamma = 0$（备择假设为 H_1：$\gamma < 0$）：

$$\Delta y_t = \alpha + \gamma y_{t-1} + \sum_{s=1}^{p-1} a_s \Delta y_{t-s} + v_t \tag{12.23}$$

初始检验方程由滞后的初始差值扩大，即 $\Delta y_{t-1} = (y_{t-1} - y_{t-2})$，$\Delta y_{t-2} = (y_{t-2} - y_{t-3})$，$\cdots$，$\Delta y_{t-p+1} = (y_{t-p+1} - y_{t-p})$。本例的检验程序采用公式（12.23）作为检验方程，但其他方法仍按之前的进行，当 $\tau = \hat{\gamma}/\text{se}(\hat{\gamma}) \leqslant \tau_c$ 时拒绝 H_0：$\gamma = 0$，其临界值与表 12-2 相同。该检验称为 Dickey-Fuller 扩展检验。类似地，p 的选择可以基于第 9 章关于 AR 过程阶数选择的准则。为了消除误差中的自相关，应该包括足够的滞后项。我们也可以使用 a_s 估计的显著性，它通常有大样本正态分布的特征，以及 AIC 和 SC 变量选择准则。在实践中，我们总是使用 Dickey-Fuller 扩展检验（而不是非扩展法）来确保误差项不相关。

表 12-2   **Dickey-Fuller 检验的临界值**

模型	1%	5%	10%
$\Delta y_t = \gamma y_{t-1} + v_t$	−2.56	−1.94	−1.62
$\Delta y_t = \alpha + \gamma y_{t-1} + v_t$	−3.43	−2.86	−2.57
$\Delta y_t = \alpha + \lambda t + \gamma y_{t-1} + v_t$	−3.96	−3.41	−3.13
标准正态临界值	−2.33	−1.65	−1.28

注：这些临界值选自 R. Davidson and J. G. MacKinnon，*Estimation and Inference in Econometrics*，New York：Oxford University Press，1993，p.708.

实例 12.4   检验两个利率序列的平稳性

例如，考虑两个利率序列——联邦基金利率 FFR_t 和三年期债券利率 BR_i，如图 12-1（e）和（g）所示。这两个序列都表现出震荡形态，上下浮动，无论在任一方向上都没有明显的趋势。因此，我们怀疑它们可能是非平稳变量。使用 OLS 估计每个变量的检验公式（12.23）：

$$\widehat{\Delta FFR_t} = 0.0580 - 0.0118 FFR_{t-1} + 0.444\Delta FFR_{t-1} - 0.147\Delta FFR_{t-2}$$

（τ 和 t）   （−2.47）   （12.30）   （−4.05）

$$\widehat{\Delta BR}_t = 0.0343 - 0.00635 BR_{t-1} + 0.426 \Delta BR_{t-1} - 0.230 \Delta BR_{t-2}$$
$$(\tau \text{和} t) \qquad (-1.70) \qquad (11.95) \qquad (-6.43)$$

两个变量都包含了两个扩展项。对于 FFR，最小化 SC 的扩展项数为 13——数量非常多。然而，在检查残差的相关图时，我们发现，包括两个滞后的 ΔFFR 足以消除残差中任何重大的自相关。对于 BR，两个扩展项最小化了 SC，并足以消除任何实质性的残差自相关。通常的 t 或正态分布可用于评估扩展项的系数的显著性。其较大的 t 值证实了包括两个滞后项。

但是，对于检验平稳性，不能使用通常的 t 临界值和 p 值。相反，我们要比较 FFR_{t-1} 和 BR_{t-1} 的系数 $\tau = -2.47$ 和 $\tau = -1.70$，以及表 12-2 中的临界值。在 5% 的显著性水平下，相关临界值为 $\tau_{0.05} = -2.86$。平稳性检验是一个单尾检验，如果 $\tau \leqslant -2.86$，则拒绝非平稳性的原假设。由于 $-2.74 > -2.86$，$-1.70 > -2.86$，在这两种情况下，我们都不能拒绝原假设。没有足够的证据表明 FFR 和 BR 是平稳的。

12.3.4 带截距项和趋势的 Dickey-Fuller 检验

在第 12.1.2 节和第 12.1.3 节中，我们介绍了时间序列 y_t 呈上升或下降趋势的两个模型。其中，如图 12-4（c）所示，y_t 在线性趋势附近是平稳的，可由下面这个过程来描述：

$$y_t = \alpha + \rho y_{t-1} + \lambda t + v_t \quad |\rho| < 1 \tag{12.24}$$

可以用公式（12.24）表示的时间序列被称为趋势平稳。另一个模型为带有漂移的随机游走，如图 12-4（e）所示：

$$y_t = \alpha + y_{t-1} + v_t \tag{12.25}$$

在这种情况下，y_t 是非平稳的。采用具有截距和趋势的 Dickey-Fuller 检验来区分这两种模型。公式（12.25）为原假设（H_0），公式（12.24）为备择假设（H_1）。如果拒绝原假设，我们便得出 y_t 是趋势平稳的结论。不能拒绝原假设，表明 y_t 是平稳的，或者至少没有足够的证据证明它是不平稳的。

比较公式（12.24）和公式（12.25）可知，原假设 H_0：$\rho = 1$，$\lambda = 0$。然而，如第 12.3.3 节所述，利用 H_0：$\rho = 1$ 与备选方案 H_1：$\rho < 1$ 进行简单的检验已经变得越来越普遍。这样做的基本原理可以回看公式（12.14）。在那里，我们可以找到公式（12.24）的另一种写法：

$$(y_t - \mu - \delta t) = \rho (y_{t-1} - \mu - \delta (t-1)) + v_t, |\rho| < 1$$

$\alpha = \mu (1 - \rho) + \rho \delta$ 和 $\lambda = \delta (1 - \rho)$，其中 $\mu + \delta t$ 是确定性趋势。利用 α 和 λ 的这些定义，令 $\rho = 1$ 意味着 $\alpha = \delta$ 和 $\lambda = 0$，给出公式（12.25）中带有漂移的随机游走。在此之前，通过从公式（12.24）的两边减去 y_{t-1} 并加入扩展项得到检验方程：

$$\Delta y_t = \alpha + \gamma y_{t-1} + \lambda t + \sum_{s=1}^{p-1} a_s \Delta y_{t-s} + v_t \tag{12.26}$$

我们使用左尾检验 H_0：$\gamma = 0$，H_1：$\gamma < 0$，当 $\tau = \hat{\gamma} / \text{se}(\hat{\gamma})$，小于等于临界值（表 12-2 的第三行）时，拒绝原假设。

实例12.5　GDP趋势是否稳定？

从图12-1（a）中，我们注意到GDP呈现出明显的上升趋势。现在，我们想知道是否可以为其构建一个围绕线性确定性趋势的平稳模型，或者它是否包含随机趋势成分。使用这些数据来估计公式（12.26）的收益率：[1]

$$\widehat{\Delta GDP_t} = 0.269 + 0.00249_t - 0.0330GDP_{t-1} + 0.312\Delta GDP_{t-1} + 0.202\Delta GDP_{t-2}$$

$$(\tau \text{ 和 } t) \qquad\qquad (-2.00) \qquad (3.58) \qquad (2.28)$$

两个扩展项最小化了SC，消除了残差中的主要自相关，并且系数估计值在5%的水平上显著。为了评估平稳性，我们发现$\tau = -2.00$，大于5%的临界值$\tau_{0.05} = -3.41$。因此，我们不能拒绝GDP服从带有漂移的非平稳随机游走的原假设。没有足够的证据可以断定GDP是趋势平稳的。

实例12.6　小麦产量趋势是否平稳？

在实例12.2中，我们用确定性趋势对西澳大利亚图迪郡的小麦产量进行了建模。为了了解此选择是否合理，我们估计了检验方程：

$$\widehat{\Delta\ln(YIELD_t)} = -0.158 + 0.0167t - 0.745\ln(YIELD_{t-1})$$

$$(\tau) \qquad\qquad\qquad (-5.24)$$

在这种情况下，不需要扩展项。值$\tau = -5.24$小于5%临界值$\tau_{0.05} = -3.41$，因此，在此显著性水平下，我们拒绝非平稳性的原假设，并得出结论$\ln(YIELD)$是趋势平稳的。

12.3.5　无截距、无趋势的Dickey-Fuller检验

在没有扩展项的最简单的形式中，此检验旨在检验随机游走的原假设$H_0:y_t = y_{t-1} + v_t$与平稳AR（1）的备择假设$H_1:y_t = \rho y_{t-1} + v_t$。由于$y_t$在$H_1$为真时的均值为零，因此它旨在检验以零为中心的序列，如图12-4（a）所示。检验方程是：

$$\Delta y_t = \gamma y_{t-1} + \sum_{s=1}^{p-1} a_s \Delta y_{t-s} + v_t \qquad\qquad (12.27)$$

如前所述，我们检验$H_0:\ \gamma = 0$，$H_1:\gamma < 0$，临界值在表12-2中的第一行给出。

大多数以原始水平来衡量的时间序列没有零均值。但是，它们的一阶差分$\Delta y_t = y_t - y_{t-1}$可能有零均值。例如，随机游走$y_t = y_{t-1} + v_t$的一阶差分是$\Delta y_t = v_t$，其均值为零。检验一阶差分是否平稳与求解我们在第12.3.6节中考虑的序列的单整次数有关。

在表12-3中，我们总结了三个检验中H_0和H_1下的模型，省略了扩展项以避免使表变得混乱。

12.3.6　单整次数

到这个阶段，我们只讨论了一个序列是平稳的还是非平稳的。下面我们将进一步分析，考虑一个叫作"单整次数"的概念。回想一下，如果y_t服从随机游走，则$\gamma = 0$，y_t的一阶差分就变成：

$$\Delta y_t = y_t - y_{t-1} = v_t$$

---

[1]　趋势项取值0，1，2…，132（1984Q1=0）。

表 12-3　　　　　　　　　　　　　　　　**AR 过程和 Dickey-Fuller 检验**

AR 过程	设 ρ = 1	Dickey-Fuller 检验
$y_t = \rho y_{t-1} + u_t$	$y_t = y_{t-1} + u_t$	无常数、无趋势的检验
$y_t = \alpha + \rho y_{t-1} + v_t$	$y_t = y_{t-1} + v_t$	有常数、无趋势的检验
$\alpha = \mu(1-\rho)$	$\alpha = 0$	
$y_t = \alpha + \rho y_{t-1} + \lambda t + v_t$	$y_t = \delta + y_{t-1} + v_t$	有常数且有趋势的检验
$\alpha = \mu(1-\rho) + \rho\delta$	$\alpha = \delta$	
$\lambda = \delta(1-\rho)$	$\lambda = 0$	

序列 $\Delta y_t = y_t - y_{t-1}$ 的一个有趣特征是，它是平稳的，因为 v_t 作为一个独立的 $(0, \sigma_v^2)$ 随机变量是平稳的。像 y_t 这样的序列，可以通过一阶差分使其平稳，称为**一次单整**，并记为 I(1)。平稳序列则称为零次单整，记为 I(0)。一般来说，序列的单整次数是必须使其平稳的最小差分次数。

实例 12.7　两个利率序列的单整次数

在实例 12.4 中我们得出结论，两个利率序列 FFR 和 BR 是非平稳的。为了找到它们的单整次数，我们提出下一个问题：它们的一阶差分 $\Delta FFR_t = FFR_t - FFR_{t-1}$ 和 $\Delta BR_t = BR_t - BR_{t-1}$ 是不是平稳的？图 12-1（f）和（h）表明它们是平稳的。由于这些图似乎都围绕零波动，我们使用没有截距和趋势的 Dickey-Fuller 检验方程，得到以下结果：

$$\widehat{\Delta(\Delta FFR_t)} = -0.715\Delta FFR_{t-1} + 0.157\Delta(\Delta FFR_{t-1})$$
$$(\tau \text{和} t)\quad (-17.76)\qquad\quad (4.33)$$

$$\widehat{\Delta(\Delta BR_t)} = -0.811\Delta BR_{t-1} + 0.235\Delta(\Delta BR_{t-1})$$
$$(\tau \text{和} t)\quad (-19.84)\qquad\quad (6.58)$$

其中，$\Delta(\Delta FFR_t) = \Delta FFR_t - \Delta FFR_{t-1}$，$\Delta(\Delta BR_t) = \Delta BR_t - \Delta BR_{t-1}$。在这两种情况下，一个扩展项就足以消除误差中的序列相关。请注意，原假设是变量 ΔF 和 ΔB 不是平稳的。τ 统计量的值（ΔFFR 为 τ=-17.76，ΔBR 为 τ=-19.84），比 5% 的临界值 $\tau_{0.05} = -1.94$ 要小得多。因此，我们拒绝 ΔFFR 和 ΔBR 具有单位根的原假设，并得出它们是平稳的结论。

这些结果意味着，虽然两种利率水平都是非平稳的，但其一阶差分是平稳的。我们称 FFR_t 和 BR_t 序列是 I(1)，因为它们必须经过一阶差分使其平稳 [ΔFFR_t 和 ΔBR_t 是 I(0)]。在第 12.4 节和第 12.5 节中，我们研究了这些结果对回归建模的影响。

12.3.7　其他单位根检验

虽然扩展的 Dickey-Fuller 检验仍然是检验单位根的最流行的方法，但检验的能力很低，因为它们通常无法区分高度持久的平稳过程（ρ 非常接近但不等于 1）和非平稳过程（ρ = 1）。当确定性项（常量和趋势）被包含在检验方程中时，检验的能力会降低。在这里，我们简要地介绍为提高检验能力而提出的其他方法：Elliot、Rothenberg 和 Stock（ERS）检验，Phillips 和 Perron（PP）检验，Kwiatkowski、Phillips、Schmidt 和 Shin（KPSS）检验，

Ng和Perron（NP）检验[1]。每个检验名称都有一个缩写，取自提出者的名字。

ERS检验提出从数据中删除常量或趋势效应，并进行残差的单位根检验。t统计量的分布现在没有确定性项（即常量和（或）趋势）。PP检验采用非参数方法，它假定了一个一般自回归移动平均结构，并使用谱分析方法估计相关性检验的标准误差。KPSS检验没有设定非平稳的原假设，而是设定一个序列平稳的或趋势平稳的原假设。NP检验建议对PP和ERS检验进行各种修正。

12.4 协整

作为一般规则，非平稳时间序列变量不应该被用于回归模型中，以避免伪回归问题。然而，这个规则有一个例外。如果y_t和x_t是非平稳I(1)变量，那么我们期待它们的差分或者它们的任意线性组合如$e_t = y_t - \beta_1 - \beta_2 x_t$[2]也是I(1)。然而，当$e_t = y_t - \beta_1 - \beta_2 x_t$是平稳的I(0)过程时，出现一个重要的情况。在这种情况下，y_t和x_t被称为是**协整**的。协整表示y_t和x_t有着相似的随机趋势，并且因为差分e_t是平稳的，它们永远不会彼此偏离太远。

检验y_t和x_t是否是协整的一个自然方法就是检验误差$e_t = y_t - \beta_1 - \beta_2 x_t$是不是平稳的。因为我们无法观测到$e_t$，我们使用Dickey-Fuller检验来检验最小二乘残差$e_t = y_t - b_1 - b_2 x_t$的平稳性。协整检验是一个检验残差平稳性的有效检验。如果残差是平稳的，那么y_t和x_t被称为是协整的；如果残差是非平稳的，那么y_t和x_t不是协整的，它们之间的任何表面上的回归关系被称为是虚假的。

残差平稳性检验基于检验方程：

$$\Delta \hat{e}_t = \gamma \hat{e}_{t-1} + v_t \tag{12.28}$$

其中，$\Delta \hat{e}_t = \hat{e}_t - \hat{e}_{t-1}$。与前面一样，我们检查估计出的斜率系数的$t$（或$tau$）统计值。注意，回归没有常数项，因为回归残差的均值为零。此外，由于这个检验是基于残差估计值的，临界值与表12-2中的不同。表12-4给出协整检验的适当临界值。如果需要消除v_t的自相关性，检验方程右边还可以包括像$\Delta \hat{e}_{t-1}$，$\Delta \hat{e}_{t-2}$，…的附加项。

表 12-4　　　　　　　　　　　　　协整检验的临界值

回归模型	1%	5%	10%
（1）$y_t = \beta x_t + e_t$	−3.39	−2.76	−2.45
（2）$y_t = \beta_1 + \beta_2 x_t + e_t$	−3.96	−3.37	−3.07
（3）$y_t = \beta_1 + \delta t + \beta_2 x_t + e_t$	−3.98	−3.42	−3.13

注：这些临界值取自J.Hamilton，*Time Series Analysis*，Princeton University Press，1994，p.766.

存在三组临界值。我们使用哪一组取决于残差$\hat{e}_t$是否不含常数项（如公式（12.29a））或含常数项（如公式（12.29b））或既含常数项又含时间趋势项（如公式（12.29c）），具体见如下三个回归公式：

公式1：$\hat{e}_t = y_t - b x_t$ $\tag{12.29a}$

---

[1] 更多细节见William Greene，*Econometric Analysis*，8th ed.，Chapter 21，2018，Pearson.

[2] x和y的线性组合是一个新的变量$z = a_0 + a_1 x + a_2 y$。这里我们设常数$a_0 = -\beta_1$，$a_1 = -\beta_2$，$a_2 = 1$，称z为级数e。

公式 2：$\hat{e}_t = y_t - b_2 x_t - b_1$ (12.29b)

公式 3：$\hat{e}_t = y_t - b_2 x_t - b_1 - \hat{\delta} t$ (12.29c)

实例 12.8 联邦基金利率和债券利率是协整的吗？

为了说明这一点，如图 12-1（e）和（g）图所示，我们检验 $y_t = BR_t$ 和 $x_t = FFR_t$。我们已经知道，这两个序列都是非平稳的。这些变量之间的最小二乘回归估计是：

$$\widehat{BR}_t = 1.328 + 0.832 FFR_t \quad R^2 = 0.908$$
$$(t) \qquad (85.72)$$
(12.30)

在 OLS 残差 $\hat{e}_t = BR_t - 1.328 - 0.832 FFR_t$ 中估计检验平稳性的方程是：

$$\widehat{\Delta \hat{e}}_t = -0.0817 \hat{e}_{t-1} + 0.223 \Delta \hat{e}_{t-1} - 0.177 \Delta \hat{e}_{t-2}$$
$$(\tau \text{和} t)(-5.53) \quad (6.29) \qquad (-4.90)$$

请注意，这是扩展的 Dickey-Fuller 检验，具有两个滞后项 Δe_{t-1} 和 Δe_{t-2}，用于更正自相关。由于公式（12.30）中有一个常数项，因此我们使用表 12-4 中等式（2）的临界值。

协整检验的原假设和备择假设是：

H_0：序列没有协整关系 $\Leftrightarrow$ 残差是非平稳的

H_1：序列有协整关系 $\Leftrightarrow$ 残差是平稳的

与单尾单位根检验类似，如果 $\tau \leq \tau_c$，我们拒绝"序列没有协整关系"的原假设；如果 $\tau > \tau_c$，我们不拒绝"序列没有协整关系"的原假设。在这种情况下，τ 统计值是 -5.53，小于 5% 显著水平下的临界值 -3.37。因此，我们拒绝最小二乘残差非平稳的原假设，并判断它们是平稳的。这表明，债券利率和联邦基金利率是协整的。换句话说，这两个变量之间存在重要关系（估计出的两者之间的回归关系是有效的，而不是虚假的），截距和斜率的估计值分别是 1.328 和 0.832。

联邦基金利率和债券利率是协整的，这一结果具有重要的经济含义！这表明，美联储通过改变联邦基金利率实施货币政策，债券利率也会改变，从而确保货币政策的影响传递到经济的其他部分。相比之下，如果债券和联邦基金利率虚假相关，即意味着从根本上说它们的活动彼此很少有关联，货币政策的有效性会遇到严重阻碍。

12.4.1 误差修正模型

在第 12.4 节中，我们讨论协整的概念，即 I(1) 变量之间存在协整关系，残差是 I(0)。I(1) 变量之间的关系也常常被称为长期关系，而 I(0) 变量之间的关系通常指短期关系。在本节中，我们说明 I(0) 变量之间的动态关系，其中嵌入了一个协整关系，即所谓的短期误差修正模型。

与在第 9 章的讨论一样，当分析时间序列数据时，考虑动态效果是相当普遍的，实际也是相当重要的。为了推导出误差修正模型，需要进行一些稍微复杂的代数运算，但我们将坚持下去，因为这一模型提供了一个把长期和短期的影响结合起来的条理分明的方法。

让我们先从一个包括 y 和 x 滞后项的一般模型开始，即在第 9 章介绍的自回归分布滞后（ARDL）模型，不同的是现在的变量都是非平稳的：

$$y_t = \delta + \theta_1 y_{t-1} + \delta_0 x_t + \delta_1 x_{t-1} + v_t$$

为了简单起见，我们应考虑到滞后一期，但下面的分析对任何滞后期数都适用。现在我们知道，如果 y 和 x 是协整的，则表明它们之间存在长期关系。为了得到这个确切的关系，我们设置 $y_t = y_{t-1} = y$，$x_t = x_{t-1} = x$ 和 $v_t = 0$，然后在 ARDL 中引入这个概念，得到：

$$y(1 - \theta_1) = \delta + (\delta_0 + \delta_1) x$$

这个方程可以改写为 $y = \beta_1 + \beta_2 x$，其中 $\beta_1 = \dfrac{\delta}{1 - \theta_1}$，$\beta_2 = \dfrac{\delta_0 + \delta_1}{1 - \theta_1}$。再重复一遍，我们现在已经得出 y 和 x 之间包含协整关系，或者我们已得出两个 $I(1)$ 变量之间存在长期关系。

现在，我们将运用 ARDL 模型，看看它是如何嵌入协整关系的。首先，在等式两边添加 $-y_{t-1}$：

$$y_t - y_{t-1} = \delta + (\theta_1 - 1) y_{t-1} + \delta_0 x_t + \delta_1 x_{t-1} + v_t$$

其次，添加 $-\delta_0 x_{t-1} + \delta_0 x_{t-1}$ 到方程右边，得到：

$$\Delta y_t = \delta + (\theta_1 - 1) y_{t-1} + \delta_0 (x_t - x_{t-1}) + (\delta_0 + \delta_1) x_{t-1} + v_t$$

其中，$\Delta y_t = y_t - y_{t-1}$。如果我们再巧妙地整理方程，使之看起来如下式：

$$\Delta y_t = (\theta_1 - 1) \left(\frac{\delta}{(\theta_1 - 1)} + y_{t-1} + \frac{(\delta_0 + \delta_1)}{(\theta_1 - 1)} x_{t-1} \right) + \delta_0 \Delta x_t + v_t$$

其中，$\Delta x_t = x_t - x_{t-1}$，再做一些整理，使用定义 β_1 和 β_2，我们得到：

$$\Delta y_t = -\alpha (y_{t-1} - \beta_1 - \beta_2 x_{t-1}) + \delta_0 \Delta x_t + v_t \tag{12.31}$$

其中，$\alpha = (1 - \theta_1)$。正如你可以看到的，括号中的部分表示协整关系。换句话说，我们已经在一般 ARDL 框架中嵌入了 y 和 x 之间的协整关系。

公式（12.31）被称为误差修正方程，因为：（a）$y_{t-1} - \beta_1 - \beta_2 x_{t-1}$ 表示 y_{t-1} 与长期值 $\beta_1 + \beta_2 x_{t-1}$ 之间的偏差，即前一期的"误差"。（b）$(\theta_1 - 1)$ 表示对"误差"的"修正"。更具体地说，如果前一期的误差是正的，以使 $y_{t-1} > (\beta_1 + \beta_2 x_{t-1})$，那么 y_t 应该下降，Δy_t 应是负的；相反，如果前一期的误差是负的，以使 $y_{t-1} < (\beta_1 + \beta_2 x_{t-1})$，那么 y_t 应该上升，Δy_t 应是正的。这表明，如果 y 和 x 之间存在协整关系，调整总是不断地进行"误差修正"，那么通过实证，我们也应该发现 $1 - \theta_1 > 0$，即 $\theta_1 < 1$。如果变量之间不存在协整关系，那么 θ_1 项可能不显著。

误差修正模型是一种非常受欢迎的模型，因为它既考虑变量之间潜在的或根本的联系（长期关系），也考虑变量之间的短期调整（即变化），包括不断调整以实现协整关系。它还表明，给定 (y, x) 是协整的，我们可以在同一个方程中分析 $I(1)$ 变量 (y_{t-1}, x_{t-1}) 和 $I(0)$ 变量 $(\Delta y_t, \Delta x_t)$，这表明 $(y_{t-1} - \beta_0 - \beta_1 x_{t-1})$ 项包含固定残差。事实上，上述模型也可用于检验 y 和 x 之间的协整关系。

为了估计公式（12.31），我们可以用两种方式中的一种进行：我们可以用 $\hat{e}_{t-1}$ 代替 $y_{t-1} - \beta_1 - \beta_2 x_{t-1}$ 来估计方程，或者我们可以在估计 α 和 δ_0 的同时找到 β_1 和 β_2 的新估计值。对于后一种方法，我们可以直接通过将非线性最小二乘法应用于公式（12.31）来估计参数，或者可以使用 OLS 来估计方程：

$$\Delta y_t = \beta_1^* + \alpha^* y_{t-1} + \beta_2^* x_{t-1} + \delta_0 \Delta x_{t-1} + v_t$$

并从 $\alpha = -\alpha^*$，$\beta_1 = -\beta_1^*/\alpha^*$ 和 $\beta_2 = -\beta_2^*/\alpha^*$ 中检索公式（12.31）中的参数。非线性最小二乘法与检索到的 OLS 估计值相同。但是，它们与通过用 $\hat{e}_{t-1}$ 替换 $y_{t-1} - \beta_1 - \beta_2 x_{t-1}$ 的两步估计值略有不同。

实例 12.9　债券和联邦基金利率的误差修正模型

误差修正模型将债券利率的变化与滞后的协整关系同联邦基金利率的变化联系起来，结果发现，多达四期滞后的 ΔFFR_t 是相关的，需要 ΔBR_t 的两期滞后来消除误差。直接使用非线性最小二乘估计的方程为：

$$\widehat{\Delta BR_t} = -0.0464\,(BR_{t-1} - 1.323 - 0.833 FFR_{t-1}) + 0.272\Delta BR_{t-1} -$$
$$(t)\quad (3.90) \qquad\qquad\qquad (7.27)$$
$$0.242\Delta BR_{t-2} + 0.342\Delta FFR_t - 0.105\Delta FFR_{t-1} + 0.099\Delta FFR_{t-2} -$$
$$(-6.40)\qquad (14.22)\qquad (-3.83)\qquad (3.62)$$
$$0.066\Delta FFR_{t-3} + 0.056\Delta FFR_{t-4}$$
$$(-2.69)\qquad (2.46)$$

（12.32）

请注意，估计值 $\hat{\beta}_1 = 1.323$ 和 $\hat{\beta}_2 = 0.833$ 与从公式（12.30）中的协整关系直接进行 OLS 估计所获得的估计值非常相似。

如果我们使用从公式（12.32）中的估计值获得的残差 $\hat{e}_t = BR_t - 1.323 - 0.833 FFR_t$ 来检验协整，我们得到的结果与以前的相似：

$$\widehat{\Delta e_t} = -0.0819\hat{e}_{t-1} + 0.224\Delta\hat{e}_{t-1} - 0.177\Delta\hat{e}_{t-2}$$
$$(\tau \text{和} t)(-5.53)\qquad (6.29)\qquad (-4.90)$$

与以前一样，原假设 (BR, FFR) 不是协整的（残差是非平稳的）。由于协整关系包括常量，因此表 12-4 中的临界值为 -3.37。将实际值 $\tau = -5.53$ 与临界值进行比较，我们拒绝原假设，并得出 (BR, FFR) 是协整的结论。

12.5　不存在协整关系时的回归

到目前为止，我们已经表明，如果 I(1) 变量是协整的，其回归是可以接受的，能避免伪回归的问题。我们也知道，我们在第 9 章研究的平稳 I(0) 变量回归是可以接受的。当 I(1) 变量之间不存在协整关系时会发生什么？在这种情况下，明智的做法是把非平稳序列转换为平稳序列，然后使用在第 9 章中讨论的方法来估计平稳变量之间的动态关系。然而，我们强调，只有当无法找到 I(1) 变量之间的协整关系时才采用这一步。协整 I(1) 变量回归使得最小二乘法估计值具有"超一致性"[①]，此外，在建立经济变量水平值之间的关系方面具有经济适用性。

我们如何把非平稳序列转换为平稳序列和估计模型，取决于变量是**差分平稳**还是**趋势平稳**。在前一种情况下，我们取一阶差分把非平稳序列转换为平稳序列。我们在 12.1.1 节

---

① 一致性是指当 $T \to \infty$ 时最小二乘法估计值收敛于真实参数值。见第 5.7 节。超一致性是指它以更快的速度收敛于真实值。

中处理了后一种情况，其中我们通过去趋势化把非平稳序列转换为平稳序列，或者在回归关系中包含趋势项。我们现在考虑如何估计回归关系中既不是协整也不是趋势平稳的非平稳变量。

回想一下，I(1)变量在差分一次后是平稳的。具有该特征的变量的另一个名字是**一阶差分平稳变量**。具体来说，如果 y_t 为随机趋势的非平稳变量，且一阶差分 $\Delta y_t = y_t - y_{t-1}$ 为平稳的，则 y_t 为I(1)，一阶差分为平稳的。如果Dickey-Fuller检验显示，你想在回归中关联的两个变量 y 和 x，一开始是差分平稳的，而不是协整的，那么一个只涉及平稳变量的合适回归就是将 y 的变化与 x 的变化联系起来，并包含相关的滞后项。如果 y_t 和 x_t 表现为无明显趋势的随机游走，则可以省略一个截距。例如，使用一个滞后 Δy_t 和一个滞后 Δx_t，我们有：

$$\Delta y_t = \theta \Delta y_{t-1} + \beta_0 \Delta x_t + \beta_1 \Delta x_{t-1} + e_t \tag{12.33}$$

如果 y_t 和 x_t 的行为是带有漂移的随机游走，那么适当地包括一个截距，例如：

$$\Delta y_t = \alpha + \theta \Delta y_{t-1} + \beta_0 \Delta x_t + \beta_1 \Delta x_{t-1} + e_t \tag{12.34}$$

注意，带有漂移的随机游走是这样的，$\Delta y_t = \alpha + v_t$，这意味着应该包含一个截距，而没有漂移的随机游动是 $\Delta y_t = v_t$。根据第9章，公式（12.33）和公式（12.34）中的模型是带有一阶差分变量的ARDL模型。一般来说，由于经常有人怀疑常数项的作用，通常的做法是在回归中包括截距项。

实例12.10 一阶差分的消费函数

在第9章中，有一些实例和练习涉及变量的一阶差分。在研究该章时，你可能想知道为什么当时我们没有使用变量。原因现在很清楚了。这是为了确保变量是平稳的。在以下消费函数实例中，我们返回到数据文件 *cons_inc*，其中包含实例9.16使用的澳大利亚消费支出和国家可支配收入的季度数据。我们将使用1985年第一季度至2016第三季度的数据。该序列的图如图12-6所示。

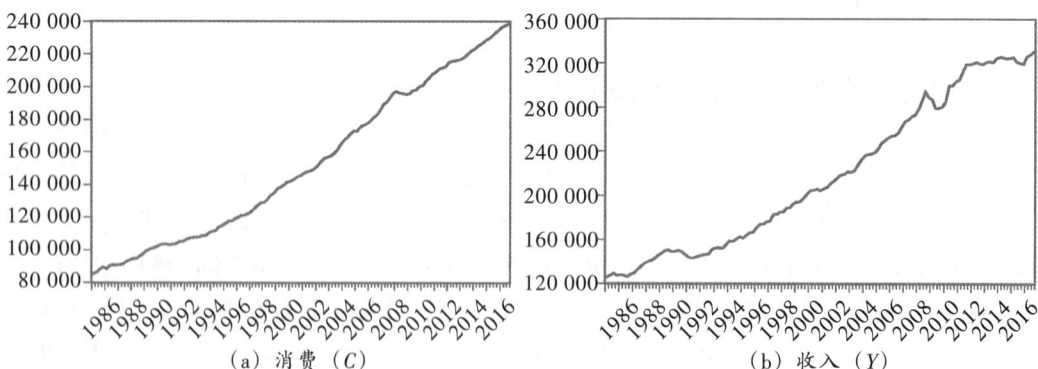

图12-6 澳大利亚的消费和可支配收入

由于消费（C）和收入（Y）都有明显的趋势，我们在Dickey-Fuller检验方程中包括一个趋势项，以查看它们是否应被视为趋势平稳或差分平稳。检验方程的结果为：

$$\widehat{\Delta C_t} = 1989.7 + 29.43t - 0.0193C_{t-1} + 0.244\Delta C_{t-1}$$
$$(\tau \text{和} t)(2.03)(-1.70) \qquad (2.82)$$

$$\widehat{\Delta Y_t} = 5\,044.6 + 80.04t - 0.0409Y_{t-1} + 0.248\Delta Y_{t-1}$$
$$(\tau \text{和} t) \qquad (2.27) \quad (-2.14) \qquad (2.89)$$

在表 12-2 中，包含趋势的检验方程的 5% 临界值为 $\tau_{0.05} = -3.41$。消费（-1.70）和收入（-2.14）的 τ 值都大于 $\tau_{0.05}$。因此，我们不能得出 C 和 Y 是趋势平稳的结论。

下一步是查看 C 和 Y 是否是协整的。因为它们是趋势方程，我们加入一个趋势项，并估计以下方程，保留残差：

$$\hat{C}_t = -18\,746 + 420.4t + 0.468Y_t \qquad\qquad (12.35)$$
$$(t) \qquad\qquad (9.92) \quad (20.49)$$

如果残差是平稳的，我们得出 C 和 Y 是协整的结论，公式（12.35）是有效的回归。如果残差是非平稳的，则公式（12.35）可能是一个虚假回归。评估残差平稳的检验方程是：

$$\widehat{\Delta e_t} = -0.121\hat{e}_{t-1} + 0.263\Delta\hat{e}_{t-1}$$
$$(\tau \text{和} t)(-2.93) \quad (2.94)$$

将 $\tau = -2.93$ 与表 12-4 第三行中的临界值 $\tau_{0.05} = -3.42$ 进行比较，我们无法拒绝残差是非平稳（C 和 Y 不是协整的）的原假设。

在确定 C 和 Y 不是趋势平稳且不是协整的或者至少没有足够的证据表明存在其他情况下，关于这两个变量的回归方程应是一阶差分形式的。但是，首先，我们需要确认它们是一阶差分平稳（一阶单整）的。用于此目的的单位根检验方程是：

$$\widehat{\Delta(\Delta C_t)} = 844.0 - 0.689\Delta C_{t-1}$$
$$(\tau) \qquad\qquad (-8.14)$$

$$\widehat{\Delta(\Delta Y_t)} = 1\,228.7 - 0.751\Delta Y_{t-1}$$
$$(\tau) \qquad\qquad (-8.68)$$

我们在这些方程中包含一个常量，因为变量的单位根检验包含一个趋势。检验值 $\tau = -8.14$ 和 $\tau = -8.68$ 小于表 12-2 中 5% 的临界值 $\tau_{0.05} = -2.86$。因此，我们得出结论，ΔC 和 ΔY 是平稳的，C 和 Y 是一阶平稳的。继续估计 C 和 Y 在一阶差分中的 ARDL 模型，我们得到：

$$\widehat{\Delta C_t} = 785.8 + 0.0573\Delta Y_t + 0.282\Delta C_{t-1}$$
$$(t) \qquad\qquad (2.07) \qquad\quad (3.34)$$

12.6 总结

• 如果变量是平稳的或者变量是 I（1），是协整的，我们可以估计这些变量水平值之间的回归关系，而不用担心遇到伪回归问题。在后一种情况下，我们可以通过估计 I（1）变量之间的最小二乘方程，或估计一个包含 I（1）变量的非线性最小二乘误差修正模型来做到这一点。

• 如果变量是 I（1）变量且不是协整的，我们需要以含有或不含有常数项一阶差分的形式估计它们之间的关系。

• 如果它们是趋势平稳的，我们可以对序列去趋势，然后对平稳（去趋势后）变量进行回归分析或者估计一个包含趋势变量的回归关系。

这些选择如图12-7所示。

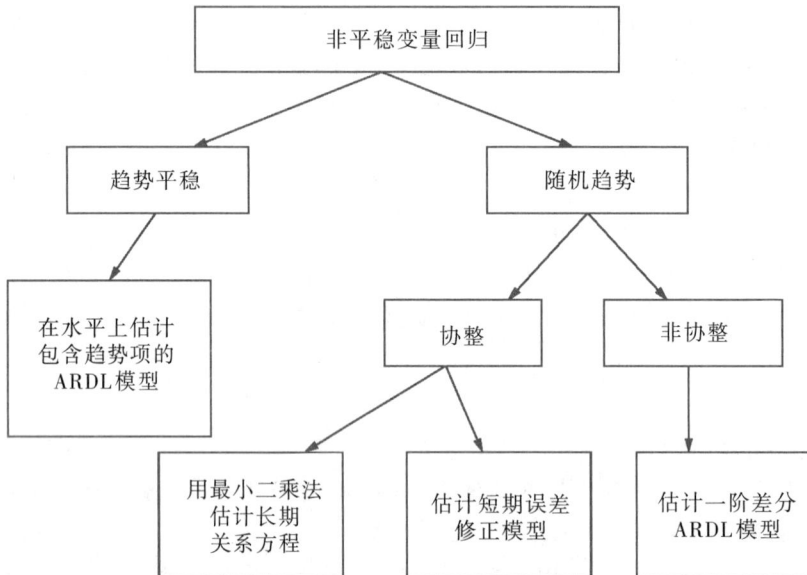

图12-7 时间序列数据回归：非平稳变量

12.7 练习

12.7.1 问题

12.1 考虑AR（2）模型 $y_t = \delta + \theta_1 y_{t-1} + \theta_2 y_{t-2} + v_t$，假设：

$$1 - \theta_1 z - \theta_2 z^2 = (1 - c_1 z)(1 - c_2 z)$$

a.说明 $c_1 + c_2 = \theta_1$ 和 $c_1 c_2 = -\theta_2$。

b.证明当 $\theta_1 + \theta_2 - 1 = 0$ 时，AR（2）模型只有1个根。（提示：$1 - \theta_1 z - \theta_2 z^2 = 0$ 的根是 $1/c_1$ 和 $1/c_2$）

c.如果AR（2）过程是平稳的，证明 $\theta_1 + \theta_2 - 1 < 0$。

d.证明AR（2）模型 $y_t = \delta + \theta_1 y_{t-1} + \theta_2 y_{t-2} + v_t$ 能改写为：

$$\Delta y_t = \delta + \gamma y_{t-1} + a_1 \Delta y_{t-1} + v_t$$

式中，$\gamma = \theta_1 + \theta_2 - 1$ 和 $a_1 = -\theta_2$。该结果和（b）与（c）部分中AR（2）模型单位根检验结果的含义是什么。

e.当 $\gamma = \theta_1 + \theta_2 + \cdots + \theta_p - 1 = 0$ 时，说明AR（p）模型具有单位根。

f.说明在公式（12.23）中设置 $\gamma = \theta_1 + \theta_2 + \cdots + \theta_p - 1$ 意味着 $a_j = -\sum_{r=1}^{p-1} \theta_{r+1}$。

12.2 省略。

12.3 图12-8显示了存储在数据文件 *Unit* 中的四个时间序列图。

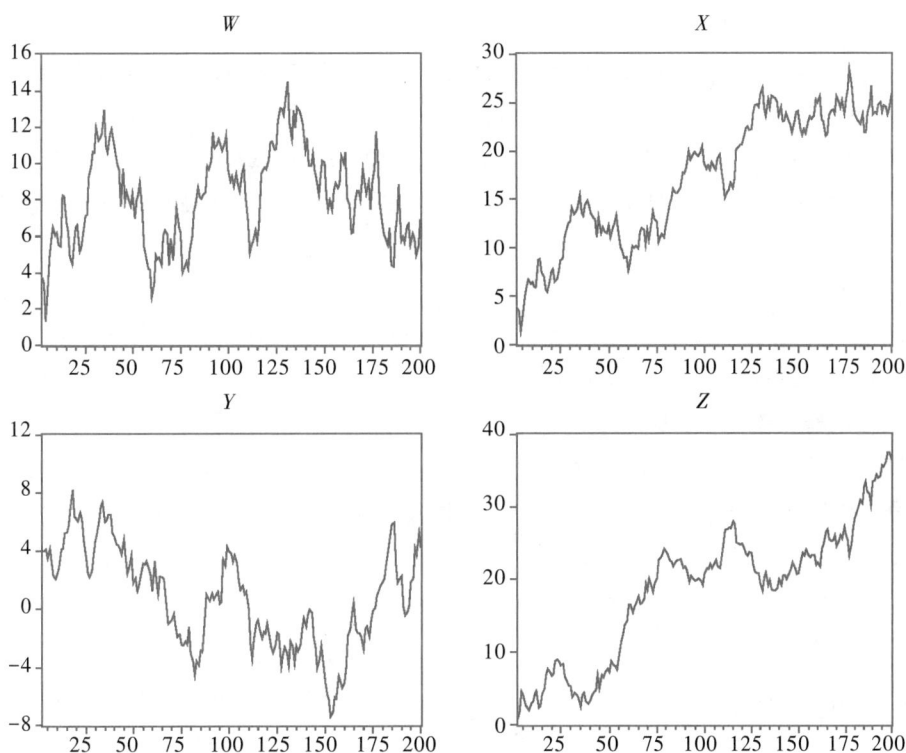

图12-8 练习12.3的时间序列

a.下面给出这四个变量的Dickey-Fuller检验方程的结果。解释为什么选择这些方程，不包含增加项。什么标准会导致它们的遗漏？

$$\widehat{\Delta W_t} = 0.778 - 0.0936 W_{t-1}$$
$$(\tau) \qquad (-3.23)$$

$$\widehat{\Delta Y_t} = 0.0304 - 0.0396 Y_{t-1}$$
$$(\tau) \qquad (-1.98)$$

$$\widehat{\Delta X_t} = 0.805 - 0.0939 X_{t-1} + 0.00928 t$$
$$(\tau) \qquad (-3.13)$$

$$\widehat{\Delta Z_t} = 0.318 - 0.0355 Z_{t-1} + 0.00306 t$$
$$(\tau) \qquad (-1.87)$$

b.对每个序列进行Dickey-Fuller检验，对于它们的平稳性你得出什么结论？

c.下面的估计方程使用了模型 $X_t = \beta_1 + \delta t + \beta_2 Z_t + e_t$ 最小二乘估计的残差 $\hat{e}_t$。你能得出 X_t 和 Z_t 是协整的结论吗？

$$\widehat{\Delta \hat{e}_t} = -0.0683 \hat{e}_{t-1}$$
$$(\tau) \quad (-2.83)$$

d.使用下面的方程和先前的结果来评估 Z_t 的协整阶数：

$$\widehat{\Delta (\Delta Z_t)} = 0.174 - 0.987 \Delta Z_{t-1}$$
$$(\tau) \qquad (-13.76)$$

12.4　省略。

12.5　在第 9 章中，我们发现，给定一个时间序列的观测值，$I_T = \{(y_1, x_1),$ $(y_2, x_2), \cdots, (y_T, x_T)\}$，对于一年期（$y_{T+1}$）和两年期（$y_{T+2}$）最好的预测由 $E(y_{T+1}|I_T)$ 和 $E(y_{T+2}|I_T)$ 分别得出。假设 $T = 29$，$y_T = 10$，$y_{T-1} = 12$，$x_{T+2} = x_{T+1} = x_T = 5$，$x_{T-1} = 6$，请从下列模型中找出 y_{T+1} 和 y_{T+2} 的预测值。在每一种情况下，假设 v_t 是独立的随机误差，分布为 $N(0, \sigma_v^2 = 4)$。

a.随机游走 $y_t = y_{t-1} + v_t$。

b.漂移随机游走 $y_t = 5 + y_{t-1} + v_t$。

c.随机游走 $\ln(y_t) = \ln(y_{t-1}) + v_t$。

d.确定性趋势模型 $y_t = 10 + 0.1t + v_t$。

e.ARDL 模型 $y_t = 6 + 0.6y_{t-1} + 0.3x_t + 0.1x_{t-1} + v_t$。

f.误差修正模型 $\Delta y_t = -0.4(y_{t-1} - 15 - x_{t-1}) + 0.3\Delta x_t + v_t$。另外，当 $x = 5$ 时，求 y 的长期均衡值。

g.一阶差分模型 $\Delta y_t = 0.6\Delta y_{t-1} + 0.3\Delta x_t + 0.1\Delta x_{t-1} + v_t$。

12.6　省略。

12.7.2　计算机练习

12.7　数据文件 *usmacro* 包含 1948 年第一季度至 2016 年第一季度美国失业率（U）、GDP 增长率（G）和通货膨胀率（INF）的季度观测数据。绘制这些序列并对它们执行单位根检验，以评估它们是否平稳。在你的回答中，证明你选择的一个检验方程，给出估计该方程的结果，指出原假设和备择假设，并得出结论。使用 5% 的显著性水平。这三个序列的协整阶数是多少？

12.8　省略。

12.9　*phillips*5_*aus* 数据文件包含了从 1987 年第一季度到 2016 年第一季度澳大利亚失业率（U）和通货膨胀率（INF）的季度观测值。绘制这些序列并对它们执行单位根检验，以评估它们是否平稳。在你的回答中，证明你选择的一个检验方程，给出估计该方程的结果，指出原假设和备择假设，并得出结论。使用 5% 的显著性水平。这两个序列的协整阶数是多少？

12.10　省略。

12.11　数据文件 *freddie*1 包含西弗吉尼亚州贝克利（$BEKLY$）月度房价指数和澳大利亚对中国的月出口产值（$XCHINA$），时间范围为从 1988 年 1 月到 2015 年 12 月。

a.估计回归方程 $XCHINA_t = \beta_1 + \beta_2 BEKLY_t + e_t$ 并对结果进行评论。

b.绘制 $BEKLY$、$XCHINA$ 和 $\ln(XCHINA)$ 序列并描述图形。它们为（a）部分的结果提供了什么见解？

c.估计方程 $\ln(XCHINA_t) = \beta_1 + \delta t + \beta_2 BEKLY_t + e_t$ 并评论结果。说明选择 $\ln(XCHINA)$ 而不是 $XCHINA$ 作为左侧变量的原因。

d.单位根检验表明 $\ln(XCHINA)$ 和 $BEKLY$ 是平稳的还是趋势平稳的？检验结果是否对（c）部分的结果提供了什么见解？

12.12 省略。

12.13 数据文件 *ozconfn* 包含1975年第一季度至2010年第四季度澳大利亚实际消费支出（*CONS*）和实际国民可支配收入（*INC*）的季度数据。

a.创建 $LCONS = \ln(CONS)$ 序列并绘制 $LCONS$ 和 INC 序列。对图形进行说明。

b.通过估计线性趋势 $LCONS_t = a_1 + a_2 t + u_1 t$ 和 $INC_t = c_1 + c_2 t + u_2 t$ 并保存残差来确定每个序列的趋势。使用 $t = 0, 1, \cdots, T-1$ 作为趋势项。

c.绘制去趋势序列并对图形进行注释。

d.你会注意到每个序列中都有一个强烈的季节性因素。计量经济学家已发展出几种方法来删除季节成分或"按季节调整"数据。一种非常简单的方法是减去季节性虚拟变量的影响。要使用此方法并同时消除趋势，我们估计方程：

$$y_t = \pi_0 t + \pi_1 D_{1t} + \pi_2 D_{2t} + \pi_3 D_{3t} + \pi_4 D_{4t} + u_t \qquad (XR12.13)$$

其中，当 t 是第 j 季度的观测值时，$D_{jt} = 1$，否则为0。对 $LCONS$ 和 INC 进行估计（XR12.13），并保存残差，称之为 $LCONS^*$ 和 INC^*。

e.绘制 $LCONS^*$ 和 INC^* 图，并将这些图与（c）部分中获得的图进行比较。

f.使用5%的显著性水平和表12-2第三行中的临界值，检验 $LCONS^*$ 和 INC^* 是平稳还是一阶差分平稳。解释你选择的检验方程，并阐述临界值的适用性。

g.估计以下两个方程并比较估计值：

$$LCONS_t = \delta t + \phi_1 D_{1t} + \phi_2 D_{2t} + \phi_3 D_{3t} + \phi_4 D_{4t} + \beta INC_t + e_t$$

$$LCONS_t^* = \beta INC_t^* + e_t$$

h.使用5%的显著性水平，检验（g）部分两个方程中任意一个是否具有协整关系。你用了什么临界值？

i.估计与 $\Delta LCONS_t$ 至 ΔINC_t 相关的误差修正模型，如果相关，则估计（g）部分的滞后协整残差。

12.14 省略。

12.15 数据文件 *usdata5* 包含图12-1所示的通货膨胀数据。

a.通货膨胀是平稳的还是非平稳的？解释你对检验方程的选择。

b.通货膨胀的协整阶数是多少？

c.构建并估计一个适合预测2017年1月年通货膨胀的模型。你的预测是什么？

12.16 省略。

12.17

a.使用数据文件 *toody5* 中的数据，估计以下模型。对结果进行说明。

$$YIELD_t = \alpha_1 + \alpha_2 t + \beta_1 RAIN_t + \beta_2 RAIN_t^2 + e_t$$

b.绘制（a）部分估计的模型残差，并检查残差相关图。你观测到了什么？

c.估计以下模型并对结果进行说明。

$$YIELD_t = \alpha_1 + \alpha_2 t + \alpha_3 t^2 + \beta_1 RAIN_t + \beta_2 RAIN_t^2 + e_t$$

d.绘制根据（c）部分估计的模型残差，并检查残差相关图。残差的性质与（b）部分有什么不同？

e.使用5%的显著性水平，在减去二次趋势后检验$YIELD$、$RAIN$、$RAIN^2$是否是趋势平稳的。

12.18　省略。

12.19　当我们在实例12.9中估计债券和联邦基金利率的误差修正模型时，我们在估计其他系数的同时估计了协整关系的系数$BR_t = \beta_1 + \beta_2 FFR_t + e_t$。回到这个例子，用滞后残差$\hat{e}_{t-1} = BR_{t-1} - 1.328 - 0.832 FFR_{t-1}$替换协整关系来估计误差修正模型。将你的估计值与从实例12.9中公式（12.32）获得的估计值进行比较。

12.20　省略。

12.21　数据文件csi包含密歇根大学编制的1978年1月—2006年12月样本期的消费者信心指数（CSI）。

a.执行所有三个Dickey-Fuller检验。结果一致吗？如果不一致，为什么呢？

b.基于对数据的图形检查，你应该使用哪个检验？

c.CSI是否建议消费者在短期或长期"记住"和"保留"新闻信息？

12.22　省略。

12.23　数据文件$inter2$包含生成I（2）过程的300个观测值（如图12-9所示）。通过进行多次单位根检验，首先对一阶差分进行检验，其次对二阶差分进行检验，证明名为$inter2$的变量确实是I（2）变量。

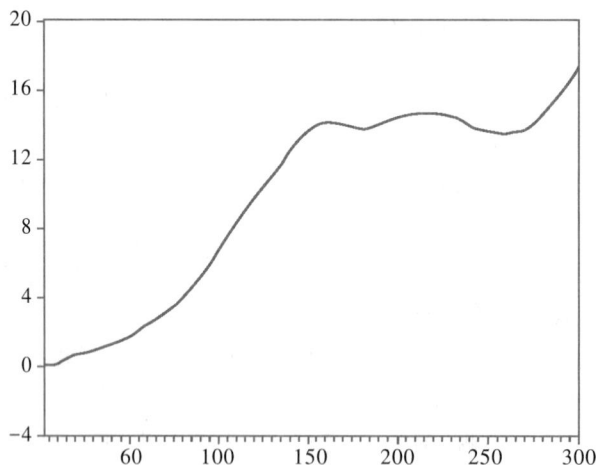

图12-9　广义的I（2）过程

12.24　省略。

12.25　美国国家航空航天局的数据文件包含1950年至2014年美国太阳黑子和实际GDP增长率的年度数据。19世纪的经济学家Jevons认为，商业周期和太阳黑子之间可能存在某种关系，因为太阳黑子的变化预示天气的变化，进而导致农业产量的变化。

a.绘制每个序列。商业周期是否倾向于追随太阳黑子活动？

b.使用5%的显著性水平，检验每个序列是否平稳。

c.建立一个ARDL模型来检验太阳黑子可以用来预测美国商业周期的假设。你的结果支持Jevons的理论吗？

12.26 省略。

12.27 预测澳元/美元汇率有多容易？数据文件*iron*包含了从2010年1月到2016年12月的铁矿石价格和汇率的月度数据。在接下来的问题中，对所有假设检验使用5%的显著性水平。

a.绘制两个序列。它们看起来联系密切吗？

b.汇率是平稳的还是非平稳的？什么模型最能反映当前和过去汇率之间的关系？

c.铁矿石价格是平稳的还是非平稳的？

d.财经评论员认为，鉴于澳大利亚对铁矿石出口的依赖，其汇率跟随铁矿石价格变动。有证据表明这些财经评论员的观点是正确的吗？

e.铁矿石价格有助于预测汇率吗？

12.28 省略。

12.29 重新考虑实例6.20（在实例6.20中，估计了美国由电弧炉技术生产的粗钢占其总产量的份额的logistic增长曲线）。数据存储在数据文件*steel*中。曲线由下列方程表示：

$$y_t = \frac{\alpha}{1 + \exp(-\beta - \delta t)} + e_t$$

a.绘制$y_t = EAF_t$序列，它是平稳的还是非平稳的？logistic增长曲线是一个模拟其趋势的很好的模型吗？

b.使用5%的显著性水平，检验单位根$y_t = EAF_t$的序列。

c.使用非线性最小二乘法估计方程，并绘制残差图。残差看起来平稳吗？检验单位根的残差。

d.使用5%的显著性水平，检验单位根的序列$\Delta y_t = \Delta EAF_t$。

e.估计一阶差分模型并绘制残差图。残差是否平稳？检验单位根的残差。

f.根据你对这个问题前面部分的回答，你认为$y_t = EAF_t$是趋势平稳的吗？比较（c）和（e）部分的估计值。你认为（c）部分的非线性最小二乘估计是可靠的吗？

第 13 章

向量误差修正和向量自回归模型

学习目标

基于本章的内容，你应该能够做到以下几点：

1. 解释为什么经济变量是动态相互依存的。
2. 解释 VEC 模型。
3. 解释误差修正的重要性。
4. 解释 VAR 模型。
5. 解释 VEC 模型和 VAR 模型之间的关系。
6. 解释如何估计双变量情形下的 VEC 和 VAR 模型。
7. 解释当变量同期不相关和冲击不相关时，如何生成脉冲响应函数和进行方差分解。

关键词

动态关系	识别问题	VAR 模型	误差修正
脉冲响应函数	预测误差方差分解	VEC 模型	

在第 12 章，我们研究了数据的时间序列特性和非平稳序列变量之间的协整关系。在这些例子中，我们假设一个变量是被解释变量（称为 y_t），另一个变量是解释变量（称为 x_t），我们把 y_t 和 x_t 之间的关系看成一个回归模型。然而，这是根据经验假设的，我们也可以很容易地假设 y_t 是解释变量，而 x_t 是被解释变量，除非我们有充分的理由不这样做。简而言之，我们要处理这两个变量 $\{y_t, x_t\}$，与这两个变量有关的两个可能的回归模型是：

$$y_t=\beta_{10}+\beta_{11}x_t+e_t^y, \quad e_t^y{\sim}N(0, \sigma_y^2) \tag{13.1a}$$

$$x_t=\beta_{20}+\beta_{21}y_t+e_t^x, \quad e_t^x{\sim}N(0, \sigma_x^2) \tag{13.1b}$$

在这个双变量（两个序列）系统中，x_t 和 y_t 之间可能只有唯一的关系，因此 $\beta_{21}=1/\beta_{11}$，$\beta_{20}=-\beta_{10}/\beta_{11}$。对于公式（13.1a），我们利用稍微专业点的术语来说，y 已经被标准化了（意味着 y 前面的系数被设定为 1）；而对于公式（13.1b），x 已经被标准化了（意味着 x 前面的系数被设定为 1）。

是如公式（13.1a）还是公式（13.1b）那样描述 y 和 x 之间的关系更好，还是承认在许多关系中 y 和 x 是同时确定的更好？本章的目的是研究时间序列变量之间的因果关系，我们将扩展时间序列数据研究，考虑其动态特性和相互作用。特别是，我们将要讨论**向量误差修正（VEC）**和**向量自回归（VAR）模型**。我们将学习：当 I（1）变量之间存在协整关系时，如何估计**VEC**模型；当不存在协整关系时，如何估计**VAR**模型。注意，这是对第12章研究的单方程模型的扩展。

这里出现一些重要的术语。单变量分析研究一个单一的数据序列。双变量分析研究一对序列。向量这个术语表示我们考虑一系列序列：两个、三个或更多序列。"向量"一词是单变量和双变量的一般表述。

13.1 VEC模型和VAR模型

我们从两个时间序列变量y_t和x_t开始，综合第9章关于动态关系的讨论，得到一个系统方程：

$$y_t = \beta_{10} + \beta_{11}y_{t-1} + \beta_{12}x_{t-1} + v_t^y$$
$$x_t = \beta_{20} + \beta_{21}y_{t-1} + \beta_{22}x_{t-1} + v_t^x \tag{13.2}$$

方程（13.2）描述了一个系统，系统中每个变量是自身滞后值和系统中其他变量滞后值的函数。系统方程（13.2）包括两个变量y和x。在第一个方程式中，y_t是自身滞后值y_{t-1}和系统中另一个变量滞后值x_{t-1}的函数。在第二个方程式中，x_t是自身滞后值x_{t-1}和系统中另一个变量滞后值y_{t-1}的函数。这两个方程式组成一个系统，即向量自回归（VAR）模型。在本例中，最大滞后一阶，我们得到VAR（1）。

如果y和x是I（0）平稳变量，上述系统可用最小二乘法来估计每个方程式。但是，如果y和x是I（1）非平稳变量且不是协整的，则如第12章所述，可以取一阶差分来估计。在这种情况下，VAR模型表示如下：

$$\Delta y_t = \beta_{11}\Delta y_{t-1} + \beta_{12}\Delta x_{t-1} + v_t^{\Delta y}$$
$$\Delta x_t = \beta_{21}\Delta y_{t-1} + \beta_{22}\Delta x_{t-1} + v_t^{\Delta x} \tag{13.3}$$

所有的变量是I（0）平稳变量，该系统可以再次采用最小二乘法来估计，即VAR模型是描述平稳变量之间动态相互作用关系的一般框架。因此，如果y和x是I（0）平稳变量，则使用系统方程（13.2）。另外，如果y和x是I（1）非平稳变量但不是协整的，我们对VAR模型取一阶差分，见系统方程（13.3），考察它们之间的相互作用关系。

如果y和x是I（1）变量且是协整的，我们需要修正系统方程以考虑I（1）变量之间的协整关系。我们这么做有两个原因。第一，作为经济学家，我们希望保留和使用关于协整关系的有用信息。第二，作为计量经济学家，我们希望能确保利用最好的方法来考虑时间序列的特征。回想关于联立方程那一章的内容，协整方程是说明同时相互作用的一种方法，因而不要求数据是平稳的。引入协整关系后，产生我们所说的VEC模型。现在，我们介绍该模型。

考虑两个一阶单整的非平稳变量y_t和x_t：$y_t \sim$I（1），$x_t \sim$I（1），两者是协整的，因此：

$$y_t = \beta_0 + \beta_1 x_t + e_t \tag{13.4}$$

并且$\hat{e}_t \sim$I（0），其中$\hat{e}_t$为估计出的残差项。注意，我们也可以选择标准化x。无论是标准化y还是标准化x，这经常是取决于经济理论，关键点是两个变量之间至多存在一种基本关系。

VEC模型是针对具有协整关系的关于I（1）变量的VAR模型的一种特殊形式。VEC

模型表示为：

$$\Delta y_t = \alpha_{10} + \alpha_{11}(y_{t-1} - \beta_0 - \beta_1 x_{t-1}) + v_t^y$$

$$\Delta x_t = \alpha_{20} + \alpha_{21}(y_{t-1} - \beta_0 - \beta_1 x_{t-1}) + v_t^x \tag{13.5a}$$

我们可以扩展为：

$$y_t = \alpha_{10} + (\alpha_{11} + 1)y_{t-1} - \alpha_{11}\beta_0 - \alpha_{11}\beta_1 x_{t-1} + v_t^y$$

$$x_t = \alpha_{20} + \alpha_{21}y_{t-1} - \alpha_{21}\beta_0 - (\alpha_{21}\beta_1 - 1)x_{t-1} + v_t^x \tag{13.5b}$$

通过比较系统方程（13.5b）和系统方程（13.2）可以看出，VEC 作为一种特殊形式的 VAR 模型，I（1）变量 y_t 与其他滞后变量（y_{t-1} 和 x_{t-1}）相关，I（1）变量 x_t 也与其他滞后变量（y_{t-1} 和 x_{t-1}）相关。注意，这两个方程包含共同的协整关系。

系数 α_{11} 和 α_{21} 为**误差修正系数**，之所以这么叫，是因为它们表明 Δy_t 和 Δx_t 对协整误差 $y_{t-1} - \beta_0 - \beta_1 x_{t-1} = e_{t-1}$ 的反应大小。误差修正的概念产生的原因是对 α_{11} 和 α_{21} 添加限制条件以保证稳定性，即（$-1 < \alpha_{11} \leqslant 0$）和（$0 \leqslant \alpha_{21} < 1$）。为理解这个概念，考虑因为 $y_{t-1} > (\beta_0 + \beta_1 x_{t-1})$ 而产生的一个正误差 $e_{t-1} > 0$。第一个方程中负的误差修正系数（α_{11}）保证 Δy 下降，而第二个方程中正的误差修正系数（α_{21}）保证 Δx 上升，因此修正误差。误差修正系数的绝对值小于 1，这保证该系统不是激增的。注意 VEC 是第 12 章所讨论的单个方程误差修正的一般化形式。在 VEC 系统模型中，y_t 和 x_t 都进行"误差修正"。

误差修正模型已成为一个非常受欢迎的模型，因为它的解释具有直观性。考虑两个非平稳变量，如消费（称为 y_t）和收入（称为 x_t），我们期望两者有（协整）关系。现在考虑你的收入发生变化，比如说加薪！消费很可能会增加，但你可能需要一些时间来改变你的消费模式，以对收入变化做出反应。VEC 模型允许我们检验解释变量的变化（协整部分，$y_t = \beta_0 + \beta_1 x_t + e_t$）以及变化的速度（误差修正部分 $\Delta y_t = \alpha_{10} + \alpha_{11} e_{t-1} + v_t^y$，其中 e_{t-1} 是协整误差）。

最后要讨论的一点是截距项的作用。到目前为止，我们已在协整方程中引入截距项（β_0），类似于在 VEC 模型中引入截距项（α_{10} 和 α_{20}）。但是，这样做可能产生一个问题。为了了解原因，我们整理所有的截距项，改写系统方程（13.5b）为：

$$y_t = (\alpha_{10} - \alpha_{11}\beta_0) + (\alpha_{11} + 1)y_{t-1} - \alpha_{11}\beta_1 x_{t-1} + v_t^y$$

$$x_t = (\alpha_{20} - \alpha_{21}\beta_0) + \alpha_{21}y_{t-1} - (\alpha_{21}\beta_1 - 1)x_{t-1} + v_t^x \tag{13.5c}$$

如果我们利用最小二乘法估计每个方程，就能得到组合项（$\alpha_{10} - \alpha_{11}\beta_0$）和（$\alpha_{20} - \alpha_{21}\beta_0$）的估计值，但却无法分解 β_0、α_{10} 和 α_{20} 各自的影响。在下一节，我们将讨论一个简单的两步最小二乘法来解决这个问题。然而，这里要做的是检查截距项是否被需要及在什么地方被需要。

13.2 估计向量误差修正模型

有很多计量经济方法可以用来估计误差修正模型。非线性（系统）最小二乘法是一种方法，但是最直接的方法是使用两步最小二乘法。首先，使用最小二乘法估计协整关系 $y_t = \beta_0 + \beta_1 x_t + e_t$，产生滞后残差 $\hat{e}_{t-1} = y_{t-1} - b_0 - b_1 x_{t-1}$。

其次，使用最小二乘法估计下列方程：

$$\Delta y_t = \alpha_{10} + \alpha_{11}\hat{e}_{t-1} + v_t^y \tag{13.6a}$$

$$\Delta y_t = \alpha_{11} + \alpha_{21}\hat{e}_{t-1} + v_t^x \tag{13.6b}$$

注意，公式（13.6）中的所有变量（Δy、Δx 和 $\hat{e}$）是平稳的（若 y 和 x 是协整的，残差 $\hat{e}$ 必须是平稳的）。因此，在前面的章节中学习的标准回归分析可用于检验参数的显著性。可以应用通常的残差诊断检验。

在这里需要注意，我们如何在回归模型中将平稳变量和非平稳变量组合在一起。协整是关于 I（1）变量之间的关系。协整方程不包含 I（0）变量。然而，在相应的 VEC 模型中，I（1）变量的变化（I（0）变量 Δy 和 Δx）与其他 I（0）的变量（协整残差 $\hat{e}_{t-1}$）相关联；如果需要的话，可以添加其他平稳变量。换句话说，我们不应该把平稳变量和非平稳变量混合在一起：回归方程左边的 I（0）被解释变量应该由回归方程右边的另一个 I（0）变量来解释，回归方程左边的 I（1）被解释变量应该由回归方程右边的另一个 I（1）变量来解释。

实例13.1　GDP 的 VEC 模型

图 13-1 表示一个小经济体（澳大利亚）和一个大经济体（美国）1970 年第一季度至 2000 年第四季度样本的实际季度国内生产总值。注意，该序列已经过缩减处理，所以 2000 年两国经济的实际国内生产总值为 100。这些数据在文件 gdp 中。从图 13-1 中大致可以看出，两个序列是非平稳的，但可能是协整的。

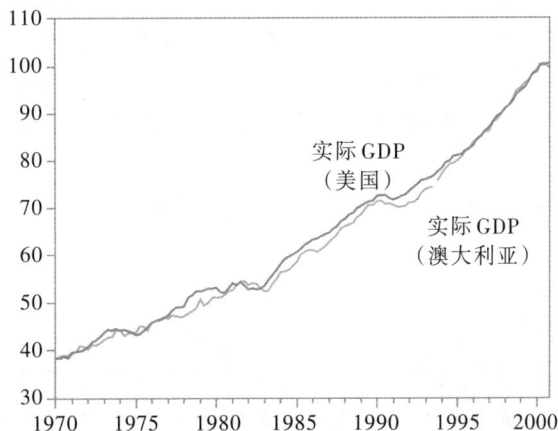

图13-1　实际国内生产总值（2000 年 GDP=100）

正式的单位根检验确认这些序列确实是非平稳的。为了检验协整关系，我们得到拟合方程式（13.7）（截距项被省略，因为它没有经济意义）：

$$\hat{A}_t = 0.985 U_t \tag{13.7}$$

其中，A 表示澳大利亚的实际国内生产总值，U 表示美国的实际国内生产总值。注意，我们已标准化 A，因为考虑小经济体对大经济体做出反应更有意义。从协整关系中得到的残差如图 13-2 所示。它们的一阶自相关值为 0.870，对时间序列的直观检验表明，残差可能是平稳的。

进行正式的单位根检验，估计的单位根检验方程为：

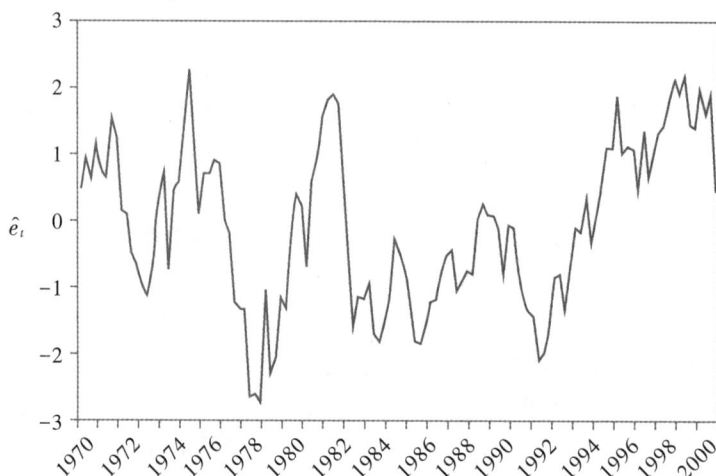

图 13-2 从协整关系中得到的残差

$$\widehat{\Delta e_t} = -0.128\hat{e}_{t-1}$$
$$(tau) \quad (-2.889)$$

(13.8)

由于协整关系不包含截距项（见第 12 章公式（12.29a）），5% 的临界值为 -2.76。单位根 t 值为 -2.889，小于 -2.76。我们拒绝没有协整关系的原假设，得出的结论是两国实际国内生产总值序列是协整的。这一结果表明，小经济体的经济活动（澳大利亚，A_t）与大经济体的经济活动有联系（美国，U_t）。如果 U_t 增加一个单位，A_t 将增加 0.985 个单位。但澳大利亚的经济可能不会在一个季度内完全做出这样大小的反应。要确定在一个季度内的反应大小，我们利用最小二乘法估计误差修正模型，估计 $\{A_t, U_t\}$ 的 VEC 模型表示为：

$$\widehat{\Delta A_t} = 0.492 - 0.099\hat{e}_{t-1}$$
$$(t) \qquad (-2.077)$$
$$\widehat{\Delta U_t} = 0.510 + 0.030\hat{e}_{t-1}$$
$$(t) \qquad (0.789)$$

(13.9)

估计结果表明，两个误差修正系数的符号是恰当的。当协整误差（$\hat{e}>0$ 或 $A_{t-1} > 0.985U_{t-1}$）为正的时候，第一个方程中负的误差修正系数（-0.099）表示 ΔA 下降（A_t 下降或 ΔA_t 为负）；而第二个方程中正的误差修正系数（0.030）表示 ΔU 上升（U_t 上升或 ΔU_t 为正）。这种行为（A 负的变化和 U 正的变化）修正了协整误差。误差修正系数（-0.099）在 5% 的水平下是显著的，这表示 A_t 的季度调整从协整值 $0.985U_{t-1}$ 约偏离 A_{t-1} 的 10%。这是一个很低的调整速度。然而，第二个方程中的误差修正系数（0.030）是不显著的，这表明，ΔU 对协整误差没有反应。这一结果与如下的观点相一致，即小经济体可能会对大经济体的经济情况做出反应，但反之不成立。

13.3 估计 VAR 模型

VEC 是一个结合了协整方程的多元动态模型。它在双变量 y 和 x 都是 I（1）但存在协整关系的情况下是相关的。现在我们考虑，如果我们对 y 和 x 之间的相互依赖关系感兴趣，但它们不是协整的，我们应该怎样做？在这种情况下，我们估计一个向量自回归（VAR）模型，如方程（13.3）所示。

实例 13.2　消费与收入的 VAR 模型

考虑图 13-3，该图显示了 1986 年第一季度至 2015 年第二季度期间，美国的实际个人可支配收入（RPDI）（表示为 Y）的对数和实际个人消费支出（RPCE）（表示为 C）的对数。这两个序列看似不平稳，但它们是协整的吗？季度数据存储在数据文件 *fred5* 中。

当仅包括截距时，C 单位根的 Dickey-Fuller 检验值为 -0.88；而当同时包括截距和趋势项时，则为 -1.63。在这两种情况下，都有三个扩展项，Y 的对应值为 -1.65 和 -0.43。在这些情况下，一个扩展项就足够了。表 12-2 中 10% 的临界值在无趋势下为 -2.57，在有趋势下为 -3.13。由于检验值大于临界值，我们不能得出该序列是平稳的结论。使用 10% 的显著性水平，对序列的一次差分进行单位根检验得出的结论是，一次差分是平稳的，因此该序列为 I（1）。进行协整检验会得到以下结果：

$$\hat{e}_t = C_t + 0.543 - 1.049Y_t$$

$$\widehat{\Delta \hat{e}_t} = -0.203\hat{e}_{t-1} - 0.290\Delta \hat{e}_{t-1} \tag{13.10}$$

$$(\tau)\quad (-3.046)$$

截距项已经包括在内，用来捕捉独立于可支配收入（对数）的消费成分。根据表 12-4，协整残差平稳性检验的 10% 临界值为 -3.07。由于 -3.046 的 *tau* 值（单位根 t 值）大于 -3.07，表明误差不是平稳的，C（如 log（RPCE））和 Y（如 log（RPDI））之间的关系是虚假的。也就是说，两者没有协整关系。所以，我们不会使用 VEC 模型来检验总消费 C 与收入 Y 之间的动态关系。相反，我们将对 I（0）变量 $\{\Delta C_t, \Delta Y_t\}$ 的集合估算 VAR 模型。

为了便于说明，在此例中，滞后期数被限制为 1。通常，应利用系数估计值的显著性和误差序列相关性来选择可能多于一个的适当滞后期数。结果是：

$$\widehat{\Delta C_t} = 0.00367 + 0.348\Delta C_{t-1} + 0.131\Delta Y_{t-1}$$

$$(t)\quad (4.87)\quad (4.02)\quad\quad (2.52) \tag{13.11a}$$

$$\widehat{\Delta Y_t} = 0.00438 + 0.590\Delta C_{t-1} - 0.291\Delta Y_{t-1}$$

$$(t)\quad (3.38)\quad (3.96)\quad\quad (-3.25) \tag{13.11b}$$

第一个等式（13.11a）表明，消费的季度增长（ΔC_t）与其自身过去值（ΔC_{t-1}）显著相关，并且也与上一时期收入的季度增长（ΔY_{t-1}）显著相关。第二个等式（13.11b）表明，ΔY_t 与自身过去值负相关，而与上一时期的消费变化显著正相关。常数项反映了消费对数和收入对数变化中的固定成分。

估算了这些模型之后，我们还能推断出其他东西吗？如果系统遭受收入冲击，那么冲击对消费和收入季度增长的动态路径有何影响？它们会上升吗？会上升多少？如果系统也受到消费冲击，收入与消费的冲击对收入变化的贡献是什么？现在我们来看一些适合解决这些问题的分析。

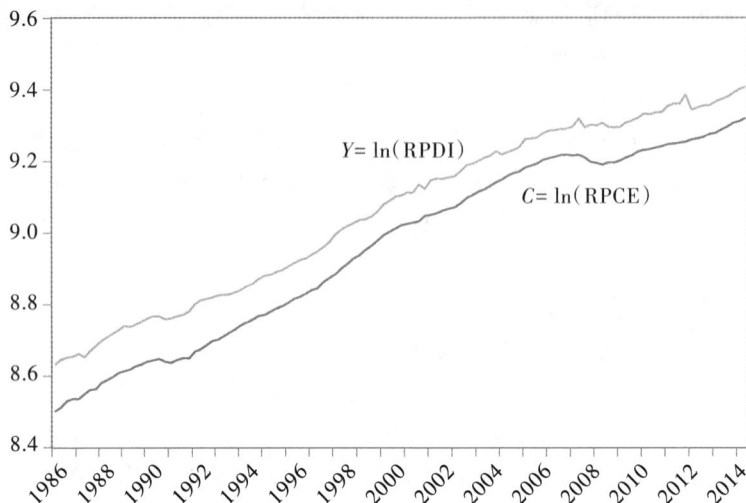

图 13-3　实际个人可支配收入（RPDI）的对数和实际个人消费支出（RPCE）的对数

13.4　脉冲响应和方差分解

宏观计量经济学家利用脉冲响应函数和方差分解方法，分析石油价格冲击对通货膨胀和GDP增长的影响以及货币政策变化对经济的影响等问题。

13.4.1　脉冲响应函数

脉冲响应函数显示了冲击对变量调整路径的影响。为了更好地理解这一点，我们将首先考虑单变量序列。

单变量序列的情况　考虑一个单变量序列 $y_t = \rho y_{t-1} + \nu_t$，在时期1，受到大小为 ν 的冲击。假设在时期 $t=0$，y 的任意初始值为：$y_0=0$。（由于我们对动态路径感兴趣，其初始点是无关紧要的）在时期 $t=1$，受到冲击后，y 的值会变为：$y_1 = \rho y_0 + \nu_1 = \nu$。假设在以后的时期没有后续的冲击，在时期 $t=2$，$y_2=\rho y_1=\rho\nu$；在时期 $t=3$，$y_3=\rho y_2=\rho(\rho y_1)=\rho^2\nu$；等等。因此，受到冲击后 y 的时间路径为 $\{\nu, \rho\nu, \rho^2\nu, \cdots\}$。系数值 $\{1, \rho, \rho^2, \cdots\}$ 为所谓的乘数，受到冲击后 y 的时间路径就是所谓的脉冲响应函数。

为了说明，假设 $\rho=0.9$，冲击为 $\nu=1$。根据分析，y 将为 $\{1, 0.9, 0.81, \cdots\}$，随着时间的推移将趋近于零。脉冲响应函数见图13-4。它向我们展示了受到冲击后 y 的反应。在这种情况下，y 最初上升的幅度是冲击的最大值，然后逐渐回到冲击前的数值。

双变量序列的情况　现在，根据平稳变量的双变量VAR系统，我们考虑两个时间序列的脉冲响应函数：

$$y_t = \delta_{10} + \delta_{11}y_{t-1} + \delta_{12}x_{t-1} + v_t^y$$
$$x_t = \delta_{20} + \delta_{21}y_{t-1} + \delta_{22}x_{t-1} + v_t^x$$

（13.12）

在这种情况下，系统受到两种可能的冲击——一个对 y 的冲击，另一个对 x 的冲击。因此，我们对四个脉冲响应函数感兴趣：y 所受冲击对 y 和 x 时间路径的影响，以及 x 所受冲击对 y 和 x 时间路径的影响。

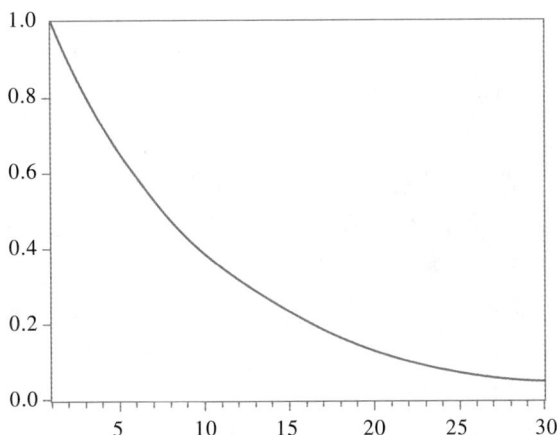

图 13-4　AR（1）模型 $y_t=0.9y_{t-1}+v_t$ 受到一个单位冲击后的脉冲响应

系统中产生脉冲响应的实际机制非常复杂，这基于如下事实：（i）必须考虑相互依存的动态（产生乘数的多变量模拟）；（ii）必须从不可观测数据中识别正确的冲击。把两者结合，这两个复杂的问题导致所谓的识别问题。①当系统方程（13.12）所描述的系统是动态系统的真实表达式时，这种特殊情况会发生，即 y 仅与 y 和 x 的滞后值相关，x 仅与 y 和 x 的滞后值相关。换句话说，y 和 x 是动态相关的，但不是同时发生的。当前值 x_t 不会出现在 y_t 的方程中，当前值 y_t 不会出现在 x_t 的方程中。我们也需要假设误差项 v_t^x 和 v_t^y 是相互独立的（同期不相关）。

考虑对 y 有一个标准差的冲击（或者称为**新息**，innovation）的情况，在 $t=1$ 时，$v_1^y=\sigma_y$，之后 v_t^y 为零。假设对所有的 t，$v_t^x=0$。为克服衡量问题，通常考虑一个标准差的冲击（新息），而不是一个单位的冲击。假设 $y_0=x_0=0$。此外，由于我们着重看冲击如何改变 y 和 x 的路径，我们可以忽略截距项。因此，

1. 当 $t=1$ 时，σ_y 的冲击对 y 的影响是 $y_1=v_1^y=\sigma_y$，对 x 的影响是 $x_1=v_1^x=0$。

2. 当 $t=2$ 时，冲击对 y 的影响是：

$$y_2 = \delta_{11}y_1 + \delta_{12}x_1 = \delta_{11}\sigma_y + \delta_{12}0 = \delta_{11}\sigma_y$$

对 x 的影响是：

$$x_2 = \delta_{21}y_1 + \delta_{22}x_1 = \delta_{21}\sigma_y + \delta_{22}0 = \delta_{21}\sigma_y$$

3. 当 $t=3$ 时，冲击对 y 的影响是：

$$y_3 = \delta_{11}y_2 + \delta_{12}x_2 = \delta_{11}\delta_{11}\sigma_y + \delta_{12}\delta_{21}\sigma_y$$

对 x 的影响是：

$$x_3 = \delta_{21}y_2 + \delta_{22}x_2 = \delta_{21}\delta_{11}\sigma_y + \delta_{22}\delta_{21}\sigma_y.$$

对 $t=4$，5，…，重复替换，我们获得进一步的表达式。y 对 y 的冲击脉冲响应（或新息）是 σ_y $[1, \delta_{11}, (\delta_{11}\delta_{11}+\delta_{12}\delta_{21}), \cdots]$，$x$ 对 y 的冲击脉冲响应是 σ_y $[0, \delta_{21}, (\delta_{21}\delta_{11}+\delta_{22}\delta_{21}), \cdots]$。

现在考虑当对 x 有一个标准差的冲击时会发生什么。结果是在 $t=1$ 时，$v_1^x=\sigma_y$，之后 v_t^x 为零。假设对于所有的 t，$v_t^y=0$。在受到冲击后的第一个时期，σ_x 大小的冲击对 y 的影响是 $y_1=v_1^y=0$，对 x 的影响是 $x_1=v_1^x=\sigma_x$。冲击后的两个时期，当 $t=2$ 时，对 y 的影响是：

---

①　附录 13A 介绍一般的问题。

$$y_2 = \delta_{11}y_1 + \delta_{12}x_1 = \delta_{11}0 + \delta_{12}\sigma_x = \delta_{12}\sigma_x$$

对 x 的影响是：

$$x_2 = \delta_{21}y_1 + \delta_{22}x_1 = \delta_{21}0 + \delta_{22}\sigma_x = \delta_{22}\sigma_x$$

再次经过迭代替换，我们得到对 x 的一个冲击所产生的对 y 的脉冲响应是 $\sigma_x[0，\delta_{12}$，$(\delta_{11}\delta_{12}+\delta_{12}\delta_{22})，\cdots]$，对 x 的一个冲击所产生的对 x 的脉冲响应是 $\sigma_x[1，\delta_{22}，(\delta_{21}\delta_{12}+\delta_{22}\delta_{22})$，$\cdots]$。图 13-5 显示了一个有具体数值的例子，即 $\sigma_y=1$，$\sigma_x=2$，$\delta_{11}=0.7$，$\delta_{12}=0.2$，$\delta_{21}=0.3$ 和 $\delta_{22}=0.6$ 的四种脉冲响应函数。

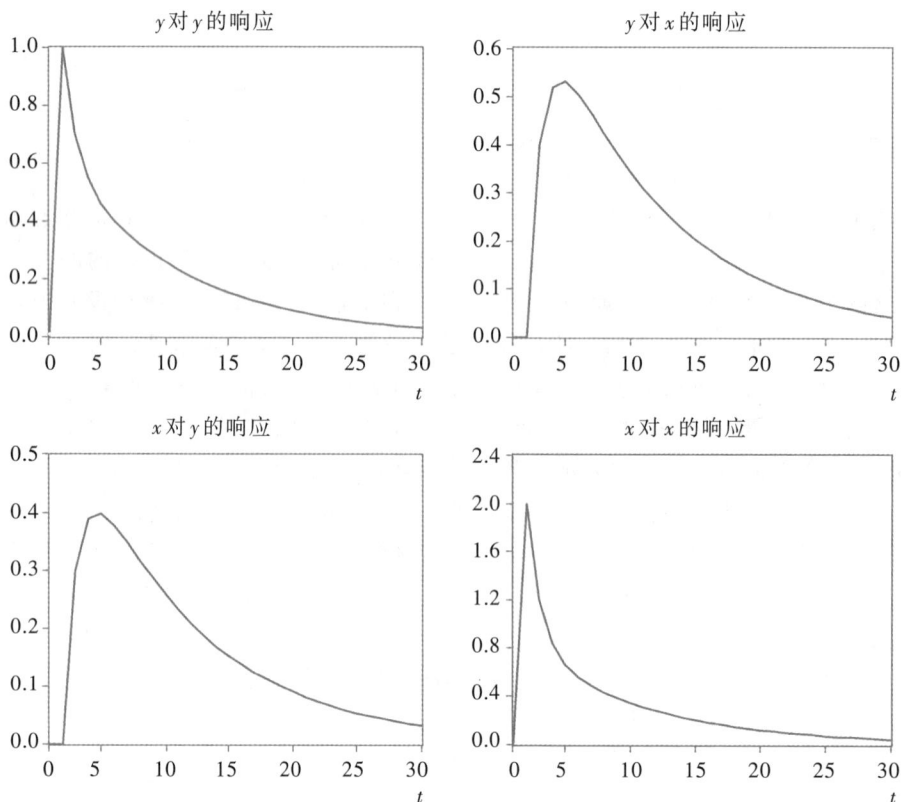

图 13-5 对标准差冲击的脉冲响应

研究脉冲响应函数（而不仅仅是 VAR 系数）的优点是，它们考虑相互依存关系的存在，表示冲击影响大小和冲击消散的速度。

13.4.2 预测误差方差分解

另一种弄清各种冲击影响的方法是考虑每种冲击对预测误差方差的贡献。

单变量分析 再考虑单变量序列 $y_t = \rho y_{t-1} + v_t$。对未来一个时期的预测表示为：

$$y_{t+1}^F = E_t[\rho y_t + v_{t+1}]$$

其中，E_t 是基于 t 时期信息的条件期望值（我们感兴趣的是利用在 t 时期的所知信息预测 y_{t+1} 的均值）。在 t 时期，条件期望是已知的，但误差项是未知的，所以其条件期望为零。因此，y_{t+1} 的最佳预测是 ρy_t，预测误差是：

$$y_{t+1} - E_t \begin{bmatrix} y_{t+1} \end{bmatrix} = y_{t+1} - \rho y_t = v_{t+1}$$

未来一期预测误差的方差是 var (ν_{t+1}) =σ^2。假设我们希望预测未来两期，使用相同的逻辑，对未来两期的预测变为：

$$y_{t+2}^F = E_t \begin{bmatrix} \rho y_{t+1} + v_{t+2} \end{bmatrix} = E_t \begin{bmatrix} \rho (\rho y_t + v_{t+1}) + v_{t+2} \end{bmatrix} = \rho^2 y_t$$

对未来两期的预测误差变为：

$$y_{t+2} - E_t \begin{bmatrix} y_{t+2} \end{bmatrix} = y_{t+2} - \rho^2 y_t = \rho v_{t+1} + v_{t+2}$$

在这种情况下，预测误差的方差是 var $(\rho\nu_{t+1}+\nu_{t+2})$ =σ^2 (ρ^2+1)，表明预测误差的方差随着预测时期增加而增加。在这个单变量的例子中，只有导致预测误差的一个冲击。因此，预测误差的方差是100%缘于其自身的冲击。预测误差变化来源的归属划分被称为方差分解。

双变量分析 我们可以对不存在识别问题的特殊双变量示例进行**预测误差方差分解**。忽略截距项（因为它们是常数），对未来一期的预测是：

$$y_{t+1}^F = E_t \begin{bmatrix} \delta_{11} y_t + \delta_{12} x_t + v_{t+1}^y \end{bmatrix} = \delta_{11} y_t + \delta_{12} x_t$$
$$x_{t+1}^F = E_t \begin{bmatrix} \delta_{21} y_t + \delta_{22} x_t + v_{t+1}^x \end{bmatrix} = \delta_{21} y_t + \delta_{22} x_t$$

相对应的未来一期预测的误差和方差分别是：

$$FE_1^y = y_{t+1} - E_t \begin{pmatrix} y_{t+1} \end{pmatrix} = v_{t+1}^y \quad \text{var} \begin{pmatrix} FE_1^y \end{pmatrix} = \sigma_y^2$$
$$FE_1^x = x_{t+1} - E_t \begin{pmatrix} x_{t+1} \end{pmatrix} = v_{t+1}^x \quad \text{var} \begin{pmatrix} FE_1^x \end{pmatrix} = \sigma_x^2$$

因此，在第一个时期，对于 y 所有的预测误差的变化缘于自身的冲击。同样，对于 x，预测误差的100%可以由其自身的冲击来解释。使用相同的方法，对未来两期 y 的预测为：

$$y_{t+2}^F = E_t \begin{bmatrix} \delta_{11} y_{t+1} + \delta_{12} x_{t+1} + v_{t+2}^y \end{bmatrix}$$
$$= E_t \begin{bmatrix} \delta_{11} (\delta_{11} y_t + \delta_{12} x_t + v_{t+1}^y) + \delta_{12} (\delta_{21} y_t + \delta_{22} x_t + v_{t+1}^x) + v_{t+2}^y \end{bmatrix}$$
$$= \delta_{11} (\delta_{11} y_t + \delta_{12} x_t) + \delta_{12} (\delta_{21} y_t + \delta_{22} x_t)$$

对 x 的预测为：

$$y_{t+2}^F = E_t \begin{bmatrix} \delta_{21} y_{t+1} + \delta_{22} x_{t+1} + v_{t+2}^x \end{bmatrix}$$
$$= E_t \begin{bmatrix} \delta_{21} (\delta_{11} y_t + \delta_{12} x_t + v_{t+1}^y) + \delta_{22} (\delta_{21} y_t + \delta_{22} x_t + v_{t+1}^x) + v_{t+2}^x \end{bmatrix}$$
$$= \delta_{21} (\delta_{11} y_t + \delta_2 x_t) + \delta_{22} (\delta_{21} y_t + \delta_{22} x_t)$$

相对应的对未来两期的预测误差和方差（回忆我们考虑的是误差为相互独立的特殊情况）分别是：

$$FE_2^y = y_{t+2} - E_t \begin{bmatrix} y_{t+2} \end{bmatrix} = \begin{bmatrix} \delta_{11} v_{t+1}^y + \delta_{12} v_{t+1}^x + v_{t+2}^y \end{bmatrix}$$
$$\text{var} \begin{pmatrix} FE_2^y \end{pmatrix} = \delta_{11}^2 \sigma_y^2 + \delta_{12}^2 \sigma_x^2 + \sigma_y^2$$
$$FE_2^x = x_{t+2} - E_t \begin{bmatrix} x_{t+2} \end{bmatrix} = \begin{bmatrix} \delta_{21} v_{t+1}^y + \delta_{22} v_{t+1}^x + v_{t+2}^x \end{bmatrix}$$
$$\text{var} \begin{pmatrix} FE_2^x \end{pmatrix} = \delta_{21}^2 \sigma_y^2 + \delta_{22}^2 \sigma_x^2 + \sigma_x^2$$

我们可以将针对 y 的预测误差总方差 $\delta_{11}^2\sigma_y^2+\delta_{12}^2\sigma_x^2+\sigma_y^2$ 分解为缘于对 y 的冲击 $(\delta_{11}^2\sigma_y^2+\sigma_y^2)$ 和缘于对 x 的冲击 $(\delta_{12}^2\sigma_x^2)$。这种分解通常表示为比例。由自身冲击解释的对未来两期 y 的预测误差方差的比例是：

$$\begin{pmatrix} \delta_{11}^2 \sigma_y^2 + \sigma_y^2 \end{pmatrix} \Big/ \begin{pmatrix} \delta_{11}^2 \sigma_y^2 + \delta_{12}^2 \sigma_x^2 + \sigma_y^2 \end{pmatrix}$$

由其他冲击解释的对未来两期 y 的预测误差方差的比例是：

$$\left(\delta_{12}^2 \sigma_x^2\right) \Big/ \left(\delta_{11}^2 \sigma_y^2 + \delta_{12}^2 \sigma_x^2 + \sigma_y^2\right)$$

同样，由自身冲击解释的对未来两期 x 的预测误差方差的比例是：

$$\left(\delta_{22}^2 \sigma_x^2 + \sigma_x^2\right) \Big/ \left(\delta_{21}^2 \sigma_y^2 + \delta_{22}^2 \sigma_x^2 + \sigma_x^2\right)$$

由其他冲击解释的对未来两期 x 的预测误差方差的比例是：

$$\left(\delta_{21}^2 \sigma_y^2\right) \Big/ \left(\delta_{21}^2 \sigma_y^2 + \delta_{22}^2 \sigma_x^2 + \sigma_x^2\right)$$

对于数值例子 $\sigma_y=1$，$\sigma_x=2$，$\delta_{11}=0.7$，$\delta_{12}=0.2$，$\delta_{21}=0.3$ 和 $\delta_{22}=0.6$，我们发现，对未来两期 y 的预测误差方差的 90.303% 由 y 自身解释，仅有 9.697% 由 x 解释。

综上所述，假设你对经济增长和通货膨胀之间的关系感兴趣，VAR 模型会告诉你它们是否显著相关，脉冲响应分析将显示经济增长和通货膨胀如何对冲击做出动态反应，方差分解分析将提供关于变动来源的信息。

一般情况　上面的例子假定 x 和 y 同期不相关且冲击不相关。没有识别问题，且脉冲响应函数和预测误差方差分解的产生和解释直截了当，通常这是不太可能的情况。同期交互作用关系和相关误差的存在使得对冲击性质的识别和对脉冲响应及预测误差方差分解的解释变得复杂。这个问题在时间序列分析教科书中会有更加详细的讨论。[①]附录 13A 给出可能出现识别问题的说明。

13.5　练习

13.5.1　问题

13.1　考虑以下平稳变量的一阶 VAR 模型：

$$y_t = \delta_{11} y_{t-1} + \delta_{12} x_{t-1} + v_t^y$$
$$x_t = \delta_{21} y_{t-1} + \delta_{22} x_{t-1} + v_t^x$$

根据同期不相关的假设，确定一个标准差冲击后的四期脉冲响应：

a. 对 y 冲击后 y 的响应

b. 对 x 冲击后 y 的响应

c. 对 y 冲击后 x 的响应

d. 对 x 冲击后 x 的响应

13.2　省略。

13.3　VEC 模型是 I（1）协整变量 VAR 的特殊形式。考虑以下的 VEC 模型：

$$\Delta y_t = \alpha_{10} + \alpha_{11}\left(y_{t-1} - \beta_0 - \beta_1 x_{t-1}\right) + v_t^y$$
$$\Delta x_t = \alpha_{20} + \alpha_{21}\left(y_{t-1} - \beta_0 - \beta_1 x_{t-1}\right) + v_t^x$$

VEC 模型也可以改写为 VAR，但两个方程将包含共同参数：

$$y_t = \alpha_{10} + (\alpha_{11} + 1) y_{t-1} - \alpha_{11}\beta_0 - \alpha_{11}\beta_1 x_{t-1} + v_t^y$$
$$x_t = \alpha_{20} + \alpha_{21} y_{t-1} - \alpha_{21}\beta_0 - (\alpha_{21}\beta_1 - 1) x_{t-1} + v_t^x$$

---

① 参考文献：Lütkepohl, H.（2005）*Introduction to Multiple Time Series Analysis*，Springer，New York，Chapter 9.

a.假设已知VEC模型的估计结果如下：

$$\widehat{\Delta y_t} = 2 - 0.5\,(\,y_{t-1} - 1 - 0.7x_{t-1}\,)$$

$$\widehat{\Delta x_t} = 3 + 0.3\,(\,y_{t-1} - 1 - 0.7x_{t-1}\,)$$

以VAR形式改写模型。

b.假设已知VAR模型的估计结果如下，同时 y 和 x 是协整的。

$$\hat{y}_t = 0.7y_{t-1} + 0.3 + 0.24x_{t-1}$$

$$\hat{x}_t = 0.6y_{t-1} - 0.6 + 0.52x_{t-1}$$

以VEC形式改写模型。

13.4　省略。

13.5.2　计算机练习

13.5　数据文件 *gdp* 包含1970年第一季度到2000年第四季度样本期间澳大利亚和美国的实际国内生产总值季度数据。

a.序列是平稳的还是非平稳的？

b.考虑截距项进行协整检验。你会发现截距项是负的，这合理吗？如果不合理，不包含常数项，重复进行协整检验。

c.保存协整残差，估计VEC模型。

13.6　省略。

13.7　再次思考实例13.2所用的数据文件 *fred5*。

a.对变量 $\{\Delta C_t,\ \Delta Y_t\}$ 建立VAR模型进行估计，每个变量滞后三期。对估计结果做出解释。误差项中的序列相关消除了吗？

b.第9.3.4节介绍了"格兰杰因果检验"的概念。在包含两个变量 x 和 y 的VAR模型中，我们可以提出以下问题：x 是否为 y 的格兰杰原因？y 是否为 x 的格兰杰原因？x 与 y 是否有双的格兰杰因果关系？运用（a）部分中估计的模型，检验 ΔY 是否为 ΔC 的格兰杰原因，以及 ΔC 是否为 ΔY 的格兰杰原因。

13.8　省略。

13.9　数据文件 *var* 包含两个生成的序列数据 w 和 z 的100个观测值。这些变量是非平稳的且非协整的。估计变量变化的VAR模型。作为检验，结果为（截距项不显著）：

$$\widehat{\Delta w_t} = 0.743\Delta w_{t-1} + 0.214\Delta z_{t-1}$$

$$(t)\quad (11.403)\qquad (2.893)$$

$$\widehat{\Delta z_t} = -0.155\Delta w_{t-1} + 0.641\Delta z_{t-1}$$

$$(t)\quad (-2.293)\qquad (8.338)$$

a.VAR模型的残差不应该是自相关的。情况是这样的吗？

b.确定前两期的脉冲响应。（你可以假设没有同期依存的特殊条件）

c.确定前两期的方差分解。

13.10　省略。

13.11　通过研究菲利普斯曲线，可以提供支持通货膨胀和失业之间存在交替关系的经验证据。如果一个经济体准备接受更高的通货膨胀率，它能承受更低的失业率吗？图

13-6表示美国1970年7月至2009年6月样本期间失业率（DU）和通货膨胀（DP）的变化。VAR模型的估计结果如下：

$$DU_t = 0.180DU_{t-1} - 0.046DP_{t-1}$$
$$(t) \quad (3.905) \quad (-0.909)$$
$$DP_t = 0.098DU_{t-1} + 0.373DP_{t-1}$$
$$(t) \quad (-2.522) \quad (8.711)$$

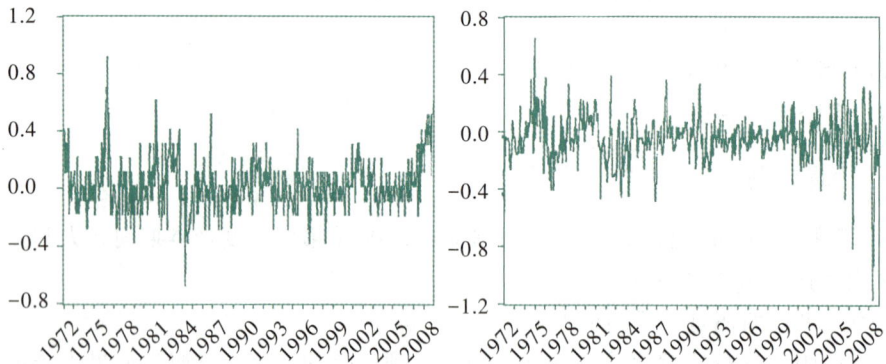

图13-6　失业率和通货膨胀率的变化

a.失业率（DU）的变化和通货膨胀率（DP）的变化之间是否存在反向关系？

b.在时期t，发生对DU一个单位的冲击；在时期$t+1$，DU的脉冲响应是什么？

c.在时期t，发生对DU一个单位的冲击；在时期$t+1$，DP的脉冲响应是什么？

d.在时期$t+2$，DU的脉冲响应是什么？

e.在时期$t+2$，DP的脉冲响应是什么？

13.12　省略。

13.13　金融分析家经常讨论股息在股价决定中的作用。图13-7表示股息（DV）和价格（SP）的变化率，计算如下：

$$DV_t = 100 \ln(DN_t / DN_{t-1}), \quad SP_t = 100 \ln(PN_t / PN_{t-1})$$

其中，PN是标准普尔综合价格指数，DN是每股名义股息（来源：Prescott, E. C. and Mehra, R., "The Equity Premium: A Puzzle," *Journal of Monetary Economics*, 15 March, 1985, pp. 145-161）。数据是1889年至1979年期间的年度观测值。

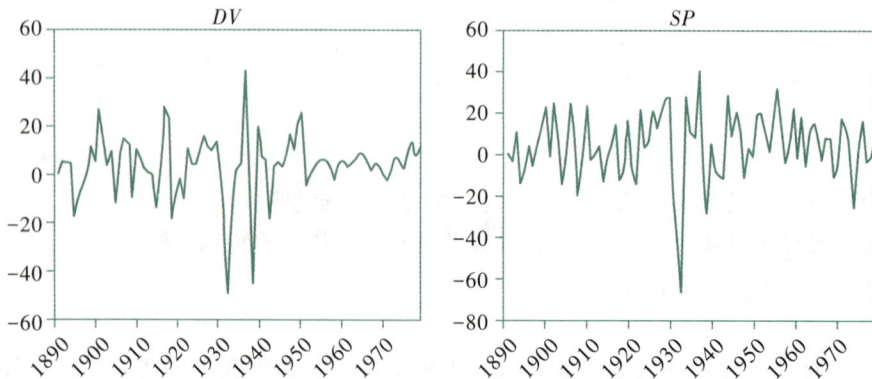

图13-7　股息（DV）和股价（SP）的变化

数据文件名为 *equity*。对下列每个方程应用最小二乘法，估计 SP 和 DV 的一阶 VAR：

$$SP_t = \beta_{10} + \beta_{11} SP_{t-1} + \beta_{12} DV_{t-1} + v_t^s$$
$$DV_t = \beta_{20} + \beta_{21} SP_{t-1} + \beta_{22} DV_{t-1} + v_t^d$$

对下列每个方程估计 ARDL：

$$SP_t = \alpha_{10} + \alpha_{11} SP_{t-1} + \alpha_{12} DV_{t-1} + \alpha_{13} DV_t + e_t^s$$
$$DV_t = \alpha_{20} + \alpha_{21} SP_{t-1} + \alpha_{22} DV_{t-1} + \alpha_{23} SP_t + e_t^d$$

比较两组的估计结果，注意每个方程中同期相关内生变量（SP，DV）的重要性。

a.解释为什么右侧含滞后变量的 VAR 模型的最小二乘法估计量是一致估计量。

b.解释为什么右侧含滞后同期相关变量的最小二乘法估计量不是一致估计量（你可能会参考第 11 章中的内容）。

c.你如何推断股息在股票价格决定中的作用？

13.14 省略。

13.15 文件 *precious* 包含了 1970 年 1 月至 2014 年 2 月金、银价格（对数形式）的月度数据。

a.画出两序列图并分析。金、银两个价格呈现出共同变动的趋势了吗？

b.运用多个假设检验，以确定金、银价格的预测模型。

附录13A 识别问题

一个双变量同期相关的动态系统（又称为结构模型）表示为：

$$y_t + \beta_1 x_t = \alpha_1 y_{t-1} + \alpha_2 x_{t-1} + e_t^y$$
$$x_t + \beta_2 y_t = \alpha_3 y_{t-1} + \alpha_4 x_{t-1} + e_t^x \tag{13A.1}$$

可以更方便地用矩阵形式表示为：

$$\begin{bmatrix} 1 & \beta_1 \\ \beta_2 & 1 \end{bmatrix} \begin{bmatrix} y_t \\ x_t \end{bmatrix} = \begin{bmatrix} \alpha_1 & \alpha_2 \\ \alpha_3 & \alpha_4 \end{bmatrix} \begin{bmatrix} y_{t-1} \\ x_{t-1} \end{bmatrix} + \begin{bmatrix} e_t^y \\ e_t^x \end{bmatrix}$$

或改写为符号形式，如 $BY_t = AY_{t-1} + E_t$，其中，

$$Y_t = \begin{bmatrix} y_t \\ x_t \end{bmatrix} \quad B = \begin{bmatrix} 1 & \beta_1 \\ \beta_2 & 1 \end{bmatrix} \quad A = \begin{bmatrix} \alpha_1 & \alpha_2 \\ \alpha_3 & \alpha_4 \end{bmatrix} \quad E = \begin{bmatrix} e_t^y \\ e_t^x \end{bmatrix}$$

VAR 表示（也称为简化形式的模型）为：

$$y_t = \delta_1 y_{t-1} + \delta_2 x_{t-1} + v_t^y$$
$$x_t = \delta_3 y_{t-1} + \delta_4 x_{t-1} + v_t^x$$

或写成矩阵形式：$Y_t = CY_{t-1} + V_t$。其中，

$$C = \begin{bmatrix} \delta_1 & \delta_2 \\ \delta_3 & \delta_4 \end{bmatrix} \quad V_t = \begin{bmatrix} v_t^y \\ v_t^x \end{bmatrix}$$

显然，公式（13A.1）和公式（13A.2）之间有关系：$C=B^{-1}A$ 和 $V_t=B^{-1}E_t$。本章所考虑的特殊情况是假设同期不相关（$\beta_1=\beta_2=0$），B 为单位矩阵。在这种情况下，没有识别问题，因为 VAR 残差可以明确地被"识别"为对 y 的冲击或对 x 的冲击：$v^y=e^y$，$v^x=e^x$。脉冲响应和方差分解的产生和解释是明确的。

　　然而，在一般情况下，B不是单位矩阵，使v^y和v^x成为e^y和e^x的加权平均值。在此情况下，基于v^y和v^x的脉冲响应和方差分解是没有意义或没有用处的，因为我们不能确定冲击的来源。有一些方法可以被用来"识别"简化形式的结构模型。

第 14 章

时变波动和 ARCH 模型

学习目标

基于本章的内容，你应该能做到以下几点：

1.解释误差项的常数方差和时变方差之间的差异。

2.解释术语"条件正态分布"。

3.进行 ARCH 效应检验。

4.估计 ARCH 模型。

5.预测波动。

6.解释 ARCH 和 GARCH 设定之间的差异。

7.解释 T-GARCH 模型和均值 GARCH 模型的不同特点。

关键词

ARCH 模型	GARCH 模型	时变方差
均值 ARCH 模型	均值 GARCH 模型	
条件正态分布	T-ARCH 模型和 T-GARCH 模型	

在第 12 章，我们重点关注了时变的平均过程和宏观经济时间序列。我们关注了平稳变量和非平稳变量，特别是宏观经济变量，如国内生产总值（GDP）、通货膨胀和利率。变量的非平稳性表明它们的**均值随时间推移而变化**。这一章我们关注平稳序列，但条件方差随时间变化。我们关注的模型被称为自回归条件异方差（**ARCH**）模型。

诺贝尔奖获得者罗伯特·恩格尔对 ARCH 模型的最初研究与通货膨胀的波动有关。然而，其贡献的重要性正是由 ARCH 模型在金融时间序列中的应用得以确立并巩固的。为此，我们在本章使用的例子都是基于金融时间序列。正如我们将看到的那样，金融时间序列具有如下特征：它可以用具有动态方差的模型很好地表示。本章的目的是讨论利用波动 ARCH 类模型对动态方差建模，对这些模型进行估计，以及使用这些模型进行预测。

14.1 ARCH 模型

ARCH 代表自回归条件异方差。我们已经在第 9 章和第 8 章分别讨论了自回归和异方差的概念，我们首先讨论误差项的条件均值和无条件均值以及方差的概念。

考虑具有 AR（1）误差项的模型：

$$y_t = \phi + e_t \tag{14.1a}$$

$$e_t = \rho e_{t-1} + v_t, \quad |\rho| < 1 \tag{14.1b}$$

$$v_t \sim N(0, \sigma_v^2) \tag{14.1c}$$

为了便于阐述，首先进行连续替换，得到一个作为无穷序列误差项 v_t 之和的 e_t。要做到这一点需注意，如果 $e_t = \rho e_{t-1} + v_t$，那么就有 $e_{t-1} = \rho e_{t-2} + v_{t-1}$ 和 $e_{t-2} = \rho e_{t-3} + v_{t-2}$，以此类推。因此有 $e_t = v_t + \rho^2 v_{t-2} + \cdots + \rho^t e^0$，其中最后一项 $\rho^t e^0$ 可以忽略。

误差的**无条件均值**为：

$$E[e_t] = E[v_t + \rho v_{t-1} + \rho^2 v_{t-2} + \cdots] = 0$$

因为对于所有的 j 有 $E[v_{t-j}] = 0$，而误差的**条件均值**（条件是 t 时点之前的信息）为：

$$E[e_t | I_{t-1}] = E[\rho e_{t-1} | I_{t-1}] + E[v_t] = \rho e_{t-1}$$

$t-1$ 时点的信息集合，即 I_{t-1}，其中包含了已知 ρe_{t-1} 的事实。简单地说，直到某一个特定时点，"无条件"描述的是你没有信息的情况，而"条件"描述的是你拥有信息的情况。

误差的无条件方差为：

$$E[e_t - 0]^2 = E[v_t + \rho v_{t-1} + \rho^2 v_{t-2} + \cdots]^2$$
$$= E[v_t^2 + \rho^2 v_{t-1}^2 + \rho^4 v_{t-2}^2 + \cdots]$$
$$= \sigma_v^2[1 + \rho^2 + \rho^4 + \cdots] = \frac{\sigma_v^2}{1 - \rho^2}$$

因为当 $i = j$ 时，有 $E[v_{t-j} v_{t-i}] = \sigma_v^2$；当 $i \neq j$ 时，有 $E[v_{t-j} v_{t-i}] = 0$，几何级数 $[1 + \rho^2 + \rho^4 + \cdots]$ 的总和是 $1/(1 - \rho^2)$。误差的**条件方差**为：

$$E[(e_t - \rho e_{t-1})^2 | I_{t-1}] = E[v_t^2 | I_{t-1}] = \sigma_v^2$$

现在请注意，对于这个模型，误差的条件均值会随着时间推移发生变化，而条件方差则不会。假设我们有一个随时间变化的条件方差，而不是随时间发生变化的条件均值。为了介绍这项修正，考虑上述模型的一个变形：

$$y_t = \beta_0 + e_t \tag{14.2a}$$

$$e_t | I_{t-1} \sim N(0, h_t) \tag{14.2b}$$

$$h_t = \alpha_0 + \alpha_1 e_{t-1}^2, \quad \alpha_0 > 0, \quad 0 \leqslant \alpha_1 < 1 \tag{14.2c}$$

方程（14.2b）和方程（14.2c）描述了自回归条件异方差（ARCH）类的模型。第二个方程（14.2b）表示误差项服从**条件正态分布** $e_t | I_{t-1} \sim N(0, h_t)$，其中 I_{t-1} 代表在 $t-1$ 时期获得的信息，其均值为 0，并具有随时间变化的方差，记作 h_t，与一般术语相同。第三个方程（14.2c）对 h_t 建模，将之作为一个常数项和滞后误差平方 e_{t-1}^2 的函数。

ARCH 这个名称传递了这样的事实：我们是在处理依赖于（条件依存于）滞后效应（自相关）的时变方差（异方差）。这个特殊的例子是一个 ARCH（1）模型，因为时变方差 h_t 是常数项（α_0）和滞后一次项（即前一期误差的平方 $\alpha_1 e_{t-1}^2$）的函数。系数 α_0 和 α_1 必须是正的，以确保方差为正。系数 α_1 必须小于 1，否则 h_t 的值就会随着时间的推移持续增大，最终实现暴涨。条件正态性意味着正态分布是在 $t-1$ 时已知信息的一个函数，即在 $t = 2$ 时，有 $e_2 | I_1 \sim N(0, \alpha_0 + \alpha_1 e_1^2)$；在 $t = 3$ 时，有 $e_3 | I_2 \sim N(0, \alpha_0 + \alpha_1 e_2^2)$，以此类推。在

这种特殊情况下，条件依存 I_{t-1}，就等同于条件依存前一期误差的平方 e_{t-1}^2。

注意，误差 e_t 的条件分布被假定为正态分布，而误差 e_t 的无条件分布则不会是正态分布。鉴于很多现实世界的数据似乎都取自非正态分布，所以这并不是无关紧要的考虑。

我们已经注意到，在 e_{t-1}^2 的条件下，误差项 e_t 的均值和方差分别是 0 和 h_t。要找到 e_t 的无条件分布的均值和方差，我们注意到，在 e_{t-1}^2 的条件下，标准化的误差服从标准正态分布。也就是说，

$$\left(\frac{e_t}{\sqrt{h_t}} \middle| I_{t-1} \right) = z_t \sim N(0, 1)$$

因为上述分布不依赖于 e_{t-1}^2，其结果就是 $z_t = (e_t / \sqrt{h_t})$ 的无条件分布也服从 $N(0, 1)$，并且 z_t 和 e_{t-1}^2 是相互独立的。因此，我们可以得出：

$$E(e_t) = E(z_t) E\left(\sqrt{\alpha_0 + \alpha_1 e_{t-1}^2} \right)$$

并且

$$E(e_t^2) = E(z_t^2) E(\alpha_0 + \alpha_1 e_{t-1}^2) = \alpha_0 + \alpha_1 E(e_{t-1}^2)$$

在第一个方程中，因为 $E(z_t) = 0$，所以我们得到 $E(e_t) = 0$。在第二个方程中，因为 $E(z_t^2) = 1$ 且 $E(e_t^2) = E(e_{t-1}^2)$，所以我们得到 $\mathrm{var}(e_t^2) = E(e_t^2) = \alpha_0 / (1 - \alpha_1)$。

ARCH 模型已经成为一个非常重要的计量经济学模型，因为它能够捕捉到现实世界波动的程式化特点。此外，在 ARCH（1）模型中，对于前一期误差平方 e_{t-1}^2 的了解提高了我们对 t 期方差可能的取值大小的认识。当我们认识到理解由变量波动衡量的风险是一件很重要的事时，ARCH 模型就变得非常有用。

14.2　时变波动

ARCH 模型已成为一种非常受欢迎的模型，因为其方差的设定可以捕捉金融变量时间序列被普遍观测到的特征，特别是对波动和时变波动建模非常有用。为了理解我们所说的波动和时变波动，以及它是如何与 ARCH 模型联系起来的，我们先来看看金融变量特性的一些程式化事实——例如，股票价格收益指数（也称为股价指数）。

实例 14.1　金融变量的特征

图 14-1 显示了多个股票价格月度收益的时间序列，分别是 1988 年 1 月至 2015 年 12 月期间从美国纳斯达克、澳大利亚普通股、日本日经指数和英国富时（数据文件 *returns5*）收集的数据。这些序列的值从一个时期到另一个时期以明显不可预知的方式迅速变化，我们说该序列是不稳定的。此外，存在一些时期，在较大的变化后面是更大的变化；也存在一些时期，在较小的变化后面是更小的变化。在这种情况下，我们说该序列呈现出时变波动和变化的"集群"。

图 14-2 展示了收益的直方图。所有收益均呈非正态特性。如果我们在这些直方图上画出正态分布图（使用各自的样本均值和样本方差），可以更清楚地看到这点。注意，有更多的观测值在均值附近和尾部。具有这些特性的分布——在均值附近较尖，在尾部相对较厚——就被称为尖峰分布。

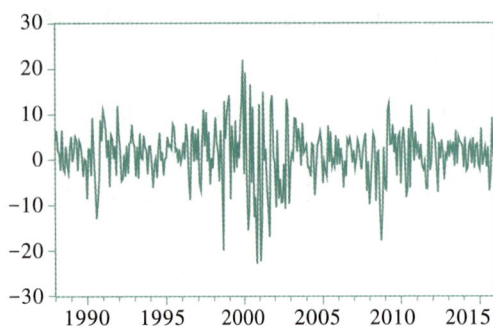

（a）美国：纳斯达克

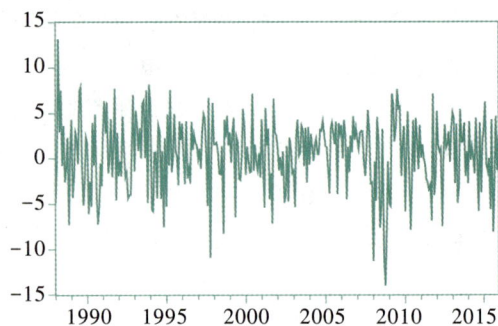

（b）澳大利亚：普通股

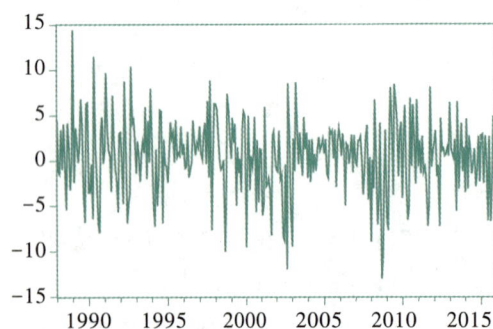

（c）英国：富时

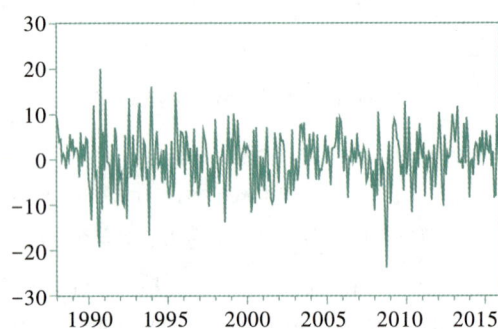

（d）日本：日经

图14-1　各种股票收益指数的时间序列

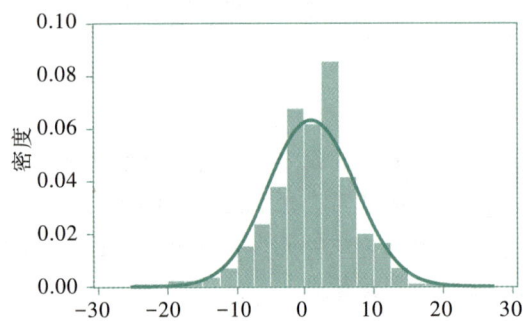

（a）美国：纳斯达克

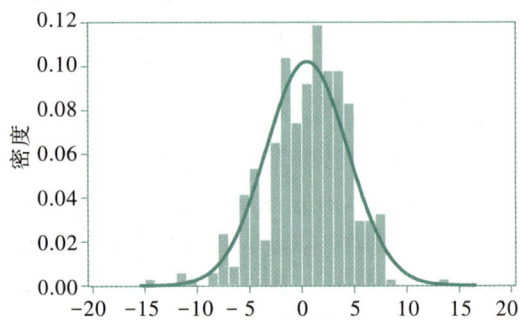

（b）澳大利亚：普通股

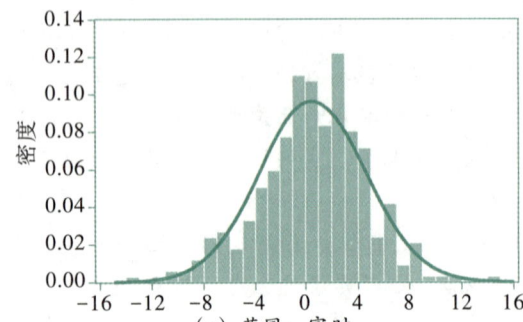

（c）英国：富时

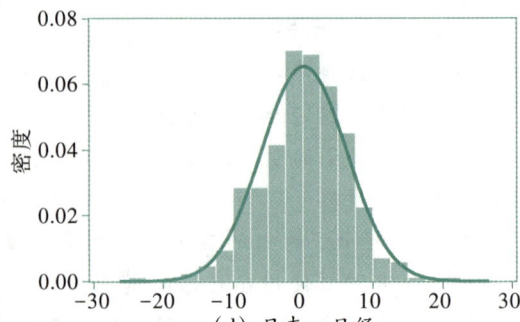

（d）日本：日经

图14-2　各种股票收益指数的直方图

注意，我们对方程（14.2b）所做的$(y_t|I_{t-1})$的条件分布服从正态分布的假设，并不一定意味着y_t的无条件分布服从正态分布。当我们将y_t的经验观测值放到直方图中时，我们是在构建y_t的无条件分布的估计。我们已观测到y_t的无条件分布是尖峰分布。

实例14.2 模拟时变波动

为了说明ARCH模型如何用来捕捉y_t分布的时变波动和尖峰特性，我们为两个模型生成一些模拟数据。在两种情况下，我们都设置$\beta_0 = 0$，于是有$y_t = e_t$。图14-3的左图表示$\alpha_0 = 1$、$\alpha_1 = 0$的情形。这些数值意味着$\text{var}(y_t|I_{t-1}) = h_t = 1$。这个方差是恒定的，而不是随时间变化的，因为$\alpha_1 = 0$。图14-3的右图表示$\alpha_0 = 1$、$\alpha_1 = 0.8$的情形，这是一个时变方差的情形，方差表示为$\text{var}(y_t|I_{t-1}) = h_t = \alpha_0 + \alpha_1 e_{t-1}^2 = 1 + 0.8 e_{t-1}^2$。注意，相对于左图的序列，右图序列的波动不再是恒定的，而是随时间变化的，且有变化群——既有小的变化周期（例如在观测值100附近），也有大的变化周期（在观测值175附近）。

在图14-4中，我们给出了这两种情形下y_t的直方图。上图为常数方差情形的直方图，其中$(y_t|I_{t-1})$与y_t具有相同的分布，即白噪声过程$y_t \sim N(0,1)$，因为$h_t = 1$。下图为时变方差情形的直引图。我们已知$(y_t|I_{t-1})$的条件分布是$N(0, h_t)$，但y_t的无条件分布如何呢?同样，我们可以在直方图上叠加一个正态分布图来检查其正态性。在这种情况下，为了与上面的直方图进行有意义的比较，我们画出y_t的标准化观测值。标准化的做法是，对于每个观测值，我们使其减去样本均值再除以样本标准差。这样的转换确保了分布的均值为0、方差为1，但它保留了分布的形状。比较这两种情况，我们注意到，第二个分布在均值（0）附近和尾部（在± 3外部）有更高的分布频率。具有ARCH误差的时间序列的这一特征——y_t的无条件分布是非正态分布——与我们在股票收益序列中观测到的一致。

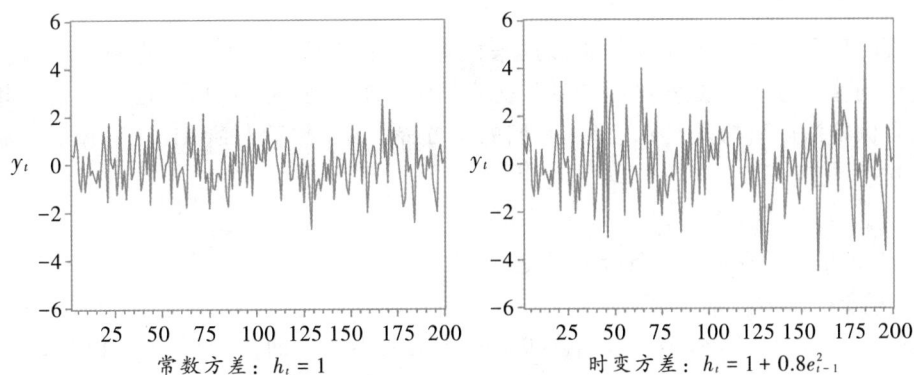

图14-3 常数方差和时变方差的模拟例子

（a）常数方差

（b）时变方差

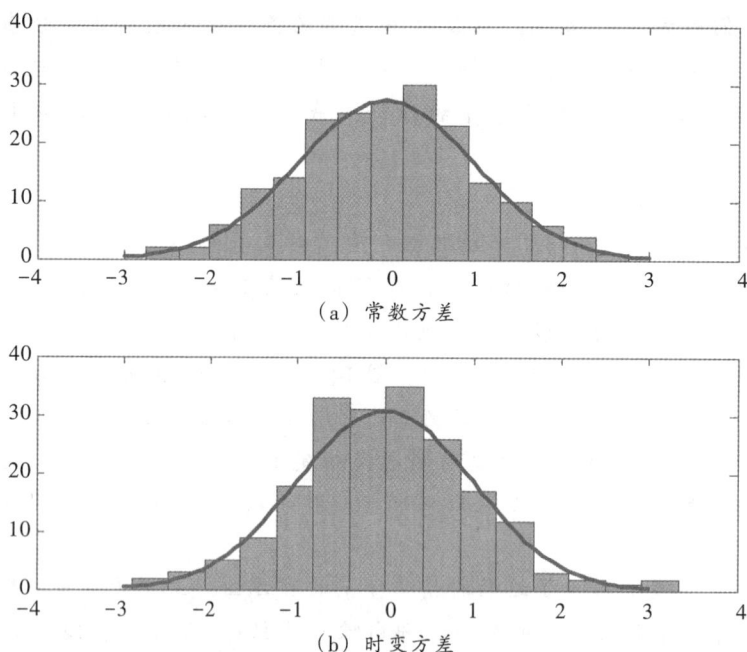

图14-4 模拟模型的频率分布

因此，ARCH模型在直观上具有吸引力，因为将波动解释为误差 e_t 的函数似乎是合理的。这些误差通常被金融分析师称为"冲击"或"消息"。它们代表未预期到的事情！根据ARCH模型可知，冲击越大，序列的波动就越大。此外，该模型捕捉了波动集群，因为 e_t 的较大变动通过滞后效应 e_{t-1} 被传到进一步较大的变动（h_t）中。上述模拟结果显示了ARCH模型对图14-1所示的金融时间序列（包括其非正态分布）的模拟效果。

14.3 检验、估计与预测

拉格朗日乘数（LM）检验经常被用来检验ARCH效应的存在。要进行这个检验，首先要估计均值方程，该方程可以是变量对常数的回归（公式14-1），也可以包括其他变量。然后保留估计出的残差 $\hat{e}_t$，得到它们的平方 $\hat{e}_t^2$。为了检验一阶ARCH，用 $\hat{e}_t^2$ 对滞后的残差平方 $\hat{e}_{t-1}^2$ 进行回归：

$$\hat{e}_t^2 = \gamma_0 + \gamma_1 \hat{e}_{t-1}^2 + v_t \tag{14.3}$$

其中，v_t 是随机项。原假设和备择假设是：

$$H_0: \gamma_1 = 0 \qquad H_1: \gamma_1 \neq 0$$

如果不存在ARCH效应，则 $\gamma_1 = 0$，且方程（14.3）的拟合性会比较差，方程 R^2 会比较低。如果存在ARCH效应，我们预期 $\hat{e}_t^2$ 的大小取决于其滞后值，并且 R^2 会比较高。LM检验统计量是 $(T-q)R^2$，其中 T 是样本容量，q 是方程（14.3）右边 $\hat{e}_{t-j}^2$ 项的个数，R^2 是决定系数。如果原假设为真，那么检验统计量 $(T-q)R^2$（在大样本中）服从 χ_q^2 分布，其中 q 是滞后阶数，$(T-q)$ 是完整的观测值个数。在这种情况下，$q=1$。如果 $(T-q)R^2 \geqslant \chi_{(1-\alpha,q)}^2$，那么我们就拒绝原假设 $\gamma_1 = 0$，并得出存在ARCH效应的结论。

实例 14.3　BrightenYourDay（BYD）照明公司的 ARCH 检验

为了说明这个检验，考虑购买某虚构 BYD 照明公司所得的收益。收益的时间序列和直方图如图 14-5 所示（数据文件 byd）。该时间序列显示了时变波动和集群的证据，并且无条件分布是非正态分布。

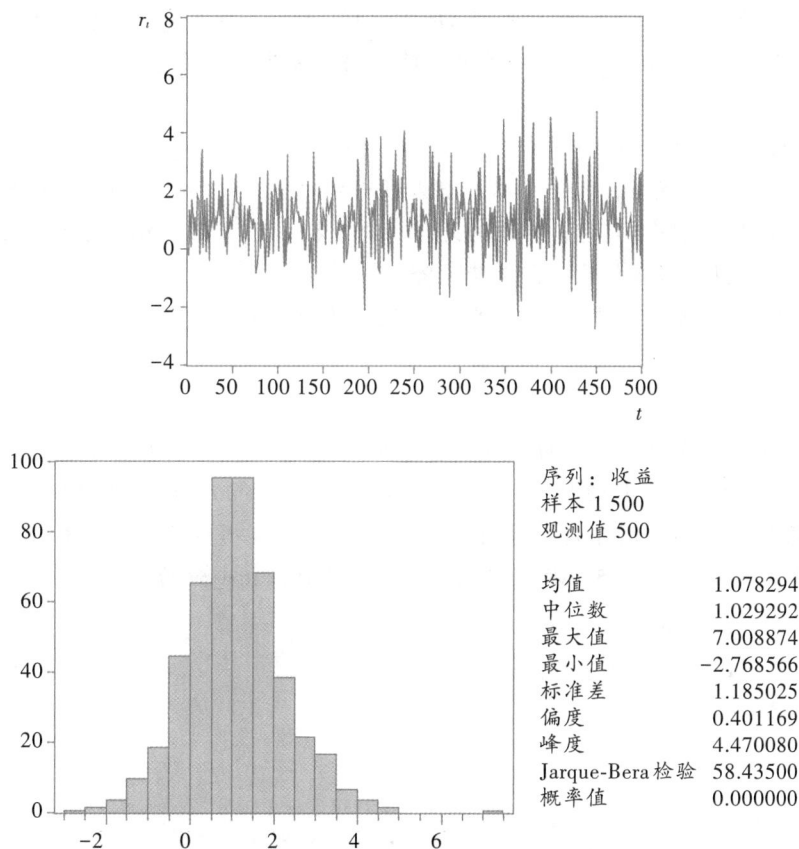

序列：收益	
样本 1 500	
观测值 500	
均值	1.078294
中位数	1.029292
最大值	7.008874
最小值	-2.768566
标准差	1.185025
偏度	0.401169
峰度	4.470080
Jarque-Bera检验	58.43500
概率值	0.000000

图 14-5　BYD 照明公司收益的时间序列和直方图

要对 ARCH 效应进行检验，第一步，要估计均值方程，在这个案例中是 $r_t = \beta_0 + e_t$，其中 r_t 是 BYD 股份的月度收益。第二步，检索估计残差。第三步，估计方程（14.3）。ARCH 检验的结果是：

$$\hat{e}_t^2 = 0.908 + 0.353\hat{e}_{t-1}^2 \qquad R^2 = 0.124$$
$$(t) \qquad\qquad (8.409)$$

t 统计值表明一阶系数显著。样本容量为 500，LM 检验值为 $(T-q)R^2 = 61.876$。比较计算出的检验值与 $\chi_{(1)}^2$ 分布的 5% 临界值 $\chi_{(0.95,1)}^2 = 3.841$，得到拒绝原假设的结论。换言之，残差表明了 ARCH（1）效应存在。

实例 14.4　BrightenYourDay（BYD）照明公司的 ARCH 模型估计

利用极大似然法估计 ARCH 模型。估计的细节超出了本书的范围，但极大似然法（见附录 C.8）在大多数的计量分析软件中都有编好的程序。

方程（14.4）显示了应用于购买 BYD 照明公司股份月度收益的 ARCH（1）模型估计结果。该序列的估计均值如方程（14.4a）所示，估计方差如方程（14.4b）所示：

$$\hat{r}_t = \hat{\beta}_0 = 1.063 \tag{14.4a}$$

$$\hat{h}_t = \hat{\alpha}_0 + \hat{\alpha}_1 \hat{e}_{t-1}^2 = 0.642 + 0.569 \hat{e}_{t-1}^2$$

$$(t) \qquad\qquad (5.536) \tag{14.4b}$$

一阶系数的 t 统计值（5.536）表明 ARCH（1）系数是显著的。回想一下，ARCH 模型的要求之一是 $\alpha_0 > 0$ 和 $\alpha_1 > 0$，该条件使得隐含的方差为正。注意，估计系数 $\hat{\alpha}_0$ 和 $\hat{\alpha}_1$ 是满足这一条件的。

实例 14.5　预测 BrightenYourDay（BYD）照明公司的波动

一旦我们估计了模型，我们可以用它来预测今后一个时期的收益 r_{t+1} 和条件波动 h_{t+1}。当某人投资股份（或股票）时，重要的是不仅要根据平均收益来选择股票，还要根据风险来选择股票。波动使得我们能够衡量其风险。

在投资 BYD 照明的案例研究中，收益和波动的预测值是：

$$\hat{r}_{t+1} = \hat{\beta}_0 = 1.063 \tag{14.5a}$$

$$\hat{h}_{t+1} = \hat{\alpha}_0 + \hat{\alpha}_1 (r_t - \hat{\beta}_0)^2 = 0.642 + 0.569 (r_t - 1.063)^2 \tag{14.5b}$$

方程（14.5a）给出了收益的估计值，它不随时间变化，所以它同时是条件平均收益和无条件平均收益。t 期的估计误差为 $\hat{e}_t = r_t - \hat{r}_t$，使用它可以估计出条件方差方程（14.5b）。条件方差的时间序列随时间发生变化，如图 14-6 所示。请注意观测值 370 附近的条件方差是如何与图 14-5 中收益发生巨大变化的时期相一致的。

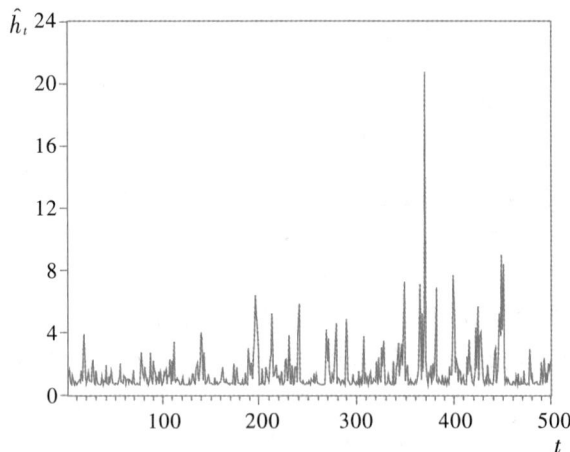

图 14-6　条件方差图

14.4　扩展

ARCH（1）模型可以通过多种方式扩展。一个明显的扩展就是允许有更多的滞后项。在一般情况下，包含滞后项 $\hat{e}_{t-1}^2, \cdots, \hat{e}_{t-q}^2$ 的 ARCH（q）模型有如下的条件方差函数：

$$h_t = \alpha_0 + \alpha_1 e_{t-1}^2 + \alpha_2 e_{t-2}^2 \cdots + \alpha_q e_{t-q}^2 \tag{14.6}$$

在这种情形下，某一期的方差或波动取决于过去 q 期的误差平方的大小。检验、估计和预测是对滞后一期情形的自然延伸。

14.4.1 GARCH模型——广义的ARCH模型

ARCH（q）模型的一个缺点是要估计 $q+1$ 个参数。如果 q 是一个很大的数，我们做出的估计可能会有失精确性。广义的ARCH模型，也称为GARCH模型，是使用较少参数捕捉长期滞后效应的另一种方法。它是ARCH模型的一种特殊归纳，可以通过如下推导得出。首先，考虑方程（14.6），但将之写成：

$$h_t = \alpha_0 + \alpha_1 e_{t-1}^2 + \beta_1 \alpha_1 e_{t-2}^2 + \beta_1^2 \alpha_1 e_{t-3}^2 + \cdots$$

换句话说，我们在滞后系数前加上了形式为 $\alpha_s = \alpha_1 \beta_1^{s-1}$ 的几何滞后结构。接下来，在等式右边加减 $\beta_1 \alpha_0$，并进行如下整理：

$$h_t = (\alpha_0 - \beta_1 \alpha_0) + \alpha_1 e_{t-1}^2 + \beta_1 (\alpha_0 + \alpha_1 e_{t-2}^2 + \beta_1 \alpha_1 e_{t-3}^2 + \cdots)$$

然后，因为 $h_{t-1} = \alpha_0 + \alpha_1 e_{t-2}^2 + \beta_1 \alpha_1 e_{t-3}^2 + \beta_1^2 \alpha_1 e_{t-4}^2 + \cdots$，我们可以将上式化简为：

$$h_t = \delta + \alpha_1 e_{t-1}^2 + \beta_1 h_{t-1} \tag{14.7}$$

其中，$\delta = (\alpha_0 - \beta_1 \alpha_0)$。这种广义的ARCH模型表示为GARCH（1，1）。它可以被看作一个更加一般化的GARCH（p，q）模型的特例，其中 p 是滞后 h 项的个数，q 是滞后 e^2 项的个数。我们还注意到，我们需要 $\alpha_1 + \beta_1 < 1$ 以保证其平稳性；如果 $\alpha_1 + \beta_1 \geq 1$，我们就得到了所谓"单整的GARCH模型"过程，或称IGARCH。

GARCH（1，1）模型是一个非常受欢迎的设定，因为它适合于许多数据序列。它告诉我们，波动随滞后冲击（e_{t-1}^2）发生变化，但系统中也有通过 h_{t-1} 发挥作用的要素。这个模型如此受欢迎的原因之一，在于它只需少量参数就可以捕捉冲击中的滞后长期。含有三个参数 $\delta, (\alpha_1, \beta_1)$ 的GARCH（1，1）模型可以捕捉与需要估计（$q+1$）个参数的ARCH（q）模型（其中 q 比较大，比如 $q \geq 6$）相似的效果。

实例14.6 BrightenYourDay（BYD）照明公司的GARCH模型

为了说明GARCH（1，1）的设定，再次考虑BYD照明公司股票的收益，在新的模型下，我们利用极大似然法重新估计。得到的结果是：

$$\hat{r}_t = 1.049$$
$$\hat{h}_t = 0.401 + 0.492\hat{e}_{t-1}^2 + 0.238\hat{h}_{t-1}$$
$$(t) \qquad (4.834) \qquad (2.136)$$

$\hat{h}_{t-1}$ 系数的显著性表明，GARCH（1，1）模型比方程（14.4）所示的ARCH（1）模型的结果更好。均值方程和时变方差的图形分别如图14-7（a）和图14-7（b）所示。

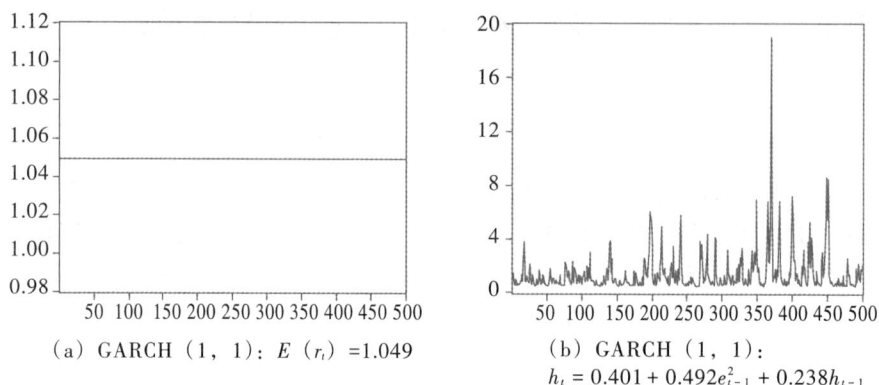

(a) GARCH (1, 1)：$E(r_t) = 1.049$　　　(b) GARCH (1, 1)：
$$h_t = 0.401 + 0.492e_{t-1}^2 + 0.238h_{t-1}$$

图14-7　GARCH模型的均值与方差估计结果

14.4.2　考虑非对称效应

标准的 ARCH 模型对坏"消息"（负的 $e_{t-1} < 0$）和好"消息"（正的 $e_{t-1} > 0$）的处理是对称的，即认为它们对波动 h_t 的影响是相同的（$\alpha_1 e_{t-1}^2$）。然而，现实中好消息和坏消息对波动的影响可能是非对称的。一般来说，当坏消息冲击金融市场时，资产价格趋向于进入一段动荡的时期，波动增大；但是有好消息时，波动趋向于小些，市场进入一段平稳时期。

门限 ARCH 模型，或称为 **T-ARCH** 模型，就是一个对正面消息和负面消息作非对称处理的例子。在 T-GARCH 版本的模型中，条件方差被设定为：

$$h_t = \delta + \alpha_1 e_{t-1}^2 + \gamma d_{t-1} e_{t-1}^2 + \beta_1 h_{t-1}$$

$$d_t = \begin{cases} 1 & e_t < 0 \text{（坏消息）} \\ 0 & e_t \geq 0 \text{（好消息）} \end{cases} \tag{14.8}$$

其中，γ 就是所谓的不对称或杠杆项。当 $\gamma = 0$ 时，该模型变成标准的 **GARCH** 形式。否则，若冲击是正向的（好消息），其对波动的影响就是 α_1；但是当出现负面消息（坏消息）时，其对波动的影响就是 $\alpha_1 + \gamma$。因此，如果 γ 是显著为正的，那么负面冲击就比正面冲击对 h_t 的影响更大。

实例14.7　BYD照明公司的T-GARCH模型

利用 T-GARCH（1, 1）的定义，对持有 BYD 照明公司股票的收益进行重新估计：

$$\hat{r}_t = 0.994$$

$$\hat{h}_t = 0.356 + 0.263\hat{e}_{t-1}^2 + 0.492d_{t-1}\hat{e}_{t-1}^2 + 0.28\hat{h}_{t-1}$$

(t)　　　　　　(3.267)　　(2.405)　　　(2.488)

这些结果表明，当市场观测到好消息（正的 e_t）时，e_t^2 对波动 h_{t+1} 的贡献是系数 0.263；但当市场观测到坏消息（负的 e_t）时，e_t^2 对波动 h_{t+1} 的贡献是系数（0.263+0.492）。总体而言，负面冲击会给金融市场带来更大的波动。图14-8（a）和图14-8（b）显示了均值与方差。需注意的是，相对于图14-7（b），T-GARCH 模型强调了观测值 200 附近的时期为另一个动荡的时期。

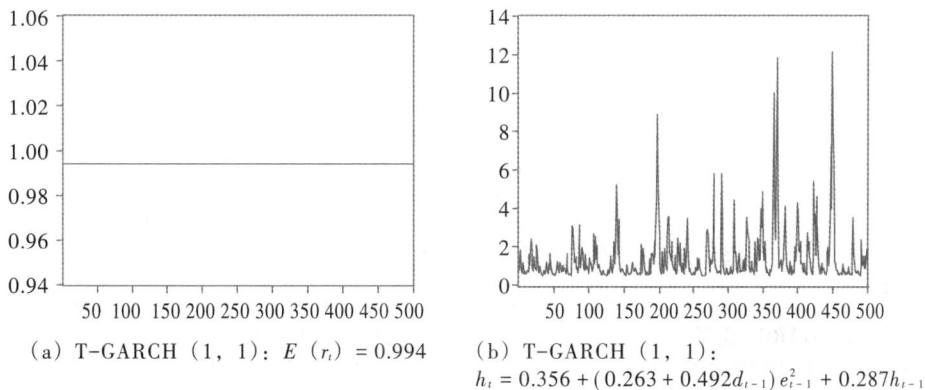

（a）T-GARCH（1，1）：$E(r_t) = 0.994$　（b）T-GARCH（1，1）：
$$h_t = 0.356 + (0.263 + 0.492d_{t-1})e_{t-1}^2 + 0.287h_{t-1}$$

图14-8　T-GARCH模型的均值与方差估计结果

14.4.3　均值GARCH和时变风险溢价

另一个常用的GARCH模型扩展是**均值GARCH**模型。风险（通常由波动来衡量）和收益之间的正相关关系是金融经济学的基本原则之一。当风险增大时，平均收益也增加。直观地看，风险资产的收益往往高于安全资产（收益的变化小）的收益，以补偿投资者购买波动性股票所承担的风险。然而，尽管我们已经估计了均值方程以对收益进行建模，且已估计了GARCH模型以捕捉时变波动，但我们还没有用风险来解释收益。这就是均值GARCH模型的目标。

均值GARCH模型的方程表示如下：

$$y_t = \beta_0 + \theta h_t + e_t \tag{14.9a}$$

$$e_t|I_{t-1} \sim N(0, h_t) \tag{14.9b}$$

$$h_t = \delta + \alpha_1 e_{t-1}^2 + \beta_1 h_{t-1}, \delta > 0, 0 \leqslant \alpha_1 < 1, 0 \leqslant \beta_1 < 1 \tag{14.9c}$$

第一个方程是均值方程，现在它表示条件方差对被解释变量的影响。特别要注意的是，模型假定了条件方差h_t对y_t的影响系数是θ。其他两个方程与前面相同。

实例14.8　BYD照明公司的均值GARCH模型

利用均值GARCH模型，对持有BYD照明公司股票的收益进行重新估计：
$$\hat{r}_t = 0.818 + 0.196h_t$$
$$(t) \qquad (2.915)$$
$$\hat{h}_t = 0.370 + 0.295\hat{e}_{t-1}^2 + 0.321d_{t-1}\hat{e}_{t-1}^2 + 0.278\hat{h}_{t-1}$$
$$(t) \qquad (3.426) \qquad (1.979) \qquad (2.678)$$

结果表明，当波动变大时，收益也相应地以系数0.196的程度增大。换言之，这个结果支持了金融市场上通常的观点——高风险、高回报。均值GARCH模型如图14-9（a）和图14-9（b）所示。需要注意的是，预期的平均收益不再是一个恒定值，而是与更高的条件方差一致，有一个较大的值（例如，在观测值200附近）。

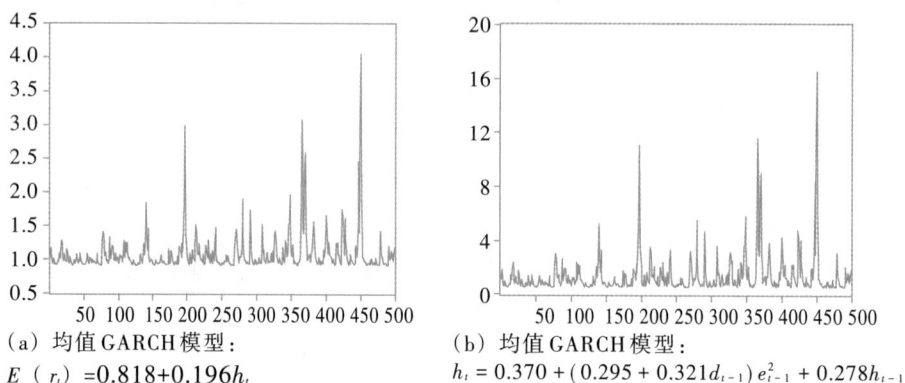

(a) 均值 GARCH 模型：
$E(r_t) = 0.818 + 0.196 h_t$

(b) 均值 GARCH 模型：
$h_t = 0.370 + (0.295 + 0.321 d_{t-1}) e_{t-1}^2 + 0.278 h_{t-1}$

图 14-9 均值 GARCH 模型的均值与方差估计结果

在本节结束前还有最后一点，均值 GARCH 模型的第一个方程有时被写成时变标准差 $\sqrt{h_t}$ 的函数，即 $y_t = \beta_0 + \theta \sqrt{h_t} + e_t$。这是因为方差和标准差这两个指标都被金融分析家用来衡量风险。至于使用哪个标准，没有硬性的规定。标准的 t 显著性检验经常被用来判断哪个衡量指标更合适。

14.4.4 其他扩展

GARCH 模型、T-GARCH 模型、均值 GARCH 模型是 1982 年恩格尔提出的原始 ARCH 模型的三个重要的扩展。在 ARCH 模型的基础上还发展出了许多变体，以用于处理复杂的数据，特别是高频的金融数据。其中一种变体，即指数 GARCH（EGARCH），已经经过了时间的考验。该模型表示为：

$$\ln(h_t) = \delta + \beta_1 \ln(h_{t-1}) + \alpha \left| \frac{e_{t-1}}{\sqrt{h_{t-1}}} \right| + \gamma \left(\frac{e_{t-1}}{\sqrt{h_{t-1}}} \right)$$

其中，$\left(e_{t-1}/\sqrt{h_{t-1}} \right)$ 为标准化的残差。该模型使用对数定义，以确保方差的估计值保持正值。该模型还包含两个标准化的残差项，其中一项为绝对值形式，以便于测量杠杆效应。杠杆效应表示资产收益率与其波动性变化之间能够普遍观测到的负相关关系。该现象的一个潜在解释是：坏消息比好消息对方差的影响更大。如果 $\gamma \neq 0$，坏消息和好消息的影响就是非对称的；如果 $\gamma < 0$，则负向冲击的影响更大。

另一个重要的发展是允许残差项的条件分布服从非正态分布。因为金融收益率的经验分布通常显示出厚尾，并且聚集在零附近，所以 t 分布已成为一种普遍的、替代正态分布假设的方法。另外，在方差方程中引入回归自变量，以允许波动依赖于外生变量或前定变量。位移（虚拟）变量的应用尤其普遍，适用于政治体制的变化。

14.5 练习

14.5.1 问题

14.1 ARCH 模型有时用以下的乘法形式表示：

$$y_t = \beta_0 + e_t$$

$$e_t = z_t \sqrt{h_t}, z_t \sim N(0,1)$$

$$h_t = \alpha_0 + \alpha_1 e_{t-1}^2, \alpha_0 > 0, 0 \leqslant \alpha_1 < 1$$

这种形式将标准化残差 $e_t/\sqrt{h_t}$ 的分布描述为标准正态分布 z_t。然而，e_t 的性质并未改变。

a. 证明条件均值 $E(e_t|I_{t-1}) = 0$。

b. 证明条件方差 $E(e_t^2|I_{t-1}) = h_t$。

c. 证明 $e_t|I_{t-1} \sim N(0, h_t)$。

14.2　省略。

14.3　考虑下面的 T-ARCH 模型：

$$h_t = \delta + \alpha_1 e_{t-1}^2 + \gamma d_{t-1} e e_{t-1}^2$$

$$d_t = \begin{cases} 1 & e_t < 0\,(坏消费) \\ 1 & e_t \geqslant 0\,(好消费) \end{cases}$$

a. 如果 γ 为零，当 $e_{t-1} = -1$，$e_{t-1} = 0$，$e_{t-1} = 1$ 时，h_t 的值分别是多少？

b. 如果 γ 不为零，当 $e_{t-1} = -1$，$e_{t-1} = 0$，$e_{t-1} = 1$ 时，h_t 的值分别是多少？$\gamma = 0$ 和 $\gamma \neq 0$，这两种情形的关键区别是什么？

14.4　省略。

14.5　a. 令 $I_{t-1} = \{e_{t-1}, e_{t-1}, \cdots\}$，试用迭代期望法则证明 $E(e_t|I_{t-1}) = 0$ 可以推出 $E(e_t) = 0$。

b. 考虑方差模型 $h_t = E(e_t^2|I_{t-1}) = \alpha_0 + \alpha_1 e_{t-1}^2$。使用迭代期望法则证明：对于 $0 < \alpha_1 < 1$，有 $E(e_t^2) = \alpha_0/(1-\alpha_1)$。

c. 考虑方差模型 $h_t = E(e_t^2|I_{t-1}) = \delta + \alpha_1 e_{t-1}^2 + \beta_1 h_{t-1}$，使用迭代期望法则证明：对于 $0 < \alpha_1 + \beta_1 < 1$，有 $E(e_t^2) = \delta/(1-\alpha_1-\beta_1)$。

14.6　省略。

14.5.2　计算机练习

14.7　数据文件 *share* 包括新加坡海峡时报股价指数的时间序列数据。

a. 使用 $r_t = 100\ln(y_t/y_{t-1})$ 计算收益的时间序列，其中 y_t 是股票价格指数。画出至少12期的收益相关图，因为这个数据是月度数据。存在自相关的证据吗？如果存在，则表明存在显著的滞后均值影响。

b. 对收益求其平方值，并画出收益平方的相关图，存在显著滞后效应的证据吗？如果存在，则表明存在显著的滞后方差影响。

14.8　省略。

14.9　文件 *exrate5* 中存储了1985年7月至2010年6月的美元/澳元汇率的月度变化数据。

a. 绘制该变化的时间序列及其直方图。是否存在高波动时期和低波动时期？变化的无条件分布是否服从正态分布？

b.估计 GARCH（1，1）模型 $S_t = \beta_0 + e_t$，$(e_t^2|I_{t-1}) \sim N(0, h_t)$ 和 $h_t = \delta + \alpha_1 e_{t-1}^2 + \beta_1 h_{t-1}$，并对结果发表评论。

c.估计每一个观测值条件方差 h_t，并构造序列 $v_t = \hat{e}_t / \sqrt{\hat{h}_t}$，其中 $\hat{e}_t$ 是残差 $\hat{e}_t = S_t - \hat{\beta}_0$。画出 v_t 的直方图。它们服从正态分布吗？

d.预测 2010 年 7 月和 2010 年 8 月的条件均值和条件方差。

14.10 省略。

14.11 图 14-10 显示了 1996 年 7 月至 1998 年 12 月期间，180 天的银行票据利率和 90 天的银行利率之间的每日期限溢价（数据文件 term）。初步单位根检验证明，该序列可作为一个平稳序列来处理，尽管自相关系数 ρ 的值相当高（约为 0.9）。

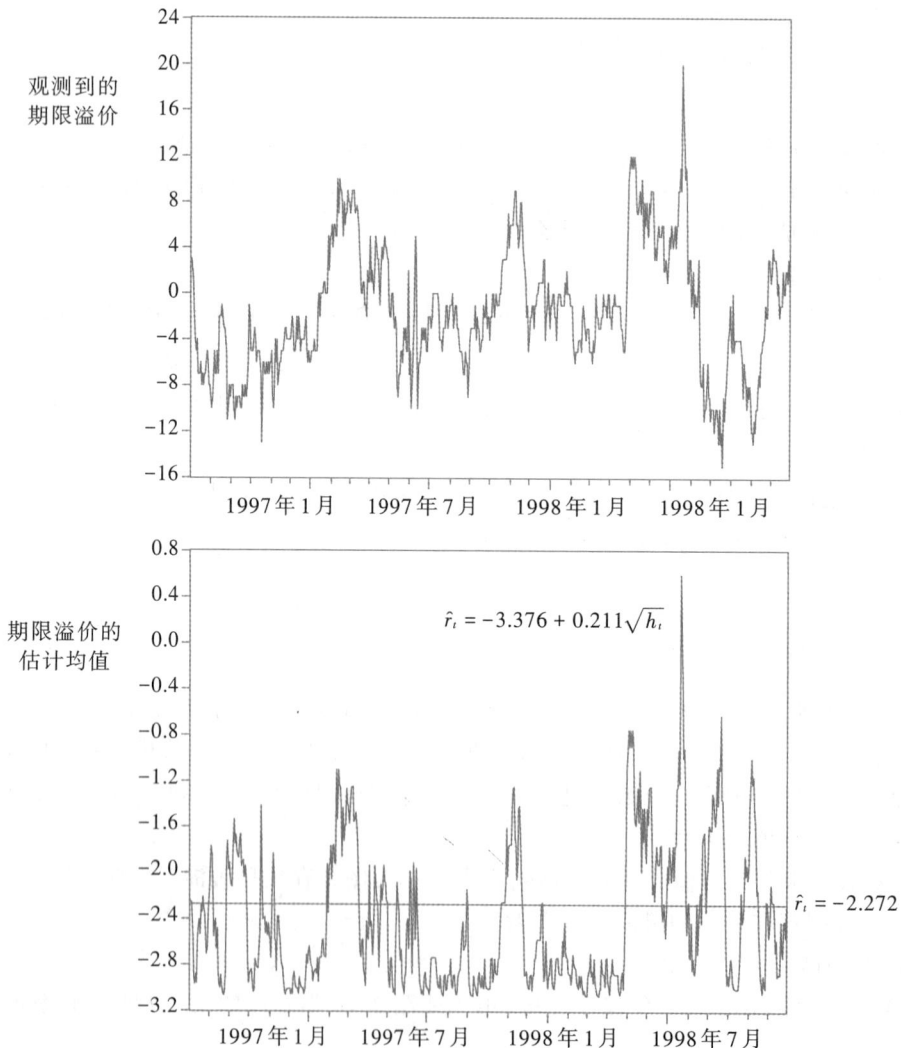

图 14-10 练习 14.11 中的图

a.估计GARCH模型，检查你是否得到如下结果：

$\hat{r} = -2.272$ $\hat{h}_t = 1.729 + 0.719\hat{e}_{t-1}^2 + 0.224\hat{h}_{t-1}$

(t) $(6.271)(6.282)$ (3.993)

b.估计均值GARCH模型，检查你是否得到如下结果：

$\hat{r}_t = -3.376 + 0.211\sqrt{h_t}$ $\hat{h}_t = 1.631 + 0.730\hat{e}_{t-1}^2 + 0.231\hat{h}_{t-1}$

(t) (2.807) $(5.333)(6.327)(4.171)$

波动对期限溢价的贡献是多少？

c.在金融计量经济学的观念中，均值GARCH模型是否优于GARCH模型？（提示：看统计检验的显著性）在金融经济学的观念中，均值GARCH模型优于GARCH模型吗？（提示：看结果的含义，特别是期限溢价的行为）在（a）和（b）两部分所估计的预期期限溢价如图14-10所示。

14.12　省略。

14.13　罗伯特·恩格尔关于ARCH的开创性论文关注了英国通货膨胀的变化。数据文件 *uk* 包含1957年6月至2006年6月样本期间英国消费者物价指数（UKCPI）的季节性调整数据。

a.使用公式计算1957年7月至2006年6月样本期间每月的通货膨胀率（y）：

$$y_t = 100\left[\frac{UKCPI_t - UKCPI_{t-1}}{UKCPI_{t-1}}\right]$$

b.估计均值T-GARCH模型，检查你是否得到如下结果：

$\hat{y}_t = -0.407 + 1.983\sqrt{h_t}$

$(t)\ (-2.862)\ (5.243)$

$\hat{h}_t = 0.022 + (0.211 - 0.221d_{t-1})e_{t-1}^2 + 0.782\hat{h}_{t-1}$

$(t)\ (4.697)\ (8.952)\ (-8.728)$ (27.677)

c.负的不对称效应（-0.221）表明，负向冲击（如物价下降）减少了通货膨胀的波动。对于通货膨胀来说，这是一个合理的结果吗？

d.正的均值效应（1.983）表明了关于英国的通胀和价格波动的什么信息？

14.14　省略。

14.15　考虑数据文件 *gfc* 中包含的季度经济增长率。欧元区（即以欧元为法定货币的欧洲国家）的研究人员有兴趣检验以下命题：欧元区的经济增长率受到其自身历史、美国的经济增长以及经济活动冲击的影响。

a.仅依据欧元区自身历史，冲击对预期季度经济增长率的预期影响为零，请设定并估计欧元区的计量经济模型。

b.仅依据欧元区自身历史，冲击可能来自具有零均值和时变方差的分布，请设定并估计欧元区的计量经济模型。

c.依据欧元区自身历史和美国的经济增长历史，冲击对预期季度增长率的预期影响为零，请设定并估计欧元区的计量经济模型。

（d）依据欧元区自身历史，令欧元区的冲击对季度经济增长率的影响为零，请设定并估计欧元区的计量经济模型。

（e）依据欧元区自身历史和美国的经济增长历史，欧元区和美国的冲击对预期季度经济增长率有影响，请设定并估计欧元区的计量经济模型。

14.16 省略。

第 15 章

面板数据模型

学习目标

基于本章的内容，你应该能够：

1. 解释面板数据如何区别于截面或时间序列数据。

2. 解释个体异质性可以应用面板数据建模的不同方法及隐含在每一种方法下的假设。

3. 解释固定效应模型如何考虑面板数据中每个截面参数值的差异。

4. 比较最小二乘虚拟变量估计量和固定效应估计量。

5. 比较固定效应模型和随机效应模型。解释是什么导致我们认为个体差异是随机的。

6. 解释随机效应模型的误差假设，以及什么特点导致我们要考虑广义最小二乘估计。

7. 说明获得随机效应估计量的广义最小二乘估计值所需要的步骤。

8. 解释聚类–稳健标准误的含义，并说明它们如何用于最小二乘、固定效应和随机效应估计量。

9. 解释为什么内生性是随机效应模型的一个潜在问题，以及它如何影响我们对估计量的选择。

10. 检验固定和（或）随机效应的存在，并用豪斯曼检验来评价随机效应估计量是否不一致。

11. 解释如何利用豪斯曼–泰勒估计量获得随机效应模型中时变变量系数的一致估计值。

12. 使用软件对面板数据进行固定效应模型、随机效应模型估计。

关键词

平衡面板	豪斯曼检验	随机效应估计量
聚类–稳健标准误	豪斯曼–泰勒估计	随机效应模型
个体均值偏差	异质性	非时变变量
差分估计量	工具变量	时变变量
内生性	最小二乘虚拟变量模型	非平衡面板
误差分量模型	LM 检验	组内估计量
固定效应估计量	混合最小二乘法	
固定效应模型	混合模型	

面板数据包括一组随着时间被观测到的截面单位（个体、家庭、公司、州和国家）。

我们会经常提到像"个体"这样的单位，甚至当感兴趣的单位不是一个人时，也通常用"个体"这个术语。我们用 N 表示所观测到的截面单位（个体）数量，用 T 表示时期数。面板数据有几种不同的类型，每种类型都带来新的挑战和机遇。彼得·肯尼迪[1]把不同类型的面板数据描述如下：

- "长而窄"，"长"表示时期较长，"窄"表示截面单位的数量较少。
- "短而宽"，表明在较短的时期内观测到的个体很多。
- "长而宽"，表明 N 和 T 都比较大。

一个"长而窄"的面板可能由一段时期内几家公司的数据组成。一个典型的例子是格伦菲尔德分析的数据，后来被许多作者所使用。[2]这些数据追踪20年（$T=20$）间11家（$N=11$）大公司的厂房及设备投资的数据。这个面板很窄，因为它由11家公司组成。它相对"长"，因为 $T>N$。我们在本章的后面使用这个数据。

许多微观分析基于数千个个体一定时期的面板数据集合来进行。例如，收入动态面板研究（PSID）包括自1968年以来大约8 000个家庭的数据。[3]美国劳工部进行国家纵向跟踪调查（NLS），如NLSY79，"是一项具有全国代表性的样本研究，研究对象为12 686个14~22岁青年男女，他们在1979年接受第一次调查[4]。这些个体到1994年每年被调查采访，目前每两年进行一次"。这样的数据集合"宽"而"短"，因为 N 比 T 要大得多。使用这样的面板数据集合，我们可以考虑未观测到的个体差异或异质性。此外，这些面板数据时期变得足够长，使动态因素（如就业和失业的时间交替）可以得到有效研究。庞大的数据集合蕴含了极其丰富的信息，同时也要求有强大的计算能力。

研究国家经济增长的宏观经济学家采用的数据"长"而"宽"。宾夕法尼亚大学世界数据库[5]提供了189个国家1950—2014年部分或所有年份的购买力平价和国民收入账户数据，数据均已转换为国际价格，我们可以大致描述为 N 和 T 都很大。

最后，截面数据和时间序列数据相结合可能不能构成面板数据。我们可能会在几个时点从总体中抽取个体样本数据，但抽取的个体在每个时间段是不同的。这些数据可以用来分析一个"自然实验"。例如，当影响一些个体的法律发生变化时，如在一个特定的州失业保险发生变化，使用政策变化之前和之后的数据以及受影响和未受影响群体的数据，可以衡量政策变化的影响。在第7.5节中介绍了估计这种类型影响的方法。

在本章我们的兴趣是如何使用所有可利用的数据估计计量经济模型，以描述个体截面随时间变化的行为。这些数据使我们能够控制个体差异并研究动态调整，衡量政策变化的影响。对于每种类型的数据，我们不仅要注意误差假设，也要注意关于参数是否、如何以及何时会随个体和（或）时间变化的假设。

实例15.1　微观经济面板

我们的第一个例子是一个短而宽的数据集合。这是利用包括许多个体的大型数据集合进行计量分析的典型例子，数据来源于由美国劳工部进行的国家纵向跟踪调查（NLS），

[1] *A Guide to Econometrics*, 5th edition (2008), MIT Press, Chapter 18.
[2] 参见 Kleiber and Zeileis, "The Grunfeld Data at 50," *German Economic Review*, 2010, 11（4）, pp.404–417 and http://statmath.wu-wien.ac.at/~zeileis/grunfeld/.
[3] 参见 http://psidonline.isr.umich.edu/.
[4] 参见 www.bls.gov/nls.
[5] 参见 http://cid.econ.ucdavis.edu/.

其中有一个关于1968年14岁至24岁之间女性的数据库。为了说明，我们使用了一个包括$N=716$个女性在1982年、1983年、1985年、1987年和1988年被调查采访的子样本。样本包括当接受调查采访时已就业并且完成学业的女性。数据文件被命名为 *nls_ panel*，包括3 580条数据。面板数据观测值通常被放在一起，包括下一个邻接个体的所有时间序列观测值。在NLS面板中，前三个女性几个变量的观测值如表15-1所示。第一列的ID用于识别个体，*YEAR* 表示信息被收集的年份。首先，必须有这些识别变量，以使软件能正确识别截面和时间序列单位。其次，才有每个变量的观测值。在一个典型的面板中，有缺失值，通常表示为"."或"NA"。我们已删除了数据文件 *nls_ panel* 中的所有缺失值。在微观面板中，个体被采访次数可能不相同，这导致面板数据不同个体之间时间序列观测值的数量不平衡。但是，数据文件 *nls_ panel* 是一个平衡的面板；对每一个个体来说，我们观测到5个时间序列观测值。一个更大的不平衡面板见文件 *nls*。大多数现代的软件包可以处理平衡和非平衡面板。

表 15-1　　　　　　　　　　　　NLS面板数据的代表性观测值

ID	YEAR	LWAGE	EDUC	SOUTH	BLACK	UNION	EXPER	TENURE
1	82	1.8083	12	0	1	1	7.6667	7.6667
1	83	1.8634	12	0	1	1	8.5833	8.5833
1	85	1.7894	12	0	1	1	10.1795	1.8333
1	87	1.8465	12	0	1	1	12.1795	3.7500
1	88	1.8564	12	0	1	1	13.6218	5.2500
2	82	1.2809	17	0	0	0	7.5769	2.4167
2	83	1.5159	17	0	0	0	8.3846	3.4167
2	85	1.9302	17	0	0	0	10.3846	5.4167
2	87	1.9190	17	0	0	1	12.0385	0.3333
2	88	2.2010	17	0	0	1	13.2115	1.7500
3	82	1.8148	12	0	0	0	11.4167	11.4167
3	83	1.9199	12	0	0	1	12.4167	12.4167
3	85	1.9584	12	0	0	0	14.4167	14.4167
3	87	2.0071	12	0	0	0	16.4167	16.4167
3	88	2.0899	12	0	0	0	17.8205	17.7500

15.1　面板数据回归方程

面板数据由一组截面单位（个人、家庭、企业、州或国家）组成，这些单位每一期都能被观测到。我们设想的抽样过程是：（1）从总体中随机抽取（i）$i=1, \cdots, N$个个体，

（2）对每个个体观测 $t=1$，…，T 个时间段。在抽样过程中，我们收集结果或因变量的值。有关个体的其他特征将被用作解释变量。设 $x_{1it}=1$ 是截距项，x_{2it}，…，x_{Kit} 是对 $K-1$ 个因素随个体与时间变动的观测值。设 w_{1i}，w_{2i}，…，w_{Mi} 为对 M 个不随时间变化的因素的可观测数据。请注意，这些变量没有时间下标，它们被称作**非时变的**。必须特别强调，在使用面板数据时要**仔细**检查下标，并记住 i 是个体的指标，t 是时间的指标。

除了观测到的变量外，每个个体在每个时间段都会有未被观测的、遗漏的因素，这些因素将构成回归的随机误差项。在面板数据模型中，我们可以识别几种未被观测到的效应。首先，考虑不可观测和/或不可测量的、非时变的个体特征。让我们把这些表示为：u_{1i}，u_{2i}，…，u_{Si}。因为我们不能观测它们，我们将它们的组合效应简称为 u_i，一个未被观测到的、独立的随机误差项。经济学家认为 u_i 代表**未被观测到的异质性**，并把它们总结为导致个体差异的未被观测到的因素。其次，存在许多未观测到的和/或不可测量的个体和时变因素 e_{1it}，e_{2it} 等，构成了回归中常见的随机误差类型，我们将它们的组合效应称为 e_{it}。计量经济学家称之为随机误差 e_{it}，它随个体和时间变化，是一种特殊的误差。[1]最后，随机误差是与时间有关的，随时间变化但不随个体变化。这些因素 m_{1t}，m_{2t}……具有组合效应 m_t 并表示第三类误差分量。

实例 15.2　再次考察

例如，在表 15-1 中，我们感兴趣的结果变量是 $y_{it}=LWAGE_{it}=\ln(WAGE_{it})$。解释变量包括 $x_{2it}=EXPER_{it}$，$x_{3it}=TENURE_{it}$，$x_{4it}=SOUTH_{it}$，$x_{5it}=UNION_{it}$。这些解释变量随个人和时间的不同而不同。对于指标变量 $SOUTH$ 和 $UNION$，这意味着至少有一些人在 1982—1988 年期间迁入或迁出南方，有一些工人在那几年加入或退出工会。在 1982—1988 年，我们样本中的 716 个个体变量 $w_{1i}=EDUC_i$、$w_{2i}=BLACK_i$ 没有变化。两个不可观测的、不随时间变化的变量是 $u_{1i}=ABILITY_i$，$u_{2i}=PERSEVERANCE_i$。未被观测到的时间特定变量可能是 $m_{1t}=UNEMPLOYMENT\ RATE_t$，$m_{2t}=INFLATION\ RATE_t$。注意，可观测的变量可以随时间而变化，但不随个体变化，如虚拟变量：如果是 1982 年，则 $D82_t=1$；否则 $D82_t=0$。

一个简单但有代表性的面板数据回归模型为：

$$y_{it}=\beta_1+\beta_2 x_{2it}+\alpha_1 w_{1i}+(u_i+e_{it})=\beta_1+\beta_2 x_{2it}+\alpha_1 w_{1i}+v_{it} \tag{15.1}$$

在公式（15.1）中，被关注的可观测结果变量是 y_{it}。在右侧，我们有一个常量 $x_{1it}=1$。方程包含了一个随个体和时间变化的可观测变量 x_{2it}。变量 w_{1i} 仅随个体变化，不随时间变化。总体参数 β_1、β_2、α_1 没有下标，不随个体和时间变化。为了简化，我们只考虑了一个 x 变量和一个 w 变量，但是每种类型都可以有更多的变量。在括号中，我们有两个随机误差分量，一个与个体相关联（u_i），另一个与个体和时间相关联（e_{it}）。为简化起见，我们省略了仅随时间变化的误差项。我们定义了组合误差：

$$v_{it}=u_i+e_{it} \tag{15.2}$$

由于公式（15.2）中的回归误差有两个分量，一个用于个体，另一个用于回归，因此通常被称为**误差分量模型**。

面板数据建模的复杂因素是我们对每一个截面个体进行了不止一期的 t 次观测，如果

---

[1]　Jeffrey M. Wooldridge, *Econometric Analysis of Cross Section and Panel Data*, 2nd ed., MIT Press, 2010, p. 285.

个体是随机抽样的，那么第 i 个个体的观测值在统计上独立于第 j 个个体的观测值，但是，使用面板数据，我们必须考虑动态的、与时间相关的影响，模型假设也应该考虑它们，正如我们在第 9 章中所做的。在面板数据模型中我们感兴趣的回归函数是：

$$E\left[y_{it}\left|\overset{T\ \text{项}}{\overbrace{x_{2i1},x_{2i2},\cdots,x_{2iT}}},w_{1i},u_i\right.\right]=E\left(y_{it}\,\middle|\,\mathbf{x}_{2i},w_{1i},u_i\right)=\beta_1+\beta_2 x_{2it}+\alpha_1 w_{1i}+u_i \tag{15.3}$$

其中，$\mathbf{x}_{2i}=\left(x_{2i1},\ x_{2i2},\ \cdots,\ x_{2iT}\right)$ 表示所有时间段中的 x_{2it} 值。公式（15.3）表明结果变量的总体均值为 $\beta_1+\beta_2 x_{2it}+\alpha_1 w_{1i}+u_i$，给定（1）$x_{2it}$ 在所有时间周期——过去、现在和未来——的值；（2）可观测到的个体特定变量 w_{1i}；（3）不可观测的个体异质性项 u_i。我们在计量经济学方面面对的挑战是求出一个一致的（可能的话有效的）β_1、β_2、α_1 的参数估计量。

公式（15.3）有几个有趣的特点：

i.模型表明，一旦我们在所有时期内对 x_{2it} 和单个特定因素 w_{1i} 和 u_i 进行了控制，则只有当前的同期值 x_{2it} 对结果变量的期望值有影响。在其他变量不变的前提下，参数 β_2 测量 x_{2it} 的变化对 $E\left(y_{it}|\mathbf{x}_{2i},\ w_{1i},\ u_i\right)$ 的偏差效应或因果效应。同样，α_1 测量 w_{1i} 的变化对 $E\left(y_{it}|\mathbf{x}_{2i.},w_{1i.}\ u_i\right)$ 的因果效应。

ii.模型建立在**不可观测**的误差项不随时间变化的基础上。在下面的实例 15.3 中，我们使用面板数据检测了中国化工企业过去几年的销售情况。例如，所观测到的解释变量包括公司每年使用的劳动力数量。非时变变量是化工企业的地理位置。未被观测到的异质性 u_i 可能代表管理者的能力。预期的公司销售额取决于未被观测到的管理能力，以及当前产量的劳动力投入。然而，我们所想象的是如果给定管理能力，过去或未来几年的劳动力投入对当前的销售没有任何影响。[①]

15.1.1　对未被观测到的异质性的进一步讨论

每个人都有独特性。这对于我们每一个人来说都是如此，对于个体公司、农场和地理区域，如州、市或国家也是如此。某些个体的特征可以被观测和测量，如一个人的身高和体重，或者一个公司的雇员人数；某些特征是不可测量或不可观测的，如一个人的能力、美貌或坚韧的性格。企业管理者的能力对他们的收入和利润有贡献，但就像个人能力一样，管理能力很难，或者说不可能观测。因此，在使用截面数据的回归方程中，这些不可观测的特征必然被排除在解释变量之外，而被列入随机误差项之中。这些不可观测的个体差异在经济学和计量经济学文献中被称为**不可观测的异质性**。当使用面板数据时，**如果我们能够证明导致个体差异的因素是不变的**，那么就必须从中将随机误差项分离出来。当面板数据集是宽而短的，即 N 很大而 T 很小时，更应将随机误差项分离出来，就像在许多微观经济面板中一样。例如，在工资方程中，我们必须假设，在抽样期间，诸如能力和毅力等不可观测的因素是不变的。如果面板数据样本只覆盖了 3~4 年，我们的假设是可行的；但如果样本的时间跨度超过 25 年，我们需要关注这一假设的有效性。

我们对未被观测到的异质性的探讨与第 6.3.2 节中讨论**遗漏变量**的方式完全相同。如果遗漏变量与回归模型中的任何解释变量相关，那么普通最小二乘法（OLS）估计量就存

---

① 对此假设的更多讨论，见 Wooldridge（2010），p. 288.

在**遗漏变量偏差**。不过，即使在大样本中，这种偏差也不会消失，因此OLS估计量是不一致的。在第10章中，我们通过求出一个新的估计量：**工具变量（IV）**及**两阶段最小二乘（2SLS）**估计量来解决这个问题。正如我们将要看到的，拥有面板数据的好处是我们可以控制由不随时间变化的变量引起的遗漏变量偏差，而**无须寻找和使用工具变量**。

15.1.2 面板数据回归的外生性假设

对于回归模型（15.1）：$y_{it}=\beta_1+\beta_2 x_{2it}+\alpha_1 w_{1i}+(u_i+e_{it})$，要具有公式（15.3）中的条件均值，随机误差项需要什么设定？一个新的外生性假设考虑到了未被观测到异质性的存在，即：

$$E(e_{it}|\mathbf{x}_{2i}, w_{i1}, u_i)=0 \tag{15.4}$$

这种**严格**的外生性假设的含义是，给定所有时期的解释变量x_{2it}的值，给定w_{i1}和未被观测到的异质性项u_i，对异质误差的最佳期望为零。另一种说法是，这些因素中没有关于异质随机误差e_{it}值的信息。关于假设（15.4），有一个细微但重要的点是：不可观测的异质性u_i可以与解释变量相关。接下来我们将对这一点进行更多的讨论。假设（15.4）的两个含义是：

$$\mathrm{cov}(e_{it}, x_{2is})=0 \text{ 和 } \mathrm{cov}(e_{it}, w_{1i})=0 \tag{15.5a}$$

首先，$\mathrm{cov}(e_{it}, x_{2is})=0$比通常的外生性假设强得多。它之所以更强，是因为它不仅考虑同时期的外生性$\mathrm{cov}(e_{it}, x_{2is})=0$，它说的是$e_{it}$与所有的$x_{2i1}$，$x_{2i2}$，$\cdots$，$x_{2iT}$不相关。在考虑假设（15.4）在具体应用中是否有效时，需要考虑公式（15.5a）是否成立。如果公式（15.5a）不成立，e_{it}与任一$x_{2i1}, x_{2i2}, \cdots, x_{2iT}$或$w_{1i}$相关，则假设（15.4）失效，回归函数（15.3）不正确。

虽然不太严格，但假设（15.4）应该包括截距项$x_{1it}=1$，因此实际上$E(e_{it}|\mathbf{x}_{1i}, \mathbf{x}_{2i}, w_{1i}, u_i)=0$。这很重要，因为它意味着公式（15.5a）对截距项也成立：

$$\mathrm{cov}(e_{it}, x_{1is}=1)=E(e_{it}x_{1is})=E(e_{it})=0 \tag{15.5b}$$

因此，异质误差的期望值为零。我们把关于误差方差和协方差的新假设放在第15.3节中介绍。

15.1.3 用OLS估计面板数据回归方程

利用面板数据，我们能用OLS一致地估计回归模型（15.3）中的参数吗？正如在第5.7.3节中了解的，这当然可以，前提是公式（15.1）中联合误差项v_{it}与x_{2it}、w_{1i}不相关，即：

$$\mathrm{cov}(x_{2it}, v_{it})=E(x_{2it}v_{it})=E(x_{2it}u_i)+E(x_{2it}e_{it})=0$$

$$\mathrm{cov}(w_{1i}, v_{it})=E(w_{1i}v_{it})=E(w_{1i}u_i)+E(w_{1i}e_{it})=0$$

这些等式说明两个随机误差分量必须同时与随时间变化和不随时间变化的解释变量不相关，这实际上要求：

$$E(x_{2it}e_{it})=0, \quad E(w_{1i}e_{it})=0 \tag{15.6a}$$

$$E(x_{2it}u_i)=0, \quad E(w_{1i}u_i)=0 \tag{15.6b}$$

公式（15.6a）表示异质误差 e_{it} 与 t 时刻的解释变量不相关，这是由关键外生性假设（15.4）来保证的。另外，假设（15.4）并不意味着公式（15.6b）成立，公式（15.6b）要求未被观测到的异质性与解释变量不相关。因为能力与受教育年限相关，我们所熟悉的工资方程式中缺少 *ABILITY* 项，就是违背这一假设的一个例子。我们应该记住，如果任一解释变量与随机误差相关，那么所有模型参数的估计量都不一致。在下一节中，我们将介绍面板数据估计方法，即使当公式（15.6b）不成立时，也会产生一致的估计。

我们顺便注意模型的外生截距项 $x_{1it}=1$ 满足公式（15.6a）和公式（15.6b）。这意味着：

$$E(e_{it}) = E(u_i) = E(v_{it}) = 0 \tag{15.6c}$$

每个随机误差的均值都是零。最后，即使公式（15.6a）至公式（15.6c）成立，使用 OLS 估计量将需要使用一种稳健的标准误，我们将在第 15.3 节中对此进行探讨。

15.2 固定效应估计量

在本节中，我们考虑一种通过恒等转换的方式来消除估计方程中的个体异质性，从而解决由不可观测的个体特征与解释变量之间的相关性引起的共同内生性问题。这种方法使用相似却不完全相同的策略得到了相同的结果。

我们将考虑的估计量是：（1）**差分估计量**；（2）**组内估计量**；（3）**固定效应估计量**。要使每个估计量都是一致的，要求严格的外生性假设（15.4）成立，但我们不要求未被观测到的异质性 u_i 与解释变量不相关，即公式（15.6b）无须成立。估计量准确地估计随时间变化变量的参数，但不能估计不随时间变化变量的参数。在公式（15.1）中，$y_{it}=\beta_1+\beta_2 x_{2it}+\alpha_1 w_{1i}+v_{it}$，使用这些方法，我们可以一致地估计 β_2，但不能估计 β_1 或 α_1。

15.2.1 差分估计量：$T=2$

当每个个体仅有两期观测值时，很容易显示出面板数据的优点，即当我们在两个不同的时期，即 $t=1$ 和 $t=2$ 时观测每个个体，观测结果可以写作：

$$y_{i1} = \beta_1 + \beta_2 x_{2i1} + \alpha_1 w_{1i} + u_i + e_{i1} \tag{15.7a}$$

$$y_{i2} = \beta_1 + \beta_2 x_{2i2} + \alpha_1 w_{1i} + u_i + e_{i2} \tag{15.7b}$$

公式（15.7b）减去公式（15.7a）可以得到一个新的方程：

$$(y_{i2} - y_{i1}) = \beta_2(x_{2i2} - x_{2i1}) + (e_{i2} - e_{i1}) \tag{15.8}$$

注意到方程（15.8）没有截距项，β_1 被消掉了。$\alpha_1 w_{1i}$ 同样被消掉，因此我们不能用这种方法估计 α_1。重要的是，相减时消去了不可观测的个体差异项 u_i。为什么？因为 β_1、$\alpha_1 w_{1i}$、u_i 在第一期和第二期相等，它们不随时间变化，相减即可消去。我们在第 9 章讨论了像 $(y_{i2}-y_{i1})$ 这样的变量，它是每个个体的结果变量从第一期到第二期的变化量。在第 9 章的记法中，"Δ" 表示"变化量"，故 $\Delta y_i=(y_{i2}-y_{i1})$。类似地，令 $\Delta x_{i2}=(x_{2i2}-x_{2i1})$，$\Delta e_i=(e_{i2}-e_{i1})$，方程（15.8）变为：

$$\Delta y_i = \beta_2 \Delta x_{i2} + \Delta e_i \tag{15.9}$$

注意，在转换后的模型（15.9）中存在一个我们感兴趣的参数 β_2。不要担心复杂的数据操作，因为计量经济软件有自动命令来处理差分过程。

在模型（15.9）中，β_2 的 OLS 估计量称为**一阶差分估计量**，或简称**差分估计量**。满足下列条件时它具有一致性：（1）Δe_i 具有零均值，并且与 Δx_{i2} 不相关；（2）Δx_{i2} 有两个以上的值。如果严格的外生性假设（15.4）成立，第一个条件成立。回想一下假设（15.4）意味着公式（15.5a）和公式（15.5b）是正确的。那么，由公式（15.5b）可知 Δe_i 具有零均值。另外由公式（15.5a）可知 Δe_i 和 Δx_{i2} 不相关，在每一期内，特异误差（idiosyncratic error）e_{it} 与 x_{2is} 是不相关的。在方程（15.8）中，这意味着 $\Delta x_{i2} = (x_{i2} - x_{2i1})$ 与 $\Delta e_i = (e_{i2} - e_{i1})$ 不相关。

在基础的面板数据分析中，通常不使用差分估计量。我们引入它来说明我们可以通过转换来消除未观测到的异质性。在实践中，通常使用等价的但更灵活的固定效应估计量，我们将在第 15.2.2 节中解释。

实例 15.3　对生产函数使用 $T=2$ 差分观测值

数据文件 *chemical2* 包含 2004 年至 2006 年中国 200 家（$N=200$）化工公司的销售数据。我们希望估计对数模型：

$$\ln(SALES_{it}) = \beta_1 + \beta_2 \ln(CAPITAL_{it}) + \beta_3 \ln(LABOR_{it}) + u_i + e_{it}$$

仅使用 2005 年和 2006 年的数据，具有普通、非稳健标准误的 OLS 估计值为：

$$\widehat{\ln(SALES_{it})} = 5.8745 + 0.2536 \ln(CAPITAL_{it}) + 0.4264 \ln(LABOR_{it})$$
$$(\text{se}) \qquad (0.2107) \quad (0.0354) \qquad\qquad (0.0577)$$

我们可能担心的是，企业之间存在着未被观测到的个体差异，这些差异与它们在生产和销售中对资本和劳动力的使用有关。一阶差分估计模型是：

$$\Delta\ln(SALES_{it}) = 0.0384\Delta\ln(CAPITAL_{it}) + 0.3097\Delta\ln(LABOR_{it})$$
$$(\text{se}) \qquad (0.0507) \qquad\qquad (0.0755)$$

资本存量的估计效应显著降低，不再具有统计显著性。劳动力的估计效应较小，但仍显著不为零。当未被观测到的异质性与解释变量相关时，差分估计量是一致的，而 OLS 估计量则不一致。由于估计值有很大的差异，我们怀疑 OLS 估计值是不可靠的。

实例 15.4　使用工资方程 $T=2$ 差分观测值

表 15-1 显示了一组面板数据，其中包含了关于 716 名女性的 5 年数据。只考虑 1987 年和 1988 年最后两年的数据，这样我们就可以得到 $N \times T = 716 \times 2 = 1\,432$ 个观测值。对于 $i = 1, \cdots, N = 716$，我们希望估计：

$$\ln(WAGE_{it}) = \beta_1 + \beta_2 EDUC_i + \beta_3 EXPER_{it} + u_i + e_{it}$$

请注意，$EDUC_i$ 是非时变的。在这个样本中，所有的女性在第一次接受采访时都完成了学业，因此 $EDUC_i$ 是非时变的。与往常一样，我们关注的是这个模型中的遗漏变量偏差，因为一个人的能力是不可观测的。在这个面板数据模型中，能力是在个体异质性项 u_i 中被捕获的。1988 年与 1987 年的观测值相减，我们有：

$$\Delta\ln(WAGE_i) = \beta_3 \Delta EXPER_i + \Delta e_i$$

变量 $EDUC$ 不在模型中，因为它无法取两个值以上。使用一阶差分估计量消除任何非时变变量和截距项。工资对数的变化归因于经验的变化。因为包括能力在内的个体异质性项已被减去，所以没有遗漏变量偏差。能力可能与受教育年限相关并不重要！使用数据文

件 *nls_panel2*，OLS 估计出的一阶差分模型为：

$$\Delta \ln (\widehat{WAGE_i}) = 0.0218 \Delta \ln (EXPER_i)$$
$$(\text{se}) \qquad (0.007141)$$

15.2.2　组内估计量：$T=2$

另一种相减策略在思路上类似于方程（15.8）。组内转换的优点是，当我们对每个个体有超过 $T=2$ 个的观测值时，它很好地概括了这种情况。我们从公式（15.7a）和公式（15.7b）中的两期模型开始，求出方程关于时间的平均值，即：

$$\frac{1}{2} \sum_{t=1}^{2} (y_{it} = \beta_1 + \beta_2 x_{2it} + \alpha_1 w_{1i} + u_i + e_{it})$$

在左边，我们得到 $\bar{y}_{i\cdot} = (y_{i1} + y_{i2})/2$。"·" 在第二个下标 t 的位置，提醒我们它是时间维度上的平均值。在右边，我们得到 $\beta_1 + \beta_2 \bar{x}_{2i\cdot} + \alpha_1 w_{1i} + u_i + \bar{e}_{i\cdot}$，其中平均变量定义与之类似：$\bar{x}_{2i\cdot} = (x_{2i1} + x_{2i2})/2$，$\bar{e}_{i\cdot} = (e_{i1} + e_{i2})/2$。请注意，平均值不影响模型参数或非时变项 β_1、w_{1i}、u_i。$i=1, \cdots, N$ 的时间平均模型是：

$$\bar{y}_{i\cdot} = \beta_1 + \beta_2 \bar{x}_{2i\cdot} + \alpha_1 w_{1i} + u_i + \bar{e}_{i\cdot} \qquad (15.10)$$

从原始观测结果中减去公式（15.10），得到：

$$y_{it} - \bar{y}_{i\cdot} = \beta_2 (x_{2it} - \bar{x}_{2i\cdot}) + (e_{it} - \bar{e}_{i\cdot}) \qquad (15.11)$$

与一阶差分变量不同，我们用变量的均值进行"差分"。非时变项被减去，包括不可观测的异质项。同样不必担心复杂的数据操作，因为计量经济软件有自动命令来处理这个过程。

转换变量表示为 $\tilde{y}_{it} = y_{it} - \bar{y}_{i\cdot}$，$\tilde{x}_{2it} = (x_{2it} - \bar{x}_{2i\cdot})$，误差项表示为 $\tilde{e}_{it} = (e_{it} - \bar{e}_{i\cdot})$。组内转换模型为：

$$\tilde{y}_{it} = \beta_2 \tilde{x}_{2it} + \tilde{e}_{it} \qquad (15.12)$$

使用公式（15.12），β_2 的 OLS 估计量称为**组内估计量**。它是一致估计量，如果：（i）$\tilde{e}_{it}$ 具有零均值并与 $\tilde{x}_{2it}$ 不相关；（ii）$\tilde{x}_{2it}$ 有两个以上的值。如果假设（15.4）成立，则满足第一个条件。注意，由于这个均值项，在所有时期变量 $\tilde{x}_{2it} = (x_{2it} - \bar{x}_{2i\cdot})$ 包含 $\tilde{x}_{2it}$ 的值。同样，因为它是均值，$\tilde{e}_{it} = (e_{it} - \bar{e}_{i\cdot})$ 依赖于所有时期的特异误差值。因此，严格外生性假设（15.4）是公式（15.12）OLS 一致估计的必要条件。同样，不要求未被观测到的异质性 u_i 与解释变量无关。

实例 15.5　对生产函数使用具有 $T=2$ 个观测值的组内转换

考虑对实例 15.3 中 $T=2$ 个销售观测值使用组内转换，以估计资本存量和劳动力投入变化对销售的影响。为准确理解组内转换，在表 15-2 中检查前两家公司在销售方面的转换数据。2005 年，$\ln(SALES)$ 的一阶差分缺失，由 "·" 表示。所需的 2 年 $\ln(SALES)$ 的时间平均值为 $\overline{\ln(SALES_{it})}$，组内转换为 $\widetilde{\ln(SALES_{it})}$。在每个个体中（每个个体内），组内估计量只对每个个体（每个个体内）使用关于个体均值的变化来估计参数。在估计过程中，不使用多个个体之间或两个个体之间的变化。

使用组内转换的数据没有遗漏变量偏差，因为包含公司未测量特征在内的不随时间变化的个体异质性项被减去了。利用$N×T=200×2=400$个观测值，组内估计值为：

$$\widehat{\ln(SALES_{it})} = 0.0384\,\widehat{\ln(CAPITAL_{it})} + 0.3097\,\widehat{\ln(LABOR_{it})}$$

| (se) | (0.0358) | (0.0532) | （不正确） |
| (se) | (0.0507) | (0.0755) | （正确） |

请注意，组内估计值与实例15.1中的一阶差分估计值完全相同。当$T=2$时，它们将永远相同。使用OLS估计软件将产生组内估计量不正确的标准误。由于OLS软件对误差方差的估计值使用398个自由度（$NT-2=400-2$），所以产生差异。这样计算忽略了通过样本均值校正变量时所发生的200个自由度损失。正确的除数是$NT-N-2=400-200-2=198$。用校正因子乘以组内估计值"不正确"的标准误：

$$\sqrt{(NT-2)/(NT-N-2)} = \sqrt{398/198} = 1.41778$$

所产生的"正确"标准误实际上与实例15.3中的一阶差分估计量的标准误相同。当使用适当的"组内估计量"软件时，这一修正将自动完成。在第15.2.4节中，我们解释了最常见的软件"组内"估计命令，称为固定效应估计。当$T=2$时，差分估计量和组内估计量等价，正确的标准误成立，但当$T>2$时不成立。

表 15-2　　　　　　　　　　实例15.4：转换销售数据

FIRM	YEAR	$\ln(SALES_{it})$	$\Delta\ln(SALES_{it})$	$\overline{\ln(SALES_{it})}$	$\widehat{\ln(SALES_{it})}$
1	2005	10.87933	·	11.08103	−0.2017047
1	2006	11.28274	0.40341	11.08103	0.2017053
2	2005	9.313799	·	9.444391	−0.1305923
2	2006	9.574984	0.261185	9.444391	0.1305927

评论

　　在实践中，不需要使用差分估计量，它是作为教学工具被引入的，以说明当面板数据可获取时，是有可能消除未观测到的数据的异质性的。一般使用软件选项来进行"固定效应"估计。

15.2.3　组内估计量

　　组内估计量和使用**组内转换**的优点是，它们很好地推广到我们对每个个体有超过2个时间观测值的情况。假设我们对每个个体有T个观测值。所以有：

$$y_{it} = \beta_1 + \beta_2 x_{2it} + \alpha_1 w_{1i} + u_i + e_{it}, \quad i=1,\cdots,N, \quad t=1,\cdots,T$$

平均所有时间观测值，我们得到：

$$\frac{1}{T}\sum_{t=1}^{T}(y_{it} = \beta_1 + \beta_2 x_{2it} + \alpha_1 w_{1i} + u_i + e_{it})$$

在左边，我们得到$\bar{y}_{i\cdot} = (y_{i1} + y_{i2} + \cdots + y_{iT})/T$。在右边，我们得到$\beta_1 + \beta_2\bar{x}_{2i\cdot} + \alpha_1 w_{1i} + u_i + \bar{e}_{i\cdot}$，其中均值变量同样定义为：$\bar{x}_{2i\cdot} = (x_{2i1} + \cdots + x_{2iT})/T$ 和 $\bar{e}_{i\cdot} = (e_{i1} + \cdots + e_{iT})/T$。注意，求平均的过程不影响模型参数和非时变项$w_{1i}$和$u_i$。对个体$i=1,\cdots,N$，时间平均模型为：

$$\bar{y}_{i\cdot} = \beta_1 + \beta_2 \bar{x}_{2i\cdot} + \alpha_1 w_{1i} + u_i + \bar{e}_{i\cdot} \tag{15.13}$$

组内转换用原始观测值减去公式（15.13），得到：

$$y_{it} - \bar{y}_{i\cdot} = \beta_2 (x_{2it} - \bar{x}_{2i\cdot}) + (e_{it} - \bar{e}_{i\cdot}) \tag{15.14}$$

与一阶差分变量相反，我们用变量均值构造了差分。非时变变量（包括不可观测的异质性项）被减去了。

记转换变量为 $\tilde{y}_{it} = y_{it} - \bar{y}_{i\cdot}$，$\tilde{x}_{2it} = (x_{2it} - \bar{x}_{2i\cdot})$，转换误差项为 $\tilde{e}_{it} = (e_{it} - \bar{e}_{i\cdot})$。组内转换模型为：

$$\tilde{y}_{it} = \beta_2 \tilde{x}_{2i} + \tilde{e}_{it} \tag{15.15}$$

如果：（i）$\tilde{e}_{it}$ 具有零均值并与 $\tilde{x}_{2it}$ 不相关，（ii）$\tilde{x}_{2it}$ 有两个以上的值，则公式（15.15）中 β_2 的 OLS 估计量是一致的。如果强外生性假设（15.4）成立，这些条件就成立。公式（15.15）中的普通 OLS 标准误不正确，但容易修正，我们在实例 15.5 中进行了解释。

实例 15.6　对生产函数使用具有 $T=3$ 观测值的组内转换

考虑对实例（15.3）数据文件 *chemical2* 中 200 家公司 2004—2006 年的 $T=3$ 销售观测值使用组内转换，以估计资本存量和劳动投入变动对销售的影响。组内估计值为：

$$\widehat{\ln(SALES_{it})} = 0.0889 \widehat{\ln(CAPITAL_{it})} + 0.3522 \widehat{\ln(LABOR_{it})}$$

| (se) | (0.0271) | (0.0413) | (incorrect) |
| (se) | (0.0332) | (0.0507) | (correct) |

OLS 软件使用 598 个（$NT-2=598$）自由度计算出的标准误不正确，自由度应为：$NT-N-2=398$。用不正确的标准误乘以修正因子：

$$\sqrt{(NT-2)/(NT-N-2)} = \sqrt{598/198} = 1.22577$$

得到正确的标准误。

15.2.4　最小二乘虚拟变量模型

事实证明，在实证研究中，组内估计量与另一估计量在数值上是等价的，这在逻辑上很吸引人。为了尽可能全面，我们在方程中扩充更多的变量，

$$y_{it} = \beta_1 + \beta_2 x_{2it} + \cdots + \beta_K x_{Kit} + \alpha_1 w_{1i} + \cdots + \alpha_M w_{Mi} + (u_i + e_{it}) \tag{15.16}$$

在这个回归中，有一个常数项 $x_{1i}=1$ 和随个体及时间进行变化的变量 $(K-1)=K_S$，还有 M 个变量是不随时间变化的。新的符号 K_S 可以认为是"斜率"系数的个数。当我们对个体差异的存在进行检验时，这一点非常重要。

未观测到的异质性也通过包含在面板数据回归（15.16）中每个个体的个体特异性指标变量来控制。也就是，令：

$$D_{1i} = \begin{cases} 1 & i=1 \\ 0 & \text{其他} \end{cases}, \quad D_{2i} = \begin{cases} 1 & i=2 \\ 0 & \text{其他} \end{cases}, \quad \cdots\cdots, \quad D_{Ni} = \begin{cases} 1 & i=N \\ 0 & \text{其他} \end{cases}$$

把这 N 个指标变量加入回归方程（15.16），得到：

$$y_{it} = \beta_{11} D_{1i} + \beta_{12} D_{2i} + \cdots + \beta_{1N} D_{Ni} + \beta_1 + \beta_2 x_{2it} + \cdots + \beta_K x_{Kit} + \alpha_1 w_{1i} + \cdots + \alpha_M w_{Mi} + (u_i + e_{it})$$

这个方程中有完全多重共线性，不随时间变化的指标变量和是 1，即 $D_{1i}+D_{2i}+\cdots+D_{Ni}=1$。引入指示变量要求我们舍弃现在多余的常数项 $x_{1it}=1$，不随时间变化的量 w_{1i}，w_{2i}，$\cdots$，w_{Mi} 和不可观测的异质性 u_i。这样还剩下方程（15.17）：

$$y_{it} = \beta_{11}D_{1i} + \beta_{12}D_{2i} + \cdots + \beta_{1N}D_{Ni} + \beta_2 x_{2it} + \cdots + \beta_K x_{Kit} + e_{it} \tag{15.17}$$

方程式（15.17）被称为**固定效应模型**，或者有时称为**最小二乘虚拟变量模型**。术语**固定效应估计量**是实证研究中最常用的名称，因为我们把个体差异 u_1，u_2，$\cdots$，u_N 作为固定参数，从而可以估算 β_{11}，β_{12}，$\cdots$，β_{1N}。固定效应估计量是对方程（15.17）使用所有 NT 个观测值的 OLS 估计结果。

除非 N 比较小，否则在实际中无须估计方程（15.17）。Frisch-Waugh-Lovell 定理、第 5.2.5 节和练习 15.11 表明，方程中 β_2，$\cdots$，β_K 的残差平方和与方程（15.16）的组内估计完全相同，因此在同样的假设（15.4）下具有相同的一致性。我们再次提醒，假设（15.4）不要求未观测到的异质性项 u_i 与 $\mathbf{X}_i$ 或 $\mathbf{w}_i$ 不相关，其中 $\mathbf{X}_i$ 表示时变变量的所有观测值，$\mathbf{w}_i$ 表示非时变观测值。

评论

总之，组内估计量、固定效应估计量和最小二乘虚拟变量估计量都是方程（15.17）中 β_2、$\ldots$、β_K 的同一估计量的名称。实际上，不需要选择，使用"固定效应"估计的计算机软件选项即可。

由于固定效应估计量只是 OLS 估计量，因此它具有通常的 OLS 估计量方差和协方差。包括 N 个指示虚拟变量意味着参数个数为 $N+K_S$，其中 $K_S=(K-1)$ 是斜率系数的个数。σ_e^2 的普通估计量为：

$$\hat{\sigma}_e^2 = \frac{\sum_{i=1}^{N}\sum_{t=1}^{T}\hat{e}_{it}^2}{NT-N-K_S} \tag{15.18}$$

检验不可观测的异质性　检验固定效应模型中的个体差异就是检验联合性假设：

H_0：$\beta_{11}=\beta_{12}$，$\beta_{12}=\beta_{13}$，$\cdots$，$\beta_{1,N-1}=\beta_{1N}$

H_1：β_{1i} 不全相等　　　　　　　　　　　　　　　　　　　　　　（15.19）

若原假设为真，则 $\beta_{11}=\beta_{12}=\beta_{13}=\cdots=\beta_{1N}=\beta_1$（其中 β_1 代表共同值），没有个体差异和不可观测的异质性。原假设是 $J=N-1$ 个分离的等式，$\beta_{11}=\beta_{12}$，$\beta_{12}=\beta_{13}$，等等。若原假设为真，约束模型为：

$$y_{it} = \beta_1 + \beta_2 x_{2it} + \cdots + \beta_K x_{Kit} + e_{it}$$

在标准 OLS 假设下，F 检验统计量为：

$$F = \frac{(SSE_R - SSE_U)/(N-1)}{SSE_U/(NT-N-K_S)} \tag{15.20}$$

其中，SSE_U 是来自固定效应模型的残差平方和，SSE_R 是来自 OLS 回归的残差平方和，其混合回归方程为 $y_{it} = \beta_1 + \beta_2 x_{2it} + \cdots + \beta_K x_{Kit} + e_{it}$。如果原假设为真，则检验统计量服从 F 分布，其中 $J=N-1$ 为分子自由度，而 $NT-N-K_S$ 为分母自由度，在显著性水平 α 下，如果检验统计值 $F \geq F_{(1-\alpha, N-1, NT-N-K_S)}$，则我们拒绝原假设。该检验对异方差和自相关具有"稳健性"，我们将在第 15.3 节讨论。

实例15.7 使用 $T=3$ 期观测值的固定效应模型估计生产函数

对于中国化工公司数据文件 *chemical2*，公式（15.21）中的指示变量模型变为：

$$\ln(SALES_{it}) = \beta_{11}D_{1i} + \cdots + \beta_{1,200}D_{200,i} + \beta_2\ln(CAPITAL_{it}) + \beta_3\ln(LABOR_{it}) + e_{it}$$

β_2 和 β_3 的固定效应估计值将与实例15.5中的组内估计值相同，而标准误将是正确的，因为在这个指示变量模型中，自由度是正确的，为 $NT-N-(K-1)=600-200-2=398$。

$N=200$ 个估计出的指示变量系数 b_{11}，b_{12}，$\cdots$，b_{1N}，可能有或可能没有特定的含义。我们引入指示变量，注意是为了控制未观测到的异质性。但是，如果我们对预测某家公司的销售额感兴趣，那么指示变量变得至关重要。给定 β_2 和 β_3 的估计值，可以使用拟合回归通过均值点的事实来确定 b_{11}，b_{12}，$\cdots$，b_{1N}，正如在简单回归模型中那样，即 $\bar{y}_{i\cdot} = b_{1i} + b_2\bar{x}_{2i\cdot} + b_3\bar{x}_{3i\cdot}$ $(i=1,\cdots,N)$。报告估计值及其标准误是不方便的，因为 N 可能很大。软件公司以不同的方式处理这一问题。两个流行的计量经济学软件 EViews 和 Stata 报告了一个常数 C，即截面指示变量估计系数的平均值。根据中国化工公司的数据，得到：$C = N^{-1}\sum_{i=1}^{n} = 7.5782$。

为了检验原假设 H_0：$\beta_{11}=\beta_{12}$，$\beta_{12}=\beta_{13}$，$\cdots$，$\beta_{1,N-1}=\beta_{1N}$，我们使用固定效应估计量的残差平方和 $SSE_U=34.451469$，根据混合OLS回归方程：

$$\widehat{\ln(SALES_{it})} = 5.8797 + 0.2732\ln(CAPITAL_{it})$$
$$(se) \quad (0.1711) \quad (0.0291)$$
$$+ 0.3815\ln(LABOR_{it})$$
$$(0.0467)$$

残差平方和 $SSE_R=425.636557$。F 统计值为：

$$F = \frac{(SSE_R - SSE_U)/(N-1)}{SSE_U/(NT-N-(K-1))}$$
$$= \frac{(425.636557 - 34.451469)/199}{34.451469/(600-200-2)}$$
$$= 22.71$$

使用 $\alpha=0.01$ 的显著性水平，$F_{(0.99, 199, 398)}=1.32$。我们拒绝原假设，得出：对于这些 $N=200$ 家公司，固定效应常数项存在个体差异。

15.3 面板数据回归误差项假设

在第15.2节中，我们考虑了消除不可观测异质性 u_i 的估计方法，以便当它与解释变量相关时，我们仍然可以一致地估计变量 x_{kit} 的系数，该变量随个体和时间的变化而变化。

在本节和下一节中，我们对不可观测的异质性 u_i 与解释变量（时变变量 x_{kit}，或非时变变量 w_{mi}）不相关的情况提出了估计方法，因此我们可以使用OLS估计，或更有效的广义最小二乘估计（GLS），称为随机效应（RE）估计量。由于这些估计量并不能消除估计方程中不可观测的异质性 u_i，我们必须做出比我们在第15.2节中更完整的一组假设。

面板数据模型 $y_{it}=\beta_1+\beta_2x_{2it}+\alpha_1w_{1i}+(u_i+e_{it})$ 估计和推断由于两个随机误差的存在变得复杂。第一个是 u_i，它解释了个体间非时变、未被观测到的异质性。第二个是 e_{it}，是"通常"随个体和时间变化的回归误差。为了尽可能地概括，我们回到方程（15.16）：

$$y_{it} = \beta_1 + \beta_2 x_{2it} + \cdots + \beta_K x_{Kit} + \alpha_1 w_{1i} + \cdots + \alpha_M w_{Mi} + (u_i + e_{it}) \tag{15.16}$$

正如我们在前面几章中所做的，让 $\mathbf{x}_{it} = (1, x_{2it}, \cdots, x_{Kit})$ 代表个体所有随时间变化的变量和截距项的第 t 个观测值，让 X_i 代表对第 i 个个体变量的所有 T 个观测值，令 $w_i = (w_{1i}, \cdots, w_{Mi})$ 代表第 i 个个体非时变变量。我们讨论了重要的外生性假设（15.4），这决定了公式（15.3）中的面板数据回归函数。使用更完整的模型设定，假设（15.4）变为：

$$E(e_{it}|\mathbf{X}_i, \mathbf{w}_i, u_i) = 0 \tag{15.21}$$

回想一下，公式（15.21）中的严格外生性假设意味着 $\mathbf{X}_i$、$\mathbf{w}_i$ 和 u_i 都不包含任何关于特异随机误差 e_{it} 的可能值的信息。

特异随机误差 e_{it} 和不可观测的异质性随机误差 u_i 捕获的效应是完全不同的，如果将它们视为统计独立的，那么就有可能出现这样的结果：它们之间没有关联。为了使公式（15.16）的 OLS 估计是无偏的，一个类似于公式（15.21）的强假设必须对未观测到的异质性项 u_i 成立。如果解释变量 $\mathbf{X}_i$ 和 $\mathbf{w}_i$ 中没有关于随机误差 u_i 的信息，那么它的最佳预测是零，这意味着：

$$E(u_i|\mathbf{X}_i, \mathbf{w}_i) = 0 \tag{15.22}$$

使用迭代期望法则，得到：

$$E(u_i) = 0, \ \text{cov}(u_i, x_{kit}) = E(u_i x_{kit}) = 0, \quad \text{cov}(u_i, w_{mi}) = E(u_i w_{mi}) = 0 \tag{15.23}$$

这两个假设（15.21）和（15.22）足以确保 OLS 估计量是无偏和一致的。

评论

动词"pool"的意思是结合或合并事物。因此，计量经济学把关于所有个体在所有时期内的合并数据作为一个**混合样本**。回归方程（15.16）是一个**混合模型**，如果我们将 OLS 应用于这个混合模型，它被称**混合最小二乘**，或**混合 OLS**。然而，混合 OLS 并不是什么新鲜事，它只是 OLS 在混合数据里的应用。

现在我们考虑其他假设，即随机误差项的方差和协方差。

条件同方差 对于特异误差 e_{it}，通常的同方差假设是条件方差和无条件方差是常数，

$$\text{var}(e_{it}|\mathbf{X}_i, \mathbf{w}_i, u_i) = \sigma_e^2 \tag{15.24a}$$

使用附录 B.1.8 中讨论的方差分解和迭代期望法则，也可以得出如下结论：

$$\text{var}(e_{it}) = E(e_{it}^2) = \sigma_e^2 \tag{15.24b}$$

同样，未观测到的异质性随机分量 u_i 的条件方差与无条件方差都是相等的，

$$\text{var}(u_i) = E(u_i^2) = \sigma_u^2 \tag{15.25}$$

如果所有的个体都来自一个总体，那么 u_i 的同方差性似乎是相当合理的。然而，由于通常的原因，e_{it} 的同方差性不太可能是真的。联合误差项 $v_{it} = u_i + e_{it}$ 的方差为：

$$\text{var}(v_{it}|\mathbf{X}_i, \mathbf{w}_i) = \text{var}(u_i|\mathbf{X}_i, \mathbf{w}_i) + \text{var}(e_{it}|\mathbf{X}_i, \mathbf{w}_i) + 2\text{cov}(u_i, e_{it}|\mathbf{X}_i, \mathbf{w}_i)$$

结合两个同方差假设和 u_i、e_{it} 在统计上的独立性，我们有：

$$\text{var}(v_{it}) = E(v_{it}^2) = \sigma_v^2 = \sigma_u^2 + \sigma_e^2 \tag{15.26}$$

条件相关 当识别出不可观测的异质性时，通常误差项不相关的假设不成立。要了解

这一点，需求出任意两期内合并的随机误差之间的协方差，

$$
\begin{aligned}
\mathrm{cov}\,(v_{it},v_{is}) = E\,(v_{it}v_{is}) &= E\,[\,(u_i+e_{it})\,(u_i+e_{is})\,] \\
&= E\,(u_i^2 + u_i e_{it} + u_i e_{is} + e_{it}e_{is}) \\
&= E\,(u_i^2) + E\,(u_i e_{it}) + E\,(u_i e_{is}) + E\,(e_{it}e_{is}) \\
&= \sigma_u^2
\end{aligned}
\tag{15.27}
$$

对于任意两个不同时期中的观测值，第 i 个个体的随机误差之间存在协方差。误差之间的相关系数为：

$$
\rho = \mathrm{corr}\,(v_{it},v_{is}) = \frac{\sigma_u^2}{\sigma_u^2 + \sigma_e^2}
\tag{15.28}
$$

有趣的是，协方差和相关系数是恒定的，无论我们考虑的误差是一期还是两期间隔，或更多，都取相同的值。只要我们有个体随机样本，我们就不需要担心个体之间的任何相关性，所以当 $i \neq j$ 时，v_{it} 和 v_{js} 是不相关的。

由于不可观测的异质性所引起的个体内误差相关性，OLS 估计量不是最佳线性无偏（BLUE）的，普通标准误是不正确的。我们将在第 15.3.1 节讨论如何计算"稳健"标准误，在第 15.4 节讨论如何进行 GLS 计算。

15.3.1　使用聚类稳健标准误的 OLS 估计

在面板数据中，多元回归方程（15.16）在普通的同方差性和序列相关假设（方程（15.24a）、（15.24b）、（15.25）和（15.26））下有：

$$
\mathrm{var}\,(v_{it}) = \sigma_u^2 + \sigma_e^2
$$
$$
\mathrm{cov}\,(v_{it},v_{is}) = \sigma_u^2
$$

然而，$\mathrm{var}\,(e_{it})$ 可能随个体和时间而变。在这种情况下，$\mathrm{var}\,(e_{it}) = \sigma_{it}^2$。我们将介绍一种新符号来处理新的可能性。令：

$$
\mathrm{var}\,(v_{it}) = \sigma_u^2 + \sigma_{it}^2 = \psi_{it}^2
\tag{15.29}
$$

方差 ψ_{it}^2（希腊字母"psi"）可能在每个时期对每个个体都是潜在不同的。即使没有不可观测的异质性（$\sigma_u^2 = 0$），或者如果未被观测到的异质性对于每个个体具有不同的方差，也可能如此。假设（15.29）是完全通用的并且适用于所有的可能性。

接下来，误差项之间可能的相关性如何？随机误差项 v_{it} 与 v_{is} 的协方差为：

$$
\begin{aligned}
\mathrm{cov}\,(v_{it},v_{is}) = E\,(v_{it}v_{is}) &= E\,[\,(u_i+e_{it})\,(u_i+e_{is})\,] \\
&= E\,(u_i^2) + E\,(e_{it}e_{is}) \\
&= \sigma_u^2 + \mathrm{cov}\,(e_{it},e_{is})
\end{aligned}
\tag{15.30}
$$

其中，我们假设 u_i 和 e_{it} 在统计上是独立的，或者至少不相关。$\mathrm{cov}\,(e_{it},e_{is})$ 是在第 t 期和第 s 期第 i 个个体随机误差（特殊部分）之间的协方差。如果在此误差分量中存在序列相关或自相关，则 $\mathrm{cov}(e_{it},e_{is}) \neq 0$。序列相关可能是我们在第 9.5.3 节所研究的 AR（1）形式，也可以是其他形式。现在，我们将做出最一般的可能假设，即个体之间可能存在差异，每组时期之间也可能存在差异，因此 $\mathrm{cov}\,(e_{it},e_{is}) = \sigma_{its}$。则方程（15.26）变为：

$$
\mathrm{cov}\,(v_{it},v_{is}) = \sigma_u^2 + \sigma_{its} = \psi_{its}
\tag{15.31}
$$

注意，即使没有未被观测到的异质性，方程（15.31）仍然有效，所以 $\sigma_u^2 = 0$。

在方程（15.29）和方程（15.31）描述的异方差和序列相关存在的情况下，使用混合最小二乘法的后果是什么？最小二乘估计量仍是一致的，但它的标准误是不正确的，这意味着基于这些标准误的假设检验和区间估计值将是无效的。通常标准误会太小，夸大最小二乘估计量的可靠性。好在有一种纠正标准误的方法。我们在第 8 章和第 9 章中有类似的情况。在第 8 章，在存在未知形式异方差的回归模型中，我们看到，最小二乘估计值的可靠性是如何使用怀特异方差一致标准误来评估的。在这些情况下，最小二乘不是有效的——GLS 估计量的方差更低，但是使用最小二乘不需要定义异方差性，并且如果样本很大，则可以使用怀特标准误的最小二乘法，为区间估计和假设检验提供有效的依据。第 9 章介绍的 Newey-West 标准误在存在误差项的自相关模型中起着类似的作用。它们为使用最小二乘估计进行推断提供了有效的依据，而不需要定义自相关误差过程的性质。

同样，在公式（15.29）和公式（15.31）的假设下，对混合最小二乘估计量有效的标准误也可以计算出来。这些标准误有不同的名称，被称为**面板稳健标准误**或**聚类稳健标准误**。个体 T 期时间序列观测值构成了聚类数据。推导聚类稳健的标准误需要一些比较难的、冗长的代数运算，我们在附录 15A 中对此作简要的描述。

两个重要注意事项　现在有一些好消息和一些不太好的消息。首先，好消息是，聚类稳健标准误可以在许多情况下使用，而不仅是与面板数据一起使用。任何可以分组的观测值如果存在组内相关，但不存在组间相关，都能被视为聚类。如果我们有公司的大样本，那么同一行业内的公司可能会定义一个聚类。如果我们对家庭进行了调查，我们可以将地理社区视为聚类。其次，不是那么好的消息是，现在很容易获得、使用的聚类-稳健标准误并不总是合适的。为了使它们可靠，个体 N 的数量必须相对于 T 比较大，因此面板为"短而宽"。例如，如果 $N=1\,000$ 个个体（截面），并且每个个体被观测 3 个时期（$T=3$），那么聚类稳健的标准误应该效果较好。在使用的个体很少（聚类很少）的情况下，使用稳健标准误可能导致不准确的推断。当然，关于"很少"的含义有很多讨论。美国有 50 个州，根据 Cameron 和 Miller[1]的说法（p.341），"目前的共识似乎是……50 对于州年面板数据是足够的"。但是，在进行检验时，应把聚类的数量当作样本容量。

实例 15.8　使用含有聚类稳健标准误的混合 OLS 估计生产函数

在实例 15.7 中，使用中国化工公司数据，我们发现有强有力的证据支持使用固定效应估计量，而不是混合 OLS 估计量。然而，为了给出一个有聚类和没有聚类的混合 OLS 的数值说明，我们检查实例 15.3 中的基准模型，使用数据文件 Chemical3 中 $N=1\,000$ 家公司的数据。使用普通的、异方差稳健的、聚类稳健标准误的 OLS 估计值和 t 统计值如表 15-3 所示。

注意，虽然异方差校正标准误大于普通标准误，但聚类校正的标准误更大。当然，t 值会随着标准误的增大而变小。

① Cameron, A.C., and Miller, D.L., "A Practitioner's Guide to Cluster-Robust Inference," *Journal of Human Resources*, 2015, 50（2）, 317-373.

表 15-3　　　　　　　　　　　实例 15.8：使用替代标准误的 OLS 估计值

	普通的			异方差稳健的		聚类稳健的	
	系数	标准误	t 值	标准误	t 值	标准误	t 值
C	5.5408	0.0828	66.94	0.0890	62.24	0.1424	38.90
$\ln(CAPITAL)$	0.3202	0.0153	20.90	0.0179	17.87	0.0273	11.72
$\ln(LABOR)$	0.3948	0.0225	17.56	0.0258	15.33	0.0390	10.12

15.3.2　使用聚类稳健标准误的固定效应估计

现在考虑采用公式（15.14）中所示的"组内"转换的固定效应估计程序。组内转换消除未被观测到的异质性，仅剩特异误差项 e_{it}。有可能在定义每个个体截面单位的聚类观测值内，仍然存在序列相关性和/或异方差性。聚类稳健标准误[①]可以应用于公式（15.14）中的"偏离聚类均值形式"的数据，也可以应用于公式（15.17）中的最小二乘虚拟变量模型。

实例 15.9　使用固定效应和聚类稳健标准误估计生产函数

在实例 15.8 中，我们通过使用具有可替代标准误的 OLS 估计了生产函数。在此，我们使用数据文件 *chemical3*，利用 1 000 家公司的数据，得到具有普通标准误和聚类稳健标准误的固定效应估计值。聚类稳健标准误比普通的标准误要大得多。在这种情况下，如果 N 大而 T 小，则建议使用聚类稳健标准误，如本例所示（见表 15-4）。

表 15-4　　　　　　　　　　实例 15.9：使用替代标准误的固定效应估计值

		普通的		聚类稳健的	
	系数	标准误	t 值	标准误	t 值
C	7.9463	0.2143	37.07	0.3027	26.25
$\ln(CAPITAL)$	0.1160	0.0195	5.94	0.0273	4.24
$\ln(LABOR)$	0.2689	0.0307	8.77	0.0458	5.87

15.4　随机效应估计量

面板数据应用分为两种类型。第一种应用是当未观测到的异质性项 u_i 与一个或多个解释变量相关时，我们使用固定效应（组内）或差分估计量，因为这些估计量是一致的，并且随着样本容量的增加，在概率上收敛于真实的总体参数值。这些估计量通过转换来消除未观测到的异质性，消除了由于未观测到的异质性与解释变量之间的相关性引起的潜在内生性问题。

第二种应用是当未观测到的异质性项 u_i 与解释变量不相关时，我们可以简单地使用具

---

　　① 有趣的是，$T>2$ 时普通的怀特异方差稳健标准误不是有效的（Cameron and Miller，2015，p.352）。需要任一种稳健标准误时，一些面板数据软件将自动使用聚类稳健标准误。

有稳健聚类标准误的混合OLS估计。如果出于我们的目的，OLS估计量是足够精确的，那么我们就完成了。随后的假设检验和区间估计值在大样本中是有效的。如果OLS估计量不够精确，那么在其他假设成立的情况下，我们可以使用渐近更有效的、可行的广义最小二乘（FGLS）估计量。

具有未观测到异质性的面板数据回归模型（15.1）有时被称为**随机效应模型**，因为从研究者的角度来看，个体差异是随机的。不可观测的异质性项 u_i 是**随机效应**。FGLS估计量被称为**随机效应估计量**。它考虑了方程（15.27），即由未观测到的异质性产生的每个个体的观测值内的误差协方差。该估计量的使用还假定了零条件均值假设方程（15.4）和同方差性方程（15.26）。

模型的最小方差、有效估计量是GLS估计量。当我们有异方差或自相关时，我们可以通过将OLS应用于转换模型来获得随机效应模型中的GLS估计量。使用公式（15.16）中 $K=2$ 和 $M=1$，转换模型为：

$$y_{it}^* = \beta_1 x_{1it}^* + \beta_2 x_{2it}^* + \alpha_1 w_{1i}^* + v_{it}^* \tag{15.32}$$

其中转换变量为：

$$y_{it}^* = y_{it} - \alpha \bar{y}_{i\cdot}, \quad x_{1it}^* = 1 - \alpha, \quad x_{2it}^* = x_{2it} - \alpha \bar{x}_{2i\cdot}, \quad w_{1it}^* = w_{1i}(1-\alpha) \tag{15.33}$$

转换参数 α 在0和1之间，$0 < \alpha < 1$，表示为：

$$\alpha = 1 - \frac{\sigma_e}{\sqrt{T\sigma_u^2 + \sigma_e^2}} \tag{15.34}$$

变量 $\bar{y}_{i\cdot}$ 和 $\bar{x}_{2i\cdot}$ 是公式（15.13）个体时间均值，w_{1it}^* 是 w_{1t} 的一部分。随机效应模型的一个关键特征是不消除非时变量。转换误差项为 $v_{it}^* = v_{it} - \alpha \bar{v}_i$。可以证明，转换误差 v_{it}^* 具有恒定的方差 σ_e^2，并且是不相关的。证明又长又乏味，所以我们不会把它强加给你。[①]由于转换参数 α 取决于未知的方差 σ_e^2 和 σ_u^2，在OLS应用于公式（15.32）之前，这些方差需要估计。如何获得估计值 $\hat{\sigma}_e^2$ 和 $\hat{\sigma}_u^2$ 的一些细节见附录15B。随机效应、可行GLS估计值是通过将最小二乘应用于公式（15.32），将 $\hat{\sigma}_e^2$ 和 $\hat{\sigma}_u^2$ 用公式（15.34）中的 σ_e^2 和 σ_u^2 替换得到的。从公式（15.33）可以看出，如果 $\alpha=1$，随机效应估计量与固定效应估计量相同；如果 $\alpha=0$，随机效应估计量与OLS估计量相同。当 $0 < \hat{\alpha} < 1$ 时，随机效应估计值可能更接近OLS估计值或固定效应估计值，这取决于 $\hat{\alpha}$ 的大小。

实例15.10 生产函数的随机效应估计

为了说明随机效应估计量，我们使用了来自中国1 000家化工公司的数据文件 *chemical3*，使用 $T=3$ 个时期。生产函数的随机效应估计值为：

$$\widehat{\ln(SALES_{it})} = 6.1718 + 0.2393\ln(CAPITAL_{it}) + 0.4140\ln(LABOR_{it})$$

(se_fgls)　　　　(0.1142)　(0.0147)　　　　　　(0.0220)

(se_clus)　　　　(0.1428)　(0.0221)　　　　　　(0.0327)

这些随机效应估计值是利用估计出的"偏去均值系数"得到的。

$$\hat{\alpha} = 1 - \frac{\hat{\sigma}_e}{\sqrt{T\hat{\sigma}_u^2 + \hat{\sigma}_e^2}} = 1 - \frac{0.3722}{\sqrt{3(0.6127) + 0.1385}} = 0.7353$$

---

① 详情见 Wooldridge（2010），pp. 326–328.

由于 $\hat{\alpha}=0.7353$ 不接近于零或1，我们看到随机效应估计值与实例15.9中的固定效应估计值有很大的不同，也与实例15.8中的OLS估计值有很大的不同。请注意，随机效应估计值的聚类稳健标准误略大于普通的FGLS标准误，这表明总体误差分量 e_{it} 可能存在序列相关性和/或异方差性。

实例15.11 工资方程的随机效应估计

在表15-1中，我们使用典型的微观经济数据源（国家纵向跟踪调查，NLS）的观测值介绍了面板数据。在实例15.4中，我们引入了一个简单的工资方程，并注意到在数据文件 nls_panel 中，所有第一次被调查的女性都完成了其教育，因此变量 EDUC（受教育年限）没有变化。当我们应用差分估计量时，导致了其消除。当使用差分估计量或固定效应估计量时，消除所有非时变变量。在本例中，我们扩展了实例15.4中使用的模型。

由于我们的微观经济数据面板中的女性是从一个更大的总体中随机选择的，将716名女性之间的个体差异视为随机效应似乎是明智的。让我们设定工资方程有因变量 $\ln(WAGE)$ 和解释变量：受教育年限（EDUC）、总劳动力经验（EXPER）及其平方、当前工作的年限（TENURE）及其平方以及指示变量 BLACK、SOUTH 和 UNION。

表15-5中给出固定和随机效应估计值以及普通的、非稳健标准误和 t 值。对于随机效应估计值，我们使用估计出的转换参数：

$$\hat{\alpha} = 1 - \frac{\hat{\sigma}_e}{\sqrt{T\hat{\sigma}_u^2 + \hat{\sigma}_e^2}} = 1 - \frac{0.1951}{\sqrt{5 \times 0.1083 + 0.0381}}$$

$$= 0.7437$$

利用这个值来转换如公式（15.33）中的数据，然后将最小二乘法应用于公式（15.32）中的转换回归模型，得到随机效应估计值。由于随机效应估计量只部分对数据去均值，所以非时变变量 EDUC 和 BLACK 没有消除。我们能够估计受教育年限和种族对 $\ln(WAGE)$ 的影响。我们估计，教育的回报率约为7.3%，黑人的工资比白人低12%，其他一切都保持不变。生活在南方导致工资低8%左右，工会会员导致工资提高8%左右。

表15-5 实例15.11：工资方程的固定和随机效应估计值

变量	固定效应			随机效应		
	系数	标准误*	t 值	系数	标准误*	t 值
C	1.4500	0.0401	36.12	0.5339	0.0799	6.68
EDUC				0.0733	0.0053	13.74
EXPER	0.0411	0.0066	6.21	0.0436	0.0064	6.86
EXPER^2	−0.0004	0.0003	−1.50	−0.0006	0.0003	−2.14
TENURE	0.0139	0.0033	4.24	0.0142	0.0032	4.47
TENURE^2	−0.0009	0.0002	−4.35	−0.0008	0.0002	−3.88
BLACK				−0.1167	0.0302	−3.86
SOUTH	−0.0163	0.0361	−0.45	−0.0818	0.0224	−3.65
UNION	0.0637	0.0143	4.47	0.0802	0.0132	6.07

* 普通标准误。

15.4.1 随机效应检验

公式（15.28）中的相关系数 ρ 的大小是随机效应模型的一个重要特征。如果对于每一个体 $u_i = 0$，则没有个体差异，无须考虑异质性。在这种情况下，混合 OLS 线性回归模型是合适的，不需要一个固定的或随机的效应模型。我们假设误差分量 u_i 的期望值为零，即 $E(u_i|\mathbf{X}_i, \mathbf{w}_i) = 0$。此外，如果 u_i 有零方差，则它被称为退化随机变量，它是一个数值等于零的常数。在这种情况下，如果 $\sigma_u^2 = 0$，则相关系数 ρ=0，数据中没有随机个体异质性。我们可以通过检验原假设 H_0: $\sigma_u^2 = 0$ 与备择假设 H_1: $\sigma_u^2 > 0$ 来检验异质性的存在与否。如果原假设被拒绝，则我们得出结论，样本成员中存在随机个体差异，随机效应模型是适当的。另外，如果我们不能拒绝原假设，那么我们没有证据能得出存在随机效应的结论。

在这种情况下，拉格朗日乘数（LM）原理对于构建检验模型非常方便，因为 **LM 检验**仅要求估计假定原假设为真的约束模型。如果原假设为真，则 $u_i = 0$，随机效应模型简化为通常的线性回归模型：

$$y_{it} = \beta_1 + \beta_2 x_{2it} + \alpha_1 w_{1i} + e_{it}$$

检验统计量基于最小二乘残差：

$$\hat{e}_{it} = y_{it} - b_1 - b_2 x_{2it} - a_1 w_{1i}$$

平衡面板的检验统计量为：

$$\text{LM} = \sqrt{\frac{NT}{2(T-1)}} \left\{ \frac{\sum_{i=1}^{N}\left(\sum_{t=1}^{T}\hat{e}_{it}\right)^2}{\sum_{i=1}^{N}\sum_{t=1}^{T}\hat{e}_{it}^2} - 1 \right\} \tag{15.35}$$

大括号中第一项的分子与分母不同，因为它包含像 $2\hat{e}_{i1}\hat{e}_{i2} + 2\hat{e}_{i1}\hat{e}_{i3} + 2\hat{e}_{i2}\hat{e}_{i3} + \cdots$ 等项，如果对于每个个体，随着时间变化不存在相关关系，它们的总和将不会显著异于 0；如果存在相关关系，则表现为正的相关关系。如果交叉乘积项的总和不显著，则大括号中的第一项不显著异于 1。如果交叉乘积项的总和显著，则大括号中的第一项会显著大于 1，LM 将会是正的。

如果原假设 H_0: $\sigma_u^2 = 0$ 为真，即没有随机效应，则在大样本中 LM~$N(0, 1)$。因此，如果 LM $> z_{(1-\alpha)}$，在显著性水平为 α 的情况下，我们拒绝 H_0，而接受备择假设 H_1: $\sigma_u^2>0$，其中 $z_{(1-\alpha)}$ 是标准正态分布 $[N(0, 1)]$ 的 100（1−α）百分位数。[①]如果 α=0.05，则临界值为 1.645；如果 α=0.01，则临界值为 2.326。拒绝原假设使我们得出存在随机效应的结论。

15.4.2 随机效应模型内生性的豪斯曼检验

随机效应模型有一个经常被违背的关键假设。如果随机误差 $v_{it} = u_i + e_{it}$ 与随机效应模

---

① 最初 LM 检验归功于 Breusch 和 Pagan 使用的 LM²，在 H_0 下的分布为 $\chi_{(1)}^2$。随后作者指出，为使用 LM²，备择假设是 H_1: $\sigma_u^2 \neq 0$，我们可以做得更好，使用 LM 作为单边 $N(0, 1)$ 检验，备择假设是 H_1: $\sigma_u^2>0$。一些软件，如 Stata 会报告 LM。使用 LM² 的危险是，LM<0 是可能的，不应作为 $\sigma_u^2>0$ 的证据。在显著性水平 α 下的卡方检验调整是使用 χ^2 分布的 100（1−2α）百分位数。α=0.05 检验的临界值是 2.706，等于 1.645²。它应该只用于 LM>0 的情况。

型中的任意一个右侧解释变量相关，则参数的最小二乘和GLS估计量是有偏和不一致的。

在第10章中，首先在一般背景下考虑了**内生性回归解释变量**的问题。这个问题在随机效应模型中很常见，因为个体特定的误差分量 u_i 很可能与一些解释变量相关。这样的相关性会导致随机效应估计量不一致。回想一下，面板数据的一个很好的特点是，我们可以使用固定效应、组内或差分估计量来一致地估计模型参数，而不必像我们在第10章中所做的那样找到工具变量。**检验**随机效应 u_i 是否与某些解释变量相关的能力是很重要的。

为了检查随机效应模型中误差分量 u_i 与回归解释变量之间的任何相关性，我们可以使用**豪斯曼检验**。虽然检验的基本概念是相同的，但这个豪斯曼检验的机制不同于第10章中介绍的豪斯曼检验。在这种情况下，检验对随机效应模型的系数估计与固定效应模型的系数估计进行了比较。豪斯曼检验的基本思想是，如果 u_i 与解释变量 x_{kit} 之间没有相关性，则随机效应和固定效应估计量都是一致的。如果两个估计量是一致的，那么它们应该收敛到大样本中的真实参数值 β_k。也就是说，在大样本中，随机效应和固定效应估计应该是相似的。同时，如果 u_i 与解释变量相关，则所有模型系数的随机效应估计量不一致，而固定效应估计量保持一致。因此，在大样本中，固定效应估计量收敛于真实参数值，而随机效应估计量则收敛于其他一些不属于真实参数的值。在这种情况下，我们期望看到固定效应和随机效应估计值之间的差异。

可以对每个系数使用 t 检验，也可以使用联合卡方检验。让我们先考虑 t 检验。表示 β_k 固定效应估计值为 $b_{FE,k}$，并设随机效应估计值为 $b_{RE,k}$。然后，t 统计值检验发现估计量之间没有差异，因此 u_i 与任何解释变量之间没有相关性，表示为：

$$t = \frac{b_{FE,k} - b_{RE,k}}{\left[\widehat{\operatorname{var}}(b_{FE,k}) - \widehat{\operatorname{var}}(b_{RE,k})\right]^{1/2}} = \frac{b_{FE,k} - b_{RE,k}}{\left[\operatorname{se}(b_{FE,k})^2 - \operatorname{se}(b_{RE,k})^2\right]^{1/2}} \qquad (15.36)$$

可以对每个系数进行检验，如果任何 t 值在统计上显著异于零，那么我们得出一个或多个解释变量与未观测到的异质性项 u_i 相关。在 t 统计值中，分母是固定效应估计量的估计方差减去随机效应估计量的估计方差，这很重要。原因是在 u_i 与任何解释变量不相关的原假设下，随机效应估计量会比固定效应估计量具有更小的方差，至少在大样本中是如此。因此，我们期望求出 $\widehat{\operatorname{var}}(b_{FE,k}) - \widehat{\operatorname{var}}(b_{RE,k}) > 0$，这是有效检验必需的。该检验统计值的第二个有趣的特征是：

$$\operatorname{var}(b_{FE,k} - b_{RE,k}) = \operatorname{var}(b_{FE,k}) + \operatorname{var}(b_{RE,k}) - 2\operatorname{cov}(b_{FE,k}, b_{RE,k})$$
$$= \operatorname{var}(b_{FE,k}) - \operatorname{var}(b_{RE,k}) \qquad (15.37)$$

最后一行意外结果的出现是因为豪斯曼证明，在这种特殊情况下，$\operatorname{cov}(b_{FE,k}, b_{RE,k}) = \operatorname{var}(b_{RE,k})$。

在大部分情况下，豪斯曼检验是通过软件包自动进行的，以对比完整的估计值集。也就是说，我们对所有系数进行了联合假设的检验。豪斯曼对比[①]检验联合检查系数组合之间的差异有多接近于零。如果没有内生性的原假设是正确的，当检验除截距外的所有系数时，得到的检验统计量服从 $\chi^2_{(K_S)}$ 分布，其中 K_S 是随时间和个体变化的变量系数的

---

① 联合检验的细节超出了本书的范围。包含对 t 检验和卡方检验的仔细阐述的参考文献是 Wooldridge（2010），pp. 328–334。

数目。在公式（15.36）中的豪斯曼检验的形式及其 χ^2 分布等式对于聚类稳健标准误是无效的，因为在这些更一般的假设下，$\mathrm{var}(b_{FE,k} - b_{RE,k}) = \mathrm{var}(b_{FE,k}) - \mathrm{var}(b_{RE,k})$ 不再是正确的。

实例15.12 生产函数中内生性随机效应的检验

从直觉上看，中国化学公司似乎很可能存在未被观测到的特征，这些特征可能与它们生产产品所用的劳动力和资本数量有关。让我们用实例15.9中的固定效应估计值和实例15.10中的随机效应估计值来检验 ln（*CAPITAL*）系数 β_2 的差异，使用普通、非稳健标准误。

$$t = \frac{b_{FE,2} - b_{RE,2}}{\left[\mathrm{se}(b_{FE,2})^2 - \mathrm{se}(b_{RE,2})^2\right]^{1/2}} = \frac{0.1160 - 0.2393}{(0.0195^2 - 0.0147)^{1/2}} = \frac{-0.1233}{0.0129} = -9.55$$

我们拒绝了估计量差异为零的原假设，并得出随机效应模型存在内生性的结论。利用对 $K_S = K - 1 = 2$ 系数的联合假设检验，得到了豪斯曼对比检验统计值98.82，$\chi^2_{(0.95,2)} = 5.991$，98.82大于5.991，使我们得出结论，即未观测到的异质性项与一些解释变量之间存在相关性。这两个检验都支持这样的观点，即在本例中，随机效应估计量是不一致的，因此我们应该选择固定效应估计量进行实证分析。

实例15.13 工资方程中内生性随机效应的检验

针对表5-5中的6个共同系数，使用豪斯曼对比检验比较工资方程的固定效应和随机效应估计值。使用个体系数 t 检验，你会发现 *TENURE*^{2}、*SOUTH* 和 *UNION* 系数在5%水平下存在显著差异。共同系数相等的联合检验得出 χ^2 统计值为20.73，而 $\chi^2_{(0.95,6)} = 12.592$。因此，这两种方法都使我们得出结论，个体异质性项与一个或多个解释变量之间存在相关性，因此不应使用随机效应估计量。

15.4.3 基于回归的豪斯曼检验

第15.4.2节中描述的**豪斯曼**检验是基于同方差和没有序列相关的假设，特别是，它对异方差和/或序列相关不具有稳健性。另一个令人讨厌的问题是，在样本不大的情况下，计算出的 χ^2 统计值可能是负数。这样的结果在理论上没有意义，它是由特定样本的特征造成的。这些问题可以通过使用"基于回归的"**豪斯曼**检验来避免。

检验基于 Yair Mundlak 的一个想法，因此有时被称为 **Mundlak 方法**。Mundlak 的观点是，如果不可观测的异质性与解释变量相关，那么随机效应可能与解释变量的时间平均值相关。考虑公式（15.16）中 $K=3$ 和 $M=2$ 的一般模型，

$$y_{it} = \beta_1 + \beta_2 x_{2it} + \beta_3 x_{3it} + \alpha_1 w_{1i} + \alpha_2 w_{2i} + u_i + e_{it}$$

Mundlak 的建议是我们考虑：

$$u_i = \gamma_1 + \gamma_2 \bar{x}_{2i\cdot} + \gamma_3 \bar{x}_{3i\cdot} + c_i \tag{15.38}$$

其中，$E(c_i|\mathbf{X}_i) = 0$。正如在遗漏变量问题中，解决方法是将关系从误差项中取出并放入模型中，使误差的条件期望为零，设定面板数据模型：

$$
\begin{aligned}
y_{it} &= \beta_1 + \beta_2 x_{2it} + \beta_3 x_{3it} + \alpha_1 w_{1i} + \alpha_2 w_{2i} + u_i + e_{it} \\
&= \beta_1 + \beta_2 x_{2it} + \beta_3 x_{3it} + \alpha_1 w_{1i} + \alpha_2 w_{2i} + (\gamma_1 + \gamma_2 \bar{x}_{2i\cdot} + \gamma_3 \bar{x}_{3i\cdot} + c_i) + e_{it} \\
&= (\beta_1 + \gamma_1) + \beta_2 x_{2it} + \beta_3 x_{3it} + \alpha_1 w_{1i} + \alpha_2 w_{2i} + \gamma_2 \bar{x}_{2i\cdot} + \gamma_3 \bar{x}_{3i\cdot} + c_i + e_{it} \\
&= \delta_1 + \beta_2 x_{2it} + \beta_3 x_{3it} + \alpha_1 w_{1i} + \alpha_2 w_{2i} + \gamma_2 \bar{x}_{2i\cdot} + \gamma_3 \bar{x}_{3i\cdot} + c_i + e_{it}
\end{aligned}
\tag{15.39}
$$

Mundlak 建议检验 H_0: $\gamma_2 = 0, \gamma_3 = 0$ 与备择假设 H_1: $\gamma_2 \neq 0$ 或 $\gamma_3 \neq 0$。原假设是，没有内生性产生于未观测到的异质性和解释变量之间的相关性。渐近有效的 Wald 检验统计值在这种情况下服从 $\chi^2_{(2)}$ 分布。这个检验统计值永远不会是负的，它可以通过聚类稳健标准误来使其对异方差和/或序列相关性具有稳健性。

方程（15.39）可以用 OLS 估计，使用聚类稳健标准误，也可以用随机效应估计，这应该更有效。有趣的是，公式（15.39）的 OLS 和随机效应估计都产生 β_2 和 β_3 的固定效应估计值。此外，γ_2 和 γ_3 的 OLS 及随机效应估计值是相同的。以下两个例子说明了这些结果。

实例 15.14　用于生产函数的 Mundlak 方法

对于生产函数数据文件 *chemical3*，$N=1\,000$ 家公司，我们通过在名称上添加一个 "*BAR*" 来创建 $\ln(CAPITAL)$ 和 $\ln(LABOR)$ 表示它们的时间平均值。结果见表 15-6。我们赋予了估计值和标准误很多小数位数，说明前一段中的数据准确。首先，将 OLS 系数估计值与随机效应（RE）估计值进行比较。它们是一样的。其次，将 $\ln(CAPITAL)$ 和 $\ln(LABOR)$ 的系数与实例 15.9 中的固定效应估计值进行比较，发现它们是相同的。最后，注意 OLS 的聚类稳健标准误与随机效应聚类稳健标准误相同。原假设 H_0: $\gamma_2 = 0, \gamma_3 = 0$ 的 Wald 检验统计值，使用聚类稳健标准误 56.59，使用普通 RE 标准误为 97.0。检验临界值为 $\chi^2_{(0.99,2)} = 9.210$，因此使用任何一个检验，我们都拒绝原假设，并得出未观测到的企业效应与资本和/或劳动力投入相关的结论。

表 15-6　　　　　　　　　　　用于生产函数的 Mundlak 回归

	OLS 系数	聚类标准误	RE 系数	普通标准误	RE 系数	聚类标准误
C	5.45532814	0.14841700	5.45532814	0.13713197	5.45532814	0.14841700
$\ln(CAPITAL)$	0.11603986	0.02735145	0.11603988	0.01954950	0.11603988	0.02735146
$\ln(LABOR)$	0.26888033	0.04582462	0.26888041	0.03067342	0.26888041	0.04582462
$\overline{\ln(CAPITAL)}$	0.22232028	0.04125492	0.22232026	0.03338482	0.22232026	0.04125492
$\overline{\ln(LABOR)}$	0.10949491	0.06220441	0.10949483	0.05009737	0.10949483	0.06220441
Mundlak 检验	56.59		97.00		56.59	

15.4.4　豪斯曼-泰勒估计量

我们对实例 15.11 中工资方程的固定效应和随机效应估计值的比较结果提出了一个两难的问题。解释变量与随机效应之间的相关性意味着随机效应估计量将是不一致的。我们可以通过使用固定效应估计量来克服不一致问题，但这样做意味着我们不能再估计非时变变量 *EDUC* 和 *BLACK* 的影响。增加一年教育的工资回报，以及是否存在基于种族的工资歧视，可能是我们想要回答的两个重要问题。

为了解决这个难题，需要回答：我们如何处理第10章中的内生性问题？我们通过使用工具变量估计来做到这一点。与内生变量相关但与方程误差不相关的变量被引入，从而得到了具有一致性的工具变量估计量。豪斯曼–泰勒估计量是应用于**随机效应模型**的工具变量估计量，以克服随机效应与一些解释变量之间的相关性所造成的不一致问题。为了解释它是如何工作的，考虑以下回归模型：

$$y_{it} = \beta_1 + \beta_2 x_{it,exog} + \beta_3 x_{it,endog} + \beta_3 w_{i,exog} + \beta_4 w_{i,endog} + u_i + e_{it} \tag{15.40}$$

我们将解释变量分为四类：$x_{it,exog}$：随时间和个体变化的外生变量；$x_{it,endog}$：随时间和个体变化的内生变量；$w_{i,exog}$：非时变外生变量；$w_{i,endog}$：非时变内生变量。

方程（15.40）写起来好像每种类型都有一个变量，但在实践中，可能有多个变量。为了使豪斯曼–泰勒估计量可以使用，外生时变变量（$x_{it,exog}$）的数量必须至少与内生非时变变量（$w_{i,endog}$）的数量相同。这是有足够的工具变量的必要条件。

根据第10章，我们要有 $x_{it,endog}$ 和 $w_{i,endog}$ 的工具变量。由于固定效应转换 $\tilde{x}_{it,endog} = x_{it,endog} - \bar{x}_{i,endog}$ 消除了与 u_i 的相关性，我们将 $\tilde{x}_{it,endog}$ 作为 $x_{it,endog}$ 的合适工具变量。此外，变量 $\bar{x}_{i,exog}$ 是 $w_{i,endog}$ 的合适工具变量。在公式（15.40）中的外生变量可以看作自己的工具变量，得到完整的工具变量集合 $x_{it,exog}, \tilde{x}_{it,endog}, w_{i,exog}, \bar{x}_{i,exog}$。豪斯曼和泰勒使用 $\tilde{x}_{it,endog}, \tilde{x}_{it,endog}, w_{i,exog}, \bar{x}_{i,exog}$ 稍微修正这个集合，这可以证明得到相同的结果。将它们的估计量应用于转换GLS模型：

$$y_{it}^* = \beta_1 + \beta_2 x_{it,exog}^* + \beta_3 x_{it,endog}^* + \beta_3 w_{i,exog}^* + \beta_4 w_{i,endog}^* + v_{it}^*$$

其中，例如，$y_{it}^* = y_{it} - \hat{\alpha} \bar{y}_i$，$\hat{\alpha} = 1 - \hat{\sigma}_e / \sqrt{T\hat{\sigma}_u^2 + \hat{\sigma}_e^2}$。根据固定效应残差得到估计值 $\hat{\sigma}_e^2$。需要一个辅助工具变量回归[1]来求出 $\hat{\sigma}_u^2$。

实例 15.15　工资方程的豪斯曼–泰勒估计量

对于实例15.11中使用的工资方程，我们将做出以下假设：

$$x_{it,exog} = \{ EXPER, EXPER2, TENURE, TENURE2, UNION \}$$
$$x_{it,endog} = \{ SOUTH \}$$
$$w_{i,exog} = \{ BLACK \}$$
$$w_{i,endog} = \{ EDUC \}$$

变量 EDUC 被选为内生变量，理由是它会与个人属性，如能力和毅力相关。虽然不清楚为什么 SOUTH 应该是内生的，但我们把它作为内生的，因为它的固定效应和随机效应估计值有很大的不同。也许生活在南方的人有特殊的属性。其余的变量，即经验、工作年限、UNION 和 BLACK，假设与随机效应不相关。

表15-7列出了工资方程的估计值。与随机效应估计值相比，教育的估计工资回报从7.3%急剧提高到17%。对经验和工作年限的估计影响相似。BLACK 的工资减少估计为3.6%而不是11.7%，而留在 SOUTH 的惩罚也较少（是3.1%而不是8.2%）。工具变量的标准误差大多较大，特别是对 EDUC 和 BLACK，它们的估计变化最大。哪一组估计更好将取决于我们在公式（15.40）中如何成功地划分外生变量和内生变量，以及具有一致估计值的收益是否足够大，以补偿工具变量估计量增大的方差。

---

[1]　详情见 Jeffrey Wooldridge（2010），pp. 358-361.

变量	系数	标准误	t 值	p 值
C	-0.75077	0.58624	-1.28	0.200
$EDUC$	0.17051	0.04446	3.83	0.000
$EXPER$	0.03991	0.00647	6.16	0.000
$EXPER2$	-0.00039	0.00027	-1.46	0.144
$TENURE$	0.01433	0.00316	4.53	0.000
$TENURE2$	-0.00085	0.00020	-4.32	0.000
$BLACK$	-0.03591	0.06007	-0.60	0.550
$SOUTH$	-0.03171	0.03485	-0.91	0.363
$UNION$	0.07197	0.01345	5.35	0.000

表 15-7　　　　　　　　　　　　工资方程的豪斯曼-泰勒估计量

15.4.5　总结面板数据假设

对随机效应和固定效应估计量的假设进行总结将是很方便的。

随机效应估计假设

RE1. $y_{it} = \beta_1 + \beta_2 x_{2it} + \cdots + \beta_K x_{Kit} + \alpha_1 w_{1i} + \cdots + \alpha_M w_{Mi} + (u_i + e_{it})$。这是总体回归函数。它可能包括：(i) 随时间和个体变化的变量 x_{kit}；(ii) 非时变变量 (w_{mi})；(iii) 仅随时间变化的变量，如 z_{gt}，尽管我们没有明显地包含它们。它包括未观测到的特异随机误差 e_{it}，在时间和个体之间都有变化；还有未观测到的个体异质性项 u_i，它在个体但不是时间之间有变化。

RE2. (i) $E(e_{it}|\mathbf{X}_i,\mathbf{w}_i,u_i) = 01$；(ii) $E(u_i|\mathbf{X}_i,\mathbf{w}_i) = E(u_i) = 0$。这些都是外生性假设。条件 (i) 表示，解释变量的值或未观测到的异质性中没有可以用来预测 e_{it} 值的信息。条件 (ii) 表示，解释变量的值中没有可以用来预测 u_i 的信息。

RE3. (i) $\mathrm{var}(e_{it}|\mathbf{X}_i,\mathbf{w}_i,u_i) = \mathrm{var}(e_{it}) = \sigma_e^2$；(ii) $\mathrm{var}(u_i|\mathbf{X}_i,\mathbf{w}_i) = \mathrm{var}(u_i) = \sigma_u^2$。这些都是同方差假设。

RE4. (i) 从总体中随机抽取个体，使 e_{it} 在统计上与 e_{js} 无关；(ii) 随机误差 e_{it} 和 u_i 在统计上是独立的；(iii) $\mathrm{cov}(e_{it},e_{is}|\mathbf{X}_i,\mathbf{w}_i,u_i) = 0$（如果 $t \neq s$），随机误差 e_{it} 是序列不相关的。

RE5. 不存在完全共线性，所有可观测变量都表现出一定的变化。

随机效果应估计量注意事项

1. 在 RE1-RE5 假设下，随机效应（GLS）估计量为 BLUE，假设 σ_e^2 和 σ_u^2 是已知的。

2. 随机效应估计量的实现需要估计方差参数。当 N 变大时，如果 T 是固定的，则 FGLS 估计量不是 BLUE 的，但它是一致的，渐近正态的，并且渐近等价于 GLS 估计量。

3. 如果随机误差要么有异方差（RE3 不成立），要么是序列相关（RE4 (iii) 不成立），那么随机效应估计量是一致的，渐近正态的，但普通标准误是不正确的。利用聚类稳健标准误为有效的渐近推理（包括假设检验和区间估计）提供了基础。

4. 在 RE1-RE5 假设下，混合 OLS 估计量是一致的，渐近正态的。

5. 在 RE1-RE5 假设下，随机效应 FGLS 估计量的渐近效率高于具有校正聚类稳健标准误的混合 OLS 估计量。

6. 在大样本中随机效应估计量比固定效应估计量更有效，因为变量 x_{kit} 的系数随个体和时间的变化而变化。

7. 然而，即使 RE2（ii）不成立，$E(u_i|\mathbf{X}_i, \mathbf{w}_i) \neq 0$，对于不同个体和时间变化的变量 x_{kit} 的系数，固定效应估计量也是一致的。

固定效应估计假设

FE1. $y_{it} = \beta_1 + \beta_2 x_{2it} + \cdots + \beta_K x_{Kit} + (u_i + e_{it})$。这是总体回归函数。它可能包括：（i）不同时间和个体的变量 x_{kit}；（ii）仅随时间变化的变量，如 z_{gt}，尽管我们没有明显地包含它们。它包括未观测到的特质随机误差 e_{it}，在时间和个体之间都有变化；还有未观测到的个体异质性 u_i 在个体之间而不是时间之间有变化。

FE2. $E(e_{it}|\mathbf{X}_i, u_i) = 0$。这是（严格的）外生性假设。在解释变量的值或未观测到的异质性中没有可以用来预测 e_{it} 值的信息。请注意，我们不必对未观测到异质性与解释变量之间的关系做出任何假设。

FE3. $\mathrm{var}(e_{it}|\mathbf{X}_i, u_i) = \mathrm{var}(e_{it}) = \sigma_e^2$。随机误差 e_{it} 具有同方差。

FE4.（i）从总体中随机抽取个体，所以 e_{it} 与 e_{js} 在统计上独立；（ii）$\mathrm{cov}(e_{it}, e_{is}|\mathbf{X}_i, u_i) = 0$（如果 $t \neq s$），随机误差 e_{it} 是序列相关的。

FE5. 不存在完全共线性，所有可观测变量都表现出一定的变化。

固定效应估计注意事项

1. 在 FE1-FE5 下，固定效应估计量为 BLUE。

2. 当 N 变大，T 固定时，固定效应估计量是一致的，渐近正态的。

3. 如果随机误差要么是异方差（FE3 不成立），要么是序列相关的（FE4（ii）不成立），那么固定效应估计量是一致的，渐近正态的，但普通标准误是不正确的。利用聚类稳健标准误为有效的渐近推理（包括假设检验和区间估计）提供了基础。

15.4.6 总结并扩展面板数据模型估计

使用面板数据的研究人员面临的最常见的问题是，截面单位"个体"的不可观测特征与一个或多个解释变量相关。在这种情况下，一个或多个解释变量是内生的，因此 OLS 和更有效的随机效应估计量是不一致的。大多数时间实证研究人员会使用固定效应估计量，因为它消除了导致内生性问题的非时变未观测到的异质性项。固定效应估计量是一个一致的但效率低下的估计量。由于估计量的主要差异，在使用面板数据的每个应用程序中，使用豪斯曼或 Mundlak 检验来检验内生性是很重要的。同样，对固定效应估计使用 F 检验或对随机效应使用 LM 检验来检验个体之间是否存在个体差异。

每个估计量都受到序列相关和异方差的常见问题的影响，但如果截面单位数 N 比时间维数 T 大得多，则这些问题很容易通过使用聚类稳健标准误来解释。固定效应估计量使用者面临的一个更令人困惑的问题是从模型中消除非时变变量。在许多应用中，诸如种族和性别等变量至关重要。使用豪斯曼-泰勒估计量（通过使用工具变量估计）来解决内生性问题，不消除非时变变量。如果 IV 是强的，有足够的时变外生变量，则可能是一个很好的选择。另一种选择是使用 Mundlak 方法作为折中方案，即假设未观测到的异质性取决于随个体和时间变化的变量的时间平均值，如公式（15.38）所示。一旦模型中包含了时间平均值，如果剩余的未观测到的异质性与包含的变量不相关，则通过随机效应估计扩展模型，像公式（15.39）一样。

现在，我们简要地讨论一些其他面板数据问题。[①]

1. 虽然我们还没有讨论它，但面板数据方法已经扩展到**非平衡面板**。在这些情况下，时间序列观测值 T_i 的数量在不同的个体之间不同。

2. 除了与个体相关的未观测到的异质性外，还可能存在与时间相关的未观测到的异质性。设 m_t 为随机时间特定的误差分量。请注意，下标仅为 "t"，因此它不会因个体而变化，只随时间而变化。组合误差项有三项，$v_{it} = u_i + m_t + e_{it}$。在这种情况下，用 "双向" 误差分量模型进行随机效应估计是可能的。更常见的方法是在 T 相对较小的任何模型中包含一个时间指示变量。

3. 当 $T = 2$ 时，一阶差分估计完全等价于固定效应估计。当 $T > 2$ 时，一阶差分随机误差 $\Delta v_{it} = \Delta e_{it}$ 是序列相关的，除非特异随机误差 e_{it} 遵循随机游走。这与通常的固定效应假设（即特异误差是序列不相关的）截然相反。在这两种情况下，使用聚类稳健性标准误会解决问题。

4. 包括一个滞后因变量在右边的动态面板数据模型有一个内生性问题。要看到这一点，令：

$$y_{it} = \beta_1 + \beta_2 x_{2it} + \beta_3 y_{i,t-1} + (u_i + e_{it})$$

注意，y_{it} 直接取决于 u_i，u_i 存在于每个时期，包括时间 $t-1$ 期。因此，$y_{i,t-1}$ 也直接依赖于 u_i，引起正相关，使 $y_{i,t-1}$ 是内生的。关于这一难题有大量文献，并提出了许多创新的 IV 估计量。当 T 较大时，必须考虑动态的、时间序列数据的特性。在这种情况下使用差分估计量是非常常见的。

5. 虽然我们关注的是由未观测到的异质性项引起的内生性，但也可能存在由联立方程（如供求方程）引起的内生性。用 IV/2SLS 方法来估计固定效应、RE 和一阶差分模型。

6. 在这个版本中，我们选择省略关于 "回归方程集" 和 "似不相关回归" 的部分。这些主题出现在 T 大而 N 小的时候，因此每个截面单位，也许是一个公司，都用自己的方程建模。[②]

7. 未观察到的异质性会影响斜率系数。也就是说，每个个体对 x_k 变化的反应 β_{ki} 可能是不同的。**随机系数模型**将个体特定斜率识别为一种可能性。[③]

8. 我们提到了个体面临二值选择的情况下的**线性概率模型**。我们所讨论的面板数据方法可以用于线性概率模型中，但有一般的注意事项。展望第 16 章，我们引入了新的估计量，probit 和 logit，用于处理二值结果模型。这些也可以用于面板数据方法。

① 建议你参阅 Badi H. Baltagi（2013）*Econometric Analysis of Panel Data*，*Fifth Edition*，Wiley，以及先前引用的 Greene（2018）和 Wooldridge（2010）的教科书，以获得更多关于这些主题的信息。
② 见 Greene，pp. 328–339，或本书的第四版，*Principles of Econometrics*，4th ed.，2012，Chapter 15.7。
③ 例如，见 Greene（2018），pp. 450–459，and Wooldridge（2010），pp. 374–387。

15.5 练习

15.5.1 问题

15.1 考虑模型:

$$y_{it} = \beta_{1i} + \beta_2 x_{it} + e_{it}$$

a. 证明 β_2 的固定效应估计量可以写成:

$$\hat{\beta}_{2,FE} = \frac{\sum_{i=1}^{N} \sum_{t=1}^{T} (x_{it} - \bar{x}_i)(y_{it} - \bar{y}_i)}{\sum_{i=1}^{N} \sum_{t=1}^{T} (x_{it} - \bar{x}_i)^2}$$

b. 证明 β_2 的随机效应估计量可以写成:

$$\hat{\beta}_{2,RE} = \frac{\sum_{i=1}^{N} \sum_{t=1}^{T} \left[x_{it} - \hat{\alpha}(\bar{x}_i - \bar{\bar{x}}) - \bar{\bar{x}} \right]\left[y_{it} - \hat{\alpha}(\bar{y}_i - \bar{\bar{y}}) - \bar{\bar{y}} \right]}{\sum_{i=1}^{N} \sum_{t=1}^{T} \left[x_{it} - \hat{\alpha}(\bar{x}_i - \bar{\bar{x}}) - \bar{\bar{x}} \right]^2}$$

其中, $\bar{\bar{y}}$ 和 $\bar{\bar{x}}$ 是总体均值。

c. 写出 β_2 的混合最小二乘估计量的表达式。讨论三种估计量之间的差异。

15.2 省略。

15.3 在随机效应模型中, 在 RE1-RE5 的假设下, 假设异质性误差的方差为 $\sigma_e^2 = \mathrm{var}(e_{it}) = 1$。

a. 如果个体异质性的方差为 $\sigma_u^2 = 1$, 那么 $v_{it} = u_i + e_{it}$ 和 $v_{is} = u_i + e_{is}$ 之间的相关系数 ρ 是多少?

b. 如果个体异质性的方差为 $\sigma_u^2 = 1$, 那么当 $T=2$ 时, GLS 转换参数 α 的值是多少? 如果 $T=5$, GLS 转换参数 α 的值是多少?

c. 通常, 对于任何给定的 σ_u^2 和 σ_e^2 值, 随着面板的时间维度 T 变得更大, 转换参数 α 变得更小。这是正确的还是错误的, 或者你不确定? 如果你不确定, 解释一下。

d. 如果 $T=2$ 且 $\sigma_e^2 = \mathrm{var}(e_{it}) = 1$, 那么 σ_u^2 取什么值的时候会使得 GLS 转换参数 $\alpha=1/4$? σ_u^2 取什么值的时候会使得 GLS 转换参数 $\alpha=1/2$? σ_u^2 取什么值的时候会使得 GLS 转换参数 $\alpha=9/10$?

e. 如果我们把随机误差 u_i 和 e_{it} 看作回归关系中的噪声, 总结出这些噪声分量的相对变异以及误差分量的方差如何影响我们估计回归参数的能力?

15.4 省略。

15.5 表 15-8 包含一些模拟面板数据, 其中 id 是个体截面标识符, t 是时期, x 是解释变量, e 是特异误差, y 是结果值。数据生成过程为 $y_{it} = 10 + 5x_{it} + u_i + e_{it}$; $i = 1, 2, 3$; $t = 1, 2$。OLS 的残差是 $\hat{e}$, 为了方便起见, 我们保留到两位小数。

表 15-8   练习 15.5 的模拟数据

id	t	x	e	y	$\hat{e}$
1	1	-0.51	-0.69	4.43	-3.21
1	2	-0.45	-1.70	1.70	-6.31
2	1	-2.44	-0.20	-2.29	2.20
2	2	-1.26	-0.41	2.98	0.06
3	1	-0.68	0.90	11.05	4.48
3	2	1.44	1.24	22.67	2.78

a. 使用真实的数据生成过程，计算 u_i，$i=1$，2，3。

b. 计算方程（15.35）中 LM 统计量的值，并在 5% 显著性水平上检验随机效应是否存在。

c. x_{it} 系数的固定效应估计值为 $b_{FE}=5.21$，标准误为 0.94；而随机效应估计值为 $b_{RE}=5.31$，标准误为 0.81。检验未观测到的特异项 u_i 与解释变量 x_{it} 之间的相关性。（注：实际上这个样本太小了，这个检验是无效的）

d. 如果方差分量的估计值为 $\hat{\sigma}_u^2 = 34.84$ 和 $\hat{\sigma}_e^2 = 2.59$，计算 GLS 转换参数 α 的估计值。根据其大小，你是否期望随机效应估计值更接近 OLS 估计值或固定效应估计值？

e. 使用（d）部分中的估计值，计算 $v_{i1} = u_i + e_{i1}$ 和 $v_{i2} = u_i + e_{i2}$ 之间相关性的估计值。这种相关性是相对较高，还是相对较低？

15.6 省略。

15.7 利用 NLS 面板数据，有 716 名年轻女性，我们只考虑 1987 年和 1988 年。我们感兴趣的是 ln（WAGE）与经验及其平方、居住在南方和工会会员的指示变量之间的关系。我们形成变量的一阶差分。例如：$\Delta \ln(WAGE) = \ln(WAGE_{i, 1988}) - \ln(WAGE_{i, 1987})$，并设定回归模型：

$$\Delta \ln(WAGE) = \beta_2 \Delta EXPER + \beta_3 \Delta EXPER^2 + \beta_4 \Delta SOUTH + \beta_5 \Delta UNION + \Delta e \qquad (XR15.7)$$

表 15-9 报告了作为模型（1）的方程（XR15.7）的 OLS 估计值，括号内为普通标准误差。

表 15-9   练习 15.7 的估计值

模型	C	$\Delta EXPER$	$\Delta EXPER^2$	$\Delta SOUTH$	$\Delta UNION$	$SOUTH_{i,1988}$	$UNION_{i,1988}$
（1）		0.0575	-0.0012	-0.3261	0.0822		
		(0.0330)	(0.0011)	(0.1258)	(0.0312)		
（2）	-0.0774	0.1187	-0.0014	-0.3453	0.0814		
	(0.0524)	(0.0530)	(0.0011)	(0.1264)	(0.0312)		
（3）		0.0668	-0.0012	-0.3157	0.0887	-0.0220	-0.0131
		(0.0338)	(0.0011)	(0.1261)	(0.0333)	(0.0185)	(0.0231)

a. 方程（15.8）说明了一阶差分消除不可观测非时变异方差的能力。解释为什么严格形式的外生性 FE2 是差分估计量一致性的必要条件。你可能希望重新阅读第 15.1.2 节的开头部分，以厘清假设。

b. 在差分模型中，严格外生性假设可以被检验。表 15-9 中的模型（3）将 1988 年的变

量 $SOUTH$ 和 $UNION$ 添加到差分方程中。如方程（15.5a）所述，如果随机误差在任何时期与解释变量相关，则严格的外生性假设不成立。如果严格的外生性带有这些额外的变量不是重要的，我们可以通过在差分方程中包含一些或 t 或 $t-1$ 年的全部解释变量来检查这种相关性。根据模型（3）的结果，是否有证据表明严格的外生性假设不成立？

c. 模型（3）（d）部分中 $SOUTH$ 和 $UNION$ 的联合显著性 F 检验值为 0.81，检验自由度是多少？5% 的临界值是多少？

15.8 省略。

15.9 实例 15.7 和实例 15.8 分别用 OLS 和固定效应估计了 2004—2006 年中国 1 000 家化工企业的生产函数，其中既有普通非稳健标准误，也有聚类稳健标准误。

a. 回顾一下这些例子。聚类稳健标准误和普通标准误的百分比差异是多少？

b. 设 $\hat{v}_{it}$ 表示实例 15.8 中的 OLS 残差，$\hat{v}_{i,t-1}$ 为滞后残差。考虑回归系数 $\hat{v}_{it} = \rho \hat{v}_{i,t-1} + r_{it}$，其中 r_{it} 为误差项。使用 2005 年残差对 2006 年残差进行回归，我们得到 $\hat{\rho} = 0.948$，普通 OLS 标准误为 0.017，怀特异方差一致标准误为 0.020。这些结果是否在特异误差分量 e_{it} 中建立了时间序列相关性？如果不是，$\hat{v}_{it}$ 和 $\hat{v}_{i,t-1}$ 之间强相关性的来源是什么？

c. 设 $\hat{\tilde{e}}_{it}$ 为组内估计的残差，类似于实例 15.6，但使用所有 1 000 家企业的数据。设 $\hat{\tilde{e}}_{i,t-1}$ 为滞后残差。我们期望，在 FE1-FE5 假设下，"组内"转换模型中的误差是序列相关的，有 $\mathrm{corr}(\hat{\tilde{e}}_{it}\hat{\tilde{e}}_{is}) = -1/(T-1)$。这里 $T=3$，因此我们应该求出 $\mathrm{corr}(\tilde{e}_{it}\tilde{e}_{is}) = -1/2$。考虑回归模型 $\hat{\tilde{e}}_{it} = \rho \hat{\tilde{e}}_{i,t-1} + r_{it}$，其中 r_{it} 为误差项。利用 2006 年的数据和 1 000 个观测值，我们估计 ρ 值为 -0.233，普通标准误为 0.046 和怀特异方差稳健标准误为 0.089。在 5% 的水平下，首先用普通标准误，然后再用异方差稳健标准误，检验原假设 $\rho=-1/2$ 与备择假设 $\rho \neq -1/2$。拒绝原假设意味着（ii）部分 FE4 不成立，并且特异误差 e_{it} 中存在时间序列相关性。这样的发现证明，不考虑任何异方差因素，在固定效应模型中使用聚类稳健标准误是合理的。

d. 使用 2005—2006 年的 2 000 个观测值，估计回归 $\hat{\tilde{e}}_{it} = \rho \hat{\tilde{e}}_{i,t-1} + r_{it}$，结合聚类稳健标准误，我们估计 $\rho=-0.270$，根据 Wooldridge 的建议（2010，p.311），该数值为 0.017。在 5% 的水平，检验原假设 $\rho=-1/2$ 与备择假设 $\rho \neq -1/2$。拒绝原假设意味着（ii）部分 FE4 不成立，并且特异误差 e_{it} 存在时间序列相关性。

15.10 省略。

15.11 有几家软件公司报告了含有估计截距的固定效应估计值。如实例 15.7 所述，它们报告的值是方程（15.17）中给出的最小二乘虚拟变量模型中的指示变量系数的平均值。使用表 15-8 中的数据，拟合的虚拟变量模型为 $\hat{y}_{it} = 5.57D_{1i} + 9.98D_{2i} + 14.88D_{3i} + 5.21x_{it}$。

a. 计算虚拟变量系数的平均值，称为 C。

b. 使用来自（a）部分的 C，拟合的固定效应模型为 $\hat{y}_{it} = C + 5.21x_{it}$。计算 $id=1$ 和 $id=2$ 时的 $\bar{y}_{i\cdot} - b_2\bar{x}_{i\cdot}$。为了方便起见，取两位小数：$\bar{y}_{1\cdot} = 3.07$，$\bar{y}_{2\cdot} = 0.34$，$\bar{x}_{1\cdot} = -0.48$，$\bar{x}_{2\cdot} = -1.85$。将计算值四舍五入保留两位小数，并将其与虚拟变量系数进行比较。

c. 给定拟合模型 $\hat{y}_{it} = C + 5.21x_{it}$，计算 $id=1$ 和 $id=2$ 时的残差。

d. 拟合的组内模型方程（15.17）是什么？

e. 计算 $id=1$ 和 $id=2$ 时的组内模型残差。

f.除了由取两位小数引起的误差外，解释（e）部分中的组内模型残差与（c）部分中计算的残差之间的关系。

15.12 省略。

15.13 考虑方程（15.1）中的面板数据回归，有T=3期的N个截面单位的时间序列观测值。假设FE1~FE5成立。

a.将一阶差分转换应用于模型（15.1）。结果得到的设定是什么？这个模型中是否存在未观测到的异质性？解释一下。

b.设 $\Delta e_{it} = (e_{it} - e_{i,t-1})$，求 $t=2$ 和 $t=3$ 时 Δe_{it} 的方差。

c.假设特异误差是序列不相关的，证明 Δe_{i3} 和 Δe_{i2} 之间的相关系数为 $-1/2$。

d.为了使 Δe_{i3} 和 Δe_{i2} 不相关，e_{it} 的序列相关性必须是什么？

15.14 省略。

15.15 利用1990—1997年这8年菲律宾塔拉克地区44个稻农的352个观测值，我们估计了新脱粒稻谷产量（PROD）、种植面积（AREA 面积）、雇佣和家庭劳动人天数（LABOR）和肥料千克数（FERT）之间的关系。模型的对数设定（包括未观测到的异质项）为：

$$\ln(PROD_{it}) = \beta_1 + \beta_2 \ln(AREA_{it}) + \beta_3 \ln(LABOR_{it}) + \beta_4 \ln(FERT_{it}) + u_i + e_{it}$$

表15-10包含该模型的各种估计值。模型（1）包含OLS估计值。模型（2）包含模型的OLS估计值，包括未显示的年份虚拟变量。例如，1991年 $D91=1$，否则 $D91=0$。模型（3）包含固定效应估计值。模型（4）包含模型的固定效应估计值，包括年份虚拟变量。在每种情况下，都会报告普通标准误（se），对于模型（4），我们也会报告聚类稳健标准误（稳健）。对于每个模型，除了截距外，我们还报告残差平方和和模型参数的个数。报告使用普通标准误计算出的 t 统计值的 p 值。

表 15-10　　　　　　　　　　　　练习 15.15 的估计值

Model		C	$\ln(AREA)$	$\ln(LABOR)$	$\ln(FERT)$	SSE	$K-1$
（1）	OLS	−1.5468***	0.3617***	0.4328***	0.2095***	40.5654	3
	（se）	(0.2557)	(0.0640)	(0.0669)	(0.0383)		
（2）	OLS	−1.5549***	0.3759***	0.4221***	0.2075***	36.2031	10
	（se）	(0.2524)	(0.0618)	(0.0663)	(0.0380)		
（3）	FE	−0.3352	0.5841***	0.2586***	0.0952*	27.6623	46
	（se）	(0.3263)	(0.0802)	(0.0703)	(0.0432)		
（4）	FE	−0.3122	0.6243***	0.2412***	0.0890*	23.0824	53
	（se）	(0.3107)	(0.0755)	(0.0682)	(0.0415)		
	（robust）	(0.5748)	(0.0971)	(0.0968)	(0.0881)		

*p < 0.05

**p < 0.01

***p < 0.001

a.评论各种模型对投入弹性估计值的敏感性。

b.你喜欢哪个估计模型？进行一系列假设检验以帮助你做出决策。

c.对于模型（4），使用普通标准误和聚类稳健标准误，求出投入弹性的95%区间估计值。对存在的差异发表评论。

d.使用稳健标准误，计算 $\ln(FERT)$ 系数的 p 值。

15.5.2 计算机练习

15.16 省略。

15.17 数据文件 *liquor* 包含40个随机选择的家庭连续3年的酒类年支出（*LIQUOR*）和年收入（*INCOME*）（均以千美元计）的观测值。

a.创建关于 *LIQUOR* 和 *INCOME* 的一阶差分观测值。把这些新变量称为 *LIQUORD* 和 *INCOMED*。使用OLS，不含常数项，用 *INCOMED* 对 *LIQUORD* 回归。构建系数的95%区间估计值。

b.利用随机效应，估计模型 $LIQUOR_{it} = \beta_1 + \beta_2 INCOME_{it} + u_i + e_{it}$。构建 *INCOME* 系数的95%区间估计值。这与（a）部分的估计区间值相比如何？

c.用方程（15.35）中的LM统计量检验是否存在随机效应。使用5%的显著性水平。

d.对于每个个体，计算 *INCOME* 变量的时间平均值。把这个变量叫作 *INCOMEM*。使用随机效应估计量，估计模型 $LIQUOR_{it} = \beta_1 + \beta_2 INCOME_{it} + \gamma INCOMEM_i + c_i + e_{it}$。检验系数 γ 在5%水平下的显著性。基于这个检验，我们可以得出关于随机效应 u_i 和 *INCOME* 之间相关性的什么结论？对（b）部分中的模型使用随机效应估计量可以吗？

15.18至15.20省略。

15.21 本练习使用STAR实验中介绍的数据来说明分组数据的固定效应和随机效应。其中教师（*TCHID*）被选为感兴趣的截面。在STAR实验中，儿童在学校内被随机分配到三种类型的班级：有13~17名学生的小班，有22~25名学生的常规班，以及有专职教师助理帮助老师的常规班。数据记录了学生在成绩检测中的分数，以及学生、教师和学校的一些信息。幼儿园班级的数据包含在数据文件 *star* 中。

a.估计回归方程（没有固定效应或随机效应），其中 *READSCORE* 与 *SMALL*、*AIDE*、*TCHEXPER*、*TCHMASTERS*、*BOY*、*WHITE_ASIAN* 和 *FREELUNCH* 相关。讨论一下结果。当学生在小班时，他们在阅读方面表现得更好吗？教师助理有助于提高分数吗？经验丰富的老师指导的学生在阅读检测中得分高吗？性别和种族有影响吗？

b.使用聚类稳健标准误，重复（a）部分中的估计，聚类设定为个体教师 *TCHID*。稳健标准误是更大还是更小？使用普通和稳健标准误比较 *SMALL* 系数的95%区间估计值。

c.用教师随机效应重新估计（a）部分中的模型，并使用普通和聚类稳健标准误。将这些结果与（a）部分和（b）部分的结果进行比较。

d.方程中是否有任何变量可能与教师效应相关？回想一下，教师是在学校内随机分配的，而不是跨学校分配的。创建变量 *BOY*、*WHITE_ASIAN*、*FREELUNCH* 的教师水平平均值，并对它们与未观测到的异质性之间的相关性进行Mundlak检验。

e.假设我们把 *FREELUNCH* 看作是内生的。对这个模型使用豪斯曼–泰勒估计量。将结果与（a）部分中的OLS估计值和（d）部分中的随机效应估计值进行比较。你觉得有什么实质性的区别吗？

15.22 省略。

15.23 宏观经济学家对解释经济增长的因素感兴趣。Duffy 和 Papageorgiou 研究了一个总量生产函数设定。[①] 数据在数据文件 ces 中。这些数据包括了 82 个国家 1960—1987 年这 28 年的截面数据。

a.估计柯布–道格拉斯生产函数：

$$LY_{it} = \beta_1 + \beta_2\, LK_{it} + \beta_3\, LL_{it} + e_{it}$$

其中，LY 是 GDP 的对数，LK 是资本的对数，LL 是劳动力的对数。解释 LK 和 LL 的系数。检验规模报酬不变的假设，即 $\beta_2 + \beta_3 = 1$。

b.将时间趋势变量 $t = 1，2，\cdots，28$ 添加到（a）部分的设定中。解释该变量的系数。在 5% 的水平下检验其显著性。加入时间趋势变量对 β_2 和 β_3 的估计值有什么影响？

c.假设 $\beta_2 + \beta_3 = 1$。求解 β_3 并将此表达式代入（b）部分中的模型。证明得到的模型为 $LYL_{it} = \beta_1 + \beta_2 LKL_{it} + \lambda t + e_{it}$，其中 LYL 是产出–劳动力比的对数，LKL 是资本–劳动力比的对数。估计这个有制约（规模报酬不变）版本的柯布–道格拉斯生产函数。将该设定中 β_2 的估计值与（b）部分中的估计值进行比较。

d.使用固定效应估计量估计（b）部分中的模型。检验没有跨国差异的假设。将估计值与（b）部分的估计值进行比较。

e.使用（d）部分中的结果，检验 $\beta_2 + \beta_3 = 1$ 的假设。关于规模报酬不变，你有什么结论？

f.使用固定效应估计量，估计（c）部分中有制约版本的柯布–道格拉斯模型。将结果与（c）部分的结果进行比较。你更喜欢哪个设定？解释你的选择。

g.使用（b）部分中的设定，将时间趋势变量 t 替换为虚拟变量 $D2$–$D28$。使用这个虚拟变量设定而不是单一时间趋势变量的影响是什么？

15.24 省略。

15.25 考虑几章实例中使用的中国公司的生产关系。我们现在添加另一个投入变量 $MATERIALS$。在本练习中使用数据文件 chemical3 中的数据集（数据文件 chemical 包括更多的公司）。

$$\ln(SALES_{it}) = \beta_1 + \beta_2 \ln(CAPITAL_{it}) + \beta_3 \ln(LABOR_{it}) + \beta_4 \ln(MATERIALS_{it}) + u_i + e_{it}$$

a.用 OLS 估计这个模型。计算普通、异方差稳健和聚类稳健的标准误。利用每一种标准误，对 $SALES$ 关于 $MATERIALS$ 的弹性构造一个 95% 的区间估计值。你从这些区间估计值中观测到什么？

b.使用（a）部分中的每一种标准误，在 5% 水平下检验规模报酬不变的原假设 $\beta_2 + \beta_3 + \beta_4 = 1$ 与备择假设 $\beta_2 + \beta_3 + \beta_4 \neq 1$。结果一致吗？

c.利用（a）部分中的 OLS 残差，进行第 9 章的 $N \times R^2$ 检验，用 2005 年和 2006 年的数据检验误差的 AR（1）序列相关性。是否有证据表明存在序列相关性？可能是什么因素造成的？

[①] "A Cross–Country Empirical Investigation of the Aggregate Production Function Specification," *Journal of Economic Growth*, 2000, 5, 83–116.

d.利用随机效应估计模型。这些估计值与OLS估计值相比如何？检验原假设 $\beta_2+\beta_3+\beta_4=1$ 与备择假设 $\beta_2+\beta_3+\beta_4\neq1$。你的结论是什么？是否有证据表明存在未观测到的异质性？在5%显著性水平下进行随机效应的LM检验。

e.利用固定效应估计模型。这些估计值与（d）部分中的估计值相比如何？对系数差异的显著性使用豪斯曼检验。是否有证据表明未观测到的异质性与一个或多个解释变量相关？请解释一下。

f.获得固定效应残差 $\tilde{e}_{it}$。使用具有聚类稳健标准误的OLS估计回归 $\tilde{e}_{it} = \rho\tilde{e}_{i,t-1} + r_{it}$，其中 r_{it} 是一个随机误差。如果特异误差 e_{it} 不相关，我们期望 $\rho=-1/2$。拒绝这一假设意味着特异误差 e_{it} 是序列相关的。使用5%的显著性水平，你得出什么结论？

g.利用聚类稳健标准误估计模型的固定效应。这些标准误与（e）部分中的普通标准误有什么不同？

15.26 省略。

15.27 数据文件 *collegecost* 包含1987—2011年期间美国四年制大学学生平均成本和相关因素的数据。在本练习中，我们探索预测每个学生成本的最小化模型。设定模型为：

$$\ln(TC_{it}) = \beta_1 + \beta_2 FTESTU_{it} + \beta_3 FTGRAD_{it} + \beta_4 TT_{it} + \beta_5 GA_{it} + \beta_6 CF_{it} + \sum_{t=2}^{8} \delta_t D_t + u_i + e_{it}$$

其中，TC 是每名学生的总成本，$FTESTU$ 是全日制同等学生的数量，$FTGRAD$ 是全日制研究生的数量，TT 是每100名学生的终身教职员工的数量，GA 是每100名学生的研究生助理的数量，CF 是每100名学生的合同制教职员工的数量（基于每年的雇用合同）。D_t 是1989年、1991年、1999年、2005年、2008年、2010年和2011年的指示变量。基准年是1987年。

a.分别计算公立和私立大学1987年和2011年模型变量的汇总统计值。你从这些变量的样本平均值中观测到什么？特别是，从1987年到2011年，每种类型大学的 TC 增加多少？终身教职人员和合同制教职人员的数量发生了什么变化？

b.利用OLS，利用普通和聚类稳健标准误估计公立大学模型。标准误是否明显不同？

c.利用OLS，使用普通和聚类稳健标准误估计私立大学模型。标准误是否明显不同？私立大学与公立大学的系数估计值相比如何？

d.使用具有聚类稳健标准误的固定效应估计公立大学模型。这些估计值与（b）部分中的OLS估计值相比如何？重要的区别是什么？

e.使用具有聚类稳健标准误的固定效应估计私立大学模型。这些估计值与（d）部分中公立大学的估计值相比如何？重要的区别是什么？

15.28 省略。

15.29 本练习使用来自北卡罗来纳州的面板数据。考虑一个模型，其中犯罪率对数（$LCRMRTE$）是人均警察对数（$LPOLPC$）、逮捕概率对数（$LPRBARR$）、定罪概率对数（$LPRBCONV$）、平均刑期对数（$LAVGSEN$）、制造业平均周工资（$LWMFG$）对数、指示变量西部地区（$WEST$）和城市县（$URBAN$）的函数。

a.有可能犯罪率和人均警察人数是共同确定的，而 $LPOLPC$ 可能是内生的。因此我们考虑使用2SLS估计模型。作为工具变量，我们使用人均税收对数（$LTAXPC$）和面对面犯罪与其他类型犯罪的比率对数（*LMIX*）。使用除了 *LCRMRTE* 和两个工具变量之外的变量，对 *LPOLPC* 进行第一阶段回归。检验工具变量（IV）的联合显著性。我们能拒绝 IV 是弱的原假设吗？

b.使用（a）部分中的工具变量，用 2SLS 估计模型。威慑变量是否显著？

c.检验 *LPOLPC* 的内生性，检验过剩工具变量的有效性。你对每种情形有什么结论？

d.（b）部分中的估计忽略了未观测到的县（county）的异质性。除了非时变变量 *WEST* 和 *URBAN* 外，对于每一个变量，得到偏离县均值形式的变量，即对每个变量应用组内转换。用偏离均值形式的变量估计第一阶段模型。检验两个转换工具变量的联合显著性。

e.使用转换工具变量和其他变量，用 2SLS 估计模型。你观测到的估计值和（b）部分中的估计值有什么不同？回想一下，你必须为正确的自由度调整标准误差，如在实例 15.6 中那样。（注意：作为一项检查，你可以查一下你的软件是否有自动命令对面板数据进行 2SLS 估计）

f.使用转换工具变量和其他变量，检验 *LPOLPC* 的内生性，并检验过剩工具变量的有效性。你对每种情形有什么结论？

15.30　省略。

附录 15A　聚类-稳健标准误：一些细节

要理解聚类-稳健标准误的性质，我们暂时返回到截面数据的一个简单回归模型：

$$y_i = \beta_1 + \beta_2 x_i + e_i$$

利用结果 $b_2 = \beta_2 + \sum_{i=1}^{n} w_i e_i$，其中 $w_i = (x_i - \bar{x}) \Big/ \sum_{i=1}^{n} (x_i - \bar{x})^2$，在附录 8A 中我们已证明在存在异方差的情况下，最小二乘估计量 b_2 的方差为：

$$\mathrm{var}(b_2|\mathbf{x}) = \mathrm{var}\left(\sum_{i=1}^{N} w_i e_i | \mathbf{x}\right) = \sum_{i=1}^{N} w_i^2 \mathrm{var}(e_i|\mathbf{x}) + \sum_{i=1}^{N} \sum_{j=i+1}^{N} 2 w_i w_j \mathrm{cov}(e_i, e_j|\mathbf{x})$$

$$= \sum_{i=1}^{N} w_i^2 \mathrm{var}(e_i|\mathbf{x}) = \sum_{i=1}^{N} w_i^2 \sigma_i^2$$

我们假设截面个体的随机样本为 $\mathrm{cov}(e_i, e_j|\mathbf{x}) = 0 \ (i \neq j)$，导致上述方程第二行的简化。

现在假设有一个简单的面板回归模型：

$$y_{it} = \beta_1 + \beta_2 x_{it} + e_{it} \tag{15A.1}$$

假设 $\mathrm{cov}(e_{it}, e_{is}|\mathbf{x}) = \psi_{ts}$ 和 $\mathrm{cov}(e_{it}, e_{is}|\mathbf{x}) = 0 \ (i \neq j)$。$\beta_2$ 的最小二乘估计量表示为：

$$b_2 = \beta_2 \sum_{i=1}^{N} \sum_{t=1}^{T} w_{it} e_{it} \tag{15A.2}$$

其中，

$$w_{it} = \frac{x_{it} - \bar{\bar{x}}}{\displaystyle\sum_{i=1}^{N} \sum_{t=1}^{T} (x_{it} - \bar{\bar{x}})^2}$$

而 $\bar{\bar{x}} = \sum_{i=1}^{N} \sum_{t=1}^{T} x_{it} / NT$。最小二乘估计量 b_2 的方差表示为：

$$\text{var}(b_2|\mathbf{x}) = \text{var}\left(\sum_{i=1}^{N}\sum_{t=1}^{N} w_{it}e_{it}|\mathbf{x}\right) = \text{var}\left(\sum_{i=1}^{N} g_i|\mathbf{x}\right) \tag{15A.3}$$

其中，$g_i = \sum_{t=1}^{T} w_{it}e_{it}$ 是个体 i 误差的加权总和。因为我们有一个随机样本，不同个体的误差不相关，这意味着 g_i 与 g_j 不相关（$i \neq j$）。因此，

$$\text{var}(b_2|\mathbf{x}) = \text{var}\left(\sum_{i=1}^{N} g_i|\mathbf{x}\right) = \sum_{i=1}^{N}\text{var}(g_i|\mathbf{x})\left(\sum_{i=1}^{N}\sum_{j=i+1}^{N} 2\text{cov}(g_i, g_j|\mathbf{x})\right) = \sum_{i=1}^{N}\text{var}(g_i|\mathbf{x}) \tag{15A.4}$$

为了求出 $\text{var}(g_i|\mathbf{x})$，假设 $T=2$，则：

$$\text{var}(g_i|\mathbf{x}) = \text{var}\left(\sum_{t=1}^{2} w_{it}e_{it}|\mathbf{x}\right) = w_{i1}^2\text{var}(e_{i1}|\mathbf{x}) + w_{i2}^2\text{var}(e_{i2}|\mathbf{x}) + 2w_{i1}w_{i2}\text{cov}(e_{i1}, e_{i2}|\mathbf{x})$$

$$= w_{i1}^2\psi_{i11} + w_{i2}^2\psi_{i22} + 2w_{i1}w_{i2}\psi_{i12}$$

$$= \sum_{t=1}^{2}\sum_{s=1}^{2} w_{it}w_{is}\psi_{its}$$

对于 $T>2$，$\text{var}(g_i|\mathbf{x}) = \sum_{r=1}^{T}\sum_{s=1}^{T} w_{it}w_{is}\psi_{its}$。把这个表达式代入公式（15A.4），我们得到：

$$\text{var}(b_2|\mathbf{x}) = \sum_{i=1}^{N}\sum_{t=1}^{T}\sum_{s=1}^{T} w_{it}w_{is}\psi_{its}$$

$$= \frac{\sum_{i=1}^{N}\sum_{t=1}^{T}\sum_{s=1}^{T}(x_{it} - \bar{\bar{x}})(x_{is} - \bar{\bar{x}})\psi_{its}}{\left(\sum_{i=1}^{N}\sum_{t=1}^{T}(x_{it} - \bar{\bar{x}})^2\right)^2} \tag{15A.5}$$

回想一下，$\text{cov}(e_{it}, e_{is}|\mathbf{x}) = E(e_{it}, e_{is}|\mathbf{x}) = \psi_{its}$。聚类–稳健方差估计量是通过在公式（15A.5）中以 $\hat{e}_{it}$、$\hat{e}_{is}$ 替代 ψ_{its} 而得到的。因此，b_2 聚类–稳健标准误差表示为下式的平方根：

$$\widehat{\text{var}}(b_2|\mathbf{x}) = \frac{\sum_{i=1}^{N}\sum_{t=1}^{T}\sum_{s=1}^{T}(x_{it} - \bar{\bar{x}})(x_{is} - \bar{\bar{x}})\hat{e}_{it}\hat{e}_{is}}{\left(\sum_{i=1}^{N}\sum_{t=1}^{T}(x_{it} - \bar{\bar{x}})^2\right)^2} \tag{15A.6}$$

上述仅以含有一个解释变量的模型说明了聚类–稳健标准误的计算及其背后所包含的逻辑。要说明含有超过一个解释变量模型的稳健方差估计量，必须使用矩阵代数，但是原理是相同的。

最后，你会发现大多数软件包产生的聚类–稳健标准误对公式（15A.6）中的表达式应用了自由度校正。不过它们并不都使用相同的校正因子。当使用聚类–稳健标准误时，有效观测数为 G，即聚类数。[1]

附录15B 误差分量估计

随机效应模型表示为：

$$y_{it} = \beta_1 + \beta_2 x_{2it} + \alpha_1 w_{1i} + (u_i + e_{it}) \tag{15B.1}$$

其中，u_i 是个体特定误差，e_{it} 是通常的回归误差。我们将讨论 N 个个体和每个有 T 个时期

---

[1] 见 Carter, et al. "Asymptotic Behavior of a *t*-Test Robust to Cluster Heterogeneity," *The Review of Economics and Statistics*, 2017, 99 (4), 698–709.

序列观测值的平衡面板。为了进行广义最小二乘估计，我们需要一致估计个体特定误差分量的方差 σ_u^2 和回归误差的方差 σ_e^2。

回归误差的方差 σ_e^2 来自固定效应估计量。在公式（15.14）中，我们转换面板数据回归为"偏离个体均值"的形式：

$$y_{it} - \bar{y}_i = \beta_2(x_{2it} - \bar{x}_{2i}) + (e_{it} - \bar{e}_i) \tag{15B.2}$$

当最小二乘法应用到包括样本中每个个体虚拟变量的模型中时，该方程的最小二乘估计量得到相同的估计值和误差平方和（表示为 SSE_{DV}）。SSE_{DV} 除以一个适当的自由度即 $NT-N-K_S$（其中，K_S 是转换模型（15B.2）中参数的个数），可以得到 σ_e^2 的一致估计量：

$$\hat{\sigma}_e^2 = \frac{SSE_{DV}}{NT - N - K_S} \tag{15B.3}$$

对 σ_u^2 的估计量需要多做一点工作。我们从公式（15.13）中的时间平均观测值开始：

$$\bar{y}_i = \beta_1 + \beta_2 \bar{x}_{2i} + \alpha_1 w_{1i} + u_i + \bar{e}_i, i = 1, 2, \cdots, N \tag{15B.4}$$

公式（15B.4）的最小二乘估计量被称为组间估计量，因为它使用个体间的变化作为估计回归参数的基础。这个估计量是无偏且一致的，但是在随机效应模型的误差假设下不是最小方差。这个模型中的误差项是 $u_i + \bar{e}_i$，个体之间是不相关的，并具有同方差：

$$\mathrm{var}(u_i + \bar{e}_i) = \mathrm{var}(u_i) + \mathrm{var}(\bar{e}_i) = \mathrm{var}(u_i) + \mathrm{var}\left(\sum_{t=1}^{T} e_{it} / T\right)$$

$$= \sigma_u^2 + \frac{1}{T^2} \mathrm{var}\left(\sum_{t=1}^{T} e_{it}\right) = \sigma_u^2 + \frac{T\sigma_e^2}{T^2} \tag{15B.5}$$

$$= \sigma_u^2 + \frac{\sigma_e^2}{T}$$

通过估计公式（15B.5）中的组间回归以及将误差平方和 SSE_{BE} 除以自由度 $N-K_{BE}$（其中，K_{BE} 是组间回归参数的总数，包括截距参数），我们可以估计公式（15B.5）中的方差。则：

$$\widehat{\sigma_u^2 + \frac{\sigma_e^2}{T}} = \frac{SSE_{BE}}{N - K_{BE}} \tag{15B.6}$$

有了这个估计值，我们可以估计 σ_u^2 为：

$$\hat{\sigma}_u^2 = \widehat{\sigma_u^2 + \frac{\sigma_e^2}{T}} - \frac{\hat{\sigma}_e^2}{T} = \frac{SSE_{BE}}{N - K_{BE}} - \frac{SSE_{DV}}{T(NT - N - K_S)} \tag{15B.7}$$

使用所谓的Swamy-Arora方法，我们已获得 σ_u^2 和 σ_e^2 的估计值。该方法可在软件中实现并且构建得很好。不过，我们注意到，在有限样本中可能得到公式（15B.7）中的估计值 $\hat{\sigma}_u^2$ 是负的，这显然不可行。如果是这样的话，一个方法是简单地设定 $\hat{\sigma}_u^2 = 0$，这意味着不存在随机效应。或者，软件可能提供估计方差分量的其他选择，你可以试一试。

第 16 章

定性和受限因变量模型

学习目标

基于本章的内容，你应该能够：

1. 举出一些观测结果为二值变量的经济决策的例子。

2. 解释当对因变量为二值变量的模型进行估计时，为什么通常首选 probit 或 logit，而不是最小二乘法。

3. 举出一些经济决策的例子，其有序和无序观测结果是在几个备选方案中进行选择的。

4. 比较多项 logit 模型与条件 logit 模型。

5. 给出因变量是计数变量模型的一些的例子。

6. 讨论最小二乘估计中核准数据的应用。

7. 解释"样本选择"的含义。

关键词

备选特定变量	个体特定变量	多项选择模型
二值选择模型	潜变量	多项 logit 模型
核准数据	似然函数	有序 probit 模型
条件 logit 模型	似然比	序数变量
计数数据模型	受限因变量	泊松随机变量
可行广义最小二乘法	线性概率模型	泊松回归模型
Heckit 模型	logit 随机变量	概率比
识别问题	logit 模型	probit 模型
独立不相干替代（"IIA"）	对数似然函数	选择偏差
边际效应	Tobit 模型	指数模型
极大似然估计	截断数据	

在本书中，我们主要关注因变量是连续和完全可观测变量（如数量、价格和产出等）的计量经济模型。然而，微观经济学是选择的一般理论，许多个人和企业的选择不能由一个连续的结果变量来衡量。在本章中，我们将研究一些有趣的模型，这些模型用于描述选择行为，并且没有常规的连续因变量。我们的描述会比较简洁，因为我们不会考察所有的理论，但我们会为你展示丰富的经济学应用领域。

我们也介绍包含受限因变量的一种模型。所谓受限指的是，它们是连续的，但其取值的范围在某种程度上受到制约，其数值不是完全可观测的。对于这种情况，必须考虑最小二乘估计的替代方法，因为最小二乘估计量会有偏且不一致。

16.1 引入二值因变量模型

个人和企业的许多选择都具有"非此即彼"的特征。例如，一个高中毕业生要决定是否进入大学学习，一名工人要决定是驾车上班还是采用其他的交通方式，一个家庭要决定买房还是租房，一个公司要决定是否在当地一家报纸刊登其产品的广告。作为经济学家，我们试图去解释为什么会做出特定的选择及哪些因素进入了决策过程。我们也想知道各个因素对结果的影响有多大。这些问题引导我们构建一个二值（非此即彼）选择的统计模型。这个选择可以用二值（指示）变量来表示，选择一个结果，其值为1，否则其值为0。描述一种选择的二值变量是因变量，而不是一个独立的解释变量。这一事实影响我们对统计模型的选择。

选择模型在经济学中应用广泛。这些模型在代理人必须做出二选一的经济环境中很有用。例子包括：

- 解释为什么有些人兼职做第二份或第三份工作的经济模型。
- 解释为什么美国国会众议院的有些立法者赞成一个特定的法案而其他的立法者不赞成的经济模型。
- 解释为什么在大城市的银行有些贷款申请能被接受而另一些被拒绝的经济模型。
- 解释为什么在一所学校董事会选举中有些人赞成增加支出而其他人不赞成的经济模型。
- 解释为什么一些女大学生决定念工程专业而其他人不选择这个专业的经济模型。

上面的例子说明可能应用二值选择模型的多种情况。在每一种情况下，经济决策者都需要在两个相互排斥的结果中进行选择。

我们将用交通经济学的一个重要问题来说明二值选择模型。为简单起见，假设出行只有驾车（私人交通）和乘公共汽车（公共交通）两个选择。我们用指示变量代表个体的选择：

$$y=\begin{cases} 1 & \text{驾车上班} \\ 0 & \text{乘公共汽车上班} \end{cases} \tag{16.1}$$

个体做出选择以最大化其效用或福利，我们经济学家希望了解这一过程。导致选择的显著因素是什么？每个因素的权重是多少？我们能预测人们的选择是什么吗？这些问题导致我们考虑个体如何做出决定，如何建立一个选择过程的计量经济模型，以及如何对选择一种方案或其他方案的概率进行建模。

我们最好从头开始。与掷硬币并观测正反面机会等游戏的结果不同，选择替代方案的概率因个人而异，这些概率取决于许多因素，这些因素描述备选方案的个体特点。如在回归模型中一样，用 $\mathbf{x}_i=(x_{i1}=1,x_{i2},\cdots,x_{iK})$ 代表这些因素。第 i 个个体选择备选方案1的条件概率是 $P(y_i=1|\mathbf{x}_i)=p(\mathbf{x}_i)$，其中 $p(\mathbf{x}_i)$ 是因素 $\mathbf{x}_i$ 的函数，由于这是概率，$0 \leqslant p(\mathbf{x}_i) \leqslant 1$。选

择备选方案 2 的条件概率是 $P(y_i = 0|\mathbf{x}_i) = 1 - p(\mathbf{x}_i)$。我们可以将方程（16.1）中随机变量 y_i 的条件概率函数表示为：

$$f(y_i|\mathbf{x}_i) = p(\mathbf{x}_i)^{y_i}\left[1 - p(\mathbf{x}_i)\right]^{1-y_i} \qquad y_i = 0,1 \tag{16.2}$$

$P(y_i = 1|\mathbf{x}_i) = f(1|\mathbf{x}_i) = p(\mathbf{x}_i)$ 和 $P(y_i = 0|\mathbf{x}_i) = f(0|\mathbf{x}_i) = 1 - p(\mathbf{x}_i)$。概率选择的标准模型只是表示方法或近似的替代表示方法：$P(y_i = 1|\mathbf{x}_i) = p(\mathbf{x}_i)$。

实例 16.1　交通问题

交通经济学中的一个重要问题是，解释一个人选择出行方式时，在驾车（私人交通）和乘公共汽车（公共交通）之间所做的选择。为简单起见，假设这是仅有的两种选择。我们可以想象许多影响选择的因素，包括个体的特点（如年龄、收入和性别）、汽车的特点（如可靠性、舒适性和燃油经济性）和公共交通的特点（如可靠性、成本和安全性）。在我们的例子中，我们将关注一个单一的因素，即出行时间。定义解释变量：

$x_i =$（第 i 个个体乘公共汽车出行时间 - 驾车出行时间）

在验证之前，我们期望随着 x_i 的增加，乘公共汽车相对于驾车的出行时间增加，并且保持其他所有条件不变，个体将更倾向于驾车。假设备选方案 1 是驾车出行（$y_i = 1$）；备选 2 是乘坐公共汽车（$y_i = 0$），则第 i 个个体驾车出行的概率为 $P(y_i = 1|\mathbf{x}_i) = p(x_i)$。我们的推理表明，出行时间的差异与个体驾车出行的概率之间存在正相关关系。利用关于个体及其选择的数据，我们将获得关于乘公共汽车相对于驾车的出行时间增加影响个体会驾车出行的概率的估计值。使用这些估计值，当乘公共汽车的出行的时间比驾车的出行时间长（例如长 20 分钟）时，我们可以预测个体的选择。我们还将开发检验有关关系性质假设的方法，例如检验出行时间的差异是不是决策在统计上显著的一个因素。

16.1.1　线性概率模型

我们在第 7.4 节和第 8.7 节中讨论了线性概率模型。这是一个回归模型，它直接产生于期望值的定义。使用公式（16.2）中的概率模型：

$$E(y_i|\mathbf{x}_i) = \sum_{y_i=0}^{1} y_i f(y_i|\mathbf{x}_i) = 0 \times f(0|\mathbf{x}_i) + 1 \times f(1|\mathbf{x}_i) = p(\mathbf{x}_i) \tag{16.3}$$

总体平均结果，即平均选择，是选择备选方案 1 的概率。为如下概率设定线性回归模型是很自然的：

$$p(\mathbf{x}_i) = E(y_i|\mathbf{x}_i) = \beta_1 + \beta_2 x_{i2} + \cdots + \beta_K x_{iK} \tag{16.4}$$

让随机误差 e_i 解释观测结果 y_i 与条件均值 $E(y_i|\mathbf{x}_i)$ 之间的差异：

$$e_i = y_i - E(y_i|\mathbf{x}_i) \tag{16.5}$$

那么

$$y_i = E(y_i|\mathbf{x}_i) + e_i = \beta_1 + \beta_2 x_{i2} + \cdots + \beta_K x_{iK} + e_i \tag{16.6}$$

如果 $E(e_i|\mathbf{x}_i) = 0$，则参数的最小二乘估计量是无偏的，或如果随机误差 e_i 与 $\mathbf{x}_i = (x_{i1} = 1 x_{i2} + \cdots + x_{iK}$ 不相关，则最小二乘估计量是一致的。这些是通常的 OLS 属性。

对于连续变量 x_{ik}，**边际效应**是：

$$\frac{\partial E\left(y_i|\mathbf{x}_i\right)}{\partial x_{ik}} = \beta_k \tag{16.7}$$

假设 $\beta_k > 0$。x_{ik} 增加一个单位，$p\left(\mathbf{x}_i\right)$（选择备选方案 1 的概率）会增加恒定值 β_k。这使我们陷入不舒服的境地，即得出结论：如果 x_{ik} 变得足够大，则概率可以变为 1 或大于 1。类似地，如果 $\beta_k < 0$，x_{ik} 变得足够大，则选择方案 1 的概率可能为负。这些是线性概率模型中的逻辑不一致之处。正是由于这些困难，我们在第 16.2 节中开发了线性概率模型的替代方案。然而回归模型方法是非常熟悉的，现在很容易，它是一个有用的近似工具，用于估计非极端情况下的边际效应。

除了如上所述的逻辑问题（这是很重要的）之外，使用线性概率模型还有另外两个小问题。首先，由于 y_i 只取两个值 1 和 0，$\beta_1 + \beta_2 x_{i2} + \cdots + \beta_K x_{iK} + e_i$ 取相同的两个值一定为真。如果 $y_i = 1$，则 $\beta_1 + \beta_2 x_{i2} + \cdots + \beta_K x_{iK} + e_i = 1$，所以，

$$e_i = 1 - \left(\beta_1 + \beta_2 x_{i2} + \cdots + \beta_K x_{iK}\right)$$

这似乎很奇怪——解释所有省略因素和其他设定错误的随机误差只取两个值。这是将线性回归结构强加给一个选择问题的结果，在这个问题中，结果是二值的，1 或 0。

其次，随机误差中的条件方差为：

$$\text{var}\left(e_i|\mathbf{x}_i\right) = p\left(\mathbf{x}_i\right)\left[1 - p\left(\mathbf{x}_i\right)\right] = \sigma_i^2 \tag{16.8}$$

并且必然具有异方差。在估计线性概率模型时，必须识别这一特征。在使用 OLS 估计量时，我们至少必须使用异方差稳健标准误，或者使用 FGLS，即第 8.6 节中讨论的**可行广义最小二乘**估计方法。

实例 16.2　交通问题：线性概率模型

Ben-Akiva 和 Lerman[1] 研究了数据文件 *transport*（样本 $N=21$），其中包括有关驾车和选择公共交通出行时间和备选方案的样本数据。变量 *AUTO* 是一个指示变量，如果选择了驾车，则取值为 1；如果选择了公共交通，则取值为 0，

$$AUTO = \begin{cases} 1, & \text{选择驾车} \\ 0, & \text{选择公共交通} \end{cases}$$

变量 *AUTOTIME* 和 *BUSTIME* 是出行时间的分钟数。我们考虑的解释变量为 *DTIME* = (*BUSTIME* − *AUTOTIME*) ÷ 10，它是出行时间差，以 10 分钟为增量。线性概率模型为 $AUTO_i = \beta_1 + \beta_2 DTIME_i + e_i$。具有异方差稳健标准误的 OLS 拟合模型为：

$$\widehat{AUTO}_i = 0.4848 + 0.0703 DTIME_i \qquad R^2 = 0.61$$
$$(robse) \quad (0.0712)\ (0.0085)$$

我们估计，如果选择公共交通和驾车的出行时间相等，*DTIME*=0，那么个体选择驾车出行的概率为 0.4848，接近 50：50，在 95% 置信水平下区间估计值为 [0.34, 0.63]。我们估计，在所有其他条件不变的情况下，相对于驾车出行时间而言，乘坐公共汽车出行时间增加 10 分钟，选择驾车出行的概率增加 0.07，在 95% 置信水平下区间估计值为 [0.0525, 0.0881]，这似乎相对准确。实际上，对精度的任何判断都取决于结果的用途。拟合模型可用于估计任何出行时间之差下驾车出行的概率。例如，如果 *DTIME*=1，选择

---

[1]　(1985) *Discrete Choice Analysis*.MIT Press.

公共交通出行时间要长 10 分钟，我们估计驾车出行的概率为：$\widehat{AUTO}_i = 0.4848 + 0.0703(1) = 0.5551$。

模型对数据的拟合程度如何？$R^2 = 0.61$ 表明模型解释了结果变量中 61% 的变化。使用概率模型，我们可以检查模型对结果的预测程度。让我们使用 0.50 的概率阈值来预测选择。也就是说，如果 $\widehat{AUTO}_i \geq 0.50$，我们预测一个人会驾车去工作，否则我们预测一个人会选择公共交通。在 21 个个体的样本中，有 10 个人驾车出行，有 11 个人利用公共交通。运用分类规则，我们成功地预测了 10 名驾车的人中的 9 名，以及 11 名乘公共汽车的人中的 10 名。这是 21 个案例中的 19 个成功预测。看看个人驾车估计概率，我们发现有三个负值。如果乘坐公共汽车出行时间为 69 分钟或更少，则估计驾车概率为 0 或负数。如果乘坐公共汽车的人的出行时间为 73 分钟或更长，则估计驾车概率为 1 或更大。

16.2 二值选择建模

在对二值选择进行建模时，关键的概念是选择一个或另一个的概率。概率必须在 0 和 1 之间，并且第 16.1 节中线性概率模型的缺陷在于它没有施加此约束。我们现在转向两个用于二值选择的非线性模型，即 probit 模型和 logit 模型，它们确保选择概率保持在 0 和 1 之间。为了将选择概率 $p(\mathbf{x}_i)$ 保持在区间（0，1）内，可以使用非线性 S 形曲线。在图 16-1（a）中，对于单个解释变量 x 给出了一条这样的曲线。例如，如果 $\beta_2 > 0$，则随着 x 的增加和 $\beta_1 + \beta_2 x$ 的增加，概率曲线首先迅速上升，然后开始以递减速率增加，不管 x 变成多大，保持概率小于 1。另外，概率接近但从未达到 0。概率曲线的斜率 $dp(x_i)/dx_i$ 是给定 x 单位变化情况下的概率变化。这是**边际效应**，与线性概率模型不同，斜率不是恒定的。

图 16-1（a）所示的曲线是标准正态随机变量的累积分布函数（cdf）。S 曲线的这种选择产生了一个称为 probit 的模型。任何连续随机变量的 cdf 函数都可以使用，并且多年来已经尝试了许多。如今，标准正态 cdf 的主要竞争对手是 **logistic 随机变量** cdf，这产生了一个称为 logit 的模型。在二值选择的情况下，probit 和 logit 模型提供了非常相似的推论。经济学家倾向于在个体选择应用中选择 probit 而不是 logit 模型，因为它在逻辑上遵循效用最大化行为和随机效用模型（RUMs），假设两种选择的效用的未观测分量服从联合正态分布。为了在此框架内获得 logit 模型，两种替代方案的未观测到的效用分量必须在统计上独立，并且具有不寻常的概率密度函数（pdf）。[1]然而，logit 模型在许多学科中得到了广泛的应用，并得到了适当的推广。我们将讨论 probit 模型和 logit 模型。

16.2.1 二值选择 probit 模型

如上所述，probit 模型是基于标准正态 cdf。如果 Z 是标准正态随机变量，则其 pdf 为：

$$\phi(z) = \frac{1}{\sqrt{2\pi}} e^{-0.5z^2} \qquad -\infty < z < \infty \tag{16.9a}$$

标准正态分布的 cdf 为：

---

① 有关 RUM 和选择模型的更多信息，见附录 16B。也参见 Kenneth Train（2009）*Discrete Choice Methods with Simulation*, *Second Edition*, Cambridge University Press.

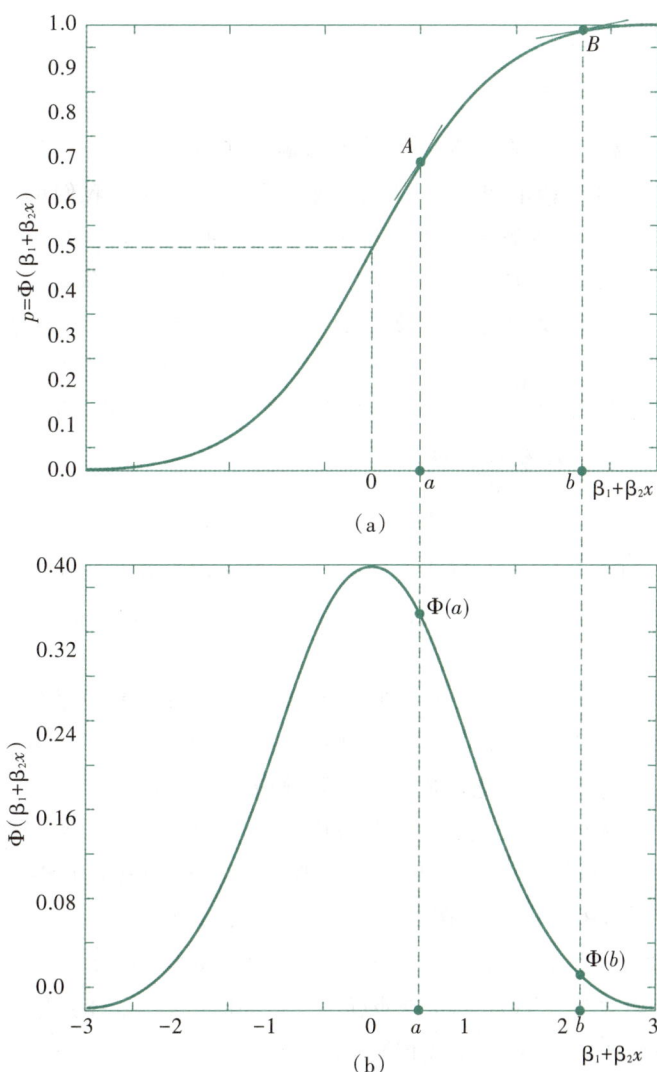

图 16-1 （a）标准正态 *cdf*；(b)标准正态 *pdf*

$$\Phi\left(z\right)=P\left[Z\leqslant z\right]=\int_{-\infty}^{z}\frac{1}{\sqrt{2\pi}}e^{-0.5u^{2}}du \tag{16.9b}$$

这个积分表达式是标准正态随机变量落在 z 点左边的概率。在几何术语中，它是 z 左边标准正态 *pdf* 下的区域。用几何术语表示，它是 z 左边标准正态 *pdf* 下的面积。函数 $\Phi\left(z\right)$ 是我们用来计算正态概率的 *cdf*。

probit 统计模型把选择备选方案 1 的概率 $p\left(\mathbf{x}_{i}\right)$ 表示为：

$$P\left(y_{i}=1|\mathbf{x}_{i}\right)=p\left(\mathbf{x}_{i}\right)=P\left[Z\leqslant\beta_{1}+\beta_{2}x_{i2}+\cdots+\beta_{K}x_{iK}\right]=\Phi\left(\beta_{1}+\beta_{2}x_{i2}+\cdots+\beta_{K}x_{iK}\right)$$

$$\tag{16.10}$$

其中，$\Phi\left(z\right)$ 是标准正态 *cdf*。probit 模型被称为非线性的，因为公式（16.10）是参数 $\beta_{1},\cdots,\beta_{K}$ 的非线性函数。如果参数 $\beta_{1},\cdots,\beta_{K}$ 是已知的，我们可以用公式（16.10）求出对于任意一组预测因子值 $\mathbf{x}_{i}=\left(x_{i1}=1,x_{i2},\cdots,x_{iK}\right)$、备选方案 1 被选择的概率。由于这些参数

是未知的，我们将估计它们。

16.2.2 解释 probit 模型

解释 probit 模型需要做一些工作。我们如何衡量任何一个变量 x_{ik} 的影响取决于它是连续变量还是离散变量（如指示变量）。当解释变量是连续的时，我们可以检查其值的变化对概率 $p(\mathbf{x}_i)$ 的边际影响。当解释变量是指示变量时，我们可以计算与 $x_{ik}=0$ 和 $x_{ik}=1$ 相关的概率 $p(\mathbf{x}_i)$ 的差。在这两种情况下，我们都必须处理这样一个事实，即效应大小不仅取决于参数值 $\beta_1,\cdots,\beta_k$，而且取决于解释变量的值 $\mathbf{x}_i=(x_{i1}=1,x_{i2},\cdots,x_{iK})$。我们将分别检查这些情况。

连续解释变量的边际效应 如果 x_k 是连续变量，那么我们可以通过求出公式（16.10）的导数来计算边际效应。边际效应为：

$$\frac{\partial p(\mathbf{x}_i)}{\partial x_{ik}}=\frac{\partial \Phi(t_i)}{\partial t_i}\cdot\frac{\partial t_i}{\partial x_{ik}}=\phi(\beta_1+\beta_2 x_{i2}+\cdots+\beta_K x_{iK})\beta_k \tag{16.11}$$

其中，$t_i=\beta_1+\beta_2 x_{i2}+\cdots+\beta_K x_{iK}$，$\phi(\beta_1+\beta_2 x_{i2}+\cdots+\beta_K x_{iK})$ 是在 $\beta_1+\beta_2 x_{i2}+\cdots+\beta_K x_{iK}$ 处评估的标准正态 pdf。为了获得此结果，我们使用了微分的链式规则（请参阅附录 A.3.1 中的微分规则 9）。注意，边际效应包括标准正态随机变量的 pdf，即 $\phi(\cdot)$。

为了简化代数，假设有单个连续的解释变量 x。probit 概率模型为 $p(x_i)=P[Z\leqslant\beta_1+\beta_2 x_i]=\Phi(\beta_1+\beta_2 x_i)$。假设 $\beta_2>0$，这就是图 16-1（a）中的 S 形曲线的方程。在图 16-1（a）中的 A 点，$\beta_1+\beta_2 x_i=a$，x 的变化对概率的边际效应是切线的斜率。在图 16-1（a）中的 B 点，$\beta_1+\beta_2 x_i=b$ 且概率 $\Phi(b)$ 更大，边际效应更小，当 x 增加时，概率函数必须小于 1。

边际效应的方程 $dp(x_i)/dx_i=\phi(\beta_1+\beta_2 x_i)\beta_2$ 是概率函数在点 $\beta_1+\beta_2 x_i$ 处的斜率。概率密度函数（pdf）$\phi(\beta_1+\beta_2 x_i)$ 如图 16-1（b）所示，其与累积分布函数 $\Phi(\beta_1+\beta_2 x_i)$ 的关系出现在边际效应中。如公式（16.9）中所述，cdf 是 pdf 的积分，因此可以得出 pdf 是公式（16.11）中 cdf 的导数。因为 $\phi(a)>\phi(b)$，所以在 A 点的边际效应更大。边际效应方程 $dp(x_i)/dx_i=\phi(\beta_1+\beta_2 x_i)\beta_2$ 具有以下含义：

1. 由于 $\phi(\beta_1+\beta_2 x_i)$ 是 pdf，因此其值始终为正。因此，$\dfrac{dp(x_i)}{dx_i}$ 的符号由 β_2 的符号决定。如果 $\beta_2>0$，则 $\dfrac{dp(x_i)}{dx_i}>0$；如果 $\beta_2<0$，则 $\dfrac{dp(x_i)}{dx_i}<0$。

2. 随着 x_i 的变化，函数 $\phi(\beta_1+\beta_2 x_i)$ 的值也会变化。当 $\beta_1+\beta_2 x_i=0$ 时，标准正态 pdf 达到其最大值。在这种情况下，$p(x_i)=P[Z\leqslant 0]=\Phi(0)=0.5$；备选方案 1 和备选方案 2 被选择的概率相同。在这种情况下，x_i 的变化具有最大的影响，边际效应最大，因为个体"处于临界点"。

3. 另外，如果 $\beta_1+\beta_2 x_i$ 很大，如接近于 3，则个人选择备选项 1 的概率 $p(x_i)$ 非常大且接近 1。在这种情况下，因为 $\phi(\beta_1+\beta_2 x_i)$ 接近于 0，所以 x_i 变化的影响相对较小。如果 $\beta_1+\beta_2 x_i$ 是一个较大的负值（如接近于 -3），情况也是如此。这些结果与以下观点相一致：如果个体以自己的方式"被设定"，有 $p(x_i)$ 接近 0 或 1，则 x_i 的微小变化所产生的影响就可以忽略不计。

指示解释变量的离散变化效应 公式（16.11）中的边际效应仅在解释变量 x_k 是连续时才有效。如果 x_k 是离散变量，如个体性别的指示变量，则不能使用公式（16.11）中的导数。相反，我们可以计算 x_k 概率效应的离散变化（从 0 变到 1）：

$$\Delta p(\mathbf{x}_i) = p(\mathbf{x}_i | x_{ki} = 1) - p(\mathbf{x}_i | x_{ki} = 0) \tag{16.12a}$$

为了简化符号，假设 $p(\mathbf{x}_i) = \Phi(\beta_1 + \beta_2 x_{i2} + \delta D_i)$，其中 D_i 是指示变量。与 $D_i = 0$ 时相比，在给定 $D_i = 1$ 的情况下，选择备选方案 1 的概率差异为：

$$\Delta p(\mathbf{x}_i) = p(\mathbf{x}_i | D_i = 1) - p(\mathbf{x}_i | D_i = 0) = \Phi(\beta_1 + \beta_2 x_{i2} + \delta) - \Phi(\beta_1 + \beta_2 x_{i2}) \tag{16.12b}$$

变化可以是正的，也可以是负的，这取决于参数 δ 的符号。如果 $\delta > 0$，那么选择备选方案 1 的概率就会增加。如果 $\delta < 0$，则选择备选方案 1 的概率降低。请注意，效应的大小取决于参数 δ 的符号和大小，但也取决于其他解释变量及其参数的值。

解释变量的离散变化效应 离散变化方法的使用不仅限于指示变量，也可以将其用于计数的解释变量，如 $x_3 = 0, 1, 2, \cdots$。假设 y_i 是个人的健康状况，如血压是否过高，x_3 是这个人每周锻炼的次数。我们可能对从每周锻炼一次增加到每周锻炼三次的人患高血压病概率的变化感兴趣。离散变化方法也可以用于连续变量。假设 x_3 是每周运动的分钟数。我们可能感兴趣的是，将每周锻炼的时间从 90 分钟增加到 120 分钟，患高血压病概率的变化。通常，假设我们对从 $x_{i3} = c$ 变为 $x_{i3} = c + \delta$ 感兴趣。那么概率的离散变化为：

$$\begin{aligned}\Delta p(\mathbf{x}_i) &= p(\mathbf{x}_i | x_{i3} = c + \delta) - p(\mathbf{x}_i | x_{i3} = c) \\ &= \Phi(\beta_1 + \beta_2 x_{i2} + \beta_3 c + \beta_3 \delta) - \Phi(\beta_1 + \beta_2 x_{i2} + \beta_3 c)\end{aligned} \tag{16.12c}$$

由于模型是非线性的，因此 c 和 δ 的值将影响概率的变化。

估计边际和离散变化效应 为了估计公式（16.11）中的边际效应或公式（16.12）的离散变化效应，我们必须有参数估计值 $\tilde{\beta}_1, \cdots, \tilde{\beta}_K$。估计值是通过极大似然估计获得的，我们将在第 16.2.3 节中讨论。目前，假设我们有这些估计值。

在实践中，它们就像 OLS 估计值一样，用一个简单的计算机命令获得。现在关注解释变量 $\mathbf{x}_i = (x_{i1} = 1, x_{i2}, \cdots, x_{ik})$ 的可能值。报告边际效应有几种选择：

1. 均值的边际效应（MEM）[①] 一种选择是 $\bar{\mathbf{x}} = (1, \bar{x}_2, \cdots, \bar{x}_K)$，其中 $\bar{x}_k$ 是第 k 个解释变量的样本均值。这里我们感兴趣的有两点。首先，与线性回归模型不同，拟合的概率模型不通过"均值点"，因此选择点 $\bar{\mathbf{x}}$ 没有特殊意义。其次，对于指示变量，例如女性（$x_{ik} = 1$）和男性（$x_{ik} = 0$），平均值 $\bar{x}_K$ 是样本中的女性部分。不是 1 或 0，我们可能有 $\bar{x}_K = 0.53$，表明样本中 53% 是女性。

2. 代表值的边际效应（MER） 另一种可能性是选择 $\mathbf{x}_i = (x_{i1} = 1, x_{i2}, \cdots, x_{iK})$ 的值来反映特定情况，这是讲述关于结果的"故事"的一组值。也就是说，假设 x_{i2} 是一个人的受教育年限，x_{i3} 是其性别（1=女性），x_{i4} 是其收入（以千美元为计算单位）。我们可以设定 $\mathbf{x}_i = (1, x_{i2} = 14, x_{i3} = 1, x_{i4} = 100)$，代表受过 14 年教育、年收入为 100 000 美元的女性。这种方法更有用，因为变量的代表值在研究问题中应该有一定的意义，但在某种意义上，它在

---

① 这里使用的缩写 MEM，MER，AME，引用于 Cameron and Trivedi（2010）*Microeconometrics Using Stata*, *Second Edition*, pp. 343–356.

描述结果时是最有意义的。当然，一些变量的代表值可能是变量均值、中位数或四分位数。

3. 平均边际效应（AME） 第三种选择是计算样本平均边际效应。对于连续变量，AME是在每个样本观测值中所评估的公式（16.11）的样本平均值：

$$\text{AME}(x_k) = N^{-1} \sum_{i=1}^{M} \partial p(\mathbf{x}_i) / \partial x_{ik} = \beta_k \sum_{i=1}^{M} \phi(\beta_1 + \beta_2 x_{i2} + \cdots + \beta_K x_{iK}) / N \quad (16.13\text{a})$$

对于离散变量，我们对公式（16.12a）中的差分进行平均。在简单模型 $p(\mathbf{x}_i) = \Phi(\beta_1 + \beta_2 x_{i2} + \delta D_i)$ 中，该平均值为：

$$\text{AME}(D) = N^{-1} \sum_{i=1}^{M} \Delta p(\mathbf{x}_i)$$
$$= \sum_{i=1}^{N} \phi(\beta_1 + \beta_2 x_{i2} + \delta) / N - \sum_{i=1}^{N} \phi(\beta_1 + \beta_2 x_{i2}) / N \quad (16.13\text{b})$$

例如，如果某人是女性，$D_i = 1$，则第一项 $\sum_{i=1}^{N} \Phi(\beta_1 + \beta_2 x_{i2} + \delta) / N$ 把女性性别分配给样本中的每个人，第二项 $\sum_{i=1}^{N} \Phi(\beta_1 + \beta_2 x_{i2}) / N$ 把男性性别分配给样本中的所有人。计算AME有两个优点。首先，这使我们不必对该做什么做出选择。第二，依据"大数定律"的论点，样本平均边际或离散变化效应可以被认为是估计总体对变量变化的平均响应。

4. 直方图 第四种选择是检查为样本中的每个 "$\mathbf{x}_i$" 计算出的边际效应的直方图。

使用probit模型预测选择 最后但并非最不重要的是，我们不仅可以使用probit模型来估计个体选择一个或另一个备选方案的概率，而且还可以预测他们将做出的选择。概率模型为 $p(\mathbf{x}_i) = \Phi(\beta_1 + \beta_2 x_{i2} + \cdots + \beta_K x_{iK})$。给定解释变量的值和参数估计值 $\tilde{\beta}_1, \cdots, \tilde{\beta}_K$，我们可以估计一个人选择备选方案1的概率为 $\tilde{p}(\mathbf{x}_i) = \Phi(\tilde{\beta}_1 + \tilde{\beta}_2 x_{i2} + \cdots + \tilde{\beta}_K x_{iK})$。通过将估计概率与合适的阈值 τ 进行比较，可以预测选择。我们想到的第一个阈值为0.5。如果我们估计概率大于或等于0.5，则我们预测 $\tilde{y}_i = 1$；如果估计概率小于0.5，则我们预测 $\tilde{y}_i = 0$。

阈值0.5不一定是我们使用的最佳阈值。例如，假设我们是贷款机构的信贷员，并且必须决定是否向申请人提供贷款。通过使用以前借款人的数据，我们可以估计贷款能否按时偿还（按时偿还 $y_i = 1$，否则 $y_i = 0$）的概率模型，作为借款人和贷款特征的函数。事实上，大多数借款人确实偿还了他们的贷款。如果90%的借款人偿还了他们的贷款，我们对申请人的估计还款概率是0.60，那么这是一个对提供贷款的弱支持。对于贷款人来说，选择利润最大化阈值 τ^* 并不是一项容易的任务。正确的决定是将贷款提供给会偿还的人，而不是将贷款提供给不会偿还的人。贷款人必须权衡两种错误的决定。如果贷款人向不偿还贷款的人提供贷款，那么会产生与收取贷款有关的成本（损失），如进一步信函、法律诉讼等。如果贷款人不向愿意偿还的人提供贷款，就会失去利润和产生机会成本。贷款人必须比较这些错误的成本。如果提高阈值，就会增加预期利润；如果降低阈值，就会有更多的收集成本。

16.2.3 Probit模型的极大似然估计

极大似然估计（MLE）方法在附录C.8中讨论。极大似然估计是基于一种替代最小二乘原理或其他原理（例如广义最小二乘）或矩量法的原理，尽管它有时会产生相同的结果。MLE方法非常适合本章讨论的模型，包括Probit二值选择模型。在某些合适的条件下，极大似然估计量具有在大样本中有效的性质。如果 $\tilde{\beta}_k$ 是参数 β_k 的极大似然估计量，则它是一个一致的估计量 $p\lim\tilde{\beta}_k = \beta_k$，并且在大样本它服从近似正态分布 $\tilde{\beta}_k \overset{a}{\sim} N[\beta_k, \text{var}(\tilde{\beta}_k)]$。估计量方差是已知的（尽管在代数上很复杂），并且可以用几种方法进行一致估计。如果 $\widehat{\text{var}}(\tilde{\beta}_k)$ 是 $\text{var}(\tilde{\beta}_k)$ 的一致估计量，则我们可以计算标准误 $\text{se}(\tilde{\beta}_k) = \sqrt{\widehat{\text{var}}(\tilde{\beta}_k)}$。使用标准误，我们可以以通常的方式，计算区间估计值 $\tilde{\beta}_k \pm z_{(1-\alpha/2)}\text{se}(\tilde{\beta}_k)$、执行"$t$检验"等。所有这些理论结果均在附录C.8中进行说明。在实例16.3中，我们给出极大似然估计方法的本质。

实例16.3 probit极大似然估计：一个小例子

我们首先根据实例16.1和实例16.2，利用选择模型的缩略版本来说明极大似然估计的思想。假设我们随机选择三个个体，并观测到前两个人驾车出行而第三个人乘公交车出行，即，$y_1=1$，$y_2=1$，$y_3=0$。此外，假设这三个人以分钟来计算的 x 值为 $x_1=1.5$，$x_2=0.6$，$x_3=0.7$。$y_1=1$，$y_2=1$，$y_3=0$ 的联合概率是多少？y_i 的概率函数如公式（16.2）所示，现在我们把它与probit模型（16.10）结合，得到：

$$f(y_i|x_i) = \left[\Phi(\beta_1 + \beta_2 x_i)\right]^{y_i}\left[1 - \Phi(\beta_1 + \beta_2 x_i)\right]^{1-y_i}, \quad y_i = 0, 1$$

如果这三个人都是独立被抽取的，则 y_1、y_2、y_3 的联合概率密度函数是边际概率函数的乘积：

$$f(y_1, y_2, y_3|x_1, x_2, x_3) = f(y_1|x_1) f(y_2|x_2) f(y_3|x_3)$$

因此，观测 $y_1=1$，$y_2=1$，$y_3=0$ 的概率为：

$$P(y_1 = 1, y_2 = 1, y_3 = 0|x_1, x_2, x_3)$$
$$= f(1, 1, 0|x_1, x_2, x_3) = f(1|x_1) f(1|x_2) f(0|x_3)$$

将 y 和 x 的值代入，我们得到：

$$
\begin{aligned}
P(y_1 &= 1, y_2 = 1, y_3 = 0|x_1, x_2, x_3) \\
&= \Phi[\beta_1 + \beta_2(1.5)] \times \Phi[\beta_1 + \beta_2(0.6)] \\
&\quad \times \{1 - \Phi[\beta_1 + \beta_2(0.7)]\} \\
&= L(\beta_1, \beta_2|y, x)
\end{aligned}
\tag{16.14}
$$

在统计学中，观测样本数据的概率的函数（16.14）称为似然函数。表达式 $L(\beta_1, \beta_2|y, x)$ 表明，一旦我们得到数据，似然函数是未知参数的函数。直观上使用最大化观测结果的概率或可能性的 $\tilde{\beta}_1$ 和 $\tilde{\beta}_2$ 值作为估计值是合理的。不过不像线性回归模型的最小二乘估计那样，对于probit模型，没有公式给我们 $\tilde{\beta}_1$ 和 $\tilde{\beta}_2$ 的值。因此，我们必须利用计算机和数值分析技术来求出最大化 $L(\beta_1, \beta_2|y, x)$ 的 $\tilde{\beta}_1$ 和 $\tilde{\beta}_2$ 值。在实践中，我们不是最大化公式（16.14），而是最大化公式（16.14）的对数，这被称为**对数似然函数**：

$$
\begin{aligned}
\ln L\left(\beta_1, \beta_2 \mid y, x\right) &= \ln\left\{\Phi\left[\beta_1 + \beta_2(1.5)\right] \times \Phi\left[\beta_1 + \beta_2(0.6)\right]\right. \\
&\quad \left. \times\left\{1 - \Phi\left[\beta_1 + \beta_2(0.7)\right]\right\}\right\} \\
&= \ln\Phi\left[\beta_1 + \beta_2(1.5)\right] + \ln\Phi\left[\beta_1 + \beta_2(0.6)\right] \\
&\quad + \ln\left\{1 - \Phi\left[\beta_1 + \beta_2(0.7)\right]\right\}
\end{aligned}
\tag{16.15}
$$

从表面上看，这似乎是一项困难的任务，因为公式（16.9）中的 $\Phi(z)$ 是一个如此复杂的函数。然而，事实证明，使用计算机最大化公式（16.15）是一个相对容易的过程。

对数似然函数 $\ln L\left(\beta_1, \beta_2 \mid y, x\right)$ 的最大化比公式（16.14）的最大化容易，因为它是各项的和，而不是各项的乘积。logit 是非递减或单调的函数，结果两个函数 $L\left(\beta_1, \beta_2 \mid y, x\right)$ 和 $\ln L\left(\beta_1, \beta_2 \mid y, x\right)$ 的最大值发生在 β_1 和 β_2 的相同值上，即 $\tilde{\beta}_1$ 和 $\tilde{\beta}_2$。在最大化值 $\tilde{\beta}_1$ 和 $\tilde{\beta}_2$ 处估计出的对数似然函数（16.15）的值对假设检验非常有用，这在第 16.2.4 和第 16.2.5 节讨论。这些值最大化对数似然函数 $\ln L\left(\beta_1, \beta_2 \mid y, x\right)$，也最大化似然函数 $L\left(\beta_1, \beta_2 \mid y, x\right)$。它们是极大似然估计值。我们可能尝试的其他任何参数值将产生一个较低的对数似然函数值。我们将这些值插入公式（16.15），得到在极大似然估计值处估计出的对数似然函数值，即 $L\left(\tilde{\beta}_1, \tilde{\beta}_2 \mid y, x\right) = -1.5940$。

极大似然估计方法的一个有趣特点是，虽然在小样本中其属性是未知的，但我们可以证明，极大似然估计量在大样本中服从正态分布，而且是一致和最优的，即无竞争的估计量具有更小的方差。附录 C.8 充分讨论了极大似然估计量的性质。

仅出于演示的目的，在上述数值说明中我们只使用了 3 个观测值。在实践中，极大似然估计方法应该仅仅适用于大样本。在下一节中，我们将介绍另一个简单的例子，说明概率 probit 选择模型更多方面的内容。

实例 16.4　交通数据：probit 估计

在实例 16.2 中，我们使用数据 *transport* 估计了线性概率模型。在本例中，我们进行 probit 估计。probit 模型为 $P(AUTO = 1) = \Phi\left[\beta_1 + \beta_2 DTIME\right]$。参数的极大似然估计值是：

$$
\tilde{\beta}_1 + \tilde{\beta}_2 DTIME = -0.0644 + 0.3000 DTIME
$$
$$
\text{(se)} \qquad (0.3992)\ (0.1029)
$$

参数估计值下方括号内的值是在大样本中有效的估计标准误。这些标准误可以被用来进行通常的假设检验和区间估计值构建，保证它们在大样本中是有效的。$\tilde{\beta}_1$ 负的符号意味着，当乘坐公交车和驾车出行时间相等时，$DTIME = 0$。相对于公共交通，人们对驾车出行有偏见。当 $DTIME = 0$ 时，一个人选择驾车上班的估计概率为 $\hat{P}(AUTO = 1 \mid DTIME = 0) = \Phi(-0.0644) = 0.4743$。$\tilde{\beta}_2$ 正的符号表明，相对于驾车出行时间，乘公交车出行时间的增加会提高一个人选择驾车出行的概率，这个系数在统计上是显著的。

假设目前乘公交车出行比驾车多 20 分钟，我们要估计乘坐公交车时间增加的边际效应。利用公式（16.11）：

$$\widetilde{\frac{dp}{dDTIME}} = \phi\left(\tilde{\beta}_1 + \tilde{\beta}_2 DTIME\right)\tilde{\beta}_2$$

$$= \phi\left(-0.0644 + 0.3000 \times 2\right)\left(0.3000\right)$$

$$= \phi\left(0.5355\right)\left(0.3000\right) = 0.3456 \times 0.3000 = 0.1037$$

对于这个 probit 概率模型，给定乘公交车比驾车多花 20 分钟，乘公交车出行时间每增加 10 分钟，选择驾车出行的概率提高大约 0.1037。

probit 模型的估计参数，也可以用来"预测"一个人必须在驾车和乘公交车之间做出选择的行为。如果一个个体面临的情况是，乘坐公交车比驾车出行多花 30 分钟，那么利用公式（16.12），其会选择驾车的估计概率可以计算出来：

$$\hat{p} = \Phi\left(\tilde{\beta}_1 + \tilde{\beta}_2 DTIME\right) = \Phi\left(-0.0644 + 0.3000 \times 3\right)$$

$$= 0.7983$$

因为此人会选择驾车出行的估计概率是 0.7983，大于 0.5，因此我们"预测"，当乘公交车比驾车出行多花 30 分钟时，他会选择驾车出行。

实例 16.5 交通数据：估计后的进一步分析

在实例 16.4 中，我们估计了选择的 probit 模型，并说明了基本计算。在本例中，我们进行进一步更高级的估计后分析。

在代表值处的边际效应（MER）

出行时间之差变化的边际效应为：

$$\widetilde{\frac{dp}{dDTIME}} = \phi\left(\tilde{\beta}_1 + \tilde{\beta}_2 DTIME\right)\tilde{\beta}_2 = g\left(\tilde{\beta}_1, \tilde{\beta}_2\right)$$

边际效应是一个估计量，因为给定 DTIME，它是估计量 $\tilde{\beta}_1$ 和 $\tilde{\beta}_2$ 的一个函数。第 5.7.4 节和附录 5B 中"增量法"的讨论与这里是相关的，因为边际效应是 $\tilde{\beta}_1$ 和 $\tilde{\beta}_2$ 的一个非线性函数。边际效应估计量是一致的，服从渐近正态分布，方差由公式（5B.4）给出。利用这个结果，我们可以检验其边际效应，或计算其区间估计值。例如，应用增量法，如果目前的时间差是 20 分钟，这样代表值为 DTIME=2，估计的边际效应（MER）为 0.1037，边际效应的估计标准误为 0.0326。因此，利用 t 临界值 $t_{(0.975,19)} = 2.093$，边际效应的 95% 区间估计值为 [0.0354, 0.1720]。该区间是相当宽的。然而回忆一下，极大似然估计值仅基于 21 个观测值，这是一个非常小的样本。标准误计算详情见附录 16A.1。

在均值处的边际效应（MEM）

如果很难识别出感兴趣的特定值，则许多研究人员会"在均值处"估计边际效应（MEM）。在这些数据中，平均出行时间之差为 $\overline{DTIME}$=−0.1224（1.2 分钟），对于该值，时间之差增加 10 分钟的边际效应为 0.1191。与 DTIME=2 相比，稍微更大的影响与第 16.2.1 节讨论的第二点一致。当出行时间之差均值接近零，出行时间之差变化的影响更大。如果我们将 $\overline{DTIME}$ 视为给定值，我们可以计算这个边际效应的标准误，就像我们对 MER 所做的那样。

平均边际效应（AME）

与其评估特定值或均值的边际效应，不如计算在每个样本数据点处评估的边际效应的平均值，即：

$$\widehat{AME} = \frac{1}{N}\sum_{i=1}^{N}\phi\left(\tilde{\beta}_1 + \tilde{\beta}_2 DTIME_i\right)\tilde{\beta}_2 = \frac{1}{N}\tilde{\beta}_2\sum_{i=1}^{N}\phi\left(\tilde{\beta}_1 + \tilde{\beta}_2 DTIME_i\right)$$

平均边际效应已成为在均值处计算边际效应的一种流行的替代方法，因为它总结样本中个体对解释变量值变化的反应。对于本例，$\widehat{AME} = 0.0484$，这是在相对于驾车出行，乘公交车出行时间增加10分钟的情况下，样本平均估计概率增加的情况。因为估计的边际效应对于样本中的每个人都是不同的，所以我们不仅对它的平均值感兴趣，而且对它在样本中的变化也很感兴趣。$\phi\left(\tilde{\beta}_1 + \tilde{\beta}_2 DTIME_i\right)\tilde{\beta}_2$ 的样本标准差为0.0365，其最小值和最大值分别为0.0025和0.1153。

我们可以使用增量法评估平均边际效应的标准误。回想一下 $\widehat{AME} = 0.0484$。使用增量法估计的标准误差为0.0034。该计算的详情见附录16A.2。使用 t 临界值，总体平均边际效应的95%区间估计值为 $[0.0413, 0.0556]$。这比MER区间估计值要窄得多，因为我们要估计不同的数量，即 $AME = \frac{1}{N}\beta_2\sum_{i=1}^{N}\phi\left(\beta_1 + \beta_2 DTIME_i\right)$。

驾车的估计概率

给定出行时间之差为30分钟，则计算 $AUTO=1$ 的估计概率为 $\hat{p} = \Phi\left(\tilde{\beta}_1 + \tilde{\beta}_2 DTIME\right)$ $= \Phi\left(-0.0644 + 0.3000 \times 3\right) = 0.7983$。注意，预测概率是参数估计值的非线性函数。使用增量法，我们可以计算预测的标准误，从而计算区间估计值。标准误的计算详情见附录16A.3。计算出的标准误为0.1425，因此再次使用 t 临界值 $t_{(0.975,19)} = 2.093$，95%预测区间为 $[0.5000, 1.0966]$。请注意，区间的上限大于1，这意味着一些值是不可行的。

这个例子已经被用来说明在一个简单的问题中如何使用probit。在现实中，估计复杂的模型，如probit和logit，像我们一样使用很少的观测值，$N=21$，并不是个好主意。事实上，微观经济计量模型可以有更多的参数，有时使用非常大的数据集进行估计。

16.2.4 二值选择logit模型

对于二值选择，除了probit模型外，经常被使用的是logit模型。这些模型仅在用来限制概率在 $[0, 1]$ 区间的特定S形曲线上有区别。如果 L 是 **logistic 随机变量**，则其 pdf 为：

$$\lambda(l) = \frac{e^{-l}}{\left(1 + e^{-l}\right)^2} \qquad -\infty < l < \infty \tag{16.16}$$

不像正态分布，其相应的累积分布函数有一个封闭形式的表达式，这使得分析较为容易。logistic随机变量的累积分布函数是：

$$\Lambda(l) = P[L \leq l] = \frac{1}{1 + e^{-l}} \tag{16.17}$$

在logit模型中，观测值 y 取值1的概率 $p(x)$ 为：

$$p(x) = P[L \leq \gamma_1 + \gamma_2 x] = \Lambda(\gamma_1 + \gamma_2 x) = \frac{1}{1 + e^{-(\gamma_1 + \gamma_2 x)}} \tag{16.18}$$

$p(x)$ 可以用一个更普遍的有用的形式来表示：

$$p = \frac{1}{1 + e^{-(\gamma_1 + \gamma_2 x)}} = \frac{\exp(\gamma_1 + \gamma_2 x)}{1 + \exp(\gamma_1 + \gamma_2 x)}$$

$y=0$ 的概率是：

$$1-p(x)=\frac{1}{1+\exp\left(\gamma_1+\gamma_2 x\right)}$$

如此表示，logit 模型可以扩展到有两个以上备选选择的情形中，这点我们将在第 16.3 节看到。

在 logit 模型的极大似然估计中，通过插入"Λ"来替代"Φ"，公式（16.18）中给出的概率被用来建立似然函数（16.14）。为了解释 logit 估计值，利用公式（16.16）而不用正态 *pdf*，方程（16.11）和方程（16.12）仍然是有效的。

logistic 和正态概率密度函数的形状有所不同，β_1 和 β_2 的极大似然估计值会与 γ_1 和 γ_2 不同。大致为：[1]

$$\tilde{\gamma}_{\text{Logit}} \cong 4\hat{\beta}_{\text{LPM}}$$
$$\tilde{\beta}_{\text{Probit}} \cong 2.5\hat{\beta}_{\text{LPM}}$$
$$\tilde{\gamma}_{\text{Logit}} \cong 1.6\hat{\beta}_{\text{Probit}}$$

虽然 probit 和 logit 参数估计值不同，但在大多数情况下，边际效应和预测概率差异很小。在这些表达式中，LPM 表示线性概率模型。

实例 16.6 市场营销的实证范例

在第 7.4.1 节中，我们介绍了在可口可乐和百事可乐之间选择的线性概率模型的例子。这里，我们把线性概率模型与二值选择的 probit 和 logit 模型进行比较。结果变量为 *COKE*：

$$COKE=\begin{cases}1 & \text{如果选择可口可乐}\\0 & \text{如果选择百事可乐}\end{cases}$$

该变量的期望值 $E\left(COKE|\mathbf{x}\right)=p_{COKE}=$ 可口可乐被选择的概率。作为解释变量 x，我们使用可口可乐对百事可乐的相对价格（*PRATIO*），还有 *DISP_COKE* 和 *DISP_PEPSI*（这些是指示变量，如果商店摆出则取值1，否则取值零）。我们预计，商店摆出可口可乐会增加可口可乐的购买概率，商店摆出百事可乐会减少可口可乐的购买概率。

数据文件 *coke* 包含 1 140 个顾客购买可口可乐或百事可乐的"扫描"数据。选择的线性概率、probit 和 logit 模型为：

$$p_{COKE} = E\left(COKE|\mathbf{x}\right)$$
$$= \alpha_1 + \alpha_2 PRATIO + \alpha_3 DISP\_COKE$$
$$+\alpha_4 DISP\_PEPSI$$

$$p_{COKE} = E\left(COKE|\mathbf{x}\right)$$
$$= \Phi\left(\beta_1 + \beta_2 PRATIO + \beta_3 DISP\_COKE\right.$$
$$\left.+\beta_4 DISP\_PEPSI\right)$$

$$p_{COKE} = E\left(COKE|\mathbf{x}\right)$$
$$= \Lambda\left(\gamma_1 + \gamma_2 PRATIO + \gamma_3 DISP\_COKE\right.$$
$$\left.+\gamma_4 DISP\_PEPSI\right)$$

我们给出了选择模型参数的不同符号，以强调参数具有的不同含义。估计值如表 16-1 所示。

---

[1] T. Amemiya（1981）"Qualitative response models：A Survey," *Journal of Economic Literature*，19，pp. 1483-1536，or A. Colin Cameron and Pravin K. Trivedi（2010）*Microeconometrics Using Stata: Revised Edition*，Stata Press，p. 465.

参数及其估计值因模型而异，没有直接比较是非常有用的。然而，更相关的是比较隐含在替代模型中的估计概率和边际效应。

在代表值处的估计概率 假设 $PRATIO=1.1$，表明可口可乐的价格比百事可乐的价格高出10%，且都无商店陈列。使用线性概率模型，选择可口可乐的估计概率是0.4493，标准误为0.0202。使用 probit 模型，估计概率是0.4394，标准误是0.0218。使用 logit 模型的估计概率是0.4323，标准误是0.0224。

平均边际效应（AME） 在线性概率模型中，$PRATIO$ 的估计边际效应为-0.4009。这不取决于变量的值。对于 probit 模型，$PRATIO$ 的平均边际效应是-0.4097，标准误是0.0616。对于 logit 模型，$PRATIO$ 的平均边际效应是-0.4333，标准误是0.0639。在这个例子中，从 probit 模型得到的平均边际效应与线性概率模型所隐含的平均边际效应相差不大。

在代表值处的边际效应 如果我们考察特定的情况，差异则会出现。例如，假设 $PRATIO=1.1$，表明可口可乐的价格比百事可乐的价格高出10%，并且没有在商店摆出。从 probit 模型得到的 $PRATIO$ 的边际效应估计值为-0.4519，标准误为0.0703。对于 logit 模型，$PRATIO$ 的边际效应估计值为-0.4898，标准误为0.0753。

表 16-1 可口可乐-百事可乐选择模型

	LPM	Probit	Logit
C	0.8902	1.1081	1.9230
	(0.0653)	(0.1900)	(0.3258)
$PRATIO$	-0.4009	-1.1460	-1.9957
	(0.0604)	(0.1809)	(0.3146)
$DISP\_COKE$	0.0772	0.2172	0.3516
	(0.0339)	(0.0966)	(0.1585)
$DISP\_PEPSI$	-0.1657	-0.4473	-0.7310
	(0.0344)	(0.1014)	(0.1678)

括号中的数值为标准误（对于 LPM 为怀特稳健标准误）。

预测成功程度 另一个比较的基础是替代模型成功预测选择结果的程度。对于线性概率模型，计算预测值 $\widehat{COKE}$，然后用这个值与0.5进行比较，来预测消费者的选择。如果 $\widehat{COKE}$ 大于0.5，我们预测消费者会选择可口可乐。对于 probit 模型，我们利用公式（16.10）来估计选择可口可乐的概率。使用0.5的阈值，我们发现，在选择可口可乐的510名消费者中，正确预测的人数为247人。在选择百事可乐的630个消费者中，正确预测的人数为507人。在这个例子中，线性概率模型、probit 模型和 logit 模型正确预测的人数是相同的。

16.2.5 沃尔德（Wald）假设检验

有关 probit 和 logit 模型中单个系数的假设检验是基于"渐近 t"检验并采用通常的方法

进行的。如果原假设是 H_0: $\beta_k = c$，则使用 probit 模型的检验统计量为：

$$t = \frac{\tilde{\beta}_k - c}{\text{se}\left(\tilde{\beta}_k\right)} \overset{a}{\sim} N(0, 1)$$

其中，$\tilde{\beta}_k$ 是 probit 模型的参数估计量。检验是渐近合理的，我们应该使用标准正态分布的检验临界值。对于双尾检验，常见的是 10% 的 1.645、5% 的 1.96 和 1% 的 2.58。但是，采取更为保守的方法并不罕见，如果样本容量不是很大，则使用 $t_{(N-K)}$ 分布中的临界值，其中 K 是估计的参数数量。你的软件可能会报告 "z" 统计值而不是 "t" 统计值，并自动计算 p 值，使用标准正态分布而非 t 分布中的临界值计算区间估计值。

t 检验基于沃尔德（Wald）准则，使用渐近有效的模型系数估计值、估计方差、协方差和标准误。检验原理见附录 C.8.4。软件包通常"内置" Wald 检验语句（类似于 "TEST"），在估计模型后可以方便地使用。对于线性假设，例如 H_0: $c_2\beta_2 + c_3\beta_3 = c_0$，检验统计量采用熟悉的形式：

$$t = \frac{\left(c_2\tilde{\beta}_2 + c_3\tilde{\beta}_3\right) - c_0}{\sqrt{c_2^2\widehat{\text{var}}\left(\tilde{\beta}_2\right) + c_3^2\widehat{\text{var}}\left(\tilde{\beta}_3\right) + 2c_2c_3\widehat{\text{cov}}\left(\tilde{\beta}_2, \tilde{\beta}_3\right)}}$$

如果原假设为真，则该统计量服从渐近 $N(0, 1)$ 分布，但是如果样本不足够大，则可能再次使用 $t_{(N-K)}$。对于**联合线性假设**，例如：

$$H_0: c_2\beta_2 + c_3\beta_3 = c_0, \ a_4\beta_4 + a_5\beta_5 = a_0$$

有效的大样本 Wald 检验基于卡方分布。如果存在 J 个联合假设，则 Wald 统计量服从渐近 $\chi_{(J)}^2$ 分布。如果 Wald 检验统计量 W 大于或等于 $\chi_{(J)}^2$ 分布的 $(1-\alpha)$ 百分位数 $\chi_{(1-\alpha, J)}^2$，则拒绝原假设。在第 6.1.5 节中，我们讨论了线性回归模型中的大样本检验。卡方检验在方程式 (6.14) 中标记为 $\hat{V}_1$，其计算公式为：无约束模型和受约束模型的残差平方和除以估计误差方差。这不是在 probit 模型和 logit 模型等非线性模型中计算统计量的方法，但是解释是相同的。使用 F 统计量 $F = W/J \overset{a}{\sim} F_{(J, N-K)}$ 有一个"小样本"保守校正，类似于使用 t 临界值代替使用 $N(0, 1)$ 分布临界值。如果你的软件报告的是卡方统计值而不是 t 统计值，即使仅检验一个假设，也不要感到惊讶。

实例 16.7　可口可乐选择模型：Wald 假设检验

这是可口可乐选择模型中各种检验的一些实例。

显著性检验　使用表 16-1 中的估计值，我们可以按通常方式检验系数的显著性。$COKE$ 的概率模型为：

$$p_{COKE} = \Phi\left(\beta_1 + \beta_2 PRATIO + \beta_3 DISP\_COKE + \beta_4 DISP\_PEPSI\right)$$

我们可能想检验原假设 H_0: $\beta_3 \leq 0$ 与 H_0: $\beta_3 > 0$。如果原假设为真，则检验统计量为 $t = \tilde{\beta}_3 / \text{se}\left(\tilde{\beta}_3\right) \overset{a}{\sim} N(0, 1)$。使用 5% 的单尾检验，临界值为 $z_{(0.95)} = 1.645$。检验统计量的计算值为 $t = \tilde{\beta}_3 / se\left(\tilde{\beta}_3\right) = 2.2481$，因此，我们拒绝了 5% 水平的原假设，并得出结论，即可口可乐的商店展示对消费者会购买可口可乐的概率具有正的影响。使用 TEST 语句也可能会产生 Wald 统计值 $W = 5.0540$。对于单个假设，$W = t^2$。Wald 检验统计量设计用于双尾检验。在

这种情况下，$H_0:\beta_3 = 0$，$H_1:\beta_3 \neq 0$，得到 $p=0.0246$ 的双尾 p 值。如果你的软件报告 t 统计值或 F 统计值，则 p 值会稍微更大一些，$p=0.0248$。这里没有什么区别，因为样本很大，有 $N=1\,140$ 个观测值。根据统计表 3，Wald 检验临界值为 $\chi^2_{(0.95,1)} = 3.841$。

检验经济假设 另一个有趣的假设是 $H_0:\beta_3 = -\beta_4$ 与 $H_1:\beta_3 \neq -\beta_4$。这个假设是商店展示变量系数大小相等但符号相反，或者可口可乐和百事可乐商店展示对选择可口可乐的概率具有大小相同但符号相反的影响。t 检验统计量为：

$$t = \frac{\tilde{\beta}_3 + \tilde{\beta}_4}{se\left(\tilde{\beta}_3 + \tilde{\beta}_4\right)} \overset{a}{\sim} N(0,1)$$

我们注意到这是一个双尾备择假设，如果 $t \geq 1.96$ 或 $t \leq -1.96$，我们在 $\alpha=0.05$ 的水平下拒绝原假设。计算得出的 t 值为 -2.3247，因此我们拒绝原假设，并得出结论，即可口可乐和百事可乐商店展示的效果大小不等，符号相反。该检验是渐近有效的，因为 $N-K=1\,140-4=1\,136$，这是一个大样本。自动 TEST 语句通常会生成检验的卡方分布版本，在这种情况下，它是 t 统计量的平方，$W=5.4040$。5% 的临界值为 $\chi^2_{(0.95,1)} = 3.841$，因此我们拒绝了原假设。我们得出与使用 t 检验相同的结论。t 检验和卡方检验之间的联系在附录 C.8.4 中有完整说明。

检验联合显著性 另一个令人感兴趣的假设是：

$H_0:\beta_3 = 0, \beta_4 = 0$ $H_1:\beta_3 \neq 0$ 和/或 $\beta_4 \neq 0$

这个联合原假设是可口可乐和百事可乐的商店展示都不会影响选择可口可乐的概率。在这里，我们要检验 $J=2$ 个假设，因此 Wald 统计量服从渐近 $\chi^2_{(2)}$ 分布。使用统计表 3，该分布的 95% 百分位数为 5.991。在这种情况下，Wald 统计量的值为 $W=19.4594$，因此，我们拒绝原假设，并得出结论，可口可乐和百事可乐的商店陈列对选择可口可乐的概率有影响。可以使用软件中的自动 TEST 语句来计算该检验统计值。

检验总体模型显著性 与线性回归模型一样，我们对检验 probit 模型的总体显著性感兴趣。在可口可乐选择实例中，检验的原假设为 $H_0:\beta_2 = 0, \beta_3 = 0, \beta_4 = 0$。备择假设是至少有一个参数不为零。Wald 检验统计值为 132.54。如果原假设为真，则检验统计值服从渐近 $\chi^2_{(3)}$ 分布。该分布的 95% 百分位数为 7.815，因此我们拒绝原假设，即没有任何解释变量可以帮助解释可口可乐与百事可乐的选择。

16.2.6 似然比假设检验

当使用极大似然估计量，如 probit 模型和 logit 模型，通常首选基于似然比准则的检验。附录 C.8.4 包含这种方法的讨论。这个想法很像线性回归模型的 F 检验。检验的一个组成部分是在极大似然估计值处估计出的无约束、全样本模型（称为 $\ln L_U$）中的对数似然函数值。第 16.3 节对这个计算进行了说明。当模型通过极大似然估计时，计量经济学软件自动报告对数似然函数的最大值。似然比检验中的第二个组成部分是，从强加"约束"条件原假设为真的模型（称之为 $\ln L_R$）中得出的对数似然函数值。似然比检验统计量为 $LR=2\left(\ln L_U - \ln L_R\right)$。因此，似然比检验的缺点是需要对模型进行两次估计：对原始模型估计一次，对假设这个假设为真的模型估计一次。似然比检验统计量为 $LR = 2\left(\ln L_U - \ln L_R\right)$。

其思想是，如果原假设为真，那么对数似然函数之间的差别应该很小。在这种情况下，*LR*统计量将很小，但总是大于零。如果原假设不为真，则当我们假设为真来估计模型时，该模型也会不拟合，并且受限对数似然函数的极大值会更小，使*LR*更大。*LR*检验统计值的较大值是反对原假设的证据。如果原假设为真，则统计值服从渐近卡方分布，其自由度等于要检验的假设*J*的数量。如果*LR*值大于卡方分布临界值$\chi^2_{(1-\alpha,J)}$，则拒绝原假设。

实例 16.8　可口可乐选择模型：似然比假设检验

对于实例 16.7 中考虑的相同假设，我们可以使用似然比检验。

显著性检验　*COKE*的 probit 模型为：

$$p_{COKE} = \Phi(\beta_1 + \beta_2 PRATIO + \beta_3 DISP\_COKE + \beta_4 DISP\_PEPSI)$$

为了使用似然比准则检验原假设$H_0{:}\beta_3 = 0$与$H_1{:}\beta_3 \neq 0$，我们首先注意到对数似然函数的极大值为$\ln L_U = -710.9486$。如果原假设为真，则受限模型为$p_{COKE} = \Phi(\beta_1 + \beta_2 PRATIO + \beta_4 DISP\_PEPSI)$。通过极大似然估计该模型，我们求出$\ln L_R = -713.4803$，一定小于原始模型中的值。对概率模型施加约束将减少对数似然函数的极大值，则：

$$LR = 2(\ln L_U - \ln L_R) = 2[-710.9486 - (-713.4803)] = 5.0634$$

5% 的临界值为$\chi^2_{(0.95,1)} = 3.841$。我们拒绝原假设，即可口可乐的商店展示没有效果。

经济假设检验　为了检验$H_0{:}\beta_3 = -\beta_4$，我们首先获得无约束的 probit 模型对数似然值$\ln L_U = -710.9486$。通过在模型上施加条件$\beta_3 = -\beta_4$来获得受限 probit 模型：

$$p_{COKE} = \Phi(\beta_1 + \beta_2 PRATIO + \beta_3 DISP\_COKE + \beta_4 DISP\_PEPSI)$$
$$= \Phi(\beta_1 + \beta_2 PRATIO - \beta_4 DISP\_COKE + \beta_4 DISP\_PEPSI)$$
$$= \Phi(\beta_1 + \beta_2 PRATIO + \beta_4(DISP\_PEPSI - DISP\_COKE))$$

利用极大似然 probit 估计模型，我们得到$\ln L_R = -713.6595$。似然比检验统计值则为：

$$LR = 2(\ln L_U - \ln L_R) = 2(-710.9486 - (-713.6595)) = 5.4218$$

该值大于从$\chi^2_{(1)}$分布得到的 0.95 百分位数$\chi^2_{(0.95,1)} = 3.841$。请注意，*LR*和 Wald 统计值（来自实例 16.7）是不一样的，但在这种情况下非常接近。计算 Wald 检验统计值更容易，因为它仅需要原始的无约束模型的极大似然估计值。但是，似然比检验已被发现在多种更复杂的检验情况下更加可靠，它是首选的检验方法。[1]

联合显著性检验　为了检验联合原假设$H_0{:}\beta_3 = 0$，$\beta_4 = 0$，利用约束模型$E(COKE|\mathbf{x}) = \Phi(\beta_1 + \beta_2 PRATIO)$。似然比检验统计值为 19.55，它大于$\chi^2_{(2)}$分布 0.95 百分位数 5.991。我们拒绝原假设，即可口可乐和百事可乐的商店展示对可口可乐的选择没有影响。

模型总体显著性检验　如在线性回归模型中一样，我们对检验 probit 模型的总体显著性感兴趣。在可口可乐选择的例子中，这个检验的原假设是$H_0{:}\beta_2 = 0$，$\beta_3 = 0$，$\beta_4 = 0$。备择假设是，至少其中的一个参数不为零。如果原假设为真，约束模型是$E(COKE) = \Phi(\beta_1)$。该约束模型的对数似然值是$\ln L_R = -783.8603$，似然比检验统计值为$LR = 145.8234$。如果原假设为真，检验统计值服从渐近$\chi^2_{(3)}$分布。该分布的 0.95 百分位数为 7.815，所以我们拒绝原假设，即没有一个解释变量有助于解释可口可乐与百事可乐的选择。此外，与线性

---

[1]　见 Griffiths, W. E., Hill, R. C., & Pope, P. (1987). Small Sample Properties of Probit Model Estimators. *Journal of the American Statistical Association*, 82, 929-937.

回归模型一样，这种"总体"检验也是在标准probit计算机输出结果中报告的。

16.2.7　probit模型和logit模型中的稳健推断

你可能想知道，是否存在用于校正异方差和/或序列相关性的probit和logit的"稳健"标准误。不幸的是，答案是否定的。如第8章公式（8.32）所述，0-1随机变量y_i具有条件方差$var(y_i|\mathbf{x}_i) = p(\mathbf{x}_i)\big[1 - p(\mathbf{x}_i)\big]$。例如，在probit模型中，这意味着：

$$var(y_i|\mathbf{x}_i) = \Phi(\beta_1 + \beta_2 x_{i2} + \cdots + \beta_K x_{iK})\big[1 - \Phi(\beta_1 + \beta_2 x_{i2} + \cdots + \beta_K x_{iK})\big]$$

如果probit模型正确，则没有其他可能的方差。probit模型的极大似然估计不需要对内在异方差进行任何调整。某些软件包确实有稳健的probit选项，但是它没有提供给我们在第8章和第9章中看到的稳健结果类型。如果你碰巧使用这些选项之一，并且"稳健"的标准误与通常的probit标准误很不同，那么这说明存在一些设定的问题，如不正确的函数形式。

而数据聚类则是一个例外。在第15.2.1节中，我们介绍了聚类稳健标准误。在那里，我们在面板数据中讨论了聚类。但是，在许多情况下都可能有聚类观测值，存在聚类内相关性。我们可能观测到不同村庄内的个体，并且在村庄内可能存在一个常见的未观测到的异质性，代表"村庄效应"。未观测到的异质性导致同一村庄内的个体之间具有相关性，而各村庄的个体之间则没有相关性。在这些情况下，普通标准误可能会大大高估估计的准确性。因此，当聚类观测值适合解决这个问题时，建议使用probit和logit稳健标准误。通常，这意味着有很多聚类，每个聚类中没有太多观测值。[1]应用聚类稳健标准误时要小心，因为计算机命令可能与通常的"稳健"标准误命令完全不同。

16.2.8　含有连续内生变量的二值选择模型

probit的概念可以与内生变量结合使用的方法有多种。第一种是当结果变量是二值变量时，如在线性概率或probit模型中那样，而解释变量是内生变量。正如我们在第10章和第11章中讨论的工具变量和两阶段最小二乘估计一样，这里的估计方法也需要工具变量。

第一个也是最简单的选择是使用IV/2SLS为二值结果变量估计线性概率模型。具体来说，假设感兴趣的方程为：

$$y_{i1} = \alpha_2 y_{i2} + \beta_1 + \beta_2 x_{i2} + e_i$$

其中，$y_{i1}=1$或者0，y_{i2}是连续的内生变量，x_{i2}是外生变量，与随机误差e_i不相关。假设我们有一个工具变量z_i，则第一阶段方程式或简化形式为：

$$y_{i2} = \pi_1 + \pi_2 x_{i2} + \pi_3 z_i + v_i$$

使用 IV / 2SLS 估 计 方 法，我 们 首 先 通 过 OLS 估 计 该 方 程，获 得 拟 合 值 $\hat{y}_{i2} = \hat{\pi}_1 + \hat{\pi}_2 x_{i2} + \hat{\pi}_3 z_i$。将这些拟合值代入感兴趣的方程式，我们得到 $y_{i1} = \alpha_2 \hat{y}_{i2} + \beta_1 +$

---

[1]　一个完整且前沿的参考文献是 A. Colin Cameron and Douglas L. Miller （2015）. A Practitioner's Guide to Cluster-Robust Inference，*The Journal of Human Resources*，50（2），317-372.

$\beta_2 x_{i2} + e_i^*$。通过OLS估计模型可得到IV/2SLS估计值。但是，一如既往，在这种情况下要使用IV/2SLS软件获得正确的标准误，要使用异方差稳健标准误。

这种方法是熟悉且易于执行的。一如既往，我们必须关注工具变量的强度。系数π_3不能为零，并且在估计第一阶段模型时，它在统计上必须非常显著。如前所述，当结果变量为二值时，使用线性概率模型并不理想。我们概述的过程忽略了结果变量的二值特征，但可以合理地估计总体平均边际效应。还有一种理论上更复杂的极大似然估计值，称为*工具变量probit*[①]，或简称为*IV probit*[①]。某些软件包中会给出此估计量。

实例16.9 估计教育对劳动力参与的影响

当研究已婚女性的工资时，实例10.1至实例10.7使用数据文件*mroz*，我们非常关注教育的内生性。在这些例子中，我们只考虑了参与劳动力市场和有可观测的市场工资的女性。现在我们来看一下教育对是否加入劳动力市场的决定的影响。设：

$$LFP = \begin{cases} 1 & \text{在劳动力市场} \\ 0 & \text{不在劳动力市场} \end{cases}$$

考虑线性概率模型：

$$LFP = \alpha_1 EDUC + \beta_1 + \beta_2 EXPER + \beta_3 EXPER^2 + \beta_4 KIDSL6 + \beta_5 AGE + e$$

假设*EDUC*的工具变量是*MOTHEREDUC*。第一阶段的方程为：

$$EDUC = \pi_1 + \pi_2 EXPER + \pi_3 EXPER^2 + \pi_4 KIDSL6 + \pi_5 AGE + \pi_6 MOTHEREDUC + v$$

在第一阶段估计中，*MOTHEREDUC*系数的t值为12.85，使用普通标准表示该工具变量并不弱。具有稳健标准误的劳动力市场参与方程的两阶段最小二乘估计值为：

$$\widehat{LFP} = 0.0388EDUC + 0.5919 + 0.0394EXPER$$
$$(\text{se}) \quad (0.0165) \quad\quad (0.2382) \quad (0.0060)$$
$$-0.0006EXPER^2 - 0.2712KIDSL6 - 0.0177AGE$$
$$(0.0002) \quad\quad (0.03212) \quad\quad (0.0023)$$

我们估计，其他所有条件保持不变，每多受一年教育，已婚女性加入劳动力市场的概率就会增加0.0388。基于回归的教育内生性的豪斯曼检验使用稳健标准误，p值为0.646。因此，使用工具*MOTHEREDUC*，我们不能拒绝模型中教育的外生性。

16.2.9 含有二值内生变量的二值选择模型

在第16.2.8节中修正模型，这样内生变量y_{i2}变为二值。第一个也是最简单的选择是再次使用IV/2SLS估计二值结果变量的线性概率模型。具体来说，假设感兴趣的方程为：

$$y_{i1} = \alpha_2 y_{i2} + \beta_1 + \beta_2 x_{i2} + e_i$$

其中，y_{i1}=1或0，y_{i2}=1或0，且x_{i2}是外生变量，与随机误差e_i不相关。假设我们有一个工具变量z_i，则第一阶段方程或简化形式为：

① 见William Greene（2018）*Econometric Analysis，Eighth Edition*，Prentice-Hall，p.773，or Jeffery M. Wooldridge（2010）*Econometric Analysis of Cross Section and Panel Data，Second Edition*，MIT Press，pp.585–594. 这些参考文献非常前沿。

$$y_{i2} = \pi_1 + \pi_2 x_{i2} + \pi_3 z_i + v_i$$

使用 IV / 2SLS 估计方法，我们首先通过 OLS 估计该方程，获得拟合值 $\hat{y}_{i2} = \hat{\pi}_1 + \hat{\pi}_2 x_{i2} + \hat{\pi}_3 z_i$。将这些拟合值代入感兴趣的方程，我们得到 $y_{i1} = \alpha_2 \hat{y}_{i2} + \beta_1 + \beta_2 x_{i2} + e_i^*$。通过 OLS 估计模型以获得 IV / 2SLS 估计值。当然，一如既往，使用适当的 IV/ 2SLS 软件，并且由于因变量是二值的，使用异方差稳健标准误。

有人认为可以通过 probit，将 $\tilde{p}_i = \tilde{P}(y_{i2} = 1) = \Phi(\tilde{\pi}_1 + \tilde{\pi}_2 x_{i2} + \tilde{\pi}_3 z_i)$ 代入感兴趣的方程，然后应用 probit 模型或线性概率模型来估计第一阶段方程，这种做法是诱人的但不正确。第二种估计称为禁止回归[1]。两阶段最小二乘法仅在其由两个 OLS 回归组成时有效，将第一阶段回归中的 OLS 拟合值替代第一个方程中的内生变量。2SLS 之所以有用，是因为 OLS 具有残差与解释变量不相关的属性。

线性概率模型方法再次"启用"，但没有使用 $y_{i1}=1$ 或 0 和 $y_{i2}=1$ 或 0 是二值变量的事实。称为双变量 probit 的极大似然估计方法[2]确实考虑了这一点。

实例 16.10　女性参与劳动力市场并且有两个以上的孩子

劳动力市场参与的 Angrist 和 Evans（1998）[3]模型（*LFP*=1 或 0）包括指示变量 *MOREKIDS*=1，即如果该女性有三个或三个以上的孩子，否则 *MOREKIDS*=0。直觉上，我们认为生 3 个或 3 个以上的孩子会对劳动力市场参与的概率产生负面影响。使用得非常巧妙的工具变量是指示变量，如果该女性的前两个孩子性别相同，则 *SAMESEX*=1；否则 *SAMESEX*=0。这个工具变量背后的想法是，尽管它对劳动力市场的参与没有直接影响，但它与有 3 个或 3 个以上孩子的女性有关。如果女性的前两个孩子都是男孩（女孩），那么她可能倾向于生下另一个孩子，希望得到一个女孩（男孩）。

16.2.10　二值内生解释变量

修正第 16.2.9 节中的模型，使结果变量 y_{i1} 是连续的，内生变量 y_{i2} 为二值。该模型经过长期研究，最初被诺贝尔奖获得者詹姆斯·赫克曼（James Heckman）称为虚拟内生变量模型。第一个也是最简单的选择是使用 IV/2SLS。具体来说，假设感兴趣的方程为：

$$y_{i1} = \alpha_2 y_{i2} + \beta_1 + \beta_2 x_{i2} + e_i$$

其中，y_{i1} 是连续的，内生变量 y_{i2}=1 或 0，x_{i2} 是外生变量（与随机误差 e_i 不相关）。假设我们有一个工具变量 z_i，则第一阶段方程或简化形式为：

$$y_{i2} = \pi_1 + \pi_2 x_{i2} + \pi_3 z_i + v_i$$

使用 IV / 2SLS 估计方法，我们首先通过 OLS 估计线性概率模型，获得拟合值 $\hat{y}_{i2} = \hat{\pi}_1 + \hat{\pi}_2 x_{i2} + \hat{\pi}_3 z_i$。将这些拟合值代入感兴趣的方程，我们得到 $y_{i1} = \alpha_2 \hat{y}_{i2} + \beta_1 + \beta_2 x_{i2} + e_i^*$。

---

　　[1]　Jeffery M. Wooldridge（2010）*Econometric Analysis of Cross Section and Panel Data*, *Second Edition*, MIT Press, pp. 267-268 and 596-597.

　　[2]　William Greene（2018）*Econometric Analysis*, *Eighth Edition*, Prentice-Hall, Chapter 17.9, or Jeffery M. Wooldridge（2010）*Econometric Analysis of Cross Section and Panel Data*, Second Edition, MIT Press, pp.594-599. 这些参考文献非常前沿。

　　[3]　Children and Their Parents' Labor Supply: Evidence from Exogenous Variation in Family Size, *The American Economic Review*, Vol. 88, No. 3（Jun., 1998）, pp. 450-477. 另见 Jeffery M. Wooldridge（2010）*Econometric Analysis of Cross Section and Panel Data*, *Second Edition*, MIT Press, pp. 597-598.

通过OLS估计模型得到2SLS估计值。与通常一样，应使用IV / 2SLS软件。

内生二值变量的存在是一些处理效应模型的一个重要特征。[1]

实例16.11 退伍军人身份对工资的影响

约书亚·安格里斯特（Joshua Angrist）广为引用的著作探讨了在越南战争中服役对美国男性工人工资的影响。1969年12月1日，美国由抽签决定有无服役的资格。想象一下366张纸条，每张都写有生日。将纸条放入罐中混合打乱，然后抽出纸条。抽取的第一个日期是9月14日。所有符合该生日的男子都将获得1号签。抽取的第二个日期是4月24日，获得2号签，依此类推。在第一次抽签中，所有抽签号码等于或小于195的人都被通知可能入伍。被选中的一些人由于体格检查或其他原因而没有服役，而另一些人则自愿服役。因此，最终服役并成为退伍军人的人与抽签号码小于或等于195的人并不完全对应。

考虑抽签之后10年的工人收入模型。如果一个人是退伍军人，则设 *VETERAN*=1；否则 *VETERAN*=0。由于某些人选择自愿服役，因此如下模型中的二值变量 *VETERAN* 是内生的：

$$EARNINGS = \alpha_2 VETERAN + \beta_1 + \beta_2 OTHER\_ACTORS + e_i$$

可能的工具变量是什么？一个人的抽签号码与退伍军人身份相关。更具体地说，如果某人的抽签号码等于或小于195，则设 *LOTTERY*=1；否则，设 *LOTTERY*=0。我们预计抽签将与 *VETERAN* 正相关，是一种潜在的工具变量。这种二值IV产生了Wald估计量，见练习10.5和练习10.6。IV估计的结果表明，在军队中服役会对工资产生显著负的影响。

16.2.11 二值选择模型和面板数据

在第15章中，我们使用了面板数据来控制个体之间不可观测的异质性。固定效应估计量包括每个个体的指示或虚拟变量。等价地，组内估计量使用个体均值离差来估计回归函数的系数。当不可观测的异质性与解释变量相关时，我们使用固定效应估计量。随机效应估计量是广义最小二乘估计量，它解释了由未观测到的异质性导致的个体内误差相关性。它比固定效应估计量更有效率，但是如果未观测到的异质性与任何包含的解释变量相关，则不一致。

如果结果变量是二值的，则使用面板数据的方法与使用线性回归模型的方法完全相同。如果存在未观测到的异质性与一个或多个解释变量相关，则使用固定效应估计量或一阶差分估计量是合适的。如果未观测到的异质性与任何解释变量都不相关，则可以选择使用随机效应估计量，因为OLS估计量效率更低但是是一致的，具有稳健聚类校正标准误。

面板数据使用probit或logit模型是另一回事。probit模型是非线性模型，即是参数的

---

① 关于结果和类似估计量的讨论参考Joshua D. Angrist and Jörn-Steffen Pischke（2009）*Mostly Harmless Econometrics: An Empiricist's Guide*，Princeton Press，pages 128-138.这篇参考文献很前沿。
处理效应的其他例子和估算方法参见Jeffery M. Wooldridge（2010）*Econometric Analysis of Cross Section and Panel Data*，*Second Edition*，MIT Press，Chapter 21.一个前沿而详尽的调查参见G. W. Imbens and J. M. Wooldridge（2009）"Recent Developments in the Econometrics of Program Evaluation，"*Journal of Economic Literature*，47（1），5-86.

非线性函数。如果未观测到的异质性与解释变量相关，则存在问题。处理个体异质性的普通固定效应方法失败了。如果有 N 个个体，$N \rightarrow \infty$（变大），而 T 保持固定，则为每个个体添加一个指示变量导致模型中必须估计的参数数量 $N+K$ 也趋近于 ∞。probit 估计量不再是一致的，因为参数太多了。在统计学中，这称为非主要参数问题。在线性回归模型中，我们使用基于 Frisch-Waugh-Lovell 定理的组内转换来避免此问题，因此我们可以估计回归函数参数而不必估计所有固定效应系数。由于问题的非线性性质，因此无法在 probit 中使用。在 probit 中，我们不能应用 Frisch-Waugh-Lovell 定理，仅使用均值设定形式的变量是行不通的。尽管研究人员在考虑减少估计量偏差的方法，以便使用，但没有固定效应 probit 估计量。同时，有一种称为**条件 logit** 的面板 logit 固定效应模型，有时称 *Chamberlain 条件 logit*[①]，以纪念创新型计量经济学家加里·张伯伦（Gary Chamberlain）。这与将每个个体的指示变量引入 logit 模型不同。

然而，probit 模型可以与随机效应结合以得到*随机效应 probit* 模型。实际最大化似然函数的方法需要运用一些棘手的积分，可以使用数值逼近或模拟来解决。与使用线性回归模型一样，如果随机效应与解释变量相关，则随机效应估计量将不一致。有人建议控制非时变因素，例如引入自变量的时间平均值 $\bar{x}_i$，类似于在第 15 章中讨论的用于进行 Hausman 检验的 Mundlak 方法。结果得到的模型称为 *Mundlak-Chamberlain 相关随机效应 probit 模型*。[②]所添加的变量 $\bar{x}_i$ 的作用类似于控制变量，可能会降低随机效应 probit 估计量偏差。

动态二值选择模型的右边包括选择变量的滞后值（作为解释变量），这是处理习惯持久性的明显方法。如果今天要买苏打水的可口可乐饮用者在前一次购物时购买了可口可乐，则更有可能购买可口可乐。但是，在这样的模型中，如第 15 章所述，滞后的内生变量将与随机效应相关。在这种情况下，先前的估计量不一致，必须考虑新的方法。[③]

16.3 多项式 logit 模型

在 probit 模型和 logit 模型中，决策者在两个备选方案之间进行选择。显然，我们经常面临多种选择。这些是所谓的**多项选择**的情况。范例包括：

• 如果你要买洗衣液，你选择哪一个品牌？备选品牌有 Tide、Cheer、Arm & Hammer、Wisk 等。消费者面临着各种各样的替代品。营销研究人员将这些选择与替代品的价格、广告和产品特点联系起来。

• 如果你进入商学院学习，你会主修经济学、市场营销、管理、金融还是会计专业？

• 如果你在一个热闹的购物节里去商场，你会去哪个商场？为什么？

• 当你高中毕业时，你必须在不上大学，或上私立四年制大学、公立四年制大学、两年制大学之间选择。在这些备选方案中，是什么因素影响你的选择？

你很容易想出其他的例子。在每种情况下，我们希望将所看到的选择与一组解释变量

---

① 见 Wooldridge（2010, 620-622），Greene（2018, 787-789），或 Baltagi（2013, 240-243）. 这个参考文献很前沿。
② 见 Greene（2018, 792-793）and Wooldridge（2010, 616-619）.
③ 见 Greene（2018, 794-796），Baltagi（2013, 248-253），and Wooldridge（2010, 625-630）.

联系起来。更具体地说，如在probit模型和logit模型中那样，我们要解释和预测有某些特性的人选择其中一种方案的概率。这种模型的估计和解释与logit模型和probit模型基本相似。这些模型本身被称为多项logit模型、条件logit模型和多项probit模型。我们将讨论最常用的logit模型。

16.3.1 多项logit选择概率

假设决策者必须在几个不同的备选方案中做出选择。我们着重看$J=3$个备选方案的问题。一个高中毕业生面临选择，是上两年制大学、四年制大学还是不上大学？这一选择的影响因素可能包括家庭收入、学生的高中成绩、家庭规模、种族、性别和父母的受教育程度。如在logit和probit模型中那样，我们将试图解释个体i会选择备选方案j的概率：

$$p_{ij}=P[个体i会选择备选方案j]$$

在我们的例子中，有$J=3$个备选方案，记为$J=1$、2或3。这些数值没有任何意义，因为一般备选方案没有什么特别的顺序，而是被随意分配的。你可以认为它们分为A、B和C三类。

如果我们假设一个单一的解释因素x_i，则在多项logit模型定义中，个体i会选择备选方案$j=1$、2、3的概率是：

$$p_{i1}=\frac{1}{1+\exp(\beta_{12}+\beta_{22}x_i)+\exp(\beta_{13}+\beta_{23}x_i)},\quad j=1 \tag{16.19a}$$

$$p_{i2}=\frac{\exp(\beta_{12}+\beta_{22}x_i)}{1+\exp(\beta_{12}+\beta_{22}x_i)+\exp(\beta_{13}+\beta_{23}x_i)},\quad j=2 \tag{16.19b}$$

$$p_{i3}=\frac{\exp(\beta_{13}+\beta_{23}x_i)}{1+\exp(\beta_{12}+\beta_{22}x_i)+\exp(\beta_{13}+\beta_{23}x_i)},\quad j=3 \tag{16.19c}$$

参数β_{12}和β_{22}对第二种选择是特定的，β_{13}和β_{23}对第三种选择是特定的。第一种选择的特定参数被设置为零，以解决识别问题，使概率加总等于1。[①]设定$\beta_{11}=\beta_{21}=0$，使p_{i1}中的分子为1，且公式（16.19）中每个部分的分母中有1。具体来说，该项是$\exp(\beta_{11}+\beta_{21}x_i)=\exp(0+0x_i)=1$。

公式（16.19）中的多项logit模型的一个显著特点是，有一个单一的解释变量说明这个个体，而不是说明其所面临的备选方案。这些变量被称为个体特定的。要区分替代选择，我们给它们赋予不同的参数值。这种情况在社会科学中是普遍的，用来调查记录个体的许多特征及其做出的选择。

16.3.2 极大似然估计

设定y_{i1}、y_{i2}和y_{i3}为指示变量，代表由个体i做出的选择。如果选择备选方案1，则$y_{i1}=1$，$y_{i2}=0$和$y_{i3}=0$。如果选择了备选方案2，则$y_{i1}=0$，$y_{i2}=1$和$y_{i3}=0$。在这个模型中，每个个体必须选择一个备选方案，且只能选择一个。

这个模型的估计利用极大似然估计。假设我们观测三个个体，分别选择备选方案1、

---

① 一些软件可能选择最后一个（第J个）备选方案的参数并设定为零，或者选择被选中频率最多的那一组。检查你的软件资料。

2和3。假设三个个体的选择是独立的，观测到这一结果的概率是：

$$P\left(y_{11}=1,\ y_{22}=1,\ y_{33}=1|x_1,\ x_2,\ x_3\right)=p_{11}\times p_{22}\times p_{33}$$

$$=\frac{1}{1+\exp\left(\beta_{12}+\beta_{22}x_1\right)+\exp\left(\beta_{13}+\beta_{23}x_1\right)}\times$$

$$\frac{\exp\left(\beta_{12}+\beta_{22}x_2\right)}{1+\exp\left(\beta_{12}+\beta_{22}x_2\right)+\exp\left(\beta_{13}+\beta_{23}x_2\right)}\times$$

$$\frac{\exp\left(\beta_{13}+\beta_{23}x_3\right)}{1+\exp\left(\beta_{12}+\beta_{22}x_3\right)+\exp\left(\beta_{13}+\beta_{23}x_3\right)}$$

$$=L\left(\beta_{12},\ \beta_{22},\ \beta_{13},\ \beta_{23}\right)$$

在最后一行，我们认识到，联合概率依赖于未知参数，实际上是似然函数。极大似然估计寻找最大化似然值或更明确的**对数似然函数**的参数值，这在数学上更容易处理。在实际应用中，个体的数量将大于3，计算机软件将被用于数值计算以最大化对数似然函数。虽然任务可能看起来令人望而生畏，但在这种类型的模型中求出极大似然估计值是相当简单的。

16.3.3 多项Logit估计后的分析

给定我们可以得到的参数的极大似然估计值，我们表示为 $\tilde{\beta}_{12}$、$\tilde{\beta}_{22}$、$\tilde{\beta}_{13}$、$\tilde{\beta}_{23}$，接着我们能做些什么？我们可以做的第一件事是估计个体会选择备选方案1、2或3的概率。对于解释变量 x_0 的值，利用公式（16.19），我们可以计算出每个结果被选中的预测概率。例如，个体会选择备选方案1的概率是：

$$\tilde{p}_{01}=\frac{1}{1+\exp\left(\tilde{\beta}_{12}+\tilde{\beta}_{22}x_0\right)+\exp\left(\tilde{\beta}_{13}+\tilde{\beta}_{23}x_0\right)}$$

同样可以得到选择备选方案2和3的预测概率 $\tilde{p}_{02}$ 和 $\tilde{p}_{03}$。如果我们想要预测哪一个备选方案会被选中，我们可能会选择预测：如果 $\tilde{p}_{0j}$ 是估计概率的最大值，备选方案 j 会被选中的概率。

由于该模型是如此复杂的参数的非线性函数，知道 βs 不是"斜率"不会令你感到惊讶。在这些模型中，**边际效应**是在保持其他项不变的情况下，x 的变化对个体选择备选方案1、2或3的概率所产生的影响。可以证明：[1]

$$\left.\frac{\Delta p_{im}}{\Delta x_i}\right|_{\text{其他都不变}}=\frac{\partial p_{im}}{\partial x_i}=p_{im}\left[\beta_{2m}-\sum_{j=1}^{3}\beta_{2j}p_{ij}\right] \tag{16.20}$$

回想一下，我们正在讨论的模型有一个单一的解释变量 x_i，并且 $\beta_{21}=0$。

或者，更简单的是，可以计算出 x_i 的两个特定值的概率差。如果 x_a 和 x_b 是 x_i 的两个值，则当 x_a 变化到 x_b 时，估计出的备选方案1 [$m=1$] 的概率的变化是：

---

[1] 当寻找关于这一主题的参考文献时，数学马上使你不堪重负。两个相对较好的来源提供了较好的例子：*Regression Models for Categorical and Limited Dependent Variables* by J.Scott Long (Thousand Oaks, CA:Sage Publications, 1997) [see Chapter 5] and *Quantitative Models in Marketing Research* by Philip Hans Franses and Richard Paap (Cambridge University Press, 2001) [see Chapter 5]. 更前沿的文献参见 see *Econometric Analysis*, 6th edition by William Greene (Upper Saddle River, NJ:Pearson Prentice Hall, 2008) [see Section 18.2.3].

$$\widetilde{\Delta p_1} = \tilde{p}_{b1} - \tilde{p}_{a1}$$

$$= \cfrac{1}{1 + \exp\left(\tilde{\beta}_{12} + \tilde{\beta}_{22}x_b\right) + \exp\left(\tilde{\beta}_{13} + \tilde{\beta}_{23}x_b\right)} - \cfrac{1}{1 + \exp\left(\tilde{\beta}_{12} + \tilde{\beta}_{22}x_a\right) + \exp\left(\tilde{\beta}_{13} + \tilde{\beta}_{23}x_a\right)}$$

如果作为一个研究者，在你心里有作为典型或重要情况的模拟，或者，如果 x 是仅有 x_a=0 和 x_b=1 两个值的指示变量时，这种方法是好的。

另一个有用的解释性工具是**概率比**。它表示相对于第 1 类，选择第 j 类的概率会大多少倍，表示为：

$$\frac{P(y_i = j)}{P(y_i = 1)} = \frac{p_{ij}}{p_{i1}} = \exp(\beta_{1j} + \beta_{2j}x_i), \quad j=2,\ 3 \tag{16.21}$$

x_i 值的变化对概率比的影响通过微分给出：

$$\frac{\partial(p_{ij}/p_{i1})}{\partial x_i} = \beta_{2j}\exp(\beta_{1j} + \beta_{2j}x_i), \quad j=2,\ 3 \tag{16.22}$$

指数函数 $\exp(\beta_{1j} + \beta_{2j}x_i)$ 的值始终是正的。因此，β_{2j} 的符号告诉我们，相对于第 1 类，x_i 的变化是否使选择第 j 类具有更多或更少的可能性。

概率比（16.21）的一个有趣的特点是，它不依赖于一共有多少备选方案。probit 模型中存在一个隐含的假设，任意一对备选方案之间的概率比是具有**无关选择独立性**（IIA）。这是一个很强的假设，如果该假设被违背，多项 probit 模型可能不是一个好的建模选择。如果若干个备选方案是相同的，选择尤其可能失败。通过从选择集合中舍弃一个或多个可用的选项，然后重新估计多项式模型，可以进行 IIA 假设检验。如果 IIA 假设成立，则估计值应该不会发生很大的变化。利用豪斯曼和麦克法登（McFadden）[1]（1984）建议的豪斯曼对比检验对两组估计值进行统计比较，一组来自含有全部备选方案选择的模型，另一组来自使用简化备选方案的模型。

实例 16.12　高等教育的多项选择

1988 年的全国教育纵向研究（NELS：88）是美国公立和私立学校八年级学生的第一个全国性的典型纵向研究。它由国家教育统计中心发起。1988 年，对约 25 000 名八年级学生及其家长、教师和校长进行了调查。1990 年，再次对这些学生（大多是十年级学生，有的退学）及其家长、教师和校长进行了调查。1992 年，进行了第二次后续调查，调查对象大多是十二年级学生，但是也调查了退学学生、家长、教师、学校行政人员和高中成绩单。1994 年，在大多数学生已经毕业后进行了第三次后续调查。[2]

我们已经获取了全体数据中的一个子集，即仍然保留在第三次后续调查中的面板数据。在这组数据中，我们拥有个人及其家庭、高中成绩、考试成绩以及他们中学毕业后的教育选择的完整数据。在文件 *nels_small* 中，我们有高中毕业后选择不上大学

　　① "Specification Tests for the Multinomial Logit Model," *Econometrica*, 49, pp. 1219-1240. A brief explanation of the test may be found in Greene（2018, Chapter 18.2.4), op. cit., p. 767.
　　② 研究和数据总结见 *National Education Longitudinal Study:1988-1994*, *Descriptive Summary Report With an Essay on Access and Choice in Post-Secondary Education*, by Allen Sanderson, Bernard Dugoni, Kenneth Rasinski, and John Taylor, C.Dennis Carroll project officer, NCES 96-175, National Center for Education Statistics, March 1996.

（*PSECHOICE*=1）、上两年制大学（*PSECHOICE*=2）或四年制大学（*PSECHOICE*=3）的
1 000 个学生的观测值。为便于说明，我们将重点放在解释变量 *GRADES* 上，这是一个指
标，取值从 1.0（最高级别，A+级）到 13.0（最低级，F级），代表英语、数学和社会科学
学科的综合表现。

在 1 000 名学生中，22.2% 选择毕业后不上大学，25.1% 选择上两年制大学，52.7%
选择上四年制大学。*GRADES* 的平均值为 6.53，最高成绩等级数值为 1.74，最低成绩等
级数值为 12.33。表 16-2 给出参数的估计值及其标准误。我们选择没有上大学的一组为
基本组，这样参数 $\beta_{11}=\beta_{21}=0$。

表 16-2　　　　　　　　　　　　　　PSE 选择的极大似然估计

参数	估计值	标准误	t 统计值
β_{12}	2.5064	0.4183	5.99
β_{22}	−0.3088	0.0523	−5.91
β_{13}	5.7699	0.4043	14.27
β_{23}	−0.7062	0.0529	−13.34

基于这些估计值，我们可以得出什么结论？回想一下，*GRADES* 的更高成绩等级数值
代表学业成绩较差。*GRADES* 系数的参数估计值是负的，并且在统计上显著。利用解释变
量的变化影响概率比的表达式（16.22），这意味着，相对于不上大学的概率，如果
GRADES 的值增加，高中毕业生选择两年或四年制大学的概率下降。这是预期的效果，正
如我们预计的，学业成绩较差，不上大学的概率会增加。

对于给定的 *GRADES* 值，我们也可以利用公式（16.19）计算选择大学类型的估计
概率。在我们的样本中，*GRADES* 的中位数值是 6.64，前面的第 5 百分位数是 2.635。[①]
这些成绩等级的学生的选择概率是多少？在表 16-3 中，我们看到，中位数成绩等级的
学生选择不上大学的概率是 0.1810；但是对于高成绩等级的学生，这种概率减少到
0.0178。同样，中等学生选择上两年制大学的概率是 0.2856；但对于更好的学生，概率
为 0.0966。最后，中等学生选择上四年制大学的概率是 0.5334，但更好的学生选择上
四年制大学的概率是 0.8857。

可以利用公式（16.20）计算得出 *GRADES* 变化对选择概率的边际效应。边际效应仍
然依赖于特定的 *GRADES* 值，表 16-3 报告中位数和前面的第 5 百分位数学生的估计值。
GRADES 提高一个百分点（糟糕表现）会提高学生不上大学或上两年制学院的概率，而降
低上四年制大学的概率。给定 *GRADES* 提高一个百分点，与尖子生相比，中等学生上四年
制大学的概率下降更多。请注意，对于 *GRADES* 的每个值，除了舍入误差，预测概率的总
和为 1，边际效应的总和是 0。这是多项式 logit 模型设定的特点。

---

① *GRADES* 的第 5 百分位数是 2.635，在有 1 000 个观测值的数据集中处于第 50 和第 51 个观测值之间。虽然这是
计算第 5 百分位数一种常见的方法，但不是唯一的方法。因为 0.05×1 000=50，按增加值排序后，有些软件会报告第 50
个值是 2.63。其他的软件可能取第 50 和第 51 个值的加权平均值，如 0.95×2.63+0.05×2.64=2.6305。感谢 Tom Doan
（Estima）指出这一点。表 16-3 中的标准误是通过 "delta 方法" 计算得出的，这与附录 16A 中说明的方法类似。

表 16-3		Grades 对 PSE 选择概率的影响			
PSE 选择	*GRADES*	$\hat{p}$	se($\hat{p}$)	边际效应	se(ME)
不上大学	6.64	0.1810	0.0149	0.0841	0.0063
	2.635	0.0178	0.0047	0.0160	0.0022
上两年制大学	6.64	0.2856	0.0161	0.0446	0.0076
	2.635	0.0966	0.0160	0.0335	0.0024
上四年制大学	6.64	0.5334	0.0182	−0.1287	0.0095
	2.635	0.8857	0.0174	−0.0451	0.0030

正如你看到的那样，我们可以利用这种类型的模型解决许多有趣的问题。

16.4　条件 logit

假设决策者必须选择几个不同的方案，就像在多项 logit 模型中一样。在市场营销方面，假设我们要在三种类型（*J*=3）的软饮料之间选择，比如 2 升瓶装的百事可乐、七喜和可口可乐。购物者去超市将根据产品的价格和其他因素做出选择。在扫描结账后，购买数据（什么牌子、多少单位和付出的价格）被记录下来。当然，我们也知道消费者支付的价格不是特价时候的价格。关键的一点是，如果我们收集一段时期内各超市的汽水购买数据，则我们观测消费者从一组备选方案做出的选择，就会知道购物者每一趟去超市购物面临的价格。

设定 y_{i1}、y_{i2} 和 y_{i3} 为指示变量，表明每个个体 *i* 做出的选择。如果备选方案 1 被选中（百事可乐），则 $y_{i1}=1$，$y_{i2}=0$，$y_{i3}=0$。如果备选方案 2（七喜）被选中，则 $y_{i1}=0$，$y_{i2}=1$，$y_{i3}=0$。如果备选方案 3（可口可乐）被选中，则 $y_{i1}=0$，$y_{i2}=0$，$y_{i3}=1$。个体 *i* 面临的品牌 *j* 的价格为 $PRICE_{ij}$。也就是说，可能对购买汽水的每一个顾客来说，百事可乐、七喜和可口可乐的价格不同。请记住，不同的顾客可以在不同的时间、不同的超市购物。价格变量对不同的个体和备选方案是特定的，因为它们对每个个体和每个消费者的选择来说是不同的。这种类型的信息与我们在多项 logit 模型中的假设不同。多项 logit 模型中的解释变量 x_i 是个体特定变量，它在不同备选方案之间没有变化。

16.4.1　条件 logit 选择概率

我们的目标是弄明白消费者选择一个备选方案而不选择另一个的影响因素。我们为个体 *i* 选择备选方案 *j* 的概率构建一个模型：

$p_{ij}=P$［个体 *i* 选择备选方案 *j*］

条件 logit 模型定义这些概率为：

$$p_{ij}=\frac{\exp(\beta_{1j}+\beta_2 PRICE_{ij})}{\exp(\beta_{11}+\beta_2 PRICE_{i1})+\exp(\beta_{12}+\beta_2 PRICE_{i2})+\exp(\beta_{13}+\beta_2 PRICE_{i3})} \tag{16.23}$$

请注意，不同于公式（16.19）中的多项 logit 模型，这里只有一个把每一个价格的影响与选择概率 p_{ij} 联系起来的参数 β_2。我们已经包含了备选方案特定的常量（截距项）。这些不能被全部估计出来，必须有一个被设定为 0。我们将设定 $\beta_{13}=0$。

未知参数的估计应用极大似然法。假设我们观测三个个体，他们分别选择备选方案 1、2 和 3。假设他们的选择是独立的，则观测这一结果的概率是：

$$P(y_{11}=1, y_{22}=1, y_{33}=1) = p_{11} \times p_{22} \times p_{33}$$

$$= \frac{\exp(\beta_{11} + \beta_2 PRICE_{11})}{\exp(\beta_{11} + \beta_2 PRICE_{11}) + \exp(\beta_{12} + \beta_2 PRICE_{12}) + \exp(\beta_2 PRICE_{13})} \times$$

$$\frac{\exp(\beta_{12} + \beta_2 PRICE_{22})}{\exp(\beta_{11} + \beta_2 PRICE_{21}) + \exp(\beta_{12} + \beta_2 PRICE_{22}) + \exp(\beta_2 PRICE_{23})} \times$$

$$\frac{\exp(\beta_2 PRICE_{33})}{\exp(\beta_{11} + \beta_2 PRICE_{31}) + \exp(\beta_{12} + \beta_2 PRICE_{32}) + \exp(\beta_2 PRICE_{33})}$$

$$= L(\beta_{11}, \beta_{12}, \beta_2)$$

16.4.2 条件 logit 估计后的分析

对于自身价格变化和交叉价格变化，价格变动如何影响选择概率是不同的。具体来说，自身价格效应可以表示为：

$$\frac{\partial p_{ij}}{\partial PRICE_{ij}} = p_{ij}(1-p_{ij})\beta_2 \tag{16.24}$$

β_2 的符号表明自身价格效应的方向。

如果备选方案 k（$k \neq j$）的价格发生变化，则被选中的备选方案 j 的概率变化是：

$$\frac{\partial p_{ij}}{\partial PRICE_{ik}} = -p_{ij}p_{ik}\beta_2 \tag{16.25}$$

交叉价格效应与自身价格效应的方向相反。

条件 logit 模型的一个显著特点是，备选方案 j 和 k 之间的概率比是：

$$\frac{p_{ij}}{p_{ik}} = \frac{\exp(\beta_{1j} + \beta_2 PRICE_{ij})}{\exp(\beta_{1k} + \beta_2 PRICE_{ik})} = \exp\left[(\beta_{1j}-\beta_{1k}) + \beta_2(PRICE_{ij}-PRICE_{ik})\right]$$

概率比取决于价格差异，但不是价格本身。就像在多项 logit 模型中，这个比率不取决于备选方案的总数，并且存在无关选择独立性（IIA）的隐含假设。请参阅第 16.3.3 节结尾的讨论。不需要 IIA 假设的模型已被建立，但它们非常难，包括基于正态分布的多项式 probit 模型、嵌套 logit 模型和混合 logit 模型。[1]

实例 16.13 条件 logit 软饮料选择

我们观测 1 822 个购物的例子，涵盖 104 个星期和 5 家门店，其中消费者购买了 2 升瓶装的百事可乐（34.6%）、七喜（37.4%）、可口可乐（28%）。这些数据在文件 cola 中。在样本中，百事可乐的平均价格为 1.23 美元，七喜为 1.12 美元，可口可乐为 1.21 美元。我们估计如公式（16.22）所示的条件 logit 模型，估计值如表 16-4a 所示。

---

[1] 有关这些模型在高水平下的简要描述，请参见 William Greene, *Econometric Analysis*, Eighth Edition by（Upper Saddle River, NJ: Pearson Prentice Hall, 2018），Chapter 18.2.5. 混合 logit 模型和嵌套 logit 模型在应用研究中很重要。David A. Hensher, John M. Rose, William H. Greene（2015），*Applied Choice Analysis*, 2nd Edition, Cambridge University Press，提供了关于选择模型的综述，以及使用 NLOGIT 软件包的软件说明，还讨论了调查方法。

表 16-4a　　　　　　　　　　　　　　条件 logit 模型的参数估计值

变量	估计值	标准误	t 值	p 值
PRICE（β_2）	−2.2964	0.1377	−16.68	0.000
PEPSI（β_{11}）	0.2832	0.0624	4.54	0.000
7 − UP（β_{12}）	0.1038	0.0625	1.66	0.096

我们发现，所有的参数估计值在 10% 的显著性水平下显著异于零，而且 PRICE 系数的符号为负。这意味着，个别品牌的价格上涨将减少其购买概率，并且竞争品牌的价格上升会增加其购买概率。表 16-4b 包含价格变动对选择百事可乐概率的边际效应。设定百事可乐、七喜和可口可乐的价格分别为 1.00 美元、1.25 美元和 1.10 美元，利用公式（16.24）和公式（16.25），计算出边际效应。利用增量方法计算出标准误。注意和这些估计值相关的两个方面。首先，它们有我们预期的符号。估计百事可乐的价格上升对购买百事可乐的概率有负的影响，而可口可乐或七喜的价格上升会使消费者选择百事可乐的概率提高。其次，对于概率的变化，这些值非常大，因为"一个单位的变化"是 1 美元，代表价格上将近 100% 的变化。对于价格提高 10 美分，边际效应、标准误差和区间估计值的范围应乘以 0.10。

表 16-4b　　　　　　　　　　　选择百事可乐概率的价格边际效应

价格	边际效应	标准误	95% 区间估计值
COKE	0.3211	0.0254	[0.2712, 0.3709]
PEPSI	−0.5734	0.0350	[−0.6421, −0.5048]
7 − UP	0.2524	0.0142	[0.2246, 0.2802]

作为计算边际效应的替代，给定解释变量的值，我们可以计算出特定的概率。例如，利用表 16-4b 的价格，选择百事可乐的估计概率是：

$$\hat{p}_{i1} = \frac{\exp\left(\tilde{\beta}_{11} + \tilde{\beta}_2 \times 1.00\right)}{\left[\exp\left(\tilde{\beta}_{11} + \tilde{\beta}_2 \times 1.00\right) + \exp\left(\tilde{\beta}_{12} + \tilde{\beta}_2 \times 1.25\right) + \exp\left(\tilde{\beta}_2 \times 1.10\right)\right]}$$

$$= 0.4832$$

这个预测概率的标准误为 0.0154，这是通过"增量法"计算得出的。如果我们把百事可乐的价格提高到 1.10 美元，我们估计购买概率下降到 0.4263（se=0.0135）。如果百事可乐的价格保持在 1.00 美元，但我们将可口可乐价格提高 15 美分，我们估计消费者选择百事可乐的概率上升 0.0445（se=0.0033）。这些数字向我们展示了品牌选择对价格变化的反应是有弹性的。

16.5　有序选择模型

在多项 logit 和条件 logit 模型中，选项都未被自然排序或安排。但是，在某些情况下，选项会被以某种特定的方式排序。范例包括：

1.民意调查结果，其中的"反应项"可能是强烈反对、反对、中立、同意或非常同意。

2.等级或工作表现评级的分配。学生获得等级 A、B、C、D 和 E，这是基于老师对他们表现的评价进行排序的。员工往往按级别来评价，如优秀、非常好、好、一般和差，它们在本质上差不多。

3.标准普尔的债券评为 AAA、AA、A、BBB 等，作为对债券发行公司或国家信用以及投资风险的评判。

4.就业水平的评级有失业、兼职或全职。

当对这些类型的结果建模时，数值被分配给这些结果。但这些数值是有序的，而且只反映结果的排名。在第一个例子中，我们可能会分配因变量 y 的值：

$$y=\begin{cases} 1 & \text{非常不同意} \\ 2 & \text{不同意} \\ 3 & \text{中立} \\ 4 & \text{同意} \\ 5 & \text{非常同意} \end{cases}$$

在第 16.3 节中，我们考虑高中毕业后选择上什么大学的问题，作为无序备选方案的一个说明。然而，在这种特殊情况下，事实上可能有自然顺序。我们可能这样排列这些概率：

$$y=\begin{cases} 3 & \text{上四年制大学} \\ 2 & \text{上两年制大学} \\ 1 & \text{不上大学} \end{cases} \tag{16.26}$$

通常的线性回归模型并不适用于这些数据。因为在回归中，当 y 值没有数值含义时，我们会视为有数值含义。下一节我们将讨论如何对每一个选择概率建模。

16.5.1　有序 probit 选择概率

当面对排序的问题时，我们形成了对备选方案表示关心的一种"感觉"，感觉越强烈，排名靠前的备选方案越可能被选择。当然这种感觉对计量经济学家来说是不可观测的。进入决策的不可观测变量被称为特征变量，用 y_i^* 表示我们对排序的备选方案的感觉，带"星号"的变量提醒我们这个变量是不可观测的。

微观经济学常被描述为"选择的科学"。经济理论表明，某些因素（观测变量）可能会影响我们对所面临的备选方案的感觉。一个具体的例子是，我们考虑什么因素可能影响高中毕业生在"不上大学"、"上两年制大学"和"上四年制大学"这三个选项中做出选择，如公式（16.26）所示。影响选择的因素是家庭收入、高中成绩、两年或四年制大学和家的距离、父母是否上了四年制大学等。为简单起见，我们关注单一的解释变量等级 *GRADES*。该模型是：

$$y_i^* = \beta GRADES_i + e_i$$

这个模型不是回归模型，因为因变量是不可观测的，因此它有时被称为指标模型。由于通常的原因，模型中含有误差项。我们观测到的选择是基于对更高学历教育的"感觉"

y_i^* 与某些阈值的比较，如图 16-2 所示。

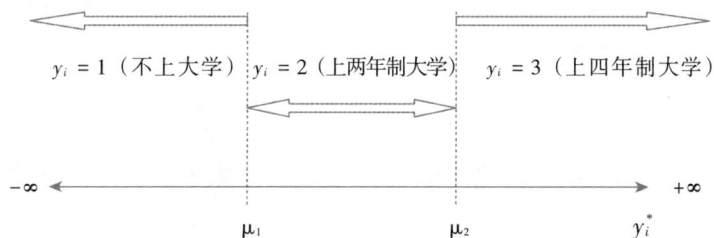

图 16-2 相对于阈值的有序选择

因为有 3 个备选方案（$M=3$），有 2 个阈值 μ_1 和 μ_2（$M-1=2$），其中 $\mu_1<\mu_2$。该指数模型不包含截距项，因为它会与阈值变量完全共线。如果对更高学历教育的感觉是最低的那一类，则 $y_i^*\leqslant\mu_1$，选择备选方案"不上大学"。如果 $\mu_1<y_i^*\leqslant\mu_2$，则选择"上两年制大学"方案。如果对更高学历教育的感觉是最高的一类，则 $y_i^*>\mu_2$，选择"上四年制大学"方案，即：

$$y=\begin{cases}3（上四年制大学）& 如果 y_i^*>\mu_2\\2（上两年制大学）& 如果 \mu_1<y_i^*\leqslant\mu_2\\1（不上大学）& 如果 y_i^*\leqslant\mu_1\end{cases}$$

如果我们假设 y_i^* 或等价的随机误差 e_i 服从一个特定的概率分布，则我们能够表示这些结果的概率。如果我们假设误差服从标准正态分布 N（0，1），这是定义有序 probit 模型的一个假设，则我们可以计算如下概率：

$$\begin{aligned}P（y_i=1）&=P（y_i^*\leqslant\mu_1）=P（\beta GRADES_i+e_i\leqslant\mu_1）\\&=P（e_i\leqslant\mu_1-\beta GRADES_i）\\&=\Phi（\mu_1-\beta GRADES_i）\end{aligned}$$

$$\begin{aligned}P（y_i=2）&=P（\mu_1<y_i^*\leqslant\mu_2）=P（\mu_1<\beta GRADES_i+e_i\leqslant\mu_2）\\&=P（\mu_1-\beta GRADES_i<e_i\leqslant\mu_2-\beta GRADES_i）\\&=\Phi（\mu_2-\beta GRADES_i）-\Phi（\mu_1-\beta GRADES_i）\end{aligned}$$

$y=3$ 的概率是：

$$\begin{aligned}P（y_i=3）&=P（y_i^*>\mu_2）=P（\beta GRADES_i+e_i>\mu_2）\\&=P（e_i>\mu_2-\beta GRADES_i）\\&=1-\Phi（\mu_2-\beta GRADES_i）\end{aligned}$$

16.5.2 有序 probit 估计及解释

与前面的选择模型一样，利用极大似然值进行估计。如果我们观测 $N=3$ 个个体的随机样本，第一个不上大学（$y_1=1$），第二个上两年制大学（$y_2=2$），第三个上四年制大学（$y_3=3$），则似然函数为：

$$L（\beta，\mu_1，\mu_2）=P（y_1=1）\times P（y_2=2）\times P（y_3=3）$$

需要注意的是，概率依存于未知参数 μ_1、μ_2 以及指数函数参数 β。利用数值方法，通过最大化对数似然函数，可以得到这些参数。计量经济学软件包括**有序 probit** 和**有序 logit**

两个选项，前者取决于服从标准正态分布的误差，后者取决于随机误差服从 logistic 分布的假设。大多数经济学家会使用正态分布的假设，但许多社会科学家使用 logistic 分布的假设。最后的结果差别不大。

我们能回答适用这个模型的问题类型有以下几种：

1. $GRADES=2.5$（分13个等级，1为最高）的高中毕业生上两年制大学的概率有多大？通过将 $GRADES$ 特定值代入基于参数极大似然估计值的预测概率，可以获得答案，

$$\hat{P}(y=2|GRADES=2.5)=\Phi(\tilde{\mu}_2-\tilde{\beta}\times2.5)-\Phi(\tilde{\mu}_1-\tilde{\beta}\times2.5)$$

2. 一个学生 $GRADES=2.5$，另一个学生 $GRADES=4.5$，两个学生上四年制大学的概率有什么差别？概率的差别直接计算如下：

$$\hat{P}(y=3|GRADES=4.5)-\hat{P}(y=3|GRADES=2.5)$$

3. 如果我们把 $GRADES$ 看成一个连续变量，给定 $GRADES$ 一个单位的变化，对每个结果的概率的边际效应是多大？这些微分是：

$$\frac{\partial P(y=1)}{\partial GRADES}=-\phi(\mu_1-\beta GRADES)\times\beta$$

$$\frac{\partial P(y=2)}{\partial GRADES}=[\phi(\mu_1-\beta GRADES)-\phi(\mu_2-\beta GRADES)]\times\beta$$

$$\frac{\partial P(y=3)}{\partial GRADES}=\phi(\mu_2-\beta GRADES)\times\beta$$

在这些表达式中，"$\phi(\cdot)$"表示标准正态分布的概率密度函数，其值总是正的。因此参数 β 的符号与最低类别的边际效应方向相反，但它表示最高类别边际效应的方向。中间类别的边际效应的方向不确定，根据括号中方差的符号而定。

还有很多种分析有序选择模型结果的工具，包括一些有用的图形。更多的内容（从社会科学的角度来看）见 *Regression Models for Categorial and Limited Dependent Variables by J. Scott Long*（Sage Publications，1997，Chapter 5）或（从营销学的角度来看）*Quantitative Models in Marketing Research by Philip Hans Franses and Richard Paap*（Cambridge University Press，2001，Chapter 6）。一个综合的参考文献见 William H. Greene and David A. Hensher（2010）*Modeling Ordered Choices：A Primer*，Cambridge University Press。

实例16.14　高等教育的有序选择模型

为了说明这一点，我们利用第16.3节介绍的大学选择数据，包含在文件 *nels_small* 中。我们把 *PSECHOICE* 看作一个有序变量，1代表最不被青睐的备选方案（不上大学），3代表最被看好的备选方案（上四年制大学）。估计结果如表16-5所示。

表 16-5　　有序 probit 参数估计

参数	估计值	标准误
β	-0.3066	0.0191
μ_1	-2.9456	0.1468
μ_2	-2.0900	0.1358

　　GRADES 的估计系数为负，说明当 *GRADES* 提高（表明更坏的表现）时，上四年制大学的概率下降，而不上大学的概率提高。我们来看 *GRADES* 提高对上四年制大学的边际效应。中位数等级的学生（6.64），边际效应为 -0.1221；第 5 百分位数（2.635）的学生，边际效应为 -0.0538。这些与表 16-3 所示的边际效应大小类似。

16.6　计数数据模型

　　当回归模型的因变量是一个事件发生数的计数，结果变量是 $y=0$，1，2，3，…。这些数字是实际计数，因此不同于上一节的序数。实例包括：

- 一个人在一年内就诊的次数。
- 一个人在过去一年钓鱼的次数。
- 一个家庭中小孩的数量。
- 一个月内特定路口交通事故的次数。
- 一个家庭有几台电视机。
- 一个大学生在一周内饮酒的次数。

　　虽然我们仍然对解释和预测概率感兴趣，如一个人在一年内就诊两次或两次以上的概率，我们用来作为基础的概率分布是泊松分布，而不是正态或 logit 分布。如果 Y 是一个**泊松随机变量**，则其概率函数是：

$$f(y) = P(Y=y) = \frac{e^{-\lambda}\lambda^{y}}{y!}, \quad y=0, 1, 2, \cdots \tag{16.27}$$

　　阶乘（!）项 $y! = y \times (y-1) \times (y-2) \times \cdots \times 1$。这个概率函数有一个参数 λ，这是 Y 的均值（和方差），即 $E(Y) = \mathrm{var}(Y) = \lambda$。在回归模型中，我们试图将 $E(Y)$ 解释为一些解释变量的函数。我们在此同样通过如下定义保持 $E(Y) \geq 0$：

$$E(Y|x) = \lambda = \exp(\beta_1 + \beta_2 x) \tag{16.28}$$

　　这个选择定义了计数数据的泊松回归模型。

16.6.1　泊松回归模型的极大似然估计

　　可以利用极大似然法来估计（16.28）式中的参数 β_1 和 β_2。假设我们从总体中随机选择 3 个个体（$N=3$），观测到它们的计数是 $y_1=0$，$y_2=2$ 和 $y_3=2$，表示该事件在三个个体身上发生的次数分别为 0，2，2。回想一下，似然函数是观测数据的联合概率函数，作为一个未知参数的函数来解释，即：

$$L(\beta_1, \beta_2) = P(Y=0) \times P(Y=2) \times P(Y=2)$$

　　像公式（16.27）这样的函数乘积非常复杂，很难最大化。然而，在实践中，极大似然估计是通过最大化对数似然函数来进行的，

$$\ln L(\beta_1, \beta_2) = \ln P(Y=0) + \ln P(Y=2) + \ln P(Y=2)$$

　　对于 λ，利用公式（16.28），概率函数的对数是：

$$\ln[P(Y=y|x)] = \ln\left[\frac{e^{-\lambda}\lambda^{y}}{y!}\right] = -\lambda + y\ln(\lambda) - \ln(y!)$$

$$= -\exp(\beta_1 + \beta_2 x) + y \times (\beta_1 + \beta_2 x) - \ln(y!)$$

给定 N 个观测值的样本，对数似然函数变成：

$$\ln L\,(\beta_1,\ \beta_2)=\sum_{i=1}^{N}\{-\exp\,(\beta_1+\beta_2 x_i)+y_i\times(\beta_1+\beta_2 x_i)-\ln\,(y_i!\,)\,\}$$

一旦我们代入数据值 $(y_i,\ x_i)$，这个对数似然函数仅是 β_1 和 β_2 的函数。对数似然函数本身仍然是未知参数的非线性函数，必须利用数值方法获得极大似然估计值。计量经济学软件有一些选项，通过点击一个按钮，可进行计数模型的极大似然估计。

16.6.2 泊松回归模型解释

与其他建模情况一样，我们想利用估计出的模型来预测结果，确定解释变量的变化对因变量均值的边际效应，并检验系数的显著性。

对 y 的条件均值的预测非常简单。给定极大似然估计值 $\tilde\beta_1$ 和 $\tilde\beta_2$，并且给定解释变量的一个值 x_0：

$$\widehat{E(y_0)}=\tilde\lambda_0=\exp\left(\tilde\beta_1+\tilde\beta_2 x_0\right)$$

如果 x 取值 x_0，此值是观测事件发生预期次数的估计。在概率函数中代入估计出的条件均值，可以估计出事件发生特定次数的概率，如：

$$\widehat{P(Y=y)}=\frac{\exp\left(-\tilde\lambda_0\right)\tilde\lambda_0^{y}}{y!},\quad y=0,1,2,\cdots$$

在泊松回归模型中，连续变量 x 变化的边际效应不仅仅由参数给出，因为条件均值模型是参数的非线性函数。按照我们的定义，由 $E(y_i|x_i)=\lambda_i=\exp(\beta_1+\beta_2 x_i)$ 给出条件均值，利用指数函数的微分规则，我们得到边际效应：

$$\frac{\partial E(y_i|x_i)}{\partial x_i}=\lambda_i\beta_2 \tag{16.29}$$

为了估计这个边际效应，利用极大似然估计值替代参数并且选择一个 x 的值。边际效应的差别取决于所选择的 x 值。关于泊松模型的一个有用的事实是，条件均值 $E(y_i|x_i)=\lambda_i=\exp(\beta_1+\beta_2 x_i)$ 总是正的，因为指数函数始终是正的。因此，从系数 β_2 的符号可确定边际效应的方向。

公式（16.29）被表示为一个百分数，这可能很有用：

$$\frac{\%\Delta E(y_i|x)}{\Delta x_i}=100\frac{\partial E(y_i|x)/E(y_i|x)}{\partial x_i}=100\beta_2\%$$

如果 x 未被转换，则 x 一个单位的变化导致条件均值变化 $100\beta_2\%$。

假设条件均值函数包含一个指示变量，我们该如何计算其效应呢？如果 $E(y_i|x)=\lambda_i=\exp(\beta_1+\beta_2 x_i+\delta D_i)$，我们可以考查当 $D=0$ 和 $D=1$ 时的条件期望：

$$E(y_i|x_i|D_i=0)=\exp(\beta_1+\beta_2 x_i)$$

$$E(y_i|x_i|D_i=1)=\exp(\beta_1+\beta_2 x_i+\delta)$$

则条件均值的百分比变化是：

$$100\left[\frac{\exp(\beta_1+\beta_2 x_i+\delta)-\exp(\beta_1+\beta_2 x_i)}{\exp(\beta_1+\beta_2 x_i)}\right]\%=100\left[e^{\delta}-1\right]\%$$

这与我们得到的对数线性模型中的指示变量的效果表达式是一致的，见第7.3节。

最后，可以用标准方法进行假设检验。极大似然估计量服从渐近正态分布，具有已知形式的方差。方差的实际表达式是复杂的，涉及矩阵表达式，所以这里我们不会展示公式。[①]计量经济学软件有编码的方差表达式，与参数估计值一起，它会提供标准误、t 统计值和 p 值，这些是常用的。

实例 16.15　医生就诊次数的计数模型

卫生保健系统的经济分析是学术研究和公众感兴趣的重要领域。在此实例中，我们考虑 Riphahn、Wambach 和 Million（2003）[②]使用的数据。数据文件 *rwm88_small* 包含有关过去 3 个月中 1 200 个人的就诊次数（*DOCVIS*）、年龄（*AGE*）、性别（*FEMALE*）以及是否有公共保险（*PUBLIC*）的数据。表 16-6 列出了医生就诊的频率，其中 90.5% 的样本有 8 次或更少的就诊次数。

表 16-6　　　　　　　　　　　　　　　　医生就诊次数（*DOCVIS*）

就诊次数	就诊人数
0	443
1	200
2	163
3	111
4	51
5	49
6	37
7	7
8	25

这些是数值计数数据（事件发生的次数），因此泊松模型是一个可行的选择。

应用极大似然估计，我们获得了拟合模型：

$$E\left(\widehat{DOCVIS}\right) = exp\left(-0.0030 + 0.0116 AGE + 0.1283 FEMALE + 0.5726 PUBLIC\right)$$
$$(\text{se}) \qquad\qquad (0.0918)\quad (0.0015)\qquad (0.0335)\qquad\qquad (0.0680)$$

对于这些结果，我们能说些什么？首先，系数估计值都是正的，这意味着老年人、女性和有公共健康保险的人就诊次数更多。其次，*AGE*、*FEMALE* 和 *PUBLIC* 的系数显著异于零，p 值小于 0.01。使用拟合的模型，我们可以估计预期的就诊次数。例如，样本中的第一个人是有公共保险的 29 岁女性。替换这些值，我们估计她的预期就诊次数为 2.816，或约至整数 3.0。她的实际就诊次数为零。

---

① 见 J. Scott Long, *Regression Models for Categorical and Limited Dependent Variables*（Thousand Oaks, CA: Sage Publications, 1997），Chapter 8. 更前沿且专业的参考是 *Regression Analysis of Count Data*, Second Edition by A. Colin Cameron and Pravin K. Trivedi（Cambridge, UK: Cambridge University Press, 2013）.

② Regina T. Riphahn, Achim Wambach, and Andreas Million, "Incentive Effects in the Demand for Health Care: A Bivariate Panel Count Data Estimation", *Journal of Applied Econometrics*, Vol. 18, No. 4, 2003, pp. 387–405.

使用广义 R^2 的概念，我们可以通过计算 DOCVIS 与预测的就诊次数之间的相关系数的平方来得出模型对数据的拟合程度。如果我们使用舍入值，如 3.0 而不是 3.33，则相关系数为 0.1179，给出 $R_g^2 = 0.1179^2 = 0.0139$。正如我们可能期望的那样，此简单模型的不是很好。该模型没有考虑很多重要因素，如收入、总体健康状况等。不同的软件包报告了许多不同的值，有时称为伪 R^2，其含义也不同。我们建议忽略所有这些值，包括 R_g^2。

最好不要报告类似 R^2 的数字，而是报告总体模型显著性的检验，类似于回归模型的总体 F 检验。原假设是除截距外所有模型系数均等于零。我们建议使用似然比统计值。请参阅第 16.2.7 节，在 probit 模型中对此检验进行了讨论。检验统计量为 $LR=2(\ln L_U - \ln L_R)$，其中 $\ln L_U$ 是完整模型和不受约束模型的对数似然函数的值，而 $\ln L_R$ 是受限模型的对数似然函数的值（在假设正确的情况下）。在这种情况下，受限模型为 $E(DOCVIS)=\exp(\gamma_1)$。如果原假设为真，则 LR 检验统计量在大样本中服从 $\chi_{(3)}^2$ 分布。在我们的实例中，LR=174.93，$\chi_{(3)}^2$ 分布的第 0.95 百分位数为 7.815。我们在 5% 的显著性水平下拒绝原假设，并得出结论，至少有一个变量对就诊次数产生了重大影响。

这些变量对就诊次数的影响大小如何？将 AGE 视为连续的，我们可以使用公式 (16.29) 计算边际效应：

$$\frac{\partial E(\widehat{DOCVIS})}{\partial AGE} = \exp(-0.0030 + 0.0116AGE + 0.1283FEMALE + 0.5726PUBLIC) \times 0.0116$$

要评估这种效果，我们必须代入 AGE、FEMALE 和 PUBLIC 的值。令 FEMALE=1 且 PUBLIC=1。如果 AGE=30，则估计值为 0.0332，其中 95% 区间估计值为 [0.0261, 0.0402]。也就是说，我们估计，对于拥有公共保险的 30 岁女性，如果再大一岁，她在 3 个月内的预期就诊次数将增加 0.0332。由于边际效应是估计参数的非线性函数，因此区间估计使用增量法以计算标准误。对于 AGE=70，它是 0.0528 [0.0355, 0.0702]。正如你所想的，增加一岁对年长的个体影响更大。

FEMALE 和 PUBLIC 都是指示变量，取值为 0 和 1。对于这些变量，我们无法使用导数评估"边际效应"。相反，我们估计了两种情况下预期的就诊次数之间的差异。例如，

$$\Delta E(\widehat{DOCVIS})=E(DOCVIS|PUBLIC=1) - E(DOCVIS|PUBLIC=0)$$

计算出的差异值为：

$$\Delta E(\widehat{DOCVIS})=\exp(-0.0030+0.0116AGE+0.1283FEMALE+0.5726) - \exp(-0.0030 + 0.0116AGE+0.1283FEMALE)$$

我们估计 30 岁女性的差异为 1.24 [1.00, 1.48]，而 70 岁女性的差异为 1.98 [1.59, 2.36]。有公共保险的女性比没有公共保险的同龄女性就诊的次数明显要多。

在实际应用中有许多广义的泊松模型。其中有一种广义的模型称为负二项式模型。当违背泊松模型中隐含的假设时，即泊松变量的方差等于其期望值，泊松随机变量的 var$(Y)=E(Y)$ 时，可以使用它。这一假设是否成立还有待检验。过度分散检验有时可作为一种检验该假设的方法。

16.7 受限因变量

在本章的前面各节中，我们回顾了含有因变量为离散型变量的选择行为模型。当模型含有离散因变量时，我们必须修正通常的回归方法。在本节中，我们介绍另一种情况，其中回归模型的标准最小二乘估计失败。

16.7.1 简单线性回归模型的极大似然估计

在估计简单线性回归模型时，我们强调了最小二乘和矩估计量的方法。另一种选择是极大似然估计（MLE）。我们将在含有一个解释变量的简单线性模型的背景下讨论该方法，但是该方法将扩展到含有更多解释变量的多元回归的情况。我们现在讨论这个问题，因为估计有限因变量模型的几种策略与 MLE 相关。在这种情况下，我们进行假设 SR1–SR6，其中包括有关随机误差的条件正态性的假设。当做出条件正态误差假设时，我们将方程写为 $e_i|x_i \sim N(0,\sigma^2)$，然后写为 $y_i|x_i \sim N(\beta_1 + \beta_2 x_i, \sigma^2)$。进行假设时，这是一个非常强的假设，并且不需要最小二乘估计，因此我们将其称为可选假设。对于极大似然估计，它不是可选的。必须假设数据的分布，以便我们可以形成似然函数。

如果独立绘制数据组合 (y_i, x_i)，则数据的条件联合 pdf 为：

$$f(y_1, y_2, \cdots, y_N | \mathbf{x}, \beta_1, \beta_2, \sigma^2) = f(y_1 | x_1, \beta_1, \beta_2, \sigma^2) \times \cdots \times f(y_N | x_N, \beta_1, \beta_2, \sigma^2) \qquad (16.30a)$$

其中，

$$f(y_i | x_i, \beta_1, \beta_2, \sigma^2) = \frac{1}{\sqrt{2\pi\sigma^2}} \exp\left(-\frac{1}{2}\frac{(y_i - \beta_1 - \beta_2 x_i)^2}{\sigma^2}\right) \qquad (16.30b)$$

写出其乘积：

$$f(y_1, y_2, \cdots, y_N | \mathbf{x}, \beta_1, \beta_2, \sigma^2) = (2\pi)^{-\frac{N}{2}} (\sigma^2)^{-\frac{N}{2}} \exp\left[-\frac{1}{2\sigma^2}\sum_{i=1}^{N}(y_i - \beta_1 - \beta_2 x_i)^2\right]$$
$$= L(\beta_1, \beta_2, \sigma^2 | \mathbf{y}, \mathbf{x}) \qquad (16.30c)$$

似然函数 $L(\beta_1, \beta_2, \sigma^2 | \mathbf{y}, \mathbf{x})$ 是联合 pdf，被解释为未知参数的函数，以数据为条件。实际上，我们将对数似然估计最大化：

$$\ln L(\beta_1, \beta_2, \sigma^2 | \mathbf{y}, \mathbf{x}) = -\left(\frac{N}{2}\right)\ln(2\pi) - \left(\frac{N}{2}\right)\ln(\sigma^2) - \frac{1}{2\sigma^2}\sum_{i=1}^{N}(y_i - \beta_1 - \beta_2 x_i)^2 \qquad (16.30d)$$

最大化似乎很吓人，但实际上我们可以使用微积分最大化对数似然函数。有关提示请参见练习 16.1。极大似然估计量 $\tilde{\beta}_1$ 和 $\tilde{\beta}_2$ 是 OLS 估计量，它们具有所有通常的属性，包括条件正态分布。误差方差的 MLE 为 $\tilde{\sigma}^2 = \sum\frac{\hat{e}_i^2}{N}$，最小二乘平方残差的平方和除以样本容量，而没有进行自由度校正。这个估计量是一致的，但却是有偏的。

16.7.2 截断回归

我们考虑的第一个受限因变量模型是**截断回归**。在此模型中，我们仅在 $y_i > 0$ 时观测

数据（y_i, x_i）。这是怎么发生的？想象一下，通过在一家超市的收银台等待来收集调查数据。当客户走出来时，你会问："今天你花了多少钱？"鉴于他们刚刚为购买的商品付款，答案将是一个肯定的数字。如果随机误差服从条件正态分布，则（$y_i|x_i > 0$, x_i）的 *pdf* 为**截断正态分布**。截断正态分布的属性在附录 B.3.5 中讨论。在这种情况下，截断的正态密度函数为：

$$f\left(y_i|y_i > 0, x_i, \beta_1, \beta_2, \sigma^2\right) = \frac{f\left(y_i|x_i, \beta_1, \beta_2, \sigma^2\right)}{p\left(y_i > 0|x_i, \beta_1, \beta_2, \sigma^2\right)}$$

$$= \frac{f\left(y_i|x_i, \beta_1, \beta_2, \sigma^2\right)}{\Phi\left(\dfrac{\beta_1 + \beta_2 x_i}{\sigma}\right)} = \frac{f\left(y_i|x_i, \beta_1, \beta_2, \sigma^2\right)}{\Phi_i} \tag{16.31}$$

其中，我们使用 $\Phi_i = \Phi\left(\beta_1 + \beta_2 x_i/\sigma\right)$ 作为简化符号。对数似然函数为：

$$\ln L\left(\beta_1, \beta_2, \sigma^2|\mathbf{y}, \mathbf{x}\right) = -\sum_{i=1}^{N} \ln \Phi_i - (N/2)\ln(2\pi) - (N/2)\ln(\sigma^2)$$

$$- \frac{1}{2\sigma^2}\sum_{i=1}^{N}\left(y_i - \beta_1 - \beta_2 x_i\right)^2 \tag{16.32}$$

必须使用数值方法来实现这种对数似然的最大化，但是计量经济学软件含有简单的命令来获取 β_1、β_2 和 σ^2 的估计值。问题就变成了，我们能对这些估计值做些什么？答案是一切如常。为了计算边际效应，使用条件均值函数：

$$E\left(y_i|y_i > 0, x_i\right) = \beta_1 + \beta_2 x_i + \sigma\frac{\phi\left[\dfrac{\beta_1 + \beta_2 x_i}{\sigma}\right]}{\Phi\left[\dfrac{\beta_1 + \beta_2 x_i}{\sigma}\right]} = \beta_1 + \beta_2 x_i + \sigma\lambda\left(\alpha_i\right) \tag{16.33}$$

其中，$\lambda\left(\alpha_i\right)$ 是附录 B.3.5 中提到的逆米尔比（IMR），$\alpha_i = \dfrac{\beta_1 + \beta_2 x_i}{\sigma}$。这有点混乱，不是吗？如果 x_i 是连续的，则边际效应是该表达式的导数 $dE\left(y_i|y_i > 0, x_i\right)/dx_i = \beta_2(1 - \delta_i)$，其中 $\delta_i = \lambda\left(\alpha_i\right)\left[\lambda\left(\alpha_i\right) - \alpha_i\right]$，甚至更加混乱。[1]因为 $0 < \delta_i < 1$，所以边际效应只是参数值的一小部分。计量经济学家联手计算机程序员，使我们比原来更加轻松了，这些量可以计算出来。

16.7.3 删截后样本和回归

删截后样本与截断样本相似，但含有更多信息。在截断样本中，当 $y_i > 0$ 时，我们观测到（y_i, x_i）。对于被删截后的样本，我们对所有个体都观测到 x_i，但是结果值是两种不同的类型。在一项对家庭的调查中，假设我们问："上个月你在大型家用电器（例如冰箱或洗衣机）上花费了多少？"对于许多家庭，答案将是 0 美元，因为上个月他们没有进行此类购买。对于其他人，如果进行了购买，答案将是正值。这是结果变量 y_i。另外，调查将包括家庭收入和其他特征，它们是解释变量 x_i。这被称为删截后样本，观测值的很大一部分取一个极限值，在这种情况下为 0 美元。我们对估计支出与 x_i 之间的关系感兴趣。我

---

① 见 Greene（2018），page 932–933.

们应该做什么？有许多策略。我们将提到四个策略，两个有效，两个无效。

策略1 删除极限观测值并应用OLS 一种简单的策略是从样本中删除 $y_i = 0$ 的观测值并往下进行，但此策略不管用。对于 $y_i > 0$，通常的OLS模型是 $y_i = \beta_1 + \beta_2 x_i + u_i$，其中 u_i 是误差项。我们通常认为该模型是由系统部分（回归函数）和随机误差之和得出的，即 $y_i = E(y_i|y_i > 0, x_i) + e_i$。条件均值函数由公式（16.33）给出，因此，

$$
\begin{aligned}
y_i &= E(y_i|y_i > 0, x_i) + e_i = \beta_1 + \beta_2 x_i + \sigma \frac{\phi\left[(\beta_1 + \beta_2 x_i)/\sigma\right]}{\Phi\left[(\beta_1 + \beta_2 x_i)/\sigma\right]} + e_i \\
&= \beta_1 + \beta_2 x_i + \left\{\sigma \frac{\phi\left[(\beta_1 + \beta_2 x_i)/\sigma\right]}{\Phi\left[(\beta_1 + \beta_2 x_i)/\sigma\right]} + e_i\right\} \\
&= \beta_1 + \beta_2 x_i + u_i
\end{aligned}
\tag{16.34}
$$

误差项 u_i 不简单，它由随机分量 e_i 和 x_i 的复杂函数组成。误差项 u_i 会与 x_i 相关，从而使OLS有偏且不一致，这不是我们想要的结果。

策略2 保留所有观测值并应用OLS 此策略不起作用。使用条件期望的定义，

$$
\begin{aligned}
E(y_i|, x_i) &= E(y_i|y_i > 0, x_i) \times P(y_i > 0) + E(y_i|y_i = 0, x_i) \times P(y_i = 0) \\
&= E(y_i|y_i > 0, x_i) \times \left\{1 - \Phi\left[-(\beta_1 + \beta_2 x_i)/\sigma\right]\right\} \\
&= E(y_i|y_i > 0, x_i) \times \Phi\left[\frac{(\beta_1 + \beta_2 x_i)}{\sigma}\right] \\
&= \Phi\left[\frac{(\beta_1 + \beta_2 x_i)}{\sigma}\right]\beta_1 + \Phi\left[\frac{(\beta_1 + \beta_2 x_i)}{\sigma}\right]\beta_2 x_1 + \sigma\phi\left[\frac{(\beta_1 + \beta_2 x_i)}{\sigma}\right]
\end{aligned}
$$

简单地通过OLS估计 $y_i = \beta_1 + \beta_2 x_i + u_i$ 显然是不合适的。

策略3 赫克曼（Heckman）的两步估计量 策略1的问题是误差项 u_i 包括两个成分，其中之一与变量 x_i 相关。这类似于遗漏变量问题，其解决方案是不遗漏变量，而是将其包括在回归中。也就是说，我们要估计模型：

$$
y_i = \beta_1 + \beta_2 x_i + \sigma\lambda_i + e_i
$$

其中，

$$
\lambda_i = \frac{\phi\left[\dfrac{\beta_1 + \beta_2 x_i}{\sigma}\right]}{\Phi\left[\dfrac{\beta_1 + \beta_2 x_i}{\sigma}\right]} = \frac{\phi\left[\beta_1^* + \beta_2^* x_i\right]}{\Phi\left[\beta_1^* + \beta_2^* x_i\right]}
$$

其中，$\beta_1^* = \beta_1/\sigma$ 和 $\beta_2^* = \beta_2/\sigma$。诺贝尔奖获得者詹姆斯·赫克曼（James Heckman）意识到，虽然不知道 λ_i，但可以一致地估计为 $\tilde{\lambda}_i = \dfrac{\phi\left(\tilde{\beta}_1^* + \tilde{\beta}_2^* x_i\right)}{\Phi\left(\tilde{\beta}_1^* + \tilde{\beta}_2^* x_i\right)}$，其中 $\tilde{\beta}_1^*$ 和 $\tilde{\beta}_2^*$ 来自一个 probit 模型，如果 $y_i > 0$，则因变量 $d_i = 1$；如果 $y_i = 0$，则 $d_i = 0$，并且含有解释变量 x_i。那么我们通过OLS估计的模型为：

$$y_i = \beta_1 + \beta_2 x_i + \sigma \tilde{\lambda}_i + e_i^*$$

之所以称为两步估计量，是因为我们第一步使用 probit 的估计值，第二步使用 OLS 的估计值。估计量是一致的，并且尽管正确的标准误很复杂，但它们是已知的并且可以获取。

策略 4　极大似然估计：Tobit　赫克曼的两步估计法是一致的，但效率不高。有一个极大似然估计方法是可取的。它被称为 Tobit，以纪念 1981 年诺贝尔经济学奖得主 James Tobin，他是第一个研究该模型的人。Tobit 是一种极大似然方法，它可以识别出我们有两种数据，即极限观测值（$y=0$）和非极限观测值（$y>0$）。我们观测的两种类型的观测值，即极限观测值和正观测值，是由一个潜变量 y^* 越过零阈值或不越过该阈值生成的。$y=0$ 的概率（probit）为：

$$P\left(y=0|\mathbf{x}\right) = P\left(y^* \le 0|\mathbf{x}\right) = 1 - \Phi\left[\left(\beta_1 + \beta_2 x\right)/\sigma\right]$$

如果我们观测到 y_i 的正值，那么进入似然函数的项就是具有平均值 $\beta_1 + \beta_2 x_i$ 和方差 σ^2 的正态 *pdf*。全似然函数是极限观测值发生的概率与所有正的非极限观测值 *pdf* 的乘积。使用"大写的 pi"符号表示乘法，似然函数为：

$$L\left(\beta_1, \beta_2, \sigma|\mathbf{y}, \mathbf{x}\right) = \prod_{y_i=0}\left\{1 - \Phi\left(\frac{\beta_1 + \beta_2 x_i}{\sigma}\right)\right\} \times \prod_{y_i > 0}\left\{\left(2\pi\sigma^2\right)^{-0.5}\exp\left[-\frac{1}{2\sigma^2}\left(y_i - \beta_1 - \beta_2 x_i\right)^2\right]\right\}$$

使用计量经济学软件可在数值上最大化这种看上去复杂的似然函数。[1]极大似然估计是一致的，并且具有已知协方差矩阵，服从渐近正态分布。[2]

16.7.4　Tobit 模型解释

在 **Tobit 模型**中，参数 β_1 和 β_2 是潜变量模型（16.31）的截距和斜率。实际上，我们对 x 的变化对观测数据 $E\left(y|x\right)$ 的回归函数或以 $y>0$，$E\left(y|x, y>0\right)$ 为条件的回归函数的边际效应感兴趣。如前所述，这些函数不是直线。它们的图形如图 16-3 所示，斜率随着 x 的变化而发生变化。$E\left(y|x\right)$ 的斜率具有相对简单的形式，即比例因子乘以参数值，它是：

$$\frac{\partial E\left(y|x\right)}{\partial x} = \beta_2 \Phi\left(\frac{\beta_1 + \beta_2 x}{\sigma}\right) \tag{16.35}$$

其中，Φ 是标准正态随机变量的累积分布函数（*cdf*），它是在估计值和特定的 x 值下被估计的。因为 *cdf* 值为正，所以系数的符号表明边际效应的方向，但是边际效应的大小取决于系数和 *cdf*。如果 $\beta_2 > 0$，则随着 x 的增加，*cdf* 函数接近 1，回归函数的斜率接近潜变量模型的斜率，如图 16-3 所示。边际效应可以分解为两个因素，称为"麦克唐纳-莫菲特"分解：

$$\frac{\partial E\left(y|x\right)}{\partial x} = \text{Prob}\left(y>0\right)\frac{\partial E\left(y|x, y>0\right)}{\partial x} + E\left(y|x, y>0\right)\frac{\partial \text{Prob}\left(y>0\right)}{\partial x}$$

---

[1]　Tobit 既需要 $y=0$ 的极限值，也需要 $y>0$ 的非极限值的数据。有时，我们可能没有观测到极限值。在这种情况下，样本被称为截断了，Tobit 不适用；但是，在这种情况下，存在类似的极大似然方法（称为截断回归）。前沿参考文献是 William Greene (2018) *Econometric Analysis*, *Eighth edition*, Pearson Prentice Hall, Section 19.2.3.

[2]　渐近协方差矩阵可在以下书中找到：*Introduction to the Theory and Practice of Econometrics*, *2nd edition*, by George G. Judge, R. Carter Hill, William E. Griffiths, Helmut Lütkepohl, and Tsoung-Chao Lee (John Wiley and Sons, 1988), Section 19.3.2.

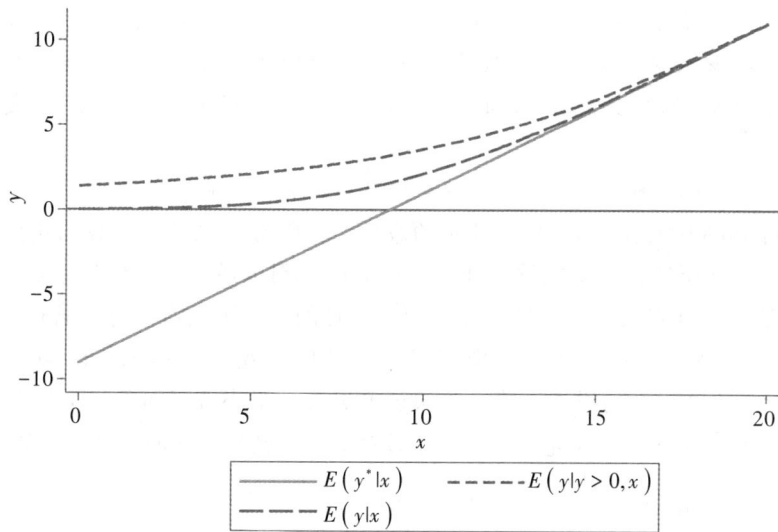

图 16-3 三种回归函数

第一个因素解释了对于已经观测到 y 数据的总体中那部分 x 发生变化的边际效应。第二个因素说明了当 x 发生变化时，从 y 不可观测类别切换到 y 可观测类别的总体比例的变化。[①]

实例 16.16 工时的 Tobit 模型

托马斯·莫罗兹（Thomas Mroz，1987）对已婚妇女的劳动力参与度和工资进行的研究说明了这种情况。数据在文件 *mroz* 中，包含对已婚女性的 753 个观测值。其中，325 人没有在家庭之外工作，因此没有工作时间，也没有工资报告。工作时间的直方图如图 16-4 所示。直方图显示了大部分女性的工作时间为零。

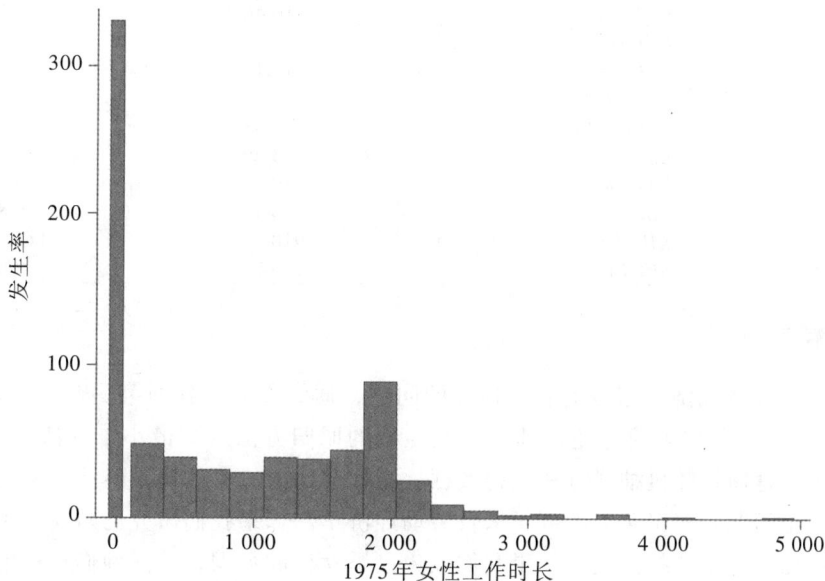

图 16-4 1975 年女性工作时长（小时）

---

① J. F. McDonald and R. A. Moffitt（1980）"The Uses of Tobit Analysis," *Review of Economics and Statistics*, 62, 318-321. Jeffffrey M. Wooldridge（2009）*Introductory Econometrics: A Modern Approach*, 5th edition, South-Western Cengage Learning, Section 17.2, 对此有一个相对明晰的介绍。

如果我们希望估计一个模型来解释已婚女性的工作时间，我们将包括哪些解释变量？容易使女性加入劳动力市场的因素是她的学历和她先前的加入劳动力市场经验。可能会降低她的工作动机的因素是她的年龄和家里有年幼的孩子。[①]因此，我们可以提出回归模型：

$$HOURS = \beta_1 + \beta_2 EDUC + \beta_3 EXPER + \beta_4 AGE + \beta_4 KIDSL6 + e \tag{16.36}$$

其中，$KIDSL6$ 是家庭中 6 岁以下儿童的数量。使用 Mroz 的数据，我们获得表 16-7 中所示的估计值。如前所述，最小二乘估计是不可靠的，因为最小二乘估计量是有偏的且不一致的。Tobit 估计值具有预期的符号，并且均在 0.01 的水平下具有统计显著性。要计算边际效应所需的比例因子，我们必须选择解释变量的值。我们选择 $EDUC$（12.29）、$EXPER$（10.63）和 AGE（42.54）的样本均值，并假设家里有一个小孩（而不是平均值 0.24）。计算出的比例因子为 $\tilde{\Phi}=0.3630$。因此，多受一年教育对观测到的工作时间的边际影响为：

$$\frac{\partial E(HOUES)}{\partial EDUC} = \tilde{\beta}_2 \tilde{\Phi} = 73.29 \times 0.3630 = 26.61$$

也就是说，我们估计，条件依存于解释变量的假定值，多受一年教育，妻子的工作时间会增加约 27 小时。

表 16-7　　　　　　　　　　　　劳动供给函数的估计值

估计量	变量	估计值	标准误
最小平方	INTERCEPT	1 335.31	235.65
	EDUC	27.09	12.24
	EXPER	48.04	3.64
	AGE	−31.31	3.96
	KIDSL6	−447.85	58.41
最小平方	INTERCEPT	1829.75	292.54
y>0	EDUC	−16.46	15.58
	EXPER	33.94	5.01
	AGE	−17.11	5.46
	KIDSL6	−305.31	96.45
Tobit	INTERCEPT	1 349.88	386.30
	EDUC	73.29	20.47
	EXPER	80.54	6.29
	AGE	−60.77	6.89
	KIDSL6	−918.92	111.66
	SIGMA	1133.70	42.06

16.7.5　样本选择

如果你向计量经济学家咨询有关估计的问题，通常你会听到的第一个问题是："你是如何获得数据的？"如果通过随机抽样，则经典的回归方法（如最小二乘法）非常适合。但是，如果不是通过随机抽样方法获得数据，则标准的方法不适用。经济学家们经常要面对这样的数据问题。一个著名的例子来自劳动经济学。如果我们研究已婚女性工资的决定因素，我们面临样本选择问题。如果我们收集已婚女性的数据，并问她们赚取的工资，许多人会说问题与她们不相关，因为她们是家庭主妇。我们仅观测当女性选择要进入劳动力

---

① 此等式不包括工资，工资是与小时共同确定的。公式（16.36）中的模型可以视为简化形式的方程，见第 11.2 节。

市场时的市场工资数据。一种策略是忽略家庭主妇，从样本中舍弃她们，然后利用最小二乘法估计工作女性的工资方程。这一策略是失败的，失败的原因是我们的样本不是随机抽样的。我们观测到的数据是通过一个系统过程"挑选"出来的。

解决该问题的方法名为"**Hekit**"，该方法以其开发者——诺贝尔奖获得者 James Heckman 的名字命名。这个简单的方法使用两个估计步骤。就估计已婚女性工资方程的问题来说，在第一阶段，首先估计一个 probit 模型，解释为什么一名女性进入劳动力市场。在第二阶段，利用最小二乘法估计工作女性的教育水平和经验等以及被称为"逆米尔斯比率"（IMR）的变量对工资的回归。根据第一步的 probit 模型估计创建 IMR，解释了职业女性的观测样本不是随机的。

描述这种情况的计量经济模型是由两个方程组成的。第一个是决定感兴趣的变量是否被观测到的*选择方程*。样本包括 N 个观测值；然而，感兴趣的变量仅当 $n<N$ 时被观测到。选择方程以依存于一个或多个解释变量 w_i 的特征变量 z_i^* 来表示：

$$z_i^* = \gamma_1 + \gamma_2 w_i + u_i, \quad i = 1, \cdots, N \tag{16.37}$$

为简单起见，我们让选择方程仅包括一个解释变量。潜变量没有被观测，但我们确实观测了指示变量：

$$z_i = \begin{cases} 1 & z_i^* > 0 \\ 0 & \text{其他} \end{cases} \tag{16.38}$$

第二个方程是我们感兴趣的线性模型，即：

$$y_i = \beta_1 + \beta_2 x_i + e_i, \quad i = 1, \cdots, n, \ N > n \tag{16.39}$$

如果两个方程的误差相关，选择问题在仅当 $z_i=1$、y_i 被观测到时出现。在这种情况下，β_1 和 β_2 的普通最小二乘估计量是有偏的且不一致的。

一致估计量基于条件回归函数[①]：

$$E(y_i \mid z_i^* > 0) = \beta_1 + \beta_2 x_i + \beta_\lambda \lambda_i, \quad i = 1, \cdots, n \tag{16.40}$$

其中，增加的变量 λ_i 是"逆米尔斯比率"。它等于：

$$\lambda_i = \frac{\phi(\gamma_1 + \gamma_2 w_i)}{\Phi(\gamma_1 + \gamma_2 w_i)} \tag{16.41}$$

λ_i 的值是未知的，基于公式（16.38）中的观测二值结果 z_i，利用 probit 模型可以估计出参数 γ_1 和 γ_2。这样，估计出的 IMR 作为一个额外增加的解释变量被代入回归方程，

$$\tilde{\lambda}_i = \frac{\phi(\tilde{\gamma}_1 + \tilde{\gamma}_2 w_i)}{\Phi(\tilde{\gamma}_1 + \tilde{\gamma}_2 w_i)}$$

得到估计方程：

$$y_i = \beta_1 + \beta_2 x_i + \beta_\lambda \tilde{\lambda}_i + v_i, \quad i = 1, \cdots, n \tag{16.42}$$

这个方程的最小二乘估计得到了 β_1 和 β_2 的一致估计量。但是，需要注意，因为相对于极大似然估计量，最小二乘估计量是无效率的，所以公式（16.42）估计后产生的普通标准误和 t 统计值是不正确的。标准误的正确估计需要使用"Heckit"模型的专门软件。

---

① 我们的附录 B.2.6 简要介绍了这一重要概念。有关截断正态分布的更多信息，请参见 William Greene（2018）*Econometric Analysis*，*Eight Edition*，Pearson Prentice Hall，Chapter 19.2。

实例 16.17　工资的 Heckit 模型

作为实例，我们将重新考虑利用 Mroz（1987）的数据（*mroz* 文件）分析已婚女性的工资。在 753 个已婚女性的样本中，有 428 人在市场就业并有非零工资。首先，让我们估计一个简单的工资方程，使用有正的工资的 428 名女性的数据，令 ln（*WAGE*）作为女性的受教育水平（*EDUC*）、劳动力市场工作经验年数（*EXPER*）的函数进行解释。估计结果是：

$$\ln(WAGE) = -0.4002 + 0.1095 EDUC + 0.0157 EXPER \qquad R^2 = 0.1484 \qquad (16.43)$$
$$(t) \qquad\quad (-2.10) \qquad (7.73) \qquad\quad (3.90)$$

估计的教育回报是 11% 左右，教育和经验的估计系数在统计上是显著的。

Heckit 方法始于估计劳动力市场参与的 probit 模型。作为解释变量，我们使用了女性的年龄、受教育年限、指示变量（她是否有小孩）、她被雇用所获工资的边际税率。估计的 probit 模型是：

$$\widehat{P(LFP=1)} = \Phi(1.1923 - 0.0206 AGE + 0.0838 EDUC$$
$$(t) \qquad\qquad\qquad (-2.93) \qquad\quad (-3.61)$$
$$- 0.3139 KIDS - 1.3939 MTR)$$
$$(-2.54) \qquad\qquad (-2.26)$$

正如我们预期的那样，年龄的增长、有孩子和较高的税收会显著降低女性加入劳动力市场的概率，而受教育年限的增加会提高这个概率。利用估计出的系数，我们对 428 名有市场工资的女性计算逆米尔斯比率：

$$\tilde{\lambda} = IMR = \frac{\phi(1.1923 - 0.0206 AGE + 0.0838 EDUC - 0.3139 KIDS - 1.3939 MTR)}{\Phi(1.1923 - 0.0206 AGE + 0.0838 EDUC - 0.3139 KIDS - 1.3939 MTR)}$$

然后把这个包括在工资方程中，应用最小二乘估计，得到：

$$\ln(WAGE) = 0.8105 + 0.0585 EDUC + 0.0163 EXPER - 0.8664 IMR \qquad (16.44)$$
$$(t) \qquad\quad (1.64) \qquad (2.45) \qquad\quad (4.08) \qquad\quad (-2.65)$$
$$(t\text{-}adj) \qquad (1.33) \qquad (1.97) \qquad\quad (3.88) \qquad\quad (-2.17)$$

有两个结果值得注意。第一，逆米尔斯比率的估计系数在统计上显著，这意味着最小二乘结果公式（16.43）存在**选择偏差**。第二，估计的教育回报从约 11% 降至约 6%。上面一行的 t 统计值基于使用最小二乘回归计算出的普通标准误。普通标准误没有考虑逆米尔斯比率本身就是一个估计值的事实。正确标准误（确实考虑了第一阶段的 probit 估计）[1] 被用来构建公式（16.44）中报告的"调整后的 t 统计值"。正如你所看到的那样，调整后的 t 统计值略微小些，这表明调整后的标准误比普通的更大些。

在大多数情况下，最好通过极大似然法联合估计整个模型（选择方程和感兴趣的方程）是可取的。虽然这个方法的性质超出了本书的范围，但在一些软件包中是可用的。极大似然法估计出的工资方程为：

$$\ln(WAGE) = 0.6686 + 0.0658 EDUC + 0.0118 EXPER$$
$$(t) \qquad\quad (2.84) \qquad (3.96) \qquad\quad (2.87)$$

基于完全信息的极大似然法的标准误小于利用两步估计法得到的标准误。

---

[1]　计算公式非常复杂。参见 William Greene（2018）*Econometric Analysis*, *Eighth edition*, Pearson Prentice Hall, p. 954. 有几个软件包，如 Stata 和 LIMDEP，报告了正确的标准误。

16.8 练习

16.8.1 问题

16.1 在实例16.2和实例16.4中，我们以出行工具选择为例介绍了线性概率和probit模型估计值。同一实例的logit模型为 $P(AUTO=1)=\Lambda(\gamma_1+\gamma_2 DTIME)$，其中 $\Lambda(\cdot)$ 是方程（16.7）中的logistic *cdf*。logit模型参数估计值及其标准误为：

$$\tilde{\gamma}_1+\tilde{\gamma}_2 DTIME = -0.2376 + 0.5311 DTIME$$
$$(\text{se}) \qquad (0.7505)\,(0.2064)$$

a.给定 *DTIME*=1，计算一个人选择驾车的估计概率。

b.使用实例16.4中的probit模型结果，计算给定 *DTIME*=1，一个个体选择驾车的估计概率。这个结果与logit估计值相比如何？（提示：回想一下统计表1给出的标准正态分布的累积概率）

c.使用logit模型结果，计算当前乘坐公共汽车（公共交通）出行时间30分钟的个体延长10分钟的估计边际效应值。使用线性概率模型结果，计算相同的边际效应估计值。如何比较它们？

d.使用logit模型结果，计算当前驾车出行时50分钟的个体缩短10分钟的估计边际效应估计值。使用probit结果，计算相同的边际效应估计值。如何比较它们？

16.2 省略。

16.3 在实例16.3中，我们用一个小例子说明了probit模型的似然函数的计算。

a.给定极大似然估计值，如果 *x*=1.5，计算 *y*=1 的概率。

b.给定极大似然估计值，使用阈值0.5和（a）部分中的结果，如果 *x*=1.5（第一个观测值），预测 *y* 的值。你的预测是否与实际结果 *y*=1 一致？

c.如果参数值为 $\beta_1=-1$ 和 $\beta_2=0.2$，使用给定的 *N*=3 数据组合，计算公式（16.14）中所说明的似然函数的值。将该值与实例16.3中给出的在极大似然估计值处估计出的似然函数值进行比较。哪个更大？

d.对于probit模型，似然函数（16.14）的值会始终在0和1之间。请说明是否正确，并加以解释。

e.对于probit模型，对数似然函数（16.15）的值会始终为负。请说明是否正确，并加以解释。

16.4 省略。

16.5 我们有三个二值选择观测值 $y_1=1$，$y_2=1$，$y_3=0$。考虑仅含有截距的logit模型 $P(y=1)=\Lambda(\gamma_1)$，其中 $\Lambda(\cdot)$ 是logistic *cdf*。

a.证明对数似然函数为 $\ln L(\gamma_1)=2\ln\Lambda(\gamma_1)+\ln[1-\Lambda(\gamma_1)]$。

b.证明 $\dfrac{d\ln L(\gamma_1)}{d\gamma_1}=\dfrac{2\lambda(\gamma_1)}{\Lambda(\gamma_1)}-\dfrac{\lambda(\gamma_1)}{1-\Lambda(\gamma_1)}$，其中 $\lambda(\cdot)$ 是公式（16.14）中的logistic *pdf*。

（提示：使用附录A.3中的导数规则8和9）

c. 使 $\dfrac{d\ln L(\gamma_1)}{d\gamma_1}=0$ 的 γ_1 值是极大似然估计值 $\tilde{\gamma}$。这是正确、错误的还是有可能的？

d. 可以证明，logit 模型 $\ln L(\gamma_1)$ 是严格凹的，这意味着对于所有 γ_1 值，二阶导数均为负，或 $\dfrac{d^2\ln L(\gamma_1)}{d\gamma_1^2}<0$。你现在对问题（c）的回答是什么？（提示：请参阅附录 A.3.4）

e. 将（c）中的导数设为零并求解，证明 $\wedge(\tilde{\gamma}_1)=\dfrac{2}{3}$。（注意：不需要先求解 $\tilde{\gamma}_1$）

f. 现在，求解（c）中的条件，以证明 $\tilde{\gamma}_1=-\ln(1/2)$。

16.6 省略。

16.7 练习 16.5 表明，给定二值选择的三个观测结果，$y_1=1$，$y_2=1$，$y_3=0$，logit 模型 $P(y=1)=\wedge(\gamma_1)$ 的极大似然估计是 $\tilde{\gamma}_1=-\ln(1/2)=0.6931472$ 且 $\wedge(\tilde{\gamma}_1)=2/3$。

a. 使用这些结果证明 $\ln L(\tilde{\gamma}_1)=2\ln\wedge(\tilde{\gamma}_1)+\ln[1-\wedge(\tilde{\gamma}_1)]=-1.9095425$。

b. 使用实例 16.3 中的数据，以及 logit 模型 $P(y=1|x)=\wedge(\gamma_1+\gamma_2 x)$，我们求出参数的极大似然估计值为 $\tilde{\gamma}_1+\tilde{\gamma}_2 x=-1.836+3.021x$，对数似然函数的极大值为 -1.612。使用这些结果以及（a）中的结果，以 5% 的显著性水平进行 $H_0:\gamma_2=0$ 与 $H_1:\gamma_2\neq0$ 的似然比检验。

c. 计算（b）中检验的 p 值。

16.8 省略。

16.9 考虑一个 probit 模型，解释高中毕业生上大学的选择。如果高中毕业生选择两年制或四年制大学，则 $COLLEGE=1$，否则为 0。我们使用解释变量 $GRADES$，13 绩点制，其中 1 表示最高成绩等级（A+），13 表示最低成绩等级（F）；$FAMINC$ 表示家庭总收入，单位为 1 000 美元；如果是黑人，则 $BLACK=1$。使用 $N=1000$ 个毕业生的样本，估计模型为：

$$P(COLLEGE=1)=\Phi(2.5757-0.3068GRADES+0.0074FAMINC+0.6416BLACK)$$
$$(\text{se})\qquad\qquad(0.0265)\qquad\quad(0.0017)\qquad\quad(0.2177)$$

a. 估计系数的符号提供了哪些信息？哪些系数在 5% 的水平下具有统计显著性？

b. 估计 $GRADES=2(A)$ 和 $FAMINC=50(50\,000$ 美元）的白人学生上大学的概率。如果 $GRADES=5(B)$，请重复计算此概率。

c. 估计 $GRADES=5(B)$ 和 $FAMINC=50(50\,000$ 美元）的黑人学生上大学的概率。将该概率与在（b）部分中计算出的白人学生的可比概率进行比较。

d. 计算家庭收入增加 1 000 美元对 $GRADES=5(B)$ 的白人学生上大学的概率的边际影响。

e. 上面估计的模型的对数似然值为 -423.36。省略 $FAMINC$ 和 $BLACK$，估计的 probit 模型的对数似然值为 -438.26。使用似然比检验，以 1% 的显著性水平检验 $FAMINC$ 和 $BLACK$ 的联合显著性。

16.10 省略。

16.11 使用有关 $N=4\,642$ 个婴儿出生的数据，我们估计 probit 模型。如果是低出生体重的婴儿，则因变量 $LBWEIGHT=1$，否则为 0；$MAGE$ 为母亲的年龄；如果第一次产前检查是在三个月内，则 $PRENATAL1=1$，否则为 0；如果母亲吸烟，则 $MBSMOKE=1$，否则为

0。结果在表 16-8 中。

表 16-8　　　　　　　　　　　　　　　练习 16.11 的 probit 估计值

模型	C	$MAGE$	$PRENATALI$	$MBSMOKE$	$MAGE^2$
Model 1	−1.2581	−0.0103	−0.1568	0.3974	
（se）	(0.1436)	(0.0054)	(0.0710)	(0.0670)	
Model 2	−0.1209	−0.1012	−0.1387	0.4061	0.0017
（se）	(0.4972)	(0.0385)	(0.0716)	(0.0672)	(0.0007)

a. 在模型 1 中，对 $PRENATAL1$ 和 $MBSMOKE$ 的系数的估计符号和显著性发表见解。

b. 使用模型 1，对于 $PRENATAL1=0$ 和 $MBSMOKE=0$ 的 20 岁女性，假设母亲的年龄增加 1 岁，计算对低体重婴儿出生概率的边际影响。对 50 岁的女性重复此计算。结果合理吗？

c. 使用模型 2，对于 $PRENATAL1=0$ 和 $MBSMOKE=0$ 的 20 岁女性，假设母亲的年龄增加 1 岁，计算对低体重婴儿概率的边际影响。对 50 岁的女性重复此计算。将这些结果与（b）部分的结果进行比较。

d. 使用模型 2，计算 30 岁吸烟妇女在怀孕前三个月进行产前检查对低体重婴儿出生概率的影响。

e. 使用模型 2，假设母亲 30 岁并且在头三个月进行过产前检查，计算母亲吸烟对低体重婴儿概率的影响。

f. 使用模型 2，计算母亲生育低体重婴儿概率最小的年龄。

16.12　省略。

16.13　本练习是实例 16.13 的扩展。它是在 3 个苏打水品牌（可口可乐、百事可乐和七喜）中选择的有条件 logit 模型。相关数据在 coke 文件中。如在实例中所示，我们以可口可乐作为基准品牌选择，将基准品牌选择的特定常数（截距）设为零。我们在模型指示变量中添加了 $FEATURE$（表示产品当时是否为"特色商品"）和 $DISPLAY$（以表明购买时是否有商店陈列）。模型估计值在表 16-9 中。

表 16-9　　　　　　　　　　　　　　　练习 16.13 估计值

	模型 1		模型 2	
	系数	t 统计值	系数	t 统计值
$PRICE$	−1.7445	−9.6951	−1.8492	−9.8017
$FEATURE$	−0.0106	−0.1327	−0.0409	−0.4918
$DISPLAY$	0.4624	4.9700	0.4727	5.0530
$PEPSI$			0.2841	4.5411
$7-UP$			0.0907	1.4173
$\ln(L)$	−1 822.2267		−1 811.3543	

a. 使用模型 1，当可口可乐的价格为 1.25 美元、百事可乐的价格为 1.25 美元时，可口可乐有商店展示，但百事可乐没有，且两者均没有特色时，计算选择可口可乐相对于选择百事可乐的概率比。请注意，该模型不包含任何品牌选择的特定常数。

b. 使用模型 1，如果可口可乐的价格为 1.25 美元，百事可乐的价格为 1.00 美元，可口可乐有商店展示，但百事可乐没有，且两者均没有特色，计算选择可口可乐相对于选择百事可乐的概率比。

c.如果可口可乐的价格从1.25美元更改为1.50美元，而百事可乐和七喜的价格仍为1.25美元，则计算每种苏打水购买概率的变化。假定可口可乐有商店展示，但其他品牌没有展示，并且没有特色。

d.与模型1相比，我们在模型2中为百事可乐和七喜增加了品牌选择的特定"截距"项。如果可口可乐的价格为1.25美元，百事可乐的价格为1.25美元，计算相对于百事可乐选择可口可乐的概率比。假设可口可乐有商店展示，但百事可乐没有展示，并且都没有特色。

e.使用模型2，如果可口可乐的价格从1.25美元更改为1.50美元，而百事可乐和七喜的价格保持在1.25美元，计算每种类型苏打水的购买概率变化。假设可口可乐有商店陈列，但其他品牌没有陈列，并且没有特色。

f.实例16.13中模型的对数似然函数值为$-1\,824.5621$。使用$\alpha=0.01$的似然比检验，检验营销变量系数*FEATURE*和*DISPLAY*都为零的原假设与不为零的备择假设。

16.14　省略。

16.15　考虑泊松回归，使用各国1988年（韩国汉城）和1992年（西班牙巴塞罗那）的数据，获得奥运奖牌的数量为*LPOP*的函数，其中$LPOP=\ln(POP)=$百万人口对数。$LGDP=\ln(GDP)=$国内生产总值的对数（以1995年的10亿美元为单位）。也就是说，$E(MEDALTOT|\mathbf{X})=\exp[\beta_1+\beta_2\ln(POP)+\beta_3\ln(GDP)]$。使用表16-10中模型1的316个观测值估计系数。

表16-10　　　　　　　　　　　　练习16.15的估计值

	模型1		模型2	
	系数	标准误	系数	标准误
C	−1.4442	0.0826	−1.4664	0.0835
LPOP	0.2143	0.0217	0.2185	0.0219
LGDP	0.5556	0.0164	0.5536	0.0165
HOST			0.6620	0.1375

a.使用模型1的结果，如果*GDP*增长1%，估计对获得的奖牌数量有何影响？（提示：可以证明β_3是有弹性的）

b.1996年，保加利亚的国内生产总值为118亿美元，人口为835.6万人。估计保加利亚会在美国亚特兰大举行的奥运会上获得的奖牌数量。实际上保加利亚赢得了15枚奖牌。

c.计算保加利亚1996年获得一枚或更少枚奖牌的概率。

d.1996年，瑞士的国内生产总值为3 060亿美元，人口为687.5万人。估计瑞士会获得的奖牌数量。瑞士确实赢得了1枚奖牌。

e.计算1996年瑞士赢得1枚或更少枚奖牌的概率。

f.对于举办奥运会的国家，*HOST*是一个指示变量，等于1。在模型2中添加此变量。解释其系数。（提示：条件均值的估计百分比变化是多少？）估计效果是大还是小？系数在

1%的水平下是否有统计显著性？

g.1996年，奥运会在美国佐治亚州亚特兰大市举行。那一年，美国人口为2.65亿人，国内生产总值为72 800亿美元。使用模型1和模型2，估计美国会获得的奖牌数量。美国当年获得了101枚奖牌。哪个模型的估计值更接近真实结果？

16.8.2 计算机练习

16.17 在第7章中，我们研究了田纳西州的STAR项目。在实验中，将孩子们随机分配到学校中三种类型的班级：小班，每班13~17名学生；常规班，每班22~25名学生；常规班，有专职助手协助老师。在实例7.11中，我们使用线性概率模型检查了将儿童随机分配给三种类型班级的情况，并根据学生特征以指示变量*SMALL*（小班）进行了回归。让我们使用logit模型而不是线性概率模型来重新考虑这种回归。如果将孩子随机分配给各种类型的班级，那么我们应该找不到任何显著的关系。使用数据文件*star5_small2*进行此练习。数据文件*star5*包含更多观测值。

a.用结果变量*SMALL*和解释变量*BOY*和*BLACK*估计logit模型。分别检验这些变量系数的显著性，你有哪些发现？使用似然比检验联合检验系数的显著性，你有哪些发现？我们是否可以拒绝原假设，即小班分配是随机完成的？

b.使用结果变量*AIDE*和*REGULAR*，重复（a）部分中的估计和检验。你是否发现任何证据证明学生不是随机分配的？

c.将变量*FREELUNCH*添加到（a）和（b）部分中的模型并重新估计。你是否发现任何证据表明班级分配与该变量之间存在系统模式？

d.将两个变量*TCHWHITE*和*TCHMASTERS*添加到（c）部分的模型中，然后重新估计。分别对*TCHWHITE*和*TCHMASTERS*的联合显著性进行似然比检验。你得出什么结论？在实验中，学生被随机分配到学校内部，而不是跨学校。这对你的发现提供什么解释？如果是这样，怎么办？

16.18 省略。

16.19 抵押贷款人对确定可能导致拖欠或丧失抵押品赎回权的借款人和贷款因素感兴趣。数据文件*vegas5_small*是2010年内华达州拉斯维加斯独栋住宅抵押的1 000个观测值（数据文件*vegas5*包含10 000个观测值）。感兴趣的变量为*DEFAULT*；如果借款人的付款延迟了90天以上，则指示变量=1，否则为0；解释性变量是*ARM*=1（如果是浮动利率抵押贷款），否则为0（如果是固定利率抵押贷款）；如果贷款用于任何类型的再融资，则*REFINANCE*=1，如果用于消费，则为0；如果有第二留置权抵押，则*LIEN2*=1，如果是第一留置权，则*LIEN2*=0；如果是30年期抵押贷款，则*TERM30*=1，如果是15年期抵押贷款，则为0；如果借款人在发起贷款时估计的欠款超过财产的价值，则*UNDERWATER*=1，否则为0；*LTV*=原始财产的贷款与价值之比（百分比）；*RATE*=当前贷款利率（百分比）；*AMOUNT*=贷款金额（以10 000美元为单位）；*FICO*=借款人在发起贷款时的信用评分。

a.估计将*DEFAULT*解释为剩余变量函数的线性概率（回归）模型。使用怀特稳健标准误。估计系数的符号是否合理？

b.使用probit来估计（a）部分中的模型。估计系数的符号和显著性是否与线性概率模型相同？

c.使用线性概率模型和probit模型计算第500个和1 000个观测值的*DEFAULT*预测值。解释这一观测值。

d.构造*FICO*的直方图。使用线性概率模型和probit模型，计算对于250 000美元贷款（*AMOUNT*=25），在*FICO*=500、600和700时的违约概率。其他变量：贷款对价值比率（*LTV*）为80%，初始利率为8%，指示变量的值为0（*TERM30*=1除外）。讨论两种模型的预测概率之间的异同。

e.假设其他解释变量取（d）部分中的值，同时使用线性概率模型和probit模型，计算*FICO*对违约概率的边际效应（*FICO*=500、600和700）。讨论边际效应的解释。

f.构造*LTV*的直方图。使用线性概率模型和probit模型，计算*LVR*=20和*LVR*=80的违约概率，其中*FICO*=600，并按（d）部分赋值设置其他变量。对比结果。

g.使用0.5的预测概率作为阈值，比较线性概率模型和probit模型正确预测的百分比。

h.作为信贷员，你希望向按期还款且不拖欠款项的客户提供贷款。假设你有数据中的前500个观测值，然后根据贷款中的后500个申请（501~1 000）做出贷款决定。使用概率阈值为0.5的probit模型是决定贷款申请的最佳决策规则吗？如果不是，什么是更好的规则？（注意：对于*vegas5*，请将前5 000个观测值作为估计样本，然后将后5 000个观测值用于预测）

16.20　省略。

16.21　数据文件*tunafish*中有1 500个精制金枪鱼罐头的购买数据。金枪鱼有四个品牌（Starkist-water，Starkist-oil，Chicken of the sea-water，Chicken of the sea-oil）。A.C. Nielsen数据可通过芝加哥大学商学院获得。数据文件*tunafish_small*是有250个购买数据的较小数据集。数据为"层叠"格式，每次购买有四条数据线，每个金枪鱼品牌一条。消费者选择由指示变量*CHOICE*表示。相关变量为*NETPRICE*=价格减去优惠券价值（如果使用）；如果产品正在陈列，则*DISPLAY*=1；如果存在有特色的项目，则*FEATURE*=1；*INCOME*=家庭收入。

a.*NETPRICE*和*INCOME*之间的主要变量类型区别是什么？

b.每个品牌的购买样本百分比是多少？你如何看待消费者对这些产品选择的偏好？

c.使用条件logit模型，使用*NETPRICE*、*DISPLAY*和*FEATURE*作为解释变量，并使用Starkist-water作为基本类别的替代特定常数，写出选择每个品牌的概率。

d.估计（c）部分中设定的模型。

e.对于（d）部分中的模型，求出*NETPRICE*对每个品牌选择概率的边际效应，对所有品牌都使用*DISPLAY*=*FEATURE*=1。这些边际效应是否具有你预期的符号？边际效应在统计上是否显著？

f.将变量*INCOME*添加到（c）部分设定的模型中。执行其显著性的似然比检验。

g.对于（f）部分中的模型，求出*NETPRICE*对每个品牌选择概率的边际效应，对所有品牌使用*DISPLAY*=*FEATURE*=1和*INCOME*=30。

16.22　省略。

16.23　年龄、受教育程度和其他个人特征如何很好地预测我们对健康状况的评估？

使用数据文件 *rwm88* 回答以下问题：

a.将变量 *HSAT3* 制成表格，该变量是对健康满意度的自我评价，其中 1 最低，3 最高。当 *HSAT3*=1、2 或 3 时，有百分之几的样本评估其健康状况？

b.使用 *AGE*、*AGE*^{2}、*EDUC*2（受教育年限）和 *WORKING*（如果被雇用为 1，否则为 0），估计预测 *HSAT3* 的有序 probit 模型。哪些变量的系数在 5% 的显著性水平下具有统计显著性？

c.对 40 岁，受过 16 年教育并且正在工作的人，估计年龄对健康满意度 *HSAT3*=1、2 或 3 概率的边际影响。

d.对 70 岁，受过 16 年教育并且正在工作的人，估计年龄对健康满意度 *HSAT3*=1、2 或 3 概率的边际影响。

e.估计 *WORKING* 对 40 岁，受过 16 年教育的人的健康满意度 *HSAT3*=1、2 或 3 概率的边际影响。

16.24　省略。

16.25　考虑使用数据文件 *mroz* 估计一个模型，解释已婚女性的工作时间 *HOURS*，作为其受教育程度（*EDUC*）、经验（*EXPER*）和丈夫工作时间（*HHOURS*）的函数。

a.使用所有观测值估计回归模型：

$HOURS = \beta_1 + \beta_2 EDUC + \beta_3 EXPER + \beta_4 HHOURS + e$

在这种情况下，OLS 是不是一致估计量？

b.仅使用 *HOURS*>0 的观测值来估计（a）部分中的回归模型。在这种情况下，OLS 是不是一致估计量？

c.估计女性参加工作决策的 probit 模型，*LFP*=1，$LFP = \Phi(\gamma_1 + \gamma_2 EXPER + \gamma_3 KIDSL6 + \gamma_4 KIDS618 + \gamma_5 MTR + \gamma_6 LARGECITY)$。如果有任何变量有助于解释女性参加工作决策，是哪一个？

d.使用 probit 模型的估计值，获得：

$\tilde{w} = (\tilde{\gamma}_1 + \tilde{\gamma}_2 EXPER + \tilde{\gamma}_3 KIDSL6 + \tilde{\gamma}_4 KIDS618 + \tilde{\gamma}_5 MTR + \tilde{\gamma}_6 LARGECITY)$

创建逆米尔斯比 $\tilde{\lambda} = \dfrac{\phi(\tilde{w})}{\Phi(\tilde{w})}$。$\tilde{\lambda}$ 的样本均值和方差是多少？

e.使用 *HOURS*>0 的观测值估计模型 $HOURS = \beta_1 + \beta_2 EDUC + \beta_3 EXPER + \beta_4 HHOURS + \beta_\lambda \tilde{\lambda} + e$。将这些估计值与（a）和（b）部分的估计值进行比较。估计的标准误是否正确？

f.使用异方差稳健标准误估计（e）部分中的模型。如果可用，请使用选项 HC3。这些标准误不是绝对正确的，而是对（e）部分中的标准误的改进。

g.使用自助标准误和 B=400 的自助迭代，估计（e）部分中的模型。将这些标准误与（e）和（f）部分中的标准误进行比较。

h.使用适合 Heckit 模型的计量经济学软件，估计（e）部分中的模型。将结果与（e）~（g）部分中的结果进行比较。确定你的软件使用的是两步估计量（如（e）部分那样）还是完全信息极大似然估计。

16.26　省略。

16.27　在实例16.15中，我们考虑了一个个体就诊次数的计数数据模型，该模型是一些解释变量的函数。在本练习中，我们使用更大的数据集 rwm88 和更多解释变量来扩展分析。通过以下方式调整数据：（i）忽略 $HHNINC2=0$ 的个体；（ii）创建变量 $LINC=\ln(HHNINC2)$；（iii）创建 $AGE2=AGE^2$；（iv）如果 $FACHHS=1$ 或 $UNIV=1$，则创建变量 $POST=1$（中学后学位指示变量），否则创建 $POST=0$。

a.使用前 3 000 个观测值，估计泊松模型，该模型将 $DOCVIS$ 解释为 $FEMALE$、AGE、$AGE2$、$SELF$、$LINC$、$POST$ 和 $PUBLIC$ 的函数。讨论 $FEMALE$、$SELF$、$POST$ 和 $PUBLIC$ 系数的符号和显著性。计算这些指示变量代表的每个因素的预期就诊次数增加的百分比。

b.计算 30 岁（50 岁，70 岁）患者年龄增加一岁的预期就诊次数估计变化百分比。

c.解释 $LINC$ 的系数估计值。

d.计算每个人的预期就诊次数 $EDOCVIS$，并将该值四舍五入到最接近的整数，以获得 $NVISITS$，即每个人的预期就诊数。创建一个表示成功预测的变量。如果 $NVISITS=DOCVIS$，则 $SUCCESS=1$，否则 $SUCCESS=0$。1~3 000 个观测值成功预测的百分比是多少？其余 979 个观测值成功预测的百分比是多少？

e.创建 $SUCCESS1$，表示成功预测了就诊次数。也就是说，如果一个人有不止一次的就诊经历，则创建变量 $DOCVIS1=1$；如果模型预测到不止一次就诊，则创建变量 $PREDICT1=1$。如果 $DOCVIS1=PREDICT1$，则 $SUCCESS1=1$；否则 $SUCCESS1=0$。对于 1~3 000 个观测结果，就诊一次以上的成功预测百分比是多少？在剩余的 979 个观测值中，就诊一次以上的成功预测百分比是多少？

16.28　省略。

16.29　在本练习中，当潜在的内生变量为二值时，我们说明工具变量估计和两阶段最小二乘法的一些特征。使用数据文件 rwm88 分析问题，并且不必过多担心模型背后的经济原因。

a.通过 OLS 估计 AGE、$FEMALE$、$WORKING$、$HHNINC2$ 和 $ADDON$ 对 $DOCVIS$ 的回归。使用异方差稳健标准误。有附加保险是影响就诊次数的显著因素吗？

b.$ADDON$ 可能是内生的。使用 OLS 估计第一阶段方程，其中 $ADDON$ 为因变量，AGE、$FEMALE$、$WORKING$、$HHNINC2$、$WHITEC$ 和 $SELF$ 为解释变量。由于因变量是二值，因此使用异方差稳健标准误差。$WHITEC$ 和 $SELF$ 联合显著吗？如果我们的目标是两阶段最小二乘估计，为什么这很重要？

c.从（b）部分获得拟合值 $\widehat{ADDON}$，并使用 $\widehat{ADDON}$ 代替 $ADDON$ 重新估计（a）部分中的模型。使用异方差稳健的标准误。有附加保险是影响就诊次数的显著因素吗？

d.使用为两阶段最小二乘法设计的软件命令，并使用外生工具变量 $WHITEC$ 和 $SELF$ 估计（a）部分中的模型。使用异方差稳健的标准误。这些估计值与（c）部分的估计相比如何？两阶段最小二乘法的执行是否如预期那样？

e.由于 $ADDON$ 是二值，因此使用 probit 估计（b）部分中的第一阶段方程。计算估计概率 $PHAT$，$ADDON=1$。使用 $PHAT$ 代替 $ADDON$ 重新估计（a）部分中的模型。使用异方差稳健标准误。结果与（d）部分的相同吗？如果不相同，那是为什么？

　　f.使用软件命令（设计用于两阶段最小二乘），估计（a）部分中的模型（使用外生工具变量PHAT）。使用异方差稳健标准误。结果与（e）部分相比如何？两阶段最小二乘估计是如期望的那样吗？

　　16.30　省略。

附录16A　probit边际效应：详解

16A.1　在给定点处probit边际效应的标准误

　　考虑 probit 模型 $p = \Phi(\beta_1 + \beta_2 x)$。在某个特定点 $x = x_0$ 处估计出连续变量 x 的边际效应：

$$\left. \frac{dp}{dx} \right|_{x = x_0} = \phi(\beta_1 + \beta_2 x_0)\beta_2 = g(\beta_1, \beta_2)$$

　　边际效应的估计量是 $g(\tilde{\beta}_1, \tilde{\beta}_2)$，其中 $\tilde{\beta}_1$ 和 $\tilde{\beta}_2$ 是未知参数的极大似然估计量。这个估计量的方差推导在附录5B.2和5B.4节中，计算公式如下：

$$\text{var}\left[g(\tilde{\beta}_1, \tilde{\beta}_2) \right] \cong \left[\frac{\partial g(\beta_1, \beta_2)}{\partial \beta_1} \right]^2 \text{var}(\tilde{\beta}_1) + \left[\frac{\partial g(\beta_1, \beta_2)}{\partial \beta_2} \right]^2 \text{var}(\tilde{\beta}_2) +$$
$$2 \left[\frac{\partial g(\beta_1, \beta_2)}{\partial \beta_1} \right] \left[\frac{\partial g(\beta_1, \beta_2)}{\partial \beta_2} \right] \text{cov}(\tilde{\beta}_1, \tilde{\beta}_2) \tag{16A.1}$$

　　估计量的方差和协方差来自极大似然估计。这些计算的本质详见附录C.8.2。要使用增量方法，我们需要微分：

$$\frac{\partial g(\beta_1, \beta_2)}{\partial \beta_1} = \frac{\partial \left[\phi(\beta_1 + \beta_2 x_0)\beta_2 \right]}{\partial \beta_1}$$
$$= \left\{ \frac{\partial \phi(\beta_1 + \beta_2 x_0)}{\partial \beta_1} \times \beta_2 \right\} + \phi(\beta_1, +\beta_2 x_0) \times \frac{\partial \beta_2}{\partial \beta_1}$$
$$= -\phi(\beta_1 + \beta_2 x_0) \times (\beta_1 + \beta_2 x_0) \times \beta_2$$

　　上面的第二行利用乘积规则，即微分规则6。为得到最终结果，我们利用了 $\partial \beta_2 / \partial \beta_1 = 0$ 和

$$\frac{\partial \phi(\beta_1 + \beta_2 x_0)}{\partial \beta_1} = \frac{\partial}{\partial \beta_1} \left[\frac{1}{\sqrt{2\pi}} e^{-\frac{1}{2}(\beta_1 + \beta_2 x_0)^2} \right]$$
$$= \frac{1}{\sqrt{2\pi}} e^{-\frac{1}{2}(\beta_1 + \beta_2 x_0)^2} \left(2 \times -\frac{1}{2} \times (\beta_1 + \beta_2 x_0) \right)$$
$$= -\phi(\beta_1 + \beta_2 x_0) \times (\beta_1 + \beta_2 x_0)$$

　　第二步利用指数函数的微分规则7。使用类似的步骤，我们得到其他关键的微分：

$$\frac{\partial g(\beta_1, \beta_2)}{\partial \beta_2} = \phi(\beta_1 + \beta_2 x_0) \left[1 - (\beta_1 + \beta_2 x_0) \times \beta_2 x_0 \right]$$

　　根据利用出行交通工具数据的例子得到的极大似然估计结果，我们得到估计量的方差

和协方差[1]：

$$\begin{bmatrix} \widehat{\mathrm{var}\left(\tilde{\beta}_1\right)} & \widehat{\mathrm{cov}\left(\tilde{\beta}_1,\tilde{\beta}_2\right)} \\ \widehat{\mathrm{cov}\left(\tilde{\beta}_1,\tilde{\beta}_2\right)} & \widehat{\mathrm{var}\left(\tilde{\beta}_2\right)} \end{bmatrix} = \begin{bmatrix} 0.1593956 & 0.0003261 \\ 0.0003261 & 0.0105817 \end{bmatrix}$$

微分必须在极大似然估计值处进行估计。对于实例 16.4 和实例 16.5 中用于 $DTIME=2$（$x_0=2$）的出行交通工具数据，微分的计算值为：

$$\frac{\widehat{\partial g\left(\beta_1,\beta_2\right)}}{\partial\beta_1} = -0.055531 \text{ 和 } \frac{\widehat{\partial g\left(\beta_1,\beta_2\right)}}{\partial\beta_2} = 0.2345835$$

利用公式（16A.1），进行所需的乘法运算，我们得到边际效应的估计方差和标准误：

$$\widehat{\mathrm{var}}\left[g\left(\tilde{\beta}_1,\tilde{\beta}_2\right)\right] = 0.0010653 \text{ 和 } \mathrm{se}\left[g\left(\tilde{\beta}_1,\tilde{\beta}_2\right)\right] = 0.0326394$$

16A.2 平均边际效应的标准误

考虑 probit 模型 $p=\Phi\left(\beta_1+\beta_2 x\right)$。对于交通工具数据的例子而言，解释变量 $x=DTIME$。这个连续变量的平均边际效应为：

$$AME = \frac{1}{N}\sum_{i=1}^{N}\phi\left(\beta_1+\beta_2 DTIME_i\right)\beta_2 = g_2\left(\beta_1,\beta_2\right)$$

平均边际效应的估计量是 $g_2\left(\tilde{\beta}_1,\tilde{\beta}_2\right)$。为了应用增量法来求出 $\mathrm{var}\left[g_2\left(\tilde{\beta}_1,\tilde{\beta}_2\right)\right]$，我们需要进行微分：

$$\frac{\partial g_2\left(\beta_1,\beta_2\right)}{\partial\beta_1} = \frac{\partial}{\partial\beta_1}\left[\frac{1}{N}\sum_{i=1}^{N}\phi\left(\beta_1+\beta_2 DTIME_i\right)\beta_2\right]$$

$$= \frac{1}{N}\sum_{i=1}^{N}\frac{\partial}{\partial\beta_1}\left[\phi\left(\beta_1+\beta_2 DTIME_i\right)\beta_2\right]$$

$$= \frac{1}{N}\sum_{i=1}^{N}\frac{\partial g\left(\beta_1,\beta_2\right)}{\partial\beta_1}$$

这是在上一节估计出的 $\dfrac{\partial g\left(\beta_1,\beta_2\right)}{\partial\beta_1}$ 项。同样，进行微分：

$$\frac{\partial g_2\left(\beta_1,\beta_2\right)}{\partial\beta_2} = \frac{\partial}{\partial\beta_2}\left[\frac{1}{N}\sum_{i=1}^{N}\phi\left(\beta_1+\beta_2 DTIME_i\right)\beta_2\right]$$

$$= \frac{1}{N}\sum_{i=1}^{N}\frac{\partial}{\partial\beta_2}\left[\phi\left(\beta_1+\beta_2 DTIME_i\right)\beta_2\right]$$

$$= \frac{1}{N}\sum_{i=1}^{N}\frac{\partial g\left(\beta_1,\beta_2\right)}{\partial\beta_2}$$

对于交通工具数据，我们计算：

$$\frac{\widehat{\partial g_2\left(\beta_1,\beta_2\right)}}{\partial\beta_1} = -0.00185, \quad \frac{\widehat{\partial g_2\left(\beta_1,\beta_2\right)}}{\partial\beta_2} = -0.032366$$

利用公式（16A.1），以 g_2 替代 g，执行所需的乘法运算，我们得到平均边际效应的估计方差和标准误：

$$\widehat{\mathrm{var}}\left[g_2\left(\tilde{\beta}_1,\tilde{\beta}_2\right)\right] = 0.0000117, \quad \mathrm{se}\left[g_2\left(\tilde{\beta}_1,\tilde{\beta}_2\right)\right] = 0.003416$$

---

[1] 利用负的二阶导数的逆矩阵。

附录 16B 随机效用模型

经济学是选择行为的一般理论。人们会做出选择，以最大化他们的福祉或福利，或者如经济学家所说的"效用"。观测者无法直接衡量效用，我们也无法比较在吃冰淇淋时简所享受的效用或满意度与比尔的满意度。但是，当一个人面临两个或多个选择时，我们假设他们做出使自己的福利最大化的选择，这是可能被定义的。如果某人必须在乘坐公交车出行或驾车出行之间进行选择，那么在考虑了各种成本和收益之后，该人的选择就会显示出其效用最大化的结果。我们可以想象他们获得的效用取决于替代方案的属性。作为建模者，我们可以选择一些这样的属性作为解释变量，但是我们必须认识到，我们永远不会真正地完全理解选择。在任何模型中都有一个随机的无法解释的成分或随机误差。

选择模型、二值选择模型和多项式选择模型以及其他受限因变量模型，经常使用随机效用模型框架来发展。效用或满意度是不可观测的，因此被称为潜变量，是必须存在但看不见的变量。我们将通过在随机效用框架中发展二值选择 probit 模型来说明这种建模方法。

16B.1 二值选择模型

假设一个个体必须在两个备选方案之间进行选择。设 U_{i1} 是从备选方案 1 中获得的效用，U_{i0} 是从备选方案 2 中获得的效用。令 z_{i1} 是第 i 个个体所感知的备选方案 1 的属性，z_{i0} 是第 i 个个体所感知的备选方案 2 的属性。令 w_i 代表第 i 个个体的属性。备选方案可能有几个相关的属性，还有几个显著的个体特征，但为简单起见，我们将假定每个备选方案只有一个属性和一个单独的特征。每个备选方案的线性随机效用模型为：

$$U_{i1} = \alpha_1 + z_{i1}\delta + w_i\gamma_1 + e_{i1}$$
$$U_{i0} = \alpha_0 + z_{i0}\delta + w_i\gamma_0 + e_{i0} \tag{16B.1}$$

在每个模型中，都有随机误差分量 e_{i1} 和 e_{i0}。假设严格外生的 $E(e_{i1}|z_{i1},z_{i0},w_i)=0$，且和 e_{i0} 相同，我们可以写为：

$$U_{i1} = E(U_{i1}|\cdot) + e_{i1}, U_{i0} = E(U_{i0}|\cdot) + e_{i0}$$

因此，就像我们习惯的那样，每个部分的效用都由系统部分和随机部分组成。每个预期的效用项都是有条件的，但是为了方便起见，我们省略了该符号。另外，请注意，各个特征 w_i 的系数对于每个备选方案都是唯一的，但是备选方案的属性 z_{i1} 和 z_{i0} 具有共同的参数 δ。该设定的逻辑将很快变得清晰。

与公式（16.1）一样，令结果变量为：

$$y_i = \begin{cases} 1, & \text{如果备选方案 1 被选择} \\ 0, & \text{如果备选方案 2 被选择} \end{cases} \tag{16B.2}$$

根据我们的随机效用模型，如果 $U_{i1} \geq U_{i0}$，或者如果 $U_{i1} - U_{i0} \geq 0$，则将选择备选项 1，$y_i=1$，其中，

$$U_{i1} - U_{i0} = E(U_{i1}|\cdot) + e_{i1} - [E(U_{i0}|\cdot) + e_{i0}]$$
$$= (\alpha_1 - \alpha_0) + (z_{i1} - z_{i0})\delta + w_i(\gamma_1 - \gamma_0) + (e_{i1} - e_{i0}) \tag{16B.3}$$

左侧变量 $U_{i1} - U_{i0}$ 不可观测，但我们知道效用的差异性决定了个人的选择。令 $y_i^* = U_{i1} - U_{i0}$ 表

示潜变量，这是效用的差异。观测一下，在随机效用模型（16B.1）中，如果个人的特征具有相同的系数，将会发生什么。这样，个体特征便会从公式（16B.3）中消失，并且不会对选择产生影响。公式（16B.3）变为回归设定，写为：

$$
\begin{aligned}
y_i^* &= (\alpha_1 - \alpha_0) + (z_{i1} - z_{i0})\delta + w_i(\gamma_1 - \gamma_0) + (e_{i1} - e_{i0}) \\
&= \beta_1 + \beta_2(z_{i1} - z_{i0}) + \beta_3 w_i + e_i \\
&= \beta_1 + \beta_2 x_{i2} + \beta_3 x_{i3} + e_i
\end{aligned}
\qquad (16B.4)
$$

如果 $y_i^* = U_{i1} - U_{i0} \geq 0$，我们观测到 $y_i = 1$。个体选择备选方案 1 的概率为：

$$
\begin{aligned}
p(x_i) &= P(y_i = 1|\cdot) = P(y_i^* \geq 0|\cdot) = P[(U_{i1} \geq U_{i0})|\cdot] \\
&= P[E(U_{i1}|\cdot) + e_{i1} \geq E(U_{i0}|\cdot) + e_{i0}] \\
&= P[e_{i0} - e_{i1} \leq E(U_{i1}|\cdot) - E(U_{i0}|\cdot)] \\
&= P[e_{i0} - e_{i1} \leq \beta_1 + \beta_2 x_{i2} + \beta_3 x_{i3}] \\
&= F(\beta_1 + \beta_2 x_{i2} + \beta_3 x_{i3})
\end{aligned}
\qquad (16B.5)
$$

在公式（16B.5）的最后一行中 $F(\beta_1 + \beta_2 x_{i2} + \beta_3 x_{i3})$ 是随机变量 $e_{i1} - e_{i0}$ 的累积分布函数。在第 16.2 节中，我们将 *cdf* 作为方便的工具，概率保持在 0 到 1 之间，但是在这里，它很自然地产生于随机效用框架。

16B.2 Probit 还是 Logit?

在二值选择问题中，经济学家倾向于使用 probit 而非 logit 模型。原因来自对随机效用模型的假设。假设 $e_{i1} \sim N(0, \sigma_1^2), e_{i0} \sim N(0, \sigma_0^2)$，$\mathrm{cov}(e_{i1}, e_{i0}) = \sigma_{10}$。那么 $(e_{i0} - e_{i1}) \sim N(0, \sigma^2 = \sigma_0^2 + \sigma_1^2 - 2\sigma_{10})$。则有

$$
\begin{aligned}
p(x_i) &= P(y_i = 1|\cdot) \\
&= P[e_{i0} - e_{i1} \leq \beta_1 + \beta_2 x_{i2} + \beta_3 x_{i3}] \\
&= P\left[\frac{e_{i0} - e_{i1}}{\sigma} \leq \frac{\beta_1}{\sigma} + \frac{\beta_2}{\sigma} x_{i2} + \frac{\beta_3}{\sigma} x_{i3}\right] \\
&= \Phi(\beta_1^* + \beta_2^* x_{i2} + \beta_3^* x_{i3})
\end{aligned}
$$

probit 模型中的参数实际上是 $\beta_k^* = \beta_k/\sigma$。参数缩放通常在表达式中被忽略，为了标准化，我们选择 $\sigma = 1$。[1] probit 模型为 $p(x_i) = \Phi(\beta_1 + \beta_2 x_{i2} + \beta_3 x_{i3})$。

另外，为了获得 logit 模型，随机误差 e_{i1} 和 e_{i0} 必须在统计上独立并且是同极值分布的。[2]在这种情况下 $(e_{i0} - e_{i1}) = v_i$ 具有 logistic 分布。详情见有趣的练习（部分见实例 B.7）并在 Dhrymes（1986，p.1574）的著作中有概述。[3]

底线是，没有理由假设随机效用误差在统计上是独立的和服从非对称极值分布。这是一个数学上方便的假设，因为最终结果（logistic 分布）服从简单形式的 *cdf*。假设随机效用误差服从正态分布且是相关的，那根本不是想象中的事情。

---

② 标准化问题在 Heckman 的两步估计量的讨论中发挥了作用，见第 16.7.5 节。
① https://en.wikipedia.org/wiki/Gumbel_distribution.
③ http://www.sciencedirect.com/science/handbooks/15734412/3.

附录16C　使用潜变量

使用潜变量，我们可以发展涉及观测变量和部分观测变量的各种模型。我们将使用一些简单的模型来说明。其他可以在Amemiya（1984，"Tobit Models：A Survey，"*Journal of Econometrics*，24，pages 3-61）的著作中看到。

16C.1　Tobit（Tobit类型 I）

Amemiya称标准的Tobit模型为"Tobit类型 I"。令$y_i^*=\beta_1+\beta_2 x_i+e_i$是$e_i \sim N(0,\sigma^2)$的潜变量。通过设定观测结果值$y_i$得到Tobit模型：

$$y_i = \begin{cases} y_i^* = \beta_1 + \beta_2 x_i + e_i, & 如果\ y_i^* > 0 \\ 0, & 如果\ y_i^* \le 0 \end{cases}$$

3个可能的回归函数：

$$E(y_i^*|x_i) = \beta_1 + \beta_2 x_i$$

$$E(y_i|x_i, y_i>0) = \beta_1 + \beta_2 x_i + \frac{\phi\left[\dfrac{(\beta_1+\beta_2 x_i)}{\sigma}\right]}{\Phi\left[\dfrac{(\beta_1+\beta_2 x_i)}{\sigma}\right]}$$

$$E(y_i|x_i) = \Phi\left[\frac{(\beta_1+\beta_2 x_i)}{\sigma}\right]E(y_i|x_i, y_i>0)$$

连续变量x_i的边际效应为：

$$\frac{\partial E(y_i^*|x_i)}{\partial x_i} = \beta_2$$

$$\frac{\partial E(y_i|x_i, y_i>0)}{\partial x_i} = \left\{1 - \alpha_i\lambda(\alpha_i) - [\lambda(\alpha_i)]^2\right\}\beta_2$$

$$\frac{\partial E(y_i|x_i)}{\partial x_i} = \Phi(\alpha_i)\beta_2$$

其中，$\alpha_i = \dfrac{\beta_1+\beta_2 x_i}{\sigma}$，$\lambda(\alpha_i) = \dfrac{\phi(\alpha_i)}{\Phi(\alpha_i)}$。

16C.2　Heckit（Tobit类型 II）

詹姆斯·赫克曼（James Heckman）开发的著名的自我选择模型（Tobit 类型 II）被称为"Heckit"。在该模型中，有两个方程式。选择方程描述一个人参与决策的选择方程，强度或数量方程是感兴趣的方程。在潜变量公式中，方程为：

$$z_i^* = \gamma_1 + \gamma_2 w_i + u_i \quad 选择方程$$

$$y_i^* = \beta_1 + \beta_2 x_i + e_i \quad 数量方程，即感兴趣的方程$$

这些方程通过其误差项连接。令$u_i \sim N(0,\sigma_u^2)$和$e_i \sim N(0,\sigma_e^2)$，这两个随机误差之间的协方差为σ_{ue}。没有观测到潜变量z_i^*和y_i^*。我们确实观测到了二值变量：

$$z_i = \begin{cases} 1, & z_i^* > 0 \\ 0, & \text{其他} \end{cases}$$

并且，

$$y_i = \begin{cases} y_i^* = \beta_1 + \beta_2 x_i + e_i, & \text{如果 } z_i^* > 0 \text{ 或 } z_i = 1 \\ 0, & \text{如果 } z_i^* \leq 0 \text{ 或 } z_i = 0 \end{cases}$$

使用关于二值正态随机变量的定理，类似于附录 B.3.5，可以证明：

$$E\left(y_i | x_i, w_i, y_i > 0\right) = \beta_1 + \beta_2 x_i + \sigma_{ue} \frac{\phi\left[\dfrac{\left(\gamma_1 + \gamma_2 w_i\right)}{\sigma_u}\right]}{\Phi\left[\dfrac{\left(\gamma_1 + \gamma_2 w_i\right)}{\sigma_u}\right]} = \beta_1 + \beta_2 x_i + \sigma_{ue} \frac{\phi\left(\gamma_1^* + \gamma_2^* w_i\right)}{\Phi\left(\gamma_1^* + \gamma_2^* w_i\right)}$$

Heckman 的两步估计量首先使用所有观测值通过 probit 来估计选择模型的比例参数 $\gamma_1^* = \dfrac{\gamma_1}{\gamma_u}$

和 $\sigma_2^* = \dfrac{\sigma_2}{\sigma_u}$。然后，仅使用*正的*观测值，通过 OLS 估计感兴趣的方程：

$$y_i = \beta_1 + \beta_2 x_i + \sigma_{ue} \frac{\phi\left(\tilde{\gamma}_1^* + \tilde{\gamma}_2^* w_i\right)}{\Phi\left(\tilde{\gamma}_1^* + \tilde{\gamma}_2^* w_i\right)} + v_i$$

两步估计量是一致的，并且服从渐近正态分布，但普通 OLS 标准误是不正确的。校正后的结果很复杂，但可以在计量经济学软件中获得。另一种选择是通过极大似然联合估计两个方程，这是一种更有效的估计方法。MLE 通常是计量经济学软件中的默认选项，因此请查看你的文档。

附录 16D　Tobit 蒙特卡罗实验

设定潜变量为：

$$y_i^* = \beta_1 + \beta_2 x_i + e_i = -9 + x_i + e_i \tag{16D.1}$$

假设误差项服从正态分布，$e_i \sim N\left(0, \sigma^2 = 16\right)$。如果 $y_i^* \leq 0$，可观测的结果 y_i 取零；但是如果 $y_i^* > 0$，$y_i = y_i^*$。在模拟中，我们

- 创建 x_i 的 $N=200$ 个随机值，均匀分布在区间 $[0, 20]$ 上。
- 从均值为 0 和方差为 16 的正态分布中获得 $N=200$ 个随机值。
- 创建潜变量 $y_i^* = -9 + x_i + e_i$ 的 $N=200$ 个值。
- 获得 $N=200$ 个观测到的 y_i 值，使用

$$y_i = \begin{cases} 0 & \text{如果 } y_i^* \leq 0 \\ y_i^* & \text{如果 } y_i^* > 0 \end{cases}$$

以这种方式获得的 200 个观测值构成了一个样本，其下限为零。潜数据（latent data）绘制在图 16D-1 中。在这个图中，标记为 $E\left(y_i^* | x_i\right)$ 的直线具有截距 -9 和斜率 1。潜变量 y_i^*（三角形和空心圆，△ 和 ○）的值沿回归函数分布。如果我们观测到这些数据，可以使用最小二乘原理估计参数，通过拟合一条穿过数据中心的线。

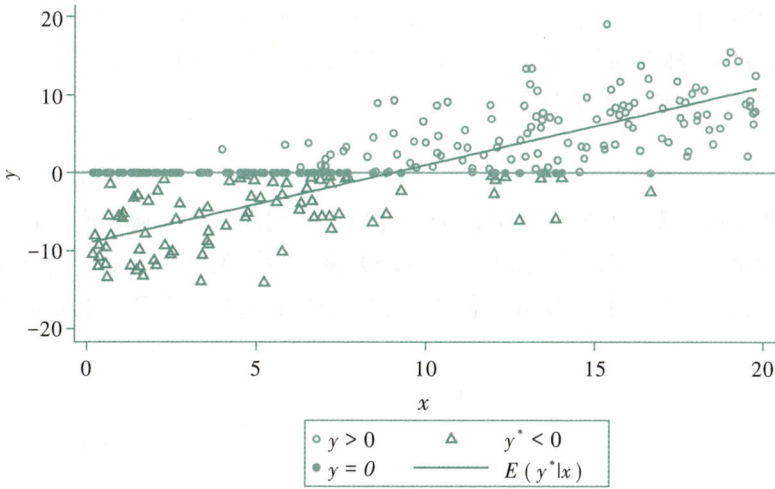

图 16D-1 潜在数据和删截后数据

然而，我们没有观测到所有的潜数据。当 y_i^* 的值为零或更少时，我们观测到 $y_i = 0(\cdot)$。当它们为正时，我们观测到 y_i^*。这些可观测数据以及拟合的最小二乘回归，如图 16D-2 所示。

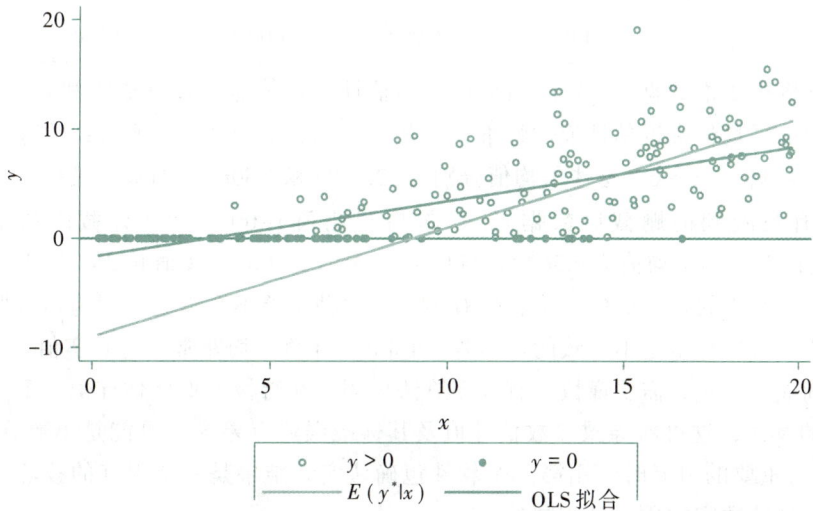

图 16D-2 观测数据与 OLS 拟合线

最小二乘原理将无法估计 $\beta_1 = -9$ 和 $\beta_2 = 1$，因为观测到的数据没有沿着隐含回归函数 $E(y^*|x) = \beta_1 + \beta_2 x = -9 + x$ 分布。

为了说明，第一个蒙特卡罗样本数据文件 *tobit5* 的结果如表 16D-1 所示。在第一列（y^*）中，使用模拟的潜数据进行 OLS 估计。在第二列（$y > 0$）中，OLS 估计值仅使用观测值 y 为正的 118 个观测值；第三列（y）为 y 的 200 个观测值的 OLS 估计值；第四列是 Tobit 估计值。Tobit 估计值相对接近真实值，而仅基于正 y 值或所有 y 值的估计值则远离这个真实值。ML 方法的另一个好处是 σ 估计值存在标准误。

在蒙特卡罗模拟中，我们多次重复这个过程，创建 $N=200$ 个观测样本，并应用最小二乘估计。这类似于实验统计学中的"重复抽样"。在这种情况下，我们重复这个过程（$NSAM$）1 000次，抽取新的x值和误差值e，记录每次我们获得的估计值。最后，我们可以计算估计值的平均值，即蒙特卡罗"期望值"：

$$E_{MC}(b_k) = \frac{1}{NSAM}\sum_{m=1}^{NSAM} b_{k(m)}$$

其中，$b_{k(m)}$是第m个蒙特卡罗样本中β_k的估计值。我们还计算了通常或"名义"标准误的蒙特卡罗平均值，以及估计值的标准差。标准差衡量估计值的真实抽样变异性。我们希望普通标准误捕捉到实际的抽样变异，使估计值的平均名义标准误和标准差接近。结果见表16D-2。

表 16D-2 蒙特卡罗模拟结果

	截距=-9			斜率=1		
	均值	标准误	标准差	均值	标准误	标准差
y^*	-9.0021	0.5759	0.5685	1.0000	0.0498	0.0492
$y > 0$	-2.1706	0.9518	1.1241	0.6087	0.0729	0.0779
y	-2.2113	0.2928	0.4185	0.5632	0.0389	0.0362
Tobit	-9.0571	1.0116	0.9994	1.0039	0.0740	0.0733

将OLS应用于潜数据（y^*）的结果产生的估计平均值非常接近截距和斜率的真实值。名义标准误的平均值接近估计值的标准差。如果我们丢弃$y=0$的观测值，并将最小二乘应用于正的y观测值，$y > 0$，这些平均值分别为-2.1706和0.6087。如果将最小二乘估计方法应用于所有观测到的删截后数据（y，包括观测值$y=0$），则估计截距的平均值为-2.2113，估计斜率的平均值为0.5632。与$\beta_1 = -9$和$\beta_2 = 1$的真实值相比，最小二乘估计有很大的偏差。无论我们考虑的样本容量有多大，这种偏差不会消失，因为当数据删截或截断时，最小二乘估计量是不一致的。另外，Tobit估计值平均非常接近真实值。

关于商业软件包，需要谨慎。有许多算法可用于获得极大似然估计值，不同的软件包使用不同的算法，这可能导致参数估计值及其标准误略有差异（可能是小数点后3位或4位）。在进行重要的研究时，用第二个软件包确认实证结果是一个很好的技巧，只是为了确保它们给出的数字本质上是相同的。

学习目标

基于本附录的内容，你应该能够：

1. 解释指数函数和自然对数之间的关系。
2. 解释和运用科学记数法。
3. 定义线性关系，正好与非线性关系相反。
4. 计算位于函数某个点上的弹性
5. 解释导数的概念以及它与函数斜率的关系。
6. 计算简单函数的导数，并对它们进行解释。
7. 说明导数和偏导数之间的关系。
8. 解释积分的概念。
10. 用积分求曲线下方面积。
11. 解释和评价二阶导数。

关键词

绝对值	无理数	二次函数
反对数	线性关系	商规则
导数	对数	有理数
e	边际效应	实数
弹性	最大化函数	相对变化
指数函数	最小化函数	科学记数法
指数	自然对数	二阶导数
不等式	非线性关系	斜率
整数	偏导数	泰勒级数
积分	百分比变化	
截距	乘积规则	

我们假设你已经学过基础数学。希望你理解微分和积分的概念，虽然在本书中这些工具并不要求我们掌握。在本附录中，我们回顾一些你可能不时想要查看的基本概念。①

---

① 在第 2 章前面的"概率入门"中包含求和符号和运算。

A.1 基础知识

A.1.1 数

整数是全部的数，$0, \pm 1, \pm 2, \pm 3, \cdots$。正整数是用来计数的数。有理数可以写成 a/b。其中 a 和 b 是整数且 $b \neq 0$，实数可以表示为一条直线上的点。实数不可数，而且它们并不都是有理数。比如 $\pi \cong 3.1415927$ 和 $\sqrt{2}$ 就是无理数，因为它们不能表示为比例，而只能表示为小数形式。例如 $\sqrt{-2}$ 就不是实数。一个数的绝对值表示为 $|a|$。它是数的正值部分：$|3| = 3$ 和 $|-3| = 3$。

数字之间的不等式遵守一定的规则。符号 $a < b$（a 小于 b），意味着在数轴上，a 在 b 的左边，即 $b - a > 0$。如果 a 小于或等于 b，则被写成 $a \leq b$。三个基本规则如下：

如果 $a < b$，则 $a + c < b + c$

如果 $a < b$，则 $\begin{cases} ac < bc, & \text{如果 } c > 0 \\ ac > bc, & \text{如果 } c < 0 \end{cases}$

如果 $a < b$，且 $b < c$，则 $a < c$

A.1.2 指数

指数的定义如下：

如果 n 是一个正整数，则 $x^n = xx\cdots x$（n 项）。

如果 $x \neq 0$，则 $x^0 = 1$（0^0 无意义且未被定义）。

指数有一些通常的规则，假设 x 和 y 是实数，m 和 n 是整数，a 和 b 是有理数，表示如下：

$$x^{-n} = \frac{1}{x^n}, \quad \text{如果 } x \neq 0。\text{例如}, x^{-1} = \frac{1}{x}$$

$$x^{1/n} = \sqrt[n]{x}。\text{例如}, x^{1/2} = \sqrt{x} \text{ 且 } x^{-1/2} = \frac{1}{\sqrt{x}}$$

$$x^{m/n} = \left(x^{1/n}\right)^m。\text{例如}, 8^{4/3} = \left(8^{1/3}\right)^4 = 2^4 = 16$$

$$x^a x^b = x^{a+b}, \quad \frac{x^a}{x^b} = x^{a-b}$$

$$\left(\frac{x}{y}\right)^a = \frac{x^a}{y^a}, \quad (xy)^a = x^a y^a$$

A.1.3 科学记数法

科学记数法对于表示非常大或非常小的数字有用。一个用科学记数法表示的数写成 1 和 10 之间的数字乘以 10 的幂。例如，$5.1 \times 10^5 = 510\,000$，$0.00000034 = 3.4 \times 10^{-7}$。科学记数法使处理大的数字更容易，因为复杂的运算都可以分解成简单的运算。例如，

$$510\,000 \times 0.00000034 = \left(5.1 \times 10^5\right) \times \left(3.4 \times 10^{-7}\right)$$
$$= \left(5.1 \times 3.4\right) \times \left(10^5 \times 10^{-7}\right)$$
$$= 17.34 \times 10^{-2}$$
$$= 0.1734$$

和

$$\frac{510\,000}{0.00000034} = \frac{5.1 \times 10^5}{3.4 \times 10^{-7}} = \frac{5.1}{3.4} \times \frac{10^5}{10^{-7}} = 1.5 \times 10^{12}$$

计算机程序有时有如下表述：$5.1 \times 10^5 = 5.1\text{E}5$ 或 $5.1\text{D}5$，$3.4 \times 10^{-7} = 3.4\text{E} - 7$ 或 $3.4\text{D} - 7$。

A.1.4 对数以及数 e

对数是指数。如果 $x = 10^b$，则 b 是以 10 为底的 x 的对数。无理数 $e \cong 2.718282$ 在数学和统计中是对数的底数。如果 $x = e^b$，则 b 是 x 以 e 为底的对数。使用以 e 为底的对数称为自然对数。在这本书里所有的对数是自然对数。我们用 $\ln(x)$ 来表示 x 的自然对数。

对于任何正数，$x > 0$，

$$e^{\ln(x)} = \exp[\ln(x)] = x$$

且

$$\ln(e^x) = x$$

需要注意的是，应用指数的法则，$\ln(1) = 0$。表 A-1 给出了一些 10 的幂的对数。例如，$e^{2.3025851} = 10$，$e^{4.6051702} = 100$。

请注意，对数与原始数相比有一个压缩标度。由于对数是指数，它们遵循类似的规则：

$$\ln(xy) = \ln(x) + \ln(y)$$
$$\ln(x/y) = \ln(x) - \ln(y)$$
$$\ln(x^a) = a\ln(x)$$

例如，如果 $x = 1\,000$，$y = 10\,000$，则

$$\ln(1\,000 \times 10\,000) = \ln(1\,000) + \ln(10\,000)$$
$$= 6.9077553 + 9.2103404$$
$$= 16.118096$$

表 A-1 一些自然对数

x	$\ln(x)$
1	0
10	2.3025851
100	4.6051702
1 000	6.9077553
10 000	9.2103404
100 000	11.512925
1 000 000	13.815511

这样做的好处是什么？xy 的值是一个乘法的问题，通过对数可以将其变成一个加法问题。我们需要一种方法把一个数的对数变回这个数本身。根据定义，

$$x = e^{\ln(x)} = \exp[\ln(x)]$$

对于一个有复杂指数的**指数函数**，经常使用符号 $\exp$，因此 $e^{(\cdot)} = \exp(\cdot)$。指数函数是反对数函数，因为我们可以使用它返回 x 的值。那么，

$$1\,000 \times 10\,000 = \exp(16.118096) = 10\,000\,000$$

你不会做很多这样的计算，但对数和指数的知识在经济学和计量经济学中是相当关键的。

A.1.5　小数和百分数

假设一个变量 y 的值从 $y = y_0$ 变成了 $y = y_1$。这些值之间的差异通常表示为 $\Delta y = y_1 - y_0$，其中符号 Δy 读作 y 的变化量或"德尔塔 y"，**相对变化量**是：

$$y = \frac{y_1 - y_0}{y_0} = \frac{\Delta y}{y_0} \tag{A.1}$$

例如，如果 $y_0 = 3$ 且 $y_1 = 3.02$，那么 y 的相对变化是：

$$\frac{y_1 - y_0}{y_0} = \frac{3.02 - 3}{3} = 0.0067$$

y 的相对变化通常写成 $\Delta y / y$，这里省略了下标。

相对变化是一个小数。相应的 y 变化的百分比是相对变化的 100 倍。

$$y\text{变化的百分比} = 100\frac{y_1 - y_0}{y_0} = \%\Delta y \tag{A.2}$$

如果 $y_0 = 3$ 且 $y_1 = 3.02$，那么 y 的百分比变化是：

$$\%\Delta y = 100\frac{y_1 - y_0}{y_0} = 100\frac{3.02 - 3}{3} = 0.67\%$$

A.1.6　对数和百分比

对数的一个特点在经济解释上有很大帮助，即它们可以非常简单地近似。设 y 的一个正值为 y_1，并设 y_0 是一个接近 y_1 的 y 值。一个有用的近似规则为：

$$100\big[\ln(y_1) - \ln(y_0)\big] \cong \%\Delta y = y\text{变化的百分比} \tag{A.3}$$

也就是说，如果 y_0 和 y_1 非常接近，100 乘以对数的差值是 y_0 和 y_1 之间的近似百分比差值。

近似推导

公式（A.3）的结果是由**泰勒级数**近似推导而来，它是在第 A.3.1 节实例 A.3 中得到的数学工具。使用这种近似，$\ln(y_1)$ 的值可以写成：

$$\ln(y_1) \cong \ln(y_0) + \frac{1}{y_0}(y_1 - y_0) \tag{A.4}$$

例如，设 $y_1 = 1 + x$，$y_0 = 1$。那么，只要 x 很小，

$$\ln(1 + x) \cong x$$

在（A.4）式两边减去 $\ln(y_0)$，我们得到：

$$\ln(y_1) - \ln(y_0) = \Delta\ln(y) \cong \frac{1}{y_0}(y_1 - y_0) = y\text{ 的相对变化}$$

符号 $\Delta\ln(y)$ 代表两个对数的"差异"。使用公式（A.2），

$$100\Delta\ln(y) = 100[\ln(y_1) - \ln(y_0)]$$

$$\cong 100 \times \frac{(y_1 - y_0)}{y_0}$$

$$= \%\Delta y = y\text{ 变化的百分比}$$

A.2　线性关系

在经济学和计量经济学中，我们研究变量之间的线性和非线性的关系。在本节中，我们复习**线性关系**的基本特征。令 y 和 x 是变量。线性关系的标准形式是：

$$y = mx + b \tag{A.5}$$

在图 A-1 中，**斜率**为 m，y 轴的**截距**是 b。符号 Δ 代表"变化"，所以 Δx 读作"x 的变化"。直线的斜率是：

$$m = \frac{y_2 - y_1}{x_2 - x_1} = \frac{\Delta y}{\Delta x}$$

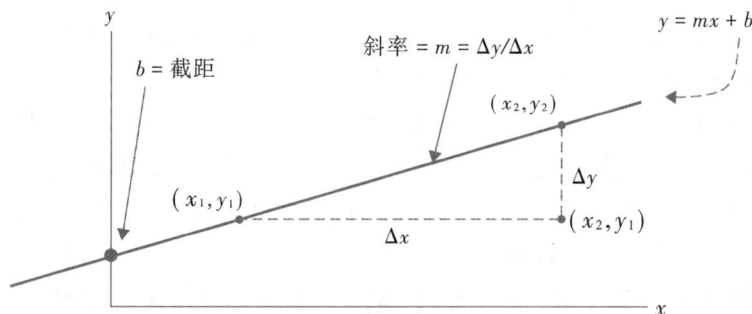

图 A-1　线性关系

对于图 A-1 中的直线关系，斜率 m 为点沿直线任意方向移动时，垂直距离（上升）变化与水平距离（运行）变化的比率。一条直线的斜率是常数，y 随着 x 变化的速率是常数除以直线的长度。

斜率 m 对于经济学家非常有意义，因为它是 x 的变化对 y 的**边际效应**。为了明白这一点，对 Δy 求解**斜率**的定义 $m = \Delta y/\Delta x$，得到：

$$\Delta y = m\Delta x \tag{A.6}$$

如果 x 变化一个单位，$\Delta x = 1$，那么 y 相应的变化是 $\Delta y = m$。边际效应始终是像公式（A.5）那样的线性关系，因为斜率不变。

截距参数表示直线与纵轴相交的位置，它是当 x 是 0 时的 y 值：

$$y = mx + b = m \times 0 + b = b$$

A.2.1 斜率和导数

导数在计量经济学中的作用十分重要。两个变量之间的关系是 $y = f(x)$，一阶导数表示斜率。直线 $y = f(x) = mx + b$ 的斜率用 dy/dx 来表示。符号 dy/dx 是 $\Delta y/\Delta x$ 的一个"程式化"版本，线性关系公式（A.5）的一阶导数是：

$$dy/dx = m \tag{A.7}$$

在一般情况下，一阶导数测量给定 x 变化一个无穷小量时 y 的变化。线性函数的一阶导数为常数 $m = \Delta y/\Delta x$。"无穷小"在这种情况下并不重要，因为相对于 x 的变化，y 的变化率是一个常数。

A.2.2 弹性

弹性是经济学家很喜欢的一个工具。它是在一条特殊的曲线上一个变量变化1%时引起另一个变量变化的百分比。也就是说，如果从曲线上的一个点移动到曲线上的另一个点，其相对百分比变化是多少？例如，在图 A-1 中，当从一点 (x_1, y_1) 移动到另一点 (x_2, y_2) 时，y 相对 x 的变化百分比是多少？对于线性关系，y 相对于 x 的变化的弹性是：

$$\varepsilon_{yx} = \frac{\%\Delta y}{\%\Delta x} = \frac{100(\Delta y/y)}{100(\Delta x/x)} = \frac{\Delta y/y}{\Delta x/x} = \frac{\Delta y}{\Delta x} \times \frac{x}{y} = 斜率 \times \frac{x}{y} \tag{A.8}$$

弹性被看作是直线的斜率与 x 对 y 比率的乘积。在一个线性关系中，如图 A-1 所示，斜率是常数 $m = \Delta y/\Delta x$，在直线上的每一个点弹性都有变化。

例如，考虑线性函数 $y = 1x + 1$。在这条线上的点 $x = 2$，$y = 3$，弹性是 $\varepsilon_{yx} = m(x/y) = 1 \times (2/3) = 0.67$。也就是说，在点 $(x = 2$，$y = 3)$ 上，x 变化1%引起 y 变化0.67%。具体来说，当 $x = 2$ 时，1%（在小数形式中 1% = 0.01）的变化是 $\Delta x = 0.01 \times 2 = 0.02$。如果 x 增大到 $x = 2.02$，y 增加到3.02。y 的相对变化是 $\Delta y/y = 0.02/3 = 0.0067$。然而，这不是 y 的百分比变化，而是相应的小数等式。为了获得 y 的百分比变化（用 $\%\Delta y$ 表示），我们将相对变化 $\Delta y/y$ 乘以100。y 的百分比变化是：

$$\%\Delta y = 100 \times (\Delta y/y) = 100 \times 0.02/3 = 100 \times 0.0067 = 0.67\%$$

A.3 非线性关系

虽然线性关系是直观和易于处理的，但许多现实世界中的经济关系是非线性的，如图 A-2 所示。

这条曲线的斜率不是恒定不变的。斜率衡量的是 x 给 y 带来的边际效应，对于图 A-2 中的**非线性关系**，曲线上的每一个点的斜率是不同的。变化的斜率告诉我们关系不是线性的。由于斜率在每一点上是不同的，我们只能谈谈 x 的微小变化对 y 的影响。在公式（A.6）中我们用 d（表示"无穷小的变化"）替换 Δ（代表"变化"）。在线性的情况下，当我们做出这个替换时，斜率是用 $dy/dx = m$ 表示的，其中斜率 m 是一个常数。参见公式（A.7）。

然而，如图 A-2 中的非线性函数所示，斜率（导数）不是常数，而是随着 x 的变化而变化，而且必须在每个点确定。严格地说，曲线的斜率就是曲线在一个特定的点上的切线斜率。若要得到不同点上的非线性曲线的斜率，我们需要运用一些规则来获得导数 dy/dx。

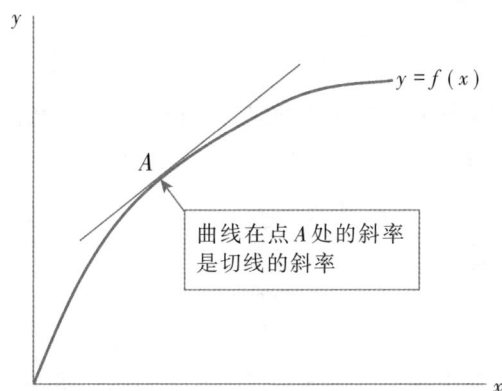

图A-2 非线性关系

A.3.1 求导规则

求导的一些规则如下：

求导规则1. 常数 c 的导数为零。也就是说，如果 $y = f(x) = c$，则：

$$\frac{dy}{dx} = 0$$

求导规则2. 如果 $y = x^n$，则：

$$\frac{dy}{dx} = nx^{n-1}$$

求导规则3. 如果 $y = cu$ 且 $u = f(x)$，则：

$$\frac{dy}{dx} = c\frac{du}{dx}$$

在求导之前，常数可以提出来。

求导规则4. 如果 $y = cx^n$，利用规则2和规则3，

$$\frac{dy}{dx} = cnx^{n-1}$$

求导规则5. 如果 $y = u + v$，其中 $u = f(x)$ 和 $v = g(x)$ 是 x 的函数，则：

$$\frac{dy}{dx} = \frac{du}{dx} + \frac{dv}{dx}$$

两个函数的和（或差）的导数是导数的和（或差）。此规则在求和中可推广到两项以上。

求导规则6. 如果 $y = uv$，其中 $u = f(x)$ 和 $v = g(x)$ 是 x 的函数，则：

$$\frac{dy}{dx} = \frac{du}{dx}v + u\frac{dv}{dx}$$

这就是所谓的**乘法规则**。**除法规则**，对于 $y = u/v$，可以通过在乘法规则中对 v 添加 v^{-1} 来获得。

求导规则 7. 如果 $y = e^x$，则：

$$\frac{dy}{dx} = e^x$$

如果 $y = \exp(ax + b)$，则：

$$\frac{dy}{dx} = \exp(ax + b) \times a$$

在一般情况下，指数函数的导数是指数函数乘以指数的导数。

求导规则 8. 如果 $y = \ln(x)$，则：

$$\frac{dy}{dx} = \frac{1}{x}, \quad x > 0$$

如果 $y = \ln(ax + b)$，则：

$$\frac{dy}{dx} = \frac{1}{ax + b} \times a$$

求导规则 9（链式求导法则）. 设 $y = f[u(x)]$，这样 y 取决于 u，u 反过来又依赖于 x。则：

$$\frac{dy}{dx} = \frac{dy}{du} \times \frac{du}{dx}$$

例如，在求导规则 8 中，$y = \ln(ax + b)$，或 $y = \ln[u(x)]$，其中 $u = ax + b$。则：

$$\frac{dy}{dx} = \frac{dy}{du} \times \frac{du}{dx} = \frac{1}{u} \times a = \frac{1}{ax + b} \times a$$

实例 A.1　线性函数的斜率

$y = f(x) = 4x + 1$ 的导数是：

$$\frac{dy}{dx} = \frac{d(4x)}{dx} + \frac{d(1)}{dx} = 4$$

因为这个函数是一条直线方程，$y = mx + b$，其斜率为常数，即由 x 的系数给出，在本例中是 4。

实例 A.2　二次函数的斜率

考虑函数 $y = x^2 - 8x + 16$，如图 A–3 所示。这个**二次函数**是抛物线。根据导数的求导法则，曲线的切线斜率是：

$$\frac{dy}{dx} = \frac{d(x^2 - 8x + 16)}{dx}$$
$$= \frac{d(x^2)}{dx} - 8\frac{d(x^1)}{dx} + \frac{d(16)}{dx}$$
$$= 2x^1 - 8x^0 + 0$$
$$= 2x - 8$$

这一结果意味着，这条曲线的切线斜率是 $dy/dx = 2x - 8$。对于几个 x 的值，导数和函数值如表 A–2 所示。

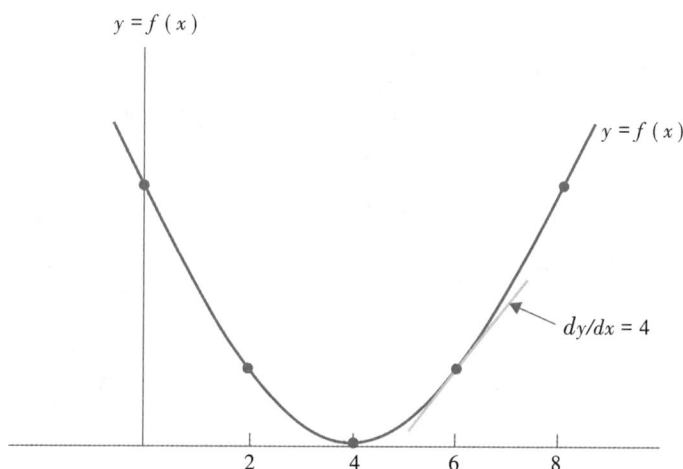

图 A-3 函数 $y = x^2 - 8x + 16$

表 A-2　　　　　　　　　　函数 $y = x^2 - 8x + 16$ 和导数值

x	$y = f(x)$	dy/dx
0	16	−8
2	4	−4
4	0	0
6	4	4
8	16	8

请注意几件事情。第一，斜率在每个 x 上的值是不同的。对于 $x < 4$ 的值，斜率为负的；当 $x = 4$ 时，斜率为零；对于 $x > 4$ 的值，斜率为正的。为了解释这些斜率，回想一下 x 在某一个点处的导数就是在该点的切线的斜率。切线的斜率是函数的变化速率，即当 x 变化时，$y = f(x)$ 如何变化。在 $x = 0$ 处，斜率是−8，表示 y 随 x 的增加而减少，每单位 x 的变化带来 8 单位 y 的变化。在 $x = 2$ 处，函数的变化速率已经减弱。在 $x = 4$ 处，函数的变化速率是 $dy/dx = 0$。也就是说，在 $x = 4$ 处，曲线的切线斜率为零。对于 $x > 4$ 的值，导数是正的，这表明，函数 $y = f(x)$ 的值随着 x 的增加而增加。

实例 A.3　泰勒级数近似

在公式（A.4）中，对数的近似值使用了一个强有力的工具，被称为泰勒级数近似。函数 $f(y) = \ln(y)$ 如图 A-4 所示。假设我们知道函数上的一个点 A，对于 $y = y_0$，我们知道函数值 $f(y_0) = \ln(y_0)$。近似的想法是在 A 点画一条相切于曲线 $f(y) = \ln(y)$ 的直线，然后用切线上的 B 点近似曲线 $f(y_1) = \ln(y_1)$ 上的点。对如 $\ln(y)$ 这样平滑的曲线，这一策略效果很好，如果 y_1 接近 y_0，近似误差会很小。点 A 处 $(y_0, f(y_0) = \ln(y_0))$ 的切线斜率为函数 $f(y) = \ln(y)$ 在 y_0 点的导数。使用求导规则 8，我们有：

$$\frac{d\ln(y)}{dy}\bigg|_{y=y_0} = \frac{1}{y}\bigg|_{y=y_0} = \frac{1}{y_0}$$

用几何方法给出 B 处线性近似的值。回想一下，切线（直线）的斜率是"在移动中上升"。"移动"是从 A 至 C，或 $(y_1 - y_0)$，相应的"上升"是 C 到 B。则：

$$切线的斜率 = \frac{d\ln(y)}{dy}\bigg|_{y=y_0} = \frac{1}{y_0} = \frac{上升}{移动}$$

$$= \frac{\overline{CB}}{\overline{AC}} = \frac{B - \ln(y_0)}{y_1 - y_0}$$

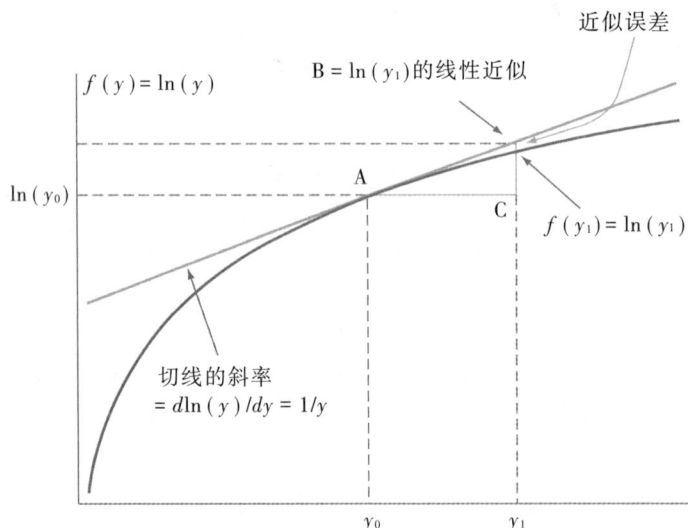

图 A-4　$\ln(y)$ 的泰勒级数近似

泰勒级数近似可用于很多情形。

为 $B = f(y_1)$ 的近似值求解这个方程，我们获得公式（A.4）中的表达式：

$$B = \ln(y_0) + \frac{d\ln(y)}{dy}\bigg|_{y=y_0} (y_1 - y_0) = \ln(y_0) + \frac{1}{y_0}(y_1 - y_0)$$

求导规则 10（泰勒级数近似）. 如果 $f(x)$ 是一个平滑的函数，则：

$$f(x) \cong f(a) + \frac{df(x)}{dx}\bigg|_{x=a}(x-a) = f(a) + f'(a)(x-a)$$

其中，$f'(a)$ 是函数 $f(x)$ 在 $x = a$ 处估计的一阶导数的一般记号。对于接近 a 的 x，这个近似是好的。

A.3.2　非线性关系的弹性

给定曲线的斜率，y 对 x 的弹性可以通过稍微修正公式（A.8）表示为：

$$\varepsilon_{yx} = \frac{dy/y}{dx/x} = \frac{dy}{dx} \times \frac{x}{y} = slope \times \frac{x}{y}$$

其中，$slope$ 为斜率。

例如，二次函数 $y = ax^2 + bx + c$ 是一条抛物线。斜率（导数）是 $dy/dy = 2ax + b$。弹性是：

$$\varepsilon_{yx} = slope \times \frac{x}{y} = (2ax + b)\frac{x}{y}$$

举一个有具体数值的例子，考虑由 $y = f(x) = x^2 - 8x + 16$ 定义的曲线。这个二次函数的图形如图 A-3 所示。曲线的斜率是 $dy/dx = 2x - 8$。当 $x = 6$ 时，切线的斜率是 $dy/dx = 4$。当 $x = 6$ 时，y 对应的值为 $y = 4$。因此，在这一点上的弹性是：

$$\varepsilon_{xy} = (dy/dx) \times (x/y) = (2x - 8)(x/y) = 4 \times (6/4) = 6$$

x 增加 1% 相应引起 y 6% 的变化。

A.3.3　二阶导数

由于 $f(x)$ 的导数 dy/dx 是 x 本身的函数，所以我们可以定义 $f(x)$ 的一阶导数的导数或 $f(x)$ 的二阶导数，表示为：

$$\frac{d^2y}{dx^2} = \frac{d(dy/dx)}{dx}$$

函数的二阶导数被解释为一阶导数的变化率，表示函数是以递增、不变或递减的速率增加或减少。

实例 A.4　线性函数的二阶导数

求出 $y = 4x + 1$ 的二阶导数。利用导数规则，

$$\frac{dy}{dx} = \frac{d(4x + 1)}{dx} = 4$$

且

$$\frac{d^2y}{dx^2} = \frac{d(dy/dx)}{dx} = \frac{d(4)}{dx} = 0$$

函数 $y = f(x) = 4x + 1$ 是一条直线，其常数一阶导数或斜率为 4。一阶导数的变化速率为零，函数以不变速率增加。

实例 A.5　二次函数的二阶导数

求出如图 A-3 所示的函数 $y = x^2 - 8x + 16$ 的二阶导数。

$$\frac{dy}{dx} = \frac{d(x^2 - 8x + 16)}{dx} = 2x - 8$$

$$\frac{d^2y}{dx^2} = \frac{d(2x - 8)}{dx} = 2$$

$y = f(x)$ 的二阶导数是正的，为常数 2，这表明对于 $-\infty < x < \infty$，一阶导数是递增的。对于 $x < 4$，函数以递减速率减少。对于 $x > 4$，函数以递增速率增加。在 $x = 4$ 处，函数处于最小值，斜率为零。

A.3.4　极大值和极小值

使用一阶和二阶导数，我们可以定义函数的相对或局部最大值和最小值，如图 A-5 所示。

如果 $f(a)$ 大于 $x = a$ 附近区间内 $f(x)$ 的任何其他值，函数 $y = f(x)$ 在 $i = a$ 处有一个

相对或局部极大值；如果 $f(a)$ 小于 $x = a$ 附近区间内 $f(x)$ 的任何其他值，则函数 $y = f(x)$ 在 $i = a$ 处有一个相对或局部极小值。函数 $y = f(x)$ 在 $x = a$ 处的局部极大或极小的条件如下：

如果 $y = f(x)$ 和 dy/dx 在 $x = a$ 处是连续的函数，并且如果在 $x = a$ 处 $dy/dx = 0$，则：

1. 如果在 $x = a$ 处 $d^2y/dx^2 < 0$，则 $f(a)$ 是局部极小值。

2. 如果在 $x = a$ 处 $d^2y/dx^2 > 0$，则 $f(a)$ 是局部极大值。

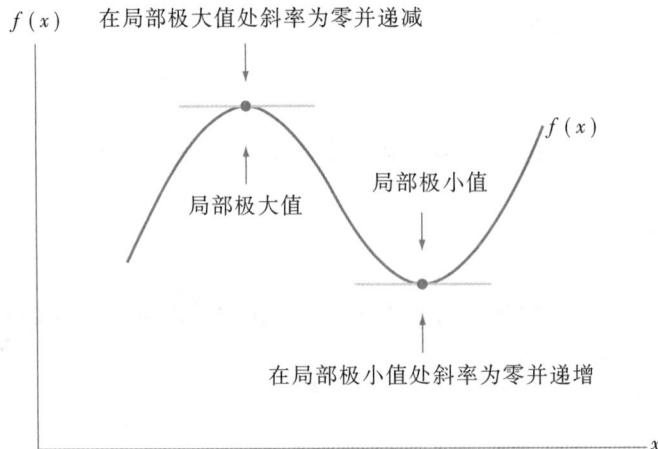

图 A-5　局部极大值和极小值

实例 A.6　求出二次函数的极小值

在实例 A.3 和实例 A.5 中，我们考虑了函数 $y = x^2 - 8x + 16$。若要定位可能的局部极小值或极大值，要获得一阶导数，将其设为零，并求解 x 的值，其中 $dy/dx = 0$。对于这个函数，$dy/dx = 2x - 8 = 0$，这意味着在 $x = 4$ 处，我们可能有一个局部极大值或一个局部极小值。由于 $d^2y/dx^2 = 2$，大于 0，函数在 $x = 4$（以及其他位置）处以递增的速度增加，因此 $f(4) = 0$ 是 $y = x^2 - 8x + 16$ 的局部极小值。

A.3.5　偏导数

当一个函数关系包括几个变量时，如 $y = f(x, z)$，斜率取决于 x 和 z 的值，在两个方向而不是一个方向有斜率。在图 A-6 中，我们说明了保持 z 为常数 $z = z_0$，函数关于 x 的偏导数。

在点 (x_0, z_0) 处，函数的值为 $y_0 = f(x_0, z_0)$。切线 $\overline{CD}$ 的斜率是偏导数。

$$\overline{CD} \text{ 的斜率} = \frac{\partial f(x, z)}{\partial x}\bigg|_{x = x_0, z = z_0}$$

竖线表示在点 (x_0, z_0) 处求偏导函数。

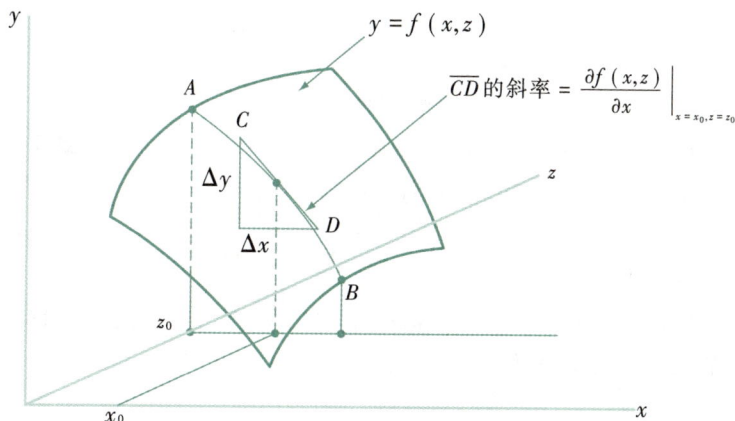

图 A-6　偏导数的三维图

为了求出偏导数，我们利用已建立的规则。考虑函数：

$$y = f(x,z) = ax^2 + bx + cz + d$$

为了求出 y 关于 x 的偏导数，视 z 为一个常数，则：

$$\frac{\partial y}{\partial x} = \frac{d(ax^2)}{dx} + \frac{d(bx)}{dx} + \frac{d(cz)}{dx} + \frac{d(d)}{dx}$$
$$= 2ax + b$$

使用求导规则 1，导数的第三项和第四项为零，因为 cz 和 d 被看作常数。

A.3.6　双变量函数的极大值和极小值

设 $y = f(x,z)$ 是两个变量的连续函数，或**双变量函数**，具有连续的一阶导数。为了使点 $(x = a, z = b)$ 成为局部极大值或极小值，有三个条件必须满足。

1. 两个偏导数在该点求值时为零：

$$\frac{\partial y}{\partial x}\bigg|_{x=a,z=b} = 0, \quad \frac{\partial y}{\partial z}\bigg|_{x=a,z=b} = 0$$

这些斜率条件如图 A-7 所示。

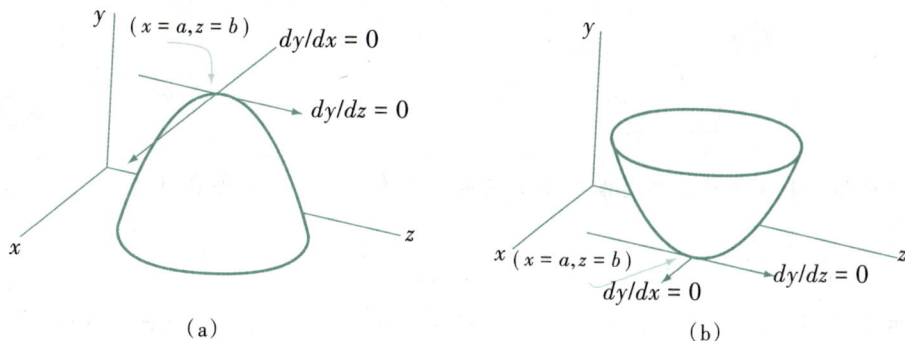

图 A-7　（a）局部极大值　（b）局部极小值

2. 对于局部极大值，如图 A-7（a）所示，在点 $(x = a, z = b)$ 处二阶偏导数都必须为负值。

$$\left.\frac{\partial^2 y}{\partial x^2}\right|_{x=a,z=b} < 0, \quad \left.\frac{\partial^2 y}{\partial z^2}\right|_{x=a,z=b} < 0$$

这两个条件保证了函数是凹的，并且沿 x 轴和 z 轴的方向向下移动。

对于局部极小值，如图 A-7（b）所示，在点 $(x=a,z=b)$ 处，二阶偏导数都必须是正的，这样函数就是凸的，函数沿 x 和 z 方向向上移动。

$$\left.\frac{\partial^2 y}{\partial x^2}\right|_{x=a,z=b} > 0, \quad \left.\frac{\partial^2 y}{\partial z^2}\right|_{x=a,z=b} > 0$$

3. 对于局部极大值或极小值，在 $(x=a,z=b)$ 处计算的二阶直接偏导数的乘积必须大于 $(x=a,z=b)$ 处的二阶交叉偏导数的平方，即：

$$\left(\left.\frac{\partial^2 y}{\partial x^2}\right|_{x=a,z=b}\right)\left(\left.\frac{\partial^2 y}{\partial z^2}\right|_{x=a,z=b}\right) > \left(\left.\frac{\partial^2 y}{\partial x \partial z}\right|_{x=a,z=b}\right)^2$$

对于局部极大值，这个条件确保函数从 $(x=a,z=b)$ 处沿各个方向向下移动，而不仅仅是沿 x 和 z 轴移动。对于局部极小值，这个条件确保函数从 $(x=a,z=b)$ 处沿各个方向向上移动，而不仅仅是沿着 x 和 z 轴移动。

实例 A.7　最大化利润函数

一家公司生产两种商品，x 和 y。公司的利润函数为 $\pi = 64x - 2x^2 + 4xy - 4y^2 + 32y - 14$。求最大化利润水平 x 和 y 的产量。一阶偏导数为：

$$\partial \pi / \partial x = 64 - 4x + 4y, \quad \partial \pi / \partial y = 4x - 8y + 32$$

极大值或极小值的一阶条件是将这些一阶导数设置为零，并对可能的利润最大化求解 (x^*, y^*) 值。

$$\left.\begin{array}{r} 64 - 4x + 4y = 0 \\ 4x - 8y + 32 = 0 \end{array}\right\} \Rightarrow x^* = 40, \quad y^* = 24$$

这两个值可以最大化利润，最小化利润，或者两者都不能。我们必须检查上面的二阶和三阶条件。二阶直接和交叉偏导数为：

$$\frac{\partial^2 \pi}{\partial x^2} = \frac{\partial(64 - 4x + 4y)}{\partial x} = -4$$

$$\frac{\partial^2 \pi}{\partial y^2} = \frac{\partial(4x - 8y + 32)}{\partial y} = -8$$

$$\frac{\partial^2 \pi}{\partial x \partial y} = \frac{\partial(64 - 4x + 4y)}{\partial y} = 4$$

二阶直接偏导数都是负的，满足局部极大值的第二个条件。第三个条件为：

$$\left(\frac{\partial^2 \pi}{\partial x^2}\right)\left(\frac{\partial^2 \pi}{\partial y^2}\right) > \left(\frac{\partial^2 \pi}{\partial x \partial y}\right)^2$$

这一条件也得到了满足，因为 $(-4)(-8) = 32 > (4)^2 = 16$。因此，利润在 $x^* = 40, y^* = 24$ 处实现最大化，最大化利润 $\pi^* = 1\,650$。

实例 A.8　最小化平方差的总和

最小二乘问题是求出最小化目标函数 $S(\alpha, \beta) = \sum_{i=1}^{n}(y_i - \alpha - \beta x_i)^2$ 的 α 和 β 的值，其

中 $(y_i, x_i), i = 1, \cdots, n$ 为数据值。给定三组数据值 $(y_1, x_1) = (1,1)$，$(y_2, x_2) = (5,2)$ 和 (y_3, x_3) $= (2,3)$，求出 α 和 β 的最小化值。

为了求出最小化值，我们首先将下式展开：

$$S(\alpha, \beta) = \sum_{i=1}^{n} (y_i - \alpha - \beta x_i)^2$$

$$= \sum_{i=1}^{n} (y_i^2 + \alpha^2 + \beta^2 x_i^2 - 2\alpha y_i - 2\beta x_i y_i + 2\alpha\beta x_i)$$

$$= \sum_{i=1}^{n} y_i^2 + n\alpha^2 + \beta^2 \sum_{i=1}^{n} x_i^2 - 2\alpha \sum_{i=1}^{u} y_i - 2\beta \sum_{i=1}^{n} x_i y_i + 2\alpha\beta \sum_{i=1}^{n} x_i$$

对于 $n=3$ 个给定数据组合，

$$\sum_{i=1}^{3} y_i^2 = 30, \sum_{i=1}^{3} x_i^2 = 14, \sum_{i=1}^{3} y_i = 8$$

$$\sum_{i=1}^{3} x_i y_i = 17, \sum_{i=1}^{3} x_i = 6$$

目标函数则为：

$$S(\alpha, \beta) = 30 + 3\alpha^2 + \beta^2(14) - 2\alpha(8) - 2\beta(17) + 2\alpha\beta(6)$$

$$= 30 + 3\alpha^2 + 14\beta^2 - 16\alpha - 34\beta + 12\alpha\beta$$

一阶直接偏导数为：

$$\frac{\partial S(\alpha, \beta)}{\partial \alpha} = 6\alpha - 16 + 12\beta, \frac{\partial S(\alpha, \beta)}{\partial \beta} = 28\beta - 34 + 12\alpha$$

设这两个等式为零，求解得到 $\alpha^* = 5/3$，$\beta^* = 1/2$。二阶偏导数为：

$$\frac{\partial^2 S(\alpha, \beta)}{\partial \alpha^2} = \frac{\partial(6\alpha - 16 + 12\beta)}{\partial \alpha} = 6$$

$$\frac{\partial^2 S(\alpha, \beta)}{\partial \beta^2} = \frac{\partial(28\beta - 34 + 12\alpha)}{\partial \beta} = 28$$

$$\frac{\partial^2 S(\alpha, \beta)}{\partial \alpha \partial \beta} = \frac{\partial(6\alpha - 16 + 12\beta)}{\partial \beta} = 12$$

两个二阶直接偏导数都是正的，第三个条件得到满足，因为：

$$\left(\frac{\partial^2 S(\alpha, \beta)}{\partial \alpha^2} \right) \left(\frac{\partial^2 S(\alpha, \beta)}{\partial \beta^2} \right) = 6(28) = 168$$

$$\left(\frac{\partial^2 S(\alpha, \beta)}{\partial \alpha \partial \beta} \right)^2 = 144, \quad 168 > 144$$

因此，$\alpha^* = 5/3, \beta^* = 1/2$ 将最小二乘目标函数最小化（取值 $S(\alpha^*, \beta^*) \cong 8.167$）。

A.4　积分

积分是求导的逆运算。如果 $f(x)$ 是一个函数，我们可以提出这样的问题，"$f(x)$ 是什么函数的导数？"答案由**不定积分**给出：

$$\int f(x) \, dx = F(x) + C$$

函数 $F(x) + C$ 是 $f(x)$ 的逆导数，其中 C 是一个常数，被称为**积分常数**，因为：

$$\frac{d[F(x)+C]}{dx} = \frac{d[F(x)]}{dx} + \frac{d[C]}{dx} = f(x)$$

求 $F(x)$ 是逆求导规则的一个应用。例如，使用求导规则：

$$\frac{d(x^n+C)}{dx} = nx^{n-1}$$

因此，$\int nx^{n-1}dx = x^n + C = F(x) + C$，在这种情况下，$F(x) = x^n$。已经有许多不定积分被计算出来，就列在你喜欢的微积分书里和网站的表格中。

关于积分的一些有用的事实如下：

积分规则 1.

$$\int [f(x)+g(x)]dx = \int f(x)dx + \int g(x)dx$$

和的积分是积分之和。

积分规则 2.

$$\int cf(x)dx = c\int f(x)dx$$

常数可以从积分中提出来。

这些规则可以结合起来，结果得到：

积分规则 3.

$$\int [c_1f(x)+c_2g(x)]dx = c_1\int f(x)dx + c_2\int g(x)dx$$

积分规则 4（幂规则）.

$$\int x^n dx = \frac{1}{n+1}x^{n+1} + C, 其中 n \neq -1$$

积分规则 5（幂规则 n=-1）.

$$\int x^{-1}dx = \ln(x) + C, x > 0$$

积分规则 6（常数函数）.

$$\int k\,dx = kx + C$$

积分规则 7（指数函数）.

$$\int e^{kx}dx = \frac{1}{k}e^{kx} + C$$

A.4.1　计算曲线下方的面积

积分在计量经济学和统计学中的一个重要用途是计算曲线下方的面积。例如，在图 A-8 中，曲线 $f(x)$ 下方的阴影面积是多少？

$f(x)$ 和 x 轴之间在上下限 a 和 b 之间的面积由**定积分**定义为：

$$\int_a^b f(x)dx$$

通过**微积分基本定理**可以得到这个积分值，表示为：

$$\int_a^b f(x)dx = F(b) - F(a)$$

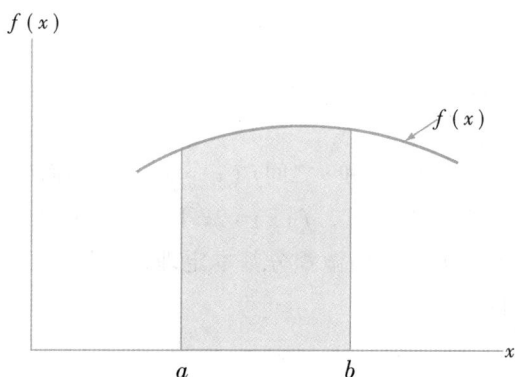

图 A-8　曲线下方的面积

实例 A.9　曲线下方的区域

考虑下面的函数：

$$f(x) = \begin{cases} 2x & 0 \leq x \leq 1 \\ 0 & \text{否则} \end{cases} \qquad (A.12)$$

这是一个通过原点的直线方程，如图 A-9 所示。

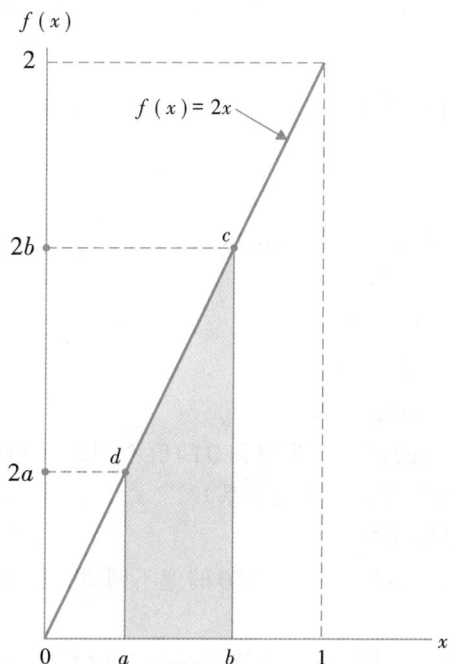

图 A-9　曲线 $f(x) = 2x$ 下方的面积，$0 \leq x \leq 1$

在图 A-9 中，a 和 b 之间的直线下方的阴影面积是多少？使用三角形的几何学方法，可以找到答案。三角形的面积是底和高乘积的一半。三角形可以通过它们的角来识别。让 $\Delta 0bc$ 代表由 0 点（原点）、b 和 c 围成的三角形的面积。同样，$\Delta 0ad$ 代表 0、a 和 d 点所形成的小三角形的面积。阴影区域表示 a 和 b 之间 $f(x) = 2x$ 下方的面积，是这两个三角形面积之差。

$$面积 = \Delta 0bc - \Delta 0ad$$

$$= \left(\frac{1}{2}b\right)(2b) - \frac{1}{2}a(2a) \qquad\qquad (\text{A}.13)$$

$$= b^2 - a^2$$

方程（A.13）提供了一个计算 a 和 b 之间 $f(x) = 2x$ 下方的面积的更简单的公式。

运用积分，在 $x = a$ 和 $x = b$ 之间，$f(x) = 2x$ 下方与 x 轴上方之间的面积是通过求 $f(x) = 2x$ 的**定积分**得到的。为了使用微积分基本定理，我们需要不定积分。使用幂规则，即积分规则 4，我们得到：

$$\int 2x\,dx = 2\int x\,dx = 2\left[\frac{1}{2}x^2 + C\right] = x^2 + 2C$$

$$= x^2 + C_1 = F(x) + C_1$$

其中，$F(x) = x^2$，C_1 是积分常数。我们要求的面积表示为：

$$\int_a^b 2x\,dx = F(b) - F(a) = b^2 - a^2 \qquad\qquad (\text{A}.14)$$

这与我们利用几何方法在公式（A.13）中获得的答案相同。

代数多次被省略，因为积分常数不会影响定积分。你会看到定积分：

$$\int_a^b 2x\,dx = x^2\,\Big|_a^b = b^2 - a^2$$

竖线符号意味着：首先计算表达式在 b 点的值，然后减去表达式在 a 点的值。

A.5 练习

A.1 下列各式（1）、（2）、（3）表示供求关系。

（1）$Q = -3 + 2P$，其中 $P = 10$。

（2）$Q = 100 - 20P$，其中 $P = 4$。

（3）$Q = 50P^{-2}$，其中 $P = 2$。

a.计算在给定点处每个函数的斜率。

b.解释（a）部分中求出的斜率。当 P 和 Q 的值不同时，斜率是否发生变化？它是供给曲线（正向关系）还是需求曲线（负向关系）？

c.计算各函数在给定点的弹性。

d.解释（c）部分中求出的弹性。当 P 和 Q 的值不同时，弹性是否发生变化？

A.2 省略。

A.3 假设通货膨胀率（INF）一般价格水平的年增长百分比与年失业率（$UNEMP$）之间的关系表示为 $INF = -3 + 7 \times (1/UNEMP)$。

a.绘制 $UNEMP$ 值在 1 到 10 之间的曲线。

b.失业率变化的影响在哪里最大？

c.如果失业率为 5%，失业率上升对通货膨胀率的边际影响是什么？

A.4 省略。

A.5 以下是世界银行提供的一些国家 2015 年 GDP（美元）的数据。

a.用科学记数法表示下面各项描述。

i.马尔代夫 GDP 3 142 812 004 美元。

ii.尼加拉瓜 GDP 12 692 562 187 美元。

iii.厄瓜多尔 GDP 100 871 770 000 美元。

iv.新西兰 GDP 173 754 075 210 美元

v.印度 GDP 2 073 542 978 208 美元。

vi.美国 GDP 17 946 996 000 000 美元

b.用科学记数法将美国 GDP 除以：（i）马尔代夫的 GDP；（ii）厄瓜多尔的 GDP。

c.2015 年新西兰人口为 459.5 万人。用科学记数法计算新西兰的人均收入。用科学记数法表示结果。

d.圣卢西亚 2015 年人口为 184 999 人，GDP 为 1 436 390 325 美元。用科学记数法计算圣卢西亚的人均收入。用科学记数法表示结果。

e.用科学记数法表示美国和新西兰 GDP 值的总和。（提示：将每个数字写成 $a10^x$，然后简化）

A.6　省略。

A.7　考虑函数 $WAGE = f(AGE) = 10 + 200AGE - 2AGE^2$。

a.绘制 AGE 值在 $AGE=20$ 和 $AGE=70$ 之间的曲线。

b.求出导数 $dWAGE/dAGE$，并计算在 $AGE=30$、$AGE=50$ 和 $AGE=60$ 处的值。在（a）部分的曲线上，绘制 $AGE=30$ 时与曲线的切线。

c.求出 WAGE 最大化时的 AGE。

d.计算 $WAGE_1 = f(29.99)$，$WAGE_2 = f(30.01)$。在（a）部分草图上找到这些值（大约的位置）。

e.评估 $m = [f(30.01) - f(29.99)]/0.02$。将此值与（b）部分中计算的导数的值进行比较。从几何角度解释为什么这些值应该接近。数值 m 是一个"数值导数"，这对于近似导数是有用的。

A.8　省略。

A.9　考虑在区间 $0 < y < 100$ 中，函数 $f(y) = 1/100$；在其他区间中，$f(y) = 0$。

a.利用几何方法，计算在区间 $30 < y < 50$ 中曲线 $f(y)$ 下方的面积。

b.利用积分，计算在区间 $30 < y < 50$ 中曲线 $f(y)$ 下方的面积。

c.在区间 $[a, b]$ 中 $f(y)$ 下方面积的一般表达式是什么？其中 $0 < a < b < 100$。

d.计算函数 $yf(y) = y/100$ 从 $y = 0$ 到 $y = 100$ 的积分。

A.10　省略。

A.11　设 $y_0 = 1$。对于 $y_1 = 1.01, 1.05, 1.10, 1.15, 1.20$ 和 1.25 的每个值，计算：

a.用方程（A.2）计算 y 的实际百分比变化。

b.用方程（A.3）表示 y 的近似百分比变化。

c.评论随着 y_1 值的增加，方程（A.3）中的近似有多好。

A.12　省略。

A.13　使用导数规则10（泰勒级数近似）在 $x = 1.5$ 和 $x = 2$ 处逼近下面的每个函数，设 $a = 1$。计算每种情况下的百分比近似误差。

a.$f(x) = 3x^2 - 5x + 1$

b.$f(x) = \ln(2x)$

c.$f(x) = e^{2x}$

A.14　省略。

A.15　变量 y 从 $y_0 = 4$ 变化到 $y_1 = 4.6$。

a.计算 y 的相对变化。

b.计算 y 的百分比变化。

c.如果 y 的值是4，y 增加了18%，则 y 的值是多少？

A.16　省略。

A.17　2015年，白俄罗斯的 GDP（名义美元）为 $GDP_B = \$54\,608\,962\,634.99$，波兰的 GDP 为 $GDP_P = \$474\,783\,393\,022.95$。

a.用科学记数法表示 GDP_B。

b.用科学记数法将 GDP_P 除以 GDP_B。写出你的结果。

c.写出 GDP_P 的自然对数。

d.用科学记数法求解 $\exp\left[\ln(GDP_A) - \ln(GDP_B)\right]$。写出你的结果。

A.18　省略。

A.19　假设你的工资率决定于：

$WAGE = -19.68 + 2.52EDUC + 0.55EXPER - 0.007EXPER^2$

其中，EDUC 是受教育年限，EXPER 是工作经验年限。运用微积分，对于一个受过16年教育的人来说，最大化 WAGE 的 EXPER 的值是多少？写出你的结果。

A.20　省略。

概率的概念

学习目标

基于本附录中的内容，你应该能够：

1. 解释一个随机变量及其值之间的差异，并举出一个例子。

2. 解释离散型和连续型随机变量之间的差异，并各举一个例子。

3. 说明离散型和连续型随机变量的概率密度函数（pdf）的特征，并举例说明这些特征。

4. 给定离散型或连续型随机变量的概率密度函数，计算事件发生的概率。

5. 利用几何和代数，对给定连续型随机变量的 pdf，使用积分计算概率。

6. 在给定概率密度函数 $f(x)$ 和函数 $[g(x)]$ 的条件下，使用离散型和连续型随机变量期望值的定义来计算期望值。

7. 定义随机变量的方差，并解释如果方差较大，在何种意义上随机变量的值较为分散。

8. 使用两个连续型随机变量的联合 pdf 来计算联合事件的概率，并求出每一单个随机变量的（边际）pdf。

9. 在给定一个随机变量的值和它与另一个随机变量的联合 pdf 的条件下，求出另一个随机变量的条件 pdf，并用它来计算条件概率、条件均值和条件方差。

10. 在给定两个随机变量的联合概率函数的条件下，定义它们之间的协方差和相关系数，并计算这些值。

11. 解释和应用迭代期望法则，解释方差和协方差分解。

12. 在给定随机变量 X 的概率密度函数 $f(x)$ 的条件下，当 $g(X)$ 是一个严格增函数或减函数时，求出随机变量 $Y=g(x)$ 的分布。

13. 当概率密度函数 $f(x)$ 可逆时，从累积分布函数 $F(x)$ 中获得一个随机数。

14. 解释在何种意义上由计算机生成的随机数是随机的，在何种意义上它们不是随机的。

关键词

双变量	相关系数	F 分布
二项式随机变量	协方差	逆转换法
cdf	协方差分解	迭代期望

变量变更法	累积分布函数	雅可比行列式
卡方分布	自由度	联合概率密度函数
条件 *pdf*	离散型随机变量	边际分布
条件概率	期望值	均值
连续型随机变量	实验	中位数
单调	伪随机数	统计独立性
正态分布	随机数	严格单调
pdf	随机数种子	*t* 分布
泊松分布	随机变量	均匀分布
概率	标准差	方差
概率密度函数	标准正态分布	方差分解

我们假设你已经学习了基本的概率和统计课程，并已经阅读了第2章前面的"概率入门"部分。如果你还没有阅读过"概率入门"部分，那么现在就去阅读。

在本附录中，为了便于参考，我们总结离散型随机变量的期望值和方差的规则。然后，我们得到连续型随机变量的类似规则，会使用附录A.4中介绍的积分概念。我们回顾一些重要的离散型和连续型随机变量的性质，包括 *t* 分布、卡方分布和 *F* 分布。最后，我们介绍有关计算机生成随机数的概念。

B.1 离散型随机变量

在本节中，我们提供离散型随机变量运算的总结。例子和一般的背景讨论参见本书"概率入门"部分。

随机变量在未被观测到之前，其值是未知的。换句话说，它是一个不可完全预测的变量。**离散型随机变量**的值只能取有限或可数数量的值。离散型随机变量的一个例子是随机被选择的一个人去年信用卡支付账单逾期付款的次数。当随机变量只能取两个可能的值之中的一个时，一个特殊的情况会发生：付款要么逾期，要么准时。这样的结果可以通过一个双变量来描述，逾期付款时取值1，准时付款时则取值0。这样的变量也称为**指示变量或虚拟变量**。

我们使用**概率密度函数**（*pdf*）总结可能出现的结果发生的概率。离散型随机变量的 *pdf* 表示每一个可能的值发生的概率。对于离散型随机变量 X，概率密度函数 $f(x)$ 的值是随机变量 X 取值 x 的概率，$f(x) = P(X = x)$。因为 $f(x)$ 是概率，$0 \leqslant f(x) \leqslant 1$ 必为真，如果 X 取 n 个可能的值 $x_1, \cdots, x_n$，那么其概率的总和必定为1：

$$P(X = x_1) + P(X = x_2) + \cdots + P(X = x_n) = f(x_1) + f(x_2) + \cdots + f(x_n) = 1$$

累积分布函数（*cdf*）是表示概率的另一种方法。随机变量 X 的 *cdf* 记为 $f(x)$，表示 X 小于或等于某个特定值 x 的概率。也就是说，

$$F(x) = P(X \leqslant x) \tag{B.1}$$

概率分布的两个主要特点是它的中心（位置）和宽度（分散）。中心的衡量是**均值或期望值**，分散的衡量是方差及其平方根（**标准差**）。

B.1.1 离散型随机变量的期望值

随机变量的**均值**由其**数学期望**给出。如果 X 是一个取值 $x_1, \cdots, x_n$ 的离散型随机变量，则 X 的数学期望或期望值为：

$$\mu_X = E(X) = x_1 P(X = x_1) + x_2 P(X = x_2) + \cdots + x_n P(X = x_n) \tag{B.2a}$$

X 的期望值或均值是其值的加权平均，权重是其值发生的概率。均值通常记为 μ 或者 μ_X。它是隐含**实验**中所有可能结果中随机变量的平均值。因为离散型随机变量 X 取值 x 的概率表示为概率密度函数 $f(x)$，$P(X = x) = f(x)$，所以公式（B.2a）中的期望值可以等价写为：

$$\mu_X = E(X) = x_1 f(x_1) + x_2 f(x_2) + \cdots + x_n f(x_n)$$
$$= \sum_{i=1}^{n} x_i f(x_i) = \sum_x x f(x) \tag{B.2b}$$

随机变量的函数也是随机的。使用类似公式（B.2）中的计算结果可以得到期望值。如果 X 是离散型随机变量，$g(X)$ 是它的一个函数，那么，

$$E[g(X)] = \sum_x g(x) f(x) \tag{B.3}$$

利用公式（B.3），我们可以得到一些常用的规则。如果 a 是一个常数，则：

$$E(aX) = aE(X) \tag{B.4}$$

同样，如果 a 和 b 是常数，那么我们可以证明：

$$E(aX + b) = aE(X) + b \tag{B.5}$$

为了明白这个结果是如何得到的，我们将公式（B.3）中的定义应用到函数 $g(X) = aX + b$：

$$E[g(X)] = \sum g(x) f(x) = \sum (ax + b) f(x) = \sum [axf(x) + bf(x)]$$
$$= \sum [axf(x)] + \sum [bf(x)] = a \sum xf(x) + b \sum f(x)$$
$$= aE(X) + b$$

在最后一步，我们从公式（B.2）的定义中确认 $E(X)$，利用事实 $\sum f(x) = 1$。

如果 $g_1(X), g_2(X), \cdots, g_M(X)$ 是 X 的函数，则：

$$E[g_1(X) + g_2(X) + \cdots + g_M(X)] = E[g_1(X)] + E[g_2(X)] + \cdots + E[g_M(X)] \tag{B.6}$$

这个规则延伸到许多函数。**和的期望值总是期望值之和。**

一般类似的规则对非线性函数不适用，即 $E[g(X)] \neq g[E(X)]$。例如，$E(X^2) \neq [E(X)]^2$。

B.1.2 离散型随机变量的方差

离散型随机变量 X 的**方差**是下式的期望值：

$$g(X) = [X - E(X)]^2$$

随机变量的方差在描述衡量尺度和概率分布分散方面是很重要的。我们给它一个符号 σ^2，读作 "sigma 平方"，或记为 σ_X^2。利用代数，设定 $E(X) = \mu_X$，

$$\text{var}(X) = \sigma_X^2 = E\left[(X - \mu_X)^2\right] = E(X^2) - \mu_X^2 \tag{B.7}$$

随机变量的方差是随机变量 X 和其均值之间的平均平方差。随机变量的方差越大，其值越"分散"。方差的平方根称为标准差，表示为 σ 或 σ_X。它衡量分布的分散或离差，并有与随机变量衡量单位相同的优势。

方差的一个有用属性如下。设 a 和 b 是常数，则：

$$\text{var}(aX + b) = a^2 \text{var}(X) \tag{B.8}$$

这一结果在"概率入门"第 P.5.4 节有证明。

概率分布的两个其他特征值是其**偏度**和**峰度**。这些被定义为：

$$\text{偏度} = \frac{E\left[(X - \mu_X)^3\right]}{\sigma_X^3} \tag{B.9}$$

$$\text{峰度} = \frac{E\left[(X - \mu_X)^4\right]}{\sigma_X^4} \tag{B.10}$$

偏度衡量分布缺乏对称性的程度。如果分布是对称的，那么其偏度=0。有左长尾的分布是负的偏斜，偏度 < 0。有右长尾的分布是正的偏斜，偏度 > 0。峰度衡量分布的"尖峰性"。如果有一个大的峰度的分布，则会有更多的值集中在均值附近，也存在相对较高的中央尖峰。而一个相对平坦的分布峰度较低。峰度的基准值是 3，这是**正态分布**的峰度，在本附录后面讨论（第 B.3.5 节）。

B.1.3 联合、边际和条件分布

如果 X 和 Y 是离散型随机变量，则 $X = a$ 和 $Y = b$ 的联合概率由 X 和 Y 的联合概率密度函数（pdf）给出，表示为 $f(x, y)$，$P[X = a, Y = b] = f(a, b)$。联合概率的和为 1，$\sum_x \sum_x f(x, y) = 1$。给定**联合概率密度函数**，可以得到单个随机变量的概率分布，也称为**边际分布**。如果 X 和 Y 是两个离散型随机变量，则：

$$f_X(x) = \sum_y f(x, y), \text{ 对于每个 } X \text{ 可以取的值} \tag{B.11}$$

对于离散型随机变量，给定 $X = x$，随机变量 Y 取值 y 的概率表示为 $P(Y = y | X = x)$。这个条件概率表示为条件概率密度函数 $f(y|x)$：

$$f(y|x) = P(Y = y | X = x) = \frac{P(Y = y, X = x)}{P(X = x)} = \frac{f(x, y)}{f_X(x)} \tag{B.12}$$

如果给定 $X = x$，$Y = y$ 的条件概率与 $Y = y$ 的无条件概率相同，则两个随机变量在统计上是独立的。在这种情况下，X 的值并不改变 Y 的概率分布。如果 X 和 Y 是独立的随机变量，则：

$$P(Y = y | X = x) = P(Y = y) \tag{B.13}$$

等价地，如果 X 和 Y 是独立的，则给定 $X = x$，Y 的条件 pdf 与 Y 的单独无条件或边际 pdf 相同：

$$f(y|x) = \frac{f(x, y)}{f_X(x)} = f_Y(y) \tag{B.14}$$

反过来也是如此，如果公式（B.13）或公式（B.14）对 x 和 y 的每组可能值为真，那么 X 和 Y 在统计上是独立的。

求解公式（B.14）的联合 pdf，我们也可以说，如果 X 和 Y 的联合 pdf 分解成其边际 pdf 的乘积，则 X 和 Y 在统计上是独立的。

$$f(x,y)=f_X(x)\,f_Y(y) \tag{B.15}$$

如果公式（B.15）对每一个和每一对 x 值和 y 值为真，则 X 和 Y 在统计上是独立的。这一结果扩展到两个以上的随机变量。如果 X、Y 和 Z 在统计上是独立的，那么它们的联合概率密度函数可以被分解，写成 $f(x,y,z)=f_X(x)\cdot f_Y(y)\cdot f_Z(z)$。

B.1.4　包含几个随机变量的期望

类似于公式（B.3）的规则也适用于几个随机变量的函数。设 X 和 Y 是离散型随机变量，有联合概率密度函数 $f(x,y)$。如果 $g(X,Y)$ 是 X 和 Y 的函数，则：

$$E[g(X,Y)]=\sum_x\sum_y g(x,y)f(x,y) \tag{B.16}$$

利用公式（B.16），我们可以证明：

$$E(X+Y)=E(X)+E(Y) \tag{B.17}$$

利用公式（B.16）的定义，设定 $g(X,Y)=X+Y$，则：

$$
\begin{aligned}
E(X+Y) &= \sum_x\sum_y g(x,y)f(x,y) &&[\text{一般定义}]\\
&= \sum_x\sum_y (x+y)f(x,y) &&[\text{特定函数}]\\
&= \sum_x\sum_y x f(x,y)+\sum_x\sum_y y f(x,y) &&[\text{分离各项}]\\
&= \sum_x x\sum_y f(x,y)+\sum_y y\sum_x f(x,y) &&[\text{从第2个求和中把常数项提到外面}]\\
&= \sum_x x f(x)+\sum_y y f(y) &&[\text{识别边际}pdf]\\
&= E(X)+E(Y) &&[\text{识别期望值}]
\end{aligned}
$$

为了从第四行进行到第五行，我们已经使用公式（B.11）得知 X 和 Y 的边际分布以及求和的顺序并不重要的事实。使用相同的逻辑，我们可以表示：

$$E(aX+bY+c)=aE(X)+bE(Y)+c \tag{B.18}$$

在一般情况下，$E[g(X,Y)]\neq g[E(X),E(Y)]$。例如，在一般情况下，$E(XY)\neq E(X)E(Y)$。但是，如果 X 和 Y 在统计上是独立的，则使用公式（B.16），我们还可以证明 $E(XY)=E(X)E(Y)$。为了明白这一点，回想一下，如果 X 和 Y 是独立的，那么其联合 pdf 可分解成边际 pdf 的乘积，$f(x,y)=f(x)f(y)$。设定 $g(X,Y)=XY$，我们有：

$$
\begin{aligned}
E(XY)=E[g(X,Y)] &= \sum_x\sum_y x y f(x,y)=\sum_x\sum_y x y f(x)f(y)\\
&= \sum_x x f(x)\sum_y y f(y)=E(X)E(Y)
\end{aligned}
$$

此规则可以被扩展到更多的独立随机变量。

B.1.5 协方差及相关系数

公式（B.16）的一个特别应用是 X 和 Y 之间**协方差**的推导。定义一个函数是 X 与其均值之差乘以 y 与均值之差：

$$g(X,Y) = (X - \mu_X)(Y - \mu_Y) \tag{B.19}$$

协方差是公式（B.19）的期望值：

$$\text{cov}(X,Y) = \sigma_{XY} = E\left[(X - \mu_X)(Y - \mu_Y)\right] = E(XY) - \mu_X \mu_Y \tag{B.20}$$

如果变量的协方差 σ_{XY} 是正的，那么当 x 值大于其均值时，y 值也往往大于其均值；当 x 值低于其均值时，y 值也往往低于其均值。在这种情况下，随机变量 X 和 Y 被称为**正相关**或者**直接相关**。如果 $\sigma_{XY} < 0$，那么相关是负的或相反的。如果 $\sigma_{XY} = 0$，则既不存在正的相关关系，也不存在负的相关关系。

解释 σ_{XY} 的实际值是很难的，因为 X 和 Y 可能有不同的衡量单位。变量的协方差除以标准差，可以消除计量单位，定义 X 和 Y 之间的相关系数：

$$\rho = \frac{\text{cov}(X,Y)}{\sqrt{\text{var}(X)}\sqrt{\text{var}(Y)}} = \frac{\sigma_{XY}}{\sigma_X \sigma_Y} \tag{B.21}$$

与协方差一样，两个随机变量之间的相关系数 ρ 衡量它们之间的线性关系程度。然而，与协方差不同，相关系数必须介于 -1 和 1 之间。如果 X 和 Y 之间存在完全正的线性关系，则 X 和 Y 之间的相关系数为 1；如果 X 和 Y 之间存在完全负的或相反的线性关系，则 X 和 Y 之间的相关系数为 -1；如果 X 和 Y 之间不存在线性关系，则 $\text{cov}(X,Y) = 0$，$\rho = 0$。对于相关系数的其他值，绝对值 $|\rho|$ 的大小表示随机变量值之间线性关系的"强度"。

如果 X 和 Y 是独立的随机变量，那么它们之间的协方差和相关系数都为零。这种关系的相反关系不为真。独立的随机变量 X 和 Y 的协方差为零，表明它们之间没有线性关系。但是，仅仅因为两个随机变量之间的协方差或相关系数为零，并不意味着它们一定是独立的。可能有更复杂的非线性关系，如 $X^2 + Y^2 = 1$。

在公式（B.17）中，我们求出了随机变量之和的期望值。方差有类似的规则。如果 a 和 b 是常数，则：

$$\text{var}(aX + bY) = a^2 \text{var}(X) + b^2 \text{var}(Y) + 2ab\,\text{cov}(X,Y) \tag{B.22}$$

为了明白这一点，可以方便地定义一个新的离散型随机变量 $Z = aX + bY$。这个随机变量有期望值：

$$\mu_Z = E(Z) = E(aX + bY) = aE(X) + bE(Y) = a\mu_X + b\mu_Y$$

Z 的方差是：

$$\begin{aligned}
\mathrm{var}\,(\,Z\,) &= E\,[\,(\,Z-\mu_Z\,)^2\,] \\
&= E\,\{\,[\,(\,aX+bY\,)-(\,a\mu_X+b\mu_Y\,)\,]^2\} && [\text{替换}\ Z\,] \\
&= E\,\{\,[\,(\,aX-a\mu_X\,)+(\,bY-b\mu_Y\,)\,]^2\} && [\text{合并同类项}\,] \\
&= E\,\{\,[\,a\,(\,X-\mu_X\,)+b\,(\,Y-\mu_Y\,)\,]^2\} && [\text{提取常数项}\,] \\
&= E\,[\,a^2\,(\,X-\mu_X\,)^2+b^2\,(\,Y-\mu_Y\,)^2+2ab\,(\,X-\mu_X\,)(\,Y-\mu_Y\,)\,] && [\text{展开}\,] \\
&= E\,[\,a^2\,(\,X-\mu_X\,)^2\,]+E\,[\,b^2\,(\,Y-\mu_Y\,)^2\,]+E\,[\,2ab\,(\,X-\mu_X\,)(\,Y-\mu_Y\,)\,] && [\text{分组各项}\,] \\
&= a^2\,\mathrm{var}\,(\,X\,)+b^2\,\mathrm{var}\,(\,Y\,)+2ab\mathrm{cov}\,(\,X,Y\,) && [\text{提取常数项并整理}\,]
\end{aligned}$$

这些规则可以扩展到更多的随机变量。例如，如果 X、Y 和 Z 是随机变量，那么，

$$\mathrm{var}\,(\,aX+bY+cZ\,) = a^2\,\mathrm{var}\,(\,X\,)+b^2\,\mathrm{var}\,(\,Y\,)+c^2\,\mathrm{var}\,(\,Z\,)+2ab\mathrm{cov}\,(\,X,Y\,)+ \tag{B.23}$$
$$2bc\mathrm{cov}\,(\,Y,Z\,)+2ac\mathrm{cov}\,(\,X,Z\,)$$

B.1.6　条件期望

如果 X 和 Y 是两个随机变量，有联合概率分布 $f\,(x,y)$，则给定 X、Y 的条件概率分布为 $f\,(x|y)$。我们可以利用这个条件 *pdf* 来计算给定 X、Y 的条件均值。也就是说，给定 $X=x$，我们可以得到 Y 的期望值。条件期望 $E\,(Y|X=x)$ 是给定 X 取值 x，Y 的平均值（或均值）。在离散情况下，它被定义为：

$$E\,(Y|X=x) = \sum_y y\,P\,(Y=y|X=x) = \sum_y y\,f\,(y|x) \tag{B.24}$$

同样，我们可以定义 X、Y 的**条件方差**。在离散情况下，它是：

$$\mathrm{var}\,(Y|X=x) = \sum_y [\,y-E\,(Y|X=x)\,]^2 f\,(y|x) \tag{B.25}$$

B.1.7　迭代期望

迭代期望定律表明，Y 的期望值等于给定 X 条件下 Y 的期望值，即：

$$E\,(Y) = E_X[\,E\,(Y|X)\,] \tag{B.26}$$

在"概率入门"第 P.6.3 节，我们提供了一个迭代期望定律的数值例子，并给出了证明。

B.1.8　方差分解

正如我们可以利用迭代期望定律分解期望值一样，我们可以将随机变量的方差分解为两部分。

方差分解：$\mathrm{var}\,(Y) = \mathrm{var}_X[\,E\,(Y|X)\,]+E_X[\,\mathrm{var}\,(Y|X)\,]$ \tag{B.27}

这个结果表明，随机变量 Y 的方差等于给定 X 情况下 Y 的条件均值的方差和给定 X 情况下 Y 的条件方差的均值之和。我们在"概率入门"第 P.6.4 节中讨论了离散型随机变量的**方差分解**。在这里，我们提供证明和一个有具体数值的例子。

方差分解的证明

我们利用边际、条件和联合 *pdfs* 之间的关系来证明离散型随机变量的方差分解。首先，用展开式写出 $\mathrm{var}\,(Y)$。

$$\mathrm{var}\,(Y) = \sum_y \left(y - \mu_y\right)^2 f(y)$$

$$= \sum_y \left(y - \mu_y\right)^2 \left\{\sum_x f(x, y)\right\} \qquad [替换边际密度]$$

$$= \sum_y \left(y - \mu_y\right)^2 \left\{\sum_x f(y|x) f(x)\right\} \qquad [替换联合密度]$$

$$= \sum_x \sum_y \left(y - \mu_y\right)^2 f(y|x) f(x) \qquad [变更求和顺序]$$

$$= \sum_x \sum_y \left(y - E(Y|x) + E(Y|x) - \mu_y\right)^2 f(y|x) f(x) \qquad [减去和加上条件均值]$$

$$= \sum_x \sum_y \left(\left[y - E(Y|x)\right] + \left[E(Y|x) - \mu_y\right]\right)^2 f(y|x) f(x) \quad [分组各项,然后求平方并展开]$$

$$= \sum_x \sum_y \left\{\left(y - E(Y|x)\right)^2 + \left(E(Y|x) - \mu_y\right)^2 + 2\left(y - E(Y|x)\right)\left(E(Y|x) - \mu_y\right)\right\} f(y|x) f(x)$$

$$= \sum_x \sum_y \left(y - E(Y|x)\right)^2 f(y|x) f(x) \qquad [第1项]$$

$$+ \sum_x \sum_y \left(E(Y|x) - \mu_y\right)^2 f(y|x) f(x) \qquad [第2项]$$

$$+ \sum_x \sum_y 2\left(y - E(Y|x)\right)\left(E(Y|x) - \mu_y\right) f(y|x) f(x) \qquad [第3项]$$

分别检查三项。

第3项：

$$第3项 = \sum_x \sum_y 2\left(y - E(Y|x) E(Y|x) - \mu_y\right) f(y|x) f(x)$$

$$= 2\sum_x \left\{\sum_y \left(y - E(Y|x)\right)\left(E(Y|x) - \mu_y\right) f(y|x)\right\} f(x) \qquad [分组内部求和]$$

$$= 2\sum_x \left\{\left(E(Y|x) - \mu_y\right)\left[\sum_y \left(y - E(Y|x)\right) f(y|x)\right]\right\} f(x) \qquad [提取出常数项]$$

$$= 2\sum_x \left\{\left(E(Y|x) - \mu_y\right)[0]\right\} f(x)$$

$$= 0$$

在上面的第三行中，我们认识到，在 y 值的求和中，表达式 $\left(E(Y|x) - \mu_y\right)$ 不变，因此可以将其提取出来。方括号内剩余项为零，因为：

$$\sum_y \left(y - E(Y|x)\right) f(y|x)$$

$$= \sum_y yf(y|x) - E(Y|x) \sum_y f(y|x) \qquad [提取出常数 [E(Y|X)]]$$

$$= E(Y|x) - E(Y|x) = 0 \qquad [条件期望定义和 \sum_y f(y|x) = 1]$$

第2项：

$$第二项 = \sum_x \sum_y \left(E\left(Y|x \right) - \mu_y \right)^2 f\left(y|x \right) f\left(x \right)$$

$$= \sum_x \left\{ \sum_y \left(E\left(Y|x \right) - \mu_y \right)^2 f\left(y|x \right) \right\} f\left(x \right)$$

$$= \sum_x \left\{ \left(E\left(Y|x \right) - \mu_y \right)^2 \sum_y f\left(y|x \right) \right\} f\left(x \right) \quad \left[提取出 \left(E\left(Y|x \right) - \mu_y \right)^2 \right]$$

$$= \sum_x \left\{ \left(E\left(Y|x \right) - \mu_y \right)^2 \right\} f\left(x \right) \qquad \left[\sum_y f\left(y|x \right) = \sum_y P\left(Y = y|X = x \right) = 1 \right]$$

$$= \sum_x \left(E\left(Y|x \right) - \mu_y \right)^2 f\left(x \right)$$

$$= var_x \left[E\left(Y|X \right) \right]$$

在最后一步中，我们将第 2 项标记为 $var_x\left[E\left(Y|X \right) \right] = \sum_x \left(E\left(Y|x \right) - \mu_y \right)^2 f\left(x \right)$。术语背后的直观解释在第 P.6.3 节中讨论。关键点是 $E\left(Y|X \right)$ 随着 X 值的变化而变化。认识这一点的一种方法是 $E\left(Y|X \right) = g\left(X \right)$。使用第一原则，$var\left[g\left(X \right) \right] = E\left\{ g\left(X \right) - E\left[g\left(X \right) \right] \right\}^2$。此外，使用迭代期望定律，$E_x\left[g\left(X \right) \right] = E_x\left[E\left(Y|X \right) \right] = E\left(Y \right) = \mu_y$。则：

$$var_x\left[g\left(X \right) \right] = E_x\left\{ \left[g\left(X \right) - \mu_y \right]^2 \right\} = E_x\left\{ \left[E\left(Y|X \right) - \mu_y \right]^2 \right\} = \sum_x \left[E\left(Y|x \right) - \mu_y \right]^2 f\left(x \right)$$

第 1 项：

$$第1项 = \sum_x \sum_y \left(y - E\left(Y|x \right) \right)^2 f\left(y|x \right) f\left(x \right)$$

$$= \sum_x \left\{ \sum_y \left(y - E\left(Y|x \right) \right)^2 f\left(y|x \right) \right\} f\left(x \right)$$

$$= \sum_x var\left(Y|x \right) f\left(x \right)$$

$$= E_x\left[var\left(Y|X \right) \right]$$

第 1 项是给定 X 情况下 Y 的条件方差的期望。第 2 项的关键点是，给定 X 情况下 Y 的条件方差是 X 的函数。

实例 B.1 方差分解：有具体数值的例子

说明方差分解的计算有些烦琐。为了简化逻辑，我们把它分成了几部分。

Y 的方差 对于在"概率入门"中给出的表 P-1 中的总体，Y 的无条件方差为 $var\left(Y \right) = E\left(Y^2 \right) - \mu_Y^2$。我们已经证明 $E\left(Y \right) = \mu_Y = 2 / 5$。另外，

$$E\left(Y^2 \right) = \sum_y y^2 f_Y\left(y \right) = 0^2 \times \left(6/10 \right) + 1^2 \times \left(4/10 \right) = 2 / 5$$

则 $var\left(Y \right) = E\left(Y^2 \right) - \mu_Y^2 = 2/5 - \left(2/5 \right)^2 = 6/25 = 0.24$。

给定 X 情况下 Y 的条件期望的方差 方差分解的第一个分量是 $var_x\left[E\left(Y|X \right) \right]$。如前所述，$\left[E\left(Y|X \right) \right] = g\left(X \right)$ 是 X 的函数。我们将这些值计算为 $\left[E\left(Y|X \right) \right] = 1$，$\left[E\left(Y|X = 2 \right) \right] = 1/2$，$\left[E\left(Y|X = 3 \right) \right] = 1/3$，$\left[E\left(Y|X = 4 \right) \right] = 1/4$。把 X 看作随机的，这些项的方差是多少？X 的函

数 $g(X)$ 的方差为：

$$\text{var}_X\big[g(X)\big] = \sum_x \big\{g(x) - E_X\big[g(x)\big]\big\}^2 f_X(x)$$

利用迭代期望定律：

$$E_X\big[g(x)\big] = E_X\big[E(Y|X=x)\big] = E(Y)$$

我们需要的计算是：

$$\text{var}_X\big[E(Y|X)\big] = \sum_x \big[E(Y|X=x) - \mu_Y\big]^2 f_X(x)$$

$$= \left[\sum_x E(Y|X=x)^2 f_X(x)\right] - \mu_Y^2$$

现在，

$$\sum_x E(Y|X=x)^2 f_X(x)$$

$$= E(Y|X=1)^2 f_X(1) + E(Y|X=2)^2 f_X(2)$$

$$+ E(Y|X=3)^2 f_X(3) + E(Y|X=4)^2 f_X(4)$$

$$= 1^2\left(\frac{1}{10}\right) + \left(\frac{1}{2}\right)^2\left(\frac{2}{10}\right) + \left(\frac{1}{3}\right)^2\left(\frac{3}{10}\right) + \left(\frac{1}{4}\right)^2\left(\frac{4}{10}\right)$$

$$= \frac{5}{24}$$

则：

$$\text{var}_X\big[E(Y|X)\big] = \left[\sum_x E(Y|X=x)^2 f_X(x)\right] - \mu_Y^2 = \frac{5}{24} - \left(\frac{2}{5}\right)^2$$

$$= \frac{29}{600} = 0.048333$$

也就是说，$E(Y|X)$ 随着 X 的变化而呈现变化，方差为 0.0483。

给定 X 情况下，Y 的条件方差的期望 方差分解的第二个分量是 $E_X\big[\text{var}(Y|X)\big]$。条件方差 $\text{var}(Y|X=x)$ 随 X 的变化而随机变化，如果我们将 X 视为随机的，那么求出其期望值是有意义的。对于表 P-1 中的总体，我们已经计算了每个 x 的条件均值 $E(Y|X=x)$。条件方差是 $\text{var}(Y|X=x) = E(Y^2|X=x) - \big[E(Y|X=x)\big]^2$，所以我们需要 X 的每个值的各项 $E(Y^2|X=x)$。这些是：

$$E(Y^2|X=1) = 1, \quad E(Y^2|X=2) = 1/2$$

$$E(Y^2|X=3) = 1/3, \quad E(Y^2|X=4) = 1/4$$

则：

$$\text{var}(Y|X=1) = E(Y^2|X=1) - \big[E(Y|X=1)\big]^2$$

$$= 1 - 1^2 = 0$$

$$\text{var}(Y|X=2) = E(Y^2|X=2) - \big[E(Y|X=2)\big]^2$$

$$= 1/2 - (1/2)^2 = 1/4$$

$$\text{var}(Y|X=3) = E(Y^2|X=3) - \big[E(Y|X=3)\big]^2$$

$$= 1/3 - (1/3)^2 = 2/9$$

$$\begin{aligned}
\text{var}\,(Y|X=4) &= E\,(Y^2|X=4)-[\,E\,(Y|X=4)\,]^2\\
&= 1/4-(1/4)^2=3/16
\end{aligned}$$

条件方差的期望值为：

$$\begin{aligned}
E_X[\,\text{var}\,(Y|X)\,] &= \sum_x \text{var}\,(Y|X=x)\,f_X(x)\\
&= 0\,(1/10)+(1/4)\,(2/10)\\
&\quad+(2/9)\,(3/10)+(3/16)\,(4/10)\\
&= 23/120=0.191666\cdots
\end{aligned}$$

对这一期望的解释是，如果我们从表 P-1 中的总体中反复抽取一个随机成员，并且对于每个值计算条件方差 $\text{var}(Y|X=x)$，那么许多实验中条件方差的平均值会接近 0.19167。

分解 Y 的方差　我们已经证明，对于表 P-1 中的总体，$\text{var}_X[\,E\,(Y|X)\,]=29/600$ 和 $E_X[\,\text{var}\,(Y|X)\,]=23/120$。方差分解为：

$$\begin{aligned}
\text{var}\,(Y) &= \text{var}_X[\,E\,(Y|X)\,]+E_X[\,\text{var}\,(Y|X)\,]\\
&= \frac{29}{600}+\frac{23}{120}=\frac{144}{600}=\frac{6}{25}=0.24
\end{aligned}$$

这与我们在上面第一步得出的 $\text{var}\,(Y)$ 的值相同。

B.1.9　协方差分解

回想一下，两个随机变量 Y 和 X 之间的协方差是 $\text{cov}\,(X,Y)=E\big[\,(X-\mu_X)(Y-\mu_Y)\,\big]$。对于离散型随机变量，期望为：

$$\text{cov}\,(X,Y)=\sum_x\sum_y(x-\mu_X)(y-\mu_Y)f\,(x,y)$$

通过使用边际 *pdf*、条件 *pdf* 和联合 *pdfs* 之间的关系，我们可以证明：

$$\text{cov}\,(X,Y)=\sum_x(x-\mu_X)E\,(Y|X=x)\,f\,(x)$$

回想一下，$E\,(Y|X)=g\,(X)$ 是 X 的函数。X 和 Y 之间的协方差可以计算为 X 减去其均值，然后乘以 X 的函数的期望值，

$$\text{cov}\,(X,Y)=E_X\big[\,(X-\mu_X)E\,(Y|X)\,\big] \tag{B.28}$$

这种**协方差分解**的数值例子在"概率入门"第 P.6.5 节给出。

协方差分解的证明

$$\begin{aligned}
\text{cov}\,(X,Y) &= \sum_x\sum_y(x-\mu_X)(y-\mu_Y)f\,(x,y)\\
&= \sum_x\sum_y(x-\mu_X)yf\,(x,y)-\mu_Y\sum_x\sum_y(x-\mu_X)f\,(x,y)
\end{aligned}$$

在这个表达式中，第二项为零，因为：

$$\sum_x \sum_y (x-\mu_X) f(x,y) = \sum_x (x-\mu_X) \sum_y f(x,y) \qquad \left[\text{提取出}\,(x-\mu_X)\right]$$

$$= \sum_x (x-\mu_X) f(x) \qquad \left[\sum_y f(x,y) = f(x)\right]$$

$$= \sum_x x f(x) - \mu_X \sum_x f(x)$$

$$= \mu_X - \mu_X = 0 \qquad \left[\sum_x f(x) = 1\right]$$

则：

$$\text{cov}(X,Y) = \sum_x \sum_y (x-\mu_X)(y-\mu_Y) f(x,y) = \sum_x \sum_y (x-\mu_X) y f(x,y)$$

$$= \sum_x (x-\mu_X) \left\{\sum_y y f(y|x)\right\} f(x)$$

$$= \sum_x (x-\mu_X) E(Y|X=x) f(x)$$

B.2 连续型随机变量

连续型随机变量可以取一个区间内的任何值。在经济学中，收入和市场价格等变量被视为连续型随机变量。在"概率入门"部分中的图 P-2 中，我们描绘了一个从零到无穷大或 $x \geq 0$ 的连续型随机变量的概率密度函数。因为连续型随机变量可以取无数多的值，在随机实验中任何单个值发生的概率为零。例如，$P(X=100)=0$ 或 $P(X=200)=0$。当我们求在一个区间或范围内的结果时，连续型随机变量的概率陈述是有意义的。我们可以求，"X 取 100 和 200 之间的值的概率是多少"。在"概率入门"第 P.1 节和第 P.2 节中介绍了这些思想。我们注意到，这样的概率是概率密度函数曲线下方的面积。现在如果你对这些概念不是很了解，可以复习这些章节的内容。我们在"概率入门"部分没有讨论究竟如何计算这种概率。我们推迟到现在来讨论这个问题，因为需要使用积分工具。

在本节中，我们将讨论如何使用连续型随机变量。离散型随机变量的概率、期望值和方差的解释适用于连续型随机变量。变化的是代数求和符号变成积分，这需要一点点习惯。如果你还不习惯，复习附录 A.4 中的积分讨论。

B.2.1 概率计算

如果 X 是有概率密度函数 $f(x)$ 的连续型随机变量，则 $f(x)$ 必须遵循某些性质：

$$f(x) \geq 0 \tag{B.29}$$

$$\int_{-\infty}^{\infty} f(x)\,dx = 1 \tag{B.30}$$

$$P(a \leq X \leq b) = \int_a^b f(x)\,dx \tag{B.31a}$$

性质（B.29）说明 *pdf* 不能取负值。性质（B.30）说明 *pdf* 下方的总体面积，即 X 落在 $-\infty$ 和 ∞ 之间的概率等于 1。性质（B.31a）说明，X 落在区间 $[a, b]$ 内的概率是在这些值

之间曲线 $f(x)$ 下方的面积。因为单点的概率为零，下式也为真：

$$P(a \leq X \leq b) = P(a < X \leq b) = P(a \leq X < b) = P(a < X < b) = \int_a^b f(x)\,dx \tag{B.31b}$$

连续型随机变量的**累积分布函数** cdf 是 $F(x) = P(X \leq x)$。利用 cdf，可以计算：

$$P(X \leq a) = \int_{-\infty}^a f(x)\,dx = F(a) \tag{B.32a}$$

通过对 pdf 积分可以得到 cdf。积分是一个"反导数"，因此通过对 cdf $F(x)$ 微分可以得到 pdf $f(x)$。也就是说，

$$f(x) = \frac{dF(x)}{dx} = F'(x) \tag{B.32b}$$

在许多方面 cdf 的概念是有用的，包括计算机软件，它有很多随机变量的累计分布函数，这样这些概率可以很容易地被计算出来。

实例 B.2 利用几何方法计算概率

设 X 是一个连续型随机变量，有 pdf $f(x) = 2(1-x)$（$0 \leq x \leq 1$）。这个 pdf 如图 B-1 所示。

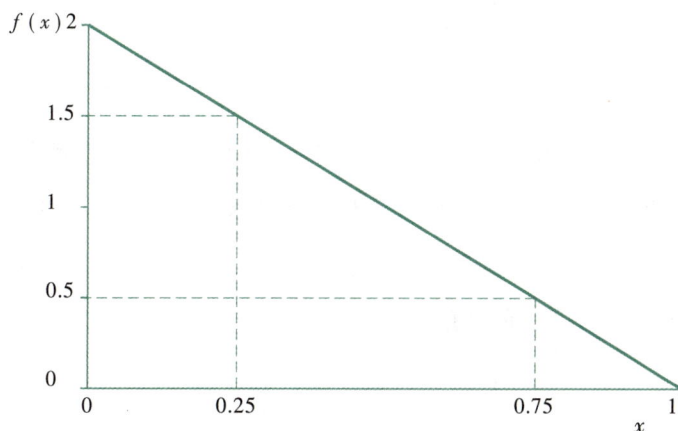

图 B-1 概率密度函数 $f(x) = 2(1-x)$

对于落在区间 $[0, 1]$ 的 x，性质（B.29）成立。此外，性质（B.30）成立，因为：

$$\int_{-\infty}^{\infty} f(x)\,dx = \int_0^1 2(1-x)\,dx = \int_0^1 2\,dx - \int_0^1 2x\,dx = 2x \Big|_0^1 - x^2 \Big|_0^1 = 2 - 1 = 1$$

利用图 B-1，我们可以用几何方法计算 $P\left(\dfrac{1}{4} \leq X \leq \dfrac{3}{4}\right) = \dfrac{1}{2}$。利用积分，我们得到同样的结论：

$$P\left(\frac{1}{4} \leq X \leq \frac{3}{4}\right) = \int_{1/4}^{3/4} f(x)\,dx = \int_{1/4}^{3/4} 2(1-x)\,dx$$

$$= \int_{1/4}^{3/4} 2\,dx - \int_{1/4}^{3/4} 2x\,dx = 2x \Big|_{1/4}^{3/4} - x^2 \Big|_{1/4}^{3/4} = 1 - \left(\frac{9}{16} - \frac{1}{16}\right) = \frac{1}{2}$$

对于落在区间 $[0, 1]$ 的 x，累积分布函数为 $F(x) = 2x - x^2$，所以概率也可以计算为：

$$P\left(\frac{1}{4} \leq X \leq \frac{3}{4}\right) = F\left(\frac{3}{4}\right) - F\left(\frac{1}{4}\right)$$

实例B.3 利用积分计算概率

设 X 是一个连续型随机变量，对于落在区间 $[0, 1]$ 的 x，有 $pdf f(x) = 3x^2$。性质（B.29）和性质（B.30）同时成立。由于 pdf 是二次方程，因此我们不能用简单的几何方法来计算 $P\left(\frac{1}{4} \leqslant X \leqslant \frac{3}{4}\right)$。我们必须使用积分，得到：

$$P\left(\frac{1}{4} \leqslant X \leqslant \frac{3}{4}\right) = \int_{1/4}^{3/4} f(x)\, dx = \int_{1/4}^{3/4} 3x^2\, dx = x^3 \Big|_{1/4}^{3/4} = \frac{9}{64} - \frac{1}{64} = \frac{1}{8}$$

B.2.2 连续型随机变量的性质

如果 X 是一个连续型随机变量，有 $pdf f(x)$，那么其期望值为：

$$\mu_X = E(X) = \int_{-\infty}^{\infty} x f(x)\, dx \tag{B.33}$$

与公式（B.2）中的离散型随机变量的期望值进行比较。积分已经取代了求和。$E(X)$ 的解释与在离散情况下的完全相同。这是从隐含实验获得的所有可能样本中 X 的平均值。

实例B.4 连续型随机变量的期望值

实例 B.2 中的随机变量的期望值为：

$$\int_{-\infty}^{\infty} x f(x)\, dx = \int_0^1 x \cdot 2(1-x)\, dx = \int_0^1 (2x - 2x^2)\, dx = x^2 \Big|_0^1 - \frac{2}{3}x^3 \Big|_0^1 = 1 - \frac{2}{3} = \frac{1}{3}$$

随机变量 X 的方差被定义为 $\sigma_X^2 = E\left[(X - \mu_X)^2\right]$。这个定义适用于离散型和连续型随机变量。为了计算方差，我们将类似于公式（B.3）中的规则应用于连续型随机变量：

$$E[g(X)] = \int_{-\infty}^{\infty} g(x) f(x)\, dx \tag{B.34}$$

然后，设定 $g(x) = (X - \mu_X)^2$，我们有：

$$
\begin{aligned}
\sigma_X^2 = E\left[(X - \mu_X)^2\right] &= \int_{-\infty}^{\infty} (x - \mu_X)^2 f(x)\, dx \\
&= \int_{-\infty}^{\infty} \left(x^2 + \mu_X^2 - 2x\mu_X\right) f(x)\, dx \\
&= \int_{-\infty}^{\infty} x^2 f(x)\, dx + \mu_X^2 \int_{-\infty}^{\infty} f(x)\, dx - 2\mu_X \int_{-\infty}^{\infty} x f(x)\, dx \\
&= E(X^2) + \mu_X^2 - 2\mu_X^2 \\
&= E(X^2) - \mu_X^2
\end{aligned}
\tag{B.35}
$$

为了从第三行进行到第四行，我们利用性质（B.30）和期望值公式（B.33）的定义。最终的结果是 $\sigma_X^2 = E\left[(X - \mu_X)^2\right] = E(X^2) - \mu_X^2$，像在离散型情形中一样。

实例B.5 连续型随机变量的方差

为了得到实例 B.2 中所描述的随机变量的方差，我们首先求：

$$
\begin{aligned}
E(X^2) = \int_{-\infty}^{\infty} x^2 f(x)\, dx &= \int_0^1 x^2 \cdot 2(1-x)\, dx = \int_0^1 (2x^2 - 2x^3)\, dx \\
&= \frac{2}{3}x^3 \Big|_0^1 - \frac{2}{4}x^4 \Big|_0^1 = \frac{2}{3} - \frac{1}{2} = \frac{1}{6}
\end{aligned}
$$

则：

$$\text{var}(X) = \sigma_X^2 = E(X^2) - \mu_X^2 = \frac{1}{6} - \left(\frac{1}{3}\right)^2 = \frac{1}{18}$$

B.2.3 联合、边际和条件概率分布

为了说明多个连续型随机变量同时发生的概率，我们要用到随机变量的**联合概率密度函数**。例如，考虑两个连续型随机变量 U=失业率和 P=通货膨胀率。假设它们的联合 *pdf* 如图B-2所示。

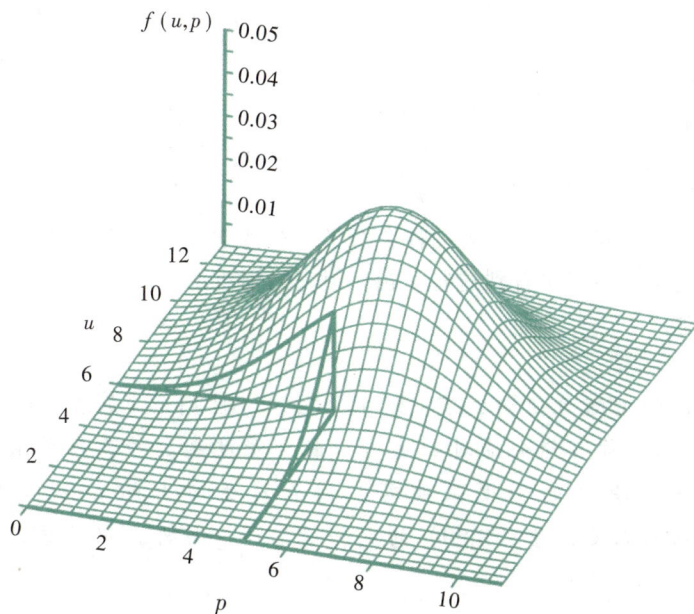

图B-2 联合概率密度函数

联合 *pdf* 是一个平面，概率是平面下方的体积。如果两个随机变量为非负，那么我们可能会问："通胀率小于5%、同时失业率低于6%的概率是多少？"即 $P(U \leq 6, P \leq 5)$ 是多少？几何方法的答案是，平面以下和定义事件的矩形（在图的底部）以上的体积。就像用一次积分得到曲线下方的面积那样，用双重积分可以得到如图B-2所示的体积。给定联合 *pdf* $f(u,p)$，我们可以计算概率：

$$P(U \leq 6, P \leq 5) = \int_{u=0}^{6} \int_{p=0}^{5} f(u,p)\, dp\, du$$

如果我们知道联合 *pdf*，可以得到一个随机变量的边际 *pdf* 吗？如果是这样，我们可以回答一些问题，如"失业率在2%和5%之间的概率会是多少"。类似离散型随机变量的公式（B.11），我们用积分提取出不必要的随机变量。也就是说，U 的**边际概率密度函数**为：

$$f(u) = \int_{-\infty}^{\infty} f(u,p)\, dp \tag{B.36}$$

那么，例如，$P(2 \leq U \leq 5) = \int_{2}^{5} f(u)\, du$。

我们可能会问："如果我们可以运用货币政策使通货膨胀率保持在2%，那么失业率在2%和5%之间的概率会是多少？"这是关于条件概率的一个问题。给定$P=2$，$2 \leq U \leq 5$的概率是多少？或利用条件符号，$P(2 \leq U \leq 5 | P=2)$是多少？为了回答连续型随机变量的这些问题，我们要用到**条件概率密度函数**，可表示为：

$$f(u|p) = \frac{f(u,p)}{f(p)} \tag{B.37}$$

不同于离散型随机变量的结果（B.12），我们没有从这部分得到概率，而是得到可以用来计算概率的密度函数。我们不仅可以利用$f(u|p)$获得条件概率，还可以得到**条件期望**或**条件均值**：

$$E(U|P=p) = \int_{-\infty}^{\infty} u f(u|p) du \tag{B.38}$$

同样，条件方差为：

$$var(U|P=p) = \int_{-\infty}^{\infty} [u - E(U|P=p)]^2 f(u|p) du \tag{B.39}$$

涉及失业和通货膨胀的问题具有重要的社会意义。经济学家和计量经济学家致力于研究这些问题，你会在这本书中多次看到这些问题。但它是很难的。因此，我们以一个更简单的例子说明上述概念。

实例B.6　计算联合概率

设X和Y是连续型随机变量，有x落在$[0, 1]$区间和y落在$[0, 1]$区间的联合pdf $f(x,y) = x + y$。你可能会通过创建这个联合密度函数的三维图来测试自己的几何技巧。它是一个有效的密度函数吗？因为对于所有的点$x \in [0,1]$和$y \in [0,1]$，$f(x,y) \geq 0$，所以它满足性质（B.29）的更一般描述。另外，概率总计（即平面下方的体积）为：

$$
\begin{aligned}
\int_{y=0}^{1} \int_{x=0}^{1} f(x,y) dxdy &= \int_{y=0}^{1} \int_{x=0}^{1} (x+y) dxdy \\
&= \int_{y=0}^{1} \int_{x=0}^{1} x\, dxdy + \int_{y=0}^{1} \int_{x=0}^{1} y\, dxdy \\
&= \int_{y=0}^{1} \left[\int_{x=0}^{1} x\, dx \right] dy + \int_{x=0}^{1} \left[\int_{y=0}^{1} y\, dy \right] dx \\
&= \int_{y=0}^{1} \left[\frac{1}{2} x^2 \Big|_0^1 \right] dy + \int_{x=0}^{1} \left[y^2 \Big|_0^1 \right] dx \\
&= \int_{y=0}^{1} \frac{1}{2} dy + \int_{x=0}^{1} \frac{1}{2} dx = \frac{1}{2} + \frac{1}{2} = 1
\end{aligned}
$$

在第三行，我们使用了多重积分的性质。在"概率入门"第P.4节，规则"求和9"表明，多重求和的顺序无关紧要。同样，只要一个变量积分的上下限不依赖于其他变量的值，当我们进行多重积分时，积分的顺序并不重要。然而，我们必须保留积分符号，上下限与积分变量成对，表示为dx或dy。在上面第三行第一项里，我们把包含x的积分分离到包含y的积分里面。多重积分的估计工作"从内到外"。首先求里层关于x的积分，然后求外层关于y的积分。

实例 B.7　另一个联合概率计算

为进一步做双重积分的练习，求出当 Y 在 1/4 和 3/4 之间时，X 在 0 和 1/2 之间的概率。这是一个联合概率，计算如下：

$$P\left(0 \leqslant X \leqslant \frac{1}{2}, \frac{1}{4} \leqslant Y \leqslant \frac{3}{4}\right)$$

$$= \int_{y=\frac{1}{4}}^{\frac{3}{4}} \int_{x=0}^{\frac{1}{2}} f(x,y)\, dx dy$$

$$= \int_{y=\frac{1}{4}}^{\frac{3}{4}} \int_{r=0}^{\frac{1}{2}} (x+y)\, dx dy$$

$$= \int_{y=\frac{1}{4}}^{\frac{3}{4}} \left[\int_{x=0}^{\frac{1}{2}} x\, dx\right] dy + \int_{y=\frac{1}{4}}^{\frac{3}{4}} y \left[\int_{x=0}^{\frac{1}{2}} dx\right] dy$$

$$= \int_{y=\frac{1}{4}}^{\frac{3}{4}} \left[\frac{1}{2} x^2 \Big|_0^{1/2}\right] dy + \int_{y=\frac{1}{4}}^{\frac{3}{4}} y\left[x \Big|_0^{1/2}\right] dy$$

$$= \frac{1}{8} \int_{y=\frac{1}{4}}^{\frac{3}{4}} dy + \frac{1}{2} \int_{y=\frac{1}{4}}^{\frac{3}{4}} y\, dy$$

$$= \frac{1}{8}\left(y \Big|_{1/4}^{3/4}\right) + \frac{1}{2}\left(\frac{1}{2} y^2 \Big|_{1/4}^{3/4}\right)$$

$$= \frac{1}{8} \times \frac{1}{2} + \frac{1}{2} \times \frac{1}{4} = \frac{3}{16}$$

在这个例子的第三步中，我们没有改变第二项中积分的顺序。这说明计算多重积分的另一个特点：当对 x 进行"内部"积分时，y 的值是固定的，因为它是固定的，它在第四行可以被分解出来，留下一个更简单的内部积分。

实例 B.8　求解和运用边际 *pdf*

对于 $x \in [0,1]$，X 的边际 *pdf* 为：

$$f(x) = \int_{y=0}^{1} f(x,y)\, dy = \int_{y=0}^{1}(x+y)\, dy = \int_{y=0}^{1} x\, dy + \int_{y=0}^{1} y\, dy = x \cdot y \Big|_0^1 + \frac{1}{2} y^2 \Big|_0^1 = x + \frac{1}{2}$$

从技术上讲，我们也应该说，对于 $x \notin [0,1]$，$f(x)=0$，但我们通常不会明确包括此项额外的信息。使用类似的步骤，y 值在 $[0,1]$ 区间的 Y 的边际 *pdf* 是 $f(y) = y + \frac{1}{2}$。X 的边际 *pdf* 可用于计算 X 落在 X（$x \in [0,1]$）区间的概率。例如，

$$P\left(\frac{1}{2} < X < \frac{3}{4}\right) = \int_{1/2}^{3/4}\left(x + \frac{1}{2}\right) dx = \int_{1/2}^{3/4} x\, dx + \frac{1}{2} \int_{1/2}^{3/4} dx$$

$$= \frac{1}{2} x^2 \Big|_{1/2}^{3/4} + \frac{1}{2} x \Big|_{1/2}^{3/4}$$

$$= \frac{1}{2}\left(\frac{9}{16} - \frac{1}{4}\right) + \frac{1}{2}\left(\frac{3}{4} - \frac{1}{2}\right)$$

$$= \frac{1}{2} \times \frac{5}{16} + \frac{1}{2} \times \frac{1}{4} = \frac{9}{32}$$

利用 X 的边际 *pdf*，我们可以求出其期望值。

$$\mu_X = E(X) = \int_{-\infty}^{\infty} x f(x) dx = \int_0^1 x\left(x + \frac{1}{2}\right) dx$$

$$= \int_0^1 x^2 dx + \int_0^1 \frac{1}{2} x dx$$

$$= \frac{1}{3} x^3 \Big|_0^1 + \frac{1}{4} x^2 \Big|_0^1 = \frac{1}{3} + \frac{1}{4} = \frac{7}{12}$$

在第一行，积分的上下限从 $(-\infty, \infty)$ 变化为 $[0, 1]$，因为对于 $x \notin [0, 1]$，$f(x) = 0$，$f(x) = 0$ 下方的面积（概率）是零。

为了求出 X 的方差，我们首先求：

$$E(X^2) = \int_0^1 x^2 f(x) dx = \int_0^1 x^2\left(x + \frac{1}{2}\right) dx$$

$$= \int_0^1 x^3 dx + \int_0^1 \frac{1}{2} x^2 dx$$

$$= \frac{1}{4} x^4 \Big|_0^1 + \frac{1}{6} x^3 \Big|_0^1 = \frac{1}{4} + \frac{1}{6} = \frac{5}{12}$$

则：

$$\sigma_X^2 = \mathrm{var}(X) = E(X^2) - [E(X)]^2 = \frac{5}{12} - \left(\frac{7}{12}\right)^2 = \frac{11}{144}$$

给定 $X = x$，Y 的条件 *pdf* 为：

$$f(y|x) = \frac{f(x, y)}{f(x)}$$

实例 B.9　求解和运用条件 *pdf*

在实例 B.6 中，条件 *pdf* 为：

$$f(y|x) = \frac{f(x, y)}{f(x)} = \frac{x + y}{x + \frac{1}{2}}, \quad y \in [0, 1]$$

作为一个具体的例子，

$$f\left(y|X = \frac{1}{3}\right) = \frac{y + \frac{1}{3}}{\frac{1}{3} + \frac{1}{2}} = \frac{1}{5}(6y + 2), \quad y \in [0, 1]$$

条件 *pdf* 可用于计算 Y 落在给定区间的概率。此外，我们可以计算给定 $X = 1/3$ 时 Y 的条件均值：

$$\mu_{Y|X = 1/3} = E\left(Y|X = \frac{1}{3}\right) = \int_{y=0}^1 y f\left(y|X = \frac{1}{3}\right) dy$$

$$= \int_{y=0}^1 y \cdot \frac{1}{5}(6y + 2) dy$$

$$= \int_{y=0}^1 \frac{6}{5} y^2 dy + \int_{y=0}^1 \frac{2}{5} y dy$$

$$= \frac{6}{5}\left(\frac{1}{3} y^3 \Big|_0^1\right) + \frac{2}{5}\left(\frac{1}{2} y^2 \Big|_0^1\right) = \frac{2}{5} + \frac{1}{5} = \frac{3}{5}$$

请注意，条件期望值不同于**无条件**期望值 $\mu_y = E(Y) = \dfrac{7}{12}$。

为了计算**条件方差**，我们首先计算：

$$E\left(Y^2|X=\frac{1}{3}\right) = \int_{y=0}^{1} y^2 f\left(y|X=\frac{1}{3}\right) dy = \int_{y=0}^{1} y^2 \frac{1}{5}(6y+2)\, dy = \frac{13}{30}$$

条件方差则为：

$$\mathrm{var}\left(Y|X=\frac{1}{3}\right) = E\left(Y^2|X=\frac{1}{3}\right) - \left[E\left(Y|X=\frac{1}{3}\right)\right]^2 = \frac{11}{150} = 0.07333$$

无条件方差是 $\sigma_Y^2 = \mathrm{var}(Y) = \dfrac{11}{144} = 0.07639$。

X 和 Y 之间的**相关系数**是：

$$\rho = \frac{\mathrm{cov}(X,Y)}{\sigma_X \sigma_Y}$$

X 和 Y 之间的协方差可以使用 $\mathrm{cov}(X,Y) = E(XY) - \mu_X \mu_Y$ 计算出来。

实例 B.10　计算相关系数

为了计算 XY 的期望值，我们计算双重积分：

$$
\begin{aligned}
E(XY) &= \int_{y=0}^{1} \int_{x=0}^{1} xy f(x,y)\, dxdy \\
&= \int_{y=0}^{1} \int_{x=0}^{1} xy(x+y)\, dxdy \\
&= \int_{y=0}^{1} \int_{x=0}^{1} x^2 y\, dxdy + \int_{y=0}^{1} \int_{x=0}^{1} xy^2\, dxdy \\
&= \int_{y=0}^{1} y\left[\int_{x=0}^{1} x^2\, dx\right] dy + \int_{y=0}^{1} y^2\left[\int_{x=0}^{1} x\, dx\right] dy \\
&= \frac{1}{6} + \frac{1}{6} = \frac{1}{3}
\end{aligned}
$$

则：

$$\mathrm{cov}(X,Y) = E(XY) - \mu_X \mu_Y = \frac{1}{3} - \left(\frac{7}{12}\right)\left(\frac{7}{12}\right) = \frac{-1}{144}$$

最后，X 和 Y 之间的相关系数是：

$$\rho = \frac{\mathrm{cov}(X,Y)}{\sigma_X \sigma_Y} = \frac{-1/144}{\sqrt{11/144}\sqrt{11/144}} = \frac{-1}{11} = -0.09091$$

B.2.4　连续型随机变量迭代期望

在第 B.1.7 节中，对离散型情况证明的一个有用结果是**迭代期望定律**。如果 X 和 Y 是有联合 pdf $f(x,y)$ 的连续型随机变量，则 Y 的期望值可以计算为：

$$E(Y) = E_X[E(Y|X)]$$

这与离散型情况下公式（B.26）中的结果相同。通过首先推导出这个表达式，然后进行说明，可以最好地理解其确切含义。为了证明这个结果为真，我们继续进行如下运算：

$$E(Y) = \int_{y=-\infty}^{\infty} y f(y) dy$$

$$= \int_{y=-\infty}^{\infty} y \left[\int_{x=-\infty}^{\infty} f(x, y) dx \right] dy \qquad [\text{替换边际} pdf]$$

$$= \int_y \int_x y f(x, y) dx dy \qquad [\text{简化积分}]$$

$$= \int_y \int_x y [f(y|x) f(x)] dx dy \qquad [\text{替换联合} pdf]$$

$$= \int_x \left[\int_y y f(y|x) dy \right] f(x) dx \qquad [\text{颠倒积分的顺序}]$$

$$= \int_x [E(Y|X)] f(x) dx \qquad [\text{识别} [E(Y|X)]]$$

$$= E_x[E(Y|X)] \qquad [\text{识别关于} X \text{的期望值}]$$

在表达式的最后一行，符号 $E_x[\cdot]$ 意味着，我们取括号中该项的期望值，视 X 为随机的。请注意，我们也在第三行中把 $(-\infty, \infty)$ 的积分形式替换为更简单的形式，表示积分变量的"所有值"。

实例 B.11　运用迭代期望

为了更好地理解迭代期望的表达式，对于实例 B.6，给定 $X = x$，求出 Y 的条件期望，其中 x 值没有被定义：

$$E(Y|X=x) = \int_{y=0}^{1} y f(y|x) dy = \int_{y=0}^{1} y \left[\frac{x+y}{x+\frac{1}{2}} \right] dy$$

$$= \frac{2+3x}{3(2x+1)}$$

请注意，视 x 为给定的，对 Y 值的积分留给我们的是 x 的函数。如果我们现在认识到，x 可以取任意值，因此是随机的，我们可以求出函数的期望值：

$$g(X) = \frac{2+3X}{3(2X+1)}$$

迭代期望法则表明，如果我们视 X 为随机的，取 $g(X)$ 的期望，则我们应该得到 $E(Y)$。

$$E[g(X)] = \int_{x=0}^{1} \frac{2+3x}{3(2x+1)} f(x) dx$$

$$= \int_{x=0}^{1} \frac{2+3x}{3(2x+1)} \left(x + \frac{1}{2} \right) dx$$

$$= \int_{x=0}^{1} \frac{2+3x}{3(2x+1)} \frac{1}{2} (2x+1) dx = \int_{x=0}^{1} \frac{1}{6} (2+3x) dx$$

$$= \int_{x=0}^{1} \frac{1}{3} dx + \int_{x=0}^{1} \frac{1}{2} x dx = \frac{1}{3} x \Big|_0^1 + \frac{1}{4} x^2 \Big|_0^1 = \frac{1}{3} + \frac{1}{4} = \frac{7}{12} = E(Y)$$

迭代期望定律有几个重要的应用。第一，根据 $E(Y) = E_x[E(Y|X)]$，我们得知，如果 $E(Y|X) = 0$，那么 $E(Y) = E_x[E(Y|X)] = E_x(0) = 0$。如果 Y 的条件期望值为零，则 Y 的无

条件期望值也为零。

第二，如果 $E(Y|X) = E(Y)$，那么 $\text{cov}(X,Y) = 0$。为了明白这一点，首先改写 $E(XY)$ 为：

$$
\begin{aligned}
E(XY) &= \int_x \int_y xyf(x,y)\,dy\,dx \\
&= \int_x \int_y xyf(y|x)\,f(x)\,dy\,dx \\
&= \int_x x\left[\int_y yf(y|x)\,dy\right]f(x)\,dx \\
&= \int_x x[E(Y|X)]f(x)\,dx
\end{aligned}
\tag{B.40}
$$

如果 $E(Y|X) = E(Y)$，则公式（B.40）的最后一行变成：

$$
\begin{aligned}
E(XY) &= \int_x x[E(Y)]f(x)\,dx = E(Y)\int_x xf(x)\,dx \\
&= E(Y)E(X) = \mu_Y\mu_X
\end{aligned}
$$

在这种情况下，X 和 Y 之间的协方差为：

$$
\text{cov}(X,Y) = E(XY) - \mu_X\mu_Y = \mu_X\mu_Y - \mu_Y\mu_X = 0
$$

这两个结果的一个极其重要的特殊情况关系到 $E(Y|X) = 0$ 的结果。我们已经知道 $E(Y|X) = 0 \Rightarrow E(Y) = 0$。现在，我们还可以明白，如果 $E(Y|X) = E(Y) = 0$，则 $\text{cov}(X,Y) = 0$。

B.2.5　随机变量函数的分布

正如我们多次指出的，一个随机变量的函数本身是随机的。我们在本节解决的问题是，"新的随机变量的概率密度函数是什么？"对于离散型随机变量的情况，这个问题不是太难。例如，考虑离散型随机变量 X，可以取值 1、2、3 或 4，概率分别为 0.1、0.2、0.3 和 0.4。设 $Y = 2 + 3X = g(X)$。Y 的 pdf 是什么？在这种情况下，它是明确的。$Y=5$、8、11 或 14 的概率分别完全对应如表 B-1 所示的 $X=1$、2、3 或 4 的概率。

表 B-1　　　　　　　　　　　　变量变更：离散型的情况

x	$P(X=x) = P(Y=y)$	y
1	0.1	5
2	0.2	8
3	0.3	11
4	0.4	14

使这一切成为可能的是，y 的每个值对应 x 的唯一值，x 的每一个值对应 y 的唯一值。另一个说法是从 X 到 Y 的转换为"一对一"。当把 Y 与 X 联系起来的函数 $g(X)$ 是严格递增

或严格递减时，这种类型的关系是确定的。这样的函数被称为严格单调函数。函数 $Y = 2 + 3X = g(X)$ 是严格（单调）递增的。这可以保证，如果 $x_2 > x_1$，那么 $y_2 = g(x_2) > y_1 = g(x_1)$。特别注意，我们排除 $y_1 = y_2$ 的可能性。

在连续型的情况下，确定 $Y = g(X)$ 的分布比较有挑战性。在下面的例子中，我们介绍当 $g(X)$ 是严格递增或递减函数时所应用的**变量变更技巧**。

实例 B.12　变量变更：连续型的情况

设 X 是一个连续型随机变量，对于 $0 < x < 1$，有 $pdf\ f(x) = 2x$。设 $Y = g(X) = 2X$ 是另一个随机变量。我们要计算 Y 落在某一区间的概率。一个求解方法是基于 X 相应事件的概率来计算 Y 的概率。例如，

$$P(0 < Y < 1) = P\left(0 < X < \frac{1}{2}\right) = \int_0^{1/2} 2x\,dx = x^2\Big|_0^{1/2} = \frac{1}{4}$$

虽然在这种情况下，这是合理和相对简单的，但它并不总是如此。最好确定 Y 的 pdf，比如 $h(y)$，用它来计算 Y 的概率。因为 $X = Y/2$，我们可能会试图将之替换进 $pdf\ f(x)$，以获得 $h(y) = 2(y/2) = y([0 < y < 2])$。然而，这种替换不起作用，因为：

$$\int_{-\infty}^{\infty} h(y)\,dy = \int_0^2 y\,dy = \frac{1}{2}y^2\Big|_0^2 = 2$$

这违背概率密度函数的性质（B.30）。此外，使用 $h(y)$ 计算 Y 落在区间（0，1）的概率，结果是 0.5，我们知道这是不正确的。

问题是，我们必须调整 $h(y)$ 的高度以考虑 Y 可以在区间（0，2）取值，而 X 只可以在区间（0，1）取值。事实上，Y 改变一个单位对应 X 变化半个单位。如果以这个因子调整 $h(y)$，我们有：

$$h(y) = 2(y/2)\left(\frac{1}{2}\right) = y/2, \quad 0 < y < 2$$

使用这个修正的 pdf，性质（B.30）得到满足：

$$\int_{-\infty}^{\infty} h(y)\,dy = \int_0^2 \frac{1}{2}y\,dy = \frac{1}{4}y^2\Big|_0^2 = 1$$

此外，我们获得 Y 落在区间（0，1）的正确概率：

$$P(0 < Y < 1) = \int_0^1 \frac{1}{2}y\,dy = \frac{1}{4}y^2\Big|_0^1 = \frac{1}{4}$$

通过检验 Y 落在区间（0，1）内的概率的积分表现形式，我们得到关于变量变更方法的另一个观点：

$$P(0 < Y < 1) = \int_0^1 h(y)\,dy$$

明确显示积分上下限的等价 X 事件的积分表示为：

$$P(0 < Y < 1) = P\left(0 < X < \frac{1}{2}\right) = \int_{x=0}^{x=1/2} f(x)\,dx = \int_{x=0}^{x=1/2} 2x\,dx$$

考虑 dx 是 X 的微小变化，并注意 $x = y/2, dx = dy/2$。代入上面的积分，我们得到：

$$P\left(0<Y<1\right)=\int_{y/2=0}^{y/2=1/2}2\left(\frac{1}{2}y\right)\left(\frac{1}{2}dy\right)=\int_{y=0}^{y=1}\frac{1}{2}ydy$$

这里我们直观地得到的调整因子 1/2 出现在 dx 对 dy 的关系中。这个调整因子的数学名称是转换的雅可比式（实际上它的绝对值像我们很快会看到的那样）。其目的是使以 x 为单位的积分表达式等于以 y 为单位的积分表达式。现在我们已经准备好更精确地说明变量变更技巧。

设 X 是一个连续型随机变量，有 pdf $f(x)$。设定 $Y=g(X)$ 是一个严格递增或严格递减的函数。这个条件确保该函数是一对一的，以便对每个 X 值只有一个 Y 值，对每个 Y 值只有一个 X 值。关于 $g(X)$ 的这个条件的重要性在于，我们可以对 X 求解 $Y=g(X)$。也就是说，我们可以求出一个反函数 $X=w(Y)$。那么 Y 的 pdf 表示为：

$$h\left(y\right)=f\left[w\left(y\right)\right]\cdot\left|\frac{dw\left(y\right)}{dy}\right|\tag{B.41}$$

其中|| 表示绝对值。

求 Y 的 pdf 的变量变更技巧为：

1. 求解 $y=g(x)$，得出以 y 表示的 x；

2. 以之替代 $f(x)$ 中的 x；

3. 乘以导数 $dw(y)/dy$ 的绝对值，这被称为转换的雅可比式。

比例因子 $|dw(y)/dy|$ 是调整因子，使概率（即积分）正确出现。在实例 B.12 中，反函数是 $X=w(Y)=Y/2$。雅可比项为 $dw(y)/dy=d(y/2)/dy=1/2$，$\left|dw\left(y\right)/dy\right|=\left|\frac{1}{2}\right|=\frac{1}{2}$。

实例 B.13　变量变更：连续型的情况

设 X 是一个连续型随机变量，对 $0<x<1$，有 pdf $f(x)=2x$。设 $Y=g(X)=8X^3$ 是我们感兴趣的 X 的函数。函数 $Y=g(X)=8X^3$ 对于 X 在区间 $0<x<1$ 可取的值是严格递增的。Y 可取的对应值是 $0<y<8$。因为该函数是严格递增的，我们可以求反函数：

$$x=w\left(y\right)=\left(\frac{1}{8}y\right)^{1/3}=\frac{1}{2}y^{1/3}$$

和

$$\frac{dw\left(y\right)}{dy}=\frac{1}{6}y^{-2/3}$$

应用变量变更公式（B.41），我们有：

$$\begin{aligned}h\left(y\right)&=f\left[w\left(y\right)\right]\times\left|\frac{dw\left(y\right)}{dy}\right|\\&=2\left(\frac{1}{2}y^{1/3}\right)\times\left|\frac{1}{6}y^{-2/3}\right|\\&=\frac{1}{6}y^{-1/3},0<y<8\end{aligned}$$

对于随机变量 X_1 和 X_2 被转换为 Y_1 和 Y_2 的情况，可以修正变量变更技巧。为了说明该方法，需要利用矩阵代数，请参阅 William Greene（2018）*Econometric Analysis*，8th edition，

Pearson Prentice Hall，pp.1120—1121。

B.2.5 截断随机变量

截断随机变量是指其概率密度函数在某个指定点以上或以下截止的随机变量。假设 X 是一个连续型随机变量，使得 $-\infty < x < \infty$，其 pdf 为 $f(x)$。$f(x)$ 具有性质：（i）$f(x) \geq 0$；（ii）$\int_{-\infty}^{\infty} f(x) dx = 1$。现在假设基础实验是这样的，只有 x 值大于某个值 a 是可能的。这个随机变量的概率密度函数是什么？它不仅仅是 $f(x)$（$x > c$），因为 pdf 不满足上面的条件（ii），其下方的面积表示概率，不会加总等于1。有一个简单的修复。使 $x > c$，截断随机变量的密度为：

$$f(x|x>c) = \frac{f(x)}{P(X>c)}$$

调整后的面积等于1。

直观地说，相对于未截断的随机变量，截断随机变量的期望值和方差会发生什么？想一想，你会明白，$E(X|x>c) > E(X)$，$\text{var}(X|x>c) < \text{var}(X)$。在泊松随机变量（第 B.3.3 节）和正态分布随机变量（第 B.3.5 节）的例子中，将出现截断随机变量的具体例子。

B.3 一些重要的概率分布

在本节中，我们给出简要说明并总结本书中使用的概率分布的性质。

B.3.1 伯努利分布

设随机变量 X 表示只有两种可能的实验结果 A 或 B。如果结果是 A，则设 $X=1$；如果结果是 B，则设 $X=0$。设定结果的概率是 $P(X=1)=p$ 和 $P(X=0)=1-p$，其中 $0 \leq p \leq 1$。X 服从伯努利分布。伯努利随机变量的 pdf 为：

$$f(x|p) = \begin{cases} p^x(1-p)^{1-x} & x=0,1 \\ 0 & \text{其他情况} \end{cases} \tag{B.42}$$

X 的期望值是 $E(X)=p$，其方差为 $\text{var}(X)=p(1-p)$。这个随机变量出现在选择模型中，如线性概率模型（第7章、第8章和第16章）以及双值和多项式选择模型（第16章）中。

B.3.2 二项分布

如果 $X_1, X_2, \cdots, X_n$ 是独立的随机变量，每个都服从伯努利分布，有参数 p，则 $X = X_1 + X_2 + \cdots + X_n$ 是一个离散型随机变量，它是在 n 次实验中成功的次数（即伯努利实验，结果为 $X_i = 1$）。随机变量 X 服从二项分布。这个随机变量的 pdf 为：

$$P(X=x|n,p) = f(x|n,p) = \binom{n}{x} p^x(1-p)^{n-x} \qquad x=0,1,\cdots,n \tag{B.43}$$

其中，

$$\binom{n}{x} = \frac{n!}{x!(n-x)!}$$

是一次取 x 的 n 个事件组合的数量。这个分布有两个参数 n 和 p，其中 n 是一个正的整数，表明实验的次数，并且 $0 \leqslant p \leqslant 1$。手工计算这些概率很烦琐，但计量经济学软件有执行这些计算的功能。离散概率的说明如图B-3所示。

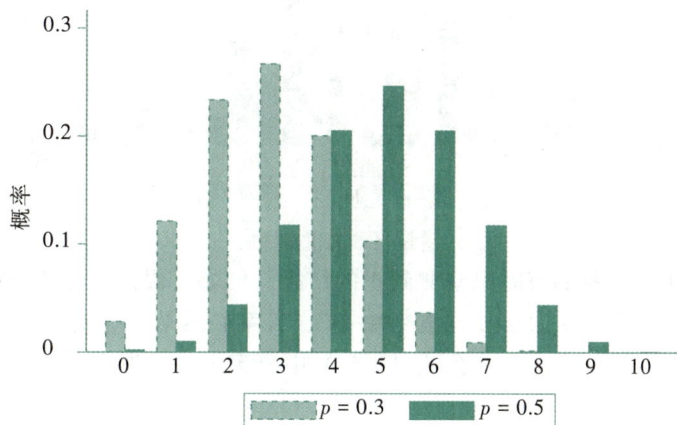

图B-3　$n = 10$ 的二项分布

X 的期望值和方差是：

$$E(X) = \sum_{i=1}^{n} E(X_i) = np$$

$$\mathrm{var}(X) = \sum_{i=1}^{n} \mathrm{var}(X_i) = np(1-p)$$

一个相关的随机变量是 $Y = X/n$，这是在 n 次实验中的成功比例。它的均值和方差分别是 $E(Y) = p$ 和 $\mathrm{var}(Y) = p(1-p)/n$。

B.3.3　泊松分布

鉴于二项式随机变量是在给定数量 n 的实验中事件发生的次数，泊松随机变量是在给定的时间或空间区间事件发生的次数，离散型随机变量 X 的概率密度函数是：

$$P(X = x|\mu) = f(x|\mu) = \frac{e^{-\mu}\mu^x}{x!}, \quad x = 0, 1, 2, 3, \cdots \tag{B.44}$$

概率取决于参数 μ，$e \cong 2.71828$ 是自然对数的底数。X 的期望值和方差是 $E(X) = \mathrm{var}(X) = \mu$。**泊松分布**被用于含有计数变量的模型（第16章），如一个人在一年内就诊的次数。对于 $\mu = 3$ 和 $\mu = 4$ 的分布，$x = 0$ 到 10 的概率如图B-4所示。

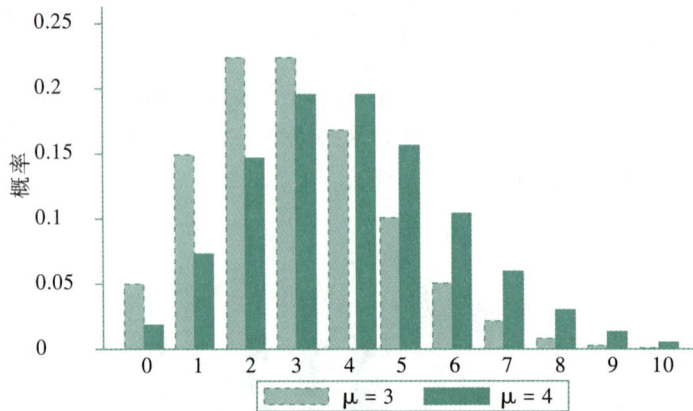

图 B-4 泊松分布

在计数数据的应用中，我们有时只观测到正的结果。例如，假设我们可以在一家购物中心调查消费者，问"你今年去过多少次购物中心"，答案必然是一次或多次。使用第 B.2.6 节中介绍的截断随机变量的概念，在公式（B.44）中概率函数成为：

$$f(x|\mu, x>0) = \frac{f(x|\mu)}{P(X>0)}$$

在泊松分布的情况下，$P(X>0) = 1 - P(X=0) = 1 - e^{-\mu}$，则**截断泊松分布**为：

$$f(x|\mu, x>0) = \frac{f(x|\mu)}{1-P(X=0)} = \frac{(e^{-\mu}\mu^x)/x!}{1-e^{-\mu}} \qquad x = 1, 2, 3, \cdots$$

B.3.4 均匀分布

理论上非常重要的一个连续分布是**均匀分布**。如果随机变量 X（取值 $a \leq x \leq b$）有如下的 pdf，则 X 服从均匀分布：

$$f(x|a,b) = \frac{1}{b-a}, \quad a \leq x \leq b \qquad (B.45)$$

密度函数如图 B-5 所示。

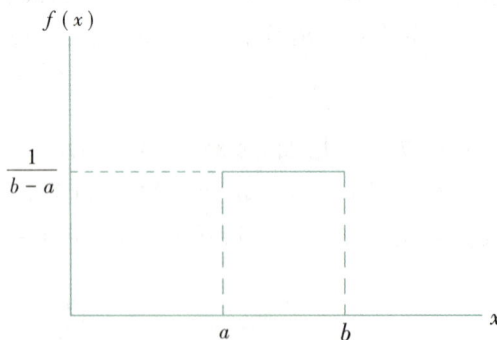

图 B-5 均匀分布

在 a 和 b 之间 $f(x)$ 下方的面积为 1，这是任何一个连续型随机变量的概率密度函数所要求的。X 的期望值是区间 $[a, b]$ 的中点，$E(X) = (a+b)/2$。这可以从分布的对称性推导得出。X 的方差是 $\mathrm{var}(X) = E(X^2) - \mu^2 = (b-a)^2/12$。

　　当 $a=0$，$b=1$ 时，出现一个有趣的特殊情况，即当 $0 \leqslant x \leqslant 1$ 时，$f(x) = 1$。图 B-6 所示的分布描述了 "0 和 1 之间的随机数" 的通常含义。

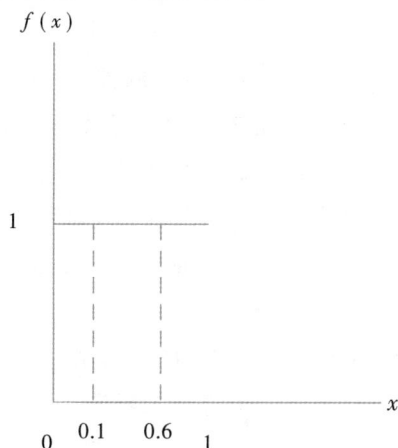

图 B-6　在区间 $[0, 1]$ 上的均匀分布

均匀分布具有带宽相等的两个区间发生相同概率的性质。即：

$$P(0.1 \leqslant X \leqslant 0.6) = P(0.3 \leqslant X \leqslant 0.8) = P(0.21131 \leqslant X \leqslant 0.71131) = 0.5$$

　　从概念上看，随机取 0 和 1 之间的数字很复杂，因为区间内有不可数的无穷多个值，其中任何一个值发生的概率都为零。这样的说法更可能意味着，无论多么窄，每个带宽相等的区间有相同的发生概率。这正是均匀分布的性质。

B.3.5　正态分布

　　正态分布在 "概率入门" 部分第 P.6 节中有说明。当时没有强调的一点是，为什么我们必须查看表，如书末尾的统计表 1，来计算正态概率。例如，我们现在知道，连续型正态分布的随机变量 X 的均值为 μ，方差为 σ^2，X 落在区间 $[a, b]$ 内的概率是：

$$\int_a^b f(x)\,dx = \int_a^b \frac{1}{\sqrt{2\pi\sigma^2}} \exp\left[-(x-\mu)^2/2\sigma^2\right] dx$$

令人遗憾的是，这个积分没有一个闭合式的代数解。因此，我们利用包含数值近似于**标准正态分布**下方的面积的制表数值，或以类似的方式利用计算机软件的功能。

　　正态分布的矩　如果 X 是一个随机变量，那么 $E(X^r)$ 被称为关于原点的随机变量的第 r 矩。有时它们被称为原始矩。如果 $X \sim N(\mu, \sigma^2)$，那么我们有以下关于原点的前三个矩的有用表达式为：

$$E(X) = \mu$$
$$E(X^2) = \mu^2 + \sigma^2$$
$$E(X^3) = 0$$

对于任何随机变量 X，$E(X-\mu)^r$ 是随机变量关于其平均值的第 r 个矩。有时，这些被称为中心矩。对于正态随机变量 $X \sim N(\mu, \sigma^2)$，这些是：

$$E(X - \mu) \equiv 0$$

$$E\left[(X - \mu)^2\right] = \sigma^2$$

$$E\left[(X - \mu)^3\right] = 0$$

$$E\left[(X - \mu)^4\right] = 3\sigma^4$$

关于均值 $E\left[(X - \mu)^2\right] = \sigma^2$ 的第二个矩是随机变量的方差。第三个矩 $E\left[(X - \mu)^3\right] = 0$，与概率密度函数的偏度有关。由于正态分布是对称的，所以不偏斜，其偏度为零。同样，所有奇数中心矩都为零，所以如果 r 是奇数，则 $E\left[(X - \mu)^r\right] = 0$。关于均值的第四个矩 $E\left[(X - \mu)^4\right] = 3\sigma^4$，与分布的峰度有关，它是对分布尾部厚度的度量。对于正态分布，标准化的第四个矩 $E\left[(X - \mu)^4/\sigma^4\right] = 3$ 是尾部厚度的有用参考点。有关总体矩的更多信息，请参见附录 C.4。

截断正态分布 在第 B.2.6 节中，我们介绍了截断随机变量的概念。截断正态分布的研究相当深入。假设 $X \sim N(\mu, \sigma^2)$，但分布**从下面被截断**，使 $x > c$。则

$$f(x|x > c) = \frac{f(x)}{P(X > c)}$$

对于正态分布，

$$P(X > c) = P\left(\frac{X - \mu}{\sigma} > \frac{c - \mu}{\sigma}\right) = 1 - \Phi\left(\frac{c - \mu}{\sigma}\right) = 1 - \Phi(\alpha)$$

其中，$\phi(\alpha)$ 是在 $\alpha = (c - \mu)/\sigma$ 处计算的标准正态随机变量的概率密度函数。则：

$$f(x|x > c) = \frac{f(x)}{1 - \Phi(\alpha)}$$

根据 Greene（2018，p.921）的研究，定义**逆米尔斯比率**为：

$$\lambda(\alpha) = \begin{cases} \dfrac{\Phi(x)}{1 - \Phi(\alpha)} & \text{如果从下面截断，则有 } x > c \\[2ex] \dfrac{-\Phi(\alpha)}{\Phi(\alpha)} & \text{如果从上面截断，则有 } x < c \end{cases}$$

其中，$\Phi(x)$ 是 $\phi(\alpha)$ 在 $\alpha = (c - \mu)/\sigma$ 处估计的标准正态随机变量的累积分布函数，则截断的正态随机变量的期望值为：

$$E(X|截断) = \mu + \sigma\lambda(\alpha)$$

设 $\delta(\alpha) = \lambda(\alpha)[\lambda(\alpha) - \alpha]$，截断的正态随机变量的方差为：

$$\text{var}(X|截断) = \sigma^2[1 - \delta(\alpha)]$$

这与第 B.2.6 节中截断变量方差的直觉一致，因为 $0 < \delta(\alpha) < 1$。

正态分布与卡方分布、t 分布和 F 分布有关，这是我们现在要讨论的。

B.3.6 卡方分布

当标准正态随机变量被平方时，出现卡方随机变量。如果 $Z_1, Z_2, \cdots, Z_m$ 表示 m 个独立的 $N(0, 1)$ 随机变量，则：

$$V = Z_1^2 + Z_2^2 + \cdots + Z_m^2 \sim \chi_{(m)}^2 \tag{B.46}$$

符号$V \sim \chi^2_{(m)}$读作：随机变量V服从**自由度**为m的卡方分布。自由度参数m表示独立的$N(0，1)$随机变量（被平方加总以形成V）的数量。m的值决定**卡方分布**的整体形状，包括其均值和方差：

$$E[V] = E\left[\chi^2_{(m)}\right] = m$$
$$\text{var}[V] = \text{var}\left[\chi^2_{(m)}\right] = 2m \tag{B.47}$$

不同自由度的卡方分布如图B-7（a）所示。V的值必须为非负，$v \geq 0$，因为V是由标准正态$N(0，1)$随机变量的平方求和形成的。这个分布有一条长长的尾巴，或向右偏斜。然而，自由度m越大，分布变得越对称并呈"钟形"。事实上，当m变大时，卡方分布收敛，基本上变为一个正态分布。

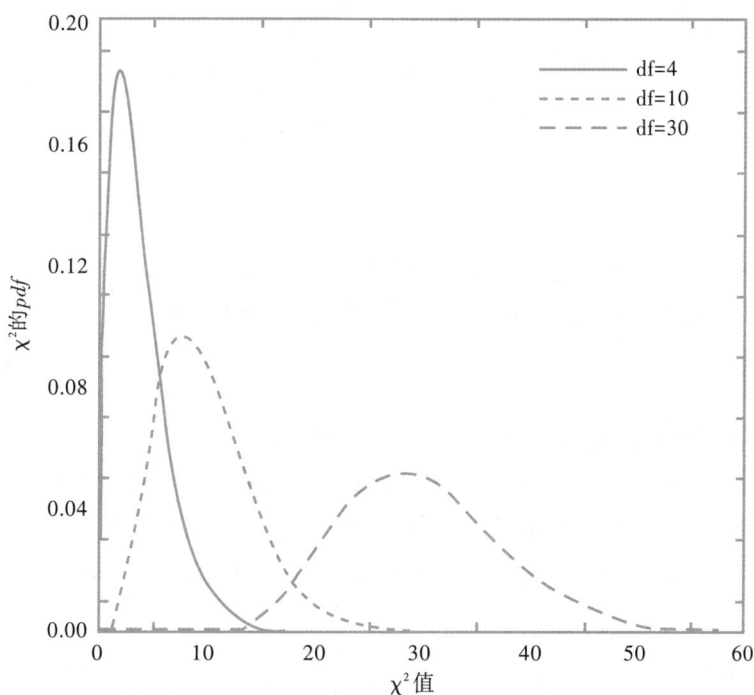

图B-7(a)　卡方分布

在书的结尾，统计表3给出选定自由度值的卡方分布的第90、第95和第99百分位数。这些值在假设检验中通常是有用的。

在卡方随机变量的定义公式（B.46）中，Z_i（$i = 1, \cdots, m$）是统计上独立的标准正态的，$N(0，1)$的随机变量。如果V等于具有非零均值δ_i和方差1的正态随机变量$(Z_i + \delta_i)$的平方和，则V服从具有m个自由度和**非中心参数**$\delta = \delta^2_1 + \delta^2_2 + \cdots + \delta^2_m$的非中心卡方分布，用$\chi^2_{(m, \delta)}$表示。如果所有的$\delta_i = 0$，那么我们有通常的中心卡方分布。也就是说，

$$V = (Z_1 + \delta_1)^2 + (Z_2 + \delta_2)^2 + \cdots + (Z_m + \delta_m)^2 \sim \chi^2_{(m, \delta)}$$

在图B-7（b）中，我们绘制了一些非中心卡方分布，它们都有$m = 10$个自由度。非中心性参数的作用是将卡方密度函数向右移动，均值和方差增加，使其成为$E\left[\chi^2_{(m, \delta)}\right] = m + \delta$和$\text{var}\left[\chi^2_{(m, \delta)}\right] = 2(m + 2\delta)$。

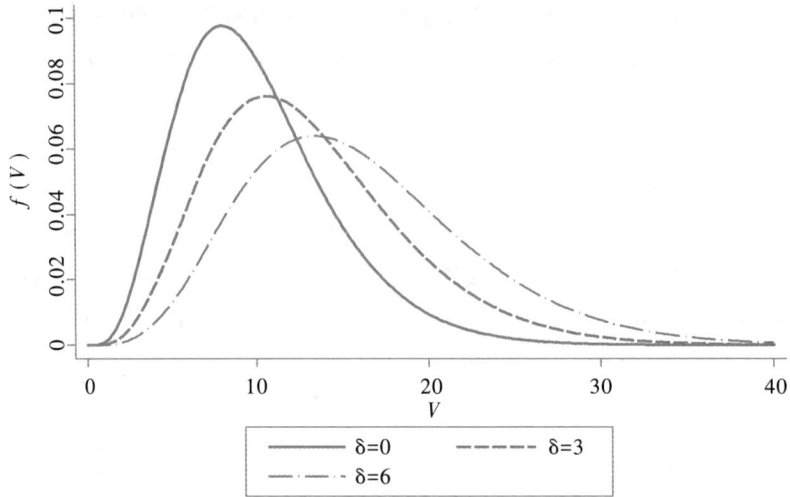

图B-7(b)　非中心卡方分布，自由度 m=10 和非中心 δ=0,3,6

B.3.7　t 分布

t 随机变量（没有上标）通过标准正态随机变量 $Z\sim N(0,1)$ 除以一个独立的卡方随机变量 $V\sim\chi^2_{(m)}$ 的平方根（被除以其自由度 m）而得到。如果 $Z\sim N(0,1)$ 且 $V\sim\chi^2_{(m)}$，Z 和 V 是独立的，则：

$$t = \frac{Z}{\sqrt{V/m}} \sim t_{(m)} \tag{B.48}$$

t 分布的形状完全取决于自由度参数 m，分布标记为 $t_{(m)}$。

图 B-8（a）表示自由度 m=3 的 t 分布和相对的 $N(0,1)$ 分布。请注意，t 分布的更小"峰度"，比 $N(0,1)$ 更分散。t 分布是对称的，均值为 $E(t_{(m)})=0$，方差为 $\mathrm{var}(t_{(m)})=m/(m-2)$。当自由度参数 $m\to\infty$，$t_{(m)}$ 分布接近标准正态分布 $N(0,1)$。

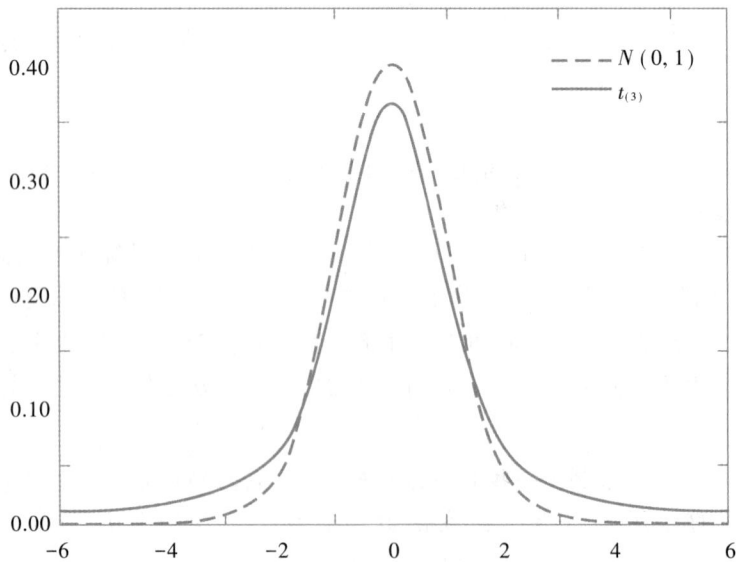

图 B-8(a)　标准正态分布和 $t_{(3)}$ 分布的概率密度函数

计算机程序具有计算t随机变量的cdf（可以用来计算概率）的功能。由于一些概率被广泛使用，本书后面的统计表2包含了经常使用的t分布百分位数，称为分布的临界值。例如，自由度为20的t分布的第95百分位数是$t_{(0.95,20)}=1.725$。t分布是对称的，所以统计表2只显示了分布的右尾。

由$N(\delta,1)$随机变量和具有m个自由度的独立中心卡方随机变量形成的统计量称为**非中心t随机变量**，

$$t = \frac{Z+\delta}{\sqrt{V/m}} \sim t_{(m,\delta)}$$

这个分布有两个参数，即自由度m和非中心参数δ。在公式（B.48）中通常的t随机变量有**非中心参数$\delta=0$**，有时称为**非中心t分布**。如果$\delta \neq 0$，分子中的相加因子使所得到的分布以零以外的值为中心。在图B-8（b）中，我们绘制了$\delta = 0,1,2$的$t_{(3,\delta)}$密度。正的非中心参数使密度函数向右移动。

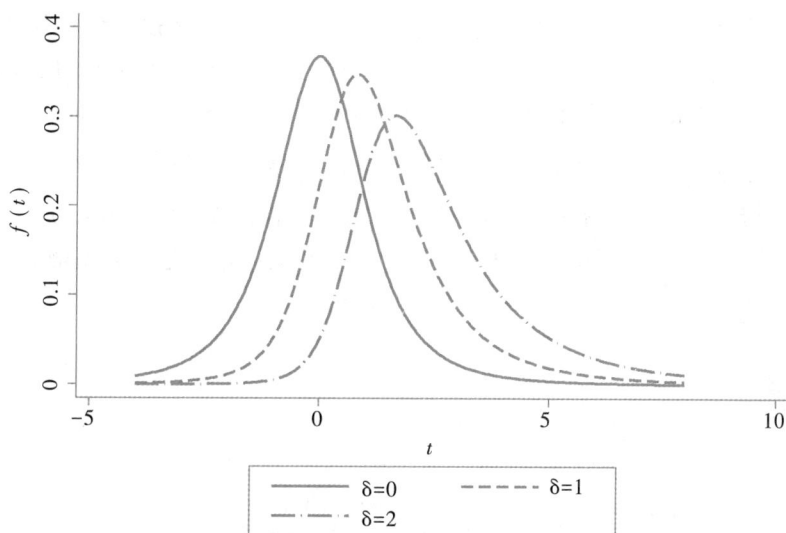

图B-8(b)　非中心t分布，自由度$m=3$和非中心$\delta=0,1,2$

B.3.8　F分布

F随机变量是两个独立的被其自由度相除的卡方随机变量的比率。如果$V_1 \sim \chi^2_{(m_1)}$和$V_2 \sim \chi^2_{(m_2)}$是独立的，则：

$$F = \frac{V_1/m_1}{V_2/m_2} \sim F_{(m_1,m_2)} \tag{B.49}$$

F分布有分子自由度m_1和分母自由度m_2。m_1和m_2的值决定分布的形状，其一般看起来像图B-9（a）那样。随机变量的范围是$(0,\infty)$，它有一条长长向右的尾巴。例如，分子自由度为$m_1=8$和分母自由度为$m_2=20$的F分布的第95百分位数值是$F_{(0.95,8,20)}=2.447$。F分布的临界值（两位小数）如统计表4（第95百分位数）和统计表5（第99百分位数）所示。

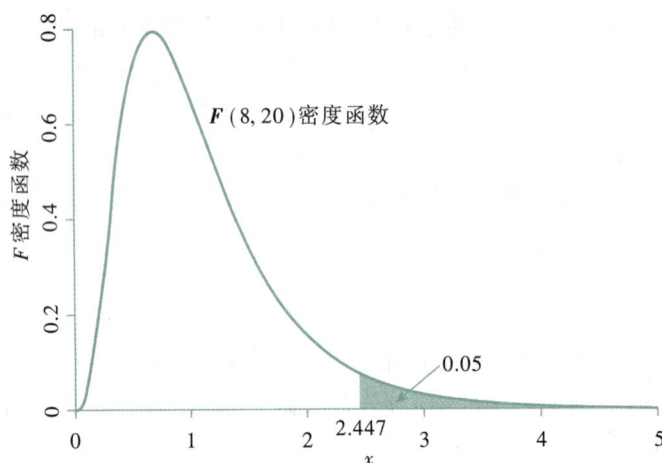

图 B-9(a)　　F 密度函数随机变量的第 95 百分位数

在定义公式（B.49）中分子卡方随机变量 V_1 服从**中心卡方分布**，有非中心参数 $\delta = 0$。在第 B.3.6 节讨论了中心和非中心卡方分布。如果公式（B.49）中的分子服从非中心卡方分布 $V_1 \sim \chi^2_{(m_1, \delta)}$，有自由度 m_1 和非中心 δ，则 F 随机变量服从非中心 F 分布，有分子自由度 m_1、分母自由度 m_2 和非中心参数 δ。这种分布用 $F_{(m_1, m_2, \delta)}$ 表示。在图 B-9（b）中，我们展示了几个密度函数，以便与图 B-9（a）进行比较。它们有自由度 $m_1 = 8$，$m_2 = 20$，非中心 $\delta = 0, 3, 6$。随着非中心参数的增加，F 密度函数向右移动，增均值和方差增加。

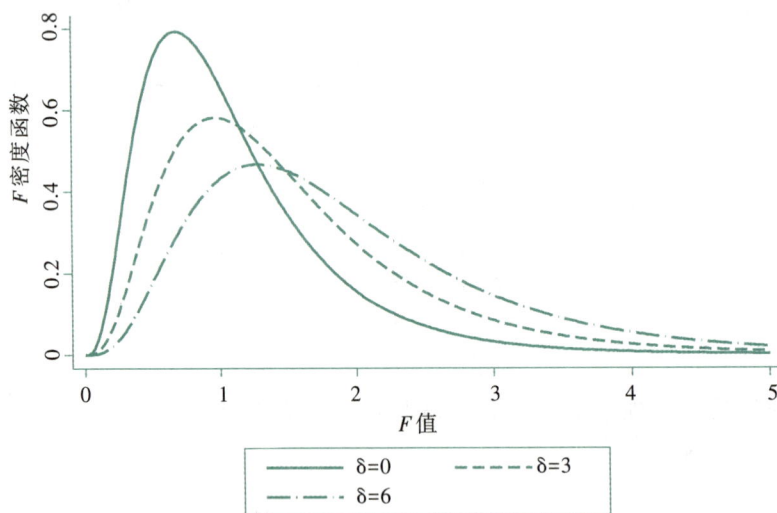

图 B-9(b)　　非中心 $F_{(8, 20, \delta)}$ 函数分布，$\delta = 0, 3, 6$

B.3.9　对数正态分布

连续型随机变量 X 被称为服从**对数正态分布**，如果：

$$\ln(X) \sim N(\mu, \sigma^2), \quad x > 0$$

X 的概率密度函数为：

$$f(x) = \frac{1}{x\sigma\sqrt{2\pi}} \exp\left\{-\frac{[\ln(x)-\mu]^2}{2\sigma^2}\right\}, \quad x > 0$$

概率是使用标准正态随机变量（$\Phi(z)$）的 cdf 来计算的，即：

$$P(X \le c) = P[\ln(X) \le \ln(c)] = P\{[(\ln(X)-\mu)/\sigma] \le [(\ln(c)-\mu)/\sigma]\}$$
$$= \Phi[(\ln(c)-\mu)/\sigma]$$

参数 μ_μ 和 σ^2 是 $\ln(X)$ 的均值和方差。X 的 pdf 是不对称的。X 的中位数为 $m = \exp(\mu)$，$\mu = \ln(m)$。[①]X 的期望值为：

$$E(X) = m\exp(\sigma^2/2) = \exp(\mu)\exp(\sigma^2/2) = \exp(\mu + \sigma^2/2)$$

使用 $\omega = \exp(\sigma^2)$，X 的方差为：

$$\text{var}(X) = m^2\omega(\omega-1) = \exp(2\mu)\exp(\sigma^2)[\exp(\sigma^2)-1] = \exp(2\mu+\sigma^2)[\exp(\sigma^2)-1]$$

密度的模式为 m/ω，使得 $E(X)$=均值 > 中位数 > 模式。在图 B-10 中，我们绘制了几种有中位数 $m=1$ 的不同 σ 选择的对数-正态密度。

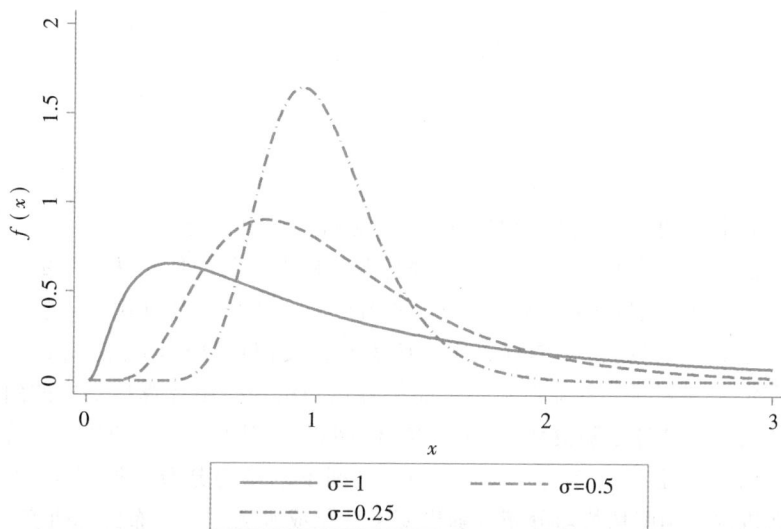

图 B-10 对数-正态密度函数，中位数 $m=1$，形状参数 $\sigma = 1, 0.5, 0.25$

在经济学中，对数-正态分布的一个常见用途是分析工资、收入和房价。这些变量是正的，分布在右边有一条长尾，表明总体的一小部分有很大的值。使用数据文件 *cps5*，中位数工资为 19.23 美元，均值工资为 23.5 美元。使用对数-正态分布的期望值表达式 $E(X) = m\exp(\sigma^2/2)$，我们可以计算形状参数 $\sigma = \sqrt{2\ln(E(X)/m)}$，使用 *cps5* 的数据，该值约为 0.7。*WAGE* 的隐含分布如图 B-11 所示。随机选择的工人每小时工资在 10 美元到 20 美元之间的概率是多少？从图形上看，它是在 10 与 20 之间 pdf 下方的面积。我们使用近似对数正态分布计算的概率为：

$$P(10 < WAGE < 20) = \Phi\left[\frac{\ln(20)-\ln(19.23)}{0.7}\right] - \Phi\left[\frac{\ln(10)-\ln(19.23)}{0.7}\right]$$
$$= \Phi(0.05609) - \Phi(-0.93412)$$
$$= 0.52236 - 0.17512 = 0.34724$$

① 在统计文献中有时称 σ 为形状参数，称 m 为尺度参数。

在 cps5 数据中，38.95% 的个体的工资在 10 美元到 20 美元之间，所以我们使用对数-正态分布的粗略近似相差不大。

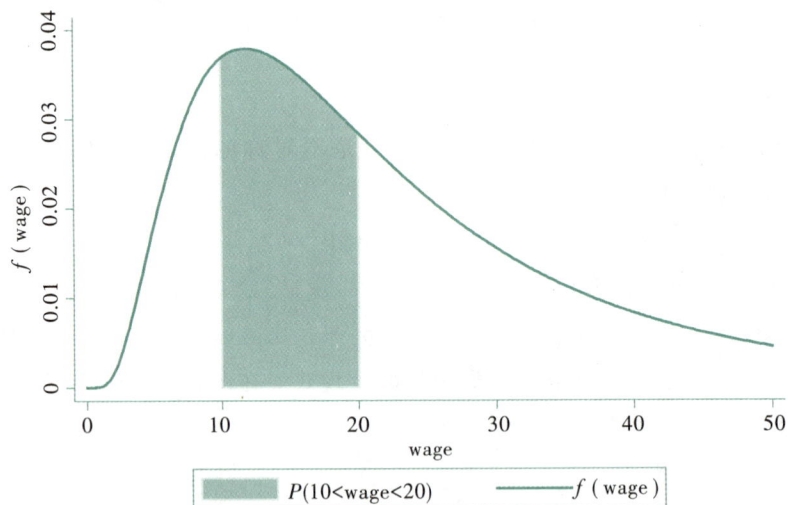

图 B-11　WAGE 的假设概率密度函数，对数-正态分布，有 $m = 19.23$，$\sigma = 0.7$

B.4　随机数

在前面几章我们进行了蒙特卡罗模拟，以说明估计量的样本性质，参见第 3 章、第 4 章、第 5 章、第 10 章和第 11 章。为了使用蒙特卡罗模拟，我们依赖从特定的概率分布（如均匀分布和正态分布）创建随机数的能力。所有的科学领域广泛利用计算机模拟。在本节中，我们介绍这方面的计算。[①] 你首先应该认识到，使用计算机创建随机数的想法是矛盾的，因为根据定义"创建"的随机数不可能是真正随机的。由计算机生成的随机数是**伪随机的**，它们"表现得就像是随机数"。我们提出一个方法用于生成伪随机数，称为**逆转换法或倒置法**。此方法假定我们有能力从（0，1）区间上的**均匀分布**（见第 B.3.4 节和第 B.4.1 节）生成伪随机数。则服从均匀分布的随机变量转化成服从其他分布的随机变量。

实例 B.14　逆转换

设 U 是服从均匀分布的随机变量。对于 $u \in (0, 1)$，它是一个连续型随机变量，$pdf\ h(u) = 1$。说明见图 B-6。如果 $Y = U^{1/2}$，那么 $0 < y < 1$。此外，平方根函数是严格递增函数，使我们可以应用变量变更技巧求出 Y 的 pdf。反函数是 $U = w(Y) = Y^2$，转换的雅可比式为 $dw(y)/dy = d(y^2)/dy = 2y$。$Y$ 的 pdf 则为：

$$f(y) = h[w(y)] \times \frac{dw(y)}{dy} = 1 \times 2y = 2y, 0 < y < 1 \tag{B.50}$$

这是我们在实例 B.12 和实例 B.13 中使用的一个分布。这个例子的重要性在于，它表明通过对来自均匀分布的一个随机数取平方根，我们可以从公式（B.50）的分布中得到一个随机数。

实例 B.14 把我们引向一个一般的技巧，即逆转换法，从某一分布抽取随机数。假定

[①]　关于这个问题的一本好书：James E. Gentle（2003）*Random Number Generation and Monte Carlo Methods*，New York: Springer. 也可见 J. F. Kiviet（2011）Monte Carlo Simulation for Econometricians，*Foundations and Trends® in Econometrics*，vol 5，nos 1–2.

你想要从一个特定的概率分布（有 $pdf\, f(y)$ 和 $cdf\, F(y)$）中得到随机数。

逆转换法的步骤

1.在（0，1）区间获得一个均匀随机数 U_1。

2.设定 $u_1 = F(y_1)$

3.对 $y_1 = F^{-1}(u_1)$ 求解第 2 步中的方程。

4.y_1 值是从 $pdf\, f(y)$ 中得到的随机数。

逆转换法可用来从任意分布中抽取随机数（允许你进行第 3 步）。解通常表示为 $y_1 = F^{-1}(u_1)$，其中，F^{-1} 称为**逆累积分布函数**。累积分布函数 F 被称为是**可逆的**。

实例 B.15　逆转换方法：一个实例

假设目标分布是 $f(y) = 2y, 0 < y < 1$，我们想从中得到一个随机数。Y 的 cdf 是 $P(Y \le y) = F(y) = y^2$，$0 < y < 1$。两个分布如图 B-12 所示。设置一个均匀随机数 $u_1 = F(y_1) = y_1^2$，求解以得到 $y_1 = F^{-1}(u_1) = (u_1)^{1/2}$。$y_1$ 值是一个随机值或从概率分布 $f(y) = 2y$（$0 < y < 1$）中随机抽取的。这完全与实例 B.6 中的结果一致，在该例中我们证明了一个均匀分布随机变量的平方根有这个 pdf。

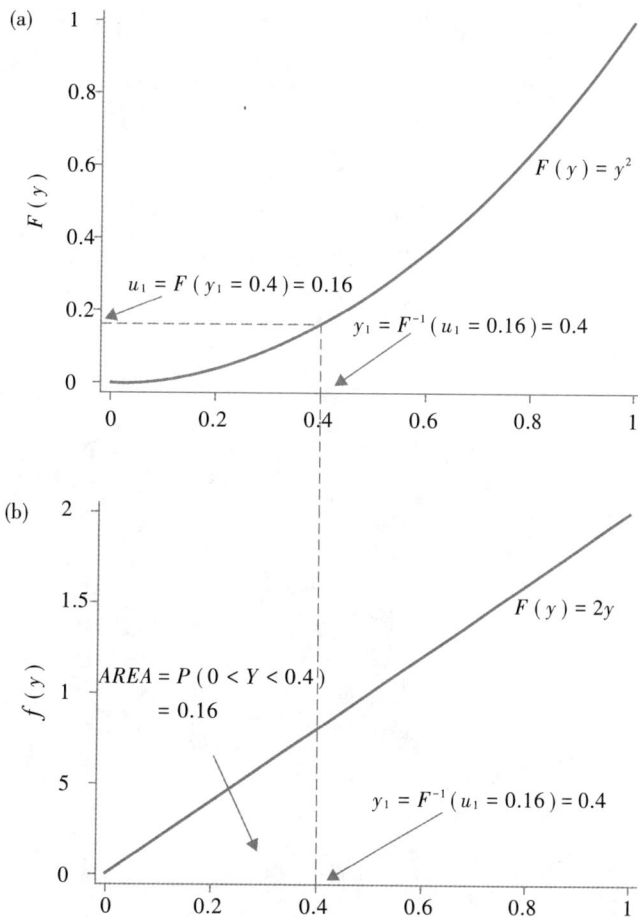

图 B-12　（a）累积分布函数；（b）概率密度函数

在图 B-12（a）中假设均匀随机数是 $u_1 = 0.16$。它沿着 cdf 函数 $F(y)$ 的纵轴，落在 0 和 1 之间。在水平轴上，$u_1 = 0.16$ 值对应 $y_1 = 0.4 = (u_1)^{1/2} = (0.16)^{1/2}$ 值。在图 B-12（b）中，我们看到 pdf 和 cdf 之间的联系。pdf 下方 $y_1 = 0.4$ 左边的面积是概率 $P(0 < Y < 0.4) = 0.16$。对于每一个随机抽取的均匀随机数 u_i，根据分布 $f(y) = 2y$（$0 < y < 1$）存在唯一对应的 y_i。

为了说明这一点，在数据文件 *uniform1* 中，我们有 1 000 个关于两个独立的均匀随机变量 U1 和 U2 的观测值。[①] 图 B-13 表示 U1 的直方图。有 10 个区间，每个区间约有 10% 的值，正如我们对均匀分布期望的那样。

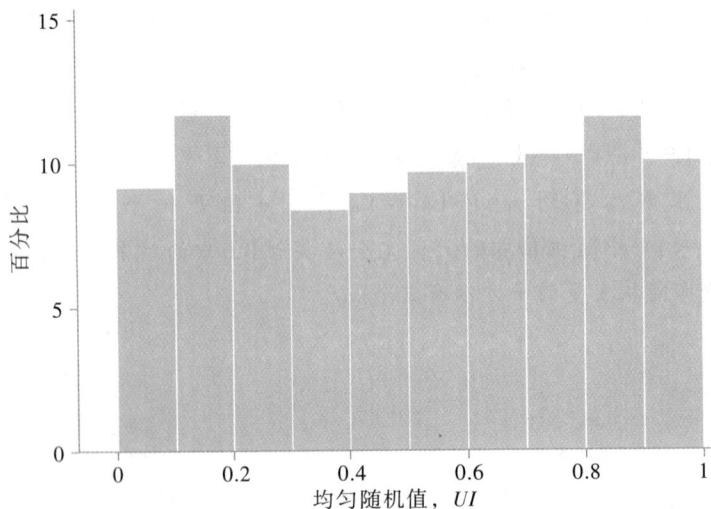

图 B-13　1 000 个均匀随机值的直方图

设定 Y1 是 U1 值的平方根。这些值的直方图如图 B-14 所示。它看起来像一个三角形，不是吗？就像密度函数 $f(y) = 2y$（$0 < y < 1$）那样。

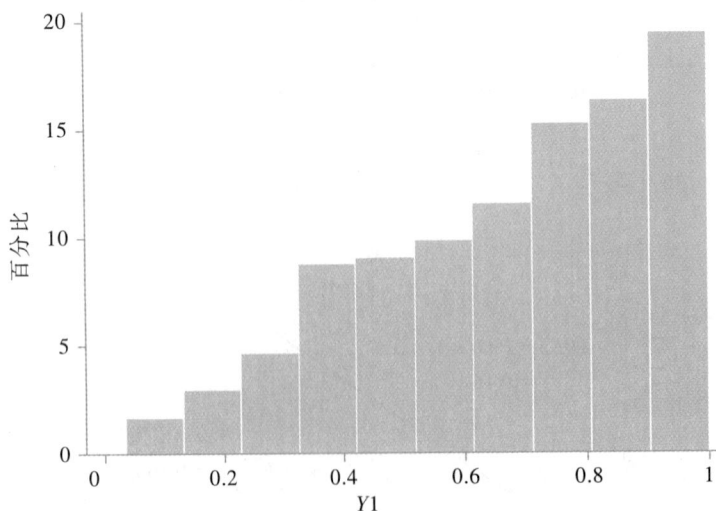

图 B-14　1 000 个均匀随机值的平方根的直方图

---

① 如果你喜欢一个较大的样本，文件 *uniform1* 包含 10 000 个观测值。

作为第二个例子，让我们考虑一个稍微奇特一点的分布。**极端值分布**是第 16 章中讨论的 logit 选择模型的基础。其概率密度函数是 $f(v) = \exp(-v) \cdot \exp(-\exp(-v))$，如图 B-15 所示。极端值的 cdf 是 $F(v) = \exp(-\exp(-v))$。尽管它的形式看起来复杂，我们可以利用 $v = F^{-1}(u) = -\ln(-\ln(u))$ 从该分布中得到数值。使用数据文件 *uniform1* 中的 1 000 个 *U1* 值，得到如图 B-16 所示的从极端值分布中得到的数值直方图。[①]叠加在直方图上的实心曲线看起来很像图 B-15 中的极端值密度函数。

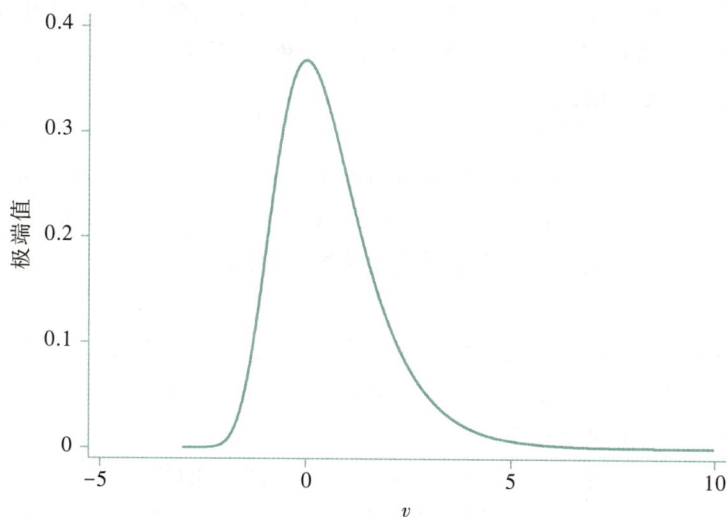

图 B-15　极端值分布

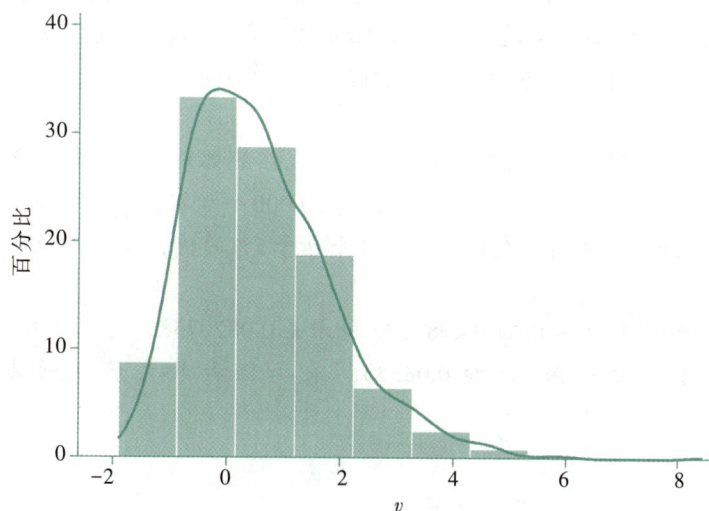

图 B-16　从极端值分布得到的模拟取值的直方图

总之，从特定分布中产生随机数的逆转换法取决于：（1）获得均匀随机数的能力；（2）可逆 cdf 的分布。该方法不适用于联合分布。

了解了逆转换法，你可以从给定一个均匀随机数发生器的其他分布中生成随机变量。

---

①　实心曲线是用高斯核函数拟合数据的核密度。有关核密度的更多信息，请参见附录 C.10。

关于统计分布的书[1]中有如何把均匀随机数转换成多种分布的说明。

B.4.1 均匀随机数

逆转换法取决于从均匀分布获得随机数的能力。"随机数"的产生没有修饰语，通常是指均匀随机数，它本身是一个研究领域。如前所述，计算机生成随机数的概念是不合逻辑的。计算机使用算法，算法是一个公式，以致结果不是"随机的"，但像是随机的。计算机生成伪随机数。在你最喜爱的搜索引擎里敲入这个词，你会发现很多的链接。

引文中出现的少量记号是数学**模数**，表示为 a 和 b。这是用 a 除以 b 得到的余数的速写。模数计算的方法之一是：[2]

$$n \bmod m = n - m \operatorname{ceil}(n/m) + m \tag{B.51}$$

其中，**ceil** 是四舍五入[3]下一个整数的**取顶**函数的缩写。要明白这是如何做的：

$$7 \bmod 3 = 1 = 7 - 3 \operatorname{ceil}(7/3) + 3 = 7 - 3 \operatorname{ceil}(2.3333) + 3 = 7 - 3 \cdot 3 + 3 = 1$$

创建均匀随机数的一个标准方法是**线性同余发生器**。[4]考虑递归关系：

$$X_n = (aX_{n-1} + c) \bmod m \tag{B.52}$$

其中，a、c 和 m 是我们选择的常数。这意味着 X_n 取值等于用 $aX_{n-1} + c$ 除以 m 获得的余数。这是一个递归的关系，因为第 n 个值取决于第 $n-1$ 个值。这意味着我们必须选择一个初始值，这就是所谓的**随机数种子**。每个人都使用相同的种子，a、c 和 m 值会生成相同的数字串。m 值是公式（B.52）中的除数，它决定了递归生成的值的最长时期。在区间（0，1）的均匀随机值为 $U_n = X_n/m$。当使用32位比特的电脑时，m 值往往选择使用 2^{32}。A 值和 c 值是随机数发生器成功的关键。不好的选择导致数字序列不是随机的。例如，敲入 RANDU 到你的搜索引擎中。这是在20世纪60年代一种流行的随机数发生器（我也使用它），后来发现有很大缺陷，多种随机性检验都失败。[5]

实例 B.16　线性同余发生器

为了说明公式（B.52）中定义的过程可以产生显然随机的数，我们选择 $X_0 = 1\,234\,567$、$a = 1\,664\,525$、$b = 1\,013\,904\,223$ 和 $m = 2^{32}$，并创建 10 000 个数据值，在数据文件 *uniform3* 中标记为 *U1*。[6]使用20个直方图，我们会预期每个包含5%的值，如图 B-17 所示，这就是我们得到的结果。

U1 的 10 000 个值有样本均值 0.498 719 7 和方差 0.082 075 8，与之相比较，均匀分布的真实均值和方差分别为 0.5 和 0.083 33。最小值和最大值分别为 0.000 032 7 和 0.999 843 3。

---

[1]　例如，参见 Catherine Forbes，Merran Evans，Nicholas Hastings，Brian Peacock（2010），*Statistical Distributions*，4th edition，John Wiley and Sons，Inc.

[2]　www.functions.wolfram.com/IntegerFunctions/Mod/27/01/03/01/0001/.

[3]　ceil（*x*）是不小于 *x* 的最小整数。

[4]　说明和资源链接见 www.en.wikipedia.org/wiki/Linear_congruential_generator.

[5]　George Marsaglia 开发了一系列被广泛采用的随机性检验。参见 www.stat.fsu.edu/pub/diehard/.

[6]　在该文件中变量 *U2* 使用种子 987 654 321。

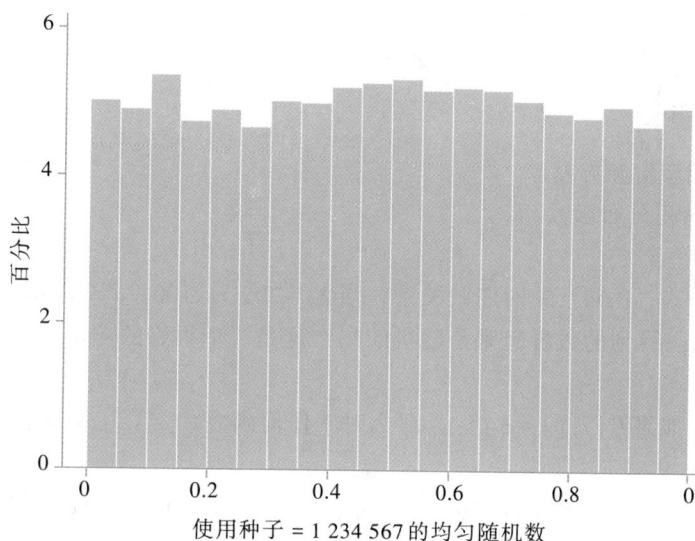

图 B-17　生成的 10 000 个均匀随机值的直方图

　　从这些练习中吸取的第一个教训，就是随机数不是随机的，一些随机数发生器比别的更好。被普遍引用的是 Mersenne 旋转球和 KISS+Monster 算法。第二个教训，是新的算法不断被开发出来，每个软件供应商使用不同的算法，基本上都保密，或者无论如何都难以发现。

　　第三个教训，你可能不应该尝试写出自己的随机数算法。研究了大量计算方法的计量经济学家 Ken Train 教授说：[1] "从实用的角度看，我的意见是以下几点：除非有人愿意花费大量的时间，调查和解析……伪随机数程序设计有关的问题……利用现有的程序而不是写一个新的可能更好。"我们的建议是使用软件来生成随机数，但是当记录工作时，列出你所使用的软件和软件版本，因为版本修订可能改变结果。

B.5　练习

　　B.1　设 $X_1, X_2, \cdots, X_n$ 是独立的随机变量，有相同的概率分布，均值为 μ，方差为 σ^2。设：

$$\bar{X} = \frac{1}{n} \sum_{i=1}^{n} X_i$$

　　a. 利用期望值的性质，证明 $E(\bar{X}) = \mu$。

　　b. 利用方差的性质，证明 $\mathrm{var}(X) = \sigma^2/n$。如何使用独立的假设？

　　B.2　省略。

　　B.3　设定 X 是有如下概率密度函数的连续型随机变量：

$$f(x) = -\frac{1}{2}x + 1, \quad 0 \leqslant x \leqslant 2$$

　　a. 画出密度函数 $f(x)$ 的图。

　　b. 对于 $0 \leqslant x \leqslant 2$，求出 $f(x)$ 下方的总面积。

　　c. 使用几何和积分，求出 $P(X \geqslant 1)$。

---

[1]　*Discrete Choice Methods*, *with Simulation*, 2nd ed. 2009, Cambridge University Press, p.206.

d.求出 $P\left(X \leqslant \dfrac{1}{2}\right)$。

e.求出 $P\left(X=1\dfrac{1}{2}\right)$。

f.求出 X 的期望值和方差。

g.求出 X 的累积分布函数。

B.4　省略。

B.5　使用公式（B.52）中的递归关系，当 $X_0=79$、$m=100$、$a=263$ 和 $c=71$ 时，产生 40 个值 $X_1,X_2,\cdots,X_{40}$。得到的数看起来是随机的吗？这是一个很好的随机数发生器吗？

B.6　省略。

B.7　证明，如果 $E(Y|X)=E(Y)$，那么对于任何函数 $g(X)$，$\mathrm{cov}(Y,g(X))=0$。

B.8　省略。

B.9　设 X 是一个连续型随机变量，有 pdf $f(x)=3x^2/8$（$0<x<2$）。计算：

a.$P\left(0<X<\dfrac{1}{2}\right)$

b.$P(1<X<2)$

B.10　省略。

B.11　使用公式（B.52）中的递归关系，当 $X_0=1\,234\,567$、$m=2^{32}$、$a=1\,103\,515\,245$ 和 $c=12\,345$ 时，生成 1 000 个随机值，称为 $U1$。得到的数看样子是随机的吗？这是一个很好的随机数发生器吗？选择另一个种子值，产生另外 1 000 个值，称为 $U2$。求出 $U1$ 和 $U2$ 的汇总统计值和样本相关系数。这些值如你期望的那样吗？

B.12　省略。

B.13　假设 X 和 Y 是连续型随机变量，对于 $0\leqslant x\leqslant y\leqslant 2$，联合概率密度函数 $f(x,y)=\dfrac{1}{2}$；否则，$f(x,y)=0$。注意，X 的值都小于或等于 Y 的值。

a.确认在联合 pdf 下方的体积是 1。

b.求出 X 和 Y 的边际 pdf。

c.求出 $P\left(X<\dfrac{1}{2}\right)$。

d.求出 Y 的 cdf。

e.求出条件概率 $P\left(X<\dfrac{1}{2}|Y=1.5\right)$。$X$ 和 Y 是独立的吗？

f.求 Y 的期望值和方差。

g.使用迭代期望定律，求出 $E(X)$。

B.14~B.16　省略。

B.17　考虑随机变量 X，这是两次抛一个均匀硬币时出现正面头像的次数。

a.X 可以取什么值？发生每个结果的概率是多少？$X\leqslant 1.5$ 的概率是多少？

b.写出 X 的累积分布函数的值。$X\leqslant 1$ 的概率是多少？$X\leqslant 1.5$ 的概率是多少？

c.假设一个赌注，在其中你会赢得 $W=2X$ 美元。W 的概率分布是什么？

d.你期望赢多少？写出你的求解过程。

e.给定第一次抛硬币正面头像向上，X 的条件概率密度函数是什么？

f.给定第一次抛硬币正面头像向上，$W=2X$ 的条件期望是什么？

B.18 省略。

B.19 连续型随机变量 X 的 cdf 为 $F(x) = 1 - e^{-2x}$ $(x \geq 0)$，$F(x) = 0$（其他情况）。

a.绘制 cdf 的草图。

b.用 cdf 求出概率 $P(1 < X < 2)$。

c.求出 X 的 pdf。画出 pdf。

d.在 pdf 上画出表示 $P(1 < X < 2)$ 的区域。

B.20~B.26 省略。

B.27 假设 X 是随机变量，$g(X)$ 是 X 的凹函数。则 Jensen 的不等式，如概率论中所使用的，表示 $g[E(X)] \leq E[g(X)]$。凹函数具有连续递减的斜率。如果函数 $g(X)$ 在某个区间上有负的二阶导数，那么它在该区间上是凹的。

a.考虑区间 $X > 0$ 上的函数 $g(X) = \ln(X)$。求这个函数的二阶导数。对于 $X > 0$，$g(X)$ 是凹的吗？画出函数的简单草图。

b.假设 X 是一个离散随机变量，$x = 1$、2、3、4，概率分别为 0.1、0.2、0.3 和 0.4。求 $E(X)$ 和 $E[\ln(X)]$。$\ln[E(X)] \geq E[\ln(X)]$ 成立吗？

B.28 省略。

B.29 设 X 是一个随机变量，对于 X 的每个值，考虑函数 $g(X) \geq 0$。假设 $E[g(X)]$ 存在。则**马尔可夫不等式**为 $P(g(X) \geq c) \leq c^{-1} E[g(X)]$。

a.假设 X 是一个离散型随机变量，$x = 1$、2、3、4，概率分别为 0.1、0.2、0.3 和 0.4。设 $g(X) = X^2$。求 $P[X^2 \geq 5]$。求 $E(X^2)$。$P[X^2 \geq 5] \leq E(X^2)/5$ 成立吗？

b.设 $g(X) = (X - \mu_X)^2$，其中 $\mu_X = E(X)$。设 $c = k^2 \sigma_X^2$。证明马尔可夫不等式导致切比舍夫不等式。（作者注：在概率和统计中使用许多数学不等式。一份很好的清单见 Dale J. Poirier（1995）*Intermediate Statistics and Econometrics: A Comparative Approach*，MIT Press，Chapter 2.8。在那里，Poirier（p.76）还讲述了诺贝尔奖得主经济学家劳伦斯·克莱因和统计学家哈罗德·弗里曼之间的对话。劳伦斯·克莱因问："如果魔鬼答应给你一个定理来回报你不朽的灵魂，你会接受这个交易吗？"哈罗德·弗里曼回答："不。但我希望是不等式。"）

B.30 省略。

B.31 假设 X 是 $(0, 1)$ 区间上的均匀分布变量，即如果 $0 < x < 1$，则 $f(x) = 1$；否则，$f(x) = 0$。假设随机变量 Y 取值 1 和 0，这些值的条件概率为 $P(Y = 1|X = x) = x$，$P(Y = 0|X = x) = 1 - x$。（改编自 Takeshi Amemiya（1994）*Introduction to Statistics and Econometrics*，Harvard University Press.）

a.用迭代期望定律，证明 $E(Y) = 1/2$。

b.使用方差分解，证明 $\mathrm{var}(Y) = 1/4$。

统计推断回顾

学习目标

基于本附录的内容，你应该能够：

1.讨论总体和样本的区别以及我们为什么使用数据样本去推断总体参数。

2.结合总体变量和随机变量的概念，指出随机变量的概率密度函数、期望值以及方差是如何揭示总体信息的。

3.解释总体均值和样本均值的区别。

4.解释估计值和估计量的区别，并解释后者为什么是随机变量。

5.解释抽样变异和抽样分布。

6.解释什么是无偏性，并用期望值法则证明样本均值是无偏的。

7.解释为什么我们倾向使用方差小的无偏估计量而不用方差较大的无偏估计量。

8.说明中心极限定理以及其对统计推断的启示。

9.解释总体标准差和样本均值标准误的联系。

10.解释点估计和区间估计的区别，给定一个样本数据，构建并解释总体均值的区间估计值。

11.简要说明"置信水平为95%"在区间估计中的含义。

12.解释假设检验的目的，并列出假设检验必须考虑的因素。

13.讨论在对原假设 $H_0 : \mu = 7$ 进行检验时可能用到的备择假设。举出一个能反映这种假设与备择假设的经济实例。

14.说明什么是检验的显著性水平，并解释显著性水平和检验 p 值的区别。

15.定义第I类错误及其与检验显著性水平的联系。

16.解释单尾检验和双尾检验的区别，并指出在什么情况下更倾向于使用其中一个检验而非另一个。

17.解释"接受原假设"和"不拒绝原假设"之间的区别和应用。

18.对极大似然估计做出直观性的解释，并说明极大似然估计量的性质。

19.列出与极大似然估计相关联的三种检验并评论其异同。

20.区分参数估计和非参数估计。

21.了解核密度估计量如何拟合经验分布。

关键词

备择假设	似然函数	样本均值
渐进分布	似然比检验	样本方差
最佳线性无偏估计量	线性估计量	抽样分布
中心极限定理	对数-似然函数	抽样变异
中心矩	极大似然估计	标准误
估计值	均值标准误	估计量
非参数估计	估计值标准误	实验设计
原假设	统计推断	信息测度
参数估计	检验统计量	区间估计值
点估计值	双尾检验	核密度估计量
总体参数	第I类错误	拉格朗日乘数检验
p值	第II类错误	大数定律
随机样本	无偏估计量	显著性水平
拒绝域	沃尔德检验	

经济学家对经济变量之间的关系非常感兴趣。举个例子，如果将 Frozen Delight 冰淇淋的价格下调5%，预计其销量会上升多少？假如家庭收入每月增加100美元，家庭食品支出会增长多少？这类问题是本书的主要关注点。

不过有时问题的关注点却在单个的经济变量上。比如，使飞机最大限度地容纳乘客（使利润最大化）的同时，为给每位乘客提供足够大的空间，飞机座位设计师必须考虑乘客的平均臀围。那么，美国乘客的平均臀围或者更为准确的臀部尺寸是多少呢？如果座位预置为18英寸，会有多少比例的乘客感到不舒适？从高尔夫球车到女士牛仔裤，生产商都会面临同样的问题。我们该怎样解决这类问题？我们不可能对美国的男女老幼都进行测量，那就需要用到统计推断了。推断意味着"通过从已知或假定的事物中推理得出结论"。统计推断意味着我们将根据数据样本得出关于总体的结论。

C.1　数据样本

为了进行统计推断，我们需要数据。数据应该从我们感兴趣的总体中获得。对于飞机座椅设计师来说，有必要得到所有两岁以上美国人的数据，这是因为婴幼儿可以坐在他们父母的腿上享受免费航空。统计学中的实验设计这一分支就是关于如何准确地收集具有代表性的数据的。假如你需要在目标总体中收集50个具有代表性的臀围测量值，那你该怎么做呢？这并不容易。在理想情况下，会从总体中随机选择50个个体，这样就没有选择的模式。但是，由于很少会有婴幼儿乘客，我们则把注意力集中在成年乘客身上。我们的实验设计专家抽取一个样本，如表 C-1 所示，并存储在数据文件 hip 中。

表 C-1		样本臀围数据		
14.96	14.76	15.97	15.71	17.77
17.34	17.89	17.19	13.53	17.81
16.40	18.36	16.87	17.89	16.90
19.33	17.59	15.26	17.31	19.26
17.69	16.64	13.90	13.71	16.03
17.50	20.23	16.40	17.92	15.86
15.84	16.98	20.40	14.91	16.56
18.69	16.23	15.94	20.00	16.71
18.63	14.21	19.08	19.22	20.23
18.55	20.33	19.40	16.48	15.54

实例 C.1 臀围数据的直方图

分析数据样本的第一步就是对数据进行直观检验。50 个数据的直方图如图 C-1 所示。根据该图，这组样本数据的平均臀围应该是在 16 英寸到 18 英寸之间。对于追求利润最大化的设计师来说，这种偶然的估计不够精确。在下一节中，我们建立了一个计量经济学模型，作为这个问题的推理基础。

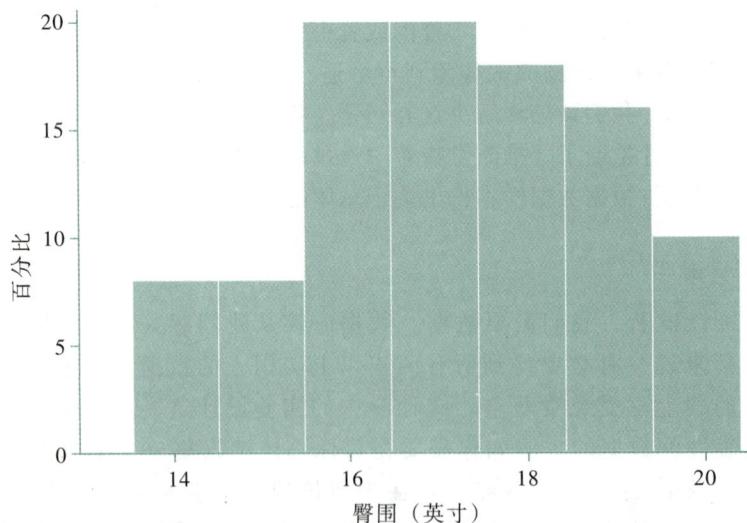

图 C-1 臀围的直方图

C.2 计量经济学模型

表 C-1 中的数据是通过抽样得到的。从总体中进行抽样就是一种实验，而在此实验中令人感兴趣的变量是个体的臀围。在进行实验之前我们并不知道这些数值是多少，因此每个被随机抽取的个体臀围是随机变量，我们将此变量表示为 Y，选择样本容量为 $N=50$ 的样本，$Y_1, Y_2, \cdots, Y_N$，Y_i 代表不同个体的臀围。表 C-1 中的数据值是变量的特定值，表示为 $y_1, y_2, \cdots, y_N$。我们假设总体有一个中心，而此中心就以随机变量 Y 的期望值来表示：

$$E(Y) = \mu \tag{C.1}$$

我们用希腊字母 μ 表示随机变量 Y 的均值，也是我们正在研究的总体的均值。因此，如果我们知道 μ，则我们就知道了问题"美国成年人的平均臀围是多少"的答案。为了表明 μ 对我们进行总体描述的重要性，我们将 μ 称作**总体参数**，或更简洁地称为参数。我们的目标就是运用表 C-1 中的数据样本对未知总体参数 μ 进行推断或判断。

我们感兴趣的另一个随机变量的特征就是其变异性，这个我们用其方差来衡量：

$$\mathrm{var}(Y) = E[Y - E(Y)]^2 = E[Y - \mu]^2 = \sigma^2 \tag{C.2}$$

方差 σ^2 也是一个未知的总体参数。如在"概率入门"部分中说明的那样，随机变量的方差衡量概率分布相对于其均值的偏离程度，方差越大意味着偏离程度越大，如图 P-3 所示。在这组臀围数据中，通过方差我们可以了解到不同个体臀围的差异有多大。为了简便，我们将随机变量的均值和方差表示为 $Y \sim (\mu, \sigma^2)$，其中 $\sim$ 表示服从分布，括号中的第一个元素表示总体均值，第二个元素表示总体方差。到目前为止，我们还没有说明随机变量 Y 服从于哪一种概率分布。

计量经济学模型是不完整的。如果我们的样本是随机抽取的，则我们可以假定 $Y_1, Y_2, \cdots, Y_N$ 在统计上是独立的。任意一个个体的臀围不受其他被随机抽取的个体臀围的影响。此外，我们假设每个收集的观测值来自感兴趣的总体，因此每一个随机变量 Y_i 都有同样的均值和方差，或 $Y_i \sim (\mu, \sigma^2)$。由于 $Y_1, Y_2, \cdots, Y_N$ 在统计上是独立的且服从于同一概率分布，因此在统计学意义上，我们就说 Y_i 构成了一个随机样本。我们假定总体服从正态分布应该是比较合理的，表示为 $Y \sim N(\mu, \sigma^2)$。

C.3　总体均值估计

根据表 C-1 的数据样本，该怎么估计总体均值 μ 呢？总体均值用期望值来表示，即 $E(Y) = \mu$。随机变量的期望值是其在总体中的平均值。以此类推，用样本的平均值或样本均值来估计总体均值看似比较合理。N 个个体样本的观测值用 $y_1, y_2, \cdots, y_N$ 来表示，则样本均值就表示为：

$$\bar{y} = \sum y_i / N \tag{C.3}$$

符号 $\bar{y}$（读作 y bar）表示样本均值，你应该在统计学课程中见到过。

实例 C.2　臀围数据的样本均值

对于表 C-1 中的臀围数据，我们得到 $\bar{y} = 17.1582$，因此我们估计在总体中平均臀围为 17.1582 英寸。

给定估计值 $\bar{y} = 17.1582$，我们倾向于提问"17.1582 的估计有多好？"我们的意思是，17.1582与真实总体均值μ有多接近。然而，这是一个不恰当的问题，因为它永远无法得到回答。为了回答它，我们必须知道μ，在这种情况下，我们不会试图首先估计它！

我们会询问估算程序或估计量的质量，而非询问估计值的质量。把样本均值作为总体均值的估计量的可靠程度怎么样？这是一个我们可以回答的问题。为了区分总体均值μ的估计值和估计量，我们把估计量定义为：

$$\bar{Y} = \sum_{i=1}^{N} Y_i / N \tag{C.4}$$

在公式（C.4）中，用Y_i替代y_i，表明这是一般公式，不受具体样本值的影响。这里，Y_i是随机变量，因此估计量$\bar{Y}$也是随机变量。除非有样本数据，否则我们并不知道估计量$\bar{Y}$的数值是多少，而且不同的样本可能会计算出不同的数值。

实例C.3 臀围数据的样本均值的抽样变异

在表C-2中，我们抽取10组样本容量$N=50$的不同样本并计算平均臀围。可以看到，每组样本的估计值都不一样，这是因为$\bar{Y}$是随机变量。由于随机样本的不同造成估计值的不同，这叫作**抽样变异性**。统计分析的一个不可避免的事实是，估计量$\bar{Y}$（实际上所有的统计估计方法）都受到抽样变异性的影响。由于这个术语，估计量的概率密度函数叫作**抽样分布**。

表 C-2　　　　　　　　　　　　　从 10 个样本中得到的样本均值

样本	$\bar{y}$
1	17.3544
2	16.8220
3	17.4114
4	17.1654
5	16.9004
6	16.9956
7	16.8368
8	16.7534
9	17.0974
10	16.8770

我们可以通过检查估计量$\bar{Y}$的期望值、方差和抽样分布来确定其有多好。

C.3.1 $\bar{Y}$的期望值

将公式（C.4）展开：

$$\bar{Y} = \sum_{i=1}^{N} \frac{1}{N} Y_i = \frac{1}{N} Y_1 + \frac{1}{N} Y_2 + \cdots + \frac{1}{N} Y_N \tag{C.5}$$

根据公式（P.16），和的期望值等于期望值的和：

$$E(\bar{Y}) = E\left(\frac{1}{N}Y_1\right) + E\left(\frac{1}{N}Y_2\right) + \cdots + E\left(\frac{1}{N}Y_N\right)$$

$$= \frac{1}{N}E(Y_1) + \frac{1}{N}E(Y_2) + \cdots + \frac{1}{N}E(Y_N)$$

$$= \frac{1}{N}\mu + \frac{1}{N}\mu + \cdots + \frac{1}{N}\mu$$

$$= \mu$$

估计量 $\bar{Y}$ 的期望值就是我们所要估计的总体均值 μ。这意味着什么？随机变量的期望值是其在来自总体的所有可能的随机样本中的平均值。如果我们收集多个样本容量为 N 的样本，并像表 C-2 中那样计算它们的平均值，那么这些数值的平均值就会跟总体均值 μ 相等。这个性质对估计量来说非常重要。具有这种性质的估计量就叫作**无偏估计量**。样本均值 $\bar{Y}$ 就是总体均值 μ 的无偏估计量。

不过，虽然无偏性是估计量的一个很好的性质，但它没有告诉我们，基于单一样本数据的估计值 $\bar{y} = 17.1582$ 是否接近真实的总体均值 μ。为了评估估计值可能偏离 μ 有多远，我们将确定估计量的方差。

C.3.2　$\bar{Y}$ 的方差

利用求（P.23）中不相关（零协方差）随机变量和的方差的步骤，得到 $\bar{Y}$ 的方差。如果我们的数据是通过随机抽样获得的，我们可以应用这一规则，因为随机抽样的观测值在统计上是独立的，因此是不相关的。另外，我们假定对于所有观测值而言 $\mathrm{var}(Y_i) = \sigma^2$。仔细注意这些假设是如何在 $\bar{Y}$ 的方差的推导中使用的，我们将其写为 $\mathrm{var}(\bar{Y})$：

$$\mathrm{var}(\bar{Y}) = \mathrm{var}\left(\frac{1}{N}Y_1 + \frac{1}{N}Y_2 + \cdots + \frac{1}{N}Y_N\right)$$

$$= \frac{1}{N^2}\mathrm{var}(Y_1) + \frac{1}{N^2}\mathrm{var}(Y_2) + \cdots + \frac{1}{N^2}\mathrm{var}(Y_N)$$

$$= \frac{1}{N^2}\sigma^2 + \frac{1}{N^2}\sigma^2 + \cdots + \frac{1}{N^2}\sigma^2 = \frac{\sigma^2}{N} \tag{c.6}$$

由上式可以得到：（i）因为样本容量 $N \geqslant 2$，估计量 $\bar{Y}$ 的方差要小于总体方差；（ii）样本容量越大，由方差度量的估计量 $\bar{Y}$ 的抽样变异性就越小。

C.3.3　$\bar{Y}$ 的抽样分布

如果总体数据服从正态分布，那么随机变量 Y_i 也将服从正态分布。在这种情况下，估计量 $\bar{Y}$ 也服从正态分布。由公式（P.36）可以得知，正态随机变量的加权平均数也服从正态分布。由公式（C.5）可得出，估计量 $\bar{Y}$ 是 Y_i 的加权平均数。如果 $Y_i \sim N(\mu, \sigma^2)$，那么 $\bar{Y}$ 也服从正态分布，即 $\bar{Y} \sim N(\mu, \sigma^2/N)$。

通过分析图 C-2，我们可以得到 $\bar{Y} \sim N(\mu, \sigma^2/N)$ 这一发现的意义和用处的直观解释。图 C-2 中的每个正态分布是 $\bar{Y}$ 的抽样分布。不同的是估计中使用的样本容量。样本容量 $N_3 > N_2 > N_1$。由 $\mathrm{var}(\bar{Y}) = \sigma^2/N$ 可以看出，样本容量越大，估计量 $\bar{Y}$ 的方差就越小，样本均

值接近总体参数 μ 的可能性就越大。当检查图 C-2 时，请回顾概率密度函数（*pdf*）下的面积衡量事件发生的概率。设 ε 为正数，样本容量越大，$\bar{Y}$ 落在 $[\mu-\varepsilon,\ \mu+\varepsilon]$ 区间的概率就越大。

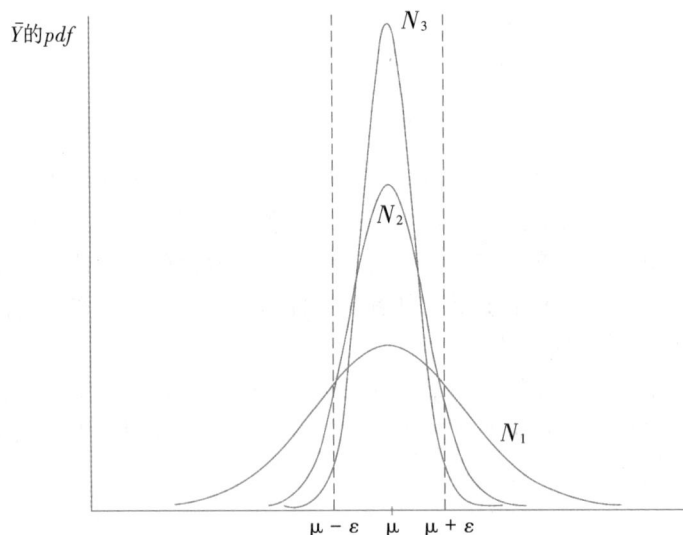

图 C-2　扩大样本容量和 $\bar{Y}$ 的抽样分布

由此可得出，拥有更多的数据比拥有更少的数据更好，因为拥有更大的样本会增加获得与真实总体参数 μ "接近" 或 "在 ε 内" 的概率。

实例 C.4　样本容量对样本均值精度的影响

在所举的数值例子中，假设我们希望 μ 的估计值在真值的 1 英寸以内。让我们计算在 ε＝1 内 μ 的估计值落在区间 $[\mu-1,\ \mu+1]$ 的概率。出于说明的目的，假设总体服从正态分布，其中 $\sigma^2=10$，$N=40$，则 $\bar{Y}\sim N(\mu,\sigma^2/N=10/40=0.25)$。我们可以通过计算 $P[\mu-1\leq\bar{Y}\leq\mu+1]$ 来计算 $\bar{Y}$ 相对于 μ 偏差 1 英寸的概率。为此，我们通过减去其均值 μ 和除以其标准差 $\sigma/\sqrt{N}$ 将 $\bar{Y}$ 标准化，然后利用标准正态分布和本书最后的统计表 1，得到：

$$P[\mu-1\leq\bar{Y}\leq\mu+1]=P\left[\frac{-1}{\sigma/\sqrt{N}}\leq\frac{\bar{Y}-\mu}{\sigma/\sqrt{N}}\leq\frac{1}{\sigma/\sqrt{N}}\right]$$

$$=P\left[\frac{-1}{\sqrt{0.25}}\leq Z\leq\frac{1}{\sqrt{0.25}}\right]$$

$$=P[-2\leq Z\leq 2]=0.9544$$

如果在方差为 10 的正态分布总体中随机抽取样本容量 $N=40$ 的样本，以样本均值作为估计量，会得到总体均值的估计值偏离真实值 1 英寸以内的概率为 95%。如果 $N=80$，$\bar{Y}$ 偏离 μ1 英寸以内的概率为 0.995。

C.3.4　中心极限定理

前面所做出的分析建立在假定总体（美国成年人的臀围）是服从正态分布的基础

上。这意味着 $Y_i \sim N(\mu, \sigma^2)$ 和 $\bar{Y} \sim N(\mu, \sigma^2/N)$。我们需要问的一个问题是："如果总体不服从正态分布，那么样本均值会服从什么样的抽样分布？"**中心极限定理**提供了这个问题的答案。

中心极限定理

如果 $Y_1, \cdots, Y_N$ 是相互独立且具有同分布的随机变量，均值为 μ，方差为 σ^2，$\bar{Y} = \sum Y_i/N$，则当 $N \rightarrow \infty$ 时，

$$Z_N = \frac{\bar{Y} - \mu}{\sigma / \sqrt{N}}$$

服从收敛于标准正态分布 $N(0, 1)$ 的概率分布。

由定理我们可以得知，在样本足够大的情况下，从任何一种概率分布得到的 N 个独立随机变量的样本均值经标准化（即减去其均值和除以其标准差）后都会近似地服从标准正态分布。简便表示就是 $Y \overset{a}{\sim} N(\mu, \sigma^2/N)$，其中 $\overset{a}{\sim}$ 表示*渐进分布*，这就意味着 $\bar{Y}$ 近似服从正态分布是建立在样本较大的基础上的。因此，即使总体并不服从正态分布，只要样本足够大就可以像上一节那样进行运算。那样本容量应该多大呢？一般来说，这需要根据问题的复杂性进行确定，不过，在估算总体均值的简单例子中，如果样本容量 $N \geqslant 30$，则可以放心地假设样本均值渐进服从正态分布，$\bar{Y} \overset{a}{\sim} N(\mu, \sigma^2/N)$，如中心极限定理所示。

实例 C.5　说明中心极限定理

下面以模拟实验来说明中心极限定理的有效性。假设连续型随机变量 Y 服从三角分布，其概率密度函数为：

$$f(y) = \begin{cases} 2y & 0 < y < 1 \\ 0 & \text{其他情况} \end{cases}$$

画出三角 *pdf* 的草图以理解其名称。Y 的期望值 $\mu = E(Y) = 2/3$，方差 $\sigma^2 = var(Y) = 1/18$。根据中心极限定理，如果 $Y_1, \cdots, Y_N$ 相互独立且同分布，具有密度函数 $f(y)$，则当 N 趋近无限大时，可得：

$$Z_N = \frac{\bar{Y} - 2/3}{\sqrt{\dfrac{1/18}{N}}}$$

概率分布趋近于标准正态分布。

利用随机数生成器从三角函数生成随机数值。画出 10 000 个数值的直方图，如图 C-3（a）所示。构造样本容量 $N=3$、10、30 的 10 000 个样本，计算每个样本的均值并构造变量 Z_N，其直方图如图 C-3（b）至（d）所示。你可以看到标准化样本均值分布惊人地收敛至钟形分布，该分布以零为中心对称，几乎所有的值都在 -3 到 3 之间，就像标准正态分布一样，样本容量小到 $N=10$。

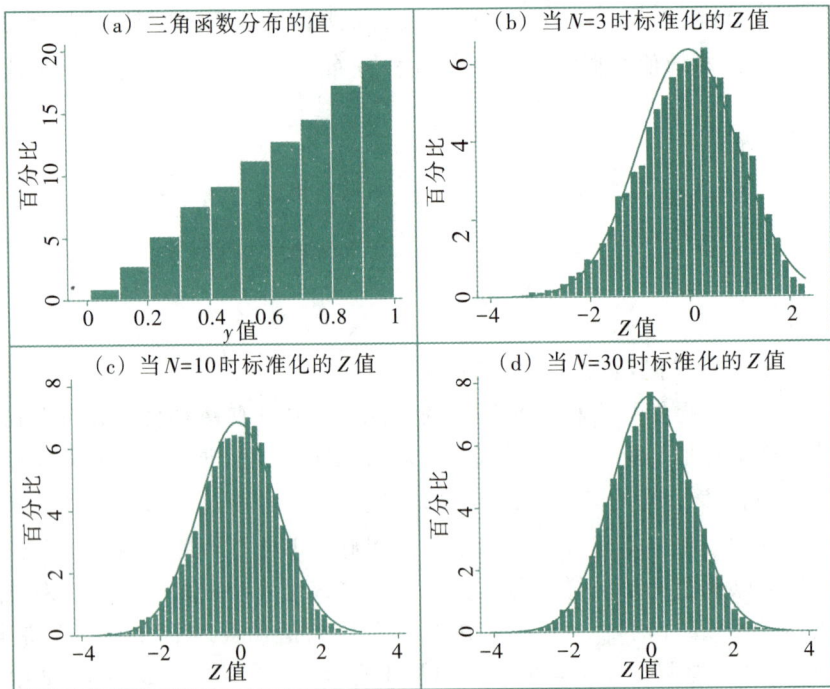

图 C-3　中心极限定理

C.3.5　最佳线性无偏估计量

关于总体均值的估计量 $\bar{Y}$ 的另一个有力的发现是，它是所有可能的估计量中最好的，它们都是线性的和无偏的。线性估计量简单来说就是 Y_i 的加权平均数，比如 $\bar{Y} = \sum a_i Y_i$，其中 a_i 是常数。由公式（C.4）给出的样本均值 $\bar{Y}$ 就是一个权重为 $a_i = 1/N$ 的线性估计量。$\bar{Y}$ 为最佳线性无偏估计量（**BLUE**），这一事实具有广泛的应用性，这里的"最佳"是指作为线性无偏估计量，$\bar{Y}$ 的方差是最小的。在上一节中，我们证明了最好有一个方差较小的估计量，而不是一个方差较大的估计量，因为这增加了估计值获得接近真实总体均值 μ 的概率。只要样本值 $Y_i \sim (\mu, \sigma^2)$ 是不相关且同分布的，那么这个关于估计量 $\bar{Y}$ 的重要结论为真。这不取决于服从正态分布的总体。此结论的证明参见第 C.9.2 节。

C.4　估计总体方差和其他类型的矩

样本均值 $\bar{Y}$ 是总体均值 μ 的估计值。总体均值是 Y 的期望值的一次方，我们通常称总体均值为一阶矩。高阶矩是随机变量的高阶乘方的期望值，如 Y 的二阶矩就是 $E(Y^2)$，三阶矩就是 $E(Y^3)$……。当随机变量减去其总体均值的时候，就称作以总体均值为中心，而其乘方的期望值就称作中心矩，通常表示为 μ_r，那么 Y 的 r 阶中心矩就是：

$$\mu_r = E\left[(Y - \mu)^r \right]$$

一阶中心矩的值是 0，因为 $\mu_1 = E\left[(Y - \mu)^1 \right] = E(Y) - \mu = 0$。而高阶中心矩就是：

$$\mu_2 = E\left[(Y-\mu)^2\right] = \sigma^2$$

$$\mu_3 = E\left[(Y-\mu)^3\right]$$

$$\mu_4 = E\left[(Y-\mu)^4\right]$$

由此可以看出，Y 的二阶中心矩就是其方差，三阶和四阶中心矩出现在附录 B.1.2 中关于偏度和峰度的定义中。我们已经有了较完善的总体均值的估计量，那么现在又该怎样对高阶矩进行估计呢？我们首先考虑总体方差的估计，然后再处理三阶矩和四阶矩的估计问题。

C.4.1　总体方差估计

总体方差为 $\mathrm{var}(Y) = \sigma^2 = E[Y-\mu]^2$。期望值由平均值计算得出，因此我们知道 μ，我们就可通过样本推算出方差，$\tilde{\sigma}^2 = \sum\left(Y_i-\mu\right)^2/N$。由于 μ 未知，我们用估计量 $\bar{Y}$ 代替它，得到：

$$\tilde{\sigma}^2 = \frac{\sum\left(Y_i-\bar{Y}\right)^2}{N}$$

这个估计量并不差。它具有逻辑上的吸引力，可以证明当样本容量 $N \to \infty$ 时，它收敛于 σ^2 的真值，不过它是有偏的。我们用 $N-1$ 取代公式中的分母 N，可以使估计量具有无偏性。进行这种修正，是因为在估计方差之前必须估计出总体均值。这种变化在样本容量至少为 30 的时候并不产生什么大的影响，不过不适用于更小容量的样本。因此，总体方差 σ^2 的无偏估计量为：

$$\hat{\sigma}^2 = \frac{\sum\left(Y_i-\bar{Y}\right)^2}{N-1} \tag{C.7}$$

你可能记得，在统计学课程中这个估计量叫作样本方差。利用样本方差，可以估计出估计量 $\bar{Y}$ 的方差为：

$$\widehat{\mathrm{var}}(\bar{Y}) = \hat{\sigma}^2/N \tag{C.8}$$

在公式（C.8）中，方差上方的符号"^"表示此方差是估计方差。估计方差的平方根就是 $\bar{Y}$ 的标准误，即**均值的标准误和估计值的标准误**：

$$\mathrm{se}(\bar{Y}) = \sqrt{\widehat{\mathrm{var}}(\bar{Y})} = \hat{\sigma}/\sqrt{N} \tag{C.9}$$

C.4.2　估计高阶矩

回想一下，中心矩是期望值，$\mu_r = E\left[(Y-\mu)^r\right]$，因此是总体中的平均值。在统计学中，大数定律告诉我们，当样本容量 $N \to \infty$ 的时候，样本均值收敛于总体均值（期望值）。我们可以用估计值 $\bar{Y}$ 代替总体均值 μ，并通过样本数据估计出高阶矩，即：

$$\tilde{\mu}_2 = \sum\left(Y_i-\bar{Y}\right)^2/N = \tilde{\sigma}^2$$

$$\tilde{\mu}_3 = \sum\left(Y_i-\bar{Y}\right)^3/N$$

$$\tilde{\mu}_4 = \sum\left(Y_i-\bar{Y}\right)^4/N$$

注意，在这些计算过程中，分母为N而不是$N-1$，这是因为我们使用大数定律做调整，在大样本中这种修正没有丝毫影响。使用中心矩的样本估计值，我们可以得到偏度（skewness）系数（S）和峰度（kurtosis）系数（K）的估计值，即：

$$\widehat{skewness} = S = \frac{\tilde{\mu}_3}{\tilde{\sigma}^3}$$

$$\widehat{kurtosis} = K = \frac{\tilde{\mu}_4}{\tilde{\sigma}^4}$$

实例C.6　臀围数据的样本矩

臀围数据的样本方差为：

$$\hat{\sigma}^2 = \frac{\sum (y_i - \bar{y})^2}{N-1} = \frac{\sum (y_i - 17.1582)^2}{49}$$

$$= \frac{159.9995}{49} = 3.2653$$

这意味着样本均值的估计方差为：

$$\widehat{var(\bar{Y})} = \frac{\hat{\sigma}^2}{N} = \frac{3.2653}{50} = 0.0653$$

样本均值的标准误为：

$$se(\bar{Y}) = \hat{\sigma}/\sqrt{N} = 0.2556$$

估计偏度$S = -0.0138$和估计峰度$K = 2.3315$由以下计算式得到：

$$\tilde{\sigma} = \sqrt{\sum (Y_i - \bar{Y})^2 / N} = \sqrt{159.9995/50} = 1.7889$$

$$\tilde{\mu}_3 = \sum (Y_i - \bar{Y})^3 / N = -0.0791$$

$$\tilde{\mu}_4 = \sum (Y_i - \bar{Y})^4 / N = 23.8748$$

因此，相对于正态分布所期望的，臀围数据稍有负偏向而且相对平缓。然而，正如我们将在第C.7.4节中看到的，我们不能得出臀围数据服从非正态分布的结论。

实例C.7　使用臀围数据估计值

我们该如何对目前所知进行总结呢？我们的估计值表明，美国成年人的臀围服从均值为17.158和方差为3.265的正态分布，即$Y \sim N(17.158, 3.265)$。基于这个信息，如果飞机座椅为18英寸宽，那将有多大比例的乘客会感到不太舒服呢？这个问题可以转化为一个随机个体的臀围大于18英寸的概率是多少，即：

$$P(Y > 18) = P\left(\frac{Y-\mu}{\sigma} > \frac{18-\mu}{\sigma}\right)$$

我们可以用估计值代替未知参数，得到一个近似的答案：

$$\widehat{P(Y>18)} \cong P\left(\frac{Y-\bar{y}}{\hat{\sigma}} > \frac{18-17.158}{1.8070}\right) = P(Z > 0.4659)$$

$$= 0.3207$$

根据估计值，大约有32%的乘客会对18英寸宽的座椅感到不舒适。

如果要求座椅舒适度能够满足95%的乘客，那座椅尺寸应设置为多少呢？设 y^* 为要求的座椅尺寸，则有：

$$\widehat{P(Y \leqslant y^*)} \cong P\left(\frac{Y - \bar{y}}{\hat{\sigma}} \leqslant \frac{y^* - 17.1582}{1.8070} \right)$$

$$= P\left(Z \leqslant \frac{y^* - 17.1582}{1.8070} \right) = 0.95$$

使用计算机软件或者正态分布概率表，使 $P(Z \leqslant z^*) = 0.95$ 的 Z 值为 $z^* = 1.645$。则：

$$\frac{y^* - 17.1582}{1.8070} = 1.645 \Rightarrow y^* = 20.1305$$

因此，为了容纳95%的美国成年乘客，我们估计座位宽度应该略大于20英寸。

C.5 区间估计

相对于总体均值 μ 的**点估计值**，例如 $\bar{y} = 17.158$，置信区间或者区间估计值是一系列可能包含真实总体均值的数值。置信区间不仅包含关于总体均值的位置的信息，而且包含关于我们估计它的精度的信息。

C.5.1 方差 σ^2 已知情况下的区间估计

假设 Y 是服从正态分布的随机变量，$Y \sim N(\mu, \sigma^2)$。从总体中抽取样本容量为 N 的随机样本，$Y_1, Y_2, \cdots, Y_N$。总体均值的估计量 $\bar{Y} = \sum_{i=1}^{N} Y_i / N$。因为我们已经假设 Y 服从正态分布，所以 $\bar{Y} \sim N(\mu, \sigma^2 / N)$ 也为真。

现在，让我们假定方差 σ^2 是已知的。这个假设不太可能为真，但它允许我们介绍很少应用的置信区间的概念。在下一节中，我们介绍方差未知情况下的方法。创建一个标准正态随机变量：

$$Z = \frac{\bar{Y} - \mu}{\sqrt{\sigma^2 / N}} = \frac{\bar{Y} - \mu}{\sigma / \sqrt{N}} \sim N(0, 1) \tag{C.10}$$

由标准正态分布的累计分布函数可求得其累计概率（参见"概率入门"部分第P.7节）。

$$P(Z \leqslant z) = \Phi(z)$$

本书最后的统计表1给出这些值。设 z_c 为标准正态分布的"临界值"，则 $\alpha = 0.05$ 的概率在分布的两端，其中 $\alpha/2 = 0.025$ 的概率在临界值 z_c 的右端，$\alpha/2 = 0.025$ 的概率在 $-z_c$ 的左端。临界值是标准正态分布的第97.5百分位数，$z_c = 1.96$，$\Phi(1.96) = 0.975$，如图C-4所示。因此，$P(Z \geqslant 1.96) = P(Z \leqslant -1.96) = 0.025$，而且，

$$P(-1.96 \leqslant Z \leqslant 1.96) = 1 - 0.05 = 0.95 \tag{C.11}$$

将公式（C.10）代入公式（C.11），整理得到：

$$P(\bar{Y} - 1.96\sigma / \sqrt{N} \leqslant \mu \leqslant \bar{Y} + 1.96\sigma / \sqrt{N}) = 0.95$$

一般来说，会有：

$$P\left(\bar{Y} - z_c \frac{\sigma}{\sqrt{N}} \leq \mu \leq \bar{Y} + z_c \frac{\sigma}{\sqrt{N}}\right) = 1 - \alpha \tag{C.12}$$

其中，z_c 是在给定尾部概率值 α 的情况下所得到的临界值，以使 $\Phi(z_c) = 1 - \alpha/2$。在公式（C.12）中，我们已经定义**区间估计量**为：

$$\bar{Y} \pm z_c \frac{\sigma}{\sqrt{N}} \tag{C.13}$$

我们对短语*区间估计量*的选择是一个谨慎的选择。在总体中重复抽取样本，使用公式（C.13）得到的区间包含总体均值 μ 的概率为 $100(1-\alpha)\%$。

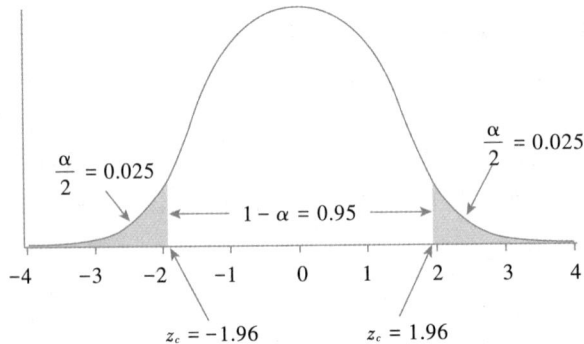

图 C-4　$\alpha = 0.05$ 时 $N(0,1)$ 分布的临界值

实例 C.8　模拟臀围数据：区间估计值

为了使用公式（C.13）中的区间估计量，数据必须是从一个已知方差的正态总体中抽取的。为了说明计算和区间估计的意义，我们将使用计算机模拟创建一个数据样本。统计软件程序包含随机数生成器。这些是例行程序，从给定的概率分布中创建值。表 C-3（数据文件 *table_c3*）包含来自正态总体的 30 个随机值，均值 $\mu=10$，方差 $\sigma^2 = 10$。

表 C-3　　　　　　　　　　　　从 $N(10,10)$ 中得到的 30 个数值

11.939	11.407	13.809
10.706	12.157	7.443
6.644	10.829	8.855
13.187	12.368	9.461
8.433	10.052	2.439
9.210	5.036	5.527
7.961	14.799	9.921
14.921	10.478	11.814
6.223	13.859	13.403
10.123	12.355	10.819

这组数值的样本均值 $\bar{y} = 10.206$，由公式（C.13）中的区间估计量可求得 μ 的相应区间估计值为 $10.206 \pm 1.96 \times \sqrt{10/30} = (9.074, 11.338)$，含有真实参数值的概率为 95%。为了了解区间估计量的抽样变异性是如何产生的，请考虑表 C-4，其中包含表 C-3 中样本的区间

估计值，以及来自另外 9 个样本容量为 30 的样本均值和区间估计值，如在表 C-3 中的那样。全部 10 个样本保存在数据文件 *table_c4* 中。

表 C-4　　　　　　　　　　　　从 10 组数据样本得到的置信区间估计值

样本	$\bar{y}$	下限	上限
1	10.206	9.074	11.338
2	9.828	8.696	10.959
3	11.194	10.063	12.326
4	8.822	7.690	9.953
5	10.434	9.303	11.566
6	8.855	7.723	9.986
7	10.511	9.380	11.643
8	9.212	8.080	10.343
9	10.464	9.333	11.596
10	10.142	9.010	11.273

表 C-4 解释了估计量 $\bar{Y}$ 的抽样变异性。样本不同，样本均值随之变化。在这个模拟也就是蒙特卡罗实验中，我们得知真实总体均值 $\mu = 10$，估计值 $\bar{Y}$ 以 μ 为中心。区间估计值的一半带宽是 $1.96\sigma/\sqrt{N}$。注意，在表 C-4 中，点估计值 $\bar{y}$ 落在了真实均值 $\mu = 10$ 的附近，并不是所有的区间估计值都包含真实值。例如，从样本 3、4 和 6 得到的区间不包括真实值 $\mu = 10$。但是，在 10 000 个模拟样本中，平均值 $\bar{y} = 10.004$，使用公式（C.13）构建的区间的 94.86% 包含真实参数值 $\mu = 10$。

实例 C.8 中的这些数字揭示了关于区间估计值中哪些是真实的估计值，哪些不是真实的估计值。

（1）任何一个区间估计值都可能或者不一定包含真实总体参数值；

（2）如果抽取了大量样本容量为 N 的样本，在 $(1 - \alpha) = 0.95$ 时运用公式（C.13）构建的区间含有真实参数值的概率为 95%；

（3）置信水平 95% 是区间估计量会提供包含真实参数值的区间的概率。置信水平是在过程中，而不是在任何一个区间估计值中。

因为利用公式（C.13）所得的 95% 置信区间会包含真实参数值 $\mu = 10$，如果在某个样本基础上所得的区间估计值不包含真实参数值，我们会感到奇怪。事实上，表（C-4）中 10 个区间里有 3 个区间没有包含真实参数值 $\mu = 10$，这一事实令人惊奇，因为在 10 个区间估计值中，我们假设只有一个 95% 置信水平上的区间估计值可能不包含真实参数。这只是表明，在任何一个样本或者仅仅是几个样本中发生的事情，并不是样本性质告诉我们的。样本性质告诉我们在许多重复的实验中，或在总体中所有可能的样本中发生了什么。

C.5.2 σ^2 未知情况下的区间估计

公式（C.10）的标准化假设总体方差 σ^2 是已知的。在 σ^2 未知的情况下，我们自然要用公式（C.7）中给出的估计量 $\hat{\sigma}^2$ 来替代它。

$$\hat{\sigma}^2 = \frac{\sum_{i=1}^{N}(Y_i - \bar{Y})^2}{N - 1}$$

当我们进行这样的替代时，由此得到的标准化随机变量就服从自由度为（$N-1$）的 t 分布（参见附录 B.3.7）。

$$t = \frac{\bar{Y} - \sigma}{\hat{\sigma}/\sqrt{N}} \sim t_{(N-1)} \tag{C.14}$$

符号 $t_{(N-1)}$ 表示自由度为（$N-1$）的 t 分布。设定临界值 t_c 为 $100(1-\alpha/2)$ 百分位数 $t_{(1-\alpha/2, N-1)}$。该临界值的性质是 $P[t_{(N-1)} \leq t_{(1-\alpha/2, N-1)}] = 1 - \alpha/2$。$t$ 分布的临界值可以参见本书最后的统计表 2。若 t_c 是 t 分布的临界值，则：

$$P\left(-t_c \leq \frac{\bar{Y} - \mu}{\hat{\sigma}/\sqrt{N}} \leq t_c\right) = 1 - \alpha$$

整理得到：

$$P\left(\bar{Y} - t_c \frac{\hat{\sigma}}{\sqrt{N}} \leq \mu \leq \bar{Y} + t_c \frac{\hat{\sigma}}{\sqrt{N}}\right) = 1 - \alpha$$

那么 μ 的 $100(1-\alpha)\%$ 的区间估计量为：

$$\bar{Y} \pm t_c \frac{\hat{\sigma}}{\sqrt{N}} \quad \text{或} \quad \bar{Y} \pm t_c \, \text{se}(\bar{Y}) \tag{C.15}$$

不像公式（C.13）中已知 σ^2 得到的区间估计量，公式（C.15）中的区间中心和*带宽随样本变化而变化*。

评论

置信区间公式（C.15）是建立在总体服从正态分布的假设基础上的，因此 $\bar{Y}$ 也服从正态分布。如果总体不服从正态分布，那么我们引入中心极限定理，可以说 $\bar{Y}$ 在大样本中近似服从正态分布，从图 C-3 中你可以看到的可能只有 30 个观测值。在这种情况下，我们可以使用公式（C.15），认识到在较小的样本中存在近似误差。

实例 C.9　模拟臀围数据（续）

取表 C-4 中的 10 个样本数据，利用公式（C.15），得到表 C-5 中 σ^2 的估计值以及区间估计值。当样本容量 $N=30$，置信水平为 95% 时，t 分布的临界值为 $t_c = t_{(0.975, 29)} = 2.045$。估计值 $\bar{Y}$ 和表 C-4 中的一样。估计值 $\hat{\sigma}^2$ 在真实值 $\sigma^2 = 10$ 附近变化。在这 10 个区间中，样本 4 和样本 6 并不包含实际参数值 $\mu = 10$。不过在 10 000 个模拟样本中有 94.82% 的样本包含真实总体均值 $\mu = 10$。

表 C-5		利用公式（C.15）从 10 个样本中得到的区间估计值		
样本	$\bar{y}$	σ^2	下限	上限
1	10.206	9.199	9.073	11.338
2	9.828	6.876	8.849	10.807
3	11.194	10.330	9.994	12.394
4	8.822	9.867	7.649	9.995
5	10.434	7.985	9.379	11.489
6	8.855	6.230	7.923	9.787
7	10.511	7.333	9.500	11.523
8	9.212	14.687	7.781	10.643
9	10.464	10.414	9.259	11.669
10	10.142	17.689	8.571	11.712

实例 C.10 使用臀围数据的区间估计

我们介绍了飞机座椅设计工程师面临的经验问题。给定一个样本容量为 50 的随机样本，我们估计出美国成人臀围的均值为 $\bar{y} = 17.158$ 英寸。此外，我们估计出总体方差为 $\hat{\sigma}^2 = 3.265$，因此估计出的标准差是 $\hat{\sigma} = 1.807$。均值的标准误为 $\hat{\sigma}/\sqrt{N} = 1.807/\sqrt{50} = 0.2556$。区间估计的临界值来自自由度为 $N - 1 = 49$ 的 t 分布。这个临界值不在统计表 2 中，通过软件运算得到的正确值为 $t_c = t_{(0.975, 49)} = 2.0095752$，近似地取 $t_c = 2.01$。为了构建 95% 的区间估计值，我们使用公式（C.15），将估计值代入估计量，给出：

$$\bar{y} \pm t_c \frac{\hat{\sigma}}{\sqrt{N}} = 17.1582 \pm 2.01 \frac{1.807}{\sqrt{50}}$$
$$= [16.6447, 17.6717]$$

我们估计，总体平均臀围落在 16.645 英寸到 17.672 英寸之间。虽然我们不确定这个区间是否包含真实的总体均值臀围，但是我们知道，用于创建区间的方法有 95% 的概率有效，因此如果区间并不包含真实总体均值 μ，我们会感到很惊讶。

C.6 关于总体均值的假设检验

假设检验方法就是将我们关于总体的假设条件与从数据样本中得到的信息进行比较。我们在这里检验的假设涉及正态总体的均值。在飞机座椅设计师面临的问题中，假设自 1970 年以来，飞机都是按平均总体臀围为 16.5 英寸设计的。这个数字今天仍然有效吗？

C.6.1 假设检验的构成

假设检验使用关于参数的样本信息（比如点估计值及其标准误），得出关于假设的结论。在每个假设检验中，必须由五个部分组成：

假设检验的组成部分

- 原假设 H_0
- 备择假设 H_1

- 检验统计量
- 拒绝域
- 结论

原假设 原假设，记作 H_0，会为参数设定一个值 c。我们把原假设表示为 $H_0:\mu = c$。原假设是我们要保持的信念，直到通过样本证据证实假设不为真，在这种情况下我们拒绝原假设。

备择假设 与每一个原假设配对的是逻辑上的备择假设 H_1，如果原假设被拒绝，我们会接受备择假设。**备择假设**比较灵活，一定程度上取决于手头的问题。对于原假设 $H_0:\mu = c$，有三个可能的备择假设：

- $H_1:\mu > c$。如果拒绝原假设 $\mu = c$，我们接受 μ 大于 c 的备择假设。
- $H_1:\mu < c$。如果拒绝原假设 $\mu = c$，我们接受 μ 小于 c 的备择假设。
- $H_1:\mu \neq c$。如果拒绝原假设 $\mu = c$，我们接受 μ 不等于 c 的备择假设。

检验统计量 我们要通过检验统计量计算的样本值来得到原假设的样本信息。根据检验统计值，我们决定是否拒绝原假设。检验统计量有个非常特殊的特点：当原假设成立时我们可以得到它确切的概率分布；如果原假设不成立，那么它的分布就不明确。

考虑原假设 $H_0:\mu = c$。如果样本数据服从均值为 μ、方差为 σ^2 的正态分布，则有：

$$t = \frac{\bar{Y} - \mu}{\hat{\sigma}/\sqrt{N}} \sim t_{(N-1)}$$

如果原假设 $H_0:\mu = c$ 成立，则有：

$$t = \frac{\bar{Y} - c}{\hat{\sigma}/\sqrt{N}} \sim t_{(N-1)} \tag{C.16}$$

如果原假设不成立，那么公式（C.16）中的 t 统计量就不服从 t 分布。

评论

公式（C.16）中的检验统计量的分布是以总体服从正态分布为前提的。如果总体并不服从正态分布，那么我们引入中心极限定理，这时，在样本足够大的情况下，$\bar{Y}$ 就近似服从正态分布，而在样本较小的情况下使用公式（C.16）则会产生近似误差。

拒绝域 **拒绝域**取决于备择假设的形式。正是检验统计量的数值范围导致了对原假设的拒绝。它们是不太可能的值，并且在原假设为真时发生的概率很低。逻辑链是"如果得到的检验统计量的一个值落在一个低概率区域，那么检验统计量就不太可能服从假定的分布，因此原假设不太可能成立"。如果备择假设为真，那么检验统计值会趋于异常大或异常小。术语"大"和"小"是通过选择一个概率 α 来确定的，称为检验的**显著性水平**，这为"不可能的事件"提供了一个意义。检验的显著性水平 α 通常被选择为 0.01、0.05 或 0.10。

结论 当你完成假设检验时，你应该说明你的结论，即是否拒绝原假设。然而，我们敦促你把它作为标准做法，说明结论在你正在处理的问题的经济背景下意味着什么，也就是说，以有意义的方式解释结果。这应该是你所做的所有统计工作的重点。

我们现在将讨论进行不同版本假设检验的机制。

C.6.2　备择假设为"大于"的单边检验

如果备择假设 $H_1 : \mu > c$ 成立，那么由公式（C.16）所得的 t 统计值将会比一般情况下 t 分布的要大。假设临界值 t_c 是自由度为 $N-1$ 的 t 分布的 $100(1-\alpha)$ 百分位数 $t_{(1-\alpha,\ N-1)}$。则 $P(t \leqslant t_c) = 1 - \alpha$，其中 α 是检验的显著性水平。如果 t 统计值大于或者等于 t_c，那么我们就拒绝原假设 $H_0 : \mu = c$，而接受备择假设 $H_1 : \mu > c$，如图 C-5 所示。

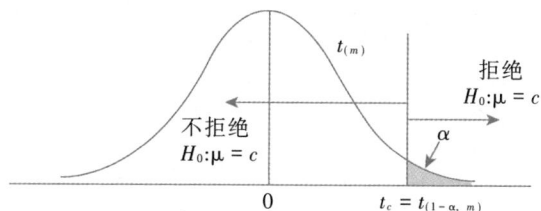

图 C-5　$H_0 : \mu = c$ 与 $H_1 : \mu > c$ 单尾检验的拒绝域

如果原假设 $H_0 : \mu = c$ 为真，那么检验统计量公式（C.16）服从 t 分布，统计值常常会落在分布的中心，其中包含了大部分概率。如果 $t < t_c$，则没有证据反对原假设，我们不拒绝原假设。

C.6.3　备择假设为"小于"的单尾检验

如果备择假设 $H_1 : \mu < c$ 为真，那么由公式（C.16）所得的 t 统计值将比一般 t 分布要小。假设临界值 $-t_c$ 是自由度为 $N-1$ 的 t 分布的 100α 百分位数 $t_{(\alpha, N-1)}$，则 $P(t \leqslant -t_c) = \alpha$，其中 α 是检验的显著性水平，如图 C-6 所示。如果 $t \leqslant -t_c$，那么我们就拒绝原假设 $H_0 : \mu = c$，而接受备择假设 $H_1 : \mu < c$；如果 $t > -t_c$，则我们不拒绝原假设 $H_0 : \mu = c$。

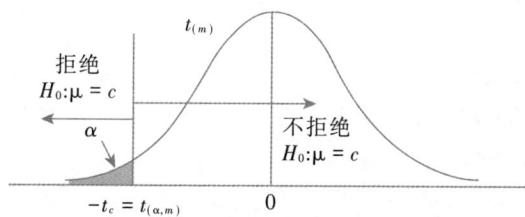

图 C-6　$H_0 : \mu = c$ 与 $H_1 : \mu < c$ 单尾检验的临界值

记忆技巧

单尾检验的拒绝域与备择假设中的箭头方向一致。如果备择假设为"$>$"，则拒绝域在右尾；反之，如果备择假设为"$<$"，则拒绝域在左尾。

C.6.4　备择假设为"不等于"的双尾检验

如果备择假设 $H_1 : \mu \neq c$ 为真，那么检验统计量的值可能异常"大"或异常"小"。拒绝域在 t 分布的两端，被称为双尾检验。检验原假设 $H_0 : \mu = c$ 对备择假设 $H_1 : \mu \neq c$ 的临界值如图 C-7 所示。临界值是自由度为 $N-1$ 的 t 分布的 $100(1-\alpha/2)$ 百分位数 $t_c = t_{(1-\alpha/2, N-1)}$，因此 $P(t \geqslant t_c) = P(t \leqslant -t_c) = \alpha/2$。

如果检验统计量 t 值落在 $t_{(N-1)}$ 分布任意一端的拒绝域，那么我们就拒绝原假设 $H_0: \mu = c$，而接受备择假设 $H_1: \mu \neq c$。如果检验统计量 t 值落在了非拒绝域，在临界值 $-t_c$ 和 t_c 之间，那么我们不拒绝原假设 $H_0: \mu = c$。

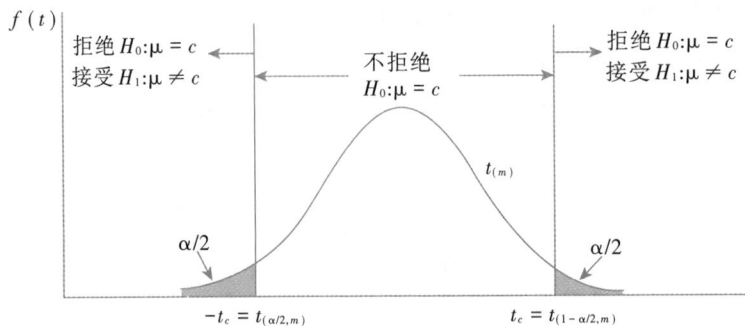

图 C-7　$H_0: \mu = c$ 与 $H_1: \mu \neq c$ 双尾检验的拒绝域

实例 C.11　利用臀围数据的单尾检验

让我们通过检验总体臀围为 16.5 英寸的原假设（备择假设为臀围大于 16.5 英寸）来举例说明。建议采用以下五个步骤。

1. 原假设 $H_0: \mu = 16.5$。备择假设 $H_1: \mu > 16.5$。

2. 如果原假设为真，则有检验统计量 $t = (\bar{Y} - 16.5) / (\hat{\sigma} / \sqrt{N}) \sim t_{(N-1)}$。

3. 设显著性水平为 $\alpha = 0.05$。自由度 $N - 1 = 49$ 的 t 分布的临界值 $t_c = t_{(0.95, 49)} = 1.6766$。因此，如果 $t \geq 1.68$，则拒绝原假设而接受备择假设。

4. 利用臀围数据，μ 的估计值为 $\bar{y} = 17.1582$，估计方差为 $\hat{\sigma}^2 = 3.2653$，因此 $\hat{\sigma} = 1.807$。检验统计值为：

$$t = \frac{17.1582 - 16.5}{1.807 / \sqrt{50}} = 2.5756$$

5. 结论：因为 $t = 2.5756 > 1.68$，我们拒绝原假设。我们得到的样本信息与原假设 $\mu = 16.5$ 不相容。在 $\alpha = 0.05$ 的显著性水平下，接受总体平均臀围大于 16.5 英寸的备择假设。

实例 C.12　利用臀围数据的双尾检验

设原假设为总体臀围等于 17 英寸，备择假设为总体臀围不等于 17 英寸。检验的步骤如下：

1. 原假设为 $H_0: \mu = 17$，备择假设为 $H_1: \mu \neq 17$。

2. 如果原假设为真，则检验统计量 $t = (\bar{Y} - 17) / (\hat{\sigma} / \sqrt{N}) \sim t_{(N-1)}$。

3. 设定显著性水平为 $\alpha = 0.05$。在双尾检验中，$\alpha/2 = 0.025$ 的概率位于分布的每一端。临界值是 t 分布的第 97.5 百分位数，在上尾有 2.5% 的概率，对于自由度为 $N - 1 = 49$ 的 t 分布，$t_c = t_{(0.975, 49)} = 2.01$。因此，如果 $t \geq 2.01$ 或 $t \leq -2.01$，则我们会拒绝原假设而选择备择假设。

4. 利用臀围数据，μ 的估计值为 $\bar{y} = 17.1582$，估计方差为 $\hat{\sigma}^2 = 3.2653$，而 $\hat{\sigma} = 1.807$。检验统计值为：

$t = (17.1582 - 17) / (1.807 / \sqrt{50}) = 0.6191$

5. 结论：由于 $-2.01 < t = 0.6191 < 2.01$，我们不拒绝原假设。我们得到的样本信息与总体平均臀围 $\mu = 17$ 英寸的原假设一致。

提醒

在解释统计检验的结果时必须小心。假设检验的一个基本规则就是在非拒绝域中找到一个样本检验统计值，使原假设不成立。假设另一个原假设为 $H_0: \mu = c^*$，其中 c^* "接近"于 c。如果我们不能拒绝原假设 $\mu = c$，则我们将不能拒绝假设 $\mu = c^*$。在上述例子中，在 $\alpha = 0.05$ 的水平下，我们不能拒绝假设 μ 等于 17、16.8、17.2 或 17.3。事实上，在任何问题中都有许多假设我们不会拒绝，但这并不意味着其中任何一个假设都是真的。较弱的陈述 "我们不拒绝原假设" 或 "我们不能拒绝原假设" 不会传递误导信息。

C.6.5　p 值

当报告统计假设检验的结果时，通常会报告检验的 **p 值**。如果我们得到检验的 p 值，那就可以通过将 p 值与显著性水平 α 进行比较，得出检验结论，而不需要再查询或计算临界值。

p 值规则

当 p 值小于或等于显著性水平 α 的时候就拒绝原假设，即如果 $p \leq \alpha$，则拒绝 H_0；如果 $p > \alpha$，则不拒绝 H_0。

如果选定显著性水平 $\alpha = 0.01$、0.05、0.10 或者其他数值，则可以将之与检验的 p 值进行比较，决定是否拒绝原假设，而不用检查临界值 t_c。

如何计算 p 值取决于备择假设。假设 t 是通过计算得到的自由度为 $N-1$ 的 t 统计值（不是临界值），则：

- 如果 $H_1: \mu > c$，则 p 值为 t 右侧部分的概率值。
- 如果 $H_1: \mu < c$，则 p 值为 t 左侧部分的概率值。
- 如果 $H_1: \mu \neq c$，则 p 值为数值 $|t|$ 右侧部分概率值和 $-|t|$ 左侧部分概率值之和。

备择假设的方向表明 p 值落在分布尾端。

实例 C.13　单尾检验 p 值：臀围数据

在实例 C.11 中，我们使用臀围数据检验了原假设 $H_0: \mu = 16.5$ 与备择假设 $H_1: \mu > 16.5$。计算得到的 t 统计值 $t = 2.5756$。在这个案例中，因为备择假设为 "大于"（>），检验的 p 值是自由度 $N-1 = 49$ 的 t 随机变量大于 2.5756 的概率。该概率值在通常的临界值 t 表中查不到，但是通过计算机很容易求得。统计软件包和 Excel 有简单的命令可用来计算许多概率分布的累积分布函数（cdf）（参见 "概率入门" 第 P.2 节）。如果 $F_X(x)$ 是随机变量 X 的 cdf，则对于任意一个数值 $x = c$，有 $P[X \leq c] = F_X(c)$。给定 t 分布函数，我们计算所需的 p 值为：

$$p = P(t_{(49)} \geq 2.576) = 1 - P(t_{(49)} \leq 2.576) = 0.0065$$

给定 p 值，我们可以立即得出结论：在 $\alpha = 0.01$ 或者 0.05 上拒绝原假设而接受备择假设；但是如果 $\alpha = 0.001$，我们不会拒绝原假设。

p 值的逻辑如图 C-8 所示。如果概率 0.0065 落在 $t=2.5756$ 的右边，则使 $\alpha = 0.01\left(t_{(0.99,49)}\right)$ 或 $\alpha = 0.05\left(t_{(0.95,49)}\right)$ 的概率在尾部的临界值必定落在 2.5756 的左边。在这种情况下，当 p 值 $\leq \alpha$ 时，必定有 $t \geq t_c$，在这些显著性水平下应该拒绝原假设。另外，必须为真的是，$\alpha = 0.001$ 的临界值必须落在 2.5756 的右边，这意味着我们不应该在这一显著性水平下拒绝原假设。

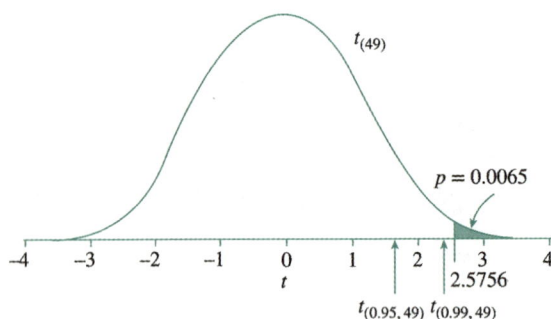

图 C-8 右尾检验的 p 值

实例 C.14 双尾检验 p 值：臀围数据

对于双尾检验来说，拒绝域位于 t 分布的两个尾部，p 值必须同样地在分布的两个尾部计算。对于臀围数据，我们检验原假设 $H_0:\mu = 17$ 与备择假设 $H_1:\mu \neq 17$，求得检验统计值 $t=0.6191$。p 值为：

$$p = P\left[t_{(49)} \geq 0.6191\right] + P\left[t_{(49)} \leq -0.6191\right]$$
$$= 2 \times 0.2694 = 0.5387$$

因为 p 值 $=0.5387 > \alpha=0.05$，在 $\alpha=0.05$ 或其他通常的显著性水平下，我们不拒绝原假设 $H_0:\mu = 17$。双尾 p 值如图 C-9 所示。

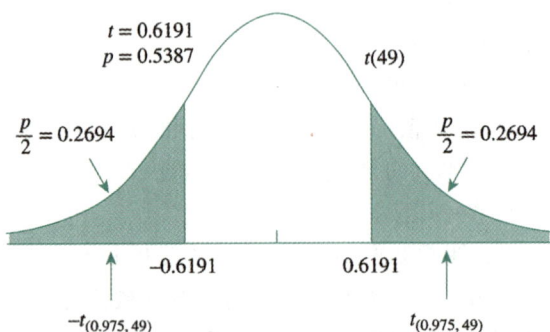

图 C-9 双尾检验的 p 值

C.6.6 原假设和备择假设表述的评价

统计检验方法并不能证明原假设的真实性。当不能拒绝原假设时，假设检验所能确定的只是，数据样本中的信息与原假设是相容的。同时，统计检验可能会导致我们拒绝原假设，以很小的概率 α 拒绝实际为真的原假设。因此，与不能拒绝原假设相比，拒绝原假设是更有力的结论。

通常如此表述假设检验，即如果理论是正确的，则会拒绝原假设。例如，飞机座椅设计师是在总体平均臀围为16.5英寸的假设（原假设）前提下工作的。非正式的观测表明，人们的平均臀围正越来越大。如果航空公司想把座椅舒适满意程度继续保持下去，那就必须加宽座位。只有存在总体臀围确实更大的统计证据，航空公司才会花费大笔成本进行变革。当使用假设检验时，我们想找出是否有统计证据证明我们目前的"理论"不正确，或者数据是否与它一致。有了这一目标，我们构建总体均值为16.5英寸的原假设，即$H_0: \mu = 16.5$；备择假设为总体均值大于16.5英寸，即$H_1: \mu > 16.5$。在此案例中，如果我们拒绝原假设，我们要表明臀围增大在统计上是显著的。

你可能视该例中的原假设过于受限，因为总体均值臀围可能小于16.5英寸。原假设$H_0: \mu \leq 16.5$与备择假设$H_1: \mu > 16.5$的假设检验同$H_0: \mu = 16.5$与$H_1: \mu > 16.5$的检验完全相同。检验统计值和拒绝域完全相同。对于单尾检验，你可以用这两种方式中的任何一种来形成原假设。

在进行分析甚至在收集数据样本之前，构建原假设以及备择假设是很重要的，否则将导致备择假设设定错误。假如，我们想要检验是否有$\mu > 16.5$，样本均值$\bar{y} = 15.5$。这是否意味着我们应该设定备择假设$\mu < 16.5$以与估计值一致？答案是否定的。备择假设是用来表述我们要建立的假设$\mu > 16.5$的。

C.6.7　第I类错误和第II类错误

不论是否拒绝，我们不可避免地都可能会出现差错。在任何假设检验下，我们做出正确决定的方法有两种，做出错误决定的方法也有两种。

正确决定

- 原假设为伪，我们决定拒绝它。
- 原假设为真，我们决定不拒绝它。

错误决定

- 原假设为真，我们决定拒绝它（第I类错误）
- 原假设为伪，我们决定不拒绝它（第II类错误）

当我们拒绝原假设的时候，可能会犯第I类错误，犯此类错误的概率是α，即检验的显著性水平。当原假设为真时，t统计值落在拒绝域内的概率为α，因此假设检验会拒绝为真的假设的概率为$100\alpha\%$。这里的好消息是，我们可以通过选择显著性水平α来控制第I类错误发生的概率。

当我们不拒绝原假设的时候，就有可能犯第II类错误。假设检验可能导致我们以一定的概率犯下不能拒绝错误的原假设的第II类错误。第II类错误概率的大小不在我们的控制之下，不能计算，因为它取决于μ的真值，这是未知的。不过，我们知道第II类错误发生的概率不能计算出来或者加以控制，是因为它依据真实均值μ而确定，而μ也是未知的。不过，我们确实知道：

- 第II类错误发生的概率与显著性水平α（犯第I类错误的概率）呈反方向变化。如果选择使显著性水平α更小，那么犯第II类错误的概率就提高。

- 如果原假设为 $u=c$，μ 的真实值（未知）接近于 c，那么犯第 II 类错误的概率会非常高。

- 在给定犯第 I 类错误水平的情况下，样本容量 N 越大，犯第二类错误的概率就越小。

一个帮我们轻松记忆第 I 类错误和第 II 类错误差别的例子来自美国的司法制度。在审讯中，嫌疑人被认为是无辜的。这是原假设，备择假设是此人是有罪的。如果将一个无辜的人定罪，那么我们就拒绝了原假设而犯了第 I 类错误。如果我们没能将罪犯定罪，即没能拒绝原假设，那就犯了第 II 类错误。在本例中，哪种错误的不良影响更大呢？是把无辜的人送进监狱更好，还是把一个有罪的人释放更好？在本例中，使第 I 类错误发生的概率很小会更好。

C.6.8 假设检验和置信区间之间的关系

双尾假设检验和置信区间估计值之间有代数关系，这有时很有用。假设我们要检验原假设 $H_0{:}\mu=c$ 与备择假设 $H_1{:}\mu\neq c$。若是在显著性水平 α 下不能拒绝原假设，那么数值 c 要落在 μ 的 $100(1-\alpha)\%$ 置信区间估计值范围内。相反，如果我们拒绝原假设，那么数值 c 应该落在 μ 的 $100(1-\alpha)\%$ 置信区间估计值范围之外。这个代数关系为真，因为当 $-t_c\leq t\leq t_c$ 或当下式成立时，我们不能拒绝原假设：

$$-t_c\leq\frac{\bar{Y}-c}{\hat{\sigma}/\sqrt{N}}\leq t_c$$

整理得到：

$$\bar{Y}-t_c\frac{\hat{\sigma}}{\sqrt{N}}\leq c\leq\bar{Y}+t_c\frac{\hat{\sigma}}{\sqrt{N}}$$

这个区间的端点值和 μ 的 $100(1-\alpha)\%$ 置信区间估计值的端点值是一样的。因此，对于任何在这个区间内的 c 值，我们不拒绝原假设 $H_0{:}\mu=c$ 对备择假设 $H_1{:}\mu\neq c$。对于任何在此区间之外的 c 值，我们拒绝原假设 $H_0{:}\mu=c$，而接受备择假设 $H_1{:}\mu\neq c$。

如果你只有置信区间而要对双尾检验的结果做出判断时，这个关系使用起来将会非常方便。

C.7 其他一些有用的检验

在本节中，我们非常简要地总结一些其他的检验。这些检验不仅本身很有用，而且还说明了附录 B.3 中介绍过的卡方分布和 F 分布检验统计量的使用。

C.7.1 检验总体方差

设 Y 是服从正态分布的随机变量，即 $Y\sim N(\mu,\sigma^2)$。假设我们有一个来自总体的样本容量为 N 的随机样本 $Y_1,Y_2,\cdots,Y_N$。总体均值的估计量 $\bar{Y}=\sum Y_i/N$，总体方差的无偏估计量 $\hat{\sigma}^2=\sum(Y_i-\bar{Y})^2/(N-1)$。为了检验原假设 $H_0{:}\sigma^2=\sigma_0^2$，我们使用统计量：

$$V = \frac{(N-1)\hat{\sigma}^2}{\sigma_0^2} \sim \chi^2_{(N-1)}$$

如果原假设为真，那么检验统计量服从自由度为 $N-1$ 的卡方分布。如果备择假设为 $H_1 : \sigma^2 > \sigma_0^2$，那么我们进行单尾检验。如果我们选择显著性水平 $\alpha = 0.05$，则如果 $V \geq \chi^2_{(0.95, N-1)}$，就拒绝原假设，其中 $\chi^2_{(0.95, N-1)}$ 是自由度为 $N-1$ 的卡方分布的第 95 百分位数。这些数值可以在本书最后的统计表 3 中找到，或利用统计软件计算得到。如果备择假设为 $H_1 : \sigma^2 \neq \sigma_0^2$，那么我们进行双尾检验，如果 $V \geq \chi^2_{(0.975, N-1)}$ 或者 $V \leq \chi^2_{(0.025, N-1)}$，则我们拒绝原假设。卡方分布是向右偏斜的，所以在确定左右尾临界值时，我们不能用对称性的性质。

C.7.2　检验两个总体均值的等价性

设两个正态总体分别表示为 $N(\mu_1, \sigma_1^2)$ 和 $N(\mu_2, \sigma_2^2)$。为了估计和检验两个总体均值的差异 $\mu_1 - \mu_2$，我们必须从两个总体中分别抽取样本容量为 N_1 和 N_2 的随机数据样本。利用第一个样本，我们得到样本均值 $\bar{Y}_1$ 和样本方差 $\hat{\sigma}_1^2$；利用第二个样本，我们得到样本均值 $\bar{Y}_2$ 和样本方差 $\hat{\sigma}_2^2$。设原假设为 $H_0 : \mu_1 - \mu_2 = c$，此原假设的检验依存于两个总体方差是否相等。

情形 1：总体方差相等

如果两个总体方差是相等的，就会有 $\sigma_1^2 = \sigma_2^2 = \sigma_p^2$，则利用两个样本信息来估计共同值 σ_p^2，即"混合方差估计量"为：

$$\hat{\sigma}_p^2 = \frac{(N_1 - 1)\hat{\sigma}_1^2 + (N_2 - 1)\hat{\sigma}_2^2}{N_1 + N_2 - 2}$$

如果原假设 $H_0 : \mu_1 - \mu_2 = c$ 为真，则：

$$t = \frac{(\bar{Y}_1 - \bar{Y}_2) - c}{\sqrt{\hat{\sigma}_p^2 \left(\frac{1}{N_1} + \frac{1}{N_2} \right)}} \sim t_{(N_1 + N_2 - 2)}$$

通常，我们会构建单尾检验备择假设 $H_1 : \mu_1 - \mu_2 > c$，或者双尾检验备择假设 $H_1 : \mu_1 - \mu_2 \neq c$。

情形 2：两个总体方差不相等

如果两个总体方差不相等，则我们不能使用混合方差估计值，而是要用：

$$t^* = \frac{(\bar{Y}_1 - \bar{Y}_2) - c}{\sqrt{\frac{\hat{\sigma}_1^2}{N_1} + \frac{\hat{\sigma}_2^2}{N_2}}}$$

这个检验统计量的确切分布既不是正态分布也不是通常的 t 分布。t^* 分布可以看作近似地服从有如下自由度的 t 分布：

$$df = \frac{\left(\hat{\sigma}_1^2 / N_1 + \hat{\sigma}_2^2 / N_2 \right)^2}{\left(\frac{\left(\hat{\sigma}_1^2 / N_1 \right)^2}{N_1 - 1} + \frac{\left(\hat{\sigma}_2^2 / N_2 \right)^2}{N_2 - 1} \right)}$$

这只是统计学文献中几个近似公式中的一个，你还可以通过计算机软件很好地使用其他近似公式。

C.7.3 检验两个总体方差的比率

给定两个正态总体 $N(\mu_1, \sigma_1^2)$ 和 $N(\mu_2, \sigma_2^2)$，我们可以检验原假设 $H_0: \sigma_1^2/\sigma_2^2 = 1$。若原假设为真，那么两个总体的方差就会相等。由 $(N_1-1)\hat{\sigma}_1^2/\sigma_1^2 \sim \chi^2_{(N_1-1)}$ 和 $(N_2-1)\hat{\sigma}_2^2/\sigma_2^2 \sim \chi^2_{(N_2-1)}$ 可推导出检验统计量。在附录 B.3.8 中，我们定义 F 随机变量，即两个除以其自由度的独立卡方随机变量的比率。在此例子中，相关的比率为：

$$F = \frac{\dfrac{(N_1-1)\hat{\sigma}_1^2/\sigma_1^2}{(N_1-1)}}{\dfrac{(N_2-1)\hat{\sigma}_2^2/\sigma_2^2}{(N_2-1)}} = \frac{\hat{\sigma}_1^2/\sigma_1^2}{\hat{\sigma}_2^2/\sigma_2^2} \sim F_{(N_1-1, N_2-1)}$$

如果原假设 $H_0: \sigma_1^2/\sigma_2^2 = 1$ 成立，那么检验统计量为 $F = \hat{\sigma}_1^2/\hat{\sigma}_2^2$，服从分子自由度为 N_1-1 和分母自由度为 N_2-1 的 F 分布。如果备择假设为 $H_1: \sigma_1^2/\sigma_2^2 \neq 1$，则我们将进行双尾假设检验。如果我们选择显著性水平 $\alpha = 0.05$，则如果 $F \geq F_{(0.975, N_1-1, N_2-1)}$ 或 $F \leq F_{(0.025, N_1-1, N_2-1)}$，我们就拒绝原假设，其中 $F_{(\alpha, N_1-1, N_2-1)}$ 表示具有所定义自由度的 F 分布的 100α 百分位数。如果备择假设为单尾，$H_1: \sigma_1^2/\sigma_2^2 > 1$，$F \geq F_{(0.95, N_1-1, N_2-1)}$，我们就拒绝原假设。

C.7.4 检验总体正态性

关于均值和方差的检验都是以假定总体服从正态分布为前提的。那么有两个问题就出现了：当总体不服从正态分布的时候，检验有多好？我们能否对总体的正态性进行检验？对第一个问题的回答是当样本足够大的时候，即使总体不服从正态分布，这些检验的效果还是很好的。那么样本必须是多大？这个问题很难回答，因为这要根据总体的非正态程度来定。对于第二个问题，我们的答案是我们可以检验总体的正态性。长期以来，统计学家一直对这个问题非常感兴趣，而且找到了一些检验方法。但是，这些检验及其基本理论相当复杂，远远超出了本书的范围。

不过，我们可以提出一个稍微不那么复杂的检验。正态分布是对称的，呈钟形，峰值和尾部厚度导致峰度为 3。因此，我们可以通过从数据样本中检查偏度和峰度来检验正态性偏离。如果偏度不接近于零，或者峰度不接近于 3，那么我们拒绝总体的正态性。在第 C.4.2 节中，我们开发出偏度和峰度的衡量公式：

$$\overline{skewness} = S = \frac{\tilde{\mu}_3}{\tilde{\sigma}^3}$$

$$\overline{kurtosis} = K = \frac{\tilde{\mu}_4}{\tilde{\sigma}^4}$$

我们用 JB（Jarque-Bera）检验统计量可对这两项特征进行联合检验：

$$JB = \frac{N}{6}\left(S^2 + \frac{(K-3)^2}{4}\right)$$

如果真实的分布是对称的且峰度为3，包括正态分布，那么当样本足够大的时候，JB检验统计量就服从自由度为2的卡方分布。如果显著性水平 $\alpha = 0.05$，则 $\chi^2_{(2)}$ 的临界值为5.99。若 $JB \geq 5.99$，则我们拒绝原假设，得出数据是非正态的结论。如果我们拒绝原假设，则我们知道数据具有非正态的特征，但是我们不知道总体会服从什么分布。

实例C.15　检验臀围数据的正态性

对于臀围数据，在实例C.6中，偏度和峰度的估计值被估计出来。将这些值带入 JB 检验统计量公式，我们得到：

$$JB = \frac{N}{6}\left(S^2 + \frac{(K-3)^2}{4} \right)$$

$$= \frac{50}{6}\left((-0.0138)^2 + \frac{(2.3315-3)^2}{4} \right) = 0.9325$$

因为 $JB = 0.9325$，小于临界值5.99，我们得出不能拒绝臀围数据具有正态性的结论。检验的 p 值在0.9325的右边 $\chi^2_{(2)}$ 分布的尾部区域：

$$p = P\left[\chi^2_{(2)} \geq 0.9325 \right] = 0.6273$$

C.8　介绍极大似然估计[①]

在总体分布已知的情况下，**极大似然估计**是一个强有力的方法。在本节中，我们将用简洁明了的例子介绍极大似然估计的概率。

实例C.16　"幸运转轮"游戏：$p = 1/4$ 或 3/4

考虑下面的"幸运转轮"游戏。你是一个面对两个转轮的参赛者，每个转轮一部分有阴影，另一部分没有阴影（见图C-10）。假设转动一个转轮后，如果指针在阴影区域，则获胜；如果指针在非阴影区域，则失败。在A转轮上，25%的面积有阴影，所以获胜的概率是1/4。在B转轮上，75%的面积有阴影，所以获胜的概率是3/4。你必须玩的游戏是这样的：其中一个转轮被选择和旋转三次，结果为WIN、WIN和LOSS。你不知道该选择哪个转轮，但必须选择一个转轮旋转。你会选择哪一个？

一个直观的方法就是：设 p 表示转动一次转轮获胜的概率。在A转轮和B转轮之间选择意味着在 $p = 1/4$ 和 $p = 3/4$ 之间进行选择。你要计算 p，但只有两个估计值，你必须基于观测数据来选择。让我们计算每个转轮的每个结果序列的概率。

对于A转轮，$p = 1/4$，观测到WIN、WIN和LOSS序列的概率是：

$$\frac{1}{4} \times \frac{1}{4} \times \frac{3}{4} = \frac{3}{64} = 0.0469$$

即，当 $p = 1/4$ 时，观测到WIN、WIN和LOSS序列的概率或似然值是0.0469。

对于B转轮，$p = 3/4$，那么观测到上述结果的概率是：

$$\frac{3}{4} \times \frac{3}{4} \times \frac{1}{4} = \frac{9}{64} = 0.1406$$

即，当 $p = 3/4$ 时，观测到WIN、WIN和LOSS序列的概率或似然值是0.1406。

---

① 本节包含一些高级材料。

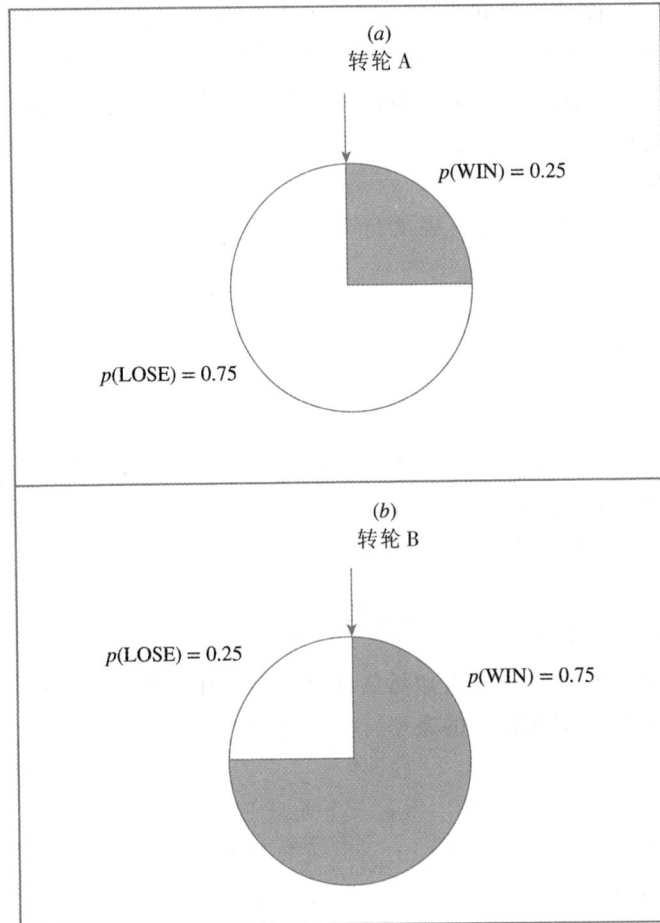

图C-10　幸运转轮游戏

如果必须在可用数据基础上选择A转轮或B转轮，由于B转轮转出观测结果的概率更高，我们会倾向于选择B转轮。B转轮相较于A转轮更有可能被转动到阴影区域，$\hat{p}=3/4$就叫作p的**极大似然估计值**。**极大似然原则**寻找使实际得到观测结果的概率或似然值最大化的参数值。

实例C.17　"幸运转轮"游戏：$0<p<1$

现在假设p是0到1之间的任意概率值，而不仅是1/4或3/4。转轮上表示获胜的阴影部分的比例未知。在三次转动中，我们的观测结果为WIN、WIN和LOSS。p值最有可能是多少？观测到WIN、WIN和LOSS序列的概率是似然值L，即：

$$L(p)=p\times p\times(1-p)=p^2-p^3 \tag{C.17}$$

似然值L取决于"获胜"的未知概率p，我们将其表示为$L(p)$，表明是一个函数关系。我们要求出能使实际观测结果的似然值最大化的p值。似然函数（C.17）以及能使该函数最大化的p的选择，如图C-11所示。用$\hat{p}$表示最大值，被称为p的极大似然估计值。为求出p值，我们可以使用微积分。$L(p)$对p求导数，得到：

$$\frac{dL(p)}{dp} = 2p - 3p^2$$

令该导数等于0：

$$2p - 3p^2 = 0 \Rightarrow p(2 - 3p) = 0$$

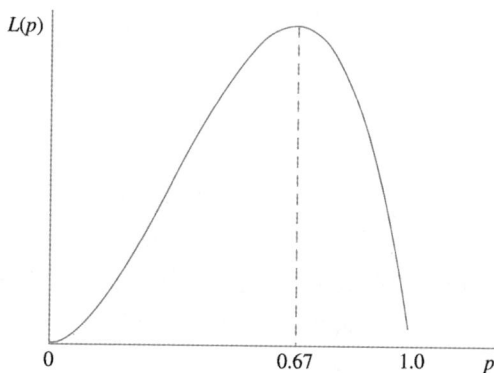

图C-11 似然函数

该方程有两个解$p=0$或$p=2/3$。最大化$L(p)$的值为$\hat{p}=2/3$，这是极大似然估计值。也就是说，在p的所有可能值（在0和1之间）中，观测到两胜一负（顺序不重要）的最大概率是$\hat{p}=2/3$。

我们能推导出一个可用于任何观测数据的一般公式吗？在附录B.3.1中，我们介绍了伯努利分布。我们定义随机变量X取值为$x=1$（WIN）、$x=0$（LOSS），发生概率分别为p和$1-p$。这个随机变量的概率函数可写成数学形式：

$$P(X=x) = f(x|p) = p^x(1-p)^{1-x}, \quad x = 0, 1$$

如果转动转轮N次，我们就得到N个样本值$x_1, x_2, \cdots, x_N$。假设转动都是相互独立的，我们可以形成联合概率函数：

$$f(x_1, \cdots, x_N|p) = f(x_1|p) \times \cdots \times f(x_N|p) = p^{\Sigma x_i}(1-p)^{N-\Sigma x_i} = L(p|x_1, \cdots, x_N) \tag{C.18}$$

联合概率函数给出了观测一组特定结果的概率，它是公式（C.17）的推广。在最后一行中，我们表明，联合概率函数在代数上等价于**似然函数**$L(p|x_1, \cdots, x_N)$。该表示法强调，给定我们观测到的样本结果，似然函数取决于未知概率p。为了使表示简单化，我们将继续把似然函数表示为$L(P)$。

实例C.18 "幸运转轮"游戏：最大化对数-似然函数

在幸运转轮游戏中，极大似然估计值就是能最大化$L(P)$的p值。为了使用微积分求得估计值，我们用一个技巧来简化代数。使$L(p) = p^2(1-p)$最大化的p值同时也会使对数-似然函数$\ln L(p) = 2\ln(p) + \ln(1-p)$最大化，其中"ln"表示自然对数。对数-似然函数如图C-12所示。对比图C-11和图C-12，似然函数的最大值为$L(\hat{p}) = 0.1481$，对数-似然函数的最大值为$\ln L(\hat{p}) = -1.9095$，这两个函数均在$\hat{p} = 2/3 = 0.6667$处出现最大值。

$$\ln L(p)$$

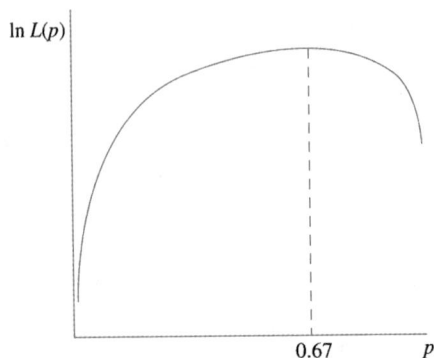

图 C-12　对数-似然函数

实例 C.18 中的技巧适用于所有似然和对数-似然函数及其参数，因此当你看到正在讨论的极大似然估计时，它始终是指最大化对数-似然函数。对于我们要考虑的一般问题，对数-似然函数是公式（C.18）的对数：

$$\ln(p) = \sum_{i=1}^{N} \ln\left[f(x_i | p) \right]$$

$$= \left(\sum_{i=1}^{N} x_i \right) \ln(p) + \left(N - \sum_{i=1}^{N} x_i \right) \ln(1-p) \qquad (C.19)$$

一阶导数为：

$$\frac{d \ln L(p)}{dp} = \frac{\sum x_i}{p} - \frac{N - \sum x_i}{1-p}$$

令上式等于 0，并用估计值 $\hat{p}$ 替代 p 来表示使 $\ln L(p)$ 最大化的值，得到：

$$\frac{\sum x_i}{\hat{p}} - \frac{N - \sum x_i}{1 - \hat{p}} = 0$$

为了求解该方程，两边同时乘以 $\hat{p}(1-\hat{p})$，可得到：

$$(1 - \hat{p}) \sum x_i - \hat{p}\left(N - \sum x_i \right) = 0$$

最后，求解 $\hat{p}$，得到：

$$\hat{p} = \frac{\sum x_i}{N} = \bar{x} \qquad (C.20)$$

估计量 $\hat{p}$ 为**样本比例**，$\sum x_i$ 表示在 N 次转动中出现 1（"获胜"）的总次数。正如你所见，$\hat{p}$ 也是 x_i 的样本均值。这个结果是完全普遍的。只要在一次实验中有两个可能的结果且其概率分别为 p 和 1-p，则基于 N 个观测值的极大似然估计值就是公式（C.20）的样本比例。

实例 C.19　估计总体比例

这种估计策略适用于很多场合。例如，民意调查员要试图估计支持候选人 A 而不是候选人 B 的人口比例，医学研究人员想要估计有基因缺陷的人口比例，市场研究人员试图发现消费者喜欢蓝色还是绿色早餐麦片包装盒。假设在最后这个案例中，你随机选择

200个麦片消费者，调查他们喜欢蓝色还是绿色包装盒。如果有75个人喜欢蓝色，那我们可估计喜欢蓝色的人的比例为 $\hat{p} = \sum x_i / N = 75/200 = 0.375$，即得出37.5%的人喜欢蓝色包装盒的结论。

C.8.1 极大似然估计量推断

如果使用极大似然估计，那么怎样进行假设检验并构建置信区间呢？这些问题的答案是在用极大似然方法得到的估计量的一些显著性质中找到的。接下来让我们考虑一个普遍的问题。设 X 为随机变量，其概率密度函数为 $f(x|\theta)$，其中 θ 为未知参数。基于样本容量为 N 的随机样本 $x_1, \cdots, x_N$，对数似然函数为：

$$\ln L(\theta) = \sum_{i=1}^{N} \ln \left[f(x_i|\theta) \right]$$

如果所涉及的随机变量的概率密度函数比较平滑，并且如果某些其他技术条件成立，那么在大样本中，参数 θ 的极大似然估计量 $\hat{\theta}$ 服从近似正态的概率分布，具有期望值 θ 和方差 $V = \mathrm{var}(\hat{\theta})$，我们稍后讨论。也就是说，我们可以说：

$$\hat{\theta} \overset{a}{\sim} N(\theta, V) \tag{C.21}$$

其中，符号 $\sim$ 表示"渐进分布"。单词"渐近"是指当样本容量 N 变大时，或当 $N \to \infty$ 时，估计量的性质。要说一个估计量是渐近正态的，意味着它的概率分布在样本较小时可能是未知的，在大样本中变得近似正态分布。这类似于我们在第 C.3.4 节中讨论的中心极限定理。

根据公式（C.21）中的正态性结果，我们可以立即构造一个 t 统计量并求得其置信区间和检验统计量。特别是，如果我们想要检验原假设 $H_0 : \theta = c$ 与单尾或双尾备择假设，那么我们就可以使用检验统计量：

$$t = \frac{\hat{\theta} - c}{\mathrm{se}(\hat{\theta})} \overset{a}{\sim} t_{(N-1)} \tag{C.22}$$

如果原假设成立，那么 t 统计量在大样本下就近似服从自由度为 $N-1$ 的 t 分布。进行假设检验的机制与第 C.6 节中的机制完全相同。

如果 t_c 表示 $100(1-\alpha/2)$ 百分位数 $t_{(1-\alpha/2, N-1)}$，则 θ 的 $100(1-\alpha)\%$ 置信区间为：

$$\hat{\theta} \pm t_c \, \mathrm{se}(\hat{\theta})$$

这个置信区间的解释就像第 C.5 节中的解释一样。

评论

在公式（C.21）和公式（C.22）中的渐进结果只有在大样本中才会成立。我们已经指出，检验统计量的分布近似于自由度为 $N-1$ 的 t 分布。如果 N 确实很大，则 $t_{(N-1)}$ 分布收敛于标准正态分布 $N(0,1)$，$100(1-\alpha/2)$ 百分位数 $t_{(1-\alpha/2, N-1)}$ 收敛于标准正态分布的相应百分位数。当样本容量 N 可能不大时，不管正确与否，都使用渐近结果。当获得区间估计值并进行假设检验时，我们更喜欢使用 t 分布临界值，通过自由度修正对小样本进行调整。

C.8.2 极大似然估计量的方差

检验统计量和置信区间表达式中的一个关键组成部分就是标准误 $\mathrm{se}(\hat{\theta})$。如何求得标准误？标准误是估计方差的平方根。直到现在我们才讨论的部分就是如何求出极大似然估计量的方差，$V = \mathrm{var}(\hat{\theta})$。方差 V 是对数–似然函数二阶导数期望值的相反数的倒数，即：

$$V = \mathrm{var}(\hat{\theta}) = \left[-E\left(\frac{d^2 \ln L(\theta)}{d\theta^2} \right) \right]^{-1} \tag{C.23}$$

这看起来很吓人，你可以理解为什么我们要推迟说明这个问题。这是什么意思呢？首先，二阶导数衡量对数–似然函数的曲率。二阶导数是导数的导数，见附录 A.3.3。一阶导数衡量函数的斜率或函数的变化率。二阶导数衡量斜率的变化率。要获得对数–似然函数的最大值，它必须是"倒碗"形状，如图 C–13 所示。

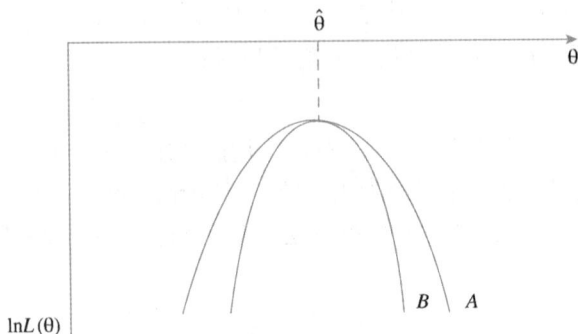

图 C–13　两个对数–似然函数

在最大点左侧的任何一点，对数–似然函数的斜率都是正的；在最大值右侧的任何一点，其斜率都是负的。从函数图的左侧到右侧，其斜率是递减的（正的变得更少，负的变得更多），因此函数的二阶导数一定为负。二阶导数的绝对值越大，斜率变化就越快，这表明对数–似然函数的弯曲度就越大，这一点非常重要。在图 C–13 中，两个似然函数 A 和 B 有相同的最大值 $\hat{\theta}$。更锋利的山峰在山顶上的"摆动空间"较小。摆动空间越小，意味着最大值 $\hat{\theta}$ 的位置有较小的不确定性。在估计术语中，较小的不确定性意味着更高的精度和较小的方差。对数–似然函数越尖锐弯曲，其二阶导数绝对值越大，导致更精确的最大似然估计，并导致方差较小的最大似然估计。因此，最大似然估计量的方差 V 与（负）二阶导数成反比关系。期望值 "E" 必须存在，因为这个数值取决于数据，所以是随机的，我们要对所有可能的数据结果求平均值。

C.8.3 样本比例的分布

现在是举个例子的时候了。在第 C.8 节的开始部分，我们介绍了一个随机变量 X，以 p 和 $1 - p$ 的概率取值 $x=1$ 和 $x=0$。它的对数–似然函数由公式（C.19）给出。在这个问题中，我们估计的参数 θ 就是总体比例 p，即 $x=1$ 在总体中的比例。我们已经知道 p 的极大似然估

计量是样本比例 $\hat{p} = \sum x_i / N$。对数–似然函数（C.19）的二阶导数为：

$$\frac{d^2 \ln L(p)}{dp^2} = -\frac{\sum x_i}{p^2} - \frac{N - \sum x_i}{(1-p)^2} \tag{C.24}$$

为了计算极大似然估计量的方差，我们需要求出表达式（C.24）的"期望值"。在期望公式中，我们将 x_i 值视为随机的，因为这些值因样本而异。这个离散型随机变量的期望值可使用"概率入门"部分中的公式（P.9）得到：

$$E(x_i) = 1 \times P(x_i = 1) + 0 \times P(x_i = 0) = 1 \times p + 0 \times (1-p) = p$$

然后，利用公式（P.16）的推广式（和的期望值是期望值的和，常数可以从期望值中提出来），我们求出二阶导数的期望值为：

$$E\left(\frac{d^2 \ln L(p)}{dp^2}\right) = -\frac{\sum E(x_i)}{p^2} - \frac{N - \sum E(x_i)}{(1-p)^2}$$
$$= -\frac{Np}{p^2} - \frac{N - Np}{(1-p)^2}$$
$$= -\frac{N}{p(1-p)}$$

样本比例的方差（p 的极大似然估计量）则为：

$$V = \mathrm{var}(\hat{p}) = \left[-E\left(\frac{d^2 \ln L(p)}{dp^2}\right)\right]^{-1} = \frac{p(1-p)}{N}$$

样本比例的**渐进分布**（在大样本中是有效的）为：

$$\hat{p} \overset{a}{\sim} N\left(p, \frac{p(1-p)}{N}\right)$$

为了估计方差 V，我们必须将真实的样本比例以其估计值替代：

$$\hat{V} = \frac{\hat{p}(1-\hat{p})}{N}$$

假设检验和置信区间估计所需的标准误是估计方差的平方根：

$$\mathrm{se}(\hat{p}) = \sqrt{\hat{V}} = \sqrt{\frac{\hat{p}(1-\hat{p})}{N}}$$

实例 C.20 检验总体比例

举一个数值的例子，假设一家麦片公司的首席执行官推测，总体的 40% 更喜欢蓝色的包装盒。为了检验这一假设，我们构建原假设 $H_0: p = 0.4$，并使用双尾备择假设 $H_1: p \neq 0.4$。如果原假设为真，则检验统计量 $t = (\hat{p} - 0.4)/\mathrm{se}(\hat{p}) \overset{a}{\sim} t_{(N-1)}$。对于容量 $N = 200$ 的样本，t 分布的临界值为 $t_c = t_{(0.975, 199)} = 1.97$。因此，如果 t 的计算值 ≥ 1.97 或 $t \leq -1.97$，我们拒绝原假设。如果 75 个被调查者更喜欢蓝色包装盒，那么样本比例为 $\hat{p} = 75/200 = 0.375$。估计值的标准误为：

$$\mathrm{se}(\hat{p}) = \sqrt{\frac{\hat{p}(1-\hat{p})}{N}} = \sqrt{\frac{0.375 \times 0.625}{200}} = 0.0342$$

检验统计值为：

$$t = \frac{\hat{p} - 0.4}{se(\hat{p})} = \frac{0.375 - 0.4}{0.0342} = -0.7303$$

这个数值在非拒绝域内，$-1.97 < t < 1.97$，因此我们不拒绝原假设$p=0.4$。样本数据与总体的40%更喜欢蓝色包装盒的假设是相符的。

更喜欢蓝色包装盒的总体比例p的95%区间估计值为：

$$\hat{p} \pm 1.97 se(\hat{p}) = 0.375 \pm 1.97(0.0342) = [0.3075, 0.4424]$$

我们估计，总体的30.8%到44.3%更喜欢蓝色包装盒。

C.8.4 渐进检验方法

当使用极大似然估计时，有三种检验方法可以使用，选择取决于在给定情况下哪一个方法最方便。这些检验是渐近等价的，在大样本中会得到同样的结果。假设我们要对原假设$H_0: \theta = c$与备择假设$H_1: \theta \neq c$进行检验。在公式（C.22）中，我们用t统计量进行检验，但是这个检验怎样才能真正有效呢？基本上，是要衡量θ的估计值和假设值c之间的距离$\hat{\theta} - c$。这个距离用$\hat{\theta}$的标准误进行标准化，以调整我们估计θ的精确程度。如果$\hat{\theta}$和c之间的距离很大，那么这就被视为反对原假设的证据，如果距离足够大，我们就得出原假设不成立的结论。

也有其他的方法来衡量$\hat{\theta}$和c之间的距离，可用来构建检验统计量。三种检验原理的每一个都采取不同的方法来衡量$\hat{\theta}$和假设值之间的距离。

似然比（LR）检验　图C-14表示一个对数-似然函数，其中$\hat{\theta}$表示极大似然估计值，c表示假设值。$\hat{\theta}$和c之间的距离可以反映为对数-似然函数在极大似然估计值处的取值$\ln L(\hat{\theta})$和其在假设值c处的取值$\ln L(c)$之间的距离。我们把两个对数-似然函数值之间的差表示为（1/2）LR，这样做的原因接下来我们会做出解释。如果估计值$\hat{\theta}$接近于c，那么对数-似然函数值之间的差就很小；相反，如果$\hat{\theta}$与c相距较远，那么对数-似然函数值之间的差就会比较大。由此可推导出似然比统计量，它是$\ln L(\hat{\theta})$和$\ln L(c)$之间差的2倍：

$$LR = 2[\ln L(\hat{\theta}) - \ln L(c)] \tag{C.25}$$

根据一些高等统计学理论，可以证明，当原假设成立时，LR检验统计量就服从自由度$J=1$的卡方分布（参见附录B.3.6）。一般来说，J表示要检验的假设数量，它可能会比1大。如果原假设不成立，那么LR检验统计量就会比较大。如果$LR \geq \chi^2_{(1-\alpha, J)}$，我们在显著性水平$\alpha$下拒绝原假设，这里的$\chi^2_{(1-\alpha, J)}$是自由度为$J$的卡方分布的$100(1-\alpha)$百分位数，如图C-15所示。在不同自由度下，卡方分布的第90、95和99百分位数在本书最后的统计表3中给出。

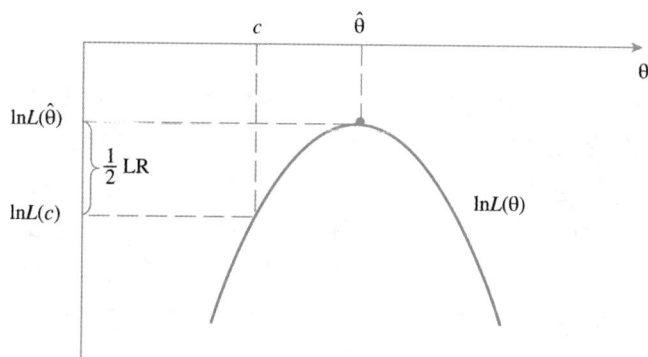

图 C-14 似然比检验

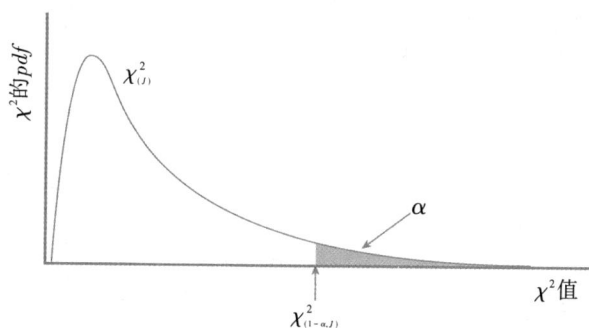

图 C-15 卡方分布临界值

当估计总体比例 p 时，对数-似然函数由公式（C.19）给出。最大化该函数的 p 值为 $\hat{p} = \sum x_i N$。因此，对数-似然函数的最大值为：

$$\ln L(\hat{p}) = \left(\sum_{i=1}^{N} x_i\right)\ln \hat{p} + \left(N - \sum_{i=1}^{N} x_i\right)\ln(1-\hat{p})$$
$$= N\hat{p}\ln\hat{p} + (N - N\hat{p})\ln(1-\hat{p})$$
$$= N[\hat{p}\ln\hat{p} + (1-\hat{p})\ln(1-\hat{p})]$$

其中，我们用到事实 $\sum x_i = N\hat{p}$。

实例 C.21 总体比例的似然比检验

对于麦片包装盒的问题，$\hat{p}=0.375$，$N=200$，因此我们得到：

$$\ln L(\hat{p}) = 200[0.375 \times \ln(0.375) + (1-0.375)\ln(1-0.375)]$$
$$= -132.3126$$

假设 $H_0 : p = 0.4$ 为真，对数似然函数值为：

$$\ln L(0.4) = \left(\sum_{i=1}^{N} x_i\right)\ln(0.4) + \left(N - \sum_{i=1}^{N} x_i\right)\ln(1-0.4)$$
$$= 75 \times \ln(0.4) + (200-75) \times \ln(0.6)$$
$$= -132.5750$$

问题是要评价 -132.3126 是否显著异于 -132.5750。由公式（C.25）可计算 LR 检验统计值为：

$$LR = 2\left[\ln L(\hat{p}) - \ln L(0.4)\right]$$
$$= 2 \times \left(-132.3126 - (-132.575)\right) = 0.5247$$

如果原假设 $p=0.4$ 为真，那么 LR 检验统计量就服从 $\chi^2_{(1)}$ 分布。如果我们选择显著性水平 $\alpha = 0.05$，那么检验临界值为 $\chi^2_{(0.95,1)} = 3.84$，即为 $\chi^2_{(1)}$ 分布的第 95 百分位数。由于 $0.5247 < 3.84$，我们不拒绝原假设。

沃尔德检验　在图 C-14 中，很明显，距离 $(1/2)$ LR 会依存于对数-似然函数的曲率。在图 C-16 中，我们可以看到，两个对数-似然函数有假设值 c 和每个对数-似然函数距离 $(1/2)$ LR。两个对数-似然函数有相同的最大值 $\ln L(\hat{\theta})$，但是在假设值 c 处评估的对数-似然函数值是不同的。

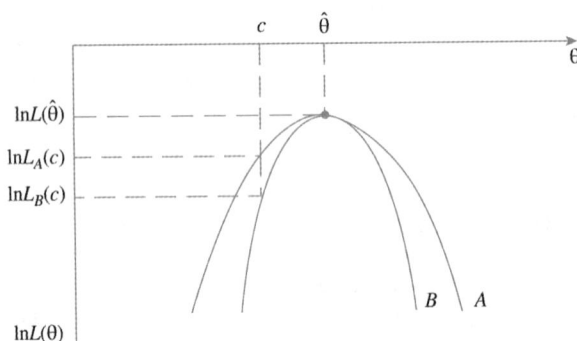

图 C-16　沃尔德统计量

以图 C-16 中曲率较大的对数-似然函数 B 为例，$\hat{\theta}$ 与 c 之间的距离 $\hat{\theta} - c$ 转化为更大的 $(1/2)$ LR 的值，因此通过以对数-似然函数的曲率为权重，对 $\hat{\theta}$ 与 c 之间的距离 $\hat{\theta} - c$ 进行加权，来构造一个检验度量似乎是合理的，我们用它的二阶导数的负值来度量。这正是沃尔德统计量所做的：

$$W = (\hat{\theta} - c)^2 \left[-\frac{d^2 \ln L(\theta)}{d\theta^2}\right] \tag{C.26}$$

对数-似然函数 B（弯曲度更大）的沃尔德统计量要大于对数-似然函数 A（弯曲度更小）。

如果原假设成立，则沃尔德统计量（C.26）服从 $\chi^2_{(1)}$ 分布。如果 $W \geqslant \chi^2_{(1-\alpha,1)}$，则我们拒绝原假设。在更一般的情况下，我们可以联合检验 $J > 1$ 的假设，在这种情况下，我们使用自由度为 J 的卡方分布，如图 C-15 所示。

对数-似然函数的曲率与极大似然估计的精度之间存在联系。对数-似然函数的曲率越大，在公式（C.23）中的方差 V 越小，最大似然估计就越精确，这意味着我们对未知参数 θ 有更多的信息。反过来说，关于 θ 的信息我们掌握得越多，极大似然估计量的方差就越小。利用这个概念，我们将**信息度量**定义为方差 V 的倒数：

$$I(\theta) = -E\left[\frac{d^2 \ln L(\theta)}{d\theta^2}\right] = V^{-1} \tag{C.27}$$

如上式所示，信息度量 $I(\theta)$ 是参数 θ 的函数。用信息度量 $I(\theta)$ 代替公式（C.26）中沃尔德统计量的二阶导数，就可得到：

$$W = (\hat{\theta} - c)^2 I(\theta) \qquad (C.28)$$

在大样本中，沃尔德统计量的这两个版本是一样的。将公式（C.28）变形，得到一个有趣的联系：

$$W = (\hat{\theta} - c)^2 V^{-1} = (\hat{\theta} - c)^2 / V \qquad (C.29)$$

为了进行沃尔德检验，我们使用估计方差：

$$\hat{V} = [I(\hat{\theta})]^{-1} \qquad (C.30)$$

然后，对其求平方根，我们得到公式（C.22）中的 t 统计量：

$$\sqrt{W} = \frac{\hat{\theta} - c}{\sqrt{\hat{V}}} = \frac{\hat{\theta} - c}{\text{se}(\hat{\theta})} = t$$

也就是说，t 检验也是一种沃尔德检验。

实例C.22 总体比例的沃尔德检验

在我们的蓝色和绿色包装盒的例子中，我们知道，极大似然估计值 $\hat{p} = 0.375$。为了进行沃尔德检验，我们计算：

$$I(\hat{p}) = \hat{V}^{-1} = \frac{N}{\hat{p}(1-\hat{p})} = \frac{200}{0.375(1-0.375)} = 853.3333$$

其中，$V = p(1-p)/N$，$\hat{V}$ 在第 C.7.3 节中已求得。那么沃尔德统计量的计算值为：

$$W = (\hat{p} - c)^2 I(\hat{p}) = (0.375 - 0.4)^2 \times 853.3333 = 0.5333$$

在这种情况下，沃尔德统计值与 LR 统计值近似相等，而且检验结论也一样。此外，在进行假设检验时，沃尔德统计量是 t 统计量的平方，即：

$$W = t^2 = (-0.7303)^2 = 0.5333$$

拉格朗日乘数（LM）检验 来自极大似然理论的第三种检验方法是拉格朗日乘数（LM）检验。图 C-17 说明了另一种测量 c 和 $\hat{\theta}$ 之间距离的方法。对数-似然函数的斜率（有时称为 $score$）为：

$$s(\theta) = \frac{d \ln L(\theta)}{d\theta} \qquad (C.31)$$

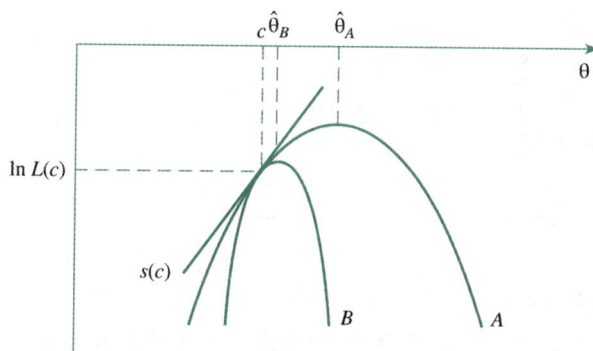

图 C-17 拉格朗日乘数检验

如函数式 $s(\theta)$ 所示，对数-似然函数斜率依存于 θ 的值。在最大值处，对数-似然函数的斜率为 0，$s(\hat{\theta}) = 0$。LM 检验检查的是对数-似然函数在 c 处的斜率。该检验的逻辑是，如

果 $\hat{\theta}$ 接近于 c，则对数-似然函数在 c 处已估计出来的斜率 $s(c)$ 就应该接近于 0。实际上，检验原假设 $\theta=c$，就等价于检验 $s(c)=0$。

c 和极大似然估计值 $\hat{\theta}_B$ 之间的差小于 c 和 $\hat{\theta}_A$ 之间的差。相较于沃尔德检验，对数-似然函数中较大的曲率意味着极大似然估计值和 c 之间的差较小。如果我们使用信息度量 $I(\theta)$ 进行曲率的度量（曲率越大，意味着更多信息），则拉格朗日乘数检验统计量可表示为：

$$LM = \frac{[s(c)]^2}{I(\theta)} = [s(c)]^2[I(\theta)]^{-1} \tag{C.32}$$

对数-似然函数 A（曲率较小）的 LM 统计量要大于对数-似然函数 B（曲率较大）的 LM 统计量。如果原假设成立，则 LM 检验统计量（C.32）服从 $\chi^2_{(1)}$ 分布，拒绝域与 LR 和沃尔德检验的拒绝域是一样的。LM、LR 和沃尔德检验是渐进等价的，在样本足够大时，会有相同的结论。

为了进行 LM 检验，我们可以在 $\theta=c$ 处评估信息度量，因此得到：
$$LM = [s(c)]^2[I(c)]^{-1}$$
在极大似然估计值难以求得的情况下（在一些非常复杂的问题中），LM 检验具有优势，因为并不需要知道 $\hat{\theta}$。同时，在公式（C.28）中的沃尔德检验使用在极大似然估计值 $\hat{\theta}$ 处的信息度量。
$$W = (\hat{\theta}-c)^2 I(\hat{\theta})$$
当很容易得到极大似然估计值及其方差时，它是首选的。似然比检验统计量（C.25）要求在极大似然估计值和假设值 c 处计算对数-似然函数。如前所述，这三种检验是渐近等价的，通常在方便的基础上进行选择。然而，在复杂的情况下，方便规则可能不是一个好的规则。**似然比检验**在大多数情况下是相对可靠的，所以如果你有疑问，它是一个安全的检验。

实例 C.23　总体比例的拉格朗日乘数检验

在蓝色和绿色包装盒的例子中，根据公式（C.19）的一阶导数，在假设值 $c=0.4$ 处估计得到的 score 为：
$$s(0.4) = \frac{\sum x_i}{c} - \frac{N-\sum x_i}{1-c} = \frac{75}{0.4} - \frac{200-75}{1-0.4} = -20.8333$$
计算得到的信息度量值为：
$$I(0.4) = \frac{N}{c(1-c)} = \frac{200}{0.4(1-0.4)} = 833.3333$$
LM 检验统计值为：
$$LM = [s(0.4)]^2[I(0.4)]^{-1} = [-20.8333]^2[833.3333]^{-1} = 0.5208$$
因此，在此例中，LM 检验、沃尔德检验和 LR 检验统计值非常类似，得出相同的结论。这是被预计到的，因为样本容量 $N=200$ 是比较大的，而且问题较为简单。

C.9　代数补充

C.9.1　最小二乘估计量的推导

在本节中，我们说明如何使用最小二乘原理以得到样本均值作为总体均值的估计量。将样本数据表示为 $y_1, y_2, \cdots, y_N$。总体均值为 $E(Y) = \mu$。最小二乘原理是要求得 μ 的值，使下式最小化：

$$S = \sum_{i=1}^{N} (y_i - \mu)^2$$

其中，S 是数据值与 μ 偏差的平方和。

这种方法的动机可以从下面的例子中推断出来。假设你要去某条街上的一些商店购物。你的计划是在一家商店购物，然后回到你的车里存放你购买的物品。接着，你去第二家商店，然后再回到你的车里，以此类推。逛完每一家商店后，你回到你的车里。你会在哪里停车，以尽量减少你的汽车和你所逛商店之间的总步数？你想尽量减少奔走的距离。把你购物的街道想象成一个数字线。商店在点 y_i 处，车在点 μ 处，则两点之间的欧几里得距离为：

$$d_i = \sqrt{(y_i - \mu)^2}$$

在数学上更容易计算的是平方距离：

$$d_i^2 = (y_i - \mu)^2$$

为了最小化你的停车点 μ 和所有位于 $y_1, y_2, \cdots, y_N$ 的商店之间的总平方距离，你会最小化：

$$S(\mu) = \sum_{i=1}^{N} d_i^2 = \sum_{i=1}^{N} (y_i - \mu)^2$$

上式是平方和函数。因此，最小二乘原理实际上是最小平方*距离*原理。

由于给定样本，y_i 的值是已知的，平方和函数 $S(\mu)$ 是未知参数 μ 的函数。乘以平方和，我们可得：

$$S(\mu) = \sum_{i=1}^{N} y_i^2 - 2\mu \sum_{i=1}^{N} y_i + N\mu^2 = a_0 - 2a_1\mu + a_2\mu^2$$

实例 C.24　臀围数据：最小化平方和函数

对于表 C-1 中的数据，我们得到：

$a_0 = \sum y_i^2 = 14\,880.1909,\ a_1 = \sum y_i = 857.9100$

$a_2 = N = 50$

平方和的抛物线图如图 C-18 所示。在图中，最小值略大于 17。现在我们将准确地确定最小值。

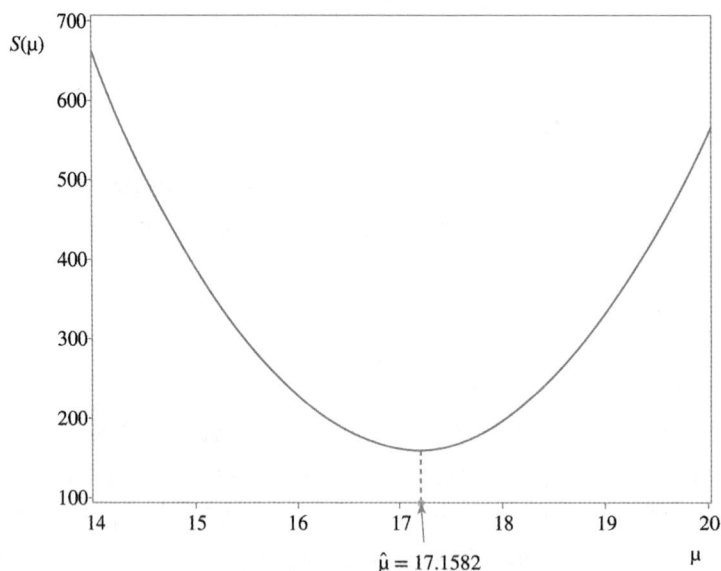

图 C-18　臀围数据的平方和抛物线

最小化 $S(\mu)$ 的 μ 值是 "最小二乘估计值"。根据微积分，我们知道，函数的最小值发生在其斜率为零的地方，见附录 A.3.4。函数的导数给出其斜率，因此通过设定 $S(\mu)$ 的一阶导数等于零，并求解，我们可以精确地得到最小值。$S(\mu)$ 的一阶导数为：

$$\frac{dS(\mu)}{d\mu} = -2a_1 + 2a_2\mu$$

设一阶导数等于 0，可求得 μ 的最小二乘估计值，表示为 $\hat{\mu}$。设定一阶导数等于 0：

$$-2a_1 + 2a_2\hat{\mu} = 0$$

求解 $\hat{\mu}$，得到最小二乘估计值的计算公式：

$$\hat{\mu} = \frac{a_1}{a_2} = \frac{\sum_{i=1}^{N} y_i}{N} = \bar{y}$$

因此，总体均值的最小二乘估计值为样本均值 $\bar{y}$。这个公式一般可以用于任何可能得到的样本值，这意味着最小二乘估计量为：

$$\hat{\mu} = \frac{\sum_{i=1}^{N} Y_i}{N} = \bar{Y}$$

对于表 C-1 的臀围数据，可得：

$$\hat{\mu} = \frac{\sum_{i=1}^{N} y_i}{N} = \frac{857.9100}{50} = 17.1582$$

因此，我们估计，总体中的平均臀围为 17.1582 英寸。

C.9.2 最佳线性无偏估计

关于样本均值（也是最小二乘估计量）的一个重要发现就是，它是所有可能的估计量中最佳的，既是*线性的*，也是*无偏的*。$\bar{Y}$ 是最佳线性无偏估计量（BLUE）的事实说明了其应用的广泛性。在这种情形下，我们所说的最佳是指它是所有线性和无偏估计量中方差最小的估计量。有一个方差较小的估计量相比有一个方差较大的估计量更好，它增加了获得接近真实总体均值 μ 的估计值的机会。如果样本数值 $Y_i\sim(u,\sigma^2)$ 之间相互独立且为同分布，则关于最小二乘估计量的这个重要结论成立。这不依存于服从正态分布的总体。$\bar{Y}$ 是最佳线性无偏估计量（BLUE）的事实非常重要，所以我们将证明它。

样本均值为样本值的加权平均值：

$$\bar{Y} = \sum_{i=1}^{N} Y_i / N = \frac{1}{N}Y_1 + \frac{1}{N}Y_2 + \cdots + \frac{1}{N}Y_N$$
$$= a_1 Y_1 + a_2 Y_2 + \cdots + a_N Y_N$$
$$= \sum_{i=1}^{N} a_i Y$$

其中，权重 $a_i = 1/N$。加权平均值也被称为线性组合，所以我们称样本均值为线性估计量。事实上，任何可以写成 $\sum_{i=1}^{N} a_i Y_i$ 的估计量都是线性的。例如，假设 a_i^* 为不同于 $a_i = 1/N$ 的常数，由此我们可以定义 μ 的另一个线性估计量为：

$$\tilde{Y} = \sum_{i=1}^{N} a_i^* Y_i$$

为了确保 $\tilde{Y}$ 不同于 $\bar{Y}$，我们定义：

$$a_i^* = a_i + c_i = \frac{1}{N} + c_i$$

其中，c_i 为不恒为 0 的常数。因此，

$$\tilde{Y} = \sum_{i=1}^{N} a_i^* Y_i = \sum_{i=1}^{N} \left(\frac{1}{N} + c_i \right) Y_i$$
$$= \sum_{i=1}^{N} \frac{1}{N} Y_i + \sum_{i=1}^{N} c_i Y$$
$$= \bar{Y} + \sum_{i=1}^{N} c_i Y$$

新估计量 $\tilde{Y}$ 的期望值为：

$$E[\tilde{Y}] = E\left[\bar{Y} + \sum_{i=1}^{N} c_i Y_i \right] = \mu + \sum_{i=1}^{N} c_i E[Y_i]$$
$$= \mu + \mu \sum_{i=1}^{N} c_i$$

除非 $\sum c_i = 0$，$\tilde{Y}$ 不是无偏的。我们要比较样本均值和其他线性无偏估计量，因此我们将假设 $\sum c_i = 0$ 恒成立。接下来求 $\tilde{Y}$ 的方差。方差更小的线性无偏估计量会是最

佳的。

$$\text{var}(\tilde{Y}) = \text{var}\left(\sum_{i=1}^{N} a_i^* Y_i\right) = \text{var}\left(\sum_{i=1}^{N}\left(\frac{1}{N} + c_i\right)Y_i\right) = \sum_{i=1}^{N}\left(\frac{1}{N} + c_i\right)^2 \text{var}(Y_i)$$

$$= \sigma^2 \sum_{i=1}^{N}\left(\frac{1}{N} + c_i\right)^2 = \sigma^2 \sum_{i=1}^{N}\left(\frac{1}{N^2} + \frac{2}{N}c_i + c_i^2\right) = \sigma^2\left(\frac{1}{N} + \frac{2}{N}\sum_{i=1}^{N}c_i + \sum_{i=1}^{N}c_i^2\right)$$

$$= \sigma^2/N + \sigma^2 \sum_{i=1}^{N}c_i^2 \left(\text{由于} \sum_{i=1}^{N}c_i = 0\right)$$

$$= \text{var}(\bar{Y}) + \sigma^2 \sum_{i=1}^{N}c_i^2$$

我们可以看到，除非所有 c_i 的值为 0（此时 $\tilde{Y} = \bar{Y}$），否则 $\tilde{Y}$ 的方差一定大于 $\bar{Y}$ 的方差。

C.10 核密度估计量

作为计量经济学工作者，我们使用很多抽取自未知分布的数据。例如，图 C-19 中的直方图表示两个数据集的经验分布。变量 X 和 Y 在数据文件 *kernel* 中。我们所面临的问题是估计得到观测值的密度函数。有关分布的知识对统计推论来说非常重要。

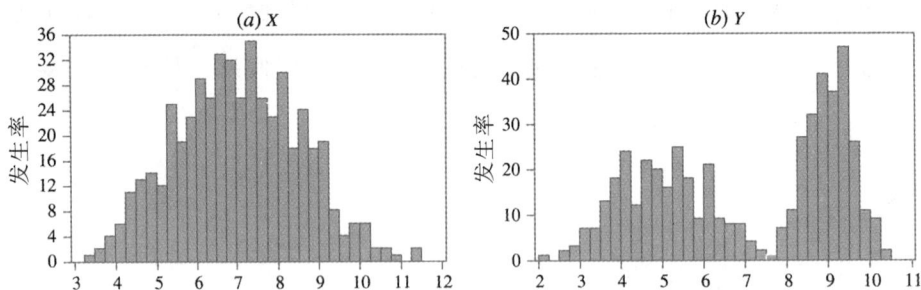

图 C-19　直方图：(a) 单峰变量 X；(b) 双峰变量 Y

估计分布的方法主要有两种，一种是使用参数密度估计量，另一种是使用非参数**核密度估计量**。**参数方法**要依赖于密度函数，函数的形式要由参数明确定义好。例如，正态概率密度函数就 $f(\cdot)$ 有一个特定的函数式，由两个参数（均值 μ 和标准差 σ）来定义：

$$f(x|\mu,\sigma) = \frac{1}{\sigma\sqrt{2\pi}}\exp\left(-\frac{1}{2}\left(\frac{x-\mu}{\sigma}\right)^2\right)$$

只要求得均值和标准差的估计值 $\hat{\mu}$ 和 $\hat{\sigma}$，将其代入正态密度函数式，就可得到：

$$\widehat{f(x)} = \frac{1}{\hat{\sigma}\sqrt{2\pi}}\exp\left(-\frac{1}{2}\left(\frac{x-\hat{\mu}}{\hat{\sigma}}\right)^2\right)$$

图 C-20 向我们展示了这种方法的应用。生成的正态密度函数叠加在数据的直方图上。我们在讨论中心极限定理（C.3.4）和讨论 ARCH 模型（第 14 章）时应用了这种参数方法。

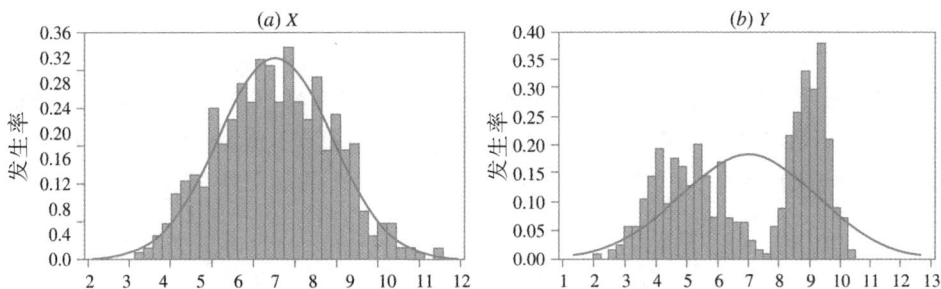

图 C-20 参数密度估计量：（a）单峰变量 X；（b）双峰变量 Y

在图 C-20 中左边变量 X 的直方图是单峰的，正态分布与数据拟合得非常好。相反，图 C-20 中右边变量 Y 的直方图是双峰的，正态分布与密度函数拟合得比较差。我们可以尝试用其他参数分布形式对数据进行拟合，但不要这样做，让我们采用一个非参数核密度估计量，以平滑的连续形式捕捉数据的形状。

非参数方法 不需要特定的函数形式（例如，正态分布公式）来生成分布。相反，被称为**核**的平滑函数被用来"拟合"数据分布的形状。

通过思考如何建立直方图，可以直观地掌握非参数方法的逻辑。图 C-21 表示数据集 Y 的两个直方图。左边的一个有九个直方形（即直方图中的矩形），直方形带宽=1，而右边的一个有许多直方形，每个直方形的带宽=0.1。随着更多的观测值落入更大带宽的直方形，在有更少直方形的直方图中，每个直方形具有更高的频率。更具体地说，如果 x_k 为第 k 个直方形的中点，每个直方形带宽为 h，在直方形中数值范围为 $x_k \pm h/2$，频数 n_k 是落在这个范围内观测值的数量。所有频数的和等于样本容量 n，而面积之和等于 nh，这是因为每个面积为 $n_k h$ 且 $\sum n_k = n$。也请注意，直方图的形状都是较为相似的，但是带宽较大的直方图形状更为平滑（尖峰和低谷更少）。

我们可以把直方图理解为密度函数估计量 $\widehat{f(x)}$，其中 x 取 x 域上的值。

$$\widehat{f(x)} = \frac{1}{nh}\sum_{i=1}^{n} 1(A_i)$$

表达式 $1(A_i)$ 为**指示函数**，即当 A_i 为真的时候取值 1，A_i 是 x_i 和 x 落在同一直方形内的条件。例如，当 x 在第 k 个数据柱内时求 $\widehat{f(x)}$，对于任何 $x_k - h/2 < x_i < x_k + h/2$ 都可使 A_i 成立。因此，在第 k 个数据柱内有 $\sum_{i=1}^{n} 1(A_i) = n_k$，第 k 个数据柱中所有 x 的柱状图密度估计量即为 $\widehat{f(x)} = n_k/nh$，分母 nh 保证所有数据柱面积之和等于 1。

现在考虑另外一个密度估计量，这里我们不再预先设定中点为 x_k 的直方图，而是考虑中点为 x 的直方图，并数出在 $x \pm h/2$ 范围内的观测值数量。如果我们对所有 x 的数值重复这样做，就可沿着 x 的取值范围画出无数重叠的直方图。在这种情况下，密度估计量表示为：

$$\widehat{f(x)} = \frac{1}{nh}\sum_{i=1}^{n} 1\left(x - \frac{h}{2} < x_i < x + \frac{h}{2}\right) = \frac{1}{nh}\sum_{i=1}^{n} 1\left(-\frac{1}{2} < \frac{x_i - x}{h} < \frac{1}{2}\right)$$

在实践中，当你对观测值进行求和时，指示函数确保你只"计数"相关观测值。然而，这个密度函数将是不平滑的，因为每个观测值都被赋予 0 或 1 的权重。也就是说，根据指示函数中定义的条件，观测值要么是落在里面，要么是落在外面。

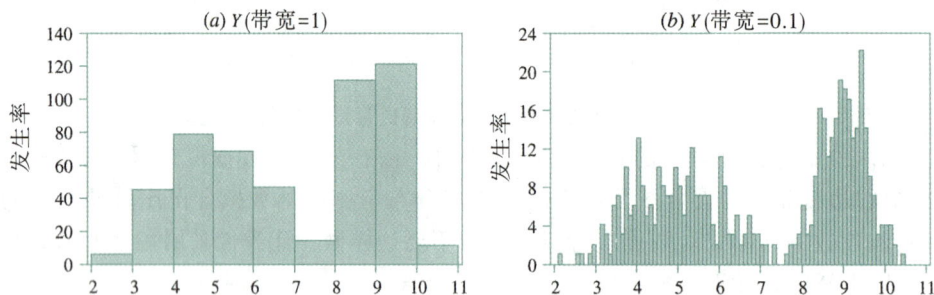

图 C-21　不同带宽的直方形：（a）带宽=1；（b）带宽=0.1

假设现在我们用更为复杂的加权函数——核函数代替简单的计数规则：

$$\widehat{f(x)} = \frac{1}{nh}\sum_{i=1}^{n} K\left(\frac{x_i - x}{h}\right)$$

其中，K 表示核，h 是一个平滑的参数叫作**带宽**，x 可以是其取值范围内的任意值。核函数的种类很多，其中有一个叫作高斯核函数，表示如下：

$$K\left(\frac{x_i - x}{h}\right) = \frac{1}{\sqrt{2\pi}}\exp\left(-\frac{1}{2}\left(\frac{x_i - x}{h}\right)^2\right)$$

图 C-22 展示了在有 4 个不同带宽的数据文件 kernel 中变量 Y 的核估计量的应用。请注意带宽是如何控制密度函数的形状的。带宽越窄，拟合度越高，但是要在捕获的"驼峰"数量和拟合的平滑性之间进行权衡。直观地看，减小带宽就如减少直方图中的直方形宽度，核就像是一个"计数器"，距离估计点越远的观测值被赋予的权重越小（想象一下，随着带宽的放大，从图 C-21 中右边的直方图移动到左边的直方图，然后想象使用核来平滑条形图）。带宽等于 0.4 的核（高斯）密度函数似乎捕获了数据中的双峰。

关于带宽的最佳选择以及非参数方法对回归分析的扩展，有大量的文献。有用的参考文献包括 Pagan, A. and Ullah, A., *Nonparametric Econometrics*, Cambridge University Press, 1999; Li, Q. and Racine, J.S. *Nonparametric Econometrics: Theory and Practice*, Princeton University Press, 2007。

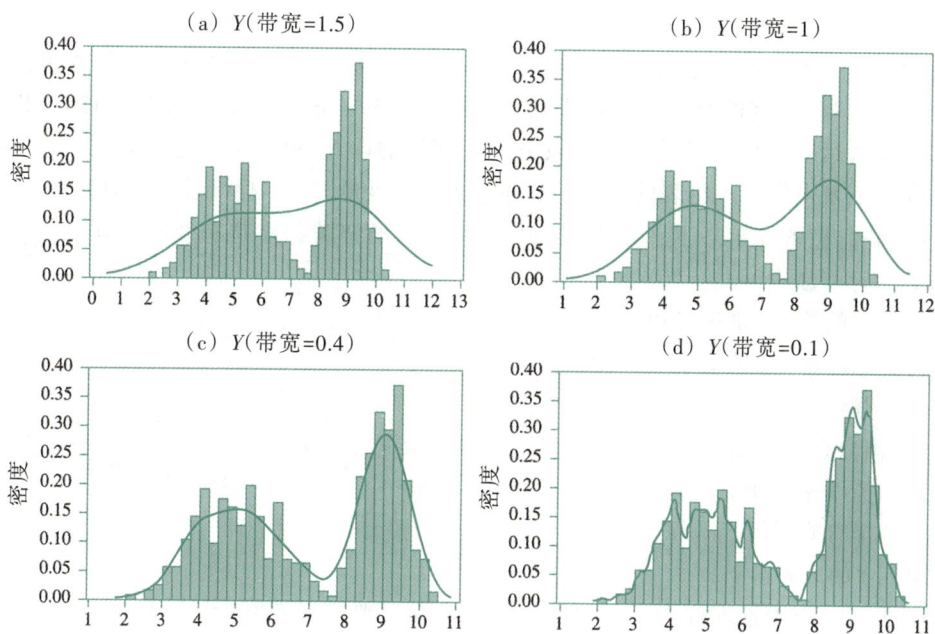

图 C-22　非参数密度函数估计量拟合：（a）带宽=1.5；（b）带宽=1；（c）带宽=0.4；　（d）带宽=0.1

C.11　练习

C.11.1　问题

C.1　假设 $Y_1, Y_2, \cdots, Y_N$ 为来自均值为 μ 和方差为 σ^2 的总体中的随机样本。不使用所有观测值，而只用前两个观测值计算 μ 的简单估计量：

$$Y^* = \frac{Y_1 + Y_2}{2}$$

a.证明 Y^* 为线性估计量。

b.证明 Y^* 为无偏估计量。

c.求出 Y^* 的方差。

d.解释为什么与 Y^* 比较，所有 N 个观测值的样本均值是一个更好的估计量。

C.2　省略。

C.3　路易斯安那炸鸡店每小时的炸鸡销售量服从均值为 2 000 份、标准差为 500 份的正态分布。在一个 9 小时营业日，销售量大于 20 000 份的概率是多少？

C.4　省略。

C.5　一个商店经理设计一个新的会计系统，如果每月收费账户余额均值大于 170 美元，则该系统会有效率。随机选择 400 个账户的样本。样本均值余额是 178 美元，样本标准差为 65 美元。经理可以得出新系统有效率的结论吗？

a.进行假设检验来回答该问题。使用 $\alpha = 0.05$ 的显著性水平。

b.计算检验的 p 值。

C.6　省略。

C.7　现代劳动力管理通过根据需求雇用和解雇工人试图达到降低劳动力成本的目标。新雇用的员工并不像有经验的员工那样有效率。假设有经验的生产线员工每天可以组装500件产品。一位经理的结论是，如果新员工经过一周的培训，每天能组装450件以上产品，那么保持目前的做法是符合成本效率的。随机抽取$N=50$名学员进行观测。用Y_i表示随机选择的一天中每个人组装的件数。样本均值为$\bar{y}=460$，样本标准差的估计值为$\hat{\sigma}=38$。

a.在5%的显著性水平下，是否有证据支持目前的招聘程序是有效的？在设定原假设与备择假设时要注意。

b.本例中的第I类错误确切是多少？它的代价大吗？

c.计算该检验的p值。

C.8　省略。

C.9　离散型随机变量Y取值$y=1$、2、3、4的概率分别为0.1、0.2、0.3、0.4。

a.画出概率密度函数。

b.求出Y的期望值。

c.求出Y的方差。

d.如果从分布中抽取样本容量$N=3$的随机样本，则样本均值$\bar{Y}=(Y_1+Y_2+Y_3)/3$的均值和方差为多少？

C.10　省略。

C.11　令X表示一个孩子的出生体重，以百克为单位，其母亲没有吸烟。利用$N=968$名新生儿童的样本，我们求出样本均值出生体重为$\bar{X}=34.2514$百克。另外，

$$\sum_{i=1}^{N}(X_i-\bar{X})^2 = 33\,296.003,\quad \sum_{i=1}^{N}(X_i-\bar{X})^3 = -137\,910.04,\quad \sum_{i=1}^{N}(X_i-\bar{X})^4 = 6\,392\,783.3。$$

a.使用这些值来分别计算如公式（C.7）和公式（C.9）所示的样本方差和样本标准差。

b.使用这些值来计算如第C.4.2节所述的$\tilde{\mu}_2$、$\tilde{\mu}_3$、$\tilde{\mu}_4$。

c.计算第C.4.2节中给出的偏度（S）和峰度（K）系数，是否与正态分布一致？

d.使用第C.7.4节中的Jarque-Bera检验，检验数据的正态性。

C.12　省略。

C.13　来自一个总体的随机样本有N个观测值，为$Y_1,\cdots,Y_N$。每个结果都假定服从泊松分布，$E(Y)=\mathrm{var}(Y)=\lambda$。

a.证明对数-似然函数为$\ln L(\lambda|y_1,\cdots,y_N)=(\ln\lambda)\sum_{i=1}^{N}y_i - N\lambda - \sum_{i=1}^{N}\ln(y_i!)$。

b.证明极大似然估计值为$\tilde{\lambda}=\sum_{i=1}^{N}y_i/N$。

c.证明对数-似然函数的二阶导数为$-\left(\sum_{i=1}^{N}y_i\right)/\lambda^2$。二阶导数的符号是什么？

d.极大似然估计量为$\tilde{\lambda}=\sum_{i=1}^{N}Y_i/N$。假设我们有一个随机样本，来自一个总体，有$E(Y)=\mathrm{var}(Y)=\lambda$，求出$E(\tilde{\lambda})$和$\mathrm{var}(\tilde{\lambda})$。

e.信息度量 $I(\lambda) = -\left\{E\left[\dfrac{d^2\ln L(\lambda)}{d\lambda^2}\right]\right\}$，其中 $\left[\dfrac{d^2\ln L(\lambda)}{d\lambda^2}\right] = -\left(\displaystyle\sum_{i=1}^{N}Y_i\right)/\lambda^2$。证明在这种情况下的信息度量为 $I(\lambda)=N/\lambda$。

C.14 ~ C.16省略。

C.17 假设学校的孩子每年春天都要接受一次标准化的数学考试。在可比儿童总体中，考试分数 Y 服从正态分布，均值为500，标准差为100，$Y \sim N(\mu=500, \sigma^2=100^2)$。有人认为，减少班级样本容量会使考试分数提高。

a.我们如何判断缩小班级规模是否真的提高了考试分数？如果来自较小班的 $N=25$ 名学生的平均考试成绩为510分，你会相信吗？计算获得 $\bar{Y}=510$ 或更多的样本均值的概率，即使较小规模班级实际上对考试成绩没有影响。

b.请证明，如果较小班级规模没有影响，那么一个班级平均分会达到533分的概率为5%。下列说法正确还是不正确？"我们可以得出结论，如果25个学生的平均考试分数为533分或更高，那么小班就会使平均考试分数提高，这一结果是由于概率为5%的抽样误差所致。"

c.假设小班确实将考试分数总体平均值提高到550分。观测到有25个人的班级获得平均成绩533分或更好的概率是多少？如果我们的目标是确定小班是否能提高考试分数，那么这个数字是更大好还是更小好？

d.如果小班平均考试成绩提高到550分，那么小班平均成绩低于或等于533分的概率是多少？

e.绘制一个图，显示两个正态分布：一个是均值为500和标准差为100，另一个是均值为550和标准差为100。在图上定位数值533。在（b）部分中，我们证明，如果班级规模的变化对考试成绩没有影响，我们仍然会有5%的可能偶然获得班级平均分为533分或更好的分数，我们会错误地得出结论，小班有助于考试成绩的提高，这是第I类错误。在（d）部分中，我们导出了我们会获得班级平均考试分数低于533分的概率，使我们无法得出小班有帮助的结论，即使小班确实是有帮助的。这是第II类错误。如果我们把阈值推到右边，比如说540，第I类错误和第II类错误发生的概率会是多少？如果我们把阈值推到左边，比如说530，第I类错误和第II类错误发生的概率会是多少？

C.11.2 计算机练习

C.18 省略。

C.19 有获得高级学位的家庭成员相比有获得大专学位的家庭成员是否会提高家庭收入？利用样本数据文件 *cex5_small* 探究此问题。

a.构建一个家庭收入直方图，其中包括一名获得高级学位的成员。构建另一个家庭收入直方图，其中包括一名具有大专学位的成员。关于这两个直方图的形状和位置，你观测到了什么？

b.在包括一名有高级学位成员在内的样本中，有多少比例的家庭收入每月超过1万美元？对于包括一名有大专学位成员的家庭，百分比是多少？

c.检验原假设，即包括一名有高级学位成员的家庭总体均值收入 μ_{ADV} 每月低于或等于 9 000美元，备择假设是其家庭总体均值收入每月大于 9 000美元。使用5%的显著性水平。

d.检验原假设，即包括一名有大专学位成员的家庭总体均值收入 μ_{COLL} 每月低于或等于 9 000美元，备择假设是其家庭总体均值收入每月大于 9 000美元。使用5%的显著性水平。

e.构建 μ_{ADV} 和 μ_{COLL} 的95%区间估计值。

f.检验原假设 $\mu_{ADV} \leqslant \mu_{COLL}$，备择假设是 $\mu_{ADV} > \mu_{COLL}$。使用5%的显著性水平。你的结论是什么？

C.20 省略。

C.21 学校官员认为，如果40%的学生得分至少为500分，标准化数学考试的成绩是可以接受的。使用样本数据文件 star5_small 来探索这个主题。

a.计算成绩在500分或以上的正常规模班级入学学生的样本比例。计算总体比例的95%区间估计值。基于这一区间，我们能否拒绝原假设，即正常规模班级中得分为500分或更多的学生的总体比例为 $p=0.4$？

b.检验原假设，即在一个正常规模的班级中，得分500分或更多的学生的总体比例 p 小于或等于0.4。备择假设是，实际比例大于0.4。使用5%的显著性水平。

c.检验原假设，即在一个正常规模的班级中，得分在500分或以上的学生的总体比例 p 等于0.4，而备择假设是实际比例小于0.4。使用5%的显著性水平。

d.对于小班学生，重复（a）至（c）部分。

C.22 省略。

C.23 额外的教育对女性和男性的回报一样大吗？使用数据文件 cps5 来探讨这个问题。如果你的软件不允许使用这个更大的样本，请使用文件 cps5_small。

a.计算受过12年教育的女性的样本均值工资。计算受过16年教育的女性的样本均值工资。你有什么发现？

b.计算受过12年教育女性的总体均值工资的95%区间估计值。对受过16年教育的女性的工资，重复此计算。区间是否重叠？

c.计算受过12年教育的男性的样本均值工资。计算受过16年教育的男性的样本均值工资。你有什么发现？男性的工资差异与（a）部分女性的工资差异相比如何？

d.计算受过12年教育的男性总体均值工资的95%区间估计值。重复计算受过16年教育的男性的工资。受过12年教育男性的区间是否与女性的可比区间重叠？接受过16年教育男性的区间是否与女性的可比区间重叠？

e.用 μ_{F16}、μ_{F12}、μ_{M16}、μ_{M12} 表示感兴趣的总体均值，其中 F 和 M 分别表示女性和男性，12和16表示受教育年限。通过使用样本均值替换总体均值来估计参数 $\theta = (\mu_{F16} - \mu_{F12}) - (\mu_{M16} - \mu_{M12})$。

f.计算 θ 的95%区间估计值。根据区间估计值，关于增加4年教育对男性和女性的好处，你能得出什么结论？在计算区间估计值时，使用标准正态分布的第97.5百分位数1.96。

C.24 省略。

C.25 当家庭总支出增加时，必需品（如食品）的家庭预算份额会发生什么变化？使

用数据文件 *malwai_small* 进行此练习。

　　a.获得家庭总支出的汇总统计值，包括中位数和第 90 百分位数。

　　b.对总支出小于或等于中位数的家庭花费在食品上的收入比例构建 95% 的区间估计值。

　　c.对总支出超过或等于第 90 百分位数的家庭花费在食品上的收入比例构建 95% 的区间估计值。

　　d.总结你从（b）和（c）部分得出的结论。

　　e.检验原假设，即家庭花费在食品上的总体均值收入比例为 0.4。使用双尾检验和 5% 的显著性水平。分别使用完整的样本、总支出小于或等于中位数的家庭样本以及总支出在前 10% 的家庭样本进行检验。

　　C.26　省略。

　　C.27　**信用评分**是基于对一个人的信用资料的水平分析的数字表达，以表示这个人的信誉。信用评分通常主要基于信用机构的信用报告信息。使用数据文件 *lasvegas* 进行此练习。

　　a.构建变量 *CREDIT* 的直方图。直方图看起来对称和呈"钟形"吗？使用 Jarque-Bera 检验和 5% 的显著性水平，检验变量 *CREDIT* 的正态性。

　　b.让 *CREDIT* 的两个总体被定义为违约者（*DELINQUENT=1*）和没有违约者（*DELINQUENT=0*）。使用第 C.7.3 节中描述的检验，对两个总体的方差相等的原假设进行检验，备择假设为两个总体的方差不相等。使用 5% 的显著性水平。

　　c.使用第 C.7.2 节中适当的单尾检验，根据（b）部分的答案，来检验两个总体 *CREDIT* 均值的相等性。

　　d.使用第 C.7.1 节中的检验，检验非违约总体的方差为 3 600 的原假设，而备择假设为非违约总体的方差不等于 3 600。

　　C.28　省略。

　　C.29　受过更多教育的父母会有受过更多教育的孩子吗？利用数据文件 *koop_tobias_87* 来研究此问题。数据文件包括 1979 年 14 至 22 岁男性的资料。

　　a.变量 *EDUC* 是到 1993 年完成的个人受教育年限。到 1993 年，男性至少完成 16 年教育的百分比是多少？有多少比例的男性母亲至少接受过 16 年的教育？受教育至少 16 年的父亲比例是多少？

　　b.计算父亲具有 16 年或以上教育年限的男性受教育年限的样本均值。计算父亲受过 16 年以下教育的男性受教育年限的样本均值。检验原假设，即父亲受教育程度较高的男性的平均受教育年限 μ_1，比父亲受教育程度较低的男性的平均受教育年限 μ_0 大。陈述原假设和备择假设，给出检验统计量，并使用 5% 的显著性水平得出结论。

　　c.调查受教育年限超过 12 年的受教育程度较高的男性，是否倾向于与受教育年限超过 12 年的女性结婚。陈述原假设和备择假设，给出检验统计量，并使用 5% 的显著性水平得出结论。

　　C.30　省略。

统计表

标准正态分布

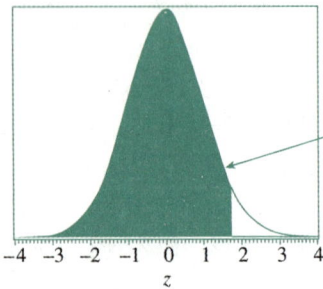

例如：
$P(Z \leq 1.73) = \Phi(1.73) = 0.9582$

表 D-1　　　　　　　　　标准正态分布的累积概率 $\Phi(z) = P(Z \leq z)$

z	0.00	0.01	0.02	0.03	0.04	0.05	0.06	0.07	0.08	0.09
0.0	0.5000	0.5040	0.5080	0.5120	0.5160	0.5199	0.5239	0.5279	0.5319	0.5359
0.1	0.5398	0.5438	0.5478	0.5517	0.5557	0.5596	0.5636	0.5675	0.5714	0.5753
0.2	0.5793	0.5832	0.5871	0.5910	0.5948	0.5987	0.6026	0.6064	0.6103	0.6141
0.3	0.6179	0.6217	0.6255	0.6293	0.6331	0.6368	0.6406	0.6443	0.6480	0.6517
0.4	0.6554	0.6591	0.6628	0.6664	0.6700	0.6736	0.6772	0.6808	0.6844	0.6879
0.5	0.6915	0.6950	0.6985	0.7019	0.7054	0.7088	0.7123	0.7157	0.7190	0.7224
0.6	0.7257	0.7291	0.7324	0.7357	0.7389	0.7422	0.7454	0.7486	0.7517	0.7549
0.7	0.7580	0.7611	0.7642	0.7673	0.7704	0.7734	0.7764	0.7794	0.7823	0.7852
0.8	0.7881	0.7910	0.7939	0.7967	0.7995	0.8023	0.8051	0.8078	0.8106	0.8133
0.9	0.8159	0.8186	0.8212	0.8238	0.8264	0.8289	0.8315	0.8340	0.8365	0.8389
1.0	0.8413	0.8438	0.8461	0.8485	0.8508	0.8531	0.8554	0.8577	0.8599	0.8621
1.1	0.8643	0.8665	0.8686	0.8708	0.8729	0.8749	0.8770	0.8790	0.8810	0.8830
1.2	0.8849	0.8869	0.8888	0.8907	0.8925	0.8944	0.8962	0.8980	0.8997	0.9015
1.3	0.9032	0.9049	0.9066	0.9082	0.9099	0.9115	0.9131	0.9147	0.9162	0.9177
1.4	0.9192	0.9207	0.9222	0.9236	0.9251	0.9265	0.9279	0.9292	0.9306	0.9319
1.5	0.9332	0.9345	0.9357	0.9370	0.9382	0.9394	0.9406	0.9418	0.9429	0.9441
1.6	0.9452	0.9463	0.9474	0.9484	0.9495	0.9505	0.9515	0.9525	0.9535	0.9545
1.7	0.9554	0.9564	0.9573	0.9582	0.9591	0.9599	0.9608	0.9616	0.9625	0.9633
1.8	0.9641	0.9649	0.9656	0.9664	0.9671	0.9678	0.9686	0.9693	0.9699	0.9706
1.9	0.9713	0.9719	0.9726	0.9732	0.9738	0.9744	0.9750	0.9756	0.9761	0.9767
2.0	0.9772	0.9778	0.9783	0.9788	0.9793	0.9798	0.9803	0.9808	0.9812	0.9817
2.1	0.9821	0.9826	0.9830	0.9834	0.9838	0.9842	0.9846	0.9850	0.9854	0.9857
2.2	0.9861	0.9864	0.9868	0.9871	0.9875	0.9878	0.9881	0.9884	0.9887	0.9890
2.3	0.9893	0.9896	0.9898	0.9901	0.9904	0.9906	0.9909	0.9911	0.9913	0.9916
2.4	0.9918	0.9920	0.9922	0.9925	0.9927	0.9929	0.9931	0.9932	0.9934	0.9936
2.5	0.9938	0.9940	0.9941	0.9943	0.9945	0.9946	0.9948	0.9949	0.9951	0.9952
2.6	0.9953	0.9955	0.9956	0.9957	0.9959	0.9960	0.9961	0.9962	0.9963	0.9964
2.7	0.9965	0.9966	0.9967	0.9968	0.9969	0.9970	0.9971	0.9972	0.9973	0.9974
2.8	0.9974	0.9975	0.9976	0.9977	0.9977	0.9978	0.9979	0.9979	0.9980	0.9981
2.9	0.9981	0.9982	0.9982	0.9983	0.9984	0.9984	0.9985	0.9985	0.9986	0.9986
3.0	0.9987	0.9987	0.9987	0.9988	0.9988	0.9989	0.9989	0.9989	0.9990	0.9990

来源：该表是利用 SAS® 函数 PROBNORM 生成的。

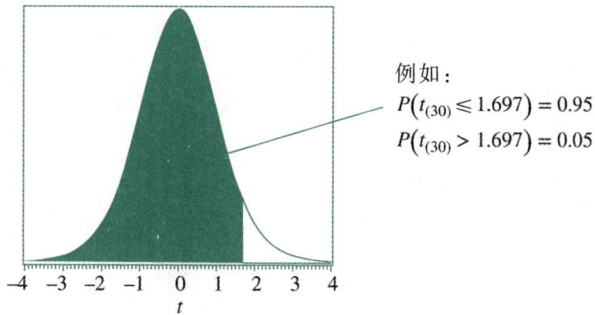

例如：
$P(t_{(30)} \leq 1.697) = 0.95$
$P(t_{(30)} > 1.697) = 0.05$

表 D-2 t 分布的百分位数

df	t(0.90,df)	t(0.95,df)	t(0.975,df)	t(0.99,df)	t(0.995,df)
1	3.078	6.314	12.706	31.821	63.657
2	1.886	2.920	4.303	6.965	9.925
3	1.638	2.353	3.182	4.541	5.841
4	1.533	2.132	2.776	3.747	4.604
5	1.476	2.015	2.571	3.365	4.032
6	1.440	1.943	2.447	3.143	3.707
7	1.415	1.895	2.365	2.998	3.499
8	1.397	1.860	2.306	2.896	3.355
9	1.383	1.833	2.262	2.821	3.250
10	1.372	1.812	2.228	2.764	3.169
11	1.363	1.796	2.201	2.718	3.106
12	1.356	1.782	2.179	2.681	3.055
13	1.350	1.771	2.160	2.650	3.012
14	1.345	1.761	2.145	2.624	2.977
15	1.341	1.753	2.131	2.602	2.947
16	1.337	1.746	2.120	2.583	2.921
17	1.333	1.740	2.110	2.567	2.898
18	1.330	1.734	2.101	2.552	2.878
19	1.328	1.729	2.093	2.539	2.861
20	1.325	1.725	2.086	2.528	2.845
21	1.323	1.721	2.080	2.518	2.831
22	1.321	1.717	2.074	2.508	2.819
23	1.319	1.714	2.069	2.500	2.807
24	1.318	1.711	2.064	2.492	2.797
25	1.316	1.708	2.060	2.485	2.787
26	1.315	1.706	2.056	2.479	2.779
27	1.314	1.703	2.052	2.473	2.771
28	1.313	1.701	2.048	2.467	2.763
29	1.311	1.699	2.045	2.462	2.756
30	1.310	1.697	2.042	2.457	2.750
31	1.309	1.696	2.040	2.453	2.744
32	1.309	1.694	2.037	2.449	2.738
33	1.308	1.692	2.035	2.445	2.733
34	1.307	1.691	2.032	2.441	2.728
35	1.306	1.690	2.030	2.438	2.724
36	1.306	1.688	2.028	2.434	2.719
37	1.305	1.687	2.026	2.431	2.715
38	1.304	1.686	2.024	2.429	2.712
39	1.304	1.685	2.023	2.426	2.708
40	1.303	1.684	2.021	2.423	2.704
50	1.299	1.676	2.009	2.403	2.678
∞	1.282	1.645	1.960	2.326	2.576

来源：本表是利用 SAS® 函数 TINV 生成的。

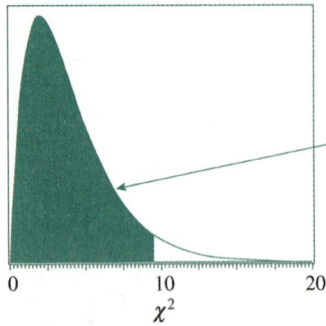

例如：
$$P\left(\chi^2_{(4)} \leq 9.488\right) = 0.95$$
$$P\left(\chi^2_{(4)} > 9.488\right) = 0.05$$

表 D-3　　　　　　　　　　卡方分布的百分位数

df	$\chi(0.90,df)$	$\chi(0.95,df)$	$\chi(0.975,df)$	$\chi(0.99,df)$	$\chi(0.995,df)$
1	2.706	3.841	5.024	6.635	7.879
2	4.605	5.991	7.378	9.210	10.597
3	6.251	7.815	9.348	11.345	12.838
4	7.779	9.488	11.143	13.277	14.860
5	9.236	11.070	12.833	15.086	16.750
6	10.645	12.592	14.449	16.812	18.548
7	12.017	14.067	16.013	18.475	20.278
8	13.362	15.507	17.535	20.090	21.955
9	14.684	16.919	19.023	21.666	23.589
10	15.987	18.307	20.483	23.209	25.188
11	17.275	19.675	21.920	24.725	26.757
12	18.549	21.026	23.337	26.217	28.300
13	19.812	22.362	24.736	27.688	29.819
14	21.064	23.685	26.119	29.141	31.319
15	22.307	24.996	27.488	30.578	32.801
16	23.542	26.296	28.845	32.000	34.267
17	24.769	27.587	30.191	33.409	35.718
18	25.989	28.869	31.526	34.805	37.156
19	27.204	30.144	32.852	36.191	38.582
20	28.412	31.410	34.170	37.566	39.997
21	29.615	32.671	35.479	38.932	41.401
22	30.813	33.924	36.781	40.289	42.796
23	32.007	35.172	38.076	41.638	44.181
24	33.196	36.415	39.364	42.980	45.559
25	34.382	37.652	40.646	44.314	46.928
26	35.563	38.885	41.923	45.642	48.290
27	36.741	40.113	43.195	46.963	49.645
28	37.916	41.337	44.461	48.278	50.993
29	39.087	42.557	45.722	49.588	52.336
30	40.256	43.773	46.979	50.892	53.672
35	46.059	49.802	53.203	57.342	60.275
40	51.805	55.758	59.342	63.691	66.766
50	63.167	67.505	71.420	76.154	79.490
60	74.397	79.082	83.298	88.379	91.952
70	85.527	90.531	95.023	100.425	104.215
80	96.578	101.879	106.629	112.329	116.321
90	107.565	113.145	118.136	124.116	128.299
100	118.498	124.342	129.561	135.807	140.169
110	129.385	135.480	140.917	147.414	151.948
120	140.233	146.567	152.211	158.950	163.648

来源：本表是利用 SAS® 函数 CINV 生成的。

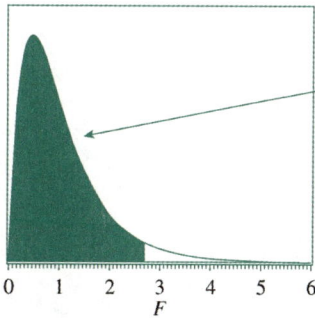

例如：
$P\left(F_{(4,30)} \leqslant 2.69\right) = 0.95$
$P\left(F_{(4,30)} > 2.69\right) = 0.05$

表 D-4　　　　　　　　　　F 分布的第 95 百分位数

v_2/v_1	1	2	3	4	5	6	7	8	9	10	12	15	20	30	60	∞
1	161.45	199.50	215.71	224.58	230.16	233.99	236.77	238.88	240.54	241.88	243.91	245.95	248.01	250.10	252.20	254.31
2	18.51	19.00	19.16	19.25	19.30	19.33	19.35	19.37	19.38	19.40	19.41	19.43	19.45	19.46	19.48	19.50
3	10.13	9.55	9.28	9.12	9.01	8.94	8.89	8.85	8.81	8.79	8.74	8.70	8.66	8.62	8.57	8.53
4	7.71	6.94	6.59	6.39	6.26	6.16	6.09	6.04	6.00	5.96	5.91	5.86	5.80	5.75	5.69	5.63
5	6.61	5.79	5.41	5.19	5.05	4.95	4.88	4.82	4.77	4.74	4.68	4.62	4.56	4.50	4.43	4.36
6	5.99	5.14	4.76	4.53	4.39	4.28	4.21	4.15	4.10	4.06	4.00	3.94	3.87	3.81	3.74	3.67
7	5.59	4.74	4.35	4.12	3.97	3.87	3.79	3.73	3.68	3.64	3.57	3.51	3.44	3.38	3.30	3.23
8	5.32	4.46	4.07	3.84	3.69	3.58	3.50	3.44	3.39	3.35	3.28	3.22	3.15	3.08	3.01	2.93
9	5.12	4.26	3.86	3.63	3.48	3.37	3.29	3.23	3.18	3.14	3.07	3.01	2.94	2.86	2.79	2.71
10	4.96	4.10	3.71	3.48	3.33	3.22	3.14	3.07	3.02	2.98	2.91	2.85	2.77	2.70	2.62	2.54
15	4.54	3.68	3.29	3.06	2.90	2.79	2.71	2.64	2.59	2.54	2.48	2.40	2.33	2.25	2.16	2.07
20	4.35	3.49	3.10	2.87	2.71	2.60	2.51	2.45	2.39	2.35	2.28	2.20	2.12	2.04	1.95	1.84
25	4.24	3.39	2.99	2.76	2.60	2.49	2.40	2.34	2.28	2.24	2.16	2.09	2.01	1.92	1.82	1.71
30	4.17	3.32	2.92	2.69	2.53	2.42	2.33	2.27	2.21	2.16	2.09	2.01	1.93	1.84	1.74	1.62
35	4.12	3.27	2.87	2.64	2.49	2.37	2.29	2.22	2.16	2.11	2.04	1.96	1.88	1.79	1.68	1.56
40	4.08	3.23	2.84	2.61	2.45	2.34	2.25	2.18	2.12	2.08	2.00	1.92	1.84	1.74	1.64	1.51
45	4.06	3.20	2.81	2.58	2.42	2.31	2.22	2.15	2.10	2.05	1.97	1.89	1.81	1.71	1.60	1.47
50	4.03	3.18	2.79	2.56	2.40	2.29	2.20	2.13	2.07	2.03	1.95	1.87	1.78	1.69	1.58	1.44
60	4.00	3.15	2.76	2.53	2.37	2.25	2.17	2.10	2.04	1.99	1.92	1.84	1.75	1.65	1.53	1.39
120	3.92	3.07	2.68	2.45	2.29	2.18	2.09	2.02	1.96	1.91	1.83	1.75	1.66	1.55	1.43	1.25
∞	3.84	3.00	2.60	2.37	2.21	2.10	2.01	1.94	1.88	1.83	1.75	1.67	1.57	1.46	1.32	1.00

来源：本表是利用 SAS® 函数 FINV 生成的。

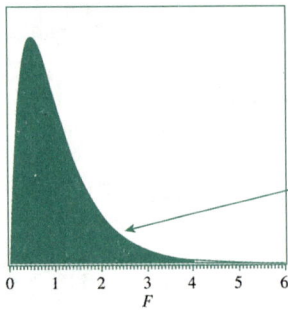

例如：
$P(F_{(4,30)} \leq 4.02) = 0.99$
$P(F_{(4,30)} > 4.02) = 0.01$

表 D-5 F 分布的第 99 百分位数

v_2/v_1	1	2	3	4	5	6	7	8	9	10	12	15	20	30	60	∞
1	4 052.18	4 999.50	5 403.35	5 624.58	5 763.65	5 858.99	5 928.36	5 981.07	6 022.47	6 055.85	6 106.32	6 157.28	6 208.73	6 260.65	6 313.03	6 365.87
2	98.50	99.00	99.17	99.25	99.30	99.33	99.36	99.37	99.39	99.40	99.42	99.43	99.45	99.47	99.48	99.50
3	34.12	30.82	29.46	28.71	28.24	27.91	27.67	27.49	27.35	27.23	27.05	26.87	26.69	26.50	26.32	26.13
4	21.20	18.00	16.69	15.98	15.52	15.21	14.98	14.80	14.66	14.55	14.37	14.20	14.02	13.84	13.65	13.46
5	16.26	13.27	12.06	11.39	10.97	10.67	10.46	10.29	10.16	10.05	9.89	9.72	9.55	9.38	9.20	9.02
6	13.75	10.92	9.78	9.15	8.75	8.47	8.26	8.10	7.98	7.87	7.72	7.56	7.40	7.23	7.06	6.88
7	12.25	9.55	8.45	7.85	7.46	7.19	6.99	6.84	6.72	6.62	6.47	6.31	6.16	5.99	5.82	5.65
8	11.26	8.65	7.59	7.01	6.63	6.37	6.18	6.03	5.91	5.81	5.67	5.52	5.36	5.20	5.03	4.86
9	10.56	8.02	6.99	6.42	6.06	5.80	5.61	5.47	5.35	5.26	5.11	4.96	4.81	4.65	4.48	4.31
10	10.04	7.56	6.55	5.99	5.64	5.39	5.20	5.06	4.94	4.85	4.71	4.56	4.41	4.25	4.08	3.91
15	8.68	6.36	5.42	4.89	4.56	4.32	4.14	4.00	3.89	3.80	3.67	3.52	3.37	3.21	3.05	2.87
20	8.10	5.85	4.94	4.43	4.10	3.87	3.70	3.56	3.46	3.37	3.23	3.09	2.94	2.78	2.61	2.42
25	7.77	5.57	4.68	4.18	3.85	3.63	3.46	3.32	3.22	3.13	2.99	2.85	2.70	2.54	2.36	2.17
30	7.56	5.39	4.51	4.02	3.70	3.47	3.30	3.17	3.07	2.98	2.84	2.70	2.55	2.39	2.21	2.01
35	7.42	5.27	4.40	3.91	3.59	3.37	3.20	3.07	2.96	2.88	2.74	2.60	2.44	2.28	2.10	1.89
40	7.31	5.18	4.31	3.83	3.51	3.29	3.12	2.99	2.89	2.80	2.66	2.52	2.37	2.20	2.02	1.80
45	7.23	5.11	4.25	3.77	3.45	3.23	3.07	2.94	2.83	2.74	2.61	2.46	2.31	2.14	1.96	1.74
50	7.17	5.06	4.20	3.72	3.41	3.19	3.02	2.89	2.78	2.70	2.56	2.42	2.27	2.10	1.91	1.68
60	7.08	4.98	4.13	3.65	3.34	3.12	2.95	2.82	2.72	2.63	2.50	2.35	2.20	2.03	1.84	1.60
120	6.85	4.79	3.95	3.48	3.17	2.96	2.79	2.66	2.56	2.47	2.34	2.19	2.03	1.86	1.66	1.38
∞	6.63	4.61	3.78	3.32	3.02	2.80	2.64	2.51	2.41	2.32	2.18	2.04	1.88	1.70	1.47	1.00

来源：本表是利用SAS®函数FINV生成的。

φ(z)　　　　标准正态密度

例如：φ(1.0) = 0.24197

0.24197

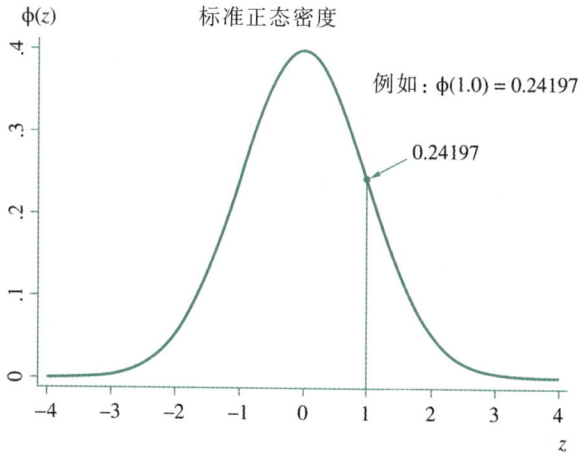

表 D-6　　　　　　　　　　　　标准正态 *pdf* 值 φ(z)

z	0.00	0.01	0.02	0.03	0.04	0.05	0.06	0.07	0.08	0.09
0.0	0.39894	0.39892	0.39886	0.39876	0.39862	0.39844	0.39822	0.39797	0.39767	0.39733
0.1	0.39695	0.39654	0.39608	0.39559	0.39505	0.39448	0.39387	0.39322	0.39253	0.39181
0.2	0.39104	0.39024	0.38940	0.38853	0.38762	0.38667	0.38568	0.38466	0.38361	0.38251
0.3	0.38139	0.38023	0.37903	0.37780	0.37654	0.37524	0.37391	0.37255	0.37115	0.36973
0.4	0.36827	0.36678	0.36526	0.36371	0.36213	0.36053	0.35889	0.35723	0.35553	0.35381
0.5	0.35207	0.35029	0.34849	0.34667	0.34482	0.34294	0.34105	0.33912	0.33718	0.33521
0.6	0.33322	0.33121	0.32918	0.32713	0.32506	0.32297	0.32086	0.31874	0.31659	0.31443
0.7	0.31225	0.31006	0.30785	0.30563	0.30339	0.30114	0.29887	0.29659	0.29431	0.29200
0.8	0.28969	0.28737	0.28504	0.28269	0.28034	0.27798	0.27562	0.27324	0.27086	0.26848
0.9	0.26609	0.26369	0.26129	0.25888	0.25647	0.25406	0.25164	0.24923	0.24681	0.24439
1.0	0.24197	0.23955	0.23713	0.23471	0.23230	0.22988	0.22747	0.22506	0.22265	0.22025
1.1	0.21785	0.21546	0.21307	0.21069	0.20831	0.20594	0.20357	0.20121	0.19886	0.19652
1.2	0.19419	0.19186	0.18954	0.18724	0.18494	0.18265	0.18037	0.17810	0.17585	0.17360
1.3	0.17137	0.16915	0.16694	0.16474	0.16256	0.16038	0.15822	0.15608	0.15395	0.15183
1.4	0.14973	0.14764	0.14556	0.14350	0.14146	0.13943	0.13742	0.13542	0.13344	0.13147
1.5	0.12952	0.12758	0.12566	0.12376	0.12188	0.12001	0.11816	0.11632	0.11450	0.11270
1.6	0.11092	0.10915	0.10741	0.10567	0.10396	0.10226	0.10059	0.09893	0.09728	0.09566
1.7	0.09405	0.09246	0.09089	0.08933	0.08780	0.08628	0.08478	0.08329	0.08183	0.08038
1.8	0.07895	0.07754	0.07614	0.07477	0.07341	0.07206	0.07074	0.06943	0.06814	0.06687
1.9	0.06562	0.06438	0.06316	0.06195	0.06077	0.05959	0.05844	0.05730	0.05618	0.05508
2.0	0.05399	0.05292	0.05186	0.05082	0.04980	0.04879	0.04780	0.04682	0.04586	0.04491
2.1	0.04398	0.04307	0.04217	0.04128	0.04041	0.03955	0.03871	0.03788	0.03706	0.03626
2.2	0.03547	0.03470	0.03394	0.03319	0.03246	0.03174	0.03103	0.03034	0.02965	0.02898
2.3	0.02833	0.02768	0.02705	0.02643	0.02582	0.02522	0.02463	0.02406	0.02349	0.02294
2.4	0.02239	0.02186	0.02134	0.02083	0.02033	0.01984	0.01936	0.01888	0.01842	0.01797
2.5	0.01753	0.01709	0.01667	0.01625	0.01585	0.01545	0.01506	0.01468	0.01431	0.01394
2.6	0.01358	0.01323	0.01289	0.01256	0.01223	0.01191	0.01160	0.01130	0.01100	0.01071
2.7	0.01042	0.01014	0.00987	0.00961	0.00935	0.00909	0.00885	0.00861	0.00837	0.00814
2.8	0.00792	0.00770	0.00748	0.00727	0.00707	0.00687	0.00668	0.00649	0.00631	0.00613
2.9	0.00595	0.00578	0.00562	0.00545	0.00530	0.00514	0.00499	0.00485	0.00470	0.00457
3.0	0.00443	0.00430	0.00417	0.00405	0.00393	0.00381	0.00370	0.00358	0.00348	0.00337

来源：此表是使用 SAS® 函数 PD F（"normal，"z）生成的。